हिंदू होने का धर्म

हिंदू होने का धर्म

प्रभाष जोशी

राजकमल प्रकाशन

ISBN : 978-81-267-0643-3

मूल्य : ₹ 1995

पहला संस्करण : 2003
दूसरा संस्करण : 2010
This book is printed on **Print on Demand** Technology : 2025

प्रकाशक : राजकमल प्रकाशन प्रा.लि.
1-बी, नेताजी सुभाष मार्ग, दरियागंज
नई दिल्ली-110 002

शाखाएँ : अशोक राजपथ, साइंस कॉलेज के सामने, पटना-800 006
पहली मंजिल, दरबारी बिल्डिंग, महात्मा गांधी मार्ग, प्रयागराज-211 001
1, अनमोल सोराबजी संतुक लेन, धोबी तलाव, मरीन लाइंस, मुम्बई-400 002

वेबसाइट : www.rajkamalprakashan.com
ई-मेल : info@rajkamalprakashan.com

HINDU HONE KA DHARMA
by Prabhash Joshi

वैष्णव मां लीला
के ऋण में

आभार

इस पुस्तक की स्थापनाओं पर विचार करने के लिए मैंने कई विद्वानों और जानकारों से बात की है। सबके नाम लिखूंगा तो एक नया विष्णु-सहस्रनाम लिखना पड़ेगा। मैं उन सब नामी और अनाम विद्वानों, द्रष्टाओं और ज्ञानियों का आभारी हूं। फिर भी कुछ नाम लूंगा। समाजशास्त्री आशीष नंदी के सोचने-समझने और निष्कर्षों से मेरी सहमति रहती है, हालांकि उनका लिखा सब मैंने पढ़ा नहीं है। समाज और हिंदुत्व की बातों पर ही नहीं मैं पाता हूं कि हमारा क्रिकेट का शौक और हमारी सहज प्रतिक्रियाएं इस खेल के बारे में भी काफी मिलती हैं। आशीष नंदी से भोपाल की एक यात्रा और वहां रहने के दौरान काफी बातें हुईं और अभी उनने बुलाया और उनकी पत्नी उमा बेन ने खाना खिलाया और हमने कोई दो-तीन घंटे बात की। जोसफ ऑल्टर की 'द रेसलर्स बॉडी' उन्हीं के कहने पर मैंने पढ़ी। उनका क्या आभार मानूं ! अभी तो उनसे मेरी मुठभेड़ लंबी चलनी है।

दूसरे समाजशास्त्री धीरूभाई सेठ के साथ मैं ब्राजील गया और हम कोई दस-पंद्रह दिन साथ रहे। वे जाति और वर्ण के बड़े जानकार और अध्येता हैं। उनके दो पेपर मैंने पढ़े लेकिन खास तो उनके साथ अनायास होती रही बातें ही हैं। उनके जैसा निपट निराभिमानी, विनम्र और प्रेमिल विद्वान मिलना मुश्किल है। उनके कहने पर मैंने साधुओं के संप्रदायों और अखाड़ों पर काफी कुछ पढ़ा। 'इंडियन साधूज' नाम की जी एस घुर्ये की पुस्तक उन्हीं के कहने पर ढूंढी और पढ़ी। उसी में से साधुओं और अखाड़ों पर काफी जानकारी भूमिका में दी गई है। मठों पर डॉक्टर त्रिवेणी दत्त त्रिपाठी का एक अध्ययन मित्र रामबहादुर राय ने लाकर दिया। उज्जैन के आनंद शंकर व्यास ने अखाड़ों और संप्रदायों पर सामग्री दी और बात की। सिंहस्थ में उनने सभी अखाड़ों और संप्रदायों को कोई पचास साल से देखा है। सिंहस्थ की मेरी भी स्मृतियां उज्जैन में उनके घर के पास से ही जुड़ी हैं। लेकिन जाति और वर्ण की सही समझ मुझे धीरूभाई से ही मिली। उनसे भी मेरी मुठभेड़ चलनी है।

बाबरी मस्जिद के ध्वंस के बाद मेरी विचलित आत्मा को नामवर सिंह का स्नेही स्पर्श मिला। हिंदी के ये नामवर आलोचक अब मेरे पारिवारिक मित्र ही नहीं, अग्रज भी हैं। नामवर जी से हिंदी के वीर रस काव्य और प्राकृत और अपभ्रंश पर बहुत बात हुई। पाणिनि के व्याकरण और संस्कृत की समझ भी उनसे मिली। वे मुझसे सहमत हैं कि धर्म को छोड़कर और हिंदुओं को गरियाकर हम हिंदुत्व से नहीं निपट सकते। उनसे मेरी मुठभेड़ सघन है और चलती रहनी है, इसलिए पगडंडी की तरह उनसे अपने सिरे को खोले हुए हूं। संस्कृत भाषा और साहित्य पर मिथिलेश चतुर्वेदी कई सालों से मेरी मदद करते आ रहे हैं। अभी उस दिन पुरुष सूक्त पर एक भारी अध्ययन देकर गए हैं।

विजय प्रताप के कहने पर सुरेश शर्मा से बात करने का सौभाग्य मिला। उनने गांधी और सावरकर का अध्ययन किया है। उनने अपना एक परचा भी दिया जिसे पढ़ने के बाद सावरकर के 'हिंदुत्व' को मैंने फिर बांचा। उनसे एक ही मुठभेड़ हुई है। उनके जैसे कोमल और मृदु स्वभाव के विद्वान से मुठभेड़ का क्या मतलब ! लेकिन जो जितना कोमल होता है वह उतनी ही गहरी मार कर सकता है। योगेन्द्र यादव से भी एक दिन जाति पर अच्छी बात हुई। 'जनसत्ता' के हमारे पुराने भाई रामबहादुर राय पर भाई लोग संघ संप्रदाय के आदमी होने का आरोप लगाते रहे हैं। मैं उनसे कोई उन्नीस साल से मित्रवत् बात करता रहा हूं और संघ और हिंदुत्व पर जितनी तटस्थता और वस्तुगतता से वे बात कर सकते हैं, मेरे जैसा आलोचक भी नहीं कर सकता।

अखबार में अपने लिखे की कतरन मैंने कभी नहीं काटी। उम्र भर अखबार में लिखा है लेकिन अपने पास एक कतरन नहीं है, न अपनी न किसी और की। 'जनसत्ता' निकलने के बाद उसमें छपे सभी लेखों की कतरनें दफ्तर में निकाली जाती थीं। जब दफ्तर एक्सप्रेस बिल्डिंग से नोएडा आया तो वे सब फाइलें इधर-उधर हो गईं। इसलिए जब तय हुआ कि हिंदुत्व पर लिखे लेखों की पुस्तक छपवानी है तो बरसों से 'जनसत्ता' का संपादकीय पेज बनानेवाले बाल सुब्रमण्यम गिरी की तरफ देखा। उन्हीं ने ये सारे लेख प्रूफ में पढ़े और छापे हैं। दस-बारह साल की अखबार की एक-एक फाइल और एक-एक पेज देख कर उनने लेखों की सूची बनाई। इस सूची से कोई बीस साल से मेरे साथ काम कर रहे रामबाबू ने लेखों की फोटोस्टेट प्रतियां निकालीं, फाइलें बनाई और चयन और जरूरी संपादन के लिए दीं। बाल सुब्रमण्यम गिरी और रामबाबू के बिना तो यह किताब बन ही नहीं सकती थी। उनका आभार मानूंगा तो उन्हें बुरा लगेगा। फिर भी मान रहा हूं।

और इसे प्रकाशित कर रहे हैं अशोक महेश्वरी और उनके दोस्त हरीश आनंद। मेरी पत्नी का कहना है कि यह तो अशोक जी की ही हिम्मत है कि तुमसे यह काम करवा लिया। उनसे बेहतर मुझे कौन जानता है ! वे जब कहती हैं तो ठीक ही कहती होंगी। अखबार में उमर बिताने के कारण मैं सिर्फ डेडलाइन पर काम कर सकता हूं। किताब अखबार की तरह नहीं निकलती लेकिन देखिए अशोक जी ने निकाल दी।

लेकिन असल आभार तो, आप जो इसे पढ़ रहे हैं उन्हीं का मुझे मानना है !

4 दिसंबर, 2002 **—प्रभाष जोशी**

अनुक्रम

हिंदू होने का धर्म

भूमिका

सन् दो हजार के दशहरे पर जब राष्ट्रीय स्वयंसेवक संघ ने अपने पचहत्तर साल पूरे किए तो मुझे लगा कि हिंदुत्व की विचारधारा और उसके संगठन का आकलन करनेवाली एक पुस्तक लिखना चाहिए। संघ परिवारी प्रकाशन गृहों से जितना भी साहित्य मिल सकता था खरीद के लाया, दोस्तों से किताबें बटोरीं, लाइब्रेरियों की खाक छानी और ऐसे मनोयोग और अनुशासन से पढ़ना शुरू किया जैसा कि जिंदगी में कभी नहीं किया था। लेकिन जैसे-जैसे पढ़ता और नोट्स लेता गया मेरा मन उचटता गया। ऐसे तो एक शास्त्रीय पुस्तक लिखी जाएगी और अपन न शास्त्री हैं न अपने को संघ संप्रदाय के शास्त्रियों से शास्त्रार्थ करना है। संघनिष्ठ लोग कोई विचार स्वातंत्र्य में तो पनपते नहीं। वे संघ संप्रदाय में बार-बार के बौद्धिक से ठोस हुए लोग होते हैं और उनमें वे खिड़की दरवाजे तो क्या दरारें भी खुलीं नहीं रहतीं जिनसे भिन्न विचार उनमें घुस सकें और उन्हें बदलने के लिए मना सकें। सही है कि विचार में विश्वास करनेवाले आदमी को फिर भी लगातार कोशिश करते रहना चाहिए कि ऐसे लोगों को भी खुले विचार के लिए प्रेम और सहानुभूति की कोमलता से खोले। यह भी करने लायक काम है।

लेकिन इससे ज्यादा जरूरी है कि हिंदुत्व से अपने धर्म और समाज में जो सांप्रदायिक संकीर्णता पैदा करने की संगठित और लगातार कोशिशें की जा रही हैं उनसे लोगों को बचाया जाए। और शायद इससे भी ज्यादा जरूरी है कि ब्रिटिश साम्राज्य और यूरोप से हुई हमारी कोई दो सदी की मुठभेड़ में से जो भारतीय चेतना और जो भारतीय राष्ट्र निकला है उसके मूलाधार बदलने की कोशिशों से लोगों को सावधान किया जाए। आखिर जो लोग अब भारत को हिंदुओं का बताकर इसे हिंदू राष्ट्र में परिवर्तित करना चाहते हैं वे कोई रामजन्म भूमि आंदोलन में से नहीं निकले हैं। उनके पुरखे उन्नीसवीं सदी के आखिरी दशकों में भी थे और बीसवीं सदी के पहले पांच दशकों में भी, जब भारत ने अंग्रेजों से अपनी राजनैतिक आजादी हासिल की। वे आजादी के बाद के उन पांच दशकों में भी सक्रिय रहे हैं जब इस देश ने लोकतंत्र के जरिए सामाजिक और आर्थिक आजादी पाने की प्रक्रिया शुरू की। आजादी के आंदोलन में इन लोगों का कितना योगदान और कितनी कुरबानी है इसे पूरा देश जानता है। 'वंदे मातरम' और 'भारत माता की जय' कर के जो लोग अंग्रेजों की जेलों में गए, उनकी लाठियों से पिटे, उनकी गोलियों से मारे गए और उनकी फांसियों पर झूल गए वे और उनके बेटे-बेटी इस देश को लोकतांत्रिक धर्मनिरपेक्ष गणराज्य बनानेवाले हम सब लोग हैं। हमारे प्रतिनिधियों ने वह संविधान बनाकर हम लोगों को दिया है जो हम में धर्म, जाति, लिंग, रंग आदि का कोई भेद नहीं करता और हम सब लोगों को सामाजिक, आर्थिक और राजनैतिक

न्याय व हमें विचार, अभिव्यक्ति, आस्था, धर्म और उपासना की स्वतंत्रता देने और हम में हैसियत और अवसर की समानता और व्यक्ति की गरिमा के आधार पर बंधुत्व पैदा करने का संकल्प करता है। जो लोग इस भारत को हिंदू राष्ट्र बनाना चाहते हैं वे राष्ट्र निर्माण की इस प्रक्रिया से दूर और तटस्थ थे क्योंकि वे तब भी इसे हिंदू राष्ट्र बनाना चाहते थे। तब इनकी इतनी ताकत नहीं थी कि उस स्वतंत्रता संग्राम को रोक सकें और भारत को वैसा बनने न दें जैसा कि वह आज है। दो सौ साल की राष्ट्र-निर्माण की उस प्रक्रिया में ये हाशिये के लोग थे। अब राजनैतिक परिस्थितियों ने इन्हें अवसर दिया है तो ये उस इतिहास और प्रक्रिया को बदलना चाहते हैं। ये ऐसा न कर सकें इसलिए इन्हें समझने और समझाने की जरूरत है।

बाबरी मस्जिद का गिराया जाना मेरे और मेरी तरह धर्म और इस देश के समाज की उदार, सहिष्णु और सर्वग्राही परंपराओं में पले-पनपे तमाम लोगों के लिए मूल से हिलाकर विचलित कर देनेवाला सदमा था। सन् बहत्तर से जयप्रकाश नारायण के साथ और विपक्ष को एक करने की प्रक्रिया का साक्षी और छोटा-मोटा कर्त्ता होने के कारण पहले जनसंघ और फिर भाजपा और जिसे संघ परिवार कहा जाता है उसे अंदर बाहर से देखने और समझने का मौका मुझे मिला है। बीस साल के इस अनुभव के बावजूद सन् बानवे में मुझे विश्वास नहीं था कि कार सेवा के निमित्त संघ परिवार की सभी संस्थाओं ने जो भीड़ इकट्ठी की है वह बाबरी मस्जिद या उसके ढांचे को सचमुच तोड़ देगी। यह ऐसा अहिंदू अपकर्म था जो मुझे हिंदुत्ववादियों के उन्माद के भी योग्य नहीं लगता था। इस लगने को आप मेरा मूरखपन कह सकते हैं। लेकिन इसे अब भी मैं हिंदुत्ववादियों की भलमनसाहत में अपना सहज मानवीय विश्वास मानना चाहता हूं। छह दिसंबर ने मुझे जो दिखाया और समझाया उसे शायद जानते हुए भी मैं चेतन रूप से जानना नहीं चाहता था। बाबरी मस्जिद मेरे लिए भारतीय मुसलमानों की ऐतिहासिक और अतिक्रमित धर्मस्थली ही नहीं थी, वह हिंदुओं के धर्म और संस्कृति और सामाजिक परंपराओं की कसौटी थी। जिस धर्म और जिस समाज ने इस्लाम और ईसाइयत के नाम पर विदेशी हमलावरों के किए गए इतने विध्वंस के बावजूद धार्मिक प्रतिशोध को अपना जीवन मूल्य नहीं माना वह अपनी लोकतांत्रिक शक्ति के बेहतर समय में ऐसा काम कैसे कर सकता है ? परिवारी संस्थाओं के बरताव से उतना नहीं जितना स्वयं संघ के व्यवहार ने मुझे निराश और दुखी किया। अपने को सामाजिक सांस्कृतिक संगठन बताने वाला संघ चरित्र-निर्माण और नैतिक मूल्यों की स्थापना का दावा करता रहा है। उसने भी इस ध्वंस की कोई नैतिक जिम्मेदारी नहीं ली। चूंकि संघ अपने को अपने संगठनों का ट्रस्टी मानता और राष्ट्र का राजगुरु बनना चाहता है इसलिए उसका रवैया गंभीर संकट का सूचक था। सवाल उस सेकुलरवाद का नहीं है जिसे बाद में हमने अपने संविधान में जोड़ा है। सवाल उस धर्म का है जिसने कम से कम पांच हजार साल से भारत के समाज को धारण कर रखा है और उस संस्कृति का है जो बहुलता और विविधता को अपनी प्राण-शक्ति मानती है। इस धर्म, इस संस्कृति और इस समाज के जीवन मूल्यों की कसौटी पर छह दिसंबर बानवे से अब तक यानी कोई दस साल से मैं संघ और उसकी बनाई संस्थाओं की कथनी और करनी को परखता आ रहा हूं। 'जनसत्ता' में लिखे गए लेखों को चुन कर काल और घटनाक्रम के अनुसार यहां दे रहा हूं।

यह वह पुस्तक नहीं है जो कोई दो साल से लिखने को मैं आतुर रहा हूं। उसके बजाय इस संकलन पर इसलिए सहमत हुआ कि ये संग्राम में लिखे गए लेख हैं। पुस्तक में संघ के हिंदुत्व और संगठन की व्याख्या होती। ये संघ और उसके संप्रदाय के संगठनों के कथनों और करनियों—दोनों पर की गई टिप्पणियां हैं और इनके करने में उन सिद्धांतों और अवधारणाओं को उनके आचरण और कृतिरूप में देखा गया है जो सैद्धांतिक विवेचन और विश्लेषण में नहीं हो पाता। चूंकि ये सब एक दैनिक अखबार में छपे और पढ़े जा चुके हैं इसलिए इनके संकलन की पुस्तक को लेकर मैं प्रेरित और उत्साहित नहीं होता। लेकिन हुआ तो इसलिए कि इतनी सघनता और इतने मनोवेग से दस साल में लिखे गए इन लेखों को एक साथ पढ़ने पर विचारों और करनियों का एक पैटर्न निकलकर आता है जो एक ऐसे भविष्य के संकट की समझ देता है जिससे निपटने की तैयारी अगर हमने नहीं की तो वह संदर्भ ही बिला जाएगा जिसमें यह लिखना जरूरी और संभव हुआ। उस लोकतंत्र का क्या होगा जो हमारे स्वभाव में है और जो उसकी अभिव्यक्ति का मौका देता है और जिससे हम अपने भविष्य को बना सकते हैं। उस धर्म का क्या होगा जिसकी पहली पुस्तक 'ऋग्वेद' में ही बताया गया—एकं सत् विप्रा बहुधा वदंति। क्या इस धर्म के एक ही रास्ते पर चलने को कहा जाएगा ? अपनी संस्कृति की विविधता और बहुलता पर क्या रोडरोलर फिर जाएगा ? जिस देश में हमेशा मानव को महामानव बनाने की कोशिश होती रही वह क्या सिर्फ हिंदुओं का राष्ट्र हो जाएगा ? और क्या ऐसा देश इसके गर्भ और मर्म से निकले सपनों का देश होगा ? क्या भारत और इसके समाज को यूरोपीय किस्म का देश-समाज बनाया जा सकता है ? बनाना वांछनीय है ?

मैंने कहा कि ये संग्राम में लिखे गए लेख हैं। अपने यहां संग्राम में कही गई बातों का महत्त्व माना गया है। कृष्ण ने ऐन महाभारत में गीता कही और उसका ऐसा महत्त्व माना गया कि शंकराचार्य से लेकर विनोबा तक ने अपनी बात कहने के लिए गीता की टीका की। अगर महाभारत में नहीं कही जाती तो गीता में कही गई बातों का कितना अर्थ और महत्त्व होता ? गीता को उसके संदर्भ से निकाल दीजिए तो उसकी बातों और संदेश का वह प्रेरक और जीवनदायी महत्त्व नहीं रह जाएगा। ये लेख बाबरी मस्जिद के ध्वंस से लेकर गुजरात के नरसंहार के दस वर्षों की उन सभी घटनाओं पर हैं जिनका हिंदुत्व और उस पर आचरण से लेना-देना है। हिंदुत्व की राजनैतिक, सामाजिक या धार्मिक व्याख्या में इतने कोण, इतनी परतें और इतने अर्थ निकल कर नहीं आते जितने इन घटनाओं से खुलते हैं। दस साल की इन घटनाओं में एक विचारधारा और एक अवधारणा के नाते हिंदुत्व की ऐसी कई परतें खुलीं जो वीर सावरकर और गुरु गोलवलकर के सैद्धांतिक विवेचनों में नहीं दिखतीं। इसी तरह जिस संघ ने हमेशा कहा कि राज्य की सत्ता से बुनियादी परिवर्तन हो सकते हैं ऐसा हम नहीं मानते और इसलिए हमारे गणित में राज्य का कोई बड़ा महत्त्व नहीं है। उसी संघ ने पहले जनसंघ और फिर भाजपा को सत्ता के लिए कैसे-कैसे और निपट अवसरवादी समझौते करने दिए। कोई मानेगा कि ये पार्टियां लोकतंत्र की दूसरी राजनैतिक पार्टियों जैसी हैं ? संघ से सहानुभूति रखनेवाले तटस्थ पर्यवेक्षक तक मानते हैं कि भाजपा संघ का राजनैतिक लोकतांत्रिक हथियार है। और सब देख चुके हैं कि जब-जब जनसंघ और भाजपा सत्ता में रहे हैं तब संघ का तेजी से विस्तार हुआ है। अगर राज्य शक्ति से संघ इतना निरपेक्ष होता

तो क्या भाजपा इतनी सत्तालोलुप पार्टी और संघ सत्ता के उपयोग पर इतना आतुर संगठन होता ? सतत्तर साल सत्ता से इतने निरपेक्ष रहने वाले संघ की पार्टी सत्ता में आने के कुछ साल में ही कांग्रेसियों की पार्टी से भी गई-गुजरी कैसे हो गई ? हिंदुत्व और संघ के जितने अंतर्विरोध और निहित विडंबनाएं इन दस सालों में उभर कर आईं, सड़सठ साल के सैद्धांतिक और सांगठनिक रूप में नहीं आई थीं। हिंदुत्व और संघ की संभावनाओं और उनके खतरों को ठीक से समझने के लिए पिछले दस साल की घटनाओं को ध्यान में रखना जरूरी है और इसलिए इन लेखों को संदर्भ और अर्थ की परतों की तरह संकलित किया है। इनसे जो सूत्र निकलकर आते हैं उनको पकड़ कर एक वैचारिक और सैद्धांतिक बुनावट खड़ी की जा सकती है।

जैसे लालकृष्ण आडवाणी की संसद में घोषणा को मीडिया ने पहली और सबसे बड़ी खबर बनाया—भारत कभी हिंदू राष्ट्र नहीं हो सकता। आडवाणी जी गृहमंत्री और उप प्रधानमंत्री होने से भी ज्यादा हिंदुत्व के पक्के झंडाबरदार माने जाते हैं। इसलिए उनकी घोषणा पर शिवसेना प्रमुख बाला साहेब ठाकरे और विश्व हिंदू परिषद् के नेताओं ने तीखी टिप्पणियां कीं। बाद में लालकृष्ण आडवाणी की ओर से खुलासा आया कि उनने कहा था कि भारत कभी हिंदू राज्य नहीं हो सकता। हिंदू राष्ट्र तो वह है ही क्योंकि हिंदुओं का देश है। हिंदू राज्य यानी हिंदू धार्मिक राज्य। आडवाणी जी का कहना था कि भारत कभी हिंदू राज्य नहीं होगा क्योंकि विभाजन के बाद उसने तय किया था कि पाकिस्तान की तरह वह धार्मिक राष्ट्र नहीं होगा। गलती मीडिया की है जिसे समझ नहीं पड़ता कि राज्य और राष्ट्र में अंतर है। राज्य एक राजनैतिक संस्था है और राष्ट्र एक सांस्कृतिक संस्था। हिंदुत्व भारत को सांस्कृतिक अर्थ में हिंदू राष्ट्र मानता है। और जिस हिंदुत्व को भाजपा और संघ परिवार अपना मूल सिद्धांत मानता है वह विवेकानंद, दयानंद सरस्वती और रामकृष्ण परमहंस का हिंदुत्व है। आपको याद होगा कि कुछ महीने पहले प्रधानमंत्री अटल बिहारी वाजपेयी ने भी कहा था कि उनका हिंदुत्व स्वामी विवेकानंद का बताया हुआ है। सरसंघचालक सुदर्शन भी हिंदुत्व की बात करते हैं तो स्वामी विवेकानंद का ही नाम लेते हैं। वीर सावरकर का तो कोई नाम तक नहीं लेता।

यह सचमुच बड़ी विडंबना है कि जो वीर सावरकर अंग्रेजों की जेल और पाबंदियों से सन् सैंतीस में बाहर आए और भारत के आजाद होने के बाद कोई उन्नीस साल तक जीवित रहे, हिंदुत्व की अवधारणा के जनक होने के बावजूद संघ परिवार में स्मरणीय नहीं हैं। सन् 1910 में उन्हें अंग्रेजों ने सशस्त्र क्रांतिकारी गतिविधियों के लिए पचास साल की सजा दे कर अंडमान भेजा। सन् चौबीस में सशर्त रिहाई के बाद सन् सैंतीस तक वे रत्नागिरी में दरबदर किए गए। पाबंदी उठने के बाद हिंदू महासभा के अध्यक्ष भी हुए लेकिन उसके बाद वे ऐसे हाशिये पर गए कि अब हिंदुत्व का झंडाबरदार संघ परिवार भी उनका नाम नहीं लेता। सन् 1883 में जन्मे और 1910 तक अद्‌भुत साहस का क्रांतिकारी जीवन बिताने के कारण स्वातंत्र्य वीर सावरकर कहे गए विनायक दामोदर सावरकर—स्वातंत्र्य वीर के नाते नहीं हिंदुओं को एक राष्ट्र के नाते संगठित करनेवाले संगठक के रूप में स्मरण किए जाना चाहते थे।

अपने को हिंदुओं का संसार का सबसे बड़ा संगठन बताने और संगठन को ही अपनी सबसे बड़ी शक्ति माननेवाला राष्ट्रीय स्वयंसेवक संघ हिंदुत्व की बात करते हुए भी वीर सावरकर का नाम नहीं लेता। इसे वीर सावरकर का दुर्भाग्य कहा जाए या संघ परिवारियों की कृतघ्नता ?

जिसे विद्वान लोग हिंदू राष्ट्रवाद कहते हैं उसके बीज बोने में दयानंद सरस्वती (1824-1883) और स्वामी विवेकानंद (1863-1902) का बड़ा योगदान है। रामकृष्ण परमहंस और स्वामी श्रद्धानंद के विचारों ने भी खाद का काम किया है। लेकिन न सिर्फ अवधारणा, हिंदुत्व का तो नाम ही वीर सावरकर ने निकाला है। उनकी पुस्तक 'हिंदुत्व : हिंदू कौन है ?' हिंदुत्व की बीज पुस्तक है। दयानंद सरस्वती, रामकृष्ण परमहंस, स्वामी विवेकानंद के साहित्य में आपको हिंदुत्व शब्द नहीं मिलेगा और इसकी जो अवधारणा वीर सावरकर ने विकसित की है उसका तो जिक्र भी इन विचारकों के साहित्य में नहीं है। इन सब विचारकों की पहली चिंता हिंदू धर्म की थी। वीर सावरकर के लिए धर्म इतना महत्त्वपूर्ण नहीं था, न वे धार्मिक व्यक्ति थे। पत्नी के निधन के बाद उनके उत्तर कार्य करने से उनने इनकार कर दिया था। अपने अनुयायियों को उनने कह रखा था कि मृत्यु के बाद उनके भी उत्तर कार्य का कोई कर्मकांड न किया जाए। उन्हें टिकटी में बांध कर कंधों पर न ले जाया जाए। उनका दाह संस्कार विद्युत शवदाह-गृह में हो। वे मानते थे कि सभी धार्मिक आस्थाओं और कर्मकांडों में युक्तिहीनता होती ही है। इसलिए उनका हिंदुत्व कोई धार्मिक अवधारणा नहीं है। धर्म हिंदुत्व का एक कारक है। हिंदुत्व के प्रकाशक ने प्रस्तावना में साफ कहा है कि अपनी बात कहने के लिए वीर सावरकर को कई नए शब्द गढ़ने पड़े। हिंदुत्व उनमें एक है।

हिंदुत्व के असल विचारक तो सचमुच वीर सावरकर हैं। हिंदुत्ववादी संघ क्यों उनका नाम नहीं लेता इसके कारण अपन बाद में देखेंगे। अभी तो यह देखना और समझना जरूरी है कि हिंदुत्व है क्या ? वीर सावरकर की यह छोटी-सी बीज पुस्तक अंडमान के कालापानी की काल-कोठरी की दीवारों पर कंकर से लिखी और कंठस्थ की गई। मौखिक रूप से ही वहां से रिहा हुए कैदियों के कंठों से इसके तत्त्व बाहर आए। फिर वीर सावरकर को जब अंडमान से भारत की जेलों में भेजा गया तो किसी तरह उन्हें कागज और पेंसिल लिखने को मिलने लगे। हिंदुत्व की मूल पांडुलिपि जेल से बाहर आई और सन् तेईस में नागपुर के वकील वीवी केलकर ने इसका पहला संस्करण प्रकाशित किया। चूंकि वीर सावरकर तब भी जेल में ही थे और उनका नाम दिया नहीं जा सकता था इसलिए लेखक की जगह 'एक मराठा' छापा गया। 'हिंदुत्व' की एक पांडुलिपि संघ के संस्थापक केशव बलिराम हेडगेवार के पास भी पहुंच गई थी और इसमें कोई संदेह ही नहीं है कि वह उनने पढ़ी थी। हिंदू राष्ट्र का विचार हेडगेवार ने वीर सावरकर से ही लिया हालांकि हिंदुओं को एक राष्ट्र में सुसंगठित करने का तरीका उन्हें 'हिंदुत्व' की पांडुलिपि से नहीं मिला। जिन चार व्यक्तियों ने हेडगेवार के साथ बैठकर सन् पच्चीस के दशहरे के दिन संघ की स्थापना का निश्चय किया उनमें एक वीर सावरकर के भाई बाबाराव सावरकर थे। वीर सावरकर से डॉक्टर हेडगेवार के अच्छे संबंध थे।

लेकिन 'हिंदुत्व' नाम की बीज पुस्तक पर आने के पहले वीर सावरकर के बारे में कुछ बातें और समझ लेना चाहिए। 'हिंदुत्व' के पहले जिस पुस्तक ने उन्हें ख्याति दिलवाई, वह थी–'भारत का पहला स्वतंत्रता संग्राम : 1857'। मराठी में सन् 1907 में लिखी गई यह

पुस्तक लुक-छिपकर अंग्रेजी अनुवाद में 1909 में हॉलैंड में छपी। भारत में तो यह आजादी के बाद ही प्रकाशित हो पाई। लेकिन इसकी प्रतियां तब के भारत के सशस्त्र क्रांतिकारियों में पहुंच गई थीं और इसका नाम भी हो गया था। दो बातों के लिए यह पुस्तक महत्त्वपूर्ण है। एक तो यह इतिहास के प्रति वीर सावरकर का रवैया साफ करती है और उनका यह रवैया हिंदुत्व को समझने के लिए जरूरी है। दूसरे, इसमें वीर सावरकर ने हिंदू-मुस्लिम एकता को भारत की एकता के लिए अनिवार्य माना है और आखिरी मुगल बादशाह बहादुर शाह जफर को 'राष्ट्रीय एकता का मूर्त रूप' बताया है। भारत के पहले स्वतंत्रता संग्राम में साथ-साथ खून बहाकर हिंदुओं और मुसलमानों ने एक राष्ट्रीयता बनाई है। 1857 के स्वतंत्रता संग्राम की सबसे बड़ी उपलब्धि हिंदुओं और मुसलमानों, ब्राह्मणों और शूद्रों की हिंदुस्तान के लिए अपने छोटे-मोटे झगड़े और पुरानी दुश्मनियों को भुलाकर और एक हो कर लड़ने की क्षमता थी। बाद में मुसलमानों और इस्लाम के प्रति वीर सावरकर के रवैये को देखते हुए इन दोनों बातों को ध्यान में रखना जरूरी है।

पहले इतिहास के प्रति उनके रवैये को लें। वीर सावरकर ने 'भारत के पहले स्वतंत्रता संग्राम' की भूमिका में लिखा है–''जिस देश में अपने अतीत की चेतना न हो उसका कोई भविष्य नहीं हो सकता। इसी तरह यह भी महत्त्वपूर्ण है कि राष्ट्र अपने अतीत को प्राप्त करने की न सिर्फ क्षमता विकसित करे, उसे यह भी जानना चाहिए कि अपने भविष्य को आगे बढ़ाने के लिए अतीत का कैसे उपयोग किया जाए। राष्ट्र को अपने इतिहास का मालिक होना चाहिए उसका गुलाम नहीं, क्योंकि यह निहायत मूरखपन होगा कि कुछ चीजें अब भी की जाएं क्योंकि वे अतीत में कभी की गई थीं। शिवाजी के वक्त में मुसलमानों से नफरत ठीक और जरूरी थी। लेकिन अब ऐसी भावना रखना क्योंकि तब वह हिंदुओं में इतने जोर पर थी न केवल गलत बल्कि मूर्खतापूर्ण होगी।'' इस उद्धरण से साफ है कि वीर सावरकर के लिए अतीत कोई पवित्र और अनुल्लंघनीय तथ्य नहीं था। वह जैसा था उसे वैसा ही जानने-समझने और रखने की अनिवार्यता वे नहीं मानते थे। इतिहास उनके लिए भविष्य को बनाने की उपयोगी सामग्री थी। राष्ट्र को उसका उपयोग करना मालूम होना चाहिए। यानी इतिहास अपने आप में कोई ऐसा पवित्र पाठ नहीं है जिससे छेड़छाड़ न की जा सके। वह राष्ट्र के पास अपने भविष्य को बनाने की सामग्री है जिसका उपयोग उसे जैसा जरूरी लगे, करना चाहिए। आप 'हिंदुत्व' पढ़ें तो साफ समझ में आता है कि हिंदू राष्ट्र बनाने के लिए वीर सावरकर ने इतिहास का कैसे इस्तेमाल किया है !

जैसे जब वे हिंदुत्व की अवधारणा विकसित कर रहे थे तब अंग्रेजों ने भारत में जनगणना और सांप्रदायिक प्रतिनिधित्व शुरू कर दिया था। अपने साम्राज्य को चलाने और उसका लाभ लेने-देने में अंग्रेजों ने हिंदुओं और मुसलमानों के बीच जबरदस्त सांप्रदायिक प्रतिद्वंद्विता चला दी थी। अपने को हिंदू कहे बिना हिंदू अपना संख्याबल दिखा नहीं सकते थे और इसके बिना सत्ता में बड़ा टुकड़ा पा नहीं सकते थे। लेकिन साथ ही अंग्रेजों और उनके उकसाने पर मुसलमानों ने हिंदुओं को उनके नाम के विदेशी और अपमानजनक अर्थों से शोभित करना शुरू कर दिया था। चूंकि हिंदू धर्म की कोई एक और निश्चित परिभाषा नहीं की जा सकती थी इसलिए कौन हिंदू है इस पर भी विवाद चल निकला था। आर्य समाज को माननेवाले अपने को हिंदू के बजाय आर्य कहलाना पसंद करते थे और सिखों ने तो घोषणा कर ही दी

थी कि हम हिंदू नहीं हैं। वह तो 1911 में जाति के आधार पर जनगणना करने का अंग्रेजों ने निश्चय किया तो आर्य समाज ने अपना निर्णय बदला। आर्य समाज तो अपने को वैदिक धर्म माननेवाला बताता था और हिंदू धर्म को उसका विकृत और पतित रूप।

धर्म के या संप्रदायों के आधार पर हिंदुओं को परिभाषित करने की जितनी भी कोशिशें हुईं उनसे भ्रम और बढ़ा। एक और निश्चित परिभाषा धर्म और संप्रदाय के आधार पर हो ही नहीं सकती थी। और जो ऐसे लोग हों उनका राष्ट्र कैसे हो सकता है। राष्ट्र की अंग्रेजों और यूरोप की अपनी परिभाषाएं थीं और अंग्रेजों और उनके राज को अपने से श्रेष्ठ मानकर भारतीयों ने उनके मानदण्ड मंजूर कर लिए थे। दरअसल वैदिक काल को भारत का स्वर्ण युग भी प्राच्य विद्याशास्त्रियों ने अपनी खोजों के आधार पर बताया था और भारत के पढ़े-लिखे और सुधारवादी लोगों ने इसे स्वीकार भी कर लिया था। इसलिए दयानंद सरस्वती ने वेदों को ईसाइयों की बाइबिल और मुसलमानों की कुरान जैसा दर्जा दे दिया। जो वेदों में है या उससे निकलती है वही प्रामाणिक और सच्ची बात हो गई और सुधारवादी अपने काम और कथन को वेदों से मान्यता और स्वीकृति दिलाने को अनिवार्य मानने लगे। दयानंद सरस्वती ने तो अपने धर्म को वैदिक धर्म कहा ही, उनके पहले के राजा राममोहन राय ने ब्रह्मो समाज की स्थापना और उसके संदेश को उपनिषदों से निकला बता कर लोकमान्यता पाने की कोशिश की। राजा राममोहन राय और दयानंद सरस्वती दोनों ही ईसाइयत के जवाब में अपने धर्म और संप्रदायों को खड़ा कर रहे थे और इसलिए उनमें जाने-अनजाने वे ही तत्त्व आरोपित कर रहे थे जो ईसाइयत में हैं।

'हिंदुत्व' में वीर सावरकर ने 'नाम में ही सब कुछ है' से शुरुआत की और शेक्सपियर के पात्रों रोमियो और जूलियट के उद्धरण से बताया कि नाम कैसे और क्यों सबसे महत्त्वपूर्ण है। बताने की जरूरत नहीं कि वे किन को जवाब दे रहे थे। वे हिंदू को विदेशी मूल का शब्द नहीं भारतीय मूल का ही बताने पर तुले हुए थे। उनने कहा कि फारसियों और यूनानियों ने अपनी भाषा के अनुसार हमारी आदि और महान नदी को भले ही हिंदू और इण्डस कहा हो ऋग्वेद में कई बार सिंधु, सप्त सिंधु और सैंधव शब्द आया है। हम ही अपने को सिंधु के लोग सैंधव कहते थे इसलिए बाहर भी हमें ऐसा ही कहा गया। चूंकि अवेस्ता में 'स' का 'ह' हो जाता है इसलिए सिंधु का हिंड हुआ। लेकिन अवेस्ता में ही नहीं हमारी प्राकृतों में भी संस्कृत का 'स' 'ह' हो जाता है। यह बिलकुल संभव है कि आर्यों के आने के पहले जो मूल निवासी यहां रहते थे वे अपने को हिंदू ही कहते होंगे और जो आर्यों की संस्कृत में सिंधु हो गया। इसके बाद वीर सावरकर ने तर्क में गजब का कमाल किया। उनने कहा कि जिस नियम से संस्कृत का 'स' प्राकृत में 'ह' हो जाता है वैसे ही प्राकृत का 'ह' संस्कृत में 'स' हो जाना चाहिए। फिर वीर सावरकर ने लिखा : इस तरह 'हिंदु' वह शब्द है जो यहां के लोग और भूमि का न जाने कब से चला आ रहा नाम है। इतना पुराना कि वैदिक नाम सिंधु भी उसके बाद का और दूसरा नाम लगता है। अगर 'सिंधु' की प्राचीनता इतिहास की सांधयबेला के उजाले में धुंधलाती लगती है तो 'हिंदु' शब्द तो इतना प्राचीन है कि कथा पुराण भी उसके स्रोत तक पहुंच नहीं सकते।

कहां तो दुनिया-भर के लोग 'हिंदू' शब्द को विदेशी मूल और लिखित इतिहास के प्रारंभ के बाद का बता रहे थे और यहां वीर सावरकर ने उसे ऋग्वेद से भी पुराना साबित कर दिया।

वीर सावरकर मान लेते थे कि आर्य भारत में बाहर से आए। लेकिन यहां वे यह भी बता रहे हैं कि भारत के आर्य पूर्व के मूल निवासी अपने को हिंदू कहते होंगे और उनकी प्राकृत संस्कृत से भी पुरानी है। यानी हिंदू ही हमारा मूल नाम है और आर्यों और उनके ऋग्वेद ने भी इसे मूल निवासियों से लिया है। इसलिए कोई इसके मूल और इसकी प्राचीनता पर प्रश्न न करे। हम सृष्टि के प्रारंभ से हिंदू हैं। यह हमारे धर्म, राष्ट्र और संस्कृति का मूल नाम है। बीच में हम भले ही अपने को भारत और भारती कहने लगे हों पर विदेशियों ने तो हमें हमेशा अपने पालने के यानी मूल नाम से पुकारा है। भारत में ज्यादा प्रचलित अपने नाम भारत को वीर सावरकर इसलिए पसंद नहीं करते कि यह एक सम्राट भरत के नाम पर पड़ा है। वीर सावरकर कहते हैं कि वे सम्राट भरत तो गए और उनके जैसे दूसरे महान सम्राट आए और गए। लेकिन सिंधु तो बह रही है, हमेशा बहती रही है और बहती रहेगी और बहते हुए हमें हमारे गर्व और हमारी रेस की महानता की याद दिलाते हुए हमें कृतज्ञ बनाती रहेगी।

ऐसा करने में वीर सावरकर ने संस्कृत के व्याकरण की, पाणिनि की कोई चिंता नहीं की। संस्कृत का 'स' प्राकृत में तो 'ह' हो जाता है लेकिन प्राकृत के 'ह' का संस्कृत में 'स' होने का कोई उदाहरण नहीं है। प्राकृत और संस्कृत के विद्वानों और वैयाकरणों से हमने कहा कि इसका कोई उदाहरण मिलता हो, ऐसा होता हो तो बताइए। और सभी ने कहा कि ऐसा नहीं होता। एक ने कहा कि कोई प्राकृत संस्कृत या विकसित संस्कृत से पुरानी हो सकती है। जैसे ऋग्वेद में मुंडा आदिवासियों की मुंडारी भाषा के चौंसठ शब्द मिलते हैं। लेकिन प्राकृत का 'ह' तो संस्कृत में 'स' कहीं नहीं होता। इसी तरह 'हिंदु' शब्द और 'हिंदु राष्ट्र' की सीमाओं पर वीर सावरकर ने भविष्य पुराण का उपयोग किया है। भविष्य पुराण ईस्वी सन् एक हजार के बाद बनाया गया पुराण है और इतना खुला है कि सभी पौराणिकों को उसकी प्रामाणिकता में संदेह है। संस्कृत वांगमय कोश कहता है कि इसमें कलियुग के अनेकानेक राजाओं का वर्णन है जो महारानी विक्टोरिया तक आ जाता है। इस पुराण के प्रतिसर्ग पर्व (जहां से वीर सावरकर ने उद्धरण लिये) की बहुत-सी कथाओं को आधुनिक विद्वान प्रक्षेप मानते हैं। इसके भविष्य कथन भी अविश्वसनीय माने जाते हैं। एक विद्वान ने इसे साहित्यिक धोखेबाजी कहा है। 'धर्मशास्त्र का इतिहास' लिखनेवाले भारतरत्न महामहोपाध्याय पांडुरंग वामन काणे के आकलन में भी यह पुराण ज्यादा पुराना और प्रामाणिक नहीं है। लेकिन वीर सावरकर भविष्य पुराण के उद्धरणों को विश्वसनीय मानते हैं क्योंकि इनमें से आमतौर पर मानी जानेवाली परंपरा का अहसास होता है। तारीख, सन्, नाम और तथ्यों को याद रखना उतना आसान नहीं है जितना परंपराओं को। और आखिर हमारे इतिहास के प्रमुख संसाधन तो हमारी वे परंपराएं ही हैं और होनी भी चाहिए जो हमारे लोक की स्मृति में हैं या हमारे प्राचीन पुराणों, महाकाव्यों और साहित्य में दर्ज की गई हैं। मैंने पहले ही बताया कि वीर सावरकर इतिहास को उपयोग की सामग्री मानते थे।

हिंदुत्व में वीर सावरकर ने जाति को संस्कृत की जन् धातु से निकली बताया है। और जाति का अंग्रेजी और यूरोपीय अवधारणा की रेस में प्रयोग किया है। रेस एक बिलकुल अभारतीय और यूरोपीय अवधारणा है—संस्कृत के ही वर्ण और वंश शब्दों का भी इसके लिए अपने यहां उपयोग हुआ है। रेस को महाजाति भी कहा गया है। लेकिन संस्कृत और हिंदी ही नहीं, भारत की किसी भी भाषा में रेस के सभी अर्थ ठीक-ठीक बता देनेवाला कोई शब्द

नहीं है क्योंकि यह भारतीय अवधारणा है ही नहीं। वीर सावरकर जानते हैं और कहते भी हैं कि हमारे यहां कई नस्लें आ कर घुल-मिल गई हैं और शुद्ध आर्य या शुद्ध हिंदू नाम की कोई रेस नहीं है। फिर भी कहते हैं कि हम हिंदू एक रेस हैं। अगर नहीं हैं तो यूरोप की जिन रेसों में इतनी ही गड्डमड्ड और इतना ही मेल-जोल हुआ है वे कैसे एक रेस हैं। अगर हैं तो हम भी हैं। फिर हिंदू तो वेदों के वक्त से एक राष्ट्र हैं क्योंकि राष्ट्र वैदिक शब्द है। अगर हमारे यहां राज्यों के युद्धों का उदाहरण दिया जाता है तो इंग्लैण्ड के वॉर ऑफ़ रोज़ेज को क्या कहोगे। अगर यूरोप के छोटे-छोटे राज्यों में ऐसी लड़ाइयां होती रही हैं और फिर भी वे एक राष्ट्र बने रहे हैं तो हिंदू तो राष्ट्र है ही। ऐसा नहीं है कि सावरकर को मालूम न हो कि आधुनिक राष्ट्र राज्य एक अलग चीज है हमारा वैदिक राष्ट्र अलग। लेकिन वे भारत को यूरोपीय राष्ट्र राज्य जैसे राष्ट्र में संगठित कर के सैनिक शक्तिसम्पन्न राष्ट्र बनाना चाहते थे इसलिए उनने पूरे इतिहास को उसी नजर से देखा और वेदों, पुराणों के बाद मध्यकाल के हिंदी के वीर रस महाकाव्यों पर आ गए। बेन और चंद बरदाई के पृथ्वीराज रासौ के उद्धरण देने लगे जिनमें मुसलमान राजाओं के खिलाफ हिंदू राजाओं की वीरता और एकता के वर्णन हैं।

पृथ्वीराज रासौ की पुरानी से पुरानी प्रति सत्रहवीं शताब्दी की मिलती है जबकि पृथ्वीराज और मोहम्मद ग़ोरी की लड़ाई बारहवीं सदी के अंत में हुई थी। लेकिन वीर सावरकर रासौ से उद्धरण लेने को इसलिए आतुर हैं कि उसमें हिंदी के आदि कवि ने हिंदी, हिंदवान, हिंद जैसे शब्दों का इस्तेमाल किया है। वीर सावरकर साबित करना चाहते हैं कि जब हिंदुस्थान में मुसलमानों के पांव जमे भी नहीं थे तब ग्यारहवीं सदी के लोगों की हिंदी जैसी जबान में ये शब्द थे। वे मुसलमान हमलावरों से हिंदू राजाओं की लड़ाइयों को हिंदुओं और मुसलमानों की लड़ाइयां बताना चाहते हैं जब कि ऐतिहासिक सच्चाई यह है कि कई विदेशी हमलावरों ने भारत में मुसलमान राजाओं से भी लड़ कर राज्य छीने। गज़नियों को पंजाब से ग़ोरियों ने भगाया। और जब 1526 में बाबर ने मुगल साम्राज्य की स्थापना की तो उसने पानीपत की लड़ाई में इब्राहिम लोदी को हराया। इसके पहले सिंध, मुल्तान, गुजरात, मालवा, खानदेश और बंगाल में मुसलमानों के राज्य थे जो एक दूसरे से लड़ते रहते थे। भारत के मुसलमान राजाओं की एक दूसरे से लड़ाई न इस्लाम की आपस की लड़ाइयां थीं, न हिंदू राजाओं की एक दूसरे से लड़ाई, हिंदुओं की अंदरूनी लड़ाइयां थीं। इसी तरह हिंदू राजाओं की मुसलमान राजाओं से लड़ाइयां हिंदू-मुस्लिम लड़ाइयां नहीं थीं। ऐसा कभी नहीं हुआ कि इस्लाम एक होकर बाहर से हमला करने आया और पूरा हिंदू भारत एक हो कर उसके मुकाबले में लड़ा हो। खुद सावरकर ने मुगलों से शिवाजी की लड़ाइयों के जो उद्धरण दिए हैं उनमें राजा जयसिंह मुगलों की तरफ से शिवाजी से लड़ने आए हैं। शिवाजी ने सिंहगढ़ का किला किसी मुगल सेनापति से नहीं राजपूत रक्षक उदयभानु से छीना था।

लेकिन वीर सावरकर ने बेन, चंदबरदाई, भूषण आदि कवियों के वीर काव्यों से कविता के टुकड़े लिये हैं और उन्हें वीर हिंदू राजाओं के चालाक मुसलमान राजाओं से संग्राम के उदाहरण बताते हुए हिंदुत्व की चेतना में शामिल कर लिया है। गुरु रामदास, गुरु तेगबहादुर और गुरु गोविंदसिंह के पद व दोहों का भी हिंदू चेतना बताने में इस्तेमाल किया है। अब आप हम सब जानते हैं कि उस मध्यकाल में भी मुसलमान राजाओं की सेनाओं में हिंदू और

हिंदू राजाओं की सेनाओं में मुसलमान होते थे और एक दूसरे से लड़ते थे। हिंदू, मुसलमान, तुर्क, राजपूत जैसे शब्द आम हो गए थे और वीर रस के कवियों और चारणों के पद्यों में उनका उपयोग भी होता था। लेकिन भारत में एक हिंदू भारत और एक मुसलमान भारत का विभाजन नहीं हो गया था। भारत के इतिहास को हिंदू, मुसलमान और ब्रिटिश काल में तो पहली बार अंग्रेज इतिहासकारों ने उन्नीसवीं सदी में बांटा। इस विभाजन का कोई ऐतिहासिक आधार नहीं था। यह अंग्रेज साम्राज्यवादियों की भारत के बारे में सांप्रदायिक अवधारणा थी जिसे अंग्रेज इतिहासकारों ने काल विभाजन से पुष्ट किया। बीसवीं सदी में भारतीय इतिहासकारों ने इसे सुधारने की भी कोशिश की लेकिन जैसा कि इतिहासकार रोमिला थापर ने कहा है उनने प्राचीन काल, मध्यकाल और आधुनिक काल में विभाजन किया जो कि यूरोपीय इतिहास के काल विभाजन की नकल है।

लेकिन सही है कि अंग्रेज इतिहासकारों के काल विभाजन ने उन नेताओं की मदद की जो इतिहास का उपयोग कर के अपने-अपने सपनों या अवधारणाओं का भविष्य बनाना चाहते थे। वीर सावरकर और तमाम हिंदुत्ववादियों के मुहावरे में जो एक हजार साल की गुलामी की कहावत आई है उसमें अंग्रेज इतिहासकारों के काल विभाजन का बहुत हाथ है। वीर सावरकर को ऋग्वेद के सिंधु, सप्त सिंधु और सैंधव और वेदों के राष्ट्र के बाद हिंदी के वीर रस के कवियों पर आ जाना पड़ा क्योंकि हिंदू राष्ट्र, हिंदू चेतना और मुसलमान विरोध के लिए इतिहास या साहित्य के यही टुकड़े उनके उपयोग के लायक थे। इस उपयोग के दौरान जो विपरीत सबूत हैं उनको वीर सावरकर ने ध्यान में नहीं लिया। जैसे सबसे प्रसिद्ध मुहावरे हैं—जननी जन्मभूमिश्च स्वर्गादपि गरीयसी—जन्मभूमि स्वर्ग से बड़ी है। वीर सावरकर के लिए जन्मभूमि पितृभू है जो कि जर्मन फादरलैण्ड का अनुवाद है। दूसरा मुहावरा है—दुर्लभं भारते जन्म—भारत में जन्म मिलना दुर्लभ है। वीर सावरकर तो ऋग्वेद के भी पहले इसे हिंदू राष्ट्र बना रहे हैं। वे कैसे मान लें कि किसी संस्कृत साहित्यकार ने दुर्लभं हिंदू जन्म नहीं कहा। ऐसा नहीं है कि वीर सावरकर को मालूम नहीं था कि वे जो बनाना चाहते हैं उससे उलटे कितने प्रमाण सुलभ हैं। लेकिन वे उनके उपयोग के नहीं थे इसलिए उनने छोड़ दिए। वीर सावरकर भारत को यूरोपीय किस्म का एक विशाल, मजबूत और सख्त राष्ट्र बनाना चाहते थे इसलिए उनने हिंदू की परिभाषा करने में धर्म से सहायता नहीं ली। उनने हिंदू को उसके जातीय और सांप्रदायिक स्वरूप में स्थिर करने की कोशिश की और कहा कि हिंदू धर्म तो हिंदुत्व का एक अंश, एक कारक बल्कि एक व्युत्पादित है। हिंदुत्व से क्या मतलब है जब तक यह स्पष्ट न कर दिया जाए तब तक हिंदू धर्म अस्पष्ट और अगम्य रहेगा। हिंदुत्व और हिंदू धर्म में अंतर न कर पाने से बहुत गलतफहमियां पैदा हुई हैं और उन सहोदर समुदाय में आपसी संदेह बढ़ा है जिनकी कि साझी विरासत यह विशाल और अकूत हिंदू सभ्यता है। यहां अभी यही बता देना काफी है कि अस्पष्ट रूप से जिसे हिंदू धर्म कहा जाता है वह यह हिंदुत्व नहीं है।

फिर भी वीर सावरकर को लगा कि हिंदुत्व और हिंदू धर्म के बीच उनने जो भेद किया है वह स्पष्ट नहीं हुआ है। पुस्तक को खत्म करते हुए उनने फिर लिखा—"हिंदुत्व के सांस्कृतिक पहलू पर भी कोई गंभीर आपत्ति नहीं की जाती अगर हिंदू धर्म और हिंदुत्व के बीच भ्रम पैदा करनेवाली समानता के कारण दुर्भाग्यपूर्ण गलतफहमी पैदा नहीं होती। हमने

दोनों अवधारणाओं के बीच अंतर करनेवाली रेखा बिलकुल स्पष्ट कर दी थी और इसका विरोध भी किया था कि हिंदू धर्म के लिए सिर्फ सनातन धर्म का उपयोग किया जाए। हिंदुत्व हूबहू हिंदू धर्म नहीं है न हिंदूवाद हिंदू धर्म है। यह दुहरी गलती है जो हिंदुत्व को हिंदू धर्म और सनातनी संप्रदाय या धार्मिक व्यवस्थाओं के समान बताती है और उनमें से कुछ लोगों को प्रेरित करती है कि इस धारणा को भंग न करें और दूसरों से यह दुर्भाग्यपूर्ण गलती करवाती है कि वे अपने हिंदुत्व को ही त्यागने पर उतारू हो जाएं।" ऐसा इसलिए करना पड़ा कि वीर सावरकर सिखों, जैनों और बौद्धों को हिंदू मानते थे और उन्हें मालूम था कि ये लोग इसलिए हिंदू नहीं कहलाना चाहते कि कहीं उनका धर्म हिंदू न समझ लिया जाए। वीर सावरकर सिखों जैनों और बौद्धों यानी भारत में जन्मे धर्मों के लोगों को हिंदू बनाना चाहते थे और उनके गले उतारना चाहते थे कि हिंदू कहे जा कर भी धर्म से वे सिख, जैन और बौद्ध ही रहेंगे। हिंदुत्व को हिंदू धर्म से अलग करना उनके लिए इसलिए जरूरी था। वे दरअसल हिंदुत्व को राष्ट्रीयता के रूप में स्थापित कर रहे थे। उनके हिंदुत्व के कारकों पर जाने के पहले हिंदुत्व पुस्तक की कुछ और स्थापनाओं पर टिप्पणी जरूरी है।

जैसे हिंदुत्व में वीर सावरकर ने भगवान बुद्ध को सिर नवाते हुए भी उन्हें उनके धर्म और अहिंसा के लिए हिंदू राष्ट्र को कमजोर करने का दोषी बताया है। बौद्ध धर्म महान विश्व धर्म था और उसका संदेश विश्वबंधुत्व था। लेकिन ऊंचे सिद्धांतों, धर्म प्रचार और अहिंसा से सत्ता की तृष्णा नहीं मिटती। बर्बर लोग तलवार की जगह सुमरिन की माला स्वीकार नहीं करते। उनमें आग होती है और हाथ में तलवार। वे ऊंची संस्कृतियों और महान और उदात्त सिद्धांतों पर नहीं चलते, वे रौंदते हुए आते हैं और सर्वनाश कर देते हैं जैसा कि बौद्ध काल में हूणों और शकों ने किया। अगर विक्रमादित्य और ललितादित्य अपने पौरुष के हाथ में तलवार लेकर इन बर्बर हमलावरों से निपटते नहीं तो हिंदुओं की रेस बरबाद हो जाती। वीर सावरकर विक्रमादित्य और ललितादित्य की हूणों और शकों पर विजय को पौरुषेय और पराक्रमी वैदिक धर्म की जीत बताते हैं और बौद्ध धर्म को अहिंसा और विश्वबंधुत्व से भारत को कमजोर और अराजनैतिक बनाने वाला। महात्मा गांधी को उनकी अहिंसा के लिए धिक्कारने के लिए वीर सावरकर को भगवान बुद्ध और उनके धर्म को पकड़ना पड़ा। यह इतिहास के दुरुपयोग का एक और उदाहरण है क्योंकि अहिंसा का सिद्धांत भगवान बुद्ध ने अपनाया भले ही वह है तो उन्हीं हिंदुओं का जिन्होंने महाभारत लड़ा। एक ही कुल की दो शाखाओं ने। अहिंसा परमोधर्म–यह निष्कर्ष महाभारत से निकला है और हिंदू सिद्धांत है। भगवान बुद्ध बाद में हुए जिनने इसे अपने धर्म की मूल आस्था बनाया। फिर विश्वबंधुत्व भी हिंदुओं के वेदों और उपनिषदों से निकला है। वीर सावरकर इन दोनों सिद्धांतों को बौद्ध धर्म पर डाल देना चाहते हैं क्योंकि हिंदू राष्ट्र को तो वे अनिवार्य हिंसा में विश्वास करने वाला क्षात्र और पौरुषेय राष्ट्र बताना चाहते हैं।

सिंधु से हिंदू को निकालने और उसे प्राचीनतम बताने के मोह में वीर सावरकर ने सिंधु नदी को अपनी सभ्यता, संस्कृति, जाति (रेस) और राष्ट्र की मूल और एकमात्र जीवनदायी अजस्र धारा बना दिया है। सही है कि ऋग्वेद में सिंधु शब्द एकवचन और बहुवचन दोनों में दो सौ से अधिक बार आया है। महामहोपाध्याय काणे ने धर्मशास्त्र के इतिहास में बताया है कि पाणिनि ने सिंधु शब्द का प्रयोग देश के अर्थ में किया है। सैंधव का अर्थ है वह व्यक्ति

या जिसके पूर्वपुरुष लोग सिंधु देश में रहते हों। लेकिन काणे इसे सिंधु देश या हिंदू राष्ट्र कहने के बजाय भारतवर्ष कहना बेहतर मानते हैं। सिंधु की भारत के लिए महत्ता अद्भुत है। फिर भी अगर आप अपना पूरा संस्कृत साहित्य पढ़ें और समझें तो साफ हो जाता है कि हमारे धर्म और संस्कृति की नदी सरस्वती है जिसे साक्षात वाक् देवी का रूप भी दिया गया। सरस्वती हम भारतीयों को हिंदू वाली जातीय और सांप्रदायिक पहचान नहीं देती। लेकिन अगर आप एक संस्कृति और एक भाषा संस्कृत को हिंदू राष्ट्रीयता के अनिवार्य कारक मानते हैं तो सरस्वती आपके लिए सिंधु से कम महत्त्वपूर्ण नहीं हो सकती। वीर सावरकर सरस्वती को हिंदुत्व में सिर्फ एक बार याद करते हैं जब वे सिखों को फटकारने में लगे हैं कि वे अपने को हिंदू क्यों नहीं मानते। आखिर हमारे वेद पंजाब की सरस्वती नदी के किनारे ही रचे गए हैं। सिंधु अगर हिंदुओं की भौगोलिक और जातीय पहचान बनाती है तो सरस्वती उनकी संस्कृति, भाषा और धर्म की नदी है और ये तीनों वीर सावरकर के हिंदुत्व के कारक हैं।

अब आइए हिंदुत्व के अनिवार्य कारक देख लें। वीर सावरकर ने कहा है कि हिंदू वह है जो सिंधु नदी से सागर तक के विस्तार में फैले देश का रहने वाला हो। हिंदुत्व की पहली अनिवार्यता है कि हिंदू खुद या अपने पुरखों के जरिए हिंदुस्तान का नागरिक हो। लेकिन हिंदू सिर्फ भौगोलिक अर्थ में हिंदू नहीं हो सकता। हिंदू शब्द के और भी कुछ मतलब हैं। वह सिर्फ भारतीय या हिंदी नहीं है। हिंदुओं की एक मातृभूमि ही नहीं है जिसे वे सब प्रेम करते हैं। हिंदू खून के बंधन से भी बंधे हैं। वे सिर्फ एक राष्ट्र ही नहीं, एक जाति भी हैं। जाति यानी एक रेस का बंधन उन्हें हिंदू बनाता और हिंदुत्व प्रदान करता है। तीसरी अनिवार्यता यह है कि उनकी संस्कृति एक होना चाहिए। यह हिंदू संस्कृति—पितृभू और जाति के बंधन से बड़ा बंधन है क्योंकि जो मुसलमान यहां पीढ़ियों से रहता हो और पितृभू से प्रेम करता हो और उसकी धमनियों में जाति और वर्ण-व्यवस्था को मानने के कारण एक ही खून बह रहा हो वह हिंदू नहीं हो जाता। उसे हिंदू संस्कृति को भी मानना चाहिए और यह संस्कृति एक संश्लिष्ट अवधारणा है, इसमें इतिहास, साहित्य और सभ्यता की समानता निहित है। चौथी अनिवार्यता है कि उनकी भाषा एक होनी चाहिए यानी संस्कृत, क्योंकि यह हमारी जाति की पालने की भाषा है। आपकी अपनी मातृभाषा भले ही हिंदी, गुजराती, मराठी, तमिल, तेलुगु, मलयालम, बांग्ला, पंजाबी आदि हो और आप उसी में बोलते भी हों लेकिन आपको मानना चाहिए कि आपकी जाति, संस्कृति और पितृभू की भाषा एक ही है—संस्कृत। अब वीर सावरकर कहते हैं कि हमारे देशभक्त खोजा भाई पितृभू, जाति, संस्कृति और एक ही भाषा संस्कृत को मानने के कारण हिंदू कहे जाने चाहिए। चार शर्तें तो वे पूरी करते हैं। ऐसे मुसलमान और ईसाई हो सकते हैं जो इन चारों शर्तों को पूरी करते हों फिर भी क्या उन्हें हिंदू माना और हिंदुत्व दिया जा सकता है ? वीर सावरकर कहते हैं कि नहीं क्योंकि उनके तीर्थ उनकी पुण्यभू अरेबिया या फिलीस्तीन में हैं। उनके धर्म भारत में नहीं जन्मे हैं। उनके कथा-पुराण, भगवान और महानायक विदेशी भूमि के हैं। इसलिए उनके नाम और उनका रवैया विदेशी मूल का लगता है। उनका प्रेम और उनकी वफादारी विभाजित है। वे चाहें भी तो अपना सर्वस्व अपनी पितृभू पर न्यौछावर नहीं कर सकते क्योंकि उन्हें अपनी पुण्यभू को अपनी पितृभू के ऊपर रखना ही होगा। चूंकि उनकी पुण्यभू भारत में नहीं है इसलिए वे हिंदू

नहीं हो सकते और हिंदुत्व नाम की राष्ट्रीयता उन्हें नहीं मिल सकती।

हिंदुत्व की इन अनिवार्यताओं को वीर सावरकर ने एक संस्कृत श्लोक में बांध दिया–

आसिंधुसिंधुपर्यन्ता यस्य भारतभूमिका।
पितृभूः पुण्यभूश्चैव स वै हिंदुरिति स्मृतः॥

इस तरह हिंदुत्व को राष्ट्रीयता निश्चित करने और उससे मुसलमानों और ईसाइयों को वंचित करने के बाद वीर सावरकर ने उनसे अपील की कि वे भारत को अपनी पुण्यभू मान लें और हिंदू बंधन में लौट आएं, उनका स्वागत है। वीर सावरकर राष्ट्रीयता को एक राजनैतिक अवधारणा मानकर हिंदुत्व की व्याख्या करते हुए जब आखिरी कसौटी पर पहुंचे तो धार्मिकता पर ही जा कर टिके क्योंकि पुण्यभू ही अगर अंतिम परीक्षा है तो वह धार्मिक ही है। हिंदुओं की पुण्यभू तो भारत या हिंदू राष्ट्र में है ही, सिखों, जैनियों और बौद्धों की भी है क्योंकि ये सभी भारत में जन्मे धर्म हैं। यानी भारत में जन्मे धर्मों को माननेवाले धर्म से भले ही हिंदू न हों, राष्ट्रीयता से तो हैं। यानी राष्ट्रीयता की भी अंतिम परीक्षा तो यहां जन्मे धर्म से ही होनी है। धर्म के नकार से शुरू कर के वीर सावरकर आखिर राष्ट्रीयता की धार्मिक कसौटी को ही स्वीकार कर गए। आखिर में उनने कहा कि हम तो बहुत चाहते हैं कि "एक महत्तर चेतना और एक वृहत्तर लगाव पैदा करें ताकि हिंदू मुसलमान, ईसाई और पारसी अपने को पहले भारतीय मानें और दूसरे कुछ बाद में। भारत ने इस दिशा में चाहे जितनी प्रगति की हो एक बात सिर्फ भारत में ही नहीं संसार में हर जगह स्वयंसिद्ध सत्य की तरह स्थापित है। वह यह कि एक राष्ट्र को एक नींव की जरूरत होती है जिस पर वह खड़ा रह सके। राष्ट्रराज्य को नींव का यह ढांचा उसके समाज के उन लोगों से मिलता है जिनके हित, जिनका इतिहास और जिनकी आशा-आकांक्षाएं उस देश से सबसे पास से जुड़ी हुई हों।" फिर वीर सावरकर तुर्की का उदाहरण देते हैं जिसने आर्मेनियनों और ईसाइयों को अपनी संसद और सेवा में लिया–सेकुलर आधार पर। लेकिन जब तुर्की का सर्वेनिया से युद्ध छिड़ा तो आर्मेनियन और ईसाई सर्वेनियनों की ओर चले गए जिनसे कि वे राजनैतिक, धार्मिक और जातीय रूप से ज्यादा जुड़े हुए थे। पहले विश्वयुद्ध में अमेरिका के जर्मन नागरिक जर्मनी की तरफ और नीग्रो नागरिक अफ्रीका की तरफ झुक गए। अमेरिकी राज्य का अंतिम मोर्चा उसके नागरिकों के एंग्लो-सेक्सन समुदाय पर टिक गया। उन्हीं के गिरने-उठने पर अमेरिका का भविष्य निर्भर हो गया।

वीर सावरकर भारत की तरफ मुड़कर कहते हैं कि भारतीय राज्य की वह नींव हिंदू हैं क्योंकि उन्हीं का अतीत, वर्तमान और भविष्य हिंदुस्तान से सबसे निकट से जुड़ा है। वही उनकी पितृभू और वही पुण्यभू है। भारतीय नागरिकता के नाते भी इसलिए हिंदू नागरिकता को ही मजबूत और पुष्ट करना होगा क्योंकि वही उसकी नींव, वही उसका आधार और वही उसका अंतिम आधार हो सकता है। इसलिए किसी को बुरा लगता हो या भला, सत्य यही है कि भारत हिंदुओं का राष्ट्र है और हिंदू ही सबसे सहजता से हिंदुत्व प्राप्त कर सकते हैं। वीर सावरकर ने भारत की सच्चाई नहीं देखी। अपनी ही पुस्तक–भारत के प्रथम स्वतंत्रता संग्राम–में अंग्रेजों के खिलाफ वर्णित हिंदुओं और मुसलमानों की एकता को याद नहीं किया। उस मध्यकाल में भी मुसलमानों की तरफ से लड़ते हिंदुओं और हिंदुओं की तरफ से मुसलमान राजाओं के खिलाफ लड़ते मुसलमानों को ध्यान में नहीं रखा जिनकी सच्चाई इतिहास और

परंपरा दोनों में स्थापित है। वीर सावरकर की राष्ट्रराज्य की अवधारणा तो यूरोपीय है ही, उनके तथ्य, संदर्भ और उदाहरण भी यूरोपीय हैं। भारत में ऐसा नहीं हुआ कि बाहर से आए लोगों और धर्मों को अलग करके निकाल बाहर किया गया हो। जिन हूणों और शकों को विक्रमादित्य और ललितादित्य ने पराजित किया वे भी भारत में मिल गए। शकों का तो संवत ही अपने यहां मान्य है। ईसाइयत और इस्लाम–उनके हमलावरों के आने और राज्य स्थापित करने के पहले से हमारे यहां हैं। उनसे हमारे धर्मयुद्ध नहीं हुए। हमारे धर्म ने उन्हें निकाल बाहर करने के आदेश नहीं दिए। इसीलिए वीर सावरकर की विकसित की गई हिंदुत्व की अवधारणा अहिंदू, अधार्मिक और अभारतीय यूरोपीय राजनैतिक अवधारणा है और उसे भारतीय मानस ने स्वीकार नहीं किया। गांधी के नेतृत्व वाले स्वतंत्रता संग्राम से विकसित स्वतंत्रता अहिंसा, बराबरी, न्याय और बंधुत्व के मूल्य संविधान में हमने स्वीकार किए और भारत को लोकतांत्रिक धर्मनिरपेक्ष गणराज्य बनाया।

वीर सावरकर के इस हिंदुत्व को संघ संप्रदायी कहते हैं कि वे नहीं मानते। उनका हिंदुत्व तो स्वामी विवेकानंद, रामकृष्ण परमहंस और दयानंद सरस्वती का है। लेकिन भारत के इन सुधारवादी धार्मिक नेताओं ने न तो हिंदुत्व की बात की, न हिंदू राष्ट्र की, न हिंदुत्व को राष्ट्रीयता बताया, न उसकी ऐसी परिभाषा की जैसी कि वीर सावरकर ने की है। संघ वाले वीर सावरकर का नाम भले ही न लें लेकिन वे उनके हिंदुत्व और उनके हिंदू राष्ट्र को मानते हैं। हिंदू राष्ट्र को अभी सांस्कृतिक राष्ट्रवाद बता कर भाजपा और संघ दोनों ही संविधान के दायरे में रहना चाहते हैं। लालकृष्ण आडवाणी इसीलिए हिंदू राज्य और हिंदू राष्ट्र में फर्क करते हैं। हिंदुत्व को राष्ट्रीयता बताने पर वे और उनकी पार्टी संविधान की लक्ष्मण रेखा के बाहर हो जाएंगे। लोकतांत्रिक व्यवस्था में बने रहने के लिए भाजपा को संविधान के दायरे में ही रहना होगा। राष्ट्रीय स्वयंसेवक संघ ने सन् 1949 में जब संविधान को मानने की शर्त मंजूर की तभी उप प्रधानमंत्री सरदार पटेल ने गांधी हत्या के बाद लगी पाबंदी उस पर से हटाई। तब से संघ हमेशा इतनी सावधानी बरतता है कि पाबंदी न लगे। इसके बावजूद 1975 और 1992 में लगी तो संघ ने सरकार से समझौता करने की पहल की। वीर सावरकर के हिंदुत्व को घोषित रूप से स्वीकार करने पर भाजपा को मुसलमानों और ईसाइयों को दोयम दर्जे की नागरिकता देने का आग्रह करना पड़ेगा। ऐसा वह कर नहीं सकती क्योंकि संविधान के अलावा भी भारत का लोकमत इसे स्वीकार नहीं करेगा।

लेकिन 1940 से 1973 तक राष्ट्रीय स्वयंसेवक संघ के सरसंघचालक रहे माधव सदाशिव गोलवरकर ने सन् 39 में प्रकाशित अपनी पुस्तक "हम या हमारी राष्ट्रीयता की परिभाषा" में कहा है–"हिंदुस्तान में जो विदेशी नस्लें हैं उन्हें हिंदू संस्कृति और भाषा अपना लेना चाहिए। हिंदू धर्म का आदर और सम्मान करना सीख लेना चाहिए। हिंदू नस्ल और संस्कृति का गौरव करने के अलावा और कोई विचार रखना ही नहीं चाहिए। या फिर हिंदू राष्ट्र के पूरी तरह अधीन रह कर देश में रहना चाहिए, कोई दावा नहीं करना चाहिए, अपने को किन्हीं विशेषाधिकारों के योग्य नहीं समझना चाहिए, विशेष व्यवहार पाने की इच्छा तो दूर नागरिकों के अधिकारों तक की उम्मीद नहीं करना चाहिए।" वीर सावरकर ने मुसलमानों और ईसाइयों को पुण्यभू की कसौटी पर हिंदुत्व से वंचित किया था। गुरु गोलवलकर उन्हें हिंदू धर्म, संस्कृति, भाषा और जाति का आदर-सम्मान न करने पर नागरिकों के अधिकारों से भी दूर

कर देना चाहते थे। और अभी जो सुदर्शन जी सरसंघचालक हैं उनने सन् '93 में कहा था– "इस्लाम पर अरबी संस्कृति की गहरी छाप है क्योंकि वह वहां जन्मा है। लेकिन यूरोपीय संस्कृति के प्रभाव में तुर्की में आने पर उसका रंग बदला। ईरान में जोरास्त्रियन और इंडोनेशिया में हिंदू संस्कृति का उस पर प्रभाव पड़ा। इस्लाम ने इंडोनेशिया के मुसलमानों को महाभारत और रामायण को अपने सांस्कृतिक महाकाव्य और राम और कृष्ण को अपने पुरखे मानने से नहीं रोका। भारतीय मुसलमानों का क्या बिगड़ जाएगा, अगर राम और कृष्ण को वे अपने पुरखे मान लें और गज़नी, ग़ोरी और बाबर को विदेशी हमलावर।" यानी सुदर्शन जी की मांग है कि मुसलमान हिंदू संस्कृति को कबूल करें। फिर अभी कुछ महीने पहले संघ ने बाकायदा प्रस्ताव पास करके भारतीय मुसलमानों से कहा कि वे समझ लें कि उनकी खैरियत बहुसंख्यक हिंदुओं की सद्भावना में ही है। यानी गुरु गोलवलकर से लेकर हाल तक संघ का मुसलमानों के प्रति वही रवैया है जो वीर सावरकर ने हिंदुत्व में लिया है। विश्व हिंदू परिषद् और बजरंग दल के नेताओं के बयानों पर जाएं तो वे तो वीर सावरकर से भी एक कदम आगे जाते हैं। उनका हिंदुत्व और हिंदू राष्ट्र तो वीर सावरकर से भी ज्यादा हिंदू और सांप्रदायिक है और ये संगठन भी आखिर संघ परिवारी संगठन हैं।

तो रणनीति में भले ही फर्क हो सकता है लेकिन वीर सावरकर और संघ में कोई वैचारिक अंतर नहीं है। संघ के प्रति सबसे ज्यादा समझदारी और सहानुभूति रखनेवाले एंडरसन और दामले ने अपनी 'द ब्रदरहुड इन सेफ्रन' पुस्तक में लिखा है कि संघ संस्थापक केशव बलिराम हेडगेवार ने भारतीय उपमहाद्वीप के सभी लोगों को समाहित करनेवाले हिंदू राष्ट्र की अवधारणा का बौद्धिक औचित्य भले ही वीर सावरकर की पुस्तक हिंदुत्व से प्राप्त किया हो, हिंदू समाज को एक करने का तरीका उन्हें इससे नहीं मिला।

हेडगेवार बंगाल में क्रांतिकारियों में रह चुके थे और कांग्रेस में होते हुए सत्याग्रह और संवैधानिक सुधारों को देख चुके थे। उन्हें लगा था कि इनसे न स्वतंत्रता मिल पाई है, न राष्ट्रीय पुनर्जागरण हुआ है। विदेशी हमलावरों का सामना करने में भारत की विफलता के कारण वे बचपन से ढूंढ़ते रहे थे। उन्हें यह बात बहुत विचलित करती थी कि मुट्ठी-भर अंग्रेज साम्राज्यवादी भारत जैसे विशाल देश पर इतनी आसानी से कैसे शासन कर लेते थे। उन्हें लगता था कि भारत की कमजोरी का मूल कारण जब तक ढूंढ़ नहीं लिया जाएगा देश के पुनर्जागरण और स्वतंत्रता पाने का रास्ता नहीं निकलेगा। सन् 24-25 के आसपास उन्हें मूल कारण समझ में आया : मूल समस्या मनोवैज्ञानिक है और जरूरी है कि राष्ट्रीय चेतना और सामाजिक एकता का बोध जगाने के लिए आंतरिक परिवर्तन किया जाए। राष्ट्रीय पुनर्निर्माण को समर्पित कार्यकर्ताओं का संगठन एक बार खड़ा हो जाए तो राष्ट्र में नए प्राण फूंकने के आंदोलन को चलाए रखने में कोई मुश्किल नहीं होगी। स्वतंत्रता तो इस राष्ट्रीय पुनर्निर्माण का एक उद्देश्य होगी ही। स्वतंत्रता प्राप्ति के मार्ग का पहला काम एक अनुशासन और एक संगठन बनाना है जिसमें कार्यकर्ताओं का प्रशिक्षण किया जा सके। सितंबर 1925 की विजयादशमी के दिन हिंदुओं में फिर से प्राण फूंकने के आंदोलन की शुरुआत हेडगेवार ने की। पहले उसमें नागपुर की ब्राह्मण बस्तियों के स्वयंसेवक आए। इस प्रारंभिक वर्ग का न तो कोई नाम था न गतिविधियों का विकसित कार्यक्रम था। सप्ताह में पांच दिन स्वयंसेवकों को एक अखाड़े में जाना होता था और गुरुवार और रविवार को राजनैतिक कक्षाओं में भाग

लेना था।

तो राष्ट्रीय स्वयंसेवक संघ की शुरुआत दरअसल अखाड़े से हुई। इस तथ्य को ध्यान में रखना जरूरी है। खिलाफत आंदोलन में महात्मा गांधी और कांग्रेस ने मुसलमानों को बड़ी तादाद में शामिल किया था। वह दरअसल कांग्रेस और मुस्लिम लीग का साझा आंदोलन था। पहले विश्वयुद्ध में तुर्की जर्मनी की तरफ से लड़ा था। वह हार गया तो अंग्रेजों ने तुर्की के सुलतान को अपदस्थ कर दिया। सुलतान खलीफा भी था यानी मुसलमानों का धार्मिक नेता। अंग्रेजों की इस कार्रवाई से मुसलमान सब जगह नाराज थे। भारत में भी। मांग थी कि सुलतान को वापस बहाल किया जाए। गांधी ने मुसलमानों की इस मांग को अपना लिया क्योंकि इससे वे मुसलमानों को आजादी के आंदोलन की मुख्यधारा में ला सकते थे। गांधी पर संघ संप्रदाय का मुसलमानों के तुष्टीकरण का जो आरोप है वह यहीं से शुरू होता है। गांधी तो मुसलमानों को अंग्रेजों के विरुद्ध हिंदुओं के साथ खड़ा करके साम्राज्यवादियों की बांटो और राज करो की नीति को पराजित करना चाहते थे। उनके लिए यह सिर्फ रणनीति का सवाल नहीं था। वे हिंदुओं और मुसलमानों की एकता में विश्वास करते थे और इसे स्वतंत्रता आंदोलन के लिए अनिवार्य मानते थे।

खिलाफत आंदोलन (1919-1921) की विफलता ने महाराष्ट्र के हिंदू राष्ट्रवादियों को गांधी और उनकी एकता और अहिंसा की नीतियों को रद्द करने का नया मौका दिया। खिलाफत आंदोलन के बाद देश-भर, खासकर केरल में हुए सांप्रदायिक दंगों ने इन लोगों को हिंदुओं को मुसलमानों के खिलाफ संगठित करने की प्रेरणा दी। हेडगेवार नागपुर में हिंदू नवयुवकों को संगठित करने और मुस्लिम दंगाइयों से निपटने में संघ की स्थापना के पहले से सक्रिय थे। दरअसल खिलाफत आंदोलन के बाद हुए दंगों ने हिंदुओं खासकर बाभन, बनियों, राजपूत युवकों को अखाड़ों में जाने और शारीरिक रूप से बलवान होने की प्रेरणा दी। महाराष्ट्र, पंजाब, बंगाल आदि में अखाड़ों की संख्या और उनमें जानेवाले युवकों की गिनती एकदम काफी बढ़ गई थी। पंजाब में जो हिंदू सभा आंदोलन मुस्लिम लीग की बराबरी करने के लिए बना था उसने हिंदू महासभा का रूप लिया और संघ की स्थापना के पहले अप्रैल 1925 में कलकत्ता में हिंदू महासभा के सम्मेलन में हिंदुओं को सांप्रदायिक रूप में संगठित करने का कार्यक्रम बनाया।

लेकिन अखाड़े और शाखा पर आने के पहले संघ के प्रकाशनों के एक-दो उद्धरण देख लेने चाहिए। "देश भर में एक बदलाव आ रहा था। 1921 के आंदोलन के बाद हुई घटनाओं से डॉक्टर जी (केशव बलिराम हेडगेवार) सदमे में थे। भारतीय मुसलमानों ने साबित किया था कि वे पहले मुसलमान हैं और भारतीय बाद में, क्योंकि जब तुर्की में खिलाफत का मुद्दा छोड़ दिया गया तो वे आजादी के आंदोलन से अलग हट गए। सारा वातावरण मुस्लिम उन्माद से भर गया। हर कहीं भारत माता की जय नहीं 'अल्लो ओ अकबर' सुनाई देने लगा। जल्द ही बन्नू, कोहाट, मुलतान, कानपुर, नागपुर आदि में मुस्लिम दंगे भड़क उठे। 'ये हिंदू-मुस्लिम दंगे नहीं हैं'—वे (हेडगेवार) कहते—'ये मुस्लिम दंगे हैं क्योंकि हर जगह वही शुरू करते हैं और वही आक्रमण करते हैं।' ये दंगे मोपला अत्याचारों में परिणत हुए और आगजनी, लूट, हत्या, बलात्कार और जबरन धर्मांतरण में समाप्त हुए। देश स्तंभित रह गया। और डॉक्टर जी पूछने लगे—यह खिलाफत है या अखिल आफत ?" और भी "यह स्पष्ट हो गया कि हिंदू ही राष्ट्र

हैं और हिंदुत्व ही राष्ट्रीयत्व। खामखयाली लोगों ने देश की राजनैतिक दीवार पर लिखी इबारत नहीं पढ़ी लेकिन यथार्थवादी डॉक्टर हेडगेवार ने फालतू के सपने देखने से इनकार कर दिया। सत्य प्रकट हो गया था। सिर्फ हिंदू ही हिंदुस्तान को आजाद कर सकते हैं और वही हिंदू संस्कृति को बचा सकते हैं। सिर्फ हिंदू शक्ति ही देश को बचा सकती है। तथ्यों के इस अनिवार्य तर्क से बचा नहीं जा सकता। मातृभूमि के लिए अखूट प्रेम और चरित्र निर्माण के आधार पर हिंदू युवकों को संगठित करना होगा। और कोई रास्ता ही नहीं है। उस महान आत्मा (हेडगेवार) की पीड़ा राष्ट्रीय स्वयंसेवक संघ की स्थापना में प्रकट हुई।''

संघ की विधिवत् स्थापना के पहले पहली शाखा अखाड़े में ही लगी और अखाड़े की तरह ही चलती रही। शाखा और अखाड़े के इस संबंध और दोनों की समानताओं को देख-समझकर—'हिंदू राष्ट्रवादी आंदोलन और भारतीय राजनीति' के फ्रांसीसी लेखक और अध्येता क्रिस्टोफ जेफ्रेलॉट ऐसे प्रभावित हुए कि उनने अपने अध्ययन में शाखा को वैचारिक अखाड़ा ही कहा। संघ और उसके प्राथमिक और मूल संगठन शाखा को अखाड़े की तरह चलते हुए सभी अध्येताओं ने पाया है। एंडरसन और दामले ने अपनी पुस्तक—'द ब्रदरहुड इन सेफ्रन' में लिखा है कि हेडगेवार को अपने संगठन के लिए स्वयंसेवक बनाने के आदर्श स्थान अखाड़े लगते थे। इन अखाड़ों में युवकों को सिखाया जाता है कि वे जो कसरत कर रहे हैं वह एक तरह से मारुति, हनुमान की पूजा है। महाराष्ट्र में मारुति राक्षसीय शक्तियों के खिलाफ संघर्ष के प्रतीक हैं और जब-जब हिंदुओं का दमन होता है वे अवतरित होते हैं। स्वामी रामदास (सत्रहवीं सदी के एक संत और शिवाजी के गुरु) स्वयं मारुति के भक्त थे और उनने जितने भी मठ स्थापित किए थे उनमें सबमें मारुति की मूर्तियां स्थापित की थीं। वीर सावरकर ने अपने अभिनव भारत संगठन में युवकों में क्रांतिकारी भावना जगाने के लिए स्वामी रामदास की कविताओं का संगीत पाठ तैयार करवाया था। इसी उद्देश्य से हेडगेवार ने भी स्वामी रामदास के साहित्य से सामग्री निकाली थी। ''राष्ट्रीय स्वयंसेवक संघ के शुरुआती और निर्माणशील काल में स्वयंसेवक भगवे ध्वज और मारुति और रामदास के चित्रों के सामने अपनी शपथ लेते थे।''

क्रिस्टोफ जेफ्रेलॉट ने बताया है कि बंगाल के क्रांतिकारियों के संगठन अनुशीलन समिति में भी क्रांतिकारी काली की मूर्ति के सामने एक हाथ में भगवद्गीता और दूसरे में रिवाल्वर लेकर शपथ लेते थे। यह शाक्त परंपरा से निकला कर्मकांड था। और हेडगेवार ने इसे कलकत्ता के अपने वर्षों और क्रांतिकारियों के संगठनों में रहने के दौरान देखा था। कांग्रेस ने भी अपनी प्रभात फेरियां अखाड़ों के निकलने से ली थीं। संघ ने अखाड़े से अपनी शाखाओं के लिए कई तरह की कसरतें विकसित करके लीं। शाखा चूंकि वैचारिक अखाड़ा होता था और उसका उद्देश्य सिर्फ शारीरिक शक्ति बढ़ाना नहीं था, इसलिए गुरु शिष्य परंपरा, अखाड़े से लगाव आदि लेते हुए भी शाखा में बौद्धिक तत्त्व शामिल किया गया। लेकिन ''संघ की अखाड़े से समानता केवल औपचारिक यानी ऊपरी है क्योंकि संघ में वैचारिक पक्ष भी है। फिर भी वह अपने संस्थापक हेडगेवार को गुरु के पद पर बैठाता है। 1927 से हेडगेवार अपने नए स्वयंसेवकों का साप्ताहिक बौद्धिक लेते थे जिसमें हिंदू राष्ट्र, उसके इतिहास, उसके नायक खासकर शिवाजी पर सरल प्रश्नोत्तर होते थे। लेकिन हेडगेवार शुरू में गुरु होने को तैयार नहीं थे। वे फूट के बीज बोने वाले हिंदू गुरुओं जैसे गुरु नहीं होना चाहते थे। 1927

में ही उनने सरसंघचालक बनना स्वीकार किया। लेकिन स्वयंसेवकों से सच्ची श्रद्धा और सम्मान वे शिवाजी के भगवे ध्वज के लिए ही चाहते थे जो कि सच्चा गुरु है। आज भी दैनिक शाखा की शुरुआत स्वयंसेवकों द्वारा ध्वज को प्रणाम से होती है। स्वयंसेवकों से इसी ध्वज को गुरु दक्षिणा भी दिलवाई जाती है जिससे कि संघ का या शाखा का काम चलता है।'' हिंदू-मुस्लिम संघर्ष या दंगे में संघ की भूमिका उसके वैचारिक अखाड़ा होने की उपयोगिता बताती है।

संघ के वैचारिक और धार्मिक संगठन होने की समानता और भी कर्मकांडों में दिखाई देती है। जैसे स्वयंसेवक से अपेक्षा की जाती है कि वह संसार के बंधन छोड़े। हेडगेवार ने प्रचारकों से कहा था कि प्रचारक को पहले साधु बनना चाहिए। आज भी प्रचारक हिंदू समाज को जागृत करने के लिए साधु का सीधा-सादा जीवन बिताते हैं और आमतौर पर ब्रह्मचर्य का पालन करते हैं। गीता में बताए कर्मयोग की अरविंद और तिलक ने जो नई व्याख्या की है उसे प्रचारक स्वीकार करते हैं। जेफ्रेलॉट कहते हैं कि संघ में प्रचारक की मृत्यु के बाद उन्हें कर्मयोगी कहकर सम्मानित किया जाता है। प्रचारकों में त्याग, तपस्या, अनुशासन, निष्काम कर्म आदि के मूल्य भरे जाते हैं और संघ में इन मूल्यों का सम्मान होता है। प्रचारक अपने नहीं राष्ट्र के मोक्ष के लिए साधु होता है। प्रचारकों को ऐसा बनने को इसलिए कहा जाता है ताकि वे अपना पूरा समय और शक्ति हिंदू राष्ट्र के काम में लगा सकें। दूसरे साधुपन पर जोर देकर हेडगेवार ने संघ में हिंदू संप्रदाय के तत्त्व शामिल किए।

लेकिन शाखा को अखाड़े के रूप में देखने के इन अध्येताओं के प्रयास पर जोसफ आल्टर ने एतराज किया है। आल्टर ने देश-भर के अखाड़ों का अध्ययन किया है और एक प्रामाणिक पुस्तक लिखी है–'द रेसलर्स बॉडी'। इस पुस्तक के बाद परिशिष्ट में जोसफ आल्टर ने कहा है कि आज भारत में राष्ट्रवाद के कई रूपों में कुश्ती को भी शामिल किया जाता है इसलिए कुश्ती को इस राजनैतिक संदर्भ में भी देख लेना चाहिए। दक्षिणपंथी उग्र हिंदू संगठन राष्ट्रीय स्वयंसेवक संघ ऐसे आदर्शों की पैरवी करता है जो पहली नजर में पहलवानों के आदर्शों जैसे लगते हैं। संघ आत्मानुशासन और शारीरिक प्रशिक्षण पर जोर देता है। उसकी शाखाओं में यह सिखाया भी जाता है। संघ की विचारधारा हिंदू दर्शन की एक सैद्धांतिक व्याख्या पर चलती है। लेकिन अपने शुद्ध रूप में संघ की विचारधारा स्पष्ट रूप से सांप्रदायिक है। हाल ही में संघ ने गैर हिंदू अल्पसंख्यकों को मनाने की कोशिश की है फिर भी ज्यादातर लोग उसे उग्र हिंदूवादी मानते हैं। अखाड़ों या कुश्ती और शाखाओं की ऊपरी समानताओं को स्वीकार करते हुए भी आल्टर ने कुछ बिंदुओं पर उनके बुनियादी फर्क बताए हैं।

जैसे सिद्धांत में कुश्ती या अखाड़ा असांप्रदायिक है। अखाड़े में हनुमान वही नहीं है जो कि संघ की अवधारणा में है। अखाड़ों में हिंदू मुसलमान दोनों जाते हैं और अखाड़े हिंदुओं के भी हैं और मुसलमानों के भी। हनुमान और अली के प्रतीक दोनों में होते हैं। हिंदू पहलवान के मुसलमान गुरु हो सकते हैं और मुसलमान के हिंदू। अखाड़ों में जाति, समुदाय और धर्म के विभाजक तत्त्व काम नहीं करते और न उन्हें सही माना जाता है। पहलवान निजी हैसियत में संघ या दूसरे संगठन में सक्रिय हो सकते हैं लेकिन अखाड़ा नाम की संस्था ऐसी राजनैतिक और सांप्रदायिक गतिविधियों की केन्द्र नहीं होती। फिर संघ के नेता उग्र सुधारों की बात करते हैं जबकि पहलवान और अखाड़े शांतिपूर्ण आत्मबलिदान सिखाते हैं।

शाखा में स्वयंसेवक को लाठी का उपयोग रक्षा और आक्रमण के लिए सिखाया जाता है। इस माने में युवा स्वयंसेवक एक हिंदू सिपाही है। शारीरिक प्रशिक्षण के जरिए वह अपना शरीर विकसित करता है। पहलवान अपने शरीर को नैतिक लक्ष्यों के लिए तैयार करता है जबकि स्वयंसेवक एक राजनैतिक प्रयोजन के लिए उपयोगी माध्यम के नाते शरीर बनाता है। लेकिन दोनों में सबसे बड़ा फर्क तो संगठनीय ढांचे का है। संघ के संघटन में स्पष्ट रूप से परिभाषित नेतृत्व के स्तर हैं और व्यापक और विशाल प्रशासनिक ढांचा है। वह स्पष्ट लक्ष्यों और प्रयोजनों का सुधार प्रेरित आंदोलन है। स्थानीय और क्षेत्रीय शाखाएं एक केंद्रित नेतृत्व से जुड़ी हुई हैं। वह सीधे राजनीति में भले न हो पर अपने से सहानुभूति रखनेवाले उम्मीदवारों की मदद करता है। कुछ प्रमुख व्यक्तियों और सिद्धांतकारों की सत्ता के कारण संघ का राष्ट्रवाद एक तरह का उग्र घोषणापत्र है। कोई अखाड़ा संघ के नेतृत्व ढांचे और राष्ट्रीय संगठन से मेल नहीं खाता। हर अखाड़ा अपने आप में एक इकाई है। अखाड़ों का संगठनीय ढांचा कमजोर होता है क्योंकि कुश्ती के संसार का काम तो गुरु-शिष्य के संबंध से चलता है। अखाड़ा एक अनुशासन विशेष में लगे हुए व्यक्तियों की सामूहिकता है। संघ की विचारधारा इस माने में अखाड़े से ठीक उलटी है। संघ हिंदुओं में सुधार के विचार से चलता है और स्वयंसेवक के शरीर को अनुशासित करता है जबकि पहलवान शरीर के अनुशासन से शुरू करता है और एक देहधर्मी लक्ष्य की ओर बढ़ता है। यह याद रखना जरूरी है कि कुश्ती आखिर एक खेल है और कई पहलवान लड़त का सिर्फ लड़त के लिए आनंद लेते हैं। पहलवान के लिए उसका नैतिक शत्रु तो इंद्रिय सुखों की ओर खींच ले जानेवाला आंतरिक कमजोरियों का लालच ही हो सकता है। संघ का शत्रु बाहर झूठी धार्मिक सीखों और सेकुलर राज्य की नीतियों में है। एक को संगठित सुरक्षा बल और प्रशासनिक ढांचा चाहिए और दूसरे को आत्मनियंत्रण का अनुशासन ! अखाड़ों और शाखाओं के संबंध और ऊपरी समानताओं का यह ठीक विश्लेषण है। ज्यादातर अखाड़े व्यायामशालाएं हैं और उनके वे सामाजिक, सांस्कृतिक और राजनैतिक प्रयोजन नहीं हैं जिनसे संघ शाखाएं चलाता है। शारीरिक प्रशिक्षण का चरित्र निर्माण में जितना योगदान हो सकता है संघ शाखा में उससे वही लेता है। इसलिए शाखा और अखाड़े की समानता एक सीमित अर्थ में ही है। ज्यादातर अध्येताओं ने वहीं तक इस समानता को देखा है, सिवाय जेफ्रेलॉट के, जो वैचारिक अखाड़े के रूप में शाखा को संघ संप्रदाय से जोड़ने की कोशिश करते हैं। लेकिन वे भी ज्यादा दूर तक नहीं जाते। भारत की परंपराओं में अखाड़े सिर्फ व्यायामशालाएं ही नहीं हैं। वे विभिन्न धार्मिक संप्रदायों से जुड़े या उनके बनाए साधु-संन्यासियों के सैनिक अंग भी हैं। इन अखाड़ों को आपने कुंभ, सिंहस्थ या उनके जैसे बड़े धार्मिक मेलों या पर्वों पर देखा होगा। एक माने में ये अनोखे साधु या संन्यासी संगठन हैं जो शास्त्र और शस्त्र के मेल को दर्शाते हैं। ये न सैनिक संगठनों की तरह युद्ध करने वाले प्रशिक्षित और प्रोफेशनल संगठन हैं, न पुरानी और अब की निजी सेनाएं !

साधु-संन्यासियों के इन अखाड़ों का संघ से और भी गहरा संबंध है। आपने पढ़ा है कि वीर सावरकर और डॉक्टर हेडगेवार दोनों ही स्वामी रामदास के साहित्य और शिवाजी को बनाने में उनके योगदान से बहुत प्रेरित थे। वीर सावरकर स्वामी रामदास की कविताओं को संगीत में गा-बजवा कर अपने क्रांतिकारी अभिनव भारत संगठन के कार्यकर्ताओं में

क्रांतिकारी भावना जगवाते थे और डॉक्टर हेडगेवार स्वयंसेवकों को उनके चित्र के सामने शपथ दिलवाते थे। डॉक्टर हेडगेवार स्वामी रामदास के साहित्य से उद्धरण लेकर बौद्धिक में स्वयंसेवकों को बताते थे। शाखाओं में राष्ट्रगुरु रामदास की जय बोली जाती थी। हिंदुत्ववालों ने स्वामी रामदास को इसलिए तो चुना ही होगा कि वे महाराष्ट्र में क्षात्र और ब्राह्मण परंपरा के प्रतीक थे। वे शस्त्र और शास्त्र को मिलाने वाले साधु थे और शस्त्रधारी साधु-संन्यासियों की अखाड़ा परंपरा में से निकले थे। लेकिन महाराष्ट्र में उनका विशेष स्थान इसलिए भी था कि शिवाजी के बाद मुगलों से लड़नेवाले पेशवा ब्राह्मण थे और अंग्रेजों ने उन्हीं से राजपाट छीना था। 1857 के पहले स्वतंत्रता संग्राम में वे अंतिम मुगल बादशाह बहादुरशाह जफ़र और उत्तर भारत के दूसरे राजा-रजवाड़ों के साथ मिलकर अंग्रेजों से लड़े थे। आजादी के आंदोलन में जो गोखले और तिलक कांग्रेस में थे उनकी जड़ें धर्म-संप्रदाय की परंपराओं में थीं और मोहनदास करमचंद गांधी ने कांग्रेस का नेतृत्व तिलक महाराज से प्राप्त किया था। गांधी के नेता होने से कांग्रेस और स्वतंत्रता आंदोलन का नेतृत्व उन ब्राह्मणों और ऊंची जातियों के लोगों के हाथ से निकल गया जो भारतीयता और हिंदू राष्ट्रवाद में फर्क नहीं करते थे। फिर गांधी ने ऐसे तौर-तरीके और अहिंसा को अपनाया जिनसे हिंदू और मुसलमान ही नहीं नीची और अछूत जातियों के लोग बड़ी संख्या में आंदोलन में आए। हिंदू राष्ट्रवाद और पारंपरिक हिंदू सामाजिक-राजनैतिक बनावट में से निकले ऊंची जातियों के नेताओं को लगा कि इस तरह हिंदुओं के हितों को चोट पहुंचेगी। गांधी का कामकाज, तौर-तरीके और अहिंसा दक्षिण अफ्रीका में रंगभेदी साम्राज्यवादियों से लड़ते हुए एक ऐसे वातावरण में विकसित हुए थे जो भारत की जाति और संप्रदाय की राजनीति से मुक्त था।

यह संयोग नहीं है कि सावरकर और हेडगेवार दोनों ब्राह्मण थे। यह भी सच है कि उनके साथी और अनुयायी भी ब्राह्मण थे। सावरकर का हिंदुत्व और हेडगेवार का संघ जाति प्रथा से ऊपर उठना चाहते थे, बल्कि मानते थे कि जाति हमें बांटने और हम में फूट डालने का औजार है। लेकिन संघ में शुरू के स्वयंसेवक और पदाधिकारी सब ब्राह्मण थे। वही हिंदू संगठन की बात करते थे। पेशवाओं के ब्राह्मण राज की स्मृतियों और गौरव में से निकले इन लोगों के प्रेरक और गौरव प्रतीक स्वामी रामदास ही हो सकते थे। वे शस्त्र और शास्त्र के गौरवशाली समन्वय के प्रतीक थे। भारत के साधुओं का प्रामाणिक अध्ययन करने वाले समाजशास्त्री जी एस घुर्ये ने अपनी पुस्तक 'इंडियन साधूज़' में रामदास का अच्छा वर्णन किया है। वे लिखते हैं—भारत के साधुओं में रामदास (1608-1682) युग-प्रवर्तक थे। वे वैष्णवों के माध्व संप्रदाय को माननेवाले एक महाराष्ट्रियन परिवार में जन्मे थे। वे अपने विवाह मंडप में से भाग निकले थे। उनका मूल नाम नारायण था लेकिन बाद में वे रामदास हो गए। असाधारण व्यक्तित्व के रामदास की संप्रदाय में विधिवत् दीक्षा नहीं हुई थी लेकिन वे मानते थे कि उन्हें राम ने संप्रदाय में मिला दिया है।

उनका मिशन सामाजिक संगठन के आधार पर राजनैतिक काम करना था। महाराष्ट्र में इस्लामी हमले से हिंदू संस्कृति संकट में पड़ गई थी। उन्होंने न केवल लोगों को एक हो कर इस हमले का सामना करना सिखाया बल्कि महाराष्ट्र में चौदह मठ भी स्थापित किए जहां के साधु-संन्यासियों का उपयोग लोगों को एक हो कर इस्लामी हमले का सामना करने को तैयार करने में किया। महाराष्ट्र में उनने एक नया संप्रदाय चलाया और राम भक्ति का

प्रचार किया। महाराष्ट्र में राम भक्ति का अब काफी प्रचलन हो गया है लेकिन रामदासी साधुओं का संप्रदाय कोई बड़ी ताकत नहीं है। हालांकि उनका संगठनीय कार्य बहुत समय तक नहीं चला और उनके जीवनकाल में उन्हें कोई बड़ी सफलता न मिली हो, मराठा वीर शिवाजी से उनका संबंध नोट करने लायक है। शिवाजी ने जब उन्हें चिट्ठी लिखी तो उसके जवाब में उनने एक कविता लिख भेजी जिसमें हिंदुओं को आजाद करने वाले नए राजा का जैसे बिगुल वादन से स्वागत किया गया हो। कविता के साथ उनने मुट्ठी-भर कंकर और घोड़े की लीद भेजी। जब यह भेंट शिवाजी के पास पहुंची तो वे अपनी जीजा बाई के पास बैठे थे। रामदास की भेंट को उनने हिकारत से देखा और पूछा कि क्या किसी भलेमानुस को ऐसी चीजें भेजी जानी चाहिए। लेकिन शिवाजी ने एक पल सोचकर कहा—यह एक प्रतीक और एक भविष्यवाणी है। कंकर-पत्थर की मिट्टी का मतलब है कि मुझे यह सारी भूमि जीतनी है और कंकर वे किले हैं जिनसे उसे मुझे थामे रहना है। घोड़े की लीद मेरी घुड़सेना है जिसके कारण मैं मशहूर होऊंगा।

रामदास का सामाजिक-राजनैतिक कार्य भारतीय साधुओं में एक नई प्रवृत्ति का सूचक है जिसे रामदास ने अपनी विचार-पद्धति में शामिल किया। वे चाहते थे कि साधु समाज का नेतृत्व अपने हाथ में लें। धार्मिक पद्धतियों का प्रचार करने के लिए ही नहीं बल्कि नैतिक-सामाजिक व्यवस्था को बनाए रखने और लोगों के लिए उपयोगी काम करवाने के लिए भी। उनने बताया कि सद्व्यवहार और मूल सिद्धांत क्या होते हैं। यह नैतिकता, विनम्रता, साहस, स्पष्टवादिता ही नहीं हैं, यह विनयशीलता, धर्मादाय और समाज चेतना भी हैं। ये गुण सभी विकसित कर सकते हैं। साधुओं को तो करना ही चाहिए। वे साधुओं से भाषण कला के जरिए आध्यात्म को प्रचारित और स्थापित करने को कहते थे। उन्हें दर्शन के ग्रंथों की व्याख्या ही नहीं करनी चाहिए लोकप्रिय प्रचार के जरिए भगवद् भक्ति भी फैलानी चाहिए। अपना दैनिक पूजा-पाठ ध्यान स्वाध्याय आदि कर्मकांड भी नियमित और ठीक से करना चाहिए। तप करना चाहिए और तीर्थाटन भी। अच्छे साधु-संतों को ढूंढ़कर उनसे सत्संग करना चाहिए। वे साधुओं से विभिन्न स्थानों का सौंदर्य बढ़ाने को भी कहते थे। कहने की जरूरत नहीं कि वे साधुओं को आम जनता को अपनी समझने को कहते थे।

स्वामी रामदास ने शिवाजी के पराक्रम के लिए भूमि ही तैयार नहीं की वे उन्हें मुगलों का सामना करने और हिंदुओं का राज कायम करने को भी प्रेरित करते रहे। अचरज नहीं कि हेडगेवार ने उन्हें संघ और स्वयंसेवकों के लिए आदर्श की तरह रखा और स्वयंसेवकों से साधु की तरह हिंदू समाज की सेवा करने और उसे संगठित करने को कहा। शिवाजी और रामदास दोनों संघ के आदर्श पुरुष हैं। हिंदू पदपादशाही का इन दोनों से संबंध है और संघ के साहित्य में उसका बहुत जिक्र आता है। लेकिन स्वामी रामदास इस तरह का काम करने वाले अकेले और अनोखे साधु नहीं थे। वे एक परंपरा में से निकले थे। सिर्फ संन्यास और तपस्या और मोक्ष की साधना की ही नहीं, सामाजिक, नैतिक काम करने और अपने धर्म संप्रदाय की रक्षा के लिए शस्त्र उठाने की भी। भारत में यह परंपरा बहुत पुरानी है। वेदों और उपनिषदों में धार्मिक विचार के स्कूल यानी आश्रमों की चर्चा है और कई ऋषि हैं जिनने अपने विभिन्न मत बनाए और आश्रमों में साधु-संन्यासियों को प्रशिक्षित किया। लेकिन तब वे मत संप्रदायों में संगठित नहीं हुए थे, उनके मठ भी नहीं बने थे।

साधु-संन्यासियों और श्रमणों के विहार बनाने की परंपरा बौद्ध और जैन धर्मों में विकसित हुई। उनके साधु, मुनि, श्रमण घर-संसार छोड़ कर तप और साधना और निर्वाण के लिए विहारों में लगने लगे। आठ महीने वे वन प्रांतर में भटकते थे और बरसात के चार महीने विहारों में रहते, अध्ययन और शिक्षण करते और सामूहिक जीवन बिताते। बौद्ध और जैन दोनों धर्मों को समाज के धनी-मानी लोगों से सहायता मिली और राज्याश्रय भी। इन साधु-मुनियों ने अपने धर्मों का प्रचार-प्रसार किया। वे आत्मसाक्षात्कार और लोगों के आध्यात्मीकरण में अपना जीवन बिताते थे। घुर्ये ने बताया है कि किस तरह साधु-संन्यासी की परंपरा और मठ-विहार की संस्था मिस्र गई और वहां किस तरह उससे ईसाइयत में मठीय और साधु-सामूहिक जीवन-परंपरा पनपी। भारत के अलावा साधु-संन्यासी जीवन को ईसाई संस्कृति में ही जीवन-पद्धति के रूप में स्वीकार किया गया है। और तो और, वहां भी जब इस्लाम से जिहाद हुआ तो संन्यासी सिपाहियों के तीन संप्रदाय बने और उनने इस्लाम से विधिवत् युद्ध करने के अलावा मेडिकल सेवाएं भी कीं। अपनी साधु और अखाड़ा परंपरा के लिए चूंकि इतना ही यहां प्रासंगिक है इसलिए ईसाई मठीय इतिहास को यहीं छोड़ देते हैं।

बौद्ध विहार और मठ जब पतनशील हुए और भारत के जन-जीवन पर उनका बुरा असर होने लगा तो बौद्ध धर्म का भी पराभव होने लगा। लेकिन बौद्ध धर्म ने–बुद्ध, धर्म और संघ की शरण में जाने का संदेश दिया था। भिक्षुओं और श्रमणों के संघ ही नहीं, मठ और विहार भी भारत को बौद्ध धर्म की दी गई संस्थाएं हैं। दरअसल जब आठवीं या नौवीं शताब्दी में शंकराचार्य ने पतनशील बौद्ध धर्म और संस्थाओं के सामने वैदिक धर्म और अद्वैत दर्शन की स्थापना की तो उनने इन्हीं बौद्ध संस्थाओं का उपयोग किया। शंकराचार्य ने भारत के चार कोनों के चार धामों में चार मठ स्थापित किए। उत्तर में बद्री, पश्चिम में द्वारका, पूर्व में पुरी और दक्षिण में शृंगेरी। इन मठों के नाम हुए ज्योति पीठ, शारदा पीठ, गोवर्धन पीठ और शृंगेरी पीठ। इनमें स्थापित संन्यासियों के दस संप्रदायों को शंकराचार्य ने अरण्य, आश्रम, भारती, गिरी, पर्वत, पुरी, सरस्वती, सागर, तीर्थ और वन के नाम दिए। जो भी संन्यासी इन संप्रदायों का होता है वह दिए गए नाम के आगे सरनेम की तरह इन्हें लगाता है ताकि उसका संप्रदाय पता चल सके। जैसे मूलशंकर को दयानंद नाम दिया गया। और चूंकि वे सरस्वती संप्रदाय के थे इसलिए दयानंद सरस्वती हुए। शंकराचार्य के स्थापित शैव संप्रदाय थे और उनके संन्यासी दशनामी संन्यासी कहलाए। शंकराचार्य के चार शिष्य हुए–पद्मपाद, हस्तामलक, सुरेश्वर और तोटक। पद्मपाद के दो शिष्य हुए–तीर्थ और आश्रम और उनके संप्रदाय चले, दूसरे के वन और अरण्य, तीसरे के तीन–सरस्वती, पुरी और भारती और चौथे के भी तीन–गिरी, सागर और पर्वत। हर मठ से ये संप्रदाय जुड़े हैं। ज्योति से गिरी, पर्वत और सागर। शारदा से आश्रम और तीर्थ। शृंगेरी से भारती, पुरी और सरस्वती। अरण्य और वन पुरी के गोवर्धन पीठ से जुड़े हैं। साधु-संन्यासियों को संगठित करने और उन्हें मठों से जोड़ने और मठों को पहले से चले आ रहे धामों में स्थित करने का यह महत कार्य शंकराचार्य ने किया। इससे भारत के साधु जीवन में व्यवस्था आई और वे लोको त्तर हुए। लेकिन यह उनका हिंदू धर्म के शैवों का चर्च बनाने का प्रयास नहीं था।

शंकराचार्य ने ये चार पीठ स्थापित कर के संन्यासियों का संगठन ही नहीं किया, उनके

मन में लोगों के आध्यात्मिक जीवन का कल्याण भी था इसलिए हर मठ को एक निश्चित क्षेत्र दिया गया। ज्योर्तिमठ को क्षेत्र मिला उत्तर और उत्तर-पश्चिम। द्वारका मठ को मिला पश्चिम। पूरा दक्षिण शृंगेरी मठ के जिम्मे आया। भारत का पूर्व और उत्तर-पूर्व गोवर्धन मठ के पास आया। ये मठ अपने में रहने वाले संन्यासियों को अद्वैत वेदांत सिखाने और उसका लोगों में प्रचार-प्रसार करने का काम करते थे। इनमें दीक्षित किए जाने वाले लोग आमतौर से ब्राह्मण, क्षत्रिय और वैश्य जातियों से आते थे। शूद्र लोगों को नागा साधु बनाया जाता था जो नंगे रहते और युद्ध करते थे। शंकराचार्य ने महिलाओं को इनमें दीक्षित करने की व्यवस्था नहीं दी। लेकिन बाद में गिनती की जो महिलाएं आईं संन्यासिन कहलाईं। आमतौर पर हर पीठ, मठ और संप्रदाय के प्रतिष्ठान और संपत्ति होती है। कुछ प्रतिष्ठान तो इतने अमीर हैं कि उनका प्रबंधन लगभग राज्य की तरह होता है। मठाधीश संन्यासियों के रहने-खाने का इंतजाम करते हैं और अतिथि साधुओं और आम लोगों को भी भोजन कराते हैं। पठन-पाठन विद्याध्ययन के अलावा यहां से सेवा कार्य भी होते हैं। सब में एक औषधालय भी होता है।

दशनामी नागाओं या लड़ने-भिड़ने वाले संन्यासियों की बड़ी पुरानी परंपरा है। ये आमतौर पर नंगे रहते हैं। पहले तो ये हर कहीं घूमा करते थे। लेकिन ब्रिटिश शासकों ने इनके शहरों और बस्तियों में जाने पर पाबंदी लगाई। लेकिन कुंभ और सिंहस्थ में इन्हें सड़कों पर कूच करते हुए स्नान करने जाने से कोई रोक नहीं सका। नागा संन्यासी रक्षा और आक्रमण के लिए शस्त्र चलाने में शुरू से चतुर माने गए और युद्धक संन्यासी कहलाए। ग्यारहवीं शताब्दी के नाटक 'प्रबोधचंद्रोदय' में एक शैव संन्यासी पात्र है जो बात-बात पर जैन साधु पर तलवार तान लेता है। कापालिकों का मुखिया उज्जैन में भाला रखते हुए बताया गया है। कर्नल टॉड ने राजस्थान में शस्त्रधारी गोसाइयों या शैव संन्यासियों का वर्णन किया है। उनने उन्हें जरूसलम के सेंट जोन नाइट्स जैसा बताया है। वे राजस्थान में फैले मठों में रहते थे। भीख मांगते थे या सेना में सिपाहियों की तरह लड़ते थे। टॉड ने मेवाड़ के कनफटे जोगियों का भी वर्णन किया है। वे कनफटे जोगियों के संप्रदायों में ब्राह्मण और क्षत्रिय ही नहीं, गूजर जोगियों की जमात भी बताते हैं। संन्यासियों के मादक जड़ी-बूटी और द्रव पीने की बात भी टॉड ने लिखी है। जे एन फरूखहार ने शैव सैनिक संन्यासियों की जमातों की शुरुआत ढूंढ निकालने का दावा किया है। सोलहवीं सदी के आखिर में बनारस में रहने वाले शैव वेदांती मधुसूदन सरस्वती ने पहली बार युद्धक संन्यासियों की टुकड़ी बनाई थी। मधुसूदन शस्त्रधारी और आक्रामक मुस्लिम फकीरों और उनके द्वारा संन्यासियों और साधुओं के नरसंहार से बहुत चिंतित थे। ऐसा लगता है कि उनने बीरबल से बात की और सम्राट अकबर की अनुमति से संन्यासियों के एक वर्ग की सैनिक टुकड़ी बनाई जो अपनी और अपने साथी संन्यासियों की रक्षा करती थी। इस टुकड़ी को बनाने में ही उन्हें तीनों ऊंची जातियों के बाहर जा कर शूद्रों को संन्यासियों की तरह दीक्षित करना पड़ा। मठीय परंपरा में दशनामी साधुओं के इन युद्धक संन्यासियों को शुद्ध नहीं माना जाता। लेकिन कुंभ और सिंहस्थ में इन्हीं की जमात या अखाड़े आगे शस्त्र लेकर चलते हैं।

यह संभव है कि मधुसूदन सरस्वती ने सैनिक संन्यासियों की पहले से चली आ रही परंपरा का उपयोग कर के इस्लामी शत्रुओं के खिलाफ उन्हें सैनिक टुकड़ियों में गठित किया

हो। उनके एक सदी के भीतर महाराष्ट्र में हमने स्वामी रामदास का पराक्रम देखा ही है। इतिहासकार जदुनाथ सरकार ने नागा संन्यासियों का इतिहास लिखा है। उन्हीं ने बताया है कि सन् 1266 में भवानंद, सुरसुरानंद और कमलानंद नाम के नागा संन्यासियों ने हरद्वार में वैष्णव संप्रदाय के बैरागियों पर निर्णायक जीत पाई थी। लेकिन यही बात स्पष्ट होती है कि अकबर के पहले भी नागा संन्यासियों के सैनिक संगठन-अखाड़े होते थे। प्रयाग के महानिर्वाणी अखाड़े के महंत लक्ष्मणगिरी ने भी ऐसी जानकारी दी है। वैसे विसेंट स्मिथ ने कुरुक्षेत्र थानेसर में अकबर की मौजूदगी में गिरियों और पुरियों संन्यासियों की लड़ाई का वर्णन किया है। गिरी और पुरी दोनों दशनामी संप्रदायों के शैव संन्यासी होते हैं। इस लड़ाई में पुरी पराजित हुए तो अकबर ने उनकी मदद करवाई और गिरी भाग गए।

दशनामी संप्रदायों में अखाड़े होते हैं जिनमें नागा संन्यासी रहते हैं। अखाड़े अपने आप में अलग संस्था होते हैं और नागा संन्यासी उन्हीं के कहलाते हैं संप्रदाय के नहीं। अखाड़ों को सैनिक शब्द रेजिमेंट कहना बेहतर होगा। छह मुख्य अखाड़े हैं—एक जूना अखाड़ा के नाम से मशहूर है हालांकि उसका अधिकृत नाम भैरव अखाड़ा है। इस अखाड़े के इष्टदेव दत्तात्रेय हैं। इसमें अवधूतनियां भी ली जाती हैं। इस अखाड़े का प्रमुख केंद्र वाराणसी में है और शाखाएं प्रयाग, हरद्वार, उज्जैन आदि में हैं। इसी से आवाहन अखाड़ा जुड़ा हुआ है जो सबसे पुराना माना जाता है। जदुनाथ सरकार इसे सन् 1547 में स्थापित हुआ मानते हैं। तीसरा अखाड़ा है निरंजनी। यह कच्छ के मांडवी में स्थापित हुआ। इसके इष्टदेव देवताओं के सेनापति और शिव-पार्वती के पुत्र कार्तिकेय स्वामी हैं। अब इसका मुख्य केंद्र प्रयाग में है और शाखाएं त्र्यंबक, ओंकारेश्वर, उज्जैन, हरद्वार, वाराणसी और उदयपुर में हैं। चौथा अखाड़ा आनंद जिसके इष्टदेव अग्नि हैं। महानिर्वाणी पांचवां अखाड़ा है जो झारखंड के कुंडागढ़ के सिद्धेश्वर मंदिर में स्थापित किया गया। इसके संन्यासियों ने कहा जाता है कि वाराणसी के ज्ञानवापी की लड़ाई लड़ी थी। सन् 1664 में दशनामी संन्यासियों और औरंगजेब की सेनाओं में हुई लड़ाई इसी अखाड़े के नाम लिखी जाती है। वाराणसी को औरंगजेब से बचाने का श्रेय भी इसे दिया जाता है। इसका मुख्य केंद्र प्रयाग में है और शाखाएं कई जगह। इसके इष्टदेव कपिल हैं। कुंभ और सिंहस्थ मेलों में इस अखाड़े को आगे जगह दी जाती है। वैष्णव बैरागियों के झंडे और निशान होते हैं। शैवों में सिर्फ महानिर्वाणी और अटल के झंडे और निशान हैं जो सूर्य प्रकाश और भैरव प्रकाश कहलाते हैं। छठे अखाड़े अटल के इष्टदेव गणपति हैं। यह गोंडवाणा में स्थापित हुआ था। इसका मुख्य केंद्र वाराणसी में है और कई जगह शाखाएं हैं।

अखाड़े आठ दावों और बावन मढ़ियों में विभाजित हैं जो दशनामियों की चार जमातों—गिरी, पुरी, भारती और वन को दिए गए हैं। कुछ और अखाड़े भी हैं जैसे अगन, अलखिया, सुखड़ और गूदड़, उखड़, उदासीन, निर्मल। नागा संन्यासी मुगलों के शस्त्रों से तो निपट लेते थे लेकिन ईसाई मिशनरियों के बौद्धिक विवादों में कमजोर पड़ने लगे। तब अखाड़ों ने दशनामी संन्यासियों से पढ़े-लिखे परमहंस लिये जो नागाओं में मंडलेश्वर कहलाए। जब परमहंस मंडलेश्वर हुए तो उन्हें नागा संन्यासियों ने वही सम्मान दिया जो मुखियाओं को दिया जाता है। अपना आध्यात्मिक गुरु माना। जिस मंडलेश्वर का शिष्य मंडलेश्वर हो जाए वह महामंडलेश्वर हो जाता है। अखाड़े का मुखिया महंत कहलाता है। अखाड़ों की संपत्ति और

सैनिक लवाजमा होता है। कुंभ और सिंहस्थ मेलों में जब वे जुलूस में निकलते हैं तो चतुरंगिणी सेना की तरह कूच करते हैं। हाथी, घोड़े, ऊंट, हथियार, झंडे, निशान सब होते हैं। इन मेलों में स्नान करने जाते समय जुलूस में कौन कहां होगा इसका क्रम बना हुआ है। शैव संन्यासियों में नागा सबसे आगे होंगे और वही पहले स्नान करेंगे। लेकिन शैव संन्यासियों से पहले वैष्णव बैरागी चलें और स्नान करें इस पर विवाद होता रहा है। महत्त्व ठीक समय और स्थान का होता है। आगे-पीछे पहुंचने में प्रतिष्ठा का सवाल आ जाता है। कुंभ और सिंहस्थ मेलों में सशस्त्र संन्यासियों में लड़ाई के कई वर्णन मिलते हैं। सन् 1760 में शैव संन्यासियों और वैष्णव बैरागियों में हरद्वार में लड़ाई हुई। अंग्रेज विलसन के हिसाब से अठारह हजार साधु मारे गए। फैसला शैव संन्यासियों के पक्ष में हुआ। अंग्रेजों के लगाए गए शस्त्र कानून ने अखाड़ों में सैनिक संन्यासियों और शस्त्रों पर पाबंदी लगाई और तब से अखाड़ों की लड़ाइयां बंद हुईं। वैसे शैव और वैष्णव संन्यासियों में एक दूसरे के सिर काटने की प्रतिद्वंद्विता लगभग कहावत में आ गई है।

शैव साधु संन्यासी कहलाते हैं लेकिन वैष्णव साधुओं का संसार अलग है। वैष्णवों में चार संप्रदाय माने जाते हैं जिनके अलग-अलग दर्शन, सिद्धांत और व्याख्याएं हैं। उनके इष्टदेवों में भी बहुत अंतर है। मानते तो सब विष्णु को ही हैं लेकिन उनके अलग-अलग रूपों में। रामानुजी शेषनाग पर श्री, भू और लीला के साथ बैठे विष्णु को पूजते हैं। रामानंदी साधु सीता-राम को पूजते हैं। निम्बार्कियों का दर्शन द्वैत-अद्वैत का है जो कि रामानुजी- रामानंदी ही नहीं विष्णुस्वामी-वल्लभाचारियों से अलग है। लेकिन निम्बार्की विष्णु स्वामी और वल्लभाचारियों की तरह कृष्ण और राधा को पूजते हैं। माध्व और चैतन्य संप्रदाय का दर्शन लगभग समान है। वैष्णव साधुओं में नागा संन्यासियों की तरह लड़ने-भिड़ने वाले बैरागी कहलाते हैं। वे सफेद कपड़े पहनते हैं। वैष्णव साधुवाद शैव से पुराना नहीं है। एक हिसाब से नियमित संप्रदायों के नाते वैष्णव शंकराचार्य के बाद नवीं शताब्दी के हैं। यहां चूंकि हमारा ध्यान अखाड़ों पर है इसलिए वैष्णव संप्रदायों के दर्शन और उनके संस्थापकों के जीवन पर नहीं जा रहे हैं।

वैष्णव संप्रदायों के सैनिक संन्यासियों को बैरागी कहा जाता है। बैरागी वैष्णव संप्रदायों में बाद में होने लगे। शैव संप्रदाय के नागा संन्यासी और उनके संगठन उनसे काफी पुराने हैं। शैव अखाड़े भी सोलहवीं सदी से पुराने नहीं हैं। वैष्णव बैरागियों के अखाड़े सन् 1650 से 1700 के बीच के हैं। नागा संन्यासियों और वैष्णव बैरागियों की दुश्मनी और लड़ाइयों के कई किस्से हैं। एक भैरव गिरी गोसाई ने कसम खाई थी कि जब तक एक बैरागी का सिर नहीं काट लेगा, भोजन नहीं करेगा। इसी तरह बैरागियों के एक रामदास ने एक शैव का सिर काटने की शपथ ली थी। जयपुर राज्य की गलता घाटी के बुरहानपुर में वैष्णव संप्रदायों का एक सम्मेलन हुआ था। इसमें रामानंदी संप्रदाय के एक बालानंदजी को जिम्मेदारी दी गई कि वे बैरागियों का एक ऐसा वर्ग संगठित करें जो तीर्थों में होने वाले कुंभ, सिंहस्थ और दूसरे पर्वों पर शैव संन्यासियों यानी नागाओं के हमलों से वैष्णवों की रक्षा कर सके। शैव पहले से ही शस्त्रों से सुसज्जित और संगठित थे। बालानंदजी ने तीन अनियां बनाईं। संस्कृत में सेना को अनिका कहते हैं ये अनिया उसी का अपभ्रंश है। बालानंदजी ने सात अखाड़े भी स्थापित किए। जो तीन अनिया बनाई गईं वे थीं दिगंबर, निर्मोही, निर्वाणी। इनमें

सबसे महत्त्वपूर्ण दिगंबर है। हर अनि अपना नेता चुनती है जो श्री महंत कहलाता है। कुंभ में दिगंबर अखाड़े के महंत पहले चलते हैं। सात अखाड़े हैं–दिगंबर, निर्वाणी, निर्मोही, खाकी, निरालंबी, संतोषी और महानिर्वाणी। बाद में इनमें झड़िया, मालाधारी, धूरिया, तातांबरी, बलभद्री, राधावल्लभी, विष्णुस्वामी और उखला और जुड़ गए।

शैव और वैष्णव दोनों संप्रदायों में नागा और बैरागियों के मठ संप्रदाय के मठ से अलग होते हैं। एक ही स्थान पर स्थिर रहनेवाले अखाड़े का मठ अस्थायी अखाड़ा कहलाता है और घूमते-फिरते अखाड़े का मठ रमता। अस्थायी अखाड़े में उसी अखाड़े के साधु रह सकते हैं। चतुःसंप्रदायी नागा किसी भी चतुःसंप्रदायी अखाड़े में रुक सकता है। छह अखाड़े निंबार्कियों और रामानंदियों दोनों के हैं। साझे अखाड़ों में स्थापक का नाम जोड़ दिया जाता है ताकि उन्हें अलग से पहचाना जा सके। लेकिन निंबार्कियों का दिगंबर अखाड़ा स्याम अखाड़ा कहलाता है। कृष्ण उसके इष्टदेव हैं। दिगंबर इनमें सबसे पुराना और मूल संगठन है। वैष्णव संप्रदाय में अनियों का संगठन कुंभ और सिंहस्थ मेले के समय सक्रिय होता है। ऐसे मेले में हर अखाड़ा अपने निशान के साथ अपना अलग शिविर लगाता है। मुख्य और अंतिम स्नान के लिए जो जुलूस निकलता है उसमें दिगंबर अनि और संप्रदायी अखाड़ा बीच में और आगे चलता है। निर्मोही अनि दाहिनी ओर, और निर्वाणी बायीं ओर चलते हैं। दिगंबर अनि का नौबत सबसे बड़ा होता है। चूंकि सबसे ज्यादा और बड़ी आवाज करता है, इसलिए उसका नाम गर्भगजनी है–इतनी जोर की आवाज कि गर्भ गिरा दे। जुलूस बिलकुल सेनाओं के कूच की तरह लगता है।

अखाड़े का महंत नए बैरागी को नहीं ले सकता, उसे तो मठ के स्थान का महंत ही दीक्षित कर सकता है। नया रंगरूट तीन साल तक यात्री या छोरा कहलाता है। अगले तीन साल वह बनगीदार कहा जाता है और उसका काम पूजा में मदद करना है। अगले तीन साल वह खाना बनाने, परोसने आदि रसोड़े के काम करता है, हुडाडंगा कहलाता है। फिर वह मूरतिया कहा जाता है और अगले तीन साल सेवा करता है। बारह साल के बाद वह नागा या बैरागी कहे जाने के लायक होता है। तब वह अतीत कहलाता है। फिर बारह साल के बाद महाअतीत। इस स्थिति में पहुंचने के बाद वे अखाड़े के कामकाज में रुचि नहीं लेते। अखाड़े के स्थान पर एक मंदिर होता है। भेंट पूजा अखाड़े की आमदनी का एक स्रोत है। ज़मीन और भवनों से भी आमदनी होती है। स्थान से बैंक भी चलती है। रमते अखाड़े स्थान के लिए भेंट-पूजा लाते हैं जिनमें से कुछ हिस्सा उन्हें भी मिलता है। अखाड़े का महंत अपने जीवन-काल में ही अपने उत्तराधिकारी को नामित करता है। किसी कारण ऐसा न हो पाए तो चारों संप्रदायों के पंच इकट्ठे होकर उत्तराधिकारी तय करते हैं और विधिवत् नए महंत की स्थापना होती है। अखाड़ों की संपत्ति की आमतौर पर ठीक से देखभाल होती है। लेकिन महंतों द्वारा घपले के भी उदाहरण मिलते हैं। ऐसा होता है तो अखाड़े के पंच वे चाहे उसी अखाड़े के हों या दूसरे अखाड़ों के, शैव हों या वैष्णव–ऐसे मामले निपटाते हैं।

गोरखपंथियों, कबीरपंथियों, दादूपंथियों के भी संप्रदाय और अखाड़े हैं। गोरखपंथ और कबीरपंथ में तो मुसलमान भी आते थे। खुद गोरखनाथ को पीर कहा जाता था। इनके अलावा और भी छोटे-मोटे संप्रदाय, पंथ और अखाड़े हैं। कुछ कुंभ और सिंहस्थ में आते हैं, कुछ नहीं भी आते। लेकिन कुंभ और सिंहस्थ अपने देश के साधुओं के सम्मेलन के सबसे

बड़े अवसर होते हैं। वहां साधु संगठन, साधु शक्ति और साधु ज्ञान और तपस्या का दर्शन तो होता ही है, नए संन्यासी और बैरागी भी बनते और बनाए जाते हैं। व्यक्तिगत या निजी मोक्ष से शुरू हुई साधु परंपरा इतनी सदियों में बाकायदा एक धार्मिक-सामाजिक संस्था में परिवर्तित हो गई। इसके इतिहास में कई महान व्यक्तित्व पैदा हुए तो इनमें से ऐसे लोग भी निकले ही होंगे जिन्हें कबीर ने 'मूड़ मुड़ाए भए संन्यासी' कहा और जिनसे साधु परंपरा बदनाम भी हुई। शैव और शाक्त संप्रदायों में ऐसे कई कर्मकांड आ गए जो न सिर्फ अवांछनीय कहे जाएंगे, उन्हें निश्चित ही पतनशील और नीच कर्म कहना होगा। निजी मोक्ष और लोक के सार्वजनिक कल्याण में संप्रदायों और अखाड़ों ने भारतीय जीवन में बड़ा योगदान दिया है।

जी एस घुर्ये ने अपने अध्ययन के निष्कर्ष में कहा है कि हर संप्रदाय और अखाड़े के महंत की शिकायत होती है कि अब उन्हें नए रंगरूट नहीं मिलते। लेकिन माध्व गौड़ीय चैतन्य संप्रदाय ने बीसवीं सदी की शुरुआत में देश-विदेश में कई नए केंद्र खोले। इससे एक बात साफ होती है कि संन्यासी-साधु होने की प्रवृत्ति तो नहीं घटी है लेकिन जमाने के साथ ऐसे जीवन के लक्ष्य जरूर बदल गए हैं। पुराने संप्रदाय अपने कालवाह्य आदर्शों के कारण लोक में साधु और संन्यस्त होने की भावना का ठीक से उपयोग नहीं कर पाते। रामकृष्ण मिशन तो पिछली सदी का ही संप्रदाय है लेकिन उसे स्वामी विवेकानंद ने नए लोगों के लिए इतना आकर्षक बना दिया कि वे उसके सेवाकार्यों और अध्ययन व्यवस्था में आते ही चले जाते हैं। मलयालम क्षेत्र में श्री नारायण गुरु स्वामी को मिला समर्थन भी उदाहरण है कि अब पुराने संप्रदायों को नए जमाने के काम उठाने चाहिए। राजा राममोहन राय और दयानंद सरस्वती, दोनों ने ही ब्रिटिश साम्राज्य में आगे बढ़ते ईसाई मिशनों के जवाब में ब्राह्मो समाज और आर्य समाज शुरू किए। रामकृष्ण परमहंस के आसपास स्वामी विवेकानंद ने रामकृष्ण मिशन खड़ा किया। दयानंद सरस्वती, रामकृष्ण परमहंस और स्वामी विवेकानंद ने भारत की प्राचीन साधु परंपरा को नए जमाने में न सिर्फ प्रासंगिक बनाया उनने हिंदू धर्म को माननेवालों को नए रास्ते दिखाए और लोगों के जीवन में नए अर्थ भरे।

जिसे हिंदू चेतना कहा जाता है उसे बनाने और जगाने में राजा राममोहन राय, दयानंद सरस्वती, रामकृष्ण परमहंस, स्वामी विवेकानंद और अरविंद के योगदान को सब मानते हैं। इनने जो चेतना पैदा की उसी का उपयोग उन्नीसवीं और बीसवीं सदी में देश के राजनैतिक-सामाजिक नेताओं ने किया। लोकमान्य तिलक और महात्मा गांधी के काम की जड़ें उनकी उस धार्मिक पृष्ठभूमि में हैं जो देश की साधु और भक्ति परंपरा ने बनाई है। जिसे हिंदू राष्ट्रवाद कहा जाता है वह भी इसी परंपरा की आधुनिक यूरोप से मुठभेड़ में से निकला है। अटलबिहारी वाजपेयी और लालकृष्ण आडवाणी जैसे भाजपाई नेता जब कहते हैं कि हमारा हिंदुत्व इन धार्मिक नेताओं से निकला है तो वे साधु परंपरा के लोक कल्याणकारी स्वरूप की ओर ही इंगित करते हैं। और उग्र हिंदुत्व का अध्ययन करने वाले देशी-विदेशी समाजशास्त्री पाते हैं कि उनकी जड़ें भी इस परंपरा के अखाड़ों में हैं। नागा साधुओं और बैरागियों के अखाड़े अब कालवाह्य हो गए। एक तो वे मुसलमान हमलावरों से अपने संप्रदाय के साधुओं और मठों की रक्षा करने को बने थे, दूसरे वे एक तरह से संप्रदायों की अपनी-अपनी सेनाएं थीं जिनने उस समय के राज्यों की सेनाओं का स्वरूप लिया। आखिर

स्वामी रामदास ने शिवाजी के राज्य के बनने और मुगलों से उनकी लड़ाइयों में लोगों की तरफ से मदद की ही। कर्नल टॉड ने कहा है कि राजपूताने के कई राजाओं की सेनाओं में साधुओं की रेजिमेंट होती थी। कई साधु रोजी कमानेवाले सिपाहियों की तरह भी लड़े हैं। अंग्रेजों के साम्राज्य में भारत की जो सेना बनी उसमें राजे-रजवाड़ों की सेनाओं का कोई महत्त्व नहीं रह गया। शस्त्र कानून बनने के बाद तो अखाड़ों के शस्त्रों में जंग लगनी ही थी। अब उनका महत्त्व कर्मकांड और रस्म-रिवाज के लिए रह गया। अखाड़े साधु संप्रदायों की शोभायात्रा के आगे पुराने प्रतीक और जमाने की तरह चलने लगे।

यहां हम अखाड़ों पर ध्यान दे रहे हैं इसलिए भक्ति परंपरा का जिक्र ही किया जा सकता है। भारतीय समाज के आम लोगों को अपने धर्म, आस्थाओं और विश्वासों में बनाए रखने में भक्तों और संतों का योगदान साधु संप्रदायों और अखाड़ों से कम नहीं है। सच पूछिए तो भक्ति परंपरा ने हमारे समाज को इस्लाम और ईसाइयत के प्रभाव और हिंदू राजाओं की पराजय के असर से बिखर जाने देने से न सिर्फ रोका बल्कि उन्हें गुलामी के काले वर्षों में जीने के नए अर्थ भी दिए। अगर भारत दूसरे देशों की तरह पूरी तरह इस्लाम या पूरी तरह ईसाई नहीं हुआ तो इसके दूसरे कारणों में से भक्ति परंपरा और साधु संप्रदायों का कोई कम योगदान नहीं है। इस्लाम और ईसाइयत के पास बेहतर और ज्यादा शक्तिशाली सैनिक शक्ति थी। उनका संगठन भी था और वे आध्यात्मिक और इहलौकिक सुरक्षा और आश्वस्ति भी दे सकते थे। फिर भी उनके सामने भारतीय लोग पराजित नहीं हुए, भारतीय राज्य भले हारा हो। लोक आस्था बनाए रखने में भक्ति परंपरा की निर्णायक भूमिका रही है। भक्ति परंपरा ने एक ऐसा मानव धर्म चलाया जो जाति, संप्रदाय और पतनशील तत्त्वों से मनुष्य को मनुष्य के नाते उठा सका। सही है कि वह जातियों और संप्रदायों को समाप्त नहीं कर सकी लेकिन उसने ऐसा वातावरण बनाया जिसमें हमारे यहां अब लोकतंत्र पनप सका। उसने नीची जातियों और शूद्रों को समाज में नई भूमिका और योगदान करने का अवसर दिया। यह मात्र संयोग नहीं है कि भक्ति परंपरा के ज्यादातर संत और कवि नीची जातियों के थे और उनने एक ज्यादा संवेदनशील और मानवीय समाज बनाने में मदद की। यहां हम संप्रदायों और अखाड़ों और भक्ति परंपरा की तुलना नहीं कर रहे हैं इसलिए विस्तार में नहीं जाएंगे। लेकिन महात्मा गांधी इस भक्ति परंपरा से ही निकले थे और बताने की जरूरत नहीं कि वे बीसवीं सदी में भारत में ही नहीं, पूरे संसार में अहिंसा, शांति और विश्व-बंधुत्व के मसीहा माने गए।

अब अखाड़ों पर लौट आएं, क्योंकि यह विमर्श तो हिंदुत्व और राष्ट्रीय स्वयंसेवक संघ से शुरू हुआ था। हिंदुत्व के विचार और संघ के संगठन में हमारे देश के नेताओं ने ही नहीं अध्येताओं ने भी जर्मनी के नाज़ीवाद और इटली के फासीवाद को देखा है। नाज़ीवाद और फासीवाद दूसरे विश्वयुद्ध में जर्मनी और इटली की पराजय से उतार पर आ कर एक शक्ति के नाते लगभग समाप्त हुए। उन्हें लोकतांत्रिक व्यवस्थाओं ने ही नहीं साम्यवादियों ने भी समाज के लिए खतरनाक माना क्योंकि वे पूरे समाज को ही ऐसे सैनिक संगठन में बांध देना चाहते थे जो राष्ट्रीय विजय के बाद विश्वविजय की आकांक्षा के बिना रह नहीं सकता। इसमें कोई संदेह नहीं कि सावरकर, हेडगेवार और गोलवलकर के मानस के बनने में उन जर्मन और इतालवी लेखकों का बड़ा योगदान है जो वहां नाज़ी और फासीवाद फैलाने में खाद देने वाले

बने थे। इनने राष्ट्रीयता की अपनी परिभाषा भी इन्हीं जर्मन विचारकों से ली। रेस का विचार वहीं से फैला और हमारे यहां आया। हिंदुत्व की अवधारणा के विकास में इन विदेशी तत्त्वों का योगदान हम देख ही चुके हैं। संघ के संगठन में नाज़ी-फासी तत्त्व आसानी से दिखते हैं। वे इतने स्पष्ट हैं कि लगभग हर अध्येता और लेखक ने बताया है कि हिंदुत्व में किस हद तक और राष्ट्रीय स्वयंसेवक संघ के संगठन में किस तरह फासी-नाज़ी तत्त्व काम करते हैं और कौन तत्त्व नहीं है।

मैंने जान-बूझकर और सोच-समझ कर नाज़ी-फासी संदर्भ और पृष्ठभूमि को इस विमर्श में नहीं लिया। मुझे लगता है कि यह पृष्ठभूमि ज्यादातर हमारे पढ़े-लिखे लोगों को समझ में आती है। पढ़े-लिखों में भी उन्हें जिनने यूरोपीय विचार-प्रणालियों का अध्ययन किया है और जिन्हें उनकी ठीक-ठाक समझ है। देश के ज्यादातर लोग फासी-नाज़ी तौर-तरीकों को नहीं जानते क्योंकि वे न उन अनुभवों से गुजरे हैं और न इन विचारधाराओं का अपने देश में उतना प्रचार-प्रसार हुआ है जितना साम्यवाद और पूंजीवाद का। हमारे सौ साल के स्वतंत्रता आंदोलन में मुख्य विमर्श में तो साम्राज्यवाद, पूंजीवाद और साम्यवाद ही रहे हैं क्योंकि हम साम्राज्यवादी-पूंजीवादी अंग्रेजों से लड़ रहे थे और उन्हीं से हमने अपनी राजनैतिक स्वतंत्रता प्राप्त की। आर्थिक और सामाजिक स्वतंत्रता तो अभी पानी है। मैंने यह भी पाया कि हिंदुत्व के विचार और राष्ट्रीय स्वयंसेवक संघ को जो जनसमर्थन मिला और अभी मिल रहा है वह इसलिए नहीं कि वे नाज़ी-फासी विचारधाराओं और व्यवस्थाओं के भारतीय संस्करण हैं। हिंदुत्व और राष्ट्रीय स्वयंसेवक संघ की भारतीय जड़ें भी हैं और हम जो लोग इनके चढ़ाव से चिंतित हैं उन्हें इन जड़ों को ठीक से समझ लेना चाहिए। इन्हें समझे बिना इनके दुष्परिणामों से हम लोगों को बचा नहीं सकेंगे। हमें यह भी समझना चाहिए कि इस्लाम और ईसाइयत से अच्छे और कल्याणकारी प्रभाव हमारे यहां आए तो उनसे बड़े पैमाने पर भारतीय संस्थाओं और मानस का विध्वंस भी हुआ है। यूरोप और अंग्रेजों से मुठभेड़ में हम आधुनिक हुए हैं तो इस मुठभेड़ में ऐसा ही बहुत कुछ है जिसने हमारे शुभ को और लोक-कल्याणकारी तत्त्वों को नष्ट किया है। अच्छे प्रभाव के जवाब में हम में से शुभ और रचनात्मक उत्तर आए हैं तो विध्वंस में से काफी जहर भी निकला है जिसे पचा जाने में अभी हमारे समाज को नीलकंठेश्वर होना है। मुझे लगता है कि हिंदुत्व और राष्ट्रीय स्वयंसेवक संघ के कारण हमारे समाज में जो सांप्रदायिक जहर बढ़ रहा है उसकी काट भी हमें अपने धर्म और सामाजिक परंपराओं में से निकालनी होगी। धर्म का उपयोग मैंने उसी अर्थ में किया है जिसमें महाभारतकार व्यास ने किया था और जो हमारे वेदों और उपनिषदों में खूब अच्छी तरह बताया गया है। इसके आगे वैदिक और हिंदू जैसे विशेषण तो हमने बाद में लगाए हैं।

निष्कर्ष पर आने के पहले एक बात और। वीर सावरकर और डॉक्टर हेडगेवार और हिंदू राष्ट्रवाद के पुरोधा सभी अपनी जाति प्रथा को विभाजक और राष्ट्रीय-सामाजिक एकता को तोड़ने वाली मानते थे। वे यह भी मानते थे कि जब तक हम जाति प्रथा को समाप्त नहीं करेंगे हमारा राष्ट्रीय समाज नहीं बनेगा, हम में सामाजिक बराबरी नहीं आएगी, ऊंच-नीच और अगड़े-पिछड़े की भावना और आचरण बने रहेंगे। जाति से छुटकारा पाने के लिए वीर सावरकर ने वर्णव्यवस्था की बात की और गुरु गोलवलकर ने भी। हेडगेवार ने संघ में जाति का भेद नहीं माना। लेकिन संघ को ज्यादातर समर्थन और स्वयंसेवक ब्राह्मणों, क्षत्रियों और

वैश्यों से मिले और वीर सावरकर के हिंदुत्व को तो ऊंची जातियों खासकर ब्राह्मणों का दर्शन माना ही जाता है। अखाड़ों में भी आपने देखा कि सैनिक संन्यासी शूद्रों में से आए। संप्रदायों में अध्ययन, पठन-पाठन, अध्यापन और पूजा-पाठ के काम ब्राह्मणों को ही मिले। संघ के स्वयंसेवकों में जाति चेतना भले ही उतनी न हो जितनी भाजपा के नेताओं और कार्यकर्ताओं में है लेकिन जाति प्रथा के दुष्प्रभाव से वह भी बचा नहीं है। भाजपा तो दूसरी किसी भी पार्टी की तरह जाति आधार पर काम करती है।

जाति और वर्ण का संबंध भी अपने आप में एक अलग अध्ययन का विषय है। कई समाजशास्त्री मानते हैं कि जाति एक तकनीकी-आर्थिक सेकुलर संस्था है जिसे बाद में वर्ण से पावित्र्य और धार्मिक मान्यता और स्वरूप दिलवाया गया और ऋग्वेद के पुरुष सूक्त से उसे जोड़ा गया। जो हो, चार वर्णों के खांचों में हमारी जातियां और उपजातियां फिट नहीं होतीं। फिर वे स्थिर भी नहीं हैं। उनमें ऊपर नीचे की गतिशीलता हमेशा रही है। जो हो, मोटे तौर पर जाति हमें अपनी प्राथमिक सामाजिक पहचान देती है, धर्म नैतिक पहचान देता है। हमारे धार्मिक संप्रदाय धर्म और जाति के बीच की संस्था हैं। जब-जब संप्रदाय या सांप्रदायिकता हावी होने की कोशिश करती है जाति अपना जोर दिखाती है और दोनों में अनिवार्य संघर्ष होता है। जाति और संप्रदाय के इस संघर्ष को हम अपने इतिहास और वर्तमान में देख सकते हैं। जिसे मंडल और कमंडल कहा जाता है, वे इसी संघर्ष से निकले हैं और इसी संघर्ष को मूर्तिमान करते हैं। अगर हमारा धर्म सर्वग्राही है और ऐसा ही बना रह सकता है तो उसे जाति और संप्रदाय दोनों के लिए जगह छोड़नी पड़ेगी। लेकिन वह जाति और संप्रदाय का जहर उतारने में अब तक सफल नहीं हुआ है। भगवान बुद्ध से लेकर बाबा साहेब अंबेडकर तक जाति प्रथा को समाप्त करने में लगे लेकिन कोई ढाई हजार साल के संघर्ष ने अभी तक जाति का ज्यादा कुछ बिगाड़ा नहीं है। इसी तरह सांप्रदायिकता के खून ने हमारी स्वतंत्रता को दूषित किया और सबसे मानवनिष्ठ महामानव महात्मा गांधी की बलि ले ली। जाति और संप्रदाय के समाहरण का कोई तरीका निकाले बिना हमारे समाज में शांति और समरसता नहीं आ सकती।

वीर सावरकर ने हिंदुत्व की अवधारणा विकसित करके हिंदू राष्ट्रवाद को एक संप्रदाय में परिवर्तित कर दिया। वे मानते थे कि जब तक हिंदुओं को मुसलमानों और ईसाइयों के बाहरी तत्त्वों के विरुद्ध खड़ा करके संगठित नहीं किया जाएगा वे एक शक्तिशाली समाज नहीं बनेंगे। स्वतंत्रता के पहले संग्राम का वर्णन करते हुए वीर सावरकर ने कहा था कि अंग्रेज साम्राज्यवादियों से मिलकर लड़े इसलिए हिंदू-मुस्लिम और ब्राह्मण शूद्र एक हुए। जिन लोगों का शत्रु एक हो वे उससे लड़ते हुए एक हो जाते हैं। तब वे हिंदू-मुस्लिम एकता के वैसे ही पैरोकार थे जैसे गांधी उम्र-भर रहे। लेकिन कालापानी और रत्नागिरी में काटी गई कठोर सजाओं और अंग्रेजों के बहकावे में आए मुसलमानों के व्यवहार ने उन्हें समझाया कि यह एकता नहीं हो सकती और हिंदुओं को अपना अलग संगठन बना कर और शक्तिशाली होना चाहिए। उनने 1857 के अंग्रेज शत्रु की जगह हिंदुओं के सामने मुसलमानों को खड़ा किया और चाहा कि वे जाति-वर्ण से ऊपर उठकर एक राष्ट्र हो जाएं। इस माने में अंग्रेजों का चलाया दो राष्ट्र सिद्धांत और मोहम्मद अली जिन्ना का उसको मानना तो बाद में आया, वीर सावरकर ने भारत को अलग हिंदू राष्ट्र पहले ही बना दिया।

इतने मुसलमानों और ईसाइयों को आप देश से अलग नहीं कर सकते और कर दें तो अलग करने की यह प्रवृत्ति हिंदू समाज में अनिवार्य रूप से जोर मारेगी क्योंकि वह कोई यूरोपीय किस्म का एक जातीय समाज नहीं है। हिंदुत्व की पुण्यभू की कसौटी लगा दें तो हिंदू समाज एक और समरस समाज बन ही नहीं सकता। इसलिए हिंदुत्व भारत के लिए तो है ही उससे ज्यादा खतरनाक वह हिंदू समाज के लिए है। वीर सावरकर ने भारतीयता को बड़ा और ऊंचा आदर्श तो माना था लेकिन उसे अव्यावहारिक मानकर रद्द किया था और हिंदू समाज को ही राष्ट्र को धारण करने वाला समाज बना दिया था। आजादी के बाद हमने पाकिस्तान से तीन लड़ाइयां लड़ीं। ऐसा नहीं हुआ कि सेना के मुसलमान पाकिस्तान की तरफ चले गए हों। ऐसा भी नहीं हुआ कि भारत के मुसलमानों ने पाकिस्तान के हित में विद्रोह कर दिया हो। हिंदू समाज को भारत को धारण करने वाला राष्ट्र बनाते और बताते समय वीर सावरकर ने सिर्फ यूरोप के उदाहरण दिए हैं। पाकिस्तान का टूटना और बांग्लादेश का बनना अगर द्विराष्ट्र सिद्धांत की पराजय है तो वह हिंदू राष्ट्र के विचार का भी पराभव है। वीर सावरकर अपने आखिरी वर्षों में उस हिंदू समाज से ही सबसे ज्यादा निराश थे जिसने उनकी नहीं सुनी और उनके जीते-जी उनकी स्थापनाओं को नकार दिया। लेकिन इसमें कोई संदेह नहीं कि हिंदुत्व के विचारक वही हैं। उनमें इतनी वैचारिक और निजी ईमानदारी थी कि उनने बार-बार कहा कि हिंदुत्व को हिंदू धर्म से गड्डमड्ड नहीं करना चाहिए। वे न स्वयं धार्मिक पुरुष थे, न अपनी अवधारणा को धार्मिक मानने देते थे। हिंदुत्व अगर राष्ट्रीयता की एक अवधारणा है तो हिंदू समाज और भारत उसे पहले ही रद्द कर चुका है।

इसमें कोई संदेह ही नहीं कि हेडगेवार ने हिंदुत्व का विचार वीर सावरकर से लिया लेकिन उसे मूर्त रूप देने का औजार राष्ट्रीय स्वयंसेवक संघ उन्हीं ने बनाया और उसे वीर सावरकर की हिंदू महासभा की राजनीति का सेवक बनाने से इनकार किया। हेडगेवार संघ को पुराने संप्रदाय का आधुनिक स्वरूप देना चाहते थे, यह कई बातों और उनके करने से स्पष्ट होता है। स्वामी रामदास आखिर एक संप्रदाय—वैष्णव माध्व संप्रदाय के थे और वे साधुओं को जैसा कार्यकर्ता बनाना चाहते थे वैसे साधु डॉक्टर हेडगेवार अपने स्वयंसेवकों को बनाना चाहते थे। शाखा को उनने अखाड़ों का रूप दिया तो इसलिए कि जिस तरह संप्रदायों ने अपने साधुओं और संपत्ति की रक्षा के लिए संन्यासियों के अखाड़े बनाए जो मुस्लिम हमलावरों से रक्षा के लिए लड़ सकें वैसे ही दंगों में हिंदुओं के बचाव के लिए डॉक्टर हेडगेवार ने स्वयंसेवक बनाए। शाखा अखाड़े का आधुनिक और वैचारिक संस्करण है। हेडगेवार और गुरु गोलवलकर दोनों ही संघ को एक राष्ट्रीय संप्रदाय के रूप में खड़ा करना चाहते थे, इसके कई उदाहरण मिल जाएंगे। गुरु गोलवलकर का एक उद्धरण देखिए :

''कोई आदर्श कितना ही महान हो सही टेकनीक के बिना साकार नहीं किया जा सकता। हमारे विभिन्न संप्रदायों में भी प्रत्येक व्यक्ति का अपना एक निशान होता है जो कि उस संप्रदाय विशेष का होता है। वह एक विशेष पोशाक पहनता है, वैसे ही अपने को सजाता है, विशेष मंत्र पढ़ता है और एक विशेष प्रकार के अनुशासन का पालन करता है। एक शैव, एक शाक्त या एक वैष्णव प्रत्येक का पूजा का अपना तरीका होता है, अपना कर्मकांड, संहिता और परंपरा जिससे वह अपने जीवन का नियमन करता है। हमने भी अपनी एक तकनीक विकसित की है, एक निशान है, एक मंत्र है, एक अनुशासन की संहिता है जो कि हमारे

एकीकृत और अनुशासित राष्ट्रीय जीवन के लक्ष्य के अनुसार है।''

आपने शाखाओं को चलते, उनके स्वयंसेवकों को पथ संचलन करते और उनके बौद्धिक सुने हों तो गुरु गोलवलकर के कहे को फिट करने में कोई मुश्किल नहीं होगी। वीर सावरकर के हिंदुत्व के विचार पर संघ एक आधुनिक संप्रदाय की तरह बनाया और खड़ा किया गया है। उसकी शाखा उसका अखाड़ा है जिसमें अब बजरंग दल और विश्व हिंदू परिषद नाम के अखाड़े और जुड़ गए हैं। संघ का लक्ष्य हिंदू राष्ट्र है जो अभी सांस्कृतिक अवधारणा है। कब वह राजनैतिक धार्मिक अवधारणा हो जाएगी यह परिस्थिति पर निर्भर करता है। स्वयंसेवक प्रधानमंत्री अटलबिहारी वाजपेयी ने न्यूयार्क के एक कार्यक्रम में अपने संप्रदायी-परिवारियों से कहा था कि जिस दिन हमें दो-तिहाई बहुमत मिल जाएगा हम अपने सपनों का भारत बनाएंगे। अपने हिंदुत्व के बारे में भाजपाई नेता चाहे जो कहें सच्चाई यह है कि संघ संप्रदाय हिंदुत्व को साकार करने को बना है। उसके विचारक वीर सावरकर, संगठक डॉक्टर हेडगेवार और प्रचारक गुरु गोलवलकर थे। यह संगठन संगठन पर चलता है और पूरे समाज को ही संगठित करना चाहता है। इसकी अपनी तकनीक और तौर-तरीके हैं जो भारतीय हैं और विदेशी भी। उन्हें समझिए !

राम की अग्नि परीक्षा

राम की जय बोलने वाले धोखेबाज विध्वंसकों ने कल मर्यादा पुरुषोत्तम राम के रघुकुल की रीत पर अयोध्या में कालिख पोत दी।

हिंदू आस्था और जीवन परंपरा में विश्वास करने वाले लोगों का मन आज दुख से भरा और सिर शर्म से झुका हुआ है। अयोध्या में जो लोग एक-दूसरे को बधाई दे रहे हैं और बाबरी मस्जिद के विवादित ढांचे को ढहाना हिंदू भावनाओं का विस्फोट बता रहे हैं—वे भले ही अपने को साधु-साध्वी, संत-महात्मा और हिंदू हितों का रक्षक कहते हों उनमें और इंदिरा गांधी की हत्या की खबर पर ब्रिटेन में तलवार निकाल कर खुशी से नाचने वाले लोगों की मानसिकता में कोई फर्क नहीं है। एक निरस्त्र महिला की अपने अंगरक्षकों द्वारा हत्या पर विजय नृत्य जितना राक्षसी है उससे कम निंदनीय, लज्जाजनक और विधर्मी एक धर्मस्थल को ध्वस्त करना नहीं है। वह धर्मस्थल बाबरी मस्जिद भी था और रामलला का मंदिर भी। ऐसे ढांचे को विश्वासघात से गिरा कर जो लोग समझते हैं कि वे राम का मंदिर बनाएंगे वे राम को मानते, जानते और समझते नहीं हैं।

राम के रघुकुल की रीत है—प्राण जाए पर वचन न जाई। उत्तर प्रदेश की भाजपा सरकार, भारतीय जनता पार्टी, विश्व हिंदू परिषद और राष्ट्रीय स्वयंसेवक संघ ने सुप्रीम कोर्ट, संसद और राष्ट्र की जनता को वचन दिया था कि विवादित ढांचे को हाथ नहीं लगाया जाएगा। लेकिन कल अयोध्या में सुप्रीम कोर्ट, संसद और देश को धोखा दिया गया। कहना कि यह हिंदू भावनाओं का विस्फोट है—झूठ बोलना है। जिस तरह से ढांचे को ढहाया गया वह किसी भावना के अचानक फूट पड़ने का नहीं सोच-समझ कर रचे गए षड्यंत्र का सबूत है। भाजपा के ही नहीं, राष्ट्रीय स्वयंसेवक संघ के नेता भी वहां मौजूद थे। वे साधु-महात्मा भी वहां थे जिन्हें मार्गदर्शक मंडल कहा जाता है। विहिप, भाजपा और संघ को अपने अनुशासित कारसेवकों और स्वयंसेवकों पर बड़ा गर्व है। लेकिन वे सब देखते रहे और ढांचे को ढहा दिया गया। ढांचा ढहाते समय रामलला की मूर्तियां ले जाना और फिर ला कर रख देना भी प्रमाण है कि जो हुआ वह योजना के अनुसार हुआ है। भाजपा की सरकार के प्रशासन और पुलिस का भी कुछ न करना कल्याण सिंह सरकार का इस षड्यंत्र में शामिल होना है।

कल्याण सिंह ने पहले इस्तीफा दिया और फिर भारत सरकार ने उन्हें डिसमिस कर के उत्तर प्रदेश में राष्ट्रपति शासन लगा दिया है। भाजपा की एक सरकार ने बता दिया है कि वह अपना जनादेश किस तरह पूरा करती है। उसमें न सैद्धांतिक निष्ठा थी, न संवैधानिक और प्रशासनिक जिम्मेदारी को वहन करने की शक्ति। वह जिस मौत मारी गई उसी के योग्य थी। क्योंकि वह उग्रवादियों के हाथों का खिलौना हो गई थी और षड्यंत्रकारियों ने उसका इस्तेमाल ढांचा ढहाए जाने तक किया। वे डेढ़ साल से कल्याण सिंह की सरकार को मंदिर बनाने की बाधाएं दूर करने का साधन बनाए हुए थे। अपने संवैधानिक, संसदीय और नैतिक कर्त्तव्य से समझते-बूझते हुए पलायन करने वाली सरकार के लिए कोई आंसू नहीं बहाएगा। लेकिन जनता फिर से ऐसी सरकार बनने देगी ?

भारत सरकार ने राष्ट्रपति शासन जरूर लगाया है लेकिन इतने महीनों से वह उत्तर प्रदेश सरकार और भाजपा को जिम्मेदार बनाने के राजनैतिक खेल में लगी हुई थी। अब ऐसी हालत उसके सामने है कि अयोध्या में दो-तीन लाख लोग इकट्ठे हैं। पुलिस और अर्धसैनिक बलों को वहां पहुंचने में अनेक बाधाएं हैं। जो टकराव वह टालना चाहती है अब उसमें वह गले-गले पहुंच गई है। ढांचे की रक्षा, संविधान और सुप्रीम कोर्ट के आदेश का सम्मान उसकी भी उतनी ही जिम्मेदारी थी जितनी उत्तर प्रदेश सरकार की। क्या उसने एक प्रदेश की निर्वाचित सरकार पर विश्वास कर के गलती नहीं की ? क्या उसे संविधान की रक्षा के लिए गैर संवैधानिक कदम उठाने चाहिए थे ? इन सवालों के जवाब आसान नहीं होंगे लेकिन इतिहास में वह कोई कारगर सरकार नहीं मानी जाएगी। कोई नहीं जानता कि भारत सरकार अब अयोध्या में कितना कुछ कर सकेगी लेकिन देश का जनमत उसे बख्शेगा नहीं।

सही है कि सभी राजनैतिकों और राजनैतिक पार्टियों ने अयोध्या के मामले को उलझाया है। सभी ने उसका राजनैतिक उपयोग किया है और कल जो हुआ है उसमें इस राजनीति का भी हाथ है। लेकिन राम मंदिर निर्माण का आंदोलन विश्व हिंदू परिषद चला रही थी। यह संस्था संघ की बनाई हुई है। कल से शुरू होने वाली कार सेवा का भार संघ ने लिया था। बजरंग दल और शिवसेना के लोग क्या कर सकते हैं इसे संघ परिवार जानता था।

लेकिन उनने लोगों की भावनाओं को भड़काया और उन्हें बड़ी संख्या में अयोध्या में जमा किया। राजनैतिक पार्टियों के खेल तो सब जानते हैं लेकिन संघ, हिंदू समाज को हिंदू संस्कृति के अनुसार संगठित करने का दावा करने वाला संगठन है और विश्व हिंदू परिषद मंदिर और वह भी राम का मंदिर बनाने निकली संस्था है। आप कांग्रेस और भाजपा को राजनैतिक पार्टियों की तरह कोस सकते हैं। लेकिन संघ परिवार को क्या कहेंगे जिसने धर्म और समाज के लिए लज्जा का यह काला दिन आने दिया ? देश का बृहत्तर हिंदू समाज संघ के स्वयंसेवकों या विहिप के कारसेवकों से लाखों गुना बड़ा है। यह बृहत्तर हिंदू समाज अयोध्या में जो हुआ उस पर शर्मिंदा है और देश को कैसे बचाना यह उसी की उदार और सहिष्णु परंपरा में स्थापित है। वह पूछेगा कि राम का मंदिर वचन तोड़ कर, धोखाधड़ी और बदले की नींव पर बनाओगे? और जो कहेगा कि हां, उससे वह पूछेगा, कि यह हिंदू धर्म है ?

कोई नहीं कह सकता कि कार सेवा के नाम पर ढांचा इसलिए ध्वस्त हुआ कि अचानक भड़की भावनाओं को रोका नहीं जा सकता था। मुलायम सिंह की तरह अयोध्या जाने पर किसी ने पाबंदी नहीं लगाई थी। सुप्रीम कोर्ट ने कार सेवा की इजाजत दी थी। जिस इलाहाबाद हाईकोर्ट पर फैसले को टांगे रखने का आरोप है वह पांच दिन बाद अधिग्रहीत भूमि पर निर्णय देने वाला था। तब तक कार सेवा ठीक से चल सके इसकी कोशिशों में केंद्र सरकार ने सहयोगी रुख अपनाया था। उत्तर प्रदेश की सरकार ने पुलिस की तैनातगी इतनी कम कर दी थी कि उसे देख कर किसी के भड़कने की संभावना नहीं थी। कार सेवा में जिन रोड़ों की बातें भाजपा-विहिप आदि करते रहे हैं वे सभी हटे हुए थे। और ऐसा भी नहीं कि 'गुलामी' के तथाकथित प्रतीक उस ढांचे को कारसेवकों और उनके नेताओं ने पहली बार देखा हो कि वे एकदम भड़क उठे। वह ढांचा वहां साढ़े चार सौ साल से खड़ा था और उसमें कोई तिरयालीस साल से रामलला विराजमान थे और वहां पूजा-अर्चना की कोई मनाही नहीं थी। फिर उसे गिराने और इस तरह गिराने की अनिवार्यता क्या थी ?

यह भी नहीं कहा जा सकता कि वहां केंद्र ने टकराव मोल लिया हो। लोगों को भड़काया हो। भाजपा और संघ के ही नहीं विहिप और बजरंग दल जैसे उग्रवादी संगठनों ने भी कहा था कि केंद्र करेगा तो ही टकराव होगा। लेकिन केंद्र कल दिल्ली में सात घंटे तक हाथ पर हाथ धरे बैठा रहा और तथाकथित कारसेवकों ने अपने नेताओं की उपस्थिति में उग्र-से-उग्र काम कर डाला। कोई नहीं

कह सकता कि उन्हें उत्तेजित किया गया। कोई नहीं कह सकता कि यह भावनाओं का अचानक विस्फोट था। यह जबरदस्ती और सोच-समझ कर किया गया अपकर्म है। इसमें जो धोखाधड़ी है वह हमारे लोकतंत्र और पंथनिरपेक्ष संविधान को ही दी गई चुनौती नहीं है। यह पूरे हिंदू समाज की विश्वसनीयता, वचनबद्धता और उत्तरदायित्व को नुकसान पहुंचाया गया है। संघ परिवार को फैशनेबल धर्मनिरपेक्षता की चिंता न भी हो तो कम-से-कम उस समाज की परंपरा, वचनबद्धता और विश्वसनीयता की फिक्र तो करनी चाहिए जिसे वह विश्व का सबसे उन्नत और संस्कृत समाज मानता है। इसके बाद हम सिख आतंकवादियों के धर्म की आड़ में चलते खालिस्तान और कश्मीर के मुसलमान आतंकवादियों की आजादी के जिहाद का क्या जवाब देंगे ? ताकत भी दिखाने के धर्मनिष्ठ, पारंपरिक, संवैधानिक और संसदीय रास्ते हिंदू समाज के लिए खुले हुए थे फिर क्यों उसे इस मध्ययुगीन बर्बरता में डाला गया ? जो मानते हैं कि ढांचा ध्वस्त कर के वे हिंदुत्व की नींव रख रहे हैं वे जल्द ही देखेंगे कि हिंदू समाज उन्हें कहां पहुंचाता है। बदले की भावना से कांपने वाले प्रतिक्रियावादी कायरों के अलावा किसी हिंदू हृदय ने इस विध्वंस का समर्थन किया है ?

देश, केंद्र सरकार और हिंदू समाज के सामने आजाद भारत का सबसे बड़ा संकट मुंह बाए खड़ा है। अगले कुछ दिनों में उन्हें अग्नि परीक्षा में से गुजरना है। संविधान और संसदीय परंपरा उनके साथ है और उन्हें एकता और अखंडता की ही रक्षा नहीं उन परंपराओं का भी निर्वाह करना है जो हजारों सालों से इस देश को धारण किए हुए हैं और जिनके नष्ट हो जाने से न भारत भारत रहेगा, न हिंदू समाज हिंदू। इस संकट में वे भगवान राम से भी प्रेरणा ले सकते हैं जिन्होंने ऐसे संकट में विवेक के साथ मर्यादा की स्थापना और रक्षा की है।

7.12.1992

यह आपका भी देश है

धोखा खाए एक दुखी प्रधानमंत्री को इस्तीफा देने पर मजबूर करने के लिए कल गैर-भाजपाई विपक्ष ने संसद नहीं चलने दी। लेकिन क्या वह भी दबाव की वही भाजपाई और घातक राजनीति नहीं खेल रहा है जिसने आज देश-भर में आग लगा दी है ? हिमाचल और उत्तर पूर्व के छोटे राज्यों को छोड़ कर देश-भर में भयंकर तनाव है। कोई दस राज्यों में अब तक सांप्रदायिक दंगों में दो सौ से ज्यादा लोग मारे गए हैं। दर्जनों शहरों में कर्फ्यू लगा हुआ है। पुलिस और अर्धसैनिक बल ही नहीं सेना तक जगह-जगह तैनात है।

इस सांप्रदायिक दावानल को बुझाने में लगने के बजाय गैर-भाजपाई विपक्ष ने संसद को अयोध्या में हुए विध्वंस के खिलाफ प्रस्ताव भी पास नहीं करने दिया। नरसिंह राव का इस्तीफा उसके लिए ज्यादा जरूरी है क्योंकि वे बाबरी मस्जिद के ढहाए जाने को रोक नहीं पाए। प्रधानमंत्री के इस दोष से तो कोई इनकार नहीं करेगा कि उनने कल्याण सिंह की सरकार और भाजपा पर भरोसा किया। भाजपा को जिम्मेदार बनाने की राजनीति करने में नरसिंह राव ने वे सब कर्त्तव्य उसे सौंप दिए जिन्हें पूरा करने का नाटक वह तथाकथित रामभक्त पार्टी कर रही थी। उनने सोचा नहीं होगा कि ढांचे की रक्षा की जिम्मेदारी का वचन देने वाला मुख्यमंत्री उसे ढहाए जाने के षड्यंत्र का औजार हो जाएगा और इस्तीफा दे कर घर बैठ जाएगा। इसकी कीमत तो नरसिंह राव को चुकानी ही होगी। लेकिन क्या आज उनके इस्तीफा देने से देश का सांप्रदायिक सन्निपात वैसे ही उतर सकता है जैसे दो साल पहले वीपी सिंह की सरकार के पतन से हुआ था ?

यह नरसिंह राव को बचाने के लिए पूछा गया सवाल नहीं है। गैर-भाजपाई विपक्ष अपने मुस्लिम वोट आधार से उसी तरह प्रेरित है जैसे हिंदू वोट बैंक के लिए भाजपा ने देश के संविधान, एकता, अखंडता और हिंदू आस्था परंपराओं को दांव पर लगा दिया। गैर-भाजपाई विपक्ष उस भाजपा पर वार नहीं कर रहा है जिसकी अध्यक्षता में बर्बर तरीके से बाबरी मस्जिद ढहाई गई। उसे नरसिंह राव का सिर चाहिए, क्योंकि भाजपा ने तो अध्योध्या में अपने बखिए उधड़वा लिए। उसकी निंदा, भर्त्सना कर के वह देश के मुसलमानों का समर्थन पक्का नहीं कर सकता। नरसिंह राव को इस्तीफा देने पर मजबूर कर के वह कांग्रेस के साथ सांप्रदायिकता विरोधी मोर्चे की राष्ट्रीय सरकार बना सकता है जिसका प्रधानमंत्री होने की उम्मीद चंद्रशेखर, वीपी सिंह और अर्जुनसिंह तीनों कर सकते हैं। नरसिंह राव अयोध्या में टकराव मोल लेते और हालत बिगड़ती तब भी नरसिंह राव को हटा कर राष्ट्रीय सरकार बनाने की राजनीति होती। लोकतंत्र आखिर सत्ता का खेल है और उसे खेलने से आप किसी को रोक नहीं सकते। लेकिन भाजपा ने जिस दावानल में देश को झोका है उसमें केंद्र को अस्थिर कर के कोई क्या पा लेगा ? वीपी सिंह को गिरा कर चंद्रशेखर ने क्या पा लिया ?

देश आजादी के बाद के सबसे विकट संकट में फंसा हुआ है। यह राजनीति खेलने और दांव लगा कर जीतने का समय नहीं है। यह किसी तरह इस संकट से देश को निकालने की अनिवार्यता की घड़ी है। नरसिंह राव बाबरी मस्जिद के ढहाए जाने की नैतिक जिम्मेदारी ले कर अगर उसी तरह हट जाएं जैसे कल्याण सिंह और लालकृष्ण आडवाणी हट गए तो क्या देश में दंगे रुक जाएंगे ?

बाबरी मस्जिद फिर खड़ी हो जाएगी ? संविधान, कानून का राज और सांप्रदायिक समरसता कायम हो जाएगी ? कल्याण सिंह को शर्म में डूब मरने के लिए गोमती का चुल्लू भर पानी नहीं मिला और लालकृष्ण आडवाणी सरयू के पानी का अर्घ्य दे कर अपने वचन की रक्षा नहीं कर सके इसलिए विपक्ष के नेता पद से हट गए। दोनों ने कहा कि हम अयोध्या की नैतिक जिम्मेदारी लेते हैं लेकिन इनमें कौन सी नैतिकता है जिसकी जिम्मेदारी इनने ली ? ढांचे को बचाने का वचन निभाने के लिए इन दोनों ने क्या किया ? मन से सोलहवीं सदी के मठों और छावनियों में बैठे महंतों को मध्ययुगीन बदला लेने का मौका दे कर अपने पदों से हट गए हैं। अपनी करनी से मारे जाने के बाद राजनैतिक शहीद हो रहे हैं। नरसिंह राव शहीद न होना चाहें तो देश को बचाने के लिए उन्हें बलि किया जा सकता है।

लेकिन इससे देश बचेगा नहीं। देश बचेगा तो उन सबके तत्काल अपना कर्त्तव्य पूरा करने से बचेगा जो बावजूद अपनी गलतियों और खामियों के अपनी चौकियां छोड़ कर भाग नहीं रहे हैं। उपराष्ट्रपति नारायणन ने कहा है कि महात्मा गांधी की हत्या के बाद देश आज सबसे बड़े संकट में है। सच पूछिए तो संकट तब से भी विकट है क्योंकि महात्मा की हत्या ने उनके तमाम हत्यारों को सुन्न कर दिया था। लेकिन विहिप, बजरंग दल और शिवसेना ने भाजपा और संघ के हिंदुत्व के नारे के साथ बहुसंख्यक सांप्रदायिकता का जो जहर फैलाया है, वह बाबरी मस्जिद के ढहाए जाने से उतरा नहीं है। हजार फनों वाला वह कालिया नाग देश को डंस कर बिल में घुस गया है। अभी उसे शक है कि कोई ओझा उसका जहर उतार देगा। अभी उसे डर है कि देश की आत्मा का कृष्ण उसे नाथ देगा। लेकिन केंद्र की अस्थिरता और ढुलमुलपन से अगर उसे मौका और वक्त मिल गया तो वह मुस्लिम सांप्रदायिकता का सामना करने के नाम पर फिर जहर उगलने लगेगा। अल्पसंख्यक सांप्रदायिकता को बहुसंख्यक सांप्रदायिकता से भिड़ा देने में भाजपाई और गैर-भाजपाई विपक्ष का ही नहीं कांग्रेस के कुछ नेताओं का भी निहित स्वार्थ है। पिछले पैंतालीस साल से चल रही सांप्रदायिक होड़ की इस राजनीति ने मुसलमानों को समझने का मौका और वातावरण नहीं दिया कि जो मस्जिद खंडहर पड़ी थी उसे रामजन्म मंदिर के लिए सौंप देने में उन्हीं का धार्मिक, सामाजिक और आर्थिक हित है। इसी राजनीति ने हिंदुत्व के झंडाबरदारों को उकसाया कि देश तभी मजबूत होगा जब बाबरी मस्जिद ढहा दी जाएगी और अपनी तमाम धार्मिक परंपराओं को उन्माद में डुबो कर उनने वह विध्वंस कर भी दिया। इसका नतीजा आज देश दावानल में झुलसते हुए भुगत रहा है।

इस राजनीति को खत्म करना है तो उसका समय आज और अभी है क्योंकि वह अपनी पराकाष्ठा पर पहुंच कर फट पड़ी है। जो नहीं चाहते कि देश इसी में डूबा रहे उन सबका कर्त्तव्य है कि वे ओछी राजनीति छोड़ कर पहले इस दावानल को शांत करें। राजनैतिकों ने टुच्ची राजनीति कर के और रोज-रोज जहर फैला कर देश को अभूतपूर्व संकट में फंसा दिया है। दंगों में मारे जा रहे लोगों के बच्चों, बीवियों और बड़े-बूढ़ों की तरफ से हाथ जोड़ कर इन राजनैतिकों से प्रार्थना है कि भगवान और भारत के लिए राजनीति के पांसे हथेलियों से गिराइए और हाथों में बालटियां उठा कर यह आग बुझाइए। देश पर मेहरबानी कीजिए। यह सांप्रदायिक दंगों में मरने वालों का ही नहीं आपका भी देश है।

8.12.1992

एक संवैधानिक और संसदीय मुखौटे की नाहक गिरफ्तारी

बेचारे लालकृष्ण आडवाणी को गिरफ्तार करने की क्या जरूरत थी ? उनने तो अयोध्या में घोर अनैतिक कार्य की नैतिक जिम्मेदारी ले कर विपक्ष के नेता पद से इस्तीफा दे दिया था। उन्हें अपने कारसेवकों और स्वयंसेवकों के अपकर्म की शर्म में घुटने के लिए घर में छोड़ दिया जाना चाहिए था। मुरली मनोहर जोशी, अशोक सिंघल, विनय कटियार, विष्णु हरि डालमिया और माता उमा भारती के पकड़े जाने का तो फिर भी औचित्य है क्योंकि ये न सिर्फ इतने महीनों से जहर उगल रहे थे, ढांचे को गिराने में भी जय श्रीराम कर रहे थे। जब इनके धतकरम से फैले दावानल में चार सौ से ज्यादा लोग राम को प्यारे हो गए हैं तो इनको खुले घूमने की इजाजत नहीं होनी चाहिए।

लेकिन लालकृष्ण आडवाणी को गिरफ्तार कर के उन्हें ऐसे विध्वंस का बचाव करने पर मजबूर किया गया जिसका कोई बचाव हो नहीं सकता। इसीलिए गिरफ्तार होने के पहले उनने जो कहा वह हास्यास्पद लगता है। जैसे उनने कहा कि बाबरी मस्जिद के ढांचे को ढहाने की कोई पहले से तय योजना नहीं थी। वे कहते हैं कि रविवार को अयोध्या में कोई दो लाख लोग इकट्ठे थे। लेकिन इनमें से सिर्फ पांच-छह हजार ही उस घटना (यानी ढांचे को ढहाने की कार सेवा में) शामिल थे। इनमें से भी सिर्फ पांच-छह सौ लोग ही ढांचे को सचमुच ढहा रहे थे। कोई पौने दो लाख लोग आडवाणी की अपील को सुन कर शांति से 'कार सेवा' करते रहे यानी नेताओं के भाषण सुनने और भजन-कीर्तन करने में लगे रहे।

गनीमत है कि आडवाणी ने नहीं कहा कि शांति से कार सेवा करवाते रहने के कारण उन्हें मालूम ही नहीं हुआ कि ढांचे की उपद्रवी कार सेवा भी हो रही है। क्योंकि सवाल यह है कि जब एक लाख अस्सी हजार कारसेवकों पर आडवाणीजी की अपील का ऐसा जादुई असर था तो उनने इन लोगों से कहा क्यों नहीं कि उन पांच-छह सौ लोगों की उपद्रवी कार सेवा को रोकें। वे तो कोई सवा दो साल से लगातार रथयात्रा कर ही रहे हैं। उनने अपनी अपील से शांतिमय कार सेवा कर रहे लोगों का नेतृत्व ढांचे को ढहाते कारसेवकों को रोकने में क्यों नहीं किया ? क्या वे तीन सौ मीटर दूर तक का शांति पैदल मार्च नहीं करवा सकते थे ?

जब वे सोमनाथ से रथयात्रा पर निकले थे और हिंसा हो रही थी तो हमारे एक मित्र संपादक ने पहले पेज पर अपील की थी कि चौरीचौरा में हिंसा के कारण गांधीजी ने अपना आंदोलन वापस ले लिया था, आप भी रथयात्रा रोक दीजिए। आडवाणीजी उन पर बुरी तरह बिगड़ गए थे क्योंकि हिंसा तो उनके रथ के निकल जाने के बाद होती थी। आगे कहां हुई ?

लेकिन अयोध्या में शांति से और विधिसम्मत प्रतीकात्मक कार सेवा करवाने के लिए आडवाणीजी वाराणसी से अयोध्या पहुंचे थे। उपद्रवी कार सेवा को रोकना उनका कर्त्तव्य था क्योंकि वे तो सम्मानपूर्वक ढांचे को ज्यों-का-त्यों दूसरी और अच्छी जगह रखवाने के पक्षधर थे। उनकी संवैधानिक, संसदीय और रामभक्त आत्मा ने उन्हें झकझोरा क्यों नहीं कि मस्जिद के ढांचे को ढहाने

से रोकें ? उनकी अपील पर शांति से कार सेवा कर रहे एक लाख अस्सी हजार लोग निश्चित ही तोड़-फोड़ कर रहे पांच-छह सौ लोगों को रोक सकते थे ? लेकिन नेता ने जहां नेतृत्व करने की जरूरत थी वहां जाना भी उचित नहीं समझा। उनकी अपील पर मंत्रमुग्ध बैठे एक लाख अस्सी हजार लोगों की शांति से ही वे अभिभूत रहे। जब ढांचा ढह गया तो उनने कहा कि यह बहुत दुर्भाग्यपूर्ण हुआ और नैतिक जिम्मेदारी का रामनामी दुपट्टा ओढ़कर विपक्ष के नेता पद से इस्तीफा दे दिया।

रेल दुर्घटना होती है तो बताइए कोई मंत्री लालबहादुर शास्त्री की तरह नैतिक जिम्मेदारी ले कर मंत्री पद से इस्तीफा देता है ? जो नैतिक जिम्मेदारी किसी पार्टी का कोई नेता या मंत्री नहीं लेता उसे खुद-ब-खुद आडवाणीजी ने कबूल किया। उन्हें दुख है कि ढांचा ढह गया। और क्या कर सकते थे आडवाणीजी ? अयोध्या पर लोगों की भावनाएं कितनी भड़की हुई थीं इसका अंदाज वे नहीं लगा सके और अप्रत्याशित और दुर्भाग्यपूर्ण को होने से रोक नहीं सके। टकरा जाने पर हम सॉरी कह कर निकल जाते हैं या नहीं ? आडवाणीजी इसी तरह बाबरी मस्जिद के ढांचे के ढह जाने के बाद सॉरी कह कर निकल जाना चाहते थे। लेकिन उन्हें पकड़ लिया गया। अब एक राजनैतिक के लिए पकड़े जाना तो कोई बड़ी बात नहीं है। दो साल पहले लालू प्रसाद यादव ने उनको रामरथ के साथ पकड़ ही लिया था।

लेकिन आडवाणीजी को केंद्र का यह निर्णय भड़काऊ लगता है कि सामाजिक-सांस्कृतिक संगठनों पर पाबंदी लगाई जाए। पाबंदी तो आतंकवादी और राष्ट्र-विरोधी संगठनों पर लगानी चाहिए। संघ परिवार के विश्व हिंदू परिषद, बजरंग दल और भारतीय जनता पार्टी ने तो देश के बहुसंख्यक लोगों की इच्छा ही पूरी की है। यानी ढांचे को ढहा कर देश के अस्सी प्रतिशत से ज्यादा लोगों का जनादेश पूरा किया है। ऊपर आडवाणीजी कह चुके हैं कि उन्हें अयोध्या पर लोगों की भावनाओं का सही अंदाज नहीं था। क्या ढांचे को ढहाने पर भी लोगों की भावनाओं का सही अंदाज उन्हें है ? अगर है तो वे बहुमत की इच्छा को पूरा करने को दुर्भाग्यपूर्ण और दुखद क्यों कहते हैं ? उसकी नैतिक जिम्मेदारी ले कर विपक्ष का नेता पद क्यों छोड़ते हैं ? लोकतंत्र में बहुमत की इच्छा पूरी करना तो गर्व और संतोष का कारण होना चाहिए। फिर उन्हें शर्म क्यों है ? क्योंकि लालकृष्ण आडवाणी संघ परिवार के संवैधानिक, लोकतांत्रिक और संसदीय मुखौटे हैं। बहुमत की इच्छा पूरी होने से संविधान और लोकतंत्र की जो हानि हुई है उस पर मन-ही-मन उन्हें भले ही संतोष हो और मुखौटे के नीचे का उनका सही चेहरा भले ही राहत में सामान्य हो, उनके मुखौटे को दुखी और अपराधी दिखना जरूरी है। इसीलिए उन्होंने नैतिक जिम्मेदारी ली और विपक्ष के नेता पद से इस्तीफा दिया। वे आखिर संसद में विपक्ष के नेता हैं और उनकी पार्टी को छोड़ कर बाकी सारी संसद मस्जिद का ढांचा ढहाने को संविधान और संसदीय लोकतंत्र का उद्दंड और निर्लज्ज उल्लंघन मानती है और इसके अपराधियों को दंडित करना चाहती है। विहिप, बजरंग दल और भाजपा में घुस आए असामाजिक तत्त्वों को छोड़ दें तो बाकी का बहुमत और जनमत ढांचे के ढहने पर दुखी और शर्मिंदा है। लालकृष्ण आडवाणी इस जनमत के सामने संघ परिवार के दुखी मुखौटे हैं। उन्हें गिरफ्तार कर के सरकार उनका असली भाजपाई चेहरा दुनिया को क्यों दिखाना चाहती है ?

नहीं, और सबको भले ही सरकार धर लेती लेकिन लालकृष्ण आडवाणी को खुला छोड़ देना चाहिए था। और कुछ नहीं तो लोकलाज में तो कम-से-कम एक मुखौटा हिंदुओं के दुख और शर्म को दिखाता भाजपा की तरफ से घूमता और संसद में बैठता। संघ परिवार में सबकी भूमिकाएं हैं जो मुखौटे पहन कर खेली जाती हैं। एक मुखौटा अशोक सिंघल हैं और एक विनय कटियार। कुछ और भी मुखौटे हैं जो अभी देश के सामने आएंगे।

9.12.1992

एक चेहरा जैसे खुला घाव हो

नरसिंह राव पंद्रह मिनट लेट आए। कोई पचास मिनट तक वे खुद और फिर संपादकों के सवालों के जवाब में बोलते रहे। जवाब उनने किसी का नहीं दिया। जो कहा उसमें नया कुछ नहीं था। स्पष्ट कुछ नहीं था। जब कभी लगता कि वे कुछ कह गए हैं तो तत्काल ऐसा कुछ कहते कि पहले कही या मुंह से निकल गई बात को जैसे काता-कूता कपास कर रहे हों। अगर उन्हें सचमुच साफ-सूफ कुछ नहीं कहना था तो इतने संपादकों और कॉलम लिखने वालों को बुलाया क्यों गया ?

वे निश्चित ही उनका समय बरबाद नहीं करना चाहते थे। उनके खुद के पास भी इतना समय बेकार कहां रहा होगा ? संकट में डूबे देश के प्रधानमंत्री के पास संपादकों के लिए इतना समय होना भी नहीं चाहिए। रहा भी नहीं होगा। फिर भी इस समय और इतने संपादकों और कॉलमकारों का कोई उपयोग करने की भी कोशिश उनने नहीं की। इतना तक नहीं कहा कि स्थिति को सामान्य बनाने में मेरी और देश की मदद कीजिए। कहीं नहीं लगा कि वे हम लोगों को पटाने या अपने दुख में शामिल करने की कोशिश कर रहे हों। वे सिर्फ अपना घाव दिखाना चाहते थे। और हम सब उन्हें अपने बीच बैठे अपने घावों पर अपनी जबान फेरते देख रहे थे। ऐसा लगता था जैसे अपने घाव की रिसन चाटने में उन्हें राहत मिल रही हो। राहत—जैसी रोने में मिलती है। राहत—जैसी गूंगे फोड़े के फट जाने और मवाद निकल जाने से मिलती है। राहत—जैसी किसी घनेरी घुमड़ती शाम में खुल कर बरसात होने के बाद मिलती है। लेकिन यह सब हो जाने के बाद भी नरसिंह राव को देखने पर लगा नहीं कि मन का गुबार निकल जाने में जैसे वे हलके और इसलिए स्वस्थ सहज हो गए हों। तनाव में और भरे-भरे जैसे वे आए थे वैसे ही चले गए।

जब वे बोल रहे थे तब पास की कुर्सी पर बैठे बुजुर्ग पत्रकार प्रेम भाटिया को घड़ी दिखा कर मैंने कहा था—मैच शुरू हो गया होगा। कौन सा मैच ? उनके कान में मैंने कहा—दक्षिण अफ्रीका में। वन डे इंटरनेशनल। यहां मुल्क डूब रहा है और तुम्हें मैच याद आ रहा है—उनने कुछ खीज और कुछ गुस्से में कहा और प्रधानमंत्री से कुछ कहने का मौका देखने में फिर लग गए।

उनके मन में कहीं गलतफहमी न रह जाए इसलिए निकलने के पहले मैंने कहा कि नरसिंह राव सचमुच कुछ बता नहीं रहे थे और उनको सुनने के बजाए तो क्रिकेट देखना बेहतर है। अंधेरे से तेजी से घिरती जा रही उस उदास और ठंडी शाम प्रधानमंत्री के घर-दफ्तर से निकल मैं तेजी से अपनी गाड़ी की गर्मी में आ बैठा। गाड़ी चलने लगी तो मैं ढूंढ़ने लगा कि क्यों नरसिंह राव की उस बातचीत से मेरा मन उचट कर बाहर भटकने लगा था ? देश में ऐसी आग लगी हुई है तो क्रिकेट मैच की ओर मेरा मन खिंचा नहीं था। नहीं, बिलकुल नहीं। बल्कि मुझे लग रहा था कि हमारी टीम वहां क्यों खेल रही है। उसे बुला क्यों नहीं लिया जाता ? लेकिन मुझे तो मैच का सहारा बातचीत से बाहर होने के लिए चाहिए था। नरसिंह राव का चेहरा एक खुले घाव की तरह लग रहा था और उससे रुक-रुक कर जैसे खून टपक रहा था। आप अगर ऑपरेशन करते डॉक्टर और भीड़ में लाठी चलाते पुलिस वाले न हों तो ऐसे घाव और टपकते खून को देखते नहीं रह सकते। आप आंखें फेर लेंगे या जल्दी से हट जाएंगे। प्रधानमंत्री की बातचीत में बीच से उठ कर कोई जाता

नहीं। मैं भी नहीं जा सकता था। इसलिए मन से गैरहाजिर हो जाना चाहता था।

नरसिंह राव का चेहरा बार-बार मेरे सामने आता था और मुझे लगता था कि किसी को प्रधानमंत्री क्यों होना चाहिए ? और जो प्रधानमंत्री हो ज़ाए उसे कहीं-न-कहीं संवेदनशील आदमी बने रहने की मजबूरी क्यों होना चाहिए ? नरसिंह राव निश्चित ही संघ परिवार के सरासर विश्वासघात से बुरी तरह आहत दिख रहे थे। वे प्रधानमंत्री होने के नाते अपना घाव छुपाने की कोशिश कर रहे थे लेकिन बार-बार उनका बख्तरबंद खुल कर गिर जाता था और घाव दिखाते-दिखाते वे एकदम सावधान हो जाते थे कि कहीं ऐसा कुछ न कह जाएं कि पकड़ में आ जाएं। अपने से इस संघर्ष में लगे होने के कारण ही न तो वे साफ-साफ कुछ कह पा रहे थे और न हमें अपने दुख और सदमे में शामिल कर पा रहे थे। अपने इस संघर्ष और अपनी दुविधा में वे बहुत मानवीय और दयनीय लग रहे थे। कोई प्रधानमंत्री ऐसा मर्माहत नहीं दिखना चाहिए। खास कर घिस-घिस कर सालिगराम और घुट-घुट कर खुर्राट हुए संपादकों और पत्रकारों के सामने जो किसी निजी या राष्ट्रीय दुख में सहभागी होने के लिए नहीं सवाल दागने और उनसे जानकारी निकालने आए हों। अखबार में काम करते-करते और रोज-रोज एक ही तरह की उत्तेजनाओं में से गुजरते हुए पत्रकार-संपादक बहुत असंवेदनशील हो जाते हैं।

लेकिन राजनीति और खास कर अपने देश की राजनीति करते हुए तो आदमी की चमड़ी इतनी मोटी हो जाती है कि गैंडे की भी नहीं होती। ऐसी चमड़ी वाले लोग ही किसी त्रासदी को अपने फायदे में भुनाने और संकट पैदा कर के कुर्सी पक्की करने में लग सकते हैं। नरसिंह राव कोई राजीव गांधी की तरह नौसिखिए नहीं हैं। उनने एक पूरी उमर राजनीति में गुजारी है और हालांकि हमारे यहां के खांटी राजनेताओं से ज्यादा पढ़े-लिखे और सुसंस्कृत हैं और पिछले साल चुनाव के पहले सक्रिय राजनीति से लगभग संन्यास की स्थिति में आ चुके थे फिर भी दांव-पेंच, उठा-पटक और जोड़-तोड़ की राजनीति को बहुत पास से देखा है और थोड़े बहुत खुद भी खेल चुके हैं। और भले ही इस राजनीति में इंदिरा गांधी और चंद्रशेखर की तरह उस्ताद न हों लेकिन चतुर सुजान और कांइयां तो हैं ही। फिर क्यों अयोध्या में हुई त्रासदी से इतने आहत हैं और क्यों बार-बार कहते हैं कि उनके साथ धोखा हुआ ? राजनीति में छल-कपट नहीं तो क्या होता है ? नरसिंह राव क्या सचमुच मानते थे और अंतिम सत्य की तरह मानते थे कि उत्तर प्रदेश सरकार, भारतीय जनता पार्टी और मार्गदर्शक मंडल के साधु-महंत किसी भी स्थिति में वह नहीं होने देंगे जो हुआ ? क्या वे सचमुच किसी भोले-भाले मानुस की तरह विश्वास किए बैठे थे ?

नरसिंह राव को देख कर लगता नहीं कि वे अपने साथ हुए विश्वासघात और मर्म में हुए घाव को भुनाने की कोशिश कर रहे हैं। इंदिरा गांधी ने ओडीशा में नाक पर पड़े पत्थर की चोट पर पट्टी बंधवा कर एक चुनाव जीत लिया था। सिंडीकेटी दादाओं की चालों के सामने अपने को एक दुखिया और पीड़ित महिला दिखा कर देश-भर की सहानुभूति पा ली थी। जेपी अंदोलन के समय अपने को देश के दुश्मनों से घिरी भारत माता बता कर इलाहाबाद हाईकोर्ट के फैसले और सुप्रीम कोर्ट के अड़ंगे से पार निकल गई थीं और पलट कर देश पर इमरजंसी का कोड़ा फटकार दिया था। उन्हें किसी त्रासदी ने सचमुच मर्माहत किया था तो संजय गांधी की मृत्यु ने। वे तब सचमुच फूट-फूट कर रोई थीं और अंदर से बुरी तरह टूट गई थीं। लेकिन वही एक त्रासदी भी थी जिसे उनने निहायत निजी और पवित्र माना और जिसका कोई राजनैतिक लाभ नहीं लिया। लेकिन राजीव गांधी के एक निजी मित्र की बात पर भरोसा किया जाए तो स्वर्ण मंदिर में सेना भिजवाने के पहले कोई पंद्रह दिन वे घर में रोज हवन करवाती थीं और अकाल तख्त की दुर्दशा पर रोई थीं। राजीव

गांधी शुरू में बहुत भोले और साफ-सुथरे और संवेदनशील लगते थे लेकिन बोफोर्स के बाद वे भी झूठ बोलने और नाटक करने में माहिर हो गए थे। अपने विश्वनाथ प्रताप सिंह तो कवि हैं और कविताई का इस्तेमाल भी करते हैं। लेकिन मंडल की घोषणा के बाद हुई हिंसा और आत्मदहन की त्रासदियों ने उन्हें कहां हिलाया ? वे सरकार जाने तक शहादत का लबादा ओढ़े रहे और सब जानते थे कि चालाकी कर रहे हैं। चंद्रशेखर की तो बात ही निराली है। उनकी उस्तादी उनकी संवेदनशीलता से बहुत ऊपर है। वे ठगे भी जाएं तो इसे दांव मारने में अपनी चूक मान कर ठीक करने में लग जाएंगे। इन चारों प्रधानमंत्रियों को मैंने संकट में देखा है और महसूस किया है कि इन खिलाड़ियों के लिए यह भी एक खेल है।

नरसिंह राव के बारे में ऐसा मैं मान नहीं पा रहा। हां, रविवार की त्रासदी से कहीं मैं भी घायल हुआ हूं। और उसी तरह कमरा बंद कर के रोया हूं जैसा स्वर्ण मंदिर में सैनिक कार्रवाई, और इंदिरा गांधी की हत्या पर रोया था। राजेंद्र माथुर ने तब कहा था कि यह मेरा हिंदू मन है हालांकि उनका भी मन हिंदू ही था। लेकिन मैंने बख्तरबंद बांध लिया है और इस चोट को मैं बिल्ले में परिवर्तित कर लूंगा। मेरी सहानुभूति नरसिंह राव के साथ हो सकती है। पिछली बार अयोध्या पर बातचीत करते हुए उनने कहा था कि हम भारतीय अतिवादी नहीं हैं। हमारा धर्म, हमारी संस्कृति और हमारी जीवन पद्धति ऐसी नहीं है कि हमें असहिष्णु और बर्बर बना दे। हम दूर होते हैं तो हवा में बहुत तलवारबाजी करते हैं लेकिन जब आमने-सामने बातचीत करने बैठते हैं तो हमारे भीतर की भलमनसाहत निकल आती है और हम मध्यमार्ग पर लौट आते हैं। नरसिंह राव को भारत के लोगों के धर्म, संस्कृति और उदार और सहिष्णु मानस में भरोसा था। वे कहते थे कि इसी से अयोध्या का हल निकलेगा। इसलिए अयोध्या में जो हुआ और जैसे हुआ उससे उनका आहत होना और ठगे जाने की पीड़ा में घुटना सहज लगता है। जानने को तो हम सब जानते हैं कि सब धर्मों के लोगों ने धर्म के नाम पर कोई कम राक्षसी काम नहीं किए हैं और राजनीति ने अपने खेल में उसका कोई कम इस्तेमाल नहीं किया है। लेकिन हम भरोसा नहीं करना चाहते कि हमारे धर्मबंधु भी उन्माद में कुछ भी कर सकते हैं। छह दिसंबर से उन्माद देश के मन-शरीर पर सन्निपात की तरह चढ़ा ही हुआ है।

नरसिंह राव की तरह ही देश के पहले प्रधानमंत्री जवाहरलाल नेहरू ने चीनी आक्रमण के बाद कहा था कि देश के साथ बड़ा धोखा हुआ। वे कभी मान ही नहीं सकते थे कि साम्यवादी चीन समाजवादी भारत के साथ ऐसा बर्ताव करेगा। उन्हें भरोसा नहीं था कि माओ और चाऊ एन लाई हिंदी-चीनी भाई-भाई के नारों के बाद ऐसे छल से हमला करेंगे। जिनके साथ बैठ कर जवाहरलालजी ने पंचशील चलाया उनके दगा देने से वे निजी रूप से भी मर्माहत हुए थे। उस चोट के बाद वे कोई दो साल जिए और प्रधानमंत्री भी रहे लेकिन सब मानते हैं कि उन्हें चीनी हमले ने अंदर से ऐसा तोड़ दिया था कि वे उबर ही न सके। विश्वासघात का घाव उन्हें ले गया। भगवान करे नरसिंह राव को नेहरू की नियति न मिले। भगवान करे राजनीति खुर्राट राक्षसों का खेल हो भी तो उसमें कोई संवेदनशील आदमी टिका रह सके। अनिश्चय, अनिर्णय और विफलता में पड़े आदमी को भी प्रधानमंत्री क्यों नहीं बने रहना चाहिए ? या यों कहें कि हमारा प्रधानमंत्री अपना मानवीय चेहरा और चोट खाया सीना छुपाने के लिए हमेशा मजबूर क्यों हो ? राष्ट्र के लिए कर्त्तव्य करना सर्वोच्च पराक्रम हो सकता है लेकिन क्या उसमें सफल होने के लिए मनुष्य होना पाप है ?

13.12.1992

समर शेष है

यूरोप में चिंता है कि बाबरी मस्जिद का ढांचा ढहाए जाने और उससे भड़के दंगों में कोई एक हजार लोगों के मारे जाने के बाद भारत धर्म निरपेक्ष रहेगा या नहीं ? और पाकिस्तान और बांग्लादेश की मांग है कि बाबरी मस्जिद वहीं बनाई जाए जहां थी। वे दोनों मिल कर इस मामले को राष्ट्रसंघ में उठाएंगे क्योंकि उसका चार्टर पूजा-स्थलों की पवित्रता और अल्पसंख्यकों के अधिकारों की रक्षा करता है।

भारत के मुंह पर अयोध्या में कारसेवकों ने जो कालिख पोती है और वहां जो विधर्म हुआ है उसकी शर्म से झुके इसी हिंदू सिर को उठा कर कुछ सवाल पूछने की मेरी इच्छा है। पाकिस्तान ने अपने अल्पसंख्यकों के साथ पैंतालीस साल से क्या बर्ताव किया है और उनके धर्मस्थलों की कैसी दुर्गत की है इसे हम हिंदुस्तानी तो भुगतते ही हैं सारी दुनिया भी जानती है। उसके इस्लामी संविधान में तो गैर मुसलमान अल्पसंख्यक दूसरे दर्जे का नागरिक है। बांग्लादेश ने पाकिस्तान से अलग हो कर साबित किया है कि एक धर्म एक राष्ट्र की जिस यूरोपीय अवधारणा पर पाकिस्तान बना वही गलत और झूठी है। बांग्लादेश को पाकिस्तानी सैनिक शिकंजे से भारत ने निकाला है। हालांकि वह भी इस्लामी गणतंत्र हो गया और वहां भी हिंदू अल्पसंख्यकों पर अत्याचार हुए हैं और उसमें राज्य की भूमिका निष्पक्ष नहीं रही है। पाकिस्तान और बांग्लादेश को क्या हक है कि वे किसी देश के अल्पसंख्यकों के अधिकारों और उनके धर्मस्थलों की पवित्रता की बात करें ? राजनीति में उलटे चोर कोतवाल को जरूर डांटते हैं और कूटनीति में तो जिसकी लाठी उसकी भैंस होती ही है। लेकिन पाकिस्तान और बांग्लादेश का अयोध्या कांड के बावजूद भारत को कटघरे में खड़े करने का प्रयास हास्यास्पद है। क्योंकि ये दो देश उदाहरण हैं कि धर्म से राष्ट्रीयता तय नहीं होती और धार्मिक कट्टरपन अल्पसंख्यकों के अधिकारों और धर्मस्थलों की चिंता नहीं करता। अयोध्या कांड के बाद पाकिस्तान और बांग्लादेश में जो हुआ वह उन्हीं के केस की धज्जियां उड़ाने के लिए काफी है।

इसके बावजूद राष्ट्रसंघ में अगर बाबरी मस्जिद के ढांचे को ढहाए जाने का मामला उठेगा तो आप पाएंगे कि वे यूरोपीय देश जो भारत में धर्मनिरपेक्षता के भविष्य को ले कर दुबले हो रहे हैं उनकी सहानुभूति पाकिस्तान और बांग्लादेश के साथ होगी। ब्रिटेन और यूरोप के कई देश अयोध्या कांड को सिर्फ हिंदू-मुस्लिम के विवाद की तरह देखते हैं। ब्रिटेन को तो भारत के बारे में ज्यादा जानकारी है और कोई दो सौ साल का उसके साथ हमारा साझा इतिहास है। लेकिन अभी उस दिन बीबीसी टीवी पर अयोध्या कांड पर एक बहस सुनते हुए मुझे लगा कि यहां से जाने के पैंतालीस साल बाद और दुनिया में कोई ताकत न रहने के बावजूद अंग्रेज के मन में भारत की वही तसवीर है जिसे सच्ची मान कर वह न सिर्फ हमारे टुकड़े कर के गया बल्कि ऐसे विष बीज भी बो गया कि फिर टुकड़े-टुकड़े होने का अंदेशा हम पर कच्चे धागे से बंधी तलवार की तरह लटका रहे। बीबीसी टीवी पर वही फर की टोपी पहने और दाढ़ी बढ़ाए जवान मुसलमान था, केसरिया पगड़ी बांधे ब्रिटेन में बैठा खालिस्तानी था और क्रॉस लटकाए भारतीय ईसाई था और उनके लिए ऐसे

पर्याप्त भड़काऊ सवाल थे जिनके जवाब से पता चले कि भारत में जितने धर्म हैं उतने राष्ट्र हैं। और धर्मनिरपेक्षता तो दूर एक राष्ट्र के रूप में भी भारत बचेगा नहीं।

एक धर्म के मानने वाले एक राष्ट्र हैं यह यूरोपीय अवधारणा ब्रिटेन के जरिए भारत में आई और थोपी गई। भारत के इतिहास-पुराण में बड़ी रुचि रखने वाले अंग्रेजों को कभी समझ में नहीं आया कि बहुभाषी, बहुजातीय और बहुधर्मी देश सदियों से एक कैसे रहता आया है। अंग्रेजों को बड़ा गर्व है कि उनने अपने नैतिक, सांस्कृतिक और सैनिक बल से भारत को एक राष्ट्र बनाया। लेकिन वे जानते हैं कि उनके पहले भी यह देश राष्ट्र रहा है और वह न हिंदू राष्ट्र था, न इस्लामी राष्ट्र था, न बौद्ध राष्ट्र। उनके आने के पहले और आने के वक्त भी न यह पूरी तरह मुस्लिम था, न हिंदू। धर्म से राष्ट्रीयता तय करने की कोशिश उनने यहां क्यों की जबकि यूरोप में ईसाई धर्म होते हुए भी वह एक राष्ट्र नहीं हुआ जबकि उससे बड़ा यह उपमहाद्वीप एक राष्ट्र रहा। छोटा-बड़ा भले ही होता गया हो लेकिन सभ्यता, संस्कृति और सामाजिकता के नाते तो एक रहा ही है। आधुनिक राष्ट्र-राज्य जैसा राष्ट्र न रहा हो।

कई भारतीयों को भी अंग्रेजों की तरह समझने में मुश्किल होती है कि भारत की पंथनिरपेक्षता अंग्रेजों की देन नहीं है। इस पंथनिरपेक्षता की जड़ें उस धर्म में हैं जिसमें सभी पंथों के लिए सम्मान की जगह है। इस माने में हमारा राज्य हमेशा ही पंथनिरपेक्ष रहा है क्योंकि उसने हमारे पूरे समाज को एक ही पंथ का बनाने की कोशिश कभी नहीं की, राजा चाहे हिंदू रहा हो, बौद्ध या जैन रहा हो या मुसलमान। औरंगजेब ने चाहे जितनी कोशिश की हो पर वह इस समाज को एक पंथ का नहीं बना पाया। एक राष्ट्र एक समाज से बनता है और राष्ट्र का राज्य राष्ट्रीय समाज की धारणाओं और परंपराओं से तय होता है। जब तक हिंदू समाज अपनी पंथनिरेपक्ष धारणाओं और परंपराओं में बना रहता है तब तक उसकी पंथनिरपेक्षता को कोई खतरा नहीं हो सकता।

लेकिन यह आश्वासन हमें यूरोप को नहीं देना है। वह हमारे बारे में चिंतित है तो उसकी अनदेखी भी नहीं करनी चाहिए। लेकिन उसकी चिंता से हमारा भविष्य बनना-बिगड़ना नहीं है, न हम उसके प्रति उत्तरदायी हैं। असल बात यह है कि हम खुद अपना क्या करते हैं ? क्या हम इस्लामी कट्टरवादिता की प्रतिक्रिया में अपनी उदार, सहिष्णु, पंथनिरपेक्ष और सर्व धर्म समभावी परंपराओं और जीवन पद्धति को छोड़ देंगे ? बाबर के सिपहसालार मीर बाकी ने अगर कोई मंदिर तोड़ कर मस्जिद बनाई थी तो उस मस्जिद के ढांचे को तोड़ना हिंदू कार्य हुआ या मीर बाकी का ? बीबीसी की बहस में बोलते भारतीय (हिंदू ?) प्रोफेसर ने कहा कि यूरोप के अखबार, रेडियो और टीवी भारत को अंदर से समझें। उस नजर से देखे जिससे वह अपने को देखता है। हम भारत को अंदर से देखने और जैसा वह अपने को समझता है वैसा समझने की कोशिश करें तो इसे सामी संगठित धर्मों की कट्टरवादिता में तो नहीं देख-समझ सकते। हम अगर वैसे ही हिंदू राष्ट्र हो जाएंगे जैसा कि पाकिस्तान को इस्लामी धार्मिक राष्ट्र अंग्रेजों ने बनाया तो क्या हम उनके जाने के पैंतालीस साल बाद अपनी मर्जी से अपने पर द्विराष्ट्रवाद का सिद्धांत नहीं थोप लेंगे ? विश्व हिंदू परिषद, बजरंग दल और राष्ट्रीय स्वयंसेवक संघ के कई लोग भारत का वही करना चाहते हैं जो अंग्रेज नहीं कर सके।

इसलिए भारत पंथनिरपेक्ष रह पाएगा या नहीं इसकी चिंता यूरोप को नहीं हमें होना चाहिए। पंथनिरपेक्षता की हमारी परंपरा यूरोप से कहीं अधिक प्राचीन, समृद्ध और शक्तिशाली है। मुस्लिम कट्टरवादिता के खतरों और जोर-जुल्म की बातें संघ परिवार के लोग बहुत करते हैं। लेकिन इस्लाम के नाम पर हमले और अत्याचार भारत ने बहुत झेले हैं। चुनौती कोई 1947 के बाद नहीं आई है। मोहम्मद गौरी और महमूद गजनवी सदियों पहले आए और सैनिक बल से जो भी कर सकते थे किया। लेकिन न यह देश नष्ट हुआ न इस समाज ने अपने धर्म को सांप्रदायिक कट्टरपन में

बांधा। इसलिए नहीं कि हिंदू कमजोर और कायर थे, इसलिए कि हिंदू को अपनी धार्मिक, आध्यात्मिक और सामाजिक शक्ति अपराजेय लगती है। और देश अपने लोगों की आस्था से बनते और बिगड़ते हैं। सन् छियालीस और सैंतालीस में सांप्रदायिक हिंसा में हिंदू समाज कोई कम नहीं झुलसा है और उन्माद में वह भी घनघनाया है। उसने विभाजन झेला है। फिर भी उसने भारत को कट्टर धार्मिक राष्ट्र नहीं बनाया। वीर सावरकर तब भी थे और राष्ट्रीय स्वयंसेवक संघ भी था लेकिन हिंदू समाज ने अपनी परंपरा और जीवन पद्धति नहीं छोड़ी। तब हम गुलाम नहीं थे। अपना रास्ता तय करने के लिए स्वतंत्र थे। हमने अगर पंथनिरपेक्ष संसदीय लोकतंत्र का रास्ता चुना तो अपनी मर्जी से चुना। विभाजन के सांप्रदायिक उन्माद में गांधी जैसे सच्चे हिंदू की हत्या कर के भी ये ताकतें भारत को उसकी प्राचीन, उदार, सहिष्णु और समृद्ध परंपरा से भटका नहीं सकीं।

पिछले पैंतालीस साल में हमने जिस पंथनिरपेक्ष संसदीय लोकतंत्र के वृक्ष को उछेरा है उसकी जड़ें हमारी उस धरती में हैं जिसको सुबह जागने पर पांव से छूने की क्षमा ऋषि मांगता था। अयोध्या में इस लोकतंत्र को उखाड़ने की कोशिश हुई है। इसके वातावरण को जहर से भरा गया है। लेकिन यूरोप के अखबार, रेडियो, टीवी भले ही न जानें हम जानते हैं कि हमारी जड़ें हमारी परंपरा में कहां और कितनी गहरी हैं। अयोध्या कांड को हम रोक सकते थे अगर इन जड़ों और परंपराओं की प्रतिष्ठा और रक्षा में हम सक्रिय होते। लेकिन इसे मठाधीशों और प्रतिक्रिया में आपा खोए छद्‌म हिंदुओं के भरोसे छोड़ कर हम विचार से पश्चिम और राजनीति के छल में उलझे रहे। अगर अयोध्या कांड ने हमें झकझोरा है तो हमें यूरोप की तरह भारत के धर्मनिरपेक्ष भविष्य की चिंता करने के बजाय भारतीयों और हिंदुओं की तरह अपनी परंपराओं और जीवन पद्धति की रक्षा करना चाहिए। खतरा बाहर से नहीं भीतर से है। पाकिस्तान, बांग्लादेश और तेल रोकने की धमकी देने वाले अरब देशों से तो हम निपट लेंगे लेकिन जिन कारसेवकों ने अपने नेताओं को ही धोखा दिया और उनकी एक नहीं सुनी उनसे तो इस धार्मिक समाज को ही निपटना होगा। नरसिंह राव के भरोसे यह समर छोड़ा नहीं जा सकता। दिनकरजी की कविता याद है ना—समर शेष है, नहीं पाप का भागी केवल व्याध, जो तटस्थ हैं समय लिखेगा उनका भी अपराध। और—दोषी केवल वही नहीं तो जो नयनहीन था, उसका भी है दोष आंख थी जिसे किंतु जो बड़ी-बड़ी घड़ियों में मौन तटस्थ रहा है।

15.12.1992

मंदिर मस्जिद उसके धाम किसको सन्मति दे भगवान

पाकिस्तान और बांग्लादेश राष्ट्रसंघ और इस्लामिक संगठन से कह रहे हैं कि वे भारत में मुसलमानों की रक्षा करें; और बाबरी मस्जिद के ढांचे का गिराया जाना एक अंतर्राष्ट्रीय इस्लामिक मामला है और वह ऐतिहासिक मस्जिद फिर वहीं बनाई जानी चाहिए। नवाज शरीफ ने पाकिस्तान में मंदिर गिराए जाने और हिंदुओं की जान-जायदाद पर हमलों की भी भर्त्सना की है, "जिस किसी ने भी ये निंदनीय काम किए उसने इस्लाम की सेवा नहीं की है।" अयोध्या के ढांचे के गिराए जाने पर हिंदू कट्टरवादियों ने भी ऐसे ही उद्‌गार प्रकट किए हैं। और अकालियों से तो हम दस साल से सुन रहे हैं कि बेकसूर लोगों को मारने वाले आतंकवादी सिख नहीं हो सकते। सांप्रदायिक राजनीति करने वालों की बोली एक जैसी होती है। उन्हें अल्पसंख्यकों की जान-जायदाद, धर्मस्थलों और नागरिक अधिकारों की चिंता नहीं होती। वे उनके राजनैतिक खेल के सिर्फ औजार हैं।

पाकिस्तान और बांग्लादेश में बाबरी मस्जिद के ढांचे के ढहने के बाद हिंदुओं पर जो हमले हुए और उनके मंदिर तोड़े गए उससे भारत के मुसलमान न सुरक्षित हुए हैं न उन्हें सुकून मिला है कि चलो वहां बाबरी मस्जिद गिराए जाने का बदला ले लिया गया। भारत के मुसलमान अगर कांग्रेसी और भाजपाई राजनीति के मोहरे हैं तो वे पाकिस्तान और बांग्लादेश की अंतर्राष्ट्रीय नीति के औजार ही नहीं इस्लामिक राष्ट्र बने रहने के आधार भी हैं। मानी हुई बात है कि पाकिस्तान भारत और हिंदुओं के खिलाफ प्रतिक्रिया में ही जन्मा है और इसी नकारात्मक आधार पर बना रह सकता है। भारतीय मुसलमानों पर हिंदुओं के अत्याचारों की कहानियां चला कर ही वह अपने लोगों को एक सांप्रदायिक उन्माद में लगाए और उन्हें दूसरे और ज्यादा महत्त्वपूर्ण सवालों से हटाए रख सकता है।

भारत अगर ज्यादातर मुसलमानों को निकाल दे और हिंदू राष्ट्र हो जाए तो इससे सबसे ज्यादा ताकत पाकिस्तान और फिर बांग्लादेश को मिलेगी। एक पंथनिरपेक्ष लोकतांत्रिक भारत पाकिस्तान के अस्तित्व के लिए ज्यादा बड़ा खतरा है क्योंकि वह उस मूल सिद्धांत को ही चुनौती देता है जिस पर पाकिस्तान बना और टिका हुआ है। इसीलिए पाकिस्तान चाहता है कि भारत एक कढ़ाई में पड़े तेल की तरह सांप्रदायिक आग से लगातार उबलता रहे। इसीलिए वह भारत के मुसलमानों को सीमा पार से आवाज देता रहता है कि हम तुम्हारे रक्षक हैं। वह जानता है कि इससे भारतीय मुसलमान बहुसंख्यक हिंदुओं की नजर में संदेहास्पद बने रहते हैं। इससे भारतीय मुसलमान सहज-सामान्य भारतीय नागरिकों की तरह आश्वस्त हो कर अपने निजी और सामाजिक जीवन की समस्याएं नहीं सुलझा पाते। इससे हिंदुओं और मुसलमानों के बीच जो सामाजिक समरसता सदियों से चली आ रही थी वह वापस स्थापित नहीं हो सकती। भारतीय मुसलमानों को हिंदुओं से लड़ाए रखने में जितना स्वार्थ साधन पाकिस्तान का होता है उतना कट्टरपंथी हिंदुओं और सांप्रदायिक राजनीति के उस्ताद कांग्रेसी नेताओं का नहीं होता।

नहीं, पाकिस्तान और बांग्लादेश भारतीय मुसलमानों के रक्षक नहीं हैं। वे भारतीय मुसलमानों को मछली पकड़ने के कांटे पर चुगने की तरह लगाए हुए हैं ताकि भारत को फंसा लें। वे यह भी जानते हैं कि बाबरी मस्जिद उसी जगह बनाने की मांग कर के वे उन कट्टरपंथी हिंदुओं को भड़का सकते हैं जिनने ढांचे को गिराने का उन्माद पैदा किया। वे जानते हैं कि ऐतिहासिक और पुरातात्विक दृष्टि से सही हो या गलत हिंदुओं के मन में उतारने की कोशिश की गई है कि जहां बाबरी मस्जिद बनाई गई वहीं राम का जन्म हुआ था और इसीलिए वहां खड़े मंदिर को तोड़ कर बाबर के हुक्म पर मीर बाकी ने मस्जिद बनाई। अब वह ढांचा नहीं है। लेकिन उसी जगह फिर मस्जिद बनाने की मांग कर के भारत में कट्टरपंथी हिंदुओं को ताकतवर किया जा सकता है। हिंदुओं को उनकी उदार, सहिष्णु और पंथनिरपेक्ष परंपरा में लौट कर सहज होने से रोका जा सकता है। और मुसलमानों को फिर मस्जिद बनाने और उसे उन्हें सौंपने की मांग के चने के झाड़ पर चढ़ा कर उन्हें हमेशा असुरक्षित और उन्मादी बनाए रखने का इंतजाम किया जा सकता है। पाकिस्तान और बांग्लादेश के इस खेल को भारतीय मुसलमानों को तो समझना ही चाहिए लेकिन उससे भी ज्यादा जरूरत है इस खेल को समझने की हिंदुओं को।

देश के बयासी-पिचासी प्रतिशत होने के नाते बहुसंख्यक हिंदू ही इस देश को धारण किए हुए हैं। यह पंथनिरपेक्ष लोकतंत्र उन्हीं की परंपरा से उपजा है और पोषित है। यही उनके हजारों सालों से सिद्ध चरित्र का उदाहरण है और यही वह सोना है जो समय की कसौटी पर खरा उतरा है। क्या हम अपने सोने को लोहा इसलिए हो जाने देंगे कि हमें पाकिस्तान को या इस्लामी कट्टरपंथी अरब देशों को उन्हीं की बोली में जवाब देना है ? क्या हम अपने प्रामाणिक और काल सिद्ध चरित्र को इसलिए बिगड़ जाने देंगे कि अपने इतिहास के एक कालखंड में इस्लाम के नाम पर बर्बर आक्रांताओं ने यहां जो अत्याचार किए थे उनका उन्हीं की तरह जवाब देना है ? क्या प्रतिक्रिया की आग में जल कर हम वही हो जाएंगे जो हमें मुसलमान और अंग्रेज आक्रांता बनाना चाहते थे ? हमें वही धार्मिक समाज बने रहना है जो हमारा राष्ट्रीय गौरव है या कट्टरपंथी संप्रदाय में संगठित हो कर संकीर्णता में नष्ट हो जाना है ? अगर हमें भारतीय समाज बने रहना है तो इतिहास की विकृतियों यानी पाकिस्तान और बांग्लादेश की प्रतिक्रिया में उन्हीं के जैसा नहीं हो जाना है। भारतीय मुसलमानों को पाकिस्तानी एजंट मान कर हम अपने अंदर से अपने को खोखला कर लेंगे।

अकाल तख्त के नष्ट होने पर जो घाव सिख मानस में हुआ था वैसी ही चोट भारतीय मुसलमानों को बाबरी मस्जिद ढहाए जाने से लगी है। इसे वे लोग नहीं समझेंगे जो प्रतिक्रिया में बजरबट्टू हुए मानते हैं कि चार सौ चौंसठ साल पुराने उस ढांचे को तो गिरा ही दिया जाना चाहिए था। पचास साल से वह भले ही ढांचा रहा हो और तिरयालीस साल से रामलला का मंदिर हो। जिन्हें संविधान, कानून, लोकतंत्र, दूसरे समाज की आस्था और लोगों की भावनाओं की बिलकुल चिंता न हो और जो उस ढांचे को सिर्फ मंदिर मान कर ही उसका जीर्णोद्धार करने गए हों उनको भी मालूम होना चाहिए कि इस देश में गिराए गए मंदिरों का ही नहीं समय से जीर्ण-शीर्ण हुए मंदिरों, तालाबों, बावड़ियों और धर्मशालाओं का भी जीर्णोद्धार सदियों से होता आया है। जीर्णोद्धार का भी शास्त्र है और जिसका जीर्णोद्धार किया जाता है उसके प्रति भी सम्मान होना अनिवार्य है।

अयोध्या में छह दिसंबर को जो हुआ वह किसी भी हिंदू परंपरा में मान्य और प्रतिष्ठित नहीं है। वह बदला लेने के उन्माद से गैर हिंदू हुए लोगों का अपकर्म है और उस पर कोई भी सभ्य-सुसंस्कृत और सनातनी हिंदू गर्व नहीं कर सकता। इस कलंक को तो हमें ढोना ही होगा। जो लोग इस पर प्रतिक्रिया में गर्व करते हैं उनमें और इंदिरा गांधी के हत्यारों—बेअंत और सतवंत और जनरल वैद्य के हत्यारों सुक्खा और जिंदा को पंथ के रक्षक महानायक मानने वालों में कोई फर्क नहीं है। यही लोग पूछते हैं कि ढांचे के ढहने पर मुसलमान उत्तेजित और दुखी क्यों हैं ?

प्रतिशोध ने इन लोगों को अंधा, बहरा और संवेदनशून्य बना दिया है। लेकिन ये बृहत्तर हिंदू समाज की संवेदना और समझदारी से कट कर अपनी ही आग में काले हुए लोग हैं।

इनके बचाव में चुप रह कर हम हिंदू समाज का वही करेंगे जो अकालियों ने सिख समाज का किया है जिसमें गुरुओं की करुणा और भक्ति के सुर में आतंकवाद के खिलाफ सार्वजनिक रूप से बोलने वाले नहीं मिलते। आतंकवादियों ने जिस तरह सिख समाज को बंधक बनाया है उसी तरह हम सिंघलों, कटियारों और ऋतंभराओं की कैद में हिंदू समाज को नहीं छोड़ सकते। मुस्लिम कट्टरपंथी जिस तरह विचारों की अभिव्यक्ति और उसकी स्वतंत्रता अपने समाज को नहीं देते वैसा हम अपने समाज के साथ नहीं कर सकते। यह हिंदू समाज का धर्म नहीं है और कृष्ण ने कहा है, 'स्वधर्मे निधनं श्रेयः परधर्मो भयावहः'। हिंदू समाज एक खुला, आत्म-आश्वस्त और स्वतंत्र समाज है—हजारों साल से है और रहेगा। इस्लामी कट्टरपंथियों ने मुसलमान समाज का और सिख उग्रवादियों ने सिख समाज का जो किया है वही हम हिंदू समाज का करेंगे तो परधर्मी हो जाएंगे। हमारा स्वधर्म है उदार, सहिष्णु और सर्वग्राही बने रहना। युद्ध लड़ने को भी कृष्ण ने धर्म कहा है अगर वह निर्वैर वृत्ति से लड़ा जाए। युद्ध लड़ना भी पाप नहीं है, अगर वह सुख-दुख, लाभ-हानि और जय-पराजय से ऊपर उठ कर लड़ा गया हो।

भारत के मुसलमानों ने भले ही मजबूरी में या राजी-मर्जी से इस्लाम धर्म को स्वीकार किया हो लेकिन सामाजिक और सांस्कृतिक रूप से वे भारतीय हैं और उनका जातीय मन उन्हीं परंपराओं से बना है जिनसे हिंदुओं का। क्या कारण है कि भारत से पाकिस्तान गए मुसलमान सामाजिक और सांस्कृतिक रूप से अपने को विदेशी पाते हैं और वहां के सिंधी, पख्तून, पंजाबी और बलूच समाज से उनका तादात्म्य नहीं होता ? बांग्लादेशी मुसलमान होते हुए भी पाकिस्तान से अलग हुए क्योंकि सामाजिक और सांस्कृतिक रूप से वे बंगाली हैं। इन्हें इस्लामी कट्टरवादिता में ढकेलना भारतीय समाज और राष्ट्र के लिए गलत है और इनका अपने को अभारतीय मानना अपने को शाश्वत-शरणार्थी बना लेना है क्योंकि पाकिस्तान और बांग्लादेश न इनकी मातृभूमि है, न इनके देश हो सकते हैं।

बाबरी मस्जिद के ढांचे के ढहने के बाद जरूरी है कि भारत के हिंदू और मुसलमान एक-दूसरे से आंख मिलाएं और आत्म साक्षात्कार करें। बाबरी मस्जिद या राम मंदिर बनाना भारत सरकार का काम नहीं है। सरदार पटेल जब सोमनाथ का मंदिर बनवा रहे थे तब उन्हें महात्मा गांधी ने साफ कहा था कि मंदिर बनवाना पंथनिरपेक्ष राज्य का काम नहीं है। इसलिए पाकिस्तान और बांग्लादेश भले ही मांग करें कि भारत सरकार बाबरी मस्जिद वहीं बना कर दे—भारत के मुसलमानों और हिंदुओं को पाकिस्तान के भड़कावे और खेल में नहीं आना चाहिए। वास्तविकता यह है कि जिस ढांचे के नीचे रामलला विराजमान थे वहां से उन्हें कोई नहीं हटा सकता था। न्यायालय का ही आदेश था कि वे वहीं रहेंगे और उनकी पूजा-अर्चना होगी। बाद में मंदिर के बाहर लगा ताला भी खुला। हिंदुओं के लिए मंदिर दर्शन के लिए खुला और मुसलमानों को उसके आसपास जाने की भी मनाही हुई और यह भी न्यायालय के आदेश से हुआ। अब रामलला को वहां से हटा कर नई मस्जिद बनाना और उसे कट्टरपंथी मुसलमानों को सौंप देना भारत को हिंदू राष्ट्र बनाने और सभी मस्जिदों को संकटग्रस्त करने को प्रेरित करना होगा। अब जो भी मंदिर और मस्जिद वहां बने उससे धर्म की स्थापना होनी चाहिए, सांप्रदायिक दुश्मनी की अमर विष बेल नहीं बोनी चाहिए।

जनसत्ता ने अपने नौ दिसंबर के अंक में संपादकीय में कहा था कि नए राम मंदिर का गर्भगृह वहीं होना चाहिए जहां रामलला विराजमान हैं। लेकिन उसी परिसर में बाबरी मस्जिद भी होनी चाहिए। बीच में सांप्रदायिक सद्भाव का उद्यान बनाया जा सकता है। इलाहाबाद हाईकोर्ट की विशेष पीठ ने भूतपूर्व भाजपा सरकार की नीयत में खोट पा कर उसके भूमि अधिग्रहण को रद्द कर के

भारत सरकार के लिए नए और ईमानदार अधिग्रहण का रास्ता खोल दिया है। भारत सरकार सुप्रीम कोर्ट से अनुच्छेद 143 के तहत राय ले कर पूरी भूमि अधिग्रहीत करे और उसे एक राष्ट्रीय ट्रस्ट को सौंप दे जो नए राम जन्मभूमि मंदिर का निर्माण राष्ट्रीय सहमति से करे। बाबरी मस्जिद भी ऐसे ही अलग ट्रस्ट से बने। रक्षामंत्री शरद पवार ने मुंबई में कहा भी है कि साल-भर में मंदिर और मस्जिद बनवा दिए जाएंगे। अगर सद्‌भाव और समरसता को स्थायी करना हो तो विश्व हिंदू परिषद और बाबरी मस्जिद कार्रवाई समिति को इस नवनिर्माण से दूर रखना चाहिए क्योंकि दोनों के ही हाथों पर खून लगा है जो नए राम मंदिर और नई बाबरी मस्जिद पर नहीं लगना चाहिए।

16.12.1992

निंदा और अविश्वास के प्रस्ताव

छह दिसंबर को अयोध्या में हुए अपकर्म की निंदा का प्रस्ताव संसद में सोलह दिसंबर को ही पास किया जा सका। और उस पर भी रामभक्त पार्टी भाजपा के उपाध्यक्ष भंडारी का आरोप है कि जिस शोर-शराबे के बीच निंदा प्रस्ताव पास हुआ उससे साबित होता है कि सरकार किस तरह अपने निहित स्वार्थों के लिए संसद का दुरुपयोग कर रही है। शोर-शराबा उन्हीं की पार्टी के सांसद कर रहे थे। इस बात पर नहीं कि प्रस्ताव में विवादित ढांचे को बाबरी मस्जिद क्यों कहा गया है। इस पर भी नहीं कि यह विश्व हिंदू परिषद, राष्ट्रीय स्वयंसेवक संघ और बजरंग दल जैसी ताकतों के भड़काने पर हुआ। वे संसद के दोनों सदनों में हुल्लड़ इसलिए कर रहे थे कि उनके नेता लालकृष्ण आडवाणी और मुरली मनोहर जोशी को पहले सदन में लाया जाए। उन्हें गुस्सा इस पर भी था कि मध्य प्रदेश, राजस्थान और हिमाचल में उनकी पार्टी की सरकारों को डिसमिस क्यों किया गया। उनके इस शोर-शराबे के बीच ध्वनिमत से पास हुए प्रस्ताव को उपाध्यक्ष भंडारी कुछ ऐसे बता रहे हैं जैसे उनकी पार्टी के साथ धोखाधड़ी हुई हो।

भाजपा के लिए लालकृष्ण आडवाणी की गिरफ्तारी अयोध्या कांड पर बहस से ज्यादा महत्त्वपूर्ण है। अयोध्या में बाबरी मस्जिद के ढांचे और रामलला के मंदिर के गिराए जाने पर बहस को रोकने में भाजपा जय श्रीराम का घोष करते अपने हनुमान सांसदों का इस्तेमाल करती आ रही थी। लेकिन दोष भाजपा और उसके सांसदों का ही नहीं है। सात दिसंबर को संसद वाम मोर्चे और राष्ट्रीय मोर्चे के सांसदों ने नहीं चलने दी। वे अयोध्या कांड को ले कर बहुत दुखी और उत्तेजित थे। लेकिन पंथनिरपेक्षता के इन झंडाबरदारों की चिंता उनके झंडे के डंडे के टूटने पर नहीं थी। अयोध्या पर किसी भी बहस के पहले उन्हें प्रधानमंत्री नरसिंह राव का सिर चाहिए था क्योंकि वे विवादित ढांचे की रक्षा नहीं कर पाए थे। अपनी विफलता की जिम्मेदारी ले कर वे प्रधानमंत्री पद से इस्तीफा दें और जब तक न दें तब तक संसद नहीं चलने दी जाएगी ऐसा ऐलान कर के उनने वह सब हंगामा, हुल्लड़ और शोर-शराबा किया जो हमारे संसदीय जीवन का शिष्टाचार हो गया है। दूसरे दिन उनका अनुसरण किया भाजपा के सांसदों ने क्योंकि लालकृष्ण आडवाणी और मुरली मनोहर जोशी को उसी सुबह गिरफ्तार किया गया था। वाम मोर्चे और राष्ट्रीय मोर्चे के लिए अगर पहले दिन नरसिंह राव का हटना जरूरी था तो भाजपा के लिए उसके नेताओं का सदन में लाया जाना। जब संसद किसी भी तरह चलने की हालत में नहीं आ सकी तो सोलह दिसंबर तक के लिए स्थगित की गई।

इस दौरान लोग सांप्रदायिक दंगों में मरते रहे। सरकार ने राष्ट्रीय स्वयंसेवक संघ, विश्व हिंदू परिषद, बजरंग दल, जमायते इस्लामी और इस्लामिक सेवक संघ पर पाबंदी लगाई और संवैधानिक नैतिकता को राजनैतिक ताक पर रखते हुए मध्य प्रदेश, राजस्थान और हिमाचल की सरकारों को डिसमिस कर के विधान सभाएं भंग कर दीं। न तो अयोध्या कांड पर बहस हुई न संसद का सत्र चलते हुए दूरगामी परिणामों वाले इन निर्णयों पर सरकार को जवाब देने के लिए बुलाया गया। इनमें से एक-एक घटना और निर्णय ऐसा है कि संसद अगर अधिवेशन में नहीं होती तो उसका विशेष सत्र बुलाया जाता। चूंकि संसद का अधिवेशन चल ही रहा था इसलिए अयोध्या कांड से उत्पन्न

संकट पर सात दिसंबर को बहस होनी चाहिए थी। सन् बासठ, पैंसठ और इकहत्तर में हुए चीनी व पाकिस्तानी हमलों से यह संकट छोटा नहीं था। सांप्रदायिक उन्माद सन् सैंतालीस के विभाजन के दिनों जैसा था और जिसे उग्रवादी हिंदू रामलला का मंदिर और कट्टरपंथी मुसलमान बाबरी मस्जिद कहते हैं—उसके ढांचे का ढहना चार सौ चौंसठ साल पुराने एक जीर्णशीर्ण भवन का गिरना नहीं था। उसके साथ ऐसा बहुत कुछ ढह गया था जो हमारी परंपरा में पवित्र और हमारी राज्य व्यवस्था के लिए अनिवार्य है। बाहरी हमलों का तो देश एक हो कर मुकाबला करता रहा है। दूसरे देश भी करते ही हैं। लेकिन छह दिसंबर को हमला अंदर से हुआ था और वह देश-समाज को एक करने के बजाय दो फाड़ कर के एक-दूसरे के खिलाफ खड़ा कर गया है। कहा गया है कि यह संकट सन् अड़तालीस में महात्मा गांधी की हत्या जैसा है। लेकिन उस हत्या ने सांप्रदायिक उन्माद में जलते देश को सुन्न कर दिया था। उससे देश अपने खिलाफ विभाजित नहीं हुआ था। और फिर तब जवाहरलाल नेहरू और सरदार पटेल जैसे नेता थे जो बावजूद अपने मतभेदों के राष्ट्र को सर्वोपरि मानते थे और नफरत की टुच्ची राजनीति नहीं करते थे और जिनकी विश्वसनीयता और समर्पण में किसी को संदेह नहीं था। उनके जैसा एक भी नेता आज किसी भी पार्टी में नहीं है।

इसलिए संकट सचमुच अभूतपूर्व है। लेकिन जो संसद उसके सभी पहलुओं पर बहस कर के राष्ट्रीय सहमति से सही निर्णय लेने के लिए सरकार को निर्देशित कर सकती थी उसी को दस दिनों तक ठप्प कर दिया गया। शुरुआत उन्हीं पार्टियों के सांसदों ने की जो अयोध्या कांड को देश के पंथनिरपेक्ष लोकतांत्रिक अस्तित्व के लिए सबसे बड़ा खतरा मानती हैं। लेकिन संसद के जरिए इस खतरे को सभी कोणों और गंभीरता से जनता तक पहुंचाने के बजाय उनने हुल्लड़-हंगामा कर के सरकार को बयान तक नहीं देने दिया। अयोध्या कांड में जितनी जिम्मेदारी संघ परिवार की है, उससे कम नरसिंह राव, उनकी सरकार और पार्टी की नहीं है। लेकिन उसे देश और भविष्य के सामने संसदीय तरीके से उत्तरदायी बना कर और उसका अपराध निश्चित कर के तख्ते पर चढ़ाया जा सकता था। वह अपने बहुमत से बच जाती तो बच जाती लेकिन देश को पता तो चलता कि कैसे वह अपनी संवैधानिक जिम्मेदारी निभाने में विफल हुई है। भाजपा अगर सचमुच मानती है कि अयोध्या में जो हुआ वह दुर्भाग्यपूर्ण और दुखदायी है और उसके लिए वह और उसके परिवार के दूसरे संगठन जिम्मेदार नहीं हैं और सारी जिम्मेदारी सरकार और कांग्रेस की है तो वह रामो-वामो के साथ मिल कर संसद में सरकार को कटघरे में खड़ी कर के उसका अपराध निश्चित कर सकती थी। और कुछ नहीं तो बहस के दौरान बता सकती थी कि जिस तरह नैतिक जिम्मेदारी ले कर उसके नेता लालकृष्ण आडवाणी ने विपक्ष के नेता पद से इस्तीफा दिया है वैसे ही नरसिंह राव जिम्मेदारी लें और प्रधामंत्री पद से इस्तीफा दें। लेकिन विपक्ष ने इस संकट में अपनी संसदीय भूमिका निभाने के बजाय संसद को अपनी राजनीति का अखाड़ा बना दिया।

विपक्ष एक नहीं है और रामो-वामो सरकार के बजाय भाजपा के ज्यादा खिलाफ हैं। विपक्ष की इस असलियत को समझते हुए दूसरा संसदीय तरीका यह हो सकता था कि रामो-वामो सरकार के साथ मिल कर अयोध्या कांड में भाजपा और उसके पारिवारिक संगठनों की जिम्मेदारी तय करते। देश में फैले सांप्रदायिक दावानल पर काबू पाने में सरकार की मदद करते और जिम्मेदार पाए गए सांप्रदायिक संगठनों पर पाबंदी लगाते भाजपा की राज्य सरकारों से निपटने और संकट से उबरने का रास्ता निकालते। लेकिन पहले दिन उनने ऐसा बर्ताव किया जैसे वे अयोध्या कांड के लिए भाजपा को नहीं नरसिंह राव को ही जिम्मेदार मानते हैं। विश्वनाथ प्रताप सिंह तो जैसे अपनी सरकार के गिराए जाने का बदला लेने पर उतारू थे। वाम मोर्चे की पार्टियों ने पहले ही ऐतिहासिक गलतियां की हैं और संघ परिवार आज जो है उसे वैसा बनाने में उनका भी कम योगदान नहीं है। उनका राव से इस्तीफा मांगना और फिर सांप्रदायिकता विरोधी मंच बनाने में भी सरकार से सौदेबाजी कर

के उसे अपने पर निर्भर करने की कोशिश करना राजनीति करना था जिसका मकसद संकट से देश को उबारना नहीं उसका राजनैतिक लाभ उठाना था। रामो-वामो कांग्रेस की सरकार या राव को मदद करने को तैयार तभी हो सकते थे जब उसकी पाई-पाई कीमत वसूल कर लें।

सात दिसंबर को अगर रामो-वामो हंगामा कर के संसद ठप्प नहीं करते और राव का इस्तीफा न आने तक उसे चलने न देने का एलान नहीं करते तो बहुत संभव था कि लालकृष्ण आडवाणी और मुरली मनोहर जोशी को गिरफ्तार नहीं किया जाता। यह मानना कि इन गिरफ्तारियों का राजनैतिक असर क्या होगा, यह प्रधानमंत्री को मालूम नहीं था, उन्हें राजीव गांधी से भी बड़ा नौसिखिया समझना है। जो लोग अंदर की खबर रखते हैं उनका कहना है कि आडवाणी की गिरफ्तारी से वे मंत्री तक चकित थे जिनके दबाव में उन्हें गिरफ्तार किया गया माना जाता है। आडवाणी और जोशी को इसीलिए गिरफ्तार किया गया कि अगर रामो-वामो अयोध्या कांड पर बहस करने के बजाय प्रधानमंत्री पर ही सारा फोकस लगाए हुए हैं और उन्हीं का इस्तीफा चाहते हैं तो भाजपा को भी इतना भड़काया जाए कि फोकस राव से हट कर उसी पर आ जाए। आडवाणी और जोशी की गिरफ्तारी ने भाजपा को मौका दिया कि जिस नैतिक जिम्मेदारी के बोझ में वह ढांचे के मलबे के कारण आ गई थी उससे निकले और नेताओं की रिहाई की मांग पर संसद को उसी तरह ठप्प कर दे जैसा कि रामो-वामो ने किया था। आखिर संसद हफ्ते-भर के लिए स्थगित हुई। एक भाजपा नेता ने कहा कि सरकार खुद ही नहीं चाहती थी कि संसद चले क्योंकि जो भी राजनैतिक कदम वह उठाना चाहती थी उन्हें पार्टी और सरकार के स्तर से उठाए। यह हो सकता है कि नरसिंह राव ने आडवाणी और जोशी को गिरफ्तार कर के विपक्ष के एक गुट को दूसरे के सामने बैठाने का अपना पुराना खेल खेला हो। लेकिन यह मौका उन्हें रामो-वामो और भाजपा ने मिल कर दिया। यानी विपक्ष और सरकार दोनों ने मिल कर अयोध्या पर गंभीर और विस्तृत बहस नहीं होने दी। संसद अगर वह राष्ट्रपीठ नहीं बन सकी जिस पर अयोध्या के संकट की जिम्मेदारी तय होती और उससे उबरने का राष्ट्रीय सहमति का रास्ता निकलता तो इसके लिए वे सब जिम्मेदार और दोषी हैं जो संसद में बैठे हुए हैं।

अयोध्या में जो हुआ उसके लिए ये सभी दोषी हैं क्योंकि जो ये संसद का कर रहे हैं वही कारसेवकों ने ढांचे का और संघ परिवार ने अयोध्या विवाद का किया है। यानी इस विवाद का बातचीत, बहस और समझदारी से सर्वसम्मत हल निकालने के बजाय उसका जोर-जबरदस्ती, छल-कपट और राजनैतिक गुणा-भाग के लिए इस्तेमाल किया है। बाबरी मस्जिद का ढांचा अब नहीं है लेकिन जिस तरह से उसे गिराया गया उससे न सिर्फ इस देश के सबसे बड़े अल्पसंख्यक समुदाय की भावनाओं पर गैंती, फावड़े और हथौड़े मारे गए हैं बल्कि संविधान, कानून के राज और लोकतंत्र के ढांचे को भी बुरी तरह झकझोर दिया गया है। अयोध्या में यह हमला संविधान और लोकतंत्र की मर्यादाओं से बाहर जा कर किया गया है। लेकिन हमारी सभी राजनैतिक पार्टियां इस ढांचे पर संविधान और लोकतंत्र की सीमाओं में रह कर लगातार हमला करती आ रही हैं। प्रधानमंत्री का कहना सही है कि उत्तर प्रदेश की भूतपूर्व भाजपा सरकार पहली सरकार है जो संविधान की बेटी होते हुए उसी की पीठ में छुरा मार गई है। लेकिन सच अगर कहा जाए तो खुल्लमखुल्ला पीठ में छुरा भोंकने वाली वह भले ही पहली सरकार होगी लेकिन केंद्र की सरकारें तो उसकी गोद में बैठ कर उसका खून पीती रही हैं। संविधान और संसदीय लोकतंत्र के नाम पर उन्हीं के साथ जो खिलवाड़ की गई है उसी का नतीजा है कि दिनोंदिन ज्यादा लोग और संगठन उनके दायरे से बाहर हो कर उन पर हमला कर रहे हैं। अकालियों को जब लग गया कि ऐसा कोई लोकतांत्रिक और संवैधानिक तरीका नहीं है कि जिससे वे कांग्रेस को सत्ता से दूर रखने से रोक सकें तो उनने भी उग्रवाद और आतंकवाद का पल्ला पकड़ लिया। कश्मीर के नेशनल कांफ्रेंस वाले मुसलमानों को जब

भरोसा हो गया कि उनसे लोकतांत्रिक और खुला लेन-देन करने के बजाय केंद्र और कांग्रेस कठमुल्लों और पाकिस्तान-परस्त गिरोहबंदियों से हाथ मिलाना पसंद करते हैं तो वे भी ऐसे रास्ते चल निकले जिसने उन्हें आतंकवाद और अलगाववाद के खड्डे में उतार दिया। असम के विद्यार्थियों और युवकों ने भी एक लंबा लोकतांत्रिक आंदोलन चलाने के बाद पाया कि उन्हें पटरी से उतार कर खंदक में बैठा दिया गया है जहां से बंदूक से लड़ने के सिवाय कोई चारा नहीं है। और शाहबानो के मामले में कठमुल्लों को सबसे बड़ी शह दे कर राजीव गांधी ने मुसलमानों को जैसे साफ-साफ समझा दिया कि वे जब कट्टरपंथी कठमुल्लों की रेवड़ में आएंगे तभी उनकी सुनी जाएगी तो वे विभाजन के पहले वाली संकीर्ण मानसिकता में आ गए। इन सबकी प्रतिक्रिया की कोख से जन्मा है—विश्व हिंदू परिषद और बजरंग दल का आक्रामक हिंदुत्व। पहले किनारे के और हाशिए के समुदायों को केंद्र ने लोकतंत्र और संविधान के ढांचे से बाहर किया और अब वे उस हिंदू समाज को भी बाहर कर रहे हैं जो अगर सचमुच बाहर हो गया तो न तो संविधान बचेगा, न पंथनिरपेक्ष संसदीय लोकतंत्र।

धर्म और संप्रदाय के नाम पर सत्ता की राजनीति पहले मुस्लिम लीग ने की। उसे ब्रिटिश साम्राज्य का उकसावा और सहयोग था। पाकिस्तान बनवा कर वह अपना दाम ले गई। लेकिन उसकी देखादेखी अकालियों ने पंथ के नाम पर पंथनिरपेक्ष लोकतांत्रिक भारत में राजनीति शुरू की। उनकी प्रेरणा मुस्लिम लीग ही नहीं कांग्रेस भी बनी जिसने मुसलमानों को सांप्रदायिक राजनीति करने की वही सहूलियत दी जो अंग्रेजों ने दी थी। अल्पसंख्यक सांप्रदायिकता की राजनीति सत्ता में आने की सिद्ध तलवार हो गई तो भारतीय जनता पार्टी ने भी बहुसंख्यक सांप्रदायिकता को सत्ता के सातवें आसमान में पहुंचने की नसैनी बना लिया। अयोध्या सांप्रदायिक प्रतिद्वंद्विता की ओछी राजनीति का परिणाम है। कांग्रेस ने मुस्लिम वोट बैंक के लिए अगर अल्पसंख्यक सांप्रदायिकता को भड़काया तो भाजपा ने बहुसंख्यक सांप्रदायिकता का दोहन किया है। यह राजनीति क्या इसके खिलाड़ियों को संसद में बैठ कर समझदार बहस से मामलों को सुलटाने और संकटों से उबरने को प्रोत्साहित कर सकती है ?

संसद अगर दस दिन बाद अयोध्या पर निंदा प्रस्ताव पास कर सकी और वह भी जल्दी और ऐसे ध्वनिमत से कि जिसमें शोर-शराबा करते लोग भी अपने को ठगा महसूस करें तो यह हमारी कुल व्यवस्था पर कलंक टिप्पणी है। राम मंदिर बनाने के नाम पर कार सेवा करने गए लोगों ने भी अयोध्या में यही किया है। उनने हमारी संवैधानिक, पंथनिरपेक्ष, संसदीय लोकतांत्रिक व्यवस्था के खिलाफ अविश्वास प्रस्ताव पास किया है। इस देश का जागरूक जनमत इन दोनों ही प्रस्तावों और इन्हें पास करने वालों को देख-समझ कर हतप्रभ है। जो अयोध्या कांड के खिलाफ हैं वे खुल कर बोल नहीं सकते क्योंकि उन्हें प्रतिक्रिया में उसका बचाव करने की भी मजबूरी है। और जो लोग संसद में पारित प्रस्ताव के साथ होना चाहते हैं वे इसलिए दुखी हैं कि वह उठा-पटक की मौकापरस्त राजनीति का औजार है। ऐसे ही घनघोर अंधेरे में जागरूक जनमत को देश की नैया खेनी पड़ती है। देखते हैं वह भी उसे कहां ले जाता है।

19.12.1992

ढहाने का झूठ और सच

कहां देखी, कैसे देखी और किसने दिखाई यह तो आपको नहीं बताऊंगा। बताऊंगा तो किसी के साथ विश्वासघात होगा। लेकिन छह दिसंबर को अयोध्या में विवादित ढांचे के सामने परदे से ढंकी किसी जालीदार खिड़की से सुबह सवा छह बजे से रात ग्यारह बजे तक खींची गई उस असंपादित वीडियो फिल्म को देखने के बाद मुझे कोई शक नहीं रह गया है। यह सफेद झूठ है कि ढांचे का ढहना हिंदू भावनाओं का विस्फोट था। उसमें तात्कालिकता कहीं नहीं थी। ढांचे को तोड़ने में कहीं कोई हड़बड़ी नहीं थी। सिर पर फेंटा बांधे गुंबदों पर चढ़े युवक भले ही कारसेवक रहे होंगे लेकिन ढांचे को तोड़ने वाले जानकार मजदूर होंगे क्योंकि किसी भवन को कैसे तोड़ा जाता है इसकी उन्हें अच्छी जानकारी थी। तोड़ने वालों को जैसे विश्वास था कि काम पूरा होने तक उन्हें कोई रोकने वाला नहीं है। रात को तो उनने बाकायदा बिजली की झकाझक रोशनी में काम किया।

सुबह कोई ग्यारह चालीस पर कारसेवकों का हरावल दस्ता बिना किसी रोक-टोक के ढांचे के अंदर पहुंच गया था। तोड़-फोड़ का काम शाम कोई साढ़े पांच बजे तक चलता रहा। इस दौरान न तो कोई ढांचे पर अचानक हमला हुआ और न भगदड़ मची। लालकृष्ण आडवाणी का इतना कहना तो सही है कि तोड़-फोड़ करने वाले कोई पांच-छह सौ लोग रहे होंगे और उस परिसर में कुछ हजार। लेकिन जब कारसेवक गुंबदों पर चढ़ गए और भगवा झंडा लहराने लगे तो वे कुछ सौ से ज्यादा नहीं थे। वे भी कोई पुलिस का घेरा तोड़ कर प्रतिरोध करते हुए नहीं गए थे। उन्हें संघ परिवार के किसी भी नेता ने रोकने की कोशिश नहीं की। लाउडस्पीकर पर भजन-कीर्तन, ऋतंभरा का भाषण, सूचनाएं और निर्देश तो जरूर सुनाई दिए लेकिन आडवाणी, जोशी या किसी सिंघल या कटियार या साधु-महात्मा को रोकने की अपील नहीं सुनाई दी। सुबह से ही पुलिस वाले लाठी लिए भीड़ में घूमते-फिरते दिखे और फिर जब गुंबद को तोड़ा जा रहा था तो वे सब कतार बना कर दूर एक तरफ खड़े हो गए थे। ठंडी रात में ओवरकोट पहने और लाठी फटकारते फिर मलबे के आसपास मंडरा रहे थे। कहते हैं उन्हें बल प्रयोग करने का आदेश नहीं था। लेकिन उनने कभी आंसू गैस छोड़ने या तोड़-फोड़ कर रहे लोगों को समझा कर रोकने की भी कोशिश नहीं की। पुलिस वाले जैसे किसी मैयत में ड्यूटी करने आए थे। वे मूक दर्शक ही नहीं, जो कुछ हो रहा था उसे मजे से देख रहे थे।

न पुलिस वालों ने, न नेताओं ने, किसी ने भी उस ढांचे को टूटने से बचाने की कोशिश नहीं की जिसके लिए भारत सरकार, भाजपा और उत्तर प्रदेश सरकार, भाजपा और संघ परिवार के नेताओं ने वचन दिया था। सुप्रीम कोर्ट, हाईकोर्ट और संसद के सामने हलफनामे और बयान दिए थे कि ढांचे को हाथ नहीं लगाया जाएगा। लेकिन जब वह तोड़ा जा रहा था तो किसी ने अपना वचन निभाने की कोशिश नहीं की। शुरू में पुलिस के साथ घेरा बना कर खड़े स्वयंसेवकों ने लोगों को रोकने की कोशिश जरूर की। फिल्म में हाथापाई के एक-दो दृश्य दिखाई देते हैं। लेकिन इसके बाद तो तोड़ने वाले भी खाकी पैंट और काली टोपी लगाए हुए थे। जब तोड़-फोड़ हो रही थी तब एक भी नेता वहां किसी को रोकने नहीं आया।

आडवाणी ने सच कहा था कि कार सेवा गैंती-फावड़े से होगी। उसके शुरू होने के पहले अशोक सिंघल के आने और मौके का मुआयना करने के काफी देर तक चलने वाले दृश्य हैं। फिर लालकृष्ण आडवाणी और मुरली मनोहर जोशी के आने और घूम-फिर कर व्यवस्था देखने के दृश्य हैं। कहा जाता है कि आडवाणी को गलत-सलत होने की भनक लग गई थी और वे बड़े तनाव में थे। लेकिन जुलाई में हुई कार सेवा से बने चबूतरे पर जाते और परिसर में घूमने-फिरने में उनकी चाल हिचक की नहीं लगती। कारसेवकों के अभिवादन के जवाब में वे अपने हाथ भी प्रेम से और जोर से हिलाते हुए लगते हैं। मुरली मनोहर जोशी भी उनके साथ प्रसन्न मुद्रा में घूमते दिखाई देते हैं। इन दोनों के पीछे साध्वी कही जाने वाली ऋतंभरा भी दिखाई देती हैं और एक बार तो बड़े नजदीक से। वे प्रसन्न दिखाई देती हैं। अशोक सिंघल का मौका मुआयना किसी जनरल के जैसा है। कोई हाथ जोड़ता है तो वे जवाब में हाथ जोड़ लेते हैं लेकिन बिलकुल कामकाजी ढंग से। आडवाणी और जोशी जैसा नेताई निरीक्षण उनका नहीं है।

ढांचा टूटने के दृश्य देखते हुए सहज ही लगता है कि इस समय ये सारे नेता कहां हैं; क्यों किसी की सूरत या आवाज तक सुनाई नहीं देती। कैमरा उन्हें दिखाता क्योंकि उसकी आंख तो सीधे उस ढांचे और फिर उसकी जगह पर लगी हुई है। लेकिन जैसा कि आप जानते हैं नेता लोग और साधु-महात्मा राम कथा कुंज में हो रही सभा के मंच पर विराजमान थे। उस सभा के कुछ भाषण और भजन-कीर्तन कैमरे के कान ने पकड़े हैं। बल्कि गैंती, फावड़े और कुल्हाड़े की भी आवाजें निरंतर सुनाई देती हैं। लेकिन ऐसी कोई अपील कहीं सुनाई नहीं देती जो कारसेवकों को अपकर्म करने से रोकने के लिए की गई है। संघ परिवार के जिम्मेदार नेता कहते हैं कि जो हुआ उससे वे खुद हतप्रभ और दुखी हैं। यह भी कहा गया है कि भाजपा, विहिप और संघ के नेताओं को तो मालूम ही नहीं था कि क्या हो रहा है। कुछ लोग जिनमें अशोक सिंघल, विनय कटियार, मुरली मनोहर जोशी आदि शामिल बताए जाते हैं उन्हीं को गुप्त योजना या षड्यंत्र का पता था या वही उसके कर्त्ताधर्त्ता हैं। ढांचा गिराने की ट्रेनिंग और रिहर्सल बाकायदा अयोध्या में चल रही थी और उसके फोटो भी अखबारों में छपे हैं।

अब अटल बिहारी वाजपेयी कहते हैं तो मान लेना पड़ता है कि ढांचे के गिरने से लालकृष्ण आडवाणी तो इतने दुखी हुए कि रोए और इसी दुख में उनने विपक्ष के नेता पद से इस्तीफा दिया। रोए तो नरसिंह राव भी जिन्हें अयोध्या से मिनट-मिनट की खबर मिल रही थी। लेकिन कई अखबारों ने यह भी छापा है कि आडवाणी अपने सामने बैठे एक लाख अस्सी हजार कारसेवकों से कहते रहे कि वे अयोध्या में केंद्रीय सशस्त्र बलों के जवानों को न घुसने दें। बहरहाल सच्चाई तो जांच आयोग की रपट से ही पता चलेगी लेकिन इतना सच है कि बाबरी मस्जिद का ढांचा योजनाबद्ध तरीके से सोच-समझ कर गिराया गया। यह कोई उन्मादी भीड़ का उत्तेजित काम नहीं था। ढांचे को गिराने की योजना थी और उस पर मजे में अमल हुआ। यह सही है कि अयोध्या का स्थानीय प्रशासन मुख्यमंत्री के हाथ में नहीं था। और वहां अशोक सिंघल और विनय कटियार की समानांतर सरकार चल रही थी। कल्याण सिंह की जिम्मेदारी यही थी कि जब तक ढांचा गिर न जाए—कार सेवा को प्रशासनिक और संवैधानिक संरक्षण देते रहें। ढांचे के गिरते ही उनने इस्तीफा दे दिया। लेकिन जब ढांचा गिर रहा था तब न तो उनने केंद्रीय बलों के जवानों को उसे रोकने जाने दिया, न खुद अपनी पुलिस से कहा कि वह उन्हें रोके।

एक धारणा यह भी है कि मुख्यमंत्री कल्याण सिंह को योजना की भनक तक नहीं लगी। उन्हें जान-बूझ कर अंधेरे में रखा गया। जब उन्हें पता चला तो मामला हाथ से इतना निकल चुका था कि खून-खराबा किए बिना आधा ढांचा भी बचाया नहीं जा सकता था। और चूंकि कल्याण सिंह वायदा कर चुके थे कि वे निहत्थे कारसेवकों पर गोली नहीं चलाएंगे इसलिए वे संघ परिवार को

दिए गए वचन पर डटे रहे और सुप्रीम कोर्ट, संविधान और देश को दिए वचन को भूल गए। क्या कल्याण सिंह भी ढांचे के गिरने की खबर पर रोए थे और आंसुओं पर काबू करते हुए इस्तीफा देने गए ? अटलजी ने अभी बताया नहीं है कि बेचारे कल्याण सिंह को भी किस तरह ठगा गया। इसलिए मान कर चलने में कोई खराबी नहीं है कि वे बलि के बकरे बनाए गए।

कोई सोलह-सत्रह घंटे की वह फिल्म देखने के बाद अपने मन में कोई शंका नहीं है कि बाबरी मस्जिद का ढांचा योजनापूर्वक गिराया गया। उस योजना पर अमल हो सके इसलिए सुप्रीम कोर्ट के सामने झूठ बोला गया। संघ परिवार के जिम्मेदार नेताओं ने आखिरी घड़ी तक बात चलाए रख कर भारत सरकार को गफलत में रखा। अयोध्या में पूरी तैयारी की गई कि बाहर से पुलिस या फौज नहीं पहुंच सके। सड़कों पर बल्लियों के अवरोध ही नहीं लगाए गए जलते हुए टायर भी रखे गए। कारसेवकों से अयोध्या को घिरवा लिया गया। ढांचे को बचाने की जिम्मेदारी केंद्र अगर लेता और कोई परवाह किए बिना मशीनगनों से गोली चलाते हुए दस्ते भेजता तो संघ परिवार वहां बहे खून से सरयू, गोमती, गंगा, यमुना और सभी नदियों को लाल कर देता। नरसिंह राव कार्रवाई न करें तो ढांचे का नामोनिशान न रहने दो और करें तो ऐसी स्थिति पैदा कर दो कि अयोध्या में जो खून बहे उससे सारे देश में खून-खराबा चल निकले—ऐसा करने का फैसला संघ परिवार ले चुका था।

इसलिए षड्यंत्र की कहानी पर मत जाइए। राष्ट्रीय स्वयंसेवक संघ अपने परिवारियों को अनुशासन तोड़ने की ऐसी इजाजत नहीं देता। बाबरी मस्जिद ढांचे के गिरने के पहले संवैधानिक, राजनैतिक, राष्ट्रीय और अंतर्राष्ट्रीय परिणामों का अच्छा-खासा अंदाज संघ परिवार को था। यह भी संभव है कि उनने सोच-समझ कर फैसला किया हो कि ढांचे को इस तरह गिराने के अलावा कोई तरीका ही नहीं है। इसके असर से संघ परिवार को बचाने और हिंदू भावना के विस्फोट का औचित्य ठहराने की सामग्री भी उनने जुटा ली हो। उन्हें यह भी भरोसा हो कि देश का पढ़ा-लिखा हिंदू भले ही इस विध्वंस से दुखी और नाराज हो पर ज्यादातर हिंदुओं को संतोष ही करना होगा कि चलो पराजय की निशानी बाबरी मस्जिद गई। संघ के पास हिंदू राष्ट्र, पंथनिरपेक्षता आदि की अपनी व्याख्याएं हैं जिन्हें देश आधी सदी से निरस्त किए हुए है। लेकिन लोगों के पास गांव-गांव, शहर-शहर जाना और इन व्याख्याओं का प्रचार करना हजारों प्रचारकों का रोज का काम है। बाबरी मस्जिद के ढहाए जाने का औचित्य वे सिर्फ हिंदू प्रतिक्रिया से ही सिद्ध कर सकते हैं। संघ परिवार के पास धर्म, राष्ट्र, लोकतंत्र और आधुनिक राज्य व्यवस्थाओं की कोई मौलिक अवधारणाएं नहीं हैं। वे पश्चिम और इस्लाम की प्रतिक्रिया में खड़े किए गए तर्क की बल्लियों के ढांचे हैं। हिंदू का ठप्पा लगा दिया जाए तो पश्चिमी फासीवाद को स्वीकार करने में संघ को कोई मुश्किल नहीं होगी।

बहरहाल संघ परिवार को जो करना था वह उसने किया। उसका कोई नेता चाहे जितना दुख बताए और इसे कितना ही दुर्भाग्यपूर्ण कहे हमें मान कर चलना चाहिए कि बाबरी मस्जिद के ढांचे को ढहाने में वह एक तरह का हिंदू वर्चस्व देखता है। अशोक सिंघल को अयोध्या विवाद का शांतिपूर्ण निपटारा कभी मंजूर नहीं होता क्योंकि उससे न तो वे मुसलमानों को सबक सिखा सकते थे, न हिंदुओं को वीर बना सकते थे। हिंदू समाज दुनिया का सबसे पुराना, सभ्य और सुसंस्कृत समाज है और उसमें अशोक सिंघल और संघ परिवार के हिंदुत्व के लिए भी जगह है। इसलिए उस पर पाबंदी लगाने के बजाय इसके विचार का विचार से सामना करना चाहिए। जो समाज इतिहास के कुछ सबसे बर्बर आक्रांताओं को पचा गया वह संघ परिवारियों की आक्रामकता को भी पचा जाएगा। एक आक्रमण कर के अभी तो अयोध्या में उसने एक युद्ध का प्रारंभ किया है। महाभारत का आखिरी श्लोक अभी लिखा जाना है।

20.12.1992

खुदा के वास्ते मस्जिद की बात मत कीजिए !

राज्यसभा में फिर गृहमंत्री चह्वाण ने कहा कि अयोध्या में बाबरी मस्जिद फिर बनाई जाएगी। इसके पहले प्रधानमंत्री और दूसरे मंत्री भी कह चुके हैं कि जिस ढांचे को छह दिसंबर को कार सेवा से ढहाया गया वह सरकार सेवा से फिर बनाया जाएगा। गनीमत है कि हिंदू धर्म और समाज के एकमात्र ठेकेदार संघ परिवार के मंदिर 'वहीं' बनाएंगे की तरह एक पंथनिरपेक्ष सरकार ने अभी तक यह नहीं कहा कि मस्जिद 'वहीं' बनाएंगे।

नहीं, यह मुस्लिम वोट बैंक की सुरक्षा में नहीं कहा जा रहा है। वोट की राजनीति कांग्रेसियों से बेहतर कोई नहीं समझता। वे अच्छी तरह समझ गए हैं कि अब मुसलमान कांग्रेस को एकमुश्त वोट नहीं देंगे। मुसलमान अगर इस वक्त किसी से सबसे ज्यादा नाराज हैं तो केंद्र सरकार, कांग्रेस और शहाबुद्दीन जैसे अपने नेताओं से। क्योंकि उनके नेताओं ने पहले तो एक लगभग अनजान और पुरानी टूटी-फूटी मस्जिद को पूरे समुदाय के अस्तित्व का सवाल बना दिया। फिर जब राम जन्मभूमि और बाबरी मस्जिद से तादात्म्य कर के दो समुदाय आमने-सामने हो गए तो उसकी हिफाजत की जिम्मेदारी केंद्र पर छोड़ दी गई और केंद्र ने उत्तर प्रदेश की ऐसी भाजपा सरकार के वचन पर भरोसा कर लिया जो अपने परिवार के अलावा अपने को किसी के प्रति उत्तरदायी मानती ही नहीं थी।

मस्जिद के टूटने से मुसलमानों के आत्म-सम्मान और सामाजिक, आर्थिक और राजनैतिक सुरक्षा की भावना को बहुत चोट लगी है। उस समाज में बड़ी खलबली है। उसका न अपने नेताओं में विश्वास रह गया है, न कांग्रेस नेताओं में। संघ परिवार के नेताओं को तो उसने अपना नेता कभी माना ही नहीं। इस वक्त मुसलमान इनमें से किसी से बात भी नहीं करना चाहते। कोई अचरज नहीं कि शनिवार को मुसलमान सांसदों से प्रधानमंत्री की मुलाकात किसी संवाद और समझदारी में समाप्त नहीं हुई। मुसलमानों और उनके धार्मिक नेताओं से उनके घर पर निजी तौर से मिलिए तो वे साफ कहते हैं कि खुदा के वास्ते मस्जिद की बात मत कीजिए। बाबरी मस्जिद के फिर और वहीं बनाए जाने की बात उनको कोई सुकून नहीं देती। आप उनसे कहिए कि शहाबुद्दीन और जफरयाब जीलानी और सुलेमान सेठ और औवेसी तो यही मांग कर रहे हैं तो वे कहते हैं कि इन नेताओं को पूछता कौन है ? ये दिल्ली में बैठे अपनी सियासत करते हैं और भावनाएं और जानें हमारी जाती हैं।

मुसलमानों की समझ में आया है कि बाबरी मस्जिद का ढांचा उन्हें अपमानित करने के लिए तोड़ा गया। उनने अशोक सिंघल का उद्घोष भले ही न सुना हो कि राम मंदिर नहीं बनाना चाहते, हम इस देश के मुसलमानों को सबक सिखाना चाहते हैं। लेकिन वे जानते हैं कि जो लोग बाबरी मस्जिद के ढांचे को रामलला का मंदिर कहते थे वह उनने इस तरह क्यों ढहाया और ढहाने के बाद ऐसे क्यों घूम रहे हैं जैसे बड़ी वीरता से कोई गढ़ जीत कर आए हों ! मंदिर का जीर्णोद्धार ऐसे किया जाता है मानो कोई किला जीत लिया हो ! वे अपने को अपमानित और ठगा हुआ महसूस करते हैं। इसलिए हताशा से ले कर आतंकवादी हो जाने तक की भावनाएं उनमें खदबदा रही हैं।

पिछले हफ्ते-भर दंगा पीड़ित मुंबई और दिल्ली के मुसलमानों से मैंने बात की है। मैं उनके पास ऐसे गया हूं जैसे गमी में किसी के घर बैठने जाते हैं। बैठने जाने की यह प्रेरणा अंग्रेज छाप और कांग्रेसी शैली की धर्मनिरपेक्षता से नहीं मिली है। गमी में बैठने जाना हमारे समाज का कितना पुराना व्यवहार है। मेरी दादी पर तो अंग्रेज और पढ़े-लिखे भारतीयों की धर्मनिरपेक्षता का रत्ती-भर असर नहीं था। वे नैष्ठिक और कर्मकांडी हिंदू थीं। उन्हें किसी साध्वी ऋतंभरा और संन्यासिनी उमा भारती से दीक्षा नहीं मिली थी। वे पढ़ना-लिखना नहीं जानती थीं। लेकिन भारतीय समाज-परंपरा का ऐसा संस्कार उन पर था कि वे मुझे गोदी में ले कर हर साल ताजिए के नीचे से निकलतीं। वे मानती थीं कि इससे पीर बाबा मेरी रक्षा करेंगे। उनका यह अंधविश्वास मुझे ज्यादा धार्मिक और उदात्त लगता है बजाय ऋतंभरा के भाषण के जो अपने ही एक समुदाय के प्रति घृणा पैदा करता है।

उन्हीं का दिया संस्कार मुझे जून चौरासी में स्वर्ण मंदिर ले गया हालांकि ऑपरेशन ब्लू स्टार को मैं अपरिहार्य मानता था। तब अमृतसर से चंडीगढ़ तक के अपने सारे सिख मित्रों के घर इसी तरह बैठने गया था। भारतीय सेना में सेनापति हो कर रिटायर हुए एक गर्वीले जाट सज्जन को फूट-फूट कर रोते देख मैं भी उनके साथ रोया। एक ही कुरु परिवार में हुई महाभारत से हम गुजरे हैं। और महाभारत हमारी जातीय स्मृति का अमिट अनुभव है। इसी अनुभव ने हमें प्रतिशोध और हिंसा में से अहिंसा और धर्म का संस्कार दिया है। अगर हमारे इन पारंपरिक संस्कारों को हमने सांप्रदायिक राजनीति के हवाले न किया होता तो बार-बार महाभारत से गुजरने पर हम बाध्य नहीं होते। यह अनुभव पश्चिम-परस्त और छद्म सेकुलरवादियों का नहीं है। हम भारतीयों का अपना है। इससे कोई समस्या हल हो या न हो एक-दूसरे के दुख में भागीदार होने से आपसी समझ बढ़ती है। भरोसे का वह पुल बनता है जिसके टूटने पर ही अयोध्या कांड होते हैं। यह बात मैं दादी को याद किए बिना भी कह सकता था। लेकिन बहुत से संघ परिवारियों ने चिट्ठियों में मां-बहन की गालियों के साथ मुझे मुल्ला कह कर पूछा है कि मेरी नसों में किसका खून बह रहा है और मुझे लगा कि हिंदुत्व के इन तलवारबाजों को लगे हाथ बता दूं कि वह कौन सी हिंदू समाज परंपरा है जिसमें गमी पर बैठने जाया जाता है।

बहरहाल, दंगों की आग में झुलसे मुसलमानों की ही नहीं उनके इमामों और मौलानाओं की भी बातें आंखें खोल देने वाली है। अखबारों में बयान देने और मुसलमानों की नेताई के दावेदारों की बात पर मत जाइए। वे खुल कर कह नहीं सकते कि क्या महसूस करते और चाहते हैं। उनके बयानों पर भड़कने की भी जरूरत नहीं है। आखिर वे बंद किए गए समाज की ओर से बोलने वाले लोग हैं। संप्रदाय पर राजनीति करने वाले सिख हों, मुसलमान हों या हिंदू—सब दो जबान से बोलते हैं। उनकी मजबूरी हमें समझनी चाहिए। आखिर खुले, उदार और सहिष्णु समाज की पार्टी होने का दावा करने वाली भारतीय जनता पार्टी में भी अटल बिहारी वाजपेयी जैसे नेता हैं जो सारी उम्र उस पार्टी और उसके परिवार में गुजार कर आज बिलकुल अकेले हैं और अपने को किनारे कर दिया गया महसूस करते हैं। वे पार्टी छोड़ नहीं सकते, संसद से इस्तीफा दे नहीं सकते और उन्हें ऐसी स्थिति में अपनी पार्टी का बचाव करने को खड़ा कर दिया गया है जो उनकी आस्था से बचाव के योग्य नहीं है। जब अटलजी की यह हालत हो सकती है तो बेचारे शहाबुद्दीन और जीलानी की तो बात ही क्या ? अपने समाज में क्या तो उनकी औकात और क्या उनकी हैसियत ? उनके बयानों पर मत जाइए।

कम-से-कम दो बड़े धर्मगुरुओं ने मुझसे पूछा कि अयोध्या में मुसलमानों के कितने घर बचे हैं ? आप स्टेट का पूरा जोर लगा कर मस्जिद बनवा भी देंगे तो हो सकता है कि पहली बार तो तीन-चार लाख लोग वहां पहुंच जाएं लेकिन फिर दस-पंद्रह ही रोज नमाज अदा करने को बचेंगे

ना ! इनकी और मस्जिद की रक्षा कौन करेगा ? चूंकि बहुसंख्यक समाज उसके खिलाफ होगा इसलिए न केवल उस पर हमले होते रहेंगे बल्कि हिंदू-मुसलमान तनाव और मुठभेड़ का वह स्थायी केंद्र हो जाएगा। फिर यह लोकतांत्रिक देश है। कल बीजेपी की सरकार आ गई तो जैसा कल्याण सिंह ने छह दिसंबर को होने दिया वैसा करने से उसे कौन रोकेगा ? नमाज पढ़ने के लिए मस्जिद बनाना चाहते हैं या लगातार झगड़ा और मारपीट करवाने के लिए ? मुसलमानों को अयोध्या में वहीं मस्जिद नहीं चाहिए।

इन धर्मगुरुओं के नाम मैं जान-बूझ कर नहीं दे रहा हूं क्योंकि उन्हें तथाकथित मुसलमान नेताओं और कांग्रेसी नेताओं का दुश्मन और संघ परिवार के चहेते बना कर अपने समाज से उखाड़ने से कोई बात बनेगी नहीं। मुसलमानों को अयोध्या में अगर वहीं मस्जिद नहीं चाहिए तो बाबरी मस्जिद का ढांचा सरकार फिर से किसके लिए खड़ा करना चाहती है ? पाकिस्तान और बांग्लादेश को जवाब देने के लिए ? सरकार को मालूम है कि उनने और दूसरे अरब देशों ने राष्ट्रसंघ में अयोध्या का मामला क्यों उठाया और भारतीय मुसलमानों और उनके धर्मस्थलों की रक्षा में इन देशों की कितनी रुचि है। भारत सरकार अगर पश्चिमी यूरोप के देशों और अमेरिका के लिए कह रही है तो यह भी बेकार है। इन देशों को चिंता है कि अब भारत पंथनिरपेक्ष राष्ट्र रहेगा या नहीं ? इन्हें बताना हमारा काम है कि पंथनिरपेक्ष राष्ट्र मंदिर-मस्जिद नहीं बनाते। वे ज्यादा-से-ज्यादा ऐसी परिस्थिति पैदा कर सकते हैं जिसमें सांप्रदायिक समरसता बनी रहे और लोग अपने धर्म का पालन करते हुए एक-दूसरे की धार्मिक भावनाओं और धर्मस्थलों का सम्मान करें। बावजूद अयोध्या के हमारे पंथनिरपेक्ष राज्य का रेकॉर्ड किसी यूरोपीय राज्य से खराब नहीं है और हमारे यहां बोस्निया और हर्जेगोविना कभी नहीं हुआ, न हो सकता है। बाहर के ईसाई या मुसलमान जनमत के लिए हम अपने देश के मुसलमानों के भविष्य से खिलवाड़ क्यों करना चाहते हैं ?

फिर प्रधानमंत्री और उनके मंत्रियों को क्यों समझ में नहीं आता कि बाबरी मस्जिद का ढहाया गया ढांचा फिर बनाने की घोषणा कर के वे प्रतिबंधित संगठनों को मौका दे रहे हैं। इन संगठनों ने मुस्लिम तुष्टिकरण के आरोप पर ही हिंदुओं में यह भावना जगाई है कि वे अपने ही देश में अपनी ही सरकार से न केवल उपेक्षित हैं बल्कि अपमानित भी हैं। बाबरी मस्जिद के ढांचे को फिर बनाने की सरकारी घोषणा का ताजा उदाहरण दे कर वे हिंदुओं को भड़का रहे हैं कि जिस राम जन्मभूमि पर हम मंदिर बनाना चाहते हैं वहां फिर बाबर की तरह सरकार मस्जिद बनवाने वाली है। इस प्रचार के लिए हाथ में भोंगा पकड़वा कर सरकार किसका भला कर रही है ? न मुसलमानों का न हिंदुओं का। जैसा मुझे एक दंगा पीड़ित मुसलमान ने कहा, वैसे ही हाथ जोड़ कर मैं सरकार से कहना चाहता हूं कि खुदा के वास्ते मस्जिद की बात मत कीजिए। पहले मुसलमानों को सुरक्षित और हिंदुओं को आश्वस्त कीजिए। सांप्रदायिक दंगे में न नमाज पढ़ी जाती है, न आरती होती है।

21.12.1992

मुक्ति और परतंत्रता के प्रतीक

अयोध्या में ढांचा ढहाए जाने से जो लोग विचलित हुए हैं उन्हें क्यों लगा कि यह गांधी की दूसरी शहादत है ? एक बजरबट्टू ने लिख भेजा है कि गांधी कोई साढ़े चार सौ साल पुरानी मस्जिद के ढांचे नहीं थे। गुलामी की उस निशानी को गिराया जाना गांधी को मारना नहीं था। कुछ और बजरबट्टुओं को इस मौके पर भी गांधी को गालियां देना उचित लगा है। जिन्हें पवित्रता और अपकर्म को समझने की संवेदना और समझ भगवान ने नहीं दी उनके लिए प्रार्थना ही की जा सकती है। और जो लोग प्रतिक्रिया में जल-जल कर काले पड़ गए हैं उनके स्वस्थ होने की भी कामना की जानी चाहिए। गांधी तो सभी की सन्मति के लिए प्रार्थना करते और करवाते थे।

ढांचे को ढहाए जाने की त्रासदी सबूत है कि गांधी के हत्यारे अभी भी पिस्तौल छिपाए घूम रहे हैं। वे प्रार्थना सभाओं में इसलिए जाते हैं कि सही मौका मिल सके। गांधी उन्हें अपनी उस कायरता का प्रतीक लगता है जिसे मारे बिना वे वीर नहीं हो सकते। इस मानस को समझना मुश्किल नहीं है क्योंकि यह अपने को आसानी से उधेड़ देता है। लेकिन इसकी बीमारी दूर करना बहुत मुश्किल है। गांधीजी की हत्या भी उसे कुछ समय तक ही शांत रख सकी। इस वक्त वह देश के शरीर में भूत की तरह आया हुआ है। ऐसा कोई ओझा देश में नहीं है जो इस भूत को उतार सके। इसलिए सब रास्ता देख रहे हैं कि उधम मचाकर यह थक जाए और इसकी लगाई आग शांत हो जाए तो कुछ किया जाए। नैतिक और अहिंसक शक्ति की जो साधना गांधी ने की थी उसका ठीक से इस्तेमाल करने वाले लोग भी नहीं बचे अपने इस देश में। गांधी विचलित और भयभीत लोगों का आश्रय हो गए हैं। राजघाट में उनकी समाधि पर जाना और लॉन पर बैठना जैसे अपने को आश्वस्त करना है। गांधी की समाधि राष्ट्रीय चेतना का आहत मर्म है।

इसलिए जानते हुए भी कि राजघाट पर अलग-अलग रंग के कांग्रेसियों का मेला होगा पिछले रविवार मैं वहां गया। चौबीस साल पहले वहीं जा कर दिल्ली में काम शुरू किया था। समाधि के सामने ही अपना दफ्तर और रहना था। जब भी लगता है कि कहीं कुछ अपकर्म हो गया है तो मैं जा कर गांधी समाधि की तीन परिक्रमाएं करता हूं और वहां थोड़ी देर चुपचाप बैठ कर जैसे पश्चात्ताप करता हूं। मुझे मालूम है कि अपने देश में ऐसा ही अनगिनत लोग रोज मंदिर में करते हैं। वे अपने या देश के किसी अपकर्म का प्रायश्चित नहीं करते। उन्हें लगता है कि भगवान के दर्शन करना और परिक्रमा लगाना उन्हें सही रास्ते पर रखेगा और उन पर उसकी कृपा रहेगी। ऐसी आस्था भी रहे तो वह अपना काम करती है। मैं किसी मंदिर या मूर्ति के सामने इस तरह समर्पित नहीं हो पाता। काफी समय तक काफी लोगों को इस तरह का कर्मकांड करते देखा है और लगा है कि जब हम किसी काम को आदत की तरह करने लगते हैं तो उसमें से भाव और अर्थ निकल जाता है। गांधी को स्मरण करना और उनकी समाधि पर फूल चढ़ाना भी एक तरह का राष्ट्रीय और राजकीय कर्मकांड हो गया है। इसीलिए तो अयोध्या कांड हुआ।

लेकिन रोकने को तो गांधी भी सन् सैंतालीस में सांप्रदायिक दावानल को कहां रोक पाए थे ?

वे भारत विभाजन के विरुद्ध थे और उनने कहा था कि विभाजन होगा तो उनकी लाश पर होगा। लेकिन विभाजन हुआ और उसी के साथ ऐसा दावानल चला कि लाखों लोग मारे गए और इतिहास में आबादी का सबसे बड़ा आदान-प्रदान हुआ। गांधीजी नोआखाली चले गए और उस दावानल को शांत करने में उनके हाथ जल गए। वायसराय माउंटबेटन ने तब उन्हें एक आदमी की फौज कहा था। फौज ज्यादा बड़ी हिंसा से छोटी हिंसा को दबाती है। गांधी अहिंसा और सद्भाव से सांप्रदायिक हिंसा को शांत करने में लगे थे। नोआखाली से दिल्ली आने तक उनने विभाजन के भयानक और दुखदायी सच को स्वीकार कर लिया था। फिर भी वे चाहते थे कि आजाद भारत प्रतिशोध और सांप्रदायिक विद्वेष में जलता न रहे। पाकिस्तान को पचपन करोड़ देने के लिए वे इसीलिए जोर देते रहे कि हम अपना वचन और धर्म निभाएं और हमें जो करना है उसे सामने वाले की करतूत से तय न करें। गांधी अपने चारों ओर धधक रही आग से बदल नहीं सकते थे इसलिए उसमें जल गए। अगर वे बदल जाते या चुप रह जाते तो आज भारत की चेतना के संदर्भ बिंदु नहीं होते।

गांधी को मार कर जो लोग शांत नहीं हुए वे अयोध्या में बाबरी मस्जिद के ढांचे को गिरा कर भी संतुष्ट नहीं होंगे। गुलामी की निशानियां बाहर जितनी होती हैं उससे कहीं अधिक अंदर होती है। बाहरी ढांचे को तो आप छल-कपट और उन्माद से गिरा सकते हैं लेकिन अंदर की गुलामी से निपटना इतना आसान नहीं होता। गांधीजी कहते थे कि जिस दिन आप तय कर लें कि आप किसी के पराधीन नहीं हैं उस दिन आप आजाद हो जाएंगे। लेकिन आप किसी के पराधीन तभी नहीं होते जब उसकी प्रतिक्रिया में नहीं जीते। जब तक आप किसी के जवाब में बोलते हैं तब तक अपनी बोली में नहीं उसकी बोली में बोल रहे होते हैं। आदमी अपनी बोली में तभी बोलता है जब वह अपने स्वभाव, चरित्र और आत्मा के अनुसार स्वयं बोलता है। ऐसी स्वतंत्रता अपने को जानने से मिलती है। अपने को जान लेना अपने को उन बंधनों से मुक्त करना है जो हमें बांधे रहते हैं। गांधीजी ने हमें समझाया था कि अंग्रेज हमें इसलिए गुलाम बना सके कि हम अंदर से उन्हें बेहतर मान कर उनके अधीन हो गए थे। भारत के लोग अगर नहीं मानते कि अंग्रेज उनसे श्रेष्ठ हैं तो उन पर अंग्रेजों का राज नहीं हो सकता था। गुलामी और गुलामी की निशानियां अंदर होती हैं। जिन लोगों ने बाबरी मस्जिद के ढांचे को गुलामी का प्रतीक मान कर ढहा दिया क्या वे अंदर से स्वाधीन लोग हैं ? स्वाधीन लोग उन्माद में जो करते हैं वह उनकी मुक्ति का नहीं उनकी परतंत्रता का उदाहरण है क्योंकि उन्माद ही अपना आपा खोना है।

अयोध्या में लंका कांड करने वालों को न तो राम का चरित मालूम है, न वे वहां राम मंदिर बनाने गए थे। राम की वानर सेना में भी उनसे ज्यादा विवेक था। लेकिन यह मानना ही गलत है कि अयोध्या में जो हुआ उसकी प्रेरणा राम काज है। हिंदू समाज में एक वर्ग ऐसा हमेशा रहा है जो पराजय बोध से पीड़ित और उद्वेलित रहता है। जरूरी नहीं कि यह पराजय बोध इस्लाम के नाम पर आए हमलावरों से हारने वाले हिंदू-मुसलमान राजाओं की पराजय से पैदा हुआ हो। हिंदू इस्लाम के आक्रांताओं से पराजित हो गया होता तो भारत भी उसी तरह इस्लामिक देश हो जाता जैसे अरब देश या इंडोनेशिया हो गया। इस्लाम के कारण न तो हमारा धार्मिक स्वरूप बदला, न सामाजिक ढांचे में परिवर्तन हुआ। बल्कि हिंदुओं से इस्लाम के मेलजोल से सूफी मत निकला जो हमारे भक्ति आंदोलन की ही एक धारा है। डर से या लोभ से जिन भारतीयों ने इस्लाम स्वीकार किया उनका भी कितना परिवर्तन हुआ है ? उन्हें मक्का या मदीना में बाहर के मुसलमान अगर हिंदू कहते हैं तो इसीलिए कि वे मन, संस्कृति और समाज से हिंदू हैं। वे इस्लाम का कुछ ऐसे ही

पालन करते हैं जैसे वह हमारे धर्म में स्वीकृत कोई संप्रदाय हो। गांधी उस अपराजेय धर्म का पालन करने वाले हिंदू थे इसलिए वे हमारी मुक्ति के प्रतीक हैं। जो मुक्त नहीं हुए हैं वे गुलामी की निशानियां मिटा रहे हैं। भगवान उन्हें मुक्ति दे।

27.12.1992

नए साल का संकल्प

आस्था की एक परंपरा चली आ रही है कि वहीं राम जन्मे थे और वहीं उनका मंदिर था। लेकिन अयोध्या में उस मंदिर को बाबर ने तोड़ा या उसके सिपहसालार मीर बाकी ने इसकी कोई आंखों देखी गवाही इतिहास की किसी किताब में नहीं है। पुरातत्त्व ने भी उस मंदिर का ढांचा खोद कर अभी तक निकाला नहीं है। छह दिसंबर तक वहां मीर बाकी की बनवाई बाबरी मस्जिद का ढांचा खड़ा था और उसके बीच के गुंबद के नीचे कोई तिरयालीस साल से रामलला विराजमान थे। अब उस गुंबद के मलबे पर रामलला एक तंबू में बैठे हैं। डूबते सूरज और घिरती ठंडी शाम में वे बहुत उदास लगते हैं।

बानवे का यह बिंब तिरानवे में आ गया है और इस साल ही नहीं जाने कितने सालों तक हमसे यक्ष प्रश्न पूछता रहेगा। धर्म का झंडा उठाए घूम रहे लोगों में से क्या एक भी धर्मराज युधिष्ठिर निकलेगा जो इन प्रश्नों के उत्तर दे सके ? परंपरा में रहे उस मंदिर को तोड़े जाते और उसे तोड़ने वालों को किसी ने नहीं देखा। लेकिन उन विदेशी और विधर्मी आक्रांताओं के धतकरम को हिंदुओं की शर्म और पराजय मानने वालों ने मस्जिद और मंदिर रहे उस ढांचे को गिरा कर क्या अपने को बाबर और मीर बाकी का समर्थक घोषित नहीं किया है ? जो बाबर और मीर बाकी ने किया था वही कारसेवकों ने अपने रामभक्त नेताओं की उपस्थिति में किया। बाबर और मीर बाकी ने अगर अपने बाहुबल से रामजी का मंदिर तोड़ कर फरिश्तों के उतरने और इबादत करने की जगह बनाई थी तो हिंदुत्व के झंडाबरदारों ने उस ढांचे को तोड़ कर उस पर रामलला को बैठा दिया है। उन तक पहुंचने की सीमेंट की पहली सीढ़ी पर–हिंदू विजय दिवस–6 दिसंबर, 1992 लिख दिया है। क्या आप अपने राम तक ऐसी ही सीढ़ी पर पांव रख कर पहुंचेंगे ?

अगर मंदिर तोड़ कर बनाई गई जगह पर फरिश्ते इबादत के लिए नहीं उतरे तो मंदिर और मस्जिद दोनों तोड़ कर बनाए गए चबूतरे पर क्या रामलला दीनदयाला बन कर बैठे होंगे ? बाबर और मीर बाकी मंदिर तोड़ कर इस्लाम की स्थापना नहीं कर रहे थे। वे हिंदुओं को हरा कर उन्हें अपमानित कर रहे थे ताकि हिंदोस्तान की गद्दी पर आराम से बैठ सकें। जिन लोगों ने मस्जिद के ढांचे को तोड़ा और जिन नेताओं ने तुड़वाया क्या वे रामराज्य की स्थापना करने वाले हैं ? इन कारसेवकों-स्वयंसेवकों और इनके हिंदूनिष्ठ नेताओं के उदित होने से पहले जो महात्मा स्वतंत्र भारत में रामराज लाना चाहता था उसे तो मुसलमानों का हितू मान कर मार डाला। वह ऐसा रामभक्त था कि सीने में गोलियां खा कर गिरा तब भी उसके मुंह से हे राम निकला था।

नहीं, राम के नए भक्तों के मुख में राम अगर है भी तो बगल में छुरी है। और इसीलिए इनका लक्ष्य रामराज नहीं हो सकता। रामभक्ति और राम मंदिर बनाने के एकाधिकार का ढिंढोरा पीटने वाली विश्व हिंदू परिषद ने राष्ट्रीय एकता परिषद का बहिष्कार करते हुए उसके एजंडे के जवाब में कहा था कि 'ढांचा अगर सुरक्षित है और रहेगा तो कांटों की बाड़ और लोहे की बल्लियों से नहीं हिंदू स्वभाव और परंपरा के कारण रहेगा। गिनती के अपवादों को छोड़ दें तो हिंदू राजाओं में दूसरे धर्मों के पूजा-स्थलों की रक्षा का नियम रहा है।' संविधान के अनुसार और लोकतांत्रिक

परंपरा से चुनी गई उत्तर प्रदेश की भाजपा सरकार ने देश के सर्वोच्च न्यायालय को ढांचे की रक्षा का शपथपूर्वक वचन दिया था। भाजपा के नेता ने संसद में यह वचन दुहराया था। लेकिन उस सरकार ने और उसके नेता ने अपने वचन की रक्षा में कुछ नहीं किया। ढांचे के साथ कार्यपालिका, न्यायपालिका और विधायिका को तोड़ने में लगे कारसेवकों ने खबरपालिका के भी हाथ-पांव तोड़ दिए। उन चारों स्तंभों को वे तोड़ देना चाहते थे जिन पर हमारा लोकतंत्र टिका हुआ है। संविधान के अनुसार और उसकी शपथ ले कर बनी सरकार के मुख्यमंत्री ने ढांचे के पहले गुंबद पर हमला होते ही न हमलावरों को रोकने का आदेश दिया, न इस्तीफा। इस्तीफा तब दिया जब पूरा ढांचा ढहा दिया गया था। उस मुख्यमंत्री को संविधान की शपथ और सर्वोच्च न्यायालय को दिए वचन और लोकतंत्र से मिले जनादेश की नहीं, अपनी पार्टी और उसके परिवार को दिए वचन की रक्षा करनी थी।

बाबरी मस्जिद का ढांचा तो ढह गया है लेकिन लोकतंत्र का ढांचा ऐसे विश्वासघात और इतनी चोटों के बावजूद अभी खड़ा है। इंदिरा गांधी ने भी अपनी सत्ता के लिए इस ढांचे से विश्वासघात कर के उसकी तोड़-फोड़ की थी। इस देश की जनता ने उन्हें इस धतकरम की सजा दी थी। तब इंदिरा गांधी और इंकाइयों को विश्वास था कि उनने गरीबों के लिए इतना-कुछ किया है कि वे उनके साथ हैं। भाजपा और उसके परिवारियों को भी विश्वास है कि ढांचा तोड़ कर उनने हिंदू विजय का ऐतिहासिक काम किया है और राम को मानने वाले सारे हिंदू उनके साथ हैं। इसीलिए वे मध्यावधि चुनाव की मांग कर रहे हैं। बाबरी मस्जिद का ढांचा ढहा देने के बाद वे लोकतंत्र का यह ढांचा ढहा देना चाहते हैं जो उन्हें सत्ता में आने के 'रामकाज' से रोकता है।

इसलिए अब हमला संविधान पर है। जैसे कल्याण सिंह सरकार का जिस संविधान माता की कोख से जन्म लिया उसी में छल-कपट से छुरा मारना काफी नहीं था इसलिए दो रामभक्त स्वामी उसे गुलामी का दस्तावेज बता कर मूल रूप से बदलने का शंखनाद कर चुके हैं। विधायिका के साथ जनादेश के नाम पर उत्तर प्रदेश की सरकार सीधे आघात कर चुकी है। पूरा संघ परिवार मस्जिद के ढांचे के ध्वंस के लिए न्यायपालिका को जिम्मेदार घोषित कर चुका है। कार्यपालिका के जो हाल उत्तर प्रदेश की सरकार ने किए हैं उसके बाद कौन मानेगा कि कानून के राज का राज्य की पूरी शक्ति से पालन किया जाना चाहिए। और प्रेस को तो आईना दिखाने की सजा दी ही जा चुकी है। रोज कहा जा रहा है कि इस देश की पंथनिरपेक्ष प्रेस-हिंदू विरोधी है।

बाबरी मस्जिद का चार सौ चौंसठ साल पुराना ढांचा ढहाने के बाद रामभक्त कारसेवक लोकतांत्रिक पंथनिरपेक्ष गणराज्य का यह बयालीस साल से बना ढांचा ढहा देना चाहते हैं। हिंदुत्व के इन नए दैविक योद्धाओं की नजर में स्वतंत्रता का संग्राम जीतने, संविधान बनाने और लोकतांत्रिक पंथनिरपेक्ष गणराज्य की स्थापना करने वाले लोग हिंदू नहीं बाबर और मीर बाकी की तरह हिंदुत्व का मंदिर गिराने वाले विधर्मी थे। इसीलिए तो छह दिसंबर को उनने उस सब पर हमला बोल दिया जो पांच हजार साल की धर्म परंपरा, कोई नब्बे साल के स्वतंत्रता संग्राम और बयालीस साल के लोकतांत्रिक गणतंत्र में हमने प्राप्त किया है। अब लोकतंत्र के इस ढांचे को ढहा कर उस पर एक तंबू में वे हिंदू धर्मतांत्रिक राष्ट्र के रामलला को बैठाना चाहते हैं। उनका हमला भारत की सर्वग्राही, उदार और सहिष्णु धर्म परंपरा के अमृत पर है। यह हमला स्वतंत्रता संग्राम के उन जीवन मूल्यों पर है जिन्हें हमने अपने संविधान के जरिए अपने लोकतांत्रिक पंथनिरपेक्ष गणराज्य में मूर्तिमंत किया है। यह हमला उस बहुधर्मी, बहुजातीय और बहुभाषी समाज पर है जो बाहर के अनगिनत हमलों और विष को पचा गया है। किसी भाजपा नेता ने कहा है कि यह साल छद्म धर्मनिरपेक्षता और असली पंथनिरपेक्षता के संघर्ष का साल होगा। लेकिन अगर आप छह दिसंबर के सारे अर्थ समझ लें तो अगला साल ही नहीं आने वाले कई साल प्रतिक्रियावादी छद्म और संकीर्ण हिंदुत्व और

धर्म के संघर्ष के साल होंगे। अगर आप नए साल का कोई संकल्प लेते हैं तो आज संकल्प लीजिए कि उस सर्वग्राही, उदार और सहिष्णु धर्म की रक्षा करेंगे जो हमारे इस बहुधर्मी, बहुजातीय और बहुभाषी समाज की रक्षा कर रहा है। यह आपका धर्म है।

1.1.1993

संविधान पर त्रिशूल

संत भिंडरांवाले को जितना सुना और पढ़ा है उसमें से उद्धरण तो कई निकाल सकता हूं। नीचे जो दे रहा हूं उससे भी ज्यादा सटीक और दो टूक। लेकिन फिलहाल इसी से काम चल जाएगा। अमृतसर में चौबीस फरवरी चौरासी को उनने कहा था :

''हमारे लिए भारत देश के संविधान को मानना मजबूरी नहीं है। वह संविधान (सिख) पंथ की आत्मा की परवाह नहीं करता। गुरु ग्रंथ साहिब के मानने वालों को इंसानियत सिखाने के लिए दिल्ली में रखी हुई सरकारी किताब की जरूरत नहीं है।''

ऐसा कहने पर हमने संत भिंडरांवाले को राष्ट्रद्रोही कहा था। देश की एकता और अखंडता को उनके सिख अलगाववाद से सबसे बड़ा खतरा देखा था। संत भिंडरांवाले के मन में इस देश के संविधान, कानून के राज, संसदीय लोकतांत्रिक व्यवस्था और अहिंसा आदि के लिए कोई सम्मान नहीं था। वे सिख कौम को इस देश की रक्षक और भरतार मानते थे। वे बार-बार कहते थे कि हिंदुओं ने सिखों का इस्तेमाल किया है। उनका शोषण किया है। उनके साथ अत्याचार किया। यहां सन् सैंतालीस से उनके साथ अन्याय हो रहा है। अब सिख जाग गए हैं और वे हिंदुओं की गुलामी सहन नहीं करेंगे। अब सिख अपनी आजादी के लिए लड़ेंगे और इन बहादुरों का सामना कायर और मतलबी हिंदू नहीं कर सकेंगे।

संत भिंडरांवाले पंथ को इस राष्ट्र और इसके रहने वालों के धर्मों से ऊपर मानते थे। वे कहते थे कि अकाल तख्त पर कोई कानून लागू नहीं होता। वह भारत के संविधान से ऊपर है। वे खुद वहां जा कर बैठे और पूरे स्वर्ण मंदिर की सशस्त्र किलेबंदी की गई। सिख पंथ के सबसे बड़े तीर्थ को किले में बदल दिया गया। इंदिरा गांधी को आखिर वहां सेना भेजनी पड़ी क्योंकि संत भिंडरां वाले के कहने पर उनके समर्थकों ने स्वर्ण मंदिर को राष्ट्र के अंदर राष्ट्र और राज्य के अंदर राज्य बना दिया था। वहां सैनिक कार्रवाई का विरोध चंद्रशेखर ने किया था। बाकी सब 'राष्ट्रवादी' नेता उसकी स्वीकृति में मौन थे या समर्थन में बोले थे। स्वर्ण मंदिर में सैनिक कार्रवाई और संत भिंडरांवाले का मारा जाना 'राष्ट्रवादियों' को देश को बचाने की अनिवार्य कार्रवाई लगा था। कई राष्ट्रवादियों और देशभक्तों ने हमें लिखा था कि भिंडरांवाले को संत क्यों लिखा जाता है। हिंदुओं को मारने के लिए सिखों को प्रेरित करने वाले संत भिंडरांवाले के खिलाफ जो भी लिखा गया और सरकार ने जो कार्रवाई की उसे राष्ट्रवादियों का समर्थन मिला। संविधान की प्रति जलाने दिल्ली आए प्रकाशसिंह बादल की भी भर्त्सना की गई और संविधान को राष्ट्र का संविधान साहिब कहा गया तो तमाम संघ परिवारियों को लगा कि यह देशभक्ति है।

शाही इमाम सैयद बुखारी और शहाबुद्दीन के कथनों में से भी संविधान के खिलाफ कई उद्धरण मिल जाएंगे। अब राम भक्ति में लीन और कारसेवकों के पराक्रम से संतुष्ट लोगों को शहाबुद्दीन और बुखारी का संविधान, देश के कानून और देश के खिलाफ कही गई किसी बात में उनका देशद्रोह और भारत माता के साथ विश्वासघात साफ दिखाई देता था। सन् छियासी में तब के रामलला मंदिर का ताला खुलने के खिलाफ शहाबुद्दीन ने आंदोलन छेड़ने की सोची थी और

सन् सत्तासी में मुसलमानों से अपील की थी कि वे गणतंत्र दिवस का बहिष्कार करें। शहाबुद्दीन ने कहा था कि 'इस सरकार में संविधान की रक्षा करने का दम गुर्दा नहीं है। इसलिए संविधान के लागू होने के दिन का समारोह मनाने का इसे कोई अधिकार नहीं। गणतंत्र दिवस समारोह एक मजाक है। इसलिए हम इसमें भाग नहीं लेंगे।' शहाबुद्दीन के इस आह्वान को देशद्रोह का जीता-जागता सबूत माना गया था।

शाही इमाम ने उत्तर प्रदेश के मुसलमानों की रक्षा के लिए राष्ट्रसंघ की शांति सेना तैनात करने की बात कही तो उनकी ठीक ही भर्त्सना की गई। उन्हें दूसरे देशों से अपील कर के भारत के सार्वभौमत्व को चुनौती देने वाला बताया गया है। प्रचारित किया गया कि वे देशद्रोही हैं और उनकी जगह इस देश में नहीं पाकिस्तान या किसी अरब देश में होनी चाहिए इसलिए उन्हें देश निकाला दिया जाए। शाही इमाम और शहाबुद्दीन पर आरोप है कि वे शरीअत को इस देश के संविधान और कानून से ऊपर समझते हैं और मुसलमानों का उन्हें मानना अनिवार्य नहीं मानते इसलिए वे गद्दार हैं और उन्हें देशद्रोह के अपराध में सजा क्यों नहीं दी जाती ? संविधान के खिलाफ बोलने वाले और उसे अपने सिख और मुस्लिम समुदायों की आशा-आकांक्षा का पवित्र दस्तावेज न मानने वाले संत भिंडरांवाले, शाही इमाम और शहाबुद्दीन को हमने क्या-क्या कहा और उनके खिलाफ कैसी-कैसी कार्रवाई की मांग की है उसे दुहराने की जरूरत नहीं है।

लेकिन अब अखिल भारतीय संत समिति के महामंत्री स्वामी मुक्तानंद ने कहा है कि यह संविधान हिंदू-विरोधी है और अब वक्त आ गया है कि गुलामी के इस दस्तावेज को खत्म कर दिया जाए। संत लोग अब तक नेताओं को ठीक मान कर बैठे थे लेकिन अब उनने संविधान में बुनियादी बदलाव लाने का बीड़ा उठा लिया है। देश के सामने जो भी समस्या है उसकी जड़ इस संविधान में है। देश की दुर्दशा के लिए भी यही संविधान जिम्मेदार है। इसमें पंथनिरपेक्षता और अल्पसंख्यकों की व्याख्या नहीं की गई है। उसमें इंडिया दैट इज भारत कहा गया है। भारत के पहले इंडिया क्यों आना चाहिए ? ऐसा हिंदू-विरोधी संविधान इस देश में नहीं चल सकता। इसने राष्ट्रीयता पैदा करने और बढ़ाने में कोई योगदान नहीं दिया है। स्वामी मुक्तानंद ने दावा किया कि उनने कई देशों के संविधानों का अध्ययन किया है। यह देश का दुर्भाग्य है कि अखिल भारतीय संत समिति के महामंत्री स्वामी मुक्तानंद को अभी तक संविधान विशेषज्ञ की भूमिका में नहीं देखा गया।

संविधान की सही और गलत आलोचना देश में कई बार कई लोगों ने की है लेकिन उसे अब तक गुलामी का दस्तावेज किसी ने नहीं कहा था। संत भिंडरांवाले और अकाली नेताओं ने उसे सिख-विरोधी जरूर कहा है। शहाबुद्दीन चतुर राजनेता और भारतीय विदेश सेवा के पुराने अफसर हैं इसलिए संविधान के खिलाफ सीधे बोलते नहीं दिखते। लेकिन दूसरे कई मुसलमान नेताओं ने संविधान को मुसलमानों और इस्लाम का विरोधी बताया है। हमने ऐसे हर सिख और मुसलमान नेता को देशद्रोही कहा है। उसे राष्ट्र-विरोधी प्रचारित किया है और मांग की है कि उनकी जगह इस देश में नहीं होनी चाहिए। लेकिन अपने को राष्ट्रवादी, देशभक्त और राष्ट्रीयता से ओतप्रोत घोषित करने वाले किसी भी व्यक्ति, संगठन और दल ने नहीं कहा है—कि संविधान को गुलामी का दस्तावेज बताने वाले स्वामी मुक्तानंद देशद्रोही हैं। किसी हिंदू संगठन ने नहीं कहा है कि संविधान को हिंदू-विरोधी बताना गलत है। भारतीय जनता पार्टी तो अपने को संविधान में आस्था रखने वाली सच्ची पंथनिरपेक्ष और लोकतांत्रिक पार्टी मानती है। स्वामी वामदेव और स्वामी मुक्तानंद के साथ वह राम मंदिर आंदोलन में सहभागी है। लेकिन भारतीयता और राष्ट्रवादिता का अपना एकाधिकार मानने वाली इस पार्टी की तरफ से एक बयान नहीं आया है कि स्वामी मुक्तानंद गलत कह रहे हैं। या जो उनने कहा है उससे भाजपा का कोई लेना-देना नहीं है। क्या भगवा पहनना और स्वामी कहलवाना ही राष्ट्रभक्त होना है ? और भगवा पहने कोई स्वामी संविधान के बारे में कुछ भी कहे

तो उसकी देशभक्ति और राष्ट्रीयता पर कोई उंगली नहीं उठाई जा सकती ? संविधान पर स्वामी मुक्तानंद के उच्च विचारों पर भाजपा और संघ के नेता मौन हैं। और वे सब राष्ट्रभक्त वीर भी चुप हैं जिन्होंने संत भिंडरांवाले को राष्ट्रद्रोही और देशतोड़क कहा था और जो शहाबुद्दीन और शाही इमाम को देशद्रोही और बाहर के इस्लामी देशों के वफादार मानते हैं।

संत भिंडरांवाले, शाही इमाम और शहाबुद्दीन को यहां हम देशभक्ति का सर्टिफिकेट नहीं दे रहे हैं। लेकिन स्वामी मुक्तानंद कौन देवदूत हैं और उनके पास ऐसी कौन सी दैविक शक्ति है जिसके कारण वे कुछ भी कह जाएं और देशभक्तों की अनुशासित सेना में से कोई नहीं कहे कि वे गलत कह रहे हैं ? स्वामी मुक्तानंद की समझ तो इसी से स्पष्ट हो जाती है कि वे संविधान को गुलामी का दस्तावेज कहते हैं। इसके बाद उनकी कही किसी भी बात पर गंभीरता से विचार करने की कोई जरूरत नहीं होनी चाहिए। लेकिन यह याद रखना जरूरी है कि संविधान देश की चुनी हुई संविधान सभा ने कई बैठकों में दो-तीन साल विचार कर के बनाया है। उस सभा में देश के सर्वश्रेष्ठ मस्तिष्क वाले लोग और आजादी के आंदोलन में त्याग और तपस्या से कुंदन हुए नेता थे। तीन बार संविधान का मसविदा अनुच्छेद-दर-अनुच्छेद और धारा-दर-धारा पढ़ा गया। एक-एक पर बहस हुई और तब जा कर सन् छियालीस में चुनी गई संविधान सभा में छब्बीस नवंबर उनपचास को उसे पास किया। दो महीने बाद छब्बीस जनवरी पचास को उसे लागू किया। देश के लोगों ने अपने आपको यह संविधान दिया और भारत को सार्वभौम लोकतांत्रिक गणराज्य घोषित किया। बाद में उसमें पंथनिरपेक्ष जोड़ा गया।

संविधान सभा में मुसलमानों के लिए अलग मुस्लिम सीटें थीं और दो सौ दस आम सीटें थीं। कांग्रेस ने जनरल में से एक सौ निन्यानवे सीटें जीती थीं। मुस्लिम लीग ने मुस्लिम सीटों में से छिहत्तर। लेकिन चूंकि मुस्लिम लीग अलग पाकिस्तान चाहती थी इसलिए पूरे भारत के लिए चुनी गई संविधान सभा में उसने भाग ही नहीं लिया। चौदह अगस्त सैंतालीस को जो सार्वभौम संविधान सभा बैठी उसमें मुस्लिम लीग का कोई सदस्य नहीं था। इस तरह अखिल भारतीय संत समिति के लिहाज से तो संविधान सभा मुसलमान आक्रांताओं के अपवित्र असर से मुक्त थी। वह आजाद भारत की सार्वभौम संविधान सभा थी और उसके बनाए संविधान को गुलामी का दस्तावेज तो वही कह सकता है जो स्वतंत्रता के आंदोलन और उससे निकले तपःपूत नेताओं को एकबारगी रद्द करता हो। सही है कि उसमें स्वामी मुक्तानंद जैसे संविधान विशेषज्ञ नहीं थे लेकिन क्या इससे भी संविधान गुलामी का दस्तोवज हो सकता है ? क्या वह हिंदू धार्निक राष्ट्र का संविधान हो तभी भारत की स्वतंत्रता का दस्तावेज माना जाएगा ?

हमारा संविधान आखिर हमने बना कर अपने आपको दिया है। हमारी स्वीकृति, निष्ठा और आस्था ही उसे पवित्र और अनुल्लंघनीय बनाती है। इसमें कई खामियां और कमजोरियां हैं। वह भारत के सभी लोगों की आशा-आकांक्षाओं का सच्चा और संपूर्ण प्रतीक और प्रतिनिधि नहीं भी हो सकता है। इसीलिए उसमें संशोधन की व्यवस्था है और अभी तक उसके अनुसार साठ से ऊपर संशोधन किए भी गए हैं। जैसी परिस्थिति बनेगी वैसे संशोधन आगे उसमें और किए भी जाएंगे। लेकिन एक संविधान के अनुसार हम चलेंगे यह देश के सार्वभौम लोगों की इच्छा है और यह संविधान संसदीय लोकतांत्रिक पंथनिरपेक्ष गणराज्य का है। इसे किसी ने हम पर थोपा नहीं है। अपने स्वतंत्र बुद्धि-विवेक से हमने इसे बनाया और स्वीकार किया है। इसे गुलामी का दस्तावेज कहना देश के सत्तासी करोड़ लोगों का अपमान करना है।

लेकिन स्वामी मुक्तानंद यह अपमान कर के सम्मानपूर्वक दिल्ली से लौट सकते हैं। संत भिंडरांवाले को भी सिख समुदाय ने संविधान का अपमान करने से नहीं रोका था हालांकि अनगिनत सिख उसकी शपथ ले कर उसकी रक्षा में लगे हुए हैं। शहाबुद्दीन और शाही इमाम देश के मुसलमानों

के हित अपनी राजनीति के घर गिरवी रख कर भारतीय संविधान और उसके अनुसार बने राज्य का अपमान और उल्लंघन कर सकते हैं। थोड़े भी गौर से देखें तो आप पाएंगे कि अपने देश के धर्मों और संप्रदायों के कट्टरपंथी मुल्ले, मौलवी, जत्थेदार-ग्रंथी और संत, महंत और स्वामी पंथनिरपेक्ष संविधान पर हमले कर रहे हैं और उसे अपने-अपने धर्म-संप्रदाय और समुदाय का विरोधी बता रहे हैं। कम-से-कम तीन तरफ से तो हमला आप साफ देख सकते हैं—सिख और मुसलमान जैसे अल्पसंख्यक समुदायों से और अब बहुसंख्यकों के एक संप्रदाय की ओर से। भारतीय पुनर्जागरण और फिर स्वतंत्रता संग्राम के दौरान ये कट्टरपंथी सांप्रदायिक तत्त्व राष्ट्रीय मुख्यधारा के हाशिए पर थे और न देश के लोग इनकी सुनते थे, न इनके बरगलाने में आते थे। राष्ट्र के बनाने और चलाने में इनका कितना योगदान रहा है—यह आप-हम सब जानते हैं। फिर पिछले कुछ वर्षों में ये इतने महत्त्वपूर्ण कैसे हो गए ?

इन कट्टरपंथी और सांप्रदायिक तथाकथित धर्मगुरुओं का इस्तेमाल पार्टियों और राजनेताओं ने अपनी वोट की राजनीति में किया है। कांग्रेस सभी का इस्तेमाल करती रही है लेकिन ज्यादातर अल्पसंख्यक धर्मगुरुओं का। उसी से सीख ले कर भाजपा भी कुछ साल से शिवजी की बारात जैसे साधुओं, संतों, महंतों, स्वामियों और महात्माओं का इस्तेमाल कर रही है। अब ये लोग इस्तेमाल किए जाने की कीमत वसूल करना चाहते हैं। ये अपने को देश के कानून से ऊपर मानते हैं और संविधान को अपना कमंडल बनाना चाहते हैं। आप बन जाने देंगे ?

2.1.1993

मेरे अवगुन चित न धरो

मेरे पास वक्त होता तो एक-एक को जवाब देता। खुद अपने हाथ से लिख कर। लेकिन जितना वक्त दफ्तर को देता हूं उससे भी ज्यादा जवाब देने में लग जाता। इसलिए नहीं कि चिट्ठियां इतनी ज्यादा हैं। इसलिए कि वे ऐसे उत्तेजक लगाव और निजी सघनता से लिखी गई हैं कि एक-एक का जवाब देने में हफ्ते-भर का लिखना हो जाए। इसलिए समाजशास्त्री श्यामाचरण दुबे के कहने पर पिछली जुलाई से उन चिट्ठियों को इकट्ठा कर के रखा है और फाइलें रोज मोटी होती जाती हैं। उन्हें रखा तो है अपने जमाने के दस्तावेज की तरह फिर भी इच्छा है कि कभी वक्त मिला तो पूरे मन और ईमानदारी से जवाब दूंगा।

जानता हूं कि गालियां भी तभी दी जाती हैं जब कोई भीतर से खंगाल जाए। लेकिन सोचा नहीं था कि अपनी मातृभाषा गालियों में इतनी समृद्ध है और अपने लोगों की कल्पना इतनी उर्वर। कई लोग तो इतने प्रेरित हो जाते हैं कि शब्दों में समा नहीं पाते इसलिए चित्र, आकृति और कार्टून तक बना भेजते हैं। एक भाई ने पांच पन्ने की कविता लिख भेजी है जिसे पढ़ कर कभी शर्मिंदा हुआ और कभी दुखी और उदास। कुछ चिट्ठियां अखबार के पूरे पेज के लेख के बराबर हैं। इतनी देर तक आवेग को थामे रहना आसान नहीं होता है। शादी के बाद एक बार भेनजी (गुजराती और दिल्ली मुहावरे को मिला कर बनाया गया पत्नी का संबोधन) को आठ पेज की चिट्ठी लिखी थी। पूरे चार कॉलम का मैटर। भेनजी ने लौट कर कहा था कि कहानियां लिखना चाहते हो तो अपने अखबार में लिखा करो। तब मैंने साथ काम करने वाले एक सब-एडीटर को कहा कि देखो प्रेमपत्र का यह हश्र हुआ। उसकी भी हाल ही में शादी हुई थी और वह भी हमारे रज्जु बाबू की तरह बिंबों में बात करता था। उसने उदासी में कहा—अपना भी फर्मा ओके हो कर मशीन पर जा रहा था लेकिन पाई हो गया। उसकी पत्नी को अधूरा गिर गया था। और उसने भी सांत्वना में पत्नी को छह पेज की चिट्ठी लिखी थी। बारीक अक्षरों में बहुत घना लिखा कोई तीन-चार कॉलम का मैटर।

ऐसी स्थितियों में तो लंबी-लंबी चिट्ठियां सभी लिख लेते होंगे। लेकिन लोकहित में सार्वजनिक प्रश्नों पर इतनी सघनता और उत्तेजना से सैकड़ों लोगों का लिखना अपने देश और समाज की चेतना का परिचायक है। कोई आपसे सहमत हो या आप पर गुस्से से तिलमिला रहा हो, वह आपसे संवाद कर रहा है यही सबसे महत्त्व और परितोष की बात है। आखिर अपने लिखने-पढ़ने का यही तो मतलब है कि वह लोगों तक पहुंच रहा है और वे आप तक पहुंचने की कोशिश में हैं। जयपुर के एक सज्जन लंबी-लंबी चिट्ठियां लिख कर अब निराश हो गए हैं। इस हफ्ते उनकी कोई चिट्ठी नहीं आई। लेकिन फरीदाबाद के उस पाठक की बात सुन कर तो मैं दंग ही रह गया। देर से उठ कर अखबार पढ़ने बैठा तो पत्नी ने बताया कि सबेरे-सबेरे फरीदाबाद से किसी का फोन आया कि खबर मिलने के बाद वह रात-भर सो नहीं पाया। उसे विश्वास था कि मैं पहले पेज पर जरूर लिखूंगा। अब पढ़ कर और लिखने वाले को धन्यवाद दे कर वह पाठक सोने गया है। पत्नी ने कहा—यह अच्छा है कि जब संपादक जागे तो पाठक सो जाए।

उस दिन के व्यंग्य का बदला एक पाठक ने अभी पिछले हफ्ते लिया। उसने मेरी पत्नी को

कहा कि वह मुझसे बच कर रहे क्योंकि पेट्रो डॉलर खा कर मैंने धर्म बदल लिया है। मैं मुसलमान हो गया हूं और अब चार शादियां कर सकता हूं। मैं पत्नी को छोड़ दूंगा या कोई और पत्नी भी ले आऊंगा। मुझ जैसे बिके हुए लोगों पर उसे विश्वास नहीं करना चाहिए। अब बेचारी भेनजी को इस देश के नव हिंदुओं का मुसलमानों के प्रति अनुराग समझ नहीं पड़ता। इसलिए उसे मुझी से पूछना पड़ा कि इस फोन का क्या मतलब था। जब उसे समझ आया कि मैं हिंदुओं के खिलाफ इसलिए लिख रहा हूं कि सऊदी अरेबिया से हजारों डॉलर की रिश्वत मिली है और मैं इसलिए मुसलमान हुआ हूं कि तीन शादियां और कर सकूं तो उसे पछतावा होने लगा। 'इतना पूछा था कि भाई तुम्हारा नाम और नंबर क्या है। पर उसने नहीं बताया। बता देता तो पूछती भैया, वे हजारों डॉलर कहां रखे हैं और वे तीन छोटी बइयां कब आने वाली हैं ताकि मैं बैठी राज करूं और वे मेरी और मेरे धर्मभ्रष्ट पति की सेवा करें।' उस दिन से पत्नी टेलीफोन तो उठा लेती है लेकिन खुद हैलो तक नहीं करती। आधे लोग तो थोड़ी देर के बाद बिना बात किए फोन रख देते हैं।

इंडियन एक्सप्रेस के चंडीगढ़ संस्करण का संपादक होते हुए मैंने नई दुनिया में क्रिकेट पर एक सीरिज लिखी थी। तब किसी प्रिय पाठक ने संपादक के नाम एक पत्र लिखा था। राजेंद्र माथुर ने वह मुझे चंडीगढ़ भेजा और पूछा कि जब चंडीगढ़ से दिल्ली के एक्सप्रेस में आ जाओगे तो क्या एक्सप्रेस का कोई पाठक तुम्हें भटिंडा से ऐसी चिट्ठी लिखेगा ? तुम अंग्रेजी में अपना वक्त नाहक बरबाद कर रहे हो। रज्जु बाबू ने सही कहा था। अपनी भाषा में कोई बात जितनी चुभती है उतनी अंग्रेजी में नहीं लगती। और इसलिए सही पत्रकारिता अपनी भाषा में ही हो सकती है और उसी में पाठकों से सच्चा संवाद संभव है। आप बांस का जंगल लगाएं और उलटे उन्हें बरेली भेजते रहें तो क्या फायदा ? इससे तो बेहतर है कि न्यू कासल में कोयला खोदा जाए और करनाल भेजा जाए ताकि किसी की सिगड़ी जल सके। अपनी भाषा में लिखने और लिखे जाने का आनंद ही अलग है। उसी में संवाद की सार्थकता है।

इसलिए गालियों की वे तमाम चिट्ठियां पा कर मैं दुखी नहीं होता। अपने लोग हैं। अपना लिखा पढ़ते हैं। उससे उनके मन पर चोट होती है तो जो मन में आता है लिख भेजते हैं। उसे पढ़ कर आप प्रतिक्रिया में ताता थैया करते फिरें तो आपका क्या बचेगा और क्या बनेगा ? लेकिन जैसा कि गालियां देते वक्त होता है, देने या लिखने वाले को अंदाज नहीं रहता कि वह क्या कह रहा है। जैसे यह कि आपको अर्जुनसिंह ने खरीद लिया है। जैसे यह कि आप भी प्रधानमंत्री के तलुवे चाटने लगे हो। जैसे यह कि आपको भी सत्ता के टुकड़ों का लालच हो गया है। क्या वे आपको राज्यसभा में भेज देंगे ? मंत्री बना देंगे ? फिर क्यों जमीर बेचकर हिंदुओं के खिलाफ लिख रहे हो ? सेकुलर बनने की कोशिश करने पर धिक्कार है। ये मुसलमान आपको राष्ट्रपति नहीं बना देंगे। ऐसा लिखने वाले कृपालु माई-बाप को आप सहन भी कर सकते हैं क्योंकि आप जानते हैं कि आपके बारे में वे कुछ नहीं जानते। लेकिन उन भाजपा सांसद मित्र का क्या करेंगे जो अपने लिखे का कारण शायद यह मानते हैं कि उनकी पार्टी ने भी ज्यादती की है—प्रभाष जोशी को राज्यसभा में क्यों नहीं भेजा। या भाजपा के उन शीर्षस्थ नेता को क्या कहेंगे जिन्होंने अपने चारों मुख्यमंत्रियों से पूछा था कि कहीं ऐसा कुछ तो नहीं हुआ कि मैंने कोई काम कहा हो और उनने किया न हो और इस कारण मैं नाराज हो गया हूं।

मैं अपने से आजकल अकसर पूछता हूं कि लोग ऐसा क्यों मानते हैं कि कोई पैसा ले कर लाइन बदल लेगा ? या राज्यसभा और मंत्री पद का लालच किसी को अपने मूल्य, सिद्धांत और विश्वास को बदलने के लिए काफी होगा ? या लिखने का अपने काम होने न होने से सीधा संबंध है। जो अपना काम कर के अहसान करेगा उसकी तारीफ में लिखेंगे। और जो काम नहीं करेगा उससे नाराज हो कर उसके खिलाफ लिखने लगेंगे। क्या लिखना किसी से काम करवाने का माध्यम

है ? या लिखना किसी से हिसाब बराबर करने या बदला लेने का औजार है ? अखबार अगर अपने निजी हित साधने का हथियार भी हो तो क्या उसमें लिखना सिर्फ अपना हित-साधन करना है ? अखबार में आने के बहुत पहले यानी बचपन से मुझे लगता रहा कि लिखना अपने को अभिव्यक्त करने के लिए है। एक पेज अच्छा लिख कर जो राहत मिलती है और जो आनंद आता है वह और किसी कार्य या प्राप्ति से आ ही नहीं सकता। आपका लिखा पढ़ कर कोई ऊल-चूल न हो जाए तो लिखने की जरूरत क्या है ? मैं बचपन से मानता हूं कि लिखने का एक ही—प्रथम और अंतिम प्रयोजन हो सकता है कि जो पढ़े वह आपमें और आप उसमें लीन हो जाएं। इसमें पैसा, पद, सुरक्षा, कीर्ति और मद कहां से आ गया ? इन सबके लिए उसमें गुंजाइश और अवकाश कहां है ?

मत मानिए कि लिखने की यह कोई आदर्श और जग दिखाऊ अवस्था है। और अपन चने के झाड़ पर चढ़े अपने को सातवें आसमान में पा रहे हैं और अपने को फरिश्ते की तरह उड़ते हुए दिखा कर इतरा रहे हैं। अखबारों में काम करते और कलम घसीटते कम-से-कम बत्तीस साल हो गए हैं। इसके पहले भी आठ साल अपने ही लिए कागज कारे करते रहे और मां-बाप और मास्टरों की झिड़कियां और घुड़कियां खाते रहे। लेकिन लिखने को कभी तीसमारखाई नहीं माना और यह भी नहीं लगा कि इससे अपना इहलोक साधा जा सकता है। इसी दुनिया में हर आदमी का अपना एक परलोक भी होता है जिसे वह सपने में फंतासी से या लिखने जैसा कोई सर्जनात्मक काम कर के साधता रहता है।

अपने लिए लिखना वह साधन है जिससे परलोक सधता है और अखबार निकालना वह काम जिससे इहलोक चलता है। अच्छा अखबार निकालो और लिखो नहीं भी तो संपादकी कोई कम नहीं हो जाती। लंदन टाइम्स या गार्डियन जैसे अखबारों के कई गुणी संपादक हुए हैं जो महीने में चार संपादकीय भी लिख देते तो काफी माना जाता था। वे अपना असली काम संवाददाताओं से ठीक खबरें करवाना, डेस्क से ठीक अखबार बनवाना, संपादकीय लेखकों से संपादकीय लिखवाना, टिप्पणीकारों से अग्रलेख लिखवाना और मालिक के साथ बैठ कर नीति बनाना और उसके अनुसार अखबार चलाना मानते रहे। यानी इस तरह संपादकी की जाए तो लिखने से जो-जो भी पाने और करने की कल्पनाएं बेचारे पाठक करते हैं वे सब बेकार लगेंगी। इसलिए भी लिखना मुझे परमार्थ का और परलोक साधन का माध्यम लगता है। लोग इसमें कई तरह के छल, फरेब, लालच, स्वार्थ साधन और निपट अवसरवादिता देखें तो आप उनका क्या कर लेंगे ? और क्यों कर लेंगे ? अखबार में लिखना अगर गुण-दोष पर व्यक्तियों, घटनाओं, पार्टियों और संगठनों को परखना है तो आप किसी नेता, पार्टी या लाइन के वफादार बोलकार नहीं हो सकते।

फिर चिट्ठियां लिखने वाले और दफ्तर में आ कर बताने वाले यह उपकार भी कर जाते हैं कि आप तो अपने एयरकंडीशंड दफ्तर में बैठते हैं और उन्हीं लोगों से मिलते-जुलते हैं जो बुद्धिजीवी किस्म के हैं। यानी आप आम लोगों से कटे हुए हैं। उनकी भावनाएं और विचार नहीं जानते हैं। और आपको मैदानी वास्तविकताओं का अंदाज नहीं है। सुनता हूं कि मुंह में चुरट लगा कर साहबी के साथ टाइम्स ऑफ इंडिया की संपादकी करने और उस दौरान हर सरकार के साथ रहने वाले हमारे बुजुर्ग मित्र गिरिलाल जैन भी कहते हैं कि दक्षिण दिल्ली में रहने वाले पश्चिम परस्त उदार हिंदू जानते नहीं कि आम हिंदुओं की क्या भावना है। उनकी जानकारी है कि उनकी तरह तमाम हिंदू लोग बाबरी मस्जिद का ढांचा गिराए जाने से प्रसन्न और संतुष्ट हैं और उनके मन में शर्म और दुख का कोई अहसास नहीं है। सारे हिंदू सत्ता की कवायद और मशक्कत में आगे आ रहे हैं और अचानक अपनी हिंदू पहचान को अपने सत्तारूढ़ होने का अधिकार मानने लगे हैं। गिरिलाल जैन नए-नए हिंदू हैं इसलिए जरा ज्यादा ही जय श्रीराम करने लगे हैं। लेकिन उन्हीं की दक्षिण दिल्ली में शानदार कोठी है और वही अंग्रेजी के जरिए हिंदू माइंड और हिंदू साइकी को समझ रहे हैं।

अपन तो मिट्टी में खेले, टाटपट्टी के स्कूल में पढ़े, मोगरी का बैट बनाया, चिथड़े की गेंद सी, छुपकर कमेंटरी सुनी, गांधी का लिखा पढ़ा, विनोबा ने बिगाड़ कर गांव में भेज दिया और तब से पांव पर शनि महाराज होने के कारण लगातार घूम ही रहे हैं। इतनी घुमक्कड़ी और तरह-तरह के लोगों के साथ देश-भर में उठना-बैठना कर के अगर अपने को लोग क्या महसूस करते हैं और क्या सोचते हैं इसका अंदाज तक नहीं है तो सचमुच अपना भगवान ही मालिक है। मां जब किसी को बता-बता कर तंग आ जाती थी और फिर भी उसे समझ नहीं पड़ता तो बाबा तुलसीदास की लाइन सुना देती—मूरख हृदय न चेत जदपि गुरु मिले विरंची सम। अपन हो न हो ऐसे ही मूरख हृदय हैं कि हिंदू समाज कितना बदल गया है इसका अहसास ही नहीं है। शायद साहिर लुधियानवी किसी रेलगाड़ी के फर्स्ट क्लास के डिब्बे में बैठ गए थे और उन्हें देख कर सामने वाली महिला ने कहा था कि कैसे-कैसे जंगली और जाहिल लोग फर्स्ट क्लास में बैठ जाते हैं। बाद में साहिर ने एक नज्म लिखी थी—मगर ए नेक मादाम / आप जब कहती हैं तो ठीक ही कहती होंगी / मेरे अहबाब ने तहजीब न सीखी होगी / मैं जहां हूं वहां इंसान न रहते होंगे /—हो सकता है कि पूर्वी दिल्ली में रहते हुए भी मैं हिंदुओं में नहीं रहता हूं। मेरे दोस्तों में कोई हिंदू संस्कार नहीं होगा। मुझे धर्म, संस्कृति, परंपरा और हिंदुओं के इतिहास का कोई बोध नहीं होगा। रामजी, उनके भक्तजी कारसेवकजी और स्वयंसेवकजी, मेरे अवगुन चित न धरो।

3.1.1993

हिंदू होने का धर्म

हिंदू-विरोधी बताया जाना तो कोई इतना बड़ा लांछन नहीं है। पिछले छह महीनों में मुझे मुल्ला, मीर जाफर, जयचंद आदि कहा गया है। कहा गया है कि मेरी नसों में किसी मुसलमान बांदी का खून दौड़ रहा है। कई लोगों ने मेरी मां और मेरे पिता के बारे में सवाल उठाए हैं। कुछ लोगों का विश्वास है कि मैं अपने को सेकुलर और बुद्धिजीवी साबित करने के लिए राम मंदिर आंदोलन के खिलाफ विष वमन कर रहा हूं। बाकी के लोगों का मानना है कि सत्ता के तलुवे चाट कर मैं पैसा और पद पाना चाहता हूं। इनमें से कुछ ज्यादा जानकार लोगों को मालूम हो गया है कि सऊदी अरब से हजारों पेट्रो डॉलर पाने और तीन और शादियां कर सकने की छूट के लिए मैं मुसलमान हो गया हूं !

जैसे यह सब काफी नहीं है इसलिए कलकत्ता के एक 'शुद्ध' हिंदू ने मांग की है कि सलमान रश्दी की तरह मुझे मार दिए जाने का फरमान क्यों नहीं जारी कर दिया जाए। और मुंबई के बजरंग दल ने तो बाकायदा अपने लेटर हेड पर बयान में कहा ही था कि मुझे कुत्ते की मौत मार दिया जाना चाहिए। वह बयान जनसत्ता के मुंबई संस्करण के पहले पेज पर हमने छापा है। हिंदू समाज में जात से निकाल बाहर करने का तो चलन है लेकिन धर्म से किसी को निकालने का अधिकार किसी शंकराचार्य को भी नहीं क्योंकि किसी हिंदू को कोई स्वामी, संत, महंत या शंकराचार्य दीक्षित नहीं करता। इसलिए ये सब चाहें भी तो मुझे धर्म से बाहर नहीं कर सकते।

भारत के भूतपूर्व मुख्य न्यायाधीश न्यायमूर्ति रंगनाथ मिश्र ने मुझे कटक में कहा कि इन सब चिट्ठियों, टेलीफोनों और मुंह सामने दी गई चेतावनियों से चिंतित होने की जरूरत नहीं है, आप अच्छी कंपनी में हैं। उनके मुख्य न्यायाधीश रहते हुए ही सर्वोच्च न्यायालय ने मुकदमे का फैसला होने तक मंदिर निर्माण पर रोक लगाई थी। तभी से उनके भी हिंदू होने पर प्रश्न चिह्न लगाया जा रहा है और ऐसी ही गालियों की चिट्ठियां उन्हें मिल रही हैं। मुझे विश्वास करना मुश्किल हो रहा था कि राम का मंदिर बनाने वाले हिंदू ऐसी हीन और कायर मानसिकता के लोग हो सकते हैं। लेकिन छह महीनों में मिली चिट्ठियों और इस दौरान हुई बातचीत से अब मैं पूरी तरह आश्वस्त हूं कि 'यह हिंदू भावनाओं का विस्फोट है।'

राष्ट्रीय स्वयंसेवक संघ, भारतीय जनता पार्टी और विश्व हिंदू परिषद के मेरे वयोवृद्ध और आदरणीय मित्र कहते हैं कि नहीं यह संघ परिवारियों का काम नहीं हो सकता। लेकिन ऐसा ही तो वे छह दिसंबर को बाबरी मस्जिद के ढांचे को ढहाए जाने के बारे में कहते हैं। लेकिन उसे दुर्भाग्यपूर्ण और निंदनीय कहने के बावजूद अपरिहार्य और 'हिंदू विजय दिवस' भी मानते हैं। भाजपा नेता कहते हैं कि यह उनकी पार्टी के लोगों का काम नहीं है लेकिन इसे पूरी तरह भुना कर दिल्ली की सत्ता पर काबिज होने के मंसूबे भी बांध रहे हैं। मुझे यह मानने में कोई हिचक नहीं है कि संघ परिवार के नेता कहीं-न-कहीं मानते हैं कि इन चिट्ठियों और चेतावनियों से मैं चुप और बदनाम किया जा सकूं तो हकरत क्या है। जैसे हिंदू भावनाओं के विस्फोट से बाबरी मस्जिद का ढांचा ढह गया वैसे ही एक लेखक-संपादक ठंडा हो जाए तो क्या खराबी है ? संघ परिवार के नेताओं की

मानसिकता के इन संकीर्ण और निर्मम तत्त्वों को मैं जानता हूं इसलिए उनसे न मुझे कोई शिकायत है, न उनके प्रति कोई कटुता।

मैं हिंदू हूं और आत्मा के अमरत्व में विश्वास करता हूं। पुनर्जन्म और कर्मफल में भी मेरा विश्वास है। मेरा धर्म ही मुझे शक्ति देता है कि अधर्म से निपट सकूं। प्रतिक्रिया और प्रतिशोध की कायर हिंसा के बल पर नहीं, अपनी आस्था, अपने विचार, अपनी अहिंसा और अपने धर्म की अक्षुण्ण शक्ति पर। मैं हिंदू हूं क्योंकि हिंदू जन्मा हूं। हिंदू जन्मने पर मेरा कोई अधिकार नहीं था। जैसे चाहने पर भी मेरे माता-पिता मेरे उनके पुत्र होने के सच को नकार कर अनहुआ नहीं कर सकते उसी तरह मैं भी इनकार नहीं कर सकता कि मैं हिंदू हूं। लेकिन मान लीजिए कि हिंदू धर्म में भी दीक्षित कर के लिए जाने या भर्त्सना कर के निकाले जाने की व्यवस्था होती तो या कोई स्वेच्छा से धर्म को छोड़ या अपना सकता होता तो भी मैं हिंदू धर्म से निकाले जाने का विरोध करता और मनसा, वाचा, कर्मणा और स्वतंत्र बुद्धि-विवेक से हिंदू बने रहने का स्वैच्छिक निर्णय लेता।

इसलिए कि हिंदू होना अपने और अपने भगवान के बीच सीधा संबंध रखना है। मुझे किसी पोप, आर्कबिशप या फादर के जरिए उस तक नहीं पहुंचना है। मुझे किसी मुल्ला या मौलवी का फतवा नहीं लेना है। मैं किसी महंत या शंकराचार्य के अधीन नहीं हूं। मेरा धर्म मुझे पूरी स्वतंत्रता देता है कि मैं अपना आराध्य, अपनी पूजा या साधना पद्धति और अपनी जीवन शैली अपनी आस्था के अनुसार चुन और तय कर सकूं, जरूरी नहीं है कि चोटी रखूं, जनेऊ पहनूं, धोती-कुर्ता या अंगवस्त्र धारण करूं, रोज संध्या-वंदन करूं या सुबह-शाम मंदिर जाऊं, पूजा करूं, आरती उतारूं या तीर्थों में जा कर पवित्र नदियों में स्नान करूं। यह धार्मिक स्वतंत्रता ही मुझे पंथनिरपेक्ष और लोकतांत्रिक होने का जन्मजात संस्कार देती है।

इसका दर्शन मुझे हर परिस्थिति का खुल कर सामना करने और अपना समाधान खुद निकालने की स्वतंत्रता और क्षमता देता है। दूसरे धर्म जो बंधन लगाते हैं वैसा कोई बंधन मेरा धर्म नहीं लगाता इसलिए हिंदू हो कर जितना स्वतंत्र मैं रह सकता हूं उतना किसी भी धर्म में नहीं रह पाता। मेरा धर्म मुझे काल और परिस्थिति के दबावों से भी मुक्त करता है क्योंकि काल को वह सदा घूमता चक्र और अनादि अनंत मानता है क्योंकि वह आत्मा को अच्छेद्य, अक्लेद्य और अशोष्य मानता है क्योंकि आत्मा को वह नित्य, सर्वव्यापक, अविकारी, स्थिर और सनातन मानता है। यह धर्म मुझे जन्म और मृत्यु के परे ले जाता है। दूसरा कोई दर्शन नहीं है जो मुझे ऐसी मुक्ति दे सके। मेरे लिए जरूरी नहीं कि वेदों में ही विश्वास करूं। अगर यह धर्म अनेकतावादी नहीं होता तो इसमें एक ही वेद होता, चार नहीं। मेरे लिए जरूरी नहीं कि मैं उपनिषद को ही अपना ग्रंथ मान लूं। उपनिषद भी एक नहीं एक सौ आठ हैं। महापुराण भी अठारह हैं। गीता को भी बाइबिल, कुरान या गुरुग्रंथ साहिब की तरह अपने धर्म की पहली और अंतिम पुस्तक मानना अनिवार्य नहीं है। गीता महाभारत में है, और उसके कई श्लोक उपनिषदों में हैं। कई पुराण हैं। धर्मशास्त्र हैं। लेकिन इन सबको ताक पर रख कर सगुण या निर्गुण भक्ति की भी लंबी और अनंत जीवनदायी परंपरा है। भक्तों ने गुरु का होना अनिवार्य माना। लेकिन गुरु को सब कुछ मानने वाले कबीर ने भी कह दिया कि गुरु की करनी गुरु जाएगा, चेले की करनी चेला। यानी अंतिम गणित और घड़ी में गुरु भी आपको बचा नहीं सकता। उसकी करनी वह भुगतेगा और तेरी करनी तू। इसलिए अंतिम सत्य तेरी करनी है और उसका फल तुझे भुगतना है। अपनी करनी के फल से कोई निस्तार नहीं है। इस जन्म में नहीं तो अगले में भुगतना होगा।

करनी के फल से मेरे धर्म ने भगवान के किसी अवतार को भी नहीं छोड़ा। ईश्वर तो कर्म-अकर्म से परे है इसलिए कर्मफल से परे है। लेकिन ईश्वर के हर अवतार को अपने किए का फल भुगतना

पड़ा। ब्रह्मा ने यह सृष्टि ही रची है। लेकिन वे अपनी पुत्री सरस्वती पर आसक्त हो गए थे इसलिए पुष्कर को छोड़ कर कहीं उनका मंदिर नहीं और वे पूजे नहीं जाते। उन्हें अपनी बेटी का ही शाप है। मर्यादा पुरुषोत्तम राम ने हर मर्यादा का पालन किया और सभी धर्मसम्मत कार्य किए। लेकिन उनने भी बालि-सुग्रीव के युद्ध में जो छल किया और सीता को वनवास देने का अन्याय किया उसका फल उन्हें अपने ही बालक पुत्रों से पराजित हो कर भुगतना पड़ा और सीता ने तो धरती में समा जाना पसंद किया लेकिन उस पति के साथ वापस नहीं गई जिसने उन्हें अकारण निकाला था। कृष्ण पूर्णावतार माने जाते हैं लेकिन गांधारी के शाप से उनके बावजूद और उनकी आंखों के सामने उनका यदुवंश नष्ट हुआ। धनुर्धारी अर्जुन कृष्ण की एक हजार आठ रानियों को डाकुओं और गुंडों से नहीं बचा सके और एक मामूली बहेलिए ने उन्हें तीर मार कर परमधाम पहुंचा दिया। शिवजी को अपने ही ससुर से अपमानित होने और चंडी हुई सती को छाती पर सहना पड़ा। ब्रह्मा, विष्णु और महेश ही जब अपनी करनी के फल से बच नहीं सके तो बाकी के तैंतीस करोड़ देवताओं को तो लगभग वही सब भुगतना पड़ा है जो मामूली मनुष्य भुगतते हैं। ऐसा ब्रह्मांडीय न्याय किसी भी धर्म में नहीं है और उससे ईश्वर के अवतार भी बच नहीं सकते। कानून के राज की आधुनिक अवधारणा इस न्याय के सामने छोटी है क्योंकि यहां तो भगवान भी मनुष्य की तरह बराबर हैं।

कुछ मुसलमानों के कारण और ज्यादातर अंग्रेजों के कारण सिंध और पंजाब में अल्पसंख्यक रहे हिंदू और महाराष्ट्र में सशक्त समाज सुधार आंदोलनों की प्रतिक्रिया में पुरानपंथी हुए हिंदू, पांच हजार साल की सर्वग्राही, उदार और सहिष्णु धर्म परंपरा और महाभारत से निकली अहिंसा को मुसलमानों और अंग्रेजों से पराजित होने का कारण मानते हैं। इनकी यह भी धारणा है कि हिंदू कायर है क्योंकि वह उदार, सहिष्णु, सर्वग्राही और अहिंसक है। वह वीर तभी बनेगा जब हिंसक, संकीर्ण, असहिष्णु, धूर्त और चालाक हो जाएगा। ऐसा वह संगठित हुए बिना नहीं कर सकता इसलिए राष्ट्रीय स्वयंसेवक संघ का सारा जोर संगठन पर है।

सिंध और पंजाब में अल्पसंख्यक रहे हिंदू इस्लाम और सिख जैसे सामी संगठित धर्म की प्रतिक्रिया में अल्पसंख्यक मानसिकता के साथ जीते रहे हैं। वे लगभग उसी तरह प्रतिक्रिया करते हैं जैसे भारत के अल्पसंख्यक मुसलमान और सिख। यह संयोग नहीं है कि इस्लाम की प्रतिक्रिया में हिंदू धर्म को सरल, एकनिष्ठ और संगठित बनाने की पहली आधुनिक कोशिश में दयानंद सरस्वती का आर्य समाज आंदोलन पंजाब में ही थोड़ी बहुत जड़ पकड़ पाया। इसकी प्रतिक्रिया में वे सिख हिंदू कुल से बाहर हो गए जो दरअसल एक पंथ के नाते ही विकसित हुए थे और गुरु गोविंदसिंह ने जिनका सैन्यकरण किया था। सिंध और पंजाब के अल्पसंख्यक प्रतिक्रियावादी मानसिकता वाले हिंदू ही विभाजन के शिकार हुए। सांप्रदायिक राजनीति को जितना उनने भोगा है उतना शायद ही किसी और इलाके के हिंदुओं ने। लेकिन इससे उन्हें सांप्रदायिक राजनीति से वितृष्णा नहीं हुई। इसके शिकार हो कर उनकी मानसिकता में बैठ गया कि हिंदू के नाते संगठित हो कर ही वे अपनी रक्षा कर सकते हैं। आत्मरक्षा में उपजी संगठन की उनकी चाह को राष्ट्रीय स्वयंसेवक संघ की संगठन-प्रियता में आश्रय मिला। संघ महाराष्ट्र के सुधारवादी आंदोलन की प्रतिक्रिया में खड़ा हुआ एक हिंदू अल्पसंख्यक संगठन है। वह भारत के बारे में अंग्रेजों की अवधारणाओं को स्वीकार करता है। उसका हिंदू राष्ट्र वही है जिस अर्थ में अंग्रेज हिंदुओं को राष्ट्र और मुसलमानों को उनसे अलग राष्ट्र मानते थे। धार्मिक-सांप्रदायिक रूप से हमेशा असंगठित रहे और सभी को स्वीकार करते रहने वाले विराट हिंदू समाज में राष्ट्रीय स्वयंसेवक संघ की हैसियत एक अल्पसंख्यक संगठन की ही हो सकती थी और है।

पंजाब और सिंध के अलावा बंगाल के भी एक भाग में हिंदू अल्पसंख्यक रहे हैं लेकिन बाकी के देश में ऐसी बहुसंख्यकता में रहे और हैं कि उनमें एक सहज आत्मविश्वास है। बहुसंख्यक समाज अपने आपमें अपने को अलग से परिभाषित नहीं करता क्योंकि जहां वह है, वही है। ऐसी अलग पहचान अल्पसंख्यक समुदायों को बनानी होती है क्योंकि वे अपने से अलग लोगों से घिरे होते हैं। ऐसी पहचान सिंध और पंजाब में हिंदुओं को बनानी पड़ी थी। सिखों को भी बनानी पड़ी। और बाकी भारत में मुसलमानों को बनानी पड़ी और लगातार पड़ रही है। पहचान की यह लगातार कोशिश आपको वही बना देती है जिसके खिलाफ आप लगातार लड़ते रहते हैं। भारत का मुसलमान और सिख समाज अगर अपने को विराट हिंदू समाज में विलीन हो जाने से बचाना चाहे तो उसे उनसे भिन्न दिखना होगा और लगातार उनसे प्रतिक्रिया में रहना होगा। पहचान कहिए या अस्मिता कहिए—उसकी तलाश में भारत का मुसलमान और सिख समाज कितना बंद हुआ है, रक्षा के लिए उसने अपने आसपास कितने परकोटे बना लिए हैं और किस तरह के कठमुल्ले कट्टरपंथी और संकीर्ण नेतृत्व के हाथों अपने को सौंप चुका है—इसे नए सिरे से बताने की जरूरत नहीं है।

दुर्भाग्य यह है कि सिंध और पंजाब से अल्पसंख्यकता की मानसिकता ले कर भारत आए लोग विराट बहुसंख्यक हिंदू समाज में आर्थिक रूप से फलने-फूलने के बावजूद बहुसंख्यकता का सहज आत्मविश्वास और उसमें निहित सुरक्षा का अहसास नहीं कर पाए। उन्हें राष्ट्रीय स्वयंसेवक संघ की संगठन प्रियता में ही थोड़ी आश्वस्ति मिल पाई। इन तीनों के घालमेल से कांग्रेस और वामपंथी पार्टियों की धर्मनिरपेक्षता और धर्म-विरोध की प्रतिक्रिया में उठ कर खड़ा हुआ है यह आक्रामक हिंदुत्व जो हमारी सर्वग्राही, उदार, सहिष्णु और अहिंसक परंपरा को गलत मानता है। जिस तरह इस्लाम और खास कर भारत के मुसलमान और सिख समाज में अपने धर्म के लोगों के खिलाफ लिखना-बोलना धर्म के विरुद्ध माना जाता है, वैसा ही यह हिंदुत्व हिंदू धर्म के नाम पर किए जा रहे किसी काम को स्वतंत्र बुद्धि-विवेक से परखने और उसकी आलोचना करने को हिंदू-विरोधी बताता है। इसे अपने धर्म और समाज की उस परंपरा से कोई लगाव नहीं है जिसमें अनीश्वरवादी चार्वाक और संगठित कर्मकांडी धर्मतंत्र के खिलाफ आंदोलन चलाने वाले भक्त कवियों के लिए भी आदर की जगह है। जिसमें अलग धर्म चलाने वाले गौतम बुद्ध और महावीर को भी अपने अवतारों में शामिल कर लिया और जो फोड़ कर लड़ाया नहीं जाता तो पैगंबर मोहम्मद और ईसा मसीह को भी अपने अवतारों में शामिल कर लेता।

हिंदुत्व या छद्‌म हिंदुत्व पांच हजार साल की इस परंपरा की पूजा में तो आरती उतारता है लेकिन व्यवहार में उसे रद्‌द करता है। स्वामी विवेकानंद ने कहा था कि धर्म का मर्म सिद्धांतों में नहीं व्यवहार में है। शुभ होना और शुभ करना ही धर्म का पूर्ण सार है। हिंदुत्व के लिए हमारी धर्म परंपरा और सिद्धांत व्यवहार के योग्य नहीं हैं क्योंकि वे हमें इस्लामी विदेशी आक्रांताओं और अंग्रेजों की गुलामी से नहीं बचा सके। हिंदुत्व का संदेश है कि उदार, सहिष्णु, अहिंसक और सर्वग्राही होने का कोई लाभ नहीं क्योंकि इससे हम कायर हो कर पराजित हुए हैं। अपनी पराजय का बदला हम तभी ले सकते हैं जब कायरता लाने वाली सहिष्णुता, उदारता, सर्वग्राहिता और अहिंसा को तिलांजलि दें। हिंदू के नाते संगठित हों और इतना बाहुबल और सैन्यबल इकट्ठा करें कि सारी दुनिया में हमारी ताकत की तूती बोले। हमारे साम्राज्यों और धर्म और समाज परंपराओं का इतिहास हिंदुत्व के साथ नहीं है। इसलिए उसमें से ये कुछ प्रतीक और कालखंड निकाल लेते हैं। और उन्हें पूरे हिंदू परदे पर प्रक्षेपित करते हैं। वे जानते हैं कि पूरा हिंदू समाज अपनी संपूर्णता में इसे स्वीकार नहीं करेगा, इसलिए इसकी आलोचना और विरोध करने वालों को ही वे हिंदू-विरोधी अहिंदू या मुसलमान करार देते हैं। हिंदुत्व की यह प्रतिक्रियावादी तेजाबी धारा धर्म की कालजयी गंगा को भी कुछ हद तक प्रभावित करती दिख रही है। लेकिन किनारे से आई एक पतली नदी मुख्यधारा को

किस हद तक बदल पाती है ?

हिंदू-विरोधी जयचंद, मीर जाफर, मुल्ला और सेकुलरवादी मैं इसलिए हो गया कि जुलाई में अयोध्या में जिस परिस्थिति में कार सेवा हुई उसकी मैंने आलोचना की। उत्तर प्रदेश में भाजपा की सरकार थी। सरकार संविधान के अनुसार तय की गई लोकतांत्रिक व्यवस्था से चुनी गई थी। उसने अयोध्या में मंदिर निर्माण को अपना जनादेश कहा था। लेकिन जनादेश को वह संवैधानिक लोकतांत्रिक तरीके से पूरा करने के बजाय झूठ और धोखाधड़ी से पूरा करने में लगी थी। उसने बाबरी मस्जिद के ढांचे के सामने 2.77 एकड़ भूमि का अधिग्रहण पर्यटन के विकास और तीर्थयात्रियों को सुविधाएं देने के नाम पर किया लेकिन भूमि दरअसल मंदिर बनाने के लिए ली गई थी। उस पर कोई स्थायी निर्माण न करने, अंतिम फैसला होने तक उसे यथावत रखने और किसी को भी हस्तांतरित न करने का आदेश अदालत ने दिया था। फिर भी वहां विहिप और उसके बनाए ट्रस्ट ने कार सेवा शुरू कर दी। कार सेवा रोकी गई तो संतों-महंतों ने खून की नदियां बहा देने की चेतावनी दी और संघ परिवार के सदस्य अलग-अलग मुखौटों से अलग-अलग स्वर में बोल कर न्यायालय के आदेश और संविधान के उल्लंघन का औचित्य बताते रहे। सात दिन यह सब चलता रहा तब मैंने पूछा—झूठ और धोखाधड़ी पर बनेगा मर्यादा के पुरुषोत्तम राम का मंदिर ?

उस लेख में मैंने जो भी कहा था वह इलाहाबाद हाईकोर्ट की विशेष लखनऊ पीठ के तीनों न्यायमूर्तियों के सर्वसम्मत निर्णय से पुष्ट हो गया है। इस विशेष पीठ ने भूमि अधिग्रहण के आदेश को खोटी नीयत और धोखाधड़ी का आदेश करार दे कर रद्द किया है। विशेष पीठ ने कहा है कि किसी भी पार्टी का चुनाव घोषणा पत्र और उसे मिला जनादेश लोकतंत्र और संविधान से ऊपर नहीं होता। संविधान-सम्मत जो जनादेश नहीं है वह लोकतांत्रिक भी नहीं है। भाजपा सरकार ने राम मंदिर बनाने के लिए मुसलमानों और हिंदुओं के बीच हिंदुओं के हित में भेदभाव किया है और इसलिए संविधान के अनुच्छेद 14, 15-25 और 26 का उल्लंघन किया है क्योंकि राज्य को मुकदमे के मामले में तटस्थ और निष्पक्ष रहना होता है। संघ परिवार के लिए इस विशेष पीठ के निर्णय का कोई मतलब भले ही न हो और परिवार के संतों ने संविधान को हिंदू-विरोधी और गुलामी का दस्तावेज बता कर बदल देने का आह्वान किया हो लेकिन देश अभी संविधान और इसकी बनाई लोकतांत्रिक व्यवस्था में विश्वास करता है। इसलिए विशेष पीठ के निर्णय का महत्त्व है। झूठ और धोखाधड़ी करने की आलोचना मैंने कोई गलत नहीं की थी। मैंने अशोक सिंघल और विनय कटियार को हिंदू समाज के भिंडरांवाले संप्रदाय के लोग कहा था। छह दिसंबर को अयोध्या में बाबरी मस्जिद का ढहाया जाना भिंडरांवाले संप्रदाय का नहीं तो किसका काम था ?

लेकिन न्यायालय और बाद की घटनाओं से अपना लिखा सही साबित हुआ भी हो तो यह कोई संतोष का विषय नहीं हो सकता। लोक आस्था में जन्मभूमि वही है इसलिए है—जैसी बात करने वाले यह नहीं मानते कि आप अपनी आस्था के कारण उनके अपकर्म की आलोचना करते हैं। वे आपको आस्थावान नहीं बिकाऊ माल मानते हैं क्योंकि आप उनके किसी कर्म की आलोचना करते हैं और उसमें उनके साथ नहीं हैं। इन आस्थावान रामभक्तों को मालूम नहीं कि हिंदू धर्म और समाज परंपरा में अपनी चेतना और सत्य पर टिके रहने का क्या मतलब है। किसी व्यक्ति को कुल के लिए, कुल को गांव के लिए, गांव को जनपद के लिए छोड़ा जा सकता है लेकिन आत्मा के लिए तो पृथ्वी को भी छोड़ देना चाहिए। आप काफी सोच-समझ कर इस निष्कर्ष पर पहुंचे कि जो हो रहा है वह गलत है तो उसे गलत कहना चाहिए और ऐसा करने की कीमत चुकाना चाहिए। यही हिंदू परंपरा है।

वे कहते हैं कि ऐसा करोगे तो हिंदू नहीं रहोगे और हिंदू धर्म और समाज को नुकसान पहुंचाओगे क्योंकि आलोचना से इस देश के मुसलमानों को और इसलिए पाकिस्तान को मदद मिलती

है इसलिए यह विभीषणी, जयचंदी और मीर जाफरी काम है। वे हिंदू धर्म को एक सांप्रदायिक संगठन में समेट देना चाहते हैं और खुद उसके प्रवक्ता और रक्षक हो जाना चाहते हैं। इसलिए संघ परिवार के नेता हों या उनके समर्थक तथाकथित साधु-संत, सब कहते हैं कि यह हिंदुओं को बरदाश्त नहीं होगा और जो हिंदुओं को मान्य नहीं है वह इस देश में नहीं चल सकता। इन लोगों का यह हिंदुत्व भारतीय मुसलमानों के इस्लाम और सिखों के पंथ का हिंदू संस्करण है। सारे हिंदुओं की तरफ से बोलने वाले साधुओं, संतों, महंतों, स्वामियों और हिंदूनिष्ठ संगठनों और पार्टी के नेताओं को आदि शंकराचार्य का उदाहरण बताना जरूरी है क्योंकि उन्हें तो अहिंदू ये नहीं कह सकते।

आदि शंकराचार्य तो और किसी विद्वान, यति या संत की तरह अपने अद्वैत का प्रचार करने नहीं निकले थे। वे बौद्ध और जैन मत के सामने वैदिक सनातन धर्म की पुनर्स्थापना करने निकले थे। केरल के कालड़ी गांव से बचपन में ही अकेले निकले। उनके साथ दो लाख कारसेवक नहीं थे जिन्हें बौद्ध स्तूपों और जैन मंदिरों को धराशायी करना था। उनके साथ उनका धर्म था जिसे उनने अपने ज्ञान और तप से स्थापित किया। शंकराचार्य ने चार पीठों की स्थापना की लेकिन यह नहीं कहा कि यह पीठ उस पीठ से ऊंची या बड़ी है। उनने चार शंकराचार्य बैठाए लेकिन किसी एक के अधीन तीन को नहीं किया। किसी भी शंकराचार्य को अधिकार नहीं दिया कि वे अपने धाम के लोगों के लिए धर्मादेश निकाल सकें। यह भी व्यवस्था नहीं की कि चारों शंकराचार्य मिल कर धर्मादेश दें जो सभी हिंदुओं के लिए बाध्य हों क्योंकि शंकराचार्य चार वेदों, एक सौ आठ उपनिषदों, अठारह महापुराणों, रामायण और महाभारत जैसे इतिहासों और अनेक धर्मशास्त्रों वाले धर्म के सेवक थे। एक ईश्वर तो उनने कहा, अद्वैत की ही स्थापना की लेकिन एक सर्वोच्च धर्मग्रंथ, एक सर्वोच्च और सर्वसत्तासंपन्न धर्माचार्य और उपासना की एक ही सर्वमान्य पद्धति की स्थापना नहीं की। अपने धर्म और समाज की परंपरा में ही शंकराचार्य ने वैदिक सनातन धर्म को देखा। संघ परिवार के सारे धर्माचार्य आदि शंकराचार्य से तो बड़े नहीं हैं। उन्हें किसने अधिकृत किया कि वे हिंदुओं की तरफ से बोलें और ऐसे काम करने को खड़े हो जाएं जो आदि शंकराचार्य ने भी नहीं किए न जिन्हें करने का अधिकार किसी शंकराचार्य को दिया ? अशोक सिंघल, विनय कटियार, स्वामी चिन्मयानंद, मुरली मनोहर जोशी और लालकृष्ण आडवाणी को वह एकाधिकार नहीं मिल सकता जो इस धर्म और समाज ने किसी को नहीं दिया।

लेकिन पिछले छह महीनों से राम मंदिर और हिंदुत्व के नाम पर एक निर्वाचित सरकार ने अपने जनादेश का गलत इस्तेमाल किया। न्यायालय के आदेश का उल्लंघन होने दिया। न्यायालय के सामने झूठे हलफनामे दिए। सर्वोच्च न्यायालय, संसद और राष्ट्रीय एकता परिषद को वचन दिए और उन्हें राम के नाम पर टूट जाने दिया। संविधान, न्यायपालिका और लोकतांत्रिक ढंग से निर्वाचित सरकार के कर्त्तव्यों के धुर्रे बिखेर दिए। लेकिन दावा है कि यह सब इसलिए हुआ क्योंकि हिंदू भावनाएं सदियों से दबी हुई थीं। भारत सरकार ने उनकी परवाह नहीं की बल्कि मुसलमानों की भावनाओं का सम्मान किया। संविधान मुसलमानों के लिए बदला गया। न्यायपालिका से न्याय नहीं मिलता क्योंकि बाबरी मस्जिद-रामजन्मभूमि का मामला बयालीस साल से लटका हुआ है। और देरी से दिया गया न्याय, न्याय नहीं है। न्यायपालिका चूंकि हिंदुओं की भावनाओं का आदर नहीं करती इसलिए हिंदू क्यों उसका सम्मान करें ? विधायिका भी देश के लिए समान सिविल कोड नहीं बना सकी और उसके बनाए कानून हिंदू हितों में नहीं होते। फिर कांग्रेस सरकारों ने संविधान, न्यायपालिका और विधायिका से कोई कम खेल नहीं किए हैं। चूंकि देश में यह सब होता रहा है इसलिए हम भी यही करेंगे।

ये दलीलें देने वाले भूल जाते हैं कि इंदिरा गांधी ने संविधान और लोकतंत्र से जो भी खिलवाड़ की उसके लिए उनकी हमेशा आलोचना हुई। जागरूक जनमत ने भी की और प्रेस ने भी। संविधान संपूर्ण नहीं है इसीलिए तो उसमें चौहत्तर बार संशोधन हुए हैं। किसी ने नहीं कहा कि संविधान में खामियां और कमजोरियां नहीं हैं लेकिन उन्हें सुधारने के तरीके हैं और खामियों और कमजोरियों की कोई कम आलोचना नहीं हुई है। कश्मीर और पंजाब में भारतीय राज्य की विफलता कोई कम नहीं दिखाई गई है और इसके लिए केंद्र सरकार की लगातार आलोचना हुई है। धार्मिक और सांप्रदायिक कट्टरवाद के सामने घुटने टेकने वाली सरकार के निकम्मेपन की पूरी प्रेस ने खबर ली है लेकिन निकम्मापन और लापरवाही अलग कोटि में आते हैं और एक निर्वाचित सरकार का खुद हो कर अपने जनादेश, लोकतांत्रिक और संवैधानिक कर्त्तव्यों और अधिकारों को धार्मिक सांप्रदायिक संगठनों को सौंप देना बिलकुल अलग बात है। इसकी आप अनदेखी करें बल्कि कहें कि यह बड़ा धर्म-कार्य हुआ है क्योंकि हिंदुत्व के नाम पर हुआ है तो यह हिंदू होना नहीं है। हिंदू धर्म स्वतंत्र बुद्धि विवेक को छोड़ कर हिंदुत्व के नाम पर किए गए गलत काम को सही नहीं ठहराता, फिर वह काम चाहे प्रतिक्रिया में हुआ हो या दबी भावनाओं के विस्फोट के नाम पर।

महाभारत में व्यासजी ने धर्म की जो व्याख्या की है वह हमारे वर्तमान लोकतांत्रिक संदर्भ में सबसे महत्त्वपूर्ण है—

धारणाद्धर्म इत्याहुधर्मो धारयते प्रजाः।
यत्स्याद्धारण संयुक्त स धर्म इत्युदादृतः।

प्रजा और समाज को धारण करने वाले नियमों का नाम धर्म है। जो तत्त्व धारण कर सकता है उसी को धर्म कहते हैं। ढांचे को ढहा कर राम जन्मभूमि-बाबरी मस्जिद के विवाद को जिस तरह सुलझाने की कोशिश की गई और उससे हिंदुओं का जो रूप प्रकट हुआ वह धारण करने वाला धर्म नहीं है। भारत का धारण हिंदू समाज ने कर रखा है क्योंकि वही देश का सबसे बड़ा समाज है। मुसलमानों या सिखों की प्रतिक्रिया में वह अपनी जिम्मेदारी, अपना स्वभाव, अपनी परंपरा और अपनी संस्कृति छोड़ दे तो इस देश को धारण नहीं कर सकता। पृथ्वी धारण करती है तो कितना सहती है तभी सबकी मां है। मुझे मालूम है कि ऐसा कहने से कई हिंदू नाराज होते हैं कि हिंदुओं को ही उपेदश क्यों दिया जाता है। मुसलमानों की संकीर्णता, हठधर्मिता, देशद्रोहिता आदि की भी भर्त्सना की जाए। उन्हें ठीक से बर्ताव करने को मजबूर क्यों नहीं किया जाता ? मुसलमान द्वेष पर हमारा धर्म और देश टिका हुआ नहीं है। भारतीय समाज और राष्ट्र हिंदू धर्म के विराट, सर्वग्राही और सकारात्मक धारण तत्त्वों पर टिका है। इन तत्त्वों को पुष्ट करना हमारा धर्म है क्योंकि शक्तिशाली हो कर वे हमें धारण करेंगे।

व्यासजी जब पूरी महाभारत लिख चुके तो उन्हें निराशा और विफलता की अनुभूति हुई। उनने लिखा : उर्ध्व बाहु...। मैं ऊंचे हाथ उठा कर पुकार-पुकार कर कह रहा हूं लेकिन मेरी कोई नहीं सुनता। धर्म का पालन करने से अर्थ, काम और मोक्ष तीनों सधते हैं लेकिन धर्म का पालन कोई नहीं करता। मैं जानता हूं कि इस पर भी हिंदुत्व वाले विद्वान कहेंगे कि ठीक है कोई नहीं करता तो हमीं क्यों करें। वे महाभारत करना चाहते हैं इसलिए उन्हें महाभारत का निचोड़—भारत सावित्री श्लोक—भी सुना दें।

न जातु कामात्र भयात्र लोभाद् धर्म
त्येज्जीवितास्यायि हेतोः।
नित्यो धर्मः सुखदुःखे त्वनित्ये नित्यो
जीवो धातुरस्य त्वनित्यः।

भय, लोभ, काम या प्राणों के लिए भी धर्म को छोड़ना अनुचित है। धर्म नित्य है, सुख और दुख क्षणिक हैं। शरीर अनित्य है और जीवन नित्य है। हिंदुत्व के नाम पर लोग भले ही इस धर्म को छोड़ें, मुझे तो अपने धर्म में मरना श्रेयस्कर लगता है। दूसरे का धर्म मेरे लिए नहीं है। गीता का यह आदेश मेरे हिंदू होने का धर्म है।

10.1.1993

भारतीय पत्रकारिता का सुंदरकांड

तिलक महाराज ने पिछली सदी के अंत और इस सदी की शुरुआत में पत्रकारिता के जरिए जन जागरण और अन्यायी सत्ता के विरुद्ध संघर्ष का जो अभियान चलाया उससे मराठी ही नहीं, देश-भर की भाषाओं की पत्रकारिता का स्वभाव और चरित्र प्रभावित और निर्मित हुआ है। स्वतंत्र भारत के निर्माता नेताओं में तो तिलक महाराज हैं ही वे भारतीय पत्रकारिता के भी शीर्ष गौरव पुरुष हैं। प्रोफेशनल जर्नलिज्म के इस जमाने में बने पत्रकारिता के टीन-टप्परी ढांचे में उन्हें नहीं बैठाना चाहिए। पत्रकारिता के विराट पुरुषों का निवास उन दो बेडरूम फ्लैटों में नहीं हो सकता जो मुंबई में महाराष्ट्र सरकार पत्रकारों और संपादकों को किफायत में देती है। तिलक महाराज को कैलाशवासी हुए आज भले ही कोई तिहत्तर साल हो गए हों लेकिन वे उस हर अखबार और पत्रकार में आज भी बोल रहे हैं जो पाठकों को सूचना देता है, उन्हें तथ्यों के आधार पर मत बनाने में मित्र की तरह मदद करता और उन्हें अन्याय से लड़ने को प्रेरित करता है। लेकिन इस सबसे भी ज्यादा जीवंत तिलक महाराज पत्रकारिता की उस चेतना में हैं जिसके दर्शन हम महीने-भर से देश के अखबारों में कर रहे हैं। इमरजंसी यानी आपातकाल अगर भारतीय पत्रकारिता का लंकाकांड था तो अयोध्या कांड उसका सुंदरकांड है। जिस तरह सीता अग्निपरीक्षा में से कुंदन हो कर निकली थी वैसे ही भारतीय पत्रकारिता स्वतंत्र भारत के लंकाकांड में से उज्ज्वल हो कर निकली है। दो-तीन अखबारों और दो-तीन पत्रकारों को छोड़ दें तो भारतीय पत्रकारिता ने अपनी मानवीय और राष्ट्रीय चेतना को धंधे, धार्मिकता और बहुसंख्यक प्रतिक्रिया का शिकार नहीं होने दिया। वह अपने लोकतांत्रिक पंथनिरपेक्ष गणराज्य की चेतना-पताका हो कर फहर रही है।

अग्निपरीक्षा कैसी विकट रही है इसे समझने की शुरुआत हम मुंबई के ही एक अखबार से करें जिसने अयोध्या में उन्मादी कारसेवकों द्वारा बाबरी मस्जिद ढांचे को ढहाए जाने का स्वागत किया और सुनता हूं कि उस दिन उसकी छह लाख से भी ज्यादा प्रतियां बिक गईं। ढांचे को ढहाने वालों के जो नेता खुद इस अपकर्म को दुखद और दुर्भाग्यपूर्ण कहते हैं—वे इस अखबार की उस दिन की बिक्री को उदाहरण की तरह पेश करते हैं कि देखिए बाबरी मस्जिद के ढांचे के ढहाए जाने को जनता का कितना समर्थन है।

अगर यह सही होता तो सभी अखबार अपने-अपने ढंग से अयोध्या कांड का समर्थन नहीं करते तो उसे उचित ठहराने की कोशिश तो कर ही सकते थे। लेकिन हमने पाया कि मुंबई और महाराष्ट्र के ही नहीं उत्तर प्रदेश के जिन हिंदी अखबारों को अपना सर्कुलेशन बहुत प्यारा है और जिन्होंने दो साल पहले हुई कार सेवा के समर्थन में पत्रकारिता के अनिवार्य आग्रहों की भी कोई फिकर नहीं की थी और खुद कारसेवक अखबार हो गए थे—उनने भी ढांचे के ढहाए जाने की कड़ी निंदा की। कहा कि यह हिंदू समाज और देश दोनों के लिए बुरा हुआ है। अखबारों ने दो साल पहले पुलिस की गोली से मरने वाले कारसेवकों के आंकड़े पर पांच लगा कर 105 कर दिया था और जिनको प्रेस काउंसिल ने प्रतारणा दी थी वे भी इस बार कारसेवक के बजाय फिर अखबार हुए और उत्तर प्रदेश में अयोध्या के इतने निकट होते हुए भी उनने इस अपकर्म की निंदा की। क्या उन्हें जन

भावना का अंदाज नहीं था और अगर था तो वह क्या था जिसने उन्हें समाज की भावना में बह जाने के बजाय उससे ऊपर उठ कर उसकी चेतना बनने को प्रेरित किया ? ये अंग्रेजी के बड़े और पुराने अखबार नहीं हैं जो समाज की भावना और समझ से निरपेक्ष संविधान, पंथनिरपेक्षता, कानून के राज और लोकतांत्रिक परंपराओं की दुहाई देते रहते हों। इन अखबारों को हिंदू होने से कोई हिचक या शर्म नहीं है। ये जमीन में जड़ों से जुड़े हुए फलते-फूलते अखबार हैं। किसी मिशन या कड़े प्रयोजन के लिए संघर्ष में लगे अखबार नहीं हैं। कमाने-धमाने में इनकी अच्छी रुचि है और साध्य और साधनों की एकता का इनमें कोई आग्रह नहीं है। लेकिन इनने बाबरी मस्जिद के ढांचे को इस तरह गिराए जाने को शर्मनाक, देश की एकता और अखंडता के लिए घातक और हिंदू परंपरा के खिलाफ बताया।

इन तमाम अखबारों ने जन भावना के आदर के नाम पर अपना सर्कुलेशन बढ़ाने के लालच से परहेज किया। लेकिन यह सिर्फ लालच से बचना ही नहीं है। मंदिर-मस्जिद का विवाद ज्यादातर भारतीयों के लिए भावना का मामला हो गया था। इसने ज्यादातर भारतीयों को भारतीय चमड़ी के नीचे हिंदू या मुसलमान बना दिया था। भावनाओं का यह उद्वेलन छह दिसंबर के दिन सबसे सघन और सबसे चरम पर था। पत्रकार आखिर हिंदू और मुसलमान भी होता है और हमने देखा है कि सांप्रदायिक दावानल की उन्मादी लपटों में सभ्यता और संस्कृति के कपड़े ही नहीं मनुष्यता की चमड़ी भी उतर जाती है और हम सांप्रदायिक पशु ही नहीं राक्षस हो कर जैसे जंगल में घूमने लगते हैं। उस दिन पत्रकारों-संपादकों को कितने संयम और समझदारी से अपनी भावनाओं को नियंत्रित कर के अपना कर्त्तव्य करना पड़ा होगा इसे समझना हो तो ऐसी परिस्थितियों में सेना और पुलिस के व्यवहार को देखना चाहिए। अनुशासन में रहना और हुक्म का पालन करना ही इस जमात को सिखाया जाता है।

भारत के विभाजन के समय ब्रिटिश सेना के भारतीय जवानों ने हिंदू और मुसलमान होने का खूब परिचय दिया। पुलिस वालों पर तो मुसलमान और सिख यह आरोप बार-बार और हर दंगे के वक्त लगाते ही हैं कि वे सांप्रदायिक हो कर हिंसा करते हैं। लेकिन यहां सबसे सटीक उदाहरण है—अयोध्या में बाबरी मस्जिद ढांचे की रक्षा में तैनात पुलिस वालों का। आपमें से जो अयोध्या रिपोर्ट करने गए होंगे या जिन्होंने अखबारों में पढ़ा या वीडियो मैगजीनों में देखा होगा—वे जानते हैं कि थोड़े से पथराव के बाद किस तरह पुलिस वाले अपनी ड्यूटी छोड़ कर, अपनी लाठियां और बंदूकें लिए ढांचे से हट गए और दूर इकट्ठे हो गए। हुक्म देने और कुछ तो करने के लिए झिड़कने के बावजूद न उनने लाठीचार्ज किया, न आंसू गैस छोड़ी, न हवा में फायर किया। हाईकोर्ट, सुप्रीम कोर्ट, राज्य सरकार, केंद्र सरकार, कानून और संविधान से रक्षित बाबरी मस्जिद का ढांचा टूटता रहा और पुलिस और प्रशासन वाले चुपचाप देखते रहे।

इससे ठीक विपरीत टीवी कैमरामैन और पत्रकारों पर विश्व हिंदू परिषद के महासचिव अशोक सिंघल के भड़काने पर एक दिन पहले से ही हमले शुरू हो गए थे। छह दिसंबर को तो ढांचा तोड़ते कारसेवकों की उन्मादी भीड़ ने मौके पर अपना काम करने में लगे पत्रकारों, फोटोग्राफरों और टीवी कैमरामैन और आवाज रिकॉर्ड करने वालों पर ऐसे ही आक्रमण किया जैसे वे बाबरी मस्जिद के ढांचे के इस्लामी रक्षक हों। रामभक्त कारसेवकों ने उन महिला पत्रकारों को भी नहीं छोड़ा जो उनकी गुंडागर्दी के बावजूद अपनी जान पर खेल कर अपना काम कर रही थीं। कितनों के सिर फूटे और हड्डियां टूटीं, कोई ढाई करोड़ के फोटो-उपकरण टूटे। कारसेवकों ने अयोध्या और फैजाबाद की होटलों में अखबार वालों को ढूंढ़-ढूंढ़ कर पीटा। फिर भी वहां से फोटो और खबरें अखबारों में पहुंचीं बावजूद इसके कि टेलीफोन तार काटे गए थे। फैक्स और टेलीप्रिंटर खराब कर दिए गए थे। रक्षा में तैनात पुलिस फोर्स तो बेशर्मी से सिर ढांक कर परदे में छिप गई थी लेकिन निहत्थे प्रेस वाले

काम कर रहे थे। मीडिया के लोगों पर पंजाब, कश्मीर और असम में आतंकवादियों ने कोई कम हमले नहीं किए हैं। कश्मीर से तो प्रेस को खदेड़ ही दिया गया है और पंजाब में उसे बंदूक के आतंक से काफी हद तक चुप करा दिया गया था। लेकिन देश के सबसे अच्छे फोटोग्राफरों में से एक रघु राय अयोध्या में थे। और उनका कहना सही है कि पिछले पच्चीस सालों में पंजाब और कश्मीर में भी देश के मीडिया पर इतना कुनियोजित और जबरदस्त हमला नहीं हुआ, जैसा अयोध्या में कारसेवकों ने किया।

पुलिस वालों और संघ परिवार के नेताओं ने मीडिया के इन लोगों को हमले से नहीं बचाया। पुलिस वालों और संघ परिवार के नेताओं की कर्त्तव्यपरायणता और मनुष्यता की दुहाई देने और उनकी तुलना मीडिया के लोगों से करने की मेरी कोई इच्छा नहीं है। लेकिन इस सच्चाई पर पत्रकार होने के नाते आप गर्व कर सकते हैं कि वे निहत्थे और अहिंसक प्रेस वाले पुलिस और संघ परिवार के नेताओं की तुलना में कहीं ज्यादा कर्त्तव्यपरायण और धर्मनिष्ठ थे जो जान पर खतरा होते हुए भी अपना काम करते रहे। अयोध्या में मीडिया के जो लोग काम करते रहे उनकी हिम्मत और कर्त्तव्यपरायणता सचमुच तरल सोने से हिमालय की चट्टान पर लिखी जाएगी।

जो लोग कहते हैं कि कारसेवकों ने हिंदू माथे का कलंक मिटा दिया और उनके गौरवशाली पराक्रम पर अब गर्व कर रहे हैं वे कितना झूठ बोल रहे हैं इसका प्रमाण अयोध्या में मीडिया पर हुआ हमला है। आप सब जानते हैं कि जब कोई मानता है कि वह महत्त्व और गौरव का काम कर रहा है तो मीडिया को सम्मानपूर्वक बुलाता है। मीडिया अपना काम ठीक से कर सके इसकी पूरी सुविधा देता है। हर कोई चाहता है कि अपने भले और अच्छे काम की ज्यादा-से-ज्यादा प्रसिद्धि हो। पहुंचे हुए साधु-महात्मा और तपस्वी ही नहीं भगवान भी इस इच्छा से बचे नहीं हैं। अगर वे कलंक मिटाने का गौरवशाली पराक्रम कर रहे थे तो कारसेवकों ने मीडिया पर ऐसा हमला क्यों किया ? उनके उपकरण छीनकर उनकी फिल्में क्यों नष्ट कीं ? इसीलिए ना कि जो वे कर रहे थे उसके सबूत और उसका आंखों देखा हाल न बचे। सबूत कौन मिटाना चाहता है ? गौरवशाली पराक्रम करने वाला धर्मयौद्धा या धतकरम करने वाला अपराधी ? नहीं, कारसेवक पराक्रम नहीं कर रहे थे, वे धतकरम कर रहे थे इसलिए उनने प्रेस पर हमला किया। वे चार सौ चौंसठ साल पुराने एक जर्जर ढांचे से बदला ले रहे थे और इसीलिए उनने मीडिया से भी बदला लिया जो उनकी करनी के बखिए उधेड़ रहा था। वे जानते थे कि मीडिया उनके इस मनुष्यता, पंथनिरपेक्षता, संविधान, कानून, लोकतंत्र और धर्म-विरोधी उन्माद का समर्थन नहीं करेगा। इसीलिए उस पर हमला किया गया। रघु राय ने ठीक कहा है कि अयोध्या में छह दिसंबर को उनने जो देखा वह अगर हिंदू राष्ट्र है तो उससे राम बचाए।

लेकिन मुस्लिम आक्रांताओं ने मंदिर तोड़ कर मस्जिदें बनाईं इसलिए हम उन मस्जिदों को तोड़ कर हिंदू विजय दिवस मनाएंगे और इसे इतिहास का बदला बता कर उचित कहेंगे—ऐसा मानने वाले प्रतिशोध को, बदले की भावना को राष्ट्र निर्माण के लिए जरूरी मानते हैं। देश के मीडिया ने छह दिसंबर को अयोध्या में हुए हमले के बावजूद संघ परिवार और उनके वीर कारसेवकों से बदला नहीं लिया है। मीडिया अगर संगठित हो कर हमले या अन्याय का बदला लेने लगे तो वह अपने कर्त्तव्य से विमुख ही नहीं उसके विरुद्ध काम करने लगेगा। मीडिया का कर्त्तव्य या धर्म लोगों को सूचना-जानकारी देना, मत बनाने में मदद करना और समाज की चेतना बन कर उसे हमेशा जागृत रखना है। मीडिया ने उस पर और राष्ट्र के लोकतांत्रिक पंथनिरपेक्ष गणतांत्रिक ढांचे पर हुए हमले के बावजूद संघ परिवार की खबरों पर पाबंदी नहीं लगाई है। बल्कि राष्ट्रीय स्वयंसेवक संघ, विश्व

हिंदू परिषद और बजरंग दल पर पाबंदी के सरकारी निर्णय की आलोचना की है। संविधान, लोकतंत्र और देश के साथ धोखाधड़ी करने वाली उत्तर प्रदेश की भाजपा सरकार के बावजूद, मध्य प्रदेश, राजस्थान और हिमाचल प्रदेश की भाजपा सरकारों की बर्खास्तगी को भी असंवैधानिक और अनैतिक बताया है। इसका मतलब यही है कि प्रेस ने अपना विवेक नहीं खोया है। अपना धर्म नहीं छोड़ा है। संघ परिवारी इस आईने या जाम्भेकरजी के लगाए 'दर्पण' पर कितने ही पत्थर मारें, दर्पण न टूटेगा न लोगों को उनका चेहरा दिखाना बंद करेगा।

दर्पण अपना धर्म कर रहा है तो विकृत चेहरे वाले कह रहे हैं कि वह लोक-विरोधी हो गया है। उनका कहना है कि सारे हिंदू समाज ने राहत की सांस ली है और उसके मन में गहरा संतोष है कि बाबरी मस्जिद ढहा दी गई। जो उसे कलंक की निशानी नहीं भी मानते थे वे भी संतुष्ट हैं कि चलो एक झगड़े की जड़ मिटी यानी शांतिप्रिय गैर राजनैतिक नागरिकों ने भी मान लिया है कि जो हुआ सो हो गया। अब अमन-चैन होगा। अगर यह सच है तो छह दिसंबर को हुए अयोध्या कांड को राष्ट्रीय और हिंदू धर्म की शर्म मानने वाले अखबारों और पत्रिकाओं को भारतीय हिंदू समाज ने तिरस्कार से बंद क्यों नहीं कर दिया ? संघ परिवारियों का विरोध और गुस्सा तो समझा जा सकता है लेकिन वे बृहत्तर हिंदू समाज के शून्य दशमलव एक प्रतिशत भी नहीं हैं और न उसका प्रतिनिधित्व करते हैं। प्रेस के लोग इस सचाई को जानते और समझते हैं। अगर प्रेस को विश्वास नहीं होता कि जो लिखा जा रहा है उसे मूक-बहुमत का समर्थन नहीं है तो वह इतनी वाचाल और मुखर होती ? प्रेस को यह अंदाज है कि अयोध्या में जो हुआ उसको भारतीय चेतना सही नहीं मानती। उसे मालूम है कि यह भारतीय संस्कृति और धर्म परंपरा के अनुरूप नहीं है। वह यह भी समझती है कि घटना के प्रवाह में देश की जनता की भावनाओं में उफान भले ही आ जाए पर वह जल्द ही समझदारी के अपने समतल पर लौट आएगी। इसलिए उत्तेजना और गड़बड़ी के समय प्रेस को अपने समाज की चेतना का ज्योतिस्तंभ बने तूफान में अचल खड़े रहना चाहिए। अयोध्या संकट के दौरान प्रेस ने समाज की चेतना बने रहने का धर्म निभाया है। आज अपने पत्रकार होने की जो धन्यता मैं महसूस करता हूं मुझे विश्वास है आप भी कर रहे होंगे।

अयोध्या संकट ने बताया है कि जब हमारी कार्यपालिका, विधायिका और न्यायपालिका भी संकट से घिर कर विचलित और दिग्भ्रमित हुई तब खबरपालिका के चौथे खंभे ने लोकतंत्र को ढहने से बचाया है। लोकतंत्र और स्वतंत्र प्रेस के इतिहास में ऐसे मौके कम आते हैं जब उसकी अग्निपरीक्षा होती है और उसे साबित करना होता है कि वह कागज और कचरे की नहीं सोने की या इस्पात की बनी है। ऐसे मौके पर ही प्रेस और समाज के रिश्ते को नया अर्थ और महत्त्व मिलता है। अयोध्या संकट ने दिखाया कि भले ही धंधेबाजी और औद्योगिकता के कारण इस देश की प्रेस मिशन न रह गई हो लेकिन वह संवेदनहीन, दिशाहीन और इतनी सिनिकल भी नहीं हो गई है कि काने को काना कहने का विवेक और साहस भी उसमें न रह गया हो। सर्कुलेशन बढ़ाना और विज्ञापन पाना अपना पहला काम समझती हो पर वह ऐसी धंधेबाज भी नहीं हो गई है कि अपनी चेतना और कर्त्तव्य की आवाज उसे सुनाई न दे।

अगर हिंदू समाज बदल रहा है, अपनी उदार, सहिष्णु और सर्वग्राही परंपरा को अपनी कायरता और अकर्मण्यता समझने लगा है, और संविधान, लोकतंत्र और धर्मनिरपेक्षता के दुरुपयोग या उनकी तोड़-फोड़ के कारण उनमें विश्वास खो चुका है तो इसका थोड़ा बहुत अंदाज तो प्रेस को होना चाहिए। अंग्रेजी की शीशमहल में बैठी प्रेस को मैदानी वास्तविकताओं का स्पर्श भले ही न होता हो लेकिन भारतीय भाषाओं की पत्रकारिता को तो निश्चित ही अच्छा अहसास है कि अपने समाज में क्या हो रहा है। समुद्र के नीचे कौन सी धाराएं चल रही हैं और जमीन के नीचे कैसे पत्थर बन रहे हैं और कहां कितना पानी इकट्ठा हो रहा है।

अगर भाजपा और संघ परिवार की दूसरी संस्था बहनों के कुनबों के लोग कहते हैं कि हिंदू समाज बाबरी मस्जिद के ढांचे के ढहने से संतुष्ट हैं और उन्हें गर्व है कि उनने हिंदुओं के मन का काम कर दिया तो इस देश की प्रेस क्यों कह रही है कि यह राष्ट्रीय शर्म का अपकर्म है और अपराधियों को सजा मिलनी चाहिए ? इस देश की प्रेस ने अपने ज्यादातर पाठकों की भावनाओं के विरुद्ध अपने को खड़ा क्यों होने दिया ? क्या उसे अपनी लोकप्रियता और विश्वसनीयता की कोई फिकर नहीं है ? मीडिया में काम करने वाले ज्यादातर लोग हिंदू हैं। फिर वे हिंदू धर्म और समाज के नाम पर किए गए एक काम की निंदा, भर्त्सना और आलोचना क्यों कर रहे हैं ?

उन्हें इस बात का डर क्यों नहीं है कि हिंदुत्व के ठेकेदार उनके खिलाफ हो जाएंगे और उनके हिंदू होने पर एतराज करेंगे ? अगर हिंदू समाज सचमुच बदल गया है और उसे दूसरे धर्म के पूजा-स्थलों का आदर करने की आदत नहीं रह गई है, अगर वह न्यायालयों में दिए गए वचनों को पालन के योग्य नहीं मानता, अगर वह न्यायालय के आदेश, लोकतंत्र और कानून के राज की कोई इज्जत नहीं करता और भीड़तंत्र के उन्माद को सही मानता है तो इस देश की प्रेस सचमुच ही लोक-विरोधी हो गई है।

अगर नहीं हुई तो इसका एक ही कारण है। वह भारतीय समाज के उग्रवादी और अतिवादी उन्मादियों से डरती नहीं और उनके असर में आए लोगों की भी चेतना की रक्षा करते हुए अपना धर्म निभा रही है। कुछ वक्त के लिए किसी घटना-दुर्घटना के असर में लाखों-करोड़ों लोग अपना विवेक और धर्मभाव खो सकते हैं। ऐसे वक्त जो अपने स्वतंत्र बुद्धि-विवेक को न खोए और महानद के प्रवाह के विरुद्ध खड़े हो कर समझदारी की आवाज लगाती रहे वही देश-समाज की धारणा शक्ति है और वही उसकी चेतना। अयोध्या संकट में इस देश की प्रेस अगर तूफान में आए समुद्र की लहरों के बीच ज्योतिस्तंभ की तरह राष्ट्रीय चेतना बनी खड़ी रही तो इसका कारण यह भी है कि लोकमान्य तिलक और महात्मा गांधी जैसे संपादकों की परंपरा जीवित है।

(मराठी 'पत्रकार दिन' पर मुंबई मराठी पत्रकार संघ में दिए गए भाषण से)

24.1.1993

ऐ मेरे देश, उदास न हो

जब मुंबई में भयानक दंगा हो रहा था तब अब्बी भैया ने रोक कर यह शेर सुनाया और कागज के टुकड़े पर लिख कर दे दिया। अब्बी भैया यानी हमारे अनुपम के बड़े भाई और भवानी प्रसाद मिश्र के सबसे बड़े बेटे और शुभम के ताऊजी। शेर सुनाते समय बहुत विह्वल थे और बता रहे थे कि कैसे उनने उसे एक तिपहिए के पीछे लिखा देखा और पढ़ते ही उन्हें वह किस तरह तीर जैसा लगा और उनने उसे कागज पर उतार लिया। यह नहीं कि दिल्ली के तिपहिए वाले कोई कम सृजनात्मक और कल्पनाशील हों। शेर ही नहीं कभी-कभी तो वे अपने तिपहिए के पीछे अद्भुत बातें लिखे रहते हैं। मीटर से छेड़खानी करने और सवारी को चक्कर-पर-चक्कर देने में जितनी कल्पनाशीलता और कौतुक वे दिखाते हैं वही अगर कविता करने में लग जाएं तो निश्चित ही वे ऐसी पंक्तियां बना सकते हैं ज्यों नाविक के तीर हों। मुहावरा है पुरानी हिंदी का। नहीं तो न आपने ऐसे नाविक देखे होंगे, न मैंने उनके तीर खाए हैं, बहरहाल शेर कुछ यों हैं :

आपस में ही लड़-लड़कर जब ये कौमें मिट जाएंगी,
तब मंदिर मस्जिद में पूजा करने क्या लाशें जाएंगी।

छह दिसंबर को कार सेवा के साथ शुरू हुए सामूहिक पागलपन में यह शेर बिजली की तरह कौंधता है। और एकदम एक ऐसी सच्चाई हमारे अंदर उतार देता है जो पागलपन के सवार रहते समझ में नहीं आती। मंदिर-मस्जिद को ले कर देश में जो जुनून दिखाई देता है उसका सच पूछिए तो पूजा से कोई लेना-देना नहीं है। मुंबई में शुक्रवार को मस्जिदों में नमाज पढ़ी जाती है और शायद अंदर इतनी जगह नहीं होती होगी कि सब समा सकें इसलिए वे रास्तों पर बैठने लगे। इससे ट्रैफिक निश्चित ही जाम होता है और मुंबई वालों को यह ठीक नहीं लगता कि खाली पीली टैम बरबाद हो। लेकिन सड़क पर घुटनों के बल बैठे लोग नमाज पढ़ रहे हों तो उन्हें कौन उठाए ? कौन पाबंदी लगाए कि सड़क ट्रैफिक के लिए है। बहरहाल, सड़कों पर नमाज पढ़ने का चलन मुंबई में इतना बढ़ गया है कि वह मुसलमानों का सामूहिक शक्ति प्रदर्शन बन गया। किसी के नमाज पढ़ने से जब ट्रैफिक जगह-जगह रुकने लगे तो मुंबई जैसे काम पर चलो शहर में लोग चिढ़ेंगे ही। यह भी संभव है कि जिन लोगों के सड़क पर नमाज पढ़ने से यह सब होता हो वे भी धीरे-धीरे इसे खुदा की इबादत के बजाय अपनी सामूहिक शक्ति का सार्वजनिक प्रदर्शन मानने लगें और भूल जाएं कि सड़कें नमाज पढ़ने के लिए नहीं ट्रैफिक के लिए होती हैं। खुदा की इबादत तो कहीं भी और कैसे भी की जा सकती है और सच्चे दिल से की गई हो तो खुदा को कबूल भी होती है।

लेकिन मुंबई की मस्जिदों में सामने सड़क तक फैल कर नमाज पढ़ना इबादत का नहीं अपनी सामूहिक ताकत दिखाने का तरीका बन गया। अब शिवसेना जो अपने को मुंबई की रख वाली करने वाली फौज मानती है और असल हिंदुत्व की संघ परिवार से भी बड़ी प्रणेता और प्रचारक है और जिसके नेता बाल ठाकरे लोकशाही के बजाय हिटलरशाही की खुल्लमखुल्ला वकालत करते हैं, वह शिवाजी महाराज के नाम पर बनी है और शेर उसका छापा है। चुनाव तो इस शिवसेना ने भाजपा के साथ मिल कर लड़े हैं लेकिन नागपुर वालों ने अब तक बताया नहीं कि वह संघ परिवार की

तलवारधारी भुजा है या नहीं। बाल ठाकरे को शायद मंजूर न हो कि उनकी गाजलेली शिवसेना संघ परिवार में शामिल हो कर एक टुकड़ी हो जाए। बहरहाल, इस गणेशोत्सव के दौरान—हिंदुत्व ही राष्ट्रीयता है—जैसे नारे लिख कर लगाने वाली शिवसेना को ठीक नहीं लगा कि मुसलमान लोग अपनी सामूहिक शक्ति इस तरह प्रकट करते रहें कि मुंबई का ट्रैफिक ही जाम हो जाए। आमची मुंबई कोई इस्लामिक गणतंत्र तो नहीं है कि जुम्मे की नमाज के टेम सब जमा हो जाए। ये नई चलने का भाई।

अब शिवसेना भले ही अपने को मुंबई की रख वाली सेना मानती हो लेकिन उसकी जिम्मेदारी यह नहीं है कि इस महानगरी का ट्रैफिक ठीक से चलता रहे। शिवसेना कोई ट्रैफिक पुलिस नहीं है। वह हिंदुत्व की ताकत दिखाने वाली भुजा है। इसलिए उसने यह नहीं किया कि किसी तरह सड़कों पर नमाज पढ़ने का चलन रुकवा दे और उन्हें ट्रैफिक के लिए खाली छुड़वा दे। उसने कहा कि ये लोग नमाज पढ़ने के बहाने ट्रैफिक रुकवाते हैं तो हम भी ट्रैफिक पक्का जाम करवा सकते हैं। समझे क्या ? अपनी मां ने शेरनी का दूध पियेला है। देखते-देखते महाआरती चल निकली और ऐसी जबरदस्त भीड़ होने लगी कि ट्रैफिक क्या महाआरती के बाद लोगों की जानों और दुकानों की भी खैर नहीं रही। जो लोग कभी घर में भी आरती में खड़े हो कर ताली नहीं बजाते थे वे सैकड़ों की संख्या में हर महाआरती में शंखनाद करने लगे। यह सड़क किनारे के देव की महाआरती नहीं, हिंदुओं की सामूहिक शक्ति का सार्वजनिक प्रदर्शन यानी जुम्मे की नमाज का जवाब हो गया। उधर नमाज अगर खुदा की इबादत नहीं ट्रैफिक जाम कर के मुंबई के जीवन को अस्तव्यस्त करने वाली मुसलमान ताकत हो गई तो इधर महाआरती घोड़े पर बैठे हिंदुत्व की चमकती तलवार बन गई। इस जुम्मे की नमाज और महाआरती ने मुंबई में सांप्रदायिकता का जो तांडव किया पुराने लोग कहते हैं कि वैसा सन् सैंतालीस में विभाजन के बखत ही हुआ था।

यह पागलपन धारावी जैसी झुग्गी-झोपड़ी बस्तियों में ही नहीं फैला मलाबार हिल जैसे मुंबई के सबसे पॉश इलाके में भी घुस गया। मेरिन ड्राइव के पीछे वाली सड़कों पर लूटपाट हुई और लोग छुरों से मारे गए। सुना कि लोग एमएफ हुसैन जैसे कलाकार को ढूंढ़ने भी उस बहुमंजिला इमारत में पहुंच गए थे जहां उनका एक फ्लैट है। कहते हैं ऐसी बिल्डिंगों के नीचे रहने वालों के जो नाम लिखे रहते हैं—वे नाम वालों ने ही मिटा दिए या निकाल लिए। पंथक-कमेटी के एलान पर जिस तरह चंडीगढ़ के सेक्रेट्रिएट में अफसरों की नेम प्लेट रातोंरात अंग्रेजी से गुरुमुखी में हो गई थीं वैसे ही मुंबई की उन बहुमंजिला बिल्डिंगों में हुआ जहां के एक-एक फ्लैट चालीस-पचास लाख में बिकते हैं। लोग अपने घरों से भाग-भाग कर रेलवे प्लेटफॉर्मों पर जमा हो गए जैसे देश छोड़ने के लिए पार्टीशन के वक्त हो गए थे। सांप्रदायिक राक्षस का जो खुला नाच पैंतालीस साल पहले हुआ था उसका रिपीट परफारमेंस मुंबई में देख लिया गया। इस बार सबसे ज्यादा लोग मुंबई में मारे गए। सबसे ज्यादा दुकानें मुंबई में जलाई और लूटी गईं। और जिस महानगरी में जीवन कभी थमता नहीं था वहां सड़कों पर घायल पड़े लोग कराहते मर गए और घरों का सामान होली की तरह जल गया।

मुंबई कोई अयोध्या के आसपास बसी उत्तर प्रदेश की नगरी नहीं है। वहां रामलीलाएं यूपी से आए लोग करते हैं। वहां का त्यौहार गणेशोत्सव है। बाकी के सारे त्यौहार और पर्व वहां रहने वाले लोगों के अपने-अपने हैं। लेकिन सब उत्साह और उमंग से मनाते हैं और कोई लफड़ा नहीं होता। दुर्गापूजा पर कलकत्ता में कार से तो घंटे-भर में दस फुट भी नहीं रेंग सकते। इस बार गणेशोत्सव की शताब्दी वाले साल में गणेश विसर्जन की शाम मैं नरीमन पाइंट से सांताक्रुज हवाई अड्डे सिर्फ पैंतीस मिनट में पहुंच गया। आम दिनों सबेरे पांच बजे निकलो तो आधा घंटा लगता

है। ऐसी व्यवस्थित है मुंबई। यह कोई ट्रैफिक पुलिस का कमाल नहीं है। यह वहां के लोगों का अंतरनिहित व्यवस्था बोध है। और मुंबई में सिर्फ महाराष्ट्रीय या गुजराती लोग नहीं रहते जिनका जीवन यों भी बहुत व्यवस्थित और संयोजित होता है। मुंबई में आधे से ज्यादा लोग बाहर से आ कर ऐसे रहते हैं कि रहते-रहते दो-तीन पीढ़ियां हो गईं लेकिन कहने को अपना घर तक नहीं है। ये लोग भी उस महानगरी के मोटे अनुशासन में पड़ कर एक ढर्रे की जिंदगी जीते हैं। अगर औद्योगिक सभ्यता में व्यापारिक संस्कृति इस देश में कहीं है तो मुंबई में है। वह देश की आर्थिक राजधानी है और अगर मार्क्सवादी मानते हैं कि आर्थिक गतिविधियां आदमी को धर्म की अफीम और सामंतशाही की गुलामी और अय्याशी से आजाद करसती है तो वे मुंबई को उदाहरण की तरह पेश कर सकते हैं। मुंबई में लोगों को अपने काम से काम है और खाली-पीली बरबाद करने को टैम नहीं है। औद्योगिकता की सारी खूबियां और कमियां वहां हैं और आप कह सकते हैं कि वहां के लोगों के जीवन में उनकी आर्थिकता ही सबसे बड़ी गतिविधि है।

उस मुंबई में सांप्रदायिकता का पागलपन जंगल की आग की तरह फैला। जानने वाले कहते हैं कि आग की लपटें अब भले ही दिखाई न देती हों लेकिन धुआं चारों तरफ मंडरा रहा है। और जहां धुआं है वहां आग होती ही है। वहां रहने और लोगों को जानने वाले कहते हैं कि मुंबई भारत का लेबनान न बन जाए। मुंबई में स्मगलिंग की जबरदस्त सुरंग काम करती है। इस सुरंग से सोना-चांदी, हीरे-जवाहरात और इलेक्ट्रॉनिक्स के सामान के साथ या बदले में आधुनिक हथियार भी आ सकते हैं। वहां स्मगलरों के गैंगों के बीच जो लड़ाई चलती रहती है वह आसानी से हिंदू-मुस्लिम लड़ाई में भी बदल सकती है क्योंकि दोनों ही संप्रदायों के अपराधी गैंग हैं और रसातली अपराध संसार में भी शिवसेना उतनी ही मौजूद और सक्रिय है जितनी रणक्षेत्र में। पंजाब में और फिर कश्मीर में स्मगलिंग की सुरंग ही आतंकवाद और अलगाववाद की सुरंग बनी है। मुंबई के पास कराची है लगभग उतना ही जितना अमृतसर के पास लाहौर और श्रीगनर के पास इस्लामाबाद है। अगर वहां भी आतंकवाद चल निकला तो देश की आर्थिक गतिविधियां तो बुरी तरह प्रभावित होंगी ही, आधुनिकता में लाने वाली व्यापारिकता और औद्योगिकता के अनुशासन और संस्कार भी टूटने लगेंगे। मुंबई में सांप्रदायिक आतंकवाद इक्कीसवीं सदी के सोलहवीं सदी में लौटने की तरह होगा।

अपने पढ़े-लिखे और सोचने-समझने वाले लोग कहते हैं कि देश को क्या हो रहा है। लोग और सब छोड़ कर पुरानी मस्जिद के ढांचे और नए मंदिर के गर्भगृह को ले कर ऐसे विभाजित और उत्तेजित हो रहे हैं कि एक-दूसरे का गला काटने पर उतारू हैं। क्या हम उस जमाने में लौट जाना चाहते हैं जब हमलावर फौजें जीतने के बाद मंदिर तोड़ती थीं और मस्जिदें बनवाती थीं ? उन बर्बर आक्रांताओं ने जो किया था वही हम फिर करना चाहते हैं ? संघ परिवार के नेताओं और परिवारियों से पूछो तो वे कहते हैं कि उस साढ़े चार सौ साल पुराने ढांचे में रखा क्या था जिसे बचाने के लिए सारे सेकुलरवादी ऐसे कमर कसे हुए थे। वह तो मस्जिद भी नहीं थी क्योंकि पचास साल से तो वहां नमाज ही नहीं पढ़ी गई। उसे ढहा देने से ऐसा आसमान क्यों फट जाना चाहिए ? वह मंदिर तोड़ कर बनाई गई मस्जिद थी और हिंदुओं की पराजय और गुलामी की निशानी थी। जागृत और संगठित हिंदुओं ने उसे ढहा दिया और इस तरह पराजय का बदला ले कर गुलामी के ढांचे से मुक्त हो गए। मुसलमानों को मस्जिद चाहिए तो बना लें फैजाबाद में। हम कार सेवा कर देंगे।

मुसलमान नेताओं से पूछो तो वे कहेंगे कि हां रामजी का मंदिर अयोध्या में बनना चाहिए। अयोध्या में नहीं बनेगा तो कहां बनेगा रामजी का मंदिर ? जरूर बनाइए। लेकिन हमारे लिए वह मस्जिद और उसकी जगह दोनों ही पाक थीं और हैं। वह रामजी का मंदिर तोड़ कर नहीं बनाई

गई थी। कोई रेकॉर्ड नहीं है कि वहां मंदिर तोड़ा गया और मस्जिद बनाई गई। साबित नहीं है कि वहीं रामजी जन्मे और वहीं उनका मंदिर बना हुआ था। बाबरी मस्जिद को शहीद किया गया है और मुसलमान इसे कभी नहीं भूलेंगे। वे भी शहीद होना और जिहाद करना जानते हैं। भारत में इस वक्त मुसलमान और इस्लाम दोनों खतरे में हैं। संघ परिवार की मनमानी रोकी नहीं गई तो हिंदुस्तान फिर टुकड़े-टुकड़े हो जाएगा। हम बाबर की औलाद नहीं हैं, वह मस्जिद हम हिंदुतानी मुसलमानों की थी। ऐतिहासिक स्मारक थी। उससे हमारी भावनाएं जुड़ी हुई थीं। उन्हें चोट पहुंचाने के लिए भी मस्जिद तोड़ी गई। हम इसे बरदाश्त नहीं कर सकते।

नहीं, यह मामला मंदिर और मस्जिद का नहीं है, हिंदुओं और मुसलमानों का है। पूजा और इबादत का नहीं बदले और हिंसा का है। इसलिए जिस तिपहिए वाले ने पूछा है कि आपस में लड़-लड़ कर अगर ये कौमें यों ही मिट जाएंगी तो मंदिर-मस्जिद में पूजा करने क्या लाशें जाएंगी, उसने सवाल तो सच पूछा है लेकिन वह उन्हीं को चुभता है जो मंदिर में पूजा और मस्जिद में इबादत का मर्म समझते हैं। अभी मस्जिद बचाने या उसे फिर से बनवाने और मस्जिद गिराने और उसकी जगह मंदिर बनाने में जो लोग लगे हुए हैं उन्हें उसकी चिंता नहीं है कि पूजा करने लाशें जाएंगी या लोग ? उन्हें बताना है कि हमारी चलेगी या उनकी ? मंदिर-मस्जिद तो अपनी वाली चलाने के ठिकाने हैं, पूजा या इबादत की जगह और राम और अल्लाह के घर नहीं। फिर भी रिक्शे वाला अगर ऐसे सवाल लिख देता है तो इस देश की चेतना बनी हुई है और आत्मा है। ऐ मेरे देश, उदास न हो—किसी कवि ने कहा है लेकिन इसका कार सेवा जैसा स्टिकर बना कर मैं अपनी कार के पीछे चिपका तो नहीं सकता। फिर भी, मेरे देश, उदास न हो।

24.1.1993

इस ढांचे की बारी न आए

तिरयालीस साल पहले इस देश के लोगों ने अपने आपको जो संविधान दिया और जिसके अनुसार यह लोकतांत्रिक पंथनिरपेक्ष गणतंत्र खड़ा किया है वे सब सावधान हो कर खड़े हो जाएं और अपनी ढाल-तलवार संभाल लें। इस साल इस गणतंत्र के ढांचे पर होने वाले हमले से जो संकट आने वाला है वैसा हमला और संकट सन् बासठ में नहीं था जब चीन ने विश्वासघात कर के भारत पर आक्रमण किया था। सन् पैंसठ और इकहत्तर में भी नहीं था जब पश्चिम में कच्छ और पूरब में बंगाल पर पाकिस्तान ने हमला किया था। सन् पचहत्तर में भी ऐसा खतरा नहीं था। जब अपनी निजी सत्ता को बचाने और उस पर काबिज रहने के लिए इंदिरा गांधी ने लोकतंत्र और संविधान की बड़े पैमाने पर तोड़-फोड़ की थी।

इन हमलों से गणतंत्र बच गया क्योंकि इसके अमृत कुंड तक कोई हमलावर पहुंच नहीं पाया था। अब इस कुंड को तोड़ कर इसके अमृत को बहा देने की तैयारी हो रही है। और अगर आप नई दिल्ली में प्रधानमंत्री नरसिंह राव, लखनऊ में मुख्यमंत्री कल्याण सिंह और अयोध्या में संघ परिवार के नेताओं, प्रशासन के अधिकारी और पुलिस के जवानों की तरह हाथ-पर-हाथ धरे बैठे रहे तो लाखों-करोड़ों कारसेवकों की भीड़ इस कुंड के ढांचे को तोड़ कर अमृत को बहा देगी। इन कारसेवकों पर उन संस्थाओं का कोई नियंत्रण नहीं है जो इनकी भावनाएं भड़का कर इन्हें लाएंगी और फिर उसके 'अचानक विस्फोट' से सत्ता के सिंहासन पर स्थापित होना चाहेंगी। इस विस्फोट के लिए बारूद बांटी जा रही है। क्योंकि ये संस्थाएं जानती हैं कि जब तक 'हिंदुओं की भावनाओं का अचानक विस्फोट' नहीं करवाया जाएगा वे लोकतांत्रिक पंथनिरपेक्ष गणतंत्र के ढांचे को नहीं तोड़ पाएंगी। और सत्ता के सिंहासन पर बैठ कर वह भारत नहीं बना पाएंगी जो न तो भरत के उत्तराधिकारियों का है, न स्वतंत्रता संग्राम के उन सेनानियों का जो भारतीय समाज, संस्कृति और धर्म की कालजयी उपलब्धियों पर एक नया राष्ट्र खड़ा करने के लिए जिए, लड़े और शहीद हुए।

संकट के किसी भी साल से इस साल का संकट इसलिए बड़ा है कि जो बृहत्तर हिंदू समाज अपनी उदार, सहिष्णु, अहिंसक और सर्वग्राही परंपराओं के धर्म पर इस राष्ट्र और इसके लोकतांत्रिक पंथनिरपेक्ष गणराज्य को धारण किए हुए है उसे समझाया जा रहा है कि तुम्हारा दूध पानी है और जिसे तुम अमृत माने हुए हो वह दरअसल तुम्हें अंदर से मारने वाला जहर है। हिंदू समाज और धर्म के हाशिए पर जला-कुढ़ा बैठा और मंडराता एक प्रतिक्रियावादी तबका उसके पांच हजार साल के पोथे को पोंछ कर उस पर प्रतिक्रिया और प्रतिहिंसा का ऐसा पाठ लिख देना चाहता है जो उसके लिए विदेशी है और उसकी आंतरिक समरसता और शांति को सदा के लिए भंग कर देगा।

हिंदू धर्म इस्लाम की प्रतिक्रिया में विकसित नहीं हुआ है, न भारत इसलिए टिका हुआ है कि उत्तर-पश्चिम में एक इस्लामी धर्मतांत्रिक पाकिस्तान दुश्मन बना बैठा है। इस देश का सनातन धर्म इस्लाम और ईसा के ही नहीं राज्यतंत्र के भी पहले से विकसित हुआ है। इसलिए न इस सनातन धर्म का राज्य जैसा तंत्र कभी रहा है और न इसलिए कभी राज्य इसे मिटा पाया है। राज्यतंत्र की ताकत से बढ़ने वाले इस्लाम और ईसाई धर्मों से युद्ध में हिंदुओं का राज्य भले ही पराजित हुआ

हो लेकिन उनका धर्म पराजित नहीं हुआ। हिंदुओं के धर्म को समझने के लिए गीता के दूसरे अध्याय का बीसवां श्लोक सबसे उपयुक्त है। ईसाई धर्म को ईसा ने और इस्लाम को पैगंबर मोहम्मद ने शुरू किया। अपने यहां भी बौद्ध धर्म को गौतम बुद्ध, जैन को महावीर और सिख धर्म को गुरु नानक ने चलाया। लेकिन आपने न तो कभी सुना या न कहीं पढ़ा होगा कि हिंदू धर्म अमुक पैगंबर या अवतार ने शुरू और अमुक ने स्थापित किया। यह धर्म गीता के दूसरे अध्याय के बीसवें श्लोक में वर्णित आत्मा की तरह है। न तो जन्मा है, न मरेगा। यह नित्य, शाश्वत और पुरातन है इसलिए न हन्यते हन्यमाने शरीरे। हिंदुओं का राज्य उनके शरीर की तरह है। शरीर के गिरने से जिस तरह आत्मा नहीं मरती उसी तरह राज्य के हारने से धर्म नहीं हारता। राज्य हिंदुओं का शरीर और धर्म आत्मा है। यही हिंदुओं का अमृत तत्त्व है।

जो धर्म सनातन है, राज्य नामक संस्था के विकसित होने के पहले से चल रहा है, जिसने न अपने को राज्य की तरह संगठित किया, न उसके तंत्र को अपनाया और जिसने अपने होने और बढ़ने के लिए राज्य का सहारा नहीं लिया और जो अपने मानने वालों के राज्य की पराजय के साथ पराजित नहीं हुआ उसके नाम पर कहा जा रहा है कि वह अगर ईसाई और इस्लाम की तरह संगठित नहीं हुआ तो नष्ट हो जाएगा। यानी हिंदुओं से कहा जा रहा है कि वे इस्लामियत और ईसाइयत को स्वीकार नहीं करेंगे तो उनका धर्म और वे नष्ट हो जाएंगे। लिखित इतिहास और प्रागैतिहासिक से भी पहले से आज तक जो धर्म देश और लोगों को धारण किए रहा और जिसे बड़ी-से-बड़ी और विकट चुनौती भी बदल और तोड़ नहीं पाई उसे मानने वालों को इस्लामी कट्टरवाद का भय दिखा कर समझाया जा रहा है कि अगर तुम अपने ही देश के मुसलमानों के खिलाफ उठ कर खड़े नहीं हुए तो मारे जाओगे।

इस्लाम भले बाहर से आया हो लेकिन इस देश के मुसलमान तो इस देश में ही जन्मे हैं। अपनी जातीय और मानसिक बनावट से वे इस्लाम को मानने वाले हिंदू हैं। फिर उन्हें बाहरी और इस देश का दुश्मन क्यों बताया जा रहा है ? क्यों कहा जा रहा है कि वे अपने को हिंदुओं से अलग मानते हैं इसलिए भारत के प्रति वफादार नहीं हैं ? सिख धर्म तो गुरु नानक ने शुरू किया जो भारतीय भक्ति परंपरा के एक श्रेष्ठ कवि और आर-पार देख सकने वाले प्रणेता थे। उन्हें मानने वाले हिंदू थे और हिंदू परिवारों से ही सिख गुरुओं को शिष्य मिले जो सिख हुए और जिनसे सिख समाज बना। कोई सौ साल से ये सिख अपने को हिंदुओं से अलग धर्मावलंबी मान और कह रहे हैं। आर्य समाज ने उन्हें हिंदू बताने की जितनी कोशिश की उतने ही वे उससे दूर हुए। वे अपने को हिंदुओं और मुसलमानों से अलग धर्म मानते हुए धर्म के आधार पर अलग राष्ट्रीयता वाले लोग मानते हैं। उनमें से कुछ लोग धर्म के आधार पर ही अलग राष्ट्र खालिस्तान बनाना चाहते हैं और इसके लिए कम-से-कम दस साल तो भारतीय राष्ट्र राज्य के विरुद्ध खूनी संघर्ष कर चुके हैं। आतंकवाद के बल पर अलगाववाद पनपाने वाले और पश्चिमी देशों और पाकिस्तान से प्रेरणा और शस्त्र लेने वाले सिखों के भिंडरांवाले संप्रदाय के कारण क्या हमने पूरे सिख समुदाय को राष्ट्र-विरोधी और पाकिस्तान के प्रति वफादार मान कर उन्हें बाहरी घोषित कर दिया ?

तथाकथित इस्लामी अलगाववाद के लिए तो हम कांग्रेस के मुस्लिम तुष्टिकरण को दोषी बता सकते हैं लेकिन क्या सिख अलगाववाद भी सिख तुष्टिकरण के कारण पैदा हुआ है ? सिखों की आर्थिक, सामाजिक और राजनैतिक स्थिति मुसलमानों से कई गुना बेहतर है। उनके सभी गुरु यहीं हुए हैं और सारे सिख हिंदू समाज से निकले। उनमें फिर भी अगर खालिस्तान की ललक है और कुछ सिरफिरे लोग उसके लिए सशस्त्र संघर्ष भी कर रहे थे तो क्या इस कारण हम सिख धर्म और सिख समाज के खिलाफ वही नफरत फैलाएंगे जो मुसलमानों के खिलाफ फैलाई जा रही है ? असम में तो वैष्णव हिंदू हैं लेकिन असमिया अस्मिता के नाम पर वहां भी अलगाववाद चला और उल्फा

जैसे संगठन ने इसके लिए सशस्त्र संघर्ष छेड़ा जो हाल ही सेना के कारण काबू आया है। तमिलनाडु में द्रविड़ आंदोलन अलग तमिल राष्ट्र तक पहुंच गया था। श्रीलंका में ऐसे ही 'ईलम' के लिए मुक्ति चीते लगातार छापामार लड़ाई लड़ रहे हैं। इन मुक्ति चीतों के लिए द्रविड़ मन में सहानुभूति है और तमिल सहयोग-समर्थन उन्हें लगातार मिला है। क्या इस कारण हम तमिलों की राष्ट्रभक्ति और भारतीयता में संदेह करने लगेंगे ? मुसलमानों को अलग वोट बैंक बनाए रखने में कांग्रेस के निहित स्वार्थ तो निश्चित रहे हैं लेकिन भारतीय मुसलमानों को इस्लामी हमलावरों की संतानें बता कर उनके खिलाफ हिंदुओं को कौन भड़का रहा है ?

और अगर सनातन धर्म को इस्लाम और ईसाइयत की तरह हिंदू संप्रदाय बना कर उसी को राष्ट्रीयता का आधार माना जाएगा और इसलिए भारत को हिंदू राष्ट्र बना लिया जाएगा तो मुस्लिम राष्ट्रीयता, सिख राष्ट्रीयता, जैन राष्ट्रीयता, बौद्ध राष्ट्रीयता, ईसाई राष्ट्रीयता, यहूदी राष्ट्रीयता और पारसी राष्ट्रीयता को हिंदू राष्ट्रीयता से अलग मानने से क्यों और कैसे रोका जा सकेगा ? हिंदू अगर 82 प्रतिशत होते हुए भी दूसरे दर्जे के नागरिक और अन्याय और अत्याचार से पीड़ित बताए जाएंगे तो सिखों और मुसलमानों की ऐसी ही शिकायतों को किस आधार पर अस्वाभाविक, वायवी और मनगढ़ंत कहा जाएगा ? मामला अगर पाकिस्तान और भारत के वैमनस्य और वैर का हो तो सन् अड़तालीस और पैंसठ की लड़ाइयों में भले ही फैसला आर-पार का न हुआ हो लेकिन दिसंबर इकहत्तर में भारत ने पाकिस्तान को न सिर्फ हराया बल्कि उसके नब्बे हजार सैनिकों से आत्मसमर्पण भी करवाया।

जिन लोगों ने भारत को छोड़ कर धर्म की राष्ट्रीयता के नाम पर पाकिस्तान बनवाया था उन्हीं के पाकिस्तान को तोड़ कर बंगाली मुसलमानों का अलग राष्ट्र बनवाने के निमित्त हम हुए। पाकिस्तान जैसा धार्मिक राष्ट्र न बन कर हम भारत जैसे लोकतांत्रिक पंथनिरपेक्ष गणराज्य बने और अंग्रेज साम्राज्यवादियों के द्विराष्ट्रवाद के सिद्धांत को हमने सिद्धांत में भले ही सन् सैंतालीस में रद्द किया हो लेकिन उसे पराजित तो 21 दिसंबर, 1971 को किया। लेकिन लोकतांत्रिक पंथनिरपेक्ष गणराज्य की पाकिस्तान पर इस विजय को संघ परिवार हिंदू विजय दिवस नहीं कहता। बाबरी मस्जिद के ढांचे को गिराने के बाद जो मंदिर कारसेवकों ने बनाया उसकी पहली सीढ़ी पर 6 दिसंबर, 1992 को हिंदू विजय दिवस लिखा गया है और भाजपा से ले कर संघ तक के नेता उसे हिंदुओं की जीत और हजारों साल की गुलामी से मुक्ति का दिन बताते घूम रहे हैं। धर्म की राष्ट्रीयता पर बनाए गए पाकिस्तान पर भारत की सैनिक और लोकतांत्रिक विजय के बजाय वे बाबरी मस्जिद के ढांचे को हिंदुओं द्वारा गिराए जाने को हिंदू विजय दिवस मानते हैं क्योंकि उनके लिए लड़ाई भारत और पाकिस्तान के अस्तित्व तत्त्व की नहीं भारत के मुसलमानों से हिंदुओं की है। क्योंकि अंग्रेजों की तरह ये मानते हैं कि भारत हिंदू राष्ट्र होना चाहिए क्योंकि हिंदुओं का धर्म है हिंदू तो उनका देश भी हिंदू राष्ट्र है। इसीलिए राम मंदिर आंदोलन और कार सेवा में शामिल स्वामी मुक्तानंद कहते हैं कि संविधान गुलामी का दस्तावेज है क्योंकि वह हिंदू-विरोधी है और नई संविधान सभा बना कर उसे बदल देना चाहिए।

अब भारतीय जनता पार्टी और उसके लालकृष्ण आडवाणी जैसे नेता भले ही प्रस्ताव पास कर के और बयानों में कहें कि हम भारत को न तो हिंदू धर्मतांत्रिक राष्ट्र बनाना चाहते हैं, न संविधान को उस तरह बदलना चाहते हैं; हिंदू धर्म और भारतीयता को समझने वालों को उन पर विश्वास नहीं करना चाहिए। इसलिए नहीं कि एक निकम्मे प्रधानमंत्री नरसिंह राव अपने को उनके विश्वासघात का शिकार बता कर अपने घाव दिखाते घूम रहे हैं बल्कि इसलिए कि उत्तर प्रदेश में भाजपा की सरकार ने जो किया है वह संविधान, लोकतांत्रिक पद्धति और कानून के राज के साथ की गई अब तक की सबसे बड़ी धोखाधड़ी है। जी हां, इंदिरा गांधी के इमरजंसी राज और उसमें

संविधान और लोकतांत्रिक पद्धति से किए गए धतकरम से भी बड़ा धतकरम उत्तर प्रदेश की भाजपा सरकार ने किया है। उसकी धोखाधड़ी और उसके धतकरम को समझने के लिए इलाहाबाद हाईकोर्ट की लखनऊ पीठ के तीनों न्यायमूर्तियों का दो सौ पैंसठ पेजों का वह निर्णय पढ़ना चाहिए जो 2.77 एकड़ भूमि के अधिग्रहण के मामले में दिया गया है। संघ परिवारियों के लिए न्यायपालिका की राय का कोई महत्त्व भले ही न हो इस देश के लिए तो वह जरूरी है जो कानून के राज में विश्वास करता है और उन्मादी भीड़ के अपकर्म को ईश्वर का काम और कारसेवकों को हनुमानजी के हजारों अवतार नहीं मानता।

दो सौ पैंसठ पेजों का निर्णय खूब अच्छी तरह बताता है कि किस तरह संघ परिवार की राजनैतिक बिटिया भारतीय जनता पार्टी संविधान और उससे निर्धारित लोकतांत्रिक पद्धति का इस्तेमाल कर के सत्ता में आने और फिर अंदर से उसके सारे सुरक्षा तंत्र को ठप्प कर के बाहर से उस पर गैर राजनैतिक और तथाकथित धार्मिक संस्थाओं से आक्रमण करवाती है। लगभग तैंतीस प्रतिशत वोटों से चुनी गई भाजपा सरकार संविधान की शपथ ले कर दूसरे दिन पूरे ठाटबाट से लखनऊ से अयोध्या गई और बाबरी मस्जिद के ढांचे में विराजमान रामलला के मंदिर में शपथ ली कि हम मंदिर यहीं बनाएंगे। लेकिन न्यायालय ने उसकी इस कार्रवाई पर जवाब मांगा तो मुख्यमंत्री कल्याण सिंह ने न हलफनामा दाखिल करना जरूरी समझा, न कोर्ट के सामने आए।

जून 1991 में यह सरकार बनी थी और जुलाई 1991 में इसके मुख्यमंत्री ने अयोध्या में 'धर्म संसद' को वचन दिया कि उनका काम बाबरी मस्जिद की जगह राम मंदिर बनाने के रास्ते की बाधाएं दूर करना है। बाधाएं कानूनी और संवैधानिक थीं। कानूनी यह कि जब तक मुकदमों का फैसला नहीं हो जाता, ढांचा यथावत रखा जाएगा और उसकी सुरक्षा की जिम्मेदारी सरकार की होगी। संवैधानिक यह कि राज्य मंदिर नहीं बनवा सकता क्योंकि धर्म के मामलों में उसे निष्पक्ष और निरपेक्ष रहना है। लेकिन धर्म संसद को दिए वचन के दस दिन बाद मुख्यमंत्री ने आदेश दे कर ढांचे की सुरक्षा के लिए किया गया इंतजाम हटा लिया। दो महीने के बाद ढांचे के सामने की 2.77 एकड़ भूमि का अधिग्रहण किया–इसलिए कि वहां पर्यटन का विकास और तीर्थयात्रियों को सुविधा देना जरूरी था। संविधानसम्मत लोकतांत्रिक पद्धति से यह सरकार विधानसभा में प्रस्ताव पास नहीं कर सकती थी कि मंदिर बनाने के लिए हम भूमि ले रहे हैं। अध्यादेश में कह नहीं सकती थी कि भूमि मंदिर बनाने के लिए लेना है इसलिए पर्यटन विकास और तीर्थयात्रियों को सुविधा का बहाना बनाया गया।

चूंकि मुख्यमंत्री शपथ लेने के दूसरे ही दिन राम जन्मभूमि मंदिर बनाने की घोषणा कर चुके थे और धर्म संसद को उनने वचन दिया था कि उनका काम मंदिर के मार्ग की बाधाएं हटाना है इसलिए ढांचे के सामने की भूमि के अधिग्रहण में उनकी सरकार की नीयत में खोट देखी गई और मुकदमा हुआ। बाद में तीनों न्यायमूर्तियों ने पाया कि सरकार की नीयत खोटी थी और वह कानून और संविधान के साथ धोखाधड़ी कर रही थी। न सिर्फ पहले से अदालत ने ढांचे की सुरक्षा के आदेश दे रखे थे मुख्यमंत्री और संसद में विपक्ष के नेता लालकृष्ण आडवाणी ने सुप्रीम कोर्ट, संसद और राष्ट्रीय एकता परिषद को वचन दिया था कि ढांचा सुरक्षित रखा जाएगा। अदालत के आदेश का उल्लंघन नहीं होगा और अधिग्रहीत भूमि पर न कोई स्थायी निर्माण होगा, न वह भूमि किसी को दी जाएगी, न उस पर अतिक्रमण होने दिया जाएगा। लेकिन अक्तूबर, 1991 में भूमि अधिग्रहण से ले कर जुलाई, 1992 तक यह सब होने दिया गया और दिसंबर, 1992 में ढांचा ही ढहा दिया गया। ढांचा ढह गया तब मुख्यमंत्री इस्तीफा दे कर अपनी संवैधानिक, लोकतांत्रिक और कानूनी जिम्मेदारी से मुक्त हो गए। अब भाजपा कहती है कि उनने अपना काम कर दिया।

हाईकोर्ट में भाजपा सरकार की ओर से कहा गया कि उसे मंदिर बनाने का जनादेश मिला है

इसलिए उसने रामकथा पार्क वाली कोई छप्पन एकड़ जमीन के साथ 2.77 एकड़ भूमि भी ली है क्योंकि दोनों को मिलाए बिना योजना पूरी नहीं होती। लोकतांत्रिक मंत्र-जनादेश—को बार-बार दुहराया गया, सिर्फ हाईकोर्ट में नहीं और भी दूसरे कई मंचों पर। तीनों न्यायमूर्तियों ने कहा है और दुनिया-भर के लोकतांत्रिक देशों के न्यायमूर्तियों के हवाले से कहा है कि किसी भी पार्टी का कोई घोषणा-पत्र कोई पवित्र गीता, कुरान या बाइबिल नहीं होती। लोग सिर्फ घोषणा-पत्र पर वोट नहीं देते। और कोई भी जनादेश संविधान से ऊपर नहीं है। संविधान के मूल ढांचे में संसद भी संशोधन नहीं कर सकती और नागरिकों के मूल अधिकार कोई पार्टी अपने जनादेश के बहाने छीन नहीं सकती। तीनों ही न्यायमूर्तियों ने निर्णय दिया कि भाजपा सरकार को मंदिर बनाने का जनादेश मिला भी हो तो भी वह संविधान के विरुद्ध नहीं जा सकती। तीनों न्यायमूर्तियों ने पाया कि कल्याण सिंह सरकार ने संविधान के अनुच्छेद 14, 15, 24 और 25 का उल्लंघन किया क्योंकि भूमि अधिग्रहण कर के उसने धर्म के आधार पर भेदभाव किया, एक पक्ष को गैर-कानूनी लाभ दिया और दूसरे पक्ष के अधिकारों का हनन किया। कोई अचरज नहीं कि ढांचा ढहाने का दोष संघ परिवारी न्यायपालिका को भी देते हैं। जिले से ले कर देश के सर्वोच्च न्यायालय के सामने शपथ ले कर झूठ बोलने वालों से आप और क्या उम्मीद करेंगे ?

जून 1991 में चुनाव संविधान से निर्धारित तरीके से हुए थे। उसमें बहुमत पाने वाली भाजपा ने संविधान के अनुसार सरकार बनाई थी। उसने अपने व्याख्यायित जनादेश को संविधान से ऊपर समझा। उसने अपने विधायकी और कार्यपालिकी अधिकारों का इस तरह इस्तेमाल किया कि उसकी परिवारी संस्थाएं जो करना चाहती थीं, कर सकें। उनके अवैधानिक, अलोकतांत्रिक और असंवैधानिक निर्णयों और निश्चयों को पूरा करने की माध्यम बन कर भाजपा सरकार ने संविधान, लोकतांत्रिक पद्धति और कानून का राज चलाने की जिम्मेदारी न सिर्फ छोड़ी बल्कि जान-बूझ कर भीड़तंत्र के हाथों उनकी धज्जियां उड़ जाने दीं। इसे हिंदू धार्मिक भावनाओं का विस्फोट, भगवान की मर्जी और इतिहास का न्याय बताया। संघ परिवार को अपने अनुशासन, अपने लोगों की निष्ठा और अपनी संस्कृति और धर्म पर बड़ा गर्व है। एक अटल बिहारी वाजपेयी को छोड़ कर कोई यह ईमानदार सवाल तक नहीं पूछता कि छह दिसंबर को जो हुआ वह संघ परिवार की घोषणाओं और प्रक्षेपित आत्मछवि के धुर्रे बिखेरता है। अगर आप उनके घोषित उद्देश्यों और सिद्धांतों पर न जाएं और छह दिसंबर को जो हुआ उसके औचित्य पर उनकी बातों को ही समझें तो उनका मतलब है कि लोकतांत्रिक पंथनिरपेक्ष गणराज्य के ढांचे को भी अगर उनका हिंदुत्व उड़ा देगा तो कोई 'बड़ी आपदा' नहीं आ जाएगी।

भाजपा और उसके परिवार की अध्यक्षता में जो हुआ है उसे अपना काम कह कर गर्व नहीं कर सकती लेकिन उसका राजनैतिक लाभ ले कर वह सत्ता में आने पर जुट गई है। इस बार राम मंदिर उसे दिल्ली पर काबिज नहीं कर सकेगा। इसलिए वह मथुरा और काशी के मामले उठाएगी। वह मुसलमानों और इस्लाम का तथाकथित भय खड़ा कर के हिंदू राष्ट्र बनाएगी और हिंदू धर्म को इस्लाम और ईसाइयत का इक्कीसवीं सदी का संस्करण बनाएगी। उसकी सांप्रदायिक राजनीति की यही तार्किक परिणति है। देश में लोकतंत्र है। लोग उसे सत्ता में लाएं तो कोई कुछ नहीं कर सकता। लेकिन वह सत्ता में आ भी जाए तो जनादेश के नाम पर उसे संविधान से ऊपर जाने की छूट यह राष्ट्र नहीं दे सकता। हमारा संविधान एक बहुधर्मी, बहुजातीय और बहुभाषीय राष्ट्र का संविधान है। वह ऐसे हिंदू समाज वाले राष्ट्र का संविधान है जो अपने धर्म के कारण पंथनिरपेक्ष और असांप्रदायिक है। उसने इस्लामी कट्टरवाद की चुनौती ही नहीं उसके नौ सौ साल के राज को भी पचाया है। इसके पहले कई आक्रांताओं को झेला है और उसके बाद भी। आप इस हिंदू समाज और उसके धर्म की रक्षा कीजिए। इस दूध में संघ परिवार के हिंदुत्व का जहर मत घुलने दीजिए

सत्ता की भी चिंता मत कीजिए। सन् 1975 में इंदिरा गांधी से आखिर यह देश लड़ा ही है और उन्हें पटिए पर बैठाया है। अगर हिंदू समाज और धर्म सुरक्षित है तो लोकतांत्रिक पंथनिरपेक्ष ढांचे को कोई गिरा नहीं सकता। लेकिन आप ही इसकी रक्षा कर सकते हैं। आप ही इस लोकतंत्र में सार्वभौम हैं। आप जो नागरिक हैं।

26.1.1993

गालियां खाकर, गोलियां खाकर

उस महात्मा गांधी की पहली हत्या को आज पैंतालीस साल हो गए जिनकी दूसरी हत्या लोग कहते हैं कि पिछली छह दिसम्बर को अयोध्या में कर दी गई। यानी नाथूराम गोडसे ने प्रणाम में जुड़ी जिन हथेलियों में से तीन गोलियां दागकर जिसे मारा था वह मर कर भी मरा नहीं था। क्या इसीलिए हिंदू हितों के रक्षकों ने उसे फिर मारना जरूरी समझा ? इस में तो कोई शक नहीं कि नाथूराम गोडसे महात्मा गांधी को हिंदुओं का दुश्मन मानता था और अपनी धारणा में इस हद तक पगला गया था कि उस बूढ़े और निहत्थे आदमी के शरीर को ठंडा करके ही हिंदुओं को बचा सकता था। लेकिन हमने इन पैंतालीस सालों में देखा कि गोलियों से विचार और जीवन मूल्यों के प्रतीक नहीं मारे जाते न गोलियों से धर्म समाजों को उनकी विकृतियों से शुद्ध और उन्नत किया जा सकता है। देश और समाज को जीवन के रचनात्मक मूल्य ही धारण करते हैं।

अयोध्या कांड में बाबरी मस्जिद के ढांचे को जिस तरह ढहाया गया उससे लोगों को क्यों लगा कि महात्मा गांधी की दुबारा हत्या की गई है ? शायद इसलिए कि हिंदू-मुस्लिम भाईचारे या पंथनिरपेक्षता पर वह उसी तरह का वार था जैसा महात्मा गांधी पर किया गया था। शायद यह उतनी ही सुन्न कर देनेवाली घटना थी जितनी कि महात्मा गांधी की हत्या। लेकिन इन सबसे ज्यादा यह उसी तरह के साम्प्रदायिक उन्माद के कारण हुई जो भारत विभाजन के बाद इस देश में बना था। लेकिन सबसे ज्यादा समानता इसलिए लगी कि जिन हिंदू हितों की रक्षा के लिए महात्मा गांधी को मारा गया उसी से निकले हिंदुत्व को स्थापित करने के लिए बाबरी मस्जिद का ढांचा तोड़ा गया।

इसे इतिहास का न्याय, हिंदू भावनाओं का विस्फोट, रामजी की मर्जी और विधाता की इच्छा कहनेवाले और दूसरी तरफ से इसे देश, संविधान, लोकतंत्र और कानून के राज से विश्वासघात बतानेवाले एक तरह से एक ही बात कह रहे हैं कि यह आकस्मिक घटना थी। वहां इतने लोग इस तरह इकट्ठे होने दिए गए थे कि ऐसा कुछ भी हो सकता था। लेकिन ये तो सब तात्कालिक प्रतिक्रिया में से निकली बातें हैं। इन्हें कहकर वे लोग इसकी जिम्मेदारी से मुक्त हो जाना चाहते हैं जो जानते हैं कि कहीं न कहीं हम इसके दोषी हैं। लेकिन जिन्होंने यह करवाया और जिन्होंने इसे किया अगर उनके मन में कोई अफसोस नहीं है और वे इसे हिंदू विजय दिवस मानते हैं तो इसका मतलब साफ है कि बाबरी मस्जिद ढहाकर वे अपनी समझ के हिंदुत्व की स्थापना करना चाहते हैं। नाथूराम गोडसे की भी हिंदू हितों की अपनी समझ थी जो उसे गांधी की हत्या करने दिल्ली लाई। संघ परिवार के भी कुछ नेताओं का विश्वास था कि जब तक हिंदू राम जन्मभूमि पर नया मंदिर बनाने के लिए अपने हाथों से बाबरी मस्जिद का ढांचा नहीं तोड़ेंगे तब तक उनकी कायरता दूर नहीं होगी और उनमें वह ताकत नहीं आएगी जो इस देश पर राज करने के लिए होनी चाहिए।

जिस तरह नाथूराम गोडसे मानता था कि महात्मा गांधी हिंदू हितों के विरोधी हैं उसी तरह ये नेता मानते हैं कि इस देश का संविधान, इसकी लोकतांत्रिक पद्धति और इसकी न्यायपालिका कांग्रेस की छद्म धर्मनिरपेक्ष नीतियों के कारण हिंदू विरोधी हैं। जब तक इस लोकतांत्रिक पंथनिरपेक्ष

ढांचे को गिराया नहीं जाएगा तब तक इसमें हिंदू वर्चस्व नहीं होगा। महात्मा गांधी की हत्या करके गोडसे मुस्लिम तुष्टिकरण का अंत कर देना चाहता था। संघ परिवार के ये नेता उस भारतीयता को नष्ट कर देना चाहते हैं जो उनके हिंदुत्व के चरणों में लोटपोट नहीं होती। ये नेता उन्हें हिंदू नहीं मानते जो इस ढांचे को चला रहे हैं। बहुत पास का उदाहरण लेना हो तो जिस तरह अकाली दूसरी पार्टियों के समर्थक सिखों को पंथ के गद्दार बताकर उन्हें सिख नहीं मानते उसी तरह संघ परिवार के ये नेता उन सब लोगों को हिंदू होने की इजाजत नहीं देते जो उनके हिंदुत्व को नहीं मानते। आखिर इस देश में बयासी प्रतिशत लोग हिंदू हैं। वही देशकाज में लगे हुए हैं और उन्हीं से यह देश चल रहा है। लेकिन जो कल्याण सिंह मुख्यमंत्री इसलिए बने रहे कि ढांचा गिराया जा सके वे कह रहे हैं कि अब हिंदू को दूसरे दर्जे का नागरिक नहीं माना जा सकता। बयासी प्रतिशत हिंदुओंवाले लोकतांत्रिक गणराज्य में क्या हिंदू कभी भी दूसरे दर्जे के नागरिक हो सकते हैं ? लेकिन ऐसा कहा है एक भूतपूर्व मुख्यमंत्री ने जिसे अयोध्या का हीरो बनाकर भारतीय जनता पार्टी देश के सामने खड़ा करना चाहती है।

संघ परिवार के जो नेता मानते और कहते हैं कि हिंदुओं पर जो अत्याचार मुसलमान बादशाहों ने किए और जो आजादी के बाद कांग्रेस के राज्य में लगातार और बढ़-चढ़कर होते रहे और उन्हीं की प्रतिक्रिया में बाबरी मस्जिद ढहाई गई वे मन से अभी भी मुसलमानों के हिंदोस्तां में गुलामों की तरह रह रहे हैं। उन्हें बाबरी मस्जिद के ढहने ने भी मुक्त नहीं किया है। इसलिए वे हिंदुओं में पीड़ित होने की भावना भड़का कर उन्हें संगठित करना चाहते हैं। वे इस देश के बयासी प्रतिशत हिंदुओं को बताना चाहते हैं कि तुम पर बारह प्रतिशत मुसलमान राज्य कर रहे हैं। जब तक कांग्रेस को हटा कर भारतीय जनता पार्टी का राज नहीं लाओगे तब तक गुलामी की जंजीरें टूटेंगी नहीं। अगर यह बात राजनैतिक लग रही हो तो कृपया अशोक सिंघल और उनकी जुटाई गई साधु-संतों की जमात के बयान पढ़ लीजिए। वे हिंदुत्व के वर्चस्व को भाजपा के राज से मिला रहे हैं। और भाजपा का वह राज लाने के लिए उन्होंने बाबरी मस्जिद को कारसेवकों से गिरवाया। इन नेताओं को राम जन्मभूमि-बाबरी मस्जिद का शांतिपूर्ण और बातचीत के जरिए आपसी समझदारी से निकला हल कभी मंजूर नहीं होता क्योंकि इनका लक्ष्य मर्यादा पुरुषोत्तम राम का मंदिर बनाना नहीं इस देश के मुसलमानों को सबक सिखाना था। अगर बातचीत से हल निकलता तो दोनों समुदायों के सम्मान की रक्षा करते हुए निकलता और वह हिंदू विजय दिवस नहीं होता। कारसेवकों से बाबरी मस्जिद का ढांचा गिरवाकर वे जिस हिंदुत्व की विजय पताका फहराना चाहते हैं उसकी प्रतिहिंसा शांतिपूर्ण हल से तृप्त नहीं हो सकती। इस हिंदुत्व के आस्थावान नेताओं को अब भी संतोष नहीं है क्योंकि उन्हें लगता है कि जब तक भारतीय जनता पार्टी का राज नहीं आएगा तब तक इस्लाम और मुसलमानों से जीतने वाला हिंदुत्व जम नहीं सकता। इसलिए अगर राम मंदिर देश पर भाजपा का राज नहीं ला पाया तो वे काशी और मथुरा का विवाद भी उठाएंगे। इसीलिए भाजपा के नेताओं ने ही नहीं अपने को हिंदुत्व का उनसे बड़ा शुद्ध प्रणेता माननेवाले संघ परिवारियों और साधु-संतों की जमात ने भी कहा है कि अभी हम काशी-मथुरा को मुद्दा नहीं बनाएंगे।

यह कहना गलत होगा कि भारतीय जनता पार्टी राज में आने के लिए धर्म और सांप्रदायिकता का इस्तेमाल कर रही है। यह मानना ज्यादा सही होगा कि संघ परिवार का हिंदुत्व राज्य शक्ति की तलाश में है क्योंकि उनका हिंदुत्व राज्य के बिना बच और चल नहीं सकता। नहीं तो पिछले छियालीस साल से जो राज कर रहे हैं और देश को चलाने की सभी संस्थाओं और संगठनों में बहुसंख्या में हैं वे भी हिंदू ही हैं और संघ परिवारियों और उनके समर्थकों की तरह अपने को अत्याचारों से पीड़ित और दूसरे दर्जे के नागरिक नहीं मानते। इसे अशोक सिंघल की मेहरबानी मानना चाहिए कि उन्होंने 15 अगस्त 47 को आई आजादी को स्वतंत्रता दिवस माना, नहीं तो वे

कह सकते थे कि सच्ची आजादी की शुरुआत छह दिसम्बर बानवे के दिन बाबरी मस्जिद के ढांचे को गिराने के साथ हुई है और हिंदुस्तान का सच्चा स्वतंत्रता दिवस तभी आएगा जब देश भर में भारतीय जनता पार्टी का राज हो जाएगा। साधु-संतों की भाजपाई जमात ने तो कहा ही है कि बाबर के बनाए चार सौ साल के ढांचे को हिंदू जागरण ने गिरा दिया तो सौ साल के कांग्रेसी ढांचे को गिराने में कितना समय लगेगा। इसी तरह की बातें भाइपाई नेता और संघ परिवारी भी कहते हैं।

यह निष्कर्ष निकालने के लिए आपको कांग्रेसी होने की जरूरत नहीं है कि संघ परिवार की नजर में कांग्रेस का चलाया स्वतंत्रता संग्राम और पिछले छियालीस साल मेट दिए जाने चाहिए क्योंकि अंग्रेजों से लड़ा गया संग्राम और आजादी के बाद के साल हिंदुत्व के साल नहीं हैं। संघ परिवार दरअसल अंग्रेजों और पश्चिम से मुक्ति को अपने हिंदुत्व का संघर्ष नहीं मानता। उनकी गुलामी मुसलमानों के राज से शुरू होती है और जब तक उनका हिंदुत्व इन मुसलमानों पर जीत नहीं जाता तब तक वे अपने को और हिंदुओं को गुलाम मानते रहेंगे। उनका हिंदुत्व निश्चित ही विवेकानंद और गांधी का हिंदू धर्म नहीं है। बल्कि महात्मा गांधी जैसे हिंदुओं का धर्म तो उनके हिंदुत्व का सबसे बड़ा दुश्मन है। नाथूराम गोडसे भले ही राष्ट्रीय स्वयंसेवक संघ का स्वयंसेवक नहीं हिंदू महासभा का सदस्य रहा हो लेकिन उसका हिंदुत्व वही है जिसकी स्थापना बाबरी मस्जिद के ढहाने के साथ की जा रही है।

यह हिंदुत्व अंग्रेजों की इस स्थापना को मानता है कि हिंदू एक अलग कौम, देश और राष्ट्र हैं और भारत के मुसलमान अलग। इसलिए इस हिंदुत्व का मानना है कि जो मुसलमान पाकिस्तान नहीं गए और हिंदुस्तान में रह गए उन्हें देश की मुख्यधारा यानी उनके हिंदुत्व में आना चाहिए, भारत की संस्कृति को अपनी संस्कृति मानना चाहिए और इसकी धरोहर पर गर्व करना चाहिए। महात्मा गांधी का धर्म मुसलमानों को भारतीय मानता था। इसलिए अंग्रेजों ने कितनी ही कोशिश की हो उनके नेतृत्व के स्वतंत्रता आंदोलन और उसके संगठन कांग्रेस को हिंदू जागरण और हिंदू संस्था बनाने की, महात्मा गांधी ने इसे मंजूर नहीं किया। सिर्फ इसलिए नहीं कि वे अंग्रेजों की फूट डालो और राज करो नीति को अच्छी तरह समझ गए थे और उसको नाकाम करने के लिए हिंदू-मुस्लिम एकता को रणनीति के नाते जरूरी मानते थे। बल्कि इसलिए कि उनके धर्म की पारंपरिक, ऐतिहासिक और कालसिद्ध सर्वग्राहिता में दुराव और अलगाव के लिए जगह नहीं थी। विदेशी साम्राज्य से लड़ रहे थे सिर्फ इसलिए महात्मा गांधी भारतीयों की एकता नहीं चाहते थे। उनका विश्वास था कि अलग-अलग धर्म, जातीयता और भाषाओं के बावजूद भारतीय एक हैं। इस देश के लोगों की एकता उनका रणनीतिक हथियार नहीं अपने आप में एक सकारात्मक निष्ठा थी। वे मुसलमानों को नहीं अंग्रेजों को भी अपने से अलग नहीं मानते थे क्योंकि उनके धर्म की पहली निष्ठा लगाव में थी अलगाव में नहीं।

चूंकि वे भारत को अन्दर से तोड़नेवाली अंग्रेजियत से लड़ रहे थे अंग्रेजों से नहीं इसलिए उन्होंने संग्राम का रास्ता भी ऐसा चुना जो सबको जोड़ता और बनाता है—अहिंसा का रास्ता। वे राजनीति को धर्म का संस्कार देना चाहते थे इसलिए उन्होंने साधनों और साध्य की एकता पर सबसे ज्यादा जोर दिया। झूठे साधनों से सत्य नहीं साधा जा सकता इसके प्रयोग उन्होंने व्यावहारिक राजनीति और समाज कार्यों में किए। अपने समर्थकों या कांग्रेसियों या स्वतंत्रता संग्राम में लगे लोगों की हिंसा को उन्होंने कभी उचित नहीं ठहराया। गलत काम की निंदा करने से आजादी के आंदोलन को ठेस पहुंचती है, ऐसी बातें गांधीजी को कई लोगों ने समझाने की कोशिश की। लेकिन चौरी चौरा ही नहीं करो या मरो वाली अगस्त बयालीस की आर-पार की लड़ाई में भी जो हिंसा हुई उसकी गांधीजी ने निंदा की। आजादी के लिए जो भी किया जाए सही है ऐसी धारणा का उन्होंने हमेशा विरोध किया। वे आजादी का आंदोलन इस तरह चलाना चाहते थे कि आजाद होने की प्रक्रिया

में ही वह रामराज बनने लगे जिसके लिए स्वतंत्र होना अनिवार्य था।

गांधीजी ने कोई अपनी छाप का हिंदुत्व नहीं चलाया। उन्होंने अपने को सनातनी हिंदू माना और एक अच्छे हिंदू होने को ही अच्छे भारतीय बल्कि अच्छे इंसान होने की शर्त माना। उनका सर्व धर्म समभाव अंग्रेजों के सेक्युलरवाद से नहीं धर्म की समझ से निकला था। उन्होंने यह भी कहा कि हिंदू कायर और मुसलमान दादागिरी करनेवाले हो गए हैं। आप जानते हैं कि दादागिरी करना भी कायरता का दूसरा पहलू है। गांधीजी अहिंसा के जरिए भारतीयों की कायरता मिटाना चाहते थे। भारतीयों को निर्भय बनाना उनका मकसद था। वे उन्हें अहिंसा की लड़ाई का सिपाही बना कर निर्भय और निर्वैर बनाना चाहते थे क्योंकि अगर आपके मन में किसी से वैर नहीं है तो आप किसी का भय नहीं खाएंगे। वे सत्य को ईश्वर कहते थे और मानते थे कि इस ईश्वर की साधना राजनीति और व्यावहारिक जीवन में स्वतंत्रता संग्राम लड़ते हुए भी की जा सकती है। इसीलिए उन्होंने सत्याग्रह को अपना सबसे बड़ा शस्त्र बताया।

अरनॉल्ड टॉयनबी जैसे इतिहासकार ने दुनिया के धर्मपुरुषों की महात्मा गांधी से तुलना करते हुए बताया कि राज्य सत्ता से दूर रहने के सुविचारित निश्चय ने किस तरह गांधी को उन सबसे ज्यादा नैतिक शक्तिवाला धर्मपुरुष बनाया। गांधीजी ने खुद भी लिखा है और दूसरों ने भी बताया है कि किस तरह उनकी आस्थाएं, निष्ठाएं, धाराएं और अवधारणाएं सब हिंदू धर्म और भारतीय समाज से उनमें आई थीं। गांधीजी अनिवार्य रूप से अगर कुछ थे तो धर्मपुरुष थे इसीलिए साम्यवाद और पूंजीवाद के उठान के वर्षों में भी बेहिचक कह सकते थे कि वे भारत में रामराज की स्थापना देखना चाहते हैं। रामराज में उनकी कितनी निष्ठा थी यह इसी से साबित है कि गोलियां खाकर जब वे गिरे तो उनके मुंह से हे राम ही निकला। जब उन्हें गोली लगे और वे प्राण छोड़ने लगें तब उनके मुंह से राम नाम निकले यही वे चाहते थे। बिना आस्था और साधना के यह संभव नहीं है ऐसा अपने कई भक्त कवियों ने कहा है। गांधीजी के हिंदू होने ने ही उन्हें साध्य और साधन की एकता और लड़ते हुए जिसके लिए लड़ रहे हैं उसे गढ़ने की शक्ति दी।

राम मंदिर बनाने के आंदोलन को इन मूल्यों की कसौटी पर चढ़ाइए तो आपको सहज ही लगेगा कि उसमें कहीं अधिक धार्मिकता और इसलिए साधनों की शुद्धि पर ध्यान होना चाहिए। उसमें रणनीति के नाते आप छल-कपट, झूठ और भ्रम का सहारा नहीं ले सकते क्यांकि राम मंदिर आंदोलन को लोगों में सत्य और मर्यादा की स्थापना करना चाहिए। इससे क्या निकला और फैला है इसे नए सिरे से बताने की जरूरत नहीं है। गांधीजी ने राजनैतिक आंदोलन में धर्म की स्थापना करने की कोशिश की लेकिन हिंदुत्व के झंडाबरदारों ने राम मंदिर बनाने जैसे धार्मिक आंदोलन का लक्ष्य राजनैतिक कर दिया है। इसलिए बाबरी मस्जिद ढहने को, नया भारत बनाने का आंदोलन कहनेवाले अशोक सिंघल कहते हैं कि गांधीजी की इच्छा के अनुसार कांग्रेस अब नरू हो जाएगी और उसकी जगह भाजपा का राज आएगा। भाजपा का राज तो जरूर ले आइए लेकिन इस प्रक्रिया में आप किस धर्म की स्थापना करेंगे और राम का कैसा मंदिर बनाएंगे ? गांधीजी तो कांग्रेस को भी भंग करने का प्रस्ताव रख सकते थे जिसे उन्होंने खुद आजादी का जन आंदोलन बनाया था क्योंकि वे उसे आजादी की पुण्याई लेकर राजनैतिक पार्टी में परिवर्तित हो जाने देना गलत मानते थे। हिंदुत्व के झंडाबरदारों का तो लक्ष्य ही धार्मिकता को राजनीति में गंवा देना है। गांधीजी जिन लोगों की गालियां और गोलियां खाकर मर गए उन्हें कौन स्मरण कर रहा है ? लेकिन जो गांधी गोडसे की गोलियों से नहीं मरे वे हिंदुत्व से भी नहीं मरेंगे। कांग्रेस का राज कल जाता हो तो आज चला जाए। गांधी को कांग्रेस ने भी कम नहीं मारा है।

30.1.1993

न झूठ को चलाया जा सकता है

भाजपा नेता केदारनाथ साहनी ने प्रचार के लिए छपवाए एक लेख की प्रति हमें भेजी और सुझाया कि कश्मीर के मंदिरों के बारे में जॉर्ज वर्गीस के लेख से गलतफहमियां फैली हैं। पाठकों को वास्तविकता बताने के लिए इसे छाप दीजिए। जॉर्ज वर्गीस के लेखों पर साहनीजी ने कहा है :

'अयोध्या में 6 दिसम्बर, 1992 की घटना के बाद जब बाबरी ढांचे को ढहाए जाने पर कांग्रेस सरकार तथा अन्य तथाकथित सेक्यूलरवादियों ने अधिक बावेला मचाया तो भारतीय जनता पार्टी के अनेक नेताओं ने कहा कि अयोध्या में एक ढांचे के गिराए जाने पर तो इतनी हायतौबा की जा रही है परन्तु 1986 और 1989-91 में तथा उसके बाद कश्मीर में हिंदुओं के मंदिरों और अन्य धार्मिक स्थलों को क्षति पहुंचाए जाने पर भाजपा नेताओं के अलावा देश भर में किसी ने आवाज नहीं उठाई, आपत्ति नहीं की।

इंडियन एक्सप्रेस के 8 मई, 11 जून, 1991 और 7 फरवरी, 1993 के अंकों में जॉर्ज वर्गीस के तीन विशेष लेख प्रकाशित हुए हैं। वर्गीस एक बहुत अनुभवी और वरिष्ठ पत्रकार हैं। दुर्भाग्य यह है कि वह भी अपने पूर्वग्रहों से ऊपर नहीं उठ सके। इन लेखों में जॉर्ज वर्गीस ने यह सिद्ध किया है कि 'कश्मीर में हिंदू मंदिरों और धार्मिक स्थलों को क्षति नहीं पहुंचाई गई।'

भारतीय जनता पार्टी के एक अध्ययन दल ने, जिसमें स्वयं मैं, डॉक्टर ए.के. पटेल, अश्विनी कुमार (दोनों सांसद), चमनलाल गुप्त, जम्मू कश्मीर में भाजपा के प्रदेश अध्यक्ष शामिल थे, 1 मार्च, 1986 से 3 मार्च, 1986 तक कश्मीर घाटी का दौरा किया था और हमने उपरोक्त सभी स्थलों पर जाकर स्वयं अपनी आंखों से सभी क्षतिग्रस्त मंदिरों तथा धर्म-स्थलों को देखा था।

लेकिन जॉर्ज वर्गीस ने 1991 में प्रकाशित अपने दोनों लेखों में इन मंदिरों के क्षतिग्रस्त होने का उल्लेख तक नहीं किया था। कश्मीर में सबसे पवित्र प्रसिद्ध खीर भवानी मंदिर पर हुए रॉकेट हमले के बारे में उन्होंने यह कहकर अपराध को उचित ठहराने का यत्न किया था कि आक्रमणकारियों का निशाना मंदिर के अहाते में ठहरे केंद्रीय पुलिस बल के जवान थे, मंदिर नहीं था। दशनामी अखाड़े को लगाई आग की सफाई भी उन्होंने दे डाली। यहां बहाना यह था कि आग इस मंदिर के अहाते को लगाई गई थी न कि मंदिर को। सत्य यह है कि आग पर मंदिर पर पहुंचने के पूर्व काबू पा लिया गया था।

उन्होंने 7 फरवरी, 1993 को प्रकाशित अपने लेख में पहली बार यह माना कि 1986 के आरंभ में कश्मीर में सांप्रदायिक तनाव के दौरान मंदिरों को क्षति अवश्य पहुंचाई गई थी। परंतु साथ ही उन्होंने परामर्श दे डाला कि उसे एक बंद अध्याय के रूप में समझा जाना चाहिए क्योंकि अब उस समय के क्षतिग्रस्त मंदिरों की मरम्मत हो चुकी है और उस समय जो कुछ हुआ वह उस समय घाटी में फैले साम्प्रदायिक तनाव के कारण हुआ था। मैं नहीं समझ पाया कि सांप्रदायिक तनाव से जॉर्ज वर्गीस का अर्थ क्या है। क्या वह उन सारी घटनाओं के लिए कश्मीर घाटी के हिंदुओं को भी उत्तरदायी ठहराना चाहते हैं ? 1991 में प्रकाशित अपने दो लेखों में जॉर्ज वर्गीस ने यह भी कहा था कि कश्मीर में किसी मंदिर को कोई क्षति नहीं पहुंचाई गई। शायद उस समय उन्हें आशा नहीं

थी कि स्वयं भारत सरकार 12 मार्च, 1992 को एक अतारांकित प्रश्न के उत्तर में लोकसभा में यह स्वीकार कर लेगी कि कश्मीर में कुछ धार्मिक स्थल क्षतिग्रस्त हुए हैं। सरकार ने अपने उत्तर में कहा है कि–

'जम्मू तथा कश्मीर सरकार ने सूचना दी है कि जम्मू कश्मीर में 38 धार्मिक स्थानों को क्षतिग्रस्त किया गया जिन में से 13 को 1989 में, 9 को 1990 में और 16 को 1991 में क्षतिग्रस्त किया।'

इस अप्रत्याशित कोने से आए इस तिलमिला देनेवाले प्रहार का सामना करने पर जॉर्ज वर्गीस ने अपने पूर्व कथन की पुष्टि में खिसियाते हुए अपने 7 फरवरी के लेख में कहा है कि इन 38 धार्मिक स्थलों में से 16 मुस्लिम इबादतगाहें थीं। फिर भी जॉर्ज वर्गीस ने यह तो माना कि इनमें से कम से कम 22 हिंदुओं के धार्मिक स्थल थे, जिन्हें क्षति पहुंचाई गई थी। परन्तु जार्ज वर्गीस ने यह स्पष्ट नहीं किया कि घाटी से हिंदुओं के निष्कासन के बाद वहां मुस्लिम इबादतगाहों को किसने और कैसे क्षति पहुंचाई। क्या इसके लिए भी जॉर्ज वर्गीस वहां के हिंदुओं को दोषी ठहराना चाहते हैं ? आवश्यक है कि स्पष्ट किया जाए कि इसके लिए जिम्मेदार कौन है। कहानी यहीं समाप्त नहीं हो जाती। 6 दिसंबर, 1992 को जम्मू कश्मीर राज्य में हिंदुओं के 52 मंदिरों तथा पूजागृहों को क्षतिग्रस्त किया गया। इन मंदिरों आदि को क्षति पहुंचाने संबंधी प्राथमिकी (एफआईआर) पुलिस में स्वयं सरकारी अधिकारियों ने ही लिखवाई है।

अपने 7 फरवरी के लेख में जॉर्ज वर्गीस ने एक वाक्य में यह अवश्य कहा है कि किसी भी धार्मिक स्थल की बेहुर्मती निंदनीय है किन्तु, साथ ही यह कहकर अपने पूर्वाग्रह और मानसिकता को भी उजागर कर दिया है कि ये मंदिर छोटे-छोटे तथा रास्तों पर बने हुए थे।

अब सवाल यह उठता है कि जॉज वर्गीस और अन्य बुद्धिजीवी और प्रेस उसी आक्रोश और आवेश के साथ इन घटनाओं पर अपनी प्रतिक्रिया क्यों वक्त नहीं कर रहे हैं जिससे उन्होंने अयोध्या में एक विवादित ढांचे के ढहाए जाने पर व्यक्त की थी ?

केदारनाथ साहनी भाजपा के एक बड़े, अनुभवी और जिम्मेदार नेता हैं। लेकिन माफ कीजिए कश्मीर के मंदिरों के बारे में यहां भी वही मिथ्या प्रचार कर रहे हैं जिसमें उनकी पार्टी के दूसरे नेता और कार्यकर्ता पिछले चार-पांच साल से लगे हुए हैं। जॉर्ज वर्गीस के लेखों के बारे में कुछ जानकारी और तथ्य इस प्रकार हैं।

अयोध्या पर बाबरी कमेटियों और संघ परिवार के बीच सहमति की जमीन ढूंढने में लगी दो टोलियों में उन्हें 1989 में शामिल किया गया। ये टोलियां संघ परिवार के नेताओं से बात करतीं तो उन्हें कहा जाता कि कश्मीर में मंदिरों को लगातार तोड़ा जा रहा है। न सरकार कुछ करती है न मीडिया में उनके बारे में कहा जाता है। जॉर्ज वर्गीस तब भी उन्हें कहते थे और सात फरवरी के लेख में उन्होंने लिखा भी है कि अयोध्या में राम जन्मभूमि-बाबरी मस्जिद मंदिर का ताला खुलने के बाद 86 में कश्मीर में सांप्रदायिक दंगे हुए थे। दंगों में मंदिर जले और टूटे थे लेकिन सरकार ने लोगों की मदद से उनकी मरम्मत कर दी है। सांप्रदायिक दंगों में दुर्भाग्य से हर कहीं पूजा स्थल टूटते हैं। मंदिर, मस्जिद, गुरुद्वारे–सभी चपेट में आते हैं। उनके बारे में बार-बार प्रचार करने से सांप्रदायिक आग और भड़कती है। आग भड़काने से सांप्रदायिक मेलजोल तो नहीं होगा।

तब कहा जाता कि नहीं 1986 के बाद भी मंदिर तोड़े जा रहे हैं। इन टोलियों में से मैं भी था इसलिए मुझे मालूम है कि किसने क्या कहा। मैं उस तफसील में जाना नहीं चाहता न निजी या सिर्फ टोली के लिए कही गई बातों को सार्वजनिक करना चाहता हूं। लेकिन जॉर्ज वर्गीस ने

सूचियां तभी लीं जब हमें कहा गया कि नहीं ये मंदिर 89 से 91 के बीच तोड़े गए हैं। इसलिए यह कहना वाहियात है कि उन्होंने 86 में तोड़े गए/जलाए गए मंदिरों के बारे में नहीं लिखा। वे न उनकी जांच करने गए थे, न उन पर उन्होंने लिखा है। तब वे इंडियन एक्सप्रेस के संपादक थे और उनके अखबार में जो छपा वह फाइलों में देखा जा सकता है।

जॉर्ज वर्गीस को जो सूचियां दी गई थीं वे 89 से 91 के बीच तोड़े/जलाए गए मंदिरों की थीं। वे जनवरी 1991 में जम्मू और मई और जून 91 में कश्मीर गए और उन्होंने खुद जा कर जांच की। उन्होंने जो देखा और पाया उसी के आधार पर 11 जून 91 को एक्सप्रेस में लेख लिखा। तब पाठकों के इक्के-दुक्के पत्रों के अलावा संघ परिवार के किसी नेता ने लेख लिखकर या बयान देकर दावा नहीं किया कि जॉर्ज वर्गीस झूठ बोलते हैं। केदारनाथ साहनी भी 1986 में एक से तीन मार्च तक कश्मीर में घूमने और टूटे मंदिरों को देखने की बात करते हैं। जॉर्ज वर्गीस वहां पांच साल बाद जांच करने गए थे। और उन्होंने पाया कि सूचियों में दिए गए सभी बड़े और प्रसिद्ध मंदिर सुरक्षित हैं। उन्होंने तब भी लिखा (और साहनीजी चाहें तो आठ मई 91 को एक्सप्रेस में छपा लेख पढ़ सकते हैं) कि कुछ मंदिरों, और धर्मशालाओं और अखाड़ों में उनकी सहमति से बीएसएफ और सीआरपीएफ ने चौकियां बना रखी हैं। बहरहाल सच्चाई यह है कि जॉर्ज वर्गीस ने पाया कि संघ परिवार और सनातन धर्म सभा जम्मू से जो सूचियां उन्हें मिली थीं—वे खोटी हैं। जॉर्ज वर्गीस ने सुनी सुनाई बातें सांप्रदायिक प्रचार के लिए नहीं लिखी थीं। खुद जाकर दी गई सूचियों के आधार पर जांच की थी। तब संघ परिवार के किसी नेता ने कश्मीर जाकर खुद जांच करके जॉर्ज वर्गीस के निष्कर्ष को चुनौती नहीं दी। बाबरी मस्जिद को ढहाने वाले अब क्यों कश्मीर के उन मंदिरों के तोड़े/जलाए जाने का औचित्य की तरह इस्तेमाल कर रहे हैं जो—मुसलमान आक्रमणकारियों ने योजना बना कर तोड़े ही नहीं थे। दोहरे मानदंड किसके हैं ? झूठा प्रचार करनेवालों के या मौके पर जाकर सच्चाई का पता लगाने और तभी उस पर लिखने वालों के ?

साहनीजी का दूसरा मुद्दा है कि जब सरकार ने खुद संसद में कहा कि सन् 89, 90 और 91 में अड़तीस धर्म स्थल तोड़े गए तब जाकर जॉर्ज वर्गीस ने खिसियाते हुए माना कि उनमें बाईस मंदिर और सोलह मुसलमान इबादतगाहें थीं। इस बारे में पूरी सूची और ब्यौरा जनसत्ता ने बाईस फरवरी को पूरे पेज पर छाप दिया है। सरकार के उस उत्तर में जॉर्ज वर्गीस का जून 11 के अंक में लिखा गया लेख झूठा नहीं हो जाता। वे कश्मीरी आतंकवादियों और सुरक्षा बलों के बीच चले आ रहे संघर्ष में टूटे/जले धर्म स्थलों की जांच करने नहीं गए थे। वे संघ परिवार से प्राप्त सूची के अनुसार—मुसलमानों/आतंकवादियों द्वारा जान-बूझकर तोड़े/जलाए गए मंदिरों की जांच करने गए थे। फिर सरकार का जवाब सिर्फ मंदिरों के बारे में नहीं है और आतंकवादियों के खिलाफ कार्रवाई में मंदिर-मस्जिद दोनों टूटे/जले हैं यह जानकारी किसी संघ परिवारी ने नहीं जॉर्ज वर्गीस ने ही निकाल कर दी है और ऐसा होने की बात उन्होंने अपने मई-जून 91 के लेखों में कही थी। संघ परिवार के नेता तो उन सभी पूजा स्थलों को मंदिर मानकर जॉर्ज वर्गीस को झूठा साबित करने पर पिल पड़े थे। तथ्यों और सच्चाई की चिंता किसे है ? प्रचार में लगे नेताओं या जॉर्ज वर्गीस को ?

फिर सांप्रदायिक दंगों और आतंकवादी विरोधी कार्रवाई में और दो लाख अनुशासित कारसेवकों को इकट्ठा करके बाकायदा (अपने ही दावे के) राम मंदिर को तोड़ने में कोई फर्क है या नहीं ? संघ परिवार के मानदंड से एक तो पुण्य और मुक्ति का कार्य है और दूसरा हो या न हो सोचा-समझा मुस्लिम आक्रमण है। दोहरे मानदंड इस देश के बुद्धिजीवियों या प्रेस के हैं या संघ परिवार के ? छह दिसंबर के बाद हुए दंगों में कोई सवा हजार मंदिर-मस्जिद टूटे हैं और इन दंगों का कारण अयोध्या में हुई कार सेवा है। किसी संघ परिवारी ने उनकी सूची बनाकर या सरकार से लेकर प्रचारित की है ? इन सवा हजार धर्मस्थानों को क्षति पहुंचने पर न संघ परिवार ने दुख

प्रकट किया है न प्रेस ने हायतौबा की है। क्या संघ परिवारियों ने नवंबर 84 के दंगों में टूटे/जले गुरुद्वारों की सूची प्रकाशित करके उन पर हायतौबा की है ? किस के हैं दुहरे मानदंड ? किसी भी धर्म-स्थल के टूटने/जलने को अपकर्म कहनेवाले बुद्धिजीवियों और प्रेस के या साबुत खड़े मंदिरों को टूटा हुआ घोषित कर के छाती माथा कूटने वाले लेकिन बाबरी मस्जिद के ढांचे को गिराकर– हिंदू विजय दिवस घोषित करने वालों के ?

जॉर्ज वर्गीस के बाद इंडिया टुडे की हरविंदर बवेजा और फ्रंट लाइन के कश्मीरी बुद्धिजीवी विशेष संवाददाता ने छह दिसंबर के बाद कश्मीर जाकर भाजपाई सूची के अनुसार मंदिरों की खोजबीन की है और सूचियों को खोटा और झूठा पाया है। उन्होंने अपनी पत्रिकाओं में बाकायदा चित्र और सूचियां देकर साबित किया है कि संघ परिवारी किस तरह के झूठे और सांप्रदायिक प्रचार में लगे हैं। तीन पत्रकारों की मौके पर की गई छानबीन को केदारनाथ साहनी और दूसरे नेता बयानबाजी और झूठे प्रचार से गलत साबित नहीं कर सकते। उनकी भेजी सूचियां एक-दूसरे से मेल नहीं खातीं। केदारनाथ साहनी ने हमें जो सरकारी सूची भेजी है वह भी जॉर्ज वर्गीस को उनके द्वारा भिजवाई गई सूची से मेल नहीं खाती। कितने मंदिरों की कितनी सूचियां संघ परिवार की ओर से देश में घूम रही हैं ? कितने संघ परिवारियों ने 89 से 91 और छह दिसंबर 92 के बाद कश्मीर का दौरा करके तोड़े/जलाए गए मंदिरों की प्रामाणिक सूची बनाई है ? धर्म का आखिर सत्य से कोई लेना-देना है या नहीं ?

कश्मीर के मंदिरों के बारे में संघ परिवार का प्रचार झूठा साबित होकर खंडित पड़ा है। अगर केदारनाथ साहनी को सच की सचमुच चिंता है तो वे कुछ खोजबीन करने वाले प्रतिष्ठित लोगों का एक दल बनाकर कश्मीर भिजवाएं। संघ परिवार को राष्ट्र की बहुत चिंता है ना ! एक राष्ट्रीय जांच दल कश्मीर भेजकर वहां के मंदिरों की सच्चाई राष्ट्र को बताए। हम उसकी रपट की प्रतीक्षा करेंगे। न सच्चाई को दबाया जा सकता है न झूठ को चलाया जा सकता है।

5.3.1993

अपनी सीता की रसोई

तब हम राजघाट कॉलोनी में रहते थे। और घर-परिवार के लिए मजे का वक्त मिल जाता था।

उस दिन घर बाथरूम साफ करने के बाद रसोई में आया। पहले सब बर्तन मांजकर चमकाए और करीने से लगाए। तब गैस भी नहीं थी। मिट्टी का चूल्हा और किरोसिन का स्टोव था। चूल्हे को मिट्टी से लीपा। स्टोव के पीतल को चमकाया। जलाकर देखा। फर्श को रगड़कर धोया। मोरी सीक की झाड़ू से साफ की। डब्बे-कनस्तर साफ करके जमाए। छत धुएं से काली पड़ गई थी और कुछ जाले भी थे। स्टूल पर चढ़कर झाड़ू से साफ किए। उतरा तो देखा कि फर्श पर कचरा गिरा है और बर्तनों पर भी कालिख गिरी है। क्या बुद्धू आदमी है ! पहले छत साफ करनी थी न !—मैंने अपने को झिड़का और फिर से पूरी रसोई साफ की। जब उसका चौका रगड़ रहा था तो सुना—"क्या भाभी आनेवाली है ?" सामने गोविंद बहुगुणा खड़े पूछ रहे थे। "हां ! कल !!" मैंने कह दिया। "तभी तो गाया जा रहा है—सिया बिना मेरी सूनी रसोई !" अचानक मेरे गाल गरम हो गए और कानों पर जैसे कनखजूरे रेंगने लगे। मुझे एकदम समझ आया कि मैं जोर-जोर-से कुमार गंधर्व से सुना भजन—'मुझे रघुवर की सुध आई' गाते हुए 'सिया बिना मेरी सूनी रसोई' पर सुई की तरह अटक गया था।

किसलिए अटक गया था, इसकी प्रतीति मुझे नहीं थी। बहुगुणा के कहने पर जैसे बिजली कौंधी और एक नजर में मुझे सब दिख गया। हां, मैंने घर इसलिए साफ किया था कि कल भेनजी कानपुर से आनेवाली थी और मेरे मन में था कि उसे उसका घर बिल्कुल साफ-सुथरा और चमकाकर लौटाऊं। उसकी रसोई अड़ंग-बड़ंग बनाकर भ्रष्ट की थी तो जैसे उसे फिर संस्कारित और अभिमन्त्रित करके उसकी पवित्रता में उसे स्थापित करूं। सिया की रसोई बनकर ही वह पवित्र और प्रतिष्ठित हो सकती थी। इसीलिए रघुवर की सुध आई भजन गाते हुए मैं बार-बार 'सिया बिना मेरी सूनी रसोई'—को दुहराता जा रहा था। कुमार जी से भजन तो बहुत बाद में सुना था, पहले तो मां से ही सुना था और उन्हीं से जाना था कि रसोई पूजा घर के बाद घर की सबसे पवित्र जगह होती है। उसमें हर कोई नहीं घुस सकता। घर के लोगों को भी जूते/चप्पल ही नहीं, बाहर के कपड़े भी बाहर ही निकाल कर और पैर धोकर आना होता है। वह अन्नपूर्णा का स्थान है। सिया की रसोई है। मैं अपने घर की सिया को उसकी रसोई वैसी ही सौंपना चाहता था।

बहुगुणा के सामने खड़े और लजाते हुए मुझे स्वीकार करने में सचमुच अजीब सी हिचकिचाहट हो रही थी। जैसे मैं कहूंगा कि हां, तो अपने अन्दर के एक पवित्र पारिवारिक रहस्य को सरेआम नंगा और भ्रष्ट कर दूंगा। मैंने घर और रसोई का जो किया था और जिस भावना से किया था, वह सिर्फ मेरे और पत्नी के बीच रहना चाहिए। जैसे उसमें एक अनुल्लंघनीयता थी जिसका अतिक्रमण करने का अधिकार बहुगुणा को नहीं था। भले ही वह भेनजी का सबसे प्रिय देवर हो और पप्पू का सबसे चहेता चाचा। बहुगुणा के लिए मेरे मन में भी कोई कम स्नेह नहीं था। वह गेस्ट हाउस में नहीं,

हमारे घर में ही ज्यादातर रहता था। वह हमारी प्राइवेसी को नहीं तोड़ रहा था। प्राइवेसी में अनुल्लंघनीयता तो होती है लेकिन वह पारिवारिक पवित्रता नहीं होती जो हमारी लोक-परंपरा में सीता की रसोई को मिली हुई है।

सीता की रसोई को लेकर अभिभूत होनेवाले हमारे मित्र रामचन्द्र गांधी राम मंदिर आंदोलन के बेल्जियन व्याख्याकार कोनराड एल्स्ट की किताब पर दुखी हैं जिसमें एक जगह सीता की रसोई को कौशल्या की रसोई कहा गया है। यह वही सीता की रसोई है जिसकी राम चबूतरे के साथ कार सेवकों ने वही गत की जो बाबरी मस्जिद के ढांचे की कर दी है। कार सेवकों के लिए इसका क्या महत्त्व था कि उस चबूतरे पर अकबर के जमाने से रामधुन हो रही थी और पास ही बनी सीता की रसोई उससे कोई कम पवित्र नहीं थी ? दोनों पर बाबरी मस्जिद की दीवार के बाहर सदियों से तीर्थयात्रियों का नमन और पूजन-अर्चन होता आया था। राम चबूतरा और सीता की रसोई दोनों साफ कर दिए गए और उनका मलबा बाबरी मस्जिद के मलबे में मिलकर एक हो गया। कोई हिंदू कह सकता है कि वह राम चबूतरा और वह सीता की रसोई तथाकथित गुलामी के प्रतीक थे ? उनके लिए किसी कार सेवक या संघ परिवारी नेता को आपने शोक प्रकट करते सुना है ? जब इन रामभक्तों को राम चबूतरे और सीता की रसोई की पवित्रता और पूजनीयता का कोई अंदाज नहीं तो वह कोनराड एल्स्ट बेचारा क्या समझेगा कि सीता की रसोई कौशल्या की रसोई नहीं हो सकती। वह भाई कहता है कि सास-बहू एक रसोई में खाना नहीं बना सकती होंगी ?

लेकिन पवित्रता, पूजनीयता और लोक-परंपरा में आस्था की बातों को राम मंदिर आंदोलन से जोड़ने की गलती नहीं करनी चाहिए। रामचंद्र गांधी को सीमा की रसोई के तोड़े जाने का जो दुख है उसका इस आंदोलन चलानेवालों के लिए कोई मतलब नहीं है क्योंकि वे बाबर से इतिहास का हिसाब बराबर करने निकले लोग हैं। उनकी प्रेरणा प्रतिशोध है, लोक-परंपरा की आस्था नहीं। इसलिए उन्होंने बाबरी मस्जिद के ढांचे और सीता की रसोई में कोई फर्क नहीं किया। अपनी आत्मा से बचने के लिए वे कहते हैं कि वह मस्जिद नहीं थी, तो अपने रामलला के मंदिर, सीता की रसोई और ऐतिहासिक राम चबूतरे के साथ कोई वह करता है जो उन्होंने छह दिसंबर को किया ? 'सीता की रसोई'—लिखनेवाले रामचंद्र गांधी को एक पुराने संपादक कामथ ने रूमानी प्रलाप करनेवाला कहा है। हिंदुओं का मस्तक ऊंचा करनेवाला गौरवशाली भव्य मंदिर बनाने के लिए सीता की रसोई तोड़ दी गई तो इसमें रिरियाने की क्या जरूरत है ? रामचंद्र गांधी को या किसी और को भी सीता की रसोई पर इतनी ही भक्ति है तो चित्रकूट में कामदगिरि के पर्वत की परिक्रमा कर लें। वहां सीता की आठ-दस रसोइयां हैं। बोधगया में है। बनवासी राम से जुड़ी और भी कई जगहों पर हैं। लोग एक ओटला-सा बनाते हैं और उसे सीता की रसोई कहकर बैठ जाते हैं। श्रद्धालु लोग उस पर पैसे भी चढ़ा देते हैं।

सीता की रसोई दरअसल हमारी लोक-परंपरा में है। सीता की रसोई हमारे पारिवारिक जीवन का पवित्र उत्स है। जो भी उस पर सिर टेकता है या चढ़ावा चढ़ाता है, वह अपने घर की रसोई को दैविक बनाता है। उसे सीता की मानकर उसे अन्नपूर्णा तत्त्व देता है—जिसमें नौन तेल लकड़ी और चूल्हे-चक्की जैसी रोजमर्रा की मामूली चीजें भी देवत्व पा जाती हैं। हम कहते हैं कि भगवान पत्थर की मूर्ति में नहीं, हमारे अन्दर हैं। मंदिर में भी मूर्ति तभी पूजनीय होती है जब उसकी प्राण-प्रतिष्ठा कर दी जाए। यह प्राण-प्रतिष्ठा हमारी वह आस्था है जिसे हम पत्थर की मूरत में प्रतिष्ठित करते हैं। हम जिसे पूजते हैं वही ईश्वर है। कबीर ने जब कहा कि पत्थर पूजे हरि मिले तो मैं पुजूं पहाड़, वा से तो चाकी भली पीस खाय संसार, तो वे सिर्फ मूर्ति-पूजा के खिलाफ नहीं बोल रहे थे। वे

बता रहे थे कि तेरा साईं तुझमें है। अयोध्या का चबूतरा और सीता की रसोई आखिर हमारे राम और हमारी सीता के लिए बनाए गए स्थान थे। सदियों से हमारी आस्था से वे पूजित और प्रतिष्ठित थे। हनुमानजी ने भी लंका जलाई तो अशोक वन में सीता जी को तो लपटें नहीं लगने दी। छह दिसम्बर को किसी संघ परिवारी ने पूछा कि सीता की रसोई का क्या हुआ ? राम चबूतरे का क्या हुआ ?

अयोध्या में सीता की रसोई का मलबा देखने के बाद भेनजी के साथ चित्रकूट में कादमगिरि की परिक्रमा करते हुए हमने सीता की रसोइयां देखीं। एक जगह मुझे वही सिहरन हुई जो बीस-बाईस साल पहले राजघाट कॉलोनी के उस घर में उस दिन हुई थी जिसे साफ करते हुए मुझे रघुवर की सुध आ रही थी और जिसकी रसोई सिया के बिना सूनी थी। सिया की उस रसोई को कोई कार सेवक नहीं तोड़ सकता। उसे मंदिर तोड़नेवाले हमलावार तोड़ नहीं पाए, न मस्जिद तोड़नेवाले रामभक्त तोड़ पाएंगे। वह हमारी लोक-आस्था में पारिवारिक जीवन की पवित्रता है—अक्षुण्ण, अलंघ्य और अजेय !

14.3.1993

प्रार्थना की भूमि पर पीपल के आशीर्वाद

सेवाग्राम में अपनी कुटिया के बाहर बापू ने वह पीपल सन् छत्तीस में लगाया था। उसकी दो-तीन शाखाएं प्रार्थना भूमि पर हरी छतरी की तरह छाई और चंवर जैसी डुलाती रहती। प्रार्थना भूमि के सामने आदि निवास है, बाईं ओर बा की कुटिया और पीछे बापू की कुटिया। प्रार्थना भूमि पर अभी भी वैसी ही कंकर-रेत बिछी हुई है। उसके चारों ओर एक ओट-सी लगा दी गई है। एक कोने में लिखा है कि वहां जाने के पहले जूते-चप्पल उतार दें।

बापू ने सर्व धर्म प्रार्थना बनाई थी। शुरुआत ईशोपनिषद के श्लोक से होती है, फिर गीता के कुछ श्लोक हैं। आप इसे हिंदू धर्म से ली गई प्रार्थना कह सकते हैं हालांकि वह सिर्फ धर्म की है। फिर अरबी में कुरान से कुछ आयतें हैं। बाईबल से अंग्रेजी में एक अंश। जैन, बौद्ध और सिख धर्म से भी प्रार्थनाओं के टुकड़े हैं। तीन बार शान्ति के साथ वह पूरी होती है। गांधी के आश्रम में हर समय इन सभी धर्मों के लोग प्रार्थना करने बैठते होंगे या नहीं, लेकिन उनकी प्रार्थनाएं हर सुबह-शाम होती थीं। गांधी का आश्रम भारत था और है जहां सभी धर्मों और उन्हें माननेवालों के लिए सम्मान की जगह थी। गांधी सिर्फ अंग्रेजों से लड़कर भारत को आजाद नहीं करना चाहते थे, वे भारत को उसकी असली ताकत में मजबूत करना चाहते थे और उस ताकत पर ही नया भारत खड़ा करना चाहते थे। इस भारत में न सिर्फ चार धर्म विकसित हुए, इसने बाहर से विकसित हुए ईसाई, इस्लाम, यहूदी और पारसी धर्मों को भी स्वीकार किया और अपने में मिला लिया। यह भारत किसी धर्म से पराजित नहीं हुआ। अपने धर्म पर टिके रहकर इसने और सभी धर्मों को सम्मान से स्वीकार किया। नकार किसी का नहीं किया। जिसके धारदार कोने चुभते थे, उसे भी घिस-घिसकर अपने पूजा घर का सालिगराम बना लिया।

सर्व धर्म समभाव गांधी का चलाया हुआ नहीं है। भारत ने इसे पांच हजार साल में सिद्ध किया है। गांधी ने भारत की सिद्धि को अपनाया। उन्होंने—रघुपति राघव राजा राम, पतित पावन सीताराम। ईश्वर अल्ला तेरे नाम, सबको सन्मति दे भगवान—की रामधुन को स्वतंत्रता की लड़ाई की टेक बना दिया। कुछ मार्क्सवादी इतिहासकारों ने निष्कर्ष निकाला है कि इसी से आजादी के आंदोलन का धार्मिकीकरण या सांप्रदायीकरण शुरू हुआ। इस रामधुन के कारण मुसलमान आंदोलन से छिटकने लगे। उसमें हिंदू धर्म का ऐसा वर्चस्व और प्रभुत्व हो गया कि दूसरे धर्मों के लोगों, खास कर मुसलमानों को लगने लगा कि उसमें उनकी जगह नहीं है। यह निष्कर्ष भी निकाला जाता है कि भारत के विभाजन का मानस बनाने में गांधी की धार्मिकता और रामधुन के जरिए हिंदू धर्म और इतिहास के बिंबों और प्रतीकों ने बड़ा योगदान दिया है। किसी और धर्मवालों ने तो गांधी को अपने धर्म का विरोधी या विधर्मी नहीं बताया लेकिन धर्म को अफीम माननेवाले और इसलिए उसे सामाजिक सार्वजनिक जीवन से खदेड़ने का सैद्धांतिक आग्रह रखनेवालों ने जरूर गांधी को धार्मिकता और सांप्रदायिकता के 'जहर' को बढ़ावा देनेवाला माना है। अब वे इतिहासकार अपने

निष्कर्षों का क्या करेंगे। समाजवाद ने तो कट्टर सांप्रदायिकता चलाकर भी कहीं धर्म का स्थान नहीं लिया। यही लोग अब मान रहे हैं कि सांप्रदायिकता और धार्मिक कठमुल्लापन से लड़ने में गांधी ही सबसे कारगर हैं।

गांधी की चलाई रामधुन को हिंदुओं का अहित करनेवाली किसी और ने भी बताया था। दिसंबर में अयोध्या कांड के बाद हम अयोध्या गए थे और मणिराम छावनी के प्रमुख और राम मंदिर आंदोलन के एक धार्मिक नेता नृत्यगोपाल दास जी ने हमें बुलाया था। जब हम पहुंचे तब वे उनके सामने बैठे लोगों से बात कर रहे थे। कह रहे थे, देखिए, हिंदू कहते हैं कि ईश्वर अल्ला तेरे नाम। लेकिन मुसलमान तो अल्ला-अल्ला ही कहते रहे। उन्होंने स्वीकार नहीं किया कि ईश्वर-अल्ला दोनों ही प्रभु के नाम हैं। जब वे ईश्वर-अल्ला को एक साथ नहीं रखते तो हिंदू क्यों मान लें कि अयोध्या में मंदिर और मस्जिद दोनों बनने चाहिए ? मैं सुनता रहा और मन में खटकता रहा कि ईश्वर अल्ला के नाम लेकर क्या हम हिंदू-मुसलमान में भेद करें और बताएं कि वह ईश्वर नहीं कहता इसलिए हम अल्ला क्यों कहें ? वह राम को जगह नहीं देता तो हम अल्ला को जगह क्यों दें ? फिर सचमुच मुसलमान ईश्वर से भेद करते हैं ? मैंने तो किसी को कहते नहीं सुना कि नहीं हम तो अल्ला ही कहेंगे। ईश्वर नहीं कह सकते। नृत्यगोपाल दास जी से मैंने कोई बहस नहीं कि लेकिन मेरा हिंदू धार्मिक मन नहीं मानता कि कोई धर्म पुरुष बदले की भावना को सही ठहरा सकता है।

सेवाग्राम में सर्वधर्म प्रार्थना हो चुकी तो मेरी नजर मौलाना वहीदुद्दीन और सादिक अली पर पड़ी। क्या इस प्रार्थना से इनके मन में भी वही दुराव और अलगाव आया होगा जो मार्क्सवादी इतिहासकारों की राय में पचास-साठ साल पहले मुसलमानों में आया ? क्या इन्होंने भी प्रार्थना के श्लोक, बाईबल के अंश आदि छोड़ दिए होंगे ? मौलाना को मैंने प्रार्थना भाव में गहरे डूबा देखा और सादिक अली के चेहरे पर भी वही भाव था जो ठाकुरदास बंग के चेहरे पर दिखा। प्रार्थना सब धर्मों की हो तो लोग जुड़ते हैं या एक दूसरे से छिटक कर अलग हो जाते हैं ? सादिक अली से नहीं तो मौलाना वहीदुद्दीन खान से तो पूछ ही सकता था। सादिक अली तो गांधीवाली कांग्रेस से सार्वजनिक और राजनैतिक जीवन में आए और इसलिए उनके संस्कारों में तो सर्वधर्म प्रार्थना है ही। लेकिन मौलाना तो इस्लाम के अध्ययन और पालन से ही धार्मिक व्यक्ति बने हैं। उन्हें उस सामाजिकता और राजनैतिकता की जरूरत नहीं है जो सर्वधर्म प्रार्थना को राष्ट्रीय औपचारिकता के रूप में स्वीकार करवाती है। लेकिन ऐसे सवालों के जवाब सर्वे के प्रश्नोत्तर की तरह नहीं हो सकते। ऐसे सवालों के जवाब तो पूछकर नहीं पाए जा सकते। उन्हें तो साथ रहकर महसूस करते हुए ही पाने से ज्यादा समझा जा सकता है। मैं पूछता तो मौलाना और सादिक अली क्या उस अनुभूति को शब्दों में भर सकते थे जो उन्हें सेवाग्राम की प्रार्थना भूमि पर बैठकर की गई प्रार्थना से मिली होगी ?

मौलाना वहीदुद्दीन तो पहले कभी घंटे दो घंटे के लिए सेवाग्राम आए थे और बापू कुटिया देखकर चले गए थे। लेकिन वहां बैठक में उन्होंने कहा कि उनके बड़े भाई ने गांधी पर नज़्म लिखी थी जिसका एक शेर था कि यह गलत है कि गांधी हिंदुओं का लीडर था वह तो इंसानियत का रहनुमा था। फिर बोलते-बोलते मौलाना का गला रूंध गया। बैठक में उन्होंने गांधी और उनकी अहिंसक क्रियाशीलता पर जो कहा, उससे गांधी को माननेवाले ऐसे अभिभूत हुए कि दूसरे दिन उन्हें प्रार्थना के बाद बोलने को कहा गया। मौलाना ने कहा कि वे ऐसे दूल्हे थे जिसने खादी के कपड़े पहनकर शादी की। उनका गला रूंध गया। फिर उन्होंने कहा कि खुदा चाहता कि उसकी इबादत सिर्फ अरबी में हो तो वह संस्कृत नहीं बनाता, अंग्रेजी नहीं बनाता, प्राकृत और पाली नहीं बनाता। उसने ये

सब भाषाएं बनाईं तो इसलिए कि वह कई भाषाओं और बोलियों में अपना नाम लिवाना चाहता है। उसे कोयल की कूक ही अच्छी लगती तो वह सिर्फ कोयल ही बनाता, पपीहा नहीं बनाता। खुदा को विविधता चाहिए इसलिए उसने यह सतरंग संसार बनाया। गांधी जी ने सब धर्मों की प्रार्थनाएं एक साथ जोड़कर सब धर्मों की समानता ही बताई है। उन्हीं का शान्ति और अहिंसा का रास्ता दुनिया में चलता है और उसी पर चलेंगे तो हमारी समस्याएं हल होंगी। मौलाना ने इसी तरह की गहरी और समझदारी की बातें वहां कहीं। उन्हें अपने बैठने के तख्ते के पास बैठे बोलते सुनकर गांधी जी को कितना अच्छा लगा होगा। उनके लगाए पीपल के पत्ते क्या इसीलिए ऊपर ताली बजा रहे थे ?

मौलाना वहीदुद्दीन धर्म के आदमी हैं इसलिए उन्होंने नहीं कहा कि खुदा को सिर्फ अरबी में इबादत अच्छी लगती है इसलिए मुसलमान जहां ईशोपनिषद और गीता के संस्कृत श्लोक बोले जाएंगे वहां से उचट जाएंगे या अल्ला को ईश्वर कहा जाएगा तो उन्हें मंजूर नहीं होगा। धर्म का मर्म समझनेवाले के लिए ऐसे भेद नहीं होते। वह भाषाओं, धर्मग्रन्थों और प्रार्थनाओं से परे जो भगवान है उसे जानता है। मैंने ढूंढने की कोशिश की कि गांधी ने सेवाग्राम और साबरमती आश्रमों में कोई मंदिर, कोई मस्जिद, कोई चर्च और गुरद्वारा क्यों नहीं बनवाया ? धार्मिक पुरुष को ईश्वर को देखने-समझने के लिए ये स्थान अनिवार्य नहीं हैं। गांधी अपने जीवन और कार्य में राम को साधने में लगे रहे। हमारे भक्त कवियों ने कहा है कि जीवन भर लोग भक्ति में लगे रहते हैं लेकिन अन्त समय उसी के मुख से राम निकलता है जिसका बहुत पुण्य हो और जिसपर राम की बहुत कृपा हो। गांधी के मुख से हे राम निकला तभी गोडसे की गोलियों से उनके प्राण छूटे। जब दिल्ली पुलिस और सरदार पटेल का गृह मन्त्रालय उनकी रक्षा में पुलिसवाले तैनात करना चाहते थे तो उन्होंने न सिर्फ इन्कार किया बल्कि कहा कि ऐसा किया गया तो इसके खिलाफ वे सत्याग्रह करेंगे। मेरे राम के अलावा मेरी रक्षा कोई कर नहीं सकता। मैं तो चाहता हूं कि गोली चले और राम का नाम लेते हुए मेरे प्राण निकले। इसी में बहादुरी है।

गांधी उस सेवाग्राम लौटकर रचनात्मक कार्यकर्ताओं का लोक सवेक संघ बनाना चाहते थे। वे सत्ता पर सत्ता चाहनेवालों के अंकुश से आनेवाले सन्तुलन में विश्वास नहीं करते थे। इस दुश्चक्र में फंसी पार्टियां सत्ता को जन सेवा का माध्यम नहीं बना सकतीं, यह हमने खूब देख लिया है। कांग्रेस के तौर-तरीकों और भाजपा की चाल-ढाल एक जैसी है। सत्ता के लिए भाजपा वह सब करती है जो कांग्रेस कर चुकी है और कर रही है। कांग्रेस ने मुसलमानों की वोट-बैंक बनाई तो भाजपा हिंदुओं की बना रही है। उसने इस्लाम का इस्तेमाल किया तो यह हिंदुत्व का कर रही है। दोनों ने लोगों को धर्म से विमुख करके संप्रदाय में लगाया। एक दूसरे को जोड़ने के बजाए आमने-सामने खड़ा किया और लड़ाया। आप कह सकते हैं कि सेवाग्राम इसलिए सुनसान पड़ा है कि वहां रहनेवाले ने धर्म के मर्म को समझा और जैसा भारत में होता आया है, वैसा ही किया। सेवाग्राम की शान्ति तक उन्हीं की एक सेविका डॉक्टर सुशीला नैयर ने भंग कर दी है जिन्होंने गांधी की याद में मेडिकल कालेज खोल दिया। किसी ने एक इंजीनियरिंग कालेज भी खोल दिया और अब सेवाग्राम के आसपास ग्राम स्वराज नहीं, पश्चिमी तिलिस्म का माया जाल खड़ा है। सेवाग्राम को वह निगल भी जाए तो गांधी क्या कर लेंगे ? उनकी जन्मभूमि पर मंदिर बनाने के लिए उनके भक्तों ने जो किया, उसका रामजी ने क्या कर लिया ? कल्याण सिंह कहते हैं कि वह तो राम जी की ही इच्छा थी। लालकृष्ण आडवाणी कहते हैं कि विधाता को यही मंजूर था और राजमाता को कार सेवकों में हनुमानजी के दर्शन हुए। मराठी के नाटककार पुल देशपांडे का एक पात्र कहता है कि हम गांधी के रास्ते नहीं चल सकते इसलिए जिस रास्ते पर चलते हैं उसका नाम गांधी मार्ग रख लेते हैं। राम काज कर नहीं सकते इसलिए जो भी करते हैं उसे राम की इच्छा मान लेते हैं। मैं जो यह लिख

रहा हूं तो यह भी राम जी लिखवा रहे हैं।

मैं अयोध्या जाता हूं और बाबरी मस्जिद के मलबे पर बैठाए गए रामलला मुझे उदास दिखते हैं। मैं सेवाग्राम जाता हूं और वहां झाड़ू लगाते गांधी मुझे दुखी और निराश लगते हैं। दांडी कूच पर निकलने के पहले साबरमती आश्रम में गांधी ने सुने री मैंने निर्बल के बल राम गवाया था। वह आश्रम उन्होंने बाद में इस निश्चय के साथ छोड़ा कि जब तक आजादी नहीं मिल जाएगी वे वहां लौटेंगे नहीं। गांधी साबरमती नहीं लौट पाए। वह आश्रम अभी भी उनका रास्ता देख रहा है। गांधी सेवाग्राम भी नहीं लौट पाए। वहां भी उनकी प्रतीक्षा है। किसी दिन कैकयी ने राम को बनवास दिलवा दिया था। अयोध्या सूनी हो गई थी। अयोध्या आज भी सूनी है। वहां राम कैसे लौटें जहां मयार्दाओं की सीता अग्नि-परीक्षा दे रही है और यह अग्नि-परीक्षा राम नहीं ले रहे हैं। मुझे मालूम है कि जा की रही भावना जैसी प्रभु मूरत देखी तिन तैसी। मेरी भावना में रामलला उदास हैं। इस बार रामनवमी पर मैं उन्हें फिर मनाऊंगा। मेरी अयोध्या वही है जहां राम जन्म लेते हैं। उनके जन्म लेने से भूमि बनती और पवित्र होती है।

राम और अयोध्या और गांधी और सेवाग्राम मेरे मन से उतरते नहीं। मैंने बहुत कोशिश कर ली। इसलिए जा ही विधि राखै राम वाही विधि रह रहा हूं।

21.3.1993

भरत का भारत और विक्रम का संवत्

मार्च की चौबीस तारीख। जाती फरवरी जैसी ठंड। पूरे बादलों से घिरा घुन्ना आसमान। बीच-बीच में अश्रुपात जैसी बरसात और भावनाओं जैसी तेज हवा। शरीर और मन को इस दिल्ली में लगे ही नहीं कि अपनी गुड़ी पड़वां आ गई है। नया साल शुरू हो गया है।

अपने नए साल का तारीख से उतना नहीं जितना मौसम से संबंध है। महसूस तो होना चाहिए ना कि पुराना जा रहा है और नया आ रहा है। हवा पुराने पीले पड़े पत्तों को पेड़ों से झकझोर कर गिरा रही है और अपने साथ उड़ा ले जा रही है। डालियों पर नई कोंपलें फूट रही हैं। पत्तों के साथ उड़ती धूल को महसूस करते हुए अवसाद और उत्साह की एक अजीब सी अनुभूति होती है। अवसाद कि एक पीला पत्ता डाल से गिर कर सूखा और हवा उसे उड़ा ले गई। जैसे पात गिरे तरुवर से मिलना बहुत दुहेला, ना जाने कब कहां मिलेगा लग्या पवन का रेला-उड़ जाएगा हंस अकेला।

हम सब पत्ते हैं। ऋतु चक्र का साल पूरा करके झरते हैं और उड़ जाते हैं—अकेले। हमारा हर साल भी एक पत्ता है। कोंपल की तरह फूटता है पीले पत्ते की तरह झर जाता है। हम सब कोंपलें हैं। जीवन की निरन्तरता को प्रणामित करती हुई उगती हैं। बदन पर लुनाई, आंखों में चमक और मन में फलने-फूलने की उमंग। ऊपर आकाश, सामने क्षितिज तक भविष्य और मन में कूकती कोयल। पतझड़ और वसन्त।

जिस मन में पीले पत्ते के झरने और सूखकर हवा के साथ उड़ जाने का अवसाद नहीं होता, वह कोंपल की लुनाई, चमक और कूक और फलने-फूलने की आकांक्षा को समझ नहीं सकता। जिसने ऋतु चक्र को पूरा घूमते हुए देखा है और जाना है कि वह थमता नहीं और उसके साथ घूमना ही जीवन है, वह नए साल पर उछल कूद नहीं करेगा। अवसाद से जो मन भारी है उसके उत्साह में अनुभव की गरिमा होती है।

हम एक पुरातन संस्कृति के लोग हैं तो सिर्फ इसलिए नहीं कि दंभ से ताल ठोकते फिरें कि हमारा पांच हजार साल का इतिहास है और हम उन ऊंचाइयों पर रह चुके हैं जिन तक पहुंचना भी ज्यादातर लोगों को सधा नहीं है। हम इतने सुसंस्कृत लोग हैं तो हमारी जीवन-पद्धति में हमारा परिष्कार दिखना चाहिए। स्वयं प्रकट होना चाहिए। हमें उसका विज्ञापन करते फिरने की जरूरत नहीं होनी चाहिए। हम अपनी संस्कृति जीते हैं उसे बेचते नहीं हैं। इसलिए जब मैं देखता हूं कि ग्रेगेरियन केलेंडर को माननेवाले ईसाइयों की तरह हम अपने नए साल का कार्ड छपवाकर एक दूसरे को बधाई देते हैं और मनाते हैं कि नर्व वर्ष मंगलमय हो तो मुझे अटपटा लगता है।

मैं उस मालवा का आदमी हूं जहां के वीर विक्रमादित्य से विक्रम संवत की शुरुआत हुई। इतिहास में इस विक्रमादित्य की ठीक पहचान नहीं हुई है। कहते हैं, कई विक्रमादित्य हुए हैं, बल्कि बाद में तो विक्रमादित्य एक पदवी हो गई, एक विशेषण हो गया जिसे राजा अपने नाम के आगे लगाने लगे। एक विक्रमादित्य ने आक्रमणकारी शकों को इस देश से मार भगाया था। तीन-चार सौ साल बाद के विक्रमादित्य ने हूणों को पराजित किया और उन्हें भी देश से खदेड़ दिया। देश मालवा था या भारतवर्ष, इसकी भी पक्की ऐतिहासिक जानकारी नहीं है। लेकिन विक्रमादित्य मालवा

का था और उज्जैन उसकी राजधानी थी, इसे सभी मानते हैं। उसी से विक्रम संवत चला लेकिन ठीक कब चला इस पर एकमत नहीं है। जैसे विक्रम संवत 2050 इस चौबीस मार्च से लग गया और ईस्वी सन 1993 तिरयासी दिन पहले एक जनवरी को लगा था यानी विक्रम संवत ईस्वी सन से सत्तावन साल और इस वर्ष तिरयासी दिन पहले का है। दिनों में फर्क होता रहता है क्योंकि विक्रम संवत ज्यादातर अप्रैल में शुरू होता है। एक शक संवत भी है जो इसी माह विक्रम संवत से कोई एक सौ पैंतीस साल बाद शुरू हुआ और ईस्वी सन से कोई अठहत्तर साल बाद। भारत सरकार ने शक संवत को माना है विक्रम संवत को नहीं। ऐतिहासिकता को लेकर विवाद होते हैं। हों।

लेकिन मालवा की लोक परंपरा में वीर विक्रमादित्य एक ही है। कथा, किस्से और कहानियों में वह शकों और बाद में हूणों को खदेड़कर भगानेवाले वीर प्रतापी राजा के रूप में ही नहीं जाना जाता। वीर प्रतापी और विदेशी आक्रमणकारियों को खदेड़नेवाला तो वह था ही। लेकिन लोक स्मृति में वह जीवित है दूध का दूध और पानी का पानी कर देनेवाले न्यायपालक सम्राट के नाते। एक टीले के नीचे उसका सिंहासन था जिस पर बैठ कर वह न्याय करता था। विक्रमादित्य की न्यायिकता का असर उस सिंहासन पर भी आ गया जिस पर वह बैठता था। और ऐसा आया कि टीले के नीचे वह गड़ा था लेकिन उस टीले के ऊपर बैठनेवाले निपट गंवार ग्वाले को भी सर्वोच्च न्यायाधीश बना देता था। लोक में शकों से उसके युद्ध की कथा नहीं चलती। उसके सिंहासन की चलती है। गरीब और विधवा बूढ़ी मां के इकलौते बेटे को राक्षस से बचाने के लिए उसका बेटा बनकर राक्षस की गुफा में जानेवाले प्रजापालक वीर राजा की कहानी चलती है। विक्रम और बेताल और सिंहासन बत्तीसी की कहानियां चलती हैं। इतिहास में विक्रमादित्य की अलग और गौरवशाली पहचान भले ही न हो—यह परम प्रतापी प्रजावत्सल नीर क्षीर विवेक वाला न्यायकर्ता राजा लोक में जीवित है। हरसिद्धि के मंदिर में देवी की पूजा करता है, महाकाल की आरती उतारता है, चौसठ योगनियों को मनाता है। उसके दरबार में कालिदास कविता करते हैं।

कागज पर लिखा इतिहास नहीं यह लोगों में जीवित और खून की तरह दौड़ती और दिल की तरह धड़कती परंपरा है। क्षिप्रा अब भले ही सूख जाती हो, लोकस्मृति की धारा निरन्तर और हमेशा लबालब भरी रहती है। इसी स्मृति के साथ जन्मे और इसी परंपरा में पले इस मालवी के माथे पर वीर विक्रमादित्य ने गर्व लिख दिया है। लेकिन यह इच्छा नहीं हुई कि अपने विक्रम को सोलोमन से बड़ा न्यायकर्ता कहता फिरूं और चन्द्रगुप्त से बड़ा वीर और प्रतापी राजा कहूं। उस इतिहास को नकारूं जिसमें विक्रमादित्य का स्थान चन्द्रगुप्त और अशोक से ऊपर न हो। या दावा करूं कि चन्द्रगुप्त ही उज्जैन का विक्रमादित्य था। अगर मैं विक्रम के मालवा का आदमी हूं और वह मेरे गर्व की एक खूंटी है तो मुझे उसकी वीरता, न्यायप्रियता और लोकरंजकता का वाहक ही नहीं उसका पालन करनेवाला भी होना चाहिए।

हमारे घर तो विक्रम संवत को मानकर बनाया गया पंचांग ही चलता है। आजकल उज्जैन में व्यास परिवार के आनंद शंकर वह पंचांग बनाते हैं। हमारी परंपरा में चैत्र शुक्ल प्रतिपदा से ही नया वर्ष लगता है। लेकिन मैंने कभी नहीं देखा कि उस दिन लोग एक दूसरे को बधाई देते हैं या रात को नया साल लाने के लिए पटाखे फोड़ते हों, मंदिरों में शंख फूंकते हों और घड़ियाल बजाते हों, एक दूसरे को मिठाइयां या दूसरी चीजें भेंट में देते हों। संस्कारी परिवारों में बच्चे नहा-धोकर नए कपड़े पहनकर कुल पुरोहित को सीधा और नए वस्त्र देने जाते। सीधे में एक दिन के पूरे भोजन की अन्न सामग्री होती। वस्त्र धोती और अंगोछा होता। अंगोछा संस्कृत के अंगवस्त्र का लोक संस्करण है।

हमारे कुलपुरोहित भोकरदनकर बुआ हुआ करते थे। ठिगने, गोल-मटोल और बड़ी तोंदवाले। नसवार सूंघा करते इसलिए उनके शरीर से उसकी गंध आती। हमें कभी नहीं लगा कि वे

महाराष्ट्रीयन (मालवी में दक्षिणी) ब्राह्मण हैं। तब मालवियों और महाराष्ट्रियों में खटका करती थी। हम मालवी लोगों को होलकरों के साथ महाराष्ट्र से आए मराठीभाषी लोग रांगड़ी कहते। रांगड़ी का मतलब स्थानीय लोग। अंग्रेज जिस तरह भारतीयों को नेटिव कहते थे वैसे ही महाराष्ट्र से मालवा पर राज करने आए मराठी लोग हमें रांगड़ी कहते और हम उन्हें आपल्यास्पैकी यानी व्यंग्य से अपने ही आदमी कहते। इस होड़ और खटकने के बावजूद हम मालवी ब्राह्मणों के कुल पुरोहित दक्षिणी ब्राह्मण भोकरदनकर हुआ करते। वर्ष प्रतिपदा पर हम उन्हीं के घर जाकर सीधा देते, वस्त्र देते, उनके आशीर्वाद लेते। फिर नीम की डालियां तोड़कर घर ले जाते।

नए साल के दिन नीम की कोंपलें चबाने का बड़ा महत्त्व बताया जाता है। नीम के ताजे पत्तों को काली मिर्च के साथ पीसकर और छानकर दस दिन तक पीने से साल भर कोई चर्म रोग नहीं होगा, ऐसा बताया जाता है। आनेवाली गर्मियों में ठंडक रहेगी। बताया जाता कि जो वर्ष प्रतिपदा के दिन से दस दिन तक नीम की पत्तियां चबाता रहे और ऐसा बचपन से करता हो तो उसे सांप काट खाए तो जहर नहीं चढ़ता। नीम पर आए छोटे-छोटे सफेद फूल, निंबोली और गर्मियों में उसकी ठंडी स्वास्थ्यकर छांव सीमेंट कंक्रीट के जंगल इस दिल्ली शहर में एअरकंडीशनर लगे कमरे में भी याद आती है और वातावरण बदल जाता है। अभी उस दिन बीबीसी की अर्थफाइल में बताया जा रहा था कि नीम की पत्तियां कितनी अच्छी कीटनाशक हैं। हमारे घर साल भर का जो अनाज भरा जाता उसमें नीम की पत्तियां ही डाली जातीं। कोई पर्यावरण विशेषज्ञ वहां सिखाने नहीं आता था। नीम काटकर हम कीटनाशक दवा के कारखाने लगा रहे हैं। और कहते हैं विकास कर रहे हैं।

इस नीम की पत्तियां उस दिन कढ़ी में भी डाली जातीं। पूरनपोली के साथ खाने के लिए नीम की चटनी भी बनती। नीम की एक डाली गुड़ी पड़वां की गुड़ी पर भी लगाई जाती। मालवा में जहां-जहां मराठों का राज रहा वहां वर्ष प्रतिपदा महाराष्ट्र की गुडी पाडवा की तरह मनाई जाती है। मराठी की गुड़ी पाडवा मालवी में गुड़ी पड़वां हो जाती है। अच्छी जरीवाली साड़ी एक डंडे पर पहनाई सी जाती, उसके ऊपर चांदी का गिलास या लोटा बैठा दिया जाता और एक टहनी नीम की लगा दी जाती। फिर उसे खिड़की या छत से टांग दिया जाता। घर में पतेला भर चने की दाल उबाली जाती। उसे खूब बारीक पीसा जाता। फिर थोड़ा सा घी डालकर कढ़ाई में सेंका जाता चीनी डाली जाती। पीसी हुई इलायची मिलाई जाती और इस पूरन को पोली यानी आटे के लोये पर फैलाकर रोटी बनाई जाती। सपाट तवे पर घी के साथ तला जाता। यह गरम पूरनपोली घी और कढ़ी के साथ खाई जाती।

भोकरदनकर बुआ को निमन्त्रण होता। उनकी थाली में एक कटोरी में अलग घी होता। वे कढ़ी की बजाय घी से पूरनपोली खाते और दा साब फिर-फिर उनकी कटोरी घी से भर देते। कभी नहीं लगा कि ऐसे गोलमटोल भोकरदनकर मीठी पूरनपोली इतने घी के साथ खाते चले जाएंगे तो उन्हें डायबिटीज या हार्ट अटैक नहीं होगा ? भोजन के बाद कुल पुरोहित के पांव पड़े जाते। दक्षिणा दी जातीं। नाक में नथ पहने और कुंकु-हलदी का टीका लगाए दादी, मां, काकी सब सिर ढंककर और सीधे हाथ में पल्लू लेकर भोकरदनकर बुआ के पैर पड़तीं और वे मजाक करते हुए अष्टपुत्र सौभाग्यवती होने का आशीर्वाद देते।

विक्रम के मालवे में वर्ष प्रतिपदा अपने को शुद्ध करने का पारिवारिक सांस्कृतिक पर्व है। उसमें शुद्धसमर्पण ओर पुनर्अर्पण की भावना है। अंग्रेजी नववर्ष की शुरुआत पर जो हंगामा हम अंग्रेजों और पश्चिम की नकल में करने लगे हैं—उसे विक्रम संवत् से कैसे जोड़ सकते हैं ? वर्ष प्रतिपदा पर्व है, वह होली, दिवाली और दशहरे की तरह का त्यौहार नहीं है। हमारी परंपरा में नया साल

खुशियां मनाने का नहीं प्रकृति के साथ मिलकर अपने को पुनर्जीवित करने का पर्व है। खुशियां मनाने के हमारे त्यौहार अलग हैं। हमारे इस लम्बे-चौड़े देश में सब जगह ऋतुएं एक जैसी नहीं होतीं। इसलिए केरल में ओणम पर, तमिलनाडु और दूसरे दक्षिणी जनपदों में पोंगल पर, असम में बिहु, बंगाल में बैसाख, गुजरात में दिवाली, महाराष्ट्र में गुडी पाडवा पर नया साल शुरू होता है। उत्तर और उत्तर पश्चिमी भारत में वर्ष प्रतिपदा से नया विक्रमी वर्ष शुरू है। लेकिन कहीं भी क्रिसमस और न्यू इयर इव जैसा हंगामी त्यौहार नहीं होता। हर सभ्यता और संस्कृति अपने पर्व और त्यौहार मनाने के अपने तरीके निकालती और विकसित करती है। हम क्यों अपना नया साल वैसे ही मनाएं जैसे पश्चिमी लोग मनाते हैं ? कार्ड छपवाकर एक दूसरे का अभिनन्दन करना भी न्यू इयर कार्ड भेजने की नकल है। उसमें प्रतिपदा के पर्व की शुद्धि और गरिमा कहां है ?

लेकिन अमावस्या के दिन हरिद्वार जाते और लौटते हुए मुजफ्फरनगर में मैंने जो देखा उससे तो अचकचा ही गया। सड़कों पर जगह-जगह भगवे-लाल कपड़ों पर लिखा टंगा था–हिंदू नव वर्ष मंगलमय हो ! हम लोग विक्रम संवत् मनाते रहे हैं और गुड़ी पड़वां मनाते रहे हैं। हिंदू हैं लेकिन इसे हिंदू नववर्ष बताने और इसकी बधाई देने की न कभी इच्छा हुई न जरूरत महसूस की। अगर वर्ष प्रतिपदा हिंदू नववर्ष है तो ओणम, पोंगल, बिहू आदि को नया साल माननेवाले मलयाली, तमिल और असमी हिंदू नहीं हैं क्या ? उत्तर और उत्तर पश्चिम भारत के हिंदू ही हिंदू हैं, ओणम और पोंगल मनानेवाले नहीं ? संवत् के साथ विक्रम तो लगा आया है लेकिन उसे हिंदू नववर्ष अभी-अभी प्रचारित किया जा रहा है। विक्रम संवत को माननेवाले आखिर हिंदू ही हैं और जहां वे हैं वहां नववर्ष नववर्ष ही है। उसके साथ हिंदू लगाने की ज़रूरत न विक्रम को महसूस हुई न उस लोक परंपरा को जिसमें शक, हूण, तुर्क, अफगान, अरबी, अंग्रेज आदि सभी विदेशी हमलावरों से लड़ने-जीतने-हारने और उनके साथ रहने का दो-ढाई हजार साल का अनुभव समाहित है। यह हमारा नववर्ष है ऐसा हिंदू उन्हें ही तो बताएंगे जिन्हें अपने से अलग और दूसरे मानते हैं या जिन्हें मालूम नहीं कि विक्रम संवत हिंदुओं का है ? क्या इस देश में एकदम इतने विदेशी आ गए हैं जिन्हें बताना पड़े कि वर्ष प्रतिपदा हमारा नववर्ष है ? और हां फिर शक संवत से किसका नववर्ष शुरू होगा ?

इस तरह हिंदू जागरण करनेवाले लोग आत्म साक्षात्कार वाले नहीं, विदेशी दर्पण में अपने को बाहरी नजरों से देखने और उसमें सिद्ध करने की कोशिश करनेवाले लोग हैं। हम यह नहीं हैं जैसा हमें लोग कहते हैं और बताते हैं। हम वह हैं जैसा हम अपने को अपनी नजर से देखते और पाते हैं। हमने अपने देश को भारत कहा है और अपने को भारत के लोग मानकर भारतीय कहा। अपने देश को हिंदुस्तान बाहर के लोगों ने कहा चाहे वे जरस्थु, यूनानी, या अरबी रहे हों। हमें हिंदू भी उन्हीं ने कहा। फिर हिंदू उन्होंने एक देश के निवासियों के बजाय एक धर्म विशेष को सम्प्रदाय बनाकर उसे माननेवालों को कहना शुरू किया। अंग्रेजों के चलाए प्रचलित अर्थ में हिंदू एक साम्प्रदायिक समुदाय है जो मुसलमान साम्प्रदायिक समुदाय से अलग है। सिख, ईसाई, पारसी, यहूदी भी इसी तरह अलग हैं। हम अपने को यवनों के दिए नाम से अंग्रेजों के दिए अर्थ में देख-समझ कर अपने को पा लेंगे ? भरत ने जो राष्ट्र बनाया और विक्रम में जो संवत चलाया, वह भारत वर्ष और विक्रमी संवत क्या नहीं कहा जाए ? वह हिंदुस्तान और हिंदू नववर्ष क्यों हो ? स्वतन्त्र राष्ट्र और लोग अपने को अपनी परंपरा में अपनी नजरों से देखते और बताते हैं।

28.3.1993

न राज्य से न आतंक से

और यह सब अली मियां की अगुआई में हुआ जिनसे कभी दिल्ली में उम्मीद की जाती थी कि वे अयोध्या के विवाद को सुलझा सकते हैं। वीपी सिंह के जमाने में और चन्द्रशेखर के चार माही कार्यकाल में भी माना जाता था कि अली मियां का ऐसा नैतिक-धार्मिक असर है कि जिस हल पर वे सहमत हो जाएं उसे मुसलमान मान लेंगे और शहाबुद्दीन और इमाम बुखारी अपनी संकीर्ण राजनीति नहीं चला पाएंगे। लेकिन छह दिसंबर के बाद उन पर आए पारंपरिक नेताओं के दबाव के कारण हो या मुसलमान समाज के सदमे की हालत के कारण, अली मियां की अगुआई में प्रतिनिधिमंडल ने जो ज्ञापन प्रधानमंत्री को सौंपा है वह अयोध्या के बातचीत से हल की आशा नहीं जगाता। अखिल भारतीय मुस्लिम पर्सनल लॉ बोर्ड ने आम मुसलमान की भावनाओं और बदली हुई परिस्थिति की वास्तविकता को ठीक से समझकर रवैया अपनाया हो ऐसा नहीं लगता।

जैसे ज्ञापन की पहली मांग है कि बाबरी मस्जिद की जगह पर छह दिसंबर को रामलला की जो नई मूर्ति रखी गई है और जो नया गैरकानूनी ढांचा खड़ा किया गया है उसे हटाया जाए। जैसा कि प्रधानमंत्री ने छह दिसंबर को और इसके बाद कई मौकों पर वचन दिया है, मस्जिद वहीं बनाई जानी चाहिए। सुप्रीम कोर्ट को अनुच्छेद 143 के तहत जो विवाद सौंपा गया है वह वापस लिया जाना चाहिए। सारे मुकदमे एक साथ इकट्ठे करके सुप्रीम कोर्ट को रोजाना सुनवाई के लिए दिए जाने चाहिए। केंद्र ने अभी अयोध्या की भूमि का जो अधिग्रहण किया है वह निरस्त किया जाना चाहिए। जब तक अदालत से फैसला नहीं हो जाता सरकार को मस्जिद और वक्फ बोर्ड की विवादित जमीन अपने पास रखना चाहिए।

कहने की जरूरत नहीं कि बोर्ड को सरकार का यह प्रस्ताव कतई मंजूर नहीं है कि मस्जिद और मंदिर के लिए अलग-अलग ट्रस्ट बनाए जाएं जो सुप्रीम कोर्ट की राय आ जाने के बाद उसके अनुसार मंदिर और मस्जिद बनाएं। जिस तरह संघ परिवार प्रस्तावित ट्रस्ट को सरकारी ट्रस्ट कह कर प्रचारित कर रहा है और मंदिर बनाने का एकाधिकार अपना मानता है, मुस्लिम पर्सनल लॉ बोर्ड भी कहता है—ढहाई गई बाबरी मस्जिद की जगह अगर कहीं और मस्जिद बनाई गई तो वह शरियत के हिसाब से मस्जिद नहीं होगी और ट्रस्ट में कोई मुसलमान नहीं जाएगा। साफ है कि बोर्ड संघ परिवार की घोषणाओं का जवाब उसी की भाषा में उसी तरह दे रहा है। संघ परिवार वाले कहेंगे कि हम मुस्लिम कट्टरपंथियों से उसी भाषा में बोल रहे हैं जो उन्हें समझ आती है। छह दिसंबर और उसके बाद देश में धर्म, मनुष्यता और संपत्ति की जो हानि हुई है उसके बावजूद ये दोनों ही समझदारी का कोई कदम उठाने को तैयार नहीं हैं।

मुस्लिम पर्सनल लॉ बोर्ड के मौलानाओं को समझाना मुश्किल है कि आपके कट्टर रवैये के कारण हिंदू उग्रवाद को ताकत मिलती है। महंतों-मठाधीशों और उन्हें आगे करके सत्ता राजनीति कर रहे लोगों को भी मुस्लिम कट्टरवाद से हिसाब साफ करना है। और हिसाब बराबर करने निकले लोगों का उन्माद उन्हें सही और समझदारी के रास्ते पर नहीं आने देता। इनके टकराव से देश के लोगों का जो साम्प्रदायिक ध्रुवीकरण हो रहा है और उससे राजनैतिक अस्थिरता ही नहीं आ रही

है समाज में ऐसा जहर घुल रहा है जो उसे शान्ति, समरसता और खुशहाली में नहीं जीने देगा। जो लोग समझ रहे हैं कि संगठित होकर हिंदू इस देश में मुसलमानों पर वर्चस्व स्थापित कर लेंगे वे भूल जाते हैं कि तलवार के बल पर विदेशी हमलावर मुसलमानों का वर्चस्व ही इस देश में कहां तक और कितना रह पाया है ? प्रतिशोध का दुश्चक्र न्याय और समता की स्थापना नहीं होने देता।

मुस्लिम पर्सनल लॉ बोर्ड के रवैये से मौलाना वहीदुद्दीन खान का रवैया कितना सकारात्मक और समझदारी का है ! बोर्ड के नेता प्रधानमंत्री से मिलने गए उसके दो दिन पहले मौलाना वहीदुद्दीन मुंबई में नागरिकों की एक सभा में बोल रहे थे। उनका गला रुंधता रहा और वे कह रहे थे कि मैंने बाबरी मस्जिद में नमाज पढ़ी है और सारी उम्र इस्लाम के अध्ययन में लगाई है इसलिए जानता हूं कि एक बार जो मस्जिद बन गई वह कायम के लिए मस्जिद रहती है। लेकिन हकीकत है कि वह मस्जिद ढहा दी गई। इस हकीकत को तो नजर के सामने रखना ही होगा। इतिहास में और जिंदगी में ऐसे कई मौके आते हैं जब जो हम बिलकुल नहीं चाहते वह हो जाता है। वास्तविकता को तो समझना ही पड़ता है। सब अपनी बड़ी-बड़ी मांगें लेकर निकलते हैं लेकिन समझौता करना पड़ता है। गांधी कब चाहते थे कि देश का बंटवारा हो ? उन्होंने तो कहा था कि वह उनकी लाश पर होगा। लेकिन बंटवारा हुआ और वह उन्हें मंजूर करना पड़ा। जिन्ना भी जो पाकिस्तान चाहते थे वह उन्हें कहां मिला ? जो मिला उसे उन्होंने कटा-फटा और दीमक खाया बताया। अयोध्या का मसला भी ऐसे ही हल हो सकता है।

फिर मौलाना ने अपना प्रस्ताव रखा जो पहले तीन सूत्री था लेकिन संविधान विशेषज्ञ नानी पालकीवाला के सुझाव पर तीसरा सूत्र हटा दिया गया ! दो सूत्र ये हैं कि सद्भावना और सामुदायिक समरसता के लिए एकबारगी समझौता किया जाए कि बाबरी मस्जिद वाली जगह मुसलमान राजी-खुशी हिंदुओं को दे दें और हिंदू इसके बाद मथुरा, काशी का विवाद ही नहीं कोई भी विवाद नहीं उठाएं। कानून बना ही हुआ है कि अयोध्या को छोड़कर सन् सैंतालीस में जो जैसा था वह वैसा ही बना रहे। इस कानून का सम्मान और पालन किया जाए। तीसरे सूत्र में इस व्यवस्था के लिए संवैधानिक गारंटी की बात कही गई थी जो पालकीवाला के अनुसार कई मुश्किलें पैदा करती इसलिए छोड़ दी गई। मौलाना ने साफ कहा कि यह तो विवाद को सुलझाने का एक उपाय है। यह सिर्फ शुरुआत है। यह फारमूला अन्तिम नहीं है।

मुंबई की उस सभा में दो और प्रस्ताव रखे गए थे। एक तो बीएसएफ को खड़ा करनेवाले रुस्तमजी ने रखा था और दूसरा भूतपूर्व राजदूत और प्रसिद्ध प्रशासक बीके नेहरू ने। एक देश की पुलिस और सुरक्षा व्यवस्था को सुधारने पर था और दूसरा आज के संकट से निपटने के लिए संवैधानिक संशोधनों पर। दोनों की आलोचना में लोग बोले और उन्हें सुधारा भी गया। लेकिन मौलाना वहीदुद्दीन के फारमूले वाले प्रस्ताव का न किसी ने विरोध किया, न कोई आलोचना। सभा में काफी मुसलमान थे और उन सभी ने प्रस्ताव का समर्थन किया। हिंदू वक्ताओं ने उसके पक्ष में तो बोला ही, मौलाना के प्रति जो प्रेम और आदर भाव पूरी सभा में दिखा वह आश्वस्त करने के लिए पर्याप्त था कि हिंदुओं और मुसलमानों के बीच समझदारी के पुल अभी सुरक्षित हैं और उन्हें मजबूत किया जाना चाहिए ताकि उग्रवाद की बाढ़ उन्हें बहा न सके। प्रस्ताव सर्वानुमति से पास हुआ।

सावधानी का सुर दिया पत्रकार सईद नकवी ने। उनका परिवार उसी फैजाबाद जिले में पुश्तों से रहता आया है। उन्होंने कहा—सन् पिच्चासी के पहले ज्यादातर मुसलमानों को मालूम तक नहीं था कि बाबरी मस्जिद कहां है। लेकिन अब शहाबुद्दीन जैसे नेताओं के कारण मुस्लिम समाज आहत हुआ तड़प रहा है। अन्दर से सुलग रहा है। मौलाना वहीदुद्दीन के फारमूले को उसके गले उतारना मुश्किल होगा लेकिन उतारना चाहिए। फरवरी में अलीगढ़ विश्वविद्यालय में फिल्मों के कहानी लेखक

जावेद अख्तर ने भी खरी-खरी बातें कही थीं। हिंदू सांप्रदायिकता के देव की जान मुस्लिम सांप्रदायिकता के तोते में है। इस तोते की गर्दन मरोड़ दीजिए तो विशालकाय दैत्य अपने आप धराशायी हो जाएगा। उन्होंने यह भी कहा कि हमें सरकार से मस्जिद बनाने की मांग क्यों करनी चाहिए ? जो सरकार बाबरी मस्जिद की हिफाजत नहीं कर सकी उससे क्यों कोई उम्मीद रखी जाए ?

छह दिसंबर के बाद से मैं भी कई मुसलमानों और उनके नेताओं से मिला हूं। निजी और आपसी बातचीत में कोई नहीं कहता कि बाबरी मस्जिद उसी जगह बनानी चाहिए। ज्यादातर लोग मानते हैं कि ऐसी मस्जिद इबादत की जगह नहीं झगड़े की जड़ होगी। कौन तो वहां जाकर नमाज पढ़ेगा और कौन उसकी हिफाजत करेगा। अयोध्या में छह दिसम्बर के बाद मुसलमानों के बचे ही कितने घर हैं ? सेना की सुरक्षा भी कितनी और कब तक मिल सकती है ? किसी संघ परिवारी नेता के बयान के बाद अब मुसलमानों को समझ पड़ जाएगा, किसी ने कहा भी कि इसे तो पूरी कौम की हार समझा जा रहा है और यह उसके लिए ठीक नहीं होगा लेकिन फिर उसने यह भी कहा कि इससे तो नाहक टकराव चलता रहेगा। शहाबुद्दीन, शाही इमाम और अली मियां की छोड़िए आम और मामूली मुसलमान की सबसे बड़ी चिंता बाबरी मस्जिद का फिर और वहीं बनाना नहीं है। फिर क्यों मुस्लिम पर्सनल लॉ बोर्ड और अली मियां जैसे धर्मपुरुष ने ऐसा सख्त और ठस रवैया अपनाया है ?

अंग्रेजों के जमाने से मुसलमान नेताओं का रवैया चला आ रहा है कि राज्य मुसलमानों और हिंदुओं के बीच पंचाट करे। खुद अंग्रेज चाहते थे कि मुसलमान ऐसा करें ताकि वे हिंदुओं को काबू में रख सकें। भारतीय समाज में समुदायों के आपसी संबंधों का निर्धारण और विवादों का निपटारा राज्य ने नहीं किया। यह परंपरा अंग्रेजों के साथ शुरू हुई, कांग्रेस ने जारी रखी और खुदा न खास्ता भाजपा की सरकार बन गई तो वह भी इसे बनाए रखेगी। अंग्रेज और कांग्रेस शासक मुसलमानों को अपने साथ रखने के लिए करते आए हैं भाजपाई हिंदुओं को अपने साथ रखने के लिए करेंगे। मुस्लिम तुष्टिकरण के आरोप में पला पनपा हिंदू संगठनवाद क्या करेगा इसका उदाहरण कल्याण सिंह की सरकार ने यूपी और अयोध्या में दे ही दिया है। अब चूंकि मध्य प्रदेश हाइकोर्ट के फैसले के बाद संघ परिवार में न्यायपालिका के लिए सम्मान दिखाई दे रहा है इसलिए याद दिला देना चाहिए कि इलाहाबाद हाइकोर्ट ने 2.77 एकड़ भूमि के अधिग्रहण को इसीलिए रद्द किया था कि वह खोटी नीयत से संघ परिवार को तुष्ट करने के लिए किया गया था।

इसी तरह सरकारें या राज्य समुदायों के बीच पंचाट करते रहे तो भारतीय समाज का भला नहीं होगा। लोकतंत्र में बहुमत का राज जरूर होता है लेकिन कम्युनिस्ट राज में जैसी सर्वहारा की तानाशाही बताई गई है वैसी बहुमत की तानाशाही लोकतंत्र में नहीं होती। तुष्टिकरण चाहे मुसलमानों का हो या हिंदुओं का, हमारा अनुभव है कि उससे सामाजिक और सामुदायिक समरसता नहीं बढ़ती। सांप्रदायिक हिंसा ही बढ़ती है और उसके नतीजे देश भुगत ही रहा है। और जिसे तुष्टिकरण कहा जाता है वह भी वोटों के थोक व्यापारी नेताओं का ही होता है। मुसलमान समाज का सर्वव्यापी पिछड़ापन इसका सबूत है। संघ परिवार भी ऐसे लोगों को और मुद्दों को आगे किए हुए है जो हिंदुओं के वोटों को एकजुट करके भाजपा की पेटी में डलवा सकें। जब तक मुसलमान समाज हिंदू समाज से सीधे और समाज से समाज के स्तर पर लेन-देन शुरू नहीं करेगा और राज्य पंचाट करवाएगा तब तक वह सत्ता की बंदर बांट का बांट बना रहेगा। मौलाना वहीदुद्दीन का फारमूला हिंदू-मुसलमान के सहज और आपसी सद्भाव का रास्ता दिखाता है।

मुसलमान समाज की दूसरी खतरनाक और आत्मघाती प्रवृत्ति बाहरी मदद से आतंकवाद के रास्ते चल निकलने की दिख रही है जिसका पहला विस्फोट हमने मुंबई के बम विस्फोटों में देखा।

पाकिस्तान, अफगानिस्तान के कबीले और दूसरे भी कुछ देश मदद करने को तैयार बैठे हैं लेकिन उनके खेल में लगकर मुसलमान अपना ही अहित करेंगे। अन्तर्राष्ट्रीय इस्लामी आतंकवाद अमेरिकियों की गढ़ी कथा है। वही पहले आतंकवादियों को ट्रेनिंग देकर हथियार देते हैं और फिर आतंकवाद के खिलाफ हल्ला मचाते हैं। अरब संसार में इस्लामी देश भी जिस आतंकवाद के शिकार हैं वह भी इस्लामी कहा जाता है। अभी इराक ने कुवैत को हड़पा था। दोनों इस्लामी देश हैं। ईरान और इराक कितने वर्षों तक एक-दूसरे का खून बहाते रहे। भारत विरोधी इस्लामी देश मुसलमानों को आतंकवादी विध्वंस में मदद दे सकते हैं लेकिन वे भारत को तोड़ नहीं सकते। न भारत उन्हें ऐसा करने देगा न दुनिया के शक्तिशाली देश। इसलिए जो लोग हताशा में आतंक के रास्ते चल निकले हैं वे समझ लें कि भारत का जितना नुकसान करेंगे उतना तो उनका होगा ही इसके परिणाम उनके अपने पूरे समुदाय को भी भुगतने पड़ेंगे। पंजाब ने आतंकवाद में जो भुगता है, पंजाबी बताएंगे !

10.4.1993

कई नववर्षों में हम

ये अपना देश है। उत्तर में तेरह अप्रैल को जब पंजाब बैसाखी पर भंगड़ा कर रहा था तो सुदूर पूर्व में असम बिहू की ताल पर नाच रहा था। बैसाखी और बिहू दोनों ही फसल के त्यौहार हैं। पंजाब उस दिन से कनक यानी गेहूं काटने की शुरुआत करता है और असम में धान की दूसरी फसल कटकर आती है। गुरु गोविंदसिंह ने कोई तीन सौ साल पहले बैसाखी के दिन आनंदपुर साहिब में खालसा पंथ की शुरुआत की और सारे सिख सिंह होने लगे। बैसाखी पर उस दिन जो मेला वहां जुड़ा था उसकी परंपरा को सिक्खी से गुरु रामदास ने जोड़ा। मेले तो उस दिन पंजाब में पहले से ही होते आ रहे थे। जालियांवाला बाग ने बैसाखी को स्वतंत्रता आंदोलन से भी जोड़ा। लेकिन बैसाखी पंजाब का नया साल नहीं है। असम में बिहू से नया साल शुरू होता है।

असम के पड़ोस में है बंगाल। बंगाल का नया साल इस बार चौदह अप्रैल को शुरू हुआ। नया साल क्या इस बार नई शताब्दी ही शुरू हुई। बंगाब्द के हिसाब से उस दिन एक हजार चार सौ साल पूरे हुए। यानी पंद्रहवीं शताब्दी की शुरुआत हुई। आप चाहें तो मजाक में कह सकते हैं कि जो बंगाल शेष भारत से अपने को एक दिन आगे मानता आया है वह पांच शताब्दी पीछे है। और अगर आप ईस्वी सन् के बजाय विक्रम संवत् मानते हो तो आप इक्कीसवीं शताब्दी में भी पचास साल पूरे कर चुके हैं जब कि बाकी दुनिया इक्कीसवीं सदी में जाने की तैयारी कर रही है। पांच सदी पीछे होना या एक सदी आगे होने से आप पिछड़े या दूसरों से ज्यादा विकसित नहीं हो जाते। गणपति तो अपने भाई कार्तिकेय की द्रुतगति में होड़ नहीं कर सकते थे। उन्होंने अपने माता-पिता की तीन परिक्रमाएं कीं और इस तरह तीनों लोक नाप लिये। समय तो आदि अनंत है। वह कहीं से शुरू होकर कहीं खत्म नहीं होता। हम जहां से उसे नापना शुरू करते हैं वहीं से अपना प्रारंभ मान लेते हैं। अपना प्रारंभ विकास का कोई सार्वकालिक, सार्वभौम और सर्वमान्य मानदंड नहीं है। और फिर प्रारंभ करके भी कितने लोग वहां पहुंचते हैं जहां के लिए निकले थे।

तो चौदह अप्रैल को बंगाल ने अपना नया साल मनाया। पोएला बैसाख यानी बैसाख का पहला दिन सिर्फ पश्चिम बंगाल का ही पहला दिन नहीं है। इस्लाम के नाम पर अलग कर दिए गए और फिर स्वतंत्र हुए बांग्लादेश के बंगाली भी इसे अपना नया साल मानते हैं। बंगालियत में हिंदू-मुसलमान का भेद नहीं है। जन मन गण लिखनेवाले रवीन्द्रनाथ का लिखा आमार शोनार बांग्लादेश इस्लामी गणतंत्र बांग्ला देश का राष्ट्रगीत है। लेकिन उससे लगे असम की तरह पोएला बैसाख फसल का त्यौहार नहीं है। बंगाल, गुजरात और राजस्थान की तरह बनियों का देस नहीं है। बल्कि आम धारणा है कि बंगाली व्यापार व्यवसाय में बहुत निपुण नहीं होते। वे साहित्य, संगीत और कला के लोग माने जाते हैं। लेकिन बंगाल के नए साल पर खाते-बही की पूजा होती है। उस दिन से क्या खाता खुलता है। ऐसा उत्तर के कई व्यापारी दिवाली पर करते हैं। लक्ष्मी पूजन के साथ खाते-बही की पूजा और श्रीगणेशायनमः से खाते का नया पन्ना। बहुत से लोग उसी को अपने नए साल की शुरुआत मानते हैं।

बंगाल ने नए साल और पंद्रहवीं शताब्दी का स्वागत तेरह अप्रैल को रात बारह बजे पटाखे फोड़कर नहीं किया। भारतीय परंपरा के अनुसार नए साल का सवेरा ही उसका प्रारंभ माना गया। तब पटाखे फोड़े गए लेकिन वह शुरुआत अंग्रेजी नए साल जैसे हुड़दंग की नहीं थी। अपने यहां किसी पर्व या त्यौहार खासकर पर्व का सही स्थान परिवार में होता है। कृष्ण जन्माष्टमी को रात बारह बजे कृष्ण और रामनवमी को दिन के बारह बजे राम घर-घर जन्म लेते हैं। शिवरात्रि भी रात बारह बजे मनती है हालांकि वह शिवजन्म त्रयोदशी नहीं है। बंगाल में नए साल का पहला दिन यानी पोएला बैसाख घर-घर में उत्सव का दिन है। बच्चों को नए कपड़े, महिलाओं को नई साड़ी और मिलने आए लोगों को मिठाई दी जाती है। बंकिम बाबू ने पोएला बैसाख को बंग पुनर्जागरण का पर्व बनाया और उस दिन के उत्सव को साहित्य, संगीत और कला से जोड़ दिया। इस संस्कार को पश्चिम बंगाल की वामपंथी सरकार भी सम्मान से स्वीकार करती है। जैसे दुर्गा पूजा के रास्ते में मार्क्स ने कभी बाधा नहीं डाली वैसे ही पोएला बैसाख को बंगाल के लाल से लाल मार्क्सवादी ने भी अपने नए साल का पहला दिन माना।

इस बार पोएला बैसाख की धूम और भी थी क्योंकि उन दिन एक शताब्दी पूरी हुई और दूसरी शुरू हुई। मैं तो रात को विमान से कलकत्ता पहुंचा और हवाई अड्डे से अशोक रोड तक कार में गया लेकिन पोएला बैसाख की औत्सविकता हवा में महसूस की और बाहर देखी जा सकती थी। मुझे लगा कि शायद इसलिए कि पोएला बैसाख की सांस्कृतिकता को मैं जानता हूं। बावजूद इसके कि जब भी वे आती हैं, दफ्तर के अपने कमरे में मैं पाया नहीं जाता, बीस साल से हमारी मित्र रीता राय नए साल की शुभकामना देने आई थीं और नोट छोड़ गई थीं। या हवाई अड्डे जाने निकला था तो दफ्तर की सीढ़ियों पर सुप्रिया मिल गई थी और आज पोएला बैसाख कह कर पांव पड़े थे जैसा कि बंगाली महिलाएं बड़े बूढ़े के पड़ती हैं। सुप्रिया यानी हमारे आलोक तोमर की पत्नी। आलोक ठेठ भिंड का अक्खड़ तोमर राजपूत और सुप्रिया का चेहरा बिल्कुल वैसा जैसा आपने दुर्गा की बंगाली प्रतिमाओं में देखा होगा। रीता राय का तो मुझे मालूम है जन्म भी इलाहाबाद में हुआ और बचपन दिल्ली में बीता। यहीं पढ़ाई-लिखाई ब्याह-शादी गिरस्ती और नौकरी रही। लेकिन पोएला बैसाख पर उनका उत्साह पहली जनवरी से भिन्न और निजी होता है। मुझ गैर बंगाली गंवार को वे पोएला बैसाख पर लगातार शुभ कामनाएं देती आई हैं। हालांकि जब उन्होंने पोएला बैसाख की बधाई पहली बार दी थी तो मैंने आकर पंचांग देखी थी और पाया था कि वह वैशाख का पहला दिन नहीं है।

तब मुझे मालूम नहीं था कि बंगाली पंचांग हमारे विक्रमी और महाकाली पंचांग से अलग है और उसमें वैशाख की शुरुआत विक्रमी संवत् या शक संवत् से अलग है। जैसे चौदह अप्रैल को इस बार जब पोएला बैसाख और बंगाब्द की पंद्रहवीं शताब्दी शुरू हुई तो उस दिन विक्रम संवत के ढाई हजार साल और तेईस दिन पूरे हो चुके थे। शक संवत के उन्नीस सौ पंद्रह साल और पच्चीस दिन हो गए थे। जो बंगाल का पोएला बैसाख था वह हमारे वैशाख के कृष्ण पक्ष की अष्टमी थी। विक्रमी का प्रतिपदा और एक जनवरी दोनों को माननेवाले मुझ मालवी को नए साल की शुभ कामनाएं देने का नियम रीता राय का है भले ही उस दिन मैं पाया जाऊं या नहीं। रीता राय उस बंगाल की कन्या नहीं है जहां पोएला बैसाख मनता है। वे उस उत्तर और दिल्ली में जन्मी-पली हैं जिसे सांस्कृतिक अरण्य कहने में कोई गलती नहीं होगी। लेकिन वे बंगाली नया साल मनाती हैं।

सुप्रिया भी दिल्ली के एक नर्सिंग होम में जन्मी है और यहीं पली, पनपी, पढ़ी और ब्याही है। वह भी उस बंगाल की बेटी नहीं है। लेकिन सरेआम सीढ़ियों पर खांटी बंगालिन की तरह पैर पड़ने और पोएला बैसाख पर नई साड़ी लाकर न देने पर पति की शिकायत करने में उसे कोई हिचक

नहीं हुई। आलोक कहता है कि नई दिल्ली के चितरंजन पार्क में तो पोएला बैसाख का त्यौहार वैसे ही मना जैसा कनॉट प्लेस में न्यू इयर मनता है। बांग्ला देश में भी पोएला बैसाख नए साल की तरह ही मनता है। लेकिन बांग्ला देश के संस्थापक और रवीन्द्रनाथ के आमार शोनार गीत को राष्ट्रगीत बनानेवाले मुजीब ने पोएला बैसाख को नए साल का पहला दिन मानने की वैसी घोषणा नहीं की जैसी कि गए साल खालिदा जिया ने की थी। इस्लामी गणतंत्र होने का मतलब यह नहीं कि हम बंगाली साल को छोड़ दें—बेगम खालिदा जिया ने कहा था। वैसे भी इस्लामी पंचांग और बंगाब्द में कोई धार्मिक टकराव और भेदभाव होने की गुंजाइश नहीं है। हिजरी संवत को चांद्र पंचांग से सौर पंचांग बनाकर स्वीकार करने की बात अकबर बादशाह ने की थी। ऐसा लगता है कि बाकी देश ने तो उस बात को नहीं माना लेकिन बंगाल ने मान लिया। हिजरी संवत और पंचांग बनकर बंगाल का बंगाब्द हो गया। हिजरी संवत बंगाल से तेरह साल कुछ दिन आगे निकल गया क्योंकि चांद्र वर्ष तीन सौ चौवन दिन में पूरा हो जाता है और सौर वर्ष तीन सौ पैंसठ दिन का होता है। साल में ग्यारह दिन के इस फर्क के कारण बंगाब्द की पंद्रहवीं शताब्दी चौदह अप्रैल को शुरू हुई जबकि हिजरी संवत की पंद्रहवीं सदी तेरह साल पहले शुरू हो गई थी।

अकबर का हवाला देकर खालिदा जिया अपने देश के कट्टरपंथियों को शांत कर सकती थीं। लेकिन वहां बेगम जिया की घोषणा का कोई विरोध नहीं हुआ। यहां मैंने लिखा कि वर्ष प्रतिपदा विक्रम संवत के वर्ष का प्रारंभ है उसे हिंदू नव वर्ष कहना ठीक नहीं तो किसी हिंदू जागरण मंच ने मुझे हिंदू विरोधी कहकर मेरे खिलाफ पर्चे भी निकाल दिए। राजस्थान के किसी कॉलेज में द्वितीय वर्ष में पढ़नेवाले एक छात्र ने लिखा कि मेरा नकारात्मक चिंतन चला ही चल रहा है। भारत को भरत का देश मानना और विक्रम संवत को विक्रम का चलाया संवत्सर कहना—हिंदू-विरोध और नकारात्मक चिंतन कैसे हो गया ? और हम कहते हैं कि बांग्लादेश कट्टरपंथी मुसलमानों का इस्लामी राष्ट्र है ! खालिदा जिया को अपनी बंगाली अस्मिता को सार्वजनिक रूप से प्रकट करते हुए बंगाब्द को मानना और पोएला बैसाख को नया साल कहना अपने मुसलमान होने के विपरीत नहीं लगता। वहां उनके राजनैतिक विरोधी इस्लामी कट्टरपंथी भी उन्हें मुसलमान और इस्लामी धार्मिक राष्ट्र होने के नाते बंगाब्द और पोएला बैसाख को भुला देने का आग्रह नहीं करते। अपने इस लोकतांत्रिक देश और हिंदुओं के उदार, सहिष्णु और सर्वग्राही समाज में भारत को भारतीयों का और विक्रमी संवत को विक्रम का कहने में भी हिंदू विरोध दिखने लगा है।

पोएला बैसाख को सामने रखकर क्या आप कहेंगे कि बंगाब्द को माननेवाले बंगाली हिंदू नहीं हैं ? या चौबीस मार्च को वर्ष प्रतिपदा के बजाय तेरह अप्रैल को अपना नया साल मनानेवाले असमी हिंदू नहीं हैं ? क्या वे सच्चे हिंदू तभी होंगे जब वर्ष प्रतिपदा को अपने वर्ष का पहला दिन और विक्रम संवत्सर को अपना संवत-हिंदू नवर्ष के रूप में मनाएंगे ? मस्तक पर लगा तिलक या त्रिपुंड ही बता देगा कि आप कौन हैं। मस्तक पर हिंदू लिखने की जरूरत नहीं होती। सच पूछिए तो हिंदुओं को तो हिंदू होने के लिए तिलक लगाने, चोटी रखने मंदिर में जाने या पूजा-पाठ करने की भी जरूरत नहीं होती। ये पंडितों के लक्षण हैं। और पंडिताई हिंदू समाज तो क्या पूरा ब्राह्मण समाज भी नहीं करता। हिंदू होने के अनगिनत लक्षण हैं उसे कोई एक ठप्पा लगाकर जमात में बांध देना संभव ही नहीं है। अगर किसी एक चीज से हिंदू को जोड़ देंगे तो इस भारतवर्ष के कई भाषायी और जातीय समुदाय बाहर दिखाई देंगे। बंगालियों को अपने बंगाब्द से कितना लगाव है और वे उसमें कितना गौरव मानते हैं—इसे कलकत्ता में नहीं ढाका में भी देखा जा सकता है। पश्चिम बंगाल की वामपंथी सरकार ने पोएला बैसाख से हफ्ते-भर का मेला लगाया है और उसकी तरफ से छपी किताबों का मुख्यमंत्री ज्योति बसु ने इस मेले में विमोचन किया। और भी कई प्रकाशकों ने समारोह किए

जिनमें नई किताबें तो प्रकाशित हुईं ही कविता पाठ और संगीत भी हुआ। समाज के नेता शोभा यात्रा में शामिल हुए। विश्व भारती के भूतपूर्व कुलपति ने दुःख प्रकट किया कि बांग्ला पंचांग बंगालियों के रोजमर्रा जीवन से बाहर हो गया। अंग्रेजी अखबारों में सबसे ज्यादा अंग्रेज—कलकत्ता के स्टेट्समैन ने पहले पेज पर—नई शताब्दी की पहली भोर का चित्र छापा।

अब इन बंगालियों को आप कहें कि बंगाब्द तो इस्लामी संवत हिजरी की तर्ज पर अकबर की प्रेरणा से चलाया गया संवत्सर है। अकबर, बाबर का पोता था और हिजरी संवत गुलामी की निशानी है। इसलिए बंगाब्द छोड़कर विक्रम संवत को मानिए नहीं तो आप हिंदू नहीं रहेंगे। बंगाली एक हो जाएंगे और नया बांग्लादेश बना लेंगे। संघ परिवार का हिंदू राष्ट्र हुआ तो यही होगा। एक अभिजात और स्वतंत्रता संग्राम सेनानी के पोते ने मुझे कलकत्ता में कहा कि वह राष्ट्रविरोधी, हिंदू विरोधी म्लेच्छ साम्यवादी नहीं है, न वह देश को तोड़ने की धमकी दे रहा है। यह अपनी बांग्ला अस्मिता और संस्कृति की रक्षा करना चाहता है और उसकी बंगालियत भारतीयता के विपरीत नहीं उसमें समाहित है। ऐसी अनेकों जनपदीय अस्मिताओं और संस्कृतियोंवाले इस महादेश को हिंदुत्व के रंदे से छीलकर कोई कहां फिट कर लेगा ?

मैं बंगाब्द को नहीं मानता लेकिन पोएला बैसाख पर शुभ कामनाएं देनेवाली रीता राय, सुप्रिया (तोमर) और खालिदा जिया की सदाशयता और सांस्कृतिकता मुझे छूती है और मैं उसका सम्मान करता हूं। वे बांग्ला संस्कृति की धारक हैं जैसी कि सभी महिलाएं अपनी संस्कृति को अपने वंश की तरह आगे बढ़ाती और पालती-पोसती हैं। जिस समाज में स्त्री का स्थान जितने गौरव और महत्त्व का होता है वह सांस्कृतिक रूप से उतना ही समृद्ध होता है। हमारे हिंदी इलाके की सांस्कृतिक दीनता हमारे समाज में स्त्री की स्थिति का परिणाम है। अबला जीवन हाय तुम्हारी यही कहानी, आंचल में है दूध और आंखों में पानी—लिखनेवाले कवि और—के बोले तू मी अबले मां ? की हुंकार देनेवाले कवि का फर्क समझिए। भारतीय पुनर्जागरण हिंदुओं ने ही बंगाल में शुरू किया था हालांकि हिंदू जागरण मंच छह दिसंबर तिरानवे से ही उसका प्रारंभ मानेगा। जो लोग वर्ष प्रतिपदा की पार्वकिता पावित्र्य और सांस्कृतिकता नहीं समझते उन्हें आप समझा ही तो सकते हैं। समझाने से भी वे न समझें तो दोष अपना है जो भारतीय संस्कृति और विक्रमी संवत का गौरव करते हैं।

18.4.1993

यक्ष प्रश्न पर शंकराचार्यों की धार्मिक पहल

श्रृंगेरी, द्वारका, बद्री और पुरी के शंकराचार्य चौदह साल बाद और इस सदी में तीसरी बार श्रृंगेरी में कोई एक पखवाड़े पहले मिले और कांची मठ के स्वामी जयेंद्र सरस्वती को भी उन्होंने सम्मानपूर्वक अपने विचार-विमर्श में शामिल किया। चारों धाम में कांची नहीं आता, न वहां के स्वामी को परंपरा और शास्त्र से शंकराचार्य माना जाता है। लेकिन कांची कई वर्षों से और लोक परंपरा में बहुत मान्य हो गया है। इतना और ऐसा कि आदि शंकराचार्य के बनाए मूल पीठ श्रृंगेरी से उसकी प्रतिद्वन्द्विता मान ली गई है। चूंकि कांची मठ बहुत बाद में आया इसलिए उसे और उसके शंकराचार्य को चारों धाम और शंकराचार्य अपने से अलग रखते आए हैं। सत्ताईस जून को लेकिन कांची के स्वामी को आदर से बुलाया गया था और सम्मान से उन्होंने चर्चा में भाग लिया। अगर ऐसा न किया जाता तो जिस उद्देश्य और अभिप्राय के लिए शंकराचार्य मिले थे वे पूरे नहीं हो सकते और शंकराचार्यों में ही अगर अपने मठ और पद की प्रतिष्ठा का ऐसा सर्वव्यापी दुराग्रह रहेगा तो देश और समाज के सामने वे कैसे उदाहरण बने रहेंगे ?

श्रृंगेरी का कांची को अपने साथ लेना शंकराचार्यों की इस बैठक का पहला सोद्देश्य चरण था। शंकराचार्य राम जन्मभूमि के विवाद और उसके सर्वसम्मत समाधान पर विचार करने बैठे थे। कोई डेढ़ घंटे की बातचीत के बाद संस्कृत में उनका (कूटनीतिक और अंतर्राष्ट्रीय शब्दावली में जिसे क्या कहते हैं कि) संयुक्त वक्तव्य सूचना के लिए प्रसारित किया गया। उसका हिंदी अनुवाद यह होगा कि अयोध्या में राम जन्मभूमि के विवाद का सर्वसम्मत हल निकल सकता है अगर सभी राजनैतिक पार्टियां अपने-अपने राजनैतिक प्रयोजनों के लिए इस भूमि पर मंदिर के प्रश्न का दुरुपयोग न करें। अयोध्या में जल्दी ही मंदिर बनवाने के लिए जो मंडलेश्वर, संत, महंत, साधु धार्मिक संगठन और लोग उत्सुक हैं वे पहले यह निश्चित करें कि वे जाने-अनजाने राजनैतिक संगठनों के औजार नहीं बनेंगे। आज जो स्थिति है वह अराजनैतिक धार्मिक नेताओं की सर्वसहमति से ही सुलझ सकती है। इसी तरह भारत सरकार ने जो भूमि अधिग्रहीत की है उसे राम मंदिर बनाने के लिए ऐसे लोगों को सौंप दिया जाना चाहिए जो राजनीति से ऊपर हों और सारे देश में जिनकी मान्यता हो।

शंकराचार्यों ने सही सोच के सभी लोगों को आगे आने और शांति, समरसता और पारस्परिक विश्वास का वातावरण बनाने और सच्ची राष्ट्रीय भावना के साथ इस ज्वलंत प्रश्न का समाधान निकालने में लग जाने को कहा। उन्होंने तय किया कि अब वे अक्सर मिलते रहेंगे। उनमें तालमेल बनाए रखने की जिम्मेदारी श्रृंगेरी शारदा पीठ के प्रशासक गौरीशंकर को सौंप दी गई है। शंकराचार्यों ने अराजनैतिक और सर्वमान्य व्यक्तियों की एक समिति बनाने की भी घोषणा की है। चातुर्मास के बाद अक्तूबर-नवंबर में शंकराचार्य फिर हरिद्वार में मिलेंगे।

इससे पहले कि हम शंकराचार्यों के इस सम्मिलन और श्रृंगेरी से की. गई उनकी घोषणा का स्वागत करें और उनके मिलने और कहने की ऐतिहासिकता और उसके महत्त्व का अर्थ निकालें, कुछ बातें

साफ कर लेनी चाहिए। जिसे शंकराचार्यों ने भी ऐसा कहा और जो वास्तव में है भी उस सनातन धर्म में किसी शंकराचार्य की वह स्थिति नहीं है जो ईसाइयत में पोप की है। आदि शंकराचार्य ने नवीं शताब्दी से चारों धाम में चार मठ स्थापित किए। बद्री, द्वारका और पुरी के बाद धाम के नाते चौथा धाम रामेश्वर में होना चाहिए था लेकिन है वह श्रृंगेरी में और वही मूल पीठ है। शंकराचार्य के स्थापित इन मठों के कारण धाम नहीं हैं। सनातन धर्म के ये चारों धाम जाने कब से लोक मान्यता और आस्था में चले आ रहे हैं। इस मान्यता और आस्था को सम्मान देते हुए आदि शंकराचार्य ने वहां मठ स्थापित किए और उनके मुखिया शंकराचार्य कहलाए। आदि शंकराचार्य ने न खुद सनातन धर्मियों के लिए कभी कोई धर्मादेश निकाला, न शंकराचार्यों को ऐसे आदेश निकालने का अधिकार दिया। ऐसी भी व्यवस्था नहीं की कि चारों मिलकर धर्म के प्रश्नों पर विचार करें और जो निर्णय दें उसे सभी धर्मावलंबी मानें। सनातन धर्म में शंकराचार्य के पद को जो प्रतिष्ठा और सम्मान प्राप्त है वह उनकी निष्ठा, तपस्या और उससे प्राप्त नैतिक शक्ति के कारण और परंपरा से है। यह नैतिक शक्ति और परंपरा ही उन्हें राम जन्मभूमि-बाबरी मस्जिद जैसे यक्ष प्रश्न का समाधान निकालने की सम्मानजनक स्थिति में लाती है।

यह स्पष्ट करना इसलिए भी जरूरी है कि कोई तीस साल से विश्व हिंदू परिषद और सड़सठ साल से राष्ट्रीय स्वयं सेवक संघ सनातन धर्म को—ईसाइयत और इस्लामियत की तर्ज पर संगठित और सीमित करने का प्रयास कर रहे हैं। पहले पंजाब में आर्य समाजियों और सनातनियों में भी सनातन धर्म को बांटने और उसे इस्लाम और ईसाइयत के उत्तर में उसी तरह संगठित करने की कोशिश हुई थी। पंजाब में और कुछ हरियाणा में यह विभाजन अभी भी लोकवार्ता में दिखाई देता है। संघ और उसके पहले वीर सावरकर ने मुसलमानों और ईसाइयों के लिए हिंदू शब्द और उसके धार्मिक, सामाजिक और सांस्कृतिक अर्थ को स्वीकार किया। उसी अर्थ को इतिहास पर आरोपित करने के अंग्रेज-प्रयासों को समझकर वीर सावरकर और संघ ने भी इतिहास की हिंदू व्याख्या करनी शुरू की। हिंदुत्व सनातन धर्म की अंग्रेज-साम्राज्यवादी सोच-समझ और व्याख्या का हिंदू राष्ट्रवादी-धार्मिक सामाजिक, सांस्कृतिक और इन सबसे ऊपर राजनैतिक विस्तार है। हिंदू और हिंदुत्व का संघ परिवारी चाहे जितना जाप करें सनातन धर्म और भारतीयों पर ये अवधारणाएं इस्लाम के नाम पर भारत पर हमले करने और राज करनेवाले मुसलमानों और हमें सभ्य और इसलिए ईसाई बनाने के मिशन पर आए लेकिन लूट और छल-फरेब से उपनिवेश में परिवर्तित करनेवाले अंग्रेजों ने थोपी हैं। नोट करना चाहिए कि शंकराचार्यों ने सनातन धर्म की बात कही हिंदू धर्म की नहीं। उन्होंने धर्म की बात कही हिंदुत्व की नहीं। यह कोई बारीक और तकनीकी अंतर नहीं है—यह मूल और अवधारणा का अंतर है।

शंकराचार्यों के श्रृंगेरी मिलन को हिंदुओं और सनातन धर्म का शिखर सम्मेलन कहना भी भारतीय और सनातन परंपरा के विपरीत होगा। लेकिन इस शताब्दी में कुंभ पर्वों के अलावा यह उनका तीसरा मिलन था। इसी से उसकी ऐतिहासिकता स्पष्ट है। लेकिन इस बार वे ऐसे प्रश्न पर मिले जो हिंदू समाज और सनातन धर्म का यक्ष प्रश्न बन गया है। राम जन्मभूमि-बाबरी मस्जिद के विवाद को मंदिर-मस्जिद के विवाद से उठाकर हिंदुओं और मुसलमानों के धार्मिक, सामाजिक और सांस्कृतिक ही नहीं भौगोलिक और ऐतिहासिक विवाद बनाने का भी काम किया है—पहले विश्व हिंदू परिषद ने और फिर पूरे संघ परिवार ने। इस विवाद का उपयोग संघ परिवार हिंदू, हिंदुत्व और हिंदू राष्ट्र की अपनी अवधारणाएं सिर्फ हिंदू समाज और सनातन धर्म पर ही नहीं पूरे भारत पर थोपने में कर रहा है। पिछले साल छह दिसंबर को अयोध्या में बाबरी मस्जिद के ढांचे को एक प्रायोजित उन्माद से ढहाकर संघ परिवार ने हिंदुओं को एक ऐसा धार्मिक संस्कार देने की कोशिश की है जो सनातन धर्म और हिंदुओं में नहीं है।

अब धर्म सनातन है तो निरंतर परिवर्तन के बिना सनातन नहीं रह सकता। वही सनातन है, वही सर्वदा रहता है जो निरंतर परिवर्तित होता रहता है। इसलिए नई परिस्थिति में नया संस्कार देना इस धर्म के विपरीत नहीं है। लेकिन हर परिवर्तन धर्म की परंपरा में होगा तभी वह सनातनत्व होगा। प्रायोजित उन्माद में लोगों को लाकर मस्जिद मानी और कही गई एक ऐतिहासिक इमारत को ढहाना इस्लामी और सेमेटिक संस्कार तो हो सकता है सनातन और धार्मिक तो कतई नहीं है। इसीलिए उससे हिंदुओं और मुसलमानों का विभाजन नहीं हुआ हिंदुओं का भी हुआ। हिंदुओं को भी उससे चोट पहुंची और हिंदुओं ने ही उसका सबसे ज्यादा विरोध किया। संघ परिवारी इन हिंदुओं को हिंदू नहीं कहते लेकिन यह रामजी की कृपा है कि सनातन धर्म में किसी को हिंदू बताने न बताने का अधिकार किसी को नहीं दिया गया। किसी को नहीं है। सनातन धर्म में जो भी ढीला-ढाला और थोड़ा-बहुत संगठन है—वह मठों, पीठों और अखाड़ों का है। मठों में सबसे ऊंची मान्यता चार मठों और उनके मुखिया शंकराचार्यों की है। लेकिन कोई शंकराचार्य भी किसी को हिंदू न होने का प्रमाण-पत्र नहीं दे सकता। इसलिए संघ परिवारियों के और उनके जरिए शिवजी की बारात की तरह जुटाई गई साधु-संतों और महंतों की जमात के प्रमाणों और आदेशों को कुल हिंदू समाज नहीं मानता।

राम मंदिर और वह भी अयोध्या में बनाने जैसे प्रश्न पर हिंदू समाज में आए इस त्रासदायी संकट से हिंदुओं को कोई उबार सकता है तो वही शंकराचार्य जो अपने मठों, पदों और सांसारिक आग्रहों और दुराग्रहों से ऊपर उठकर सनातन धर्म के अनुसार उसका समाधान निकाल सकें। शृंगेरी में शंकराचार्यों ने अपने को ऐसे धरातल पर लाने के लिए पहले तो कांची मठ पर चले आ रहे आग्रह या दुराग्रह को छोड़ा और फिर सनातन धर्म का आह्वान करते हुए कुल हिंदू समाज को अपने सामने रखा। वे अयोध्या में राम मंदिर बनाने के पक्ष में हैं और हालांकि उनके वक्तव्य में यह स्पष्ट नहीं है कि मंदिर वहीं बने जहां पहले बाबरी मस्जिद का ढांचा खड़ा था लेकिन कुल मिलाकर अर्थ यही निकलता है कि मंदिर 'वहीं' बनना चाहिए। वहां मंदिर बनना चाहिए ऐसी राय तो उन तमाम लोगों की भी थी और है जिन्हें संघ परिवारी सेकुलरवादी, राम विरोधी और हिंदू विरोधी कह-कहकर बदनाम करते हैं। इन लोगों में यह अधम मसिजीवी और भूतपूर्व प्रधानमंत्रियों—चंद्रशेखर और वी. पी. सिंह जैसे दो विपरीत धुरों पर बैठे व्यक्ति भी शामिल हैं। लेकिन ये सब साध्य और साधन की एकता के आग्रही थे और इसलिए मानते थे कि मंदिर जबरन नहीं बनाया जा सकता। या तो बातचीत के बाद सद्‌भाव और सदाशयता में मुसलमान वह ढांचा किसी ट्रस्ट को सौंप दें या सुप्रीम कोर्ट से फैसला हो जाए कि उस ढांचे के नीचे पहले रामजी का मंदिर था या किसी और अवतार का।

इस्लाम जैसे धर्म जिसमें आस्था न रखनेवाले को काफिर कहा गया और जिससे संसार को 'हम' और 'वे' में बांटा उस इस्लाम में भी जबरन छीनी गई जमीन पर जबर्दस्ती बनाई गई मस्जिद हराम मानी जाती है। फिर सनातन धर्म जो लोगों को 'हम' और 'वे' में विभाजित नहीं करता, जो सिर्फ उसी में माननेवालों को मोक्ष नहीं सभी प्राणियों को मोक्ष की कामना करता है उसमें तो जबरन कुछ करने-करवाने के लिए कोई औचित्य है ही नहीं। और फिर मंदिर राम का उनके जन्म स्थान में बनना है जो मर्यादा पुरुषोत्तम थे और लोक मन में अभी भी हैं। उनके जन्मस्थान पर उनका मंदिर मर्यादाओं और धर्म को तोड़कर नहीं बनाया जा सकता। साध्य अगर राम के जन्म स्थान पर राम मंदिर बनाकर समाज के लोगों को मर्यादा पुरुषोत्तम बनाना है तो उसके साधन महमूद गजनवी या बाबर के सिपहसालार मीर बाकी के नहीं हो सकते। साध्य और साधन के इस मूलभूत अंतर ने ही हिंदू समाज को विभाजित किया है। शंकराचार्यों ने अधिग्रहीत भूमि अराजनैतिक और सर्वमान्य

लोगों को मंदिर बनाने के लिए सौंपने का सरकार को कहा है। वे जानते हैं कि सरकार उस भूमि पर मंदिर या मस्जिद बनाने के लिए उसे किसी अराजनैतिक धार्मिक ट्रस्ट को तभी सौंपेगी जब संविधान के अनुच्छेद 143 के अंतर्गत देश का सर्वोच्च न्यायालय अपनी राय सरकार को दे देगा। शंकराचार्यों ने कोई समय सीमा नहीं बांधी है और न सरकार को कोई चेतावनी दी है।

शंकराचार्यों ने दूसरा धर्म और समझदारी का कार्य यह किया कि राम जन्मभूमि आंदोलन चलानेवाली विश्व हिंदू परिषद और उसके बनाए राम जन्मभूमि न्यास को भी अपने साथ लेना तय किया। विश्व हिंदू परिषद पर सरकारी प्रतिबंध है। राष्ट्रीय स्वयं सवेक संघ और बजरंग दल पर सरकारी पाबंदी की पुष्टि न करनेवाली बाहरी पंचाट ने विश्व हिंदू परिषद पर प्रतिबंध की पुष्टि की है। पंचाट ने बाबरी मस्जिद के ढांचे के ध्वंस की नैतिक जिम्मेदारी भी परिषद की बताई है। राम जन्मभूमि न्यास के लोगों ने गए साल जुलाई के महीने में कारसेवा के दौरान कानून और न्यायालयों के आदेशों की खिल्ली उड़ाई थी। पुरी के शंकराचार्य स्वामी निश्चलानंद ने दिल्ली में अखबारवालों से कहा कि श्रृंगेरी वक्तव्य के अनुसार जो समिति बनाई जाएगी उसमें राजनैतिक तो नहीं लिये जाएंगे लेकिन राम जन्मभूमि न्यास के लोग लिये जाएंगे यह बिलकुल शंकराचार्यों जैसा धर्म कार्य है। राम जन्मभूमि न्यास या संघ परिवार को अपनी पहल से बाहर रखकर शंकराचार्य शांति-समरसता और पारस्परिक विश्वास का वह वातावरण नहीं बना सकते जिसे अपने वक्तव्य में उनने जरूरी माना है। यह सनातन धर्म के भी विरुद्ध होता क्योंकि वह सब को स्वीकारने, अपने में शामिल करने और किसी को भी अपने से पराया माननेवाला धर्म नहीं है। जो सभी लोगों को साथ लेकर चलता है वह हिंदू समाज को बांट कर नहीं चल सकता। उसे तो बांटनेवालों को भी साथ लेकर चलना होगा। और वे आएं या नहीं उनके लिए भी जगह रखनी पड़ेगी। धर्म यही है। राम जन्मभूमि न्यास को अलग रखकर समरसता और पारंपरिक विश्वास का वातावरण नहीं बनाया जा सकता। इसलिए शंकराचार्यों ने यह सकारात्मक धर्म कार्य किया है। कल अपन जांचेंगे कि विश्व हिंदू परिषद शंकराचार्यों के श्रृंगेरी मिलन पर क्या कर रही है ?

13.7.1993

इन्हीं का धर्म और इन्हीं की राजनीति है

श्रृंगेरी में तो शंकराचार्यों ने सरकार से यही कहा कि अयोध्या में जो भूमि उसने अधिग्रहीत की है वह राम मंदिर बनाने के लिए ऐसे लोगों को सौंप दी जानी चाहिए जो राजनीति से ऊपर हों और देश-भर में जिनकी मान्यता हो। उन्होंने मंडलेश्वरों, संतों, महंतों, साधुओं धार्मिक संगठनों और तमाम लोगों से कहा कि अगर जल्दी मंदिर बनवाना है तो जाने-अनजाने राजनैतिक संगठन के औजार मत बनिए क्योंकि राजनैतिक पार्टियां मंदिर के सवाल का दुरुपयोग अपने-अपने राजनैतिक स्वार्थ के लिए कर रही हैं। शंकराचार्यों ने किसी पार्टी, संगठन और धार्मिक नेता का नाम नहीं लिया।

लेकिन प्रतिबन्धित विश्व हिंदू परिषद को एकदम लगा कि शंकराचार्यों का यह वक्तव्य उनके खिलाफ है। दूसरे ही दिन और श्रृंगेरी में ही परिषद के महामंत्री सदानंद काकाडे ने कहा—शंकराचार्यों का वक्तव्य एकतरफा है। आमतौर पर विश्व हिंदू परिषद और खासतौर से राम जन्मभूमि न्यास के खिलाफ है और कांग्रेस के कहने पर दिया गया है। शंकराचार्यों का यह सम्मिलन राम मंदिर के सवाल पर धार्मिक नेताओं को फोड़ने और उनका राजनैतिक शोषण करने का एक और कांग्रेसी प्रयास है। जब तक राम जन्मभूमि आंदोलन से बरसों से जुड़े धार्मिक नेताओं को लेकर मार्गदर्शक मंडल नहीं बनाया जाएगा कोई बात नहीं बनेगी। और फिर कहा कि शंकराचार्य तो सिर्फ शैव संप्रदाय के प्रतिनिधि हैं।

शंकराचार्यों और उनके वक्तव्य की इस तरह खबर लेने के बाद प्रतिबंधित विश्व हिंदू परिषद के महामंत्री काकाडे भारत सरकार को चेतावनी दिए बिना नहीं रह सकते थे। काकाडे ने कहा कि राम जन्मभूमि न्यास को अलग करके नया ट्रस्ट बनाया गया तो ऑपरेशन ब्लू स्टार के बाद स्वर्ण मंदिर में जो हुआ वही अयोध्या में होगा। यानी नए ट्रस्ट ने राम मंदिर बनाया तो परिषद और न्यास उसका वही हाल करेंगे जो ऑपरेशन ब्लू स्टार में क्षतिग्रस्त हुए अकाल तख्त के पुनर्निर्माण का अकालियों और आतंकवादियों ने किया था। उसे फिर से गिराकर बनाया जाएगा। परिषद और न्यास के नेताओं के उच्च विचार, उनकी कथनी और करनी अकालियों और आतंकवादियों से कितनी मिलती-जुलती है यह एक अलग अध्ययन और लेखन का विषय है। फिलहाल यही नोट करना काफी है कि परिषद और न्यास ही नहीं संघ परिवारी भी घोषणा करते रहे हैं कि बाबरी मस्जिद, मस्जिद है नहीं। सन् छत्तीस के बाद से तो वहां नमाज नहीं पढ़ी गई और सन् उनपचास से वहां रामलला विराजमान हैं और रोज उनकी पूजा होती है। वह रामलला का मंदिर है। हम उसका जीर्णोद्धार करेंगे। रामलला का मंदिर बनाया और घोषित किया गया कि वह बाबरी मस्जिद का ढांचा सेना या अर्धसैनिक बलों की कार्रवाई में क्षतिग्रस्त नहीं हुआ था। उसे संघ परिवारियों के बुलाए कारसेवकों ने नेताओं, साधुओं, संतों और महंतों की उपस्थिति में प्रायोजित उन्माद से ध्वस्त किया। अगर वह मस्जिद नहीं थी और रामलला का मंदिर था तो उसे ढहाते कारसेवकों का उत्साह बढ़ाने के लिए साध्वी ऋतंभरा क्यों आवाज लगा रही थीं—एक धक्का और दो, बाबरी मस्जिद तोड़ दो ? और आचार्य धर्मेंद्र किसके मलबे को प्रसाद के रूप में ले जाने की आवाज लगा रहे थे ?

अकाल तख्त इसलिए क्षतिग्रस्त हुआ था क्योंकि उसे एक किले में बदल दिया गया था और वहां जमे संत भिंडरांवाले और उनके आतंकवादी समर्थक भारतीय सेना से बाकायदा युद्ध कर रहे थे। बाबरी मस्जिद क्या ऐसी कार्रवाई से ध्वस्त हुई ? लेकिन काकाडे ही नहीं परिषद, न्यास और मार्गदर्शक मंडल के नेता और संत-महंत भी कई बार कह चुके हैं कि सरकारी ट्रस्ट अगर अयोध्या में मंदिर बनाएगा तो वे उसे मरम्मत किए गए अकाल तख्त की तरह गिरा देंगे। लेकिन इन लोगों की बातों पर नहीं भावना पर जाइए। उनका कहना है कि अयोध्या में राम मंदिर बनाने का एकाधिकार राम जन्मभूमि न्यास को है। दुनिया की कोई ताकत उसके इस एकाधिकार को छीन नहीं सकती। पूरा संघ परिवार उसके एकाधिकार की रक्षा में दक्ष होकर खड़ा है और शंकराचार्यों ने भी अगर उसके एकाधिकार पर प्रश्न चिह्न लगाया तो वे उन्हें भी सारे हिंदू समाज का प्रतिनिधि धार्मिक नेता नहीं मानेंगे। उन्हें भी कांग्रेस के हाथों से उसके राजनैतिक स्वार्थ के लिए खेल रहे कठपुतले बताएंगे। और कहेंगे कि उन्हें राम मंदिर के मामले में बोलने का कोई अधिकार नहीं है। काकाडे जैसी बातें आचार्य गिरिराज किशोर और स्वनामधन्य अशोक सिंघल ने भी कही हैं।

एक और बात पर काकाडे से लेकर अशोक सिंघल तक ने एतराज किया है। द्वारका पीठ के शंकराचार्य स्वरूपानंद बद्री ज्योतिपीठ के भी शंकराचार्य अपने को मानते और बताते हैं। शंकराचार्यों ने दोनों मठों का शंकराचार्य उन्हें माना है। लेकिन परिषद और न्यास के नेताओं का कहना है कि बद्री धाम के शंकराचार्य पद पर इलाहाबाद हाईकोर्ट ने स्वामी वासुदेवानंद का दावा स्वीकार किया है। शंकराचार्यों ने श्रृंगेरी में हाईकोर्ट के निर्णय का सम्मान करते हुए वासुदेवानंद को क्यों नहीं बुलाया ? और उन्हें बद्री मठ का शंकराचार्य घोषित क्यों नहीं किया ? स्वामी स्वरूपानंद अपने को द्वारका और बद्री दोनों मठों का शंकराचार्य कहते हैं। उनके इस दावे को अस्वीकार क्यों नहीं किया गया ? हाईकोर्ट के फैसले पर परिषद और न्यास के नेताओं का आग्रह स्तुत्य कहा जाना चाहिए। द्वारका के शंकराचार्य कानून से ऊपर नहीं हैं। और सभी शंकराचार्यों को मिलकर भी कानून और न्यायालय की अनदेखी करने का अधिकार नहीं है। कानून के सामने चंपू चमार और शंकराचार्य स्वरूपानंद समान हैं। और कानून का राज नहीं चलेगा तो हम लोकतांत्रिक गणराज्य नहीं रह सकते।

जैसा विधान लोकतंत्र में विधि के राज का है वैसे ही सनातन धर्म में। शंकराचार्य या चारों शंकराचार्यों, महंतों, महामंडलेश्वरों और अन्य पीठाधीशों का जो भी धार्मिक अधिकार है उसे वे अपनी नैतिक शक्ति से क्रियान्वित कर सकते हैं। सनातन धर्म में आस्था रखनेवाले किसी भी व्यक्ति को अधिकार है कि वह शंकराचार्य से लेकर किसी भी धर्माचार्य को चुनौती दे सकता है। उसके लिए उसकी आत्मा की आवाज ही सबसे बड़ी है और चूंकि उसकी आत्मा परमात्मा का ही अंश है इसलिए सर्वदा स्वतंत्र है। बंधन कर्म का है। कर्म का फल भुगतने से परमात्मा भी किसी को छोड़ेगा नहीं। सबको अपने कर्मों का फल भुगतना है। अवतार लेनेवाले परमात्मा को भी और गोविंद के दर्शन करवानेवाले गुरु को भी। मनुष्य का कर्म ही उसका अंतिम नियंता है। ऐसे सनातन धर्म में विश्व हिंदू परिषद के नेता-कार्यकर्ता, न्यास के नैष्ठिक धर्मावलंबी और मार्गदर्शक मंडल और धर्म संसद के साधु, संत-महंत सभी को शंकराचार्य के वक्तव्य को चुनौती देने का अधिकार है। इसलिए शंकराचार्यों ने श्रृंगेरी वक्तव्य की आलोचना करने, उन्हें कांग्रेस का खेल खेलने और धर्म में एक संप्रदाय-शैव संप्रदाय-के प्रतिनिधि होने के नाते पूरे हिंदू समाज और सनातन धर्म के सभी संप्रदायों की ओर से बोलने का अधिकार न देने का अधिकार हर सनातनी को है। जिस तरह लोकतंत्र में साधारण नागरिक के मूल अधिकार और कर्त्तव्य राष्ट्रपति और प्रधानमंत्री के अधिकारों और कर्त्तव्यों से भिन्न नहीं हैं वैसी ही स्थिति सनातन धर्म के साधारण धर्मावलंबी और शंकराचार्य और महामंडलेश्वर की है।

लोकतंत्र में कानून के राज और सनातन धर्म में निष्ठा और नैतिकता के अधिकार की यह बुनियादी स्थिति ही कुछ बुनियादी सवाल उठाती है। द्वारका के शंकराचार्य स्वरूपानंद को अगर बद्री पीठ स्वामी वासुदेवानंद के लिए छोड़ देना चाहिए क्योंकि परिषद और न्यास के नेताओं के अनुसार ऐसा निर्णय इलाहाबाद हाईकोर्ट का है तो विश्व हिंदू परिषद, राम जन्मभूमि न्यास, कार सेवा समिति, मार्गदर्शक मंडल और धर्म संसद ने गए—साल इसी जुलाई के महीने में 2.77 एकड़ भूमि पर कारसेवा क्यों की ? इलाहाबाद हाईकोर्ट ने उत्तर प्रदेश सरकार द्वारा अधिग्रहीत अयोध्या की इस भूमि पर पहले से बने भवनों की यथास्थिति में परिवर्तन करने और वहां कोई भी स्थायी निर्माण करने पर रोक लगा दी थी लेकिन वहां न्यायालयों के सभी आदेशों का उल्लंघन किया गया। कारसेवा बंद करने का न्यायालयी आदेश लेकर जो जिला मजिस्ट्रेट गया उसे कहा गया कि कारसेवा तो साधु-संत कर और करवा रहे हैं। उन्हीं को आदेश दीजिए। फिर कहा गया कि साधु संत तो सिर्फ रामलला के अधीन हैं और उन्हीं का आदेश मानेंगे। साधु-संत कानून से परे हैं और राम मंदिर आस्था का प्रश्न है जिस पर दुनिया की कोई अदालत फैसला नहीं कर सकती। ये दलीलें राम जन्मभूमि आंदोलन के नेताओं, कार्यकर्ताओं और समर्थकों की हैं। फिर वे क्यों कह रहे हैं कि स्वामी स्वरूपानंद को इलाहाबाद हाईकोर्ट के निर्णय का सम्मान करना चाहिए ? क्या विश्व हिंदू परिषद के राम जन्मभूमि आंदोलन में लगे साधु-संत ही कानून से परे हैं और अयोध्या में 'वहीं' राम जन्मभूमि आस्था का प्रश्न है इसलिए न्यायालयों के कार्य क्षेत्र से बाहर है और द्वारका और बद्री जैसे सर्वमान्य और प्रतिष्ठित धाम और उनके मठों पर न्यायालयों का आदेश तत्काल लागू होना चाहिए ?

परिषद और न्यास के नेताओं का शंकराचार्यों से यह भी कहना है कि उन्हें इलाहाबाद हाईकोर्ट के आदेश का सम्मान करते हुए स्वामी वासुदेवानंद को बद्री धाम का शंकराचार्य मानकर बुलाना चाहिए था। और स्वामी स्वरूपानंद को द्वारका और बद्री दोनों मठों के शंकराचार्य होने का दावा रद्द करना चाहिए था। सही है। लेकिन तब बाबरी-मस्जिद के ढांचे को सुरक्षित रखने के इलाहाबाद हाईकोर्ट और देश के सर्वोच्च न्यायालय के आदेशों का पालन क्यों नहीं हुआ ? राम मंदिर बनाने के जनादेश का दावा करनेवाली भाजपा सरकार ने दोनों न्यायालयों को वचन दिया था कि ढांचे को आंच नहीं आने दी जाएगी। ऐसा ही वचन देश की सार्वभौम संसद और राष्ट्रीय एकता परिषद को दिया गया था। ऐसा ही वचन विश्व हिंदू परिषद और राम जन्मभूमि न्यास की नेता राजमता सिंधिया और स्वामी चिन्मयानन्द ने देश के सर्वोच्च न्यायालय को दिया था। लेकिन अपने वचन और न्यायालयों के आदेशों का न सिर्फ सम्मान नहीं किया गया उनके धुर्रे उड़ा दिए गए। क्या सिर्फ शंकराचार्यों को बद्री मठ के दावे पर इलाहाबाद हाईकोर्ट के आदेश का सम्मान और पालन करना चाहिए ? क्या अयोध्या में छह दिसंबर बानवे को जुटे राम जन्मभूमि से संबद्ध सभी संघ परिवारी नेता, साधु, संत, महंत और कारसेवकों को इलाहाबाद हाईकोर्ट ही नहीं सर्वोच्च न्यायालय के भी आदेश के सम्मान और पालन की कोई जरूरत नहीं थी ?

सारे संघ परिवारी अपने को तो बाबरी मस्जिद ढहाने को जिम्मेदारी से बरी करते हैं लेकिन कहते हैं कि अगर इलाहाबाद हाईकोर्ट छह दिसंबर के पहले अधिग्रहीत 2.77 एकड़ भूमि पर फैसला दे देती तो ढांचा नहीं टूटता। जिस हाईकोर्ट के आदेश के धुर्रे उड़ाए गए उसी पर धुर्रे उड़ानेवालों का यह आरोप है। ग्यारह दिसंबर को 2.77 एकड़ भूमि पर फैसला देनेवाले न्यायमूर्ति माथुर ने अपने निर्णय में 'पुनश्च' लिखा है—"इस न्यायपीठ पर निर्णय देने में बेहद देरी करने और इस तरह ढांचे के तोड़ने में योगदान करने का आरोप है। हमें फैसला 2.77 एकड़ भूमि के अधिग्रहण पर देना था ढांचे पर नहीं। ढांचे को न्यायालयों के आदेशों से सुरक्षा की कोई कमी नहीं थी। उसकी सुरक्षा का वचन सभी लोगों ने दिया था। न्यायालयों के पास अपने आदेशों पर अमल कराने का कोई

कार्यपालक बल नहीं होता। यह जिम्मेदारी कार्यपालिका यानी सरकार की है। और जिन्न को बोतल से बाहर निकाला देना तो आसान है उसे वापस भरना आसान नहीं है।'' जिन्न को बाहर किसने निकाला यह सारी दुनिया जानती है। उसे बोतल में कौन बंद नहीं कर पा रहे उन्हें भी दुनिया जानती है। लेकिन इन धर्मपालकों और धर्मरक्षकों में एक धर्मपुरुष नहीं है जो कहे कि हमने न्यायालयों के आदेशों का उल्लंघन किया है। कानून को जो सजा देनी हो दे।

लेकिन ये लोग शंकराचार्यों पर राजनीति के कठपुतले होने और कानून का सम्मान न करनेवाले अपराधी होने का आरोप लगा रहे हैं। क्यों ? क्योंकि शंकराचार्यों की पहल से हिंदू समाज, हिंदू धर्म और भारत पर अपना जो एकाधिकार ये मानते हैं उसकी फूंक सरकती है। बाकी लोगों को तो ये सेकुलरवादी, हिंदू विरोधी और राष्ट्रद्रोही कह सकते हैं शंकराचार्यों को तो हिंदू विरोधी नहीं कह सकते। कौन मानेगा ? और ये शंकराचार्यों के अधिकार को तो चुनौती दे रहे हैं लेकिन अयोध्या में वहीं मंदिर बनाने पर ही नहीं–हिंदू धर्म और इस देश के इतिहास, भूगोल, संस्कृति, समाज और इन सबके भविष्य को अपने ढंग से बदलने का एकाधिकार सिर्फ अपना मानते हैं। यही राष्ट्रवादी और यही हिंदू हैं। बाकी के सारे हिंदू और अहिंदू भारतीय–अहिंदू और इसलिए देशद्रोही हैं। यह हिंदू धर्म, समाज और भारत को एक और मजबूत करने का धार्मिक और सनातनी तरीका है ?

इस तरीके का विरोध करने और इसे अस्वीकार करनेवाले सबसे ज्यादा हिंदू हैं। वे अपने धर्म और राष्ट्र को इन स्वयंभू धर्मपालकों और राष्ट्रवादियों से बचाना चाहते हैं। ये हिंदू राजनीति से कांग्रेसी, वामपंथी, जनता दली, बहुजन समाजी और भाजपाई भी हैं। ये अगर अपने धर्म और देश के सामने बोतल से जिन्न निकालकर उसे तहस-नहस करनेवालों से बचाने के लिए शंकराचार्यों के पास जाते हैं तो यह राजनीति है और मुरली मनोहर जोशी, अशोक सिंघल, महंत अवैद्यनाथ, स्वामी चिन्मयानंद आदि धर्म संसद बनाकर उसके साधु-संतों और महंतों से अपने मनचाहे निर्णय करवाएं तो यह धर्म कार्य है ? अगर संघ के कहने पर विश्व हिंदू परिषद के अशोक सिंघल साधु-संतों-महंतों की जमात जुटाएं और वह कहे कि राम मंदिर बनवाने के लिए केंद्र में भाजपा की सरकार बनाओ तो यह धर्म कार्य है और रामस्वामी वेंकटरामन, सी. सुब्रमण्यम और शृंगेरी के शंकराचार्य भारती तीर्थ स्वामी–राम मंदिर बनाने के लिए सर्वमान्य और अराजनैतिक धर्मपुरुषों की समिति बनाने को कहें तो यह राजनीति हो जाती है ? परिषद और न्यास के लोग निश्चित ही इस देश के लोगों को बुद्धि, विवेक, धर्म और सत्यविहीन पशुओं की रेवड़ मानते हैं जिसे हंकालने का दैविक अधिकार सिर्फ उन्हीं का है। जय श्री राम !!

14.7.1993

विचार का सामना विचार से

बाल ठाकरे, अशोक सिंघल और विनय कटियार जैसे स्वामी विवेकानंद के इक्कीसवीं सदी के अवतारों का किया जा रहा हिंदू जागरण हो गया है। दो बानगी देखिए–

''विचार के खिलाफ गुंडागर्दी' पढ़ा। न जाने क्यों कोई अच्छा नहीं लगा।

दिनांक 31.8.93 की सुबह 04.45 बजे क्रिकेट मैच हो रहा था। भारत जीत रहा था। उसके बाद की वीडियो रिकॉर्डिंग देखने के बाद क्या आप एक लेख लिखेंगे।

'जीत के खिलाफ गुंडागर्दी' पर लेख पढ़ना चाहते हैं। आप अगर राम के जमाने में होते तो राम-रावण युद्ध को ही गलत ठहरा देते।

अभिव्यक्ति के नाम पर एवं पत्रकारिता के नाम पर हो रही गुंडागर्दी पर लेख पढ़ना चाहते हैं। अभिव्यक्ति के नाम पर मां की गाली देनेवाले अपने गिरेबान में झांके।

शिवसेना ने व्यावहारिक रूप में सही किया तो सैद्धांतिक रूप से गलत। कुछ चीजें सैद्धांतिक रूप से सही होती हैं तो व्यावहारिक रूप में गलत साबित होती हैं तथा कुछ व्यावहारिक रूप से सही होती हैं तो सैद्धांतिक रूप में गलत होती हैं।

1. जैसे सैद्धांतिक रूप से कांग्रेस को शासन में नहीं होना चाहिए लेकिन है।

2. सैद्धांतिक रूप में जद, सपा, इंका, वामो, भाजपा के भयंकर विरोधी हैं लेकिन व्यावहारिक रूप में भाजपा के प्रचार तंत्र की तरह काम कर रहे हैं।

हिंदी, हिंदू, हिंदुस्तान की जो जितनी बेइज्जती कर सके वही उतना बड़ा प्रगतिशील, निष्पक्ष, सभ्य एवं कथित धर्म निरपेक्ष है। ये देश है या बाहर से आए लोगों के रहनेवाली कॉलोनी ?

31 अगस्त का संपादकीय 'विचार के खिलाफ गुंडागर्दी' अच्छा है। लेकिन आप शब्द वीरों की बहादुरी मोहम्मद (पैगंबर) या ईसा (मसीह) के सामने क्यों कुंठित हो जाती है ? सारी मर्दुमी सहिष्णु हिंदू के मामले में ही क्यों ? यदि आप बहादुर हैं और आपके अन्य शब्द वीरों में हिम्मत है तो मोहम्मद (पैगंबर) की 11 बीवियों के बारे में लिखकर बताएं। सीधे जमना घाट पहुंच जाओगे। मौत के भय से डरनेवाले आप जैसों के मुंह से आत्मा की अमरता की बात शोभा नहीं देती।

पहली चिट्‌ठी रायबरेली के किसी जागृत हिंदू ने वोटर बेपैंदी के-छद्म नाम से तीन पोस्टकॉर्डों पर लिखी है और दूसरी जिस किसी सज्जन के दस्तखत से आई है उन्होंने नाम लिखने के बजाय अपने को–मध्यदेश का आपका साथी बताया है। मध्यदेश सन् छाछठ में भोपाल से निकला दैनिक था जिसमें शरद जोशी और मैंने दो साल काम किया और जिसके मालिक हमारे मित्र विश्वनाथ शर्मा अब जयश्रीराम करते हुए लोकसभा में पहुंचे हुए हैं। अब इसलिए कि पहले वे बहुगुणा के लोकदल से भी लोकसभा में रहे। जो वोटर बेपैंदी के हैं उनके तर्क में जाने के पहले तथ्य बता देना चाहिए कि 'विचार के खिलाफ गुंडागर्दी' संपादकीय जब लिखा गया तब इंग्लैंड में बसे पाकिस्तानियों ने

एक चौरिटी मैच में गुंडागर्दी करते हुए भारत को जीत से नहीं रोका था। तब तक हिंदुत्व के हरावल दस्ते के वीर शिव सैनिकों ने—आतंकवाद और सांप्रदायिकता के खिलाफ हो रही बैठकों में ही गुंडागर्दी की थी। पाकिस्तानियों की गुंडागर्दी पर भी जनसत्ता में संपादकीय दूसरे दिन ही छपा है—'पाकिस्तानी हुड़दंगी'। हम गुंडागर्दी के खिलाफ हैं और मुस्लिम और हिंदू या भारतीय और पाकिस्तानी गुंडागर्दी में भेद नहीं करते। मुस्लिम गुंडागर्दी के कारण हुई हिंदू गुंडागर्दी को वाजिब नहीं ठहराते क्योंकि दोनों ही गुंडागर्दियां हैं। रायबरेली के सज्जन बेपैंदी के वोटर होंगे जनसत्ता पैंदीवाला अखबार है। और हमारी पैंदी कोई पार्टी संगठन और व्यक्ति नहीं विचार, मूल्य और सिद्धांत है।

मध्यदेश के अपने साथी के भी तर्क में जाने के पहले कुछ तथ्य बता देने चाहिए। हमारे साथी हैं तो शायद जनसत्ता पढ़ते रहे होंगे। हम 1983 नवंबर में निकले तब से सिख कट्टरवाद, मुस्लिम कट्टरवाद और हिंदू कट्टरवाद तीनों से हमने मोर्चा लिया है। धर्मांतरण करवानेवाले ईसाइयों और नगालैंड में बाइबिल के अनुसार राज चलाने का चुनावी वादा करनेवालों का भी हमने विरोध किया है। हमारे साथियों की याददाश्त कमजोर है इसलिए दस साल पूरे होने पर नवंबर में हम एक स्मारिका निकाल रहे हैं जो आतंकवाद, अलगाववाद और उग्रवाद के इस दशक में जनसत्ता में छपी सामग्री को फिर उनके सामने रखेगी ताकि सनद रहे और वक्त जरूरत काम आए। मौत के भय से डरनेवाले मुझ जैसों के मुंह से आत्मा की अमरता की बात के शोभा न देने की बात कहनेवाले मध्यदेश के इस साथी की जानकारी के लिए बता दूं कि सिख आतंकवाद, मुस्लिम और हिंदू कट्टरवाद के खिलाफ मैंने खुद अपने नाम से बार-बार और लगातार लिखा है। और बावजूद तमाम धमकियों और शुभचिंतकों और पुलिस की सलाह के कोई अंगरक्षक या सुरक्षा स्वीकार नहीं की है। पंजाब में संत भिंडरांवाले के मुख्यालय-चौक मेहता-तक और गुरदासपुर जिले में रात-दिन कार में घूमा हूं और अपने ड्राइवर रामसिंह के अलावा कोई मेरे साथ नहीं रहा है। दस-बीस अंगरक्षकों की सुरक्षा लेकर घूमनेवाले हैं हिंदू हृदय सम्राट बाल ठाकरे, रामरथी लालकृष्ण आडवाणी और छद्म हिंदुत्व के व्याख्याकार हमारे मित्र अरुण शौरी। ये तथ्य हैं जिन्हें जनसत्ता की फाइलों और दिल्ली पुलिस के रेकॉर्ड से चेक किया जा सकता है। मुंबई के बजरंगदलियों के बयान कि—प्रभाष जोशी को कुत्ते की मौत मार दिया जाना चाहिए—हमीं ने मुंबई जनसत्ता में छापा है। मुंबई की पुलिस को वह बयान देकर सुरक्षा नहीं मांगी है। मेरे भी बाल-बच्चे और गिरस्ती है लेकिन मेरा रक्षक मेरा धर्म है। यह फोकटी बहादुरी के लिए नहीं कह रहा हूं। ये तथ्य हैं।

अब इनके तर्कों पर आया जाए। विचार के खिलाफ गुंडागर्दी—संपादकीय में कहा गया है—आप किसी से असहमत हो सकते हैं। लेकिन असहमति दर्ज करने के कुछ सभ्य, बौद्धिक और लोकतांत्रिक तरीके हैं। शारीरिक स्तर पर ही (यानी गुंडागर्दी करके) प्रतिक्रिया दर्ज करना सिर्फ यही बताता है कि आपका बौद्धिक स्तर (कैसा और) कितना है। यह बात इन्हें अच्छी नहीं लगती क्योंकि ये मुंबई के हिंदी पत्रकार संघ के सेमिनार और आतंकवादी विरोधी तीन सभाओं को गुंडागर्दी करके बिगाड़नेवाले शिव सैनिकों की कारस्तानी को हिंदुओं की तरफ से की गई जवाबी कार्रवाई मानकर उचित बताना चाहते हैं। मुंबई के हिंदी पत्रकार अपने सेमिनार में सांप्रदायिकता के खिलाफ छपे हुए शब्द के महत्त्व पर बोल रहे थे गुंडागर्दी नहीं कर रहे थे। महानगर के संपादक निखिल वागले पर हमला किया गया क्योंकि उन्होंने कहा कि मैं 'सामना' को तो अखबार मानता ही नहीं क्योंकि वह एक पार्टी का मुखपत्र है। यह तथ्य है और इस पर आधारित निखिल वागले की राय है जो उन्होंने एक सेमिनार में बोल कर प्रकट की। उन पर हमला किया गया। उन्हें बचाने में दो महिला पत्रकार पिट गईं। इसी तरह के हमले आतंकवादी विरोधी सभा के वक्ताओं पर किए गए। यह

गुंडागर्दी का गुंडागर्दी से जवाब है ? शिव सैनिकों की गुंडागर्दी पर इसलिए नहीं लिखा जाए कि वे हिंदू हैं ? और लिखा भी जाए तो तभी जब मुस्लिम और ईसाई गुंडागर्दी और मोहम्मद पैगंबर और ईसा मसीह के खिलाफ भी लिखें ? अखबार में घटनाओं की खबर और उन पर टिप्पणी होती है। अखबार किसी सांप्रदायिक संगठन के प्रतिशोधी रजिस्टर नहीं हैं कि जिनमें प्रतिशोध की हिंसक प्रतिक्रिया को उचित उत्तर की तरह दर्ज किया जाए। समसामयिक संदर्भ के बिना अखबार का कोई मतलब नहीं है और हम जानते हैं कि समसामयिक संदर्भ में अतीत और भविष्य दोनों के स्वर मिले होते हैं।

लेकिन बेपेंदी के वोटर और मध्यदेश के हमारे साथी हिंदुत्व की प्रतिशोधी भावना से घटनाओं को देखते हैं। हिंदुत्व के तथाकथित उन्माद में काफी हिंदुओं का ऐसा 'जागरण' हुआ है। पश्चिमी पंजाब और सिन्ध में मुसलमानों की बहुसंख्यकता में उन्हीं के जैसी अल्पसंख्यक मानसिकतावाले आडवाणियों, मलकानियों और मधोकों का हिंदू परंपरा को यह विनम्र योगदान है। बाल ठाकरे और शिवसेना-मुंबई की आधुनिक औद्योगिक सभ्यता और महानगरीय विशालता के विरुद्ध 'हिंदू' प्रतिक्रिया है। संघ परिवार ने ऐसे कई 'विचारकों' को जन्म दिया है जो प्रतिक्रिया को स्वाभाविक ही नहीं उचित ठहराते हैं। सदाशिव माधव गोलवकर यानी गुरुजी से लेकर तो बौद्धिक प्रमुख सुदर्शनजी तक का तर्क है कि हम हिंदू इसलिए पिटे कि हम सहिष्णु और उदार हैं। इसलिए हमें सहिष्णुता और उदारता छोड़कर उतने ही संकीर्ण और कट्टर होना चाहिए जितने कि मुसलमान और ईसाई हैं। यानी मुसलमानों और ईसाइयों का सामना करने के लिए हमें मुसलमान और ईसाइयों जैसा ही हो जाना चाहिए। शठ्यम् प्रति शाठ्यम्। लेकिन प्रतिशोध के इस तर्क में बात करते हुए वे हिंदू धर्म की—अंतर्निहित पंथनिरपेक्षता, उदारता, सहिष्णुता और सर्वग्राहिता का भी गुणगान करते हैं। भूल जाते हैं कि अगर हिंदू धर्म और हिंदुओं के ये गुण ही उनकी खास पहचान बल्कि उनका अनिवार्य व्यक्तित्व हैं तो उन्हें हिंदू बने रहना चाहिए या संकीर्ण और कट्टर मुसलमान और ईसाई हो जाना चाहिए ? आप सच्चे और अच्छे हिंदू रहकर अपने धर्म और अपनी राष्ट्रीयता की रक्षा कर पाएंगे या उन्हें नष्ट करनेवाले मुसलमान और ईसाई बन कर ? श्रेयान् स्वधर्मो विगुणः परधर्मात्स्वनुष्ठितात। स्वधर्मे निधनं श्रेयः परधर्मों भयावहः—कृष्ण ने अर्जुन से कहा था।

तब जवाब होता है कि थोड़ी कट्टरता और संकीर्णता हिंदुओं में आ जाए तो कोई हरकत नहीं। संकीर्णता और कट्टरता को 'थोड़ी' कौन रखेगा ? हम रखेंगे—केवल रतन मलकानी ने मुझे कहा था। एक बैठक के दौरान गए साल उनसे मैंने कहा कि संपादकीय पेज पर पाठकों के पत्र छपने के पहले देखते हुए मुझे बत्तीस साल हो गए। ऐसा पहले कभी नहीं हुआ कि गांधी जयंती के पहले गांधी के खिलाफ चिट्ठियां आई हों। इस बार आईं। मलकानीजी ने पूछा—क्या आपको लगता है कि ये प्रेरित और प्रायोजित चिट्ठियां हैं ? मैंने कहा—निश्चित ! सभी के तर्क और भाषा में समानता है। हिंदुओं का यह जो सेमेटाइजेशन किया जा रहा है यह धर्म और हिंदू परंपरा के विरुद्ध और विलोम है। मलकानीजी ने मुस्कुराकर कहा—थोड़ा सेमेटाइजेशन हो जाए तो कोई खराबी नहीं है। मैंने पूछा—थोड़े पर इसे रोकेगा कौन ? मलकानीजी ने मुस्कुराकर और बड़े आत्मविश्वास से कहा—हम रोकेंगे ! छह दिसंबर को कार सेवक बाबरी मस्जिद का ढांचा ढहाने में भिड़ गए। उन्हें न अशोक सिंघल रोक पाए, न संघ के शेषाद्रि, न भाजपा के आडवानी। ये तीनों इस ध्वंस (या उन्माद) के खिलाफ थे। ये तीनों ही न सिर्फ इसे रोक नहीं पाए बाद में इसे उचित भी ठहरा गए। अशोक सिंघल के लिए तो खैर वह गौरव का दिवस हो गया। मलकानीजी पता नहीं छह दिसंबर को अयोध्या में थे या नहीं। लेकिन इतना निश्चित है कि वे कारसेवकों को रोक नहीं पाए। शेर की सवारी करनेवाले लोग उसे रोक नहीं पाते तो उसका शिकार होने से बचने के लिए उसकी जय

बोलने लगते हैं।

प्रतिहिंसा में आप अपने दुश्मन की तरह हो जाते हैं। मुसलमान और ईसाई हो जाने के बाद आप हिंदू कैसे रहेंगे ? राम की रणनीति, शस्त्र और ध्येय–रावण का नहीं था। कृष्ण अपनी सभी कूटनीतिक चालबाजियों में कृष्ण थे–शकुनि या दुर्योधन या कर्ण नहीं थे। और धर्मराज युधिष्ठिर तो कृष्ण की कही बात पर भी पूरी तरह नहीं चले। कृष्ण के कहने पर उन्होंने ऐसी बात कही जिसके दो अर्थ थे और उसकी भी कीमत चुकाई। सिद्धांत और व्यवहार की बौद्धिक लगनेवाली रणनीति बात कहनेवाले बेपैंदी के वोटर नहीं जानते कि धर्म और हिंदू परंपरा का सबसे बड़ा निष्कर्ष है–साध्य और साधन की एकता। अच्छे साध्य के लिए किसी भी साधन का इस्तेमाल करना चाहिए–ऐसा माननेवाले कम्युनिस्टों का राज्य तो गया ही साम्यवाद का सपना भी चूर-चूर हो गया। बंदूक और राज्य के बल पर लाई जानेवाली सर्वहारा की तानाशाही नेता, पार्टी और राज्य की तानाशाही में बदली इसलिए सोवियत संघ बिखरकर पंद्रह गणतंत्रों में बिखर गया। यूगोस्लाविया और चेकोस्लोवाकिया का हश्र भी हमारे सामने है।

झूठ से सत्य स्थापित नहीं होता। उन्माद से विचार, मूल्य और सिद्धांत प्रतिपादित नहीं होते। प्रतिशोध और प्रतिहिंसा वीरों और देवों के गुण नहीं हैं। महाभारत और रामायण पढ़ देखिए उनमें प्रतिहिंसा और उन्माद सकारात्मक मूल्य नहीं विकृतियां हैं। दो गलतियों से एक भलाई और दो झूठों से एक सच्चाई नहीं बनती। अभिव्यक्ति की स्वतंत्रता को–विचार को–आप गुंडागर्दी से दबा नहीं सकते। यह हम शिव सैनिकों की गुंडागर्दी पर ही नहीं कहते। भारत सरकार ने जब गए-साल दिसंबर में राष्ट्रीय स्वयंसेवक संघ, विश्व हिंदू परिषद और बजरंग दल पर प्रतिबंध लगाया तब हमने उसकी भी भर्त्सना की और कहा कि विचार की लड़ाई पाबंदी से नहीं लड़ी जाती। जिस किसी बेपैंदी के वोटर और मध्यदेश के साथी को पढ़ना हो वह जनसत्ता, 12 दिसंबर '92 का संपादकीय 'पाबंदी से क्या होगा !' पढ़ सकता है। विचार का सामना विचार से ही हो सकता है।

10.9.1993

और अभिव्यक्ति का अधिकार अहिंसा से

लेकिन बाल ठाकरे और शिव सेना का विश्वास विचार में नहीं है। वे विचार को बात से लोगों के गले उतार कर उसके सत्य में निष्ठावान नहीं बनाना चाहते। राष्ट्रीय स्वयंसेवक संघ तो फिर भी विचार से ज्यादा जोर संगठन और प्रचार पर देता है। लेकिन बाल ठाकरे का तो पूरा कामकाज ही संगठन और बल प्रयोग से चलता है। इसके मूल में भी भारतीय इतिहास से निकाला गया यह सरल, सपाट और सन्दिग्ध सबक है कि हिंदू एक हजार साल तक इसलिए गुलाम रहे कि वे असंगठित और इसलिए बलविहीन थे। वे संगठित होकर अपने प्रचंड बल का प्रयोग करें और मुसलमानों, ईसाइयों और भारत में रहनेवाले दूसरे सभी धर्मावलंबियों को सबक सिखाएं तो न सिर्फ इस एक हजार साल के इतिहास का हिसाब साफ किया जा सकता है बल्कि इस देश में बहुसंख्यक हिंदुओं का वर्चस्व भी सदा-सदा के लिए कायम किया जा सकता है और तब कोई उन पर मजाल है कि बुरी नजर भी डाल ले।

वीर सावरकर से लेकर बाल ठाकरे तक हिंदुत्व के सभी झंडाबरदारों का जोर संगठित शक्ति के प्रयोग पर है क्योंकि 'एक हजार साल की गुलामी' के लिए वे हमारी वैचारिक, सामाजिक, आर्थिक और राजनैतिक व्यवस्था में आंतरिक पतन की कोई प्रवृत्तियां नहीं देखते। फिर वे अठारहवीं और उन्नीसवीं शताब्दी के यूरोपीय खासकर जर्मन विचारकों की तरह सभी हिंदुओं को एक नस्ल के लोग मानते हैं और यह भी मान लेते हैं कि पांच हजार साल या उससे भी पहले से हिंदू हमेशा हिंदुओं की एक नस्ल की तरह ही रहते आए हैं। अलेक्जांडर से लेकर अहमद शाह अब्दाली तक (वे अंग्रेजों को छोड़ देते हैं) सभी विदेशी हमलावरों का सामना इस देश के लोगों ने हिंदुओं की तरह किया और हिंदुओं और म्लेच्छों का झगड़ा तभी से चलता रहा है। और हिंदू अगर हारे हैं तो सिर्फ इसलिए कि वे संगठित और एक नहीं थे। नहीं तो हिंदुओं में कोई कमी और खामियां हैं ही नहीं।

जर्मनी के नाजीवाद से प्रेरित भारतीय इतिहास का यह नस्लवादी दर्शन न तो वैज्ञानिक है और न ऐतिहासिक। इसमें पहले और दूसरे महायुद्ध के बीच जर्मनी से पनपी नस्लवादी हिटलरशाही के आदर्श के अनुसार भारत के इतिहास को देखने और भारतीयों को एक नस्लीय हिंदुओं की तरह संगठित करने की कोशिश है। वीर सावरकर के गढ़े इस हिंदुत्व से प्रेरित गुरुजी गोलवलकर द्वारा की गई नाजी जर्मनी की प्रशंसा से संघ परिवारी तो अब शरमाते हैं। और इसलिए कहते हैं कि गुरुजी ने तो अपनी पहली पुस्तक–हम या हमारी राष्ट्रीयता व्याख्यायित–अपने जीवन काल में ही वापस ले ली थी। उनके विचार बदल गए थे। लेकिन बाल ठाकरे इस माने में सच्चे सावरकरवादी हैं कि दूसरे महायुद्ध और उसके बाद जर्मन नाजीवाद और हिटलर का क्या हुआ और एक नस्ल, एक भूगोल, एक इतिहास, एक धर्म और एक भाषावाली राष्ट्रीयता की अवधारणा के कितने परखचे उड़ गए–इससे कोई सबक सीखना वे जरूरी नहीं मानते। हिटलर दुनिया में चाहे जितना घृणा का पात्र हो बाल ठाकरे उसकी प्रशंसा में सकुचाते तक नहीं। वे अपने को हिटलर नहीं तो छत्रपति शिवाजी के हिटलरी संस्करण के रूप में जरूर देखते हैं। कुछ इसी तरह संत भिंडरांवाले एक हाथ में तीर लिये गुरु गोविंदसिंह की छवि में फोटू खिंचवा लेते थे।

ऐसे बाल ठाकरे का विचार और अभिव्यक्ति की स्वतंत्रता में विश्वास न हो तो समझा जा सकता है। उनके वीर शिव सैनिक मुसलमानों को ही नहीं बाल ठाकरे के हिंदू आलोचकों को भी सबक सिखाने में नहीं हिचकते। नवभारत टाइम्स की मणिमाला, जनसत्ता की पावसकर और विद्योत्तमा वत्स, महानगर के संपादक निखिल वागले और बीबीसी के नरेश कौशिक शिव सैनिकों की वीरता भुगत चुके हैं। बाल ठाकरे को अपने प्रातःकालीन और सान्ध्यकालीन-सामना अखबार पर्याप्त नहीं लगते और वे अपने शब्द वीर आलोचकों को शिव सैनिकों से दुरुस्त करवाते हैं। उनके सेमिनार और सभाओं को गुंडागर्दी से भंग करवाते हैं। बाल ठाकरे और शिव सैनिकों के इस हिंदू तमाचे का उत्तर हिंदू सत्यनिष्ठा—यानी लोकतंत्र और सत्याग्रह से ही दिया जा सकता है और दिया जा रहा है। लेकिन महाराष्ट्र की संगठित राज्यशक्ति-नागरिकों और उनकी अभिव्यक्ति की आजादी के बुनियादी अधिकार की रक्षा क्यों नहीं करती ? शिव सेना और बाल ठाकरे ने दिसंबर और जनवरी के दंगों में जो सक्रिय रोल किया और सामना के जरिए जो जहर उगला गया उसके लिए महाराष्ट्र सरकार ने शिव सेना और बाल ठाकरे को हाथ तक नहीं लगाया। भाजपा के लोकतांत्रिक और सवैधानिक मुखौटे लालकृष्ण आडवाणी को गिरफ्तार किया गया लेकिन बाल ठाकरे की गिरफ्तारी की तो अफवाह तक का खंडन महाराष्ट्र सरकार की पुलिस ने अपने भोंपुओं से करवाया।

महाराष्ट्र सरकार का यह रवैया मुंबई के कई प्रतिष्ठित नागरिकों को समझ में नहीं आता। पहले माना जाता था कि इसका कारण—सुधाकर राव नाईक, शंकरराव चव्हाण और शरद पवार की राजनैतिक प्रतिद्वंद्विता है। लेकिन इस मार्च महीने से तो शिवाजी महाराज की मराठा धरोहर के दावेदार शरद पवार मुख्यमंत्री हैं। लोग कहते हैं कि मार्च में उनके मुख्यमंत्री होने के बाद मुंबई में हुए बम विस्फोटों ने उन्हें बचाव की मुद्रा में ला पटका है। क्योंकि बम फोड़ने और फुड़वानेवाले मुसलमान और पाकिस्तान प्रेरित लोग थे और इस कारण मुंबई में हिंदुत्व के झंडाबरदार बाल ठाकरे और शिव सेना की ताकत बढ़ी है। लोगों को महसूस होने लगा कि पाक प्रेरित मुसस्लिम आतंकवाद से उनकी रक्षा महाराष्ट्र के मुख्यमंत्री और उनकी पुलिस नहीं बाल ठाकरे और उनकी शिव सेना ही कर सकती है। इस लाइन को भुनवाकर शिव सेना ने मुंबई में—नागरिकों, व्यापारियों और उद्योगपतियों से सुरक्षा शुल्क भी बड़े पैमाने पर वसूल किया है। बाल ठाकरे मुंबई की समानांतर यानी दो नंबर की सरकार के मुख्यमंत्री हैं और उनकी शिव सेना इस सरकार की पुलिस है। इस सच्चाई को मुंबई में कोई भी आपको बता देगा बल्कि आप वहां रहें तो इसे कुछ ही दिनों में महसूस भी करने लगेंगे। फिर भी शिव सेना और बाल ठाकरे और उनके मुखपत्र के खिलाफ सरकार ने—कुछ मामले दर्ज करने से बड़ी कोई कार्रवाई नहीं की।

यह सचमुच अचरज की बात है। अयोध्या में संघ परिवार के नेताओं ने कहा कि बाबरी मस्जिद का ढांचा शिव सेना के लोगों ने गिराया। मुंबई में बैठे बाल ठाकरे ने तत्काल घोषणा की कि उन शिव सैनिकों पर उन्हें गर्व है। भारत सरकार ने संघ, विहिप और बजरंग दल पर पाबंदी लगाई—आडवाणी, जोशी, सिंघल और कटियार को गिरफ्तार किया। लेकिन न तो शिव सेना पर पाबंदी लगाई गई न बाल ठाकरे को गिरफ्तार किया गया। दिसंबर '92 और जनवरी '93 में मुंबई में हुए सांप्रदायिक दंगे विभाजन के बाद के सबसे भयंकर दंगे थे और उन्हें भड़काने और उनमें मारकाट करने में बाल ठाकरे और उनके शिव सैनिकों की भूमिका से तो वे खुद भी इनकार नहीं करते। फिर भी बाल ठाकरे और शिव सेना के खिलाफ वह कार्रवाई भी नहीं की गई जो संघ, विहिप, बजरंग दल और भाजपा के नेताओं के खिलाफ की गई। क्यों ?

क्या भारत और महाराष्ट्र सरकार बाल ठाकरे से इतनी डरती हैं कि कार्रवाई के बाद मुंबई के समुद्र से जो आग लग जाएगी उसे कोई बुझा नहीं पाएगा और वह अरब सागर से लेकर हिमालय

तक में फैल जाएगी ? या ये दोनों सरकारें मानती हैं कि बाल ठाकरे और शिव सेना ने जो भी किया सही किया और इसलिए कानूनी खाना-पूरती के अलावा उनके खिलाफ कोई कार्रवाई नहीं की जानी चाहिए। नरसिंह राव, शंकरराव चव्हाण, सुधाकर राव नाईक और शरद पवार इन दोनों ही निष्कर्षों/आरोपों से इनकार करते हैं। लेकिन इसका कोई गले उतरनेवाला कारण नहीं बताते कि भाजपा के आडवाणी तो गिरफ्तार किए जा सकते हैं लेकिन शिवसेना के बाल ठाकरे को हाथ नहीं लगाया जाएगा। संघ, विहिप और बजरंग दल पर तो सांप्रदायिकता फैलाने के आरोप में पाबंदी लग सकती है लेकिन शिव सेना और शिव सैनिक खुलेआम जो सांप्रदायिक हिंसा करते और फैलाते हैं उसे रोकने के लिए कोई सख्त कदम क्यों नहीं उठाए जाते ? आखिर संघ परिवार के संगठनों और शिव सेना में भेद क्यों किया जा रहा है ?

इसके दो संभावित लेकिन गुप्त कारण हो सकते हैं। पहला यह कि महाराष्ट्र और भारत सरकार अपनी खुफिया एजंसियों से मिली गोपनीय जानकारी के आधार पर यह निश्चित जान चुकी हैं कि पाकिस्तान मुंबई के स्मगलरों और माफिया गैंगों के जरिए भारत में तोड़फोड़ करने और सांप्रदायिकता फैलाने की साजिश कर रहा है। कानूनी कारणों या निकम्मेपन या भ्रष्टाचार के कारण हमारी खुफिया एजंसियां और पुलिस पाकिस्तान और स्मगलरों और माफिया गैंगों के खिलाफ कारगर कार्रवाई नहीं कर सकतीं। इसलिए पाकिस्तानी साजिश को नाकाम करने के लिए वे शिव सेना को छूट दे रही हैं कि इन पाक प्रेरित स्मगलरों और माफिया गैंगों से उन्हीं के तौर-तरीकों से निपट लें। चूंकि सरकारें और पुलिस एक लोकतंत्र में खुलेआम प्रति–आतंकवादी तरीके नहीं अपना सकतीं इसलिए वे ऐसे तरीकों के लिए वैसे ही लोगों का इस्तेमाल करती हैं। पंजाब में कई बार आरोप लगा है कि आतंकवादी गुटों में जो आपसी हिंसा वहां होती थी वह पुलिस के बनाए आतंकवादी गुटों और पाक प्रेरित आतंकवादी संगठनों में होती है। मुंबई में जो गैंग वॉर चलता है उसके पीछे भी पाक प्रेरित और शिव सेना समर्थित गैंग हो सकते हैं और वे भले ही लड़ अपने कारणों से रहे हों लेकिन भारत और महाराष्ट्र सरकारें उन्हें लड़ने देती हैं। पाकिस्तान की तोड़फोड़ की साजिश को रोकने का यह एक सीआईए तरीका हो सकता है और इसलिए राज्य और केंद्र सरकारें बाल ठाकरे और शिव सेना के खिलाफ खाना-पूरती के अलावा कोई कारगर कार्रवाई नहीं करतीं।

दूसरा कारण ही रणनीति हो सकती है जो इंदिरा गांधी ने अकालियों के खिलाफ अपनाई थी। इंदिरा गांधी अकालियों से सिक्खी और सांप्रदायिकता के स्तर पर सीधे और लोकतांत्रिक तरीकों से नहीं निपट सकती थीं। इसलिए उन्होंने ज्ञानी जैलसिंह के जरिए दल खालसा और संत भिंडरांवाले को खड़ा किया ताकि वे और ज्यादा उग्रवादी तरीके अपनाने पर मजबूर हों और लोकतांत्रिक अखाड़े से बाहर हो जाएं। कानूनी ढंग से ही नहीं जनता का समर्थन और विश्वास खोकर भी। संत भिंडरांवाले और उनके आसपास पनपा सिख अलगाववाद और आतंकवाद अंततः पंजाब और सिखों को एक अन्धी गली में ले गया और आज अकाली वहां हाशिए पर हैं। पंजाब में आतंकवाद की कीमत अकालियों और सिखों ने भी चुकाई और देश ने भी। बारह साल के खून-खच्चर के बाद अब वहां कुछ शांति और खुशहाली लौटी है। भाजपा की हिंदुत्व की चुनौती से भी कांग्रेस सीधे और पंथनिरपेक्ष लोकतांत्रिक तरीके से नहीं निपट सकती। इसलिए वह बाल ठाकरे और शिव सेना को बढ़ने दे रही है ताकि हिंदुत्व का मंच वे लालकृष्ण आडवाणी और भाजपा से छीन सकें। भाजपा के तौर-तरीके शिव सेना से तो ज्यादा लोकतांत्रिक और वैचारिक हैं ही और उसे पटरी से बाल ठाकरे ही उतार सकते हैं। एक लाइन में कहें तो यह बिल्कुल संभव है कि बाल ठाकरे को हिंदू भिंडरांवाले की तरह कांग्रेस खड़ा कर रही है और इसलिए उनके खिलाफ कोई कार्रवाई नहीं होती।

जरूरी नहीं कि इन दोनों कारणों में से एक कारण ही हो। बिल्कुल संभव है कि प्रशासनिक और राजनैतिक दोनों कारणों से केंद्र और राज्य सरकारें और कांग्रेस बाल ठाकरे और शिव सेना का इस्तेमाल कर रही हों। आखिर विचार और अभिव्यक्ति की स्वतंत्रता में सरकारों का विश्वास भी वहीं तक होता है जहां तक वह उनके निहित स्वार्थों पर चोट नहीं करती। मुंबई के कम-से-कम तीन अखबार न सिर्फ शिव सेना और बाल ठाकरे की गुंडागर्दी से लोहा ले रहे हैं वे ऐसी सामग्री भी छाप रहे हैं जो कांग्रेसी नेताओं और खास कर शरद पवार के घोटालों और माफिया सरदारों से उनके संबंधों का पर्दाफाश करती हैं। इन अखबारों और पत्रकारों से जितनी खुंदक और नाराजगी बाल ठाकरे को हो सकती है उतनी ही शरद पवार और दूसरे कांग्रेसी नेताओं को भी होगी। इसलिए अगर बाल ठाकरे और शिव सेना इन अखबारों और पत्रकारों को आतंकित करके चुप करने की कोशिश कर रहे हों तो शरद पवार की सरकार उन्हें क्यों रोके ? इसीलिए देखिए कि सामना और बाल ठाकरे के खिलाफ केस दर्ज करने के अलावा कुछ नहीं किया गया जबकि इलस्ट्रेटेड वीकली को वह अंक वापस लेना पड़ा और माफी मांगनी पड़ी जिसमें शिवाजी के बारे में लेख था। वीकली के खिलाफ शरद पवार और कांग्रेस एकदम सक्रिय हुए। सामना के खिलाफ सिर्फ केस दर्ज किए गए।

नागरिक की अभिव्यक्ति की स्वतंत्रता और स्वतंत्र प्रेस आखिर राज्य और बाल ठाकरे और शिव सेना का सबसे बड़ा सरोकार नहीं हो सकता। नागरिक और प्रेस राज्य से संरक्षण की मांग कर सकते हैं लेकिन राज्य ने कश्मीर, पंजाब और असम में नहीं मुंबई में भी कितना संरक्षण दिया है—यह सारा देश जानता है। इसलिए यह नागरिक और प्रेस की ही जिम्मेदारी है कि वे अपने अधिकार को लड़ कर राज्य और आतंकवादी संगठनों के खिलाफ स्थापित करें। नागरिक और प्रेस आतंककारी संगठनों और राज्य से अहिंसक तरीकों से ही लड़ सकते हैं। बंदूक और लाठी-चाकू राज्य और माफिया गैंग के पास हैं और वही उन्हें बेखौफ चला सकते हैं। नागरिक के पास तो असहमति में उठा हाथ और प्रेस के पास तो कलम ही है। अपनी अभिव्यक्ति की स्वतंत्रता का अधिकार इसलिए वे अहिंसक तरीके से ही लड़कर पा सकते हैं।

11.9.1993

जो धर्म को नहीं जानते

जब लालकृष्ण आडवाणी कहते हैं कि धर्म को राजनीति से अलग करके कांग्रेस एक पार्टी शासन कायम करना चाहती है तो उनका मतलब होता है कि उनकी पार्टी भाजपा तो धर्म को मानती है और कांग्रेस सत्ता की राजनीति करती है।

इसमें तो खैर कोई संदेह है ही नहीं कि कांग्रेस सत्ता की राजनीति करती है और सत्ता की राजनीति में पार्टियां लोकहित का कोई ख्याल नहीं रखतीं तो इसका कारण भी कांग्रेस ही है। देश की सबसे पुरानी और सबसे बड़ी पार्टी होने के कारण राजनैतिक व्यवहार और कार्यक्रम कांग्रेस ही तय करती रही है। आज अगर कोई भी पार्टी सत्ता के राक्षसी अखाड़े में किसी भी दांव को वर्जित नहीं मानती तो इसका भी दोष कांग्रेस पर ही है। भाजपा भी कांग्रेस की इसी राक्षसी सत्ता राजनीति की कोख से जन्मी है और कांग्रेस की देखा-देखी करने में उसे कोई नीतिगत या चरित्रगत हिचक नहीं होती। बल्कि सांप्रदायिकता की घोड़ी पर चढ़कर सत्ता में पहुंचने की अपनी कोशिश को कांग्रेस की अब तक की ऐसी कोशिशों के कारण ही उचित ठहराती है। कांग्रेस ने सत्ता में रहने के लिए अल्पसंख्यक सांप्रदायिकता का इस्तेमाल किया, हम सत्तारूढ़ होने के लिए बहुसंख्यक सांप्रदायिकता का उपयोग कर रहे हैं। इसमें गलत क्या है ?

क्या यह रवैया राजनीति में धर्म की स्थापना के लिए निकली किसी पार्टी का हो सकता है ? खासकर ऐसे धर्म की स्थापना का दावा करनेवाली पार्टी का जिसमें सांप्रदायिकता के लिए कोई जगह नहीं हो सकती क्योंकि वह संप्रदायों से ऊपर और परे है।

छह दिसंबर को अयोध्या में बाबरी मस्जिद के ढांचे को ढहाया जाना सनातन धर्म को समझने और माननेवालों का काम नहीं था। वह इस धर्म को हिंदू संप्रदाय में बदलने की कोशिश में लगे लोगों का धतकरम था। कांग्रेस की देखा-देखी राजनीति करनेवाली भाजपा ही नहीं अपने को सांस्कृतिक और सामाजिक संगठन बतानेवाला संघ परिवार भी किसी के भी पूजा-स्थल को हमला करके नष्ट करने को अहिंदू और भारतीय संस्कृति के विरुद्ध मानता और कहता रहा है।

अयोध्या में उस दिन कार सेवक किसी कुंभ, सिंहस्थ या धार्मिक पर्व पर जमा होनेवाले श्रद्धालुओं की तरह अपने आप नहीं आए थे। विश्व हिंदू परिषद के पादुका पूजा कार्यक्रम के विफल हो जाने के बाद छह दिसंबर की कारसेवा के लिए संघ परिवार के सभी संगठनों ने महीने-भर कोशिश करके वहां कारसेवकों को जमा किया था और उनके लगभग सभी बड़े नेता वहां मौजूद थे। जिसे हिंदू भावनाओं का विस्फोट बताया गया वह प्रायोजित उन्माद था। कहते हैं उसे रोकने की संघ परिवार के नेताओं ने बहुत कोशिश की लेकिन उनकी सुनी नहीं गई। एक संघ नेता ने तो ध्वंस की जिम्मेदारी शिव सेना पर डाल भी दी थी जो कि उनके परिवार के बाहर का संगठन है। लालकृष्ण आडवाणी ने उसे अपने जीवन का सबसे दुखद दिन बताया और दिल्ली में बैठे अटल बिहारी वाजपेयी ने तो कहा कि आडवाणीजी इतने दुखी हुए कि रोए और रात-भर सो नहीं सके।

लेकिन लालकृष्ण आडवाणी को गिरफ्तार किया गया तो उनका रुदन और दुःख तिरोहित हो गया। 'विकृत धर्मनिरपेक्षतावादियों' के लिए जो राष्ट्रीय शर्म हो वह प्रतिक्रिया में जीनेवाले लालकृष्ण

आडवाणी के लिए दुःख और अवसाद का विषय कैसे हो सकता है ? अशोक सिंघल और मुरली मनोहर जोशी जैसे धर्म ध्वजाधारियों के लिए तो अब वह जीवन का सबसे गौरवशाली दिवस हो गया है। लेकिन आडवाणी और संघ के दूसरे नेताओं ने अपने दुःख और अपने ही कारसेवकों को रोक पाने में अपनी विफलता को अभी अपने गौरव का विषय नहीं बनाया है। पर वे सभी छह दिसंबर की घटना-दुर्घटना को सत्ता में पहुंचने की पालकी बनाने में लगे हुए हैं। राजनीति करनेवाली भाजपा ही नहीं सारे संघ परिवार ने बाबरी मस्जिद के ढांचे के ध्वंस को उचित मान लिया है। जो हुआ सो ठीक ही हुआ क्योंकि उस ध्वंस ने हिंदू धर्म और समाज में सांप्रदायिकता को मजबूत किया है। धर्म और भारत की धार्मिक परंपरा से बाबरी मस्जिद के ढांचे के ध्वंस का औचित्य नहीं पाया जा सकता। सांप्रदायिकता ही ऐसे उन्माद को सही मान सकती है।

धर्म में मूल्य का महत्त्व सर्वोपरि है। सांप्रदायिकता में अपने संप्रदाय का वर्चस्व ही सब कुछ है वह भले कैसे ही स्थापित किया गया हो। फरवरी, 1922 में गांधी ने सविनय अवज्ञा आंदोलन चला रखा था। गुजरात के बारदोली में गांधी सत्याग्रह के जरिए सविनय अवज्ञा के प्रयोग कर रहे थे। वहां से आठ सौ मील दूर उत्तर प्रदेश के चौरी चौरा में पांच फरवरी को एक जुलूस निकल रहा था। जुलूस के पीछे रह गए लोगों की पुलिसवालों से कहा-सुनी हो गई। पुलिस ने डंडे चलाए। लोगों ने मदद मांगी। भीड़ लौट आई। पुलिसवालों ने गोली चलाई। गोलियां खत्म हो गईं तो वे पीछे हटते-हटते थाने में आ गए। उन्मादी भीड़ ने थाने में आग लगा दी। पुलिसवालों को बाहर निकलना पड़ा। भीड़ ने उन्हें पकड़कर मारा और मार-मार कर पुलिसवालों के टुकड़े कर दिए और फिर उनके टुकड़ों को आग के हवाले कर दिया।

गांधी को इसकी खबर आठ फरवरी को लगी। उन्होंने कहा—"कोई भी उत्तेजना उन (पुलिसवालों) की बर्बर हत्या को उचित नहीं ठहरा सकती जो निहत्थे कर दिए गए थे और जिन्होंने अपने को भीड़ की दया पर छोड़ दिया था।" गांधी ने न सिर्फ बारदोली में सत्याग्रह स्थगित किया भारत-भर से अंग्रेजों के खिलाफ सविनय अवज्ञा आंदोलन भी वापस ले लिया। अपनी आत्म शुद्धि के लिए गांधी ने पांच दिन उपवास किया। "हमारे विरोधी हमारे इस अपमान या तथाकथित पराजय में अपना गौरव मान रहे हों तो मानें"—गांधी ने कहा—"लेकिन अपनी प्रतिज्ञा तोड़ने और भगवान के द्वार पर पाप करने से तो कमजोर और कायर बताए जाना बेहतर है। खुद अपने सामने झूठे होने से तो दुनिया के सामने झूठे दिखना लाखों गुना बेहतर है।"

कांग्रेस कार्यकारिणी के कुछ सदस्य गांधी की इस बात और फैसले से असहमत थे। गांधी उनका रवैया समझते थे। उन्होंने माना—लगभग पूरे ही आक्रामक कार्यक्रम (आंदोलन) को इस तरह उलट देना राजनैतिक दृष्टि से कोई बुद्धिमत्ता और समझदारी का काम नहीं हो सकता। लेकिन गांधी ने कहा—"इसमें कोई संदेह नहीं कि धार्मिक दृष्टि से यही ठीक है।" और जब गांधी धर्म पर खड़े हो जाते थे तो कोई उन्हें टस से मस नहीं कर सकता था। क्योंकि गांधी का मानना था कि "अगर कड़ी सावधानी नहीं बरती गई तो भारत बहुत आसानी से चौरी चौरा के रास्ते चल निकल पड़ेगा।" गांधी स्वतंत्रता की लड़ाई सत्य और अहिंसा से लड़ते हुए देश को धर्म पर चलाना चाहते थे। उन्हें धर्म का एक मूल्य स्थापित करना था। किसी भी तरह आजादी नहीं लेनी थी। वे धर्म के व्यक्ति थे। धर्म को निजी जीवन में ही नहीं—सामाजिक, आर्थिक और राजनैतिक जीवन में भी अनिवार्य मानते थे। धर्म के सामने राजनीति को कुरबान कर सकते थे। "धार्मिक मनुष्य के प्रत्येक कर्म का स्रोत उसका धर्म होता है क्योंकि धर्म का अर्थ है ईश्वर के साथ बंधन।" और इसीलिए वे कह सकते थे—"सत्य की मेरी पूजा मुझे राजनीति में खींच लाई है। जो मनुष्य कहता है धर्म का राजनीति से कोई संबंध नहीं है वह धर्म को नहीं जानता।"

चौरी चौरा में भीड़ के हिंसक उन्माद पर एक धार्मिक गांधी की प्रतिक्रिया और कार्रवाई देखिए और अयोध्या में छह दिसंबर को किए गए ध्वंस पर भाजपा नेताओं और संघ परिवारियों की बदलती मुद्राएं देखिए। लालकृष्ण आडवाणी तो अब कहते हैं कि उस पर फैसला जनता करेगी यानी नवंबर में अगर भाजपा चारों राज्यों में चुनाव जीत गई तो इसका मतलब होगा कि छह दिसंबर को संघ परिवारियों के वचन, कानून और संविधान को तोड़कर कारसेवकों ने जो ध्वंस किया वह उचित होगा। छह दिसंबर की घटना पर आडवाणीजी को जनता का राजनैतिक फैसला न सिर्फ मान्य होगा बल्कि हिंदू सांप्रदायिकता को जगा-जगाकर वे उसका इंतजाम कर रहे हैं। इंदिरा गांधी ने भी इसी तरह अपने सभी कर्मों-अपकर्मों पर जनता के फैसले की बात कही थी। और तो और जिन न्यायमूर्ति रामस्वामी पर संसद में महाभियोग चला वे भी अपने भ्रष्टाचार पर कांग्रेस का राजनैतिक फैसला चाहते थे और वह एक निर्लज्ज पार्टी ने उन्हें दिया भी। छह दिसंबर के ध्वंस में कोई धार्मिक मूल्य भी मारा गया है इसका अहसास तक लालकृष्ण आडवाणी को नहीं है। वे धतकरम का सिर्फ राजनैतिक लाभ लेना चाहते हैं। और मजा देखिए कि लालकृष्ण आडवाणी ही धर्म की ध्वजा उठाए खड़े हैं और चेतावनी दे रहे हैं कि अगर धर्म को राजनीति से अलग किया गया तो प्रलय हो जाएगा।

कलकत्ता में एक बहस के दौरान डॉक्टर अमर्त्य सेन ने सही कहा कि खतरा धार्मिकता के कारण नहीं है। खतरा सांप्रदायिकता और असहिष्णुता से है। गांधी धार्मिक व्यक्ति थे लेकिन उन्होंने धर्म का उपयोग राजनैतिक लाभ के लिए नहीं किया। जिन्ना का धार्मिकता से कोई लेना-देना नहीं था लेकिन राजनैतिक मकसद के लिए उन्होंने धर्म का इस्तेमाल करने में कोई कसर नहीं छोड़ी। भारतीय जनता पार्टी के लिए भी धर्म राजनैतिक इस्तेमाल की चीज है। इसीलिए वह धर्म को राजनीति से अलग करने के विधेयक को भाजपा को चुनाव से बाहर करने की साजिश मानती है। कांग्रेस, जनता दल और वामपंथी पार्टियां भाजपा को धर्म के इस्तेमाल से रोक नहीं सकतीं क्योंकि एक तो खुद उन्होंने मुस्लिम सांप्रदायिकता का राजनैतिक इस्तेमाल किया है दूसरे, धर्मनिरपेक्षता के नाम पर उन्होंने ऐसा धर्मविरोधी रवैया बरसों से अपनाया है कि धर्म के मामले में जनता में उनकी कोई साख नहीं है। गांधी अगर कहते कि भाजपा सत्ता में आने के लिए धर्म का इस्तेमाल करके अधर्म कर रही है तो लोग उनकी सुनते क्योंकि जनता में उनकी प्रतिष्ठा धर्मपुरुष के रूप में ही थी। अब नरसिंह राव या दूसरी पार्टियों के नेता कहते हैं तो भाजपा बड़ी आसानी से उनकी बात को हिंदू और धर्मविरोधी बताकर प्रचारित कर देती है। धर्म के मामले में हमारी धर्मनिरपेक्ष पार्टियों की साख इतनी पतली है कि वे धर्म के इस्तेमाल का जितना आरोप भाजपा पर लगाती हैं उतनी ही भाजपा अपने खेल में मजबूत होती है। इसे समझकर ही दूसरी पार्टियों ने दोनों विधेयकों से समर्थन वापस लिया और कांग्रेस बहस के नाम पर उन्हें ठंडे बस्ते में डाल रही है।

लेकिन कानून से भाजपा को धर्म का राजनैतिक इस्तेमाल करने से रोकना ही गलत है। कानून से ऐसे दुरुपयोग रुकते होते तो सांप्रदायिकता को रोकने के लिए कई कानून और संवैधानिक व्यवस्थाएं मौजूद हैं। लेकिन पिछले बीस साल में सांप्रदायिकता बढ़ी है। ये पार्टियां फिर भी कानूनी उपाय ही सोच सकीं तो इसलिए कि ये न तो भाजपा से विचारधारा के स्तर पर निपट सकती हैं न इनमें नैतिक शक्ति है कि भाजपा को चुनौती दे सकें। सच पूछिए तो कठमुल्ला साम्यवादियों के असर में आजादी के बाद मान लिया गया कि धर्म को देश-जीवन से निकाला जा सकता है। साम्यवाद तो अपने को ही धर्म मानता है इसलिए उसमें मान्यता रही कि जैसे-जैसे साम्यवाद आएगा धर्म तिरोहित होता जाएगा। इस मान्यता के धुर्रे उड़ गए हैं। राज्य तो पंथनिरपेक्ष हो सकता है लेकिन समाज कभी धर्मनिरपेक्ष नहीं हो सकता। बल्कि जिस अर्थ में धर्म को अपने यहां समझा जाता है

उसमें तो राज्य भी धर्म के अनुसार ही चलना चाहिए।

धर्म की ऐसी सर्वव्यापी अवधारणावाले देश में कम्युनिस्ट प्रेरित धर्म विरोध की वही प्रतिक्रिया होनी थी जो आज देश में दिखाई दे रही है। अगर गांधी की तरह आजादी के बाद के नेताओं ने राजनीति को धर्मनिष्ठ और राज्य को पंथनिरपेक्ष बनाया होता तो आज देश में धर्म की प्रतिष्ठा होती और भाजपा हिंदू धर्म को संप्रदाय बनाकर उसका इस्तेमाल राजनीति में नहीं कर पाती। धर्म के प्रति हमारी सभी राजनैतिक पार्टियों ने जो नासमझी का रवैया अपनाया और अल्पसंख्यक सांप्रदायिकता को बढ़ावा देते हुए बहुसंख्यक सांप्रदायिकता को जिस तरह दबाने की कोशिश की उसी का नतीजा है कि भाजपा के हिंदुत्व को सावरकर के हिंदुत्व से ज्यादा समर्थक मिल रहे हैं। देश का विभाजन भी राजनीति का वैसा संप्रदायीकरण नहीं कर पाया था जैसा कांग्रेस और वामपंथी पार्टियों ने भाजपा के जरिए करवा दिया है। अब सब मिलकर भाजपा को धर्म के इस्तेमाल से रोकना चाहती हैं लेकिन उनकी कोशिशों से ताकत भाजपा को ही मिलती है। अभी जो दो विधेयक लाए गए वे भी ऐसी ही कोशिशों के नमूने हैं। इन कोशिशों से किसी को कितना ही राजनैतिक लाभ मिलता हो और मिलेगा देश में कुल मिलाकर धर्म की हानि ही हो रही होगी। भाजपा का निश्चय यही है कि कांग्रेस ने मुस्लिम सांप्रदायिकता इस्तेमाल सत्ता में बने रहने के लिए किया है तो हम भी सत्ता में आने के लिए हिंदू सांप्रदायिकता का इस्तेमाल करेंगे। देखें कौन रोकता है। यही भाजपा की धर्मनिष्ठा है।

हम लोकतांत्रिक देश हैं तो सत्ता में तो पार्टियों का आना-जाना चलेगा ही। लेकिन सत्ता पाने की कोई संहिता और सर्वमान्य परंपरा अगर हमने विकसित नहीं की तो लोकतंत्र नहीं रहेगा। चौरी चौरा की घटना के बाद गांधी ने कहा था–"मान लीजिए भगवान की इच्छा से बारदोली की अहिंसक अवज्ञा सफल हो जाती और सरकार बारदोली के विजेताओं के लिए राज छोड़ देती तो हुड़दंगियों के भड़काने से फूट पड़नेवाले वहशीपन को कौन रोकता ?" गांधी के जीवनीकार लुई फिशर ने लिखा है कि गांधी को विश्वास नहीं था कि वे रोक सकते हैं इसलिए उन्होंने बारदोली का सत्याग्रह स्थगित किया और सविनय अवज्ञा आंदोलन वापस ले लिया। गांधी धर्मपुरुष थे। अयोध्या के सूरमा वही करने को ऐतिहासिक न्याय मानते हैं जो वे कहते हैं कि बाबर ने किया था। अगर आप चाहते हैं कि आपके धर्म की प्रतिष्ठा हो और कोई उसका राजनैतिक इस्तेमाल न कर पाए तो गांधी की तरह धर्मनिष्ठ होइए !

2.10.1993

चुनाव से क्या बदल जाएगा ?

उत्तर प्रदेश, अयोध्या में पिछले साल छह दिसंबर को जो हुआ उसी के कारण वहां की भाजपा सरकार को बर्खास्त किया गया। बाबरी मस्जिद के ढांचे को गिरवानेवाले संगठनों पर लगी पाबंदी के ठीक से लागू न हो पाने के अंदेशे में मध्य प्रदेश, राजस्थान और हिमाचल प्रदेश की सरकारों को भी बर्खास्त किया गया। लगभग दो अवधियों के राष्ट्रपति शासन के बाद विधानसभा चुनाव की संवैधानिक अनिवार्यता के कारण अब मिनी आम चुनाव हो रहे हैं।

केंद्र में सत्तारूढ़ कांग्रेस और दूसरी लगभग सभी पार्टियां अगर संभव होता तो ये चुनाव आगे बढ़ाने में हिचकती नहीं। इन चुनावों का आग्रह था—भारतीय जनता पार्टी का। सिर्फ इसलिए नहीं कि इन चारों राज्यों में चुनाव जीत कर वह जल्द-से-जल्द सत्ता में आना चाहती थी बल्कि इसलिए कि बाबरी मस्जिद का ढांचा गिराने और फिर वहां रामलला का मंदिर बनाने पर ही पूरे देश में सत्तारूढ़ होने की उसकी महायोजना टिकी हुई थी।

भाजपा और उसके परिवारी संगठनों का कहना है कि छह दिसंबर को ढांचा गिराने की उनकी कोई पूर्व योजना नहीं थी। अगर यह सच है तो इसका मतलब यही है कि उस ढांचे के जरिए भाजपा और संघ परिवार पूरे देश में वैसी ही भावना जगाना चाहता था जैसी वह सन् नब्बे और इकानवे में उत्तर प्रदेश में जगा पाया था। और जिसने पहले जनता दल के साथ चुनाव लड़कर उसे मध्य प्रदेश, राजस्थान और हिमाचल प्रदेश में सत्ता में पहुंचाया था और बाद में अपने अकेले बूते पर उत्तर प्रदेश में। बाबरी मस्जिद का ढांचा और उसकी जगह रामलला का मंदिर भाजपा के लिए राजनैतिक हिसाब से जितना लाभकारी सिद्ध हुआ उतना जनसंघ से भाजपा तक की उसकी यात्रा में कोई भी मुद्दा नहीं हुआ था।

सन् चौरासी के लोकसभा चुनाव में मिली दो सीटों का सन् उननब्बे के चुनाव में छियासी और सन् इकानवे के मध्यावधि में एक सौ उन्नीस सीटों तक बढ़ जाना और उत्तर भारत के चार राज्यों, खासकर उत्तर प्रदेश में उसकी सरकारों का बनना—सिर्फ इसलिए संभव हुआ कि बाबरी मस्जिद के ढांचे की जगह विशाल और भव्य राम मंदिर बनाने को भाजपा ने एक राजनैतिक कार्यक्रम के रूप में अपनाया। इस एक मुद्दे से मिली इस चमत्कारिक सफलता ने भाजपा और उसके संघ परिवार को आश्वस्त कर दिया था कि राम मंदिर उसे केंद्र में भी सत्ता में पहुंचा सकता है।

इसलिए और सब राजनैतिक मुद्दों को खाना-पूरी के लिए उठाते और गिनाते हुए भाजपा और उसके परिवार के सभी संगठनों ने बाबरी मस्जिद की जगह राम मंदिर बनाने को 'हिंदू पुनर्जागरण' और उसके जरिए 'एक हजार साल के गुलामी के इतिहास' को मिटाने और एक नए 'हिंदू' भारत की रचना करने के कार्यक्रम में बदल लिया। दूसरी सभी राजनैतिक पार्टियों को जो मुद्दा सांप्रदायिक या धार्मिक लगता था और जिसे वे मुख्य कार्यक्रम के नाते उठाना भारत जैसे बहुधर्मी और पंथनिरपेक्ष देश में गलत बताती थीं उसी को सारी लोकतांत्रिक और संवैधानिक लोकलाज छोड़कर भाजपा ने ध्वजा की तरह उठा लिया। अब तक वह सन् सैंतालीस में मिली आजादी और सन् बावन में माने गए संविधान से बने राजनैतिक अखाड़े में दूसरी पार्टियों से लड़ती थी।

राम मंदिर और उसके कारण मिली राजनैतिक सफलता ने भाजपा को विश्वास दिलाया कि राम मंदिर के जरिए वह राजनैतिक अखाड़े को ही बदल सकती है। इस अखाड़े में और कोई भी राजनैतिक पार्टी उसके सामने टिक नहीं पाएगी क्योंकि वे हिंदुओं की होते हुए भी 'हिंदू' नहीं हो सकतीं और मजबूरी में होने की कोशिश भी करेंगी तो पूरी तरह अविश्वसनीय होकर अपना सारा आधार खो बैठेंगी। राम मंदिर के आंदोलन के जरिए वह केंद्र में सबसे बड़ी विपक्षी पार्टी तो हो गई लेकिन न अभी अखाड़ा बदल पाई थी, न पूरे देश में अपनी जड़ें जमा पाई थी। अयोध्या में पिछले साल पहले जुलाई और फिर दिसंबर में केंद्र सरकार, संविधान और न्यायपालिका से कारसेवा के जरिए टकराव मोल ले-लेकर वह पूरे देश में 'हिंदू' जागरण कर रही थी। इस टकराव को शायद वह एक-दो साल और चलाना चाहती थी ताकि पूरे देश के हिंदुओं को अयोध्या में अपने साथ भावनात्मक रूप से जोड़ सके।

छह दिसंबर को बाबरी मस्जिद ढहाकर उन्मादी कारसेवकों ने उस योजना को बीच में ही पूरा कर दिया। भाजपा ने ध्वंस की जिम्मेदारी तो नहीं ली लेकिन उसके लिए शर्म करने या माफी मांगने की भी कोई जरूरत नहीं समझी। और अब चुनाव में तो उसे, जो कहते हैं सो करते हैं—जैसे नारे में अपनी उपलब्धि ही बता रही है। भाजपा के अध्यक्ष कह चुके हैं कि इस महीने के चुनाव में लोग बाबरी मस्जिद के ध्वंस पर अपना निर्णय देंगे। यानी जिस बाबरी मस्जिद के ढांचे के टूटने और जिस राम मंदिर के बनने से भाजपा केंद्र में सत्तारूढ़ होने के मंसूबे बांधे हुए थी उस पर उसे उन्हीं राज्यों में सत्ता के लिए वोट मांगने पड़ रहे हैं जहां पहले ही उसकी सरकारें थीं। यानी यह मिनी आम चुनाव उसे अपने को नए क्षेत्रों में परखने का मौका देने के बजाय उसी इलाके में फिर अपनी ताकत साबित करने को कह रहा है जहां वह अपने को स्थापित मान रही थी। यह चुनाव भाजपा के क्षेत्र संवर्धन का नहीं क्षेत्र संरक्षण का चुनाव है।

इसलिए भाजपा के लिए जरूरी है कि वह इस मिनी आम चुनाव को केंद्र में अपने सत्तारूढ़ होने का माध्यम बनाकर प्रक्षेपित करे। इसीलिए भाजपा ने कहा कि ये चुनाव देश के राजनैतिक ढांचे की दिशा तय करेंगे। सच पूछिए तो विधानसभाओं के इस चुनाव से अगर किसी का भविष्य तय होना है तो भारतीय जनता पार्टी का। अगर इसमें वह कहीं भी कमजोर पड़ती दिखी तो निष्कर्ष निकाला जाएगा कि अब वह उतार पर है और दिल्ली के सिंहासन पर नहीं बैठ सकती। चूंकि मध्य प्रदेश, हिमाचल और राजस्थान में वह सन् नब्बे के चुनाव में जनता दल के साथ जीतकर सत्ता में आई थी इसलिए इन राज्यों में उसकी शक्ति की वैसी परीक्षा नहीं है जैसी कि उत्तर प्रदेश में। सन् इकानवे में भाजपा वहां देश में पहली बार अपने बलबूते पर सत्ता में आई थी। मधु लिमये की यह बात बिल्कुल सही है कि भाजपा अगर कहीं सचमुच कसौटी पर चढ़ी है तो उत्तर प्रदेश में।

ये चुनाव देश की राजनीति का भविष्य तय करें या न करें उत्तर प्रदेश का चुनाव भाजपा का भविष्य जरूर तय करेगा। उत्तर प्रदेश में ही अयोध्या है। वहीं की बाबरी मस्जिद का ध्वंस हुआ है और वहीं राम मंदिर का निर्माण होना है। अयोध्या भाजपा की राजनीति का केंद्र और शक्ति स्रोत है और वहीं पता चलेगा कि कारसेवकों ने बाबरी मस्जिद ढहाकर भाजपा की राजनीति का नया ढांचा खड़ा किया है या चार सौ चौंसठ साल पुरानी मस्जिद के साथ भाजपा की राजनीति को भी ढहा दिया है। अब तक की सभी रपटें कहती हैं कि अयोध्या में राम लहर नहीं है। लेकिन आडवाणी दोहराते जा रहे हैं कि ये चुनाव देश की राजनीति बदल देंगे।

किसी एक चुनाव से कोई पार्टी बनती-बिगड़ती नहीं और एक चुनाव राजनीति को बदल नहीं देते। दूसरे देशों के उदाहरण लेने के बजाय अपने ही देश के दो चुनाव लें—सन् इकहत्तर के मध्यावधि चुनाव और सतत्तर के आम चुनाव। सन् उनहत्तर में जब इन्दिरा गांधी ने कांग्रेस तोड़ी तो देश की

यह सबसे पुरानी और सबसे बड़ी पार्टी अपनी ताकत और पुण्याई लगभग पूरी तरह खो चुकी थी। वह सत्ता और उसके भ्रष्टाचारी असर से इतनी पतित हो चुकी थी कि सत्ता में बने रहने के लिए कुछ नया करने की भी प्रेरणा और शक्ति उसमें नहीं बची थी। ऐसी चुकी हुई पार्टी को इंदिरा गांधी ने तोड़ा इसलिए नहीं कि वे उसकी सफाई करके उसका कायाकल्प करना चाहती थीं। इसलिए कि वह कांग्रेस उन्हें सत्ता में बनाए रखने का मजबूत ओटला नहीं बना सकती थी।

इंदिरा गांधी ने कांग्रेस के साथ-साथ ऐसी कई लोकतांत्रिक संस्थाएं तोड़ीं जो उनकी सत्ताकांक्षा के रास्ते में वाजिब बाधाएं खड़ी कर रही थीं। इंदिरा गांधी ने बैंकों का राष्ट्रीयकरण किया, प्रिवीपर्स समाप्त किए और गरीबी हटाने का नया नारा लगाया। वे देश के गरीबों की मुक्तिदायी देवी मां बन गईं और सिंडीकेटी दादाओं को उन्होंने पूंजीपति-उद्योगपति शोषकों के साथी बताकर बदनाम किया। उन्होंने एक ऐसा लोकप्रिय समाजवाद देश के सामने रखा जो न समाजवादियों का था, न नेहरू का, न कम्युनिस्टों का। देश के लोगों ने उन्हें जबर्दस्त जनादेश दिया। फिर उन्होंने बांग्लादेश युद्ध जीता और मार्च बहत्तर में विधानसभा चुनावों में भी उन्हें गजब की सफलता मिली।

लेकिन एक साल नहीं हुआ और गुजरात में चिमन सरकार के भ्रष्टाचार के खिलाफ छात्रों का नवनिर्माण आंदोलन शुरू हुआ। उसी से प्रेरित जयप्रकाश नारायण ने बिहार में आंदोलन छेड़ा और साल-भर में ऐसी हालत हो गई कि इंदिरा गांधी के खिलाफ जब इलाहाबाद हाईकोर्ट का फैसला आया तो उनका सत्ता में रहना लगभग असंभव हो गया। इमरजंसी लगाकर ही वे सत्ता में रह सकीं। इमरजंसी और समाजवाद का कोई मेल हो सकता था ? लेकिन जो इंदिरा गांधी गरीबी हटाने और समाजवाद लाने के लिए एक के बाद एक लोकतांत्रिक संस्थाएं और परंपराएं तोड़ रही थीं वे आखिर इमरजंसी की तानाशाही गली में घिरी पाई गईं। सन् उनहत्तर से सतत्तर यानी आठ साल उन्होंने जो किया वह क्रांति के कैसे-कैसे विशेषणों से वर्णित किया गया था ! लेकिन इंदिरा गांधी की सत्तापरस्त राजनीति ने उन्हीं प्रवृत्तियों को खुलकर खेलने का मौका दिया जो उस उनहत्तर में टूटी कांग्रेस में पहले से मौजूद थीं। इंदिरा गांधी की इस समाजवादी राजनीति ने अगर कोई नया तत्त्व देश की राजनीति में स्थापित किया तो यही कि सत्ता के लिए कोई सिद्धांत, कोई संस्था, कोई परंपरा अनुल्लंघनीय नहीं है। इंदिरा गांधी ने पार्टी, संस्थाएं और परंपराएं तोड़कर नया समाज बनाने की प्रतिज्ञा ली थी। वे कहां पहुंचीं और उनकी प्रतिज्ञा का क्या हुआ ? हम सब जानते हैं।

सतत्तर का चुनाव तो इकहत्तर के चुनाव से भी कहीं ज्यादा महत्त्वपूर्ण और अर्थवान माना गया था। उस चुनाव में लोगों ने तानाशाही के खिलाफ लोकतंत्र को वोट दिया। और कम-से-कम उत्तर भारत में तो इतना जबर्दस्त वोट दिया कि कांग्रेस का नामोनिशान नहीं दिखा। उत्तर प्रदेश, बिहार आदि में कांग्रेस को एक सीट नहीं मिली। वह चुनाव जेपी के आंदोलन का फलित था जिसमें लगभग सभी गैर कांग्रेसी पार्टियों ने भागेदारी की थी। उस चुनाव से न सिर्फ पहली बार केंद्र में गैर कांग्रेसी सरकार बनी बल्कि एक नई पार्टी—जनता पार्टी—का भी जन्म हुआ। आजादी की लड़ाई के बाद लोकतंत्र की लड़ाई में जनता की जीत हुई और जनता पार्टी ने उसकी अगुआई की। मार्च सतत्तर में देश में नई राजनीति के लिए जैसा वातावरण और जैसी अपेक्षाएं थीं वैसी तो सन् सैंतालीस में भी नहीं थीं क्योंकि देश के विभाजन ने आसमान को खून से रंग दिया था। लेकिन न सिर्फ जनता सरकार ढाई साल नहीं चली, जनता पार्टी भी टूटी और उन्हीं इंदिरा गांधी को जनता ने वापस सत्ता सौंपी जिन्हें तीन साल पहले बुरी तरह हराया था। राजनीति की इस उठापटक में जेपी की संपूर्ण क्रांति का कहीं पता नहीं चला। लोकतंत्र की तो पुनर्स्थापना हो गई लेकिन राजनीति में कोई बुनियादी परिवर्तन नहीं हुआ। सन् अस्सी में इंदिरा गांधी को जब जनता ने सत्ता सौंपी तो इसलिए नहीं कि वे कुछ नया कर सकती थीं बल्कि इसलिए कि राज चला सकती थी।

इंदिरा गांधी की समाजवादी राजनीति ने आठ साल चलकर ऐसा कोई परिवर्तन नहीं किया कि जिसे देश की हालत में आया बुनियादी बदलाव कहा जा सके। और गैर कांग्रेसवाद जेपी के संपूर्ण क्रांति आंदोलन की सान पर चढ़कर दिल्ली में सत्तारूढ़ हुआ पर देखते-देखते रेत के धोरे की तरह बिखर गया। इनसे न राजनीति बदली, न हमारा समाज किसी रचनात्मक तरीके से बदला। गरीबी-अमीरी की खाई थोड़ी भी भरी नहीं जा सकी और संपूर्ण क्रांति आंदोलन सर्वोदय और समाजवादी आंदोलनों की शक्ति सोख कर सत्ता के रेगिस्तान में बिला गया। अगर इकहत्तर के चुनाव से कांग्रेस समाजवाद लानेवाली पार्टी नहीं बनी और राजनीति उसी तरह धन और बाहुबल और धोखाधड़ी पर चलती रही तो ये मिनी आम चुनाव भाजपा को कैसी क्रांतिकारी पार्टी बना देंगे और देश की राजनीति कैसे भिन्न हो जाएगी ? सन् इकहत्तर के चुनाव ने तो एक नई सरकार, एक नई पार्टी और एक नई परिस्थिति पैदा की थी लेकिन उसमें से नया कुछ नहीं निकला। पुरानी इंदिरा गांधी यथास्थिति का शासन चलाने का जनादेश लेकर वापस आ गई। लालकृष्ण आडवाणी इन दोनों ही चुनावों में शामिल रहे हैं और इन दोनों का परिणाम उन्होंने देखा है। फिर वे क्यों कह रहे हैं कि पांच राज्यों के इन विधानसभा चुनावों के नतीजे से नई राजनीति देश में चल निकलेगी ?

11.11.1993

नतीजे और जनादेश के मनमाने मतलब

अगर सन् इकहत्तर और सतत्तर के चुनाव से देश की राजनीति बदल कर बेहतर नहीं हुई और समाज में कोई सकारात्मक मूल परिवर्तन नहीं हुआ तो जरूरी नहीं कि सन् तिरानवे के इन मिनी आम चुनाव से भी कुछ नहीं होगा। परिवर्तन की आशा और परिस्थिति के बेहतर होने की उम्मीद छोड़ना जीवन को नकाराना है। लेकिन उम्मीद करने के पहले देख लेना चाहिए कि बदलाव से मतलब क्या है ?

लालकृष्ण आडवाणी कहते हैं कि इस चुनाव के नतीजे तय करेंगे कि देश की भावी राजनीति का खाका क्या होगा। और उसके बाद खुद ही बताते हैं कि पांचों राज्यों में भाजपा की जीत केंद्र से कांग्रेस को हटाकर भाजपा के सत्ता में पहुंचने का रास्ता बनाएगी। यानी भाजपा अगर नवंबर में वोट डालनेवाले पांचों राज्यों में जीतती है तो वह नरसिंह राव सरकार पर दबाव डालेगी कि इस्तीफा दो और मध्यावधि चुनाव करवाओ। भाजपा का विश्वास है कि कांग्रेस की अल्पमत सरकार यह दबाव सहन नहीं कर पाएगी क्योंकि कांग्रेस के अंदर से भी प्रधानमंत्री राव को हटाने की कोशिश होगी। राव को मध्यावधि करवाने पड़ेंगे और उनमें भाजपा जीत कर दिल्ली पर राज करेगी।

भाजपा का मानना है कि इन पांच राज्यों में उसकी जीत कांग्रेस के सत्ता में रहने के अधिकार और औचित्य को खोखला कर देगी क्योंकि वह केंद्र के निर्णयों के खिलाफ जनता का वोट होगा। लालकृष्ण आडवाणी का कहना है कि यह पहला मौका है कि वोटर सकारात्मक वोट देंगे और भाजपा को देंगे। लेकिन कोई किसी वोट को कितना ही समर्थनवाला बताए वह किसी-न-किसी के खिलाफ तो होता है। पांचों राज्यों में भाजपा को मिलनेवाला वोट कांग्रेस की केंद्र सरकार के निर्णयों के विरुद्ध जनता का फैसला होगा।

कांग्रेस सरकार बाबरी मस्जिद के ढहाए जाने के खिलाफ थी और चूंकि कल्याण सिंह सरकार उसकी रक्षा नहीं कर सकी इसलिए उसे बर्खास्त किया गया। भाजपाइयों का कहना है कि कल्याण सिंह सरकार को जनादेश मिला था मंदिर निर्माण के रास्ते की बाधाएं हटाने का। मस्जिद का ढांचा गिराए बिना मंदिर तो नहीं बन सकता। उसने ढांचा गिरने दिया तो यह उसके जनादेश पर अमल ही था। लेकिन कल्याण सिंह की सरकार की बर्खास्तगी के बाद केंद्र ने अनुच्छेद 356 का दुरुपयोग करते हुए—मध्य प्रदेश, राजस्थान और हिमाचल की सरकारों को भी बर्खास्त किया। अब अगर इन चारों राज्यों में भाजपा जीतती है तो इसका मतलब है कि वहां के लोग केंद्र के निर्णयों के खिलाफ और भाजपा की सरकारों के साथ हैं।

सन् सतत्तर में जनता सरकार ने उत्तर भारत के राज्यों की कांग्रेस सरकारों को इसी आधार पर बर्खास्त किया था कि वे अपना जनादेश खो चुकी है क्योंकि उनके राज्यों में कांग्रेस का सफाया हो गया है। सन् अस्सी में इंदिरा गांधी ने गैर कांग्रेसी राज्य सरकारों को इसी आधार पर बर्खास्त किया कि वहां जनता पार्टी हार गई है। तब से यह दलील चल रही है कि जो सरकार केंद्र में बने वह उन राज्यों की उन सरकारों को नैतिक आधार पर बर्खास्त कर सकती है जहां उनकी पार्टी या पार्टियों को केंद्र में सत्तारूढ़ पार्टी ने हराया है। इसी दलील पर पांच राज्यों में अब भाजपा के जीतने पर केंद्र से इस्तीफे और मध्यावधि की मांग की जाएगी।

लेकिन जिन राज्यों में चुनाव हो रहे हैं वहां कांग्रेस की नहीं भाजपा की सरकारें थीं। जिस दिल्ली में विधानसभा चुनाव हुए हैं वहां भी महानगर परिषद तक नहीं थी। सन् इकानवे के लोकसभा चुनाव में सात में से चार सीटें भाजपा को ही मिली हुई हैं। इसलिए दिल्ली को भी कांग्रेस के राजनैतिक वर्चस्व में नहीं कहा जा सकता। उत्तर प्रदेश, मध्य प्रदेश, राजस्थान और हिमाचल में भाजपा अगर जीत भी गई तो इससे यह साबित नहीं होगा कि वहां कांग्रेस जनादेश खो चुकी है। इन राज्यों में कांग्रेस को कोई जनादेश है ही नहीं। इसलिए भाजपा के जीतने का मतलब कांग्रेस का जनाधार खोना नहीं होगा। भाजपा का अपना जनादेश पुष्ट करना ही होगा। फिर यह मामला राज्य सरकारों का ही नहीं है। जिन पांच राज्यों में चुनाव हो रहे हैं उनसे सन् इकानवे के लोकसभा चुनाव में भाजपा को बयासी सीटें मिली हुई हैं और कांग्रेस को उनपचास। कांग्रेस की अल्पमत सरकार इन उनपचास सीटों पर नहीं दक्षिण और पूर्व-पश्चिम से मिली सीटों पर बनी है। लेकिन भाजपा की दो तिहाई सीटें इन्हीं राज्यों से हैं। इसलिए इन राज्यों में भाजपा की जीत लोकसभा चुनाव में मिले उसके समर्थन की पुष्टि ही होगी।

फिर विधानसभा वोटों पर केंद्र और लोकसभा वोटों पर राज्य की सरकारों को डिसमिस करने का औचित्य अगर मान लिया जाए तो भाजपा की मध्य प्रदेश, राजस्थान और हिमाचल सरकारों को सन् इकानवे के मध्यावधि के बाद ही बर्खास्त कर दिया जाना चाहिए था। इन तीनों ही राज्यों में लोकसभा सीटों का बहुमत भाजपा को नहीं मिला था। लेकिन क्या इस आधार पर वहां की भाजपा सरकारें बर्खास्त की जातीं तो उचित होता ? छह दिसंबर की दुर्घटना और संघ परिवार की संस्थाओं पर पाबंदी के बाद भी इन सरकारों के बर्खास्त किए जाने को गैरपार्टी जनमत ने गलत ही माना है।

इसलिए इन पांच राज्यों में भाजपा की जीत लोकतांत्रिक नैतिकता के आधार पर भी राव सरकार के इस्तीफे को अनिवार्य नहीं बनाती। कांग्रेस इन राज्यों में यों भी जनसमर्थन के नाते रसातल में है और उसकी हालत और बिगड़े तो भी कितनी बिगड़ जाएगी ? फिर भाजपा के एक सौ उन्नीस सांसद चाहें भी तो सरकार को इस्तीफा देने पर मजबूर नहीं कर सकते। अगर कांग्रेस और गैर भाजपा सांसद चाहें तो वे कांग्रेस की अल्पमत सरकार को भी पूरे कार्यकाल तक चला सकते हैं। चुनाव के जरिए प्रकट होनेवाले लोकतांत्रिक समर्थन के आधार के रहने या खिसकने की जो दलील सन् सतत्तर की कांग्रेसी राज्य सरकारों और सन् अस्सी की गैर कांग्रेसी सरकारों पर लागू की गई थी वह भी इन पांच राज्यों के विधानसभा चुनाव के नतीजे के बाद इस केंद्र सरकार पर लागू नहीं होती।

अगर इन पांच राज्यों में भाजपा की सरकारें फिर बनती हैं तो इसका मतलब यही होगा कि केंद्र ने इनमें से जिन चार सरकारों को डिसमिस करने का निर्णय किया था मतदाताओं ने उसे उलट दिया है। राजनैतिक मजबूरियों के दबाव अगर छोड़ दें तो इस मिनी आम चुनाव में भाजपा के जीतने का कांग्रेस की अल्पमत सरकार के लिए यही संदेश होगा। राजनैतिक संदेश यह जरूर होगा कि छह दिसंबर की दुर्घटना के बावजूद भाजपा का राजनैतिक नुकसान नहीं हुआ है और वह उठान पर है। और कांग्रेस भले ही केंद्र में सत्तारूढ़ हो हिंदी इलाके में फिर एक पार्टी की तरह उठ खड़े होने और भाजपा को चुनौती देने की हिम्मत और ताकत उसमें नहीं है। सच पूछिए तो कांग्रेस में अब इतना दम और ऐसी इच्छाशक्ति रह भी नहीं गई है कि वह कोई कड़ा मुकाबला कर पाए। कांग्रेस ने पिछले दो-तीन सालों में ऐसा कुछ नहीं किया कि वह इन राज्यों में सरकार बनाने के लायक हो।

भाजपा सरकार की अक्षमताओं का लाभ लेना भी अब कांग्रेस के बूते में नहीं रह गया है।

नहीं तो मध्य प्रदेश, राजस्थान और हिमाचल की भाजपा सरकारों के बारे में आम धारणा यही है कि उन्हें राव सरकार ने डिसमिस करके नया जीवन दिया। अगर वे बर्खास्त नहीं की जातीं और पांच साल का कार्यकाल पूरा करतीं और फिर उन राज्यों में चुनाव होते तो भाजपा नहीं जीतती। सन् इकानवे में बनी उत्तर प्रदेश की कल्याण सिंह सरकार की भी सबसे बड़ी उपलब्धि यही प्रचारित की जा रही है कि उसने बाबरी मस्जिद के ढांचे को ढह जाने दिया। भाजपा की राज्य सरकारों को सही है कि कोई ज्यादा समय नहीं मिला। मध्य प्रदेश, राजस्थान और हिमाचल की सरकारें कोई पौने तीन साल चलीं और उत्तर प्रदेश की सरकार डेढ़ साल। लेकिन इस दौरान भी ये सरकारें कोई प्रभाव नहीं छोड़ पाईं। कांग्रेसी या गैर भाजपाई गैर कांग्रेसी राज्य सरकारों से बुनियादी रूप से तो खैर ये अलग बिल्कुल नहीं थीं।

इसलिए भाजपा ने इन राज्यों में अपनी सरकारों के कामकाज और उपलब्धियों पर वोट मांगने के बजाय बाबरी मस्जिद के ढांचे को ढहाने और वहां राम मंदिर बनाने के नाम पर वोट मांगना ही बेहतर समझा। उत्तर प्रदेश में सन् इकानवे में कोई तैंतीस प्रतिशत वोट पाकर बनी भाजपा की सरकार ने दावा किया था कि उसे मंदिर बनाने का जनादेश मिला है। राष्ट्रीय एकता परिषद की एक बैठक में जब यह बात कही गई तो चंद्रशेखर ने प्रधानमंत्री को कहा कि आपको भी एक जनादेश मिला है और वह बाबरी मस्जिद की रक्षा का है। आपका जनादेश इनके जनादेश से विपरीत है। ये अपना जनादेश चलाएं तो आपको भी अपना जनादेश बताना होगा। उसी बैठक में लालू प्रसाद यादव ने भी कहा कि मुझे भी जनादेश मिला है। मैं सीता मैया के राज्य का हूं और उनका मुझे आदेश है कि जबर्दस्ती मस्जिद ढहाकर उस पर मंदिर न बनाया जाए।

भाजपा ने यही दलील इलाहाबाद हाईकोर्ट की लखनऊ पीठ में भी दी थी। कोर्ट ने फैसले में कहा कि कोई भी जनादेश संविधान से ऊपर नहीं हो सकता। तैंतीस प्रतिशत वोट पाकर बनी सरकार सच पूछिए तो उत्तर प्रदेश के हिंदू मतदाता समाज के भी बहुमत की सरकार नहीं थी क्योंकि उसे उसके भी पचास प्रतिशत से ज्यादा वोट नहीं मिले थे। सन् नब्बे के विधानसभा चुनाव में राजस्थान में भाजपा को कांग्रेस से नौ प्रतिशत वोट कम मिले थे लेकिन सीटें मिली थीं कांग्रेस से पैंतीस ज्यादा।

हमारी चुनाव प्रणाली में चूंकि इस तरह की असंगतियां होती हैं इसलिए जनादेश को सर्वोपरि नहीं संविधान के अधीन माना गया है। इंदिरा गांधी ने अपने जनादेश के नाम पर संविधान से जो छेड़छाड़ कीं उन्हें आखिर ठीक किया गया या नहीं ? इसलिए चुनाव में मिली बहुमत सीटों पर बनी सरकार के जनोदश के दावे को इतना नहीं खींच सकते कि देश के संविधान के मूल ढांचे की ही परवाह न की जाए। वैसे भी लोकतंत्र में बहुमत की सरकार ऐसा कुछ नहीं कर सकती जो राष्ट्रीय सहमति के विरुद्ध हो। इंदिरा गांधी और राजीव गांधी के जबर्दस्त बहुमत और जनादेशवाली सरकारों की ज्यादतियों का भी विरोध आखिर इस देश ने किया ही है।

भाजपा की तो चार राज्यों में सरकार थी और कोई साढ़े पांच सौ की लोकसभा में उसके एक सौ उन्नीस सांसद हैं। सन् बावन के पहले चुनाव से अब तक सभी राज्यों और केंद्र में भी एक पार्टी की सरकार यहां बनी हैं। सन् सड़सठ में कमजोर केंद्र सरकार और राज्यों में गैर कांग्रेसी संविद सरकारें रही हैं। सन् सतत्तर में उत्तर भारत के वोटों पर जनता पार्टी की सरकार बनी थी और दक्षिण भारत कांग्रेस के साथ था। दाएं से भाजपा और बाएं से वामपंथियों की मदद से जनता दल की सरकार भी बनी है जो उत्तर भारत का ही दल था। फिर अब कांग्रेस की अल्पमत सरकार केंद्र में बनी है जिसे उत्तर भारत और खासकर उत्तर प्रदेश से कोई समर्थन नहीं है। राव सरकार देश की पहली सरकार है जिसको उत्तर प्रदेश से सिर्फ चार सांसदों का टेका है। इन सरकारों के राज करने

के नैतिक अधिकार को उन्हीं राज्यों तक सीमित नहीं माना गया जहां से उनके ज्यादातर सांसद थे। जवाहरलाल नेहरू, इंदिरा गांधी और राजीव गांधी के रोड रोलर बहुमत को मनमानी करने का अधिकार हमने नहीं दिया। न इन सरकारों को अपने-अपने जनादेश का मनमाना मतलब निकालने दिया। जिन्होंने राष्ट्रीय सहमति से विपरीत जाने की कोशिश की उन्हें जनता ने सजा भी दी।

इसलिए चुनाव की जीत को किसी एक मुद्दे पर जनमत संग्रह बना देना गलत है। बाबरी मस्जिद तोड़ना ठीक था या गलत था इस पर जनमत संग्रह करवाना न सिर्फ देश को सांप्रदायिक समुदायों में बांटना है बल्कि बहुसंख्यक समाज को ही एक ऐसे मुद्दे पर हां या ना कहने पर मजबूर करना है जिस पर वह बंटना पसंद नहीं करता। हिंदू या भारतीय समाज उन्माद में रहनेवाला समाज नहीं है। उन्माद में किए गए कर्म-अपकर्म को वह स्थिर मन और स्वतंत्र बुद्धि विवेक से जांच सकता है। अगर वह ईसाई और इस्लामी समाजों की तरह सेमेटिक समाज होता तो उसका स्वभाव सर्वग्राही नहीं होता। इस स्वभाव की ताकत पर वह सेमेटिक धर्मों और उनके समाजों की राज्य शक्ति को झेल कर पचा गया है। इसके विवेक को एक चुनाव को नतीजे से नगण्य नहीं कर देना चाहिए। इमरजंसी लगानेवाली इंदिरा गांधी को भी इस देश ने इतिहास के कूड़ेदान में नहीं डाला था। उतारने के तीन साल बाद ही फिर सिंहासन पर बैठा दिया था। और उनकी हत्या हुई तो उनके अनजाने बेटे को इतना समर्थन दे दिया जितना किसी भी प्रधानमंत्री को नहीं दिया था। चुनाव के नतीजों और जनादेशों को नारों में बदलने का परिणाम इंदिरा गांधी से वीपी सिंह तक ने समान रूप से भुगता है।

12.11.1993

उनका समाजवाद था इनका रामराज्य है

बाबरी मस्जिद के ध्वंस पर देश की राष्ट्रीय आम सहमति और राजनैतिक आम राय भाजपा के खिलाफ रही है। संघ परिवार इसे विकृत धर्मनिरपेक्षतावादियों की प्रतिक्रिया बताता है लेकिन शिव सेना को छोड़कर देश की एक पार्टी और एक संगठन नहीं है जिसने कहा हो कि अच्छा किया। और तो और उस पर गर्व करना भाजपा तक ने इस चुनाव में वोट लेने के लिए तभी शुरू किया जब उसे लग गया कि इसके अलावा हिंदुओं को 'उत्साहित' नहीं किया जा सकेगा। और अब जैसा कि लालकृष्ण आडवाणी ने कहा, इस चुनाव में लोग बताएंगे कि कारसेवकों ने सही किया या गलत।

तो अपने किए पर लोगों का फैसला तो भाजपा को लेना है और उन्हीं चार राज्यों में जहां पहले से उसकी सरकार थी। चार राज्यों में जहां पहले से उसकी सरकार थी। दिल्ली भी भाजपा के प्रभाव क्षेत्र में ही मानी जाती है। अगर इन राज्यों ने भाजपा को जिता दिया तो भाजपा का निष्कर्ष होगा कि देश ने मान लिया है कि विश्व हिंदू परिषद जिसे–राष्ट्रीय कलंक–बताती है उससे हिंदू समाज मुक्त हो गया है और अब वह दिल्ली में 'हिंदू' सरकार बैठाना चाहता है। देश ने मान लिया है कि भाजपा ने हिंदू हित का काम किया है और इसलिए अब उसी को देश पर राज करना चाहिए। नरसिंह राव की हिंदू विरोधी सरकार को एक दिन भी राज करने का अधिकार नहीं है।

सन् सतत्तर में जब जनता पार्टी की सरकार को कुछ महीने हो गए और इंदिरा गांधी अखबारवालों को इंटरव्यू देने लगीं तो एक पत्रकार ने उनसे पूछा कि क्या आपको नहीं लगता कि संजय गांधी की अलोकप्रियता का खामियाजा आपको भुगतना पड़ा है ? इंदिरा गांधी ने पूछा–किसने कहा कि संजय अलोकप्रिय है ? देखिए दक्षिण भारत में वह कितना लोकप्रिय है।

दक्षिण भारत से कांग्रेस को तब ठीक-ठाक समर्थन मिला था और सन् सतत्तर के चुनाव नतीजे ने भारत को तब सचमुच उत्तर और दक्षिण में बांट दिया था। कांग्रेस का दक्षिण में सफाया न होने के दो कारण तो ये थे कि वहां के लोगों ने इमरजंसी के दुष्परिणाम नहीं भुगते थे और जेपी का आंदोलन वहां उतना अंदर तक गया नहीं था। लेकिन इंदिरा गांधी को यह कहने में कोई झिझक नहीं हुई कि दक्षिण में कांग्रेस संजय गांधी की लोकप्रियता के कारण जीती। इंदिराजी का यह दावा जितना हास्यास्पद था उतना ही यह दावा भी होगा कि उत्तर भारत के पांच राज्यों के चुनाव में हुई जीत देश-भर के हिंदुओं का बाबरी मस्जिद के ध्वंस पर फैसला है। सन् अस्सी में सत्ता में अपनी वापसी पर इंदिरा गांधी ने नहीं कहा कि देखिए अब लोगों ने मान लिया है कि मैंने इमरजंसी लगाकर ठीक ही किया था। लेकिन तब अपने जनादेश का वे यही मतलब बतातीं तो कोई क्या कर लेता ?

इस मिनी आम चुनाव में मतदाता भाजपा के दावे और सपने का क्या करेंगे–इसके बारे में अनुमान ही लगाए जा सकते हैं। और ये अनुमान उतने ही गलत या सही हो सकते हैं–जितने कि अनुमान होते हैं। लेकिन चुनाव नतीजे आने तक अपन मान लें कि भाजपा इन पांचों राज्यों में जीत जाएगी। फिर वह मध्यावधि की मांग करेगी और देश-भर की जनता उसकी मांग का समर्थन करेगी। कांग्रेसवाले राव को हटाने पर उतारू हो जाएंगे और जनता दल और वामपंथी–किसी और को प्रधानमंत्री बनाने पर जोर देंगे। इस परिस्थिति में या तो नरसिंह राव राजपाट छोड़कर अध्ययन में

संन्यास ले लेंगे या जमकर लड़ने के इरादे से लोकसभा भंग करके मध्यावधि करवाएंगे। और जैसी कि भाजपा को उम्मीद है वह अच्छे बहुमत से दिल्ली में सरकार बनाएगी।

अब देखना यह है कि भाजपा की यह सरकार रामराज्य कैसे लाएगी ? पहले लेख में मैंने इंदिरा गांधी के गरीबी हटाओ नारे और समाजवाद लाने का जिक्र किया था। सन् इकहत्तर में इस नारे और वादे पर देश ने उनको जबर्दस्त जनादेश दिया था। फिर बांग्लादेश युद्ध के बाद उन्होंने विधानसभा चुनाव कराए थे और लगभग पूरे देश में उनकी सरकारें बनी थीं। उस समय वे देश की निश्शंक और सर्वसत्तासंपन्न साम्राज्ञी थीं। वे पल्लू खोंसकर गरीबी हटाने और समाजवाद लाने में भिड़ जातीं तो पूरा देश उनका साथ देता। और हो सकता है और कहीं से गरीबी हटती या नहीं और समाजवाद दुनिया में रहता या नहीं भारत में जरूर मजबूत जड़ों के साथ जम जाता।

ऐसा नहीं हुआ तो इसलिए कि न तो इंदिराजी गरीबी हटाने और समाजवाद लाने पर सचमुच कटिबद्ध थीं, न उनकी राजनीति का ऐसे किसी बड़े लक्ष्य से सचमुच कोई संबंध था। गुजरात के मुख्यमंत्री चिमन भाई पटेल के खिलाफ तेल लॉबी से लाखों रुपए खाने का आरोप लगा था। बाद में उन्होंने कहा कि वह रुपया तो उन्होंने आलाकमान को देने के लिए जुटाया था उत्तर प्रदेश और ओड़ीशा में होनेवाले विधानसभा चुनावों के लिए। उन चुनावों के लिए और भी कई तरफ से पैसा इकट्ठा किया गया था। यह सब पैसा काला पैसा था जो इंदिरा गांधी की समाजवादी नीतियों के कारण पनपी समानांतर अर्थव्यवस्था में बना था। बैंकों में जमा धन पहले कुछ उद्योगपतियों को अपने कामकाज के लिए मिलता था। राष्ट्रीयकरण के बाद वह इंदिरा गांधी और उनके साथियों की सेवा में आ गया।

समाजवादी नीतियों का इस्तेमाल इंदिराजी ने उन उद्योगपतियों और धनपतियों को अपनी चंगुल में लाने के लिए किया जो पुराने सिंडीकेटी नेताओं के साथ थे। धन और प्रशासनिक सत्ता को इंदिराजी ने अपने आलोचकों और विरोधियों को समाप्त करने में लगाया। नौकरशाही से ही नहीं–न्यायपालिका से भी उन्होंने अपने प्रति वफादार होने की उम्मीद की। विधायिका के लिए उनके मन में यों भी सम्मान नहीं था। वे जनादेश प्राप्त प्रधानमंत्री थीं लेकिन सत्ता ऐसे चलाने लगीं जैसे साम्राज्ञी हों। उनका विरोध होने लगा और लोग इस विरोध में साथ होने लगे तो उसे कुचलने में उन्होंने बेरहमी का कोई तरीका नहीं छोड़ा। इलाहाबाद हाईकोर्ट के फैसले को उन्होंने नहीं माना और फिर संसद में अपने बहुमत से उसे लगभग मेट दिया। इमरजंसी भी लगाई।

यह सब इसलिए हुआ कि उन्हें उस भ्रष्टाचारी तंत्र से कोई एतराज नहीं था जो–राजनेता, नौकरशाह और उद्योगपति की मिलीभगत से देश में पनप गया था। इस तंत्र को समाप्त किए बिना वे न गरीबी हटा सकती थीं, न समाजवाद ला सकती थीं। उन्होंने इस तंत्र पर पूरा कब्जा किया और उसे चलानेवाले भ्रष्टाचार को सांस्थानिक रूप दे दिया। जो वे कर रही थीं वह उनके नारे और वादे के ठीक उलट था। लेकिन उन्हें गरीबी हटाने और समाजवाद लाने की कतई चिंता नहीं थी। उनकी एक मात्र चिंता सत्ता में बने रहने की थी और उसके लिए उन्होंने प्रेस को छोड़कर लोकतंत्र के बाकी तीनों खंभों को अपनी सेवा में लगा लिया था। प्रेस भी ज्यादातर तो उनके गुणगान में ही थी। थोड़े बहुत अखबार उनके आलोचक थे और उनके कारनामों के बखिए उधेड़ते थे।

इंदिरा गांधी के पास वह पूरी ताकत थी जो एक शक्तिशाली शासक के पास गरीबी हटाने और समाजवाद लाने के लिए हो सकती है। लोग भी उनके साथ थे जिन्हें प्रेरित और संगठित करके वे सरकार के साथ लगा सकती थीं। लेकिन इंदिराजी ने यह नहीं किया क्योंकि ये उनके लिए सिर्फ सत्ता में आने के नारे थे और इनके लगातार लगते रहने की व्यवस्था उन्होंने कर रखी थी। लेकिन इसके अलावा वे कुछ और कर भी नहीं सकती थीं क्योंकि जिस भ्रष्टाचारी तंत्र ने उन्हें सत्ता में

पहुंचाया था उसके बने रहने के लिए और ज्यादा भ्रष्टाचार जरूरी था। इंदिरा गांधी को साध्य और साधनों की एकता सिर्फ अपनी सत्ता के लिए समझ में आती थी। जैसी आत्मभक्षी उनकी सत्ता थी वैसे ही उनके साधन थे। उनकी सत्ता सेवा में लगकर गरीबी हटाने और समाजवाद लानेवाली थी ही नहीं। वैसी सत्ता भारत जैसे देश के राज्यतंत्र में हो भी नहीं सकती थी।

भाजपा की रामराज्य लाने की प्रतिज्ञा और इंदिरा गांधी के समाजवाद लाने के वादे को साथ रखने से संघ परिवारियों को सख्त एतराज होगा। क्योंकि वे कभी मान ही नहीं सकते कि उनकी राजनैतिक बिटिया भाजपा के जरिए जो सत्ता वे पाने की कोशिश कर रहे हैं उसका चरित्र और उसे पाने के साधनों में कांग्रेस से कोई मौलिक भेद नहीं है। इंदिराजी ने ही कहां माना था कि कांग्रेस को उन्होंने इसलिए तोड़ा कि वे उसे अपनी निजी सत्ता का औजार बनाना चाहती थीं। उन्होंने कहां माना कि गरीबी हटाओ और समाजवाद लाओ—सिर्फ सत्ता में आने के नारे और हथकंडे थे। इमरजंसी लगाने तक को उन्होंने देश को सीआईए की साजिश से बचाने के लिए अनिवार्य बताया था। इंदिराजी अपने हर काम को देशसेवा मानती और बताती थीं और चाहती थीं कि लोग उन्हें भारतमाता की छवि में देखें। बांग्लादेश की लड़ाई लड़कर और इस उपमहाद्वीप की राजनीति और भूगोल बदलकर वे सबसे बड़ी देशभक्त साबित हो चुकी थीं। सही है कि उनके वक्त दुनिया में भारत का दबदबा भी सबसे ज्यादा था।

इंदिराजी की अखूट सत्ताकांक्षा निजी थी। भाजपा और संघ परिवार की सत्ताकांक्षा सांस्थानिक और सांगठनिक है। लेकिन रामराज्य लाने के लिए प्राप्त की जा रही सत्ता और उसके साधन शुद्ध होने चाहिए नहीं तो उसका भी वही पतन होगा जो इंदिराजी की सत्ता का हुआ। लेकिन इसका कितना आग्रह भाजपा में है ? भाजपा के नेता और उनके संघ परिवारी मार्गदर्शक जानते हैं कि वे हिंदू धर्म को इस्लाम के सामने और हिंदुओं को मुसलमानों के सामने खड़ा करके संगठित करने की कोशिश कर रहे हैं।

वे जानते हैं कि बाबरी मस्जिद—इतिहास का हिसाब साफ करने के लिए गिराई गई। वे इस प्रकार के प्रतिशोध को हिंदू राष्ट्रीयता के लिए जरूरी मानते हैं। वे हिंदू धर्म और संस्कृति को और सब धर्मों और संस्कृतियों से श्रेष्ठ बताकर हिंदुओं को उनकी श्रेष्ठता में गर्व करना सिखाना चाहते हैं। उनकी एकता में विविधता के लिए जो गुंजाइश नहीं है वैसी ही सर्वग्राहिता उनके हिंदू धर्म में भी नहीं है। वे रणनीति के मामले में किसी भी साधन को वर्जित नहीं मानते अगर उससे उनका साध्य पूरा होता हो। पहले जुलाई और फिर दिसंबर बानवे की कारसेवकों में उन्होंने—संविधान, न्यायपालिका, कार्यपालिका और अपने धर्म और परंपरा के स्थापित तत्त्वों की भी चिंता नहीं की। लक्ष्य अगर राम मंदिर बनाना है तो उसके लिए कोई भी साधन उचित है ऐसा उन्होंने अयोध्या में माना और किया। अपने नीति वक्तव्य में भाजपा ने कहा है कि उनका रामराज्य वही है जो इस देश के लोगों की सामूहिक स्मृति में बसा हुआ है। लोग निश्चित ही जानते हैं कि उनके मन का रामराज्य क्या है और भाजपा की चार सरकारों ने किसकी झलक दिखाई है।

वक्तव्य यह भी कहता है कि राजनैतिक सत्ता तो रामराज्य के लक्ष्य को पाने का सिर्फ औजार है। यह राजनैतिक सत्ता वे कैसे प्राप्त करने की कोशिश कर रहे हैं ? कांग्रेसवाले मुसलमानों को मुसलमानों की तरह वोट देने को उकसाते और फुसलाते थे, ये हिंदुओं को हिंदुओं की तरह वोट देने पर भड़का रहे हैं। कांग्रेस मतदाता समाज को धर्मों, संप्रदायों और जातियों में बांटती है—भाजपा भी बिल्कुल वैसा ही कर रही है—उम्मीदवार चुनने से लेकर वोट मांगने के हथकंडों तक। कांग्रेस काले धन पर चुनाव लड़ती है। भाजपा के पास भी काला धन है। कांग्रेस और भाजपा यह पैसा

चुनाव में खर्च करने में सबसे आगे हैं। कांग्रेसवाले जाली मतदान करवाते हैं भाजपा को भी ऐसा करवाते सबने पाया है। बूथ कैप्चरिंग का जहां मौका मिले न कांग्रेस छोड़ती है, न भाजपा।

चुनाव जीतने का ऐसा कोई हथकंडा नहीं है जो कांग्रेस आजमाती है और भाजपा नहीं आजमाती। अगर कांग्रेस भ्रष्टाचारी तंत्र और अन्यायी-व्यवस्था के बूते चुनाव लड़ती है तो भाजपा दिव्य तपस्वियों की दैविक पार्टी की तरह नहीं लड़ती। जिस व्यवस्था से समझौता करके कांग्रेस सत्ता में आती और रहती है उसमें रहने तें भाजपा को कोई एतराज नहीं है। इसीलिए उसकी सरकारों ने भी भ्रष्टाचार और अपने लोगों के काम करने में कोई कसर नहीं छोड़ी। भाजपाई राजनेताओं ने ढाई-तीन साल में जितना बनाया जा सकता है—उतना पैसा बनाया है। भाजपा ने मान लिया है कि यही काम करने से सत्ता आती और रहती है। रामराज्य के बारे में बाबा तुलसीदास के दोहे भाजपा ने अपने वक्तव्य में दिए हैं। आखिरी पंक्ति है—नहिं कोऊ अबुध न लच्छनहीना। भाजपा के अपने रामराज्य में कितने हैं जो अबुध और लच्छनहीन न हों ? वैसे समाजवाद नहीं आया तो ऐसे रामराज्य कैसे आ जाएगा ?

13.11.1993

अब आ के जनादेश का अर्थ समझ में आया

मुलायमसिंह को मौलाना कहकर और राम जन्मभूमि बाबरी मस्जिद विवाद पर उनकी प्रशासनिक-राजनैतिक कार्रवाई को उनका राम और हिंदू विरोध प्रचारित करके भाजपा ने किसी भी राज्य में पहली बार यानी उत्तर प्रदेश में अपने बलबूते पर सत्ता पाई थी। पूरा संघ परिवार तब मानने को तैयार था कि मुलायमसिंह के कारण उत्तर प्रदेश में भाजपा की सरकार बनी। बाद में यह भाजपा के लिए सकारात्मक वोट और 'वहीं' मंदिर बनाने का जनादेश बताया गया। इस जनादेश को पूरा करने में भाजपा की सरकार ने लोकतांत्रिक, संवैधानिक और सत्ता में होने की सभी प्रशासनिक मर्यादाओं को पीछे हटाकर मर्यादा पुरुषोत्तम राम का मंदिर बनाने के लिए बाबरी मस्जिद तोड़ दी।

इस ध्वंस पर संघ परिवार और उसके नेता अब तक कई बार अपने बयान बदल चुके हैं। चुनाव की तैयारी में की गई अपनी जनादेश यात्राओं के बाद भाजपा के अध्यक्ष लालकृष्ण आडवाणी ने छब्बीस सितंबर को भोपाल में, सत्ताईस सितंबर को दिल्ली में और फिर अपनी छाप के रामराज का घोषणा पत्र जारी करते हुए पच्चीस अक्टूबर को नई दिल्ली में कहा था कि इस मिनी आम चुनाव में लोग छह दिसंबर की घटना पर अपना फैसला देंगे।

लेकिन जैसा कि आप जानते हैं, आडवाणीजी संघ परिवार के लोकतांत्रिक और संवैधानिक मुखौटे हैं। उनका असली चेहरा प्रतिक्रिया में सारे मुखौटों के बावजूद चुनाव सभाओं में खिलता है। उनके कार्यकर्त्ता और दूसरी कतार के नेता उससे प्रेरणा लेकर और आगे जाते हैं। सब जानते हैं कि चुनाव प्रचार के दौरान इस मिनी आम चुनाव को भाजपाइयों ने छह दिसंबर पर जनमत संग्रह बताया था।

उत्तर प्रदेश में तो वे हिंदू जनता के जबर्दस्त जनादेश का विश्वास लिये चुनाव लड़ रहे थे। लेकिन जिस उत्तर प्रदेश में अयोध्या, मथुरा और काशी तीनों हैं और जहां के ''लोग बाबरी मस्जिद के ध्वंस से एक हजार साल की गुलामी के कलंक के मिटने से फूले नहीं समा रहे थे'' उन्होंने पहले का जनादेश वापस ले लिया है। और मौलाना मुलायमसिंह सरकार बना रहे हैं।

पिछले चार दिनों में टीवी पर विनोद दुआ ने और अखबारवालों ने भाजपा कार्यालय में नेताओं से बार-बार पूछा कि क्या ये मिनी आम चुनाव जनमत संग्रह थे और इसके नतीजे क्या बाबरी मस्जिद के ध्वंस पर जनता का निर्णय नहीं है ? पार्टी के महामंत्री प्रमोद महाजन ने कहा–''चूंकि चुनाव में मतदाताओं के सामने कई मुद्दे होते हैं इसलिए हम कह नहीं सकते कि यह इस या उस मुद्दे पर जनादेश है।''

उत्तर प्रदेश के नतीजे ने भाजपा को लोकतांत्रिक सच्चाई बोलने पर मजबूर कर दिया है। सन् इकानवे में भी चुनाव ही हुआ था और मतदाताओं के सामने कई मुद्दे थे। लेकिन तब कुल उनपचास प्रतिशत मतदान में कुल जमा तैंतीस प्रतिशत वोट पानेवाली भाजपा के नेताओं ने संसद, विधानसभा, उच्च और सर्वोच्च न्यायालय और राष्ट्रीय एकता परिषद में भी दावा किया कि उन्हें राम मंदिर बनाने का जनादेश मिला है।

बाद में और चुनाव प्रचार में उसके नेताओं ने कहा कि जनादेश मस्जिद गिराने का था क्योंकि

उसको गिराए बिना मंदिर कैसे बन सकता है ? और मंदिर 'वहीं' बनाना है तो आज पांचों प्रदेशों में और कल पूरे देश में भाजपा को वोट देकर उसकी सरकार बनाओ। लोगों ने दिल्ली को छोड़कर अभी तक तो कहीं भाजपा की सरकार नहीं बनाई है इसलिए भाजपा को जनादेश और जनमत संग्रह का अंतर और जनादेश का सही अर्थ समझ में आ गया है।

धर्म, संस्कृति, सभ्यता और रामभक्ति का मर्म समझनेवाली पार्टी का भी सत्ता के मद में कितना दिमाग चढ़ता है और सत्ता छिनते ही कैसे जमीन पर आ जाता है ! अपन समझते थे कि चालीस साल सत्ता में रहने के कारण कांग्रेसियों का दिमाग बिगड़ा है। रामराज लानेवाली पार्टी तो ढाई साल की सीमित सत्ता में ही विनम्र सेवक की भूमिका से भटक गई। और उसी के धर्म, संस्कृति और सभ्यता के लोगों ने उसे सबक सिखा दिया।

और तो और उमाश्री भारती जैसी आग उगलू संन्यासिन ने भी छातरपुर में कहा कि भाजपा की हार बताती है कि "पार्टी सिर्फ अयोध्या का मुद्दा लेकर वोट नहीं पा सकती। लोग महंत के पांव तो छू सकते हैं लेकिन वह चुनाव लड़े तो जमानत गंवा देगा।" उमाश्री भारती और प्रमोद महाजन समझदारी की बातें कर रहे हैं। लेकिन यह समझदारी चार राज्यों में सत्ता में आने के बाद हुए पहले चुनाव के नतीजे के बाद आई। फैजाबाद से चुने गए सांसद विनय कटियार ने टीवी पर कहा कि मथुरा और काशी उनके एजंडे पर हैं। बाबरी मस्जिद तोड़ने का गर्व करते और चिंघाड़ते घूमते इन सांसद को समझ नहीं आता कि एक विवादास्पद ढांचा तोड़ने के बाद तो उनकी पार्टी का यह हाल हुआ है। फैजाबाद जिले की नौ में से सिर्फ एक सीट भाजपा को मिली है। मथुरा, काशी के बाद भाजपा और संघ परिवार का क्या होगा ?

बहरहाल जनादेश देनेवाले लोगों का एक सबक तो भाजपा सीख ही सकती है। जिस 'मौलाना' मुलायमसिंह को जनता ने ढाई साल पहले ठिकाने लगा दिया था वही बाबरी मस्जिद के ध्वंस के बाद उत्तर प्रदेश का मुख्यमंत्री हो सकता है। यह लोकतंत्र का न्याय है। कहीं जनता विकृत धर्मनिरपेक्षतावादी तो नहीं हो गई है ? क्यों लालजी ? यानी लालकृष्ण आडवाणी।

1.12.1993

आस्था और जनादेश का अंतर

जिन चार राज्यों में भाजपा की सरकारें थीं उनमें से एक ने भी उसे बहुमत नहीं दिया। और जिस दिल्ली में इकतालीस साल बाद विधानसभा के चुनाव हुए और जहां की महानगर परिषद में तीन साल पहले कांग्रेस का राज था उस राजधानी में भाजपा की दो-तिहाई बहुत से सरकार बनी है।

हिमाचल और मध्य प्रदेश भाजपा के हाथ से निकल गए हैं। राजस्थान में निर्दलीय विधायकों की मदद से उसकी सरकार बन सकती है। लेकिन भाजपा और देश की राजनीति के लिए सबसे महत्त्वपूर्ण राज्य उत्तर प्रदेश में तो सपा-बसपा की सरकार ही बनती दिखती है जिसे सभी गैर भाजपा पार्टियों का समर्थन होगा।

महीने-भर में उत्तर भारत के मतदाताओं ने भाजपा के गुब्बारे की हवा निकाल दी है। अब वह देश के राजनैतिक आकाश पर चढ़कर उस पर राज करने के बजाय कटी पतंग की तरह दिल्ली में पड़ी हुई है। ज्यादा-से-ज्यादा उसकी डोर राजस्थान तक फैली है लेकिन वहां भी उसकी चरखी निर्दलीय विधायकों के हाथ में है। अगले साल दिल्ली से देश पर राज करने के पक्के इरादे से चुनावी रणक्षेत्र में उत्तरी भारत की भगवी सेना अपनी ही दुधारी तलवार से हारकर उत्तर भारत में बिखरी हुई है।

अब केंद्र से नरसिंह राव सरकार के इस्तीफे और मध्यावधि चुनाव की मांग नहीं हो रही। अगर किसी ने जनता का विश्वास खोया है तो भाजपा ने। पिछले महीने हुए मिनी आम चुनाव में पांचों राज्यों में अगर भाजपा की सरकारें बन जातीं तो वह जनता का विश्वास खोने के नाम पर केंद्र की कांग्रेस सरकार का इस्तीफा मांगने की घोषणा कर चुकी थी।

उसी की दलील पर उससे पूछा जाए (जैसाकि मधु लिमये, लालकृष्ण आडवाणी से पूछ चुके हैं) कि क्या अब उसके एक सौ उन्नीस सांसद लोकसभा से इस्तीफा देंगे ? दिल्ली के चार और राजस्थान के बारह सांसदों को छोड़ भी दें तो उसके एक सौ तीन सांसद तो ऐसे राज्यों से हैं जहां उसकी सरकारें नहीं हैं। राज्यों में सरकारें न होने से वहां के लोगों का विश्वास जाता रहता है इस दलील पर ही भाजपा केंद्र की कांग्रेस सरकार से इस्तीफा मांगनेवाली थी। अब इसी दलील के चलते एक सौ तीन भाजपा सांसदों को लोकसभा में अपनी सीटों से त्यागपत्र दे देना चाहिए।

भाजपा की दूसरी दलील थी कि इन चारों राज्यों के मतदाताओं ने उसकी सरकारों को पांच साल के लिए चुना था। इसके पहले ही संविधान के अनुच्छेद 356 का दुरुपयोग करते हुए केंद्र की सरकार ने उन्हें डिसमिस किया। चूंकि इन राज्यों के मतदाताओं की मर्जी के खिलाफ केंद्र सरकार ने कार्रवाई की और जनता ने अपने नए जनादेश से उसे गलत ठहराया है इसलिए वह इस्तीफा दे।

दो राज्यों में तो जनता ने कांग्रेस की सरकारें बनवाई हैं और दो में भाजपा को स्पष्ट बहुमत नहीं दिया है। भाजपा की ही दलील लागू करें और संवैधानिक औचित्य और लोकतांत्रिक अनिवार्यता के प्रश्नों को छोड़ दें तो इससे गए साल दिसंबर में की गई केंद्र की कार्रवाई सही ठहरती है। उत्तर प्रदेश की कल्याण सिंह सरकार समेत पटवा, शेखावत और शांता कुमार की सरकारें डिसमिस किए

जाने के ही योग्य थीं। इन चारों राज्यों के लोगों ने भाजपा की सरकारें, फिर से न बनाकर (भाजपा की ही दलील से) राव सरकार की कार्रवाई को उचित सिद्ध किया है।

आपको याद दिलाने की जरूरत नहीं कि कल्याण सिंह सरकार अयोध्या में बाबरी मस्जिद गिरवाने के कारण डिसमिस की गई थी। और मध्य प्रदेश, राजस्थान और हिमाचल की सरकारें इसलिए कि इस ध्वंस में उनका भी हाथ था और वे उसी संघ परिवार की बेटियां थीं जिन पर पाबंदी लगाई गई थी। चूंकि इन चारों राज्यों के चुनाव ही इसलिए हुए कि इनकी भाजपा सरकारों की मदद से संघ परिवार के बुलाए गए कारसेवकों ने बाबरी मस्जिद के ढांचे को तोड़कर संविधान, कानून के राज और उच्च व सर्वोच्च न्यायालयों के आदेशों को तोड़ा था इसलिए भाजपा ने इन राज्यों की जनता से बाबरी मस्जिद के गिराए जाने पर अपना फैसला देने की मांग की थी।

भाजपा की दलील बहुत सीधी और सादी थी। लोकतंत्र में लोक ही सार्वभौम हैं। लोग संविधान, कानून और उनके अनुसार चलनेवाली न्यायपालिका, संसद और सरकारों से ऊपर हैं। जनादेश सर्वोच्च है। उत्तर प्रदेश की भाजपा सरकार का जनादेश था अयोध्या में राम जन्मभूमि पर राम मंदिर बनाना। इसके लिए मध्य प्रदेश, राजस्थान और हिमाचल में भी जो भाजपा सरकारें बनी थीं वे भी राम मंदिर के लिए मांगे गए वोटों से ही बनी थीं।

इन सभी सरकारों के जनादेश का तकाजा था कि वे अयोध्या में राम मंदिर के निर्माण की बाधाएं हटाएं। सबसे बड़ी बाधा—बाबरी मस्जिद का वह ढांचा था। कारसेवकों को उसको गिराने देने की सुविधाएं देकर इन सरकारों ने अपने जनादेश का ही पालन किया है। अपना लोकतांत्रिक कर्त्तव्य पूरा करने पर—कांग्रेस की केंद्र सरकार ने विकृत धर्मनिरपेक्षतावादियों की मांग पर इन सरकारों को डिसमिस किया। इन राज्यों पर चुनाव थोपे। इसलिए इन राज्यों को फिर से भाजपा की सरकारें बनाकर केंद्र की कांग्रेस सरकार और देश-भर के विकृत धर्मनिरपेक्षतावादियों को बता देना चाहिए कि कारसेवकों से बाबरी मस्जिद तुड़वाकर भाजपा सरकारों ने उनके आदेश का ही पालन किया था।

भाजपा और संघ परिवार के सभी संगठनों और उनकी जमात में आए साधुओं, महंतों और बाबाओं ने हिंदुओं से धर्म, संप्रदाय, राष्ट्र, जाति और सबसे ऊपर राम मंदिर के लिए तोड़े गए बाबरी मस्जिद के नामुराद ढांचे के ध्वंस पर जनादेश मांगा था। लोगों ने यह जनादेश नहीं दिया। अगर चुनाव में जीतने पर पाया गया या बताया गया जनादेश ही बाबरी मस्जिद के ढांचे को तोड़ने का सबसे बड़ा लोकतांत्रिक औचित्य था और उसी पर यह मिनी आम चुनाव जनमत संग्रह था तो भाजपा के तर्क के अनुसार ही निष्कर्ष निकलता है कि ढांचा तोड़ना गलत था। जनमत संग्रह के इस निर्णय और जनादेश के वापस होने के बाद क्या भाजपा और उसके संघ परिवारी उस ढांचे को वहीं और वैसा ही वापस खड़ा कर सकते हैं। ?

बहुत वाहियात और ऊल जलूल लगता है ना यह निष्कर्ष ! लेकिन यह उन्हीं दलीलों पर चलकर निकाला गया है जो भाजपा और संघ परिवारी ढाई साल से और ज्यादा जोर-शोर से चुनाव प्रचार के दौरान दे रहे थे। मिनी आम चुनाव के नतीजे आ जाने पर ये निष्कर्ष भाजपा के जले पर नमक रगड़ने या संघ परिवार के हिसाब साफ करने के लिए नहीं निकाल रहा हूं।

बाईस मार्च सतत्तर की वह शाम मुझे याद है। रामलीला मैदान में एक जंगी आमसभा में अटल बिहारी वाजपेयी ने कहा था—जो मां-बेटे इस देश पर अपनी तानाशाही लाद देना चाहते थे उन्हें जनता ने इतिहास के कूड़ेदान में डाल दिया है। तब मुझे यह भी याद था कि इंदिरा गांधी ने कहा था कि लोग कहते थे कि ये हो जाएगा, वो हो जाएगा। हमने इमरजंसी लगाई तो कोई कुत्ता तक नहीं भौंका ! ये दोनों बातें मुझे उस दिन भी याद आईं जब जनवरी अस्सी में इंदिरा गांधी ने देश

में 'काम करनेवाली' सरकार बनाई और तीन महीने बाद राज्यों में बनी कांग्रेस सरकारों के मुख्यमंत्री संजय गांधी ने नियुक्त किए। इमरजंसी लगाते वक्त कोई कुत्ता न भौंका हो लेकिन मार्च सतत्तर में लोगों ने मां-बेटे को ठिकाने लगाया और फिर तीन साल बाद उन्हीं को सारी सत्ता सौंप दी। इंदिरा और संजय गांधी इतिहास के कूड़ेदान से उठकर फिर भारत के सिंहासन पर बैठ गए।

लोकतंत्र में लोग इस तरह करते हैं। पार्टियां जीतती और हारती हैं। सरकारें बनती और गिरती हैं। लोग समय और परिस्थिति के अनुसार अपनी समझ और अपना निर्णय बता सकें इसीलिए लोकतंत्र है। लेकिन ऐसा होता रहे फिर भी राष्ट्र और समाज न टूटे इसलिए संविधान की अनुल्लंघनीयता है। इसलिए कानून के राज का आग्रह है। इसलिए न्यायपालिका है। और हालांकि संसद सर्वशक्तिमान है, वह भी संविधान और कानून को यों ही नहीं बदल सकती। ऐसे संशोधनों के लिए भी संविधान में ही प्रावधान है। इसीलिए कोई भी जनादेश संविधान के ऊपर नहीं हो सकता। इस मिनी आम चुनाव के नतीजे के संदर्भ में उत्तर प्रदेश की भाजपा सरकार का जनोदश देखें तो उसका निकाला गया अर्थ कितना बड़ा अनर्थ लगता है !

संघ परिवारियों का कहना था और अब भी होगा ही कि आस्था न्यायालयों के निर्णयाधीन नहीं है। सही है कि मेरी आस्था मैं तय करूंगा। कोई न्यायालय मेरे लिए यह नहीं कर सकता। लेकिन आस्था का जो जनमसिद्ध अधिकार मुझे है वही दूसरे को भी है। मेरी आस्था अगर दूसरे की आस्था के ठीक विपरीत है तो मैं मार ठोक कर अपनी आस्था उस पर नहीं थोप सकता। इसलिए नहीं कि मैं कमजोर, नपुंसक और निष्ठाहीन हूं। इसलिए कि जो आस्था न्यायालय के कार्यक्षेत्र से परे और ऊपर है और जिस पर किसी सरकार का कोई जोर नहीं है–वह मेरे अंदर से ही पैदा हो सकती है। मेरी हत्या करके भी कोई उसे बदल नहीं सकता।

इसलिए अपने देश में धार्मिक आस्था मौलिक अधिकार है। और इसीलिए धर्म को सबसे ऊपर रखनेवाले सनातन धर्म ने धर्मांतरण नहीं चलाया। तलवार के जोर से जबर्दस्ती धर्म फैलाने का तो विरोध ही किया क्योंकि उसकी मान्यता में यह अधर्म है। इस्लाम और ईसाइयत में इसकी इजाजत है इसीलिए उनसे कुछ हिंदू अपने धर्म को ऊंचा मानते हैं। इसीलिए भारत में धार्मिक राज्य और राज्य के जोर पर धर्मांतरण और धर्म प्रचार की संवैधानिक अनुमति नहीं है बल्कि साफ नकार है।

इसलिए जो लोग मानते हैं कि धर्म संविधान, कानून, न्यायालय और संसद से परे और ऊपर है उन्हें धर्म को लोकतांत्रिक जनादेश का भी विषय नहीं बनाना चाहिए। लोकतांत्रिक जनादेश तो हर पांच साल या जब भी चुनाव हों बदल सकते हैं। सरकारें बन और बिगड़ सकती हैं। क्या भाजपाई अब कहेंगे कि जनता विकृत धर्मनिरपेक्षतावादी हो गई है इसलिए उसने हिंदुत्व पर वोट मांगनेवाली, राम मंदिर बनाने के लिए बाबरी मस्जिद का ढांचा गिरानेवाली और रामराज लानेवाली पार्टी को नहीं जिताया ? जिन लोगों ने इस मिनी आम चुनाव में भाजपा को वोट नहीं दिया क्या वे हिंदू नहीं रह गए ? क्या वे राम विरोधी हो गए हैं ? क्या वे नहीं चाहते कि अयोध्या में रामजी का भव्य मंदिर बने ?

भाजपा को फिर जनादेश न देनेवाली जनता के खिलाफ तो कोई आदेश नहीं हो सकता। बड़े-से-बड़े तानाशाह भी जनता को नहीं बदल पाए। जनता ने ही उन्हें बदला है। मनुष्यता ने जब यह सबक सीख लिया तभी लोकतंत्र का चलन हुआ। इसीलिए लोकतंत्र में जनादेश के सम्मान का सर्वमान्य नियम है। निश्चित ही भाजपा के लोग भी इसका सम्मान करेंगे ही क्योंकि वे न तो लोकतंत्र की व्यवस्था तोड़ना चाहते हैं, न उससे बाहर होना चाहते हैं।

इस मिनी आम चुनाव के नतीजे के बाद शायद भाजपा को समझ आए कि देश के बृहत्तर

समाज ही नहीं बृहत्तर हिंदू समाज को भी स्वीकार्य होने के लिए उसे लोगों की लोकतांत्रिक निष्ठा और उनकी धार्मिक आस्था में अंतर करना पड़ेगा। इनका घालमेल करने के कारण ही उसने दो राज्य उस कांग्रेस को सौंप दिए जहां सरकार बनाने के लिए जनता का विश्वास जीतने का कोई संघर्ष उसने नहीं किया।

इस घालमेल के कारण ही ऐसे लोग और ऐसी शक्तियां उसमें सक्रिय हुईं जिन्होंने उसकी लोकतांत्रिकता को पटरी से उतार दिया। हिमाचल प्रदेश और अब शायद मध्य प्रदेश में भी कांग्रेस इसीलिए आ रही है कि वहां की भाजपा सरकारों के खिलाफ लोगों में व्यापक असंतोष था। सरकारों के कामकाज को राम मंदिर बनाने जैसा सार्वहिंदुक मुद्दा भी मेट नहीं सकता यह भी भाजपा को समझ में आ जाना चाहिए। क्योंकि हिमाचल और मध्य प्रदेश में भाजपा और संघ परिवारियों ने लोगों को अयोध्या और हिंदुत्व पर ध्यान देने के लिए बहुत प्रेरित किया लेकिन लोग शांता कुमार और पटवा सरकार के काम नहीं भूले।

और तो और जिस उत्तर प्रदेश की भाजपा सरकार ने मस्जिद गिर जाने दी क्योंकि जैसा कि उसके मुख्यमंत्री बाद में कहते फिरे—यह रामजी का आदेश था, उस उत्तर प्रदेश में भी लोगों ने ज्यादा नहीं तो बराबरी से मुलायमसिंह और कांशीराम को भी समर्थन दिया। उत्तर प्रदेश जहां अयोध्या, मथुरा और काशी तीनों हैं, जहां राम और कृष्ण ने अवतार लिया और जहां हिंदुओं की प्रचंड बहुसंख्या है वहां भी राम मंदिर बनाने का मुद्दा लोगों को और सब कुछ भूलने को प्रेरित नहीं कर सका तो इसका कारण उनका लोकतांत्रिक स्वभाव है। इस स्वभाव का सम्मान किए बिना क्या भाजपा अपने भविष्य की सोच सकती है ?

2.12.1993

लोकतांत्रिक हिंदू मानस को समझिए

हिंदू या सही अर्थों में कहें तो भारतीय समाज के लोकतांत्रिक स्वभाव को ठीक से समझे और उसकी अभिव्यक्ति की माध्यम बने बिना देश की मुख्य पार्टी के रूप में भाजपा स्थापित नहीं हो सकती।

नवंबर के मिनी आम चुनाव को अगर किसी ने सबसे ज्यादा महत्त्व दिया था तो भाजपा ने। कोई पार्टी अगर पूरी और व्यवस्थित तैयारी से यह चुनाव लड़ी थी तो भाजपा। किसी पार्टी ने अगर करो या मरो की भावना और निश्चय से अपना सब कुछ झोंककर यह चुनाव लड़ा तो भाजपा ने। राष्ट्रीय स्वयं सेवक संघ, बजरंग दल, विश्व हिंदू परिषद और संघ परिवार के सभी रिश्तेदार संगठनों ने इस चुनाव में अपनी पूरी ताकत झोंक दी थी। साधु-संन्यासी, महंत, बाबा सब भाजपा के लिए प्रचार पर थे। भाजपा के पास पैसा और साधन अगर कांग्रेस से ज्यादा नहीं तो कम तो किसी सूरत में नहीं था। सबसे अच्छा संगठन, सबसे ज्यादा कार्यकर्ता और सबसे ज्यादा सामग्री भी भाजपा के पास ही थी।

लेकिन इन सब भौतिक साधनों के अलावा उसकी सबसे बड़ी ताकत उसके नेतृत्व की ध्येय एकता और उससे भी बड़ी शक्ति केंद्र में सत्तारूढ़ होने और पूरे भारत को अपने छाप के हिंदुत्व के भगवे रंग में रंग देने का संकल्प था। मन से इतनी प्रेरित और संकल्पित और कोई पार्टी इस चुनाव में नहीं थी। फिर वह उन्हीं राज्यों में लड़ रही थी जहां पहले से उसका राज था। और वही नहीं ज्यादातर चुनाव पंडित मानते थे कि सबसे वोट खींचू मुद्दे और वोटरों से वोट दिलवाने का तंत्र उसी के पास है। कांग्रेस के एक-दूसरे से लगातार लड़ते क्षत्रप, कमजोर केंद्रीय नेतृत्व, बंदर बांट और सबसे ज्यादा भ्रष्टाचार और क्षुद्र—अन्धे स्वार्थ से पतित हुए उसके लोग भाजपा की तुलना में टिक सकते थे ? जनता दल और सपा-बसपा की तो उसके सामने बात ही नहीं की जा सकती थी।

फिर भी देखिए कि हिमाचल और मध्य प्रदेश में कांग्रेस की सरकारें बन रही हैं। सबसे बड़े और महत्त्वपूर्ण राज्य उत्तर प्रदेश में सपा-बसपा को कोई रोक नहीं सकता। राजस्थान में भाजपा को निर्दलीय विधायकों की कृपा पर सरकार बनाना होगा। एक दिल्ली की विधानसभा और सीमित सरकार ही उसके पास अपनी होगी। इस चुनाव से किसी का सबसे बड़ा स्वप्न भंग हुआ है तो भाजपा का। आज पांच प्रदेश, कल पूरा देश—का नारा देनेवाली पार्टी के पास सवा प्रदेश भी नहीं बचे हैं। लेकिन इससे भी बड़ा नुकसान इस धारणा का हुआ है कि भाजपा चढ़ती और लगातार और ताकत से बढ़ती हुई लहर पर है।

ऐसा सिर्फ इसलिए नहीं हुआ कि दूसरे सब उसे हराने में लगे हुए थे और चूंकि वह अपना आधार बढ़ा नहीं पाई और दूसरों ने अपने वोट बढ़ा लिये। इस बार भाजपा विरोधी वोटों के बिखराव के जितने कारण मौजूद थे उतने पर तो कांग्रेस मजे में जीतती चली आ रही थी। चुनाव के पहले भाजपा का हर नेता, कार्यकर्ता और समर्थक कितना संतुष्ट और आश्वस्त था कि उसके पास तो उसके वोट बढ़कर सुरक्षित हैं जबकि उससे लड़नेवालों के वोट बुरी तरह बंट रहे हैं। बल्कि सच

पूछिए तो झगड़ालू, बुद्धू और निर्णयहीनता में पड़े कांग्रेसी नेतृत्व का यह काइंयांपन है कि उसने सोच समझकर और चुपचाप भाजपा के खिलाफ सभी गैर भाजपाई पार्टियों और ताकतों को एकजुट नहीं होने दिया। भाजपा के खिलाफ ध्रुवीकरण करके कांग्रेसी नेतृत्व उसके पक्ष में हिंदू ध्रुवीकरण नहीं होने देना चाहता था।

इसलिए भाजपाई नेताओं का यह कहना कि हमारा आधार तो सुरक्षित है, हम जीत नहीं पाए तो इसलिए कि हम आधार बढ़ा नहीं पाए, सही नहीं है। बाबरी मस्जिद ढहाने के महीने-भर बाद से ही भाजपाई नेताओं ने ऐसे मुद्दों की तलाश शुरू कर दी थी जो उसे राम मंदिर बनानेवाली पार्टी की एकमुद्दा छवि से निकालकर देश पर राज कर सकनेवाली सर्वव्यापी छवि दिला सकें। इसे विडंबना ही कहना चाहिए कि जनादेश यात्राओं के बाद और चुनाव के महीने-भर पहले उसे अपना पूरा जोर बाबरी मस्जिद गिरा सकनेवाली वीर हिंदू पार्टी बताने पर ही लगा देना पड़ा। ऐसा सिर्फ इसलिए नहीं करना पड़ा कि उसे दूसरे अच्छे मुद्दे नहीं मिले। ऐसा इसलिए करना पड़ा कि उसके नेताओं को जनादेश यात्राओं के दौरान दिख गया कि 'राम मंदिर के लिए कुरबान हुई' उसकी सरकारों के कामकाज और चाल-चलन पर उसे वोट नहीं मिलेंगे। फिर जो उत्साह और कट्टर समर्थन दिखा वह उन्हीं लोगों का था जो जय श्रीराम का नारा ललकार की तरह लगाते हैं। यही वे लोग हैं जो कारसेवकों की मस्जिद ढाऊ वीरता के कारण भाजपाई हिंदुत्व से जुड़े हैं और जिन्हें शिकायत है कि बाबरी मस्जिद गिराने पर हिंदू गौरव का खम ठोककर जयकारा लगाने के बजाय भाजपाई नेता—खुलासा क्यों देते फिरे।

तो अपनी सरकारों की राज चलाने में अक्षमता और अपने पक्के आधार की कट्टरता ने भाजपा को वह सर्वव्यापी और सर्वग्राही भारतीयता प्राप्त नहीं करने दी जो कि मूल हिंदू लोकतांत्रिक स्वभाव है। राम मंदिर बनाने के अभियान को राजनैतिक मुद्दे की तरह स्वीकार करने के बाद भाजपा की लोकसभा में दो से एक सौ उन्नीस तक ताकत बढ़ी और चार राज्यों में सरकार बनी है। इस मुद्दे को छोड़कर तो वह अब कुछ कर ही नहीं सकती है। लेकिन राम मंदिर अभियानवालों ने छह दिसंबर को जो किया या होने दिया उसे भाजपा न तो गर्व से स्वीकार कर सकती थी, न उससे पल्ला झाड़कर अलग हो सकती थी।

पल्ला झाड़कर अलग होना या उसकी नैतिक जिम्मेदारी लेकर राम मंदिर अभियान वापस लेना राजनैतिक रूप से उसके लिए आत्मघाती होता। वह कोई महात्मा गांधी की अहिंसक आत्मिक और धर्मनिष्ठ पार्टी नहीं है। कांग्रेस भी कभी नहीं थी। जो कारसेवक अयोध्या में इकट्ठे हुए थे और बाबरी मस्जिद के ढांचे को तोड़ने में लग गए थे वे किसी राजनैतिक पार्टी के राजनीति समझनेवाले कार्यकर्ता नहीं थे। वे उस अतिवादी या उग्रवादी तबके के लोग थे जो हर समाज में होते हैं और हिंदू समाज में भी हैं ही। इनके किए पर गर्व करके भाजपा लोकतांत्रिक लक्ष्मण घेरे से बाहर हो जाती। एक तरफ खाई थी और दूसरे तरफ कुआं। इसलिए छह दिसंबर पर पहले तो दुखी, उदास और चुप रहने के बाद भाजपा ने पहले छह दिसंबर को किसी तरह समझाने की और साथ-साथ दूसरे मुद्दे ढूंढ़कर उनके सहारे बनाने की कोशिश की। लेकिन चुनाव के पहले उसे आना पड़ा उसी उग्रवादी हिंदू मंच पर जिसे बनानेवाले कट्टरपंथी लोग उसका मजबूत और विश्वसनीय आधार बनाते हैं।

इस उग्रवादी कट्टरपंथी आधार की प्रेरक शक्ति मुस्लिम विरोध है। हिंदू समाज का यह तबका हिमाचल प्रदेश में कुछ नहीं कर पाया जहां लगभग पूरी आबादी ही हिंदू है। हिमाचल में मुसलमानों की न तो कोई दर्शनीय उपस्थिति है, न वहां छह दिसंबर के बाद कोई दंगा हुआ था। इसलिए

हिमाचल में चुनाव वैसे ही हुए जैसे लोकतंत्र में होते हैं। सरकार के कामकाज, रीति-नीति, चाल-चलन और रवैए पर। शांता कुमार की सरकार के खिलाफ फैला जन आक्रोश कांग्रेस को अड़सठ में से बावन सीटें दिला गया। मध्य प्रदेश में शहरों में भाजपा ने सूपड़ा साफ कर दिया। मध्य भारत के वे शहर ही नहीं जहां मुसलमान हैं और जो पहले से भाजपा के गढ़ हैं और जहां दंगे हुए थे, छत्तीसगढ़ का रायपुर और महाकौशल का जबलपुर शहर भी भाजपा की चपेट में साफ हो गया। लेकिन जिन ग्रामीण इलाकों में मुसलमान आबादी नहीं के बराबर है वहां पटवा सरकार का कामकाज और उम्मीदवार की छवि और योग्यता पर मतदान हुआ और भाजपा नहीं जीती।

राजस्थान में बुरका पहने औरतों की कतार मतदान केंद्रों पर दिखाकर किस तरह हिंदू महिलाओं और पुरुषों से वोट डलवाया गया, सब जानते हैं। राजस्थान में अगर मुसलमान सब एक तरफ वोट डाल रहे हैं—ऐसी भावना नहीं फैलाई जाती तो धनतेरस के दिन रेकार्डतोड़ मतदान नहीं होता। जिस हद तक यह ध्रुवीकरण काम कर सकता था उसने राजस्थान में किया और इसलिए वहां अब भी भैरोसिंह शेखावत सरकार बनाने की स्थिति में हैं। लेकिन उत्तर प्रदेश में यह ध्रुवीकरण भाजपा के लिए दुधारी तलवार साबित हुआ। एक तरफ से दलित, नीची और मझोली जातियां उसके खिलाफ एकजुट हुईं और उनमें आकर मिल गए मुसलमान जो यों भी भाजपा को तो वोट देनेवाले नहीं थे। लेकिन हिंदू सारे अगर भाजपा के साथ होते तो जाति की धार उन्हें काट नहीं सकती थी और सारे मुसलमान सब जगह एक ही पार्टी या गठबंधन के उम्मीदवार को वोट दे देते तो धर्म-संप्रदाय प्रेरित हिंदुओं का ही उम्मीदवार जीतता क्योंकि उन्हीं का तो बहुमत है।

सब तरह के विचार, बंधन और बाड़ों को छोड़कर भाजपाई हिंदुत्व में संगठित होने का अतिवादी स्वभाव हिंदू या भारतीय समाज का नहीं है। उस उत्तर भारत में भी नहीं जहां इस्लाम के नाम पर आए हमलावरों के अत्याचारों और इस्लामी शासकों के अनाचारों की कटु स्मृतियां हिंदुओं के सामूहिक मन में अब भी रहती हैं और आजादी के आंदोलन में लीग के असर में अंग्रेजों का साथ देने और भारत का विभाजन करने के लिए मुसलमानों को दोषी माना जाता है। दक्षिण भारत में तो खैर यह इतिहास घटा नहीं है इसलिए वहां का हिंदू मन तो और भी कम प्रतिक्रियावादी है। यह हिंदू स्वभाव ही हमारे लोकतंत्र को धारण किए हुए हैं और इसी के कारण हम संघीय पंथनिरपेक्ष गणराज्य हैं। यही स्वभाव भाजपा के उग्रवादी कट्टर आधार के साथ जुड़ने से इनकार करता है। इसी स्वभाव के कारण हिंदू अपनी आस्था, अपने धर्म और अपनी राजनीति में अंतर करता है। अंतर करने की यह स्वतंत्रता हमारे धर्म में है और इसलिए हम लोकतंत्र और आधुनिकता में अपने को अपने घर में पाते हैं और उसके जरिए अपने को अभिव्यक्त कर सकते हैं। जो धर्म और समाज यह स्वतंत्रता नहीं देते वहां लोकतंत्र और मुक्त समाज के क्या हाल हैं, आप जानते हैं।

इस हिंदू स्वभाव से कांग्रेस ने मेल किया था इसीलिए वह भारत की सबसे बड़ी अखिल भारतीय और सत्तारूढ़ पार्टी रही। पंथनिरपेक्षता को कट्टरपंथी मुस्लिम परस्ती और सत्ता के औजार के रूप में इस्तेमाल करके उसने इस हिंदू स्वभाव से धोखाधड़ी की इसलिए वह भारत की राष्ट्रीय सहमति की पार्टी नहीं रह सकी। लेकिन ऐसे उदारवाद के कारण ही तो हम मारे गए—ऐसी दलील देनेवाले संघ परिवार के हिंदू संगठनों में ही नहीं भाजपा में भी हैं। लालकृष्ण आडवाणी की उग्र और आक्रामक रीति-नीति ने ही भाजपा को राजनीति के केंद्र में पहुंचाया और उसी ने उसे इतनी राजनैतिक सत्ता दिलवाई—ऐसा माननेवाले संघ परिवार में सभी जगह हैं। कोई अचरज नहीं कि ये कहें कि अयोध्या में बाबरी मस्जिद का ध्वंस हमें केंद्र की सत्ता नहीं दे पाया तो कोई हरकत नहीं। अभी काशी, मथुरा बाकी है।

विनय कटियार ने तो टीवी पर कहा भी कि मथुरा और काशी उनके एजंडे पर हैं। कटियार

बजरंग दल के अध्यक्ष हैं लेकिन वे भाजपा के सांसद भी हैं। मथुरा-काशी विश्व हिंदू परिषद के एजंडे पर हैं और संघ के राजेंद्र सिंह ने कहा है कि इस एजंडे को संघ का समर्थन है। इसलिए यह बहुत संभव है कि भाजपा अपने को उदार लोकतांत्रिक हिंदू मन के अनुसार फिर से बनाने के बजाय मथुरा-काशी का एजंडा उठा ले और उदार लोकतांत्रिक हिंदू मन यानी भारतीय मन को बदलने का ऐतिहासिक संकल्प ले ले। भाजपा के एक उपाध्यक्ष ने कहा था कि हिंदू समाज थोड़ा सेमेटिक हो जाए तो क्या हर्ज है। अब यह निष्कर्ष निकाला जा सकता है कि उसे पूरी तरह सेमेटिक बनाना होगा। जो पांच हजार साल के इतिहास के आक्रमण और मुठभेड़ें नहीं कर पाई उसे करने का भस्सासुरी संकल्प लेनेवाले लोग भाजपा में हैं।

लेकिन मथुरा, काशी को एजंडे पर लेकर और उग्रवादी रीति-नीति पर भाजपा अगर चल पड़ी तो इसमें भी संदेह नहीं कि उसका हाल वही होगा जो अकाली दल का पंजाब में और हिंदू महासभा का पहले उत्तर भारत में हो चुका है। इस मिनी आम चुनाव के जरिए बृहत्तर और लोकतांत्रिक हिंदू समाज ने भाजपा को स्पष्ट संदेश दिया है कि वह अपने को छह दिसंबर जैसी उग्रवादिता और उन्माद में सहज और स्थिर नहीं पाता। छह दिसंबर पर भाजपा ने लोगों का फैसला मांगा था, वह उसे मिल गया है। इसे अनसुना करके वह अपना भविष्य नहीं बना सकती।

3.12.1993

मुसलमान इस पैगाम को कबूल करें

नवंबर के मिनी आम चुनाव को जनमत संग्रह बतानेवाले दूसरे लोग हैं बाबरी मस्जिद एक्शन कमेटी के। चूंकि भाजपावाले इस चुनाव को अब न जनमत संग्रह कह रहे हैं न इसके नतीजे को छह दिसंबर की घटना पर जनादेश इसलिए बाबरी मस्जिद एक्शन कमेटीवालों का हौसला बढ़ना स्वाभाविक है। बाबरी मस्जिद अब है नहीं लेकिन उसे बचाने के लिए कार्रवाई करने को बनी कमेटी 'सांप्रदायिक ताकतों की हार और पंथनिरपेक्ष शक्तियों की जीत'' पर फिर सक्रिय हुई है।

कमेटी के संयोजक जफरयाब जीलानी चाहते हैं कि भाजपा और विश्व हिंदू परिषद अब छह दिसंबर के लिए जनता से माफी मांगें और मस्जिद 'वहीं' बनाने का विरोध न करें। सैयद शहाबुद्दीन ने भी कई लोगों को एक पत्र भेजा है जिसमें यह भी कहा गया है कि नरसिंह राव ने मस्जिद फिर बनाने का वादा किया था लेकिन इस बारे में मुस्लिम पर्सनल लॉ बोर्ड ने उनसे मिलकर जो ज्ञापन दिया था उसकी रसीद भी प्रधानमंत्री ने नहीं भेजी है।

इस चुनाव के नतीजे से उन लोगों का उत्साहित होना स्वाभाविक है जो इमाम बुखारी, शहाबुद्दीन और जीलानी जैसे मुसलमानों के स्वनियुक्त कट्टरपंथी नेताओं को आगे बढ़ाना पंथनिरपेक्षता का उदाहरण मानते हैं। सभी धर्म-संप्रदायों के कठमुल्ला नेताओं को प्रोत्साहित करना अंग्रेजों ने शुरू किया था। इन्हीं को वे देश के विभिन्न धर्म-संप्रदायों के स्वाभाविक नेता मानते थे। उनकी साम्राज्यवादी समझ में यह देश आपस में लड़ते-झगड़ते धर्मों और संप्रदायों का अराजक जमावड़ा था जिसमें शांति और व्यवस्था कायम करके अंग्रेजों ने पुण्य कार्य किया है। वे मानते थे कि इस देश को सभ्य बनाकर यहां कानून का राज चलाना है तो इन कठमुल्ला धार्मिक-सांप्रदायिक नेताओं से सहयोग लेते रहना चाहिए। भारत के धर्मों-संप्रदायों और समाज के बारे में अंग्रेजों की यह समझ अपना राज चलाने में भी उनके काम आई। राजनीति में धार्मिक कट्टरता को बढ़ाकर कांग्रेस को कमजोर करने के लिए अंग्रेजों ने पहले मुस्लिम लीग बनवाई जिसकी प्रतिक्रिया में हिंदू महासभा बनी।

अंग्रेजों की इस नीति परंपरा को आजादी के बाद कांग्रेस और कम्युनिस्ट पार्टियों ने आगे बढ़ाया। कट्टर धार्मिक-सांप्रदायिक नेताओं को समान रूप से बढ़ावा देना इसी कारण पंथनिरपेक्षता की एक पहचान हो गई है। संघ परिवार ने 'छद्म और विकृत धर्मनिरपेक्षता' के खिलाफ आक्रामक अभियान चलाकर इस पहचान को माननेवाले लोगों को बचाव की मुद्रा में ला दिया था। इस चुनाव के नतीजे ने अब उन्हें फिर प्रोत्साहित करके सक्रिय होने को प्रेरित किया है। लेकिन जिस तरह से भाजपा की पराजय संघ परिवार के उग्रवादियों को अयोध्या में बाबरी मस्जिद को ढहाने पर गर्व करने और ऐसा ही मथुरा और काशी में करने के लिए प्रेरित कर सकती है उसी तरह पंथनिरपेक्ष शक्तियों की विजय बाबरी एक्शन कमेटी और उससे जुड़ी संस्थाओं के कठमुल्लों को वहीं फिर से बाबरी मस्जिद बनाने की मांग पर जोर देने को भी तैयार कर सकती है। शहाबुद्दीन, औवेसी, जीलानी आदि की पंथनिरपेक्ष लोगों से अपील ऐसे ही उत्साह की आहट है।

एक-दूसरे की प्रतिक्रिया में अगर ये कट्टरपंथी-कठमुल्ला लोग सक्रिय हुए तो इस चुनाव के

जनादेश का अनर्थ हो जाएगा। उदार लोकतांत्रिक हिंदू यानी भारतीय मानस ने छह दिसंबर की घटना को अपना समर्थन नहीं दिया है यानी उसने बाबरी मस्जिद के ढहाए जाने को ठीक नहीं बताया है। लेकिन इसका मतलब यह कतई नहीं है कि बाबरी मस्जिद फिर वहीं बनाई जाए। संघ परिवारियों का दावा था कि सन् इकानवे में उत्तर प्रदेश में बनी भाजपा सरकार को मंदिर बनाने का जनादेश मिला है। इसी दावे के चलते उन्होंने बाबरी मस्जिद गिरवा दी। अगर वह जनादेश का अनर्थ था तो सन् तिरानवे के जनादेश को मस्जिद फिर से बनाने का जनादेश बताना भी उतना ही बड़ा अनर्थ होगा।

सन् तिरानवे के जनादेश का सही अर्थ मौलाना वहीदुद्दीन ने बताया है। उन्होंने कहा है कि बाबरी मस्जिद के ढहाने का समर्थन लोगों ने किया होता तो वे भाजपा को पांचों राज्यों में दो-तिहाई बहुमत देते ताकि वह मथुरा और काशी को लेकर प्रोत्साहित होती। ऐसा उन्होंने नहीं किया। वे काशी-मथुरा में वह नहीं चाहते जो अयोध्या में हुआ। मौलाना बरसों से और छह दिसंबर के बाद बार-बार कह रहे हैं कि मुसलमानों को अयोध्या राजी-खुशी राम मंदिर के लिए छोड़ देना चाहिए और हिंदुओं को बनारस की ज्ञान वापी मस्जिद और मथुरा की ईदगाह को वैसी ही रहने देना चाहिए।

मौलाना ने पहली बार यह सुझाव कोई पांच साल पहले दिया था। इसलिए न तो संघ परिवार के खम ठोकनेवाले कह सकते हैं कि बाबरी मस्जिद गिरा देने के बाद मुसलमान ताकत की भाषा समझ गए हैं और मौलाना का सुझाव उसी से आई समझदारी का उदाहरण है। न मुसलमान कठमुल्ले नेता कह सकते हैं कि यह तो बाबरी मस्जिद पर हार मानकर जीतनेवाले को सनद देना है। मौलाना का दावा कि मतदाताओं ने उनका फारमूला मंजूर कर लिया है, सही न भी हो तो इतना तो निश्चित है कि उन्होंने बाबरी मस्जिद फिर वहीं बनाने का जनादेश नहीं दिया है।

उदार, लोकतांत्रिक हिंदू या भारतीय मानस ने जो संदेश संघ परिवार को दिया है वही कट्टरपंथी कठमुल्ला मुसलमान नेताओं के लिए भी है। संदेश यह है कि वह हिंदू उग्रवादिता और कट्टरपंथ को पसंद नहीं करता तो वह मुस्लिम कठमुल्लेपन को भी स्वीकार नहीं करेगा। इस साल की शुरुआत में अलीगढ़ विश्वविद्यालय में एक जानदार सेमिनार हुआ था। उसमें हिंदी फिल्मों के कहानी और संवाद लेखक जावेद अख्तर ने बड़े पते की बात साफ-साफ कही थी। और ध्यान दीजिए कि अलीगढ़ विश्वविद्यालय में मुसलमानों को कही थी। जावेद अख्तर कहानीकार हैं और भोपाल के हैं। उन्होंने एक लोककथा का इस्तेमाल करते हुए कहा कि हिंदू सांप्रदायिकता के दैत्य की जान मुस्लिम सांप्रदायिकता के तोते में है। इस तोते की गर्दन मरोड़ दीजिए तो दैत्य तो अपने आप मर जाएगा।

बाबरी मस्जिद के ध्वंस के दो महीने बाद उससे दहले हुए और उदास मुसलमानों के बीच यह सच्चाई कहने का साहस जावेद अख्तर ने किया। पिछले लेख में मैंने कहा था कि भाजपा एक सर्वहिंदू परिस्थिति में जोर नहीं दिखा सकती। उसकी अपील एक हिंदू-मुसलमान तनाव-टकराव वाली स्थिति में ही बढ़ती है। यानी आम हिंदुओं को मुसलमानों की प्रतिक्रिया में ही सांप्रदायिक किया जा सकता है। सांप्रदायिकता हिंदू मानस की सहज स्वाभाविक स्थिति नहीं है। इस्लामी हमलावरों के लगातार हमले, मुसलमान शासकों के राज में इस्लाम और मुसलमानों का राजकीय वर्चस्व और संरक्षण और मुस्लिम लीग के जरिए मुसलमानों का अंग्रेजों द्वारा किया गया हिंदू और भारत विरोधी इस्तेमाल ही नहीं कांग्रेस सरकारों के तथाकथित मुस्लिम तुष्टिकरण और उसकी प्रतिक्रिया में पनपे संघ परिवार के प्रचार के बावजूद सांप्रदायिकता हिंदू समाज के मानस में नहीं आई तो इसका कारण उसका धर्म है जिसे चाहे हिंदू कह लीजिए, चाहे सनातन या मानव धर्म।

यह धर्म इस्लाम और ईसाइयत से मूल रूप से भिन्न है। इसमें सांप्रदायिक संगठनीयता नहीं है। इसमें परधर्मी के लिए द्वेष और वैर नहीं है। इस धर्म में उसके लिए भी जगह है जो इसे नहीं मानता और अपनी असहमति दिखाने से हिचकता नहीं। इसमें बहुमत का भी वर्चस्व नहीं माना गया। सर्वोपरि धर्म ही है जो सत्य है और जिसे अहिंसा के बिना साधा नहीं जा सकता। सच पूछिए तो सनातन धर्म सभी धर्मों की संसद है जिसमें आम सहमति से काम होता है बहुमत का राजदंड नहीं चलता। उदार, लोकतांत्रिक हिंदू या भारतीय मानस इसी धर्म से बना है जो सनातन है और इसलिए सनातन माना गया कि दूसरे धर्मों की तरह इसे किसी पैगंबर या अवतार ने मानव इतिहास की किसी तिथि अथवा वर्ष में स्थापित नहीं किया।

इस धर्म से बने मानस के आधार पर ही भारतीय लोकतंत्र और उसके गणराज्य की पंथनिरपेक्षता टिकी हुई है। पश्चिम के दृष्टा, विद्वान भारतीय लोकतंत्र को काम करनेवाली अराजकता और पंथनिरपेक्षता को राज्य की निष्ठा कहते है और ठीक से समझ नहीं पाते हैं तो इसका कारण यही हैं कि वे हमारे लोकतंत्र और हमारी पंथनिरपेक्षता को अंग्रेजी राज से हुआ पश्चिमी योगदान मानते हैं। हमारा लोकतंत्र और हमारी पंथनिरपेक्षता ऊपर से भले ही पश्चिमी दिखती हो मूल में भारतीय है और उसकी आत्मा धार्मिक है। यह तो अब बहुत से भारतीय मुसलमानों ने मान लिया है कि भारत अगर पंथनिरपेक्ष है तो इसका कारण यह है कि बहुसंख्यक हिंदू समाज पंथनिरपेक्ष है। भारत को अब थोड़ा बहुत भारतीय दृष्टि से समझनेवाले पश्चिमी विद्वान भी मानने लगे हैं कि भारतीय लोकतंत्र के मूल में उदार लोकतांत्रिक हिंदू या भारतीय मानस है। इसी मानस ने बाबरी मस्जिद के ध्वंस को समर्थन नहीं दिया है।

पंथनिरपेक्ष शक्तियों की विजय से प्रोत्साहित इमाम बुखारियों, शहाबुद्दीनों, जीलानियों और ओवैसीयों ने अगर इस उदार लोकतांत्रिक हिंदू या भारतीय मानस के जनादेश के उलटे मतलब लगाए और अपनी कट्टरपंथी चाल जारी रखी तो हो सकता है अगले चुनाव में कटियारों, सिंघलों और ठाकरों को जनादेश मिल जाए। लोकतंत्र है तो चुनाव तो होते रहेंगे। पार्टियां जीतती और हारती रहेंगी। आज पंथनिरपेक्ष शक्तियों की जीत हुई है तो कल सांप्रदायिक ताकतें भी चुनाव जीत सकती हैं। अगर कटियारों, सिंघलों और ठाकरों के हाथ सत्ता आ गई तो बुखारियों, शहाबुद्दीनों और जीलानीयों का तो भरोसा नहीं आम मुसलमानों को तो उदार लोकतांत्रिक हिंदू या भारतीय समाज ही बचाएगा। और वे बचेंगे तो इसलिए कि धर्म उन्होंने भले ही इस्लाम स्वीकार कर लिया हो उनका मानस भी उसी धर्म से बना है जो भारत का सर्वव्यापी सनातन मानव धर्म है।

इन आम मुसलमानों की आस्था सूची में बाबरी मस्जिद का फिर वहीं निर्माण है ही नहीं ऊपर या नीचे की तो बात ही छोड़िए। बाबरी मस्जिद के ध्वंस के चार-पांच दिन बाद एक कट्टर-से-कट्टर और कठमुल्ले मुसलमान नेता से मैंने पूछा था और उन्होंने खुद कहा था कि अयोध्या में अगर सरकार ने मस्जिद बनवा दी और उसकी रक्षा में सेना भी लगा दी तो वहां इबादत करने कौन जाएगा ? अयोध्या में तो मुसलमान बचे नहीं। फैजाबाद से वहां कौन जाएगा और कैसे लौटेगा अगर वहां के आम हिंदू उसके खिलाफ होंगे। फिर कल बीजेपी जीत गई और उसने सेना हटा ली और कारसेवकों ने फिर मस्जिद गिरा दी तो फिर मुसलमानों के दिल पर घाव होगा। फिर उनका आत्मसम्मान टूटेगा। बार-बार ऐसे टकराव की ऐसी परिस्थिति को स्थायी करनेवाली मस्जिद मुसलमानों को नहीं चाहिए। इस नेता का नाम इसलिए नहीं लिख रहा हूं कि इसी शर्त पर वे मुझसे मिले थे और खुलकर बात करने पर राजी हुए थे। लेकिन बाद में मैंने पाया कि आम मुसलमानों ने तो उनकी बात को सही बताया लेकिन उन्होंने और उनके जैसे दूसरे नामी नेताओं ने मस्जिद

बनाने की बात कहना शुरू कर दिया। उन्हें आम मुसलमानों के आत्म सम्मान की चिंता है या अपनी नेतागिरी की ?

जब तक ये कट्टरपंथी कठमुल्ले नेता समझेंगे नहीं कि अब हिंदू-मुसलमान संबंधों में राज्य पंचायती नहीं कर सकता क्योंकि अंग्रेजों का जमाना गया और दिल्ली में बैठनेवाली कोई भी सरकार मुस्लिम अल्पसंख्यकतावाद चलाकर राज नहीं कर सकती तब तक न तो पंथनिरपेक्ष ताकतों की जीत होगी न हिंदू-मुसलमान संबंध सुधरेंगे। इस मिनी आम चुनाव में मुसलमान मतदाताओं ने इन नेताओं की नहीं सुनी। किसी इमाम का फतवा नहीं चला। मुसलमानों को जो जहां जीतता लगा उसे उन्होंने वोट दिया। भाजपा को नहीं दिया तो यह उनका लोकतांत्रिक अधिकार है। अगर भाजपा को वोट देनेवाले हिंदू सांप्रदायिक नहीं हो जाते तो उसे वोट न देनेवाले मुसलमान भी सांप्रदायिक नहीं हैं।

इन मुसलमानों को यह मानने में कोई दिक्कत नहीं आती कि भारत अगर लोकतांत्रिक है तो इसलिए कि आम हिंदू उदार और लोकतांत्रिक है। ये मुसलमान मानते हैं कि भारत अगर पंथनिरपेक्ष है तो इसलिए कि हिंदू पंथनिरपेक्ष है। जिस हिंदू उम्मीदवार को उन्होंने वोट दिया तो यही मानकर दिया कि वह लोकतांत्रिक और पंथनिरपेक्ष है। इन मुसलमानों को उदार लोकतांत्रिक हिंदू या भारतीय समाज से सीधे संवाद शुरू करना चाहिए। न अपने कठमुल्ला और दुकानदार नेताओं को बीच में लाना चाहिए, न सरकार से कहना चाहिए कि वह पंचायती करे। अगर औरंगजेब का शासनकाल छोड़ दें तो मुसलमान शासकों ने भी हिंदू शासकों की तरह हिंदू, मुसलमान, जैन, बौद्ध, सिख, पारसी, यहूदी आदि धर्म समाजों के बीच पंचायती नहीं की। अंग्रेजों की पट्टी धुले बिना मुसलमान इस देश में हिंदुओं के साथ शांति, समभाव और समरसता से नहीं रह सकते।

सही हो या गलत राम जन्मभूमि-बाबरी मस्जिद विवाद को दोनों समाज के कठमुल्ले नेताओं ने हिंदू-मुसलमान से टकराव का कारण बना दिया है। उदार लोकतांत्रिक यानी भारतीय मानस ने मस्जिद गिरानेवालों को ना कहकर समझदारी के हाथ से संदेश भिजवाया है।

मुसलमानों को दोस्ती का यह पैगाम कबूल करना चाहिए।

4.12.1993

कितना उपकार किया !

सच कहूं ? उस रात मैंने कमरा अंदर से बंद किया और जब भरोसा हो गया कि अब न मुझे कोई तंग कर सकता है, न देख सकता है तो मैंने अपने को खुला छोड़ दिया। लगा कि संपादकी के काम में होने के जो पत्रकारीय बख्तरबंद मेरे दिल और दिमाग पर चढ़े रहते हैं और जिनके ढीले न पड़ जाने की सावधानी मैं जाने अनजाने बरतता रहता हूं, वे मोम के हो गए हैं और अंदर जो मंदी-मंदी आग सुलगने लगी है, उससे पिघलने लगे हैं। अपने सारे बख्तरबंदों को मैंने सिर से पांव तक पिघलते हुए गरम मोम की तरह बह जाते देखा।

फिर मैंने देखा कि कपड़े ही नहीं, पहले शरीर का मांस गरम की गई चरबी की तरह पिघला। फिर हड्डियां भट्टी में डाले गए लोहे की तरह पिघलीं। और मैं हाड़-मांस का आदमी नहीं रह गया। मैं आत्मवत हो गया लेकिन अपने होने की एक ज्याजल्यमान स्फटिक धवल प्रतीति ऐसी हुई जैसी शरीर-प्राण होते हुए कभी हुई नहीं थी। मैं जैसे निःशेष हो गया। फिर मैंने महसूस किया कि आंखों से धाराएं बह रही हैं और उनमें होने की स्फटिक धवल प्रतीति भी बह गई हैं। मैं शून्य हो गया हूं। ऐसा शून्य जो अंदर से लबालब-भर जाने के बाद आता है। जिसमें न किसी की कभी महसूस होती है, न किसी को अपने को भर देने की इच्छा। अपन जैसे परिपूर्ण होकर शून्य ध्वजा की तरह फहर गए हों। सुन्य धजा फहरानी हो।

लगा कि अपने तत्व पंच महाभूतों में लौटकर विलीन हो गए हैं। लेकिन ये तत्त्व, आकाश, वायु, पृथ्वी, अग्नि और जल के नहीं हैं। ये तत्त्व धर्म के, आत्मा के, बुद्धि के, ज्ञान और तादात्म्य के हैं और इन्हें वह समाज मिल गया है जिनसे लेकर मुझे बनाया गया था और जिनमें मिलने के बाद मैं वह समाज हो गया हूं। उससे अलग मैं नहीं हूं, न वह मुझसे अलग है। मैं था तब हरि नहीं थे, हरि हैं तब मैं नहीं हूं। ऐसी अनुभूति इस बार सिंहस्थ के अंतिम स्नान के दिन उज्जैन में हुई थी। और लगभग ऐसा ही लगा था उस रात दिल्ली के रामलीला मैदान में जब बांग्ला देश युद्ध के बाद इंदिरा गांधी के अभिवादन के लिए ठसाठस सभा हुई थी। महेंद्र कपूर गा रहे थे–बेटी हिंदुस्तान की–और भीड़ में से इंदिराजी को पूरी बांह के अंगरखे में देखकर आंखों से बूंदें टपकने लगी थीं और मुझे लगा था कि या तो मैं भीड़ हूं या महेंद्र कपूर का वह स्वर।

ऐसे पूर्ण तादात्म्य के क्षण जीवन में इससे ज्यादा नहीं हैं। यह जरूरी नहीं कि ऐसा अंदर या बाहर घटी किसी बड़ी घटना के कारण होता है। क्षिप्रा के किनारे बैठे उस सुबह अचानक लगा कि जैसे जन समुद्र अपनी आस्था की क्षिप्रा में नहा रहा है। मैं ही वह समुद्र हूं, वही क्षिप्रा भी मैं हूं और वह जल भी मैं हूं। बल्कि वह मुहूर्त और वह क्षण भी मैं हूं। अपने स्व का विराट में वह विसर्जन था। बाहर से देखो तो वह क्या था ? इस सदी के अंतिम सिंहस्थ के अंतिम स्नान का क्षण। क्षिप्रा का पानी बिल्कुल स्थिर और गंदा था और नहाते हुए भी एक-दूसरे से रगड़ते लोगों के शरीरों से भी वैसी ही दुर्गन्ध आ रही थी। घाट पर कीचड़ था। और मैं सबके कपड़े और बैग आदि लिये बैठा था।

उस रात भी कोई बहुत बड़ी घटना नहीं हुई थी। सिर्फ इतना पक्का हुआ था कि उत्तर प्रदेश के लोग फिर से भाजपा की सरकार नहीं बना रहे हैं। इस चुनाव में अपना क्या था ? न अपन चुनाव लड़े, न अपना वोट वहां, न अपनी कोई पार्टी, न किसी के जीतने-हारने से अपने को कुछ मिलना जाना। शायद ये सब होते तो अपन ऐसी उदात्त मनःस्थिति में पहुंचते भी नहीं। इसमें धर्म की अपनी आस्था और हिंदू समाज की अपनी समझ चुनाव लड़ रही थी। अगर भाजपा जीत भी जाती तो ऐसा नहीं कि मैं कोई अपनी आस्था और समझ बदल लेता। किसी चुनाव के नतीजे पर अपनी आस्था और समझ डगमगा नहीं जाती।

लेकिन मान लीजिए कि उत्तर प्रदेश के मतदाता भाजपा को फिर जिता देते तो इसका एक निश्चित मतलब तो यह निकाला ही जाता कि उन्होंने छह दिसंबर के दिन बाबरी मस्जिद के ढांचे को ढहाने पर अपनी अस्वीकृति का ठप्पा लगा दिया है। इस निष्कर्ष को मेरी आत्मा कभी स्वीकार नहीं करती क्योंकि अयोध्या में जब यह अपकर्म हो रहा था तब मेरा पोर-पोर कह रहा था कि यह अधर्म हो रहा है और हिंदू समाज इसे सही नहीं मानता। उन्माद में लोग ऐसा धतकरम कर रहे हैं जो धर्म की हमारी सारी मान्यताओं, प्रतिष्ठाओं और परंपराओं से विपरीत है।

लेकिन मेरे आसपास के कुछ लोग कह रहे थे कि लोग तो इससे बहुत खुश हैं। मैंने लोगों को खुशियां मनाते नहीं देखा। और खुशियां मनाते देख भी लेता तो वैसी ही वितृष्णा होती जैसी एक ब्रिटिश अखबार में इंदिरा गांधी की हत्या पर खुशियों के जाम पीते और भंगड़ा करते सिखों की तस्वीर देखकर हुई थी। एक निहत्थी महिला को उसी के विश्वास पात्र अंगरक्षक धोखे से और गोलियों से छलनी कर दें और इस राक्षसी कर्म पर लोग खुशियां मनाएं तो वे मुझे हाथ के खप्पर में खून लिये नाचते नरभक्षी के कबीलों के लोग ही लगेंगे। वैसे ही लगे। तीस जनवरी, अड़तालीस के दिन एक सम्माननीय बड़े बूढ़े ने गांधी की हत्या पर पूछे गए मेरे सवाल के जवाब में कहा था कि क्या हुआ ? उसने बहुत से हिंदुओं को मरवाया था। एक हिंदू ने उसे मारकर ठीक ही किया। उस दिन के बाद मैंने उनके पैर कभी छुए नहीं, न उनके साथ कभी शाखा में गया। गांधी जैसे महात्मा की हत्या को उचित ठहरानेवाला वह बुजुर्ग मुझ नौ साल के बच्चे को भी निपट अमानवीय और बात तक करने के योग्य नहीं लगा था।

जिस घर में मैं जन्मा और बढ़ रहा था वह कोई स्वतन्त्रता संग्राम सेनानियों का घर नहीं था। दादा होलकर स्टेट जंगलात खाते में काम करते थे और पिता अदालत में। गांधी को मैंने देखा नहीं था। उनकी एक छोटी तस्वीर पिताजी की बैठक की दीवार पर ऊपर टंगी रहती थी। सरकारी नौकरों के उस घर में गांधी की बात ही कितनी होती थी ! पिताजी के पास एक छोटा सा चरखा था जिसे वे अपनी बैठक में जब-तब काता करते थे। उन्हें वह चरखा चलाते देख मुझे लगता जैसे वे पूजा कर रहे हों। दशहरे के दिन हमारे घर पर गुप्ती की पूजा होती थी। बड़े डंडे जैसी लगनेवाली उस गुप्ती के अंदर पतली सी लंबी तलवार होती थी। उसका पूजन शस्त्र पूजन माना जाता था। जिस तरह पिताजी उसकी पूजा करते वैसे ही वे चरखा चलाते। गांधी और स्वतंत्रता संग्राम के इस शस्त्र से मेरा इतना ही परिचय था। लेकिन भक्त कवियों के पद गाते-गाते धाराधार रोनेवाली मेरी वैष्णव मां से मुझे गांधी की करुणा का स्पर्श मिला था। इसलिए उस बुजुर्ग की बात सुनकर मैं स्तंभित रह गया कि ऐसे करुणामय व्यक्ति की हत्या को कोई उचित भी ठहरा सकता है।

या इंदिरा गांधी की हत्या का मामला लीजिए। या बांग्लादेश युद्ध के बाद उनके अभिवादनवाली सभा लीजिए। इंदिरा गांधी ने सन् उनहत्तर में जब कांग्रेस तोड़ी तब से उनकी हत्या तक यानी कोई पंद्रह साल तक मैं लगातार उनकी नीतियों और रवैए की आलोचना करता रहा। सिर्फ दो बार बांग्लादेश के युद्ध के समय और पंजाब में ऑपरेशन ब्लू स्टार के वक्त ही मैंने उनकी तारीफ में

लिखा। नहीं तो पंद्रह साल लगातार उनके खिलाफ लिखता रहा। उनका विरोध किया। अपनी सत्ता के लिए वे मुझे देश को बर्बाद करती स्वार्थी और भयंकर रूप से आत्मकेंद्रित महिला लगती रहीं। लेकिन जिस तरह उनकी हत्या की गई वह मुझे कायरता और वहशीपन की हद से भी बाहर का पापकर्म लगा। और इसलिए इंग्लैंड में उस पर खुशी मनाते अंग्रेज सिख मुझे नरभक्षी कबीले के लोग लगे। करुणावतार गुरु नानक की आत्मा पर उस दिन क्या बीती होगी, इसका कुछ अंदाज मैं अपने पर बीती से लगा सकता हूं।

बाबरी मस्जिद के ध्वंस के डेढ़ महीने बाद जोधपुर में पत्रकारों की एक बैठक में एक संघी या भाजपाई सज्जन आ गए। उन्होंने मुझे कहा कि मैं क्यों नहीं देखता कि उस ढांचे के तोड़े जाने से लोग कितने खुश हुए हैं। मैंने कहा कि मैंने नहीं देखे खुशी मनाते लोग और मैं नहीं मानता कि हिंदू ऐसे किसी भी कायर ध्वंस से उल्लसित हो सकते हैं। वे कहने लगे कि जिस बात को सभी लोगों ने मान लिया उसे मानने से आप इनकार क्यों करते हैं। मैंने कहा कि मैं कोई राजनेता नहीं हूं कि जिसे ज्यादातर लोगों ने मान लिया हो उसे सही मान लूं। मेरे लिए यह आस्था का प्रश्न है। मैं नहीं मानता कि यह धर्म कार्य है। और धर्म मेरी तरफ है इसलिए उसकी ताकत पर मैं सारी दुनिया के सामने भी खड़ा हो सकता हूं। वे कहने लगे कि धर्म आपकी तरफ नहीं है। मैंने कहा कि मैं अपने धर्म पर हूं या नहीं इसका निर्णय मेरे अपने धर्म के अनुसार मुझे ही करना है। यह कोई संसदीय लोकतंत्र का मामला नहीं है कि हिंदुओं के बहुमत से तय हो जाएगा। स्वधर्मे निधनं श्रेयः परधर्मो भयावहः।

खैर न वे सज्जन मुझे चिंतित कर पाए, न दफ्तर में आते पत्र और घर में आते टेलीफोन। लेकिन कुछ दिनों के बाद मां किसी तीर्थ से घूमती-फिरती आ गई। एक दिन उसने आकर ऐसे पूछा जैसे कोई राज की बात पूछी जाती है। ''क्यों नाना, तूने असों कई लिख्यो कि ये लोग के कि तू मुसट्टो हो गयो ?'' ''कईं नी, जी। यो ई कि मस्जिद गिरानो धरम को काम नी थो। वचन तोड़नो रामजी को काम नी है। और मर्यादा पुरसोत्तम राम ने जीवन-भर कष्ट झेल्या पण कोई पै भी जबर्दस्ती नी की। इनी बात पै लोग के कि मुसलमान हुई ग्यो, पैइसा खई लिया, चार बेरानां रख ली। तो मजे में को, हमारो कंई बिगड़े। हम धरम का आदमी हां, हम रामजी का आदमी हां, हमारी माय 'पोढ़ो जी सुख सेज सीता राम' गा लेती तबी हम सोता ! जो बात हमारे गलत लगे ओ के हम सई नी कांगा-मालवी में बोलते हुए मैं शायद कातर हो गया हूंगा। मां ने मेरी पीठ पर हाथ रखा और कहा–तू मजे में लिख बेटा। अपना रामजी रखवाला।

मुझे मेरा धर्म और मेरी आस्था इसी मां से मिली है। मुझे इस धर्म में कोई राष्ट्रीय स्वयंसेवक संघ ने दीक्षित नहीं किया है जो उसका परिवारी कहे कि मैं धर्म नहीं जानता या धर्म से भ्रष्ट हो गया हूं। इस धर्म और इसके साहित्य पर गर्व करना कोई मैंने विश्व हिंदू परिषद से नहीं सीखा है जो उसे विज्ञापन की तरह दिखाऊं और नारे की तरह लगाऊं। कोई संत, महंत, स्वामी, साधु या शंकराचार्य मुझे कह नहीं सकता कि ऐसा नहीं करोगे तो विधर्मी हो जाओगे। इस धर्म में मैं जन्मा हूं, यह मेरा जन्मसिद्ध अधिकार है। मुझे इससे कोई डिगा नहीं सकता, न छीन सकता है। यह मेरी आस्था है। मेरी राजनीति, मेरी दुकानदारी, मेरा पेशा या मेरी रोजी नहीं है। यह मेरे अस्तित्व का औचित्य है। मैं इसका सौदा नहीं करूंगा। मैं इसे दुकान पर नहीं लगाऊंगा। मैं इसके साथ जन्मा हूं, इसी के साथ मरूंगा।

धर्म पर यह निजता मुझे अपने धर्म से मिली है। मैं जानता हूं कि संघ परिवारियों के लिए हिंदुत्व हिंदुओं का शक्ति प्रदर्शन करके अपना वर्चस्व स्थापित करना है। वे धर्म की आध्यात्मिकता से उतने अभिभूत नहीं हैं जितने उसके माननेवालों की सामूहिकता, सामाजिकता और हिंदू होने के

नाते संगठितहीनता से चिंतित हैं। मुझे यह कभी नहीं लगा कि जब तक मैं हर छत से, हर चौराहे से और हर मंच से घोषित नहीं करूंगा कि मैं हिंदू हूं—तब तक अच्छा हिंदू नहीं होऊंगा। मुझे यह भी कभी नहीं लगा कि हिंदुओं को हिंदू के नाते संगठित किए बिना वे धार्मिक नहीं होंगे। कमजोर रहेंगे। उन्हें उन्हीं के देश में कोई नहीं पूछेगा और एक दिन यह देश भी उनका नहीं रहेगा। इस देश में हिंदू होने का मुझे कोई नुकसान नहीं हुआ न मैंने हिंदू होने का कोई जायज नाजायज फायदा लिया। हिंदू होने के कारण मैं एक स्वतंत्र चेतनाशील और लोकतांत्रिक प्राणी हूं और आत्मा की अनश्वरता में आस्था रखता हूं। मुझे ऐसा बनाने के बाद धर्म ने मुझे संसार में पराक्रम के लिए छोड़ दिया है जैसे संस्कार देकर, प्रेम देकर, विश्वास देकर माताएं बच्चों को संसार करने भेज देती हैं। धर्म से मुझे कोई शिकायत नहीं न मैं हिंदुओं को कायर और संगठनहीन मान कर कभी धिक्कारता हूं। इसलिए हिंदू होने के नाते संगठित होने और हिंदू पराक्रम दिखाने की मुझे कोई जरूरत महसूस नहीं हुई।

साल-भर से मैं सुन और पढ़ रहा हूं कि मैं हिंदुओं को नहीं जानता। उनके समाज में आ रहे परिवर्तनों से मेरा कोई संबंध नहीं है। हिंदुओं के इतिहास और उनके धर्मग्रंथों और उनकी परंपराओं का मुझे सही ज्ञान नहीं है। मैं भटका हुआ छद्म सेकुलरवादी, घमंडी, अज्ञानी और टकों पर राजनेताओं के घर बंधुआ मजदूरी करनेवाला कलम घसीट दो कौड़ी का पत्रकार हूं। पंद्रह साल मैंने इंदिरा गांधी की सख्त-से-सख्त आलोचना की। देश में उनके प्रशंसकों और समर्थकों की संख्या संघ परिवारियों से तो ज्यादा रही है। उनकी सत्ता भी भाजपा से कई गुना ज्यादा थी। लेकिन उन्हें माननेवालों ने कभी ऐसी चिट्ठियां नहीं लिखीं, ऐसे टेलीफोन नहीं किए, मुझे ऐसे धिक्कारा नहीं। एक सर्वसत्तावादी तानाशाही प्रवृत्तियों की महिला के समर्थकों-प्रशंसकों का व्यवहार संघ परिवारियों से इतना भिन्न क्यों रहा ?

गांधी-हत्या के बाद मैं शाखा में कभी नहीं गया। विश्व हिंदू परिषद और उसके धार्मिक नेताओं की जमात मुझे सिंहस्थ में आनेवाले अखाड़ों की तरह लगती रही। मैं जनसंघ या भाजपा का सदस्य या प्रशंसक नहीं रहा। उनसे मैंने कुछ नहीं लिया न कोई उम्मीद रखी। भारतीय परंपरा और धर्म में मेरी निष्ठा शुरू से है। उसी के अनुसार रहता, बरतता और लिखता हूं। भाजपाइयों और दूसरे संघ परिवारियों को क्यों लगना चाहिए कि मैंने उनके साथ, हिंदुओं के साथ और धर्म के साथ विश्वासघात किया है ? लाइन इन लोगों ने बदली है। धर्म के नाम पर सत्ता में इन्हें आना है। जरूर आएं। लेकिन धर्म को अपनी जागीर नहीं समझें।

मैंने शुरू में कहा कि मैं तादात्म्य के सुख में विसर्जित हो गया। हिंदुओं ने बताया कि मेरी उनमें आस्था सही थी और है। मेरे धर्म ने मुझे कहा कि उसकी मेरी समझ ठीक है। मुझमें और मेरे धर्म समाज में जो भेद और द्वन्द्व मुझे बताया जा रहा था वह उत्तर प्रदेश के चुनाव नतीजे ने मेरे लिए समाप्त कर दिया। मैं इस धर्म और इस हिंदू समाज का आभारी हूं। इस नगण्य तिनके का अर्घ्य स्वीकार करो हे धर्म देवता !

5.12.1993

आत्मनिरीक्षण का दिन

गए साल आज के दिन अयोध्या में जो घटा या संघ के परिवार की ओर से घटवाया गया उस पर उसी परिवार के एक गर्वीले सेवक लालकृष्ण आडवाणी ने नवंबर में हुए आम चुनाव में जनता का निर्णय मांगा था।

जिन कल्याण सिंह ने अपने मुख्यमंत्रित्व के सारे वैधानिक, संसदीय, कानूनी और प्रशासनिकों कर्त्तव्यों को धता बताकर वह सब घटने देने की छूट दी, वे तो एक कदम और आगे गए थे। कल्याण सिंह ने इन विधान सभा चुनावों को छह दिसंबर के अपने पराक्रम पर जनमत संग्रह बताया था।

उत्तर प्रदेश में अब मुलायम सिंह मुख्यमंत्री हैं। और ''आज पांच प्रदेश कल पूरा देश'—में राज करने के निश्चय से एक साल से रथ यात्रा कर रहे लालकृष्ण आडवाणी दिल्ली राजपथ पर पैदल हुए रामराज का रास्ता पूछ रहे हैं। इसे क्या कहा जाए ? छह दिसंबर को गए साल पराजित उन्माद से तुड़वाई गई बाबरी मस्जिद पर जनता का निर्णय ? जनमत संग्रह का नतीजा ? लोकतंत्र की विडंबना ? या हमारी चुनावी पद्धति की असंगति ? जो लोग माने बैठे थे कि 'एक हजार साल की गुलामी की निशानी' बनी उस मस्जिद के तोड़े जाने पर हिंदुओं में हर्ष की लहर दौड़ गई है और अपने पर हुए अत्याचारों और थोपी गई पराजयों का ऐतिहासिक हिसाब चुका कर वे नए हिंदू भारत में भाजपाई रामराज लाने का संकल्प कर चुके हैं वे आज के दिन अगर ईमानदारी से अपना हिंदू मन थोड़ा टटोल लें तो उनका कुछ नहीं बिगड़ेगा ?

खोने के लिए अब उनके पास निर्दलीय विधायकों के बल और भैरोसिंह शेखावत के कौशल पर बनी राजस्थान सरकार है और अपने ही बूते पर जीती गई 'पालम तक की दिल्ली'। छह दिसंबर को 'हिंदू विजय दिवस' में परिवर्तित करने वाले वीर शिरोमणि अपने से पूछ सकते हैं कि अपने ऐतिहासिक पराजय बोध और अन्याय को मिटा देने के लिए राम की नगरी में इकट्ठे हुए हिंदू समाज ने उन्हें इतने वोट क्यों नहीं दिए कि उत्तर प्रदेश, मध्य प्रदेश, हिमाचल और राजस्थान में भी शान से उनकी सरकार बनती ?

अगर बाबरी मस्जिद गिरानेवालों का उन्माद पूरे हिंदू समाज की दबी-कुचली भावनाओं का विस्फोट था तो उन भावनाओं ने तृप्त होकर उन्हीं वीरों की सरकार क्यों नहीं बनवाई जिन्होंने इन भावनाओं पर अपनी सरकारें कुरबान कर दी थीं ? क्या यह हिंदू समाज इतना कृतघ्न है कि 'उसे एक हजार साल की गुलामी से आजाद' करवानेवालों को चार राज्यों में तीन चौथाई बहुमत से सरकार भी बनाकर वह नहीं दे सकता ? क्या यह भी इस समाज में हिंदुत्व और राष्ट्रीयता की गौरवहीनता, संगठनहीनता और शौर्यहीनता का उदाहरण है ?

चुनाव में हारे संघ परिवारी भी अपने हिंदू समाज के बारे में ऐसी बातें तो नहीं कहेंगे। तो फिर वे आज के दिन शांत और ईमानदार आत्म-निरीक्षण करें कि ऐसा क्यों हुआ कि छह दिसंबर का 'पराक्रम' एक साल भी नहीं चला ? चुनाव में अपने इस 'पराक्रम' को उन्होंने दांव पर क्यों लगाया जब कि वे मानते हैं कि आस्था के विषय कानून से ऊपर होते हैं। कानून संसद ने बनाए हैं। संसद चुनाव से बनती है और यह सारा लोकतांत्रिक कार्य व्यापार संविधान के अधीन है। और

संविधान हमीं ने बनाकर अपने आपको दिया है और निश्चय किया है कि हम उसके अनुसार चलेंगे। यह सब लौकिक है। इस लौकिक संसार में उन्होंने अपनी आस्था के मुद्दे को जनता के निर्णय या उसकी रायशुमारी के लिए क्यों पेश कर दिया ? अगर इसलिए कि वे लोकतंत्र में विश्वास करते हैं तो क्या अब जनता का फैसला मानकर स्वीकार करेंगे कि बाबरी मस्जिद तोड़ना गलत था ? इतनी आम स्वीकृति भी उनकी लोकतांत्रिकता का प्रमाण मानी जा सकती है।

लेकिन अगर संघ परिवारी मानते हैं कि छह दिसंबर को गए साल अयोध्या में जो हुआ या किया गया वह अनिवार्य और सही था और इससे कोई फर्क नहीं पड़ता कि अयोध्यावाले उत्तर प्रदेश में ही हिंदुओं ने उन्हें वापस राज नहीं सौंपा, तो फिर सवाल है कि उस पर जनता का निर्णय क्यों मांगा गया और उस पर गर्व करनेवाले ने चुनाव को ही जनमत संग्रह क्यों कहा ?

हिंदू धर्म को नया अर्थ, हिंदुओं को प्रतिशोध के जरिए नया संस्कार, और भारत में राष्ट्रीयता की नई शर्त देने के लिए अगर बाबरी मस्जिद तोड़ी गई तो इतने बड़े और ऐतिहासिक उद्देश्य को पांच राज्यों के विधानसभा चुनावों में दांव पर क्यों लगा दिया ? इसीलिए ना कि इस उद्देश्य के लिए किया गया पराक्रम उन्हें आज पांच राज्यों में और कल पूरे देश में सत्तारूढ़ कर देगा ? ऐसे बड़े और क्रांतिकारी उद्देश्य ऐसे विधानसभा चुनावों में क्यों तय होने चाहिए जो हर पांच साल या उत्तर प्रदेश की तरह चार साल में तीन बार हो सकते हैं और जिनके जनादेश वोट के कुछ प्रतिशत बढ़ने या घटने से बदल सकते हैं ?

सत्ता की दलगत राजनीति में फंसकर बड़े-से-बड़ा उद्देश्य भी नगण्य और अर्थहीन हो जाता है—यह हम सन् बावन के पहले चुनाव से देख रहे हैं। भाजपा राजनैतिक पार्टी है और इसीलिए है कि उसे सत्ता में आना है। लेकिन वह सत्ता में आने के लिए अगर बाबरी मस्जिद के तोड़े जाने को ही मुख्य मुद्दा बनाती है तो क्या वह उसी लोकतंत्र की नींव में पलीता नहीं लगाती जो उसे राजनीति करने और सत्ता में आने का मैदान और अवसर देता है ? अगर वह सत्ता के लिए देश-भर के मुसलमानों की धार्मिक भावनाओं को आहत करनेवाला ध्वंस कर या करवा सकती है तो उस कांग्रेस का क्या दोष है जो संघ परिवार के अनुसार सत्ता के लिए मुस्लिम तुष्टिकरण करती है ?

संघ परिवार ने जो रायशुमारी करवाई और जनता से जो आदेश मांगा वह उसे मिल गया है। उस पर वह विचार करे, अपना आत्म मंथन करे तो हिंदू समाज की कुछ सेवा होगी। हिंदू समाज को धार्मिक ध्रुवीकरण पर मजबूर किया जाएगा तो उसमें जातिवादी ध्रुवीकरण भी होगा। उत्तर प्रदेश में सपा-बसपा को जातीय ध्रुवीकरण पर भी उतनी ही सीटें मिली हैं जितनी सांप्रदायिक ध्रुवीकरण पर भाजपा को। उत्तर प्रदेश, मध्य प्रदेश और हिमाचल के चुनाव प्रमाण हैं कि भाजपाई हिंदुत्व-हिंदू समाज को अपने होने के दूसरे सभी तत्त्वों को भूलने पर लुभा नहीं सकता। संघ परिवार के हिंदुत्व को हिंदू समाज अपनी सर्वोपरि पहचान नहीं मानता। सनातन या हिंदू धर्म-इस्लाम की तरह अनिवार्य रूप से सामाजिक और पैगंबर द्वारा अंतिम रूप से निर्धारित धर्म नहीं है। वह अनिवार्य रूप से आत्मा और चेतना का धर्म है। और हिंदू सिर्फ हिंदू नहीं है वह और भी बहुत कुछ है और भाजपाई हिंदुत्व उसे पूरी अभिव्यक्ति नहीं देता।

इन बातों और इतने बड़े सवालों को विधानसभा चुनाव जैसे-आने-जाने वाले लोकतांत्रिक माध्यम से नहीं निपटाना चाहिए। न ऐसे माध्यम के निर्णय से ऐसे प्रश्नों के उत्तर लेने चाहिए। लेकिन ऐसा किसने किया ? संघ परिवार ने। और राष्ट्रीय स्वयं सवेक संघ सत्ता राजनीति में पड़ी पार्टी नहीं—हिंदुओं का समर्पित सांस्कृतिक और सामाजिक संगठन होने का दावा करता है ? क्या वह भी सत्ता के फेर में आत्म निरीक्षण नहीं करेगा ?

6.12.1993

राम कृपा भव निसा सिरानी

क्यों भुली गी थारो देस दिवानी ऽऽऽऽऽ क्यों भुली गी थारो देस हे ऽऽऽऽ हे ऽऽऽऽ हेऽऽऽ ऐसा गाते हुए मैंने अपने को बाथरूम में पकड़ा। चूंकि बाथरूम में गाते-गुनगुनाते हुए हम अपने अवचेतन की गहरी से गहरी और खुद से भी अनजानी भावना को प्रकट करते रहते हैं इसलिए अपने को पकड़ने के बाद शायद मुस्कुराते हुए मैं अपने से पूछने लगा यही भजन क्यों ?

यह भजन गाते हुए निश्चित ही मैं अपने देस मालवा को भूलने की टीस में नहीं था। भजन में आत्मा का देस यानी आपका-मेरा अपना-अपना देस नहीं है। यह सखियां वा घर सबसे न्यारा है क्योंकि वहां अपना पूरन पुरुष हमारा है। लेकिन मैं जिस देस को भूलने पर अपने को बरज रहा था वह अध्यात्म वाला परमात्मा का घर भी नहीं है।

वह मेरा निजी सांस्कृतिक-धार्मिक-भावनात्मक देस है जहां मैं साल-डेढ़ साल से लौट नहीं पाता। या उसमें जाता भी हूं तो उसे पूरी तरह दे नहीं पाता। उसमें जाकर अपने को खुला छोड़ता हूं कि एकदम अटेंशन, सावधान में बूट फटकारता खड़ा हो जाता हूं। मुझे लगता रहता है कि इस देस की मुझे रक्षा करनी है। जैसे इसमें घुसकर कुछ लोग इसे तहस-नहस करके भ्रष्ट कर देना चाहते हैं। उन्हें मुझे रोकना है। अपने इस सांस्कृतिक-धार्मिक-भावनात्मक देस को मुझे वैसा ही रखना है जैसा कि मैं उसे जानता हूं। जैसा कि इसे मेरे भूगोल, इतिहास, धर्म और समाज ने बनाया है और जिसमें सबके लिए जगह है। जो सबको अपने में मिलाकर, आपसी समझदारी और विश्वास से चलता है। जो नफरत पर नहीं जियो और जीने दो के आधार पर चलता है। जिसमें चीटी के लिए चुन और हाथी के लिए रोट है। जिसमें हिरन के लिए घास और शेर के लिए हिरन है।

लेकिन जो प्रकृति का संसार होते हुए भी डारविन का वह संसार नहीं है जिसमें सिर्फ ताकतवर और अपनी ताकत में बर्बर और क्रूर हुए प्राणी के लिए ही जगह है। नहीं ऐसा आदिम मेरा संसार नहीं है। सांस्कृतिक-धार्मिक-भावनात्मक देस में निर्बल केबल राम हैं। इस राम को इस देस से वनवास देकर ऐसे राज्य का राजा बनाने की कोशिश हो रही है जिसमें बहुमत के बाहुबल का ऐसा वर्चस्व होगा कि आत्मा की सुनी नहीं जाएगी। आत्माओं की सेनाओं का आदेश चलेगा। ऐसे देस के राम नहीं जानते कि आत्माओं की सेनाएं नहीं होतीं। आत्मा को सेना की जरूरत नहीं होती। इस लोक की ही नहीं परलोक की भी सेनाएं आत्मा को नष्ट नहीं कर सकतीं। यह आत्मा राम है।

यह आत्मा राम है तो मुझे भी इसकी रक्षा में अटेंशन करके बूट फटकारने की क्या जरूरत थी ? मुझे क्यों विश्वास नहीं था कि राम का संघावतार नहीं हो सकता जबकि मुझे अक्सर लगता रहा है कि कोई कितनी ही कोशिश और चतुराई कर ले रामजी का अपहरण नहीं हो सकता। अपने देश में आराम और आश्वस्ति से रहने के बजाय मैं क्यों अपनी छोटी सी कलम को तलवार बनाकर

लड़ने-भिड़ने में लग गया ? मुझे भरोसा होना चाहिए था कि रामजी अपहृत नहीं होंगे। नकली रामभक्त रामजी को जीत नहीं पाएंगे। मैं क्यों भ्रम में पड़ गया कि राम का अपहरण करने की संघ परिवारियों की कोशिशों को मुझे नाकाम करना है ? क्यों भुली गी थारो देस दिवानी ?
आज नहीं जब कि उन्हीं के बताए मिनी आम चुनाव, सेमी फाइनल, जनमतसंग्रह आदि का नतीजा आ चुका है। ढाई साल पहले की बात है। निखिल चक्रवर्ती और हरींद्र दवे को भगवानदास गोयनका पुरस्कार मिल रहे थे और समारोह मुंबई में था। हम कई पत्रकार-संपादक लोग विमान से दिल्ली से जा रहे थे। मैंने मजाक में कहा भी था कि अगर यह विमान टूट गिरे तो कितने अखबार संपादकविहीन और कितने संपादकीय पेज कॉलमविहीन हो जाएंगे ! उसी विमान पर हम लोगों के मध्यावधि चुनाव के संभावित नतीजों और देश के संभावित राजनैतिक परिदृश्य पर भी बातचीत हो रही थी।

ज्यादातर धोती-कुरता पहनता हूं ना इसलिए अपनी एक पंडितजीवाली छवि बनी हुई है और लोग अक्सर इस छवि को भाजपा के आसपास या उससे मिलती-जुलती मानकर चलते हैं। लिखने में भी भारतीयता और अपनी परंपरा के आग्रह के कारण कितने वामपंथियों ने अपने को पुनरुत्थानवादी पोंगापंथी और जाने क्या-क्या नहीं कहा है। ऐसे ही मिले-जुले कारणों से भाजपा के बारे में अपन कोई राय दें तो भाई लोगों को भरम रहता है कि यह प्रामाणिक होनी चाहिए या इसमें सच्चाई होगी।

चुनाव में भाजपा का क्या होगा इस पर बात चल रही थी तो मैंने कहा कि मुझे अंदर से लगता है कि भाजपा अपने शिखर पर पहुंच गई है। इस बार जो भी वह ले जाएगी सो ले जाएगी। इसके बाद तो लहर का उतार ही आना है। और यह शिखर भाजपा को दिल्ली में सत्तारूढ़ करता नहीं दिखता। इसके बाद फिर से यही समां बांधना, ऐसी ही लहर पर चढ़ना भाजपा के लिए संभव नहीं होगा। मेरे इस अंदर से लगने के साथ अंदर से ऐसा ही लगनेवाले एक ही थे—हमारे आदरणीय मित्र जॉर्ज वर्गीस। इससे पूरी तरह असहमत थे हमारे एक और बुजुर्ग और आदरणीय मित्र जगन्नाथन, जो उस समय इंडियन एक्सप्रेस के प्रधान संपादक थे। उनका मानना था कि इस बार नहीं तो अगली बार भाजपा का दिल्ली में राज हो सकता है।

तब मतदान का पहला दौर भी नहीं हुआ था क्योंकि यह पंद्रह मई इकानवे की बात है। तब राजीव गांधी की भी हत्या नहीं हुई थी जिसने मतदान के दूसरे दौर को कोई बीस दिन आगे बढ़वाया और कांग्रेस को अल्पमत सरकार बना सकने की हालत या ताकत में पहुंचाया। जीते जी शायद राजीव गांधी कांग्रेस की सरकार नहीं बना पाते लेकिन इस बुरी तरह टुकड़े-टुकड़े होकर वे कांग्रेस को फिर सत्तारूढ़ कर गए जैसे सात साल पहले अपने ही अंगरक्षकों की धोखाधड़ी और गोलियों से छलनी होकर इंदिरा गांधी राजीव को प्रचंड बहुमत दिला गई थीं।

मतदान की होनी और राजीव गांधी की अनहोनी तब नहीं हुई थी लेकिन मुझे लग रहा था कि यह मध्यावधि भाजपा को देश में सत्तारूढ़ नहीं करेगा। और इस बार नहीं करेगा तो बरसों तक ऐसा मौका नहीं आएगा। और अपने ऐसे लगने को मैंने छुपाया नहीं था। जिस किसी भाई अथवा बहन को पूछना हो वह जॉर्ज वर्गीस और जगन्नाथन से पूछ ले। अपन जोशी जरूर हैं लेकिन ज्योतिषी जैसी भविष्यवाणियां अपन नहीं कर सकते, न इस तरह की भविष्यवाणियों में अपना कोई विश्वास है।

आप पूछें कि अपन को ऐसा क्यों लग रहा था कि भाजपा अपने शिखर पर पहुंच चुकी है और अब वह उतरेगी ही, और ऊंची नहीं चढ़ेगी और वह भी सन् इकानवे के मध्यावधि के मतदान के पहले लग रहा था तो अपन कुछ नहीं बता सकते। आपको कई बार अंदर ऐसा कुछ लगता है

जिसका वस्तुपरक और तथ्यात्मक खुलासा आप नहीं कर सकते। ऐसे गूंगे के गुड़ को ईमानदारी से गूंगे का गुड़ ही रखे रहने देना चाहिए।

हरमन हेस के नोबेल पुरस्कार विजेता उपन्यास 'सिद्धार्थ' में सिद्धार्थ गौतम बुद्ध से पूछता है कि क्या आप उस रात की चमत्कारिक अनुभूति को मुझ तक या किसी और तक पहुंचा सकते हैं जो आपको वटवृक्ष के नीचे प्राप्त हुई थी और जिसने आपको बुद्ध बना दिया ? बुद्ध कहते हैं कि नहीं। और फिर सद्धार्थ से कहते हैं कि जाओ अपनी अनुभूति स्वयं प्राप्त करो। यही गूंगे का गुड़ है। इस भरम में नहीं रहना चाहिए कि भाषा से सब कुछ बताया जा सकता है। आप सरस्वती के चाहे जितने लाड़ले सपूत हों आप सब कुछ बता नहीं सकते। सरस्वती स्वयं भी चाहे तो सब कुछ अभिव्यक्त नहीं कर सकतीं। इसलिए पंद्रह मई इकानवे के दिन विमान में अपने को क्यों लगा और अपन ने क्यों कहा कि भाजपा अपने शिखर पर पहुंच गई है अपन बता नहीं सकते। लेकिन यह संघ परिवारियों का उत्पादित इतिहास नहीं है। हां और ना कहनेवाले दो सम्माननीय, प्रतिष्ठित और विश्वसनीय साक्षी अभी हैं।

लेकिन छह दिसंबर बानवे की रात मैंने लिखा था–"जो मानते हैं कि ढांचा ध्वस्त करके वे हिंदुत्व की नींव रख रहे हैं वे जल्द ही देखेंगे कि हिंदू समाज उन्हें कहां पहुंचाता है।" राम की अग्नि परीक्षा के शीर्षक से वह लेख इस अखबार के सात दिसंबर बानवे के अंक में छपा है। उस ध्वंस को एक हजार साल की गुलामी की निशानी को मिटाने का पराक्रम और छह दिसंबर को हिंदू विजय दिवस कहनेवाले लोग अब कह रहे हैं–हमारे आंदोलनों की तार्किक परिणति हो चुकी है। अब वह ढांचा नहीं है। नाम के लिए वहां मंदिर भी बन चुका है। इसलिए अब इस मुद्दे पर हिंदू समाज की उदासीनता स्वाभाविक है। और प्रतिशोधी हिंदुत्व के ध्वजाधारी अशोक सिंघल कह रहे हैं–"लोगों में आक्रोश पैदा करनेवाला वह ढांचा अब नहीं रहा।"

हिंदुओं को कायर कहनेवाले संघ परिवार के नैष्ठिक ब्रह्मचारी अशोक सिंघल हिंदुओं को वीर-पराक्रमी बनाने के मिशन में लगे हुए हैं। रामजी उनकी निष्ठा को और शक्ति दें। लेकिन इतिहास से अगर वे यह सबक सीख लें तो उनका कुछ नहीं बिगड़ेगा कि चार सौ चौंसठ साल पुराने ढांचे उन्माद से ढहाए तो जा सकते हैं लेकिन सदा जीवनदायी अमृतकुंड नहीं बनाए जा सकते। आक्रोश और उन्माद से कालजयी निर्माण नहीं होते। जो हिंदू इस सत्य को जानते थे और जानते हैं उन्होंने ईंट-गारे-पत्थर के स्मारक और भव्य मंदिर ही नहीं बनाए। वे धर्म की सदा धारण करनेवाली परंपराओं को पुष्ट करते हैं।

ढांचे को ध्वस्त करके इनने अपनी राजनीति ध्वस्त कर ली है–ऐसा इस गरीब हिंदू ने गए साल कई लोगों को कहा था। लेकिन इसे अपना भाजपा-संघ विरोध ही नहीं, हिंदू और इसलिए देशद्रोह कहा गया। एक आदरणीय रिश्तेदार बुजुर्ग ने माता से कहा–इना प्रभास के कंई हुइ गयो ? वो हिंदू नी हे कंई ? मुसलमान हुई ग्यो ? धर्म की, परंपरा की, करुणा की और समझदारी की बात कहना तो विधर्मी और यह भी म्लेच्छ हो जाना है। और उन्माद को स्वाभाविक ही नहीं उचित ही नहीं, ऐतिहासिक पराक्रम कहना–सच्चा और समझदार हिंदू होना है। पता नहीं। कम-से-कम पांच हजार साल के अनुभव से अक्षुण्ण परंपरावाले इस समाज के मूल्यों का ऐसा संक्रमण क्यों हो रहा है ? इस पर कभी फिर अपनी बात होगी।

अभी तो अपन यही समझें कि जिस राम का नाम लिख देने से पानी पर पत्थर तिर जाते हैं और उनसे ऐसा सेतु बन जाता है कि पूरी वानर सेना समुद्र पार कर ले, उस राम ने भाजपा को आज पांच प्रदेश कल पूरा देश नहीं सौंपा है। क्या यह राम में निष्ठा की कमी के कारण हुआ ? या राम

को सत्ता राजनीति का रथ बनाने के कारण ? रामजी अपने भक्तों की मनोकामना जरूर पूरी करते हैं। संघ परिवारियों की भी करेंगे अगर वे सत्ता के बजाय राम में निष्ठा बढ़ाएं। नफरत के बजाय प्यार को अपना मकसद बनाएं। वह नामुराद बाबरी मस्जिद, गलत तो या सही, इस देश के कुछ करोड़ मुसलमानों के आत्म सम्मान की भी प्रतीक हो गई थी जैसी कि संघ परिवारियों की एक हजार साल की गुलामी की निशानी थी। उसे ध्वस्त करके मुसलमानों का मन तो दुखाया ही गया था। अपने एक संत कवि ने कहा है—मरी खाल की हाय से लौह भस्म हो जाय !

मैं जानता हूं कि ऊपर जो कागद मैंने कारे किए इन्हें मेरी अहम्मन्यता और पांच राज्यों में हुए विधानसभा चुनाव के नतीजे की चिंदी मिल जाने पर चूहे का इतराना भी कहा जा सकता है। बल्कि कहा ही जाएगा। अगर मुझे धर्म और भारतीय परंपरा का थोड़ा भी स्पर्श मिला हो तो इस तरह इतराना नहीं चाहिए। चुनाव नतीजे क्या हैं ? बालू की भीत पवन का खंभा। कल चुनाव हों और बिल्कुल उलट नतीजे आ सकते हैं। अपन को कुछ लगा था, अपन ने कुछ माना था, अपन ने कुछ लिखा था—वह कुछ सही निकल आया तो रामजी ने अपनी लाज रख ली।

अपन बिल्कुल नहीं इतरा रहे संघ परिवारियो ! बल्कि अपन अपने से कह रहे हैं कि क्यों भुली गी थारो देस दिवानी, क्यों भुली गी थारो देस हे। इस देस में अपने लोग से दुश्मनी नहीं चलती। अब लौं नसानी अब न नसैहों। रामकृपा भव निसा सिरानी, जागै हूं फिरि न डसै हों। अब लौं नसानी... ।

12.12.1993

अमरनाथ और कांवड़ के गंगाजल का प्रदूषण

जिधर देखा उधर से वे आते दिखे। और जिससे पूछा उसने कहा कि इतने कांवड़िए दिल्ली की सड़कों से जाते कभी देखे नहीं गए थे। हरिद्वार में तो तिल रखने को जगह नहीं और हरिद्वार-मेरठ रास्ते पर कांवड़ियों का कारवां दिन-रात ऐसा चलता रहा जैसे एक सौ चालीस किलोमीटर का वह रास्ता पांच बजे के बाद चर्च गेट या वीटी का स्टेशन हो।

लेकिन मेरठ और हरिद्वार के बीच कांवड़ियों की यह भीड़ समझी जा सकती है क्योंकि मेरठ से चौबीस किलोमीटर दूर पुरा महादेव का वह मंदिर है जहां कांवड़िए गंगा का जल चढ़ाते हैं। पुरा महादेव के शिवलिंग की स्थापना कथा है कि यह स्वयं भगवान परशुराम ने की है। सावन की शिवरात्रि को वहां हरिद्वार का गंगाजल चढ़ाने की बहुत पुरानी परंपरा है और जाने कब से चली आ रही है। इस बार तो कहते हैं कि वहां जल चढ़ाने आने वाले कांवड़ियों की संख्या का रेकॉर्ड ही टूट गया।

लेकिन दिल्ली की सड़कों पर जो कांवड़िए देखे गए और सावन की पूनम यानी रक्षाबंधन तक देखे जाएंगे वे मेरठ के पुरा महादेव पर जल चढ़ा कर नहीं आ रहे हैं। वे अपने-अपने इलाके के प्रतिष्ठित और पुराने शिवमंदिरों में जल चढ़ाएंगे या चढ़ा चुके हैं। यानी ये कांवड़िए हरियाणा, राजस्थान और पंजाब के हैं और सावन के महीने में शिवलिंग पर हरिद्वार की गंगा का जल चढ़ाने का चलन सब तरफ फैल रहा है। पिछले साल कांवड़ियों की ऐसी ही भीड़ कटक से भुवनेश्वर के बीच मैंने देखी थी। गोमुख, गंगोत्री और हरिद्वार की गंगा का जल कंधे पर रख कर दक्षिण में रामेश्वर पर चढ़ाने की परंपरा भी हमारे यहां रही है। लेकिन इन दिनों कांवड़ियों का जो कारवां आप देख रहे हैं यह एक चमत्कार ही है। नहीं तो दिल्ली की सड़कों से गुजरते कांवड़ियों का ऐसा आदर-सत्कार और उनके लिए इतनी सुविधाएं जुटाने के दृश्य पहले भी देखे जाते।

आप कह नहीं सकते कि कांवड़ियों की संख्या इन दिनों इतनी इसलिए बढ़ गई है कि पहले की तुलना में यातायात के साधन ज्यादा हो गए हैं। कांवड़िए जाते भले ही रेलों, बसों और कारों से होंगे। लेकिन जब हरिद्वार से कांवड़ में जल ले कर निकलते हैं तो उस जगह तक पैदल ही जाते हैं जहां से आए थे। और इतनी दूर और दिन-रात पैदल चलना और कांवड़ को जमीन पर न रखना आसान नहीं है। यानी सावन में सोमवार के दिन या कृष्ण पक्ष की शिवरात्रि पर हरिद्वार से कंधे पर लाया गया गंगाजल चढ़ाना कोई परिवहन सुविधा के कारण नहीं है।

फिर क्या पहले से श्रद्धा ज्यादा बढ़ गई है ? लोग ज्यादा धार्मिक हो गए हैं ? कांवड़ लाने वालों के कपड़े, चाल-ढाल और कई जगह बिलकुल आंदोलनकारियों जैसा व्यवहार तो यह नहीं बताता कि यह धार्मिकता ज्यादा बढ़ने या श्रद्धा उत्पन्न होने या सिर्फ पर्यटन का मजा लेने के कारण हो रहा है। जो इतने कष्ट उठा कर गंगाजल लाए और शिव को चढ़ाए वह निश्चित ही मजे लेने के लिए हरिद्वार नहीं पहुंच रहा है। कुछ साल पहले हरिद्वार में कांवड़ियों की अपूर्व भीड़ देख कर

वहां के एक पुराने निवासी से मैंने पूछा था कि इतने कांवड़िए क्यों और कब से आने लगे ? उस बुजुर्ग ने थोड़ा सोच कर बताया कि जब से पंजाब में कोई भिंडरांवाले उठा है तभी से कांवड़ियों के झुंड बढ़ रहे हैं। बुजुर्ग ने यह तो नहीं बताया कि इसका कारण क्या है। लेकिन समझने में मुश्किल नहीं थी कि यह संत भिंडरांवाले के चलाए आतंकी उग्रवाद की प्रतिक्रिया है।

संत भिंडरांवाले को मरे या शहीद हुए अब दस साल हो गए हैं और पंजाब उनके सिरफिरेपन की पगलाई से बाहर निकल आया है। लेकिन कांवड़ियों की संख्या तो बढ़ती ही जा रही है। और उनके व्यवहार से भी ऐसा लगता है कि यह सिर्फ सावन में हरिद्वार की गंगा का जल शिव को चढ़ाने की परंपरा और श्रद्धा का विस्तार नहीं है। इसमें और भी बहुत कुछ है जो पहले नहीं था। कांवड़ ले कर चलते हुए वे उद्घोष करते हैं—जय शिवशंकर हर हर गंगे और बम भोले शिव भोले। उसमें भी एक तरह की आक्रामकता होती है। कांवड़ियों के साथ गलती या जान-बूझ कर की गई किसी हरकत पर कांवड़िए और लोग जिस तरह टूट पड़ते हैं उससे लगता है कि कहीं वे आंदोलनकारी तो नहीं हैं।

हरिद्वार में किसी होटल में हुए झगड़े के बाद कांवड़ियों ने मोहल्ले में आग ही लगा दी और मोदीनगर के पास किसी मिनी ट्रक से हुई दुर्घटना में एक कांवड़िए के मारे जाने के बाद पांच घंटे तक सड़क ही जाम कर दी गई। ये भक्ति से नहाए लोगों की प्रतिक्रिया नहीं हो सकती। गुस्साए लोगों का काम जरूर है। कांवड़ियों के झुंडों के चलते और उनकी चाल-ढाल को देखते और उनके उद्घोषों को सुनते हुए लगता है कि जैसे वे पटा-बनेटी घुमा रहे हों या खम ठोंक रहे हों। एक समाज के जीवन में ऐसे दौर आते हैं जब लोग इस तरह का व्यवहार करते हैं। लेकिन हिंदू धर्म या जीवन-पद्धति के बुनियादी मूल्यों और समाज के व्यवहार के साथ ये चीजें नहीं जातीं। क्या हिंदू समाज एक ऐसे दौर से गुजर रहा है जिसमें उसे अपनी धार्मिक ताकत दिखाने और खम ठोंकने की जरूरत महसूस हो रही है ?

हरिद्वार के उस बुजुर्ग की बात सुन कर मुझे लगा था कि यह सब अलग सिख धार्मिक राष्ट्र खालिस्तान बनाने की आतंकवादी कोशिशों की प्रतिक्रिया में हो रहा है और कांवड़ के पवित्र गंगाजल में प्रतिक्रिया का प्रदूषण हो गया है। अब लगता है कि प्रतिक्रिया का प्रदूषण तो है ही, हिंदू समाज में कहीं-न-कहीं यह इच्छा पनपने लगी है कि वह भी अपनी धार्मिक निष्ठाओं का वैसा ही सार्वजनिक प्रदर्शन करे जैसा इस्लाम और ईसाइयत को मानने वाले करते हैं। अब इस्लाम और ईसाइयत न सिर्फ संगठित धर्म हैं, वे मूलतः सामाजिक संगठन के धर्म हैं। और इस माने में सनातन धर्म बिलकुल अलग है। सनातन धर्म को मानने वाले या हिंदू जीवन पद्धति में पले-पनपे लोग धर्म को अपनी आत्मा और परमात्मा के संबंध से जोड़ते हैं। धर्म उनके और परमात्मा के बीच का मामला है और उसमें सामाजिक संगठन की कोई भूमिका नहीं है। इसलिए धर्म निजी निष्ठा और आस्था का स्रोत है सामाजिकता का नहीं। इस्लाम और ईसाइयत से अलग सामाजिक संगठन निकाल लिया जाए तो उसका पालन करने वाले के पास जो बचेगा वह सनातन धर्म से बिलकुल अलग नहीं होगा।

अगर हमारे संतों और ऋषियों ने कहा कि सारे धर्मों का एक ही सार है और सब परमात्मा तक पहुंचने के अलग-अलग रास्ते हैं तो इसीलिए कि वे सब धर्मों के मूल में देखते हैं। और जिस तरह उन्हें सनातन धर्म के सामाजिक संगठन की कोई जरूरत नहीं पड़ती उसी तरह वे दूसरे सामी वर्गों की संगठन अनिवार्यता को भी नहीं समझते। सामी धर्मों के लिए सामाजिक संगठन और उसकी

मूल व्यवस्था अलग है। इसलिए वे दूसरे धर्म या धर्मों को अपने समान ही नहीं मानते। इसीलिए सामी धर्मों में विधर्मी के लिए न सिर्फ न कोई जगह है बल्कि यह जरूर माना जाता है कि उसे अपने धर्म में ले लिया जाए–ऐसा चाहे तलवार के जोर पर करना पड़े, चाहे लालच से या सही शिक्षा-दीक्षा से। जो हमारे धर्म में विश्वास नहीं करता वह काफिर है और इसलिए उसका धर्म नष्ट कर के अपने में मिलाना चाहिए या फिर नष्ट कर देना चाहिए। जिसे हम सनातन कह कर जानते हैं उसमें कोई काफिर ही नहीं है और धर्म परिवर्तन के लिए गुंजाइश भी नहीं है।

ऐसे सनातन धर्म के लोग जाहिर है कि अपने धर्म की शक्ति अपनी आस्था में ढूंढ़ेंगे और पाएंगे। वे उसे अपने को धारण करने वाला तो मानते ही हैं। ऐसे लोग पटा-बनेटी नहीं घुमाते, न खम ठोंकते फिरते हैं क्योंकि जो निजी है और आपके और परमात्मा के बीच है उसके आक्रामक प्रदर्शन की कोई जरूरत नहीं। वह दूसरे को दिखाने-लुभाने या डराने-धमकाने के लिए नहीं है। यानी ऐसा नहीं है कि तथाकथित हजार साल के मुसलमान शासन और कोई दो सौ साल के अंग्रेजी राज में हिंदू पराजित और कुचले हुए थे इसलिए शांति से, अपने घरों में और अपनी निजी आस्था में अपने धर्म का पालन करते थे। और अब चूंकि भारत स्वतंत्र और लोकतांत्रिक है और उसमें बहुसंख्यक हिंदुओं को वर्चस्व है इसलिए वे धर्म के नाम पर वह सभी कुछ करने लगे हैं जो इस्लाम और ईसाइयत को मानने वाले करते थे।

नहीं, उस तथाकथित हजार साल के मुसलमान राज के कालखंड में भी ऐसा कभी नहीं हुआ कि पूरे भारत पर हमलावर मुसलमानों का राज रहा हो। पूरा भारत तो अंग्रेजों के राज में भी सीधे उनके अधीन नहीं हुआ। और सनातन धर्म का मूल चरित्र अगर सामी धर्मों जैसा होता तो उनमें लगातार संघर्ष और एक की पराजय और दूसरे की विजय होती जैसा कि इतिहास ने अरब और यूरोपीय देशों में देखा ही है। भारत मुसलमान या ईसाई नहीं हुआ तो इसलिए कि इन धर्मों की भौतिक और सामाजिक शक्ति सनातन धर्म के आध्यात्मिक बल को नष्ट नहीं कर सकती थी। जो राजनैतिक रूप से पराजित हुए उनने भी अपना धर्म नहीं बदला क्योंकि धर्म बदलने की चीज नहीं है। इस्लाम और ईसाइयत में वे लोग ज्यादा गए जो जाति प्रथा के कारण अत्याचार और सामाजिक रूप से अधोपतित रहने के लिए मजबूर थे। वे नाम के मुसलमान और ईसाई जरूर हुए लेकिन उनकी आस्था और सामाजिक मूल्य वही रहे जो पहले थे।

तो पटा-बनेटी घुमाना और खम ठोंकना अगर सनातन धर्म का चरित्र नहीं है तो कांवड़ियों की बढ़ती संख्या और उनके व्यवहार को समझने की जरूरत है क्योंकि यह ऐसे सामाजिक-धार्मिक परिवर्तन का संकेत हो सकता है जो हिंदू समाज और सनातन धर्म दोनों के ही मूल चरित्र और परंपरा को प्रभावित करेगा। और उन्हें वैसे नहीं रहने देगा जैसे कि वे हैं और रहते आए हैं। इसमें तो कोई संदेश होना ही नहीं चाहिए कि प्रदर्शन की यह इच्छा और सामूहिक आक्रामकता मुसलमानों, सिखों और ईसाइयों के व्यवहार की प्रतिक्रिया में है। ऐसा संघ परिवारी हिंदू ही नहीं लोकतंत्र को सांप्रदायिकता से अलग कर के देखने वाले पर्यवेक्षक भी मानने लगे हैं कि भारत के इन अल्पसंख्यक समाजों ने ऐसा बहुत कुछ किया है जो दूसरे लोकतंत्रों में अल्पसंख्यक समाज नहीं करते या उन्हें करने नहीं दिया जाता।

सामाजिक, राजनैतिक और धार्मिक स्तर पर उनने ऐसी कीमत वसूल करने की कोशिशें की हैं जो पंथनिरपेक्ष लोकतंत्रों के अल्पसंख्यक समाज नहीं करते। चूंकि सरकारें कुछ तो राजनैतिक

कारणों से और कुछ अंतर्राष्ट्रीय छवि बनाए रखने के लिए अल्पसंख्यक समाज नहीं तो उनके कठमुल्ला नेताओं को जो रियायतें या भाव देती रही हैं उसमें बहुसंख्यक हिंदू समाज में यह धारणा पनपी है कि उनके साथ अपने ही देश में सौतेले लोगों जैसा व्यवहार किया जाता है। पिछले कुछ बरसों में संघ परिवार की विश्व हिंदू परिषद और भाजपा जैसी बेटियां पनपी हैं तो इसके मूल में कहीं यह धारणा काम करती है कि पंथनिरपेक्ष लोकतंत्र में हम सौतेले समाज हैं। कुछ मुसलमान शासकों और अंग्रेजों ने उसके साथ ऐसा बर्ताव किया भी इसलिए सामूहिक जातीय स्मृतियों के ठंडे अंगारों पर पेट्रोल छिड़कना आसान भी रहा है। सोचिए कि किसी और देश में यह संभव होता कि जो देश-भर में अल्पसंख्यक हैं वे देश-भर के बहुसंख्यक समाज के लोगों को आतंकित कर के अपने राज्य से भगा देते जैसा कि कश्मीरी पंडितों के साथ हुआ है या जैसा कि कुछ साल पहले पंजाबी हिंदुओं के साथ पंजाब में हो रहा था।

लेकिन ऐसा पंथनिरपेक्ष लोकतांत्रिक भारत में हुआ क्योंकि यहां का राज्य दुनिया के सामने अपने को हिंदू-बहुसंख्यकों का असहनशील राज्य नहीं बनने देना चाहता था और जो राज्य हिंदुओं के बहुसंख्यक बल पर टिका हो वह सचमुच ऐसा कर भी नहीं सकता। कांवड़ियों की बात करते हुए कश्मीर में पाकपरस्त आतंकवादियों ने अमरनाथ की यात्रा को हजरतबल के बाहर बने सीमा सुरक्षा बल के बंकरों के हटाए जाने से जोड़ दिया है। अमरनाथ की यात्रा कश्मीर के लोगों के मुसलमान बनाए जाने या बनने के बहुत पहले से हो रही है। हजरतबल दरगाह के बाहर पहले सेना को फिर बीएसएफ को बंकर इसलिए बनाने पड़े कि वह आतंकवादियों का गढ़ हो गया था और वे सेना और भारत सरकार को ताने दिया करते थे कि वहां कोई दखल दे कर तो देखे। और उनकी योजना थी कि किसी दिन मुहम्मद साहब का बाल गायब कर सारी घाटी में उपद्रव करवा दिए जाएं ताकि कश्मीर के पाकिस्तान में मिलने या आजाद होने की परिस्थिति बनाई जा सके। कश्मीरी आतंकवादी हथियार लिए वहां मजे में रहते थे और जानते थे कि उनका कोई बाल बांका नहीं कर सकता। बंकर इसलिए बनाए गए ताकि ये आतंकवादी वहां से हजरत मुहम्मद का बाल गायब न कर सकें। हजरतबल का इस्तेमाल आतंकवादी किले के रूप में किया जा रहा था और इसलिए वहां सेना को घेरा डालना पड़ा।

अकालियों और संत भिंडरांवाले ने भी स्वर्ण मंदिर और अकाल तख्त को किले में बदल कर ऐसी नाकेबंदी कर ली थी जैसी युद्ध की तैयारी में किले की कर ली जाती थी। वहां राज्य के अंदर एक राज्य बना दिया गया था और संत भिंडरांवाले ललकारते थे कि जिस दिन हिंदू सेना स्वर्ण मंदिर में घुसी उस दिन खालिस्तान की नींव पड़ जाएगी। यानी स्वर्ण मंदिर तथाकथित खालिस्तान का मुख्यालय हो गया था। लेकिन भारत सरकार अलगाववाद के इस गढ़ को इसलिए नहीं तोड़ सकती थी कि वह स्वर्ण मंदिर है–सिखों का सबसे बड़ा तीर्थ और आस्था का प्रतीक। अल्पसंख्यकों के तीर्थ के साथ सम्मान से बर्ताव करना पंथनिरपेक्ष लोकतांत्रिक सरकार के लिए जरूरी था इसलिए संत-भिंडरांवाले के हथियारबंद बंदे भारत सरकार को ललकारते रहे। अब यह शायद सही है कि भिंडरांवाले को इंदिरा गांधी ने खड़ा किया था लेकिन सिख समाज ने अपने को उनके खेल का मोहरा क्यों बनने दिया ? अपने को एक अंधी गली में क्यों उतर जाने दिया ? स्वर्ण मंदिर आखिर पूरे सिख समाज का है लेकिन उसने तीर्थ को दुरुपयोग और भ्रष्ट किए जाने से नहीं रोका। आखिर भारत की सेना को स्वर्ण मंदिर में जा कर आतंकवादी अलगाववादियों को निकालना पड़ा।

गनीमत है कि हजरतबल में इसकी नौबत नहीं आई। लेकिन क्या कश्मीरी मुसलमानों और शेष भारत के मुसलमानों ने विरोध किया कि हजरतबल की पवित्रता नष्ट न की जाए ? बल्कि किसी मुसलमान नेता ने किसी अकाली नेता की तरह कहा कि हम लोगों के तो धार्मिक स्थान छावनी ही हुआ करते हैं। इसी रवैए ने अयोध्या में बाबरी मस्जिद के खिलाफ आंदोलन को बल दिया और पगलाए कारसेवकों की भीड़ ने आखिर वह किया जो हिंदू नहीं मुसलमान और ईसाई करते रहे हैं। अमरनाथ यात्रा पर पाबंदी लगा कर पाकपरस्त आतंकवादी हिंदुओं को नाहक भड़का रहे हैं। वे जो कर रहे हैं उसकी कीमत उन्हें तो चुकानी पड़ेगी ही शेष भारत के मुसलमान भी उसी हालत में पहुंचेंगे जिसमें संत भिंडरांवाले ने पंजाब के बाहर के सिखों को कर दिया था।

लेकिन कश्मीरी आतंकवादी और पंजाबी आतंकवादी अपने समाज को आतंकित कर के अंधेरे कुएं में ढकेलें तो क्या सनातन धर्म के लोगों को भी वही करना चाहिए जो उनके धर्म को सामी धर्मों से अलग करता है ? हरिद्वार की गंगा के जल की कांवड़ में प्रतिक्रिया का प्रदूषण न हो—इसकी चिंता सनातनधर्मी हिंदुओं को करनी है। प्रतिक्रिया में हम अपने धर्म और समाज को इस तरह बिगड़ने नहीं दे सकते।

7.8.1994

लेकिन इससे समाधान तो नहीं हो जाएगा

कोई इक्कीस-बाईस महीने विचार और सुनवाई करने के बाद सुप्रीम कोर्ट ने राय दिए बिना अयोध्या विवाद सरकार को वापस कर दिया। न सिर्फ विपक्षी पार्टियों ने बल्कि जिस पार्टी की सरकार ने यह विवाद राय के लिए देश के सर्वोच्च न्यायालय को दिया था उस कांग्रेस ने भी इसे ठीक बताया।

एक-दो लोगों को छोड़ कर सभी ने दावा किया कि आखिर उनकी बात सही निकली। ऐसे राजनैतिक विवाद में न तो सुप्रीम कोर्ट को घसीटना चाहिए न उसे खुद ऐसे पचड़े में पड़ना चाहिए। ऐसे लोगों में वे लोग तो हैं ही जो न्यायपालिका को ऐहिक मामलों के निपटारे में सबसे महत्त्वपूर्ण स्थान देते हैं, विश्व हिंदू परिषद और बाबरी मस्जिद कार्रवाई समिति के लोग भी हैं जो आस्था के प्रश्नों को न्यायपालिका के विचार और कार्यक्षेत्र से ऊपर मानते हैं। फैसला न देने के फैसले से अगर सब खुश और संतुष्ट हों तो देश जीवन के लिए ऐसे दुर्लभ अवसर का स्वागत ही करना चाहिए।

यह भी संतोष की बात है कि पिछले कुछ वर्षों में उठी सबसे विकट समस्या के हल निकाल देने के मोह में पड़ने के बजाय सुप्रीम कोर्ट ने अपनी विश्वसनीयता और गरिमा को बनाए रखने का निर्णय लिया। इससे न्यायपालिका नाम की अनिवार्य और महत्त्वपूर्ण लोकतांत्रिक संस्था की प्रतिष्ठा बच गई। हमारे लोकतांत्रिक जीवन के लिए यह अच्छी खबर है क्योंकि पिछले कोई बीस-तीस साल में सभी लोकतांत्रिक संस्थाओं की विश्वसनीयता गिरी है और व्यवस्था में लोगों का भरोसा कम हुआ है।

सुप्रीम कोर्ट अगर जिम्मेदारी लेता कि वह निर्धारित करेगा कि अयोध्या में सन् 1528 में बाबरी मस्जिद बनाए जाने के पहले क्या उस जगह पर कोई राम मंदिर या कोई और धार्मिक ढांचा था तो देश के किसी-न-किसी समुदाय का उसकी तटस्थता और न्यायिकता में विश्वास घट जाता। समुदाय का नहीं घटता तो हिंदू और मुसलमान दोनों ही समाजों में ऐसे लोगों की कमी नहीं है जो संप्रदाय की राजनीति करते हैं और अपनी दुकानदारी चलाने के लिए किसी भी संस्था की थुक्का फजीहत करने से बाज नहीं आते। सर्वोच्च न्यायालय की राय अगर होती कि मीर बाकी ने बाबरी मस्जिद किसी मंदिर या हिंदू भवन को तोड़ कर नहीं बनाई तो संघ परिवार के कई संगठन, स्वयंभू नेता और साधु-संत उसे 'सेकुलर' होने की गाली देते और आरोप लगाते कि वह मुस्लिम तुष्टिकरण का माध्यम बन गया है। राय तो खैर उन्हें मंजूर होती ही नहीं क्योंकि वे पहले ही कह चुके हैं कि ऐसे मामले न्यायपालिका के दायरे में नहीं आते और वे सुप्रीम कोर्ट की राय मानने के लिए बाध्य नहीं हैं।

और मान लीजिए कि सुप्रीम कोर्ट कहता कि हां ऐसे सबूत हैं कि मीर बाकी ने बाबर के कहने पर रामजन्मभूमि पर बना मंदिर गिराया और उस पर बाबरी मस्जिद बनवाई तो इसे बाबरी मस्जिद के लिए बनी समितियां मंजूर नहीं करतीं। मुसलमानों की हित रक्षा में बने संगठन शोर मचाते कि

भारत नाम के लिए पंथनिरपेक्ष है और उसका सर्वोच्च न्यायालय तक हिंदुओं का पक्ष लेता है। पाकिस्तान और खाड़ी के देश मान लेते कि भारत में इस्लाम खतरे में है और भारत को पिछड़ा मध्ययुगीन देश मानने वाले पश्चिम के राष्ट्रों की उनके साथ सहानुभूति होती। ये लोग मानते नहीं कि सुप्रीम कोर्ट की राय तथ्यों में तटस्थ अध्ययन और आकलन से बनी है और उसका निष्कर्ष किसी सांप्रदायिक प्रभाव का परिणाम नहीं है। बहुसंख्यक सांप्रदायिकता की आग को हवा देने वाले ये लोग अल्पसंख्यक सांप्रदायिकता को ही लोकतंत्र में अल्पसंख्यक हितों की रक्षक मानते हैं। अंग्रेजों के जमाने से चला आ रहा यह रवैया हमारी राजनीति में पंथनिरपेक्षता का मुखौटा पहन कर चलता है।

यही लोग थे जिनने सुप्रीम कोर्ट में जोरदार दलील दी कि मस्जिद का तो कोई सरकार अधिग्रहण कर ही नहीं सकती। एक बार जिस मस्जिद में खुदा के बंदों ने नमाज अदा कर दी वह तो कयामत के लिए अल्लाह की हो जाती है और उस पर किसी सरकार का कोई जोर नहीं चल सकता। इसलिए जिस जगह पर बाबरी मस्जिद खड़ी थी उसे तो सरकार ले ही नहीं सकती। आखिर सुप्रीम कोर्ट को अपने फैसले में साफ-साफ कहना पड़ा कि इस्लामी देशों और मुसलमान कानून में मस्जिद की जो भी जगह हो पंथनिरपेक्ष भारत में किसी मस्जिद, मंदिर, गिरजाघर या गुरुद्वारे में कोई फर्क नहीं किया जा सकता। और भारतीय राज्य किसी भी धर्मस्थल का सार्वजनिक और राष्ट्रीय हित में अधिग्रहण कर सकता है वह चाहे बहुसंख्यकों का हो या अल्पसंख्यकों का। राज्य सार्वभौम है और अधिग्रहण का उसका अधिकार सर्वव्यापी है।

आप-हम जानते हैं कि इस्लामी राष्ट्रों में मस्जिदें हटाई जाती हैं और ऐसा करने का अधिकार वहां के राज्य को है। पुरानी हो कर टूटी या अनुपयोग से बेकार हो गई मस्जिदों की जगह मस्जिद ही बनेगी ऐसा तो कट्टर इस्लामी देशों में भी नहीं होता। लेकिन पंथनिरपेक्ष भारत के सर्वोच्च न्यायालय में दलील दी गई कि मस्जिद को कोई सरकार हाथ नहीं लगा सकती। यानी जिस राज्य का अपना कोई धर्म नहीं, और सभी धर्मों से समान व्यवहार करने को संवैधानिक रूप से बाध्य है उसमें भी मस्जिद को राज्य नहीं ले सकता। यह दलील लोकतंत्र में अल्पसंख्यकों के हितों की रक्षा और राज्य के पंथनिरपेक्ष चरित्र को बनाए रखने के लिए दी गई।

सुप्रीम कोर्ट ने इसे नहीं माना, यह अलग बात है लेकिन एक पंथनिरपेक्ष राज्य के सर्वोच्च न्यायालय में ऐसी दलील देना, एक मानसिकता की परिचायक है जो पंथनिरपेक्ष व्यवस्था में भी अपने पंथ को सबसे ऊपर रखने का आग्रह करती है। शहाबुद्दीन जैसे पुराने नौकरशाह और कानून और संविधान के जानकार तक ने सुप्रीम कोर्ट के इस फैसले पर कि वक्फ बोर्ड की जमीन सरकार ले सकती है, लोगों को सावधान किया है। कहीं केंद्र में भाजपा की सरकार आ गई तो क्या होगा ? वे भूल जाते हैं कि उत्तर प्रदेश की कल्याण सिंह सरकार ने जिस 2.77 एकड़ जमीन का अयोध्या में अधिग्रहण किया था उसे इलाहाबाद हाईकोर्ट ने अवैध करार दिया था। मुसलमानों के डर को हवा देने में शाही इमाम ही नहीं शहाबुद्दीन भी वास्तविकता को बिगाड़ने में परहेज नहीं करते।

दोनों तरफ के कट्टरपंथियों के फैलाए गए सांप्रदायिक जहर से प्रदूषित हुए ऐसे वातावरण में सर्वोच्च न्यायालय बिलकुल तथ्यों पर आधारित तटस्थ और सही राय भी देता तो वह पक्षपात के दलदल में फंसाई जाती और न्यायपालिका की विश्वसनीयता और गरिमा को कीचड़ में लथेड़ा जाता। संघ परिवार की संस्थाओं ने ऐसा पहले ही कर के बता दिया है। जुलाई बानवे की कार

सेवा में उनने इलाहाबाद हाईकोर्ट और सुप्रीम कोर्ट के आदेशों का खम ठोंक कर उल्लंघन किया। और संविधान ही नहीं इस देश की धार्मिक सांस्कृतिक परंपरा और अपने ही वचनों को तोड़ कर बाबरी मस्जिद गिराई और उसके लिए दोषी इलाहाबाद हाईकोर्ट को ठहराया जिसने उनकी राय में 2.77 एकड़ भूमि के अधिग्रहण में फैसला देने में देरी की। कट्टरपंथी इस्लामी संस्थाएं भी न्यायपालिका का वहीं तक सम्मान करती हैं जहां उनके हितों की रक्षा हो। किसी भी तटस्थ फैसले को वे अपने खिलाफ ही मानती हैं।

इसलिए सर्वोच्च न्यायालय ने बिलकुल ठीक कहा कि अयोध्या विवाद तो एक तूफान है जो गुजर जाएगा। लेकिन इसके चलते न्यायपालिका की विश्वसनीयता और प्रतिष्ठा से समझौता नहीं किया जा सकता। अयोध्या विवाद की काजल-कोठरी में सर्वोच्च न्यायालय के सयानों ने न जा कर कालिख के उस धब्बे या छींटे से अपने को बचा लिया जो उसमें जाने वाले को लगता ही है। राष्ट्रीय और लोकतांत्रिक जीवन के लिए जरूरी है कि न्यायपालिका जैसी संस्थाएं तूफान में मजबूत प्रकाश स्तंभ की तरह खड़ी रहें क्योंकि उनको देख कर ही हमारे जहाज डूबने से बच सकते हैं। इसलिए राष्ट्रपति के जरिए मांगी गई राय भारत सरकार को देने से इनकार कर के सर्वोच्च न्यायालय ने अपने को राजनैतिक औजार बनने से बचा लिया। और यह कुल मिला कर देश और लोकतंत्र के लिए ठीक हुआ है कि न्यायपालिका ने कार्यपालिका की जिम्मेदारी नहीं ली और इस तरह बुनियादी लोकतांत्रिक संस्थाओं की स्वायत्तता और एक-दूसरे पर संतुलनकारी नियंत्रण रखने की भूमिका को मजबूत किया।

हम इससे भी संतोष कर सकते हैं कि स्वयं फैसले न ले कर दूसरों से या परिस्थिति से निर्णय करवाने के प्रधानमंत्री के तौर-तरीके को सुप्रीम कोर्ट के इनकार करने से धक्का लगा है। प्रधानमंत्री निश्चित ही चाहते कि सुप्रीम कोर्ट राय दे दे ताकि उसके अनुसार वे अपनी वाली पर अड़ी कट्टरपंथी हिंदू और मुसलमान संस्थाओं को कह सकें कि देश के सर्वोच्च न्यायालय का यह कहना है और आपको इसे मान लेना चाहिए। ये संस्थाएं भले ही पहले कह चुकी हों कि वे सुप्रीम कोर्ट की राय या फैसला मानने को बाध्य नहीं हैं और यह भी हो सकता था कि अंततः वे उसे नहीं मानतीं। लेकिन देश में जनमत का ऐसा दबाव बनता जिसके सामने अड़े रहना उनके लिए मुश्किल पड़ता। अगर वे अड़ी रहतीं तो लोगों की तरफ से उन्हें समर्थन नहीं मिलता और उनकी जिद और मुहिम से राजनैतिक स्तर पर निपटना आसान होता। सरकारी वकील ने सुप्रीम कोर्ट को कहा भी इसीलिए हम आपकी राय मांग रहे हैं और वचन देते हैं कि उसका पालन करेंगे।

नरसिंह राव अपनी बला सर्वोच्च न्यायालय पर नहीं डाल सके इसकी खुशी भी हो सकती है क्योंकि राजनैतिक फैसले करना आखिर प्रधानमंत्री का कर्त्तव्य और अधिकार है। जो प्रधानमंत्री फैसले न करे और मामलों को बिगड़ने या समस्याओं को अपने हल खुद निकालने दे या समय का इस्तेमाल समस्याओं की हवा निकल जाने देने में करे वह लोकतांत्रिक व्यवस्था के लिए अच्छा नहीं है। जो नेता नेतृत्व न करे और जो प्रधानमंत्री अच्छे या बुरे निर्णय न करे उसे नेता और प्रधानमंत्री होने का अधिकार नहीं है। यह बिलकुल संभव है कि फैसला गलत हो जाए और उसकी कीमत प्रधानमंत्री को नहीं पूरे देश को चुकाना पड़े। लेकिन इस कारण अनिर्णय या निर्णयहीनता में तो देश को नहीं रखा जा सकता। निर्णय करने से बात बनने के बजाय बिगड़ भी सकती है लेकिन इस कारण निर्णय से बचा तो नहीं जा सकता। कार्यपालिका और उसके मुखिया का काम ही निर्णय

करना है। कोई नहीं चाहता कि देश का मुख्य कार्यपालक हाथ पर हाथ रखे अकर्म में बैठा रहे। नरसिंह राव के आलोचक ही नहीं मित्र भी संतोष कर सकते हैं कि सुप्रीम कोर्ट का इनकार प्रधानमंत्री को अयोध्या विवाद पर निर्णय करने को मजबूर करेगा।

लेकिन इतना कह देने के बाद यह भी देख लेना चाहिए कि सुप्रीम कोर्ट के फैसले से अयोध्या का विवाद भूलभुलैया में घूम-फिर कर उसी अंधी गली में आ गया है जहां से चला था। बातचीत से इस विवाद को हल नहीं किया जा सका इसलिए राय के लिए सुप्रीम कोर्ट को सौंपा गया। लेकिन जो नतीजा बातचीत का हुआ वही अदालत को सौंपने का हुआ है। राम जन्मभूमि-बाबरी मस्जिद के मामले अब फिर इलाहाबाद हाईकोर्ट में चलेंगे और उनकी स्थिति वही होगी जो दिसंबर 1949 में बाबरी मस्जिद के बीच वाले गुंबद के नीचे रामलला के विग्रहों के रखे जाने के बाद दायर जनवरी 1950 के पहले मुकदमे के समय थी। सन् 1986 में फैजाबाद के जिला मजिस्ट्रेट के आदेश से रामलला के मंदिर के ताले खुल गए थे और वहां लोग दर्शन के लिए जा सकते थे। अब छह दिसंबर बानवे को ढहाई गई मस्जिद के मलबे पर कारसेवकों के बनाए कामचलाऊ मंदिर में लोग जा भी नहीं सकते। दूर और नीचे से ही दर्शन करने पड़ते हैं। लोगों की आवाजाही चालू हो जाए तो कामचलाऊ मंदिर धीरे-धीरे भरभरा कर गिर जाएगा। जैसे पहले एक पुजारी पूजा करता था वैसी ही अब हो रही है।

सुप्रीम कोर्ट ने कहा है कि जब तक अदालत रामजन्मभूमि-बाबरी मस्जिद की जमीन का आखिरी निपटारा नहीं करा देती तब तक वहां यथास्थिति रखी जाए और इसकी जिम्मेदारी केंद्र सरकार को दी गई है। जो मुकदमे चवालीस साल से चल रहे हैं वे अगली सदी में कितने साल तक चलेंगे इसकी कोई गारंटी और समय सीमा नहीं है। देश के सर्वोच्च न्यायालय ने विवाद को दीवानी मामला माना है और ऐसे मामले अपनी अदालतों में पीढ़ियों तक चलते हैं। न्यायिक प्रक्रिया की इस धीमी गति ने ही संघ परिवार की उतावली संस्थाओं को कानून अपने हाथ में लेने और बाबरी मस्जिद को ढहाने का बहाना दिया। और इसी ने कट्टरपंथी मुस्लिम संस्थाओं को मामले को लटकाए रखने में मदद की। इसकी संभावना नहीं है कि न्यायालय अब फटाफट मामलों की सुनवाई करेंगे और इलाहाबाद हाईकोर्ट से ले कर नई दिल्ली के सुप्रीम कोर्ट तक में साल-दो साल में सुनवाई पूरी हो जाएगी और फैसला आ जाएगा।

लेकिन न्यायालय अगर इतनी तेजी करें भी तो सवाल है कि क्या उनका फैसला विश्व हिंदू परिषद और रामजन्मभूमि न्यास और बाबरी मस्जिद कमेटियों को मंजूर होगा ? ये संस्थाएं कह चुकी हैं कि उनके लिए यह विवाद जमीन की मिल्कियत का नहीं है। सवाल आस्था का है और उसका फैसला कोई न्यायालय नहीं कर सकता। आस्था के मामले तो लोग ही निपटा सकते हैं और ये संस्थाएं सभी हिंदुओं और सभी मुसलमानों का प्रतिनिधित्व करने का दावा करती हैं। इन्हें मंजूर नहीं होगा कि संसद संविधान के अनुच्छेद 138 के तहत कानून बना कर अयोध्या का पूरा विवाद सुप्रीम कोर्ट को सौंप दे क्योंकि तब ये उसका फैसला मानने को बाध्य होंगी। लेकिन ऐसा हो भी तो क्या स्वयं सर्वोच्च न्यायालय विवाद को दीवानी मामला न मान कर राजनैतिक मामला मानेगा और उसी रूप में इस पर फैसला करना मंजूर करेगा ?

हमें समझ लेना चाहिए कि संघ परिवार के लिए यह मामला न दीवानी है, न सिर्फ एक राम मंदिर बनाने का है। जिस हिंदुत्व को संघ परिवार स्थापित करना चाहता है वह सनातन धर्म को

राजनैतिक रूप देने की ईसाइयत है और अंततः धर्म को उसी तरह का संप्रदाय बनाएगा। जैसा कि इस्लाम है या ईसाइयत है। संघ परिवार अयोध्या में रामजन्मभूमि पर राम मंदिर बनाने का इस्तेमाल पहले हिंदू समाज को संगठित करने और फिर उसके जरिए भारत को भिन्न राष्ट्र बनाने के लिए कर रहा है और करेगा। इसी माने में अयोध्या का विवाद राजनैतिक है और उसका राजनैतिक समाधान ही हो सकता है। भाजपा नेताओं का कहना है कि सुप्रीम कोर्ट ने अयोध्या के विवाद को फिर जीवित कर दिया। यानी अब वे फिर इसका इस्तेमाल करेंगे। लेकिन वे 'फिर' कहते हैं तो इसलिए कि नवंबर तिरानवे के विधानसभा चुनावों ने इसे राजनैतिक रूप से बेजान कर दिया था। भाजपा ने मस्जिद को ढहाने का खुल्लमखुल्ला श्रेय ले कर उसे राजनैतिक रूप से दुहने की पूरी कोशिश की थी। चार में से तीन राज्यों बल्कि उत्तर प्रदेश के लोगों ने ही उन्हें समर्थन नहीं दिया। बाबरी मस्जिद न रहने के बाद अब संघ परिवार लोगों की भावनाएं भी नहीं भड़का सकता।

अयोध्या के विवाद को फिर भड़का कर देश को सांप्रदायिक उन्माद में शायद नहीं डाला जा सकता। लेकिन इससे यह विवाद खत्म भी नहीं हो जाएगा। एक राष्ट्र के नाते हमें इसका समाधान तो करना ही होगा। सुप्रीम कोर्ट के इनकार करने से हमें चाहे जितना संतोष हो लेकिन उसे चवालीस साल पीछे डाल देना और जमीन की मिल्कियत का विवाद बना देना उसका हल नहीं है। हल तो अब नए सिरे से ढूंढ़ने होंगे।

29.10.1994

बस इतनी उम्मीद थी

उस छह दिसंबर को रविवार था। मुंबई से पहली उड़ान पकड़ कर दिल्ली इसलिए आया था कि मन में कहीं-न-कहीं शंका थी कि पता नहीं अयोध्या में क्या हो जाए। हमारे हेमंत शर्मा की रपट में बजरंग दल के नेताओं और कुछ कारसेवकों से बातचीत के टुकड़े थे जो शंका पैदा करते थे कि समझदारी की बहुत सी आवाजों में जुनूनी लोगों का प्रतिक्रिया में कांपता, तीखा और सन्निपाती स्वर भी है और वे कुछ भी कर सकते हैं।

उड़ान समय पर आ गई थी और घर पहुंचने के बाद पहला फोन जयपुर से आया था। राजस्थान के मुख्यमंत्री भैंरोसिंह शेखावत कह रहे थे कि वे ग्यारह बजे तक दिल्ली पहुंच रहे हैं। प्रधानमंत्री से मिल कर आग्रह करना है कि कल यानी सोमवार को भारत सरकार सुप्रीम कोर्ट से प्रार्थना करे कि वह इलाहाबाद हाईकोर्ट को कहे कि 2.77 एकड़ भूमि के अधिग्रहण के मामले में ग्यारह दिसंबर से पहले फैसला सुना दे। राष्ट्रीय स्वयंसेवक संघ के सभी बड़े नेताओं ने आश्वस्त किया था कि साधु-संतों और कारसेवकों को हम दो-तीन दिन तो मना कर रख सकते हैं लेकिन छह दिन भारी पड़ सकते हैं।

भैंरोसिंहजी को भारत सरकार और संघ के नेताओं के बीच बातचीत में हमीं लोगों ने खींचा था। दादा यानी निखिल चक्रवर्ती को लगता था कि उनके जैसे सत्तावान राजनेता बातचीत में आएंगे तो ज्यादा जिम्मेदारी की लाइन चल सकती है। आखिर भैरोंसिंहजी एक सरकार चला रहे थे। इसके कोई पंद्रह साल पहले भी वे जनता पार्टी की सरकार राजस्थान में चला चुके थे। तब मुख्यमंत्री के नाते उनके प्रशासन और राजनेता के रूप में उनके राजनैतिक प्रबंधन के प्रशंसकों में मधु लिमये जैसे प्रखर समाजवादी नेता भी थे जो राष्ट्रीय स्वयंसेवक संघ, भारतीय जनसंघ और भाजपा के तीखे आलोचक थे और मानते थे कि भाजपा के किसी नेता को राजनीति की समझ है तो भैंरोसिंह शेखावत को।

दादा को अयोध्या विवाद में पड़ने के लिए किसी ने प्रेरित किया या लगाया नहीं था। वे राष्ट्रीय एकता परिषद के एक सदस्य के नाते चिंतित थे। नवंबर, 1992 की परिषद की महत्त्वपूर्ण बैठक का भाजपा ने बॉयकॉट करने का एलान किया था और दादा को लगा था कि यही लोग अगर बैठक में नहीं आए तो वह बेमतलब हो जाएगी। भाजपा की भागेदारी के बिना संकट को टालने और विवाद को सुलझाने की कोई कोशिश का अर्थ ही नहीं निकलेगा। दादा से हम यानी आपका यह अनन्य सेवक और आरके मिश्र पूरी तरह सहमत थे और इसलिए दादा के साथ जैसा कि मालवी में कहते हैं—फटे में पांव दिए हुए थे।

जुलाई बानवे के पहले ईसाइयों में सच्चे संत माने जाने वाले हमारे अग्रज संपादक जॉर्ज वर्गीज़ और महात्मा गांधी के पोते रामचंद्र गांधी और अपन स्वयंप्रेरणा से विश्व हिंदू परिषद और बाबरी मस्जिद कमेटी के नेताओं से कोई डेढ़-दो साल तक बातचीत करते हुए दोनों के बीच सहमति की जमीन ढूंढ़ते रहे थे। दोनों से अपमानित होते हुए और बार-बार निराश हो कर भी बातचीत हमने अपनी

तरफ से नहीं छोड़ी थी। इन्हीं दोनों संस्थाओं के नेता निष्कर्ष पर पहुंचे कि हम बेकार के लोग हैं और हमसे बात कर के अपना टाइम बरबाद नहीं करना चाहिए। उनका रुख खूब और काफी समझ लेने के बाद ही हम लोग थोड़े धीमे पड़े थे।

मेरा मोहभंग जुलाई बानवे की कार सेवा के दौरान हुआ और अपनी पीड़ा और आक्रोश में जो कुछ मैंने लिखा उसके बाद मैं जानता था कि संघ परिवार वालों को अपने में भरोसा नहीं होगा और बाबरी मस्जिद वालों की सराहना का कोई मतलब नहीं है। लेकिन यह किनारेदारी एक महीने भी नहीं चली। अच्युतजी यानी बयालीस के आंदोलन के एक हीरो और अपने आदरणीय अच्युत पटवर्धन मद्रास से मुंबई और मुंबई से लखनऊ पहुंचे आचार्य नरेंद्र देव पर एक भाषण देने। उन्हें सुनने और उनसे रामनाथ गोयनका फाउंडेशन के कार्यक्रम पर बात करने हम भी कुछ लोग लखनऊ पहुंचे। हम जानते नहीं थे कि वह उनका आखिरी भाषण होगा और उनके साथ बैठ कर बात करने और उनके कोमल संवेदनशील हाथ को स्पर्श करने का आखिरी मौका।

अच्युतजी लखनऊ के राजभवन में रुके थे जहां वे मुझे भाषण देने के बाद अपने साथ ले गए। वहां और भी कई बातों के साथ उनने अयोध्या विवाद पर भी बात की। संपादक के नाते तुम क्या सोचते और लिखते हो इससे मेरी कोई असहमति नहीं है—अच्युतजी ने कहा—लेकिन नागरिक और सामाजिक कार्यकर्त्ता के नाते भी हमारा कुछ कर्त्तव्य है। अयोध्या आखिर राष्ट्रीय समस्या है और इस विवाद को हम चलता नहीं कर सकते। रचनात्मक रुख ले कर अब भी हमें संवाद चलाना चाहिए। युद्ध को जिस तरह सेनापतियों पर नहीं छोड़ा जा सकता उसी तरह इस विवाद को भी उग्रवादियों के लिए छोड़ देना ठीक नहीं है। बातचीत के जरिए हल निकालने की कोशिश करनी चाहिए।

पता नहीं उस रात को या दूसरे दिन सबेरे उनकी मुख्यमंत्री कल्याण सिंह से क्या बात हुई। लेकिन दूसरे दिन दिल्ली रवाना होने के पहले कल्याण सिंह ने अपने से निजी बातचीत की। इसकी सूचना मैंने अच्युतजी को भी दी। अपन दिल्ली आ गए और अच्युतजी बनारस पहुंचे जहां से चार-पांच दिन बाद कृष्णमूर्ति फाउंडेशन के अपने पुराने निवास से वे सीधे स्वर्ग की उड़ान पर निकल गए। लखनऊ विश्वविद्यालय के सभा भवन से राजभवन के रास्ते पर कार में अच्युतजी ने कहा तो था कि अपना क्या भरोसा कब चल दें। इसलिए ऐसा-ऐसा कर दिया है। लेकिन किसे लगा था कि वे सचमुच चल देंगे।

बहरहाल, अच्युतजी की अंतिम इच्छा और कल्याण सिंह के सहज विश्वास ने अपने को फटे में पांव देने के काम में लगा दिया था। इसलिए जब दादा ने कहा कि भाई इस काम में लगो तो अपन ने कहा—यस ग्रेंड फादर। हम लोगों के पीछे पड़ने के कारण भैंरोसिंह शेखावत दो-तीन दिन पहले ही दिल्ली आ कर और लंच पर प्रधानमंत्री से बात कर के गए थे। हम सभी लोग अपने-अपने सूत्र पकड़ कर मिल-जुल के और अकेले भी इंच-दर-इंच आगे बढ़ने की कोशिश कर रहे थे। भैरोंसिंहजी चंद्रशेखर की चलाई बातचीत में भी काफी महत्त्वपूर्ण भूमिका निभा चुके थे और राज चला रहे थे इसलिए हमें लगता था कि वे जिम्मेदारी से बीच का रास्ता निकाल सकते हैं। जयपुर से आए उनके फोन में अर्जंसी तो लग रही थी लेकिन कोई संकट नहीं लग रहा था।

ग्यारह बजे तक उनके पहुंचने और उनके फोन का रास्ता देखता रहा और जिन-जिनको इसमें शामिल होना था उनके सम्पर्क में रहा। बारह बजे तक भी जब कोई सूचना नहीं आई तो अपने अंदर कोई घंटी सी बजने लगी। दफ्तर फोन किया तो पता चला कि कारसेवक बाबरी मस्जिद के ढांचे पर टूट पड़े हैं और उसे ढहा रहे हैं। जयपुर पूछने की जरूरत नहीं थी कि भैंरोसिंहजी क्यों नहीं आए। फिर भी फोन किया तो बताया गया कि वे इमरजंसी मीटिंग में हैं। कोई मुख्यमंत्री और

क्या करता ?

अंदर विस्फोट कर के कई आशाओं और आस्थाओं के परखचे उड़ा देने वाले उस रविवार की सिर्फ इसलिए नहीं याद कर रहा हूं कि दो दिन बाद उसको दो साल हो जाएंगे। इसलिए कर रहा हूं कि भैंरोसिंह शेखावत ऐसे पहले भाजपाई नेता हैं जो मैं जानता हूं कि बाबरी मस्जिद को ढहाने की किसी गुप्त योजना या षड्यंत्र के बारे में कुछ नहीं जानते थे और आखिरी पल तक उसे टालने की कोशिश में लगे थे। अटल बिहारी वाजपेयी भी निश्चित ही नहीं जानते थे और उन्हें शंका भी नहीं थी कि परिवार के बुलाए कारसेवक ऐसा कर गुजरेंगे। झंडेवालान के केशवकुंज और दीनदयाल शोध संस्थान के भी कुछ बुजुर्ग नेता, मैं जानता हूं कि अनजान थे और अयोध्या में जो हो रहा था उससे स्तब्ध और दुखी थे। कोई कितना ही कहे लेकिन मैं नहीं मानूंगा कि ये लोग जान कर भी अनजान बन रहे थे।

लेकिन यह भी जानता हूं कि अयोध्या में उपस्थित संघ, परिषद, बजरंग दल और भाजपा के कुछ नेता निश्चित ही जानते थे कि क्या होने वाला है। आखिर दो लाख कारसेवक वहां जमा हुए थे जो सभा में बैठे थे और ढांचा तोड़ने में हजार-पांच सौ ही लगे थे। ऐसी कोई घटना नहीं हुई थी कि जिससे लोग भड़क कर बेकाबू हो गए हों और सन्निपात में बाबरी मस्जिद पर टूट पड़े हों। उनके पास जो औजार थे वे ढांचों को तोड़ने के काम आते हैं और वे कारसेवकपुरम में पहले से इकट्ठा कर के रखे गए थे। ढांचा ढहाने का काम कोई दस घंटे तक चला। ऐसी कोई भीड़ नहीं होती जिस पर जुनून इतने समय तक चढ़ा रहता हो। भीड़ की हिंसक तोड़-फोड़ में कोई योजना और तरीका नहीं होता। लेकिन यह तोड़-फोड़ बिना किसी हड़बड़ी के इस विश्वास के साथ की जा रही थी कि उन्हें रोकने वाले बाहर से उन तक पहुंच नहीं सकते। लालकृष्ण आडवाणी और कुछ नेता अपील करते रहे कि रुको, ऐसा मत करो। लेकिन सभा से माइक पर अपील करने के अलावा उनने कुछ नहीं किया।

संघ परिवार के नेताओं ने बाद में कहा कि उनकी कोई पूर्व योजना ढांचा गिराने की नहीं थी। बल्कि संघ के एक नेता ने तो सबसे पहले इसे शिवसेना के लोगों का काम बताया था। और यह शिवसेना बाल ठाकरे की मुंबई वाली शिवसेना नहीं जिसके कुछ कार्यकर्त्ता वहां आए भी थे। संघ के उन नेताओं का इशारा उस शिवसेना की ओर था जिसके एक विधायक पवन पांडेय अपने साथियों को ले कर ढांचा गिराने की अगुआई कर रहे थे और उन पर संघ परिवार के नेताओं का कोई अनुशासन नहीं था। दूसरे पर जिम्मेदारी डालने की इस कोशिश को बाल ठाकरे तो यों ही ले उड़े और दावा करने लगे कि उन्हें अपने शिवसैनिकों पर गर्व है।

ढांचा गिराने की जिम्मेदारी से बचने की यह पहली प्रतिक्रिया एक-दो दिन में लोगों की भावनाओं का विस्फोट बन गई और फिर नवंबर तिरानवे के चुनाव में तो संघ परिवार का पराक्रम ही बताई जाने लगी। फिर भी संघ परिवार के जिम्मेदार नेता इस बात पर अडिग रहे कि यह उनकी पूर्व योजना नहीं थी। लोगों ने भावनाओं के उद्रेक में कर दिया तो हम इसकी भर्त्सना भी नहीं करेंगे। संघ परिवार में जो इसे अपना पराक्रम मानने वाले संगठन हैं वे तो इसे ठीक और सैकड़ों वर्षों के अन्याय का प्रतिकार बताते रहे लेकिन एक अटल बिहारी वाजपेयी को छोड़ कर संघ के किसी भी जिम्मेदार नेता ने इसकी सार्वजनिक रूप से भर्त्सना और इससे अपने को अलग नहीं किया।

भाजपा एक राजनैतिक पार्टी है और जैसी राजनीति इस देश में चल रही है और वह भी चला रही है उसे देखते हुए समझा जा सकता है कि इस ध्वंस की भर्त्सना कर के इससे अपने को अलग करना उसकी समझ में आत्मघाती हो सकता है। लेकिन राष्ट्रीय स्वयंसेवक संघ तो अपने को एक

सामाजिक-सांस्कृतिक संगठन बताता है और नैतिकता पर जितना जोर देता है उतना शायद ही कोई संगठन देता होगा। संघ को न चुनाव लड़ना है, न राजनीति करनी है। किसी घटना-दुर्घटना के तात्कालिक लाभ लेने की उसे कोई जरूरत नहीं है। आखिर वह नैतिक मूल्यों की स्थापना में लगा संगठन अपने को कहता और मानता है। बाबरी मस्जिद के ढांचे के ध्वंस से कौन-सा नैतिक और हिंदू मूल्य स्थापित होता है जो न तो ध्वंस से उसने अपने को अलग किया, न अपनी पूर्व निर्धारित या अयोध्या में उसी दिन बनी योजना मानना मंजूर किया ? उसके बुलाए कारसेवकों में से कुछ लोगों ने उन्माद में जो किया उसके प्रति संघ के रवैए से कौन-सा नैतिक मूल्य स्थापित हुआ ?

अगर आप इस दावे को मान लें कि ढांचे का ध्वंस संघ की योजना में नहीं था और आपको यह जानकारी भी हो कि उसके कई नेता नहीं जानते थे कि ऐसा होगा या नहीं होना चाहिए और ऐसा काम भारतीय संस्कृति के विरुद्ध है तो सवाल उठता है कि अनुशासन के लिए देश में प्रसिद्ध और सदा से उसके दावेदार संगठन ने इस घटना के बाद अपने कार्यकर्त्ताओं की अनुशासनहीनता पर क्या कार्रवाई की ? और लगातार चलते रहने वाले आत्ममंथन में से क्या निकला जिसे वह शुभ और वरेण्य मान कर स्वीकार कर चुका है या जो उसके निष्कर्ष से ठीक नहीं हुआ और जिसकी वह भर्त्सना करता है।

संघ आखिर अपने को भारतीय या हिंदू संस्कृति के सनातन मूल्यों की पुनर्स्थापना में लगा एक सामाजिक सांस्कृतिक संगठन मानता है। वह हिंदू समाज के प्रति अपने को उत्तरदायी मानता है और अपने को रूस या चीन के पोलितब्यूरो जैसा बंद संगठन नहीं मानता जिसके प्रचार के सिद्धांत कुछ और हैं और जिसकी रणनीति कुछ और। वह कम्युनिस्टों की तरह नहीं कहता कि रणनीति के लिए या उसके कारणों से अंतिम सिद्धांतों और दूरगामी लक्ष्यों से तात्कालिक समझौता किया जा सकता है। वह कम्युनिस्ट रणनीतिकारों की तरह नहीं कहता कि लक्ष्य सही होना चाहिए उसे प्राप्त करने के साधन चाहे कितने ही अशुद्ध हों।

फिर अयोध्या में बाबरी मस्जिद के ढांचे के ध्वंस को या तो उसे निंदित और गर्हित और उन्माद में हो गया कर्म बताना था या कहना चाहिए था कि उससे भारतीय संस्कृति के फलां सनातन मूल्य की स्थापना हुई है और इसलिए हम उसे वंदनीय पराक्रम मानते हैं। आखिर अयोध्या में कारसेवक उसी परिवार ने बुलाए थे जिनका वह मुखिया और पितृ संगठन है। और हिंदू समाज के प्रति उसका नैतिक उत्तरदायित्व है कि वह बताए कि जो उसकी योजना में नहीं था और जिसे वह अनुसरणीय सनातन मूल्य नहीं मानता उसके प्रति उसने ऐसा धुंधला और अस्पष्ट और सिद्धांतहीन दृष्टिकोण क्यों अपनाया ?

महात्मा गांधी तो चौरी चौरा में नहीं थे। उनका कोई जिम्मेदार या बड़ा नेता भी वहां नहीं था। फिर भी वहां लोगों ने पुलिस वालों को जला कर जो हिंसा की उसके कारण उनने बारदोली का सत्याग्रह और देश-भर में चल रहा आंदोलन वापस ले लिया। महात्मा गांधी ने कांग्रेस के लोगों की यह आलोचना स्वीकार की कि उनका फैसला राजनैतिक रूप से कोई बुद्धिमानी और समझदारी का काम नहीं है। "लेकिन इसमें कोई संदेह नहीं कि यही धर्मसम्मत काम है।" गांधीजी ने ऐसा कर के धर्म और अहिंसा के मूल्य की स्थापना की। संघ ने नहीं बताया कि ढांचे के ध्वंस से धर्म और नैतिकता का कौन-सा मूल्य स्थापित हुआ है ? मैं अपनी इस निराशा को कहां ले जाऊं ? क्या संघ से मुझे साध्य और साधन की शुचिता और नैतिक मूल्यों की अपेक्षा नहीं करनी चाहिए थी ?

4.12.1994

हमने भी छाप दिया था !

अब हमने सोचा है कि हम भी पीछे क्यों रहें ?

पहले अर्जुन सिंह दावा कर रहे थे और अब गूजर नेता राजेश पायलट ने कहा है कि उनने तो चार दिसंबर बानवे को ही चेतावनी दे दी थी कि ये बीजेपी वाले बाबरी मस्जिद के ढांचे को गिरा देंगे। उनकी यह चेतावनी लोकसभा की उस दिन की कार्यवाही में दर्ज है। प्रधानमंत्री राव और भाजपा नेता अटल बिहारी वाजपेयी और लालकृष्ण आडवाणी सदन में मौजूद थे जिन्हें सुनाते हुए उनने कहा था कि अगर ऐसा कोई षड्यंत्र नहीं है तो वे सदन को स्पष्ट आश्वासन दें कि ढांचा नहीं गिराया जाएगा। बीजेपी नेताओं ने कोई जवाब नहीं दिया।

शायद इसीलिए पायलट ने भाजपा नेताओं से आश्वासन मांगा था और प्रधानमंत्री नरसिंह राव से नहीं या इसलिए कि पायलट आजकल युवा तुर्क बने घूम रहे हैं—उनसे कांग्रेस प्रवक्ता विट्ठल नरहरि गाडगिल ने सिर्फ फोन पर खुलासा पूछा। और फिर संतुष्ट हो कर अखबार वालों से कह दिया कि नहीं पायलट के खिलाफ अनुशासन की कोई कार्रवाई की जरूरत नहीं है। यानी पायलट भले ही प्रधानमंत्री पद के दावेदार हों उनकी चुनौती को आलाकमान इतनी गंभीर नहीं मानता कि घबरा कर उनके खिलाफ अनुशासन उल्लंघन की कार्रवाई करे और उन्हें अर्जुन सिंह की लाइन में पार्टी के बाहर बैठा दे।

हरियाणा की उन सभाओं में अपन तो थे नहीं जहां कहा जाता है कि राजेश पायलट ने अपनी चेतावनी और अपनी सरकार के निकम्मेपन की बात कही। इसलिए बता नहीं सकते कि पायलट ने ठीक-ठीक क्या कहा था। पहले इसे किसी पत्रकार की हिम्मत का नमूना माना जाता था कि वह वही लिखे जो लिखना चाहता है। लेकिन आजकल कहा जाता है कि अखबार वाले वही सुनते हैं जो सुनना चाहते हैं और इसलिए बोलने वाला अकसर पूछता रह जाता है कि क्या मैंने यही कहा था ? ऐसी हालत से बचने के लिए अर्जुन सिंह अखबार वालों से या प्रेस कांफ्रेंस में जो भी कहते हैं उसे टेप कर के रख लेते हैं ताकि कह सकें कि उन्हें गलत सुना गया है।

लेकिन जिस अंग्रेजी अखबार ने राजेश पायलट का इंटरव्यू छापा उसी ने उनका यह स्पष्टीकरण भी छापा है कि उनने लोकसभा स्पीकर शिवराज पाटील और भाजपा नेता वाजपेयी और आडवाणी की उपस्थिति में ही प्रधानमंत्री को चेताया था कि बाबरी मस्जिद गिराई जा सकती है। "हालांकि तब भी उत्तर प्रदेश की भाजपा सरकार ही विध्वंस के लिए जिम्मेदार है लेकिन केंद्रीय सरकार भी जिम्मेदारी से कैसे बच सकती है ?" राजेश पायलट ने कहा।

उनके दोनों खुलासे पढ़ लें तो साफ लगता है कि उनने प्रधानमंत्री को चेताया भले ही हो पर बाबरी मस्जिद गिराए जाने के लिए दरअसल वे गृहमंत्री शंकरराव चह्वाण और भाजपा को जिम्मेदार बता रहे हैं। और चूंकि वार सीधा प्रधानमंत्री पर नहीं है इसलिए कांग्रेस में इसे अनुशासन तोड़ने का गंभीर मामला नहीं माना गया और पायलट छोड़ दिए गए। अर्जुन सिंह नहीं छोड़े गए क्योंकि वे

जो भी कहते उनका सीधा निशाना राव पर होता। पायलट और अर्जुन सिंह के साथ अलग-अलग बरताव का एक यह भी कारण है।

लेकिन दोनों का ही दावा है मजेदार। अर्जुन सिंह मानव संसाधन विकास मंत्री थे और सब मानते हैं कि नरसिंह राव के बाद सरकार में सबसे महत्त्वपूर्ण व्यक्ति वही थे। वे अयोध्या में शांति मार्च की अगुआई करने गए थे। उन्हें वहां भी परिस्थिति का अध्ययन ही करना था। लेकिन लखनऊ पहुंचे तो स्टेशन पर जिंदाबाद-मुर्दाबाद करने वाले ही ज्यादा थे। उन्हें पुलिस वाले जैसे-तैसे निकाल कर मुख्यमंत्री कल्याण सिंह के पास ले गए। कल्याण सिंह ने उनकी उपस्थिति में प्रधानमंत्री से बात की। अर्जुन सिंह की भी बात प्रधानमंत्री से करवाई। और फिर कल्याण सिंह ने कहा इसलिए या प्रधानमंत्री के कहने पर लखनऊ से ही दिल्ली वापस आ गए।

दिल्ली आने के बाद अर्जुन सिंह प्रधानमंत्री से मिलने नहीं गए कि अयोध्या में हालत बहुत नाजुक है और बाबरी मस्जिद का ढांचा ढहाया जा सकता है इसलिए कुछ कारगर करना चाहिए। केबिनेट के नंबर दो मंत्री ने गृहसचिव गोडबोले को चिट्ठी लिख दी कि उनकी जानकारी के अनुसार बाबरी मस्जिद ढहाई जा सकती है। अर्जुन सिंह के इस बयान का हवाला मुलायम सिंह यादव ने दिया है कि उनने कहा था कि अयोध्या में सुरक्षा व्यवस्था पर्याप्त है। अब अर्जुन सिंह कह रहे हैं कि वहां मैंने कहा था लेकिन मेरे बयान को जरा गौर से देखिए। मैंने कहा था कि मुख्यमंत्री कल्याण सिंह ने मुझे कहा है कि ढांचे की सुरक्षा के लिए व्यवस्था पर्याप्त है। इसलिए यह मेरा नहीं मुख्यमंत्री कल्याण सिंह का बयान है।

यानी अर्जुन सिंह तो सिर्फ डाकिए थे। उन्हें उत्तर प्रदेश के मुख्यमंत्री ने जो कहा वह उनने देश-भर को बता दिया। और खुद उन्हें जो जानकारी मिली थी वह उनने एक चिट्ठी में गृह सचिव माधव गोडबोले को लिख भेजी। उन्हें कांग्रेस के शांति मार्च की अगुआई करने अयोध्या जाना था लेकिन लखनऊ में ही मुख्यमंत्री ने उन्हें पकड़ बुलाया और कहा कि वहां उनका जाना शांति व्यवस्था के लिए ठीक नहीं होगा और ऐसी ही सलाह शायद प्रधानमंत्री ने भी दी होगी इसलिए सब कुछ छोड़-छाड़ कर वापस आ गए।

वे क्या करते ? मुख्यमंत्री की न सुनते ? प्रधानमंत्री की सलाह नहीं मानते ? जो मुख्यमंत्री ने कहा उसे ईमानदारी से सबको नहीं बताते ? और जो गोपनीय जानकारी उन्हें मिली थी उसे गृह सचिव को नहीं बताते जो कि ऐसी जानकारी और गतिविधियों का समन्वय कर रहे थे ? अर्जुन सिंह को उस प्राप्त परिस्थिति में जो करना था वह उनने किया। अब यह गृह सचिव गोडबोले की जिम्मेदारी थी कि वे अर्जुन सिंह की दी गई गोपनीय जानकारी को प्रधानमंत्री के पास ले जाते और उनसे आग्रह करते कि इतने जिम्मेदार आदमी ने इतनी महत्त्वपूर्ण जानकारी दी है इसलिए कुछ कीजिए। तत्काल। अर्जुन सिंह की जिम्मेदारी थी चेतावनी देने की। वह उनने आते ही दी। प्रधानमंत्री की जिम्मेदारी थी कि वे गृह सचिव से जानकारी ले कर फौरन कार्रवाई करते। प्रधानमंत्री ने कुछ नहीं किया इसलिए बाबरी मस्जिद के ढांचे के ध्वंस की जिम्मेदारी उन्हीं की है।

चलिए मान लें कि अर्जुन सिंह अपने वजन के कारण भले ही नंबर दो रहे हों लेकिन प्रधानमंत्री न उन्हें मानते थे, न उनकी बात को। इसलिए एक विनम्र और संवेदनशील मंत्री गृह सचिव के जरिए अपनी चेतावनी प्रधानमंत्री तक पहुंचाने के अलावा और क्या कर सकते थे ? लेकिन राजेश पायलट तो गृह राज्यमंत्री थे और जिसे आंतरिक सुरक्षा कहा जाता है उसकी जिम्मेदारी तो सीधे उन्हीं के पास थी। अयोध्या में क्या हो रहा है और क्या हो सकता है इसकी जो भी खुफिया जानकारी वहां तैनात खुफिया एजंसियां इकट्ठी कर रही थीं वे सीधे उन्हीं के पास आनी चाहिए थीं इसलिए माना

जाना चाहिए कि अयोध्या के बारे में अगर कोई सबसे जानकार मंत्री रहा होगा तो वे निश्चित ही राजेश पायलट थे।

लेकिन वे भी यही कह रहे हैं कि उनने प्रधानमंत्री को चेताया था। और ऐसा भी नहीं कि किसी नौकरशाह को चिट्ठी लिखी हो जिसने उसे दाखिल दफ्तर कर दिया हो। लोकसभा में स्पीकर और भाजपा के दोनों बड़े नेताओं के सामने साफ कहा था कि भाजपा बाबरी मस्जिद का ढांचा गिराने के लिए कमर कसे अयोध्या में जमी हुई है। और फिर उन्हें चुनौती दी थी कि अगर ऐसा कोई षड्यंत्र नहीं है तो वह सदन को स्पष्ट आश्वासन दे कि ढांचे को कोई हाथ नहीं लगाएगा। भाजपा ने आश्वासन नहीं दिया और ढांचा गिरा दिया गया।

एक गृह राज्यमंत्री इससे ज्यादा क्या कर सकता था ? खास कर ऐसा राज्यमंत्री जिसके सिर पर शंकरराव चह्वाण जैसा गृहमंत्री बैठा हो जो न खुद काम करता हो, न अपने जूनियर को काम करने देता हो। जो हमेशा इसी फिराक में रहता हो कि कब मेरा जूनियर जरा ज्यादा पंख फड़फड़ाए और कब मैं प्रधानमंत्री से कह कर उसके पर कतरवाऊं। गृहमंत्री होने के नाते जिम्मेदारी तो शंकरराव चह्वाण की थी कि बाबरी मस्जिद के ढांचे की सुरक्षा का पक्का और चौकस इंतजाम किया जाए। लेकिन गृहमंत्री ने कुछ नहीं किया और बाबरी मस्जिद ढहा दी गई।

शंकरराव चह्वाण नरसिंह राव के सबसे चहेते और भरोसेमंद साथी और मंत्री हैं। जो चह्वाण ने नहीं किया उसकी जिम्मेदारी स्वाभाविक है कि प्रधानमंत्री पर आती है। और इसलिए राजेश पायलट शरमा-शरमी में या प्रधानमंत्री पद के कारण कहें या न कहें सच्ची बात तो यही है कि बाबरी मस्जिद के ध्वंस की जिम्मेदारी प्रधानमंत्री पर है। जो पायलट न करें उसकी जिम्मेदारी चह्वाण पर और जो चह्वाण न करें उसकी जिम्मेदारी सहज ही नरसिंह राव पर आती है। मंत्रिमंडल की सामूहिक जिम्मेदारी के सिद्धांत का यही तो मतलब है।

इसलिए पायलट और अर्जुन सिंह से प्रेरणा ले कर अपन ने भी लायब्रेरी से दिसंबर बानवे की फाइल निकलवाई। अब अपन कोई अर्जुन सिंह की तरह अखबार में छपी हर खबर की प्रतिलिपि तो रख नहीं पाते न राजेश पायलट की तरह सदन में दिए गए हर बयान की कॉपी रखते हैं। बचपन से कहावत सुनी है कि सबेरे के बाद अखबार इतिहास हो जाता है और इसलिए वह किसी संग्रहालय में रहे तो ठीक है ताकि जरूरत पड़े तो देखा जा सके कि कब क्या छपा था और अपन ने क्या लिखा था। यों भी अखबार में रहते हुए आप वर्तमान में जीने के इतने आदी हो जाते हैं कि जब तक किसी घटना से खास लगाव न हो और अपने लिखे को आईना मान कर उसमें अपना चेहरा देखते रहने की कमजोरी न हो तो नाहक कतरनें क्यों इकट्ठी की जाएं। हाथ में जो भी मिले उसे बहती गंगा को समर्पित कर के आगे बढ़ जाना चाहिए।

अगर दफ्तर भी ऐसा ही रवैया रखता होता तो चल नहीं पाता। इसलिए उसके वाचनालय में फाइल मिल गई। याददाश्त में कहीं था कि अपने किसी संवाददाता ने अयोध्या से खबर भेजी थी कि कारसेवक कुछ भी कर सकते हैं। एक और खबर थी जिसमें कहा गया था कि बाबरी मस्जिद का ढांचा ढहाया जा सकता है। क्योंकि वहां दिसंबर बानवे के पहले हफ्ते में पहुंचे हमारे दो-तीन संवाददाताओं से बाद में जब पूछा गया था कि ऐन मौके पर होते हुए भी वे अंदाज क्यों नहीं लगा सके कि कारसेवक ढांचे को धराशायी कर देंगे तो उनने तत्काल कहा था कि हमने तो पहले ही लिख दिया था कि ऐसा हो सकता है।

अब यह गनीमत है कि संपादक बेचारा प्रधानमंत्री की तरह सबकी भाभी नहीं होता और संवाददाता अर्जुन सिंह और राजेश पायलट की तरह इतने जिम्मेदार नहीं होते कि चेतावनी दे कर

चुप हो जाएं और जब मौका आए तो खम ठोंक कर कहें कि हमने तो पहले ही चेतावनी दी थी लेकिन जिनकी जिम्मेदारी थी उनने न कान दिए, न कार्रवाई की। इसलिए अनुशासन-उल्लंघन की कार्रवाई करने की जरूरत नहीं पड़ती। लेकिन यह सच है कि हमारे फैजाबाद संवाददाता त्रियुग नारायण तिवारी ने चार नहीं दो दिसंबर को ही लिख भेजा था :

''कारसेवकों के उमड़े सैलाब में उत्साह और गुस्सा है। इससे इस बात की पूरी संभावना है कि इस बार कार सेवा हो कर रहेगी। कारसेवकों का गुस्सा कोई अनहोनी घटना भी करवा सकता है जिसकी अभी किसी को कल्पना नहीं है। विश्व हिंदू परिषद ने अपनी रणनीति के मुताबिक दक्षिण भारतीय प्रांतों के कारसेवकों को अग्रिम पंक्ति में रखने का निर्णय लिया है। उनके बारे में विहिप का मानना है कि वे राम मंदिर बनाने के लिए मर मिटने पर उतारू हैं।''

पहले पेज पर छपी यह खबर इसी तरह चलती है और कारसेवकों ने पिछले तीन-चार दिनों में क्या-क्या कारनामे कर दिखाए हैं उनका वर्णन करती है। उत्साह को हम सकारात्मक अर्थ में लेते हैं लेकिन हमारे तिवारीजी ने गुस्से और उत्साह में फर्क नहीं किया था। कारसेवकों के क्रोधित पराक्रम की बात करते हुए हर पैरा में वे सुझा गए थे कि कुछ भी हो सकता है जिसका मतलब उनने बाद में बताया कि बाबरी मस्जिद का ढांचा तोड़ा जा सकता है।

हमारे हेमंत शर्मा ने भी तीन दिसंबर को ही खबर भेजी थी (कृपालु पाठक नोट करें कि तीन दिसंबर चार के एक दिन पहले यानी अर्जुन सिंह और राजेश पायलट की चेतावनी से पहले ही आ गई थी।) कि कारसेवकों और साधु-संतों में कारेसवा का स्थान हटाए जाने से रोष है और इस शंका को निर्मूल नहीं माना जा सकता कि अगर उनको अनुशासित नहीं किया गया तो वे कुछ भी कर गुजरें। इस कुछ भी कर गुजरें का मतलब यही कि बाबरी मस्जिद के ढांचे पर टूट पड़ें और उसे तोड़ दें। वे पहले भी खबर दे चुके थे कि कई उत्साही कारसेवकों ने उनसे कहा कि इस बार वे यों ही चले नहीं जाएंगे। कार सेवा कर के जाएंगे जिसका मतलब वहां के वातावरण में यही है कि मस्जिद गिरा कर जाएंगे।

इस खबर को पढ़ कर खुफिया एजेंसियों के लोगों के कान भी खड़े हो गए और वे हमारे हेमंत शर्मा के पीछे पड़ गए कि यह खबर उन्हें कहां से मिली। हेमंत शर्मा ने यही जवाब दिया होगा कि इसमें ऐसा क्या रहस्य है। अगर आप कारसेवकों में घूमे-फिरें और उनसे रामभक्त कारसेवक पत्रकार की तरह बात करें तो बहुत आसानी से समझ में आ जाएगा कि इस बार कारसेवक कुछ भी कर सकते हैं। यानी अयोध्या में अनहोनी हो सकती है। यानी भाई साब, बाबरी मस्जिद टूट सकती है।

ऊपर मैंने सिर्फ दो खबरों के छोटे-छोटे उद्धरण दिए हैं। लेकिन आप नवंबर के आखिरी दिनों के और पांच दिसंबर तक के अखबार देखें तो कई जगह साफ लगेगा कि 'अरे ! बाबरी मस्जिद के ढांचे पर तो साफ लिखा हुआ था कि वह छह दिसंबर को गिरा दी जाएगी फिर हमने पढ़ा क्यों नहीं।' अर्जुन सिंह और राजेश पायलट की चेतावनियां इन्हीं खबरों की तरह हैं। इनका अर्थ हादसा हो जाने के बाद ही बताया जा सकता है। लेकिन मुलायम सिंह चाहें तो राष्ट्रपति भवन से अपना ज्ञापन निकलवा सकते हैं जिसमें कहा गया था कि मस्जिद पर कारसेवकों के हमले की एक कोशिश हो चुकी है और उन्हें अंदेशा है कि वह ढहा दी जाएगी। यह ज्ञापन भी चार दिसंबर को दिया गया था।

हमारे एक मित्र कहते हैं कि घटना/दुर्घटना के बाद सयाना होना बहुत आसान है और इसलिए सब भविष्यवक्ता होने की होड़ में लगे हैं। दुर्घटना होते वक्त बस एक ही सयाना था—प्रधानमंत्री नरसिंह राव। वह वयोवृद्ध-ज्ञानवृद्ध प्रधानमंत्री छह घंटे तक चुप और निष्क्रिय रहा। उसने भाजपा

के हाथ से वह मुद्दा निकल जाने दिया जो उसे केंद्रीय सत्ता में पहुंचा सकता था और इसकी पूरी जिम्मेदारी संघ परिवार पर आने दी। उस स्थितप्रज्ञ को नमस्कार करो जो निष्क्रिय दिखता हुआ भी अपने हित का सर्वोच्च पराक्रम कर गया। अब उसे अर्जुन सिंह कोसें या राजेश पायलट ! मौनी बाबा का क्या बिगड़ता है। सत्ता आनी जानी है, पराक्रम शाश्वत है। अकर्म का पराक्रम !

26.2.1995

प्रतिशोध से प्रदूषित जलाभिषेक

महाशिवरात्रि पर काशी विश्वनाथ के ज्योतिर्लिंग का जलाभिषेक लोग जाने कब से करते रहे हैं। काशी शाश्वत नगरी मानी जाती है और जब से वह है तभी से उसके राजा बाबा विश्वनाथ हैं। वे सबको मुक्ति दिलाते हैं लेकिन इस बार छद्‌म नाम से काम करने वाली विश्व हिंदू परिषद के कार्यकर्त्ताओं ने विश्वनाथ के मंदिर को मुक्त कराने का संकल्प लिया। सनातन धर्म को नया रूप देने के लिए कमर कसने वाले धर्म के इन झंडाबरदारों के दंभ का कोई पारावार नहीं है। बाबा विश्वनाथ, प्रतिक्रिया और प्रतिशोध की आग में जलते रहने वाले अपने इन उद्धारकों को क्षमा करना।

इस बार भी महाशिवरात्रि पर विश्वनाथ के ज्योतिर्लिंग की मंगलआरती के बाद जलाभिषेक करने आए हजारों शिवभक्त कोई विश्व हिंदू परिषद या हिंदू संगम या उसके साधु बाबाओं के आह्वान पर नहीं आए थे। तीनेक हजार नागा साधुओं की जमात भी कोई इनके बुलावे पर नहीं आई थी। प्रयाग में अर्ध कुंभ में भाग लेने के बाद नागा साधु महाशिवरात्रि पर विश्वनाथ का जलाभिषेक कर के ही लौटते हैं। यह उनकी अपनी परंपरा है। इसका वे ठीक से निर्वाह कर लें इसलिए सिर्फ नागा साधुओं को ही प्रशासन ने झुंड में जलाभिषेक करने जाने दिया। नागा साधुओं ने जलाभिषेक शांतिपूर्वक कर दिया तो प्रतिबंधित विश्व हिंदू परिषद के संकल्पकारियों से निपटना प्रशासन के लिए कोई मुश्किल काम नहीं था।

इस बार महाशिवरात्रि सोमवार को आई थी जो यों भी शिवजी का दिन होता है इसलिए जलाभिषेक के लिए इस बार हर साल से ज्यादा लोग आने चाहिए थे। लेकिन काशीवास करने वाले भक्त लोगों और जानकार अनुभवी प्रशासकों का कहना है कि विश्व हिंदू परिषद् के वहां जलाभिषेक करने के कार्यक्रम के कारण अपेक्षा से कम लोग आए। आम लोगों को शंका थी कि बजरंग दल, दुर्गावाहिनी और विश्व हिंदू परिषद आदि के कार्यकर्त्ता उपद्रव की कोशिश कर सकते हैं और पुलिस-प्रशासन से उनके संघर्ष की स्थिति में भक्ति और उपासना का वातावरण नहीं रहेगा। इसलिए या तो ज्यादातर लोग आए नहीं या उनने दूसरे मंदिरों में जलाभिषेक किया।

लेकिन लाख-डेढ़ लाख जो भी आए वे न तो विश्व हिंदू परिषद के कहने पर जलाभिषेक करने आए थे न उनने वहां विश्वनाथ के मंदिर की मुक्ति का संकल्प लिया। वे सीधे-सादे और सच्चे शिवभक्त थे जिनका जलाभिषेक इतिहास का बदला चुकाने की भावना से विकृत या प्रदूषित नहीं हुआ था। ऐसा जलाभिषेक संघ परिवार के संगठनों के कार्यकर्त्ताओं ने किया होगा जो काशी के आसपास के जिलों से आए थे। उनकी संख्या तीस से चालीस हजार बताई जा रही है। इसलिए मान लें कि इस महाशिवरात्रि पर डेढ़-दो लाख भक्तों ने जलाभिषेक किया तो उनमें से एक चौथाई से भी कम संकल्पधारी जलाभिषेक करने वाले थे। यह कहना सरासर झूठ और भ्रामक होगा कि कोई दो लाख शिवभक्तों ने जलाभिषेक कर के काशी विश्वनाथ के मंदिर की मुक्ति का संकल्प लिया।

आम शिवभक्तों को संघ परिवारी मानना उसी तरह गलत है जैसा सभी सिखों को अकाली मानना। लेकिन जिस तरह अकाली जो भी करते हैं सिख पंथ के लिए करते हैं और सिर्फ उन्हीं ने सिख समाज की ओर से बोलने-करने का एकाधिकार ले रखा है उसी तरह संघ परिवारी समझते हैं कि वे हिंदू समाज हैं और वही धर्म के रक्षक हैं। अकाली अपने राजनैतिक कार्यक्रम भी धार्मिक लबादे में किसी ऐतिहासिक गुरुद्वारे से शुरू करते हैं इसी तरह संघ परिवारी अपने राजनैतिक अभियान धार्मिक अभियान के रूप में चलाते हैं। रामजन्मभूमि मुक्ति आंदोलन की असलियत अब सारे देश के सामने खुल चुकी है। संघ परिवार का धार्मिक विभाग अब अयोध्या में राम मंदिर बनाने से ज्यादा काशी में विश्वनाथ मंदिर की मुक्ति पर ध्यान दे रहा है। अयोध्या से जो राजनैतिक लाभ मिलना था, मिल चुका है। अब अयोध्या को वोटों में नहीं भुनाया जा सकता इसलिए ध्यान काशी पर लगाया जा रहा है।

इस महाशिवरात्रि पर विश्व हिंदू परिषद के कार्यक्रम में आम लोगों की भागेदारी और उनकी उत्साहहीनता को देखते हुए लगता है कि वे विश्वनाथ मंदिर की मुक्ति से कोई प्रेरित नहीं हुए हैं। इसलिए जिस तरह अकाली सिख धार्मिक प्रतिष्ठान, सिंह साहिबान और ग्रंथियों का इस्तेमाल अपनी राजनीति को धार्मिक प्रतिष्ठा दिलाने में करते हैं उसी तरह संघ परिवार परिषद के बनाए मंचों से साधु-संतों का इस्तेमाल करता है। अगर ये सचमुच के पहुंचे हुए साधु-महात्मा होते तो ऐसे खेल में नहीं पड़ते।

लेकिन जिस सनातन धर्म का कोई संगठन या प्रतिष्ठान नहीं है और जिसमें धर्मादेश या हुकुमनामे दिए नहीं जा सकते उनमें धार्मिक भावनाएं इसी तरह भड़काई जाती हैं। कोई पांच साल से संघ परिवार साधु-संतों से कहलाता आ रहा है कि जब तक केंद्र और राज्यों में हिंदू सरकार नहीं बनेगी तब तक राम, कृष्ण और शिव के मंदिरों की मुक्ति नहीं होगी। आप भूले नहीं होंगे कि संत भिंडरांवाले भी कहा करते थे कि जब तक पंथक सरकार नहीं बनेगी और खालिस्तान नहीं बनेगा तब तक सिख कौम हिंदुओं की गुलामी से आजाद नहीं होगी।

संत भिंडरांवाले ने सिख समाज को आतंकवाद की हिंसक और अंधी गली में घुसेड़ दिया। दस साल सिख समाज उसके खून सने तले में रेंगता रहा और अब धीरे-धीरे वापस निकल रहा है। आप कहें कि संघ परिवार बृहत्तर और उदार हिंदू समाज का अल्पसंख्यक भिंडरांवाले संप्रदाय है तो उन नेताओं को बहुत बुरा लगता है। लेकिन वे देखना-समझना नहीं चाहते कि किस तरह वे अल्पसंख्यक सिख समाज के और भी अल्पसंख्यक अकालियों जैसा सोचते-समझते और बरताव करते हैं। तीन साल पहले एक संघ परिवारी नेता से मैंने कहा कि और तो और कार सेवा जैसी अवधारणा भी आप लोगों ने अकालियों से उधार ले ली है तो वे नाराज ही हुए। आखिर जय श्री राम भी तो रामानंद सागर के टीवी सीरियल रामायण से लिया गया है। लेकिन संघ परिवारियों को इसकी चिंता नहीं है कि उनके ज्यादातर धार्मिक लक्ष्य और कार्यक्रम सनातन धर्म की परंपरा में से नहीं निकले हैं। वे सामी धर्मों की प्रतिक्रिया और नकल में आए हैं। इसलिए विश्व हिंदू परिषद यानी हिंदू संगम की प्रेरणा से साधु-संत अब गांव-गांव अलख जगाएंगे। काशी, मथुरा और अयोध्या की मिट्टी और सरयू, जमना और गंगा की रेत तीन लाख गांवों में पहुंचाएंगे और लोगों से कहेंगे कि जब तक आप दिल्ली में हिंदू सरकार नहीं बनाएंगे तब तक अयोध्या में रामजन्मभूमि पर रामलला का मंदिर और काशी और मथुरा में बाबा विश्वनाथ और कृष्ण के मंदिर अपनी पुरानी जगह पर नहीं बनेंगे।

संघ परिवार कहेगा कि यह विश्व हिंदू परिषद का कार्यक्रम है और फिलहाल न संघ के एजंडे पर है न भाजपा के। और टीएन शेषन चाहे जितने चतुर और चौकन्ने हों, वे भी कह नहीं सकते कि यह संघ परिवार का राजनैतिक लक्ष्य है जो विश्व हिंदू परिषद के धार्मिक एजंडे पर है। बहुत से

लोग मानते हैं कि भारतीय जनता पार्टी को अगर संवैधानिक और लोकतांत्रिक राजनीति में सक्रिय रहना है और सत्ता के लिए होड़ करना है तो उसे मजबूर किया जाना चाहिए कि वह इतिहास का हिसाब चुकाने के इस सांप्रदायिक लक्ष्य की भर्त्सना करे और इससे अपने आपको अलग रखे।

इसलिए बार-बार भाजपा के प्रवक्ताओं और नेताओं से पूछा जाता है और वे बार-बार कहते हैं कि काशी-मथुरा अभी हमारे एजंडे पर नहीं है। अखबारों को याद नहीं रहता कि रामजन्मभूमि मुक्ति आंदोलन भी विश्व हिंदू परिषद ने चलाया था और जब कुछ साल वह चल लिया और सार्वजनिक विषय बनाने लायक हो गया तो भाजपा ने उसे अपने एजंडे पर ले लिया। फिर इसी एक मुद्दे पर उसने सन् इकानवे का लोकसभा चुनाव लड़ा। उत्तर प्रदेश में बनी अपनी सरकार के जनादेश को मंदिर बनाने का जनादेश ही कहा। और फिर नवंबर तिरानवे का चुनाव तो बाबरी मस्जिद ढहाने के पराक्रम पर ही लड़ा। लेकिन जब उत्तर भारत के हिंदू समाज ने इस पराक्रम के बावजूद भाजपा को सत्ता नहीं सौंपी तो आप देखिए कि गुजरात, महाराष्ट्र, बिहार और ओड़ीशा के चुनाव भाजपा अयोध्या में राम मंदिर बनाने के वायदे पर नहीं लड़ रही है।

तो कोई मामला भाजपा के एजंडे पर कब आ जाएगा और उतर जाएगा यह वोट की राजनीति पर निर्भर करता है। इसलिए आज उसके कहने का कोई मतलब नहीं कि अभी काशी-मथुरा उसके एजंडे पर नहीं है। अभी तो विश्व हिंदू परिषद ने महाशिवरात्रि पर सिर्फ स्थिर जल में काशी का पत्थर मार कर देखा है कि कितनी लहरें उठती हैं और तूफान मचवाना होगा तो क्या करना होगा। परिषद जब उसे लोगों की भावनाएं भड़का कर वोटों की झड़ी लगा देने वाला मामला बना देगी तो भाजपा को उसे अपने एजंडे पर चढ़ाने में कितनी देर लगेगी ? सिर्फ एक बैठक की जरूरत होगी जिसमें मथुरा को अपनाने का प्रस्ताव निर्विरोध और बड़े उत्साह से पारित हो जाएगा।

कुछ और लोग समझते हैं कि राष्ट्रीय स्वयंसेवक संघ अपने को सामाजिक-सांस्कृतिक संगठन कहता है इसलिए उसे भी अपने को विश्व हिंदू परिषद के इस कार्यक्रम से दूर रखना चाहिए और काशी में बाबा विश्वनाथ का मंदिर होने के बावजूद ज्ञानवापी मस्जिद गिराने के प्रतिशोधी कार्यक्रम की आलोचना करनी चाहिए। ये लोग भी राष्ट्रीय स्वयंसेवक संघ के चरित्र और तौर-तरीके को नहीं समझते। विश्व हिंदू परिषद संघ ने ही कोई तीस साल पहले बनवाई थी और उसका मुख्य कार्य धार्मिक मामले उठाना और साधु-संतों को संगठित करना है।

विश्व हिंदू परिषद का सारा कार्यक्रम टांय-टांय फिस्स कर जाए अगर संघ का वैचारिक और संगठनीय आधार उसे न मिले। परिषद का पादुका पूजन कार्यक्रम जब टें बोल गया तो छह दिसंबर बानवे की कार सेवा में संघ ने अपनी पूरी ताकत लगा दी थी। और कोई जानते हों या न जानते हों संघ के वर्तमान सरसंघचालक राजेंद्र सिंह उर्फ रज्जू भैया निश्चित ही जानते थे कि अयोध्या में कार सेवा कैसी हो सकती है। संघ परिवार के उग्रवादी नेता और परिषद के महासचिव अशोक सिंघल रज्जू भैया के ही शिष्य हैं और रज्जू भैया कहते हैं कि मथुरा-काशी संघ के कार्यक्रम में नहीं है लेकिन परिषद को हमारा पूरा सहयोग है जो पांच-छह साल से कह रही है कि अयोध्या तो झांकी है, काशी-मथुरा बाकी है। और काशी-मथुरा में भी उसके कार सेवक अयोध्या जैसी कार सेवा कर दें तो अभी परिषद के पास ऐसी तीन हजार मस्जिदों की सूची है जो उसके अनुसार मुसलमान हमलावरों ने मंदिर तोड़ कर बनाई हैं और जब तक इतिहास का यह हिसाब चुकता नहीं कर दिया जाएगा तब तक हिंदुओं का आत्मसम्मान और गौरव फिर से स्थापित नहीं होगा।

इतिहास का यह बदला चुकाना राष्ट्रीय स्वयंसेवक संघ का हिंदू धर्म और समाज को संगठित करने का मुख्य उपाय है। उन्हें यह बात गले नहीं उतरती कि मुसलमान हमलावरों या बादशाहों

की मंदिर तोड़ कर बनाई गई मस्जिदों को तोड़ना और ऐसा करने के लिए आम हिंदुओं के मन में प्रतिशोध की आग जलाना वही करना है जो मुसलमान शासकों ने किया और जिसके लिए हम उन्हें बर्बर, असभ्य और धर्म को न समझने वाले सत्तांध लोग कह कर धिक्कारते हैं। हिंदुओं ने और हिंदू राजाओं ने चूंकि दूसरे धर्मों के पवित्र स्थलों के साथ ऐसा नहीं किया इसलिए उन्हें हम शासकों ने किया और जिसके लिए हम उन्हें बर्बर, असभ्य और धर्म को न समझने वाले सत्तांध लोग कह कर धिक्कारते हैं। हिंदुओं ने और हिंदू राजाओं ने चूंकि दूसरे धर्मों के पवित्र स्थलों के साथ ऐसा नहीं किया इसलिए उन्हें हम ऊंची सभ्यता, संस्कृति और बड़े धर्म वाले लोग मानते हैं।

संघ परिवारी मानते हैं कि धर्म, संस्कृति और सभ्यता वही श्रेष्ठ है जो पशु और सैनिक शक्ति से अपनी रक्षा कर सके। जिसके पास ऐसा पशु और सैनिक बल नहीं होता वे बर्बर शक्ति के सामने पराजित होते हैं और हमलावर उन्हें गुलाम बना कर उनके मंदिर तोड़ कर उन पर अपनी मस्जिद बना देते हैं। बर्बर शक्ति से पराजय का बदला जब तक नहीं लिया जाता तब तक किसी कौम और राष्ट्र का स्वाभिमान वापस स्थापित नहीं होता। स्वतंत्र भारत में हिंदू गौरव तभी स्थापित होगा जब वे एक हजार साल की गुलामी के सारे कलंक मिटा देंगे। ये कलंक मिटाने के लिए अगर हिंदुओं को छल, कपट, धोखाधड़ी आदि का भी प्रयोग करना पड़े तो बेझिझक करना चाहिए। क्या कृष्ण ने छल कपट और धोखाधड़ी से काम नहीं निकाला ? क्या राम ने छल से बाली को नहीं मारा ? इसलिए बर्बर पशु और सैनिक बल ही नहीं छल-कपट की भी हिंदुत्व में मूल्यगत और आध्यात्मिक होने के कारण हिंदुओं में बर्बरता, सैनिक शक्ति और छल-कपट की कमी आ गई इसलिए वे हार कर गुलाम बने।

इन मान्यताओं के कारण ही भारतीय संस्कृति और उच्च हिंदू सामाजिक व्यवस्था पर गर्व करने वाले राष्ट्रीय स्वयंसेवक संघ ने अयोध्या में बाबरी मस्जिद के ध्वंस की भर्त्सना नहीं की। भाजपा ने उस धतकरम से अपने को अलग नहीं किया बल्कि उसे पराक्रम बता कर चुनाव लड़ा और हार गई। जो लोग इनसे उम्मीद करते हैं कि ये काशी और मथुरा से अपने को अलग करेंगे वे मूर्खों के संसार में रहते हैं और अपने को जान-बूझ कर गलतफहमी में रखना चाहते हैं।

संघ तो परिषद के काशी-मथुरा कार्यक्रम का समर्थन कर ही चुका है, भाजपा को जब भी राजनैतिक रूप से लाभदायी लगेगा वह इन्हें अपने एजंडे पर चढ़ा लेगी। अगर विश्व हिंदू परिषद के उन्मादी कार सेवक काशी की ज्ञानवापी मस्जिद और मथुरा की ईदगाह को गिरा देंगे तो संघ और भाजपा को यह भी मंजूर होगा। इसलिए इनसे काशी और मथुरा पर बयान और वचन लेने का कोई मतलब नहीं है। संविधान के अनुसार निर्वाचित और उससे बंधी हुई कल्याण सिंह की सरकार ने सुप्रीम कोर्ट से ले कर किस मंच पर वचन नहीं दिया था कि वह बाबरी मस्जिद के ढांचे की रक्षा करेगी ?

लेकिन उसने उस ढांचे को असुरक्षित कर के कारसेवकों के हवाले कर दिया और कल्याण सिंह ने कहा कि मैं रामलला की सुनता या सुप्रीम कोर्ट की ? रामलला को दिया हुआ वचन निबाहता या सुप्रीम कोर्ट को दिया हुआ ? रामलला हम आएंगे मंदिर यहीं बनाएंगे, यह वचन विश्व हिंदू परिषद के आंदोलन का था, उत्तर प्रदेश की सरकार का नहीं। लेकिन उस सरकार ने परिषद के वचन का सम्मान किया, संविधान के प्रति अपने कर्तव्य और वचन का नहीं। रामलला यानी संघ की सुनी, संविधान और लोकतांत्रिक व्यवस्था की नहीं। संघ परिवार जानता है कि भारत की वर्तमान

संवैधानिक और लोकतांत्रिक व्यवस्था में वह अपने राजनैतिक लक्ष्य पूरे नहीं कर सकता।

इसलिए संघ सांस्कृतिक-सामाजिक संगठन बना सभ्य संसार में प्रतिष्ठित रहना चाहता है। विश्व हिंदू परिषद धार्मिक संस्था बन कर धर्म का काम करना चाहती है। भारतीय जनता पार्टी संविधान में आस्था रखने वाली लोकतांत्रिक राजनैतिक पार्टी रहना चाहती है। लेकिन ये तीनों भारतीय संस्कृति, सनातन धर्म और लोकतांत्रिक व्यवस्था को अंदर से पलीता लगाने के लिए प्रतिबद्ध हैं। देश के लोग इस षड्यंत्र को समझ गए हैं, अभी और समझेंगे और इन्हें ठिकाने लगाएंगे। देख लेना।

5.3.1995

संघ परिवार का सत्ता महायज्ञ

उग्र हिंदुत्व को धार देने और अपने समर्थन से बनी सरकार को कायम रखने के बीच जब मथुरा में चुनने का मौका आया तो संघ परिवार ने मायावती सरकार को बनाए रखना पसंद किया। धार्मिक कार्यक्रम के नाम पर इतिहास का हिसाब साफ करने का प्रतिक्रियावादी एजंडा चलाने वाले संघ परिवारी संगठन विश्व हिंदू परिषद और बजरंग दल को अपने पितृ संगठन के इस निर्णय पर जन्माष्टमी में अपमानजनक स्थितियों का सामना करना पड़ा। न सिर्फ उनके कार्यकर्त्ता उनके नेताओं से नाराज हुए मथुरा के साधु-संतों ने भी विष्णु महायज्ञ में भाग लेने से इनकार कर दिया।

मथुरा में इस बार ऐसी और इतनी कड़ी सुरक्षा व्यवस्था थी कि कृष्ण जन्माष्टमी पर जो भक्त लोग हर साल टूटे पड़ते हैं वे भी नहीं आए। मथुरा के रहने वाले लोग भी कृष्ण जन्म मंदिर से दूर रहे। उत्सव का वह वातावरण जिसके कारण तीन लोक से मथुरा न्यारी है इस बार जन्माष्टमी पर कहीं न दिखा। वहां के जो व्यापारी साल-भर इस त्यौहार के आने की तैयारी करते हैं इस बार निराश हुए। उनकी साल-भर की कमाई मारी गई।

भक्तों, साधु-संतों और व्यापारियों ने इस स्थिति के लिए परिषद और बजरंग दल को दोषी माना। संघ परिवार की एक महिला कार्यकर्त्ता ने मथुरा के सांसद साक्षी महाराज को 'रणक्षेत्र से पीछे हटने पर' चूड़ियां ही भेंट कर दीं। उनके इस अपमान पर मथुरा के साधु-संतों ने कथित विष्णु महायज्ञ का बहिष्कार किया। दोनों संगठनों के नेताओं को अपने कार्यकर्त्ताओं का रोष तो खैर सहना ही पड़ा। अपने पितृ संगठन या राजनीति की भाषा में कहें तो हाईकमान की इच्छा पर भावनाओं और टकराव के उफनते दूध में पानी डालने की खिसियाहट नेताओं ने यज्ञ की पूर्णाहुति पर भाषणों में निकाली।

नेताओं ने कहा कि मथुरा में कार सेवा का उनका कोई कार्यक्रम नहीं था। होता तो कोई उन्हें रोक सकता था ? पांच सौ कारसेवकों ने जब अयोध्या में बाबरी मस्जिद के ढांचे को देखते-देखते ढहा दिया तो बावजूद सुरक्षा के इस सारे तामझाम के वे मथुरा में क्या नहीं कर सकते थे ! एक-एक कारसेवक में सवा हजार कारसेवकों की ताकत आ जाती है। लेकिन मथुरा हम शाही ईदगाह को गिराने नहीं आए थे। हम कोई पुरानी इमारतों को गिराने वाले ठेकेदार नहीं हैं। लेकिन मुसलमानों को हम आगाह किए देते हैं कि अगर वे अपनी भावी पीढ़ियों की सुरक्षा चाहते हैं तो मथुरा की शाही ईदगाह और काशी की ज्ञानवापी मस्जिद चुपचाप हमें दे दें।

लेकिन इस तलवारबाजी के बाद नेताओं ने कहा कि जो हमने छह दिसंबर बानवे को अयोध्या में गेंती-फावड़ों से कर दिखाया अब हम वही कलम के एक झटके से कर दिखाएंगे जब दिल्ली में हिंदू समर्थक पार्टी का राज होगा। उन्हें कोई संदेह नहीं था कि अगले साल लोकसभा चुनाव में हिंदुओं की पार्टी जीतेगी। उसके बाद सन् इकानवे में बनाया गया वह काला कानून रद्द कर दिया जाएगा जो पूजास्थलों पर सन् सैंतालीस की स्थिति बनाए रखता है। नेताओं ने बताया नहीं कि अब क्यों वे लोकतांत्रिक तौर-तरीकों पर आ गए हैं।

लेकिन शाही ईदगाह से लगे जवाहर इंटर कॉलेज से हटा कर विष्णु महायज्ञ को कोई दो-ढाई

किलोमीटर दूर वे इसलिए ले गए कि मायावती पहली दलित मुख्यमंत्री हैं और वे उसकी सरकार को गिरवाना नहीं चाहते। अगर वे जवाहर इंटर कॉलेज के मैदान पर ही तीन दिन का विष्णु महायज्ञ करने पर डटे रहते और मायावती सरकार से उनका टकराव होता तो केंद्र फौरन इस मौके का फायदा ले कर भाजपा की बनवाई सरकार को डिसमिस कर देता। फिर हम मथुरा में एक धार्मिक अनुष्ठान करने आए थे, कोई टकराव मोल लेने नहीं। परिषद पर से पाबंदी हटने के उपलक्ष्य में यह विष्णु महायज्ञ करना था, कोई बवाल नहीं खड़ा करना था।

धार्मिक विधि-विधान को जानने वाले मथुरा के लोगों ने ही कहा था कि चौमासे में कोई यज्ञ नहीं होता। बरसात के चार महीनों में जब देव सोए रहते हैं, यज्ञादि नहीं होते। फिर मथुरा में कृष्ण जन्माष्टमी पर विष्णु महायज्ञ करने की तो कोई परंपरा है ही नहीं। लेकिन शिवरात्रि पर और सावन के सोमवारों पर काशी में और कृष्ण जन्माष्टमी पर मथुरा में ज्ञानवापी मस्जिद और शाही ईदगाह की 'मुक्ति' की बात कर के सांप्रदायिक तापमान ऊंचा चढ़ाने का विश्व हिंदू परिषद और बजरंग दल का पुराना कार्यक्रम है। चुनाव के इस साल में तो काशी-मथुरा को उबाल पर लाने की योजना थी ही।

इसलिए काशी में जलाभिषेक और मथुरा में शाही ईदगाह से सटे जवाहर इंटर कॉलेज के मैदान पर विष्णु महायज्ञ करने और कृष्ण जन्मस्थान की परिक्रमा का कार्यक्रम बना। काशी में ज्ञानवापी मस्जिद के पीछे शृंगार गौरी का जलाभिषेक किया गया या नहीं पक्का नहीं कहा जा सकता। परिषद के नेताओं का दावा है कि किया गया लेकिन मुख्यमंत्री मायावती का कहना है कि नहीं होने दिया गया। लखनऊ में भाजपा के समर्थन से बनी अल्पमत मायावती सरकार जवाहर इंटर कॉलेज के मैदान पर विष्णु महायज्ञ भी नहीं होने दे सकती थी।

यह मैदान ईदगाह से लगा हुआ है और अयोध्या के बाद कोई भी सरकार संघ परिवार के लोगों को हजारों की संख्या में वहां इकट्ठे होने दे कर शाही ईदगाह को खतरे में नहीं डाल सकती थी। सवाल सिर्फ सन् इकानवे के धर्मस्थल कानून का नहीं था। वहां अगर कुछ होता और मायावती सरकार कुछ कहीं करती तो केंद्र सरकार को उसे बरखास्त करना पड़ता। और अगर यज्ञ में आए लोगों और सरकार का टकराव होता और मायावती सख्त कार्रवाई करतीं तो भाजपा उनकी सरकार को समर्थन जारी नहीं रख सकती थी।

मायावती ने इसलिए साफ कह दिया कि यज्ञ तीन किलोमीटर इलाके के बाहर ही हो सकता है। इस पर परिषद और दल वाले अड़ गए कि इंटर कॉलेज में भूमि पूजन हो गया है और देवताओं का आह्वान किया जा चुका है। एक बार ऐसी धार्मिक विधि हो जाए तो स्थान नहीं बदला जा सकता। उनने यह भी कहा कि कलेक्टर ने मौखिक अनुमति दे दी थी लेकिन यज्ञ जैसे धार्मिक अनुष्ठान के लिए प्रशासन से न तो हम इजाजत लेते हैं, न लेने की जरूरत है। यज्ञ वाले अड़ते दिखे तो मायावती ने कलेक्टर का तबादला कर दिया और राज्य के पुलिस महानिरीक्षक को भी बदल दिया।

टकराव टालने के लिए आखिर भाजपा के नेताओं ने हस्तक्षेप किया। मायावती सरकार के जाने का राजनैतिक नुकसान भाजपा उठाने को तैयार नहीं थी। अभी उसे लगता है कि मुलायम सिंह यादव को हटवा कर, समाजवादी पार्टी से बसपा का गठबंधन तोड़ कर और मायावती की सरकार बनवा कर उसने जो राजनैतिक अवसर प्राप्त किया है उसके पूरे लाभ नहीं मिले हैं। फिर अगर बसपा से लोकसभा चुनाव के लिए गठबंधन की कोशिश करना है तो मायावती की सरकार को ऐसे टकराव से तो जाने नहीं दिया जा सकता।

भाजपा नेताओं की बात तो परिषद और दल वाले नहीं मानते। (राजनीति के लिए धर्म को थोड़े कुर्बान किया जा सकता है !) लेकिन उन पर संघ वालों की चलती है। उन्हीं के कहने पर परिषद और दल के नेताओं ने दो-ढाई किलोमीटर दूर जा कर यज्ञ करना मंजूर किया और जन्मस्थान की परिक्रमा का कार्यक्रम ही छोड़ दिया। जवाहर इंटर कॉलेज के मैदान पर हुआ भूमि पूजन और देवताओं का आह्वान आड़े नहीं आया। वैसे भी परिषद और दल के धार्मिक कार्यक्रम संघ परिवार की राजनैतिक सेवा के लिए ही हैं। इसलिए उन्हें इस तरह पीछे हटने पर धर्म के नाते कोसना या भाजपा को सिद्धांतहीन राजनीति के लिए गरियाने का कोई मतलब नहीं है।

गांधी और उनके विनोबा जैसे अनुयायियों की तरह संघ परिवार राजनैतिक सत्ता से परहेज नहीं करता। वह राजनैतिक सत्ता के जरिए ही हिंदुत्व का अपना एजंडा पूरा करना चाहता है। और हिंदुत्व एक धार्मिक नहीं राजनैतिक अवधारणा है। संघ परिवार ने अयोध्या से सबक सीख लिया है। वहां बाबरी मस्जिद के मामले में वह उत्तर प्रदेश की अपनी सरकार और बाकी के तीन राज्यों की सरकारों को बलिदान कर सकता था। उसे लगता था कि बाबरी मस्जिद के मामले को उसने हिंदुओं की अस्मिता का ऐसा भावनात्मक मुद्दा बना दिया है कि ढांचे का ध्वंस करने के बाद वे सब उसके समर्थक हो जाएंगे। इसलिए नवंबर तिरानवे में पांच राज्यों के विधानसभा चुनाव भाजपा ने इसी एक मुद्दे पर लड़े और कहा—आज पांच प्रदेश कल पूरा देश !

लेकिन तिरानवे के चुनाव में एक दिल्ली को छोड़ कर वह कहीं नहीं जीती। राजस्थान में भी उसे कोई स्पष्ट बहुमत नहीं मिला था और वहां उसकी सरकार बनी तो भैरोंसिंह शेखावत के राजनैतिक कौशल के कारण। इन विधानसभा चुनावों ने संघ परिवार को समझा दिया कि अयोध्या में बाबरी मस्जिद का ध्वंस राजनैतिक रूप से भाजपा के खिलाफ गया है। मथुरा और काशी के मुद्दे हिंदुत्व के प्रतिबद्ध वोट बैंक को भले ही जुटाए रखें लेकिन दिल्ली का राज उदार हिंदुओं के बृहत्तर भारत को अपील किए बिना नहीं पाया जा सकता। इसलिए मथुरा और काशी को गर्म जरूर रखा जाए लेकिन उन पर कोई ऐसी कार्रवाई न हो कि भाजपा हिंदुत्व का प्रतिबद्ध वोट बैंक लिए विपक्ष में बैठी रह जाए।

इसलिए जलाभिषेक का हल्ला जरूर किया गया लेकिन आंच इतनी नहीं बढ़ाई गई कि मायावती सरकार मुश्किल में पड़ जाए। मथुरा में भी विष्णु महायज्ञ और जन्मस्थान की परिक्रमा के कार्यक्रम की घोषणा की गई। अशोक सिंघल ने जा कर जवाहर इंटर कॉलेज की जगह चुनी लेकिन यज्ञ के लिए रुके नहीं। विदेश निकल गए। वहां का कार्यक्रम परिषद और दल के छोटे नेताओं के हवाले कर दिया गया क्योंकि मथुरा को उबाल कर उफनाना नहीं था। कुछ दूर और हद तक तो परिषद और दल वाले अड़े रहे लेकिन फिर आसानी से पीछे हट गए। मथुरा के साधारण लोगों तक ने कहा कि यह नूरा कुश्ती थी।

मथुरा में संघ परिवार का व्यवहार देखिए और याद कीजिए कि वहां जुलाई बानवे से छह दिसंबर बानवे तक उसने क्या किया था। काशी मथुरा कोई अयोध्या से कम महत्त्व के स्थान नहीं हैं। काशी में तो जहां ज्ञानवापी मस्जिद अभी खड़ी है वहां मंदिर के होने और उसके तोड़े जाने के ऐतिहासिक प्रमाण हैं जब कि अयोध्या के नहीं थे। मथुरा की ईदगाह का भी ऐसा ही इतिहास है और वहां तो सन् अड़सठ में समझौता भी हो चुका जो अभी लागू है। सही है कि दोनों जगहों को ले कर संघ परिवार ने वैसा आंदोलन खड़ा नहीं किया है जैसा रामजन्मभूमि-बाबरी मस्जिद पर किया था। फिर भी इनका उपयोग फिलहाल उसके लिए प्रतीक-महत्त्व का है।

काशी के जलाभिषेक और मथुरा के विष्णु महायज्ञ से अब और भी स्पष्ट हो गया है कि संघ परिवार ने मान लिया है कि हिंदुत्व का प्रतिबद्ध वोट बैंक तो उसके पास है ही। मथुरा और काशी के मुद्दों को जीवित रख कर वह इस वोट बैंक को बिगड़ने नहीं देगा। लेकिन उसे भाजपा के लिए दलित और दूसरे वोट चाहिए और इसलिए वह चाहता है कि मायावती की सरकार कम-से-कम लोकसभा चुनाव के पहले तक तो बनी रहे। अगर बसपा से समझौता हो जाए तो मायावती सरकार को चलने दिया जा सकता है। दिल्ली में सरकार बनाने के बाद भाजपा विधानसभा चुनाव करवा के अपनी सरकार बना सकती है।

मथुरा और काशी पर मायावती ने कुछ सख्ती जरूर दिखाई है लेकिन यह भी साफ है कि उन्हें सत्ता में रहने का मजा आने लगा है। सत्ता में अब तक उनका व्यवहार समाजवादी मुख्यमंत्रियों की तुलना में ज्यादा जिम्मेदार और गंभीर रहा है। अगर कांशीराम मजबूर न करें तो वे आसानी से सत्ता छोड़ेंगी नहीं। काफी अफवाहें चल रही हैं कि उनमें और कांशीराम में मतभेद बढ़ते जा रहे हैं और उन पर नजर रखने के लिए ही वे आजकल काफी समय लखनऊ में बिता रहे हैं। पता नहीं इन अफवाहों के धुएं के नीचे कितनी आग है।

लेकिन जैसा कि विश्वनाथ प्रताप सिंह ने कांशीराम और मायावती—दोनों को कहा है उनकी सरकार बचेगी तो पार्टी जाएगी और पार्टी को बचाना हो तो सरकार का मोह छोड़ना पड़ेगा। कांशीराम दिल्ली में अगले साल संतुलन शक्ति बन कर आना चाहते हैं। उन्हें जितनी सीटें चाहिए उतनी भाजपा देगी या नहीं अभी तय नहीं है। भाजपा को भी उत्तर से बहुत सी सीटें चाहिए। संघ परिवार अगर हिंदुत्व की धार को उतारने के लिए तैयार हुआ है तो इसीलिए कि दिल्ली में उसे भाजपा का राज चाहिए। मथुरा में फावड़े के बजाय कलम से काम करवाने की बात इसीलिए कही गई कि संघ परिवार को हिंदुत्व के लिए अब पहले सत्ता चाहिए।

26.8.1995

क्योंकि अब सत्ता ही साधन और साध्य है

गुजरात ने भाजपा की कई कथाओं का राम नाम कर दिया है। संघ परिवार के नेता फिर भी वीरता का मुखैटा लगा कर कह रहे हैं कि संकटों को हल करने की हमारी आंतरिक शक्ति भी इस संकट के साथ प्रकट हुई है। सही है।

क्योंकि गुजरात में आखिर भाजपा की सरकार बच गई और जो भाजपा विधायक केशूभाई सरकार को गिराने पर उतारू थे उन सभी ने उनके विश्वास प्रस्ताव के पक्ष में वोट दिया। स्पीकर को हटा लें तो सदन में भाजपा के एक सौ बीस विधायक हैं। शनिवार को केशूभाई की सरकार को एक सौ बाईस वोट मिले। अगर भाजपा में आंतरिक शक्ति नहीं होती तो जो सरकार पराजय के कगार पर झोंके खा रही थी वह दो-तिहाई बहुमत से जीत पाती ?

यह बात अलग है कि जिस मुख्यमंत्री को सदन के दो-तिहाई से भी ज्यादा विधायकों का बहुमत मिला उसे दूसरे दिन दिल्ली में आ कर अपने पद से इस्तीफा देने की इच्छा प्रकट करनी पड़ी। और जिस पार्टी ने देश को बताया कि संकट में फंसे उसके एक मुख्यमंत्री को वह इतना बड़ा विश्वास मत दिला सकती है उसी ने केशूभाई पटेल की इच्छा का सम्मान करते हुए उन्हें इस्तीफा देने की अनुमति दे दी।

अब इस पार्टी की आंतरिक शक्ति फिर कसौटी पर है क्योंकि केशूभाई पटेल और उनके समर्थक नहीं चाहते कि शंकरसिंह वाघेला का आदमी सर्वसम्मति से मुख्यमंत्री हो जाए। भारतीय जनता पार्टी ने एक संकट को हल करने में जिन नए संकटों को जन्म दिया है उन्हें हल कर-कर के उसे अब अपनी आंतरिक शक्ति लगातार बढ़ाते और बताते रहनी होगी।

अपने को दूसरी सभी पार्टियों से ज्यादा सिद्धांतनिष्ठ, अनुशासित और सत्ता के बजाय सेवा को समर्पित पार्टी बताने वाली भारतीय जनता पार्टी ने पहली अग्निपरीक्षा में बता दिया है कि अनुशासन, सिद्धांत और सेवा जब दांव पर हों तो वह सत्ता में रहने के लिए कोई भी समझौता कर सकती है। अपने ही सांसद और गुजरात प्रदेश के अध्यक्ष रह चुके समर्पित और नैष्ठिक कार्यकर्ता शंकरसिंह वाघेला से उसने जो समझौता किया है वैसे तो सत्ता दिवानी कांग्रेस और भानमती के पिटारों जैसी जनता पार्टियों ने भी नहीं किए थे।

दूर जाने की जरूरत नहीं। अभी दो महीने पहले आंध्र प्रदेश में तेलुगुदेशम के जनक और सर्वेसर्वा एन.टी. रामाराव के खिलाफ उन्हीं के दामाद चंद्रबाबू नायडू ने विद्रोह कर दिया। दामाद नायडू रामाराव के मंत्रिमंडल में थे और बरसों से उनकी पार्टी का संगठन चला रहे थे। उन्हें जो राजनैतिक ताकत और सार्वजनिक पव्वा मिला हुआ था वह रामाराव के करिश्मे और उनके दामाद होने के कारण ही मिला था। पर नायडू ने जब ससुर के खिलाफ विद्रोह किया तो उनका एक और साढ़ू भाई और दो-तीन साले भी उनके साथ हो गए क्योंकि वे सब अपनी सौतेली मां और अब रामाराव की सबसे चहेती पत्नी की राजनैतिक महत्त्वाकांक्षाओं को बरदाश्त नहीं कर सकते थे।

अब रामाराव ने कभी छुपाया नहीं कि तेलुगुदेशम को वे अपनी निजी पार्टी मानते हैं और उस पर अपने परिवार वालों का उतना ही अधिकार स्वीकार करते हैं जितना कि अपनी दूसरी जायदाद

पर। इसलिए रामाराव ने अपने दामादों और बेटों को पार्टी में और जब वह सत्ता में आई तो सरकार में अधिकारपूर्वक काम करने दिया। जब उनने लक्ष्मी पार्वती से विवाह किया तो उन्हें भी पार्टी और फिर सरकार में उसी अनुपात में महत्त्वपूर्ण भूमिका मिल गई जितना कि विश्वास और प्रेम उनका उन्हें प्राप्त था। टेकाली की सीट पर टिकट को ले कर जब उनके पुत्र हरिकृष्ण और पत्नी लक्ष्मी पार्वती के बीच प्रतिद्वंद्विता सार्वजनिक हुई तो रामाराव ने कहा कि यह मेरा पारिवारिक मामला है और मैं इसे निपटा लूंगा। अपनी पारिवारिक सीट का टिकट रामाराव ने किसी तीसरे आदमी को दे कर पुत्र और दूसरी पत्नी का झगड़ा वहीं खत्म कर दिया।

रामाराव जानते थे कि दामादों और पुत्रों का विद्रोह उनकी दूसरी पत्नी लक्ष्मी पार्वती के कारण और उसी के विरुद्ध है। वे तो बहुत आसानी से इसे अपना पारिवारिक मामला बता कर समधियों और पारिवारिक मित्रों के जरिए चंद्रबाबू नायडू आदि से समझौता कर सकते थे। लक्ष्मी पार्वती आखिर उन्हीं की शह पर पार्टी और सरकार में दखलंदाजी कर रही थीं और उनकी राजनैतिक महत्त्वाकांक्षाएं भी उन्हीं के आशीर्वाद से पनपी थीं। वे लक्ष्मी पार्वती को घर में रहने का आदेश दे कर दामादों और पुत्रों के साथ सत्ता का समझौता कर सकते थे और मुख्यमंत्री बने रह सकते थे। लेकिन रामाराव जैसे व्यक्तिनिष्ठ सत्तावादी ने अपने दामाद की भी चुनौती का सामना करना पसंद किया, समझौता नहीं किया।

शंकरसिंह वाघेला को गुजरात भाजपा का दामाद तो नहीं कहा जा सकता लेकिन भाजपा अपने को आखिर एक बड़े संयुक्त हिंदू परिवार—संघ परिवार की राजनैतिक बेटी तो मानती ही है। संघ परिवार कोई अखबार वालों का दिया गया नाम और वर्णन नहीं है। राष्ट्रीय स्वयंसेवक संघ ही भाजपा, विश्व हिंदू परिषद आदि को अपनी पारिवारिक संस्थाएं मानता है। वह अपने हिंदुत्व में इस वैचारिक पारिवारिकता को बड़ा महत्त्व देता है और उसका अनुशासन बहुत कुछ इस पारिवारिकता से ही चलता है। वैचारिक पारिवारिकता में सिद्धांत निष्ठा जैविक पारिवारिकता की तुलना में कहीं आसानी और कुशलता से चल सकती है।

लेकिन देखिए कि एक ससुर रामाराव ने अपने दामाद चंद्रबाबू नायडू के विद्रोह से समझौता नहीं किया जबकि संघ परिवार ने अपने विद्रोही शंकरसिंह वाघेला से कर लिया। संघ परिवार के नेता जानते थे कि वाघेला और उनके साथियों का विद्रोह राष्ट्रीय स्वयंसेवक संघ की लाइन चलाने वाले महामंत्री नरेंद्र मोदी के खिलाफ है। रामाराव ने तो लक्ष्मी पार्वती को घर से नहीं निकाला लेकिन संघ परिवार ने नरेंद्र मोदी से ताबड़तोड़ इस्तीफा ले लिया। वाघेला ने मांग की थी कि केशूभाई पटेल को मुख्यमंत्री पद से हटाया जाए। उनकी मांग मान ली गई। नए मंत्रिमंडल में वाघेला के आदमियों को लेना भी मंजूर कर लिया गया। और तो और संघ के निर्देशों पर ही सरकारी निगमों और बोर्डों से विधायकों को अलग रख कर संघ के प्रचारकों को रखा गया था। वाघेला के दबाव पर यह सिद्धांत भी उलट दिया गया।

सत्ता की पत्तल में से थाली-भर मिठाई न मिलने पर विद्रोह करने वाले किसी भी पार्टी के विधायक या सांसद को वैसी विजय नहीं मिली थी जैसी शंकरसिंह वाघेला को मिली। सन् सड़सठ के चुनाव के बाद चरण सिंह और उनके जैसे कई सत्ताकांक्षी कांग्रेसियों ने अपने गुट के साथ पार्टी से विद्रोह किया और दूसरी पार्टियों से मिल कर संविद सरकारें बनाईं। लेकिन सत्ता की खुराक पर नशेड़ियों जैसी निर्भर रहने वाली कांग्रेस ने भी अपने सत्ताकांक्षी विद्रोहियों से वैसा समझौता नहीं किया जैसा भारतीय जनता पार्टी ने संघ वालों के निर्देश पर वाघेला से किया।

सत्ता के महत्त्वाकांक्षी दूसरी ढीली-ढाली पार्टियों में भी कोई कम नहीं रहे हैं, लेकिन ऐसा तो

किसी जनता पार्टी ने भी नहीं किया कि विद्रोही को ही अपनी चाबी सौंप दी हो। लेकिन सिद्धांत, सेवा और अनुशासन का अखंड पाठ करने वाली भाजपा ने पहले वाघेला को मुअत्तल किया, फिर छह साल के लिए पार्टी से बाहर निकाल दिया और फिर मुंहदेखी माफी मांगे बिना ही उन्हें ससम्मान वापस ले लिया। आप पाएंगे कि सत्ता के फेर में विद्रोह करने वाले के साथ ऐसा दामाद जैसा बर्ताव रामाराव ने अपने दामाद के साथ भी नहीं किया। दूसरी पार्टियों के विद्रोहियों ने कुछ दिन भले ही सत्ता सुख भोग लिया हो लेकिन आज वे कहीं भी उस पार्टी में प्रतिष्ठित नहीं हैं। विद्रोह को इस तरह आत्मसात् करने की गजब की 'हिंदू शक्ति' भारतीय जनता पार्टी ने दिखाई है।

ऐसा नहीं है कि भाजपा और संघ परिवार में इस समझौते से दुखी और कुपित लोग नहीं हैं। भाजपा अध्यक्ष लालकृष्ण आडवाणी का कहना है कि समझौता फॉर्मूला पहले प्रमोद महाजन, कृष्णलाल शर्मा और भैरोंसिंह शेखावत ले कर गए थे और अटल बिहारी वाजपेयी ने उसे अंतिम रूप और वजन दिया। हो सकता है कि समझौता करवाने वाले नेता भी खुद इससे प्रसन्न न हों। प्रमोद महाजन ने आखिर कहा ही है कि उन्हें बद और बदतर में से किसी को चुनना था। इसके अलावा कोई चारा नहीं था। बदतर के बजाय पार्टी नेताओं ने बद को चुना और बद को चुनने वाले अपने चुनाव से कोई प्रसन्न नहीं होते।

लेकिन जब महाजन कहते हैं कि उन्हें बद और बदतर में से चुनना था तो बद तो आपने देख लिया, अब बदतर भी देख लेना चाहिए। अगर शंकरसिंह वाघेला की शर्तें नहीं मानी जातीं तो वे शनिवार सात अक्तूबर को केशूभाई सरकार के खिलाफ वोट देते। उनके पास पचासेक विधायक थे। कांग्रेस के पैंतालीस और बाकी के दस-बारह निर्दलीय विधायक मिल कर भाजपा की सरकार गिरा देते। फिर खांटी संविद शैली में वाघेला विद्रोही भाजपाई सरकार बनाते। वह कितने दिन चलती कौन जानता है लेकिन लोकसभा चुनाव के समय या तो कांग्रेस के समर्थन से चलने वाली वाघेला सरकार होती या राष्ट्रपति शासन। भाजपा इस स्थिति को बदतर मानती है। किसी तरह सत्ता में बने रहना भले ही बद हो लेकिन वह भाजपा को मंजूर है।

यानी सरकार बचा कर भाजपा या संघ परिवार ने बताया है कि वह नहीं चाहता कि लोकसभा चुनाव के पहले गुजरात जैसे राज्य में सत्ता उसके हाथ से निकल जाए। संघ परिवार के रणनीतिकार यह निष्कर्ष निकाल चुके हैं कि सिद्धांतों पर अड़े रह कर सत्ता खोने से बेहतर समझौता कर के सत्ता में बने रहना है क्योंकि चुनाव जीतने के लिए सिद्धांतनिष्ठ होना नहीं सत्तावान होना ज्यादा जरूरी है। कांग्रेस इस निष्कर्ष पर सन् सड़सठ के बाद पहुंची जबकि वह चार आम चुनाव जीत कर दिल्ली में और देश के सभी राज्यों में सत्तारूढ़ हो चुकी थी। संघ परिवार लोकसभा का कोई आम चुनाव जीते बिना इस सत्तावादी निष्कर्ष पर पहुंच चुका है।

सिद्धांत, सेवा, अनुशासन आदि को सर्वोच्च बताने वाले संघ परिवार के इस नए निष्कर्ष की गुजरात के अलावा पुष्टि कहीं आपको करनी हो तो उत्तर प्रदेश को देख लीजिए। यह सही है कि वहां सपा-बसपा गठबंधन को तोड़े बिना भाजपा अगले साल लोकसभा चुनाव जीतने का सपना नहीं ले सकती थी। इसलिए बसपा-सपा दुराव का लाभ लेना उसकी रणनीति में सबसे महत्त्व का था। आप देखिए कि गुजरात में दो-तिहाई बहुमत से और महाराष्ट्र में शिवसेना के साथ जीतने और सरकार बनाने के बावजूद उसके चेहरे पर वह चमक नहीं आई थी जो उत्तर प्रदेश सपा-बसपा गठबंधन तोड़ कर और मुलायम सिंह यादव की जगह मायावती को मुख्यमंत्री बना कर आई। आखिर उत्तर प्रदेश और उत्तर भारत से ही भाजपा उतनी सीटें पा सकती है जो दिल्ली में सरकार बनाने में उसके काम आएँ।

लेकिन सपा-बसपा गठबंधन तोड़ना ही उसके लिए काफी नहीं था। भाजपा चाहती थी कि मायावती की कठपुतली सरकार बनी रहे ताकि सत्ता के पीछे की ताकत होने के जो फायदे हैं वे उसे मिलते रहें और वह अपना वह जाल फिर बिछा सके जिसे मुलायम सिंह यादव ने नष्ट कर दिया था और जिसके बिना चुनाव जीतना मुश्किल होता है। इसलिए भाजपा ने मायावती के नखरे ही नहीं गालियां भी सहीं। संघ परिवार ने हिंदुत्व का तापमान बढ़ाने के लिए विश्व हिंदू परिषद और बजरंग दल जैसे उग्रवादी संगठन बना रखे हैं। इनको पहले काशी और फिर मथुरा में मायावती से टकराने से रोका। फिर भीषण राम विरोधी पेरियार का मेला भी लखनऊ में सहन किया जो कांशीराम ने भाजपा को ठेंगा दिखाने के लिए ही करवाया था।

सत्ता के पीछे की ताकत बने रहने के लिए संघ परिवार ने उत्तर प्रदेश में मायावती और बसपा से जो समझौते किए गुजरात का समझौता उन्हीं का विस्तार है। दोनों के पीछे एक ही रणनीति है कि दिल्ली में सत्ता में आने के लिए उन सब राज्यों में सत्ता में बने रहना जरूरी है जहां अभी हम सत्ता में हैं। इसके लिए जो भी समझौता करना पड़े करना चाहिए। इसलिए संघ परिवार ने और तो और उत्तर प्रदेश में बसपा की सरकार बनवाई और उससे वे सारे समझौते किए जो वह पहले नहीं करता। फिर गुजरात में अपने ही सत्ताकांक्षी विद्रोही से ऐसा समझौता कर लिया जिसने पार्टी की छवि और सिद्धांतों का बाजा बजा दिया।

11.10.1995

संघ और भाजपा का अंतर्निहित द्वंद्व

गुजरात में शंकरसिंह वाघेला से समझौता और उत्तर प्रदेश में मायावती सरकार को समर्थन कम-से-कम इतना तो निर्विवाद रूप से स्थापित करता है कि भाजपा ने मान लिया है कि सत्ता में आने के लिए सत्ता में रहना जरूरी है। सत्ता में रहने के लिए जो भी समझौता करना पड़े करना चाहिए और सिद्धांतों और अनुशासन के मामले पर सरकारें कुरबान करने की कोई जरूरत नहीं है।

पहले जनसंघ और फिर भाजपा के अब तक के रवैए और बरताव में यह नया निष्कर्ष फिट नहीं होता। लेकिन इसके अलावा गुजरात में भाजपा ने जो किया उसका कोई औचित्य बताया ही नहीं जा सकता। शंकरसिंह वाघेला और उनके साथी सत्ता में बड़ी भागीदारी चाहते थे और वह नहीं मिल रही थी इसीलिए उनने विद्रोह किया। पार्टी की सरकार गिराने और दूसरी पार्टी की मदद से नई सरकार बना कर सत्ता पाने की पूरी तैयारी उनने कर ली थी।

वाघेला और उनके साथियों ने जो किया वह कम-से-कम अट्ठाईस साल से इस देश में हो रहा है। कांग्रेस और दूसरी पार्टियों के सत्ताकांक्षी क्षत्रप यही करते रहे हैं। चरणसिंह और चंद्रशेखर ने तो दिल्ली में भी जनता पार्टी और जनता दल की सरकारें तोड़ कर कांग्रेस की मदद से अल्पमत सरकारें बनाई हैं। इसलिए आप कह सकते हैं कि वाघेला और उनके साथियों के विद्रोह या सत्ताकांक्षा में नया या चौंकाने वाला कुछ नहीं है।

फिर भी गुजरात की घटना को इतना महत्त्व मिला तो इसलिए कि भाजपा वाले दावा करते रहे हैं और तथ्य भी है कि भाजपा दूसरी राजनैतिक पार्टियों जैसी नहीं है जिसका एकमात्र उद्देश्य सत्ता प्राप्त करना है। ऐसा इसलिए कि वह अंततः और अनिवार्य रूप से राष्ट्रीय स्वयंसेवक संघ की राजनैतिक शाखा है और संघ अपने को एक राष्ट्रवादी सांस्कृतिक-सामाजिक संगठन मानता और बताता है।

भाजपा इसलिए लोकतंत्र में सत्ता के लिए होड़ करने वाली किसी भी सामान्य राजनैतिक पार्टी की तरह नहीं चल सकती। लोकतांत्रिक पार्टी के नाते उसे अपने मतदाताओं और कार्यकर्ताओं के प्रति उत्तरदायी होना होता है और सांगठनिक और नैतिक स्तर पर वह संघ के प्रति उत्तरदायी है। भाजपा के होने में ही यह दो स्तरीय उत्तरदायित्वता अंतर्निहित है। भारतीय जनसंघ जब सन् सतत्तर में जनता पार्टी में विलीन हुआ तो उसके सदस्यों की दोहरी सदस्यता का बुनियादी सवाल मधु लिमये ने उठाया ही था और उसके क्या परिणाम हुए सब जानते हैं।

यह अनिवार्य और स्वाभाविक है कि संघ सांगठनिक, नैतिक और वैचारिक रूप से भाजपा को नियंत्रित करे और भाजपा इन स्तरों पर उसके प्रति उत्तरदायी हो। अब अगर भारतीय जनता पार्टी के टिकट पर ऐसे सांसद और विधायक चुन कर आएं जिनके लिए राजनीति सत्ता में आने और उसके जरिए धन और पव्वा पाने का ही तरीका हो जैसा कि दूसरी पार्टियों के लोगों का होता ही है, तो संघर्ष और संकट अपरिहार्य है।

गुजरात का संकट सुलटाने वाले अटल बिहारी वाजपेयी और भैरोंसिंह शेखावत का कहना सही है कि भाजपा में यह संकट पहली बार आया क्योंकि अब वह संघ के रास्ते से आए कार्यकर्त्ताओं की नहीं जनाधारित पार्टी हो रही है। उसमें ऐसे लोग आ रहे हैं जो संघ के अनुशासन में पले-पनपे नहीं हैं और थोड़ा बहुत संस्कार है भी तो राजनीति के खुले बाजार में चल रही लूटपाट के सामने टिक नहीं पाता। ऐसे लोग और भी पार्टियों में हैं लेकिन वहां वे आसानी से फिट हो जाते हैं क्योंकि ये पार्टियां ऐसे सत्ताकांक्षियों में रेवड़ियों की सार्वजनिक वितरण प्रणाली को साध चुकी हैं।

इन सारी दलीलों में संघ और भाजपा का एक ऐसा नैतिक प्रभामंडल मान लिया गया है, एक ऐसी नैतिक उत्कृष्टता उन्हें दे दी गई है जिससे आप-हम असहमत हो सकते हैं और जो यथार्थ में नहीं भी हो सकती है। लेकिन भाजपा और संघ के संबंध के अंतर्निहित और अनिवार्य संघर्ष को समझने के लिए जरूरी है कि आप उन्हीं मान्यताओं को ले कर चलें जो वे मानते हैं कि उनकी हैं। इन मान्यताओं पर चलें तो गुजरात का संकट उन लोगों का पैदा किया गया था जो संघ-भाजपा के अनुशासन में नहीं हैं और जो सत्ता की तलाश में हैं।

जैसे शंकरसिंह वाघेला को काफी समय से लग रहा था कि उनके लोगों को जान-बूझ कर सत्ता की रवेड़ियां नहीं दी जा रहीं हैं और नरेंद्र मोदी और केशूभाई पटेल के दामाद सरकार चला रहे हैं। अपने लोगों की यह उपेक्षा वाघेला ज्यादा सहन नहीं कर पाए हालांकि वे कोई नए रंगरूट नहीं हैं। संघ और भाजपा के पुराने सेवक और नैष्ठिक कार्यकर्त्ता रहे हैं और प्रदेश भाजपा के लगातार दो कार्यकालों तक अध्यक्ष भी रहे हैं।

वाघेला को यह निर्णय भी स्वीकार नहीं था कि सरकारी निगमों और बोर्डों के अध्यक्ष पदों पर गैर विधायकों को बैठाया जाए। ऐसा लगता है कि गुजरात में इन पदों पर संघ के निर्देशों पर संघ के कार्यकर्त्ताओं और प्रचारकों को स्थापित किया गया। ये पद जैसा कि आम जानकारी में हैं लाभ के पद हैं और जिन लोगों को मंत्री नहीं बनाया गया या नहीं बनाया जा सकता था लेकिन जिन्हें संतुष्ट करना जरूरी है—उन्हीं को दिए जाते हैं।

अब जैसा कि अपने देश में राजनीति का आम और सर्वमान्य वातावरण है, विधायक मानते हैं कि या तो उन्हें मंत्री बनाया जाना चाहिए या निगमों और बोर्डों का अध्यक्ष। उन्हें अगर इनसे वंचित किया जाए तो वे असंतुष्ट हो जाते हैं और सरकार के खिलाफ सक्रिय हो जाते हैं। यानी मुख्यमंत्री और पार्टी अध्यक्ष के खिलाफ गुटबंदी कर के ऐसे काम करने और ऐसी बातें करने लगते हैं जिनसे उनके सिंहासन डोलने लगें। इन्हें पद और अवसरों से संतुष्ट किए बिना कोई मुख्यमंत्री सरकार और कोई अध्यक्ष पार्टी नहीं चला सकता।

कांग्रेस में यह सब बरसों से हो रहा है क्योंकि वह बरसों से सत्ता में है और असंतुष्टों को संतुष्ट करने और कभी संतुष्ट न हो सकने वालों को किनारे लगाने और फिर ठिकाने लगा देने की व्यवस्थाएं, प्रणालियां और कलाएं उसने विकसित कर ली हैं। इनमें जो जितना माहिर होता है उतना वह टिका रह सकता है। हरियाणा जैसे आयाराम-गयाराम प्रदेश की अस्थिर राजनीति में भजनलाल इतने सालों से टिके हुए हैं तो इसलिए कि वे ऊंचे कलाकार हैं।

पहले जनसंघ और अब भाजपा दूसरी पार्टियों के साथ सत्ता में भागेदारी करती रही। अपने बूते पर सत्ता में पहली बार वह सन् नब्बे में मध्य प्रदेश और हिमाचल में आई। राजस्थान में उसने जनता दल के साथ सरकार बनाई। राष्ट्रीय मोर्चे की केंद्र सरकार को वह बाहर से समर्थन दे रही थी। फिर रामरथ वाले लालकृष्ण आडवाणी को जनता दल के मुख्यमंत्री लालू यादव ने गिरफ्तार किया तो उसने राष्ट्रीय मोर्चे की सरकार से समर्थन वापस ले लिया।

वीपी सिंह और चंद्रशेखर की अल्पमत सरकारों के गिरने के बाद मध्यावधि चुनाव हुए तो भाजपा की न सिर्फ संसद में ताकत बढ़ी उसने पहली बार उत्तर प्रदेश में भी सरकार बनाई। चूंकि जनता दल वाले अलग हो चुके थे इसलिए राजस्थान में भी उसी की सरकार हो गई।

यानी सन् इकानवे में पहली बार वह चार राज्यों में अपने बूते पर सत्तारूढ़ हुई। कारसेवकों के बाबरी मस्जिद ढहा देने से ये चारों सरकारें डिसमिस हुईं। कोई ग्यारह महीने बाद हुए विधानसभा चुनाव में उत्तर प्रदेश, मध्य प्रदेश और हिमाचल में उसकी सरकारें चली गईं। राजस्थान में किसी तरह भैरोंसिंह शेखावत ने निर्दलीय विधायकों को मंत्री बना कर भाजपा की सरकार बनाई। आधे राज्य दिल्ली में भी उसकी सरकार हुई और अब मार्च पिचानवे में गुजरात में खुद उसने अपनी सरकार बनाई और महाराष्ट्र में शिवसेना के साथ।

इस तरह अपने बूते पर और वह भी राज्यों में सरकार बनाने का कुल अनुभव भाजपा को पांच साल का है। इसमें भी तीन राज्यों में उसकी सरकारें बनने के बाद अगले चुनाव में नहीं बन पाई हैं। सत्ता लेने, चलाने और संभालने का यह कोई बहुत लंबा-चौड़ा और दीर्घ अनुभव नहीं है। संघ जरूर अब सत्तर बरस का हो गया है लेकिन दलगत सत्ता राजनीति का उसका अनुभव भी सीमित है।

ऊपर से अब हुआ यह है कि अवसरवादियों, धंधेबाजों और माफिया गैंगों ने भी भाजपा को सत्ता की दावेदार बनते देख कर उसी तरह अपना लिया है जैसा उनने कांग्रेस और सत्तारूढ़ दूसरी सभी पार्टियों को अपना लिया था। साधारण राजनीतिबाज और धंधेबाज और माफिया गैंगों की राजनीति को नियंत्रित करने की जिम्मेदारी संघ ने अपने ऊपर ली है और इसी से भाजपा में सभी राज्यों में संकट पैदा होते जा रहे हैं।

फिर संघ के कार्यकर्त्ता और प्रचारक भी खाकी निकर और काली टोपी लगा कर आरम-दक्ष करने से संतुष्ट नहीं होते। वे भाजपा के विधायकों को सत्ता के रामनाम की लूट में लगा हुआ देखते हैं और सोचने-महसूस करने पर मजबूर होते हैं कि क्यों वे बरसों तक त्याग-तपस्या और सादा जीवन उच्च विचार में लग कर अपने संगठन और प्रचार की पुण्याई भाजपा के नए रंगरूटों को सौंपें ? वे भी अब सत्ता की कढ़ाई के दूध पर जमी मलाई चाहते हैं और उन्हें भी वे सुख-सुविधाएं चाहिए जो भाजपा के विधायकों और सांसदों को बिना किसी कुरबानी के मिल रही हैं।

संघ के प्रचारकों, संगठकों और कार्यकर्त्ताओं की सत्ता में सीधी भागेदारी की इच्छा भाजपा के विधायकों और सांसदों के सहज सत्ताधिकार से टकराने लगी है। गुजरात में संघ के समर्पित माने जाने वाले कार्यकर्त्ता नरेंद्र मोदी के खिलाफ विधायकों और सांसदों का आक्रोश और सत्ता की मलाई न मिल पाने के कारण विधायकों का केशूभाई सरकार के खिलाफ विद्रोह इसी टकराव का नतीजा है। ऐसा टकराव आप महाराष्ट्र में देख सकते हैं, दिल्ली और राजस्थान में भी वह जानकारों से छुपा नहीं है।

त्यागी, तपस्वी और समर्पित संगठक और प्रचारक सत्ता की सुख-सुविधाओं पर अधिकार न भी जमाएं तो भी आदर्शों और सिद्धांतों पर टिके रहने की ताकत-भर से वे भाजपा के विधायकों और सांसदों की राजनीति और सत्ताकांक्षा को नियंत्रित नहीं कर सकते। संघ विधायकों और सांसदों की राजनीति को तभी तक नियंत्रित कर सकता है जब तक कि वह संगठन पर आधारित हो। लेकिन जो लोग आम जनता के वोटों से विधायक और सांसद बने हुए हैं उन पर संघ कैसे नियंत्रण कर सकता है ? वे संघ के कहने में तभी रह सकते हैं जब पूरे समाज पर ही संघ का वैसा ही अधिकार चलता हो जैसा वह अपने संगठन पर चलाता है। आप-हम ही नहीं संघ वाले भी जानते हैं कि पूरे

देश पर उनका वह नैतिक अधिकार नहीं है।

इसका मतलब यह है कि या तो संघ को भाजपा की राजनीति को नियंत्रित करने की इच्छा और निश्चय छोड़ देना चाहिए या भाजपा को जनाधारित पार्टी बनने देने की छूट न दे कर कार्यकर्त्ता आधारित पार्टी ही रहने देना चाहिए। अगर भाजपा कार्यकर्त्ताओं की ही पार्टी रही तो वह देश पर सत्तारूढ़ नहीं हो सकेगी और अगर वह जनाधारित पार्टी बनी तो उस पर संघ का नैतिक और सांगठनिक नियंत्रण नहीं रह सकेगा।

यानी कांग्रेस पार्टी बने बिना भाजपा देश की सर्वसम्मति वाली सत्तारूढ़ पार्टी नहीं हो सकती और अगर वह सिद्धांतों, अनुशासन और सेवा पर चलने वाली पार्टी बनना चाहती है तो उसे यहां-वहां या जहां-तहां कुछ समय तक सत्ता में रहने पर ही संतोष करना पड़ेगा। लेकिन इस यक्ष प्रश्न का उत्तर भाजपा चाहे भी तो स्वयं नहीं दे सकती। यह निर्णय तो राष्ट्रीय स्वयंसेवक संघ को करना पड़ेगा। अभी चूंकि संघ तय नहीं कर पा रहा है इसलिए गुजरात जैसे समझौते और उत्तर प्रदेश जैसे बेमेल गठबंधन चलाने पड़ते हैं जिनमें सिद्धांत और निष्ठा नहीं शुद्ध सत्तावाद का ही बोल बाला है।

12.10.1995

नैतिक नियंत्रण का अधिकार सत्ता से नहीं आता

भारतीय जनता पार्टी पर नैतिक और सांगठनिक नियंत्रण रखने की राष्ट्रीय स्वयंसेवक संघ की इच्छा और निश्चय में गलत कुछ नहीं है। अगर भाजपा संघ के निर्देशों से संघ के लोगों द्वारा संघ के राजनैतिक उद्देश्यों की पूर्ति के लिए बनाई गई पार्टी है तो संघ क्यों चाहेगा कि वह लोकतंत्र की किसी भी सत्ता लोलुप पार्टी की तरह हो जाए ?

कांग्रेस को भंग करने की सलाह देने वाले महात्मा गांधी—संघ की तरह पहले से बने हुए संगठन तो नहीं थे न उनने कांग्रेस की उस तरह स्थापना की थी जिस तरह संघ ने पहले जनसंघ की की और फिर भाजपा बनाई। फिर भी सब मानते हैं कि कांग्रेस को एक जन आंदोलन अगर किसी ने बनाया तो महात्मा गांधी ने ही बनाया था। और 1934 के बाद वे कांग्रेस के सदस्य भी नहीं रह गए थे। धारासभाओं में वे कांग्रेसियों का बरताव देख चुके थे और एक संगठन के नाते उसके खोखलेपन से भी खूब परिचित थे। आजादी के बाद कांग्रेसियों की लपलपाती सत्तालोलुपता भी वे देख चुके थे।

गांधीजी को यह भी लगता था कि पश्चिमी लोकतंत्रों में दो पार्टी प्रणाली से एक-दूसरे पर नियंत्रण और एक-दूसरे के संतुलन की जो मान्यता है वह भारत में काम नहीं करेगी। अगर वे ऐसा मानते होते तो आजादी के आंदोलन वाली कांग्रेस को दो पार्टियों में बंटने और सत्ता के लिए होड़ करने और एक-दूसरे पर नियंत्रण और संतुलन रखने को प्रेरित करते। लेकिन उनने कांग्रेस को लोक सेवक संघ में परिवर्तित करने की बात कही और सत्ता में रुचि रखने वाले कांग्रेसियों ने कहा कि वे अपनी अलग पार्टी बना लें।

लोक सेवक संघ के विधान में लोकसेवा के जरिए सत्ता राजनीति पर अंकुश की व्यवस्था उनने रखी थी। यानी वे सत्ता राजनीति पर अंकुश लोकशक्ति का ही मानते थे और विश्वास करते थे कि यही लोकशक्ति राजनीति में संतुलन और उस पर नियंत्रण रख पाएगी। यह बात अलग है कि कांग्रेस ने महात्मा गांधी की सलाह नहीं मानी और सेवाग्राम जा कर रचनात्मक कार्य संस्थाओं और रचनात्मक कार्यकर्त्ताओं का सम्मलेन कर के जो लोक सेवक संघ वे बना सकते थे उसका मौका ही विधाता ने उन्हें नहीं दिया।

लेकिन गांधीजी के आखिरी वसीयतनामे और कांग्रेस को भंग कर देने की उनकी सलाह से इतना तो निश्चित है कि वे इस देश के लोकतंत्र में राजनैतिक सत्ता पर नैतिक अंकुश जरूरी मानते थे। यह अंकुश जनसेवा से जागृत की गई लोकशक्ति से लग सकता है। बात को आगे बढ़ाने और मामले को समझने के लिए मान लें कि राष्ट्रीय स्वयंसेवक संघ भी राजनीति पर नैतिक अंकुश लगाने के लिए भाजपा पर सांगठनिक और नैतिक नियंत्रण चाहता है।

लेकिन यह कहते हुए भी स्पष्ट समझ लेना चाहिए कि गांधीजी राजनैतिक सत्ता को बुनियादी नैतिक, सामाजिक और आर्थिक परिवर्तन की वाहक नहीं मानते थे और उनका राज्यशक्ति में भी विश्वास नहीं था। इसके उलट राष्ट्रीय स्वयंसेवक संघ का राज्यशक्ति और राष्ट्र राज्य में लगभग वैसा ही अटल विश्वास है जैसा कि उन्नीसवीं सदी के जर्मन और दूसरे यूरोपीय विचारकों का था।

साध्य और साधन की एकता और साधनों की शुचिता में संघ का वैसा विश्वास नहीं है जैसा महात्मा गांधी का था और अहिंसा में तो खैर है ही नहीं।

एक और बुनियादी फर्क है। गांधी का जो विश्वास लोकशक्ति में था वह राष्ट्रीय स्वयंसेवक संघ का संघशक्ति में है। देश के तमाम लोगों का सचमुच कोई संगठन नहीं होता। रूस और चीन में सर्वेसर्वा और सर्वव्यापी कम्युनिस्ट पार्टियों के स्वैच्छिक संगठनों की असलियत दुनिया जानती ही है। संगठन अनिवार्य रूप से सीमित लक्ष्यों की पूर्ति के लिए इकट्ठे हुए कार्यकर्त्ताओं के ही हो सकते हैं, उनका लक्ष्य भले ही कुल समाज की सेवा और उसका हित साधन हो। संगठन अपरिहार्य रूप से अपने को सीमित कर लेता है। संघशक्ति हमेशा लोकशक्ति नहीं होती।

इन बुनियादी अंतरों को ध्यान में रखते हुए भी मान लिया जाए कि राष्ट्रीय स्वयंसेवक संघ सत्ता राजनीति में सीधी भागेदारी से अपने को दूर रखते हुए अपनी ही बनाई हुई पार्टी की राजनीति पर नैतिक और सांगठनिक नियंत्रण रखना चाहता है। और अगर वह ऐसा करता है तो इसमें किसी को कोई एतराज नहीं होना चाहिए क्योंकि सत्तासेवी राजनीति के निरंकुश और उच्छृंखल होने के परिणाम देश भुगत ही रहा है। संसद, कानून, संविधान और तो और वोटरों का खौफ भी हमारे राजनेताओं को सत्ता की निर्लज्ज सवारी करने से रोक नहीं पाया है। सत्ता लोलुपता में अंधे राजनेताओं का खेल हम आंध्र प्रदेश और गुजरात में देख ही रहे हैं।

इसीलिए अगर कोई संगठन कम-से-कम किसी एक पार्टी पर अंकुश लगा पाए और नैतिक नियंत्रण कर सके तो जनता तो इसका स्वागत करेगी ही देश की कुल राजनीति के लिए भी यह शुभ होगा। एक बार भारतीय जनता पार्टी में ऐसे नियंत्रण की संस्थागत व्यवस्था हो सके तो दूसरी पार्टियों को भी जनता का विश्वास जीतने के लिए ऐसी व्यवस्था करनी होगी।

लेकिन आप पाते क्या हैं कि जब तक भारतीय जनता पार्टी का आधार फैला-बढ़ा नहीं था तब तक तो संघ का उस पर थोड़ा बहुत नैतिक नियंत्रण और अनुशासन था भी। सन् नब्बे के बाद से तो सत्तारूढ़ भाजपा वाले अपने संगठन और संघ को भी उसी जगह बैठा देना चाहते हैं जहां सत्ताधारी कांग्रेसियों ने रचनात्मक गांधी संस्थाओं और अपने संगठन को बैठाया। सत्ता का और खास कर अपने देश में सत्ता का स्वभाव ही ऐसा है कि वह अपने धारक का दिमाग खराब कर देती है।

जिस सत्ता ने चालीस-पचास साल तक त्याग, तपस्या और बलिदान के जरिए अंग्रेजों से आजादी की लड़ाई लड़ने वाले कांग्रेसियों को गद्दी का निर्लज्ज और दयनीय नशेड़ी बना दिया वह संघ के स्वयंसेवकों, संगठकों और प्रचारकों को कैसे छोड़ देती ? पांच साल में हमने देख लिया कि उसने भाजपा और संघ वालों के भी वही हाल कर दिए हैं। बची-खुची कसर अब गुजरात ने निकाल दी। सत्ता की उर्वशी के मोहजाल से संघ अपने विश्वामित्रों तक को नहीं बचा पाया है। जिन कांग्रेसियों पर किसी बेहतर नैतिक शक्ति का अंकुश नहीं रह गया था उन्हें पूरी तरह भ्रष्टाचारी होने में सत्ता के चालीस साल लगे। संघ के बावजूद भाजपा के वह हाल पांच साल में हो गए हैं जब कि कांग्रेस जैसी संपूर्ण सत्ता तो भाजपा को मिली ही नहीं है।

सत्तारूढ़ या सत्ताग्रस्त भाजपा को अनुशासन में और उस पर नैतिक नियंत्रण रखने में संघ की इस विफलता के क्या कारण हैं ? क्यों संघ के बावजूद भाजपा में वही गुटबंदी और वही सत्ता लोलुपता दिखाई दे रही है जो कांग्रेस और दूसरी पार्टियों में है ? आप कह सकते हैं कि आखिर भाजपा में कोई फरिश्ते नहीं आ गए हैं। वे भी उसी समाज से निकले हुए लोग हैं जिससे कांग्रेसी, समाजवादी, साम्यवादी या कुल मिला कर सत्तावादी निकले हैं। लेकिन संघ नियंत्रित भाजपा की

राजनीति भी अगर काजल की ऐसी कोठरी बनी हुई है जिसमें कोई भी सयाना जाए कालिख पुतेगी ही तो संघ किसी और सामाजिक-सांस्कृतिक संगठन से और भाजपा किसी भी सत्ता लोलुप पार्टी से भिन्न कैसे हुए ?

इसके मूल में शायद यह विश्वास है कि रणनीति के कारणों से साधनों के मामले में समझौता करने में कोई खराबी नहीं है। बल्कि व्यावहारिकता की मांग हो तो आदर्शों का मापदंड नीचा कर लेना चाहिए। इस मान्यता के स्तर पर कम्युनिस्टों और संघ परिवारियों में कोई फर्क नहीं है। दोनों ही रणनीति को अत्यधिक महत्त्व देते हैं और दोनों ही मानते हैं कि जब तक लक्ष्य अच्छा और उदात्त हो साधन कैसे भी हों, चलेंगे। दोनों ही नहीं मानते कि बुरे साधनों से अच्छा लक्ष्य प्राप्त नहीं किया जा सकता। दोनों ही संगठन की वेदी पर सत्य का बलिदान कर सकते हैं।

गुजरात की घटनाओं और वहां भाजपा के किए समझौते के बाद जो लोग कहते हैं कि इस पार्टी में अब अनुशासन नहीं रहा और इसके लोग संघ के बेहतर और नैतिक नियंत्रण में नहीं रहे वे छह दिसंबर बानवे को भूल जाते हैं। अयोध्या में तब कार सेवा के लिए समस्त संघ परिवारी संस्थाओं के कारसेवकों को संघ ने ही जुटाया था। उत्तर प्रदेश में सरकार भाजपा की थी और वहां जो भी होता उसकी प्रशासनिक, संवैधानिक और नैतिक जिम्मेदारी इस सरकार पर ही आनी थी। वहां संघ के, विश्व हिंदू परिषद के, बजरंग दल के और भाजपा के बड़े नेता मौजूद थे। इसके बावजूद उन्मादी कारसेवकों ने बाबरी मस्जिद के ढांचे को ढहा दिया जो कि संघ और उसकी परिवारी संस्थाओं का घोषित और वांछित लक्ष्य कभी नहीं था। बल्कि अयोध्या में उपस्थित सभी नेताओं ने कहा कि उनने ध्वंस को रोकने की कोशिश की लेकिन कारसेवकों ने उनकी नहीं सुनी।

वे कारसेवक कोई आम जनता की अनियंत्रित भीड़ नहीं थे। वे सब कार्यकर्त्ता थे। ज्यादातर कारसेवक तो सभा में बैठे भी रहे। कोई पांच-छह सौ कारसेवकों ने ढांचे को तोड़ा। उनने न अनुशासन माना, न वहां उपस्थित नेताओं, संतों-महात्माओं और अपनी पार्टी की सरकार की फिकर की। ऐसा हो नहीं सकता कि संघ परिवार के किसी नेता को इसकी कोई जानकारी न रही हो कि ऐसा होने वाला है। ऐसा हो नहीं सकता कि कारसेवकों और स्वयंसेवकों के उस जमावड़े में पांच-छह सौ तोड़-फोड़ करने वाले घुसपैठिए आ गए हों। और अगर आ गए हों तो उन्हें रोका क्यों नहीं गया ? या तो वे वही कर रहे थे जो वहां आए नेता और संघ परिवारी चाहते थे या जो वहां हो गया उसका राजनैतिक लाभ लेने की सूझ-बूझ और ललक बाद में आई। इसलिए न किसी ने उसकी भर्त्सना की, न खम ठोंक कर कहा कि हां हमने यह किया और यही करने के लिए हम इकट्ठे हुए थे।

अयोध्या में जो अनुशासन भंग हुआ और उन्हीं के नेताओं के लिए वचनों के जो धुर्रे उड़े उसका कोई सार्वजनिक स्पष्टीकरण संघ ने नहीं किया। नैतिकता पर जोर देने वाले एक सांस्कृतिक-सामाजिक संगठन को ऐसा कपटाचार शोभा नहीं देता। लेकिन संघ ने इस घटना पर कोई नैतिक स्टैंड नहीं लिया। अगर इस प्रकार के बल प्रदर्शन में वह विश्वास करता हो तो भी उसे कहना चाहिए कि जो कुछ हुआ ठीक हुआ। अयोध्या में बाबरी मस्जिद के ढांचे के ध्वंस पर संघ का रवैया बताता है कि अपने लोगों के सात खून भी वह माफ करेगा और अगर बाबरी मस्जिद तोड़ने से सत्ता मिलती है तो तोड़ देना चाहिए।

तोड़ने में पराक्रम बताने पर भी सत्ता जब नहीं मिली तो भाजपा ने मुद्दा और प्राथमिकता

बदल दी। संघ ने उसे ऐसा करने दिया। संघ ने भाजपा को उत्तर प्रदेश में बसपा की सरकार बनाने और गुजरात में वाघेला से समझौता करने दिया क्योंकि अभी लोकसभा का चुनाव जीतना है। संघ का नैतिक नियंत्रण और अनुशासन भाजपा पर नहीं चल रहा तो इसका कारण यह है कि संघ भी सत्ता के लिए समझौते करने को बुरा नहीं मानता। वह भी चूंकि सत्ता में विश्वास करता है इसलिए भाजपा पर नियंत्रण छोड़ेगा नहीं और संघ के नियंत्रण में भाजपा इस देश की सर्वसम्मतिवादी पार्टी नहीं बन सकती। यानी इस देश की सत्तारूढ़ पार्टी नहीं हो सकती। अपनी इस नियति के लिए वह जन्म से ही अभिशप्त है।

13.10.1995

सत्ता और अस्थिरता के खेल में उत्तर प्रदेश

दस दिन में सबकी पोल खुल गई और सभी को अब दोमुंहेपन से काम निकालना पड़ रहा है। मंगलवार सत्रह अक्तूबर को जब भारतीय जनता पार्टी ने उत्तर प्रदेश की मायावती सरकार से समर्थन वापस लिया तो उसने राज्यपाल से न तो सरकार बनाने का मौका देने और न विधानसभा को भंग कर के नए चुनाव करवाने की मांग की। उसने सिर्फ समर्थन वापस लिया और उसके नेता मुरली मनोहर जोशी ने कहा कि गेंद अब राज्यपाल के पाले में है।

उसी शाम जब कांशीराम के कहने पर बेमन से मायावती इस्तीफा देने गईं तो उनने राज्यपाल से विधानसभा भंग करने की सिफारिश नहीं की, न नए चुनाव करवाने की। वे बहुत चाहती थीं कि भाजपा के समर्थन वापस लेने पर उनकी सरकार गिरे भी तो वे कार्यवाहक मुख्यमंत्री बनी रहें। लेकिन उनके कामचलाऊ बने रहने की कोई सूरत नहीं थी।

समाजवादी पार्टी के अध्यक्ष मुलायम सिंह यादव ने भी उसी दिन स्पष्ट कर दिया कि वे न तो सरकार बनाने का दावा पेश करेंगे, न बहुजन समाज पार्टी को नई सरकार बनाने के लिए समर्थन देंगे। उनने तत्काल विधानसभा भंग किए जाने और नए चुनाव करवाने की मांग की।

अगले दिन राज्यपाल मोतीलाल वोरा की रपट पर गृहमंत्री शंकरराव चह्वाण की अध्यक्षता में हुई केंद्रीय मंत्रिमंडल की बैठक में विचार किया गया। राष्ट्रपति शासन लगाने और विधानसभा को दो महीने के लिए निलंबित रखने की सिफारिश मान ली गई। राष्ट्रपति भवन से ऐसी ही अधिसूचना जारी हो गई।

राज्यपाल ने कहा कि प्रदेश में कोई भी पार्टी सरकार बनाने की हालत में नहीं है, न किसी ने सरकार बनाने का दावा किया है इसलिए राष्ट्रपति शासन लगाने की सिफारिश करने के अलावा कोई चारा नहीं था। लेकिन विधानसभा को निलंबित इसलिए रखा गया है कि बोम्मई के मामले में सुप्रीम कोर्ट ने निर्णय में कहा है कि जब तक संसद राष्ट्रपति शासन की पुष्टि न कर दे राष्ट्रपति को ऐसी कोई कार्रवाई नहीं करनी चाहिए कि जिसे उलटा न जा सके। यानी विधानसभा को भंग नहीं करना चाहिए।

चूंकि संसद सत्ताईस नवंबर से बैठने वाली थी इसलिए विधानसभा को दो महीने के लिए निलंबित रखा गया। उस दिन भी शंका की गई थी कि इससे विधायकों की घोड़ा मंडी खुल जाएगी और ऊंचे दामों पर खरीद-फरोख्त होगी। लोकतंत्र का मखौल तो उड़ेगा ही सुप्रीम कोर्ट के निर्णय की आत्मा का अतिक्रमण भी होगा क्योंकि उसका इरादा विधायकों की घोड़ा मंडी खुलवाने का कभी नहीं रहा होगा।

लेकिन राज्यपाल ने कुछ ऐसा आभास दिया कि जैसे विधानसभा को निलंबन में रखना सुप्रीम कोर्ट के निर्णय के अनुसार बाध्यकारी हो। उनने यह भी कहा कि इस विधानसभा को गठित हुए अभी दो साल भी नहीं हुए हैं। तीन साल का कार्यकाल बाकी है और अगर कोई सरकार बनाने का दावा करेगा तो उस पर विचार किया जाएगा। लेकिन राज्यपाल ने कहा कि निलंबन के दौरान वे सरकार बनाने की संभावनाओं की तलाश या कोशिश नहीं करेंगे।

प्रधानमंत्री विदेश यात्रा पर थे इसलिए या इसलिए कि विधि मंत्रालय की राय में बोम्मई मामले में सुप्रीम कोर्ट का फैसला इसे बाध्यकारी बनाता है—लेकिन विधानसभा को निलंबित रखने के फैसले ने विधायकों और पार्टियों को संदेश दिया कि कांग्रेस की केंद्र सरकार सत्ता के दाने चुगने की गुंजाइश छोड़ कर मुर्गे लड़ाने का खेल कर रही है।

सबसे पहले बसपा के विधायक इस खेल में आए क्योंकि पहली बार उनने सत्ता का स्वाद चखा था। और उनके नेताओं—मायावती और कांशीराम ने पहले मुलायम सरकार के दौरान फिर अपनी सरकार की चार दिन की चांदनी में खुद तो दोनों हाथों से माखन खाया था पर विधायकों में तो सत्ता की छाछ ही बंटवाई थी। सत्ता की मलाई पाने के लिए अब वे किसी भी ऐसी पार्टी की मदद करने को तैयार थे जो सरकार बना सके।

इसमें कोई शक नहीं कि भाजपा के विधायकों और पूर्व मंत्रियों को बसपा के इन्हीं विधायकों ने ललचाया कि उनकी पार्टी को सरकार बनाने का दावा करना चाहिए। भाजपा के प्रदेश नेतृत्व ने देखा कि इससे न सिर्फ वह बसपा को तोड़ सकता है और इस तरह दलित वोट के भागते भूत की लंगोटी तो कम-से-कम पकड़ ही सकता है वह अपनी पार्टी की सरकार भी बनवा सकता है जो कि लोकसभा चुनाव के दौरान बड़ी नियामत साबित हो सकती है।

बसपा के, निर्दलीय और सपा के भी इतने विधायक भाजपा के पीछे पड़ गए थे कि जितने चार सौ तेईस की विधानसभा में बहुमत के लिए जरूरी थे। इसने प्रदेश नेतृत्व को सरकार बनाने का दावा करने को तैयार कर दिया। इन सत्ताकांक्षी विधायकों का प्रदेश भाजपा पर और प्रदेश भाजपा का केंद्रीय नेतृत्व पर इतना और ऐसा जबरदस्त दबाव बना कि वह भाजपा जो विधानसभा को भंग कर के नए चुनाव करवाने पर जोर दे रही थी अपनी सरकार बनाने पर कमर कसके तैयार हो गई। गुजरात के संकट से सबक सीखे भाजपा के केंद्रीय नेतृत्व ने सिद्धांत पर अड़ने के बजाय प्रदेश नेताओं की सुनना ठीक समझा।

जब सपा वालों ने देखा कि भाजपा तो सचमुच ही सरकार बना ले जाएगी तो उसने भी अपना रवैया बदला। मुलायम सिंह यादव खुद भले ही सामने न आए हों पर उनकी पार्टी ने भी सभी सेकुलर ताकतों से मिल कर भाजपा को सरकार बनाने से रोकने के लिए अपना दावा पेश कर दिया। एक सौ छिहत्तर विधायकों वाली भाजपा को तो फिर भी सिर्फ छत्तीस विधायकों की जरूरत थी, सपा को तो अस्सी-बयासी विधायक चाहिए थे। फिर भी उसने मजबूत दावा पेश किया क्योंकि नहीं करती तो उसके विधायक बसपा वालों के साथ मिल कर भाजपा की सरकार बनवाने चले जाते।

भाजपा और सपा के नेताओं ने राज्यपाल से मिल कर सरकार बनाने का मौका दिए जाने की मांग की और राज्यपाल ने कहा कि वे उनके दावों पर विचार करेंगे। इससे घोड़ा मंडी में खरीद-फरोख्त और तेज हो गई। मायावती ने देखा कि उनके तो सारे ही विधायक मंडी में पहुंच गए हैं तो वे राज्यपाल के पास पहुंचीं कि हमारे विधायकों की सुरक्षा का इंतजाम किया जाए ताकि उनका अपहरण कर के उनकी परेड न करवाई जा सके। यानी हमारे विधायकों को भाजपा-सपा के चंगुल में जाने से रोकिए।

बसपा विधायकों को मंडी से वापस लाने के लिए कांशीराम भी लखनऊ पहुंचे। लेकिन उनकी चेली मायावती भी उन्हें लेने हवाई अड्डे नहीं आईं। आधा दर्जन विधायक ही वहां पहुंचे। कांशीराम ने बैठक बुलाई तो उसके पंद्रह-बीस विधायक भी नहीं आए और जो आए वे भी सुनने को तैयार नहीं थे। भाजपा को सरकार बनाने से रोकने के लिए कांशीराम सपा की सरकार बनवाने पर भी आमादा हुए तो चेली मायावती ही धमकी दे कर रूठ गईं और अटाटी-खटाटी ले कर सो गईं। कांशीराम इतने दुखी हुए और चिढ़े कि कलकत्ते निकल गए।

सत्ता के दाने चुगाने और मुर्गे लड़ाने का खेल अगर कांग्रेस ने खेला था तो जल्द ही राज्यपाल मोतीलाल वोरा ने पाया कि खेल उनके हाथ से निकल गया है। बल्कि उनने देखा कि वे भी उसमें फंस गए हैं। उनने बयान दिया कि सपा, भाजपा और एक निर्दलीय विधायक मसूद अहमद ने सरकार बनाने के दावे जरूर पेश किए हैं लेकिन उनके साथ समर्थक विधायकों की सूची नहीं दी है। सबके दावे मान लिए जाएं तो उत्तर प्रदेश विधानसभा में विधायकों की संख्या पांच सौ से भी ज्यादा हो जाएगी।

दावा करने वाले भाजपा-सपा नेताओं ने कहा कि राज्यपाल ने सूची मांगी ही नहीं जो वे देते। अब वे न सिर्फ सूची देंगे बल्कि समर्थक विधायकों की परेड भी करवा देंगे। इससे घोड़ा मंडी में खरीद-बिक्री सट्टे बाजार से भी तेज हो गई। ऐसा लगने लगा कि भाजपा की सरकार बन सकती है तो दिल्ली से अफवाहें लखनऊ पहुंचीं कि केंद्र ऐसा कभी नहीं होने देगा। इससे ज्यादातर बसपा विधायक भाजपा के खेमे से उठ कर मुलायम सिंह यादव के खेमे में पहुंच गए। भाजपा ने दो सौ तेईस विधायकों की सूची बनाई तो सपा ने दो सौ पच्चीस की।

राज्यपाल यह कह कर दिल्ली आ गए थे कि लौट कर वे इन दावों की जांच-परख करेंगे और कानूनी सलाह के मुताबिक काम करेंगे। वे दरअसल स्वदेश लौट रहे प्रधानमंत्री की अगुआई करने आए थे यानी उनसे पूछने आए थे कि क्या किया जाए तय कीजिए। वे लखनऊ लौटने के बजाय दिल्ली ही रुक गए। जाते तो उन्हें सूचियां लेनी पड़तीं। हालांकि उनकी सच्चाई जानने के पचड़े में पड़ने से बचने के लिए राज्यपाल वोरा ने कह दिया था कि किस पार्टी में कितने हैं और कितने इधर-उधर हो गए हैं इसका फैसला विधानसभा अध्यक्ष को करना है मुझे नहीं।

अध्यक्ष जैसा कि आप जानते हैं बरखूराम वर्मा हैं। बसपा के विधायक हैं और चाहे मायावती के साथ हों या कांशीराम के वे बसपा विधायकों के दम पर भाजपा सरकार बनने में सहायक तो नहीं होते। पहले के स्पीकर धनीराम वर्मा ने क्या नहीं किया आप जानते ही हैं। तो दावों की असलियत जानने और बताने की जिम्मेदारी विधानसभा अध्यक्ष पर छोड़ कर राज्यपाल निश्चिंत हो सकते थे। राज्यपाल बनने के बाद से मोतीलाल वोरा ऐसे पचड़ों से बचते रहे हैं पर इस बार मामला बिगड़ रहा था। लखनऊ में सूचियां और उम्मीदें लिए दावेदार बेसब्री से इंतजार कर रहे थे।

लेकिन इस बार प्रधानमंत्री ने अपनी शोहरत और स्वभाव के विरुद्ध तेजी से काम किया। राज्यपाल से फिर रपट मांगी गई। उनने कहा कि कोई स्थायी सरकार नहीं बन सकती और खरीद-फरोख्त बहुत हो रही है इसलिए विधानसभा भंग कर दी जाए। और केंद्र सरकार ने विधि और गृह मंत्रालयों की रपटों को ताक पर रख कर फैसला किया कि विधानसभा भंग कर दी जाए। सत्ताईस अक्टूबर की रात वह हो भी गई।

न राष्ट्रपति शासन की संसद द्वारा पुष्टि के लिए रुका गया न बोम्मई मामले पर सुप्रीम कोर्ट के फैसले की चिंता की गई। सुप्रीम कोर्ट अब भी राष्ट्रपति शासन लगाने और विधानसभा भंग करने के फैसले को उलट कर विधानसभा में जान डाल कर फिर उसे खड़ी कर सकता है। लेकिन सरकार न बना पाने से खिन्न भाजपा और सपा कोर्ट में जाने के बजाय जनता की कोर्ट में जाने की बात कर रही हैं। भाजपा बहुत गुस्से में है कि उसे सरकार बनाने से रोकने के लिए केंद्र सरकार ने राजनैतिक फैसला लिया जो अनुचित और अलोकतांत्रिक है।

लेकिन उसका यह कहना गलत है कि राष्ट्रपतियों ने तो कभी सूची नहीं मांगी और हर बार एक पार्टी के नेता को बुला कर पूछा कि सरकार बना सकते हो या नहीं। वे जान-बूझ कर नहीं बताते कि केंद्र में राष्ट्रपति शासन की कोई व्यवस्था नहीं है इसलिए कामचलाऊ सरकार बनानी

ही पड़ती है। राज्यों में राष्ट्रपति शासन मजे में लगा सकते हैं और लगता है। राज्यपाल को संतुष्ट ही होना पड़ता है और विवेक से तय करना होता है कि टिकने वाली सरकार बन सकती है या नहीं। उत्तर प्रदेश में यह निर्णय सत्रह अक्तूबर को ही हो सकता था। सुप्रीम कोर्ट के फैसले की आड़ की कोई जरूरत नहीं थी। गृहमंत्री चह्वाण या केंद्रीय मंत्रिमंडल ने उसकी आड़ क्या इसीलिए ली कि प्रधानमंत्री को वापस आने तक का समय मिल जाए ?

बहरहाल, सन् नवासी से अब तक उत्तर प्रदेश में तीन चुनाव हो चुके हैं और चार सरकारें बन कर टूट चुकी हैं। कोई सरकार डेढ़ साल से ज्यादा नहीं चली। कल्याण सिंह की भाजपा सरकार भी नहीं जो एक ही पार्टी की सरकार थी। मुलायम सिंह यादव ने पहले भाजपा की मदद से फिर बसपा के समर्थन से सरकार बनाई। भाजपा ने पहले अपने बूते पर और फिर अपने समर्थन से बसपा की सरकार बनाई। इस अस्थिरता और उथल-पुथल ने पहले ही पिछड़े उत्तर प्रदेश को अब और भी पीछे धकेल दिया है। उसके गले में उग्र सांप्रदायिकता और जातिवाद के दो पत्थर और लटक गए हैं।

पिछले पखवाड़े ने सभी पार्टियों और केंद्र का भी भंडाफोड़ कर दिया है। सब पार्टियां सत्ता के लालच में टूटन और विखंडन की शिकार हुई हैं। मायावती ने साढ़े चार महीने में राज्यतंत्र को तहस-नहस कर दिया है। लोकसभा और विधानसभा के चुनाव शांति और स्थिरता आने नहीं देंगे। देश के सबसे बड़े राज्य की राजनैतिक और सामाजिक अस्थिरता का असर पूरे देश पर हुआ है। राष्ट्रपति शासन में भी पार्टी हित ही सर्वोपरि रहा तो हालत सुधरेगी नहीं।

30.10.1995

क्या दे देगा न्यायमूर्ति वर्मा का फैसला

चुनाव चूंकि बहुत दूर नहीं हैं इसलिए हर घटना के उन पर हो सकने वाले असर का अंदाज लगाया जा रहा है। और देखा जा रहा है कि किससे किसको लाभ मिलेगा। ग्यारह दिसंबर को दिए गए सुप्रीम कोर्ट के एक खंडपीठ के फैसले को भी इसी उजाले में देखने की कोशिश हो रही है।

न्यायमूर्ति जगदीश शरण वर्मा ने इस फैसले में 'हिंदुत्व' को सनातन धर्म की परंपरा में रख दिया है। फैसले पर आपके साथ आगे बात करूंगा। अभी तो बात यहीं तक सीमित रखी जाए कि इससे क्या भाजपा को लोकसभा चुनाव में सचमुच फायदा होगा जैसा कि इस पार्टी के नेता और उनके कहे अनुसार अखबार बताने की कोशिश कर रहे हैं।

अंग्रेजी अखबार इस मामले में थोड़े आगे चल रहे हैं क्योंकि उन्हें लग रहा है अब भाजपा खुल कर हिंदुत्व के नारे पर चुनाव लड़ेगी। लालकृष्ण आडवाणी कहते हैं कि उनकी पार्टी देश की मुख्य पार्टी हो गई है। लेकिन अंग्रेजी अखबारों की उसकी समझ से तो नहीं लगता कि वह सचमुच मुख्य पार्टी है। अंग्रेजी अखबार अकसर लिखते रहते हैं कि अब भाजपा हिंदुत्व को अपना मुख्य अभियान बनाएगी और फिर लिखते हैं कि नहीं इसे तो वह पीछे वाले खाने में रख रही है। जैसे हिंदुत्व कोई चुनावी नारा या कार्यक्रम को जिसे भाजपा छोड़ या अपना सकती है।

भाजपा की यही समझ अगर देश के राष्ट्रीय और मुख्य कहे जाने वाले अखबारों की है तो साफ है कि वे उसे नहीं समझते। और जिसे अंग्रेजी अखबार नहीं समझते वह देश की मुख्य पार्टी कैसे हो सकती है ? इसलिए या तो आडवाणीजी को मान लेना चाहिए कि भाजपा मुख्य पार्टी नहीं है या उन्हें अपनी पार्टी पर अंग्रेजी अखबारों का अज्ञान दूर करना चाहिए। कुछ दिनों तक वे लगातार बौद्धिक लगा सकते हैं और कॉपी-पेंसिल ले कर आने के लिए इन अखबार वालों को निमंत्रित कर सकते हैं।

यह बताया जाना जरूरी है कि न्यायमूर्ति वर्मा ने हिंदुत्व के बारे में क्या कहा इससे भाजपा के रवैए में कोई बुनियादी फर्क नहीं पड़ने वाला है। हिंदुत्व वह आधारभूत अवधारणा है जिस पर भाजपा बनी है। हिंदुत्व वह धर्म है जो राष्ट्रीय स्वयंसेवक संघ को धारण किए हुए है। वह उसका अपनाया गया कार्यक्रम, रणनीति या नारा नहीं है। हिंदुत्व संघ परिवार की जान है। भाजपा इस परिवार की राजनैतिक बेटी है और उसके नारे और कार्यक्रम बदल सकते हैं लेकिन उसका आधार—हिंदुत्व—नहीं बदल सकता।

न्यायमूर्ति वर्मा के फैसले के पहले भी हिंदुत्व संघ परिवार का और इसलिए भाजपा का आधार था और आगे भी रहेगा। संघ परिवार ने अपने उन मुखों से जिन्हें संविधान के सामने शपथ लेने नहीं जाना पड़ता—बार-बार और निस्संकोच कहलवाया है कि आस्था के प्रश्न न्यायालय के कार्यक्षेत्र में नहीं आते।

भाजपा के नेताओं ने लोकतांत्रिक और संवैधानिक लोकलाज के कारण भले ही न कहा हो पर विश्व हिंदू परिषद, बजरंग दल और संघ के नेताओं ने तो अयोध्या के मामले में साफ कहा था कि यह न्यायालयों के अधिकार में नहीं आता कि बताए कि रामजन्मभूमि वहीं है या नहीं। वे तो

पुरातत्त्वशास्त्र को भी प्रमाण मानने को तैयार नहीं थे। हम यानी हिंदू अगर मानते हैं कि हमारे भगवान राम यहां जन्मे थे तो जन्मे हैं इसके लिए किसी न्यायालय का प्रमाण नहीं चाहिए।

आपको याद ही होगा कि बाबरी मस्जिद की सुरक्षा को ले कर उत्तर प्रदेश की भाजपा सरकार और भाजपा और परिषद के नेताओं ने सुप्रीम कोर्ट, संसद और राष्ट्रीय एकता परिषद को जो वचन दिए थे उनकी उनने कितनी इज्जत की। बाबरी मस्जिद की रक्षा और अयोध्या में उसी जगह राम जन्मभूमि होने के मामले पर संघ परिवारियों ने सुप्रीम कोर्ट, संविधान, कानून, संसद और विधानसभा की कितनी मानी इसे सारी दुनिया जानती है।

अयोध्या में संघ परिवारियों ने जो किया वह उनके 'हिंदुत्व' के अनुसार था और चूंकि उन्हें विश्वास था कि जो ध्वंस किया गया वह हिंदुत्व की तुष्टि और पुष्टि करता है इसलिए उनने सर्वोच्च न्यायालय को दिए गए अपने वचनों की रक्षा करने की कोई चिंता नहीं की।

छह दिसंबर, उसके पहले और बाद की घटनाओं की याद दिलाना यहां जरूरी है क्योंकि लालकृष्ण आडवाणी न्यायमूर्ति वर्मा के फैसले का स्वागत करते हुए उसे ऐतिहासिक बता रहे हैं क्योंकि इससे उनकी राय में देश के सर्वोच्च न्यायालय ने उनके हिंदुत्व पर पुष्टि की मुहर लगा दी। छह दिसंबर को किए गए ध्वंस और उस पर सर्वोच्च न्यायालय की टिप्पणी और प्रतिक्रिया को इन्हीं भाजपा नेताओं ने ताक पर रख दिया था।

इनके लिए महत्त्व सर्वोच्च न्यायालय के फैसले, टिप्पणी और अधिकार का नहीं है। महत्त्व उनकी अपनी आस्था का है। सर्वोच्च न्यायालय अगर उनकी आस्था को सही मानता है तो उसका फैसला महत्त्वपूर्ण और ऐतिहासिक है लेकिन अगर वह कहता है कि आप लोगों ने जो किया वह धर्म, परंपरा और संविधान तीनों के हिसाब से गलत है तो वे उसे सुनेंगे तक नहीं क्योंकि आस्था के प्रश्न न्यायालय के अधिकार क्षेत्र में नहीं आते।

संघ परिवारियों का यह बुनियादी रवैया है। इसे आप समझ लें तो समझाने की जरूरत नहीं रह जाएगी कि हिंदुत्व पर सर्वोच्च न्यायालय की टिप्पणी का संघ परिवारियों के लिए क्या महत्त्व है। कल अगर सर्वोच्च न्यायालय का संविधान पीठ एकमत से निर्णय दे दे कि हिंदुत्व की अवधारणा ही अधार्मिक, अभारतीय और असंवैधानिक है तो क्या आप मानते हैं कि संघ परिवारी हिंदुत्व को छोड़ देंगे ? कभी नहीं।

इसलिए सर्वोच्च न्यायालय की टिप्पणी संघ परिवार के लिए उलटे बांस बरेली पहुंचाने के समान है। इस टिप्पणी का उपयोग वे जरूर करेंगे उन लोगों के लिए जो मानते हैं कि हिंदुत्व की अवधारणा में ही सांप्रदायिकता का एक तत्त्व है जो उसे सनातन धर्म की परंपरा में तो अग्राह्य बनाता ही है हमारे लोकतांत्रिक जीवन में भी वह शुभ नहीं हो सकता। हमारे बहुधर्मी, बहुजातीय, बहुरंगी समाज ने जिस लोकतांत्रिक जीवन का ताना-बाना बुना है वह सांप्रदायिकता के कारण छिन्न-भिन्न होगा।

यही वे लोग हैं जो सर्वोच्च न्यायालय का सम्मान करते हैं। अपने लोकतंत्र के लिए स्वतंत्र और विश्वसनीय न्यायपालिका को अनिवार्य मानते हैं। और जो संविधान के मूलभूत ढांचे की रक्षा के लिए सर्वोच्च न्यायालय पर निर्भर करते हैं। ये लोग अपनी निजी आस्था के प्रश्नों पर राजनीति नहीं करते। वे अपनी आस्था को न्यायपालिका के अधिकार क्षेत्र में टकराने नहीं देते। ये लोग दैविक, लौकिक और दैहिक में अंतर करते हैं और इसलिए न्यायपालिका के अधिकार और उसकी सत्ता को स्वीकार करने में हिचकते नहीं। इनके लिए न्यायिक मत रणनीति का नहीं लोकतांत्रिक आचरण में आस्था का विषय है।

ये लोग भाजपा के समर्थक वोटर नहीं हैं। किसी स्तर पर भाजपा को ठीक मानते भी होंगे

तो न्यायपालिका के बारे में उसके रवैए से सहमत नहीं होंगे। यही वे लोग हैं जिन्होंने अयोध्या पर संघ परिवारियों के वचन भंग को न्यायपालिका की अवमानना माना और बाबरी मस्जिद के ध्वंस को मंजूरी नहीं दी।

इन्हीं लोगों ने वोट नहीं दिए इसलिए भाजपा नवंबर तिरानवे के विधानसभा चुनावों में हार गई। जब कि अदालतों में झूठ बोलने और वचन भंग करने वाले संघ परिवारी नेता इन्हीं चुनावों में जनता के दरबार में जा कर सच बोले थे और मस्जिद ढहाने के अपने पराक्रम पर वोट मांग रहे थे। क्या इन लोगों को भाजपा और संघ परिवारी न्यायमूर्ति वर्मा का फैसला दिखा कर अपनी तरफ कर पाएंगे ? क्या वे इनके गले उतार पाएंगे कि 'हिंदुत्व' को सनातन धर्म या हिंदू जीवन पद्धति की तरह सर्वग्राही बता कर सर्वोच्च न्यायालय ने संघ परिवार के सारे पाप धो दिए हैं और इसलिए अब उसका समर्थन करना चाहिए ?

सर्वोच्च न्यायालय की टिप्पणी अगर यह कर पाए तो मान लेना चाहिए कि उसके फैसले ने भाजपा को मजबूत किया है और अगले साल के लोकसभा चुनाव जीतने की उसकी संभावनाएं बढ़ा दी हैं। लेकिन अगर ऐसा नहीं होता है तो सुप्रीम कोर्ट के फैसले का मतलब इतना ही है कि हिंदुत्व पर अब वह रक्षात्मक रवैया अपनाने के लिए मजबूर नहीं होगी और जो पार्टियां और लोग भाजपा को 'हिंदुत्व' की अवधारणा के कारण सांप्रदायिक और फासिस्ट कहते थे उनसे निपटने में वह बेहतर स्थिति में होगी।

अपनी स्थिति का बेहतर बचाव कर पाने की हालत में होना अपने लिए नया समर्थन क्षेत्र जीतना नहीं है। भाजपा को इस वक्त और इस बार के लोकसभा चुनाव में अपनी स्थिति का बचाव नहीं करना है। उसे सत्तारूढ़ होने के लिए नए इलाके और नए समर्थन क्षेत्र जीतने की जरूरत है। क्या हिंदुत्व और सनातन धर्म में भेद न कर पाने वाले न्यायमूर्ति वर्मा का फैसला भाजपा को नए समर्थन क्षेत्र जितवा सकता है ?

भाजपा वाले खुद ही मानते हैं कि हिंदुत्व जो वोट आधार उन्हें दिलवा सकता था, दिलवा चुका है और यह क्षेत्र दोहन की चरम सीमा पर पहुंच कर अब पठार पर आ गया है। यानी संतृप्ति के बिंदु पर पहुंचा हुआ है। बाबरी मस्जिद का ध्वंस उन्हें प्रतिक्रियात्मक और उग्र हिंदूवाद का जो भी समर्थन दिला सकता था वह तीन साल पहले मिल गया है और देख लिया गया है कि चुनाव जीतने के लिए वह पर्याप्त नहीं है। रामजन्मभूमि जैसा कोई भावनाएं भड़काने वाला मुद्दा अब उसके पास नहीं है।

भाजपा चाहे तो मथुरा और काशी को अपने एजंडे पर चढ़ा सकती है जैसा कि छह साल पहले उसने अयोध्या को चढ़ाया था। लेकिन एक तो काशी और मथुरा अयोध्या की तरह विवादित नहीं हैं। ज्ञानवापी मस्जिद को देख कर कोई भी कह सकता है कि यहां पहले मंदिर रहा होगा। मथुरा का कृष्ण जन्म मंदिर भी इसी तरह विवाद में नहीं है। दोनों ही मामले पहले से तय हैं। ज्ञानवापी के सामने ही बाबा विश्वनाथ का मंदिर है जहां सवा दो सौ से ज्यादा वर्षों से पूजा हो रही है और जो पूज्य मंदिर के रूप में स्थापित है। मथुरा के मंदिर में भी बरसों से पूजा हो रही है। अयोध्या की तरह यहां सन् उनपचास में एक रात चुपचाप रामलला की मूर्ति नहीं रख दी गई और जो पूज्य मंदिर की तरह स्थापित नहीं था।

फिर काशी और मथुरा के सवाल जन भावनाओं को भड़काने वाले मुद्दों से आंदोलन भी नहीं

बने हैं। चुनाव के पहले इन्हें उठाने और बनाने का मतलब बहुत साफ राजनैतिक होगा और ये इतिहास का बदला चुकाने के प्रयत्न ही होंगे। इनसे लोग—मुसलमान और दूसरे अल्पसंख्यक ही नहीं उदार पारंपरिक हिंदू भी भाजपा से और दूर होंगे। इसलिए सोच-समझ कर संघ परिवार इन्हें उठा नहीं रहा और नवासी से तिरानवे तक की रणनीति छोड़ कर राजनैतिक गणित बैठाने में लगा है।

इसमें सर्वोच्च न्यायालय का फैसला कोई खास मददगार नहीं होगा। वह ज्यादा-से-ज्यादा भाजपा कार्यकर्त्ताओं का मनोबल बनाए रख सकता है और उन्हें अपनी आधारभूत विचारधारा के बचाव के लिए एक ढाल और दे सकता है। लेकिन लालकृष्ण आडवाणी ने तत्काल उसका लाभ लेने की कोशिश की और काफी अखबार वाले उसके भपके में भी आ गए।

हिंदुत्व के साथ न्यायमूर्ति वर्मा ने जो भी उदारता या अज्ञानता बरती हो, मुसलमानों को गरियाने और उस अल्पसंख्यक समुदाय के खिलाफ जहर उगलने की बाला साहेब ठाकरे की कोशिशों की तो उनने निंदा ही की है। बाला साहेब ठाकरे की ही नहीं, संघ परिवार की भी दिक्कत है कि हिंदुत्व के अभियान से अगर वे मुसलमान-विरोध को निकाल दें तो उसका वह दंश निकल जाता है जो प्रतिक्रिया में वोट दिलाता है। इसीलिए उस पर लालकृष्ण आडवाणी चुप रह गए हैं।

30.12.1995

हिंदू राज्य भी क्या हिंदू धर्म है ?

चूँकि मामला महाराष्ट्र के मुख्यमन्त्री मनोहर जोशी के राजनैतिक भविष्य का था, इसलिए गए महीने न्यायमूर्ति जेएस वर्मा की खंडपीठ ने कुछ चुनाव याचिकाओं पर जो निर्णय दिए उनकी आलोचना ज्यादातर इसी मुद्‌दे के आसपास घूमती रही कि ऐसी घोषणा के बावजूद सुप्रीम कोर्ट ने उनका चुनाव वैध कैसे ठहरा दिया।

घोषणा क्या थी ? फरवरी नब्बे का विधानसभा चुनाव लड़ते हुए मनोहर जोशी ने अपने चुनाव क्षेत्र दादर के शिवाजी पार्क और दूसरी जगहों की सभाओं में कहा कि (अगर शिवसेना-भाजपा गठबंधन जीत गया तो) पहला हिंदू राज्य महाराष्ट्र में स्थापित किया जाएगा।

मुंबई हाईकोर्ट ने उनका चुनाव अवैध करार दिया था। इस निर्णय के खिलाफ मनोहर जोशी ने सुप्रीम कोर्ट में अपील की थी। सुप्रीम कोर्ट ने कहा कि उसके सामने यह साबित नहीं हुआ कि मनोहर जोशी ने धर्म यानी रिलीजन का दुरुपयोग वोट लेने के लिए किया है।

मुंबई हाईकोर्ट ने यह और इसी तरह के दूसरे मामले भी—पहला हिंदू राज्य महाराष्ट्र में कायम होगा—जैसी घोषणाओं पर नहीं निपटाए थे। मनोहर जोशी विरुद्ध नितिन भाउराव पाटील और अन्य के मामले में अपने फैसले में हाईकोर्ट ने साफ कहा है—नोट किया जाना चाहिए कि यह चुनाव याचिका उम्मीदवार (मनोहर जोशी) की किसी घोषणा या कार्य या उनके चुनाव एजंट या उनकी तरफ से और उनकी अनुमति से किसी व्यक्ति की तरफ से किए गए कार्य या ऐलान पर आधारित नहीं है। यह याचिका ऊपर बताए कार्यक्रम या/और नीति-निर्णय (हिंदुत्व) पर आधारित है जो कि शिवसेना-भाजपा गठबंधन ने अपनाया है और जिस पर उम्मीदवार और उसके गठबंधन ने चुनाव अभियान चलाया है...

इतना ही नहीं। हाइकोर्ट के सामने जो दलीलें दी गई थीं उनके आधार पर उसने मामले के नौ मुद्‌दे तय किए थे। इनमें एक मुद्‌दा छह (अ) अदालत ने खुद अपनी तरफ से बनाया था। यह मुद्‌दा था—'महाराष्ट्र विधानसभा चुनाव 1990 के दौरान शिवसेना ने 'हिंदुत्व' का जैसा इस्तेमाल किया क्या वह वही है जैसा कि चुनाव याचिका में आरोप लगाया गया है या वह (उम्मीदवार के) लिखित बयान जैसा है ?'

इससे साफ हो जाता है कि मुंबई हाइकोर्ट ने शिवसेना भाजपा के राजनैतिक कार्यक्रम या नीति-निर्णय या विचारधारा-हिंदुत्व और चुनाव अभियान के दौरान गठबंधन और उसके उम्मीदवारों द्वारा उसके उपयोग/दुरुपयोग को विचार का मुख्य बिन्दु बनाया था। उसने मनोहर जोशी का चुनाव सिर्फ उनकी घोषणा—पहला हिंदू राज्य महाराष्ट्र में कायम होगा—पर अवैध नहीं ठहराया था।

लेकिन न्यायमूर्ति जेएन वर्मा (और उनकी खंडपीठ के न्यायमूर्ति एनपी सिंह और न्यायमूर्ति के वेंकटस्वामी) ने जन प्रतिनिधित्व कानून के अनुसार मनोहर जोशी की इस घोषणा को ही मामला चलाए जाने के लायक माना है। हिंदुत्व की राजनैतिक विचारधारा/अवधारणा या कार्यक्रम या नीति निर्णय को जन प्रतिनिधित्व कानून के दायरे के बाहर माना है।

क्योंकि जैसा कि न्यायमूर्ति वर्मा ने इस और दूसरे मामले—बाल ठाकरे विरुद्ध प्रभाकर काशीनाथ

कुंटे और अन्य के निर्णय में कहा है–'हिंदुत्व' शब्द का अपने आप में हमेशा मतलब हिंदू धर्म (रिलीजन) नहीं होता। यह तो संदर्भ और इस शब्द के इस्तेमाल का तरीका है जो किसी पाठ विशेष में इसका अर्थ तय करता है। यह नहीं माना जा सकता कि अपने निराकार, अमूर्त रूप में भी 'हिंदुत्व' शब्द का अर्थ हमेशा हिंदू धर्म (रिलीजन) ही होता है। किसी राजनैतिक पार्टी का कथित कार्यक्रम या विचारधारा उसके नेता के चुनाव भाषण को समझने के संदर्भ के रूप में तो प्रासंगिक हो सकती है, लेकिन किसी उम्मीदवार के खिलाफ दायर चुनाव याचिका में इसे भ्रष्टाचारी व्यवहार मानकर नहीं चला जा सकता।

इस तरह आप देखिए कि मुंबई हाइकोर्ट के लिए जो मुख्य मुद्दा था और जिस पर विचार के बाद उसने मनोहर जोशी का चुनाव अवैध घोषित किया वह सुप्रीम कोर्ट की राय में चुनाव याचिका का मुद्दा हो ही नहीं सकता। और जिस एक घोषणा को मुंबई हाइकोर्ट ने कोई खास महत्त्व नहीं दिया उसी को कोर्ट की वर्मा खंडपीठ ने मामला चलाए जाने का अकेला लायक मुद्दा माना है। जिसे न्यायमूर्ति वर्मा ने मुख्य और मामले के लायक मुद्दा माना उसी पर ज्यादातर आलोचना हुई और लोगों का ध्यान गया है।

लेकिन मजे की बात देखिए कि जिस मुद्दे को न्यायमूर्ति वर्मा ने भ्रष्टाचारी व्यवहार के नाते माने जाने का मुख्य और एकमात्र मुद्दा माना उस पर चौसठ पेज के अपने फैसले में कुल जमा चार पेज लगाए हैं। और हिंदुत्व के जिस मुद्दे का (मनोहर जोशी विरुद्ध नितिन भाउराव पाटील और अन्य के मामले में) सिर्फ जिक्र किया है उस पर बाल ठाकरे विरुद्ध प्रभाकर काशीनाथ कुंटे के फैसले में सोलह पेजों में अपने उच्च विचार प्रकट किए हैं।

यह पहला मौका है कि देश के सर्वोच्च न्यायालय ने 'हिंदुत्व' को सनातन हिंदू धर्म के पर्याय के रूप में निरूपित करने की नासमझी दिखाई है। वीर सावरकर और संघ परिवार के लोगों के अलावा हिंदू धर्म पर विचार करने और लिखनेवाले किसी भी विचारक-लेखक ने हिंदुत्व को उस अर्थ में स्वीकार नहीं किया है जिसमें हिंदू सनातन धर्म सामान्य तौर पर स्वीकार किया जाता है। यह दुस्साहस या नासमझी न्यायमूर्ति जेएस वर्मा ने ही बताई है।

जिसे मुंबई हाइकोर्ट ने इतना महत्त्व दिया और अपने फैसलों का आधार बनाया और जिसे चुनाव याचिका में धर्म के रूप में भ्रष्टाचारी व्यवहार मानने से इंकार करते हुए भी न्यायमूर्ति वर्मा ने सोलह पेजों में फैलाना जरूरी समझा वही ग्यारह दिसम्बर के सुप्रीम कोर्ट के फैसलों का मुख्य मुद्दा होना चाहिए। लेकिन चूँकि मनोहर जोशी के मामले में उसका सिर्फ जिक्र है और उनके जिस चुनाव को मुंबई हाइकोर्ट ने अवैध बताया था उसे सुप्रीम कोर्ट ने उलट दिया है इसलिए सार्वजनिक बहस में वही महत्त्व पा गया है। हिंदुत्व के मुख्य मुद्दे पर आने के पहले मनोहर जोशीवाले फैसले को भी देख लेना चाहिए ताकि न्यायमूर्ति वर्मा का मानस समझने में थोड़ी आसानी हो।

न्यायमूर्ति वर्मा ने कहा है कि चुनाव में भ्रष्टाचारी व्यवहार के नाते किसी बात पर विचार किया जा सकता है तो मनोहर जोशी की इस एकमात्र घोषणा पर कि महाराष्ट्र में पहला हिंदू राज्य कायम होगा। लेकिन इस घोषणा पर न्यायमूर्ति का कहना है–"हमारी राय में सिर्फ एक बयान कि पहला हिंदू राज्य महाराष्ट्र में स्थापित होगा अपने आप में अपने धर्म के नाम पर वोट पाने की अपील नहीं है। यह ज्यादा से ज्यादा एक आशा की अभिव्यक्ति हो सकती है। ऐसा बयान भले ही बहुत निन्दनीय और घृणित हो लेकिन यह अपने धर्म के नाम पर वोट की अपील नहीं कहा जा सकता।"

न्यायमूर्ति वर्मा और उनकी खंडपीठ की इस राय पर ज्यादातर लोगों को एतराज है और वे सुप्रीम कोर्ट के ही दूसरे निर्णय–खासकर बाबरी मस्जिद के ध्वंस के बाद डिसमिस की गई भाजपाई सरकारों के मामले में नौ न्यायमूर्तियों की संविधान खंडपीठ के फैसले के आधार पर इसे संविधान में व्याख्यायित राज्य के आधार पंथनिरपेक्षता के खिलाफ मानते हैं। यह महत्त्व शायद इसलिए भी

मिल गया है कि ऐसा बयान देकर छूट जानेवाले मनोहर जोशी महाराष्ट्र के मुख्यमन्त्री हैं। किसी के मुख्यमन्त्री हो जाने के बाद उसके इस बयान का मतलब निश्चित ही बढ़ जाता है कि उसका राज्य भारत का पहला हिंदू राज्य होगा।

खंडपीठ ने मनोहर जोशी के इस बयान को महज एक आशा की अभिव्यक्ति से ज्यादा कुछ क्यों नहीं माना—यह समझ में आसानी से नहीं आ सकता। न्यायमूर्ति वर्मा ने अपने फैसले में इसका कोई खुलासा नहीं किया है। समझाया नहीं है कि क्यों यह सिर्फ एक आशा की अभिव्यक्ति से ज्यादा कुछ नहीं है। इरादे और मतलब की यह उदारता और इतनी छूट न्यायमूर्ति वर्मा ने मनोहर जोशी को क्यों दी यह उनके दूसरे फैसले (बाल ठाकरे विरुद्ध प्रभाकर काशीनाथ कुंटे) में हिंदुत्व पर उनके उच्च विचारों में से निकलकर नहीं आती।

महाराष्ट्र में पहला हिंदू राज्य स्थापित होगा—यह अगर धर्म के नाम पर वोट लेने की सीधी अपील न भी हो तो पंथनिरपेक्ष राष्ट्र में पहला हिंदू राज्य स्थापित करने की घोषणा किसी चुनाव सभा में करना धार्मिक राज्य की स्थापना को चुनाव से जोड़ना तो है ही। क्या यह हमारे पंथनिरपेक्ष लोकतांत्रिक राष्ट्र के संविधान की आत्मा के अनुसार है ? चुनाव अभियान में कोई कहे कि उसकी पार्टी या गठबंधन सत्ता में आया तो पहला हिंदू राज्य स्थापित हो जाएगा—तो क्या यह हमारे संविधान की आत्मा के साथ बलात्कार नहीं तो दुराचार नहीं है ?

छद्म धर्मनिरपेक्षता के विरोधी और असली पंथनिरपेक्षता के झंडाबरदार लालकृष्ण आडवाणी कहते हैं कि भारत उसी अर्थ में हिंदू देश है कि जिस अर्थ में फ्रांस ईसाई देश है। तो क्या मनोहर जोशी ने महाराष्ट्र में जिस हिंदू राज्य की स्थापना की बात कही वह वही राज्य है जिसमें ज्यादातर हिंदू रहते हैं ? हिंदू राज्य की यह दलील अगर मान ली जाए तो दिक्कत यह है कि महाराष्ट्र में शिवसेना-भाजपा गठबंधन के चुनाव लड़ने के पहले भी ज्यादातर हिंदू ही रहते थे। शिवसेना-भाजपा के जीतने से ऐसा तो नहीं हो सकता कि पहले जो हिंदू थे वे नकली थे और शिवसेना-भाजपा की सरकार आने के बाद असली हो जाएँगे।

पहले हिंदू राज्य का अगर आडवाणी अर्थ नहीं हो सकता तो उसका कोई दूसरा अर्थ होना चाहिए। जनप्रतिनिधित्व कानून कहता है और सुप्रीम कोर्ट ने पहले भी माना है कि चुनाव सभाओं में आमतौर पर—साधारण लोग आते हैं इसलिए ऐसे लोग बातों का जो मतलब लगाते हैं उसे ध्यान में रखा जाना चाहिए। शिवसेना-भाजपा गठबंधन हिंदू राज्य कायम कर देगा इससे आम लोग क्या यह अर्थ निकालेंगे कि महाराष्ट्र ऐसा राज्य हो जाएगा जिसमें ज्यादातर हिंदू होंगे ? या हमें न्यायमूर्ति वर्मा की हिंदुत्व की व्याख्या को लागू करना चाहिए और कहना चाहिए कि हिंदू राज्य का मतलब हिंदू धार्मिक राज्य नहीं होता। मतलब तो संदर्भ और परिवेश से तय होगा।

जाहिर है कि ऐसी दलीलें इसे वाहियात ही बनाती हैं। तो क्या सोचा जाए कि न्यायमूर्ति वर्मा ने मनोहर जोशी की घोषणा को इसलिए गम्भीरता से नहीं लिया कि एक राज्य में ऐसी बात कहने से क्या होता है ! जब तक संविधान के अनुसार भारत एक पंथनिरपेक्ष लोकतांत्रिक गणतन्त्र है तब तक एक क्षेत्रीय गठबंधन के एक प्रांत में हिंदू राज्य कायम करने की घोषणा का कोई मतलब नहीं होता इसलिए इसे गम्भीरता से लेने की कोई जरूरत नहीं है। ऐसा अगर है तो कहना चाहिए कि ऐसे बयान की अनदेखी की जानी चाहिए। फिर न्यायमूर्ति वर्मा ने क्यों कहा कि वह निन्दनीय है ?

फिर मनोहर जोशी के महाराष्ट्र में हिंदू राज्य स्थापित करने के बयान को अगर आप गम्भीरता से नहीं लेते तो सिमरनजीत सिंह मान के खालिस्तान की स्थापना को अलगाववाद, देशद्रोह आदि क्यों कहा जाता है ? शेख अब्दुल्ला ने आजाद कश्मीर की बात कही तो उन्हें देशद्रोह के आरोप पर क्यों गिरफ्तार किया गया ? कोई कहे कि कश्मीर में पहला इस्लामी राज्य स्थापित होगा तो आप क्यों इसे राष्ट्र और अखंडता के खिलाफ घोषणा मानते हैं ? पंजाब में सिख राज्य और कश्मीर में

इस्लामी राज्य को भी ज्यादा से ज्यादा एक आशा की अभिव्यक्ति (मासूम अभिव्यक्ति ?) क्यों नहीं कहा जाता ?

क्योंकि सिख राज्य का संदर्भ एकदम स्वतन्त्र खालिस्तान और इस्लामी राज्य का संदर्भ पाकिस्तान से जोड़ लिया जाता है। चूँकि इस संदर्भ से ऐसी घोषणाएँ देश को तोड़नेवाली अलगाववादी घोषणाएँ हो जाती हैं इसलिए हम एकदम इनके खिलाफ शोर करते हैं। हिंदुत्ववादी ऐसा प्रचार करने में सबके आगे होते हैं ? क्यों ?

क्योंकि माना जाता है कि हिंदुत्व की बातें करनेवाले मनोहर जोशी—हिंदू-राज्य—स्थापित करके महाराष्ट्र को कहाँ ले जाएँगे ? वे कोई इसे भारत से अलग तो नहीं कर सकते। यानी हिंदू राज्य की स्थापना की बात करनेवाला हिंदू अलगाववादी नहीं होता जबकि खालिस्तान की बातें करनेवाला सिख और इस्लामी राज्य की बात करनेवाला कश्मीरी मुसलमान अलगाववादी और देशद्रोही हो जाता है। क्यों ? क्योंकि संदर्भ बदल जाता है।

हिंदू अलगाववादी नहीं हो सकता, सिख और मुसलमान होते हैं तो आप राष्ट्रीयता की सावरकर परिभाषा मान लेते हैं जो कि हमारे संविधान के ठीक विपरीत है। राष्ट्रीयता धर्म से निर्धारित होगी तो यह देश पंथनिरपेक्ष लोकतांत्रिक गणराज्य नहीं रह सकता ? न्यायमूर्ति वर्मा के फैसले से ये सवाल फिर उठते हैं। मनोहर जोशी को बरी करके राष्ट्रीयता को कठघरे में खड़ा कर दिया गया है।

5.1.1996

क्योंकि हिंदुत्व हिंदू धर्म नहीं है

कल हमने पूछा कि हिंदू राज्य भी क्या हिंदू धर्म है तो इसलिए कि रिलीजन के अर्थों में हिंदू धर्म की कोई निश्चित, सीमित और संकीर्ण परिभाषा नहीं की जा सकती। न्यायमूर्ति वर्मा ने भी बाल ठाकरे के विरुद्ध प्रभाकर काशीनाथ कुंटे और अन्य के मामले में अपने फैसले में बार-बार ऐसा कहा है और मोनियर विलियम्स, डॉक्टर राधाकृष्ण से लेकर इनसाइक्लोपीडिया ऑफ रिलीजन एंड एथिक्स से उद्धरण दिए हैं। सर्वोच्च न्यायालय के दूसरे निर्णयों से भी उद्धरण लाए गए हैं।

हिंदू धर्म की रिलीजन के अर्थों में सीमित, संकीर्ण और निश्चित परिभाषा नहीं हो सकती लेकिन हिंदू राज्य का निश्चित अर्थ है। वह ऐसा प्रांत नहीं है जिसमें ज्यादातर हिंदू रहते हों। वह हिंदुओं का भी राज्य नहीं है। वह ऐसा राज्य है जिसका धर्म हिंदू है यानी हिंदू धार्मिक राज्य। ऐसे राज्य का राजनीतिशास्त्र में निश्चित अर्थ और उसकी निश्चित परिभाषा होती है।

हालाँकि यह पूछना भी वाजिब होगा कि जिस धर्म की रिलीजन के अर्थों में निश्चित सीमित और संकीर्ण परिभाषा नहीं हो सकती वह राज्य का धर्म कैसे हो सकता है ? राज्य आखिर एक निश्चित अर्थ और परिभाषावाली राजनैतिक अवधारणा है। ऐसा राज्य एक ऐसे धर्म का कैसे हो सकता है जिसकी निश्चित, सीमित और संकीर्ण परिभाषा नहीं हो सकती ? इसलिए हिंदू धर्म को उसके विराट और विशाल और सर्वग्राही अर्थ में लिया जाए तो उसका कोई राज्य नहीं हो सकता और इसलिए हिंदू धर्म राज्य अपने आप में एक बेमानी चीज होगी। जो हिंदू धर्म को उसके सनातन और सर्वग्राही रूप में समझता और स्वीकार करता है वह ऐसी धारणाओं को वाहियात कह कर रद्द कर देगा।

लेकिन न्यायमूर्ति वर्मा ने मनोहर जोशी की—महाराष्ट्र में पहला हिंदू राज्य स्थापित होगा—वाली घोषणा को इसलिए ध्यान देने के योग्य नहीं समझा। उन्होंने कहा कि ऐसी घोषणा जन प्रतिनिधित्व कानून के अनुसार भ्रष्टाचारी व्यवहार में नहीं आती क्योंकि यह धर्म का वोट पाने के लिए सीधा उपयोग नहीं है। लेकिन जिस तरह न्यायमूर्ति वर्मा हिंदू राज्य को कोई निश्चित राजनैतिक अथवा धार्मिक अर्थ और महत्त्व नहीं देते वैसे ही वे हिंदुत्व और हिंदुइज्म में कोई भेद नहीं करते। चूँकि यही उनके निर्णय में सारे गड़बड़ घोटाले की जड़ है इसलिए इसे ठीक से समझ लेना चाहिए।

बाल ठाकरे विरुद्ध प्रभाकर काशीनाथ कुंटे और अन्य के मामले में अपने तिरसठ पेज के निर्णय में न्यायमूर्ति वर्मा ने ''मीनिंग ऑफ हिंदुत्व एंड हिंदुइज्म'' पर कोई सोलह पेज लगाए हैं। इसके शीर्षक से ही स्पष्ट है कि वे हिंदुत्व और हिंदुइज्म में कोई फर्क नहीं करते। न्यायमूर्ति वर्मा यह भी नहीं देखते कि उन्होंने सर्वोच्च न्यायालय की संविधान पीठ के जिन निर्णयों से उद्धरण दिए हैं उनमें कहीं भी हिंदू धर्म या हिंदुइज्म को 'हिंदुत्व' नहीं कहा गया है। डॉक्टर राधाकृष्णन, मोनियर विलियम्स इनसाइक्लोपीडिया ऑफ रिलीजन एंड एथिक्स और इनसाइक्लोपीडिया ब्रिटानिका आदि ने कहीं भी 'हिंदुत्व' शब्द का इस्तेमाल नहीं किया है।

मौलाना वहीदुद्दीन खान की पुस्तक—इंडियन मुसलिम्स—द नीड फार ए पॉजिटिव आउटलुक—से न्यायमूर्ति वर्मा ने जो उद्धरण लिया है उसमें जरूर हिंदुत्व शब्द आया है। लेकिन इसमें भी मौलाना

के अर्थ का अनर्थ कर दिया गया है क्योंकि इसे संदर्भ से उठाकर देखा गया है। मौलाना हिंदुत्व को हिंदू धर्म या हिंदुइज्म से एक नहीं करते। वे इसे भारतीयकरण का एक नाम मानते हैं और भारतीयकरण को देश में चली आ रही विविध संस्कृतियों के भेद को दूर करके एक संस्कृति विकसित करने की प्रक्रिया बता रहे हैं। यहाँ भी हिंदुत्व कहीं भी हिंदू धर्म या हिंदुइज्म का पर्यायवाची नहीं है।

न्यायमूर्ति वर्मा हिंदुत्व और हिंदुइज्म या हिंदू धर्म में फर्क नहीं करते क्योंकि या तो वे हिंदुत्व का जो अलग और निश्चित अर्थ और उपयोग है उसे जानते नहीं या उसकी समझ-बूझकर अनदेखी कर रहे हैं। मुंबई हाइकोर्ट ने अगर अपने विचार का मुख्य मुद्दा–हिंदुत्व–को माना तो इसके निश्चित कारण थे। वह इस पर इसलिए नहीं विचार कर रहा था कि हिंदुत्व एक पार्टी की आधारभूत विचारधारा या राजनैतिक कार्यक्रम है। मुंबई न्यायालय ने अपनी तरफ से जो मुद्दा बनाया था–वह यही था कि क्या हिंदुत्व वही है जैसा कि उसके होने का आरोप याचिका दायर करनेवालों ने लगाया है या वैसा जैसा कि (विजेता उम्मीदवार के) लिखित बयान में बताया गया है।

मुंबई हाइकोर्ट के फैसले और उस पर न्यायमूर्ति वर्मा की टिप्पणियों को पढ़ने से साफ हो जाता है कि दोनों के लिए 'हिंदुत्व' के अर्थ अलग हैं। मुंबई हाइकोर्ट ने 'हिंदुत्व' को हिंदू धर्म का राजनैतिक उपयोग माना है और इसलिए इस पर चुनाव जीतनेवाले के चुनाव को अवैध करार दिया है। जबकि न्यायमूर्ति वर्मा ने इसे एक राजनैतिक पार्टी की विचारधारा माना है और इसके बारे में कुछ भी कर सकने पर अपनी असमर्थता बताई है।

न्यायमूर्ति वर्मा ने संविधान पीठ के–कुलतार सिंह विरुद्ध मुख्तियार–के मामले में निर्णय का उद्धरण दिया है–"सब जानते हैं कि इस देश में कुछ पार्टियाँ हैं जो अलग-अलग राजनैतिक और आर्थिक विचारधाराओं को मानती हैं लेकिन उनकी सदस्यता या तो किसी विशेष समुदाय या धार्मिक समुदाय तक सीमित है या उनका बोलबाला है। जब तक कानून ऐसी पार्टियों पर पाबंदी नहीं लगाता बल्कि उन्हें चुनाव और संसदीय प्रक्रिया में भाग लेने के लिए मान्यता देता है तब तक यह याद रखना जरूरी है कि ऐसी पार्टियों के विजेता उम्मीदवारों की अपील धर्म, जाति, नस्ल, समुदाय और भाषा के असर और प्रभाववाली मानी जा सकती है। यह दोष या दुर्गुण तब तक शायद बना रहेगा जब तक कि ऐसी पार्टियों को रहने दिया जाता है बल्कि मान्यता दी जाती है भले ही उनकी सदस्यता समुदाय विशेष या धर्म विशेष तक के लोगों तक ही सीमित हो। इसलिए हम सोचते हैं कि यह विचार करते समय कि किसी उम्मीदवार विशेष की अपील जन प्रतिनिधित्व कानून की धारा 123(3) के दायरे में आती है या नहीं, अदालतों को अपील में इस्तेमाल किए गए शब्दों के अर्थ में उचित और विवेकसम्मत से ज्यादा कुछ पढ़ने की कोशिश नहीं करनी चाहिए।"

यानी जब तक अकाली दल जैसी सिखों की पार्टी और मुस्लिम लीग जैसी मुसलमानों की पार्टियों पर कानूनन पाबंदी नहीं लगती और उन्हें चुनाव लड़ने के लिए मान्यता मिलती है तब तक उनके उम्मीदवारों के चुनाव को इस आधार पर अवैध करार नहीं देना चाहिए कि वोट के लिए उनकी अपील में धर्म, जाति, समुदाय, भाषा आदि का आह्वान निहित होता ही है। न्यायमूर्ति वर्मा ऐसा नहीं कहते लेकिन उनका मतलब है कि कानून ने जब अकाली दल और मुस्लिम लीग को मान्यता दे रखी है तो अदालत क्या करे। अदालतों को तो कानून के अनुसार निर्णय देना है। और न्यायमूर्ति वर्मा नहीं कहते लेकिन उनका मतलब है कि जब तक–सिखों के अकाली दल, मुसलमानों की मुस्लिम लीग और हिंदुओं की शिवसेना को मान्यता मिली हुई है तब तक उनकी आधारभूत विचारधारा पर न्यायालय कैसे सवाल लगा सकते हैं ?

न्यायमूर्ति वर्मा अपनी असहायता या मजबूरी प्रकट करके रह जाते तो भी गनीमत थी। लेकिन वे एक कदम आगे बढ़े और उन्होंने कहा कि शिवसेना के हिंदुत्व का वही मतलब है जो हिंदु धर्म

या हिंदुइज्म का है। और ऐसा करने में वे भूल गए और उन्हें मालूम नहीं था कि हिंदुत्व का एक अलग और निश्चित अर्थ है।

यह संयोग नहीं है कि 'हिंदुत्व' शब्द का इस्तेमाल वीर सावरकर और संघ परिवार के लेखकों–नेताओं ने ही किया है। बाकी जिन सैकड़ों विद्वानों और महान लेखकों ने हिंदू धर्म, हिंदुइज्म और संस्कृति पर लिखा उन्होंने इस शब्द को कभी छुआ तक नहीं। न्यायमूर्ति वर्मा ने जिन मोनियर विलियम्स और डॉक्टर राधाकृष्णन के उद्धरण दिए उनमें हिंदुत्व नहीं है। विवेकानंद, रामकृष्ण, अरविन्द और महात्मा गांधी ने भी हिंदुत्व का उपयोग हिंदू धर्म, हिंदुइज्म, हिंदू संस्कृति आदि के लिए नहीं किया। और तो और, डॉक्टर पांडुरंग वामन काणे ने जो 'धर्मशास्त्र का इतिहास' लिखा और जिसे प्रामाणिक और सर्वमान्य ग्रन्थ माना जाता है उसमें भी हिंदुत्व नहीं है।

'हिंदुत्व' को चलन में लाने और उसे निश्चित अर्थ देनेवाले वीर सावरकर ने दरअसल सबसे पहले यही कहा है कि हिंदुत्व हिंदुइज्म नहीं है। हिंदुत्व हिंदू धर्म नहीं है। अपनी बीज पुस्तक 'हिंदुत्व' (1923, 1942) में उन्होंने लिखा है–"ठीक ठीक कहें तो हिंदुइज्म वह शब्द है जो हिंदू लोगों के विभिन्न समुदायों के धार्मिक विश्वासों पर लागू किया जा सकता है। लेकिन आमतौर पर यह धर्म की उस व्यवस्था पर लागू किया जाता है जिसे हिंदू लोगों का बहुमत मानता है।" यानी वीर सावरकर ने भी हिंदुइज्म को तो उस अर्थ में हिंदू धर्म माना है जिसमें न्यायमूर्ति वर्मा और उनके द्वारा उद्धृत विद्वानों और न्यायमूर्तियों ने माना है। लेकिन चेतावनी दी है कि उसे हिंदुत्व न माना जाए।

यह भेद वीर सावरकर ने इसलिए किया कि हिंदुइज्म में परिभाषा के परे होने की जो सर्वग्राहिता है उससे वे हिंदुत्व को अलग करना चाहते थे। उन्होंने हिंदुत्व के अनिवार्य गुण, विशेषताएँ आदि बताए हैं। हिंदुत्व प्राप्त करने के लिए जरूरी है कि सिन्धु से दक्षिण में समुद्र तक जो धरती है उसे आप अपनी पितृभू और मातृभू ही नहीं पुण्यभू भी मानें। ऐसा आप मानेंगे तो आप हिंदू राष्ट्र होंगे। फिर आपकी जाति हिंदू होनी चाहिए–यानी आप हिंदू नस्ल के होने चाहिए। और आपकी हिंदू संस्कृति होनी चाहिए। आपको एक जैसे कानून और रीति-रिवाज मानने चाहिए।

वीर सावरकर की पुण्यभू और संस्कृति की अवधारणाएँ और उन पर उनका आग्रह ऐसा है कि इसी देश में जन्मे, यहीं हमेशा रहे और इसी के रीति-रिवाज माननेवाले मुसलमान और ईसाई भी हिंदू नहीं कहे जा सकते। क्योंकि–"हमारे कुछ जो मुसलमान और ईसाई देशवासी हैं उनको हो सकता है जबर्दस्ती गैर हिंदु धर्म मानने पर मजबूर किया गया हो, हो सकता है कि उनकी शिराओं में हिंदू रक्त ही बह रहा हो और जो दूसरे हिंदुओं की तरह एक ही पितृभू और एक जैसी संस्कृति, भाषा, विधि, रीति-रिवाज, लोक साहित्य और इतिहास के उत्तराधिकारी हों–लेकिन न तो वे हिंदू हैं, न उन्हें हिंदू माना जा सकता है। हिंदुस्थान किसी भी हिंदू की तरह उनकी पितृभू हो सकती है लेकिन यह उनकी पुण्यभू नहीं है। उनकी पुण्यभू तो दूर–अरब देश या फिलीस्तीन में है।

और–'ईसाई और मुसलमान समुदाय जो अभी हाल तक हिंदू थे और जिनमें से अधिकतर कम से कम पहली पीढ़ी में–दूसरे धर्म में बड़े बेमन से गए हैं–वे दावा कर सकते हैं कि उनकी पितृभू, रक्त, पुरखे आदि वही हैं जो हिंदुओं के हैं। फिर भी वे हिंदू नहीं हैं क्योंकि नया धर्म सम्प्रदाय स्वीकार करने के बाद हिंदू संस्कृति उनकी संस्कृति नहीं रह गई है।"

वीर सावरकर ने हिंदुत्व की ये और ऐसी अनिवार्यताएँ मानी हैं। उनका हिंदुत्व भारतीय मुसलमानों और ईसाइयों को अपने में स्वीकार नहीं करता। स्वीकार भी करेगा तो तभी जब वे हिंदुस्तान को अपनी पुण्यभू मानें और संस्कृति को स्वीकार करें। यानी मक्का-मदीना, फिलिस्तीन आदि को नहीं काशी, मथुरा, अयोध्या आदि को अपने तीर्थधाम मानें। इतिहास-पुराण को अपनी संस्कृति के स्रोत मानें।

वीर सावरकर के इस हिंदुत्व को मुसलमानों, ईसाइयों और सिखों ने ही नहीं, अधिकांश हिंदुओं ने भी नहीं माना। वीर सावरकर और शिवसेना हिंदुत्व को ही राष्ट्रीयता मानते हैं। संघ परिवार और भाजपावालों ने हिंदुत्व को स्वतन्त्र भारत के संविधान के अनुरूप ढालने की कोशिश की है और जिसे न्यायमूर्ति वर्मा ने उद्‌धृत किया है वह हिंदुत्व को भारतीयत्व में दिखाने की कोशिश है। पुराने और नए हिंदुत्व में फर्क यही है कि अब हिंदुओं का एक धार्मिक समुदाय के नाते वर्चस्व मानने की माँग हो रही है, सबकी एक ही पुण्यभू और एक ही संस्कृति होने का आग्रह नहीं है।

आज ही नहीं, आजादी के पहले भी 'हिंदुत्व' वीर सावरकर और गुरु गोलवलकर के अर्थों में ही समझा जाता रहा है। न्यायमूर्ति वर्मा ने इस सामाजिक, राजनैतिक और धार्मिक वास्तविकता को नहीं समझा और इसलिए हिंदू धर्म या हिंदुइज्म को हिंदुत्व से गड्‌डमड्‌ड कर दिया। इस न्यायिक विवाद का हिंदू समाज तो अपनी तईं फैसला कर लेगा जैसा कि उसने बाबरी मस्जिद गिरानेवालों का भी कर लिया। लेकिन इस देश के न्यायिक समाज को भी सोचना चाहिए कि वह न्यायमूर्ति वर्मा के फैसले का क्या करे ?

6.1.1996

मानस और स्वभाव ऐसे नहीं बदलता

हमारे जवाहरलाल कौल कहते हैं कि ठीक है, हिंदुत्व एक राजनैतिक अवधारणा है। लेकिन क्या किसी हिंदू को हक नहीं कि वह कोई राजनैतिक अवधारणा विकसित कर सके। और जो धर्म सनातन है वह बदलता भी रह सकता है। उसमें ऐसा कोई निषेध या आग्रह नहीं है कि यही करना पड़ेगा। इसलिए कोई उसे राजनैतिक रूप देता है और उसे चलाने की कोशिश करता है तो उसे रोका नहीं जा सकता।

ठीक है। मैं क्या कोई शंकराचार्य भी किसी हिंदू को रोक नहीं सकता। बल्कि चारों शंकराचार्य मिलकर भी किसी को कोई अवधारणा विकसित करने से नहीं रोक सकते। जिसे हम सनातन धर्म के नाम से जानते हैं उसमें धर्मादेश नहीं चलते। उसमें कोई हुकुमनामे नहीं निकल सकते।

चूंकि इस धर्म का कोई संस्थापित और संगठित चर्च नहीं है इसलिए इसे किसी प्रतिष्ठान में सीमित नहीं किया जा सकता न इसका कोई सर्वमान्य प्रतिष्ठान हो सकता है। आर्य, हिंदू, बल्कि सनातन भी तो हमने इसके आगे जोड़ दिए हैं। कभी इस्लाम की प्रतिक्रिया में तो कहीं ईसाइयत के जवाब में। नहीं तो यह तो सिर्फ धर्म है, शाश्वत है, चिरन्तन है और प्राकृतिक नियम की तरह सबका होता है।

ऐसे धर्म से उठाकर कोई राजनैतिक, आर्थिक या जीवन के किसी भी कार्यक्षेत्र की कोई अवधारणा विकसित करता है तो उसे न सिर्फ ऐसा करने बल्कि उसका प्रचार-प्रसार करने और सबके गले उतारने की कोशिश करने का भी पूरा अधिकार है और यह अधिकार उसे भारत के लोकतांत्रिक पंथनिरपेक्ष गणतंत्र के संविधान से नहीं मिलता है। यह ऐसा नैतिक अधिकार है जो धर्म ही उसे देता है।

हमारे संविधान में नागरिकों को जो मौलिक अधिकार मिले हुए हैं वे व्यवहार में तो इसलिए जीवित, सक्रिय और अनुल्लंघनीय हैं कि यहां के लोगों के धर्म में ही वे अन्तर्निहित हैं। जिसे पश्चिम ने सेकुलर के नाम से विकसित और स्थापित किया उसके लिए जगह इस धर्म में ही है।

यही नहीं, इस धर्म का ऐसा सर्वव्यापी और सर्वग्राही प्रभाव है कि जिन धर्मों में ऐसी स्वतंत्रताएं नहीं हैं वे भी अपने यहां आकर उदार और सहनशील हुए हैं। उनका यह स्वरूप समझना हो तो उनके उद्गम में और उसके शुरुआती समाजों में उन्हें देखिए। जो इस्लाम/ईसाइयत अपने को माननेवालों में से हिंदू समाज की जाति प्रथा और दूसरी सामाजिक संस्थाओं को नष्ट नहीं कर सके उनका स्वरूप यहां कितना भिन्न है यह उनके मूल देशों और समाजों में ही उन्हें देखकर समझा जा सकता है।

हमारे अपने देश की सामाजिक गैरबराबरी, ऊंच-नीच और दमनकारी प्रवृत्तियों को धार्मिक नहीं मानना चाहिए। उनको कोई धार्मिक मान्यता नहीं है। उन्हें धार्मिक स्वतंत्रताओं से गड्डमड नहीं करना चाहिए। अपने यहां जाति से निकाला जा सकता है, संप्रदाय और समाज से भी निष्कासित किया जा सकता है लेकिन धर्म से निकाला नहीं जा सकता।

जाति के और गांव के पंचों को ऐसा निकाला देने के जो अधिकार हैं वे धार्मिक नेताओं को नहीं हैं। संप्रदायों के प्रमुखों, मठाधीशों आदि को भी संप्रदाय या मठ से निकालने या उनमें लेने के अधिकार हैं। लेकिन धर्म कोई संप्रदाय नहीं है। धर्म में कई संप्रदाय हो सकते हैं। कोई भी संप्रदाय पूरा धर्म होने का दावा नहीं कर सकता है और कोई भी संप्रदाय धर्म के सर्वग्राही स्वरूप से ऊपर नहीं हो सकता।

ऐसे धर्म में से ही वीर सावरकर ने हिंदुत्व की संकीर्ण अवधारणा विकसित की और इसी में से महात्मा गांधी ने सनातन धर्म के विराट रूप के दर्शन करवाए। महात्मा गांधी धार्मिक पुरुष थे– मन से, वचन से और कर्म से। उन्होंने आदर्श और व्यवहार में भेद नहीं किया। वीर सावरकर राजनैतिक पुरुष थे। उन्होंने धर्म के जरिए हिंदुओं की राजनैतिक अस्मिता बनाने की कोशिश की। उनके हिंदुत्व में धर्म सिर्फ एक तत्त्व है भले ही अनिवार्य हो।

गांधी के विचार में धर्म सर्वोपरि है। राजनीति को धर्म के मंदिर में तभी प्रवेश है जब वह भेद-विभेद की संकीर्ण जूतियों को बाहर उतार कर आए। गांधी ने अपने सनातन धर्म को इस्लाम और ईसाई धर्मों के जवाब में खड़ा करने की कोशिश नहीं की। इन धर्मों और इनकी मूल आत्मा को स्वीकार करते हुए भी गांधी अपने सनातन धर्म में स्थिर रहे। उन्नीसवीं और बीसवीं सदी में महात्मा गांधी ही ऐसे अकेले नेता हैं जिनके राजनैतिक औजार, हथियार और आचार भी खांटी भारतीय हैं और ये सब नैतिक-धार्मिक अनुशासन के अधीन हैं।

यह सचमुच गौर करने लायक तथ्य है कि गांधी की किशोरावस्था लन्दन और इंग्लैंड में और जवानी दक्षिण अफ्रीका में बीती। जब वे भारत लौटकर आए तो पैंतालीस पार कर चुके थे फिर भी उनके सोच और आचार-विचार पर पश्चिम का सबसे कम असर हुआ। उनके नेतृत्व संभालने के साथ राजनीति और समाज कार्य में पारम्परिक भारतीय तौर-तरीकों का एक नए आत्मविश्वास से उपयोग शुरू हुआ। गांधी ने जिस स्वराज्य का सपना भारत के लोगों के सामने रखा वह पश्चिमी इंडिपेंडेंस का भारतीय या हिंदू संस्करण नहीं था। वे पश्चिम के सोच-विचार, उसकी सभ्यता और उसकी राजनैतिक संस्थाओं को भारतीय या हिंदू जामा पहनाकर आजमाने के पक्ष में नहीं थे। वे भारत की पारम्परिक संस्थाओं को लोकहित में जागृत और स्थापित करना चाहते थे।

जब कि पश्चिमी ढंग से सोचनेवाले, चाहे वे पूंजीवादी रहे हों या कम्युनिस्ट या समाजवादी-भारत की राजनैतिक, आर्थिक और सामाजिक पुनर्रचना पश्चिम को मॉडल मानकर करना चाहते थे। हिंदुत्व का झंडा उठानेवाले और हिंदुओं को एक राजनैतिक शक्ति के रूप में संगठित करनेवाले सावरकर, हिंदू महासभा और राष्ट्रीय स्वयंसवेक संघ इस्लाम और ईसाइयत के विरुद्ध हिंदुस्तान को खड़ा करना चाहते थे। इन हिंदुत्ववादियों ने पश्चिम की राष्ट्र-राज्य की अवधारणा न सिर्फ स्वीकार की बल्कि वे पश्चिम की नस्ल की, जातीयता की, राष्ट्र की और धर्म की परिभाषाएं भी मंजूर करते थे। वे भारत के इतिहास को, सभ्यता-संस्कृति और धर्म को भी उसी तरह से दिखाने की कोशिश करते थे जैसा कि पश्चिम के राष्ट्र अपने इतिहास, संस्कृति और धर्म को। सावरकर तो विक्रमादित्य और ललितादित्य के भारत को वैसे ही दिखाते हैं जैसे कि उन्नीसवीं सदी के यूरोपीय राष्ट्र अपने को बताते थे। वीर सावरकर हिंदुत्व की बात करते हुए अतीत में एक ऐसे हिंदुस्तान की रचना करते हैं जो एक साथ इस्लामी-पश्चिम एशियाई और यूरोपीय ईसाई देशों का जवाब हो।

यह अवधारणा अंग्रेज भारत लाए कि यहां हिंदू एक राष्ट्र हैं और मुसलमान एक अलग राष्ट्र। सिख, ईसाई, पारसी, यहूदी आदि छोटी लेकिन अलग उपराष्ट्रीयताएं हैं। भारत में ऐसा विभाजन पहले

कभी नहीं हुआ था। इस्लाम माननेवालों का राज था तब भी हिंदू अलग राष्ट्र और मुसलमान अलग राष्ट्र नहीं माने गए। अंग्रेज साम्राज्यवादियों की ही यह अवधारणा थी कि एक जाति, एक धर्म, एक भाषा आदि से एक राष्ट्रीयता बनती है।

वे ऐसा भले ही भारतीयों को एक-दूसरे के खिलाफ बांटे रखने के लिए करते रहे हों लेकिन मुसलमानों ने मुस्लिम लीग बनाकर और हिंदुत्ववादियों ने हिंदू महासभा बनाकर मुसलमानों और हिंदुओं के अलग राष्ट्र होने की अवधारणा स्वीकार की। वीर सावरकर का हिंदुत्व दरअसल हिंदुओं के अलग राष्ट्र होने और उन्हें इस तरह की राजनैतिक अस्मिता देने का ही प्रयास था। यह संयोग नहीं है कि वीर सावरकर ने हिंदुत्व की अवधारणा जब हिंदुओं के सामने रखी तब महात्मा गांधी का हिंदुओं और मुसलमानों को आजादी के आंदोलन में एक करने का प्रयास—खिलाफत आंदोलन—बिखर कर फेल हो चुका था। और अली बंधुओं में से एक अली खराब से खराब मुसलमान को भी महात्मा गांधी से बेहतर बता चुका था। खिलाफत आंदोलन में हिंदुओं और मुसलमानों का साथ होना न अंग्रेजों को फूटी आंखों सुहाया था न हिंदुत्वादियों को ठीक लगा था।

अंग्रेज चाहते थे कि मुसलमानों ने जिस तरह मुस्लिम लीग बनाकर उसे सारे मुसलमानों की प्रतिनिधि पार्टी बनाने और मनवाने की कोशिश की है वैसे ही हिंदु अपनी एक पार्टी बना ले जो समस्त हिंदुओं की प्रतिनिधि पार्टी के रूप में हिंदुओं को स्वीकार हो जाए। हिंदू महासभा बनी थी लेकिन यह कांग्रेस के सामने जड़ ही नहीं जमा सकी। कांग्रेस साम्प्रदायिक प्रतिनिधित्व के सिद्धान्त को ही नहीं मानती थी और भले ही उसके सदस्य अस्सी फीसदी हिंदू रहे हों वह अपने को हिंदू पार्टी कहने और मानने के खिलाफ ही रही।

मुसिलम लीग के नेता जिन्ना और हिंदुत्ववादियों के नेता वीर सावरकर से कांग्रेस के महात्मा गांधी कहीं अधिक धार्मिक थे और राजनैतिक संघर्ष में भी नैतिक धार्मिक तरीकों का इस्तेमाल करते थे। वे धर्म या संप्रदाय के आधार पर समाज को संगठित करने के खिलाफ थे और वीर सावरकर धर्म के राजनैतिक उपयोग से ही अपनी राजनीति चला रहे थे। लेकिन महात्मा कहलाए और माने गए मोहनदास करमचन्द गांधी। जिन्ना और सावरकर को उनके समाजों ने अपना धार्मिक नेता नहीं माना।

वीर सावरकर का हिंदुत्व और संघ परिवारियों का राष्ट्रीय स्वयं सेवक संघ सन् पच्चीस तक बन और गठित होकर देश के सामने आ गए थे। अंग्रेज राजनीति के लिए साम्प्रदायिक संगठनों को बढ़ावा दे रहे थे। फिर भी मुस्लिम लीग की टक्कर में कोई हिंदू पार्टी खड़ी नहीं हुई। उसकी प्रतिद्वन्द्वी हुई तो कांग्रेस ही। बल्कि यह कहना ही ज्यादा ठीक होगा कि कांग्रेस जैसी गैर साम्प्रदायिक पार्टी के सामने खड़ी हुई तो मुस्लिम लीग हालांकि हिंदुओं में ही नहीं मुसलमानों में भी ज्यादातर लोग कांग्रेस के साथ थे। अंग्रेजों के पूरे समर्थन और मुस्लिम लीग की पूरी कोशिश के बाद आजादी के साथ भारत का विभाजन हुआ। पाकिस्तान इसी आधार पर बना कि मुसलमान अलग राष्ट्र हैं और उनके बहुमतवाला धार्मिक राष्ट्र ही उनके हितों की रक्षा कर सकता है। विभाजन के साथ जो साम्प्रदायिक हिंसा और आबादियों की जो अदला-बदली हुई वह तो मनुष्यता के इतिहास में ही पहले कभी हुई नहीं थी। भारत में तब वातावरण साम्प्रदायिक रूप से कितना जहरीला था कि मुसलमानों के हितों की बात करनेवाले महात्मा गांधी को एक हिंदुत्ववादी ने ही गोली मार दी।

इसी के बाद भारत का संविधान बना और मंजूर हुआ और सन् बावन में पहला आम चुनाव हुआ। अंग्रेजों की कोशिशों और हिंदुत्ववादियों के आह्वान से नहीं तो भारत के विभाजन, साम्प्रदायिक हिंसा और शरणार्थियों की समस्या की प्रतिक्रिया में ही हिंदू तय कर सकते थे कि वे अलग राष्ट्र हैं इसलिए

भारत हिंदू राष्ट्र होगा और इसका लक्ष्य पाकिस्तान को नष्ट करके अखंड भारत बनाना होगा। हिंदू ऐसा करना चाहते तो उन्हें कोई रोक नहीं सकता था। वे संविधान भी ऐसा बना सकते थे जिसमें हिंदुत्व को ही राष्ट्रीयता के रूप में स्वीकार किया जाता और पहले आम चुनाव में वे हिंदू महासभा को ही प्रचंड बहुमत देकर उसी की सरकार बनवा सकते थे।

लेकिन हिंदुओं ने कैसा संविधान बनाया और स्वीकार किया और किसकी सरकार बनाई यह हम सब जानते हैं। हिंदू अगर प्रतिक्रियावादी होता और साम्प्रदायिक प्रतिनिधित्व में उसकी आस्था होती तो भारत पंथनिरपेक्ष लोकतांत्रिक गणतंत्र हो ही नहीं सकता था। साम्प्रदायिक आधार पर हुए विभाजन के बावजूद हिंदुओं ने भारत को धार्मिक राष्ट्र बनाना मंजूर नहीं किया। ऐसा इसलिए नहीं हुआ कि उन्हें कांग्रेस के तथाकथित सेकुलर नेताओं ने भड़का या बरगला दिया था। विभाजन के अनुभव से भी हिंदुत्व अगर हिंदुओं की राजनैतिक विचारधारा या अन्तिम आस्था नहीं बन सका तो कोई राजनैतिक पार्टी या संगठन तो बना ही नहीं सकता था। न कल न आज।

यह कहना छिछली राजनैतिक नारेबाजी है कि हिंदुओं को कांग्रेस ने बरगलाया। यह तो अब मुसलमान नेता तक मानते हैं कि भारत एक पंथनिरपेक्ष राष्ट्र है तो इसलिए कि यहां के बहुसंख्यक सेकुलर हैं। पंथनिरपेक्षता का यह संस्कार भारतीयों को अंग्रेजों ने या कांग्रेसियों ने नहीं दिया है। यह संस्कार उन्हें अपने धर्म और अपनी परम्पराओं से मिला है। हिंदू मानस धर्म से बना है किसी रिलीजन या सेकुलर विचारधारा से नहीं। इस सत्य को न हिंदुत्ववादी समझते हैं न वामपंथी। इतनी पुरानी सभ्यता और संस्कृतिवाले देश का मानस उसके अनुभव और निष्कर्षों से बनता है। बाहरी और विदेशी अवधारणाओं से नहीं।

हिंदुत्व की अवधारणा को विकसित करने और उसका प्रचार-प्रसार करने के लिए सब स्वतंत्र हैं। लेकिन समझ लेना चाहिए कि हिंदुओं का मानस धर्म ने बनाया है किसी रिलीजन ने नहीं और यह मानस धर्म को संप्रदाय बनाने की कोशिश को स्वीकार नहीं करता। हिंदू समाज इस देश में उस तरह बरताव नहीं कर सकता जैसे कि अल्पसंख्यक समाज करते हैं। एक बहुसंख्यक और अपने में स्थित समाज प्रतिक्रिया में बावला होकर अपना स्वभाव और स्वधर्म नहीं बदलता। हिंदुत्व इसीलिए इस देश की राजनैतिक विचारधारा नहीं बना।

14.1.1996

वाजपेयी को भाजपा के सत्ता में आने की उम्मीद

विपक्ष के नेता और भाजपा की ओर से प्रधानमंत्री पद के उम्मीदवार अटल बिहारी वाजपेयी महसूस कर रहे हैं कि पिछले कुछ दिनों से हवा का रुख भाजपा के अनुकूल बहने लगा है। वे मानते हैं कि भाजपा के प्रभाव क्षेत्र वाले राज्यों में लोकसभा की तीन सौ उनतीस सीटें पड़ती हैं। उनमें से भाजपा दो सौ सीटें जीत सकती है। ''इतनी सीटें जीतना कठिन है, लेकिन असंभव नहीं है।'' उनने कहा कि प्रधानमंत्री पीवी नरसिंह राव ने चुनाव से पहले ही हार मान ली है यह कह कर कि सरकार वही बनाएंगे। चुनाव के बाद की तसवीर पर अटल बिहारी वाजपेयी फिलहाल कुछ भी बोलना मुनासिब नहीं समझते।

आमतौर पर माना जा रहा है कि ग्यारहवीं लोकसभा का चुनाव बगैर मुद्दे का है। कोई हवा नहीं है। त्रिशंकु लोकसभा के अनुमान लगाए जा रहे हैं। इसलिए हमने बातचीत की शुरुआत इस सवाल से की कि क्या लोकसभा त्रिशंकु होगी ? उनने कहा : हवा बदल रही है। थोड़े दिनों से हवा का रुख भाजपा के पक्ष में है। जो सर्वे आए हैं वे हमारे दावे की पुष्टि करते हैं। अखबारों और पत्रिकाओं में छपे सर्वे बता रहे हैं कि भाजपा दौड़ में आगे है। भाजपा की सीटों पर बढ़त दिखाई जा रही है। कांग्रेस घट रही है। उनने जोड़ा कि हम कितना बढ़े हैं यह आने वाले समय में तय होगा। खास कर हिंदू में छपे सर्वे का उनने जिक्र किया और कहा कि पांच फीसदी मतदाता भाजपा के समर्थन में बढ़े हैं। यह बढ़ोतरी निर्णायक हो सकती है। विपक्ष के नेता की टिप्पणी है कि ज्यादातर सर्वे कांग्रेस में तमिलनाडु की बगावत के पहले के हैं। इसी प्रकार मध्य प्रदेश में जो परिवर्तन राजनैतिक पटल पर हुआ है उसे भी सर्वे उजागर नहीं करते। इन बातों के मद्देनजर वे दावा कर रहे हैं कि मध्य प्रदेश, उत्तर प्रदेश, हरियाणा, चंडीगढ़, दिल्ली, हिमाचल प्रदेश, महाराष्ट्र, गुजरात, राजस्थान और बिहार से भाजपा दो सौ सीटें पा सकती है। वे चुनाव के बाद की तसवीर पर बोलना नहीं चाहते। लेकिन चुनाव के बाद के समीकरण पर नजर रख रहे हैं। दो सौ का आंकड़ा इसका प्रमाण है।

ऐसा लगता है कि यह पहला चुनाव है जिसमें लोग सरकार चुनने की औपचारिकता मात्र से गुजरने जा रहे हैं। आपका क्या आकलन है ? अटल बिहारी वाजपेयी का कहना है कि यह चुनाव पिछले चुनावों से भिन्न है। इसके अनेक कारण हैं। इसमें कोई भावनात्मक मुद्दा नहीं है। लेकिन यह कहना सही नहीं होगा कि यह चुनाव मुद्दा विहीन है। इस चुनाव में परिवर्तन की आकांक्षा दिख रही है। उसके साथ तमाम मुद्दे जुड़ जाएंगे। यह सही है कि इस बार मतदाता एक मुद्दे पर एकजुट नहीं होगा। लेकिन आम आदमी मानो फैसला कर चुका है कि इनको (पीवी नरसिंह राव) जाने दो। यही सबसे बड़ा मुद्दा होगा। अन्य बातें भी हैं। जैसे नेहरू परिवार की इस चुनाव में कोई भूमिका नहीं है। मतदाता परिपक्व हो गया है। उसने दस चुनाव देख लिए हैं। वह अब अपनी पसंद या नापसंदगी को प्रकट नहीं करता। विधानसभा के हाल के चुनाव में गुजरात, कर्नाटक, आंध्र प्रदेश, महाराष्ट्र वगैरह में यह सामने आया। ज्यादातर राज्यों में त्रिशंकु विधानसभा की भविष्यवाणियां की जा रही थीं। मतदाताओं ने बगैर शोर मचाए वोट डाला और चुपचाप नतीजे को

इंतजार किया। खर्चे पर पाबंदी से भी इस चुनाव में शोर कम हुआ है।

चुनाव का अवसर लोकोत्सव जैसा होना चाहिए। वह इस बार नहीं दिखता है। इसे आप क्या मानते हैं ? इसका उनने थोड़े में जवाब दिया। यह मतदाताओं की परिपक्वता का प्रमाण है। कुछ हद तक उनमें ऊब भी है। वे इसे अनिवार्य कर्मकांड मानने लगे हैं। क्या यह लोक जीवन के लिए ठीक है ? इस सवाल पर उनका कहना था कि एक दृष्टि से ठीक है। चुनाव को लोकतंत्र का एक साधारण-सा अनुष्ठान माना जाना चाहिए। यही सब कुछ नहीं है। हमारे यहां परंपरा में निहित है कि सब चीजें राजनीति से जुड़ी हुई नहीं हैं। क्या इसकी वजह यह है कि चुनाव सत्ता राजनीति तक सीमित हो गया है ? इस पर अटल बिहारी वाजपेयी की राय है कि लोक संस्थाओं के अवमूल्यन से यह सवाल जुड़ा हुआ है। लोगों ने कांग्रेस को दो बार अपदस्थ किया। पर वह वापस आ गई।

प्रदेशों में गैर-कांग्रेसी सरकारें उत्साह पैदा नहीं कर पा रही हैं क्योंकि निर्णय दिल्ली में होते हैं। संसद ठीक से चल नहीं पा रही है। राजनैतिक दल अपनी जिम्मेदारी के प्रति जागरूक नहीं हैं। वे वोट बैंक की राजनीति कर रहे हैं। सत्ता सुप्रीम कोर्ट में सिकुड़ गई है। जनता की भागेदारी घटती जा रही है। लोक राज्य की इसे पराजय कह सकते हैं। हम जनता की अदालत का वास्ता देते हैं। यहां लोक गायब हैं। सिर्फ अदालतें बची हैं। लोकतंत्र के विषय पर सवाल उठ रहे हैं।

अटल बिहारी वाजपेयी प्रधानमंत्री के उम्मीदवार। इसका चुनाव पर क्या असर पड़ा है ? वाजपेयी को इस सवाल की उम्मीद नहीं थी। वे बोले—यह कोई पहली बार नहीं हुआ है। विश्वनाथ प्रताप सिंह राष्ट्रीय मोर्चा की ओर से प्रधानमंत्री के उम्मीदवार थे। इससे उनसे अगला सवाल था कि आपके लिए इसका क्या अर्थ है ? उनने कहा—यह पार्टी का फैसला है। यह इस बात का प्रमाण है कि भाजपा की ताकत बढ़ी है। उसमें इससे आत्मविश्वास आया है कि वह सरकार बनाने की चुनौती कबूल करती है। इसी कड़ी में सवाल था कि इस स्थिति का अटल बिहारी वाजपेयी पर क्या असर है ? उनने हंसते हुए कहा—न पूछें तो अच्छा है। बोले—पहले भी नारे लगे हैं अगली बारी—अटल बिहारी।'' लेकिन अगली बारी आई। इस बार लोग कह रहे हैं—अबकी बारी अटल बिहारी। उनसे सवाल था कि पार्टी ने उनका नाम राजनैतिक लाभ के लिए आगे किया। इसका क्या अनुकूल असर हो रहा है ? उनने इसे टालते हुए कहा कितना अच्छा होगा मैं नहीं कह सकता। प्रधानमंत्री की उम्मीदवारी से क्या आप असहज महसूस कर रहे हैं ? इस पर वे खुल कर बोले। सुरक्षा का शिकंजा बढ़ गया है। लोगों का रिस्पांस बढ़ा हुआ है। लोग पहले मेरी बात रोचकता के कारण ध्यान से सुनते थे। फर्क यह आया है कि अब मैं क्या कह रहा हूं इसे ध्यान से सुन रहे हैं। पहले भी चुनाव से असंबद्ध पर महत्त्वपूर्ण सवालों को मैं सभाओं में उठाता रहा हूं। यह मान कर कि लोगों को जगाना जरूरी है। जैसे निरक्षरता, कुपोषण, महिलाओं पर ज्यादती वगैरह। इन बातों को भी लोग अब ध्यान से सुन रहे हैं।

कई अखबारों ने भाजपा के घोषणा-पत्र के आधार पर लिखा है कि पार्टी इस चुनाव में हिंदुत्व के नारे पर खड़ी है। चुनाव में पार्टी जिस नारे पर खड़ी होती है वह तात्कालिक मुद्दा होता है। क्या भाजपा के लिए हिंदुत्व का मुद्दा तात्कालिक नारे जैसा है ? अटल बिहारी वाजपेयी सहमत हैं कि इस नाते हिंदुत्व भाजपा के लिए नारा नहीं है। वह संपूर्ण दृष्टि है। वह राष्ट्र का आधार है। भाजपा ने हिंदुत्व का मुद्दा न कभी छोड़ा था और न ही उस पर वापस आई है। उनने कहा कि सुप्रीम कोर्ट के फैसले के बाद हिंदुत्व पर विवाद नहीं होना चाहिए। यह जीवन दृष्टि है। भाजपा और वीर सावरकर के हिंदुत्व में क्या अंतर है ? इस सवाल पर उनका कहना था कि मैं नहीं समझता कि कोई बड़ा अंतर है। इससे ही जुड़ा सवाल था कि वीर सावरकर ने लिखा है ईसाई को हिंदू

नहीं कहा जा सकता। क्या भाजपा इससे सहमत है ? उनने कहा कि वीर सावरकर जिस तर्क पर यह बात कह रहे हैं उसे राष्ट्रीय स्वयंसेवक संघ ने भी स्वीकार नहीं किया। यहां रहने वालों की पुण्य भूमि अगर बाहर है तो वे राष्ट्रीयता के अधिकारी नहीं माने जाएंगे इस तर्क को हम स्वीकार नहीं करते। हमारा कहना है कि ईसाई या मुसलमान भारत को पुण्य भूमि न मानें पर वे इसे अपनी मातृभूमि मानें और जरूरत पड़ने पर मातृभूमि को पुण्य भूमि से श्रेष्ठ मानें। उनने इस प्रसंग में बताया कि जवाहरलाल नेहरू के जमाने में एक राष्ट्रीय एकात्मता परिषद बनी थी। उसकी एक उपकमेटी में इस सवाल पर संघ के प्रतिनिधियों को उनका पक्ष जानने के लिए बुलाया गया। यही सवाल इंदिरा गांधी ने (जो उपकमेटी की सदस्या थीं) ने पूछा। लाला हंसराज गुप्त और बैरिस्टर नरेंद्रजीत सिंह प्रतिनिधित्व कर रहे थे। उनका जवाब वही था जो मैंने अभी कहा है। इस देश के प्रति अनन्य निष्ठा यही कसौटी है। हमारे लिए हिंदुत्व एक भू-सांस्कृतिक कल्पना है। कार्ल मार्क्स ने भी बहादुरशाह जफर को हिंदू राजा कहा। राष्ट्रीयता का आधार उपासना पद्धति नहीं हो सकती। हमारे यहां देश के बंटवारे के कारण और मुस्लिम लीग के प्रचार ने इस सवाल को जटिल बनाया है।

आपने अलीगढ़ में जा कर कहा कि मुसलमान भाजपा से हिचकें नहीं। आप मुसलमानों में भी स्वीकार्य हैं। क्या इसे ध्यान में रख कर आपने अभियान की शुरुआत अलीगढ़ से की ? उनने कहा कि मेरा कार्यक्रम पहले से बना हुआ था। यह अवश्य है कि चुनाव की घोषणा हो गई तो कार्यकर्त्ताओं के सम्मेलन को सभा में बदल दिया गया। वहां मुसलमान भी आए थे। मैं थोड़ा विस्तार से बोला। मैंने 1948 में जवाहरलाल नेहरू का अलीगढ़ विश्वविद्यालय का दीक्षांत भाषण उद्धृत किया। उसमें वे कहते हैं कि 'आप मुसलमान हैं। मैं हिंदू हूं। मैं नास्तिक भी हो सकता हूं। हमारे विश्वास अलग-अलग हो सकते हैं। सवाल यह है कि क्या सांस्कृतिक विरासत पर आपके मन में प्रेम उमड़ता है।' इस आधार पर वाजपेयी कहते हैं कि उपासना पद्धति या पहनावे से राष्ट्र तय नहीं होता। अल्पसंख्यक की मानसिकता का विरोध हम इसलिए करते हैं कि बहुसंख्यक की प्रतिक्रिया को रोका जा सके। जिसकी नजर जड़ पर है वे हिंदुत्व पर जोर देते हैं। लेकिन इसका यह अर्थ नहीं है कि तना, टहनियां और फूल-पत्ते उस पेड़ के हिस्से न हों। सबका अपना महत्त्व है।

टिकट के मौके पर हर दल से आवाजाही हुई। इसे आप क्या मानते हैं ? यह दुर्भाग्यपूर्ण है। थोड़ी पीड़ा उनके चेहरे पर दिखी। उसके बाद उनने कहा कि तुलना में भाजपा अभी बेहतर है। लेकिन जो भी घटनाएं घटी हैं वे खतरे की घंटी हैं। टिकट न मिलने पर विरोध में खड़े हो जाना समझ में आता है। कांग्रेस की सदस्यता ग्रहण करना कल्पना से परे है। उनका संकेत आरिफ बेग की तरफ था। इस पर उनसे सवाल था कि कांग्रेस छोड़ कर जो आए (कर्नल रामसिंह) उन्हें भाजपा ने टिकट दे दिया। यह क्या है ? उनने कहा पार्टी में उन्हें अपनी लोकप्रियता साबित करने का मौका दिया है। लेकिन ऐसा कर पार्टी उस व्यक्ति को जनादेश का अवसर दे रही है। इससे वह व्यक्ति पार्टी का वफादार बनेगा यह तो नहीं लगता। इस पर वाजपेयी का कहना था कि पार्टी का विस्तार होना है तो नए लोगों को लेना पड़ेगा।

वाजपेयी नहीं मानते कि सभी पार्टियां एक जैसी हो गई हैं। उनका कहना है कि भाजपा ने खुद को बचा कर रखा है। लेकिन वे महसूस करते हैं कि प्रतिस्पर्धा की राजनीति के चलते चुनाव की जय-पराजय से विचारधारा की जय-पराजय जुड़ गई है। इससे आदर्शवाद को धक्का लगा है। स्वदेशी के सवाल पर उनका कहना था कि अगर कहीं संदेह है तो वह निराधार है। भाजपा विदेशी पूंजी की पक्षधर है।

बुनियादी ढांचे के विकास में उसका उपयोग होना चाहिए। खास कर के बिजली के क्षेत्र में।

खेती उस पर निर्भर है। विदेश नीति के संदर्भ में उनने कहा कि परिस्थिति बदल गई है इसलिए गुट निरपेक्ष आंदोलन सार्थक नहीं रहा। बदले संदर्भ में हमें विकासशील देशों के साथ एक ध्रुवीय विश्व में अपने हितों की रक्षा का उपाय ढूंढ़ना चाहिए। उनसे सवाल था कि भाजपा सरकार में आई तो सत्ता के चरित्र में बुनियादी फर्क क्या होगा ? इस पर उनका जवाब वही है जो घोषणा-पत्र में भी दर्ज है। चुनाव के बाद की तसवीर कैसी होगी ? वाजपेयी ने कहा इसका जवाब एक हफ्ते बाद।

12.4.1996

भाजपा का कृष्ण पक्ष

जिस दिन अटल बिहारी वाजपेयी ने प्रधानमंत्री पद की शपथ ली उसकी शुरुआत सत्ता में भाजपा के सूर्योदय से नहीं हुई थी। बल्कि वह सत्ता में भाजपा की पूनम थी। इसलिए नहीं कि कहावत में चांदनी को चार दिन की कहा गया है। इसलिए कि अटलजी अपनी पार्टी के साफ बहुमत या उसे मिले स्पष्ट जनादेश के स्वयंसिद्ध प्रकाश से शपथ के अधिकारी नहीं हुए थे। उन्हें लोकतंत्र की एक परंपरा के परावर्तित प्रकाश यानी चांदनी ने सर्वोच्च पद पर पहुंचाया। पूनम के बाद कृष्ण पक्ष लग जाता है और चांदनी हर रात कम होती जाती है। सोलह से इकतीस मई तक भाजपा का कृष्ण पक्ष है।

भाजपा के तरफदारों का दावा है कि अटलजी ने सरकार बनाने का निमंत्रण स्वीकार कर के और दूसरे दिन शपथ ले कर ठीक किया क्योंकि कल भले ही भाजपा की सरकार चली जाए, छह महीने बाद चुनाव होने हैं और उनमें फायदा भाजपा को होगा। लोग मानेंगे कि उसके विरोधियों ने अवसरवादी गठबंधन बना कर भाजपा की सरकार को गिरा दिया इसलिए अब उसे पूर्ण बहुमत देना चाहिए। लोग जानते हैं कि संयुक्त मोर्चे और कांग्रेस से उसके गठबंधन में कैसे-कैसे (यानी अपराधी, भ्रष्टाचारी और सिद्धांतहीन) लोग इकट्ठे हुए हैं।

इस लाइन पर भरोसा करने के लिए जरूरी है कि आप भाजपाई हों। क्योंकि इनमें मान लिया गया है कि जनादेश से भाजपा सत्ता की स्वाभाविक हकदार थी। उसकी सरकार को हटा कर दूसरी पार्टियों ने उसके और देश के साथ अन्याय किया है। अन्याय करने वाली ये सोलह पार्टियां तिकड़म, जोड़तोड़, उठापटक और षड्यंत्र करने वाली सिद्धांतहीन पार्टियां हैं। भाजपा को इसलिए हटना पड़ा कि उसने अपने सिद्धांतों, कार्यक्रमों और घोषणा-पत्र से समझौता नहीं किया। सांसदों की खरीद-फरोख्त नहीं की। वह अपनी जगह खड़ी रही और इसलिए उसकी सरकार बहुमत सिद्ध नहीं कर सकी। ऐसी पार्टी ही राजनीति और सार्वजनिक जीवन में मूल्यों और सिद्धांतों की रक्षा कर सकती है; चलो, प्रचंड बहुमत दे कर इसका राजतिलक करो।

सरकार बनाने का यह खुलासा और उसका औचित्य भाजपाई तब दे रहे हैं जब उन्हें लग गया है कि सरकार बचाई नहीं जा सकती। वे अगले चुनाव की ओर इसलिए देख रहे हैं कि वर्तमान की निराशा ने उन्हें भविष्य पर नजरें गड़ाने के लिए मजबूर कर दिया है।

फिर भी वेंकैया नायडू बार-बार कह रहे हैं कि भाजपा की सरकार गिरी तो फिर चुनाव होंगे। (इसलिए वे सब सांसद जो जल्द ही चुनाव नहीं चाहते भाजपा की सरकार को बनाए रखें।)

बाला साहेब ठाकरे ने मुंबई से हुंकार भरी है कि भाजपा की सरकार गिरी तो देश में गृहयुद्ध छिड़ जाएगा। (खबरदार शिवसैनिक, खून की नदियां बहा देंगे।)

और विज्ञान पढ़ा चुके मुरली मनोहर जोशी का निष्कर्ष है कि भाजपा की सरकार गिरी तो देश के टुकड़े-टुकड़े हो जाएंगे। (यानी वे सब जो देश की एकता और अखंडता चाहते हैं भाजपा की सरकार को कायम रखें क्योंकि वह देश को अखंड रखने वाली नियामक शक्ति है।)

इंदिरा गांधी को ही विश्वास नहीं था कि वही भारतीय राज्य, भारतमाता और इस देश की

अधिष्ठात्री देवी हैं और उनके हटते ही देश टुकड़े-टुकड़े हो जाएगा और गैर-कांग्रेसवाद के खूंटे पर एक हुई पार्टियों के सरकार में आते ही अराजकता फैल जाएगी। जो भी सत्ता में आता है, मानता है कि उसके बिना देश नहीं रहना है। वे भाजपाई भी जो महात्मा गांधी को इसलिए राष्ट्रपिता नहीं मानते कि भारत एक प्राचीन और शाश्वत राष्ट्र है और उसका कोई पिता नहीं हो सकता—कहते हैं कि उनकी सरकार गिरी तो राष्ट्र टुकड़े-टुकड़े हो जाएगा।

मान लें कि यह सब सांसदों को सन्मति दिलाने के लिए कहा जा रहा है और जनता को सुनने के लिए भी कि इस देश को कोई बचा सकता है तो भाजपा। यह भी अगले चुनाव की धुन सेट करने का तरीका है। लेकिन भाजपा की धुन भी तभी बदली जब लग गया कि बहुमत नहीं जुटेगा।

नहीं तो अभी पिछले हफ्ते सुषमा स्वराज कह रही थीं कि सरकार बनाने का निमंत्रण तो मिलने दीजिए, लाइन लग जाएगी समर्थन देने वालों की। भाजपा माला लिए खड़ी रही, कोई नहीं आया स्वयंवर करवाने के लिए। वे भी नहीं जो उड़ते-फिरते रहने वाले जीव हैं और जो अपने पर कीमत का बिल्ला चिपका कर राजनीति के बाजार में फेरी लगाते हुए इधर से उधर होते रहते हैं।

अभी चार दिन पहले प्रमोद महाजन दावा कर रहे थे कि उनकी सरकार के लिए बहुमत का इंतजाम हो गया है। अखबार वालों ने पूछा कि कहां से आएगा बहुमत तो स्वदेशी और भारतीय अस्मिता का नगाड़ा बजाने वाली पार्टी के एक महामंत्री और मंत्री ने कहा—पेप्सी, कोक और प्रमोद महाजन अपने राज नहीं बताते। महाजन ने सही कहा क्योंकि वे भी पेप्सी और कोक की तरह बहुराष्ट्रीय कंपनी हैं, धंधे और लाभ के लिए हैं और इन दो पेयों की तरह बिकाऊ माल हैं। खुले बाजार और उत्तर औद्योगिक संसार के आदर्श आखिर पेप्सी और कोक हैं और प्रमोद महाजन आमची मुंबई के बाजार के सच्चे प्रतिनिधि हैं।

फिर अभी कल तक गोविंदाचार्य क्षेत्रीय पार्टियों के आपसी अंतर्विरोध बता रहे थे। वे उनके तीसरे मोर्चे की दरारें गिना रहे थे। संयुक्त मोर्चे के कांग्रेस से तालमेल की असंभव स्थितियां बता कर जनता को आश्वस्त करना चाह रहे थे कि ये सब पार्टियां बिखर कर भाजपा के समर्थन में आ जाएंगी। ऐसा बताते समय वे समता पार्टी को भूल गए थे जो बिहार में तो भाजपा के साथ चुनाव लड़ी लेकिन हरियाणा में उसके खिलाफ थी। अकाली दल भी उन्हें याद नहीं रहा जो पंजाब में उस बसपा से मिल कर चुनाव लड़ा था जो उत्तर प्रदेश में भाजपा का कमरकस मुकाबला कर रही थी।

फिर जो क्षेत्रीय पार्टियां अपने अंतर्विरोधों के कारण टूट कर भाजपा को समर्थन देने वाली बताई जा रही थीं वे कहां से उसकी सहज-स्वाभाविक सहेलियां हो गईं ? आखिर यह चुनाव वे वामपंथ की किसी पार्टी से मिल कर लड़ीं और उनने भाजपा का मुकाबला किया। उनका आपस में और उधर रामो-वामो से मेल नहीं जमेगा तो भाजपा में कैसे जम जाएगा ?

गोविंदाचार्य को भाजपा के आंतरिक विवाद और अंतर्विरोध नहीं दिखते हैं, क्षेत्रीय पार्टियों और रामो-वामो के दिखते हैं। फिर वे यह भी नहीं देखते कि कोई भी सरकार बने वह कई पार्टियों की होगी और सत्ता में आने के लिए बना गठबंधन अवसरवादी ही होगा, उसकी अगुआई चाहे भाजपा करे, रामो-वामो करे या कांग्रेस करे। जिन पार्टियों के सत्तर सांसद आ कर भाजपा की सरकार बचाएंगे वे कोई भूत के प्रभाव से भगवी नहीं हो जाएंगी। वही रहने वाली हैं जो आज हैं। लोकतंत्र लाने वाले भागीरथी ने व्यवस्था तो नहीं दे रखी है कि भाजपा तो गंगा है और बाकी सब पार्टियां गंदी नालियां। वे आपस में मिल कर भी गंदी रहेंगी लेकिन भाजपा में आ जाएं तो सुरसरि हो जाएंगी।

लेकिन आप देखिए, इसी तरह की दलीलें पिछले दस-बारह दिन से दी जा रही हैं। फिर भी

भाजपाइयों को विश्वास है कि उनकी सरकार गिराने का दंड जनता सभी गैर-भाजपाई पार्टियों को देगी। भाजपा ने सत्ता में कृष्ण पक्ष बिता कर देश की जनता की सहानुभूति समेट ली है। सिर्फ दस दिन में उसने बता दिया है कि राज करना उसी को आता है भले ही उसके पास बहुमत न हो और भले ही दूसरी पार्टियां उसके साथ सरकार बनाने को भी तैयार न हों। आखिर संविधान की रक्षा में वीपी सिंह ने भी एक सरकार कुरबान की थी और भाजपा ने भी राम मंदिर की वेदी पर चार सरकारों का बलिदान कर दिया था। ये सरकारें स्वर्ग में इतनी लोकप्रिय हुई कि लौट कर भी न आ सकीं। लेकिन भाजपा को विश्वास है कि सरकार बना और पंद्रह दिन चला कर उसने सेमी फाइनल जीत लिया है। अभी से वह फाइनल की तैयारी में जुट रही है।

आस्था का प्रश्न है इसलिए दलीलें बेकार हैं। नहीं तो पूछा जा सकता है कि देश की जनता भाजपा सरकार को इतनी चाहती थी तो सौ सीटें और क्यों नहीं दे दी ? अटल बिहारी वाजपेयी कहते हैं कि जनादेश मिली-जुली सरकार बनाने का है। लेकिन भाजपा ने ऐसा कुछ नहीं किया जिससे लगे कि वह मिली-जुली सरकार बनाना चाहती है। शपथ लेने के पहले अटलजी ने स्थिर सरकार बनाने में मदद कर सकने वाली पार्टियों से न्यूनतम कार्यक्रम पर बात नहीं की।

राष्ट्रपति से उनने नहीं कहा कि हमारे पास तो बहुमत है नहीं लेकिन हम अपना कर्त्तव्य करना चाहते हैं इसलिए दो दिन संभावनाएं देखने और दूसरों से बात करने के दीजिए। राष्ट्रपति कह तो नहीं सकते थे कि नहीं आपको तो कल ही शपथ लेनी होगी। भाजपा ने समता पार्टी तक को तो शामिल करने का इंतजाम और कोशिश नहीं की, उन पार्टियों की बात तो छोड़िए जिनसे सहयोग उसे लेना था। मिली-जुली सरकार बनाने के लिए भाजपा ने बातचीत और न्यूनतम कार्यक्रम बनाने की तत्परता नहीं दिखाई। उसने सरकार बना ली और सबसे उम्मीद की कि वे उसे विश्वास का मत दिलवाएंगी।

एक बार उसने सरकार बना ली तो वे सब पार्टियां उसके खिलाफ गोलबंद होनी ही थीं जो उससे चुनाव लड़ी थीं। अगर भाजपा के लिए पार्टी हित राष्ट्र हित के सर्वोपरि है तो दूसरी पार्टियां न तो भाजपा के हित को राष्ट्र हित मानती हैं न उनके लिए अपने पार्टी हित से बड़ा राष्ट्र हित है। पार्टीबाजी की होड़ में कोई भी पीछे नहीं छूटना चाहता इसलिए वे पार्टियां भी जो भाजपा के साथ हो सकती थीं सोलह मई के बाद उसके खिलाफ गोलबंदी में और मजबूत हो गईं। जो पार्टियां तात्कालिक हित और राजनीति देख कर बनी हैं और जो नेता पार्टियां बनाते और तोड़ते और आते और छोड़ते रहे हैं—उनमें से एक भी निकल कर भाजपा की गाड़ी में नहीं बैठा।

कहते हैं अटलजी को भाजपा ने अपने प्रधानमंत्री के नाते इसीलिए प्रक्षेपित किया था कि उनका उदार और सर्वप्रिय चेहरा भाजपा को ज्यादा वोट और चुनाव के बाद कुछ और पार्टियों का सहयोग दिलवा सकता है। वोट तो कोई बहुत ज्यादा नहीं मिले, हां, सीटें जरूर चालीस-बयालीस ज्यादा मिलीं। उनकी उदार और सर्वग्राह्य छवि पार्टियों को अपने हित भुला कर उनके साथ हो जाने को प्रेरित नहीं कर सकी क्योंकि भाजपा अटलजी को प्रधानमंत्री बनाए रखने के लिए अपने हित पीछे करने को तैयार नहीं थी।

लगभग आम जानकारी में है कि अटलजी बहुमत का जुगाड़ किए बिना सरकार बनाने के पक्ष में नहीं थे। उन्हें अपना आग्रह छोड़ना पड़ा क्योंकि वे भी संघ परिवार की वृहद रणनीति के एक वजीर—वजीरे आला—थे। जनता में जाए या न जाए संघ परिवार अपने कार्यकर्त्ताओं में यह संदेश जरूर पहुंचाना चाहता था कि भाजपा सरकार बना सकती है भले ही वह एक पखवाड़े चलने वाली हो। यही संदेश भाजपाइयों की प्रमोद महाजनी पीढ़ी भी अपने समर्थकों को देना चाहती थी कि

हमें मदद करते रहो, आज नहीं तो कल हम पक्की सरकार बनाएंगे ही। इसीलिए उद्योग-व्यापार को कांग्रेस की आर्थिक नीतियों को जारी रखने पर आश्वस्त किया गया।

यानी भाजपा न तो मिली-जुली सरकार बनाने के लिए ईमानदार और सच्ची कोशिश करने को तैयार थी, न वह देश को एक स्थिर सरकार देने के कर्त्तव्य निर्वाह पर तत्पर थी। वह अपने सबसे बड़ी पार्टी हो कर उभरने के तथ्य को अगले चुनाव के लिए इस्तेमाल करना चाहती थी। अगर उसे पहले निमंत्रण नहीं मिलता तो भी वह जनता में जा कर कहती कि एक षड्यंत्र कर के उसे सत्ता से वंचित रखा गया। अब भी वह लोगों में जाना चाहती है कि सबने गोलबंद हो कर उसे सत्ता से हटाया। सिर्फ एक ही विकल्प वह नहीं लेना चाहती थी कि सरकार बनाने से इनकार कर दे क्योंकि ईमानदार विकल्प से उसका राजनैतिक लाभ नहीं हो सकता था।

लाभ मिले या न मिले एक नुकसान जरूर हो गया है। अटल बिहारी वाजपेयी इस प्रयोग के शिकार हो गए हैं। जिसे फाइनल में सेंचुरी बनाने के लिए होना था वह तथाकथित सेमी फाइनल में आउट हो गया है। भाजपा में एक ही नेता है जिसे मान्यता और स्वीकृति संघ और पार्टी से नहीं जनता से मिली है। और जो पार्टी और संगठन में अपनी ताकत के कारण नहीं जनता में अपनी लोकप्रियता के कारण नेता है। जो नेता प्रधानमंत्री पद पर शोभा देता रह सकता था वह एक कृष्ण पक्ष में भूतपूर्व हो जाएगा।

फिर भी सरकार बच जाए तो यह चमत्कार होगा। चमत्कारों की भविष्यवाणी कर सकने वाले जोशी अपन नहीं हैं। चमत्कार की उम्मीद भी नहीं करते। देश को अभी अस्थिरता और पार्टियों की उठा पटक से गुजरना है। बेल्ट बांधे रखिए।

27.5.1996

परिवार नहीं कुनबा चलता है

मनोबल बढ़ाने के लिए भाजपाइयों का यह दावा करते रहना जरूरी है कि राज करने का जो जनादेश उन्हें मिला था उसे कांग्रेस की मिलीभगत से तेरह छुटभैया दलों ने जबरन हड़प लिया है। आखिर समर्थन का खून न मिल पाने के कारण संसद की शैया पर उनकी सरकार को दम तोड़े अभी महीना-भर भी नहीं हुआ है।

भाजपा का दुख और गुस्सा समझा जा सकता है। भोपाल में हुई उसकी कार्यकारिणी ने जो राजनैतिक प्रस्ताव पास किया है उसने जनादेश का अपहरण करने वालों को कहा है, ''खबरदार, घायल जनमत प्रतिशोध में उलट कर वार करता है।''

यह 'घायल जनमत' क्या है ? आप जानते हैं कि भाजपा को इस चुनाव में कुल जमा बीस प्रतिशत वोट मिले हैं। लोकसभा की 543 में से 161 सीटें मिली हैं जो एक तिहाई से भी साठ कम हैं। यही वह 'जनमत' है जिसे भाजपा पूरे देश का और घायल बता रही है। अस्सी प्रतिशत वोट उसे नहीं मिले हैं। लोकसभा की 382 सीटें उसे नहीं मिली हैं।

इसलिए जब 'घायल जनमत' की बात करती है तो भाजपा खुद अपनी बात बता रही है। अपनी सरकार के जाने से वह बहुत बुरी तरह आहत हुई है और प्रतिशोध में उलट कर जबरदस्त वार करना चाहती है। लेकिन उसे मालूम है कि कुल देश महसूस नहीं करता कि भाजपा को साजिश कर के सत्ता से दूर रखा गया है।

देश को ऐसा तब लगता जब राष्ट्रपति सबसे बड़ी पार्टी के नाते भी उसे सरकार बनाने को नहीं बुलाते। लेकिन राष्ट्रपति ने उसके नेता को तत्काल बुलाया और बाकी सब पार्टियों पर सत्ता की वासना में अंधी होने का आरोप लगाने वाली भाजपा ने बिना देखे-समझे कि उसके पास बहुमत नहीं है सरकार बना ली। तेरह दिन बाद उस सरकार को इस्तीफा देना पड़ा क्योंकि सिवाय शिवसेना के और कोई सरकार में भी उसके साथ होने को तैयार नहीं हुआ। सब जानते हैं कि भाजपा मौका मिलने के बावजूद विफल हुई है।

अब यथार्थ मखौल उड़ा रहा है कि उसकी परम पावन और सेवाभावी सरकार तो तेरह दिन नहीं चली और तेरह पार्टियों का भानमती का कुनबा जमा हुआ उसके घावों में नमक रगड़ रहा है। घायल जनमत के प्रतिशोध में उलट कर वार करने की चेतावनी इन्हीं घावों से निकली है।

प्रतिशोध में जलते लोग आत्मनिरीक्षण नहीं करते। वे शांति से बैठ कर समझने की कोशिश नहीं करते कि उनके साथ जो हुआ वो क्यों हुआ। वे उससे बदला लेने निकल पड़ते हैं जिसने वे मानते हैं कि उनके साथ बुरा किया। भाजपा का राजनैतिक प्रस्ताव कहता है कि जिन पार्टियों ने सरकार बनाई है वे गैर-कांग्रेसवाद की उपज हैं और अब उसी कांग्रेस के बूते पर सरकार बनाए बैठी हैं। सही है।

लेकिन जिस गैर-कांग्रेसवाद से ये पार्टियां निकलीं और पली-पनपी हैं उसमें कोई पच्चीस साल तक भाजपा उनके साथ रही है। फिर इन क्षेत्रीय पार्टियों ने भाजपा की सरकार को समर्थन देने के बजाय कांग्रेस के समर्थन से सरकार क्यों बनाई ? और जिस कांग्रेस से ये पार्टियां इतने वर्षों

से लड़ रही हैं उसने तो इन्हें सरकार बनाने में समर्थन दिया लेकिन जो भाजपा सन् सड़सठ से इन पार्टियों के साथ सत्ता में भागेदारी करती रही है उसने न उन्हें साथ ले कर सरकार बनाने की कोशिश की, न कहा कि हम तुम्हारा समर्थन करेंगे तुम सरकार बनाओ।

आखिर ऐसा क्यों हुआ कि सिवाय शिवसेना के और कोई पार्टी भाजपा के साथ सरकार बनाने में भी शामिल नहीं हुई ? जब अपने बहुमत के बिना भाजपा ने सरकार बनाई थी तो इसी उम्मीद में कि सत्ता उसके पास आते ही न सिर्फ ये कांग्रेस विरोधी पार्टियां उसके साथ हो जाएंगी बल्कि 'ईमानदार' कांग्रेसी भी अपनी पार्टी को छोड़ कर उसकी सरकार को बहुमत देने आ जाएंगे।

लेकिन न तो कांग्रेस में कोई 'ईमानदार' निकला न किसी छोटी पार्टी ने उसके साथ सत्ता में भागेदारी की हालांकि वह उनके साथ सड़सठ की संविद सरकारों से ले कर सन् नब्बे तक की राष्ट्रीय मोर्चा सरकार में साथ रही है। क्षेत्रीय और छोटी पार्टियों का भाजपा में भरोसा नहीं है। विचारधारा, सिद्धांत आदि तो खैर स्वीकार है ही नहीं, उन्हें उसकी नीयत में भी शक है।

सही है कि इनमें से किसी ने भी कांग्रेस से मिल कर नहीं उसके खिलाफ चुनाव लड़ा था। लेकिन शिवसेना के अलावा समता ने भी बिहार के सिवाय भाजपा से मिल कर नहीं उसके खिलाफ ही चुनाव लड़ा। जिस अकाली दल ने भाजपा सरकार को बाहर से समर्थन देना स्वीकार किया वह भी पंजाब में बसपा से मिल कर चुनाव लड़ा था। इस तरह ये क्षेत्रीय और छोटी पार्टियां कांग्रेस और भाजपा से समान रूप से खिलाफ चुनाव लड़ी हैं। भाजपा के सामने सवाल यह है कि इन पार्टियों ने उसकी सरकार को समर्थन दे कर उसके साथ होने के बजाय कांग्रेस के समर्थन से खुद सरकार बनाने पर जोर क्यों दिया ?

भाजपा का आरोप है कि इसका कारण सत्ता की उनकी लपलपाती वासना है। यह कहते हुए भाजपा को याद नहीं रहता कि इन पार्टियों ने तो फिर भी बहुमत का इंतजाम करने के बाद सरकार बनाई। भाजपा को तो इतना भी संयम और धीरज नहीं था कि राष्ट्रपति से दो दिन का समय मांग कर पहले इन पार्टियों से बात कर के एक साझा कार्यक्रम पर उनके साथ सरकार बनाने की कोशिश करती। साझा कार्यक्रम उसने समता के उस धड़े के साथ भी नहीं बनाया जो सरकार में आने को तैयार था।

अब राजनैतिक प्रस्ताव में भाजपा कहती है कि संयुक्त मोर्चा का साझा कार्यक्रम मजाक है। लेकिन वाजपेयी सरकार ने जो अभिभाषण राष्ट्रपति से पढ़वाया उसमें भी अनुच्छेद 370, समान नागरिक संहिता, राम मंदिर आदि का जिक्र तक नहीं किया था। अब प्रस्ताव में फिर इन्हीं मुद्दों पर न सिर्फ जोर दिया गया है बल्कि कहा गया है कि भाजपा हमेशा इन पर खड़ी रही है। इन मुद्दों को वह इतना राष्ट्रीय मानती है कि इन पर उसका विरोध करने वालों को अराष्ट्रीय तक कहने से नहीं चूकती।

राष्ट्रभक्ति का अकेला ठेकेदार संघ परिवार है इसका दावा करने के बावजूद भाजपा ने ये सारे मुद्दे राष्ट्रपति के अभिभाषण से हटा लिए थे। सत्ता के लिए वह अगर सिद्धांतों से बेशर्म समझौता नहीं था तो संयुक्त मोर्चे का साझा कार्यक्रम हास्यास्पद क्यों है ? और अगर इन मुद्दों को वह 'राष्ट्रीय' मानती है तो एक नामुराद सरकार के लिए समर्थन जुटा सकने के लिए उसने इन्हें बाहर क्यों रखा ? क्या यह प्रकारांतर से स्वीकार करना नहीं है कि अयोध्या में उसी जगह राम मंदिर, अनुच्छेद 370, समान नागरिक संहिता आदि मुद्दों पर राष्ट्रीय सहमति नहीं है ?

इसलिए सरकार बनाने के जनादेश का दावा और उसके अपहरण का आरोप, सिवाय खुद भाजपाइयों के किसी के गले नहीं उतरता। और सत्ता के लिए या भाजपा को सत्ता से दूर रखने

के लिए बना संयुक्त मोर्चा अगर सिद्धांतहीन और सरासर अवसरवादी है तो उससे भी ज्यादा अवसरवादी और सिद्धांतहीन गठबंधनों में खुद भाजपा शामिल रही है और इन्हीं पार्टियों के साथ उसने सत्ता में भागेदारी भी की है। इसलिए संयुक्त मोर्चे और उसकी सरकार को पाप की संतान कहने के पहले भाजपा को बताना चाहिए कि उसने भी ऐसे पाप कब-कब किए हैं। इसी तरह संयुक्त मोर्चे का साझा कार्यक्रम वाजपेयी सरकार के बनवाए राष्ट्रपति के अभिभाषण से कोई कम समझौतावादी और वाहियात नहीं है।

भोपाल कार्यकारिणी के प्रस्तावों और भाषणों की सैद्धांतिक लफ्फाजी को निकाल दिया जाए तो कुछ बातें साफ दिखाई देती हैं। इनमें पहली यह कि शहीदाना भगवे चोले को चमकाने और घुमाने के बावजूद भाजपा आहत है कि सत्ता उसके हाथ से निकल गई। दूसरी यह कि भाजपा नहीं मानती कि देश में मिली-जुली सरकारों का युग आ गया है और एक पार्टी वर्चस्व का जमाना गया। उसने मिली-जुली सरकार बनाने की कोशिश नहीं की और भोपाल में भी क्षेत्रीय पार्टियों पर वार करने के बजाय कांग्रेस को ही अपने निशाने पर रखा तो इसलिए नहीं कि आगे-पीछे उसे इनका साथ लेना पड़ सकता है बल्कि इसलिए कि राष्ट्रीय राजनीति में वह उस स्थान पर आना चाहती है जिस पर कांग्रेस इतने वर्षों से विराजमान रही है। और तीसरी यह कि भौगोलिक अर्थ में राष्ट्रीय होने के लिए वह दक्षिण और उत्तर-पूर्व में पांव पसारने वाली है। उसने समझ लिया है कि उत्तर-पश्चिम की पार्टी रह कर वह अपने बलबूते पर सरकार नहीं बना सकती।

भाजपा आखिर उस संघ परिवार की राजनैतिक बेटी है जिसकी वैचारिक जमीन पश्चिम से भारत की मुठभेड़ में से निकली है। गांधी की वैचारिक भूमि भारत की लोक और शास्त्रीय परंपराओं और जीवनानुभवों से बनी थी और इसलिए वह खांटी भारतीय है। संघ परिवार के निदेशक सिद्धांत पश्चिम से प्रतिक्रिया में बने हैं इसलिए उनका मूल मॉडल पश्चिमी ही है। भाजपा भारत के लोक और राजनैतिक जीवन के सर्वानुमति के पालक और चालक तत्त्व पर नहीं पश्चिम के बहुमत और अल्पमत वाले लोकतांत्रिक सिद्धांत पर चलती है। वह हिंदुओं की पार्टी बन कर भारत के बहुमत की पार्टी होना चाहती है।

और यही उसके भौगोलिक और तात्त्विक अर्थों में राष्ट्रीय होने की सबसे बड़ी बाधा है। भाजपा उन्हीं प्रदेशों में पनपी जहां ऐतिहासिक और ब्रिटिश साम्राज्य की बांटो और राज करो की नीति के कारण हिंदू-मुसलमान संघर्ष है और जहां के लोगों की सामूहिक स्मृति में मुसलमान आक्रमणकारियों के अत्याचारों के किस्से-कहानियां हैं। अटल बिहारी वाजपेयी ने संसद में कहा कि इस प्रदेश में हिंदू वह बहुमत है जो अल्पमत ग्रंथि से प्रताड़ित है। यह बात न उन पर लागू होती है न इस देश के ज्यादातर हिंदुओं पर जो अपने बहुमत में होने के सत्य पर सहज आत्मविश्वास से स्थित हैं।

यह तथ्य अलबत्ता संघ परिवार के उन नेताओं-कार्यकर्त्ताओं पर जरूर लागू होता है जो पंजाब और सिंध में अल्पसंख्यकों की तरह रहे हैं और देश के विभाजन के बाद भारत आए और तब से हिंदू समाज में वही ग्रंथि पैदा करने की कोशिश कर रहे हैं। उनकी महाराष्ट्र की उस प्रतिक्रियावादी प्रवृत्ति से भी पटती है जिसमें से वीर सावरकर, डॉक्टर हेडगेवार और गुरु गोलवलकर जैसी विभूतियां निकलीं। संघ परिवार का प्रेरक और चालक सिद्धांत तत्त्व हिंदू वर्चस्व कायम करना है। यह वहीं काम करता है जहां मुसलमान के खिलाफ असर्ट करने की भावना जगाई जा सकती है।

देश के सौभाग्य और भाजपा के दुर्भाग्य से दक्षिण और पूर्व और पूर्वोत्तर भारत में मुसलमान आक्रमणकारियों और विदेशी मुसलमानी राज्य के अत्याचारों की स्मृतियां नहीं हैं। केरल में ईसाई और मुसलमान आक्रमणकारियों की तरह नहीं व्यापारियों की तरह आए और बस गए। ईसाई धर्म

तो यूरोप में भी जाने के पहले केरल आया और मुसलमान व्यापारी वहां के तटों पर आ कर ऐसे बस गए कि मलयालम में मुसलमानों को मोपला यानी दामाद कहा जाता है।

इसी तरह बंगाल, असम, ओड़ीशा और पूर्वोत्तर के आदिवासी राज्यों में हिंदू-मुसलमान संघर्ष और वैमनस्य ऐसा कहीं नहीं है जैसा अपने प्यारे उत्तर प्रदेश में दिखता है। भाजपा हिंदू-मुसलमान स्थिति में तो पनप सकती है, हिंदू-हिंदू और मुसलमान- मुसलमान परिस्थिति में भाजपा उस भड़काऊ भावना को नहीं जगा सकती जो हिंदू-मुसलमान ध्रुवीकरण को जन्म देता है। इसलिए उत्तर-पश्चिम भारत में जो भाजपा की प्रेरक शक्ति है वह दक्षिण, पूर्व और पूर्वोत्तर भारत में काम नहीं दे सकती। एक आम राजनैतिक पार्टी के नाते पनपने के लिए इन इलाकों में भाजपा को वह सब छोड़ना पड़ेगा जो उसे उत्तर-पश्चिम में ताकत देता है।

कांग्रेस अखिल भारतीय पार्टी बन सकी तो इसलिए कि वह देश के स्वतंत्रता आंदोलन में से निकली है और ब्रिटिश राज के खिलाफ संघर्ष देश-भर में हुआ था। संघ का जन्म आजादी के बाईस साल पहले हुआ पर वह आजादी के आंदोलन की अग्रिम पंक्ति में भी नहीं था। आजादी के बाद कांग्रेस देश की आम सहमति या सर्वानुमति की पार्टी हो गई क्योंकि आजादी के आंदोलन के प्रेरक तत्त्व ही उसके धारक तत्त्व थे। जब वह देश की सर्वानुमति के बजाय नेहरू-गांधी परिवार से संचालित पार्टी हो गई तो उसके जो हाल हुए वे आपके सामने हैं।

इस देश में पश्चिमी तर्ज का परिवार नहीं चलता भारतीय परंपरा का कुनबा चलता है। सामाजिक और वैचारिक दोनों अर्थों में। जब तक कांग्रेस कुनबा थी देश में उसका राज चला क्योंकि वह सर्वानुमति की पार्टी थी। संयुक्त मोर्चा सचमुच भानमती का कुनबा है लेकिन संघ परिवारी भोपाल के बाद विचार कर सकते हैं कि उनके परिवार की सरकार तेरह दिन ही क्यों चली और तेरह पार्टियों के कुनबे की सरकार क्यों चल रही है। इस विचार से उनकी सरकार के ही जाने का उत्तर नहीं मिलेगा, विस्तार की उनकी महत्त्वाकांक्षाओं के पूरी होने का रास्ता भी निकल सकता है।

27.6.1996

माया मिली न राम या प्याज भी और...

किस्सों का स्वभाव है कि वे लौट कर आते हैं और सच्चे हो जाते हैं।

जैसे भारतीय जनता पार्टी के अध्यक्ष लालकृष्ण आडवाणी का एक प्रिय किस्सा है प्याज और जूते का, जिसे वे आमसभाओं और छोटे सभा-सम्मेलनों में भी खूब चटखारा ले कर सुनाते हैं।

किस्सा यह है कि एक आदमी को सजा मिली कि या तो सौ प्याज खा लो या सौ जूते। उसे लगा कि प्याज खाना आसान होगा इसलिए उसने वही सजा कबूल की लेकिन चार-पांच प्याज खाने और धाराधार अश्रुपात करने के बाद उसने त्राहिमाम कर दी और कहा कि इससे तो जूते ही बेहतर होंगे। लेकिन दस जूते खाने के बाद उसे लगा कि इससे तो प्याज खाना ही बेहतर था। उसने फिर प्याज खाने की विनती की। और इस तरह प्याज और जूतों के बीच झूलते और उन्हें बारी-बारी से खाते हुए उसे दोनों सजाएं भुगतनी पड़ीं। सौ प्याज भी खाए और सौ जूते भी।

भारतीय जनता पार्टी के गुजरात में यही हाल हुए हैं। उसके सामने दुविधा थी कि सत्ता को बनाए रखे या अनुशासन को। गए साल अक्टूबर में उसने सत्ता में बने रहने का फैसला किया और तब के मुख्यमंत्री केशूभाई पटेल और संघनिष्ठ पार्टी महासचिव नरेंद्र मोदी के खिलाफ यानी भाजपा और राष्ट्रीय स्वयंसेवक संघ के विरुद्ध विद्रोह का झंडा ले कर कोई अड़तालीस विधायकों को खजुराहो ले गए शंकरसिंह वाघेला को पहले पार्टी से निकाला और एक उद्योग घराने का एजंट बताया।

फिर न सिर्फ वाघेला को वापस और ससम्मान पार्टी में लिया, मुख्यमंत्री केशूभाई पटेल को हटाया, उनकी जगह सुरेशभाई मेहता को बनाया जिनका अपना कोई गुट और समर्थन आधार नहीं था और इसलिए वे दोनों ही युद्धरत गुटों को मंजूर थे। वाघेला के साथ गए सभी विधायकों को भी माफ कर दिया गया। कुछ मंत्री हुए, कुछ निगमों के अध्यक्ष। सरकार बची सो लाखों पाए, घर के बगावती बेटे लौट के घर आ गए।

सत्ता और उसके साथ आने और पैदा होने वाले सभी लालचों और कमजोरियों से अनुशासन को सर्वोपरि मानने और बताने वाली भारतीय जनता पार्टी ने सत्ता में रहने के लिए सत्ता के लिए मरे जा रहे अपने बगावतियों से ऐसा समझौता किया जैसा सत्ता के लिए हमेशा लार टपकाती रहने वाली कांग्रेस ने भी नहीं किया था। उसके क्षत्रप नेता विधायकों को ले कर इसी तरह अलग हुए हैं और विपक्ष से मिल कर उनने कांग्रेसी सरकारें भी गिराई हैं। मुख्यमंत्री भी बने हैं। लेकिन कांग्रेस ने उनसे समझौता कर के सरकार नहीं बनाई।

अनुशासन कांग्रेस का पहला यम नियम कभी नहीं रहा। लेकिन कांग्रेसी विधायकों ने कांग्रेस में होते हुए राज्यपाल को जा कर नहीं कहा कि वे उनकी पार्टी के मुख्यमंत्री को हटाएं। भाजपा विधायकों ने गुजरात में वह भी किया। उनका अनुशासन और उनके प्रति बरती गई पार्टी की उदारता इस देश की पार्टी व्यवस्था में जाज्वल्यमान उदाहरण बन कर कीर्तिमान की तरह कायम है।

चूंकि यह समझौता अटल बिहारी वाजपेयी ने भैरोंसिंह शेखावत जैसे राजनेता की मदद से

करवाया था इसलिए माना गया कि राजनीति और सत्ता को सैद्धांतिक निष्ठा और अनुशासन से ऊपर मानने वाले उदार नेताओं ने एक शर्मनाक समझौता करवाया। लेकिन जानने वाले जानते हैं कि अटलजी और भैरोंसिंहजी का तो संघ परिवार के संघ प्रतिष्ठान ने उपयोग मात्र किया था। संघ प्रतिष्ठान जानता था कि वाघेला समझाने-बुझाने की कोशिश में किसी की सुनेंगे तो इन्हीं दो नेताओं को सुनेंगे। बाद में वाघेला ने कहा भी कि इनके अलावा वे किसी की सुनते नहीं और इनने जो समझौता करवाया था उसे पूरा नहीं किया गया।

तो गए साल का समझौता करवाया भले ही उदार राजनेताओं ने हो, संघ चाहता था कि किसी तरह गुजरात की सरकार बच जाए। छह महीने बाद लोकसभा के चुनाव होने वाले थे और संघ परिवार दिल्ली में सत्ता के लिए अपना सबसे जबरदस्त कूच करने वाला था। वह नहीं चाहता था कि दो-तिहाई सीट पा कर गुजरात में बनी उनकी सरकार खांटी कांग्रेसी शैली में गिर कर दुर्गति को प्राप्त हो। और लोग कहें कि ऐसी पार्टी को क्या सत्ता सौंपना जो एक राज्य में भी ठीक से सरकार न चला सके और उसे उसके वाघेला जैसे पुराने और साबित नेता गिरा दें। दिल्ली के लिए सत्ता के अपने अभियान को विश्वसनीय बनाने के वास्ते संघ ने गुजरात में अनुशासन का बलिदान किया।

और अब सब जानते हैं कि वाघेला और उनके साथियों को पार्टी से निकाल कर जो अनुशासन चलाया जा रहा है तो इसीलिए कि संघ ऐसा चाहता है। बीस अगस्त को अमदाबाद में वाघेला की रैली पर भाजपा का हाईकमान इतना हड़बड़ाया हुआ था कि दिल्ली में एक दिन पहले पार्टी प्रवक्ता सुषमा स्वराज ने कहा कि हमें चिंता नहीं है कि गुजरात में हमारी सरकार गिरेगी या बनेगी। हम अनुशासन लागू करने पर दृढ़ हैं। किसी भी कीमत पर। सत्ता के मोह में साल-भर अपनी विश्वसनीयता गंवाने के बाद भाजपा अब अनुशासन की वेदी पर सत्ता का बलिदान करने को तैयार थी।

यह अलग बात है कि दूसरे दिन वाघेला की रैली तो उनके और समर्थकों के दावों के मुताबिक हुई। यानी उसमें कोई एक लाख लोग आए लेकिन विधायक उतने नहीं आए जितने कि गुजरात विधानसभा में वैध विभाजन और दूसरी पार्टियों से मिल कर सरकार बनाने के लिए जरूरी हैं। फिर राज्यपाल कृष्णपाल सिंह हलके पक्षाघात के शिकार हो कर अस्पताल में भरती थे और स्पीकर हरिश्चंद्र पटेल पहले से ही कैंसर से पीड़ित हैं। कहते हैं उनकी याददाश्त गड़बड़ा रही है।

राज्यपाल और स्पीकर दोनों के ही इस तरह मंच से पीछे हो जाने के कारण गुजरात में सुरेश मेहता की भाजपा सरकार संकट में लटकी हुई है लेकिन बची हुई है। भाजपा का दावा है कि वाघेला के पास उतने विधायक हैं ही नहीं जितने का वे दावा करते फिर रहे हैं। वही दस-बारह उनके साथ हैं जिन्हें पार्टी से निकाल दिया गया है और इसलिए अब मेहता सरकार को कोई खतरा नहीं है। न तो वाघेला का विद्रोह सरकार गिरा पाया है, न पार्टी को बीच से दो फाड़ कर पाया है। मुल्लाजी की दारू फुस्स हो गई है।

लेकिन वाघेला ने लगातार कहा है कि मैं अपने समर्थक विधायकों को अभी नहीं बुला रहा हूं। वे तभी निकल कर आएंगे जब पक्का हो जाएगा कि न सिर्फ सरकार गिर सकती है बल्कि राष्ट्रीय जनता परिषद की सरकार बन सकती है। गए साल के विद्रोह और उसके बाद के समझौते और फिर ग्यारह महीनों में भाजपा हाईकमान ने उनके समर्थकों को जो चुन-चुन कर सजा दी है— उससे वाघेला ने जरूरी सबक ले लिए हैं। इसलिए बीस अगस्त की रैली में वही विधायक-पूर्व मंत्री आए जो पहले ही पार्टी के बाहर कर दिए गए हैं। बाकी के पार्टी में घुसपैठिए बने बैठे हुए हैं। निर्दलीय विधायक भी सोलह हैं जिनमें से सात ही रैली में आए। वाघेला अपने समर्थकों को

एक्सपोज नहीं करना चाहते।

जो हो, स्पीकर ने पार्टी से निकाले गए विधायकों को नोटिस दे दिए हैं लेकिन राज्यपाल अभी अस्पताल में ही हैं और दसेक दिन आराम करेंगे। तब तक तो मेहता सरकार सुरक्षित है। आप कह सकते हैं कि राज्यपाल के बीमार होने ने संघ परिवार को अपनी सरकार बचाने का समय दे दिया। आप यह भी कह सकते हैं कि इससे वाघेला को भाजपा के बाहर अपनी गोटियां फिट करने और पार्टी में अपने समर्थकों को पक्का करने का टाइम मिल गया। वाघेला समर्थकों का दावा है कि उनके इक्कीस विधायकों को पार्टी ने अमदाबाद के बंगलों में घेर रखा है। जिस संकट में गुजरात सरकार लटकी हुई है उसमें ऐसे दावे और आरोप-प्रत्यारोप होते ही हैं।

तत्काल न गिरे लेकिन मेहता सरकार की चांदनी अब चार दिन की रह गई है इससे कोई इनकार नहीं करता। वाघेला उन्हें न भी गिरा पाएं तो केशूभाई पटेल का लामबंद गुट उन्हें छोड़ेगा नहीं। वे ऐसे भी पटेल गुट के आदमी नहीं हैं। उन्हें मुख्यमंत्री इसीलिए बनाया गया कि वे न केशूभाई के आदमी थे, न वाघेला के। उन्हें यह आश्वासन दे कर रखा गया कि उनकी गद्दी बनी रहेगी, वाघेला गुट के खिलाफ अनुशासन की कार्रवाई में वे तटस्थ बने रहें और अपनी पार्टी को न बिखरने दें।

लेकिन वाघेला से निपटने के बाद गए साल से अपमान के घूंट पी रहे केशूभाई और उनके समर्थक मेहता को हटाएंगे और या तो खुद केशूभाई मुख्यमंत्री बनेंगे या उनका कोई वफादार आदमी। केशूभाई के एक समर्थक विधायक यतिन ओझा ने सुरेश भाई मेहता को एक बयान में कांग्रेस से मिला हुआ कायर बताया और उन्हें हलकी सी माफी के बाद छोड़ दिया गया है।

केशूभाई पटेल न सिर्फ पार्टी के एक केंद्रीय उपाध्यक्ष हैं उन्हें गुजरात में पार्टी मामलों का प्रभारी भी बनाया गया है। कांशीराम राणा को रातों-रात प्रदेश अध्यक्षता से हटा कर पहले ही वजुभाई वाला को गुजरात का पार्टी अध्यक्ष बनाया गया है और वे भी केशूभाई के आदमी हैं। दाढ़ में खून लग जाने के बाद केशूभाई गुट यहीं रुक नहीं जाएगा और वाघेला से निपटता हुआ संघ परिवार उन्हें हाशिए पर ठिकाने नहीं लगा सकता। फिर संघ और विश्व हिंदू परिषद का पूरा समर्थन केशूभाई पटेल को प्राप्त है। नहीं तो गुटबंदी से निपटती कोई भी पार्टी उसी प्रदेश के उपाध्यक्ष को वहां के मामलों का इंचार्ज नहीं बनाती जहां के वे खुद हैं और एक गुट के नेता भी वही हैं। केशूभाई के पव्वे का मतलब ही यही है कि संघ परिवार उनके जरिए काम कर रहा है।

पिछले साल जब शंकर सिंह वाघेला कोई अड़तालीस विधायकों को उड़ा कर खुजराहो ले गए थे तब वे गुजरात के आम लोगों की नजर में खलनायक थे। उनमें और चिमनभाई में लोग फर्क नहीं देखते थे। लेकिन अब बीस अगस्त को जब वाघेला ने अमदाबाद के रामलीला मैदान में महासम्मेलन किया तो वे महानायक बन चुके थे। वहां आए एक लाख लोगों की भीड़ के कारण ऐसा नहीं हुआ। भाजपा प्रतिष्ठान के खिलाफ उनकी बगावत ने पार्टी के जमीनी कार्यकर्त्ताओं को ही उत्साहित नहीं किया आम लोगों ने भी माना कि अन्याय के एक शिकार ने बगावत की है और उनकी सहानुभूति वाघेला के साथ है।

यह इसलिए हुआ कि एक शर्मनाक समझौते से खिसियाए हुए संघ, विश्व हिंदू परिषद और भाजपा हाईकमान के समर्थन से फिर से खम ठोंकते केशूभाई गुट के लोगों ने वाघेला और उनके समर्थकों से जो चुन-चुन कर खुलेआम बदला लिया वह कांग्रेस की बदनाम गुटबंदी से भी गया-बीता था। अगर वह अपराधी गैंगों की लड़ाई जैसा नहीं हुआ तो इसका कारण वाघेला गुट का उसके लिए तैयार नहीं होना था। महासम्मेलन के पहले वाघेला ने आवाज दी कि हिंसा का जवाब हिंसा

से दिया जाए।

उत्तर गुजरात के कड़ी गांव में दलितों पर हमले के लिए मंत्री नितिन पटेल को जिम्मेदार माना जाता है। इस एक घटना ने दलितों और पिछड़ों का भाजपा से अलगाव किया क्योंकि पटेल के खिलाफ कोई कार्रवाई नहीं हुई। इन्हीं नितिन पटेल ने गए साल वासन और चरावड़ा गांवों पर हमले करवाए थे जहां वाघेला ने अपने विधायकों को रखा था और इन हमलों के कारण ही उन्हें विधायकों को उड़ा कर खजुराहो ले जाना पड़ा। नितिन पटेल को कोई हाथ नहीं लगा सकता।

सब जानते हैं कि वाघेला समेत उनके छह समर्थकों को संघ और विश्व हिंदू परिषद ने खुलेआम अभियान चला कर लोकसभा चुनाव में हराया था। एक कांशीराम राणा जीते तो उन्हें प्रदेशाध्यक्ष पद से हटा दिया जबकि वे पार्टी को दलितों तक ले जाने के लिए जिम्मेदार थे। प्रधानमंत्री रहते हुए अटलजी अमदाबाद में अभिनंदन समारोह में गए। वहां अठत्तर बरस के आत्माराम पटेल से मारपीट ही नहीं की गई उन्हें नंगा कर दिया गया। अटलजी के प्रधानमंत्री होते हुए और उनकी उपस्थिति में किए गए इस चीरहरण के खिलाफ पार्टी ने कोई कार्रवाई नहीं की।

मुख्यमंत्री ने वहां तैनात दो पुलिस अफसरों को मुअत्तल कर दिया। इस पर अमदाबाद की मेयर बहनजी भावनाबेन दवे ने इसकी भर्त्सना करते हुए बयान दिया। पुलिस ने जिन दंगाइयों को पकड़ा था उन्हें पार्टी वालों ने थाने से छुड़वाया और जब वे जमानत पर बाहर आए तो मेयर बहनजी ने उनका जगह-जगह स्वागत करवाया। विधायक यतिन ओझा ने बयान दिया कि ये पुलिस अफसर गुजरात पुलिस में गुजराती-गैरगुजराती गुटों की आपसी लड़ाई के शिकार हो गए हैं। शिक्षा मंत्री नलिन भट्ट ने बयान दिया कि है किसी में दम जो केशूभाई गुट के लोगों के खिलाफ कार्रवाई कर सके।

वाघेला और उनके समर्थकों को अनुशासित करने के लिए संघ के स्वयंसेवकों, विश्व हिंदू परिषद के साधु-संतों और पार्टी के सेवाभावियों ने यह सब कार्रवाई पहले ही कर दी थी। कोई अचरज नहीं कि जनसंघ के एक संस्थापक और संघ के पुराने स्वयंसेवक चिमन शुक्ल तक पार्टी में नाम के लिए हैं। सत्तावान संघ परिवारियों ने वाघेला की अनुशासनहीनता से समझौता करने से ले कर उन्हें और उनके समर्थकों को अनुशासित करने के लिए जो किया उससे गुजरात में पार्टी की जड़ें खुद गई हैं। फिर वाघेला कोई तीस साल से पार्टी के जमीनी नेता हैं। वे अब भाजपा को जितना नुकसान पहुंचा सकते हैं दूसरा कोई कभी पहुंचा नहीं सकता था।

वाघेला के मामले को संघ परिवार एम्बीशन और मिशन का झगड़ा बताता रहा है। वाघेला ने महासम्मेलन में कहा कि मिशन और कमीशन में कोई खास फर्क नहीं है। वे आडवाणी के हवाला में पैंसठ लाख लेने की चार्जशीट का हवाला दे रहे थे।

मैंने कहा न, किस्से लौटते और सच हो जाते हैं।

24.8.1996

गुजरात में भाजपा में हताशा और पराजय

गुजरात में भारतीय जनता पार्टी के मंत्रियों ने लगभग मान लिया है कि अब उनकी सरकार नहीं बचेगी। उन्नीस सितंबर के बाद या तो केंद्र उनकी सरकार को डिसमिस कर के राष्ट्रपति शासन लगा कर विधानसभा को अधर में लटका देगा या कांग्रेस की मदद से राष्ट्रीय जनता पार्टी की सरकार बन जाएगी।

स्पीकर हरिश्चंद्र पटेल की मृत्यु ने भाजपा के अथक प्रचार तंत्र तक की हवा निकाल दी है। अब उनके नेता एक सांस में तो दावा करते हैं कि 179 के सदन में उनके पास 94 का बहुमत है लेकिन दूसरी सांस आह बन कर निकलती है और बताती है कि यह बहुमत साबित करने का उन्हें मौका ही नहीं मिलेगा। डिप्टी स्पीकर चंदूभाई डाभी अब स्पीकर के सारे अधिकार और कर्त्तव्य प्राप्त कर चुके हैं और अपनी 'दो दिन की बादशाहत में' वे मौका ही नहीं देंगे कि नए स्पीकर के चुनाव में अपना प्राप्त और सुरक्षित बहुमत सदन में साबित कर सकें। लोकतंत्र को इस विडंबना और ट्रेजेडी पर उन्हें बहुत दुख है लेकिन हताशा में मान चुके हैं कि वे कुछ नहीं कर सकते।

अठारह और उन्नीस सितंबर का दो दिवसीय सत्र आज शुरू होगा। पहले दिन स्पीकर हरिश्चंद्र पटेल और भूतपूर्व राष्ट्रपति नीलम संजीव रेड्डी को श्रद्धांजलि अर्पित कर के विधानसभा शोक में उठ जाएगी। भाजपा से टूट कर अलग हुए राष्ट्रीय जनता पार्टी के लोगों और कांग्रेस ने तय किया है कि श्रद्धांजलि बैठक के दौरान अवसर के अनुकूल गरिमा बनाए रखेंगे और कोई हंगामा या बदमजगी नहीं करेंगे। भाजपा के मंत्रियों और विधायकों का भी मानना है कि श्रद्धांजलि बैठक शांति और गरिमा से निपट जाएगी।

संकट दूसरे दिन उन्नीस सितंबर को होगा जब सदन को नए स्पीकर का चुनाव करना है। भाजपा ने अपने उम्मीदवार की घोषणा कर दी है और विपक्ष ने भी तय किया है कि अपना साझा उम्मीदवार खड़ा करेगा। लेकिन भाजपा के सरकारी नेता कहते हैं कि चुनाव की नौबत आएगी ही नहीं।

राष्ट्रीय जनता पार्टी मांग करेगी कि तीन सितंबर को डिप्टी स्पीकर ने उन्हें जो अलग पार्टी होने की मान्यता दी थी तो उसके छियालीस सदस्यों को बैठने की अलग सीटें दी जाएं। यह भाजपा के सत्तारूढ़ गुट को कतई मंजूर नहीं होगा क्योंकि इसका मतलब है स्वीकार करना कि उसकी सरकार अल्पमत में आ गई है। चूंकि राजपा को अलग गुट की मान्यता डिप्टी स्पीकर डाभी ने ही दी थी और वे कह चुके हैं कि अपने फैसले को लागू करेंगे इसलिए अब कोई चमत्कार ही उस दिन हंगामा और अनहोनी को टाल सकता है। राजपा और कांग्रेस चाहेगी कि सत्तारूढ़ भाजपा गुट ऐसी परिस्थिति पैदा करे कि न चुनाव हो सके, न सदन चल सके। भाजपा की कोशिश होगी कि 'लोकतंत्र की हत्या करने का पाप' राजपा और कांग्रेस पर आए। इस कशमकश में क्या होगा कोई नहीं जानता। कई पुराने विधायकों को शंका है कि गुजरात विधानसभा में अब तक कभी हिंसा नहीं हुई थी, अब शायद सदन में खून बह कर फैल जाए।

हरिश्चंद्र पटेल की मृत्यु ने भाजपा की रणनीति और योजना को फिस्स कर दिया है। पहले

वह डिप्टी स्पीकर चंदूभाई डाभी के खिलाफ अविश्वास प्रस्ताव ला कर उन्हें हटानेवाली थी। चूंकि प्रस्ताव डाभी को हटाने पर होता इसलिए वे अध्यक्षता नहीं कर सकते थे। लेकिन पटेल के सत्र के दो दिन पहले हुए निधन ने उन्हें डिप्टी स्पीकर डाभी को स्पीकर के सारे अधिकार दे दिए जो तीन सितंबर को उन्हें नहीं थे। भाजपा सरकार इस स्थिति का कुछ नहीं कर सकती क्योंकि संविधान और परंपरा से स्पीकर की मृत्यु पर डिप्टी स्पीकर को सारे अधिकार अपने आप मिल जाते हैं भले ही वे नए स्पीकर के चुने जाने तक मिलें। और कांग्रेसी विधायक और डिप्टी स्पीकर डाभी ने इसमें शक की कोई गुंजाइश नहीं छोड़ी है कि वे क्या करने वाले हैं। इसलिए सत्तारूढ़ भाजपा में हताशा और पराजय साफ दिखाई देती है। मुख्यमंत्री मेहता भी इसे छुपाने की कोशिश नहीं करते।

सदन में हार और सरकार जाने के पहले भी भाजपा जैसी परम उत्साही पार्टी में हताशा और पराजय की यह गहरी भावना और पीड़ा इसलिए है कि दुनिया-भर में अपने बहुमत का प्रचार और प्रदर्शन करने के बावजूद उसे उस पर विश्वास नहीं था और उसे बनाए रखने के लिए उसने कांग्रेस से भी गए-गुजरे पाखंड और धोखाधड़ी का इस्तेमाल किया। स्पीकर हरिश्चंद्र पटेल की लाइलाज बीमारी और गंभीर हालत का इस्तेमाल उसने निष्कासित नेता शंकरसिंह वाघेला के हर कदम को नाकाम करने में किया। अठारह अगस्त से वह स्पीकर पटेल का बेईमान और अमानवीय इस्तेमाल कर रही थी।

हरिश्चंद्र पटेल को कोई साल-भर से दिमाग में गांठ थी जो कैंसर से संक्रमित हो गई थी। मुंबई में दो बार उनका ऑपरेशन हुआ। दवाओं से उनकी हालत इतनी खराब थी कि इंफेक्शन न हो जाए इसलिए डॉक्टर उन्हें किसी से मिलने भी नहीं देते थे। उनतीस मार्च को बजट सत्र का अवसान करने के बाद वे एक बार भी कार्यालय नहीं आए। कैंसर से उनका दिमाग इतना प्रभावित हो गया था कि वे किसी को पहचान ही नहीं सकते थे। उनके पुत्र संघ और विश्व हिंदू परिषद के कार्यकर्त्ता हैं जिन्होंने सत्तारूढ़ भाजपा गुट को उनके नाम का इस्तेमाल कर के वाघेला की हर चाल और कदम को नाकाम करने में मदद की।

पटेल की हालत जब इतनी खराब थी तो उन्हें न तो मुंबई ले जाया गया, न अमदाबाद के सरकारी अस्पताल में रखा गया। वे एक प्राइवेट नर्सिंग होम में रखे गए जहां न सिर्फ किसी को भी उनसे मिलने नहीं दिया गया उनकी बीमारी की हर खबर को पूरी तरह गोपनीय रखा गया। स्वतंत्र और विशेषज्ञ डॉक्टरों के किसी दल से उनके स्वास्थ्य की जांच करवाने और उनकी हालत पर रपट देने की मांग मंजूर नहीं की गई। परिवार ने उनकी गंभीर स्थिति का इस्तेमाल होने दिया क्योंकि स्पीकर रहते हुए उनके उपचार का भारी खर्च सार्वजनिक धन से होना था और सत्तारूढ़ भाजपा गुट उनके नाम का इस्तेमाल कर के वाघेला की चुनौती को पराजित कर सकता था।

अठारह अगस्त को जब वाघेला गुट के विधायकों ने राज्यपाल के पास जा कर अलग पार्टी होने की मान्यता मांगी और राज्यपाल ने विधानसभा सचिवालय से हस्ताक्षरों की पुष्टि करवाई और हुई तो इसे इन्हीं स्पीकर पटेल के अधिकार से अमान्य किया गया। अठारह विधायकों के वाघेला गुट छोड़ कर वापस आ जाने और उनकी स्पीकर के सामने परेड और उनकी वापसी की पुष्टि भी इन्हीं गंभीर बीमार और किसी को पहचान न पाने वाले पटेल ने की। डिप्टी स्पीकर डाभी के अनिश्चित काल के लिए स्थगित किए गए सदन को भी इन्हीं स्पीकर के आदेश से फिर बुलाया गया। इन्हीं स्पीकर ने डाभी की वाघेला गुट को दी गई मान्यता रद्द करवाई। इन्हीं के आदेश से अठारह और उन्नीस सितंबर को सत्र बुलाया गया।

इन्हीं स्पीकर की तरफ से बयान आया कि वे सारे निर्णय सोच-विचार कर खुद ले रहे हैं। लेकिन अठारह अगस्त के बाद के सभी 'निर्णयों' की तरह इस बयान पर भी हरिश्चंद्र पटेल के हस्ताक्षर नहीं थे। ये बयान और निर्णय उनकी तरफ से किसने लिए और कैसे लिए ? अगर जांच

हो तो लोकतंत्र के साथ यह बेईमानी और धोखाधड़ी सामने आ जाएगी।

तीन सितंबर को डिप्टी स्पीकर डाभी के वाघेला गुट को मान्यता देने और दो बार सदन को भंग करने की सभी ने और शायद उचित भर्त्सना की। राज्यपाल कृष्णपाल सिंह के बरताव और निर्णयों को भी भाजपा ने बहुत कोसा और उन्हें बदनाम किया। मुख्यमंत्री मेहता ने स्पीकर पटेल को 'शरीर से बीमार लेकिन दिमाग से बिल्कुच सचेत' बताया। लेकिन राज्यपाल के लकवे को अब भी कोई भी देख सकता है पर उनकी बीमारी को भाजपा ने राजनैतिक करार दे कर बदनाम किया।

लेकिन इसी भाजपा ने स्पीकर पटेल की गंभीर बीमारी का जो इस्तेमाल किया उसे लोकतंत्र और स्पीकर की संस्था के साथ सरासर धोखाधड़ी नहीं तो क्या कहा जाएगा ? अब मौत ने इन स्पीकर को हटा कर भाजपा को अपनी ही पार्टी की फूट और अपने ही किए का फल भोगने के लिए अभिशप्त किया है। इसीलिए बहुमत के दावे के बावजूद गुजरात में भाजपा में हताशा और पराजय है। उसकी सरकार कितने दिन की मेहमान है—यह आप अगले दो दिन में देख लेंगे। लेकिन कोई भाजपाई लोकतंत्र की दुहाई दे तो पूछना कि हरिश्चंद्र पटेल के कैंसरग्रस्त होने का इस्तेमाल कौन सा लोकतंत्र है ?

18.9.1996

आड़ी और खड़ी रेखाओं में

देश के लिए कश्मीर के चुनाव जितने महत्त्वपूर्ण होंगे उत्तर प्रदेश के चुनाव उतने महत्त्वपूर्ण तो खुद उत्तर प्रदेश के लिए भी नहीं होंगे। कश्मीर से कम-से-कम यह उम्मीद की जा सकती है कि वहां के लोग अपने राज्य का प्रशासन एक निर्वाचित सरकार से चलाने और उसे आतंकवाद-अलगाववाद से लड़ने का जनादेश देंगे। उत्तर प्रदेश से क्या उम्मीद की जाए ? लोकसभा चुनाव के बाद से वहां के राजनैतिक समीकरण कोई बदले नहीं हैं। कांग्रेस ने जरूर बहुजन समाज पार्टी के साथ गठबंधन किया है।

लेकिन इससे न तो उत्तर प्रदेश की राजनीति बदलेगी, न दिल्ली पर उसका कोई असर होगा। बसपा के हाथी की पूंछ से बंधी कांग्रेस कुछ धूल और समेट लेगी लेकिन इससे न तो कांग्रेस का कायाकल्प हो सकता है, न बसपा बहुजन समाज की पार्टी हो सकती है। बसपा से पहले गठबंधन कर के और उसके साथ सरकार बना कर मुलायम सिंह यादव की समाजवादी पार्टी ने देख लिया। फिर उसे हराने वाली ताकत मान कर भाजपा ने इस गठबंधन को तोड़ा और 'सामाजिक समरसता' के लिए बसपा की मायावती सरकार बनवा दी। न वह बेमेल गठबंधन चला न यह 'समरसता' चल सकी। अब कांग्रेस से उसका गठबंधन क्या बदल देगा ? वोटों की सौदेबाजी से अगर राजनैतिक समाज का पुनर्गठन होना संभव होता तो उत्तर प्रदेश आज ऐसी दयनीय हालत में नहीं पहुंचा होता।

ये वे दिन थे जब भाजपा का कमल खिले ही जा रहा था। भगवी सेना अगली चढ़ाई की तैयारी कर रही थी। उसे लगता था कि अगर वह उत्तर प्रदेश में सरकार बना लेगी तो दिल्ली में राजनैतिक समीकरण बदल जाएंगे। जो पार्टियां आज उसके खिलाफ इकट्ठी हो कर संयुक्त मोर्चा बनाए हुए हैं वे समझ जाएंगी कि भविष्य की पार्टी भाजपा है और वे उसकी अगुआई में नया गठबंधन बना कर नई केंद्रीय सरकार बनाने को तैयार हो जाएंगी। दिल्ली में तेरह दिन की तुगलकी सरकार बनाने के अनुभव के बाद भी भाजपा ने आशा नहीं छोड़ी है कि अगला चुनाव लड़े बिना वह दिल्ली पर फिर सत्तारूढ़ हो सकती है।

दिल्ली पर कब्जे का रास्ता उत्तर प्रदेश से है इसलिए वहां का चुनाव देश के लिए सबसे महत्त्वपूर्ण है ऐसा ढोल भाजपा ने बजाना शुरू कर दिया था और उसके अटल-अटूट उत्साही कार्यकर्त्ता बल्ले-बल्ले कर के नाचने लगे थे। भाजपा की धुन पर या ढोल पर नाचने को बहुत से अखबार वाले और कुकुरमुत्तों की तरह उगे टीवी वाले और उनसे भी ज्यादा रेत के टीलों पर चढ़ने वाले चुनाव सर्वेक्षक तैयार हो गए। सीधा गणित और समीकरण था। भाजपा विरोधी वोट मई के लोकसभा चुनाव में भी बंटे थे। इससे उसे 85 में से 52 सीटें मिल गई थीं। विधानसभा के 425 चुनाव क्षेत्रों में से 236 में उसके उम्मीदवारों को सबसे ज्यादा वोट मिले थे। चूंकि भाजपा विरोधी वोट अब भी बंट रहे हैं इसलिए भाजपा ही जीतेगी। संयुक्त मोर्चा और बसपा-कांग्रेस गठबंधन इसकी गारंटी करेंगे कि उत्तर प्रदेश में भाजपा सरकार बने।

भाजपा की तरह ही उत्साहित और आत्मविश्वास से बिफरते हुए थे कांशीराम और उनकी बसपा। कांशीराम भाजपा की तरह उत्तर प्रदेश के चुनाव के बाद दिल्ली का नक्शा बदलते देख रहे थे। कांग्रेस ने उनके साथ मान लिया था कि 'बहनजी' मायावती अगली मुख्यमंत्री होंगी। बसपा-कांग्रेस को इतनी सीटें तो मिलेंगी ही कि संयुक्त मोर्चा उसकी सरकार बनाने को मजबूर हो। आखिर कांग्रेस के समर्थन से दिल्ली से संयुक्त मोर्चे की सरकार चल रही है। बदले में लखनऊ में संयुक्त मोर्चे को मायावती की सरकार बनानी होगी। और लखनऊ में बसपा-कांग्रेस की सरकार बन गई तो दिल्ली में कांग्रेस-बसपा सरकार बन सकती है क्योंकि लोग समझ जाएंगे कि भविष्य का गठबंधन तो बसपा-कांगेस गठबंधन है इसलिए छोटी और क्षेत्रीय पार्टियां संयुक्त मोर्चे को छोड़ कर इस गठबंधन के साथ हो जाएंगी।

कांशीराम भी भाजपा की तरह पिछले लोकसभा चुनाव से निराश हुए हैं। उसमें दूसरे राज्य तो छोड़िए उत्तर प्रदेश से भी बसपा को इतनी सीटें नहीं मिलीं कि दिल्ली में जब सरकार बनाने की कवायद चल रही थी तो कोई उन्हें पूछता। वोटों के सबसे बड़े दलाल और सत्ता के लिए ऊंची-से-ऊंची बोली लगाने वाले के साथ बेझिझक जाने को तैयार रहने वाले कांशीराम ऐसी कोई सरकार बनाने में मदद नहीं कर सकते थे जो उन पर आधारित मजबूर सरकार हो ताकि वे उसका ज्यादा-से-ज्यादा भयादोहन कर सके। अब उन्हें उत्तर प्रदेश में फिर मौका दिखाई दे रहा था कि भारतीय राजनीति की घोड़ागाड़ी में वे अपने भाव बढ़वा सकें। कांग्रेस उनका बोलबाला मान कर उनकी पिछलग्गू हो ही गई थी। उत्तर प्रदेश का चुनाव दूसरी पार्टियों को भी कांशीराम की ताकत समझाने वाला था। इसलिए वह देश का नक्शा भी बदलने वाला था और सबसे महत्त्वपूर्ण भी होने वाला था।

तब हवा में उड़ने वाले तिनके और आंधी में उखड़ने वाले पेड़ ही नहीं विश्वनाथ प्रताप सिंह जैसे शातिर राजनैतिक तीरंदाज भी कह रहे थे कि पहला नंबर भाजपा का, दूसरा बसपा-कांग्रेस का और तीसरा नंबर है हमारा संयुक्त मोर्चा। आज की तारीख में तो यही गणित है। मतदान होते-होते स्थिति कितनी बदल जाएगी अभी कहा नहीं जा सकता। भाजपा विरोधी वोट नहीं बंटने चाहिए-- यह तो विश्वनाथजी ने माना लेकिन इसके लिए बसपा-सपा को एक करने की कोशिश करने पर वे तैयार नहीं थे। वोटर ही इन्हें जब सिखाएगा तो ये सबक लेंगे। उनकी बातचीत से साफ था कि सपा-बसपा ही नहीं, जनता दल के क्षपत्र भी अपने छोटे हित छोड़ने को तैयार नहीं हैं इसलिए कोई भाजपा विरोधी गठबंधन नहीं बन सकता। लेकिन इससे तो भाजपा सत्ता में आ जाएगी ? आ जाए तो आए जाए। ये तो लोकतंत्र है। लोग अगर चाहें तो उन्हें आप कैसे रोक सकते हैं ?

तब जो लोग कह रहे थे कि उत्तर प्रदेश में भाजपा की सरकार बनने से दिल्ली का नक्शा बदल जाएगा उनको अपन ने कहा कि अपने बूते पर पहली बार सन् 1991 में भाजपा ने उत्तर प्रदेश में सरकार बनाई। उसके पास स्पष्ट बहुमत था और दिल्ली में राव सरकार अल्पमत में थी। भाजपा के उत्तर प्रदेश से 51 सांसद थे लेकिन वे न राव सरकार को गिरा सकते थे, न नई सरकार बना सकते थे। भाजपा की इस सरकार को बाबरी मस्जिद गिराने के बाद दिल्ली की सरकार ने डिसमिस कर दिया। उत्तर प्रदेश की बहुमत वाली सरकार अठारह महीने चली और दिल्ली की अल्पमत सरकार पूरे पांच साल। अब भी उत्तर प्रदेश से उतने ही सांसद हैं लेकिन वे भाजपा की सरकार को बचाने और तेरह पार्टियों के गठबंधन को सत्ता में आने से नहीं रोक सके।

फिर पिछले सात साल में उत्तर प्रदेश में चार सरकारें आईं और गईं। सन् नवासी के चुनाव के बाद बनी मुलायम सरकार अठारह महीने, इकानवे में बनी कल्याण सिंह सरकार भी इतने ही

महीने और तिरानवे के चुनाव से बनी सपा-बसपा सरकार भी वही डेढ़ साल चली। भाजपा की बनवाई बसपा सरकार तो चार महीने ही चली। इनमें कल्याण सिंह सरकार को ही केंद्र ने डिसमिस किया। बाकी तीनों अपनी फूट से टूटीं ! ये सरकारें इसलिए अपना कार्यकाल पूरा नहीं कर पाईं कि इनके अपने और छोटे-मोटे एजंडे थे जो पूरे राज्य के सभी लोगों के हितों की देखभाल नहीं कर सकते थे। इनके प्रशासन से उत्तर प्रदेश के राजनैतिक समाज में और नई दरारें तो आईं लेकिन ऐसे नए रचनात्मक गठबंधन नहीं उभरे जो समाज को जोड़ते।

सन् नवासी में जनता दल के जो 54 सांसद उत्तर प्रदेश से चुने गए उनने तो दिल्ली में जनता दल या राष्ट्रीय मोर्चे की सरकार बनवाई। लेकिन उसके बाद इकानवे और छियानवे में चुने गए भाजपा के 51 सांसद दिल्ली की सरकार बनाने में कोई भूमिका अदा नहीं कर पाए। उनसे न कांग्रेस की सरकार गिरी-बनी, न संयुक्त मोर्चे की। इस तरह न उत्तर प्रदेश के विधायक अपने राज्य में कोई काम कर सकने वाली सरकारें बना पाए, न केंद्रीय सरकार बनाने-बिगाड़ने में उनकी कोई निर्णायक भूमिका रही। जो राज्य पहले दिल्ली की सरकार और देश की राजनीति तय करता था वह 85 सांसदों और सबसे बड़ी विधानसभा के बावजूद देश की राजनति में लगभग नगण्य हो गया।

अब अचानक इसकी कोई संभावना नहीं थी कि उत्तर प्रदेश के चुनाव का नतीजा दिल्ली की सरकार बदल दे और उससे राजनीति में ऐसे परिवर्तन आ जाएं कि उसकी दिशा ही नई हो जाए। भाजपा और बसपा अपने-अपने हितों और कारणों से उसे अत्यधिक महत्त्व दे रहे थे और लोग एक नकली उत्तेजना में आ कर उत्तर प्रदेश के चुनाव के आगे जम्मू-कश्मीर में विधानसभा चुनाव की लगभग अनदेखी कर रहे थे। अपन इस फालतू के भबके में आने को तैयार नहीं थे। अपन उत्तर प्रदेश के किसी विधानसभा क्षेत्र में जाने के बजाय कश्मीर घूमे और बंदूक के साए में होते ऐसे विधानसभा चुनाव देखे जहां वोट देने जाना जान से खेलना था। कश्मीर में सरकार बन कर काम में लग गई और उत्तर प्रदेश में स्थायी क्या अस्थायी सरकार बनना भी मुश्किल हो गया। आठ दिन हर पार्टी के जोर आजमाने के बाद आखिर फिर राष्ट्रपति शासन लगाना पड़ा।

उत्तर प्रदेश के अगर ये हाल हुए हैं तो इसलिए नहीं कि पहले आंध्र से प्रधानमंत्री बने नरसिंह राव और फिर कर्नाटक से प्रधानमंत्री हुए देवेगौड़ा ने जान-बूझ कर उत्तर प्रदेश का वजन और महत्त्व घटा दिया है। ऐसा नहीं है कि दिल्ली में कोई साजिश हो रही हो कि उत्तर प्रदेश को फिर अपना महत्त्व और स्थान न लेने दिया जाए। इसका कारण यह भी नहीं है कि वहां कांग्रेस का पराभव हो गया है। भाजपा का गढ़ बन जाने से भी वह देश की राजनीति से अलग-थलग नहीं पड़ गया है क्योंकि भाजपा देश की राजनीति तय नहीं करती। उत्तर प्रदेश अगर 85 सांसद भेज कर और चार विधानसभा चुनावों के बाद भी चल सकने वाली सरकार नहीं बना पाया तो इसका सारा दोष यहां की राजनैतिक पार्टियों और नेताओं पर है।

जितना विखंडित आजकल उत्तर प्रदेश का राजनैतिक समाज है उतना शायद पूर्वोत्तर के किसी छोटे राज्य का भी नहीं होगा जहां कब सरकार बनी और बदल गई इसका पता भी नहीं चलता है। यह विखंडन दोहरा है। एक धर्म या संप्रदाय के नाम पर किया गया है और दूसरा जाति के नाम पर। हमें भूलना नहीं चाहिए कि धर्म के नाम पर इस देश का विभाजन उन मुसलमानों ने नहीं करवाया जो मुस्लिम-बहुल प्रदेशों में रहते थे। यह विभाजन उत्तर प्रदेश के मुसलमानों की सांप्रदायिकता के कारण हुआ जहां गंगा-जमनी संस्कृति की सबसे ज्यादा बातें होती थीं। इन मुसलमानों से प्रतिक्रिया में सांप्रदायिक होने वाले हिंदू भी सबसे ज्यादा उत्तर प्रदेश में हैं। पाकिस्तान बनवाने वाले तो चले गए। उनकी प्रतिक्रिया में हिंदू हुए हिंदुओं का गढ़ उत्तर प्रदेश है और जहां से सांप्रदायिक भावनाएं

भड़काई जा सकें वे अयोध्या, काशी, मथुरा भी उत्तर प्रदेश में हैं। यहीं बाबरी मस्जिद के ढहाए जाने के बाद इसकी संभावना नहीं रही कि भाजपा को कभी मुसलमानों का समर्थन मिल सके। यह एक विभाजन तो हो ही गया है।

सांप्रदायिकता की काट के लिए धार पर चढ़ाई गई जातिवादिता ने समाज को खड़े और आड़े दोनों तरीकों से बांट दिया है। एक अगड़ों-पिछड़ों का विभाजन है और दूसरा जातियों का, जो उप जातियों में पहुंच कर समाज को गांव के स्तर तक विखंडित कर रहा है। पहले जो लोग अगड़ों-पिछड़ों की बात कर के जात-पांत को तोड़ने में लगे थे वे अब जातियों की पहचान ही नहीं उनके वोट बैंक तक मजबूत करने में दूसरी जातियों के खिलाफ लगे हुए हैं। बिहार में लालू के यादववाद ने कुरमी और कोयरियों को भाजपा के पास भेज दिया और उत्तर प्रदेश में मुलायम सिंह यादव ने दूसरी पिछड़ी जातियों को उनके खिलाफ कर दिया है। दलितों और पिछड़ों पर अब ऊंची जातियों का उतना अत्याचार नहीं है जितना बिचौली जातियों का।

इसीलिए कांशीराम जो अपने को दलितों का तानाशाह मान कर चलते हैं बीच की जातियों के पिछड़े नेताओं के साथ बैठ तक नहीं सकते। दलितों और पिछड़ों के इस संघर्ष ने ही ऐसी स्थिति पैदा कर दी है कि कोई सरकार ही नहीं बन सकती। इन सभी नेताओं की राजनीति जातियों के बीच संघर्ष तेज करने और सत्ता का इस्तेमाल सिर्फ अपनी जाति और उसकी मदद करने वाली जातियों के हित पूरे करने की हो गई है। इससे राजनैतिक समाज इतने खंडों में बंट गया है कि एक गांव से दूसरे गांव के बीच राजनीति और राजनैतिक हित बदल जाते हैं। उत्तर प्रदेश के नेता इस विखंडन से भयभीत नहीं हैं। इसमें अपने को जड़ों का और पुख्ता आधार का नेता मानते हैं और सुरक्षित महसूस करते हैं।

सांप्रदायिकता और जातिवादिता दोनों ही हमारे समाज को तोड़ती हैं। इनका सबसे विद्रूप चेहरा आप उत्तर प्रदेश में देख सकते हैं। उत्तर प्रदेश आज अगर देश की राजनीति को दिशा नहीं दे सकता, न वहां से नया नेतृत्व निकल रहा है तो इसका कारण राजनैतिक समाज को आड़े भी और खड़े भी बांटने वाली सांप्रदायिकता और जातिवादिता की विभाजक और विध्वंसक रेखाएं हैं।

जिसमें से रचनात्मकता कुछ भी न निकल सके उसमें ध्यान लगा कर हताशा क्यों बढ़ाई जाए ? इसलिए अपन आंगन के उत्तर प्रदेश के बजाय माथे के कश्मीर गए।

20.10.1996

क्योंकि वे खुले बाजार के गुलाम हैं

पिछले महीने-भर इस मामले में जान-बूझ कर चुप रहा। क्योंकि एक तो भरोसा नहीं था कि चित्रकार मकबूल फिदा हुसैन इस विवाद में निष्ठा की धरती पर मजबूती से खड़े रहेंगे। दूसरे उस वक्त कुछ भी कहना हुसैन का बचाव करना होता जो करने की अपनी कतई इच्छा नहीं थी।

इसलिए नहीं कि जो कुछ उनने किया वह गलत था और हिंदुत्ववादियों का उन पर हमला करना उचित है क्योंकि उनने जाने-अनजाने हिंदुओं की भावनाओं से खिलवाड़ किया है। बल्कि इसलिए कि हुसैन की बनाई दुर्गा, द्रौपदी और सरस्वती पर छेड़े गए विवाद का धर्म, कला और हिंदुओं की भावनाओं से कोई लेना-देना नहीं था।

अगर वह कुछ था तो हिंदुओं की धार्मिक भावनाएं भड़काने का फूहड़ प्रयास था। कोशिश की गई थी कि हिंदू समाज भड़के लेकिन उसके चेहरे पर शिकन तक नहीं आई। कुछ उग्रवादी संगठनों ने अपनी खीज निकाल ली और अखबारों के प्याले में छोटा-मोटा तूफान आ कर ठंडा पड़ गया। नौटंकीबाज हुसैन ने माफी मांग ली और 'झूठे सेकुलरवादियों' और 'सच्चे धर्मध्वजाधारियों' के बीच विवाद आया-गया हो गया।

हुसैन ने नग्न कही जाने वाली सरस्वती और द्रौपदी और दुर्गा कोई आज नहीं बनाई थी। ये सभी चित्र पहले के बनाए गए थे और जब बने और प्रदर्शनी में लगे और पत्र-पत्रिकाओं में छपे तब इन्हें देखने, छापने या खरीदने वाले हिंदुओं में से किसी ने भी नहीं कहा था कि उनकी धार्मिक भावनाओं को चोट पहुंची है क्योंकि हुसैन ने इन देवियों को चित्र में नग्न दिखाया है।

भोपाल के जिस नए मासिक 'विचार मीमांसा' के सितंबर अंक में डॉक्टर ओम नागपाल का लेख—यह चित्रकार है या कसाई ? छपा है उसका तो कोई नोटिस भी नहीं लेता अगर मध्य प्रदेश के भूतपूर्व मुख्यमंत्री सुंदरलाल पटवा एक प्रेस कांफ्रेंस में इसका जिक्र कर के हुसैन को गिरफ्तार करने की सजा देने की मांग नहीं करते।

इस लेख के बारे में कुछ कहना नहीं चाहता क्योंकि ओम नागपाल भोपाल की एक सभा में अपने को मेरा गुरु और मुझे पत्रकारिता में उनका गुरु बता चुके हैं। इस गुरडम की सच्चाई इतनी ही है कि वे 'नई दुनिया' में आया करते थे और जब-तब उनका लिखा छप जाया करता था। उनकी पत्नी 'नई दुनिया' में 'घर की दुनिया' देखा करती थीं। मुझे याद नहीं कि कभी मैंने ऐसा कुछ किया हो जिसे कहीं से भी उन्हें पत्रकारिता सिखाना कहा जा सके। कसम आपकी, अपन उनके गुरु नहीं हैं, न हो सकते हैं।

गांव सुनवानी महाकाल से वापस इंदौर आने और नई दुनिया में एक-दो साल काम कर लेने के बाद अपने पर दबाव था कि लगे हाथ बी.ए. कर लिया जाए। तब क्रिश्चियन कॉलेज में भरती हुए थे। वहां तब डॉक्टर ओम नागपाल राजनीति विज्ञान पढ़ाया करते थे। अपन इस विज्ञान के विद्यार्थी नहीं थे और इसलिए कभी उनकी कक्षा में पढ़ने का सौभाग्य नहीं मिला। लेकिन हां, जब

अपन क्रिश्चिन कॉलेज में विद्यार्थी थे तब नागपाल साब वहां पढ़ाया करते थे। इस नाते वे मुझे अपना गुरु कहें तो यह उनकी मेहरबानी है।

बहरहाल, यह लेख हुसैन की कला पर नहीं है। लिखने को तो कोई भी किसी पर भी लिख सकता है लेकिन इस लेख में ओम नागपाल का हमला हुसैन पर है। "हुसैन के दिल-दिमाग में एक बदमाश और बदनीयत शैतान बैठा हुआ है जो भारतीय देवी-देवताओं को विकृत रूप में प्रस्तुत कर रहा है।" हुसैन ने अपनी मां शिरीन और मदर टेरेसा के चित्र बनाए तो उन्हें तो पूरी तरह कपड़े पहनाए—ओम नागपाल की शिकायत है—लेकिन जिस द्रौपदी को दुशासन भी निर्वस्त्र नहीं कर सका उसे हुसैन ने नग्न चित्रित किया और सरस्वती और दुर्गा को भी। डॉक्टर ओम नागपाल बेचारे साफ-साफ यह भी नहीं कहते कि एक मुसलमान हिंदुओं की पूज्य देवियों—दुर्गा और सरस्वती को नग्न चित्रित नहीं कर सकते या जो महाभारत में दुशासन नहीं कर सका—वह चित्रकारी में हुसैन कैसे कर सकते हैं।

लेख लिखने और प्रेस कांफ्रेंस के जरिए उस पर ध्यान खींचने वाले—दोनों ही हिंदुत्ववादी हैं और इसलिए कला और हिंदू देवी-देवताओं के बारे में उनकी समझ पर ज्यादा कुछ कहने की जरूरत नहीं होनी चाहिए। हिंदुत्व इस्लाम और ईसाइयत की प्रतिक्रिया में पनपी एक गैरधार्मिक राजनैतिक अवधारणा है। यह सनातन धर्म, उसकी परंपराओं और उसकी पौराणिक कथाओं को उनके मूल और अनिवार्य पर्यावरण से अलग कर के उन्हें इस्लाम और ईसाइयत के सेमेटिक ढांचे में देखने-दिखाने की कोशिश है। इस्लाम और ईसाइयत की प्रतिक्रिया में उबलता रहने वाला हिंदू ही हिंदुत्ववादी हो सकता है। अपनी सहज-स्वाभाविक और पारंपरिक स्थिति में कोई हिंदू हिंदुत्ववादी नहीं होता। इसलिए यह कोई कहने की बात नहीं है कि हुसैन ने दुर्गा, द्रौपदी और सरस्वती के ये चित्र जब बनाए और प्रदर्शित किए तो हिंदुओं की तरफ से कोई विरोध प्रदर्शन नहीं हुआ कि हमारी भावनाओं को चोट पहुंची है।

द्रौपदी की तो नहीं दुर्गा और सरस्वती की मिट्टी की मूर्तियां बंगाल और कई जनपदों में हर साल बनाई जाती हैं। रंगाई-पुताई के पहले ये मूर्तियां नग्न ही होती हैं और पूजा के बाद इन्हें समुद्र, तालाब या नदियों में विसर्जित कर दिया जाता है। इसी तरह गणपति की मूर्तियां भी बनाई जाती हैं। उनकी भी गणेश चतुर्थी पर स्थापना होती है, पूजा होती है और फिर वे भी पानी में खमा दी जाती हैं।

देवी-देवताओं की मूर्तियां बनाना, पूजा करना और फिर उन्हें विसर्जित कर देना हमारे यहां इतना प्रचलित और सर्वमान्य है कि एक निश्चित तरीके की दुर्गा, सरस्वती या गणपति बनाए जाएं यह संभव ही नहीं है। और जब पूजा के लिए बनाई गई दुर्गा और सरस्वती एक जैसी नहीं हो सकतीं तो इसका आग्रह तो हो ही नहीं सकता कि चित्रकला में भी दुर्गा या सरस्वती ऐसी ही बनाई जाएँ। इसलिए अगर कोई हिंदू इस पर उत्तेजित और क्रोधित नहीं हुआ कि हुसैन ने दुर्गा और सरस्वती को निर्वस्त्र क्यों बना दिया तो इस पर अचरज नहीं होना चाहिए।

सनातन धर्म में अवतार की अवधारणा है। राम, कृष्ण भी आखिर भगवान के अवतार हैं। ब्रह्मा, विष्णु, महेश भी भगवान के रूप हैं और वह अरूप ब्रह्म अपने को कई रूपों में प्रकट करता है। भगवान के कितने और कैसे-कैसे अवतार हैं—वे सब पुराणों में बताए गए हैं और जो पढ़े-लिखे नहीं हैं वे भी कथाओं के जरिए इन अवतारों को जानते हैं।

हर प्राणी में भगवद तत्त्व है यह भी कोई दर्शनशास्त्रीय अवधारणा नहीं है। यह लोक आस्था

है और इसलिए सनातन धर्म में यह आग्रह नहीं है कि भगवान को ऐसा ही बताना, भजना और पूजना चाहिए। तैंतीस करोड़ देवी-देवताओं की कल्पना ही नहीं है भक्त अपने भगवान को बिलकुल निजी स्वरूप में और निजी ढंग से भी पूज सकता है। इसका मतलब यह नहीं कि सनातन धर्म में पूजा-आराधना की विधियां नहीं हैं। यह भी नहीं कि अवतारों के निश्चित स्वरूप नहीं हैं। लेकिन उनमें अपनी निष्ठा के अनुसार परिवर्तन करने की छूट भी है। कर्मकांड भी कोई कम नहीं है लेकिन उसमें से निकलने या उससे बच निकलने की गलियां भी अनगिनत हैं।

फिर अवतार हैं तो लीलाएं भी हैं और भगवान के हर अवतार की लीलाएं हैं जो निपट मानवीय हैं तो दैविक भी हैं। अवतारों और लीलाओं के जरिए भगवान को भक्त, आराधक और पूजक के इतना नजदीक ला दिया गया है कि वह सखा से ले कर सब कुछ है। इसमें भगवान का सहज मानवीयकरण है और मनुष्य को दैविकता दी गई है। इसमें भगवान भक्त से अलग और दूर नहीं है और देवी और उसके आराधक में कोई भेद नहीं है।

भगवान और उसे मानने वाले के बीच ऐसा सीधा और निजी संबंध किसी भी धर्म में नहीं है। इस्लाम और ईसाइयत में तो बिलकुल नहीं। इनमें भगवान भक्त से बिलकुल अलग है। इस्लाम और ईसाइयत में भगवान ही नहीं उसके बेटे या दूत मोहम्मद पैगंबर और ईसा मसीह के चित्र, मूर्तियां आदि नहीं बनाए जा सकते। इन सभी धर्मों में न भगवान के अवतार हैं, न उनकी लीलाएं। मोहम्मद पैगंबर और ईसा मसीह को भी अलग-अलग रूपों में पूजा नहीं जा सकता। इनमें भगवान और पैगंबर के चित्र और मूर्ति बनाना ही वर्जित है। इसलिए चित्रकारों, मूर्तिकारों आदि को वह प्रेरणा और छूट नहीं है जो सनातन धर्म में सहज प्राप्त ही नहीं अनिवार्य है क्योंकि मूर्तियां बननी चाहिए और कथाएं चित्रित भी होनी चाहिए।

अब तमाम हिंदुत्ववादियों की दिक्कत यह है कि वे सनातन या हिंदू धर्म में भी—वे सब वर्जनाएं और वंचनाएं देखना चाहते हैं जो मुसलमान और ईसाई अपने-अपने धर्मों पर लिखे गए साहित्य पर लागू करते हैं। सेटेनिक वर्सेज लिखने वाले सलमान रश्दी के खिलाफ फतवा जारी किया गया और उस किताब पर इस देश में पाबंदी लगा दी गई। इसका उदाहरण बना दिया गया है और हिंदुत्ववादी रामजन्मभूमि आंदोलन की आलोचना करने वालों को कहते हैं यह तो हिंदू धर्म है जो आपको जीने दे रहा है नहीं तो इस्लाम में तो आपको मार डालने का फतवा जारी हो जाता।

अब ये बेचारे हिंदुत्ववादी नहीं जानते कि सनातन धर्म में कोई फतवा नहीं जारी होता और यह अधिकार किसी धर्माचार्य को नहीं है कि वह आज्ञा दे कि जो ऐसे नहीं करेगा वह मार दिया जाएगा। सनातन धर्म की पुस्तक कभी बंद नहीं हुई और किसी एक पुस्तक को ही इस धर्म की अकेली और आखिरी पुस्तक नहीं माना गया। किसी एक मूर्ति, किसी एक पद्धति और किसी एक देवी-देवता के अंतिम स्वरूप को यह धर्म नहीं मानता। संतोषी माता देवियों की सूची में सबसे नई हैं। किसी ने नहीं कहा कि एक नई देवी की पूजा कैसे कर सकते हो।

इस धर्म और इसे मानने वाले लोगों के तौर-तरीकों पर इस्लाम और ईसाइयत के आग्रह-दुराग्रह क्यों लागू किए जाएं ? सामी धर्मों की संकीर्णता और सपाटता इस धर्म में नहीं है इसलिए यह बहुआयामी, बहुलतावादी और मनुष्य को सबसे स्वतंत्र करने वाला धर्म है। विकृतियां और रूढ़ियां इसमें भी आ गई हैं और उनसे भी मुक्ति के आंदोलन चले हैं और स्वीकार किए गए हैं। मध्यकाल का पूरा भक्ति आंदोलन जाति और कर्मकांड के विरुद्ध आंदोलन था और किसी ने भी नहीं माना

कि वह धर्म को भ्रष्ट करने वाला आंदोलन था। भक्ति आंदोलन ने हमारे समाज को इस्लाम जैसे सामी धर्म को स्वीकार करने से बचा लिया क्योंकि भारतीय समाज का स्वभाव सामी नहीं है। इस सच्चाई को अब सब स्वीकार करते हैं।

हिंदुत्व इस समाज से नहीं इस्लाम और ईसाइयत जैसे सामी धर्मों की प्रतिक्रिया में से निकला है। वह सनातन धर्म की अंतर्निहित और अनिवार्य बहुलता, बहुआयामिता, उदारता और व्यक्तिगत स्वतंत्रता को उसी शंका से देखता है जिससे इस्लाम और ईसाइयत देखते रहे हैं। बल्कि हिंदुत्व इन्हें हिंदू धर्म और हिंदू समाज की कमजोरियां मानता है और इन्हें दूर करने के लिए ऐसी संगठनवादिता और वैचारिक एकता पर जोर देता है जो सनातन धर्म और उससे बने समाज के स्वभाव में नहीं है। इसलिए हुसैन की बनाई सरस्वती, दुर्गा और द्रौपदी को ले कर जो विवाद उठा और चला वह दरअसल उन हिंदुओं के बीच था जो हिंदुत्ववादी और पश्चिमी ढंग के उदारतावादी हैं। वृहत हिंदू समाज जो अपनी सहज बहुलता, उदारता, बहुआयामिता और स्वतंत्रता में जीता है वह इसे ले कर उत्तेजित नहीं हुआ।

हिंदुत्ववादियों का तर्क है कि क्या हुसैन पैगंबर मोहम्मद या ईसा मसीह या मेरी का चित्रण कर सकते हैं या उनके चित्रण-रेखांकन के साथ वही छूट ले सकते हैं जो उनने सरस्वती, दुर्गा और द्रौपदी के साथ ली ? अगर इस्लाम और ईसाइयत में इजाजत नहीं है कि कोई कलाकार उसके भगवान देवी-देवता या पौराणिक कथाओं के साथ आजादी ले सके तो सनातन या हिंदू धर्म में ऐसी आजादी, छूट बल्कि उच्छृंखलता क्यों मिलनी चाहिए ? इसका सीधा और सादा जवाब यह है कि जो वर्जनाएं और वंचनाएं इस्लाम और ईसाइयत में हैं वे सनातन धर्म में नहीं हैं। सनातन धर्म अपने स्वभाव और अपनी परंपराओं से चलेगा या इस्लाम और ईसाइयत की ?

हुसैन मुसलमान हैं और वे मोहम्मद पैगंबर और उनकी पत्नियों के चित्रण तक नहीं कर सकते। अपनी कल्पनाशीलता या सृजनात्मक स्वतंत्रता का खुल कर इस्तेमाल तो छोड़िए उन्हें दुर्गा, द्रौपदी और सरस्वती का मनमाना चित्रण करने का क्या अधिकार है ? यह सवाल पूछना हुसैन कलाकार को मुसलमान मानना और उन्हें इस्लामी कसौटियों पर कसना है। अगर हुसैन इस्लामी कसौटियों पर खरे उतर कर जिएं तो वे वैसे कलाकार हो ही नहीं सकते जैसे कि आज हैं। वे भले ही मुसलमान होंगे लेकिन उनका दिल-दिमाग और उनकी सृजनशीलता भारतीय संस्कार और परंपरा की देन हैं। वे इस देश की मिट्टी, हवा, पानी से बने हैं इसलिए दुर्गा या सरस्वती या द्रौपदी का रेखांकन करते हुए पल-भर के लिए भी सोचते नहीं कि मैं मुसलमान यह कैसे कर सकता हूं। उस्ताद अलाउद्दीन खां सरस्वती वंदना करते हुए झिझक थोड़े सकते थे कि मैं मुसलमान यह कैसे गाऊं। या रसखान कृष्ण भक्ति की कविता कैसे लिख सकते थे ? ये सब भारतीय और सनातन परंपरा के कलाकार थे, इस्लामी या ईसाई परंपरा के नहीं।

इसलिए हिंदुत्ववादियों का तर्क यह हो जाता है कि हुसैन मुसलमान हैं और वे दुर्गा, सरस्वती और द्रौपदी को नग्न चित्रित करते हैं तो हिंदुओं की भावनाओं को ठेस पहुंचती है। लेकिन ऐसा ही अगर राजा रवि वर्मा करते तो हिंदुओं को बुरा नहीं लगता ? हिंदुत्ववादियों का यह भ्रमजाल इसमें भी उजागर होता है कि उन्हें योनिभाग उचका कर नाचने वाले माइकल जैक्सन से एतराज नहीं होता लेकिन बंगलूर में विश्व सौंदर्य प्रतियोगिता से होता है। दरअसल प्रतिक्रिया और सांप्रदायिकता की आंखों पर तोबड़ा चढ़ा होता है। सनातन भारतीय परंपरा खुली आंखों वाली स्वस्थ और सृजनशील

परंपरा है।

हुसैन ने अगर अपनी सरस्वती, दुर्गा और द्रौपदी की रक्षा में इस सनातन भारतीय परंपरा का आह्वान किया होता तो उनमें निष्ठा होती और उन्हें माफी नहीं मांगनी पड़ती। लेकिन हुसैन मुंबई और पश्चिम के व्यावसायिक कला संसार के शोशेबाज खिलाड़ी हैं। इसलिए उनमें दम नहीं था कि प्रतिक्रिया और सांप्रदायिकता के सामने निष्ठा से डटे रहते। बाजार का आदमी आखिर कमजोर होता है। खुले बाजार में वही गुलाम है।

3.11.1996

इसके बावजूद न सत्ता मिली, न राम

इंद्रजीत गुप्त ने कहा कि छह दिसंबर का दिन काला दिन है और चार साल पहले उस दिन भारत के मुंह पर कालिख पुत गई। उमा भारती ने कहा कि एक दिन ऐसा आएगा जब छह दिसंबर को सार्वजनिक छुट्टी रहा करेगी। लोकसभा अध्यक्ष ने उमा भारती के उच्च विचार संसद की कार्यवाही में नहीं जाने दिए लेकिन गृहमंत्री का चेहरा शर्म से झुका है।

अयोध्या में विश्व हिंदू परिषद ने छह दिसंबर को शौर्य दिवस मनाया और बाबरी मस्जिद कमेटी ने काला दिन। दोनों के लिए यह वार्षिक कर्मकांड है और अयोध्या के लोग अब इसके आदी हो गए हैं। जो लोग कहते हैं कि यह उनका शौर्य दिवस है वे अदालत में नहीं कहते कि हां हमने बाबरी मस्जिद का ढांचा ढहा कर इतिहास का हिसाब बराबर किया है। यह हमारा शौर्य है। परिषद वालों की वीरता में नैतिकता का संस्कार नहीं है।

और हिंदुओं का चरित्र बनाने में इकहत्तर साल से लगे राष्ट्रीय स्वयंसेवक संघ ने आज तक नहीं कहा कि बाबरी मस्जिद का ढांचा ढहाना पुण्य का काम था। उसका कहना है कि यह हमारी योजना में नहीं था। लेकिन हो गया तो हो गया। न हम श्रेय लेते हैं, न शर्म करते हैं। जैसे संघ और उसके नेता अपने अलग-अलग मुखों की आंखों से सिर्फ देख रहे थे। जाने कौन कारसेवक आए और ढांचा गिरा गए। हम उन्हें नहीं जानते। ऐसी मूल्य तटस्थता से ही वे हिंदुओं का चरित्र बनाने में लगे हुए हैं।

लेकिन चार साल पहले जिन कारसेवकों ने बाबरी मस्जिद की कार सेवा की वे जानते थे कि क्या कर रहे हैं। वहां रातोंरात जो काम चलाऊ मंदिर उनने बनाया है उसकी पहली सीढ़ी पर लिखा है हिंदू विजय दिवस 6.12.92। गीली सीमेंट में वह लिखावट अब कैसी है, मैं नहीं जानता। लेकिन जब उसे देखा था तो वह ठीक से सूखी भी नहीं थी।

बाबरी मस्जिद गिराने को जो हिंदू विजय दिवस मानते हैं। उन्हीं की प्रतिनिधि उमा भारती हैं जो छह दिसंबर को नई विजयादशमी की छुट्टी रखवाएंगी। आप जानते हैं कि उस दिन वे एक धक्का और दो कर के अपने कारसेवकों का हौसला बढ़ा रही थीं। यही वे लोग हैं जो समझते हैं कि उनने बाबरी मस्जिद गिरा कर ऐसा प्रचंड पराक्रम किया है जो इतिहास में हिंदुओं ने कभी नहीं किया था। तब ये मानते थे कि इस पराक्रम से हिंदू इतने प्रसन्न होंगे कि अपने वीर पुरुषों के मुकुटों में सदा-सदा के लिए अपने वोट जुड़वा देंगे।

लेकिन हिंदू समाज न तो अपने इन सिरफिरों की तरह प्रतिक्रियावादी और कायर है और न वह दूसरे धर्मों के पूजास्थलों को तोड़ने में गौरव करता है। इसलिए राम के अवध वाले उत्तर प्रदेश में ही तिरानवे का विधानसभा चुनाव वह भाजपा हार गई जो बाबरी मस्जिद को गिराने के पराक्रम पर वोट मांगने निकली थी। दो मुंह से बोलने वाले कल्याण सिंह ने कहा था कि वे रामलला की अवमानना की चिंता करते या सुप्रीम कोर्ट की। उनने रामजन्मभूमि पर अपनी सरकार कुरबान कर

दी। लेकिन इतनी 'बड़ी कुर्बानी' देने वाले को उत्तर प्रदेश के रामभक्त हिंदू समाज ने भी मुआवजा नहीं दिया।

बाबरी मस्जिद को गिराने वाले शूर वीरों को तब 'मुल्ला' मुलायम सिंह और जातिवादी कांशीराम से सिर्फ एक सीट ज्यादा मिली थी। लेकिन उनने सरकार बनाने के लिए और भी धतकरम नहीं किए। इसके कोई तीन साल बाद फिर विधानसभा चुनाव हुए और इस बार मुल्ला मुलायम सिंह और कांशीराम भी एक नहीं थे फिर भी मस्जिद गिराने वालों को उतनी ही सीटें मिलीं और वोट पहले से भी कम। इस बार उनने मस्जिद गिराने के पराक्रम पर भी वोट नहीं मांगे थे और जात-पांत का पूरा गणित जमाया था। लेकिन पहले जो राम के नाम पर माया कमाने निकले थे वे अब माया को साधने के बाद भी माया नहीं पा सके। हां, इस बार उनकी शर्म जरूर चली गई है और इसलिए उतनी ही सीटों पर सरकार बनाने के लिए दुनिया-भर के पापड़ बेल चुके हैं।

इस हिंदू विजय दिवस के पहले यानी मई-जून इकानवे में हुए लोकसभा चुनाव में भाजपा को उत्तर प्रदेश की 85 में से 52 सीटें मिली थीं। पांच साल और बाबरी मस्जिद गिराने के बावजूद मई छियानवे में भी भाजपा को उतनी ही 52 सीटें मिलीं जबकि इस बार 'जातिवादी जहर' फैलाने वाले मुलायम सिंह और कांशीराम एक-दूसरे के खिलाफ ज्यादा लड़ रहे थे, भाजपा के खिलाफ कम। इकानवे में जितने प्रतिशत वोट उसे मिले थे, लगभग उतने ही छियानवे के लोकसभा चुनाव में मिले। सीटें भी उतनी ही और वोट भी उतने ही। और बात सिर्फ उत्तर प्रदेश की नहीं है। इकानवे के चुनाव में भी भाजपा का कुल वोट प्रतिशत बीस के लगभग था, छियानवे के लोकसभा चुनाव के बाद भी वही बना हुआ है।

यानी बाबरी मस्जिद को गिराने का पराक्रम भाजपा को राजनैतिक रूप से कोई लाभ दे गया हो ऐसा मानने वाले–हिंदुओं के भिंडरांवाले संप्रदाय यानी विश्व हिंदू परिषद और बजरंग दल में ही मिलेंगे। इस संप्रदाय के बाहर बृहत्तर हिंदू समाज में छह दिसंबर को गर्व से देखने वाले लोग नहीं हैं। अगर संघ परिवार ने माना हो कि बाबरी मस्जिद गिरा कर वह हिंदुओं का वोट बैंक पक्का कर लेगा तो पिछले चार साल गवाह हैं कि कुल राजनैतिक समाज के लगभग पचास प्रतिशत वोट में से भी सिर्फ बीस प्रतिशत वोट ही अपने को हिंदुओं की असली पार्टी कहने वाली भाजपा को मिले हैं।

तमाम साधु-संतों और तीर्थस्थलों को चुनाव की भट्टी में झोंक कर भी संघ परिवार अपनी राजनैतिक बेटी के लिए इतना ही दहेज पा सका है। सन् नवासी और इकानवे के विधानसभा चुनावों में उसने मध्य प्रदेश, राजस्थान और हिमाचल में सरकारें बनाई थीं और उसके बाद उत्तर प्रदेश में। बाबरी मस्जिद गिराने के बाद इनमें से सिर्फ राजस्थान में उसकी सरकार बची और वह भी उसे बहुमत मिलने की ताकत पर नहीं भैरोंसिंह शेखावत की राजनैतिक उठापटक के कारण। फिर गुजरात में उसकी सरकार बनी और गई। महाराष्ट्र में शिवसेना के साथ किसी तरह उसकी सरकार चल रही है। दिल्ली के आधे राज्य में भी।

सन् छियानवे के लोकसभा चुनाव में वोट तो उसे उतने ही मिले लेकिन दूसरों के वोट बंटने के कारण सीटें 42 और मिल गईं। वह अकेली सबसे बड़ी पार्टी हो गई और इसलिए उसे सरकार बनाने का मौका मिला। अपने विवादास्पद एजंडे को छोड़ने के बाद भी भाजपा की सरकार तेरह दिन से ज्यादा नहीं चल सकी क्योंकि कोई भी उसे समर्थन दे कर बहुमत दिलाने नहीं आया। भाजपा को सत्तर

से ज्यादा सांसदों की जरूरत थी। इतने पार्टियां छोड़ कर आ नहीं सकते थे, न देश-भर के थैलीशाह इतने सांसदों को भाजपा के लिए खरीद सकते थे। अपना सबसे उदार मुखौटा पहन कर और सर्वमान्य हो सकने वाला कार्यक्रम बता कर भी भाजपा केंद्र में टिक नहीं सकी।

भाजपा ने सरकार बनाना इसलिए जरूरी माना था कि लोगों को संदेश दे सके कि ऐसा नहीं है कि वह सिर्फ चुनाव लड़ती है, वह सरकार भी बना सकती है। तेरह दिन में भाजपा ने सभी साधनों का इस्तेमाल कर के लोगों को समझाने की कोशिश की कि उसे एक अवसरवादी और सिद्धांतहीन गठबंधन ने सत्ता से वंचित किया है। और अब यह जनता की जिम्मेदारी है कि वह उसे फिर सत्तारूढ़ करे। अपने इस प्रचार का पहला सुफल वह उत्तर प्रदेश से उम्मीद कर रही थी। वह न सिर्फ उत्तर प्रदेश में धमक के सरकार बनाने वाली थी, उसके बाद वह केंद्र का भी नक्शा बदल देने वाली थी।

बाबरी मस्जिद के ध्वंस पर वोट मांग कर उसने देख लिया था। इस बार उसने उस जातिवादी फॉर्मूले को अपनाया जिस पर वह मुलायम सिंह, कांशीराम, वीपी सिंह आदि को कोसा करती थी। लेकिन इस बार भी नतीजा वही निकला। उतनी ही सीटें और उतने ही वोट। यानी बाबरी मस्जिद गिरा कर और जातिवाद चला कर भी भाजपा अपने वोट बैंक में कोई बढ़ोतरी नहीं कर सकी। तथाकथित राम मंदिर के नाम पर जितने लोग उसको वोट देने आए जाति के नाम पर भी कुल मिला कर उतने ही वोट मिले; जितने पुराने गए, उतने ही नए आए। रामजी के अवध वाले उत्तर प्रदेश में फिर भी सरकार नहीं बनी।

यानी बाबरी मस्जिद (या संघ परिवार का ढांचा) गिराना संघ परिवार के लिए वोट की राजनीति में कोई काम नहीं आया। बल्कि इस ध्वंस ने उसके पास से एक ऐसा भड़काऊ मुद्दा भी छीन लिया जो उसे जन समर्थन के एक शिखर पर पहुंचा चुका था। संघ परिवार के कूटनीतिकों को इतना भी समझ में नहीं आया कि विवाद के कारण जो मस्जिद भावनाएं भड़काने वाला ऐसा मुद्दा हो गई थी इसे कम-से-कम दिल्ली में भरोसे का राज कायम होने तक बनाए रखे। धर्म, भारतीय सांस्कृतिक परंपरा और सामाजिक लोकलाज के सारे विचार और आग्रह छोड़ भी दें तो वोट की राजनीति के नाते भी बाबरी मस्जिद गिराना भयंकर भूल साबित हुआ है।

जिस विश्व हिंदू परिषद और बजरंग दल ने रामजन्मभूमि को वोट की राजनीति के मुद्दे के नाते पका कर भाजपा को सौंपा था वे अब कृष्ण जन्म स्थान और ज्ञानवापी मस्जिद यानी मथुरा और काशी को सत्ता के कल्पवृक्ष के नए फलों के रूप में पकाना चाहते हैं। उन्हें राष्ट्रीय स्वयंसेवक संघ का समर्थन प्राप्त है हालांकि जब तक वे राजनैतिक रूप से पक न जाएं भाजपा उन्हें अपनाना नहीं चाहती। लेकिन ऐसा करने के पहले परिषद और दल और उनका पितृ संगठन संघ इसकी गारंटी कर लेना चाहता है कि सत्ता पाने के बाद भी भाजपा उनके कब्जे में रहेगी। और हिंदुत्व को सर्वमान्य करने के बृहत लक्ष्य में लगी रहेगी।

संघ का अखंड विश्वास है कि राजनैतिक सत्ता से हिंदू समाज का संप्रदायीकरण किया जा सकता है। यानी सनातन धर्म को इस्लामी और ईसाइयत जैसा सेमेटिक धर्म बनाया जा सकता है। सत्य, अहिंसा और धर्म से समाज में मौलिक परिवर्तन कर के गांधी जो रामराज लाना चाहते थे, उसमें सत्ता परिवर्तन का माध्यम नहीं है, सेवा, न्याय भावना और हृदय परिवर्तन है। गांधी की अहिंसक क्रांति में प्रेरक राज्यसत्ता नहीं लोकशक्ति है। संघ की मूल आस्था राजनैतिक सत्ता में है। भारत और हिंदू समाज के पतन के उसके विश्लेषण का निष्कर्ष यही है कि हिंदुओं के पास राज्यसत्ता नहीं रही। इसलिए सावरकर हो या हेडगेवार और गुरु गोलवलकर हो या लालकृष्ण आडवाणी, संघ परिवार के सभी रणनीतिकार राज्यसत्ता की प्राप्ति और उस पर सख्त नियंत्रण को सभी कार्यक्रमों

का अंतिम लक्ष्य मानते हैं

यही लोग वोट की राजनीति को आई-गई मानते हैं और किसी भी दूसरी राजनैतिक पार्टी की तरह सत्ता में आने को ही सत्ता का लक्ष्य नहीं मानते। वे राजनैतिक सत्ता को हिंदुत्व की स्थापना का साधन मानते हैं। हिंदुत्व अगर हिंदुओं का सत्व होता तो यह इस देश के लोगों में अपने आप ही होता। उसे राजनैतिक सत्ता के जरिए स्थापित करने की जरूरत नहीं होती। लेकिन हिंदुत्व एक राजनैतिक विचारधारा है। वह भारतीय धर्म, संस्कृति और समाज की अक्षुण्ण परंपराओं में से सहज नहीं निकली है। हिंदुत्व इस्लाम और ईसाइयत की प्रतिक्रिया में निकली एक पश्चिमी किस्म की राजनैतिक अवधारणा है। साम्यवाद की तरह उसका भी मूल और प्रेरणा पश्चिम में है। साम्यवाद की तरह हिंदुत्व भी राजनैतिक सत्ता को अपने स्थापित होने की अनिवार्य शर्त मानता है।

इस सैद्धांतिक और अंतिम लक्ष्य के ऊंचे शिखर पर खड़े हो कर भी बाबरी मस्जिद के ध्वंस को देखना चाहिए। समझना चाहिए कि जो भी लोग भाजपा के वोटर हुए हैं या जिन्हें संघ परिवार हिंदू वोट बैंक मानता है वे हिंदुत्व को किस हद तक आत्मसात् कर सके हैं। यह आकलन जरूरी है, क्योंकि बाबरी मस्जिद गिराना उन हिंदुओं में इस्लाम के उन झंडाबरदारों जैसा संस्कार देना है जो इस्लाम की विजय और स्थापना के लिए मंदिरों और दूसरे पूजास्थलों को गिराना जरूरी मानते थे। यह संस्कार सनातनी हिंदुओं में नहीं है। वे उदार, सहनशील और दूसरों के धर्म और पूजास्थलों का सम्मान करने वाले लोग हैं। संघ के बौद्धिक भारतीय सनातन समाज के इन मूल्यों और गुणों का बखान तो करते हैं लेकिन इनको उसकी कमजोरी भी मानते हैं और इन्हें दूर करने के लिए सेमेटिक संस्कार देना चाहते हैं।

बाबरी मस्जिद के ध्वंस में जो हिंदू शामिल हुए उनमें यह संस्कार आया या कि नहीं। क्योंकि अगर बाबर के कहने पर उसके सेनापति या क्षत्रप मीर बाकी ने राम मंदिर गिरा कर उस जगह पर मस्जिद बनाई थी तो बाबरी मस्जिद गिराने वालों ने भी वही किया है जो साढ़े चार सौ साल पहले बाबर, मीर बाकी और उनके साथियों ने किया था। दोनों की मूल धारणा है कि दूसरों के पूजास्थल गिरा कर उनकी जगह अपने पूजास्थल बनाने से अपने धर्म और उसकी सत्ता की स्थापना होती है। सनातन धर्म में तो न कहीं लिखा है, न धारणा है कि अपने धर्म की सत्ता दूसरों के धर्म की सत्ता मिटाने से होती है।

अपन मानते हैं कि उन्माद में कुछ हजार कारसेवकों ने भले ही बाबरी मस्जिद गिराई हो और कई हजार ने उसे गिरते देखा हो, उन्माद से रचनात्मक संस्कार नहीं आता। अगर आता तो अपने किए पर स्तब्ध रहने के बाद वे पीछे नहीं लौट जाते और संघ परिवार में अपने पराक्रम को पुण्य बताने का साहस होता। इस कसौटी पर भी बाबरी मस्जिद का ध्वंस बेकार गया है।

8.12.1996

अब यूपी में लोकतंत्र की जय-जय है

केंद्र की संयुक्त मोर्चा सरकार उत्तर प्रदेश में लोकतंत्र के साथ जो संवैधानिक बलात्कार करने वाली थी उसे तो एक जागरूक और सिद्धांतनिष्ठ राष्ट्रपति ने रोक दिया। अच्छा किया। लेकिन भाजपा अब वहां जो नंगा नाच कर रही है उसे रोकने वाला कोई नहीं है। अटल बिहारी वाजपेयी जैसे नेता न सिर्फ लखनऊ में साक्षी गोपाल रहे बल्कि कल्याण सिंह ने जिन हिस्ट्रीशीटर लोगों को मंत्री बनाया उनके बचाव में कह भी आए कि उन्हें भाजपा ने टिकट नहीं दिए थे और जब तक अदालत में साबित नहीं हो जाता और दंड नहीं मिल जाता तब तक कोई अपराधी नहीं माना जा सकता।

इस सादगी पे कौन न मर जाए ऐ खुदा, कहते हैं और शर्म से पलक झपकाते तक नहीं। अगर यही दलील है तो कुछ महीने पहले बिहार के भूतपूर्व मुख्यमंत्री लालू प्रसाद यादव से किसलिए इस्तीफा मांगा जा रहा था ? उनके खिलाफ भी तो सिर्फ चार्जशीट दाखिल की गई थी। कल्याण सिंह के अभूतपूर्व मंत्रिमंडल में कोई बारह जने ऐसे हैं जिनके आपराधिक कारनामों का पक्का चिट्ठा पुलिस के रिकॉर्ड में है। हरिशंकर तिवारी और राजा भैया तो माफिया सरदार के नाते सारे यूपी में मशहूर हैं। तिवारी महाराज के खिलाफ एक न दो, बत्तीस मामले दर्ज हैं।

इन सबका मंत्रिमंडल में लिया जाना जरूरी था क्योंकि उनने न सिर्फ खुद वोट दे कर कल्याण सिंह की सरकार को गिरने से बचाया बल्कि उनके साथ निश्चित ही ऐसे विधायक भी हैं जिनके कारण भाजपा इक्कीस अक्टूबर को अपना तथाकथित बहुमत साबित कर सकी है। और जिसे भाजपा के भोंपुओं ने ही नहीं दूसरे लोगों ने भी लोकतंत्र की जीत कहा था। लोकतंत्र की जो द्रौपदी चार दिन पहले अद्भुत हिंसा और शर्मनाक मारपीट के बीच विजयी हुई थी उसे अब सत्ता बनाए रखने के लिए नंगी कर के सरेआम नचवाया जा रहा है।

कल्याण सिंह ने हर उस विधायक को मंत्री बना दिया है जो अपनी पार्टी छोड़ कर भाजपा की सरकार को हथेली लगाने आ गया था। कांग्रेस से टूटे बाईस के बाईस, बसपा से टूटे बारह के बारह, जनता दल से टूटे तीनों, और तो और दो निर्दलीय विधायकों को भी मंत्रिमंडल में ले लिया है। इन सबको लेने से कहीं भाजपा के विधायक ही विद्रोह न कर दें इसलिए तीस और उनमें से भी मंत्री बना दिए गए हैं। तभी मंत्रिमंडल की संख्या बानवे तक पहुंची है। लेकिन अभी बस नहीं है। मुख्यमंत्री ने आश्वस्त किया है कि वे जल्द ही विस्तार करेंगे यानी शतकवीर मंत्रिमंडल बनाने का रिकॉर्ड भी परमवीर कल्याण सिंह ही स्थापित करेंगे।

आखिर उत्तर प्रदेश देश का सबसे बड़ा राज्य है और उसमें देश की अकेली सबसे बड़ी पार्टी का राज हो गया है। इसलिए मंत्रियों की संख्या अगर सौ पार कर जाए तो एतराज क्यों होना चाहिए ? सौ-सवा सौ मंत्री हो गए तो भी सदन के एक चौथाई के आसपास ही होंगे। पच्चीस प्रतिशत का आंकड़ा कोई बड़ा नहीं है। भाजपा ऐसा दिन जरूर दिखाएगी जब सदन के आधे सदस्यों का मंत्रिमंडल होगा। जितने बहुमत के लिए जरूरी हैं उतने ही सरकार चलाने के लिए भी होने चाहिए। इसके बिना सिद्धांतनिष्ठ, शुचिता, पारदर्शिता और सीधी उत्तरदायित्ववादी सरकार नहीं बन सकती।

जब राबड़ी देवी के मंत्रिमंडल की संख्या सत्तर-बहत्तर तक पहुंची थी तो सभी ने उसका मखौल उड़ाया था। हिंदुत्ववादी यानी सिद्धांतनिष्ठ पार्टी भाजपा उनमें सबसे आगे थी। अब राबड़ी देवी से बीस अंक ज्यादा ले कर कल्याण सिंह आगे निकल गए हैं। इसमें एतराज और मजाक की कोई बात नहीं होनी चाहिए। बिहार विधानसभा में आखिर सवा तीन सौ से कम सीटें हैं जबकि उत्तर प्रदेश में सवा चार सौ सीटें हैं। अगर बिहार में राबड़ी देवी का मंत्रिमंडल सत्तर पार कर सकता है तो सौ सीटों से आगे रहने वाले उत्तर प्रदेश का मंत्रिमंडल सौ पार कर जाए तो इसमें हंसने की कोई बात नहीं है। अनुपात में बिहार विधानसभा से उत्तर प्रदेश विधानसभा उतनी ही बड़ी है। लोग गिनती लगा कर और इतिहास देख कर देखते हैं कि देश के किसी भी राज्य में कभी भी इतना बड़ा मंत्रिमंडल नहीं बना था। लेकिन वे याद नहीं रखते कि देश में इतना बड़ा कोई राज्य है भी नहीं जितना उत्तर प्रदेश है। फिर इस राज्य में भी लोकतंत्र को इतना बड़ा खतरा और इतनी बड़ी चुनौती कभी नहीं थी जितनी कि आज है। भाजपा ने वहां सरकार बना कर और इतने लाोगें का समर्थन पा कर बहुमत साबित किया है तो यह स्वाभाविक है कि उन सब लोगों को मंत्री बनाया जाए जिनने अपनी-अपनी पार्टियां छोड़ी और तोड़ी हैं। अपनी पार्टी छोड़ने और भाजपा का समर्थन करने का उचित मुआवजा ही नहीं ईनाम भी मिलता है जब तक यह साबित नहीं हो जाएगा लोग भाजपा के लिए अपनी पार्टी क्यों तोड़ेंगे ?

फिर सवाल सिर्फ उत्तर प्रदेश में कल्याण सिंह की सरकार बचाने और चलाने का ही नहीं है। भविष्य में अगर भाजपा को केंद्र और दूसरे राज्यों में भी सरकार बनानी है तो यह स्थापित करना ही पड़ेगा कि भाजपा की सरकार बनाने वाले विधायक/सांसद को ठीक सम्मान मिलता है और उन्हें कम-से-कम मंत्री तो बनाया ही जाता है। उत्तर प्रदेश में कल्याण सिंह ने बता दिया है कि केंद्र में अटल बिहारी वाजपेयी और लालकृष्ण आडवाणी को सरकार बनाने और बहुमत साबित करने के लिए क्या करना चाहिए।

आज से कोई तीस साल पहले जब संविद सरकारों का जमाना चला था तब कांग्रेस से जो भी असंतुष्ट नेता दस-बीस विधायकों को ले कर कांग्रेसी सरकार तोड़ता हुआ आता था वही मुख्यमंत्री बनता था। उसके साथ आए सभी विधायक मंत्री बनते थे। सरकार में शामिल विपक्ष तब गौण भूमिका में रहता था। तब जो घोड़ा मंडी खुली और आयाराम-गयाराम का आविष्कार अपने लोकतंत्र में हुआ वह बावजूद दल-बदल विरोधी कानून के रुका नहीं है। उत्तर प्रदेश में भाजपा ने बता दिया है कि दल-बदल करना और करवाना कांग्रेस और जनता दल जैसी पार्टियों का ही एकाधिकार नहीं है। लोकतंत्र की जड़ें मजबूत करने में भाजपा किसी पार्टी से पीछे नहीं है।

दल-बदल विरोधी कानून की धज्जियां पहले भी उड़ी हैं और सही है कि उसमें 'विभाजन' वाली गली का इस्तेमाल कर के कई पार्टियां सत्ता के राजपथ पर आई हैं या बनी रही हैं। शिवराज पाटील और रवि राय जैसे स्पीकरों ने एक बार या टुकड़ों में हुए 'विभाजन' को अगल-अलग अर्थों में मान्यता दी है। और इन मान्यताओं से कोई संदेह नहीं कि कानून का मजाक ही बना है। दल-बदल विरोधी कानून का मखौल उड़ाने और उसमें बताई गई गलियों का इस्तेमाल करने में कोई भी पार्टी पीछे नहीं रही है। इसीलिए दल-बदल को रोकने का वह उपाय अब बिलकुल बेकार हुआ बेअसर कानूनों की फाइलों में पड़ा धूल खा रहा है। उसकी यह गत बनाने के लिए भाजपा को दोष नहीं दिया जा सकता।

लेकिन उत्तर प्रदेश में उसके स्पीकर केसरीनाथ त्रिपाठी ने जरूर एक नया अध्याय जोड़ दिया है। स्पीकर के पद और उसकी भूमिका के साथ जो तटस्थता, निष्पक्षता और लोकतंत्र के सिद्धांतों से

प्रतिबद्धता की अपेक्षा की जाती है उसकी चिंता उनने नहीं की। भाजपा सरकार का बहुमत साबित हो सके और बना रहे इस कोशिश में वे कल्याण सिंह के साथी लग रहे हैं। उनसे जब पूछा गया कि बसपा के जिन बारह विधायकों ने कल्याण सिंह सरकार को बचाने में मतदान किया है वे अपनी पार्टी की सदस्य संख्या के एक-तिहाई नहीं हैं इसलिए उन्हें अयोग्य करार क्यों नहीं दिया गया ? तो त्रिपाठीजी ने कहा कि विभाजन एक बार में ही हो जाए यह जरूरी नहीं है। जो विधायक बाहर आ गए हैं उन्हें भरोसा है कि उनके और साथी मातृ पार्टी में हैं और सही समय पर सही संख्या में वे निकल कर आ जाएंगे। ऐसी स्थिति में अभी अलग दल के रूप में मान्यता देने या अयोग्य करार देने की जरूरत नहीं है। यानी जब विभाजन पूरा हो जाएगा तब उसके बारे में फैसला करेंगे।

यानी अभी तो खाता खुला रखा जाएगा। जितने विधायक बसपा से निकल कर आ गए हैं और जिनने कल्याण सिंह की सरकार बचा दी है उनके नाम तो दर्ज हो गए हैं। त्रिपाठीजी जाहिर है कि जानते हैं इन विधायकों को दूसरे और भी विधायकों ने बता रखा है कि अभी हमारे टूट कर आने में दिक्कतें हैं। लेकिन मौका लगते ही हम आ जाएंगे। आप जाइए और सरकार बचाइए। मंत्री बन कर राज में रुतबा चलाइए ताकि बसपा के नेता अपने विधायकों को बाड़े में ज्यादा देर तक घेरे रखने में कामयाब न हों। जैसे ही उनकी पकड़ ढीली होगी घेरा तोड़ कर आ जाएंगे।

पार्टी तोड़ने वाले विधायकों में तो आपस में ऐसी समझदारी हो सकती है। लेकिन इस समझ और गोपनीय विश्वास को स्पीकर तक पहुंचाने और फिर स्पीकर का उनकी समझदारी का सम्मान करने और उसे दो टूक टीवी पर कह सकें—श्रीमान् केसरीनाथ त्रिपाठी ने ही ऐसा साहस दिखाया है। शिवराज पाटील और रवि राय जैसे लोकसभा स्पीकरों ने दल-बदल के मामले में जो भी फैसले दिए हैं—ये अपने चेंबर में बाकायदा सुनवाई आदि के बाद दिए। लेकिन उत्तर प्रदेश में तो जैसे एक चलती हुई फिल्म के बीच में स्पीकर ने अपना निष्कर्ष बताया और इसकी कतई चिंता नहीं की कि इसका दल-बदल की कुल स्थिति पर क्या असर पड़ेगा और क्या एक स्पीकर को खुलेआम ऐसी बात कहनी चाहिए ?

जाहिर है कि ऐसा स्पीकर ने दल-बदल कर आए बसपा विधायकों को आश्वस्त करने के लिए कहा कि वे फिकर न करें। एक-तिहाई न होते हुए भी वे अयोग्य करार नहीं दिए जाएंगे। इतना ही नहीं, बसपा के बाड़े में बंद विधायकों को भी उनने संदेश दिया कि उनके लिए दरवाजा और खाता खुला रखा गया। जब जैसी सुविधा हो वे दल- बदल कर के आएं और अपने बारह साथियों में मिल जाएं ताकि बसपा की कुल सदस्य संख्या के एक-तिहाई हो सकें और तब अलग पार्टी के नाते उन्हें मान्यता दे दी जाएगी। दल-बदल कानून के बारे में किसी भी स्पीकर की कोई भी मान्यता रही हो उसने उसे ऐसी सरेआम और खुली हालत में प्रकट नहीं किया ताकि दल बदलने वाले और इसकी प्रतीक्षा में बैठे विधायकों का हौसला बंध सके। शायद ही किसी स्पीकर ने एक खुली राजनैतिक स्थिति में ऐसा हस्तेक्षप किया हो।

तो एक तरफ तो स्पीकर ने दरवाजा और खाता खुला रखा है और दूसरी तरफ मुख्यमंत्री ने कहा है कि वे जल्द ही बानवे मंत्रियों वाले विशाल मंत्रिमंडल का विस्तार करेंगे। जो दल बदल कर आए और जिनकी संख्या सिर्फ बारह है और जो अपनी पार्टी की सदस्य संख्या के एक-तिहाई नहीं हैं वे मंत्रिमंडल में पहुंच चुके हैं और उन्हें आश्वासन है कि वे अयोग्य करार नहीं दिए जाएंगे। जो बसपा के बाड़े में घिरे बैठे हैं उनके लिए मंत्रिमंडल में जगह सुरक्षित रखी गई है। मंत्री पद से दल-बदल को न सिर्फ पुरस्कृत कर दिया गया है बसपा में विभाजन को पूरा और कानूनी बनाने के लिए आने वाले विधायकों को भी संदेश है कि जब आएं मंत्री पद हाजिर होगा। दल-बदल को

बढ़ावा देने में मुख्यमंत्री और स्पीकर की ऐसी जुगलबंदी आपने पहले नहीं देखी होगी।

राष्ट्रपति ने जब से उत्तर प्रदेश में संविधान और लोकतंत्र को बचाया है तब से भाजपा ने अपनी पूरी ताकत उसे पुष्ट करने में लगा दी है। लखनऊ में लोकतंत्र मजबूत हो रहा है। कितने हर्ष और संतोष का विषय है कि यह कार्रवाई सिद्धांतनिष्ठ और देश को हिंदुत्व पर फिर से खड़ा करने वाली पार्टी भाजपा कर रही है। कांग्रेस को सत्ता को सत्ता का अंतिम प्रयोजन मानने और पतित होने में समय लगा था। भाजपा समय बरबाद नहीं करती। इसीलिए तो उत्तर प्रदेश में लोकतंत्र की जय-जयकार हो रही है।

29.10.1997

भाजपा या संघ नए अवतार में ?

उत्तर प्रदेश में हुए अपने नंगई के भंडाफोड़ पर से ध्यान हटाने के लिए भाजपा हल्ला मचाए हुए है कि वह केंद्र में भी कांग्रेसी सांसदों को फोड़ कर संयुक्त मोर्चे की सरकार को गिरा देगी। लखनऊ में अपने विधायक दल में हुए दो फाड़ से सदमे में आई कांग्रेस परेशान भी है। क्योंकि सीताराम केसरी के पांव लड़खड़ा रहे हैं। संयुक्त मोर्चे के घटक और कांग्रेस भाजपा की तिकड़मों को रोकने के लिए दल-बदल कानून की गलतियों को बंद करने की कोशिश में लगे हैं और भाजपा इसका भी प्रचार ऐसे कर रही है मानो दल-बदल को रोकना उसे सत्ता से वंचित करने की साजिश हो।

अठारह महीने पहले जिस भाजपा को अपनी बेमुराद सरकार को बचाने के लिए कोई नहीं मिला था और इसे जिसने पार्टियों को न तोड़ने की अपनी सिद्धांत और मूल्यनिष्ठता का परिणाम बताया था वह अब दल-बदल की वकालत करती दिख रही है। उत्तर प्रदेश में इतने बड़े पैमाने पर दल-बदल करवाने और हर दल-बदलू के साथ माफिया डान दल-बदलू तक को मंत्री बनाने वाली भाजपा उन लोकतांत्रिक मूल्यों और सिद्धांतों के कैंचुल को छोड़ चुकी है जिन पर चलने के दावे के साथ वह अपने को भिन्न पार्टी बताया करती थी। यूपी में दल-बदल, पर हर दल-बदलू को उसकी ख्याति पर ध्यान दिए बिना मंत्री पद, स्पीकर को इस सारे धतकरम में सक्रिय खिलाड़ी बनाने और राजनीति के अपराधीकरण से खुला समझौता करने के बाद भाजपा इस लायक रह भी नहीं गई है कि कोई नैतिक ओटले पर खड़ी बड़ी बातें कर सके। इसलिए आज उसका दल-बदल कानून की खामियों का बचाव करते दिखना स्वाभाविक भी है।

आप देख सकते हैं कि भारतीय जनता पार्टी ने वह लोकतांत्रिक आंख की शरम छोड़ दी है जो अब तक उसकी सत्ताकांक्षी तिकड़मों में भी दिखाई देती थी। इसके लिए भाजपा को अलग कर के कोसने की कोई जरूरत और इसका कोई औचित्य नहीं होना चाहिए क्योंकि देश में एक भी पार्टी ऐसी नहीं है जिसने लोकतांत्रिक मूल्यों और सिद्धांतों का सम्मान किया हो और इनके पालने के लिए अपने तात्कालिक राजनैतिक हित स्वार्थों की बलि दी हो। कांग्रेस का सबसे घनघोर और दयनीय पतन हुआ है और इसलिए आज वह ऐसी शोचनीय हालत में है। लेकिन सिद्धांतनिष्ठता की दुहाई देने वाली माकपा के भी बेहतर हाल नहीं हैं। सब जानते हैं कि वह संयुक्त मोर्चा सरकार में शामिल नहीं हुई और उसने अपने नेता ज्योति बसु को प्रधानमंत्री होने की इजाजत नहीं दी क्योंकि उसे मालूम है कि वह मोर्चे को चलाने वाली नेता-पार्टी नहीं हो सकती थी क्योंकि इतने उसके सांसद नहीं हैं। मोर्चा सरकार में शामिल हो कर अपनी छवि बिगाड़ने को माकपा तैयार नहीं हुई क्योंकि वह राजनैतिक घाटे का सौदा था।

ऐसी हालत में भाजपा को दोष देना गलत है कि उसने लोकतांत्रिक आंख की शरम भी छोड़ दी है। उत्तर प्रदेश में अक्तूबर के आखिरी सप्ताह में उसने जो कुछ किया वह सब दूसरी पार्टियां बरसों से करती चली आ रही हैं। आखिर जिस बसपा की सरकार उसने दो बार उत्तर प्रदेश में बनवाई वह तो बड़ी बेशर्मी से कहती आई है कि हां, हम अवसरवादी हैं और सत्ता में आने का कोई भी मौका हम चूकना नहीं चाहते। हम उस हर नसैनी का इस्तेमाल करना चाहते हैं जो हमें

सत्ता में पहुंचा सके और इसके बाद उस नसैनी को गिराना, फेंकना या तोड़ना भी पड़े तो हमें कोई हिचक नहीं होती। सत्ता की तलाश में बसपा लोकतंत्र और राजनीति के किसी सिद्धांत और मूल्य का पालन नहीं करना चाहती। उसकी सत्ताकांक्षा ऐसी नंगी और शुद्ध है।

बसपा अपनी शुद्धता या नंगई को बड़ी बातों में लपेट कर छुपाती नहीं। दूसरी पार्टियां ऐसी नंगई से बात नहीं करतीं हालांकि जब करने-धरने का मौका आता है तो वे भी किसी धतकरम से बाज नहीं आतीं। बसपा को सामाजिक समरसता के नाम पर सबसे ज्यादा भाजपा ने ही गले लगाया है जो सिद्धांतों और मूल्यों की सबसे ज्यादा दुहाई देती रही है। हालांकि यह सब वह दलित वोटों के लिए करती रही है क्योंकि अपना वोट आधार बढ़ाए बिना वह कई राज्यों और केंद्र में सत्ता में नहीं आ सकती। उत्तर प्रदेश में मायावती को जून पंचानवे और अप्रैल सत्तानवे में मुख्यमंत्री बना कर भाजपा बसपा से कोई आखिल भारतीय गठबंधन करना चाहती थी ताकि सभी पार्टियों पर भारी पड़ सके। इस गठबंधन के लालच में उसने मायावती के हजार नखरे और कांशीराम की सैकड़ों घुड़कियां सहीं। उनकी सत्ता में सभी ज्यादतियों को बरदाश्त किया। उत्तर प्रदेश के राज के एवज में केंद्र में सत्ता पाने का हिसाब भाजपा को ऐसी पार्टी को पटाने को प्रेरित करता रहा जिस पर दूसरी कोई भी पार्टी आसानी से भरोसा नहीं करती।

बसपा से सोहबत और उससे गठबंधन की इच्छा ने भाजपा की आंख की शरम उतार दी हो ऐसा कहा तो जा सकता है लेकिन भाजपा के अपनी राजनीति के हमाम में दूसरी पार्टियों की तरह पूरी तरह नंगे हो जाने की असलियत सिर्फ बसपा के कारण उजागर नहीं हुई है। तात्कालिक कारण यह जरूर है कि बसपा ने छह-छह महीने सत्ता में भागेदारी करने का जो समझौता भाजपा से उत्तर प्रदेश में किया था उसे भाजपा की बारी पर अट्ठाईस दिन भी बसपा ने सहन नहीं किया और मायावती ने समर्थन वापस ले कर कल्याण सिंह की सरकार को गिराने का पूरा प्रबंध कर लिया था।

बसपा को जवाब देने और दुनिया को दिखाने के लिए कि अपनी सरकार बनाने में भाजपा उतनी ही उस्ताद है जितनी और कोई पार्टी हो सकती है, भाजपा ने कांग्रेस, बसपा और जनता दल को तोड़ा और केसरीनाथ त्रिपाठी के स्पीकर होने का पूरा फायदा उठाते हुए साम-दाम-दंड-भेद से बहुमत साबित किया। चारों तरफ थू-थू हुई तो दुबक कर बचाव करने के बजाय भाजपा ने आक्रामक रुख बनाया और कहा कि खबरदार जो हमें गरियाया। हम केंद्र में भी यूपी कर देंगे। यह रवैया हमाम में सारे कपड़े उतार फेंकने से कोई कम अर्थवान नहीं है।

लोकतांत्रिक सिद्धांतों और मूल्यों के सारे कपड़े ही नहीं आंख की शरम भी उतार देने का भाजपा का यह काम और अपने को दूसरों से ऊपर, बेहतर और भिन्न बताने का निश्चय छोड़ कर पार्टियों की भीड़ में शामिल होने का फैसला खुद उसके और अपनी आज की राजनीति के लिए कोई कम महत्त्वपूर्ण नहीं है। भाजपा, जैसा कि मैं पिछले बरसों में कई बार लिख चुका हूं अपने आपमें कोई स्वतंत्र राजनैतिक पार्टी नहीं है। भाजपा राष्ट्रीय स्वयंसेवक संघ या संघ परिवार का राजनैतिक माध्यम, आंदोलन या मंच है। यह अपने फैसले करने और अपना भविष्य तय करने के लिए उस तरह स्वतंत्र नहीं है जैसी कि राजनैतिक पार्टियां होती हैं। भाजपा की चुटिया हमेशा संघ की मुट्ठी में रहनी है और वह एक राजनैतिक पार्टी के बजाय एक संघ की मंच बनी रहने के लिए अभिशप्त है। उसकी नीतियां और उसका बर्ताव संघ परिवार तय करता है और करता रहेगा।

उत्तर प्रदेश में अपनी सरकार बचाने के लिए भाजपा ने जो भी किया उसे आप इस संदर्भ में देखें तो विचार यह करना होगा कि राष्ट्रीय स्वयंसेवक संघ जो अपने आपको एक सामाजिक-सांस्कृतिक संगठन बताता है और जो हिंदुत्व की तथाकथित राजनैतिक विचारधारा के अनुसार हिंदू समाज, उसकी संस्कृति, अर्थव्यवस्था और राजनीति को पुनर्गठित करने को प्रतिबद्ध है उसने भी अब तय कर लिया है कि राजनैतिक नैतिकता जैसी कोई चीज नहीं होती। सत्ता ही राजनीति का अंतिम और प्रथम प्रयोजन है और उसकी प्राप्ति के लिए साध्य और साधन की कोई बहस नहीं होनी चाहिए। जिस तरह युद्ध और प्रेम में सब उचित है, करणीय है उसी तरह सत्ता पाने के लिए जो भी करना पड़े या आपके प्रतिद्वंद्वी जो भी कर रहे हैं, करना चाहिए। संघ के लिए इस निष्कर्ष पर पहुंचना और ऐसा करने की छूट ही नहीं देना बल्कि भाजपा को ऐसा करने में पूरी मदद करना पिछले बहत्तर बरस के उसके घोषित सिद्धांतों, लक्ष्यों और रवैए से पूरी तर उलट प्रस्थान है।

संघ और उसके नेता साध्य और साधन की एकता और शुद्धता के उतने आग्रही कभी नहीं रहे जितने महात्मा गांधी थे और जिनके विचार से यही सनातन धर्म है। गांधी ने चौरी-चौरा की घटना के बाद अपना आंदोलन वापस लिया। संघ ने साधनों की शुद्धता और साध्य से उनके ऐसे ऐक्य का आग्रह नहीं रखा। फिर धर्म में सेवा और बलिदान को अपने आप में बड़े मूल्य मानने की जो समझ गांधी ने देखी और जो महाभारत और दूसरे ग्रंथों से भी प्रकट होती है, उन्हें संघ मानता तो है लेकिन राष्ट्र, समाज आदि के अनेक गुणों के नाते। सनातन धर्म में सामाजिक संगठन पर कोई जोर नहीं है लेकिन हिंदुत्ववादी संघ के लिए वह सर्वोपरि है। प्रचार का स्थान भी सनातन धर्म और गांधी की धार्मिक समझ में उतना नहीं है जितना संघ में है। जो कि संघ का मूल लक्ष्य है वह हिंदुत्व ही एक राजनैतिक अवधारणा है। गांधी और सनातन धर्म–राजनीति को धर्म की दासी मानते हैं लेकिन धर्म, हिंदू धर्म नहीं–धर्म जो कि सर्वव्यापी, सार्वकालिक और सबको धारण करने वाला है। हिंदुत्व और धर्म की पारंपरिक भारतीय समझ में फर्क है। फिर भी हिंदुत्ववादियों का नैतिकता पर जोर रहता है। और वे भोगवादी, व्यवहारवादी, लक्ष्यहीन निजी और सार्वजनिक जीवन के विरुद्ध हैं।

ऐसे संघ के लिए यह अचरज की बात है कि उसने उत्तर प्रदेश में मंत्री पद के लालच में न सिर्फ दल-बदल करवाया बल्कि इसका विवेक भी नहीं रखा कि सरकार बचाने के लिए किसकी मदद ली जाए। ऐसे-ऐसे लोगों की मदद से भाजपा ने उत्तर प्रदेश में अपनी सरकार बचाई जो दल-दल को अपना सहज-स्वाभाविक कार्य मानते हैं बल्कि अपराध करने में इतने मशगूल रहे हैं कि कुछ तो बाकायदा माफिया सरदार के नाते बदनाम हैं। फिर इनसे सरकार बचाने में मदद ही नहीं ली गई उन्हें मंत्री भी बनाया गया। कल तक जिन लोगों को रोकने-पकड़ने को पुलिस घूमा करती थी वही पुलिस अब इन माफिया सरदारों की सेवा में रहेगी। भाजपा ने न सिर्फ इन्हें स्वीकार किया बल्कि उनसे अपने मंत्रिमंडल को विभूषित भी किया। ये ऐसे लोग हैं जिनकी संघ की राय में राजनीति में कोई जगह नहीं होनी चाहिए लेकिन आज उन्हीं को भाजपा ने मंत्री पद दिया है। जिनसे बसपा और कांग्रेस भी दूरी रखती थी उनका राज्याभिषेक भाजपा ने किया।

भाजपा ने बसपा, सपा और कांग्रेस से भी जोरदार हिंसा विधानसभा में की। बाहरी लोगों की भी सदन में हिंसा में मदद ली। सपा ने कुछ साल पहले इसी सदन में जैसा बहुमत पाया था उसका खून भी भाजपा के बहुमत के आगे पीला पड़ गया। फिर सभी दल-बदलुओं को मंत्री पद दिया और अपने असंतुष्टों को भी प्रसन्न करने के लिए मंत्रिमंडल को बानवे तक पहुंचा दिया। इतना बड़ा मंत्रिमंडल आज तक किसी राज्य में नहीं बना था। फिर राजनीति के अपराधीकरण की प्रक्रिया में

इस दौरान भाजपा ने जितना बड़ा योगदान किया उतना तो सपा, बसपा, जनता दल और कांग्रेस ने भी नहीं किया है जिन्हें भाजपा और पूरा संघ परिवार कोसता रहा है। और अपने इन धतकरमों के बचाव में अटलजी से ले कर हर छुटभैए नेता ने जो बयान दिए वे सिर्फ यही बताते हैं कि राजनैतिक अपराधियों की दलीलें इन नेताओं ने स्वीकार कर ली हैं। भाजपा का राजनैतिक नैतिकता को इस तरह तिलांजलि देना संघ के हरी झंडी दिखाए बिना नहीं हो सकता। संघ अपने इस पाप को कहां छुपाएगा ? केंद्र में भी कांग्रेस से दल-बदल करवा के और गुजराल सराकर को गिरवा के ?

7.11.1997

दुधारी तलवार है यह खुला खेल

सही है कि कल्याण सिंह की सरकार बचाने के लिए भाजपा ने उत्तर प्रदेश में जो किया संघ परिवार राजनैतिक नैतिकता के आधार पर उसका कोई लोकतांत्रिक औचित्य नहीं बता सकता। वहां सत्ता के लिए ऐसा हर धतकरम किया गया जिसको संघ परिवार भारतीय राजनीति का कोढ़ कह कर कोसता रहा है। इसलिए सीनाजोरी ही अब उसके बचाव का तरीका हो सकता था और भाजपा वही कर रही है।

दल-बदल, मंत्री पद की घूस, माफिया सरदारों की मदद और एक निर्लज्ज पक्षपाती स्पीकर के जरिए दल-बदल कानून की गलियों का इस्तेमाल-जैसे तरीके अपनाए बिना सत्ता में रहा नहीं जा सकता इस वास्तविकता को स्वीकार करने के बाद भाजपा के लिए कोई ऊंची नैतिक पहाड़ी नहीं बची है जिस पर चढ़ कर वह दूसरी पार्टियों और देश के राजनैतिक समाज को उपदेश दे सके। अब भाजपा अगर बसपा, सपा, जनता दल, कांग्रेस या बीसियों क्षेत्रीय पार्टियों जैसी ही एक सत्ताकांक्षी और सत्ताभोगी पार्टी होती तो उत्तर प्रदेश में अपने किए और आज की भारतीय राजनीति की वास्तविकताओं को स्वीकार करने में उसे कोई दिक्कत नहीं होनी चाहिए थी। लेकिन भाजपा उस राष्ट्रीय स्वयंसेवक संघ का राजनैतिक मंच है जो हिंदुत्व की अपनी तथाकथित विचारधारा के आधार पर हिंदू (भारतीय नहीं) समाज को नए सिरे से गठित करना चाहता है।

संघ के लिए हिंदुत्व वैसी ही विचारधारा है जैसी कम्युनिस्टों के लिए समाजवाद थी या है, और पूंजीवाद अमेरिकियों और उनके पश्चिमी साथियों के लिए है। हिंदुत्व के आधार पर वह राजनीति ही नहीं इस देश की सामाजिक, आर्थिक और सांस्कृतिक पुनर्रचना करना चाहता है। यह अलग बात है कि हिंदुत्व उन्नीसवीं सदी के यूरोपीय राष्ट्रवादी चिंतकों से प्रेरित भारत में अंग्रेजी राज के सिद्धांतकारों की प्रतिक्रिया में पैदा हुआ है और यह भारत को पुराने यूरोपीय आईने में यूरोपीय कसौटियों पर खरा दिखाने की कोशिश है। हिंदुत्व में भारतीय समाज की ही नहीं धर्म तक की समझ उतनी सनातन भारतीय नहीं है जितनी कि उन्नीसवीं सदी की वह यूरोपीय समझ जो अंग्रेजों के जरिए हमारे यहां आई। अंग्रेज और दूसरे यूरोपीय उपनिवेशवादी सिद्धांतकार जिन कसौटियों पर भारत के इतिहास, समाज, धर्म और राजनीति के समाज को घटिया और पतनशील साबित करते थे उन्हीं कसौटियों का इस्तेमाल कर के हिंदुस्तान को महान साबित करने की कोशिश हिंदुत्व है।

वीर सावरकर हेडगेवार गुरु गोलवलकर, से ले कर लालकृष्ण आडवाणी तक का लिखा और कहा बांच लीजिए साफ हो जाएगा कि वे उन्नीसवीं सदी के उन यूरोपीय आलोचकों को जवाब दे रहे हैं जो भारत की पांच हजार साल की कुल उपलब्धि को नाकुछ बताने और अपनी श्रेष्ठता के कारण उस पर राज करने के अपने दैविक अधिकार की बात करते थे। भारत या अपने हिंदुस्तान को किसी भी यूरोपीय राष्ट्र से बेहतर साबित करने की कोशिश में वे हिंदुत्ववादी हिंदुओं की कुछ खामियां भी स्वीकार करते हैं। जैसे हिंदुओं ने सैनिक ताकत बनाए रखने की लगातार कोशिश नहीं की, जैसे वे भगवान बुद्ध और महावीर की अहिंसा के चक्कर में आ गए। जैसे हिंदुओं ने अपने सामाजिक संगठन पर ध्यान नहीं दिया। जैसे हिंदुओं ने कूटनीति में वैसे ही छल-कपट का इस्तेमाल

नहीं किया जैसा कि मुसलमानों और अंग्रेजों ने उनके साथ किया। फिर हिंदू अपनी सहनशीलता और जैसे के साथ तैसे जैसा व्यवहार न करने के कारण भी गुलाम हुए। और हिंदू धर्म के नाम पर वैसे संगठित नहीं हुए जैसे कि मुसलमान और ईसाई होते रहे हैं और अब भी हैं।

राष्ट्रीय स्वयंसेवक संघ इस हिंदुत्व के आधार पर एक नया हिंदुस्तान बनाना चाहता है। और उसके हिसाब से भारत की इस पुनर्रचना के लिए राजनैतिक सत्ता होना जरूरी है। महात्मा गांधी की तरह संघ विश्वास नहीं करता कि बुनियादी फेरबदल राज्यसत्ता से नहीं हो सकते। वह राज्यसत्ता और हिंसा के उचित 'उपयोग' को राज चलाने के लिए ही नहीं समाज बदलने के लिए भी आवश्यक मानता है। हिंदुस्तान की हिंदुत्व के आधार पर रचना के लिए—राजनीति में उसने पहले जनसंघ और अब भाजपा को बनाया, धार्मिक नेताओं और संस्थाओं के लिए विश्व हिंदू परिषद बनाई, हिंदू समाज के लुम्पन तत्त्वों को अभिव्यक्ति के लिए बजरंग दल, दुर्गा वाहिनी आदि का गठन किया। समाज सेवा, संस्कृति, इतिहास आदि कई क्षेत्रों में संस्थाएं बना कर उन्हें अलग-अलग जिम्मेदारियां सौंपीं। लेकिन इस संघ परिवार का प्राथमिक और अंतिम लक्ष्य हिंदुत्व के आधार पर नया हिंदुस्तान बनाना है। जैसे कम्युनिस्ट पार्टी समाजवाद की स्थापना के लिए होती थी वैसे भाजपा हिंदुत्व के लिए है। वह संघ परिवार के राजनैतिक एजंडे को पूरा करने के लिए है इसलिए उसकी सत्ताकांक्षा को दूसरी किसी राजनैतिक पार्टी की तरह देखना-समझना नहीं चाहिए। उसे संघ परिवार के विराट लक्ष्य के संदर्भ में समझना चाहिए। उत्तर प्रदेश में सिद्धांतहीन-सत्तालोलुप राजनीति के सभी हथकंडे अपना कर और देश के सामने सीनाजोरी कर के संघ परिवार ने बताया है कि सत्ता के लिए वह उन कसौटियों और सिद्धांतों को तिलांजलि देने को तैयार है जो शुरू से हमारे लोकतंत्र में सर्वमान्य रहे हैं और जिनकी दुहाई देते हुए खुद संघ परिवार के अलग-अलग मुख कभी थकते नहीं थे। लखनऊ में संघ परिवार ने नोटिस दिया है कि वह सत्ता के लिए गुंडों के साथ गुंडों जैसा और चोर-लुटेरों के साथ चोर-लुटेरों जैसा व्यवहार करेगा। राजनैतिक नैतिकता के तकाजों के कारण हिचकेगा नहीं।

इसका मतलब यह कि अगर भलमनसाहत और सिद्धांतनिष्ठता के जरिए सत्ता नहीं मिलती तो वह उन्हें छोड़ कर मुलायम सिंह या कांशीराम या लालू प्रसाद यादव के तौर-तरीके अपनाएगा। अगर उसके ऐसा करने पर दूसरी पार्टियां हल्ला मचाएंगी और उसे कोसेंगी तो वह सीनाजोरी करेगा और चेतावनी देगा कि उनके साथ भी वह वही करेगा जो उसने बसपा, कांग्रेस और जनता दल के साथ किया। इसका मतलब यह कि संघ परिवार वृहद राजनैतिक समाज में अपनी छवि की चिंता छोड़ रहा है और वह राजनैतिक पार्टियों से ही निपटने को अपना लक्ष्य मान रहा है। वह जानता है कि लखनऊ में उसने जो-जो किया है उससे देश की जनता में उसकी थू-थू हुई है और वह ऊंचा नैतिक धरातल उसके पांवों के नीचे से खिसक रहा है जिस पर उसकी भारतीय जनता पार्टी अपने को खड़ा दिखाती थी। लेकिन इस जनता की फिकर न कर के संघ परिवार बांहें चढ़ाने और खम ठोंकने के दादागिरी तरीके से दूसरी पार्टियों को चुप करने की कोशिश में लगा है।

अब ऐसा बसपा करे या सपा करे तो समझा जा सकता है क्योंकि इन पार्टियों के नेताओं को विश्वास है कि उनका वोट बैंक राजनैतिक नैतिकता की बातों से खिसकता या बनता नहीं है। बसपा वाले मानते हैं कि शहर-गांव के दलितों के लिए सबसे महत्त्वपूर्ण यही है कि वे सत्ता में हैं और उनके जरिए सत्ता का प्रभामंडल दलितों को भी मिल रहा है। सपा वाले मानते हैं कि उनके सत्ता में होने से यादवों को लाठी ठपकारने का विश्वास मिलता है और मुसलमानों को सुरक्षा का अहसास।

इसलिए सपा-बसपा वालों को चिंता नहीं रहती कि वे कैसे साधन अपना रहे हैं और उनके हथकंडों से उनकी कैसी बदनामी होगी। कट्टर हिंदुत्ववादी अल्पसंख्यकों के अलावा हिंदू समाज में यह धारणा नहीं है कि भाजपा को सत्ता में आना चाहिए भले ही वह कैसे भी आए। यह कि भाजपा जब तक सत्ता में नहीं रहेगी तब तक उसका राजनैतिक आधार या वोट बैंक बढ़े-फैलेगा नहीं ऐसा निष्कर्ष संघ के कार्यकर्त्ताओं, नीति-निर्धारकों और रणनीतिकारों का हो सकता है लेकिन वृहद भारतीय राजनैतिक समाज तो उसके नए लखनवी हथकंडों को माफ नहीं करेगा।

ऐसा नहीं है कि संघ परिवार के नेता समझते नहीं कि उत्तर प्रदेश में सत्ता के लिए बदनाम हथकंडे अपना कर उनने पूरे देश के सामने क्या खोया है लेकिन फिलहाल सत्ता उनके लिए सबसे महत्त्वपूर्ण हो गई है। बसपा से उत्तर प्रदेश में गठबंधन टूटने के बाद उसकी स्थिति—माया मिली न राम-जैसी हो गई थी। दलितों का वोट बैंक तो मायावती-कांशीराम के शत्रु हो जाने से चला ही गया, भाजपा की मदद से मुख्यमंत्री बनी मायावती के छह महीने के राज में बामन-राजपूत इतने दुखी और नाराज हुए कि वे भाजपा को ही कोसने लगे थे। इसलिए सत्ता में आते ही भाजपा के कल्याण सिंह ने मायावती के निर्णयों को उलटने और दलित कानून के दुरुपयोग को रोकने जैसे फैसले किए। मायावती ने जब समर्थन वापस लिया तो यह अचरज की बात नहीं है कि कांग्रेस, बसपा और जनता दल के ऊंची जातियों के विधायक ही भाजपा की सरकार बचाने आए। भाजपा ने जिन दो माफिया सरदारों को मंत्री बनाया उनमें एक बामन और दूसरा राजपूत है।

इस तरह भाजपा ने उत्तर प्रदेश में न सिर्फ अपने ऊंची जातियों के आधार को वापस पाने की कोशिश की है बल्कि बामनों, राजपूतों और बनियों को यह विश्वास भी दिलाया है कि जोर-जबरदस्ती करने और अपनी ताकत दिखाने के मामले में वह लठैत सपा, बसपा वालों से पीछे नहीं है। चूंकि भाजपा को उत्तर प्रदेश में अपने जातीय आधार का दबदबा दिखाना था और उससे अपने तादात्म्य को फिर स्थापित करना था इसलिए उसने वैसा ही किया जैसा कि निश्चित जातीय आधारवाली सपा, बसपा जैसी पार्टियां और उनके नेता करते हैं। वृहद राजनैतिक समाज में अपनी छवि की चिंता के बजाय उत्तर प्रदेश में अपने जातीय आधार को फिर से प्राप्त करने की कोशिश यही बताती है कि संघ अब भाजपा को सिद्धांतों और मूल्यों के बजाय व्यावहारिक राजनीति करने को कह रहा है। और संघ परिवार को अब देश के वृहद राजनैतिक समाज के बजाय अपने राजनैतिक आधार यानी वोट बैंक की ज्यादा चिंता है।

भाजपा का सत्ता के लिए शार्ट कट अपनाना दरअसल संघ का सत्ता के लिए उतावला होना है। संघ परिवार के राजनैतिक विरोधियों के लिए तो यह अच्छी खबर है क्योंकि शार्ट कट अपनाने वालों की दुर्गत अपन इस देश में देख चुके हैं। वैसे भी संघ में बैठे स्वयंसेवी-स्वयंसेवकों और भाजपा के राजनेताओं में किस तरह की रस्साकशी चल रही है इसे जानने के लिए बहुत खोजबीन करने की जरूरत नहीं है। भाजपा में अब संघ नेतृत्व के प्रति वह सम्मान नहीं है जो बाला साहेब और भाऊराव देवरस तक था। संघ में नए उठे लोग या तो खुद सत्ता चाहते हैं या उसे नियंत्रित करना चाहते है। इस रस्साकशी का जीता-जागता उदाहरण गुजरात है जहां दो-तिहाई बहुमत मिलने के बाद संघ आदर्श सरकार देने वाला था। संघ और विश्व हिंदू परिषद वालों ने जो कबाड़ा किया उसका नतीजा वाघेला का विद्रोह और भाजपा के हाथ से सत्ता जाना है। दिल्ली और राजस्थान में संघ वालों की दखलंदाजी से रोज क्या गुल खिलते हैं—जानने वाले जानते ही हैं।

ऐसी हालत में लखनऊ जैसा खुला खेल फर्रूखाबादी भाजपा और संघ के बीच तनाव को बढ़ाएगा और भाजपा में जो राजनैतिकर्मी हैं उनका संघ के सत्ताकांक्षी स्वयंसेवकों से खुला संघर्ष होगा। जो आप बाहर करते हैं वह आपको अंदर से पहले काटता है। सत्ता प्राप्ति में सब जायज है—जैसी छूट दे कर संघ परिवार अपने और देश के लिए नई मुसीबत खड़ी कर रहा है। फिर अगर इसी राजनीति से हिंदुत्व की स्थापना होगी तो क्या उसकी हालत मध्ययुग के राजा-रजवाड़ों से बेहतर होगी ? राजनीति को अगर आप निपट सिद्धांतहीनता और मूल्यहीनता में ले जाएंगे तो उससे कोई बड़ा सपना तो पूरा हो ही नहीं सकेगा भले ही वह हिंदुत्व जैसा प्रतिक्रियावादी और मीडियॉकर सपना हो।

8.11.1997

गुजरात के बाद दिल्ली में भाजपा

बेशरमी और सीनाजोरी की नई रणनीति पर काफी नगाड़ा बजाने के बावजूद भाजपा के गुजरात गुब्बारे की हवा निकल गई। न वाघेला की राष्ट्रीय जनता पार्टी टूटी, न कांग्रेस। और तो और जो चार निर्दलीय विधायक दिलीष पारिख सरकार से नाराज चल रहे हैं उनने भी भाजपा की तरफ वोट देने के बजाय गैरहाजिर रहना बेहतर समझा और एक निर्दलीय ने वोट नहीं दिया। निर्दलीय विधायकों को भी गुजरात भाजपा अपने सत्ता में आ सकने का भरोसा नहीं दिला सकी।

उत्तर प्रदेश में थोक में दल-बदल करवा के और सभी दल-बदलुओं को मंत्री बना कर भाजपा ने घोषणा की थी कि इसी तरीके से पहले वह गुजरात में और फिर केंद्र में सत्ता हथिया लेगी। अपने धतकरम पर दूसरी पार्टियों के हमले को बचाने के लिए उनको पहले अपना घर संभालने की चेतावनी देने की यह सीनाजोरी काम नहीं आई। बल्कि इसने राजपा को सत्ता में कांग्रेस को अपने साथ लेने और कांग्रेस हाईकमान को गुजराती कांग्रेसियों की यह मांग मान लेने पर मजबूर किया। इससे कम-से-कम पारिख सरकार को थोड़ा स्थायित्व मिलेगा हालांकि कांग्रेस और राजपा दोनों ही गुजरात को साथ-साथ लूटने में लग जाएंगे।

यूपी कर के गुजरात में फिर सत्ता में काबिज हो जाना भाजपा के लिए केंद्र में सत्तारूढ़ होने से भी ज्यादा महत्त्वपूर्ण था। सिर्फ उसके मनोबल के लिए नहीं। गुजरात में ही उसके अपने और बहुत पुराने वफादार वाघेला ने ब्रिदोह कर के भाजपा के दो-तिहाई बहुमत को धूल में मिला दिया था। वाघेला ने भाजपा के चालीस-पैंतालीस विधायकों की अलग राष्ट्रीय जनता पार्टी बना कर कांग्रेस के समर्थन से सरकार बनाई थी। गुजरात में भाजपा के साथ जो धोखाधड़ी हुई उससे वह अब तक तिलमिला रही है और उसी का बदला लेने के लिए यूपी में उसने कांग्रेस को तोड़ा और उससे टूट कर आए हर विधायक को मंत्री बनाया।

भाजपा वालों को कहने में कोई हिचक नहीं होती थी कि गुजरात का बदला यूपी में चुका दिया गया है। लेकिन एक राज्य का बदला दूसरे में लेने से आप जानते हैं कि बदले की आग ठंडी नहीं होती। इसलिए यूपी में 'लोकतांत्रिक चमत्कार' करने में सफल होते ही उसके नेताओं ने एक-एक कर के देश में जगह-जगह से एलान कर दिया था कि अब गुजरात में राजपा और कांग्रेस को तोड़ा जाएगा और वाघेला जैसे गद्दारों को सबक सिखाया जाएगा। नाराज कांग्रेसी नेता छबीलदास मेहता का बरताव और उनकी राजपा और खुद अपने हाईकमान को दी गई घुड़कियां भाजपा का हौसला बढ़ाने के काम आईं।

फिर कांग्रेस ने गुजरात में दिल्ली कर दिया था यानी वाघेला से समर्थन वापस लेने की घोषणा कर के दिलीप पारिख को मुख्यमंत्री बनवा दिया था। सत्ता में रहने के लिए कांग्रेस की इस हुकुमबजाई ने राजपा को ही नहीं खुद वाघेला को भी कोई कम असंतुष्ट नहीं किया था। भाजपा को भरोसा था कि वह इस स्थिति का लाभ ले सकती है। यूपी में उसने जो छुआछूत निवारण यज्ञ किया था, उसे गुजरात में आगे बढ़ाते हुए वाघेला और उनके साथ गए सभी पुराने भाजपाइयों को घर में वापस लेने और सभी को मंत्री बनाने का आश्वासन दिया गया।

बिलकुल भुला दिया गया कि वाघेला और उनके साथ गए विधायकों को गद्दार घोषित किया गया था और उन्हें सबक सिखाना भाजपा के एजंडे में सबसे ऊपर था। अटल बिहारी वाजपेयी तक ने राजपा से भाजपा में विधायकों के लौटने को घर लौटना कहा था दल-बदल नहीं। क्योंकि आखिर वाघेला और उनके साथी सभी भाजपाई थे अगर अपनी राष्ट्रीय जनता पार्टी को समाप्त कर के वे भाजपा में आते हैं तो यह तो घर लौटना ही होगा। इसे भला दल-बदल क्यों और कैसे कहा जाए ? सब कुछ भुला कर इतना उदार रवैया अपनाने और दल-बदल की परिभाषा बदलने के बावजूद राजपा में से कोई नहीं आया और वाघेला ने भी कोई घास नहीं डाली।

यही सम्मान उनने दिखाया कि मतदान के 48 घंटे पहले अपने सभी विधायकों को अज्ञात स्थान में ले जा कर छुपा लिया ताकि दुनिया यह न देखे कि सब कर लेने के बाद भी भाजपा किसी से दल-बदल न करवा सकी। यह करना जरूरी था कि नहीं वाघेला जानें पर जिस शांति से गुरुवार को गांधी नगर में विश्वास मत की कार्यवाही हुई और बिलकुल पार्टी लाइन पर मतदान हुआ और कोई छीना-झपटी, खींचतान और उत्तेजना तक नहीं हुई उससे लगता है कि भारी उलटफेर हो जाने का सिर्फ हल्ला ही था। राजपा के जो लोग भाजपा में जाना चाहते रहे होंगे वे अज्ञातवास की चंगुल से छूटने और सदन की सुरक्षा पाने के बाद मजे में भाजपा की तरफ जा सकते थे या पारिख सरकार को गिरा कर भाजपा को सरकार बनाने को कह सकते थे।

ऐसा कुछ नहीं हुआ और विश्वास मत की कार्यवाही ऐसे हो गई जैसे रोजमर्रा का काम हो। यही बताता है कि गुजरात में यूपी कर देने का भाजपाई हल्ला महज हल्ला था। दिल्ली में यशवंत सिन्हा और सुषमा स्वराज रोज-रोज प्रेस कांफ्रेंस कर के जो हवा बना रहे थे वह हवा ही थी और अमदाबाद में केशूभाई पटेल और सुरेश मेहता आदि जो गुपचुप मिला-मिली की अफवाहें फैला रहे थे वे सचमुच अफवाहें ही थीं। संघ परिवार हवा बनाने, अफवाहें फैलाने और कानाफूसी की मुहिम चलाने में उस्ताद माना जाता है। गुजरात गवाह है कि यह आरोप निराधार नहीं है और जो करना चाहते हैं उसे हुआ-हुआ बता कर प्रचारित करने में संघ परिवार सचमुच गीदड़ों जैसा बर्ताव करता है।

भाजपा की धमकी से अलबत्ता गुजरात के उन कांग्रेसियों की मंशा पूरी हो गई जो बाहर से समर्थन दे कर राजपा की सरकार चलाने के बजाय उसमें शामिल हो कर सत्ता का सुख भोगने को लालायित थे और हाईकमान जिनकी बात मानने को तैयार नहीं हो रहा था। दल-बदलुओं की सरकारें बनाने और चलाने का कांग्रेसी तरीका अब तक यह रहा है कि बाहर से समर्थन दो और अल्पमत सरकारों से इतने दूर दिखो कि उनके अपकर्मों की जिम्मेदारी अपने पर न आए। जब लगे कि अब समय ठीक है तब समर्थन वापस लो और चुनाव करवा के उनमें जीतो। केंद्र में तो कांग्रेस ऐसा बीस साल से करती आ रही है। राज्यों में भी उन लोगों के साथ वह सत्ता में भागेदारी नहीं करती जो उसके गले में पत्थर बने लटके रहें। कांग्रेस भागेदारी में नहीं अपनी सत्ता आप भोगने में विश्वास करती है।

लेकिन यूपी में कांग्रेसियों की तरह गुजरात के कांग्रेसी भी इस निष्कर्ष पर पहुंच चुके हैं कि अपने बूते पर तो कांग्रेस अब सत्ता में आने से रही। इसलिए बाहर से समर्थन दे कर दल-बदलुओं की सरकार चलाने के बजाय उस सरकार में बराबरी का हिस्सा मांगो। छबीलदास मेहता और उनके साथी दो-तीन महीनों से सरकार में जाने की इजाजत मांग रहे थे और हाईकमान देता नहीं था। दबाव बना कर पहले तो इन नाराज कांग्रेसियों ने शंकरसिंह वाघेला को मुख्यमंत्री पद से हटवाया और अब पारिख की सरकार बचा कर अपने में से उतने ही लोगों को मंत्री बनवाना चाहते हैं जितने राजपा के हैं। भाजपा की सीनाजोरी ने कांग्रेस के असंतुष्टों को संतुष्ट होने और सरकार के थोड़े

स्थिर होने का रास्ता निकाल दिया है। उसने कांग्रेस हाईकमान का मनोबल भी संभाल दिया है जो यूपी में कांग्रेसियों के भाजपा की मदद में दल-बदल से रसातल में पहुंच गया था।

अब गुजरात में जो हुआ उसका असर भाजपा के मनोबल पर दिल्ली में होगा। वैसे भी दिल्ली में संयुक्त मोर्चे की सरकार गिरने और दल-बदलुओं के समर्थन से भाजपा की सरकार बनने की कोई वास्तविक संभावना नहीं थी। भाजपा के नेता सांसदों को तलाश तो बहुत पहले से करते रहे हैं लेकिन उपराष्ट्रपति पद के चुनाव के बाद से उनका हौसला और मिलना-जुलना बढ़ गया था। आपको याद होगा कि भाजपा समर्थित उम्मीदवार सुरजीतसिंह बरनाला को उनका समर्थन करने वाली पार्टियों के वोटों से चालीस-पचास वोट ज्यादा मिले थे। भाजपा नेताओं का मानना था कि अगर ये सांसद कृष्णकांत के बजाय बरनाला को वोट दे सकते हैं तो वे अटल बिहारी वाजपेयी की सरकार भी बनवा सकते हैं। कोई सांसद इस वक्त चुनाव के मैदान में उतरना नहीं चाहता। अगर गुजराल सरकार गिरती है तो वे किसी नए गठबंधन की सरकार बनवाने को तैयार होंगे।

जैन आयोग की रपट जो लीक करवाई गई है तो इसके पीछे एक मकसद तो यह है कि द्रमुक के दोषी ठहराए जाने के बाद उसका संयुक्त मोर्चे में रहना मुश्किल हो जाएगा। मोर्चा टूटेगा। फिर मोर्चा नहीं भी टूटा तो कांग्रेस तो समर्थन वापस लेने के लिए मजबूर होगी ही क्योंकि सोनिया गांधी इसे बरदाश्त नहीं कर सकतीं कि कांग्रेस जैन आयोग की रपट को सबसे बड़ा मुद्दा न बनाए। कांग्रेस का राजीव ब्रिगेड अपनी राजनीति के लिए केसरी या पवार या दूसरे नेताओं का चुप रहना असंभव कर देगा। मोर्चे के टूटने और कांग्रेस के उससे समर्थन वापस लेने की स्थिति में भाजपा अपने को एक ऐसी सत्ता संभालने वाली पार्टी के रूप पेश केरगी जो चुनावी मैदान में न उतरने वाले सांसदों को कुछ महीने या एकाध साल की सुरक्षा दे सके।

भाजपा के इस हसीन सपने को गुजरात ने सदमा पहुंचाया है। यूपी ने अगर बताया था कि कांग्रेस में फूट पड़ सकती है तो गुजरात ने बताया कि कांग्रेस नहीं टूटेगी और संकट बहुत ही बढ़ा तो संयुक्त मोर्चे और कांग्रेस की मिली-जुली सरकार बन जाएगी भले ही उससे कम्युनिस्ट पार्टियों और द्रमुक को बाहर होना पड़े। गुजरात में अगर कांग्रेस भाजपा से आए दल-बदलुओं के साथ सरकार बना सकती है तो केंद्र में वह संयुक्त मोर्चे से क्यों परहेज करे ? अभी कम्युनिस्ट पार्टियों के एतराज पर कांग्रेस के सत्ता में शामिल होने की बात रुक गई है। लेकिन वाम मोर्चे के बिना कांग्रेस और संयुक्त मोर्चा पार्टियों के बीच कोई नया गठबंधन बनाना चाहिए ऐसी बात तो काफी समय से चल रही है।

गुजरात के बाद दिल्ली में भी भाजपा की बांधी हवा निकलने वाली है। भाजपा के निर्लज्ज रक्षक और सिद्धांतकार कहेंगे कि गुजरात और दिल्ली में सरकार नहीं बनी तो क्या हुआ। वह तो हमारी रणनीति थी अपने विरोधियों को आत्मरक्षा पर उतारने की और हम उसमें सफल हुए क्योंकि अब उत्तर प्रदेश में भाजपा की करनी कोई सबसे बड़ा मुद्दा नहीं रह गई है। उत्तर प्रदेश में कल्याण सिंह ने जो किया उसकी लालू प्रसाद यादव और शंकरसिंह वाघेला की करनी से तुलना कर के उचित बताने वाले भाजपाई रक्षक अब टूटी तलवारों की मूठ अपनी मुट्ठी में पकड़े घूम रहे हैं। उनके आदर्श अब लालू और वाघेला हो गए हैं। संघ परिवार की राजनैतिक बेटी के इस तरह कोठे के बाद कोठे चक्कर काटने और फिर भी सत्ता का ठीया न पाने का एक नैतिक सबक है। लेकिन भाजपा अब राजनैतिक नैतिकता के सबक सुनने के लायक भी कहां रह गई है। अटल बिहारी वाजपेयी ने उत्तर प्रदेश के अपने माफिया सरदार मंत्रियों के बचाव में कहा कि हर अपराधी का भविष्य होता है। इस अंग्रेजी कहावत का पहला वाक्य है कि हर संत का एक अतीत होता है। भाजपा संत का अतीत और अपराधी का भविष्य देखने और पाने में लगी है।

15.11.1997

दूसरी वाजपेयी सरकार

राष्ट्रपति नारायणन ने भी राष्ट्रपति शर्मा की ही तरह कल भाजपा की अगुआई वाले गठबंधन की सरकार को शपथ दिला दी। कोई बाईस महीने पहले बनी वह सरकार कुल जमा तेरह दिन चली थी। यह सरकार कितने दिन-महीने-साल चलेगी कोई कहने की तैयार नहीं है। खुद संघ परिवार दावा नहीं करता कि यह स्थिर सरकार होगी और देश पर कुछ वर्षों तक कुशल शासन करेगी।

भाजपा के स्थिर सरकार-कुशल नेतृत्व वाले चुनावी नारे की हवा सरकार बनने के पहले ही उसके सहयोगी दल अन्नाद्रमुक की नेत्री जयललिता ने निकाल दी। तीन दिन तक वे चेन्नई से भाजपा को घुटनों पर बैठाती रहीं और उनकी ओर से राष्ट्रपति को समर्थन की चिट्ठी और भाजपा को सरकार में शामिल होने का आश्वासन नहीं मिला। अगर दिल्ली में चलाए जा रहे किस्सों पर भरोसा करें तो दक्षिण के एक शंकराचार्य और दक्षिण के ही एक पूर्व राष्ट्रपति के मनाने के बाद वे तैयार हुईं। चिट्ठी भेजते हुए और सरकार में शामिल होते हुए भी जयललिता ने भाजपा के नेतृत्व की जो आलोचना की वह आश्वस्त नहीं करती कि वाजपेयी सरकार वे कितने दिन चलने देंगी। उनके खेमे में एक विघ्न संतोषी सुब्रमण्यम स्वामी हैं जो वित्त मंत्रालय चाहते थे और न मिलने पर बाहर हैं। वे अटलजी के घनघोर विरोधी हैं और कब क्या कर देंगे कोई नहीं जानता। वे जयललिता के पीछे पड़े रहेंगे और उनके दबाव में वे क्या करेंगी यह भी कोई नहीं जानता।

भाजपा के एक सहयोगी कर्नाटकी रामकृष्ण हेगड़े ने दबी जबान से मंजूर किया कि जयललिता प्रकरण ने इस गठबंधन और सरकार की विश्वसनीयता पर प्रश्न चिह्न लगाया है। अगर जयललिता तमिल हितों के लिए उसी तरह अड़ती रहीं जैसे पिछले हफ्ते अड़ी थीं तो कर्नाटकी हितों को नुकसान पहुंचेगा और रामकृष्ण हेगड़े को तय करना पड़ेगा कि उनकी पार्टी लोकशक्ति का भविष्य कर्नाटक में है या अखिल भारतीय जनता पार्टी के नाते। इसी तरह बंसीलाल की हविपा और भाजपा सरकार को हरियाणा में तोड़ने के लिए अपने चार सांसद ले कर चौटाला भी केंद्र में भाजपा की मदद करने आए हैं। उन्हें बंसीलाल अपने खेमे में कभी बरदाश्त नहीं कर सकते। लेकिन उनकी पार्टी का एक ही सांसद है और भाजपा से बिगाड़ कर के वे हरियाणा की अपनी सरकार गिराना नहीं चाहते। इसलिए बावजूद चौटाला के वे भाजपा से अलग नहीं हो रहे हैं। लेकिन इतना साफ है कि दोनों का अखाड़ा हरियाणा है और वहां ये एक-दूसरे से सहअस्तित्व नहीं कर सकते।

यानी राजनैतिक हितों के बिगड़ने का मामला सिर्फ संयुक्त मोर्चे के तेलुगुदेशम के चंद्रबाबू नायडू का ही नहीं है। भाजपा के गठबंधन में आई ऐसी और भी पार्टियां हैं जिन्हें आज नहीं तो कल तय करना पड़ेगा कि दिल्ली में सरकार की खातिर वे अपने राज्य में बलिदान हो जाएं या वाजपेयी सरकार से अलग हों। पिछले अठारह महीनों से संघ परिवारी चौदह पार्टियों के गठबंधन वाली संयुक्त मोर्चे सरकार के अंतर्विरोधों और बंदरबांट को उछाल रहे थे। कल जिस गठबंधन ने सरकार बनाई है उसमें अठारह पार्टियां हैं और वे विचारधारा के नाम पर पश्चिम बंगाल के वाम मोर्चे में शामिल पार्टियों जैसी वाम पार्टियां नहीं हैं। वे भाजपा की तरह हिंदुत्व में विश्वास नहीं करतीं। उनका एजंडा भाजपा से भिन्न है और राजनैतिक हित भी। इसलिए संयुक्त मोर्चे से यह

गठबंधन ज्यादा टिकाऊ होगा ऐसी उम्मीद किसी को भी नहीं है।

इस गठबंधन के तथाकथित राष्ट्रीय एजंडे में दावा किया गया है कि हमें सरकार बनाने का जनादेश है। सारा देश जानता है कि इस चुनाव में कोई पार्टी क्या गठबंधन भी नहीं जीता है और किसी भी गठबंधन को जनादेश नहीं है। कोई जीता होता और किसी को जनादेश होता तो चुनाव नतीजे तो चार मार्च को और वह भी तभी जब नवनियुक्त कांग्रेस अध्यक्ष सोनिया गांधी ने जा कर राष्ट्रपति को कहा कि वह सरकार बनाने का दावा नहीं कर रही हैं क्योंकि हमारे पास बहुमत के लायक सांसद नहीं हैं। सोनिया गांधी के इस संदेश के बाद ही राष्ट्रपति ने अटलजी को बुलाया।

सोनिया गांधी ने कांग्रेस की ओर से हाथ इसलिए नहीं खींचा कि कांग्रेस और संयुक्त मोर्चे की मिली-जुली ताकत भाजपा गठबंधन से कम पड़ती। सोनिया गांधी इसलिए पीछे हटीं कि एक तो वे प्रधानमंत्री के रूप में संयुक्त मोर्चा को स्वीकार नहीं थीं दूसरे जो भी कांग्रेसी नेता संयुक्त मोर्चे को स्वीकार होता उसे सोनिया गांधी का विश्वास और समर्थन नहीं मिलता। फिर सोनिया गांधी अभी उन केसरी को हटा कर ही अध्यक्ष पद पर बैठी थीं जो सरकार बनाने की कोशिश में दस-बारह दिन से लगे थे। सोनिया गांधी के लिए संयुक्त मोर्चे से मिल कर सरकार बनाने की कोशिश में लगने से ज्यादा महत्त्वपूर्ण कांग्रेस पर अपनी पकड़ जमाना था। इसलिए वे राष्ट्रपति को साफ इनकार कर के आईं कि कांग्रेस सत्ता की दावेदार नहीं है। कांग्रेस की दावेदारी छोड़ने के बाद संयुक्त मोर्चे के लिए अपनी तरफ से कोशिश करने का कोई मतलब नहीं था।

भाजपा विरोधी जमावड़े में ऐसे नेता थे जो न संयुक्त मोर्चे में हैं, न कांग्रेस में और इसलिए उन पर तेलुगुदेशम के चंद्रबाबू नायडू जैसे एतराज उठाते न कांग्रेस का अंदरूनी सत्ता संघर्ष केंद्रित होता। लेकिन ऐसे नेता के लिए संयुक्त मोर्चे और कांग्रेस के लोग मिल कर काम कर सकें ऐसी स्थिति भी नहीं थी क्योंकि गैर-भाजपाई सरकार बनाने की उत्सुकता और उत्कंठा नहीं है। संयुक्त मोर्चे में चंद्रबाबू नायडू के कारण और कांग्रेस में सोनिया गांधी के कारण ऐसी अफरातफरी है कि सरकार बनाने में वे एकजुट हो ही नहीं पाए। अब कहते हैं कि हम सरोकार के सवाल पर और विश्वास मत के मौके पर इस सरकार को गिराएंगे लेकिन यह महज खुन्नसबाजी भी हो सकती है।

इसलिए हो सकता है कि दूसरी वाजपेयी सरकार पहली की तरह सिर्फ तेरह दिन की मेहमान न हो। यों भी राष्ट्रहित में उम्मीद करनी चाहिए कि कोई सरकार गिनती के दिन न चले और विश्वास मत प्राप्त किए बिना ही इस्तीफा न दे। लेकिन इस शुभेच्छा के बावजूद समझ लेना चाहिए कि इस सरकार के अंतर्विरोध और दरारें देवेगौड़ा या गुजराल की संयुक्त मोर्चा सरकार से कम नहीं हैं और वह भी न स्थिर होगी न कुशल।

20.3.1998

जयललिता तो झांकी है, जॉर्ज ममता बाकी हैं

नारे लौट कर आते हैं और उलट कर फिर बैठ जाते हैं। जैसे अभी मैंने सुना—जयललिता तो झांकी है, जॉर्ज ममता बाकी हैं। सच अपनी बांछें खिल गईं। वाजपेयी सरकार की स्थिरता पर किसी दुष्ट आनंद से नहीं। वह तो बिचारी देवेगौड़ा और गुजराल सरकारों से ज्यादा दयनीय है।

इस तथ्य से कि मूल रूप से यह नारा बनाने और देश के धर्मप्रिय लोगों और अल्पसंख्यकों में खौफ-भर देने वाले वचननिष्ठ लोगों को तो संघ परिवार ने चुप हो कर बैठ जाने को कह दिया है क्योंकि अयोध्या, काशी और मथुरा को तो कभी भी सांप्रदायिक राजनीति के गर्भगृह से निकाल कर शोभायात्रा में शामिल किया जा सकता है लेकिन दिल्ली की गद्दी आसानी से नहीं मिलती। इस चिंता ने कि दिल्ली की गद्दी पर अपना जितना भी कब्जा मिला है बना रहना चाहिए, संघ परिवारियों को बेहद विनम्र, निपट सिद्धांतहीन और शुद्ध समझौतावादी बना दिया है।

जो लोग तेरह पार्टियों के संयुक्त मोर्चे को अवसरवादी, सिद्धांतहीन और सत्तालोलुप कह कर दिन-रात गरियाते रहते थे उनकी अगुआई की बाईस पार्टियों की सरकार चुनाव पहले के गठबंधन साथियों पर नहीं तेलुगुदेशम जैसे निपट अवसरवादी दल की सौदेबाजी पर बची और टिकी है। आंध्र में संघ परिवार का चुनावी तालमेल चंद्रबाबू नायडू की विमाता और विरोधी लक्ष्मी पार्वती से था और वे उस संयुक्त मोर्चे के खिलाफ चुनाव लड़े थे जिसके संयोजक चंद्रबाबू नायडू थे। लेकिन लक्ष्मी पार्वती को एक भी सीट नहीं मिली थी इसलिए वे भाजपा के किसी काम की नहीं रहीं और बारह सांसदों का तेलुगुदेशम चूंकि वाजपेयी सरकार को गिरने से बचा सकता था इसलिए स्पीकर पद का उससे सौदा कर लिया।

आम सहमति से सरकार चलाने की इस तरह शुरुआत हुई। तब से वाजपेयी मंत्रिमंडल ही नहीं सरकार में शामिल बाईस पार्टियों की समन्वय समिति के दरवाजे तक खुले हुए हैं और इन सबसे दूरी का निश्चय चंद्रबाबू नायडू बार-बार दोहराते हैं, भाजपा तो पलक पांवड़े बिछाए और आरती लिये खड़ी है। संयुक्त मोर्चा सरकार इसलिए अवसरवादी और सत्ता हथियाने के लिए बनाया गया सिद्धांतहीन जमावड़ा था कि उसमें शामिल पार्टियां चुनाव एक-दूसरे के खिलाफ लड़ी थीं। अब तेलुगुदेशम क्या भाजपा की मित्र पार्टी थी ? अब भी है ?

लेकिन भाजपा के स्थिर सरकार और कुशल नेतृत्व का सबसे ज्यादा मजा ले रही हैं अम्मा जयललिता। उनके तमिल गठबंधन में सत्ताईस सांसद हैं और वाजपेयी सरकार बनने से पहले वे कुशल नेतृत्व से नाक रगड़वा रही हैं। समर्थन का पत्र तीन दिन रोक कर उसने दिल्ली में अफरातफरी मचवा दी थी। वह तो कांग्रेसी नेता सीताराम केसरी या शरद पवार को प्रधानमंत्री बनने नहीं दे सकते थे इसलिए आखिर भाजपाई नेतृत्व की सरकार बनी। लेकिन तब से एक दिन नहीं जाता कि अम्मा कुशल नेतृत्व को याद न दिलाती हों कि यह सरकार मेरी मेहरबानी पर है। उनके मंत्री मुथैया के खिलाफ चार्जशीट बनाने का आदेश अदालत ने दिया और उनको हटना पड़ा तो अम्मा ने वैसी ही ख्याति के बूटासिंह को मंत्रिमंडल से बाहर करवा दिया और रामकृष्ण हेगड़े और राम जेठमलानी के पीछे भी पड़ी हुई हैं।

अम्मा मंत्रिमंडल में अपने मंत्रियों के मंत्रालय तक तय करवाती हैं और अभी कल बिजली को ले कर निकले अध्यादेश पर उनने फिर वाजपेयी सरकार को डांवाडोल कर दिया। अम्मा तमिलनाडु की करुणानिधि सरकार को केंद्र से डिसमिस करवाना चाहती हैं ताकि वहां चुनाव करवा के फिर सत्तारूढ़ हो सकें। जब तक यह नहीं होता वे स्थिर सरकार और कुशल नेतृत्व का मखौल उड़ाती रहेंगी। जयललिता से भाजपा का चुनावपूर्व समझौता जरूर है लेकिन उनके विचारधारा और सत्तागत निहित स्वार्थ संघ परिवार से बिलकुल भिन्न हैं। इसमें कोई अवसरवादिता और सत्तालोलुपता नहीं है। क्योंकि देशभक्त संघ परिवार जो भी करता है सत्ता के जरिए देश सेवा के लिए करता है और इसलिए ऐसे आरोप उसपर लग ही नहीं सकते। वैदिक हिंसा, हिंसा न भवति।

यह सचमुच विडंबना की हद है कि वाजपेयी मंत्रिमंडल पर नैतिक मापदंड लगाने की मजबूरी वे जयललिता पैदा किए हुए हैं जो भ्रष्टाचार के आरोपों में गले-गले डूबी हुई, हवालात की हवा खा चुकी हैं और जिनके खिलाफ बीसियों मामले अदालत में चल रहे हैं। चारा कांड जैसे एक-दो मामलों में लिपटे लालू प्रसाद यादव से जयललिता रत्ती-भर भी शुद्ध नहीं हैं। लेकिन उन्हें वाजपेयी सरकार माथे पर बिठाए हुए है। बूटासिंह झारखंड मुक्ति मोर्चा कांड में रिश्वत देने के मामले में फंसे हुए हैं। इस तथ्य को सब जानते थे लेकिन उन्हें वाजपेयी मंत्रिमंडल में सम्मान का स्थान दिया गया। अगर अम्मा पीछे नहीं पड़तीं तो क्या उन्हें निकाला जाता ? रामकृष्ण हेगड़े और राम जेठमलानी पर लगाए गए आरोप और उनके जवाबों की जांच महाधिवक्ता कर रहे हैं। क्या अम्मा या सुब्रमण्यम स्वामी पीछे नहीं पड़ते तो यह कार्रवाई प्रधानमंत्री खुद करते ? जयललिता के दबाव पर कुशल नेतृत्व वाले प्रधानमंत्री को नैतिक होना पड़ रहा है जैसे हवाला कांड में सुप्रीम कोर्ट के आग्रह पर नरसिंह राव को होना पड़ा था।

फिर सुखराम का तो शानदार केस है। राव मंत्रिमंडल में संचार मंत्री होते हुए उन पर टेलीकाम घोटाले में करोड़ों डकारने के आरोप लगे। जब भंडाफोड़ हुआ तो भाजपा ने कई दिन संसद न चलने दी। उनके घर में दो-तीन करोड़ नकदी निकले, गाजियाबाद के एक घर में और संपत्ति मिली, खूब बदनामी हुई तो कांग्रेस ने उन्हें निकाल दिया। हिमाचल विकास पार्टी बना कर चुनाव लड़े और अपने समेत तीन विधायक जिता लाए। वहां कांग्रेस और भाजपा की विधानसभा में जो ताकत है उसमें ये तीन विधायक ही निर्णायक हो गए और सत्ता पाने के लिए भाजपा ने न सिर्फ सुखराम की मदद ली उन्हें उपमुख्यमंत्री भी बना दिया। अब राष्ट्रपति ने उनके खिलाफ मुकदमा चलाने की अनुमति दे दी और यह मजबूरी पैदा हो गई कि उनसे इस्तीफा लिया जाए।

उन्हें बुला कर कह भी दिया गया कि वे इस्तीफा दे दें। लेकिन शिमला आ कर पहले वे मुकर गए थे। सुखराम सरकार में भ्रष्टाचार के उदाहरण हो गए थे। खुद भाजपा ने उन्हें मशहूर करने में कोई कसर नहीं छोड़ी। लेकिन उनकी मदद से ही हिमाचल में भाजपा सरकार बन सकती थी इसलिए सम्मान से हाथ मिलाया और अब उन पर केस चलना है तो कह दिया कि आप हट जाइए। भाजपा के अपने कोई नैतिक मानदंड और मूल्य नहीं हैं। एक मात्र लक्ष्य सरकार में बने रहना है।

अब आप डेढ़ महीना देवेगौड़ा या गुजराल की गई-बीती सरकार के देख लीजिए और कुशल नेतृत्व वाली स्थिर भाजपाई गठबंधन वाली सरकार के। इसके दो मंत्री अब तक चार्जशीट होने पर निकाले गए हैं—संयुक्त मोर्चा सरकार के कितने हटे थे ? दो मंत्रियों पर आरोपों की जांच हो रही है और उनके खिलाफ मंत्रिमंडल के तमिल मंत्री ऐसे खुल कर आग उगलते रहे हैं जैसे किसी दूसरी और विरोधी सरकार के मंत्री हों। रामकृष्ण हेगड़े, राम जेठमलानी और जयललिता एक-दूसरे के खिलाफ सार्वजनिक रूप से बोल चुके हैं। मोर्चा सरकार न तो नैतिक रूप से इतनी दिवालिया थी

न उसकी स्थिरता पहले दिन से पारे की तरह किसी नकचढ़ी नेत्री की हथेली पर घूमती थी। देवेगौड़ा और गुजराल बहुत कुशल प्रधानमंत्री नहीं थे लेकिन उनकी नैतिक सत्ता अटल बिहारी वाजपेयी से ज्यादा थी और उनका कहा मोर्चे के दूसरे घटक ज्यादा आसानी और सम्मान से मानते थे।

जयललिता ने तो सरकार बनने से पहले ही उसके नैतिक अधिकार और स्थिरता पर प्रश्न चिह्न लगा दिया था और तब से वे उससे लगातार ताता थैया करवा रही हैं। लेकिन जैसा के नारा कहता है जयललिता तो झांकी है। द्रमुक सरकार डिसमिस कर दी जाए तो वे वहां सत्ता पाने की तैयारी में लग जाएंगी और दिल्ली पर उनका ध्यान घट जाएगा। लेकिन जैसा जयललिता का अपना एजंडा है वैसा ही जॉर्ज फर्नांडीस और उनकी समता पार्टी का है और ममता बनर्जी की तृणमूल कांग्रेस का। जॉर्ज और ममता दोनों ही पार्टियों और सरकारों के अनुशासन में ज्यादा दिन रह सकने वाले प्राणी नहीं हैं। समता पार्टी ने दिल्ली में अपना सम्मेलन कर के राबड़ी देवी सरकार को डिसमिस करने की मांग कर ही दी है और ममता पश्चिम बंगाल की कानून व्यवस्था पर केंद्रीय टीम को लाना चाहती हैं। वहां पंचायत चुनाव में भाजपा से उनकी चिकचिक चल ही रही है।

जॉर्ज का हो या न हो समता पार्टी और उसके जातीय नेता नीतीश कुमार का बिहार में अपना एजंडा है। वे भी जयललिता की तरह अपने राज्य में चुनाव करवा के सत्तारूढ़ होना चाहते हैं। नीतीश कुमार की रुचि रेल मंत्रालय में उतनी नहीं है जितनी बिहार के मुख्यमंत्रित्व में है। वे या जॉर्ज जयललिता की तरह नहीं कर रहे लेकिन भाजपा को उत्तर भारत में दूसरी पार्टियों में स्वीकृत करवाने में समता का योगदान काफी बड़ा है। गठबंधन बनाने में जॉर्ज फर्नांडीस ने बहुत काम किया है। चीन के बारे में जॉर्ज ने जो कहा वह उनकी अपनी राय ही नहीं सच्चाई है। लेकिन चीन और विदेश मंत्रालय से प्रेरित दूसरे चीनवादियों ने जब जॉर्ज पर हमला किया तो वे अकेले छोड़ दिए गए। बल्कि विदेश मंत्रालय और प्रधानमंत्री ने मिल कर जॉर्ज फर्नांडीस को अपने कहे पर लीपापोती करने को मजबूर किया। जॉर्ज से ज्यादा अकूटनीतिक तो राव सरकार के गृहमंत्री चह्वाण हो जाया करते थे। लेकिन उन्हें तो थूक कर चाटने पर मजबूर नहीं किया गया।

जॉर्ज फर्नांडीस जानते हैं कि भाजपा के लिए चीन नहीं पाकिस्तान नंबर एक दुश्मन है, भारत की सुरक्षा के लिए भले ही वह खतरा नंबर एक हो या नहीं। पाकिस्तान के खिलाफ माहौल बनाए रखने से भाजपा का उग्र हिंदू और संघ परिवारी वोट बैंक खुश रहता है। चीन के खिलाफ तलवारबाजी से भाजपा को भारत में क्या नैतिक लाभ है ? जॉर्ज के लिए तिब्बत की आजादी का सवाल लड़ने लायक प्रयोजन है, अटल बिहारी वाजपेयी तिब्बत पर चीन को बिलकुल नाराज नहीं करना चाहते। जॉर्ज के लिए चीन भारत के लिए सबसे बड़ा खतरा है, भाजपा के लिए नहीं है। इस स्थिति में जॉर्ज जैसे व्यक्ति ज्यादा देर नहीं रह सकते। साठ पार करने और राजनैतिक संसदीय जीवन की मजबूरियों में रहने के बावजूद जार्ज फर्नांडीस में समझौते करने की संघ परिवारी बनिया रफ्त नहीं है। अटल बिहारी वाजपेयी जयललिता की मानते हुए भी अपने को ऊंचा और दृढ़ निश्चयी दिखाने का नाटक कर सकते हैं। जॉर्ज बावजूद धूप में बाल सफेद न करने के गठबंधन की भाजपाई मजबूरियों में ज्यादा रह नहीं सकेंगे। फिर ममता की तो सारी राजनीति ही टकराव और विरोध पर चलती है क्योंकि कोई बीस साल से पश्चिम बंगाल में वाम मोर्चा जड़ें जमाए हुए है और ममता उसका बाल भी बांका नहीं कर पाई हैं। उनने ज्यादा-से-ज्यादा वहां कांग्रेस की जगह ली है, वाम मोर्चे से उनका युद्ध जारी है। इसमें अगर केंद्र सरकार उनका साथ नहीं देगी तो ममता के लिए

वह ज्यादा काम की नहीं है। फिर ममता यों भी सरकार में शामिल नहीं हैं और सत्ता के लिए समझौते करने का उनका रिकॉर्ड नहीं है।

फिर चार सांसद ले कर चौटाला भाजपा-गठबंधन में आए हैं तो इसलिए कि वे बंसीलाल की सरकार को डिसमिस करवाना चाहते हैं। प्रकाशसिंह बादल अपने बेटे का चंडीगढ़ में राजतिलक चाहते हैं जो तोहड़ा को कतई बरदाश्त नहीं है। महाराष्ट्र में शिवसेना सत्ता में साथी से ज्यादा भाजपा की प्रतिद्वंद्वी हो रही है। इसलिए जयललिता से बाला साहेब ठाकरे तक दिल्ली में वाजपेयी सरकार को बने रहने दें तो यही उनकी बड़ी मेहरबानी होगी। वैसे भी डेढ़ महीने में गवर्नन्स तो कोई हुआ नहीं है। जैसे-तैसे सरकार कायम है। संघ परिवार का एक ही लक्ष्य है कि यह सरकार कायम रहे चाहे जितने और जैसे समझौते करने पड़ें। लेकिन यही इस सरकार पर भारी पड़ने वाला है। कैसे ? कल देखते हैं।

8.5.1998

वे समझते हैं कि वे कमल हैं

गांधीनगर में हुए भाजपा की राष्ट्रीय परिषद के सम्मेलन में नए अध्यक्ष कुशाभाऊ ठाकरे, पुराने अध्यक्ष लालकृष्ण आडवाणी और प्रधानमंत्री अटल बिहारी वाजपेयी के भाषणों में साफ था कि गठबंधन की सरकार को चलाए रखना संघ परिवार के लिए कितना महत्त्वपूर्ण है। इन नेताओं ने तो कहा ही दूसरे प्रवक्ताओं ने भी जोर दिया कि गठबंधन की अपनी मजबूरियां होती हैं और वास्तविकताओं को समझना चाहिए। अध्यक्ष ठाकरे ने कहा, "हमारे कार्यकर्त्ताओं को याद रखना चाहिए कि एक गठबंधन सरकार को अनेक मजबूरियों के अंतर्गत कार्य करना होता है। हमें परिस्थिति के प्रति वास्तविकता का दृष्टिकोण अपनाना चाहिए कि हम एक सयुंक्त सरकार के भाग हैं तथा भाजपा इतना ही कर सकती है, इससे अधिक नहीं।"

वास्तविकता का दृष्टिकोण अपनाना चाहिए यानी जैसे राजनीति चलती है वैसे ही उसे करने की क्षमता होनी चाहिए। इसलिए संघ परिवार ने गए साल अक्तूबर में कल्याण सिंह को अपनी सरकार बचाने के लिए वह सब करने की छूट दी जो दूसरे लोग भी किया करते थे। कल्याण सिंह ने दल बदल कर आए सभी सत्तर विधायकों को मंत्री बना दिया। शतक के पास पहुंचे उनके मंत्रिमंडल में बारह से ज्यादा अपराधी सरगना हैं। राजनीति को अपराधीकरण से मुक्त करवाने वाली पार्टी के नेता अटल बिहारी वाजपेयी ने मंत्री बने इन सरगनाओं के बचाव में कहा कि अव्वल तो इन्हें भाजपा ने टिकट नहीं दिए थे, दूसरे इन्हें जनता ने चुना है और तीसरे जब तक कोई अदालत से अपराधी साबित नहीं हो जाता तब तक वह दोषी नहीं है।

अपराधियों के इस बचाव के बारे में कोई टिप्पणी करने की जरूरत नहीं है। इससे यही साफ हुआ कि संघ परिवार ने सत्ता में रहने के लिए दूसरी पार्टियां जो भी करती हैं या कर चुकी हैं, वह सब करने का तय कर लिया है। इसका प्रमाण कुछ महीने बाद दिल्ली में देखने को मिला जब सत्तारूढ़ होने के लिए न सिर्फ जो भी आगे आया उससे हाथ मिलाया बल्कि उससे भी सौदेबाजी की जो न उसके मोर्चे में था न आने को तैयार था। इसीलिए वाजपेयी मंत्रिमंडल के दो मंत्रियों को बाहर होना पड़ा, दो के खिलाफ आरोपों की जांच हो रही है और जयललिता सरीखी नेत्री उससे नाक रगड़वाती रहती हैं। हर घटक का अपना एजंडा है और उसे विश्वास है कि वह उसे पूरा करवाने के लिए सरकार को मजबूर कर सकता है।

सभी गठबंधन सरकारें कमजोर होती हैं क्योंकि उन्हें हर घटक को साथ ले कर चलने के लिए उसकी सुननी और उसकी आकांक्षाओं को पूरा करना पड़ता है। लेकिन वाजपेयी सरकार की कमजोरियां उसके बनने के पहले से उजागर हो गई हैं और यह भी सब जानते हैं कि उसमें कैसे-कैसे लोग शामिल हैं। इसलिए बावजूद अटल बिहारी वाजपेयी के कोई नैतिक अधिकार इस सरकार का जम नहीं पाया। गांधीनगर में लालकृष्ण आडवाणी ने कहा कि 'आमतौर पर हर सरकार को हनीमून का टाइम मिलता है। हमें ऐसा कोई वरदान नहीं मिला।' आडवाणीजी जिस हनीमून की बात कर रहे हैं वह ऐसा टाइम है जो लोगों की उम्मीदों, उपेक्षाओं और शुभाकांक्षाओं से सरकार को मिलता है। जयललिता ने चिट्ठी रोक कर न सिर्फ भाजपा का हनीमून बिगाड़ा बल्कि उसकी मजबूरियों

का भी भंडाफोड़ किया। सरकारें सिर्फ संख्याबल से नहीं इकबाल से चला करती हैं। इसका इकबाल जमा ही नहीं।

अब अगर भाजपा और उसका गठबंधन मार्च में सत्ता का शून्य भरने के लिए अचानक बना होता तो ये सब बातें समझी और समझाई जा सकती थीं। लेकिन हमेशा से एक ऊंचे नैतिक ओटले पर खड़े हो कर उपदेश देने वाले लोग जब हर तरह के लोगों के साथ मिल कर गैंग बना लें तो उनका कोई रुतबा नहीं बनता। लेकिन संघ परिवार वास्तविकताओं को समझ कर चलना चाहता है। यानी सत्ता में रहने के लिए जो भी करना जरूरी है, करना चाहिए। जयललिता की बातें सुन कर जब रामकृष्ण हेगड़े ने कहा कि उनके सामने झुकने के बजाय तो फिर से जनता के सामने जाना यानी चुनाव करवाना बेहतर होगा तो प्रधानमंत्री ने तत्काल अमृतसर में कहा कि चुनाव की कोई जरूरत नहीं है। यानी यह धारणा नहीं बननी चाहिए कि इन लोगों से सरकार नहीं चलेगी क्योंकि तब जो लोग आज आपके साथ हैं कल वैकल्पिक सरकार बनाने वालों के साथ हो जाएंगे।

संसद में अटलजी ने भले ही कहा हो कि अब वे चुनाव नहीं लड़ेंगे और दूसरी कई जगहों पर फूटे उनके उद्गारों से भी लगता हो कि वे आजिज आ चुके हैं, लेकिन वे निश्चित ही नहीं चाहते कि यह सरकार भी पहले वाली की तरह अकाल मृत्यु को प्राप्त हो। सबसे बड़ी पार्टी होने के नाते भाजपा की जिम्मेदारी सबसे ज्यादा है और यह भी सही है कि सरकार चलाने के लिए सबको जमाए रखना भी उसकी विशेष जिम्मेदारी है। सरकार में दांव भी सबसे बड़ा उसी का है क्योंकि दूसरे तो छोटे-मोटे खिलाड़ी हैं और आज इनके साथ हैं तो कल किसी और के भी साथ हो सकते हैं। भाजपा चूंकि अपने को भारत की सहज सत्ताशाली पार्टी बनाना चाहती है इसलिए सरकार चला कर दिखाना भी उसका खास कर्त्तव्य है।

लेकिन गठबंधन सरकार चलाने के लिए लचीलापन और सबको समोने की क्षमता ही नहीं चाहिए एक तरह का सर्वत्यागी खिलंडरीपन भी चाहिए कि हां यहां तक तो हां है लेकिन इसके आगे ना है फिर चाहे सत्ता आज चली जाए। ऐसा खिलंडरी रवैया साथी दलों को अपनी हद से आगे न बढ़ने को तो मजबूर करता ही है सरकार के कामकाज में एक तरह की सख्ती भी आती है जिसके बिना सरकार चल नहीं सकती। अब तक वाजपेयी सरकार ने ऐसा खिलंडरीपन और सख्ती नहीं दिखाई है कि जयललिता या बाल ठाकरे या ममता चौंक सकें। सरकार चलाते रहने की इच्छा संघ परिवार की मजबूरी में बदल गई है इसलिए न सिर्फ वह अपने साथी चुनने में नैतिक सावधानी नहीं बरत रहा ऐसा नैतिक व्यवहार भी नहीं कर रहा कि सहयोगी सहम जाएं।

इस रवैए से जनता पर सरकार की जो छाप पड़ती है सो तो पड़ती ही है पार्टी के कार्यकर्त्ताओं पर भी असर पड़ता है खास कर भाजपा जैसी पार्टी में जो अपने को कार्यकर्त्ताओं की पार्टी कहने में गर्व करती है। भाजपा के नेता इस खतरे को समझ रहे हैं। इसलिए गांधीनगर में लगभग हर नेता ने कार्यकर्त्ताओं को आगाह किया कि हम गठबंधन में हैं और इसलिए अपने बजाय गठबंधन का एजंडा चलेगा। अपना एजंडा हम छोड़ नहीं रहे हैं लेकिन सरकार भाजपा की नहीं बाईस पार्टियों की है। यह कहना सिर्फ इसलिए जरूरी नहीं था कि कार्यकर्त्ता सत्ता के लिए पार्टी की लाइन छोड़ देने का आरोप नेताओं पर नही लगाएं बल्कि इसलिए भी कि पार्टी के प्रदर्शन से वे निराश न हों। यह आशा कायम रखें कि सरकार चला कर दिखाने से ही हम सत्ता के अधिकारी होंगे और जब सिर्फ हमारी पार्टी की सरकार होगी तो अपना एजंडा पूरा करेंगे।

लेकिन इसके साथ-साथ एक संदेश और दिया गया कि सत्ता सबको भ्रष्ट करती है। लालकृष्ण आडवाणी और कुशाभाऊ ठाकरे दोनों ने ही कांग्रेस का उदाहरण दिया और कहा कि उसके पतन

से हमें सीखना चाहिए कि सत्ता अपने आपमें लक्ष्य न बने। वह व्यक्तिगत हितों को पूरा करने का माध्यम न बने। सत्ता सार्वजनिक हितों की सेवा में लगी रहे तभी तक ठीक रहती है। कार्यकर्त्ताओं को सत्ता के दुरुपयोग से सावधान करना तो जरूरी है ही लेकिन यह संदेश उन लोगों के लिए खासतौर पर होना चाहिए जो सत्ता में है। यानी आडवाणी-ठाकरे का संदेश सरकार में शामिल भाजपा के मंत्रियों के लिए ही नहीं गठबंधन में शामिल दूसरे दलों के लिए भी होना चाहिए।

भाजपा के कार्यकर्त्ता अपनी पार्टी के सत्ता में आ जाने से इतराएं नहीं और सत्ता उनके माथे में नहीं चली जाए यह तो जरूरी है। लेकिन वे यह भी कैसे देखते रहेंगे कि दूसरी पार्टियां तो सत्ता का दुरुपयोग कर रही हैं और भ्रष्टाचार में आकंठ डूबी हुई हैं जबकि उनसे कहा जा रहा है कि लंगोटी पहन कर अलख जगाओ। जहां-जहां भाजपा सत्ता में आई है—संघ और पार्टी के लोगों में ही नहीं—विश्व हिंदू परिषद, बजरंग दल और दुर्गा वाहिनी सरीखे संगठनों के लोगों में भी तनाव पैदा हुआ है। संघ के सीधे-सादे संगठकों और प्रचारकों में भी भाजपा के सत्तावान लोगों को नियंत्रित करने की इच्छा जागी है और भाजपा के लोगों में यह शिकायत कि संघ के लोगों में सत्ता का चस्का लग गया है।

फिर मूल बात यह है कि अगर आप गठबंधन की मजबूरियां समझने और सत्ता के भ्रष्ट करने वाले असर में अपने कार्यकर्त्ताओं को सावधान रखना चाहते हैं तो जिन लोगों को साथ लेने के कारण सत्ता मिली है उनके व्यवहार का औचित्य कैसे समझाएंगे ? अगर आप भ्रष्टाचार के खिलाफ हैं तो सुखराम और बूटासिंह ही नहीं जयललिता को साथ लेने को भी कैसे ठीक बताएंगे ? अगर आप राजनीति के अपराधीकरण के खिलाफ हैं और उसे समाप्त करना चाहते हैं तो उत्तर प्रदेश में राजा भैया और हरिशंकर तिवारी और दूसरे आठ-दस अपराधियों के कल्याण सिंह के मंत्रिमंडल में बने रहने को कैसे उचित ठहराएंगे ? उत्तर प्रदेश में हर दलबदलू को मंत्री पद का इनाम दिया गया है। ठाकरेजी कैसे कहते हैं कि वे दलबदल की कुप्रथा को समाप्त करना चाहते हैं ?

जिन लोगों और पार्टियों ने उत्तर प्रदेश और केंद्र में भाजपा को सत्तारूढ़ होने में मदद दी है और जो सत्ता में उसके भागीदार हैं, वे राजनीति के सारे खेल करते हैं और उनके साथ संघ परिवार ने भी खेल खेलने में कोई कोताही नहीं की है। बल्कि ऐसा साबित करने की कोशिश की है कि खेल खेलने में वे भी किसी से कम नहीं हैं और सत्ता पाने और उसे बनाए रखने के लिए वे कोई कसर नहीं छोड़ेंगे। गांधीनगर में अटलजी ने कहा कि सत्ता पाने के लिए हमने पचास साल प्रतीक्षा की है। उनने यह भी बताया कि कैसे लोग घात लगा कर भाजपा से सत्ता छीन लेना चाहते हैं।

अब जो लोग दांव लगा कर उस्तादी से कुश्ती जीत लेना चाहते हैं वे सिद्धांतों की व्याख्या नहीं करते फिरते। संघ परिवारी सत्ता पाने में तो राजनीति की वास्तविकताओं के मुताबिक चलना चाहते हैं लेकिन सत्ता पाने के बाद वे देशभक्ति, हिंदुत्व, सांस्कृतिक राष्ट्रवाद, स्वदेशी आदि की बात करने लगते हैं। खास कर राष्ट्रीय स्वयंसेवक संघ के नेताओं को यह नैतिक भ्रम है कि वे कैसे भी लोगों के साथ कैसे भी तरीकों से सत्ता प्राप्त करें वे खुद कमल की तरह राजनीति के भ्रष्टाचारी कीचड़ से ऊपर रहेंगे और इसलिए सबको ठीक कर देंगे और इसीलिए उनने भाजपा के नेताओं को राजनीति के सारे खेल करने की छूट दी है। ऐसे विश्वामित्री भ्रमों से क्या होता है—इसकी कथाओं से हमारे पुराण भरे पड़े हैं।

गांधीनगर में भाजपा के नए अध्यक्ष कुशाभाऊ ठाकरे ने महात्मा गांधी को कई बार याद किया।

बस वे यही भूल गए कि गांधीजी साध्य और साधन की एकता को अनिवार्य मानते थे। संघ परिवार साध्य और साधन की एकता में विश्वास नहीं करता। वह कम्युनिस्टों की तरह सही साध्य के लिए किसी भी साधन को ठीक मानता है। इसलिए वाजपेयी सरकार ही नहीं वे अपना हिंदुत्व भी टिकाए नहीं रख सकेंगे। वाजपेयी सरकार तो वैसे भी अपने घटकों के अंतर्विरोधों से जानी है। आज नहीं तो कल।

9.5.1998

विस्फोटों की धूल समेटने और लपेटने वाले

प्रधानमंत्री की पोखरन यात्रा पर दूरदर्शन की पहली रपट ने कोण लिया और फोकस किया तो रेत के धोरे पर तिरंगा लहरा रहा था। फिर क्षितिज नीचे गया और लोग उस पर आते दिखाई दिए तो मुझे अंदेशा हुआ कि अब अटल बिहारी वाजपेयी राष्ट्र गौरव की भावना से फूलते हुए तिरंगे के नीचे आएंगे, झुकेंगे और रेत को मस्तक पर लगा कर चक्रवर्तित्व के गर्व से उसे चारों दिशाओं में उड़ा देंगे। तब यकायक वहां किए गए पांचों परमाणु विस्फोटों से अनगिनत किलो टन ज्यादा शक्ति का विस्फोट होगा—राष्ट्रवाद का। तिरंगा भगवा हो जाएगा और सब लोग हिटलर और स्वयंसेवकों की स्टाइल में दाहीना हाथ छाती पर रख कर—नमस्ते सदा वत्सले मातृभूमै—गाने लगेंगे।

मेरा अंदेशा गलत निकला और बड़ी राहत के साथ मैंने देखा कि बेसबॉल केप में धीरे-धीरे उतरते हुए अटलजी और उनकी पार्टी रेत के धोरे में पड़ी दरार पर बिछाए गए पट्टों पर खड़े हुए और कैमरों के लिए वी यानी विक्ट्री यानी जीत का साइन दिया।

उनके साथ रक्षामंत्री जॉर्ज फर्नांडीस, जम्मू-कश्मीर के वीर-बहादुर मुख्यमंत्री फारूक अब्दुल्ला और राजस्थान के मुख्यमंत्री भैंरोंसिंह शेखावत ही नहीं वैज्ञानिक एपीजे अब्दुल कलाम और चिदंबरम ने भी विक्ट्री साइन दिया। दो दिन पहले ही इन वैज्ञानिकों ने दिल्ली में प्रेस कांफ्रेंस में भी इसी तरह हाथ ऊंचे कर के विक्ट्री साइन कर दिया था। भाजपा समर्थक एक अंग्रेजी अखबार ने कहा था कि वामपंथियों की आलोचना का जवाब वैज्ञानिक देंगे। देश के रक्षा अनुसंधान में लगे वैज्ञानिकों का राजनीतिकरण शुरू हो गया है। वे राजनेताओं की तरह विक्ट्री साइन दे कर विपक्षी वामपंथियों की आलोचना का जवाब देने लगे हैं।

आप कहेंगे कि यह राष्ट्र के पहले स्वयंसेवक प्रधानमंत्री की छवि गलत रंगने की कोशिश की जा रही है। आखिर उन्हीं ने तो राष्ट्रवादी उत्साही लालों को पोखरन की अणुशक्ति से संस्कारित रेत के कलश देश-भर में घुमाने और कैलाश पर्वत से राष्ट्र पर बिखेरने से रोका। उन्हीं ने भाजपा के शौर्य, गौरव आदि दिवस को फालतू के तामझाम से न मनाने को कहा। कितने अखबारों ने छापा है कि एक वही हैं जो संघ परिवार के लोगों को परमाणु विस्फोटों को उस संयम के साथ लेने को कह रहे हैं जो किसी भी परमाणु कार्रवाई के लिए अनिवार्य है। भाजपा को परीक्षणों का राजनीतिकरण और संघ परिवारियों को अयोध्याकरण करने से अटलजी ने ही रोका है क्योंकि वे देश के एल्डर स्टेट्समैन हैं।

लेकिन ये कहानियां मुझे विश्वसनीय कम और रोपी गई ज्यादा लगती हैं। परमाणु विस्फोटों के बाद देश में जो दंभी और बचकानी राष्ट्रभक्ति का वातावरण बनाया गया है आखिर उसकी शुरुआत प्रधानमंत्री के घर और दफ्तर से हुई है। ग्यारह मई के पोखरन में तीन परमाणु विस्फोट किए जाने की खबर खुद अटल बिहारी वाजपेयी ने अपने घर से दी। और ऐसे ही अनौपचारिक ढंग से नहीं। उनके सामने जिस बेंच पर माइक लगा था उस पर अंग्रेजी में—प्रधानमंत्री—लिखा हुआ था और पीछे तिरंगा झंडा गड़ा था। बिलकुल व्हाइट हाउस से अमेरिकी राष्ट्रपति की राजकीय औपचारिक घोषणाओं की तरह। अब तक यह राजकीय तामझाम भारत के राष्ट्रपति की औपचारिक

घोषणाओं के साथ होता था क्योंकि हमारे संविधान और हमारी परंपरा के अनुसार राष्ट्राध्यक्ष राष्ट्रपति है, प्रधानमंत्री नहीं। लेकिन यह पहली बार हुआ कि राष्ट्रध्वज के आगे खड़े प्रधानमंत्री ने कोई राजकीय घोषणा की ताकि दुनिया-भर के टेलीविजन पर उनकी छवि अमेरिकी राष्ट्रपति की तरह उभरे।

लालकृष्ण आडवाणी ने तो भारत में राष्ट्रपति प्रणाली लागू करने की जरूरत पर बहस करने की मांग ही की है—प्रधानमंत्री निवास पर परमाणु विस्फोट की घोषणा के साथ जैसे वह लागू ही कर दी गई। फिर अमेरिकी राष्ट्रपति का प्रवक्ता अवसर और बात के अनुरूप हंसता, मुस्कुराता और गंभीर होता है—हमारे प्रधानमंत्री का राजनैतिक सलाहकार रोज और हमेशा मुस्कुराता ही रहता है। वही कहता है कि अब तो हम 'ग्लोबल प्लेयर' हो गए हैं। आगे-आगे देखिए क्या गुल खिलते हैं। वही बताता है कि उलटा चोर कोतवाल को डांट रहा है—यानी चीन भारत पर उसकी जमीन दाब लेने का आरोप लगा रहा है। इस तरह की भाषा कूटनीति में वर्जित है और यहां यह प्रधानमंत्री निवास से बोली जा रही है। कैसी गंभीर समझ दिखाई जा रही है कि अणु बम बना-भर लेने से एक देश सुपर पॉवर हो जाता है। राजधानी में लोगों को पानी-बिजली भले ही न मिल पाता हो लेकिन हम सुपर पॉवर हो गए हैं—भाजपा के गठबंधन बना कर सरकार में आने के पचास दिन के अंदर। जैसा प्रधानमंत्री होता है उसको वैसा ही राजनैतिक सलाहकार मिलता है या जैसा राजनैतिक सलाहकार होता है वैसा ही प्रधानमंत्री हो जाता है ?

और यह कि भारत के पास एक बहुत बड़ा बम है और वह परमाणु शक्ति संपन्न सुपर पॉवर हो गया है—जैसी बात भी स्वयं अटल बिहारी वाजपेयी ने एक अंग्रेजी साप्ताहिक को कही। उन्हीं के मुख्य सचिव ने कहा कि मुख्य प्रश्न यह है कि भारत सीटीबीटी पर हस्ताक्षर करे तो किस हैसियत से करे—वह परमाणु सुपर पॉवर है या नहीं है ? यानी प्रश्न भारत की दुनिया में हैसियत का है। वह पांच परमाणु शक्ति संपन्न देशों के क्लब का छठा सदस्य मान लिया जाए तो सीटीबीटी और एनपीटी दोनों पर हस्ताक्षर करने के बारे में सोच सकता है। भाई आपने परमाणु विस्फोट अपनी सुरक्षा के लिए अनिवार्य अस्त्र विकसित करने के लिए किए या पांच महाबलियों के क्लब का मेंबर बनने के लिए ? आपकी मुख्य चिंता अपनी सुरक्षा है या सुपर पॉवर माने जाने की हैसियत ? आप मूंछ मरोड़ और खम ठोंक कर दुनिया के अखाड़े में अपनी लंगोट घुमाना चाहते हैं या दुश्मनों के हमले से अपने देश को सुरक्षित करने को उत्सुक हैं ?

पांच परमाणु विस्फोटों के बाद भारत सरकार बड़बोले नवदौलतियों की तरह व्यवहार कर रही है—राष्ट्रवाद का ठेकेदार संघ परिवार तो अपने अनगढ़ और अटपटे व्यवहार के कारण बदनाम होता है। पुराने कूटनीतिक और भूतपूर्व प्रधानमंत्री इंदर कुमार गुजराल ने प्रधानमंत्री को लिखा कि अगर हम संयम से काम लें और देश में फालतू का खम ठोंकू वातावरण न बनने दें तो ठीक रहेगा क्योंकि अंतर्राष्ट्रीय स्तर पर जो स्टैंड आपको लेना पड़ेगा अपना राष्ट्रीय वातावरण उसके साथ मेल खाना चाहिए। गुजराल ने आगे लिखा हो या नहीं—लेकिन हमारी विदेश नीति अगर हमारे राष्ट्रीय सरोकारों, कमजोरियों और ताकत का प्रक्षेपण होती है तो हमारा राष्ट्रीय वातावरण और रवैया भी ऐसा होना चाहिए जो दुनिया में हमारी आत्मछवि को विश्वसनीय और स्वीकार्य बना सके। लेकिन अंतर्राष्ट्रीय संबंधों के प्रति बहुत संवेदनशील और अध्ययनशील रहे अटल बिहारी वाजपेयी ही जब खुद अपने मुखारविंद से ऐसी बातें कहें और उनके घरों और दफ्तर से वे और भी हास्यास्पद बनाई जाएं, तो बेचारे संघ परिवारियों को आप दंभी और बचकानी राष्ट्रभक्ति के लिए क्या कोसें।

दिल्ली के एक अंग्रेजी अखबार ने पहले पेज पर चांदनी चौक में भाजपा के शौर्य दिवस का

फोटू छापा। अच्छी भली उम्र पाए भाजपाई नेता एक लाइन में खड़े फुलझड़ियां चलाते हुए दिख रहे हैं। उनके चेहरों पर वह उल्लास, उमंग और किलकारी भरता अचंभा नहीं दिख रहा है जो दिवाली पर फुलझड़ियां चलाते बच्चों के चेहरों पर होता है। शौर्य की वह दमक भी नहीं है जो पराक्रमी लोगों के चेहरों पर होती है। हो सकता है शौर्य दिवस मनाते हुए भी इन नेताओं को फुलझड़ियां चलाते हुए फोटू खिंचवाना ठीक न लगा हो। पर इतना निश्चित है कि वे जो कर रहे थे, बचकाना लग रहा था। लेकिन घटनाओं को वोट प्राप्त करने के अवसर में बदलने की ऐसी ही मजबूरी होती है। भाजपा ही नहीं हमारी सभी पार्टियां ऐसी हास्यास्पद और दयनीय मजबूरियों का प्रदर्शन कर चुकी हैं। भाजपा अगर परमाणु परीक्षणों को राष्ट्रीय उपलब्धि-भर रहने देती और देश में संयम और समझदारी का जिम्मेदार वातावरण बनाती तो वह यह संदेश कैसे पहुंचाती कि भाजपा ने भारत को हाइड्रोजन बम वाला महाबली देश बना दिया है और अब पाकिस्तान और चीन की क्या मजाल कि हमारी ओर आंख तक उठा सके। शक्ति और शौर्य की ऐसी आश्वस्ति भाजपा ही देश को दे सकती है, यह उसका दावा रहा है। उसने दावा पूरा कर दिखाया और वह देश को बताए भी नहीं तो कल अपने अकेले दम पर सत्ता में कैसे आएगी ?

लेकिन खुद प्रधानमंत्री ने ही इस आरोप को बेबुनियाद बताया है कि परमाणु परीक्षण इसलिए किए गए कि मध्यावधि चुनाव करवाए और जीते जा सकें। शौर्य दिवस इसलिए मनाया गया कि राजस्थान, मध्य प्रदेश, दिल्ली आदि में विधानसभा चुनाव जीतने हैं। अटलजी को यह बरदाश्त नहीं कि परमाणु परीक्षण करने के उनके निर्णय को कोई भी देश की सुरक्षा चिंता के अलावा किसी और छोटे-मोटे प्रयोजन से जोड़े। लेकिन खुद उन्हीं ने कहा कि अब हमारे पास बड़ा बम है और हम परमाणु राष्ट्र हो गए हैं। उनके राजनैतिक सलाहकार और मुख्य सचिव ने कहा कि हम ग्लोबल प्लेयर हैं और हमें दुनिया को वही हैसियत देना चाहिए जो महाबलियों को दी जाती है। आप अपने किए से प्राप्त क्या करना चाहते हैं—वही आपके किए का प्रयोजन बताता है। अमेरिका अगर कहता है कि भारत का नेतृत्व बचकाना है और उसमें परिपक्वता नहीं है तो यह और भी खेद की बात है, क्योंकि सभी संपन्न और महाबली देशों में अमेरिका सबसे बड़बोला, दिखनौटा और छिछला देश है।

संघ परिवारियों को उनके नेताओं ने पिछले बीस-तीस साल से लगातार कहा और विश्वास दिलाया है कि अगर कोई राष्ट्रवादी है तो हम लोग हैं—बाकी सब तो सत्ता के लिए वोट बैंक बनाने और देश को छलने और लूटने वाले लोग हैं। भाजपा और इसके पहले वाला जनसंघ जरूर आजादी के बाद बना लेकिन संघ की स्थापना तो आजादी के बाईस साल पहले हुई थी। इन बाईस बरसों में संघ ने देश को आजाद करने में क्या भूमिका निभाई ? अगर देश के लिए कुर्बानी देने और देश की सेवा करने की कसौटियां लागू की जाएं तो कांग्रेस के पुराने नेता और गांधी के सर्वोदय के काम करने वाले लोग बड़े राष्ट्रवादी और जनसेवक साबित होंगे। सही है कि अब कांग्रेस से ज्यादा भ्रष्ट और पतनशील शायद ही कोई पार्टी हो और गांधी के लोकसेवकों की संस्थाएं और उनका काम श्रीहीन हो गया है। लेकिन इससे संघ परिवारियों को राष्ट्रवादिता और लोकसेवकत्व का एकाधिकार नहीं मिल जाता।

लेकिन आप देखिए कि परमाणु परीक्षणों से उड़ी धूल को संघ परिवार कैसे स्वर्णधूलि बनाने और उसमें अपने को ढंकने में लगा है। किसी को यह अहसास तक दिखाई नहीं देता कि ग्यारह और तेरह मई को जो परीक्षण किए गए वे बरसों की परमाणु नीति और कार्यक्रम के कारण संभव हो सके और भाजपा को सत्ता में आए जुम्मा-जुम्मा सात दिन भी नहीं हुए हैं। यह भी अहसास

उन्हें नहीं है कि परमाणु बम बनाना सभ्य दुनिया में ज्यादा-से-ज्यादा राष्ट्रीय सुरक्षा की मजबूरी माना जाता है और उन पर कोई इतराता और मूंछ मरोड़ कर खम नहीं ठोंकता है।

क्योंकि अणु बम बनने के साथ ही हिरोशिमा और नागासाकी का सर्वनाश जुड़ा हुआ है। अणु बम की धूल से जो विकिरण होता है वह कुछ लोगों को ही नहीं पीढ़ियों को बरबाद कर देता है। इसलिए उसे स्वर्णधूलि बना कर ओढ़ना आत्मघात करना है। और इन सबसे कहीं अधिक गहरे अर्थ में राष्ट्रीय सुरक्षा के लिए अनिवार्य हो फिर भी अणु बम बनाना कुल मानवता के खिलाफ पाप करना है और ऐसे पाप पर आप ढिंढोरा नहीं पीटते।

संघ परिवार अगर इससे ठीक उलटा व्यवहार कर रहा है तो इसका कारण यही है कि उसमें वह संवेदनशीलता नहीं है जो जिम्मेदार और गंभीर परिणामों के प्रति सचेत रखती है। आखिर क्यों पहले और अमेरिकी बम बनाने वाले ओपनहाइमर उसके विनाशकारी स्वरूप पर विलाप करने लगे थे ? क्योंकि वे जानते थे कि उनने क्या कर दिया है। संघ परिवारी अपने दुश्मनों खास कर पाकिस्तान को ले कर इतने संकीर्ण और प्रतिक्रियावादी हैं कि उन्हें विराट सत्य दिखाई नहीं देता। परमाणु परीक्षणों के बाद आडवाणी कश्मीर जा कर पाकिस्तान को धमका आए और अटलजी और उनके लोग सुपर पॉवर की हैसियत के लिए पहले दिन से हांक लगा रहे हैं। संघ परिवार परीक्षणों को अपना एजंडा मान कर—सरकार में शामिल पार्टियों की भी चिंता नहीं कर रहा। पिछले दो सप्ताह गवाह हैं कि परमाणु परीक्षणों को भुनाने की इतनी जल्दी संघ परिवारियों में है कि परमाणु कार्यक्रम से जुड़े अनिवार्य खतरे की उन्हें रत्ती-भर चिंता नहीं।

अयोध्या में बाबरी मस्जिद गिरा कर संघ परिवारियों ने खुद ही जुलूस निकाले और कहा कि जनता तो जश्न मना रही है, कौन कहता है कि यह राष्ट्रीय शर्म का दिन था। शौर्य दिवस मना कर संघ परिवार परमाणु परीक्षणों का हिंदुत्वकरण करने की कोशिश में लगा है। वह न परमाणु शक्ति को समझता है न धर्म की शक्ति को।

23.5.1998

मुख में आम सहमति करतूतें विभाजन की

संघ परिवार के पत्र-लेखक प्रचारक सक्रिय हो गए हैं और उस हर सोचने-समझने वाले को देशद्रोही लिख रहे हैं जो पोखरन में परमाणु परीक्षणों के समय पर सवाल पूछ रहा है। देशद्रोही इन प्रचारकों की शब्दावली में फिर भी हल्का शब्द है। किसी मुसलमान की अवैध संतान होना म्लेच्छों से अवैध संबंध रखने वाली दुराचारी मां के कपूत होना और हिंदू नामधारी कटुए से ले कर विभीषण, जयचंद और मीर जाफर ही नहीं बाबर तक की औलाद बना देना इन पत्र लेखकों का आसान काम है। जो कोई कहता है कि पाकिस्तान ने बम विस्फोट पोखरन की प्रतिक्रिया में किए वह तो पाकिस्तानी एजंट हो ही जाता है, परमाणु अस्त्रों को सर्वनाशी कहने वाला भी पाखंडी गांधीवादी है।

लालकृष्ण आडवाणी ने लोकसभा में विपक्ष के किसी भी वक्ता को देशद्रोही कहने वाले सत्ता पक्ष के सांसद की ओर से माफी मांगी थी। लेकिन विपक्षी नेताओं के सवाल और आलोचना के जवाब में पूछा था कि क्या आप इसी तरह लोगों में देशभक्ति जगाएंगे ? जिसका प्रकारांतर से मतलब होता है कि इस तरह की आलोचना और सवालों से लोगों में देशभक्ति नहीं बढ़ाई जा सकती। आलोचकों को देशद्रोही कहने का यह संसदीय तरीका है। आडवाणीजी को भी यह गलत लगता है कि पोखरन में परमाणु विस्फोटों से सुरक्षा औचित्य पर सवाल उठाए जाएं और कहा जाए कि ऐसा कर के हमने नाहक पड़ोसियों को उकसाया है और इलाके में तनाव और अस्त्रों की होड़ को बढ़ाया है। लोकतंत्र में सरकार के एक दूरगामी और यकायक निर्णय के बारे में ऐसे सवाल भी पूछे नहीं जाएंगे तो क्या नगाड़ेबाजी के साथ बल्ले-बल्ले कर के नाचा जाएगा जैसा कि भारत के संघ परिवारी और पाकिस्तान में मुस्लिम लीगी कर रहे हैं ?

संसद में तीन दिन की बहस और उसके दौरान पाकिस्तान के एक साथ पांच परमाणु परीक्षण भी सरकार को वह मसाला और वे दलीलें नहीं दे पाए जो विपक्ष और उसके जरिए देश की शंकाओं का समाधान कर सकें कि ऐसा कौन सा आसन्न संकट आ गया था कि पोखरन में परीक्षण करना और सेना को अणु अस्त्रों से लैस करना एकदम अनिवार्य हो गया हो। विपक्ष के नेताओं ने सरकार से कहा कि आपके प्रधानमंत्री और रक्षामंत्री चीन से बढ़ते खतरे की बात करते हैं लेकिन गृहमंत्री और दूसरे मंत्री पाकिस्तान से बिलकुल सामने आ खड़े हुए संकट में ईंट का जवाब पत्थर से देना चाहते हैं। सरकार की तरफ से अटल बिहारी वाजपेयी जैसे कुशल सांसद भी विपक्ष को निरुत्तर कर के उसके गले नहीं उतार पाए कि पोखरन-दो कितना अनिवार्य हो गया था। आखिर में जब प्रधानमंत्री बहस का जवाब दे रहे थे तो उन्हें सुनने वाले गिनती के लोग बचे थे और खुद प्रधानमंत्री भी प्रेरित से ज्यादा आत्मरक्षा की दुहाई देते लग रहे थे।

सही है कि काफी वर्षों से संसद में बहस पार्टी लाइन से ऊपर नहीं उठ पाती। लेकिन यह भी सही है कि पहले ऐसा कभी नहीं हुआ कि देश की सुरक्षा के हित में उठाए गए किसी सरकारी कदम पर सभी पार्टियां एक नहीं हुई हों और विदेशी मामलों पर उनने ऐसा संदेश बाहर देने की कोशिश न की हो कि सारा देश एक और सरकार के साथ है। सुरक्षा और विदेश नीति पर संसद में अकसर आम सहमति रही है और जिन पार्टियों और नेताओं को एतराज भी रहे हैं तो वे उनने

बृहत्तर राष्ट्रीय हित में वापस लिए हैं। फिर इस बार तो पोखरन परीक्षणों पर बहस का जवाब प्रधानमंत्री दे भी नहीं पाए थे कि पाकिस्तान ने एक साथ पांच परीक्षण किए। पाकिस्तान की ऐसी कोई भी कार्रवाई जो भारत की सुरक्षा के लिए चुनौती बन सकती हो हमेशा ही देश को एक और सरकार के साथ करती रही है। अटलजी और आडवाणी ने कहा भी कि किस तरह उनकी पार्टी ऐसे सभी मौकों पर सरकार के साथ हुई है और दुख भी जताया कि इस बार ऐसा नहीं हो रहा है।

पाकिस्तान के परीक्षणों पर चिंतित और सरकार के साथ होने के बजाय लगभग समूचे विपक्ष ने कुछ ऐसा रवैया अपनाया कि हमने तो पहले ही कहा था। जैसे कि पाकिस्तान का परीक्षण करना सहज और अपेक्षित ही था और इसके लिए उसे दोष नहीं दिया जा सकता। पोखरन के परीक्षणों के बाद इलाके में परमाणु अस्त्रों की होड़ बढ़ेगी ऐसा हमने पहले ही कहा था। अब उसकी पुष्टि ही हुई है। प्रधानमंत्री ने तो कहा कि पाकिस्तान के परीक्षण हमारे परीक्षणों का औचित्य ही सिद्ध करते हैं और बताते हैं कि इस समय पोखरन में परीक्षण करना क्यों अनिवार्य हो गया था। लेकिन इससे उलट विपक्ष के नेताओं ने कहा कि देखिए हमारा कहा सही निकला। इलाके में आणविक होड़ चल निकली है और यह दुखद है। पाकिस्तान के अणु बम बनाने और भारत की सुरक्षा को सीधे खतरा पैदा करने जैसे बेहद गंभीर मामले पर भी विपक्ष और सरकार एक जैसी प्रतिक्रिया व्यक्त नहीं कर पाए।

अब अगर पोखरन के परीक्षणों से देश-भर की जनता वाह-वाह कर के न्यौछावर हो गई है और सबको इस पर समान रूप से गर्व हुआ है और राष्ट्र ने एक स्वर से सरकार के निर्णय का अनुमोदन किया है तो यह संभव नहीं था कि विपक्ष अपने को सरकार के खिलाफ खड़ा दिखने देता। संघ परिवारियों का भरोसा कर के एक बार मान भी लें कि इन पार्टियों और नेताओं में देशभक्ति ऐसी कूट-कूट कर नहीं भरी हुई है जैसी कि उनके स्वयंसेवकों और समर्थकों में लेकिन इतना तो फिर भी मानना ही पड़ेगा कि इन सबको राजनीति करना, चुनाव लड़ना और संसद में आना है। यह इनका निहित स्वार्थ है और इसकी अनदेखी ये नहीं कर सकते। इसलिए देशभक्ति की आंतरिक प्रेरणा भले न हो अपने निहित स्वार्थ के कारण ही ये ऐसा कुछ नहीं कर सकते जो जनता की भावना के विपरीत हो और राष्ट्र की सुरक्षा के विरुद्ध जाता हो। संसद की पूरी कार्यवाही का सीधा प्रसारण हो रहा था और प्रत्येक सांसद की बात और हरकत लोगों तक जा रही थी। फिर भी विपक्ष ने पोखरन के परीक्षण और उनसे उत्पन्न स्थिति पर अपने एतराज वापस नहीं लिए, आलोचना और सवाल नहीं छोड़े। बदनाम होने और लोगों का समर्थन खोने का डर उन्हें निश्चित ही नहीं था।

अब, जैसा कि संघ परिवारी कर रहे हैं आप भी विपक्ष के रवैए को संकीर्ण और क्षुद्र पार्टी हित की सेवा बता कर रद्द कर सकते हैं। लेकिन इससे बात और बिगड़ेगी। दूसरे को देशद्रोही और अपनों को देशभक्त बता कर न तो आप देश की रक्षा कर सकते हैं न कूटनीतिक और राजनैतिक स्तरों पर देश हितों को बढ़ावा दे सकते हैं। यह सब आम सहमति को बढ़ा और सक्रिय कर के ही किया जा सकता है और संसद में तीन दिन हुई बहस से यह जगजाहिर हो गया है कि आणविक परीक्षणों और सुरक्षा पर आसन्न संकट की समझ के मामले पर सरकार और विपक्ष में आम सहमति नहीं है। विपक्ष को इस बात पर सख्त एतराज है कि इस सरकार ने देश की परमाणु और विदेश नीति बदल दी और न उससे सलाह ली, न उसके रवैए और पचास साल से चली आ रही आम

सहमति की चिंता की।

इस संसद में विपक्ष जितना शक्तिशाली है उतना पहले कभी नहीं रहा। विभाजन और शक्ति लगभग समान है और ऐसी संसद में सरकार को वैसा कतई नहीं करना चाहिए था जैसा कि उसने किया। विपक्ष का मानना है कि भाजपा ने ऐसा इसलिए किया कि परमाणु परीक्षण कर के अपने वोट बैंक को मजबूत करो और फिर भारत की रक्षा के लिए कुछ भी कर सकने वाली पार्टी के नाते मध्यावधि चुनाव लड़ो। परीक्षणों के बाद शौर्य दिवस मनाने से ले कर पोखरन की रेत देश-भर में बांटने जैसे भाजपा ने जो कार्यक्रम बनाए उनसे दूसरी पार्टियों को साफ लगा कि भाजपा उनका राजनैतिक लाभ लेने की पूरी कोशिश कर रही है। पोखरन को अयोध्या बनाने की कोशिश का नतीजा भी वही हुआ जो अयोध्या का हुआ था। देश विभाजित हो गया। संसद में जो विभाजन तीन दिन की बहस के दौरान दिखाई दिया वह दरअसल पोखरन का राजनैतिक लाभ लेने की कोशिश के कारण था। लोकतंत्र के जितने लाभ हैं उतने ही नुकसान भी हैं। राजनैतिक होड़ के कारण सही और मूल मुद्दे का बिला जाना नुकसानों में से एक है। जब संसद में बहस के दौरान ही भाजपा के वक्ताओं ने कहा कि हमने वह कर दिखाया जो पचास साल में कोई न कर सका था तो बाहर भाजपाइयों ने क्या-क्या नहीं कहा होगा इसका अंदाज ही लगाया जा सकता है। अगर परीक्षणों का उद्देश्य आसन्न सुरक्षा संकट का सामना करना था तो यह सब नहीं हो सकता था।

अब भाजपा कहती है कि आणविक विकल्प को आजमाने की बात हमने अपने घोषणा-पत्र में ही नहीं, गठबंधन के एजंडे में भी कही थी। विपक्ष ने उसके हिज्जे कर के बताए और निष्कर्ष निकाला कि उस एजंडे में भी परीक्षण के पहले और कुछ बातें कही गई हैं जो सरकार ने नहीं कीं। भाजपा ने कहा कि यह एजंडे के अर्थ का अनर्थ करना है। बहरहाल, यह सब कहते हुए भाजपा को याद नहीं रहता कि मंडल आयोग की सिफारिशों को लागू करने का वचन जनता दल ने ही नहीं भाजपा समेत सभी पार्टियों ने दिया था। लेकिन जब वीपी सिंह ने मंडल लागू कर दिया तो उसका विरोध करते हुए लालकृष्ण आडवाणी रामरथ पर निकल पड़े थे और पकड़े जाने पर भाजपा ने समर्थन वापस ले कर सरकार गिरा दी थी। वह भी घोषणा-पत्र और एजंडे को पूरा करना ही था। उस वक्त पूरी भाजपा और कुछ और पार्टियों ने भी वीपी सिंह की नीयत में खोट देखा था और बताया था कि मंडल आयोग की सिफारिशें किस तरह समाज में जातिवाद का जहर घोल कर उसे खंड-खंड कर रही हैं। अब अगर दूसरी पार्टियां भाजपा की नीयत में खोट देख रही हैं तो वे देशद्रोही और अकेली भाजपा देशभक्त कैसे मानी जाएगी ?

इसमें कोई संदेह ही नहीं कि भाजपा ने पोखरन का राजनीतिकरण करने में कोई कसर नहीं छोड़ी और उसकी सरकार कूटनीति और सामरिक स्तर पर पोखरन को समेटने में गड़बड़ा गई। आज जो पोखरन के परीक्षणों को देश और दुनिया में शक की नजर से देखा जा रहा है और देश का विपक्ष सरकार के साथ नहीं है तो इसका कारण यही है कि जो विकसित तकनीक और नफासत हमारे वैज्ञानिकों ने दिखाई वह भाजपा के रणनीतिकारों, नेताओं और कूटनीतिकों में नहीं है। सरकार में होने के कारण वे जो कर गुजरे हैं उसे संभालने, समेटने और संवारने की समझ और खूबी उनमें नहीं है। उनने जो नौसिखियापन दिखाया है वह इसी का उदारहण है कि भाजपा देश की सहज सत्ताधारी पार्टी नहीं है। अपनी ताकत को बढ़ाने और मजबूत करने में यह इतनी चिंतित है कि पोखरन की राजनैतिक धूल को समेटना उसे आया नहीं। लेकिन, यह विफलता मात्र राजनैतिक और कूटनीतिक कौशल की नहीं है।

गड़बड़ मूल अवधारणा में है। जो तत्त्व आस्था के होने चाहिए वे भाजपा के राजनैतिक शस्त्र

हैं। जैसे देशभक्ति। भाजपा की कोशिश रहती है कि देश में एक वही देशभक्त पार्टी मानी जाए बाकी की सब वोट बैंक की राजनीति कर के देश को तोड़ने वाली। देशभक्ति पर किसी का कोई एकाधिकार नहीं हो सकता। जैसे देश की सुरक्षा। सुरक्षा हर नागरिक की चिंता और अधिकार है और सिर्फ भाजपाई नहीं कह सकते कि वही देश के रक्षक हैं। सुरक्षा को राजनैतिक शस्त्र बनाने का परिणाम पोखरन के बाद आप देख ही रहे हैं। देशभक्ति, राष्ट्र की सुरक्षा आदि राष्ट्रीय मामले हैं। इन्हें अगर आप अपनी पार्टी की बपौती बनाएंगे तो दूसरे आपकी अपनी देशभक्ति और सुरक्षा चिंता में शक करेंगे ही। देश का कुल वातावरण तो इससे दूषित होगा ही, हो ही रहा है। आम सहमति का जाप करती जो सरकार आई है उसने दो महीने में ही देश के लोकमत को विभाजित कर दिया है।

4.6.1998

ये श्रीकृष्ण हिंदू-विरोधी हैं, समझे ?

हमारे एक्सप्रेस ने न्यायमूर्ति श्रीकृष्ण का फोटू छापा है जिसमें वे खांटी और पारंपरिक दक्षिण भारतीय ब्राह्मण दिखते हैं। उनके चौड़े कपाल पर भस्म का त्रिपुंड बना हुआ है और पूरा शरीर एक ही धोती से लिपटा हुआ है। हाथ में झोला है जिसमें पूजा का सामान आदि रखा हुआ लगता है। बाएं हाथ से धोती संभालते हुए वे किसी हॉल से निकलते हुए लगते हैं जहां ब्राह्मण लोग श्रावणी अथवा ऐसे ही किसी पर्व पर पूजा-पाठ, अनुष्ठान आदि के लिए मुंबई जैसे महानगर में इकट्ठे होते हैं।

फोटू के नीचे लिखा गया है कि वे बड़े नैष्ठिक और पूजा-पाठ करने वाले हिंदू हैं और बिना किसी औचित्य के किसी भी समुदाय के प्रति पक्षपात करने वाले आदमी नहीं हैं। उनके बारे में यह राय गैर हिंदू मशहूर लोगों की है—जैसे नानी पालखीवाला और असगर अली इंजीनियर। मुंबई हाईकोर्ट के उनके दूसरे जानकार लोगों ने बताया है कि वे रोज पूजा करते हैं और पूजा किए बिना कोर्ट नहीं आते। कोर्ट ऐसे ठीक समय पर आते हैं कि आप चाहें तो अपनी घड़ी ठीक कर सकते हैं। वे हिंदू धर्मग्रंथों के अच्छे जानकार हैं। गीता का खूब अध्ययन किया है और बातचीत में जब-तब वेद, गीता, उपनषिद आदि से श्लोक उद्धृत करते रहते हैं। एक्सप्रेस के रिपोर्टर से भी मुंबई के सांप्रदायिक दंगों पर अपनी रिपोर्ट के बारे में बात करते हुए न्यायमूर्ति श्रीकृष्ण ने गीता का श्लोक उद्धृत किया जिसका अर्थ है कि मेरा काम ईमानदारी से अपना कर्त्तव्य पूरा करना था। वह मैंने किया। अब सरकार या दूसरे लोग उसके बारे में क्या सोचते हैं और कहते हैं इसके बारे में चिंतित मैं नहीं होता।

फोटू से ऐसे दिखते और बातचीत से बिलकुल नैष्ठिक ब्राह्मण लगते न्यायमूर्ति श्रीकृष्ण को शिवसेना-भाजपा सरकार, उसके मुख्यमंत्री मनोहर जोशी और दूर के नियंत्रण से उसे चलाने वाले शिवसेना प्रमुख बाला साहेब ठाकरे ने हिंदू-विरोधी, मुसलमान समर्थक पूर्वग्रही और पक्षपाती कहा है। एक्सप्रेस ने उन न्यायमूर्ति श्रीकृष्ण का यह फोटू और उनके बारे में यह फीचर यही बताने के लिए छापा है कि ऐसे व्यक्ति को कोई हिंदू-विरोधी कैसे कह सकता है ? रोज पूजा-पाठ करने, वेद-पुराणों को ऐसा जानने और गीता को इस तरह उद्धृत करने वाला व्यक्ति हिंदू समुदाय के खिलाफ पूर्वग्रह से ग्रसित हो कर पक्षपात कैसे कर सकता है ? ऐसे धार्मिक और नैष्ठिक हिंदू को कोई हिंदू-विरोधी भी कैसे कह सकता है ?

सवाल सही है। लेकिन सांप्रदायिक सोच और राजनीति में इसका कोई महत्त्व नहीं है कि कोई कितना धार्मिक है और कितनी निष्ठा से अपने धर्म पर आचरण करता है। इसका भी कोई मतलब नहीं है कि कोई अपने धर्म का कितना अच्छा जानकार है और उसका कितना सही-सही पालन करता है। धर्म के सच्चे जानकार और उसमें सच्ची निष्ठा रखते हुए जीवन के हर पहलू में उसका पालन करने वाले की भी सांप्रदायिक राजनीति में कोई खास पूछ नहीं हो सकती। धार्मिक जगत में ऐसे

व्यक्ति की भले ही इज्जत हो और अगर वह सचमुच बड़ा साधक हो तो धार्मिक लोगों में उसका सम्मान भी हो सकता है। लेकिन उसी धर्म की राजनीति करने वालों में उसकी क्या पूछ होगी ?

सारी दुनिया जानती है बल्कि सभी समझदार लोग कहते हैं कि गांधी अनिवार्य रूप से धार्मिक व्यक्ति थे। उनके पूरे जीवन, लेखन और दर्शन के मूल में सनातन धर्म के बुनियादी मूल्य हैं। गांधी के जीवन और दर्शन को आप इस धर्म को समझे बिना समझ नहीं सकते। सारी दुनिया ने उन्हें महात्मा कहा और माना। बल्कि टॉयनबी जैसे इतिहासकार ने मनुष्य जाति के सभी धर्म प्रवर्तकों की तुलना की और बताया कि इनमें से जो भी राजनीति में गया वह अपने धर्म से स्खलित और पतित हुआ। महात्मा गांधी ही एक मात्र ऐसे व्यक्ति हैं जो राजनीति के स्लम में—गंदी बस्ती में रहे लेकिन जिनने खादी की अपनी सफेद धोती पर एक धब्बा नहीं लगने दिया। सनातन धर्म में उनकी आस्था और निष्ठा ही गांधी की सबसे बड़ी शक्ति थी।

लेकिन आप जानते हैं कि उन्हें नाथूराम गोडसे ने इसलिए मारा कि उनकी समझ में वे हिंदू-विरोधी काम कर रहे थे। उनने भारत का विभाजन करवा दिया था और मुसलमानों के लिए पाकिस्तान बनवा दिया था। वे पाकिस्तान को बावन करोड़ दिलवाने के लिए सत्याग्रह करने वाले थे। हिंदू समाज और भारत को बचाने का एक मात्र रास्ता गोडसे को यही दिखाई देता था कि गांधी की हत्या कर दी जाए। उसने की। और उसके उत्तराधिकारी आज भी उसे हत्या नहीं वध कहते हैं। प्रदीप दलवी जैसे नाटककार हो जाते हैं जो एक महात्मा की हत्या को वध कहते हैं। अपने यहां पुराणों में वध राक्षसों का भगवान के अवतारों ने किया है। बल्कि कुछ अवतार तो कुछ राक्षसों का वध करने के लिए ही हुए। लेकिन नाथूराम गोडसे जैसे सिरफिरे और शूद्र हत्यारे और उनके उत्तराधिकारियों की हिमाकत देखिए कि वे गांधी हत्या नहीं वध कहते हैं और इस तरह अपने पाप को भगवान के पराक्रम की तुलना में ले आते हैं और जिन्हें सारी दुनिया महात्मा कहती है उन गांधी को राक्षस की श्रेणी में ले आते हैं।

अब नाथूराम गोडसे तो हुए भगवान के अवतार जिनने हिंदू समाज और धर्म को बचाने के लिए गांधी जैसे हिंदू-विरोधी राक्षस का अंत किया और भारत को और खंडित होने से बचा लिया। भारत माता की लाज रख ली। सिर्फ गोडसे के उत्तराधिकारी ही नहीं संघ परिवार के लगभग सभी लोग मानते हैं कि गांधी हिंदू विरोधी काम कर रहे थे। नाथूराम गोडसे के तरीके को इनमें से गलत मानने वाले लोग हैं क्योंकि उन्हें भारत की राजनीति में रहना है और मानवता की इतनी लोकलाज तो है कि हत्या की राजनीति का गौरव नहीं करें। लेकिन ये लोग मानते हैं कि गांधी हिंदू-विरोधी थे और संघ परिवार में जो सबसे बड़ा पाप माना जाता है वह—मुस्लिम अपिजमेंट—करने के अंग्रेजों से भी बड़े अपराधी थे। इनमें जो निर्लज्ज और मानवता विरोधी हैं वे तो मानते हैं कि नाथूराम गोडसे ने ठीक काम किया। इस तरह सांप्रदायिक राजनीति के सबसे बड़े खलनायक हुए सबसे धार्मिक और महात्मा पुरुष—गांधी और उसके महानायक हुए नाथूराम गोडसे—जिनके धार्मिक पुरुष होने का दावा अब तक किसी ने नहीं किया।

तो जिस देश में और जिन लोगों ने महात्मा गांधी को हिंदू-विरोधी कहा वे अगर न्यायमूर्ति बीएन श्रीकृष्ण को हिंदू-विरोधी कहते हैं तो हमें कतई अचरज नहीं होना चाहिए। हिंदू समाज के रक्षक और हिंदुत्व के झंडाबरदार होने का धार्मिक होने से कोई लेना-देना नहीं है। सांप्रदायिक राजनीति में वही हिंदुओं का रक्षक है जो मुसलमानों के असल या प्रचारित एक-एक हमले का बदला ले और अगर मुसलमानों ने एक हिंदू को मारा है तो वह दस नहीं तो कम-से-कम दो मुसलमानों को मारे। उनकी दुकान, कारखाने आदि को नष्ट करे और उनसे ऐसा बदला ले कि उसके डर से

वे कभी हिंदुओं की तरफ बुरी नजर से देखने की हिम्मत भी नहीं कर सकें। मुसलमानों में जो इस तरह का डिटेरेंट–खौफ–हिंदुओं का खौफ भर सके वही हिंदुत्व का सच्चा झंडाबरदार है। जैसे मुंबई में बाला साहेब ठाकरे हैं। उनने और उनके वीर शिवसैनिकों ने बाबरी मस्जिद गिरने के बाद मुंबई में दंगे करने वाले मुसलमानों को ऐसा सबक सिखाया कि अब उनकी आने वाली पीढ़ियां भी थर-थर कांपेंगी और किसी मस्जिद के गिराए जाने पर दुख होगा तो घर में बैठ के रोएंगे लेकिन बाहर विरोध जताने नहीं निकलेंगे। जो ऐसा कर सके वही सच्चा हिंदू है और उसी के भुजबल पर हिंदुत्व की शान है।

न्यायमूर्ति श्रीकृष्ण ने जनवरी तिरानवे में बाला साहेब ठाकरे और उनके वीर शिवसैनिकों की यही पराक्रम करने पर प्रशंसा करने के बजाय निंदा की है। उन्हें सांप्रदायिक दंगे और हिंसा के लिए जिम्मेदार ठहराया है। इसलिए वे हिंदू-विरोधी हैं, हिंदू समाज के प्रति पूर्वग्रहों से ग्रसित हैं। न्यायमूर्ति श्रीकृष्ण के रोज पूजा-पाठ करने, वेद, पुराण, उपनिषद आदि के जानकार होने, और धर्मनिष्ठ जीवन जीने का कोई मतलब नहीं है अगर वे अत्याचारी मुसलमानों से हिंदू समाज की रक्षा नहीं कर सके। अगर उनमें इतना साहस और बल नहीं है तो कम-से-कम इतना करें कि जो रण बांकुरे अपनी जान की बाजी लगा कर आमने-सामने के युद्ध में मुसलमानों को पराजित करते हैं उनकी कानून के सामने रक्षा करें। उन्हें कानून की ओर से मदद करें और इस तरह हिंदुओं को मुसलमानों पर प्रभुत्व स्थापित करने में सहायता करें। एक हिंदू न्यायमूर्ति से कम-से-कम इतनी अपेक्षा तो की जानी चाहिए कि जिन लोगों ने मुंबई में हिंदू समाज को मुसलमानों के हाथों बरबाद होने से बचाया उन्हें कानून की तरफ से रक्षित रखें। आखिर एक हजार साल तक मुसलमान हमलावरों ने भारत को लूटा, मंदिर तोड़े और हिंदुओं को गुलाम बना कर रखा। ऐसे मुसलमानों से जो बदला लेते हैं वे दरअसल ऐतिहासिक न्याय कर रहे हैं और जो लोग ऐसा न्याय कर रहे हैं उनके साथ सच्चा न्याय यही हो सकता है उनके दस गुनाह माफ हों, वे बाइज्जत बरी किए जाएं और उन्हें हिंदू समाज को ऐतिहासिक न्याय दिलाने के लिए अलंकृत किया जाए।

बाला साहेब ठाकरे और उनके वीर शिवसैनिकों के साथ ऐसा गौरवशाली व्यवहार करने के बजाय श्रीकृष्ण आयोग ने उनकी निंदा की। यही अपने आपमें कोई कम बड़ा अपराध नहीं है। लेकिन महाराष्ट्र की उदारवादी और न्यायप्रिय शिवसेना-भाजपा सरकार ने श्रीकृष्ण आयोग की रपट को सिर्फ रद्द किया। उस धिक्कार के साथ भी नहीं कि जिसके वह योग्य है। बाला साहेब ठाकरे ने कहा कि चूंकि दो साल पहले शिवसेना-भाजपा सरकार ने श्रीकृष्ण आयोग को उठाने का फैसला कर लिया था और इसीलिए बैठे रहने दिया कि दिल्ली से प्रधानमंत्री अटल बिहारी वाजपेयी ने ऐसा करने को कहा था–इस बात का बदला लेने के लिए आयोग ने इस सरकार और इसके रिमोट कंट्रोल के खिलाफ इस तरह की रपट दी है। फिर इस आयोग ने जनवरी तिरानवे की हिंसा की तो इतनी निंदा की है लेकिन तीन महीने बाद एक के बाद एक कोई तेरह भयंकर बम विस्फोटों को सिर्फ पांच पेज में निपटा दिया जिनमें कम-से-कम ढाई सौ हिंदू मारे गए। जिस हिंसा में हिंदू मारे गए और जो मुसलमानों ने की उसे तो इस आयोग ने यों ही निपटा दिया लेकिन जो हिंसा हिंदुओं ने की और जिसमें मुसलमान मारे गए उस पर पेज के पेज काले कर दिए। हिंदुओं यानी शिवसैनिकों ने जो हिंसा की वह तो मुसलमानों द्वारा पहले की गई हिंसा के बदले में थी इस सच्चाई को आयोग ने ध्यान में ही नहीं लिया। इसलिए मनोहर जोशी मुख्यमंत्री और उनका रिमोट पकड़े बैठे बाला साहेब ठाकरे ने इस रपट को पक्षपाती यानी एकरतफा और हिंदू-विरोधी कहा है। निंदा करनी थी तो दोनों समाजों की करते। सिर्फ हिंदू समाज को दंगे के लिए जिम्मेदार ठहरा कर श्रीकृष्ण आयोग

ने सांप्रदायिक शांति को खतरा पैदा किया है। इससे पुराने घाव फिर हरे होंगे और लोग बदला लेने को निकल सकते हैं।

आपमें से कई लोगों को महाराष्ट्र सरकार के तर्क कुतर्क लग सकते हैं। लेकिन बाला साहेब ठाकरे को कहीं कोई चिंता और अपराध बोध नहीं है। वे ऐसे हिंदुत्ववादी हैं जिन्हें उत्तर भारत के भाजपाइयों और संघ परिवार के लोकलाज, संकोच आदि नहीं हैं। कहा जाता है कि गुरु गोलवलकर ने कभी जर्मन नाजियों की तारीफ की थी तो संघ वाले तत्काल कहते हैं कि यह तो नाहक का आरोप है और गुरुजी ने तो वह पुस्तक कभी की वापस ले ली थी। बाला साहेब ठाकरे इस तरह के संकोच और बचाव में भरोसा नहीं करते। वे डंके की चोट कहते हैं कि वे हिटलर के प्रशंसक हैं और तानाशाही में विश्वास करते हैं। वे साफ कहते हैं कि कोई इस गाल पर तमाचा मारे तो उसे ऐसा घूसा मारो कि उठ ही न पाए। वे हिंसा में विश्वास करते हैं और ताकत की बोली से दुनिया चलती है तो उस बोली के जोरदार बोलकार होना चाहते हैं। हैं भी। वे किंतुओं-परंतुओं वाले आदमी नहीं हैं। बुद्ध, गांधी आदि की परंपरा को भारत की सही और असली परंपरा नहीं मानते; वे मानते हैं इनके कारण भारत भटक गया जिसे सब सही रास्ते पर लाने की जरूरत है। सही रास्ता शक्ति का है और उससे सधने वाले सत्य और होने वाले न्याय का है; अहिंसा, प्रेम और करुणा का नहीं। ऐसे आदमी के लिए धर्म वही है जो मुहम्मद गोरी और गजनवी के लिए था। पूजा-पाठ करने, गीता और उपनिषद को उद्धृत करने वाले और न्यायप्रिय श्रीकृष्ण हिंदू-विरोधी हैं—और एक बार नास्तिक हुए बाला साहेब ठाकरे हिंदू समाज के रक्षक और हिंदुत्व के सबसे बड़े झंडाबरदार हैं। धार्मिक होना हिंदुत्व के रक्षक होना नहीं है। सावरकर से पूछ लीजिए चाहे बाला साहेब ठाकरे से या रज्जु भैया से।

पोखरन में जब पांच आणविक परीक्षण हुए तो विश्व हिंदू परिषद के अशोक सिंघल ने कहा कि हमारे धर्मगुरु और संत आदि वहां शक्ति पीठ बनाना चाहते हैं। मुझे लगा कि ये कैसे धर्मगुरु हैं जो पोखरन में शक्तिपीठ बनाना चाहते हैं ? भारत में इक्यावन शक्तिपीठ हैं। उनमें से एक भी ऐसी जगह नहीं है जहां युद्ध हुआ हो या कोई शस्त्र का संधान किया गया हो क्योंकि अपने यहां शक्ति आध्यात्मिक साधना की है, शस्त्र अथवा युद्ध की नहीं। लेकिन इस शक्ति को न ये धर्मगुरु या संत समझते हैं, न इससे इनका कोई लेना-देना है। ये उस सांप्रदायिक राजनैतिक के एजंट हैं जिसका उद्देश्य भाजपा के लिए हिंदू वोट बैंक बनाना है। इसका धर्म से कोई संबंध नहीं है।

9.8.1998

विकल्पहीनता पर खुश और दुखी लोग

जब भी किसी प्रधानमंत्री या उसके राजनैतिक मैनेजरों को लगता है कि उसकी छवि बिगड़ रही है तो दूरदर्शन पर उसका इंटरव्यू करवा दिया जाता है। इससे प्रधानमंत्री जनता में उठ रही शंकाओं का समाधान और लोगों में फिर से अपना इकबाल कायम करने की कोशिश करते हैं। अकसर तो देखा यही गया है कि ऐसी कवायद का कोई असर नहीं होता। फिर भी इसमें प्रधानमंत्रियों और उनके प्रतिष्ठान का विश्वास उठा नहीं है। इंदिरा गांधी से अटल बिहारी वाजपेयी तक यह परंपरा चली आ रही है।

ऐसा इंटरव्यू करवाने के लिए हमेशा ऐसा व्यक्ति ढूंढ़ा जाता है जो पत्रकार/प्रसारक आदि रहा हो और जिसके बारे में प्रधानमंत्री को विश्वास हो कि वह कोई ऐसा असुविधाजनक सवाल नहीं पूछेगा जो उन्हें दिक्कत में डाले। दरअसल यह इंटरव्यू सवाल-जवाब के रूप में पेश किया गया भाषण या प्रधानमंत्री का स्वगत भाषण होता है। इसलिए इसमें प्रधानमंत्री बेहद आश्वस्त आत्मविश्वास से भरपूर और अपने जवाबों पर मंत्रमुग्ध से दिखाई देते हैं। और इंटरव्यू करने वाला ऐसा दिखता है जैसे वह सचमुच जिज्ञासु हो और जो भी पूछ रहा हो जनता की जानने की इच्छा पूरी करने के लिए पूछ रहा है। वह जवाबों पर प्रधानमंत्री को काटता नहीं। उत्तरों से असंतुष्ट नहीं दिखता और प्रधानमंत्री को किसी बहस में उलझाने की कोशिश नहीं करता। वह जानता है कि वह तो प्रधानमंत्री की बातों को जनता तक पहुंचाने का माध्यम मात्र है। इंटरव्यू दरअसल इंटरव्यूकार और जिसका इंटरव्यू किया जाता है उन दोनों के चरित्र को प्रक्षेपित करने का माध्यम होता है लेकिन दूरदर्शन वाला इंटरव्यू इंटरव्यूकार को अनुपस्थित और प्रधानमंत्री को लोगों के मन पर छा जाने के लिए किया जाता है।

अपन यह रोल इंदिराजी के वक्त से देखते आ रहे हैं और इसकी असलियत अपनी बहुत पहले से समझी हुई है। इसलिए अभी जो इंटरव्यू अटल बिहारी वाजपेयी ने पत्रकार रजत शर्मा को दिया उसे देखने पर समय नहीं गंवाया। फिर भी खबरों में उसके अंश देखने पड़े और उनसे अपनी धारणा पुष्ट ही हुई। उसी दिन सीएनएन ने ये टुकड़े भी दिखा दिए जो उसने पंद्रह अगस्त के दिन शूट किए थे और जिनमें एक में तो अटलजी बिलकुल अकड़ते हुए दिख रहे हैं और दो रक्षकों ने अगर उन्हें पकड़ कर सीधा और चलता नहीं किया होता तो वे गिर पड़ते। दूसरे में वे एक पांव में जूता और दूसरे में मोजा पहने हुए दिख रहे हैं और एक रक्षक उनका गाड़ी में छूटा हुआ जूता उन्हें पहना रहा है। अटलजी आखिर तिहत्तर बरस के हो गए हैं और देह धरे का धरम किसी को भी कहीं भी पकड़ सकता है। इसलिए यह सच्चाई स्थापित करने की भरसक कोशिश नहीं की जानी चाहिए कि प्रधानमंत्री एकदम चुस्त-दुरुस्त हैं और उनको कुछ नहीं हुआ है और जो भी होना हो वह उनके सब दुश्मनों को हो जो उनकी सरकार गिराने की कोशिश कर रहे हैं। आखिर प्रधानमंत्री भी मनुष्य होता है और देह धरने के धरम से ऊपर नहीं होता। लेकिन मैनेजरों को ऐसा मंजूर करना अपनी

विफलता मानना लगता है इसलिए वे प्रधानमंत्री/राष्ट्रपति आदि को सुपरमैन बताने की कोशिश में लगे रहते हैं।

जयपुर में हुई भाजपा की राष्ट्रीय कार्यकारिणी की किसी रपट में मैंने पढ़ा था कि यह पार्टी अब आक्रामक रुख अख्तियार करने वाली है। इसके नेता और मंत्री अगले दो महीनों में वाजपेयी सरकार की उपलब्धियों का प्रचार करेंगे और विरोधी दलों पर जवाबी हमला भी करेंगे। प्रधानमंत्री अटल बिहारी वाजपेयी को इस अभियान से परे ही रखा जाएगा। लेकिन आप देखते हैं कि पार्टी और उसके नेता अभियान पर निकलें उसके पहले ही अटलजी ने अभियान शुरू कर दिया है। आखिर पिछले पांच महीनों में किसी की छवि सबसे ज्यादा बिगड़ी है तो वह अटलजी की और इस गठबंधन सरकार में कोई सबसे ज्यादा दयनीय दिखता रहा है तो वह भी बेचारा प्रधानमंत्री। अकेली जयललिता ही नहीं, तृणमूल की ममता, अकाली दल, समता और अठारह पार्टियों में से जिस किसी को लगा कि घी निकालने का वक्त आ गया है उसने उंगली टेढ़ी की है और सरकार को असहाय दिखाया है। भाजपा ने यह चुनाव स्थिर सरकार और योग्य नेतृत्व के वादे पर लड़ा था। स्थिरता तो सरकार बनने के पहले ही गड़बड़ा गई थी, नेतृत्व की योग्यता के परखचे पांच महीने में उड़ गए हैं। पार्टी करे या न करे अटलजी को तो अपनी छवि की चिंता करनी ही पड़ेगी। सब जानते हैं कि उनकी छवि न होती तो पार्टी में उनकी यह पूछ नहीं होती।

जयपुर से एक किस्सा और आया है। यह कि वहां दो बैठकें हुई थीं—एक भाजपा की और दूसरी राष्ट्रीय स्वयंसेवक संघ की। संघ की बैठक में तय हुआ कि आगे से चुनाव के पहले घोषणा नहीं की जाएगी कि मुख्यमंत्री या प्रधानमंत्री कौन होगा। यह फैसला अटलजी के उदाहरण के कारण लिया गया। पार्टी ने उन्हें प्रधानमंत्री के रूप में लगातार प्रक्षेपित किया और प्रधानमंत्री बनने के तीन महीने बाद उनकी हवा निकल गई। अब उनका प्रक्षेपित किया जाना ही पार्टी के लिए भारी पड़ रहा है। इसलिए यह घोषित नहीं किया जाएगा कि कौन नेता होगा। इसलिए वहां इसके कोई संकेत नहीं दिए गए कि दिल्ली, राजस्थान और मध्य प्रदेश में भाजपा जीती तो कौन मुख्यमंत्री बनेगा। इस फैसले का ठीकरा किसी ने भले ही अटल बिहारी वाजपेयी के माथे फोड़ा हो पर सच्चाई यह है कि तीनों राज्यों में पार्टी ऐसी स्थिति में नहीं है कि भावी मुख्यमंत्री की घोषणा कर सके। राजस्थान में भैरोंसिंह शेखावत के अलावा कोई नेता नहीं है जो सबको और पार्टी को संभाल सके लेकिन पार्टी नेतृत्व का एक केंद्रीय तबका कतई नहीं चाहता कि शेखावत फिर मुख्यमंत्री बनें। लेकिन अभी उनके पास कोई चारा नहीं है इसलिए उनके नाम को रहने दे रहे हैं। मध्य प्रदेश में भाजपा में इतने झगड़े हैं कि किसी एक नेता का नाम घोषित कर दिया जाए तो बाकी सब धड़े उसे हराने में लग जाएंगे। दिल्ली में मदनलाल खुराना को संघ का नेतृत्व नहीं चाहता और साहिब सिंह ने अपने निकम्मेपन से तय कर दिया है कि अगर अगली बार भी उनके मुख्यमंत्री होने की घोषणा की गई तो जनता भाजपा की सरकार नहीं बनने देगी। इसलिए अटलजी की हवा निकलने के उदाहरण के बहाने पार्टी ने अपनी एक समस्या छुपा ली और किस्सा चलने दिया गया।

जो हो, पार्टी ने जयपुर के अपने प्रस्ताव में कांग्रेस और दूसरी पार्टियों को कोसा था और आरोप लगाया था कि मई छियानवे की तरह ये पार्टियां जनादेश को धोखा देने की साजिश में लगी हुई हैं। कांग्रेस पर प्रस्ताव ने फिर से वंशवादी और अलोकतांत्रिक हो जाने—यानी सोनिया गांधी की शरणार्थी हो जाने का आरोप लगाया और दूसरी पार्टियों को सिद्धांतहीन, मौकापरस्त, सत्ता की भूखी आदि बताया। ये सारे विशेषण खुद भाजपा पर दिल्ली और उत्तर प्रदेश में बड़ी आसानी से लगते हैं। फिर पांच महीने में उसकी सरकार का निपट निकम्मापन और देश-भर में हर क्षेत्र में फैलती

अराजकता को कोई कितना ही छिपाना चाहे पर छिपा नहीं सकता। इसलिए अपनी विफलता को गठबंधन की सीमाओं पर ढकेलते हुए पार्टी ने अपनी विरोधी पार्टियों पर आक्रमण करने की नीति अपनाई। भाजपा का जयपुर प्रस्ताव एक आश्वस्त सत्तारूढ़ पार्टी का प्रस्ताव नहीं अपनी ही सहयोगी पार्टियों के असहयोग और अपनी अस्थिरता से परेशान एक पार्टी का आत्म वक्तव्य था। कांग्रेस तो पहले दिन से कह रही है कि यह सरकार जब अपनी ही दरारों से फट कर टूटेगी तब बागडोर संभालेंगे और दूसरी पार्टियां कितना रोना रो रही हैं कि क्या करें कांग्रेस कुछ नहीं करती। फिर भी कहना कि ये पार्टियां हमारी सरकार को गिराने की साजिश में लगी हुई हैं जनता की आंख में सरासर धूल झोंकना है।

अटलजी ने अपने इंटरव्यू में यह लाइन नहीं ली। उनने ज्यादा ईमानदार रास्ता अपनाया। कहा कि 'अलबत्ता तो कांग्रेस अपनी सीमाएं जानती हैं और इसीलिए किसी वैकल्पिक सरकार के लिए कांग्रेस की ओर से कोई कदम नहीं उठाया जा रहा है।' फिर भी मान लो कि हमारी सरकार जाती है तो यह और भी मुश्किल होगा कि कोई वैकल्पिक सरकार बन सके। वाजपेयी सरकार के बने रहने और चलने का सही और ईमानदार कारण यही है। कांग्रेस में पहल करने और सरकार बनाने की क्षमता होती तो अव्वल तो वाजपेयी सरकार बनती नहीं और बन भी जाती तो पिछले पांच महीनों में कभी भी गिर जाती। सोनिया गांधी का भले ही वाजपेयी से कोई समझौता न हो लेकिन ऐसा आरोप अगर दूसरी विपक्षी पार्टियां उस पर लगाती हैं तो इसीलिए कि वाजपेयी सरकार को गिराने की कोई कोशिश कांग्रेस की तरफ से नहीं की जा रही। कांग्रेस तो तन-मन-धन सोनियाजी के अर्पण कर सकती है लेकिन जिन दूसरी पार्टियों के समर्थन से सरकार बन सकती है उन्हें सोनिया गांधी को प्रधानमंत्री बनाना मंजूर न हो और एक यह भी कारण है कि कांग्रेस जो पार्टी के बजाय सोनिया गांधी हो चुकी है इसलिए कोई पहल नहीं करती। बहरहाल, अटलजी ने सही कहा है कि उनकी सरकार का कोई विकल्प नहीं है इसलिए वह चलती रहेगी जयललिता उसे चाहे कितनी अस्थिर रखे और किसी दिन समर्थन भी वापस ले ले, कांग्रेस अगर पहल नहीं करेगी तो दूसरी पार्टियां उसको हथेली लगा देंगी। आखिर संयुक्त मोर्चा के संयोजक तेलुगुदेशम के चंद्रबाबू नायडू के बारह सांसदों के बल पर ही यह सरकार बनी, बची और चल रही है।

कांग्रेस में ऐसे लोगों की अचानक एक नई फौज खड़ी हो गई है जो उसके विपक्ष में बैठने को नए सिरे से गौरवान्वित कर रही है। इनका कांग्रेस की आजादी के पहले ही त्याग और बलिदान की परंपरा से कोई लेना-देना नहीं है। ये सत्ता की मलाई छक-छक कर बड़े हुए लोग हैं और इतने साधन जुटा चुके हैं कि सत्ता के उपकरणों के बिना भी कुछ समय काम चला सकें। फिर इन्हें हर ऐरे-गैरे नत्थू खैरे के साथ सत्ता में भागेदारी करना ठीक नहीं लगता है और सोनिया गांधी के अलावा इन्हें कोई नेता पसंद नहीं है। अटलजी ने सही कहा है कि कांग्रेस उनकी सरकार का रचनात्मक विरोध का वादा भी सही ढंग से नहीं निभा रही है। क्योंकि जो कांग्रेसी सत्ता से नया संन्यास लिए हुए हैं वे कोई रचनात्मक विपक्ष की भूमिका निभाने और इस तरह लोकतंत्र को अर्थ और सार्थकता देने में लगे हुए लोग थोड़े हैं। वे तो सत्ता से फिलहाल इसलिए दूर हैं कि अभी वह थोड़ी मुश्किल और श्रमसाध्य है। यही लोग एक और दलील देते हैं कि भाजपा को इसी तरह और ऐसी ही परिस्थिति में राज करते रहने देना चाहिए क्योंकि इससे वह जितनी तेजी से और जैसी बदनाम हो रही है वैसी तो कांग्रेस के किसी भी अभियान चलाने से नहीं होती। जिन लोगों ने भाजपा को मौका देने के लिए वोट दिया था वे अब पछता रहे हैं। उनका मोहभंग हो गया है और भाजपा राज करने वाली पार्टी के नाते तेजी से उनकी नजर से गिरती जा रही है। अपनी प्रदर्शनहीनता से ही वह गिरेगी

तो अगला चुनाव जीतना हमारे लिए आसान होगा। यानी ये कांग्रेस वाले अपने लोकतांत्रिक पराक्रम से भापजा की सरकार गिराना नहीं चाहते। वे भाजपा की पराक्रमहीनता और निकम्मेपन पर अपना भविष्य बनाना चाहते हैं।

इन कांग्रेसियों के सत्ता से इस संन्यास में ऐसा नहीं कि लोकतंत्र को मजबूत करने के लिए विपक्ष की अच्छी भूमिका निभाने और रचनात्मकता के जरिए भाजपा गठबंधन की नकारात्मकता और अपने क्षुद्र और छोटे-छोटे एजंडों को पूरा करने की सत्ता लोलुपता का भंडाफोड़ करने की इच्छा हो। देश को अराजकता और सरकार के निकम्मेपन में बरबाद होते देखते रहने की यह तटस्थता और दिनोंदिन बिगड़ती हालत से छटपटाहट होने के बजाय खुशी और संतोष होने की यह मानसिकता सत्ता के मोह से मुक्ति होने के कारण नहीं है। इसका सही कारण यह भी हो सकता है कि इन्हें देश की चिंता, उसके लिए वह तड़प और कर गुजरने की तमन्ना ही नहीं है जो एक राजनैतिक प्राणी को शांति से बैठने नहीं देती। इनमें वह आग ही नहीं है जो अपने स्वतंत्रता संग्राम सेनानियों को अच्छी नौकरियां, अच्छी प्रैक्टिस, अच्छी जागीरदारियां और अच्छे धंधे व्यवसाय छोड़ कर देश के लिए अलख जगाने को प्रेरित करती थी। गए साल इसी संसद में देश ने आजादी की दूसरी लड़ाई छेड़ने का संकल्प लिया था। ऐसे क्षेत्र साफ अंकित किए थे जिनमें निपट साधनहीनता के कारण आज भी करोड़ों लोग गुलामी की जिंदगी जी रहे हैं। इन लोगों को आजादी की रोशनी में लाने के लिए क्या वे लोग काम कर रहे हैं जो सत्ता की अंधी लोलुपता में न पड़ने के कारण वाजपेयी सरकार को चलने दे रहे हैं ? अगर ऐसा नहीं है तो विकल्पहीनता का रोना रोने वाला हमारा राजनैतिक समाज दरअसल अपनी सरोकारहीनता और पराक्रमहीनता के कारण देश को गड्ढे में जाने दे रहा है। इनमें दोनों तरह के लोग शामिल हैं जो सत्ता में हैं और गठबंधन राजनीति के कारण राज न करते हुए भी सत्ता से चिपके हुए हैं और वे भी जो रोना रो रहे हैं कि करें क्या उनकी सरकार बन नहीं सकती। सरकार के अलावा क्या देश की चिंता कोई कर ही नहीं सकता ?

30.8.1998

लक्ष्मी के वाहनों की सरस्वती वंदना

मुझे लग रहा था कि यह नारा संघ परिवार के अशोक सिंघल और विनय कटियार-छाप लोग ही उछालेंगे। लेकिन मैं गलत समझ रहा था। अब देखता हूं कि अटल बिहारी वाजपेयी जैसे तथाकथित उदार और संतुलित नेता भी लालकृष्ण आडवाणी के साथ मिल कर गए महीने शिक्षा मंत्रियों के सम्मेलन में गैर-भाजपाई मंत्रियों द्वारा सरस्वती वंदना के बहिष्कार को चुनाव का मुद्दा बनाने में स्वर में स्वर मिला रहे हैं।

सरस्वती ज्ञान की देवी है और हमारी सांस्कृतिक और सामाजिक परंपरा में इसी रूप में सबको स्वीकार है। इसलिए शिक्षा मंत्रियों के सम्मेलन में जिन गैर-भाजपाई राज्य सरकारों के शिक्षा मंत्रियों ने सरस्वती वंदना को 'सांप्रदायिक' बता कर उसका बहिष्कार किया उनने भारतीय परंपरा और ज्ञान की देवी का अपमान किया है। मानव संसाधन विकास मंत्री मुरली मनोहर जोशी ने दूसरे दिन प्रेस कांफ्रेंस बुला कर बताया कि गए साल इसी विज्ञान भवन में एक राजकीय कार्यक्रम में सरस्वती वंदना की गई थी और उसमें राष्ट्रपति नारायणन और तब के प्रधानमंत्री इंदर कुमार गुजराल दोनों मौजूद थे। तब की संयुक्त मोर्चा सरकार को यही तेलुगुदेशम पार्टी समर्थन दे रही थी।

जोशीजी ने तेलुगुदेशम पार्टी के आगे यही इसलिए लगाया कि बाईस अक्तूबर को शिक्षा मंत्रियों के सम्मेलन में सरस्वती वंदना का विरोध आंध्र प्रदेश की शिक्षा मंत्री प्रतिभा भारती ने किया और उनके विरोध के बाद दूसरे गैर-भाजपाई मंत्रियों ने बहिष्कार किया। तेलुगुदेशम को अगर राजकीय कार्यक्रमों का प्रारंभ सरस्वती वंदना से करने में एतराज है तो तब क्यों नहीं किया और अब क्यों उसकी शिक्षा मंत्री ने विरोध करते हुए बहिष्कार को प्रोत्साहित किया ? यह राजनीति नहीं तो क्या है ?

जोशीजी ने नहीं बताया कि संयुक्त मोर्चा सरकार को तब यही तेलुगुदेशम पार्टी न सिर्फ समर्थन दे रही थी बल्कि उसके नेता और मुख्यमंत्री चंद्रबाबू नायडू मोर्चा के संयोजक भी थे। लेकिन अब जो भाजपा की अगुआई वाला मोर्चा सत्ता में है तो इसका कारण भी बाहर से तेलुगुदेशम पार्टी का समर्थन ही है। अपने आदमी को लोकसभा का स्पीकर बनवा कर चंद्रबाबू नायडू ने भाजपा के मोर्चे को बाहर से समर्थन दिया इसीलिए वाजपेयी सरकार बच सकी और चल रही है। इसी तेलुगुदेशम के चंद्रबाबू नायडू संयुक्त मोर्चे को भी समर्थन दे रहे थे और वही अब उसके विरोधी भाजपाई मोर्चे को भी समर्थन दे रहे हैं। यह राजनीति और वह भी सरासर अवसरवादी राजनीति नहीं तो क्या है ?

लेकिन जोशीजी को इस राजनीति से एतराज नहीं है क्योंकि इसी से तो वह सरकार है जिसमें वे मंत्री हैं। उन्हें आंध्र की शिक्षा मंत्री प्रतिभा भारती के सरस्वती वंदना के विरोध से एतराज है क्योंकि उसके कारण उन्हें मुंह की खानी पड़ी। शिक्षा मंत्रियों के सम्मेलन के एजंडे में से विद्या भारती के बुलाए गए विशेषज्ञों की सिफारिशें बिना विचार-विमर्श के वापस लेनी पड़ीं और कलकत्ते से

भाषण देने के लिए बुलाए गए पुरुषोत्तम दास चितलांगिया को बिना बोले वापस भेजना पड़ा। चितलांगिया ओडीशा और दक्षिणी बिहार के आदिवासियों में 1300 सस्ते स्कूल चलाने वाले आदिवासी समाज के मित्रों के संगठन के मुखिया हैं। वे पांच हजार रुपयों में एक स्कूल साल-भर चलाते हैं और जो सरकार साधनों के अभाव में सबको शिक्षित नहीं कर पा रही वह निश्चित ही चितलांगिया के प्रयोग से सीख सकती है। लेकिन चितलांगिया से सीख लेने के बजाय गंवार और अनपढ़ गैर-भाजपाई शिक्षा मंत्रियों ने उन्हें आरएसएस और भाजपा का एजंट कह कर भगा दिया। क्या किया जाए ऐसे शिक्षा मंत्रियों का जिनकी शिक्षा के विस्तार में नहीं सिर्फ राजनीति करने में रुचि है।

यह बताते हुए कि इसी विज्ञान भवन में, इसी तेलुगुदेशम के समर्थन वाली सरकार ने सरस्वती वंदना करवाई थी और उस पर किसी सेकूलर गैर-भाजपाई पार्टी को एतराज नहीं था। अब क्यों हुआ ? क्योंकि यह राजनीति है। जोशीजी से किसी ने नहीं पूछा कि जिन लोगों ने सरस्वती वंदना पर कभी एतराज नहीं किया वे उन्हीं के मंत्रालय द्वारा बुलाए गए सम्मेलन में क्यों कह रहे थे कि सरस्वती वंदना नहीं होना चाहिए ? इन शिक्षा मंत्रियों को सरस्वती वंदना से एतराज था या शिक्षा के भगवे एजंडे को पीछे के रास्ते से सम्मेलन में घुसेड़ने वाले मानव संसाधन विकास मंत्री और उनकी सरकार के षड्यंत्री तौर-तरीकों से ? सरस्वती ज्ञान की देवी है या चोर रास्ते से अपना एजंडा घुसेड़ने वाले कायरों की ढाल-तलवार ? उन्हें सरस्वती वंदना पर नहीं मुरली मनोहर जोशी और उनकी सरकार की नीयत पर एतराज था।

आखिर एतराज करने वाले एक राज्य पश्चिम बंगाल में—सरस्वती पूजा बड़ी निष्ठा और बड़े ठाट-बाट से होती है। और हालांकि वहां का सत्तारूढ़ वाम मोर्चा 'धर्म को अफीम' मानता है लेकिन लोगों की श्रद्धा और भावना का सम्मान करते हुए सरस्वती पूजा के दिन सरकारी छुट्टी करता है। बंगाल में सरस्वती पूजा जैसी होती है वैसी तो भारतीय संस्कृति और हिंदू धर्म के पूजक संघ परिवार के वर्चस्व वाले किसी राज में नहीं होती। भाजपाई सरकार वाले यूपी, राजस्थान और दिल्ली में सरस्वती पूजा के दिन छुट्टी नहीं होती क्योंकि इन राज्यों में सरस्वती पूजन का पर्व सार्वजनिक त्योहार की तरह नहीं मनता। बंगाल में मनता है इसलिए वहां की धर्मनिरपेक्ष वामपंथी सरकार को भी छुट्टी करना पड़ता है।

सरस्वती पूजा की छुट्टी देने वाली वामपंथी पर बंगाली सरकार के गृहमंत्री बुद्धदेव भट्टाचार्य ने पहले ही कह दिया था कि सरकार ने अपने शिक्षा मंत्री को निर्देश दे दिया है कि शिक्षा मंत्रियों का सम्मेलन अगर राष्ट्रगान के बजाय सरस्वती वंदना से शुरू हो तो वे ऐसी वंदना का बहिष्कार करें। यह निर्देश सम्मेलन शुरू होने के पहले ही दे दिया गया था क्योंकि कार्यक्रम में सरस्वती वंदना का तो उल्लेख था, राष्ट्रगान का नहीं। और पश्चिम बंगाल सरकार की यह मान्यता बिलकुल ठीक है कि एक राजकीय कार्यक्रम की शुरुआत राष्ट्रगान से होनी चाहिए, सरस्वती वंदना से नहीं। जो भाजपाई नेता सरस्वती वंदना के बहिष्कार को चुनाव का मुद्दा बना रहे हैं वे नहीं सोचते कि जिस राज्य में सरस्वती पूजा एक सार्वजनिक त्योहार होता है वहां का शिक्षा मंत्री सरस्वती वंदना का बहिष्कार कर के वापस अपने लोगों में कैसे जा सकता है ? लेकिन बंगाल का शिक्षा मंत्री संघ परिवारियों से सरस्वती वंदना को बेहतर जानता और समझता है। आखिर उसके घर में सरस्वती पूजा होती है।

जो शिक्षा मंत्री शिक्षा मंत्रियों के सम्मेलन में सरस्वती वंदना से एतराज कर रहे थे और उसका बहिष्कार करते हुए चले गए वे दरअसल मानव संसाधन मंत्री मुरली मनोहर जोशी को एजंडे में से उन सिफारिशों को निकालने के लिए मजबूर कर रहे थे जो विशेषज्ञों के नाम पर शामिल की गई थी और बताया नहीं गया था कि ये विशेषज्ञ कौन हैं और ये सिफारिशें अधिकृत एजंडे में नहीं हैं। संलग्न में विचार-विमर्श के लिए रख दी गई हैं। मानव संसाधन विकास मंत्री ने यह सब खुलासे में तब बताया जब मध्य प्रदेश, पश्चिम बंगाल आदि राज्यों ने इसका विरोध किया। अगर गैर-भाजपाई राज्य और सरकार के सहयोगी दल भी इस एजंडे का विरोध नहीं करते तो उस पर बहस भी होती और चितलांगिया नाम के कथित शिक्षा शास्त्री उसके से भाषण भी देते जबकि भाजपा के इस पदाधिकारी का कुल योगदान यह है कि वे धन उगाह कर सस्ते स्कूल चलवाते हैं। चितलांगिया अपने को वानप्रस्थी बताते हैं लेकिन प्लाईवुड के देश के सबसे बड़े उद्योगपति हैं। भाजपा के पास ऐसे ही शिक्षा शास्त्री हैं।

तो इतना तो सिद्ध है कि गैर-भाजपाई सरकारें और बाद में तेलुगुदेशम, अकाली दल, अन्नाद्रमुक और तृणमूल जैसी सहयोगी पार्टियों के विरोध के कारण मानव संसाधन विकास मंत्री को एजंडे में से विशेषज्ञों की वे सिफारिशें निकालनी पड़ीं जो दरअसल संघ परिवार के शिक्षा मंच—विद्या भारती—के बुलाए सम्मेलन में से निकली थी और जिन पर विचार करने से गैर-भाजपाई राज्यों को एतराज था और पुरुषोत्तम दास चितलांगिया जैसे कथित शिक्षा शास्त्री और शिक्षा सेवक को शिक्षा मंत्रियों को भाषण पिलाए बिना जाना पड़ा जिन्हें मंत्रीजी ने बड़े सम्मान और आग्रह से बुलाया था। अपनी इस पराजय पर खिसियाई बिल्ली की तरह खंभा नोचते हुए भी मंत्रीजी ने लोकतंत्र का सहारा लिया और कहा कि जिस पर दूसरे राज्य बहस नहीं करना चाहते उसे हम एजंडे से निकाल देते हैं और जिसे दूसरे शिक्षा मंत्री सुनना नहीं चाहते उसे बिना भाषण दिए भिजवा देते हैं। देखिए हम कितने लोकतांत्रिक हैं।

लेकिन यह लोकतांत्रिकता दिखाने की है। क्योंकि दूसरे ही दिन विश्व हिंदू परिषद के कार्यकारी अध्यक्ष अशोक सिंघल ने शिक्षा मंत्रियों द्वारा सरस्वती वंदना के बहिष्कार को—हिंदुओं का अपने ही देश में घनघोर अपमान बताया। उनने कहा कि बहिष्कार करने वाले मंत्रियों ने हिंदू देवी और हिंदू परंपरा का असम्मान कर के सबसे वाहियात सांप्रदायिकता दिखाई है। इसके पहले आपको याद होगा कि मशहूर चित्रकार हुसैन के घर पर हमला किया गया था क्योंकि उनने सरस्वती को एक चित्र में निर्वस्त्र दिखा कर हिंदुओं की भावनाओं के साथ खिलवाड़ की थी। अब जो सरस्वती अटल बिहारी वाजपेयी, लालकृष्ण आडवाणी, मुरली मनोहर जोशी और हिंदुत्व के नए पंडितों के लिए ज्ञान की देवी और हिंदुओं की सांस्कृतिक-सामाजिक और सेकूलर परंपरा का प्रतीक है वह अशोक सिंघल और उनकी विश्व हिंदू परिषद और बजरंग दल और उसके पहलवान समर्थकों की धार्मिक देवी है और उसके अपमान को वे समस्त हिंदुओं का अपमान मानते हैं और ऐसा करने वालों को सबक सिखा सकते हैं।

वाजपेयी और नए हिंदुत्ववादी सेकूलर लोगों से निपटने के लिए हैं जबकि विश्व हिंदू परिषद, बजरंग दल आदि हिंदुओं की धार्मिक भावनाएं भड़काने के लिए हैं। संघ परिवार ने ये अलग-अलग मुखौटे इसलिए बना रखे हैं क्योंकि हिंदू समाज के संप्रदायीकरण की जो महान मुहिम उसने चला रखी है वह एक लोकतांत्रिक और पंथनिरपेक्ष भारत में भी लगातार चल सके। इसलिए जो लोग कह रहे

हैं कि सरस्वती तो ज्ञान की देवी और भारत की सांस्कृतिक परंपरा की धवल प्रतीक है और उसकी वंदना का बहिष्कार करना दरअसल ज्ञान की वंदना का बहिष्कार कर के राजनीति के लिए मूर्ख बने रहना है वे दरअसल लोकतांत्रिक और पंथनिरपेक्ष भारत को धोखा दे कर अशोक सिंघल के विश्व हिंदू परिषद और विनय कटियार के बजरंग दल के सांप्रदायिक एजंडे को हिंदू समाज में स्वीकार्य बनाने का काम रहे हैं। और ऐसा भी नहीं कि हिंदुओं की सेकूलर परंपरा की दुहाई देने वाले वाजपेयी, आडवाणी और जोशी को हिंदू समाज के संप्रदायीकरण से एतराज हो क्योंकि सरस्वती वंदना के गैर-भाजपाई शिक्षा मंत्रियों द्वारा बहिष्कार को अपने ही देश में हिंदुओं का अपमान और हिंदू देवी और धार्मिक परंपरा का असम्मान करने की बात में बात मिलाने को वे तैयार रहते हैं। नहीं तो यह बताइए कि वाजपेयी और आडवाणी जैसे लोकतांत्रिकता और पंथनिरपेक्षता की रोज दुहाई देने वाले लोग सरस्वती वंदना के बहिष्कार को चुनाव का मुद्दा बनाने में क्यों मदद कर रहे हैं ? ये दोनों नेता जानते हैं कि राजकीय कार्यक्रमों की शुरुआत में सरस्वती वंदना होती रही है और उससे किसी ने एतराज नहीं किया है। और जैसा कि खुद मुरली मनोहर जोशी ने कहा है राजकीय कार्यक्रमों में वेदों और उपनिषदों से भी गायन होते रहे हैं। राष्ट्रपति भवन और संसद भवन में वेदों और उपनिषदों के श्लोक लिखे गए हैं। केंद्र सरकार का सिद्ध वाक्य सत्यमेव जयते संस्कृत में है। वाजपेयी, आडवाणी और जोशी तीनों ही इतने वर्षों से सार्वजनिक जीवन में हैं और उनने सरस्वती वंदना से ले कर वेदों और उपनिषदों से आह्वान राजकीय कार्यक्रमों में सुने हैं।

लेकिन वे यह सोचने-समझने को तैयार नहीं हैं कि गैर-भाजपाई शिक्षा मंत्रियों ने सरस्वती वंदना का बहिष्कार इसलिए किया कि वे एजंडे में विशेषज्ञों की सिफारिशों का विरोध कर रहे थे। वे सिफारिशें उनकी सहमति के बिना और दबा-छुपा कर घुसेड़ी गई थीं। खुद मुरली मनोहर जोशी ने उन्हें शामिल करने को कहा था लेकिन अपने पत्र में बताया नहीं था कि वे किनकी हैं और अधिकृत एजंडे में नहीं हैं। उनका विरोध करने और उन्हें एजंडे से निकलवाने की कोशिश कर के गैर-भाजपाई शिक्षा मंत्रियों ने कोई शिक्षा विरोधी और सरस्वती वंदना न करवाने का आग्रह कर के कोई हिंदू-विरोधी काम नहीं किया था।

फिर भी भाजपा और उसके समझदार कहे जाने वाले नेता इसे हिंदू-विरोधी रवैया और सरस्वती का अपमान बता कर हिंदुओं को ऐसे लोगों को वोट न देने को कह रहे हैं। यह झूठ पर धार्मिक भावनाएं भड़काने की बेशर्म कोशिश है और शर्मनाक यह भी है कि वोट पाने की कोशिशों में संघ परिवार में अशोक सिंघल और अटल बिहारी वाजपेयी में कोई फर्क नहीं है। ये लोग कांग्रेस पर मुसलमानों का वोट बैंक बनाने का आरोप लगाते हैं और अपने गरेबां में झांक कर नहीं देखते कि हिंदुओं का वोट बैंक बनाने के लिए वे खुद कितनी झूठ और सांप्रदायिकता का इस्तेमाल करते हैं। दरअसल ये लक्ष्मी के वाहन सरस्वती के पूजक दिखना चाहते हैं। समझे कि नहीं आप ?

15.11.1998

दिल्ली वाले सिखाएंगे भाजपा को सबक और शासन करने का ढंग

कहीं वे गीता पर हाथ रख कर कसम खा रही हैं कि उनके या उनके पति के रोमेश शर्मा से कभी कोई संबंध नहीं रहे तो कहीं वे हाथ उठा कर वचन दे रही हैं कि वे रात-भर जागेंगी ताकि दिल्ली का प्रत्येक नागरिक चैन की नींद सो सके। फिर वे अखबारों को यह भी बता रही हैं कि वे दिल्ली के बारे में किए गए सभी चुनाव सर्वेक्षणों को झूठ साबित कर देंगी क्योंकि उनने हवा बदल दी है और दिल्ली के मतदाताओं का दिल फिर जीत लिया है।

सुषमा स्वराज दरअसल हारते संग्राम की महानायिका की तरह जुनून में तलवार चलाती हर मोर्चे पर दिखाई दे रही हैं। उन्हें भाजपा ने समझा दिया है कि वही दिल्ली में भाजपा की सत्ता बचाने वाली सबसे बड़ी वीरांगना हैं और बेचारी सुषमा स्वराज ने अपनी दी गई भूमिका को बड़ी गंभीरता से स्वीकार कर लिया है। आखिर उन्हें एक निकम्मे और बेहद बेकार साहिब सिंह वर्मा को मुख्यमंत्री की कुर्सी से हटा कर इसलिए बैठाया गया है कि वे अपनी साफ-सुथरी और सक्षम छवि से दिल्ली वालों का गुस्सा उतार सकें।

संघ परिवार का मुखौटों में अटूट विश्वास है। वह विश्वास करता है कि लोग मंच पर भरे जा रहे स्वांग को सही मानते हैं, नहीं तो नाटक देखने क्यों आते ? और तालियां क्यों बजाते ? या सत्य की हत्या होने पर धाराधार क्यों रोते ? मुखौटों और नाटक में इस विश्वास के कारण वे समस्या की जड़ तक पहुंच कर उसका निराकरण नहीं करते। वे दिखाते हैं कि देखो हमने समस्या हल कर दी। आपका गुस्सा था ना कि साहिब सिंह न बिजली का इंतजाम कर सके, न पानी का। केंद्र में भाजपा सरकार और लालकृष्ण आडवाणी जैसे लौह पुरुष के गृहमंत्री होते हुए भी राजधानी में अपराध की महामारी को रोकने में विफल रहे। लो, हमने उन्हें हटा दिया। उनकी जगह सुषमा स्वराज को लाए हैं जो देखते-देखते सब ठीक कर देंगी।

संघ परिवार और भाजपा के बड़े नेता अब आविष्कार कर रहे हैं कि उनकी तरह जनता मुखौटों और स्वांग पर भरोसा नहीं करती। आसमान छूती महंगाई ने उसका जीना दूभर कर दिया है और उसे भरोसा नहीं है कि वह कुछ और मेहनत करने गई तो चोर-लुटेरे घर का बचा-खुचा सामान भी गायब नहीं कर देंगे। लोग आखिर अपनी सरकार को शासन पर महारानी बनी बैठी देख-देख कर संतुष्ट नहीं होते। वे चाहते हैं कि जिसे सत्ता सौंपी उसे शासन चलाना आना चाहिए। दो-ढाई साल से दिल्ली में भाजपा सरकार लोगों की रोजमर्रा जिंदगी बेहतर करने में नहीं लगी थी। वह शासन करने का नाटक कर रही है। बिजली, पानी, असुरक्षा आदि की समस्याएं ही उसके नाटक के चलते विकट नहीं हो रही थीं। केंद्र में उसकी सरकार बनने के बाद से तो सब्जियों, अनाज, तेल और रोजमर्रा की सभी चीजों के दाम आसमान चढ़ गए। इतनी महंगाई पहले कभी नहीं हुई। लेकिन न केंद्र की सरकार से कुछ करते बना, न दिल्ली की सरकार से।

उलटे सरकार चलाने वालों ने लोगों की तकलीफों को ना कुछ कर के दिखाया। उनने कहा

कि प्याज साठ रुपए किलो भी नहीं मिलता तो कोई बात नहीं, सेब खाओ। सेब सस्ता है। उन्हें याद नहीं रहा कि फ्रांस की एक महारानी ने रोटी मांगते भूखे लोगों से यही कहा था कि रोटी नहीं मिलती तो क्या हुआ, केक खाओ। उसके बाद फ्रांस में क्रांति हो गई। न वे राजा रहे, न रानी। भाजपाई नेताओं ने कहा कि ठीक है कि आपको प्याज के ज्यादा पैसे देने पड़े। लेकिन देखो भ्रष्टाचारी सरकार की कीमत पांच साल चुकानी पड़ती है। हम ईमानदार लोग हैं। हमें सरकार चलाना नहीं आता तो क्या हुआ ? और इस तरह आठ महीनों में भारतीय जनता पार्टी ने दिल्ली (और राजस्थान और मध्य प्रदेश) की जनता के सामने सवाल रख दिया कि क्या चाहिए–भ्रष्ट और सक्षम सरकार या निकम्मी और ईमानदार सरकार ? लोग कह रहे हैं कि तुम्हारा निकम्मापन तो साबित हो गया। ईमानदारी तुम्हारा दावा है कि जिसका खोखलापन अभी साबित होना है।

आखिर रोमेश शर्मा का भंडाफोड़ इसी से हुआ ना कि उसकी जांच कर रहे एक छोटे अफसर इनकम टैक्स के एडिशनल कमिश्नर विश्वबंधु गुप्त का तबादला इन्हीं सुषमा स्वराज ने करवाया जो अब गीता पर हाथ रख कर कसम खा रही हैं कि उनका या उनके पति का रोमेश शर्मा से कभी कोई लेना-देना नहीं रहा। कोई मुख्यमंत्री किसी छोटे-मोटे अफसर के तबादले में इतनी रुचि क्यों लेता है ? इनफोर्समेंट के डाइरेक्टर बेज बरुआ को कौन और क्यों हटा रहा था और बड़ी अदालत ने उस तबादले को क्यों रुकवाया ? नांगलोई जाट में मरवा दिए गए भाजपा के वागी उम्मीदवार वेद सिंह के तथाकथित हत्यारे दूसरे दिन ही पकड़ लिए गए ताकि साहिब सिंह वर्मा अन्न-जल ग्रहण कर सकें। ऐसा क्यों हुआ कि उन्हीं के गाँव के लोगों ने साहिब सिंह वर्मा को वेद सिंह की हत्या में शामिल माना और शोक प्रकट नहीं करने दिया ? साहिब सिंह तो आखिर जाटों के दिल्ली में एकमात्र नेता हैं लेकिन उन्हीं का गाँव उन्हें अपने पुराने साथी की हत्या में लिप्त पाता है ?

भाजपाई ईमानदारी के ढोल कितने ही सुहाने बताए जाएँ, लोगों को मालूम पड़ने लगा है कि संघ परिवारी अपने को चाहे जितना ईमानदार, सुसंस्कृत और राष्ट्रवादी आदि कहें, भ्रष्टाचार करने में उनमें वह नफासत नहीं है जो कांग्रेसियों में होती है। ईमानदारी सिर्फ एक मुखौटा है, स्वांग है और परदा है। भाजपाइयों ने सत्ता के लिए वह सब करने का तय कर लिया है जो कांग्रेसी करते रहे हैं। सत्ता के फलित के लिए वे उसी तरह तैयार हैं जिस तरह कांग्रेसी रहते आए हैं। इसलिए रोमेश शर्मा से लेना-देना होते हुए भी गीता की कसम खाकर कहना पड़ता है कि नहीं हमारा उससे कोई संबंध नहीं है। याद भी किए कि बोफोर्स पर राजीव गांधी ने भी इसी तरह कसम खाई थी। तो सत्ता लेने और उस पर काबिज रहने के लिए भाजपाई वह सब कर रहे हैं जो कांग्रेसी करते रहे हैं। लेकिन कांग्रेसी सत्ता में रहने और उसके जरिए लूटपाट करने के लिए जनता के जो काम करते रहे हैं और सरकार चलाते रहे हैं वह करने को संघ परिवारी तैयार नहीं हैं क्योंकि सत्ता में आने के बाद उनका अपना एजंडा सबसे महत्त्वपूर्ण हो जाता है। और यह एजंडा जनता की सेवा नहीं हिंदुत्व की स्थापना है। हिंदुत्व की स्थापना के लिए सत्ता में आते ही निर्णायक और महत्त्वपूर्ण स्थानों पर उन लोगों को बैठाना है जो हिंदुत्व की स्थापना में मददगार हो सकें। मदनलाल खुराना इसके सही पात्र नहीं थे इसलिए संघ ने जिन साहिब सिंह वर्मा को कांग्रेस के सज्जन कुमार से टक्कर लेने के लिए उन्हीं की तरह के उस्ताद बना कर तैयार किया था उन्हें मुख्यमंत्री बनाया। वे खुराना की तुलना में संघ का एजंडा ज्यादा तेजी और निष्ठा से पूरा कर सकते थे। हवाला से बरी हुए बाकी के नेताओं को तो वापस उनके पद मिल गए लेकिन खुराना को फिर मुख्यमंत्री नहीं बनाया क्योंकि संघवाले साहिब सिंह वर्मा को हटाने को तैयार नहीं थे।

भाजपा के बड़े-से-बड़े नेता अटल बिहारी वाजपेयी और लालकृष्ण आडवाणी ने तय कर लिया था कि मदनलाल खुराना को फिर मुख्यमंत्री बना कर उन्हीं की अगुआई में चुनाव लड़ना है। लेकिन यह संघ वालों को मंजूर नहीं था कि साहिब सिंह वर्मा की जगह फिर खुराना आएं। इसलिए साहिब

सिंह ने इस्तीफा देने से इनकार कर दिया और सुषमा स्वराज को बनाना पड़ा। साहिब सिंह वर्मा को लगा कि उन्हें हटाना उनका अपमान है इसलिए प्रधानमंत्री को कहा गया कि उन्हें केंद्रीय मंत्रिमंडल में ले लिया जाए ताकि यह धारणा घर न करे कि उन्हें निकम्मा मान कर हटाया गया है। उनको शपथ दिलाना जब तय हो गया तो खुराना ने कहा कि अगर साहिब सिंह वर्मा को लिया गया तो वे मंत्रिमंडल से इस्तीफा दे देंगे।

हालत जब ऐसी हो गई तो फिर नाटक खेला गया। प्रधानमंत्री की तरफ से साहिब सिंह वर्मा को चिट्ठी लिखी गई कि हम आपको मंत्रिमंडल में ले रहे हैं। लेकिन वर्माजी को तो त्यागी और पार्टी का सेवक साबित करना था। इसलिए उनकी तरफ से प्रधानमंत्री को पत्र लिखवाया गया कि दिल्ली में भाजपा को चुनाव जिता कर ही मैं केंद्रीय मंत्रिमंडल में आऊंगा। महीने-भर मंत्री न होने का त्याग कर रहा हूं। वर्माजी ने जब यह पत्र खुद जा कर प्रधानमंत्री को दिया तो वे इस अद्भुत त्याग पर ऐसे धाराधार रोने लगे कि उनके आंसू ही न रुके। बहन सुषमा स्वराज भी रोने लगीं कि देखो मुझे मुख्यमंत्री बनवाने के लिए भाई साहिब सिंह वर्मा ने कितना बड़ा त्याग किया है। महीने-भर के लिए मंत्री पद को निलंबित रखा। सब भूल गए कि बीस साल पहले नानाजी देशमुख ने जनता पार्टी सरकार में उद्योग मंत्री का पद लिया ही नहीं और बाद में उसका जिक्र तक नहीं किया।

इस नाटक पर भी संघ परिवारियों ने ही विश्वास किया। जनता तो साहिब सिंह वर्मा और सुषमा स्वराज की असलियत जानती है। इसलिए दिल्ली के लोगों में साहिब सिंह वर्मा के लिए निकम्मेपन पर जो गुस्सा था वह सुषमा स्वराज के सुंदर मुखौटे के सामने रखे जाने के बावजूद नहीं उतरा। आज के मतदान में वह कितना उतरता है यही देखना है। लोकतंत्र में लोग इसलिए वोट दे कर सत्ता सौंपते हैं कि शासक उनके लिए शासन करेंगे। लेकिन शासकों का अगर अपना एजंडा होता है और वे उसी को पूरा करने में लग जाते हैं तो उन्हें जनता पटिए पर बैठा देती है। भाजपा को इस चुनाव से यह सबक मिल जाए तो शायद आगे वह सुधर सकती है।

25.11.1998

गांधी की समाधि का एक और नाटक

भाजपा और उसकी गठबंधनी सहेली पार्टियों ने अपने राज्य की जो फजीहत कर रखी है उससे मन ही नहीं करता कि किसी राजकीय समारोह में शामिल हुआ जाए। देवेगौड़ा और गुजराल के प्रधानमंत्रित्व में भी राज के बुरे हाल थे और इंदिरा गांधी के इमरजंसी राज में तो वह अपने ही देश पर अत्याचार करने का माध्यम बना दिया गया था। लेकिन इमरजंसी और राष्ट्रीय मोर्चे की सरकारों के दौरान राज्य कभी भी इतना दयनीय नहीं हुआ जितना कि भाजपा की अगुआई वाली इस सरकार ने उसे बना दिया है। उसका इकबाल तो खैर रहा ही नहीं है वह संघ परिवार के संगठनों को मौका देने और उनकी रक्षा करने का हथियार और कवच दोनों बना दिया गया है। गठबंधन की सहेली पार्टियां सत्ता की मलाई से इतना बड़ा टुकड़ा निकालने के लिए भिड़ी रहती हैं कि मंत्री पद और मंत्रालय भी सौदेबाजी में आ गए हैं। प्रधानमंत्री के विशेषाधिकार की बात सिर्फ कहने की है। अटल बिहारी वाजपेयी से ज्यादा सत्ताविहीन प्रधानमंत्री नहीं हुआ। जी हां, गुजराल और देवेगौड़ा अटलजी से कहीं अधिक सत्तावान प्रधानमंत्री थे।

और अपन पांच साल तक नरसिंह राव को अकर्म को पराक्रम मानने वाला प्रधानमंत्री लिखते रहे। लेकिन वे भी अटल बिहारी वाजपेयी की तुलना में कहीं अधिक पराक्रमी थे। उनके रहते सोनिया गांधी वंशवाद की कांग्रेस में परम स्वीकृति के बावजूद राजकाज में वह दखल कभी नहीं दे पाईं जो संघ भाजपाई सरकार के चलते दे रहा है। एक बार अपन ने अटलजी को इंडियन एयरलाइंस की किसी एक उड़ान में कहा था कि हम सब लोगों ने संजय गांधी की असंवैधानिक शक्ति और सरकार में उनकी दखलंदाजी को इमरजंसी और भटके हुए मातृत्व का अभिशाप कहा था। लेकिन जिस दिन केंद्र में भाजपा की सरकार बनेगी वह असंवैधानिक संस्था के सत्ता केंद्र के प्रति उत्तरदायी होगी। संघ के मधुमेह पीड़ित चार-पांच नेताओं को वह सरकार रिपोर्ट करेगी और देश की जनता के प्रति उत्तरदायी नहीं होगी। वे लोग खुद अपने से नहीं तो ज्यादा-से-ज्यादा संघ के प्रति उत्तरदायी होंगे। ऐसी सरकार जनता के जनादेश पर तो नहीं चलेगी। अटलजी ने हंस कर और व्यंग्य में कहा था कि प्लेटो ने क्या दर्शनशास्त्रियों की सरकार की बात नहीं कही है। संघ के लोग प्लेटो के फिलासफरों की तरह सरकार को गाइड करेंगे।

अब भाजपा के सुषमा स्वराज या प्रमोद महाजन जैसे अनुभवी और बुजुर्ग नेता चाहते हैं कि हम विश्वास करें कि संघ की सरकार और भाजपा में कोई दखलंदाजी नहीं है। पूरी जिंदगी जनसंघ-भाजपा में बिताने वाले खुराना, वाघेला और शेखावत जैसे बेचारे नाहक शिकायत करते हैं। कुछ हैं संघ परिवार में कि जो राजनीति में देश-भर में सफल माने जाते हैं उनके पर काटने और उन्हें अपनी जगह दिखाने के लिए संघ हमेशा तत्पर रहता है। संघ वाले अब एकनिष्ठ ब्रह्मचारी हैं और जब वे देखते हैं कि सत्ता में आए स्वयंसेवक शान-शौकत में पड़ गए हैं तो उन्हें सत्ता से अलग कर के तड़प-तड़प कर समाप्त होने के लिए छोड़ दिया जाता है। खुद अटलजी जब सत्ता में नहीं होंगे तो बताएंगे कि किस तरह

संघ के फ्रेंड फिलासफर और गाइड जनता को अपनी मुट्ठी में रखना चाहते हैं। उन्हें न जनता ने चुना है, न वे जनता के प्रति अपने को उत्तरदायी मानते हैं। लेकिन उनकी न सिर्फ अपेक्षा होती है बल्कि उनने इंतजाम कर रखा है कि परिवार का जो भी संगठन और व्यक्ति सत्ता में हो वह संघ को रिपोर्ट करे। जिनके कहने पर सरकार बनने के दौरान ही जसवंत सिंह का नाम मंत्रियों की सूची से काटा जा सके और जो खुराना को पटिए पर बैठाने का तय कर लें तो अटलजी प्रधानमंत्री होते हुए भी उन्हें बचा न सकें—संघ के उन सत्ताधारियों को आप कैसे राजनीति में कोई रुचि न लेने वाले ब्रह्मचारी और समाजसेवी स्वयंसेवक भर कह कर छुट्टी कर लेंगे ? जो लोग जानते हैं कि संघ कैसे काम करता है वे तो बहकावे में नहीं आएंगे पर परिवार वालों की लगातार प्रचार की कोशिश रहती है कि संघ को निस्संग और किसी भी पारिवारिक संस्था के काम में कोई दखल न देने वाला बताया जाए। यह भी संघ के कुल अनुशासन का एक पहलू ही है।

इसलिए भाजपा की अगुआई वाले इस गठबंधन के राज में संघ वह संस्था है जिसे सरकार रिपोर्ट करती है। राष्ट्रपति वह संवैधानिक अध्यक्ष नहीं है जिसके प्रति सरकार उत्तरदायी है। संवैधानिक कामकाज की औपचारिकता जो भी हो और उसे जैसे भी निभाया जाता हो भाजपा के राज में असली सत्ता केंद्र में नहीं संघ में अधिष्ठित हो जाती है इसलिए गणतंत्र दिवस पर राष्ट्रपति भवन के राजकीय स्वागत समारोह में शामिल होना सचमुच औपचारिक और खोखला रिवाज बन जाता है। भाजपा राज की इस वास्तविकता के खतरे को अपन आज नहीं आठ-दस साल से जानते हैं इसलिए अबकी बार गणतंत्र दिवस मध्य प्रदेश के रायसेन जिले के एक गांव-कैंप फाइव यानी भागीरथपुरा में बिताया। असली गणाधिपति तो आखिर अपने गांव के वे लोग ही हैं जो सरकार को आदेश देते हैं जिनके बूते पर गणतंत्र टिका हुआ है। खोखले होते जिस सुपर ढांचे को हम दिल्ली में देखने के आदी हो गए हैं उसकी जान तो अपने देश के इन गांवों में है।

गणतंत्र के इस पचासवें साल में इस गांव का बहुत अपना और दर्दभरा अस्तित्व है। कैंप फाइव नाम ही किसी जैविक गांव का नाम नहीं लगता। है भी नहीं। इस गांव में जिन ओड़ लोगों को बसाया गया है वे भारत-विभाजन के समय मुलतान से भारत आए थे और हरियाणा के हिसार जिले के मोठ लोहारी गांव में रहने के बाद शरणार्थियों के इस जगह लगे पांचवें कैंप में लाए गए थे। वहां ये नहरें खोदने और उन्हें सिंचाई के लिए पानी पहुंचाने के लायक बनाने का काम करते थे। पुश्तों से करते रहे होंगे इसीलिए भागीरथ को पूजते हैं। गंगा को धरती पर लाने वाले उस पुराण पुरुष को अपना देवता मानने वाले इन ओड़ लोगों ने आखिर अपने ठौर को कैंप से गांव में परिवर्तित किया और उसका नाम भागीरथपुरा रख लिया। मध्य प्रदेश सरकार के समानांतर स्कूल खोलने के कार्यक्रम का लाभ लेते हुए इस गांव के लोगों ने भी अपना स्कूल खोला और इस स्कूल के चलने से वहां एक सेवक शिक्षक—गंगोल—आए और उनके होने से गांव में से ही एक पढ़ा-लिखा नौजवान आगे आया, शिक्षक बना और उसके कारण कच्ची शराब निकालने, पीने और बेचने में उजड़ता यह गांव फिर बसा और स्थिर हुआ। गांव की औरतों और बच्चों ने ही नदी किनारे बनी भट्टियां तोड़ दीं और मटके फोड़ दिए। एक औरत ने अपने गणतंत्र दिवस भाषण में कहा कि किस तरह मटके फोड़ने के बाद वे थाने जा कर अपने देवतों को छुड़ा कर लाए क्योंकि उन्हें अवैध शराब बनाने के जुर्म में पुलिस पकड़ ले गई थी।

गांव वालों ने कहा कि ऐसा तो नहीं हुआ है कि गांव के हर आदमी ने मांस-मदिरा की लत छोड़ दी हो। लेकिन गांव अब शराबखोरी और अवैध धंधे से बाहर हो गया है। उनने कहा कि अगर सिंचाई के लिए पानी की सुविधा हो जाए तो जो भी जमीन बची है उस पर खेती कर के हम

लोग खुशहाल हो सकते हैं। उनसे कहा कि भाई आप लोग तो अपने को भागीरथ की संतान मानते हैं। एक छोटी नदी के किनारे आपका गांव है। एक छोटा बांध बना कर और उसमें से पानी उठा कर नहरें बहाने का काम तो आप खुद ही कर सकते हैं। फिर भी गांव वालों ने गोपालकृष्णन की ओर देखा जो मध्य प्रदेश में चलते कई राजीव गांधी मिशन कार्यक्रमों के कोआर्डिनेटर हैं। लोगों का सरकार की ओर देखना आजादी के बाद अपने लोगों में आई राज्यनिर्भरता का उदाहरण है। सिंचाई के साधनों के लिए भागीरथपुरा के ओड़ लोगों का सरकार की तरफ देखना सचमुच विडंबना लगता है लेकिन हमारी राजनैतिक पार्टियों ने 'तुम हमें वोट दो हम तुम्हें स्वर्ग देंगे' की रस्म चला कर लोगों को राज्य अधीन होने का लालच दे कर पराक्रमहीन कर दिया है।

आजादी के बाद अपना देश अपने हाथों बनाने का जो मंत्र गांधीजी ने बनाया था उससे राष्ट्र को भटकाने का अपकर्म हमारी राजनैतिक पार्टियों ने किया है। उसके दर्शन दिनोंदिन बड़े होते दिख रहे हैं। जैसे कि स्वदेशी का नारा देने वाली भाजपा अपनी अगुआई की सरकार बनने के बाद मनमोहन सिंह की नीतियों पर और भी बेशरमी से चलने ही नहीं कुलांचे भरने लगी है। मैं सुनता हूं कि अमेरिकी विदेश उपमंत्री स्ट्रोब तालबोट की जब भी जसवंत सिंह से मुलाकात होती है तो पहली बात वे यही पूछते हैं कि भारत बीमा सेक्टर विदेशी कंपनियों के लिए कब खोल रहा है। कब आप पेटेंट कानून बदल कर विश्व व्यापार संगठन की शर्तें पूरी करेंगे। और आप देख रहे हैं कि बीमा विधेयक आ गया है और पेटेंट के लिए आर्डिनेंस जारी हो गया है। स्वदेशी देश को एक कर मजबूत करने की अवधारणा नहीं बीच में से काटने वाली तलवार बन गई है। फिर भी भाजपा और संघ परिवार स्वदेशी का जाप कर रहा है। सरकार ने आज तक नहीं बताया कि आखिर ऐसी क्या मजबूरी है कि सब क्षेत्र विदेशी कंपनियों के लिए खोलना जरूरी है ? क्यों हम कह नहीं सकते कि हम अपने राष्ट्रहित आपके बाजार के हवाले नहीं कर सकते। राष्ट्रवादी होने और राष्ट्रभक्ति का अपना ठेका मानने वाली भाजपा की सरकार कैसे और क्यों अपने लोगों के हित बाजार में नीलाम कर रही है ?

कहते हैं कि संघ परिवार के कुछ संगठन यह बात जब भाजपाई सरकार के मुखिया प्रधानमंत्री से पूछते हैं तो उन्हें बहुत बुरा लगता है। वे सुनना नहीं चाहते हैं कि उन्हें राष्ट्रहित बाजार में लुटाने वाला या देश को गिरवी रखने वाला नेता कहा जाए। लेकिन यूरिया पर सबसीडी घटाने का मामला हो चाहे गरीबों के लिए राशन से मिलने वाला अनाज हो–सब जानते हैं कि सबसीडी घटाने पर जोर विश्व बैंक और मुद्रा कोष की तरफ से है। यह सरकार और इसे चलाने वाली सबसे बड़ी पार्टी भाजपा दुखी होती है कि प्याज के दाम बढ़ने से लोग उसे वोट नहीं देते लेकिन भारतीय वोटर की चिंता किए बिना अपने बाजार की फिकर करने वाली विश्व बैंक के दबाव में सबसीडी घटाने को तैयार हो जाती है। दक्षिण पूर्व एशिया के जिन देशों के अर्थतंत्र के उदाहरण पर हमें चलने को कहा जा रहा था वे बोहराजी की दारू की तरह खोटे निकल गए। फिर भी हम विश्व बैंक और मुद्रा कोष की जी हजूरी करने को तैयार हैं। स्वदेशी पर चलने के लिए हिम्मत और अपने आप में भरोसा चाहिए। इस सरकार में वह नहीं है।

जिस तरह वह अपने रास्ते को छोड़ कर विश्व बैंक को सलाम बजाने को तैयार है उसी तरह देश में जहां कहीं कार्रवाई करने की जरूरत होती है, वहां बहस करवाने या वह भी न हो तो प्रायश्चित और उपवास करने का पराक्रम करती है। जैसे गुजरात और ओडीशा में सरकार से कुछ नहीं बना

तो प्रधानमंत्री अटल बिहारी वाजपेयी राजपाट के कमंडल को अलग रख कर गांधी की समाधि के चक्कर लगाने और उनकी पुण्यतिथि पर उपवास करने बैठ गए। अब अगर आपका विश्वास अहिंसक नैतिक शक्ति में है तो आपके उपवास से कोई नैतिक शक्ति प्रकट हो सकती है। लेकिन आपका विश्वास तो राज्य की स्वभाव से ही दमनकारी सत्ता है और इसलिए आप न सिर्फ प्रधानमंत्री हो जाते हैं बल्कि होने के तत्काल बाद पोखरन में पांच अणु बम फुड़वा देते हैं। आपके आंगन में बैठे आपके बचुवा सलाहकार इस पराक्रम से भारत को वर्ल्ड प्लेयर बता देते हैं और अपनी बात पर मुग्ध हो कर खम ठोंकने लगते हैं। जब राज्य और हिंसक संहारक शक्ति में आपका ऐसा विश्वास है तो भई ओडीशा के मनोहरपुर में एक आस्ट्रेलियाई कुष्ठरोगी सेवक और उसके दो मासूम बच्चों को जला कर मार देने की घटना से आप कैसे विचलित हो सकते हैं। आपको गांधी की समाधि पर प्रायश्चित और आत्म मंथन करना शोभा नहीं देता क्योंकि उस नैतिक शक्ति में आपका रत्ती-भर विश्वास नहीं है जो गांधी की असली और प्रभावी ताकत थी। आप महाबली अमेरिका को अपने चरणों में झुकाते शोभा देते हैं, नंगे फकीर की समाधि की परिक्रमा करते हुए तो आप दयनीय ही दिखते हैं।

भाजपा और पूरा संघ परिवार कांग्रेस को गांधी का दुरुपयोग करने का दोषी बताता रहा है और साफ भूल जाता रहा है कि इस गांधी की हत्या में संघ पर भी हाथ होने का आरोप लगा है। इसी गांधी का इस्तेमाल अब अटलजी सर्व पंथ समभाव और सांप्रदायिक समरसता की भावना जगाने के लिए कर रहे हैं। अटलजी जानते हैं कि संघ परिवार सर्व पंथ समभाव में विश्वास नहीं करता। वह ऐसे हिंदुत्व को सर्वोपरि मानता है जो हिंदुओं के धर्म का नहीं उनके बहुसंख्यवाद का वर्चस्व इस देश में कायम करना चाहता है। संघ परिवार के अदने से अदने कार्यकर्त्ता भी कहते हैं कि भारत तो हिंदू राष्ट्र है ही क्योंकि वह हिंदुओं का राष्ट्र है। यह कि हिंदू राष्ट्र आखिर एक राजनैतिक अवधारणा है और उसका मेल हिंदुओं के राष्ट्र होने से नहीं खाता इसको समझने-समझाने की उसी तरह जरूरत नहीं है जैसे कि कभी भारत के सर्वोच्च न्यायालय के मुख्य न्यायाधीश रहे जेसी वर्मा को हिंदू धर्म और हिंदुत्व दोनों के ही जीवन पद्धति होने का भ्रम रहा। वीर सावरकर तक ने साफ कहा कि हिंदुत्व हिंदू धर्म नहीं है लेकिन हिंदुत्व के झंडाबरदारों का काम भ्रम पैदा करने से ही चलता है। अटलजी इसी भ्रम को बढ़ाने की भूमिका अदा करते हैं।

जैसे कि बाबरी मस्जिद के गिराए जाने को एक अवांछित घटना बताने का काम अटलजी करते रहे हैं इस उदाहरण के साथ कि महात्मा गांधी कहते थे कि भारत का विभाजन मेरी लाश पर होगा। लेकिन विभाजन हो गया तो उसे उनने मंजूर किया कि नहीं। हम भी नहीं चाहते थे कि बाबरी मस्जिद गिराई जाए लेकिन गिर गई तो क्या करें। देश के विभाजन में गांधी की भूमिका और बाबरी मस्जिद को गिराने में संघ परिवार की भूमिका को एक जैसी बता कर बाबरी मस्जिद के ध्वंस को स्वीकारणीय बताने का भ्रम अटल बिहारी वाजपेयी ही पैदा कर सकते थे।

गांधी में ऐसा अटल विश्वास रखने वाले प्रधानमंत्री जब प्रायश्चित और उपवास करने राजघाट पर उनकी समाधि पर जाएं तो जो गांधी को थोड़ा बहुत भी समझते हों और जिनकी गांधी में आस्था हो उनको समाधि से दूर हो जाना चाहिए। गांधी की समाधि की पवित्रता कई बार कई लोगों ने भंग करने की कोशिश की है। एक कोशिश एक भाजपाई प्रधानमंत्री ने भी इस तीस जनवरी को की। गांधी तो अपवित्र नहीं होंगे, हां नाटक का भंडाफोड़ जरूर होता है।

7.2.1999

परिवारी संगठन और सहेली पार्टियां

कहने को भाजपा के प्रवक्ता वेंकैया नायडू ने कह दिया है कि उनकी पार्टी तो सत्तारूढ़ गठबंधन के एजंडे पर ही चलेगी विश्व हिंदू परिषद की धर्म संसद के बनाए हिंदू एजंडे पर नहीं। लेकिन राजशक्ति को धर्मशक्ति के कहने पर चलाने वाले विश्व हिंदू परिषद के अंतर्राष्ट्रीय उपाध्यक्ष गिरिराज किशोर ने जो तथाकथित हिंदू कार्यक्रम घोषित किया है वह गठबंधन के लिए सचमुच विनाशक संकट पैदा कर सकता है। गठबंधन की पार्टियों और संघ परिवार के संगठनों के बीच एक नई रस्साकशी शुरू हो सकती है जो गठबंधन को तोड़ देगी।

तीन-चार महीनों से संघ परिवार के संगठन जो सक्रियता दिखा रहे हैं, खास कर परिषद और बजरंग दल–उसके पीछे परिवार का यह निष्कर्ष है कि 'राज करने का जो एजंडा' गठबंधन ने बनाया है उसकी कीमत भाजपा और पूरे संघ परिवार को चुकानी पड़ रही है। भाजपा को अपना जाना-माना एजंडा छोड़ना पड़ा है इसलिए उसकी 'हिंदू' पहचान धूमिल हुई और वह जनता में अपना आधार खो रही है। गए साल नवंबर में हुए विधानसभा चुनावों में दिल्ली, राजस्थान और मध्य प्रदेश में भाजपा की हार एक अप्रभावी सरकार की मुखिया पार्टी होने के कारण हुई। फिर इस एजंडे के नाम पर छोटी-मोटी पार्टियां भी सरकार को झुकाकर अपने काम करवा लेती हैं, लेकिन भाजपा और संघ परिवारी संगठनों को अपने एजंडे छोड़ने पड़ रहे हैं क्योंकि सरकार चलानी है। भाजपा तो अपने एजंडे पर लौट नहीं सकती क्योंकि इससे तो सरकार ही टूट जाएगी। सरकार को चलने दे कर और उससे संरक्षण लेते हुए परिवार के दूसरे संगठन भी सरकार पर दबाव डालें और पूरे जोर-शोर से अपने-अपने एजंडों पर काम करने लगें।

एक लुंज-पुंज सरकार में होने के खामियाजे को कम से कम करने और परिवार के एजंडे को पूरे जोर से आगे बढ़ाने की दोतरफा रणनीति संघ में बनाई गई। विश्व हिंदू परिषद और बजरंग दल ने ईसाई मिशनरियों के खिलाफ अपने कार्यक्रम पर अमल शुरू किया। गुजरात में भाजपाई सरकार के संरक्षण में जो अभियान शुरू हुआ वह देश के कई राज्यों में फैल गया। ओडीशा में कुष्ठरोगी सेवक आस्ट्रेलियाई मिशनरी और उसके दो मासूम बेटों की जीते-जी अंत्येष्टि उस जीप में ही कर दी गई जिसमें वे सो रहे थे। कुछ और राज्यों में भी ईसाई और ईसाई मिशनरियों पर हमले हुए। गुजरात की सरकार और छुटभैए भाजपा नेताओं ने कहा कि यह बुरा हो रहा है लेकिन इसके पीछे धर्मांतरण है जो ईसाई मिशनरी लालच और भुलावे से करवा रहे हैं। गृहमंत्री आडवाणी से प्रमोद महाजन तक कहने लगे कि इसके पीछे बजरंग दल नहीं है क्योंकि हम जानते हैं कि बजरंग दल में आपराधिक तत्त्व नहीं हैं। गुजरात की भाजपा सरकार को क्लीन चिट देने पहुंचे प्रधानमंत्री ने वहां कहा कि धर्मांतरण पर राष्ट्रीय बहस होनी चाहिए।

अब अटलजी लखनऊ में कहते हैं कि मैंने बहस की नहीं संवाद की बात कही थी। उस दिन के सारे अखबार मैंने देख लिए, किसी ने नहीं छापा है कि प्रधानमंत्री ने धर्मांतरण पर अलग-अलग समुदायों में संवाद की बात कही है। गुजरात की घटनाओं पर कोई प्रशासनिक कार्रवाई करने के बजाय राष्ट्रीय बहस करवाने की बात कहने पर प्रधानमंत्री की देश-भर में जो आलोचना हुई उसी

का असर है कि बहस संवाद में बदल गई। और संवाद के लिए तो पहली जरूरत सद्भाव और आपसी भरोसे की होती है। अटलजी ने यह सद्भाव पैदा करने और आपसी भरोसा जगाने की कोई कोशिश की हो ऐसा देखने में नहीं आया। बल्कि गुजरात की घटनाओं के बाद एक पादरी और उसके दो मासूम बच्चों को जिंदा जला देने की दिल दहला देने वाली वारदात और हो गई।

सुरक्षा और भय में ईसाई समुदाय और दुबक और बिदक गया। संवाद ऐसा अल्पसंख्यक समाज करता है जिसे बहुसंख्यक समाज में पूरा भरोसा हो। संघ परिवार के संवाद या बहस करने वाले न तो हिंदू समाज के प्रतिनिधि हैं, न उन्हें भारत के हिंदू समाज की पारंपरिक उदारता और सहनशीलता में विश्वास है। इसके ठीक विपरीत संघ परिवारी मानते हैं कि अपनी उदारता और सहनशीलता के कारण ही हिंदू समाज को एक हजार साल की गुलामी भुगतनी पड़ी है। संघ परिवारी यह भी मानते हैं कि अल्पसंख्यक तभी सीधे मुंह बात करते हैं जब बहुसंख्यक उन्हें अपनी ताकत दिखा दें। वे मानते हैं कि अल्पसंख्यक बलशाली और सत्ताधारी बहुसंख्यक समाज की ही सुनते हैं। बाबरी मस्जिद इसीलिए गिराई गई कि मुसलमान समझ लें कि हिंदू अब उनके साथ वह सब कुछ करने को तैयार और बलवान है जो मुसलमानों और ईसाइयों ने उनके साथ किया है। प्रधानमंत्री की राष्ट्रीय बहस की बात इसी संदर्भ में देखी और समझी गई और इसलिए न कोई बहस हुई, न कोई संवाद हुआ।

उलटे भाजपा के साथ गठबंधन में राज करने वाली पार्टियों को जब कहा गया कि वे गठबंधन धर्म का पालन नहीं कर रही हैं तो उनने कहा कि भाजपा पहले अपने परिवारी संगठनों को रोके जो न सिर्फ सरकार को बदनाम कर रहे हैं बल्कि गठबंधन के एजंडे को भी तोड़ रहे हैं। इसलिए जब दो फरवरी को गठबंधन के संकल्प को जारी किया गया तो उसमें गठबंधन की सहेली पार्टियों से सरकार की किसी नीति या कार्रवाई की आलोचना न करने को कहा गया तो भाजपा से भी कहा गया कि चूंकि वह गठबंधन की मुखिया पार्टी है इसलिए अपने वैचारिक परिवार के संगठनों से संयम बरतवाए कि वे गठबंधन के सम्मान और उसकी एकता को चोट न पहुंचाएं। यह बात अलग है कि जयललिता और ममता ने इस संकल्प पर हस्ताक्षर की मुहर लगाने से इनकार कर दिया और परिवारी संगठनों ने बता दिया कि हम भाजपा के अनुशासन में नहीं हैं। जयललिता को मनाने के लिए उनके खिलाफ चल रहे भ्रष्टाचार के मुकदमों को विशेष अदालतों से निकाल कर दूसरे न्यायालयों को देने का फरमान जारी किया गया और ममता की रेल संबंधी मांगें पूरी करने का निश्चय भी बताया गया। विशेष अदालतों ने सरकारी फरमान नहीं माना और इसलिए जयललिता के कोप के बारे में अभी कुछ कहा नहीं जा सकता। ममता का रवैया भी अनिश्चित ही है। जो हो, इससे इतना तो निकलकर आता ही है कि सत्तारूढ़ गठबंधन से अपने छोटे-छोटे एजंडे पूरे करवाने और सत्ता की मलाई का बड़े से बड़ा टुकड़ा छीनने की कोशिश की सफलता के लिए दूसरी पार्टियां जिस तरह लगी हुई हैं उसी तरह अब संघ परिवारी संगठन भी लग गए हैं। विश्व हिंदू परिषद, बजरंग दल, स्वदेशी जागरण मंच और भारतीय मजदूर संघ ने पिछले महीनों में सरकार की नीतियों और कार्यों की जो आलोचना की है और अपने-अपने एजंडों को आगे बढ़ाया है उससे साफ है कि संघ परिवारी संगठन और भाजपाई गठबंधन की पार्टियां एक-दूसरे से होड़ में लग गई हैं और इसलिए आमने-सामने हैं। समन्वय समिति में इन पार्टियों ने इन संगठनों पर अंकुश लगाने की बात भाजपा से मनवाई तो संगठन अब उसका जवाब दे रहे हैं।

धर्म संसद करने के बाद विश्व हिंदू परिषद ने कहा कि भाजपा अगर हिंदू एजंडे को स्वीकार कर ले तो उसके साधु-महात्मा और संत-महंत उसके लिए हिंदू वोट बैंक तैयार कर सकते हैं। इस हिंदू वोट बैंक के बनने से भाजपा को बैसाखियों की जरूरत नहीं होगी। यानी गठबंधन और सहेली पार्टियों की मदद के बिना भाजपा दिल्ली में सरकार बना सकेगी। विश्व हिंदू परिषद की यह घोषणा भाजपा के लिए उतनी नहीं है, जितनी उसके साथ सत्ता में बैठी सहेली पार्टियों के लिए है। कांग्रेस के तथाकथित मुसलमान वोट बैंक का मखौल उड़ाने और विरोध करने के बाद संघ परिवार अब खुल कर हिंदू वोट बैंक बनाने की बात करने लगा है। यह वोट बैंक हिंदू एजंडे से ही बन सकता है और हिंदू एजंडा किसी भी सहेली पार्टी को मंजूर नहीं है। शिवसेना को भी नहीं क्योंकि उसका हिंदू एजंडा तो बाला साहेब ठाकरे तय करेंगे। वे विश्व हिंदू परिषद को क्यों मानेंगे ? जो साधु-महात्मा और संत-महंत संघ की सेवा कर रहे हैं वे भला बाल ठाकरे को कैसे मंजूर होंगे ? बाला साहेब अपने को हिंदुओं का सबसे बड़ा नेता मानते हैं।

जाहिर है कि जो धर्म संसद कर के साधु-महात्माओं और संत-महंतों से हिंदू वोट बैंक बनवाने की बात करते हैं वे गांधी की धर्म और राजनीति को एक करने की अवधारणा से कोसों दूर हैं। विश्व हिंदू परिषद के इन तथाकथित धर्मगुरुओं को धर्म का यह नैतिक शासन नहीं चाहिए जिसकी बात महात्मा गांधी ने की है और जिसका उपदेश भीष्म ने महाभारत के बाद युधिष्ठिर को दिया था और जो व्यासजी के महाभारत में वर्णित है। ये वही धर्मगुरु हैं जो पोखरन में अणुबमों के परीक्षण के बाद वहां शक्तिपीठ स्थापित करना चाहते थे। अपने सनातन धर्म की इन धर्मगुरुओं की समझ पर सिर्फ दया ही की जा सकती है। अपने यहां शक्ति को किसी भी अस्त्र या रणक्षेत्र से नहीं जोड़ा गया है। जो शक्ति हमारे धर्म में पूज्य और सर्वमान्य है उसका सच पूछो तो भौतिक शक्ति से लेना-देना नहीं है। वह मनुष्य और प्रकृति की सभी शक्तियों के पार जाती है। वह भौतिक, नैतिक और आध्यात्मिक तीनों ही शक्तियों का अद्भुत पुंज है। अपने देश में बावन शक्ति पीठ हैं। एक भी किसी ऐसी जगह से नहीं जुड़ा है जहां किसी अस्त्र-शस्त्र का संधान किया गया हो। एक भी शक्ति पीठ ऐसी जगह नहीं बना है, जहां रणक्षेत्र रहा हो। कुरुक्षेत्र में शक्तिपीठ नहीं है और न वहां है जहां देवी भागवत के अनुसार राम ने शक्ति पूजा की थी। लेकिन विश्व हिंदू परिषद के ये धर्मगुरु पोखरन में शक्ति पीठ बनाना चाहते हैं क्योंकि वहां भाजपाई अगुवाई की गठबंधन सरकार ने अणुबमों का परीक्षण किया है। ये राजशक्ति की धर्मशक्ति के अधीन करने वाले तथाकथित धर्मगुरु साधु-महात्मा और संत-महंत हैं। इनकी महिमा अपरंपार है। ये संघ परिवार के चाहे जैसे स्वयंसेवक हो जाएं पर हिंदू समाज को हिंदू वोट बैंक तो नहीं बना सकते।

कहने की जरूरत नहीं कि जयललिता, समता और ममता ही नहीं रामकृष्ण हेगड़े और चंद्रबाबू नायडू की पार्टियों को भी विश्व हिंदू परिषद स्वीकार नहीं होगी। लेकिन भाजपा गठबंधन के एजंडे के प्रति चाहे जितनी वफादारी दिखाए वह संघ परिवार के भाई-बहन संगठनों से अलग नहीं हो सकती। राष्ट्रीय स्वयंसेवक संघ, विश्व हिंदू परिषद, बजरंग दल आदि संगठन ही उसके लिए राजनैतिक आधार बनाते हैं। उसमें दम नहीं है कि अपने परिवार के संगठनों से अलग हो सके या उन्हें राज करने के अपने गठबंधनीय एजंडे को मानने पर मजबूर कर सके। गठबंधन आखिर उसका भी आपद् धर्म है। वह इसीलिए गठबंधन में है क्योंकि अपने बूते पर सरकार बना नहीं सकती। सरकार में रहे बिना वह अपने कार्यकर्त्ताओं और वोटर को बता नहीं सकती कि आज नहीं तो कल वह अपने

बूते पर सत्ता में आ सकती है। देश के लोगों को भी राज चला सकने की क्षमता वह तभी दिखा सकती है जब कुछ राज कर के बताए। उसके लिए वोट बैंक इस गठबंधन की सहेली पार्टियां नहीं बना सकतीं, बनाएंगे तो परिवारी संगठन ही। इन संगठनों को चुप रखने और उन पर कानून का राज चलाने की इच्छा और ताकत दोनों ही भाजपा में नहीं हैं।

इसलिए जैसे-जैसे संघ परिवारी संगठन अपनी गतिविधियां बढ़ाएंगे वैसे-वैसे सहेली पार्टियां भाजपा से दूर होती जाएंगी। गठबंधन की सहेली पार्टियों और संघ के परिवारी संगठनों की आपसी खींचतान ही इस सरकार को तोड़ेगी। आज नहीं तो कल।

11.2.1999

न भारतीय न हिंदू, यह संघी हैं

केंद्र में भारतीय जनता पार्टी की अगुवाई वाली सरकार है इसका एक सबूत गुड़ी पड़वां के दिन मिला। दूरदर्शन ने अपनी कथित स्वायत्तता को भूल कर खबरों में बताया कि आज से भारतीय नव वर्ष की 'शुरुआत' हो रही है। हिंदू की खबरों में एक संघ परिवारी संस्था संस्कार भारती के कोई अनिल जोशी आए और भारतीय नव वर्ष और दूसरे संवत्सरों के बारे में बता कर गिना गए कि आज के दिन क्या-क्या महत्त्वपूर्ण हुआ है। इसमें डॉक्टर केशव बलिराम हेडगेवार का जन्म भी अंत में बताया गया। हेडगेवार जैसा कि आम जानकारी में नहीं है, राष्ट्रीय स्वयंसेवक संघ के संस्थापक थे।

सरकार में होने का असर हो या दूरदर्शन की कथित स्वायत्तता का, संघ परिवार जिसे हिंदू नव वर्ष कहता था वह अब भारतीय नव वर्ष हो गया है। कहीं किसी सभा में भाषण आदि हो जाने के बाद संघ के सह-कार्यवाह सुदर्शनजी ने मुझे कहा कि जिसे आप भारतीय कहते हैं उसे हम हिंदू कहते हैं। यह उस जमाने की बात है जब देश के कम्युनिस्ट और कथित प्रगतिशील लोग अपने को भाजपाई कहते थे और संघ वालों को लगता था कि यह आदमी जिस भारतीयता की बात करता है वह दरअसल है तो हिंदुत्व इसलिए आज नहीं तो कल यह परिवार में शामिल हो ही जाएगा।

वह तो छह दिसंबर को अयोध्या में मस्जिद कांड हो गया नहीं तो अपना भंडाफोड़ नहीं होता। अब हाल ये हैं कि कम्युनिस्ट तो कहते हैं कि अपन प्रायश्चित कर रहे हैं और संघ परिवारियों का आरोप है कि ये धोखेबाज निकल गए। जो जरा ज्यादा जानकार हैं उनका आरोप है कि वह तो राज्यसभा की सीट हमने नहीं दी इसलिए ये संघ के खिलाफ हो गए। ये लोग बेचारे समझते हैं कि सभी संपादक दीनानाथ मिश्र, प्रीतिश नंदी और अरुण शौरी होते हैं। या अमेरिकियों की तरह मानते हैं कि आदमी राइटिस्ट होता है या लेफ्टिस्ट। मध्यमार्गी या राजनीति के किसी निश्चित मार्ग पर न चलने वाला इनके हिसाब से आदमी ही नहीं होता, निरा पशु होता होगा।

बहरहाल, कुछ साल पहले गुड़ी पड़वां के दिन अपना हरिद्वार जाना हुआ। रास्ते में कुछ नगर ऐसे भी पड़े जहां हिंदुत्व का सूर्योदय हो रहा था। वहां भगवे रंग के बैनरों पर हिंदू नव वर्ष पर बधाई दी गई थी और यह अलख हिंदू जागरण मंच की तरफ से जगाया जा रहा था। गुड़ी पड़वां को हिंदू नव वर्ष बताए जाने पर अपनी सांस्कृतिक चेतना को बड़ा झटका लगा। गुड़ी पड़वां को अपन जनम के दूसरे-तीसरे साल से वर्ष प्रतिपदा के नाम से जानते-समझते रहे हैं। इस सांस्कृतिक चेतना में हिंदू, मुसलमान, सिख या ईसाई नव वर्ष नहीं होता है। यह चेतना ऐसी सांप्रदायिक कभी नहीं हुई।

और फिर मुझे लगा कि चैत्र शुक्ल प्रतिपदा अगर हिंदू नव वर्ष है तो जो बंगाली अपना अलग पंचांग और संवत् मानते हैं और जिनका नव वर्ष वैशाख में शुरू होता है क्या वे हिंदू नहीं हैं ? और वे गुजराती जिनका नया साल दिवाली के दूसरे दिन शुरू होता है या मलयाली जो ओणम और तमिल जो मेष विषुव से अपना नया साल मानते हैं क्या वे सभी गैर हिंदू हैं ? और चैत्र शुक्ल

प्रतिपदा यानी अपनी पूरन पोली और नीम की पत्तियों और खिड़की के बाहर गुड़ी लगाने वाली प्यारी-प्यारी गुड़ी पड़वां क्या लोगों को हिंदू, मुसलमानों, ईसाइयों आदि में बांटती है ? और देश के हिंदुओं को भी बांट देती है ? जो गुड़ी पड़वां नीम के फूलों की गंध से महक रही है और जिसमें चने की दाल से बने पूरन को घी में तवे पर सेंकने की गंध एक तरह की पवित्र भूख जगाती है और जिसका वातावरण ऐसा सांस्कृतिक है कि सबको अपने में समो ले वह क्या अपने को दूसरे लोगों से अलग दिखाने का अवसर है ?

पंचांग और चैत्र शुक्ल प्रतिपदा यानी अपनी गुड़ी पड़वां को हिंदू नव वर्ष का पहला दिन बताने वाले इस प्रचार के खिलाफ इसी जगह मैंने कागद कारे किए क्योंकि अपने मीठे त्योहार में ऐसा अलगाववादी जहर घुलता देखना अपन बरदाश्त नहीं कर सकते थे। भारतीयों को ही नहीं भारत के हिंदुओं को भी बांटने की ओछी और बजरबट्टू कोशिश के खिलाफ लिखना मुझे जरूरी लगा था। जवाब में जागृत हिंदुओं ने गालियां दे कर पूछा था कि मेरी नसों में किस मुसलमान का खून बह रहा है ? सांस्कृतिक राष्ट्रीयता की दुहाई देने वालों की यही सांस्कृतिकता और यही राष्ट्रीयता है।

वर्ष प्रतिपदा यानी अपनी गुड़ी पड़वां से अपना ऐसा लगाव है कि जहां भी गए यह दिन नीम की कोंपलें और पूरनपोली खा कर मनाया। हवा, धूप और पानी में महसूस किया कि कुछ नया शुरू हो रहा है। बचपन के वे दिन याद किए जब भागवत साब के बाड़े या फड़के साब के बाड़े के हर मकान के बाहर एक डंडे में लपेटी हुई जरीदार साड़ी और उसके मुंह पर लगाया गया चांदी का लोटा गुड़ी बन कर सज गया था। नीम की पत्तियां तोड़ कर लाने और फिर उन्हें अच्छी तरह धो कर काली मिरच के साथ सिलबट्टे से पीस कर ठंडाई की तरह छानना और एक सांस में पी जाना। फिर इस विश्वास में दस दिन तक नीम इसी तरह घोट कर पीना कि साल-भर कोई चर्म रोग नहीं होगा और सांप काट भी लेगा तो उसका जहर नहीं चढ़ेगा। फिर दोपहर कटोरी-भर घी में पूरनपोली डुबो-डुबो कर खाना और एक सी मिठास को काटने के लिए पतली कढ़ी पीना। नए कपड़े पहनना और इस प्रतिपदा को अपने निजी और पारिवारिक पर्व की तरह मनाना।

इस गुड़ी पड़वां में कहीं यह अहसास या स्मृति भी नहीं कि यह हिंदू नव वर्ष की घोषणाप्रिय गर्वीली शुरुआत है। सभी हिंदू लगते थे और सभी इस त्योहार में शामिल थे। यह भी अहसास कहीं नहीं था कि प्रतिपदा को गुड़ी पड़वां की तरह मानना महाराष्ट्रीय ढंग है। और चूंकि मराठों ने मालवा पर हमला कर के अपना राज कायम किया था इसलिए गुड़ी पड़वां मनाना एक तरह की सांस्कृतिक दासता में आनंद लेना है। मालूम था कि जिस विक्रमादित्य की राजधानी अपने उज्जैन में थी उसी ने विक्रम संवत् शुरू किया था जब शकों को उसने मालवा से खदेड़ा था। उस वीर विक्रम के शुरू किए गए संवत् का पहला दिन यही अपनी चैत्र शुक्ल प्रतिपदा यानी गुड़ी पड़वां है। विक्रमादित्य की कहानियां सुनते-सुनते गद्‌गद्‌ हो जाने वाले बच्चों में होते हुए भी यह प्रतीति नहीं थी कि उसके पराक्रम पर गर्व करते हुए विक्रम संवत् को मालवा की शकों से मुक्ति का महापर्व मानें। अपनी गुड़ी पड़वां इस तरह की किसी भी ऐतिहासिक कटुता से बिगड़ी नहीं थी। आज भी वह बिगड़ी नहीं है। एक जनवरी को अपने मन में आसपास हर जगह नया होने का अहसास कभी नहीं हुआ। नए साल के ग्रीटिंग कार्ड अपन ने नहीं भेजे। इकतीस दिसंबर को मौज-मस्ती मना कर अपन ने नए साल की शुरुआत कभी नहीं की। अपनी गुड़ी पड़वां कभी अपने हैपी न्यू इयर की शुरुआत नहीं बनी। नव वर्ष मनाने की लोगों की अपनी एक सांस्कृतिकता होती है जो किसी न्यू इयर की जगह लेने की प्रेरणा से नहीं चलती। अपनी गुड़ी पड़वां ही नीम की कोंपलों और घी से भाती पूरनपोली से मनती है, न्यू इयर के ढप-ढप कुट्टे से नहीं।

यह सांस्कृतिकता लोगों को बांटने और दूसरों से अपनी पहचान अलग और बड़ी दिखाने से व्यक्त नहीं होती। यह सबको अपने में शामिल हुआ मानने और वैसा ही साफ-सुथरा और मधुर जीवन बिताने से होती है। लेकिन जो लोग चैत्र शुक्ल प्रतिपदा को हिंदू नव वर्ष या भारतीय नव वर्ष बताने को बड़े उत्सुक हैं और जो चाहते हैं कि पूरे देश में विक्रम संवत् और उत्तर की ही पंचांग मान ली जाए—वे कहें भले ही लेकिन भारत की विविधता उन्हें मंजूर नहीं है। वे हिंदुत्व का रंदा पूरे देश पर मार देना चाहते हैं और हमारी हड्डियों को घिस कर हिंदू ढांचे में जड़ देना चाहते हैं जबकि हिंदुओं में ही कई संवत् और कई पंचांग प्रचलित हैं और अगर उनसे अपनी यह विविधता जोड़ने को कहा जाए तो उन्हें लगेगा कि उनकी पहचान ही नहीं उनका व्यक्तित्व ही उनसे छीना जा रहा है। हिंदू होने के उनके अनिवार्य लक्षण वे नहीं हैं जो कि हिंदुत्ववादी सब हिंदुओं पर थोप देना चाहते हैं। अपनी स्थानीयता को अपनी संस्कृति मानने के आदी लोग—भारतीयता और हिंदुत्व से अपनी स्थानीयता को अलग नहीं मानते। यही लोग अलग-अलग संवतों में जीते हुए अपनी अलग पंचांग से चलते हैं। इन्हें गैर हिंदू या गैर भारतीय कह कर आप इस देश को कितना खंड-खंड कर देंगे।

पूरे भारत में और हिंदू समाज में भी कोई एक ही संवत्सर और पंचांग नहीं चलता। ऐसा निष्कर्ष भारत को तोड़ने वाले किसी पाश्चात्य आक्रमणकारी या अरबी हमलावर ने नहीं निकाला है। डॉक्टर पारसियों, वामन काणे ने धर्मशास्त्र का इतिहास लिखा है जो कि सनातन धर्म का एक प्रामाणिक और आधिकारिक ग्रंथ माना जाता है। इसमें काणे साब लिखते हैं—भारत में ईसाइयों, पारसियों, मुसलमानों एवं हिंदुओं द्वारा लगभग तीस पंचांग व्यवहार में लाए जाते हैं। वर्तमान काल में हिंदुओं द्वारा नाना प्रकार के पंचांगों का प्रयोग होता है। इनमें कुछ तो सूर्यसिद्धांत पर, कुछ आर्यसिद्धांत पर, कुछ अपेक्षाकृत पाश्चात्यकालीन ग्रंथों यथा ग्रहलाघव आदि पर आधारित हैं। कुछ पंचांग चैत्र शुक्ल प्रतिपदा से कुछ कार्तिक शुक्ल प्रतिपदा से आरंभ किए जाते हैं। तथा कुछ ऐसे स्थान हैं यथा हलार प्रांत (काठियावाड़) जहां वर्ष का आरंभ आषाढ़ शुक्ल प्रतिपदा से होता है। गुजरात एवं उत्तरी भारत (बंगाल को छोड़ कर) में विक्रम संवत्, दक्षिण भारत में शक संवत् तथा कश्मीर में लौकिक संवत् का व्यवहार होता है। कुछ भागों (उत्तरी भारत और तेलंगाना) में मास पूर्णिमांत (पूर्णिमा के अंत होने वाले) होते हैं अन्यत्र (बंगाल, महाराष्ट्र एवं दक्षिण भारत में) अमान्त (अमावस्या से अंत होने वाले) होते हैं।...तेलुगु लोग चंद्र गणना स्वीकार करते हैं और चैत्र शुक्ल से युगादि वर्ष का आरंभ मानते हैं किंतु तमिल सौर गणना के पक्षपाती हैं। और अपने चैत्र का आरंभ मेष विषव से करते हैं, किंतु उनके व्रत एवं धार्मिक कृत्य जो तिथियों पर आधारित हैं चांद्रमान के अनुसार संपादित होते हैं। बंगाली लोग सौर मासों एवं चांद्र दिनों का प्रयोग करते हैं जो मलमास के मिलाने से त्रिवर्षीय अनुकूल का परिचायक है।

प्राचीन काल में भी कलियुग के आरंभ के विषय में विभिन्न मत रहे हैं। कलियुग के छह व्यक्तियों के नाम आए हैं जिन्होंने संवत् चलाए थे, यथा—युधिष्ठिर, विक्रम, शालिवाहन, विजयाभिनंदन, नागार्जुन एवं कल्कि जो क्रम से 3044, 135, 18,000, 10,000, 4,00,000 एवं 821 वर्षों तक चलते रहे। प्राचीन देशों में संवत् का लगातार प्रयोग नहीं था, केवल शासन वर्ष ही प्रयुक्त होते थे। जिस विक्रम संवत् को ये हिंदुत्ववादी और सांस्कृतिक राष्ट्रीयता के झंडाबरदार भारतीय नव वर्ष की शुरुआत बताते हैं उसके बारे में काणे महोदय ने कहा है, "विक्रम संवत् के उद्‌भव एवं प्रयोग के विषय में कुछ कहना कठिन है। यही बात शक संवत् के विषय में भी है। किसी विक्रमादित्य राजा के विषय में जो ईसा पूर्व 57 में था, संदेह प्रकट किए गए हैं। इस संवत् का

आरंभ गुजरात में कार्तिक शुक्ल प्रतिपदा से और उत्तर भारत में चैत्र शुक्ल प्रतिपदा से होता है।...विद्वानों ने कृत संवत् को विक्रम संवत् का पूर्ववर्ती माना है किंतु 'कृत' शब्द के प्रयोग की व्याख्या संतोषजनक नहीं हो सकी है।...लगभग 500 ईस्वी सन् के पश्चात् संस्कृत में लिखित सभी ज्योतिःशास्त्रीय ग्रंथ शक संवत् का प्रयोग करते पाए गए हैं। इस संवत् का यह नाम क्यों पड़ा इस विषय में कई एक मत हैं। इसे कुषाण राजा कनिष्क ने चलाया या किसी अन्य ने अभी तक कुछ भी अंतिम रूप से कहा नहीं जा सकता। यह एक ऐसी समस्या है जो भारतीय इतिहास एवं कालनिर्णय की अत्यंत कठिन समस्याओं में परिगणित होती है।''

लेकिन अपने संघ परिवारियों ने बिना किसी विचार और झिझक के मान लिया है कि विक्रम संवत् भारतीय संवत् है और चैत्र शुक्ल प्रतिपदा से भारतीय नव वर्ष की शुरुआत होती है। जबकि लोक में प्रचलन से और इतिहास और कालनिर्माण के ग्रंथों से—यह न तो पूरे भारत का संवत् है, न चैत्र शुक्ल प्रतिपदा भारतीय नव वर्ष का प्रारंभ है। अपन तो मालवी हैं और अपना विक्रम संवत् चैत्र शुक्ल प्रतिपदा से शुरू होता है। लेकिन अपन नहीं कहेंगे कि यही भारतीय संवत् है और चैत्र शुक्ल प्रतिपदा से हिंदू नव वर्ष शुरू होता है। इसे भारतीय और हिंदू कहना झूठा प्रचार है। जो परिवारी झूठ प्रचार में विश्वास करते हैं—वही ऐसी बातें स्थापित करना चाहते हैं और काल इन्हें ठिकाने लगाएगा। देख देना।

21.3.1999

रामकथा में नया अवतार जोड़ने वाले हैं कौन !

जाने को तो पच्चीस मार्च को चंडीगढ़ भी जाना था और अलवर भी। लेकिन दोनों ही जगहों के आयोजकों को कहलवा दिया था कि अपना आना नहीं होगा। सुबह ही नैनीताल से लौटूंगा और इस महीने कितनी बार जिस दिन दिल्ली आया हूं उसी दिन कहीं और का विमान या रेलगाड़ी पकड़ी है। तंग आ गया हूं यात्रा कर-कर के। एक-दो दिन सुस्ताने के चाहिए इसलिए माफी चाहता हूं। नैनीताल के पत्रकारों का आग्रह था कि एक दिन और रुक जाऊं। उन्हें भी कहा कि नहीं पच्चीस को दूसरे कार्यक्रमों के लिए हां कर चुका हूं। इसलिए चौबीस की रात लौटना ही होगा। लौट भी आया।

किसी को भी बताया नहीं था कि पच्चीस मार्च को दिल्ली ही क्यों रहना है। उस दिन रामनवमी थी लेकिन अपन कोई ऐसे रामभक्त जाने नहीं जाते कि उस दिन घर पर रहना अपने आप ही उचित मान लिया जाए। फिर इस बात पर कौन आसानी से भरोसा करेगा कि घर इसलिए रहना है कि पोते को बताना है कि रामनवमी क्या होती है और उसे क्यों और कैसे मनाना चाहिए। सुनने वाले इसे खब्त या दादा की पोते पर दीवानगी मानते। इसीलिए जो जिसके आसानी से गले उतर जाता वही कारण उसे बताते हुए यह सभी से छुपा लिया कि रामनवमी माधव उर्फ बाबू उर्फ बाबूलाल के साथ घर पर बिताना है।

माधव से माताराम वार-त्योहार पूजा-पाठ करवाती है और उसकी बहुत इच्छा है कि माधव को पूरी गीता रटा दी जाए। उसे लगता है कि उसका यह परपोता ऐसे मामलों में बहुत लायक निकलेगा। अपन सिखाने-पढ़ाने में या लायक बनाने में भरोसा नहीं करते। अपने को लगता है कि बच्चा जो करना चाहे उसकी सुविधा उसे दे देना चाहिए फिर वह जो बन सकता है बनेगा। जैसे उसके प्ले स्कूल में फैंसी ड्रेस शो हुआ। वह तीन-चार बार पैड, ग्लब्स, टोपी और सफेद कपड़े पहन कर बल्ला लिए स्कूल की रिहर्सल में गया। वहां बेझिझक कहता रहा—अंग्रेजी और हिंदी दोनों में कि—"मैं सचिन तेंदुलकर हूं और भारत के लिए खेलता हूं।" लेकिन जिस दिन फैंसी ड्रेस शो हुआ वह मंच पर गया तो पूरे लिबास में पर अपने को सचिन तेंदुलकर बताने वाली इबारत बोलने के बजाय गायत्री मंत्र बोल आया। घर-भर में निराशा हुई। मैंने अकेले में पूछा तो उसने सहज ही कहा कि 'मुझे मालूम था कि क्या कहना है कि लेकिन उस वक्त गायत्री मंत्र ही मुंह पर आ गया।' उसे कोई पछतावा तो दूर यह अहसास भी नहीं था कि गड़बड़ कर आया है। साढ़े तीन बरस के बच्चे से खिलवाड़ के अलावा कोई उम्मीद क्यों करना ?

फिर भी इस बार की रामनवमी मैं उसके साथ बिताना चाहता था ताकि उसे लगे कि रामनवमी राम भगवान का हैपी बर्थ डे नहीं एक ऐसा त्योहार है, पर्व है जिस पर हम अपने घर में अपने किसी महान पुरखे का जन्मोत्सव मनाते हैं। राम हमसे दूर और हमारी पहुंच से बाहर कोई भगवान नहीं है। आज उसका वही बाल स्वरूप है जो जन्म लेने वाले किसी भी लड़के का अपने जन्मदिन

पर होता है। भए प्रकट कृपाला दीनदयाला कौशल्या हितकारी, हर्षित महतारी...। चैत्र नवरात्रि पर हमारे घर रामचरितमानस से नवान्ह पारायण होता और रामनवमी के दिन बारह बजे राम का जन्मोत्सव होता। खीर बनती और पूरी के साथ खाई जाती। रामनवमी मंदिर जा कर राम की पूजा करने का त्योहार नहीं, घर-घर में राम के जन्म लेने के पर्व की तरह मनता। राम वैसे ही जन्मते जैसे घर में किसी पुत्र ने जन्म लिया हो। यह सार्वजनिक दिखावे और सामूहिक शक्ति बताने का नहीं, एक निजी और पारिवारिक अनुष्ठान का मानने को अवसर होता।

यह वातावरण तो दिल्ली में बन नहीं सकता क्योंकि यहां कोई जैविक समाज तो है नहीं जिसके लोगों के समान संस्कार और तीज-त्योहार हों। फिर मोटे तौर पर सब एक त्योहार मनाते भी हों तो उनमें वह सामाजिकता और पारिवारिकता नहीं होती जो जैविक समाजों में होती है। इसलिए आप पाते हैं कि हमारे महानगरों में लोग मंदिरों में उसी तरह जाने लगे हैं जैसे गुरद्वारों में सिख, मस्जिदों में मुसलमान और चर्चों में ईसाई जाते हैं। धार्मिक पर्वों में जो निजी और पारिवारिक तत्व सनातन धर्म में लगभग अनिवार्य है वह हमारे महानगरों से लुप्त होता जा रहा है। जो सामाजिकता जीवन से गायब होती जाती है वह धार्मिक सामूहिकता में प्रकट होने की कोशिश करती है। सनातन धर्म में निष्ठा और व्यवहार निजी और पारिवारिक पहले हैं और सामाजिक और सामूहिक बाद में। दिल्ली की तरह रामनवमी मनाने का मतलब होता कि माधव को ले कर किसी मंदिर में जाता और वहां राम की प्रतिमा ढूंढ़ कर उसकी पूजा करता और चढ़ाया हुआ प्रसाद ले कर वापस घर आ जाता। प्रसाद सबको बांटता या माधव से बंटवाता और रामनवमी मन जाती।

ऐसा न अपने पिता ने कभी अपने साथ किया न दादा ने। रामनवमी हमेशा ही मैंने घर में मनते देखी और मनाई। राम का जन्म दूर किसी मंदिर में नहीं हुआ। अपने घर ही हुआ और ऐसे हुआ जैसे घर में कोई नया बालक जन्मा हो। रामचरितमानस से पाठ की व्यवस्था परिस्थितियों के अनुसार भले ही बदली हो लेकिन रामजी ने जन्म तो घर में ही लिया। रामचरितमानस का पाठ करते हुए परिवार कई तरह की भावनाओं, भावावेशों और भावावेगों से गुजरता। रामजी के साथ जो भी हुआ और रामजी ने जो भी किया वह सब जैसे हमारे परिवार और उसके लोगों के निजी जीवन में हुआ हो। एक बार माताराम ने रोते-रोते कहा कि जो भी मर्यादा में जीवन जीता हो और जिसका जीवन सबके लिए हो वह जीवन-भर दुख ही उठाता है। रामजी थोड़े बड़े हुए कि उन्हें विद्याध्ययन के लिए भेज दिया गया। फिर राक्षसों से ऋषियों के आश्रम की रक्षा में लगा दिया गया। सीता से ब्याह कर के लौटे और राजतिलक की तैयारी होने लगी तो माता कैकेयी ने वनवास दिलवा दिया। वनवास में रावण सीता का हरण कर ले गया। उसे छुड़ा कर लाए और अयोध्या लौटे तो थोड़े दिनों बाद सीता को वनवास भेज दिया। वन में पुत्र पैदा हुए तो उनने बड़े हो कर पिता को पराजित किया। सीता ने उनके साथ वापस आने के बजाय धरती के गर्भ में समा जाना पसंद किया। अकेले अयोध्या लौटे और सरयू में समा गए।

माताराम के लिए राम का जीवन करुणा की अनंत गाथा ही है। वे राम को उनके संघावतार में कभी पहचान ही नहीं सकतीं जो धनुष पर बाण चढ़ाए अपनी जन्मभूमि को मुसलमानों से मुक्त करवाने के लिए मरने-मारने पर उतारू है। माताराम के लिए तो सारी दुनिया ही राम की जन्मभूमि है जैसी कि वह कबीर और तुलसीदास के लिए थी। भक्तों के रामजी वह कतई नहीं हैं जो संघ परिवारियों के हैं या कुछ साल पहले तक थे और बाबरी मस्जिद गिराने के बाद जिनका स्वरूप कुछ

शांत हो गया है। मैं नहीं चाहता था कि माधव राम के संघावतार को उनके स्वरूपों में एक और महत्त्वपूर्ण स्वरूप मान ले। मैं यह भी नहीं चाहता कि माधव के लिए रामनवमी दूसरे धर्मों और संप्रदाय वालों को अपनी सामूहिक शक्ति दिखाने का अवसर बन जाए। वाल्मीकि रामायण और बाबा तुलसीदास के रामचरितमानस में राम के दो स्वरूप हैं लेकिन हमारे देश और पूर्वेशिया में राम के और भी कई स्वरूप हैं। माधव उन सभी को जान सके इसलिए उसे मैं कामिल बुल्के की रामकथा देना चाहता था। वह आसानी से मिल नहीं सकती इसलिए प्रभात प्रकाशन के श्यामसुंदरजी को फोन किया। उनकी दुकान में भी वह नहीं थी लेकिन उनने 'रामकथा' न सिर्फ मंगवाई, घर भी पहुंचा दी। रामकथा की वह प्रति मैंने माधव के नाम कर दी।

कामिल बुल्के ने रामकथा के मूल स्रोत बताते हुए इस कथा के सभी स्वरूपों और संस्करणों का विवेचन किया है। हिंदी के अलावा तमिल, तेलुगु, मलयालम, कन्नड़, बांग्ला, कश्मीरी, सिंहली और संस्कृत–भाषाओं में जो भी साहित्य पाया जाता है सबकी छानबीन की है। तिब्बत, खोतान हिंदेशिया, हिंदचीन, श्याम, ब्रह्मदेश आदि में मिलने वाली रामकथाओं का भी परिचय दिया है। वेदों में रामकथा के चरित्रों से शुरुआत कर के वे हर बड़ी रामकथा तक उसे ले आए हैं। कोई चार-पांच हजार साल में विकसित हुए रामकथा के हर चरित्र और तत्त्व का इसमें वर्णन है। कामिल बुल्के का 'रामकथा' शोधग्रंथ पढ़ने के बाद लगता है कि रामजी भले ही विष्णु के अवतार माने जाते हों लेकिन वह हर युग में युगानुरूप स्वरूप में भी अवतार लेते हैं। इस ग्रंथ को पढ़ने-समझने के बाद आसानी से समझ आता है कि सब मर्यादाएं तोड़ कर रामजी का जो संघावतार करवाया गया है वह रामतत्त्व की कैसी कुटिल विकृति है। अपने ग्रंथ के आखिर में बाबा बुल्के ने लिखा है, ''रामभक्ति के प्रादुर्भाव के पश्चात् रामकथा का समस्त वातावरण बदल दिया गया तथा विभिन्न पात्रों की उग्रता तथा कुटिलता रामभक्ति में लीन कर दी गई है। यहां तक कि आदि रामायण का दुष्ट राक्षस रावण भी पतितपावन राम के प्रभाव से पवित्र हो जाता है। इस तरह भारत की समस्त आदर्श भावनाएं रामकथा में, विशेषकर मर्यादा पुरुषोत्तम राम तथा पवित्रता सीता के चरित्रचित्रण में केंद्रीभूत हो गई हैं। फलस्वरूप रामकथा भारतीय संस्कृति के आदर्शवाद का उज्ज्वलतम प्रतीक बन गई है।''

राम का संघावतार करने वाले आजकल ईसाई मिशनरियों को भारत के खिलाफ अंतर्राष्ट्रीय षड्यंत्र के एजंट बताते हैं और उनसे निपटने की तैयारी में लगे हुए हैं। कामिल बुल्के भी रोमन कैथोलिक पादरी थे और अपना देश बेल्जियम छोड़ कर भारत आए थे और मिशनरी कार्य करते हुए ही उनने प्रयाग विश्वविद्यालय से हिंदी में एम.ए. किया और फिर रामकथा के विकास पर शोध कर के प्रयाग विश्वविद्यालय से ही डीफिल की उपाधि ली। उम्र-भर हिंदी की सेवा की, अंग्रेजी-हिंदी कोश बनाया और भारत के नागरिक हो कर राम तत्त्व में लीन हो गए। प्रेमचंद के पुत्र अमृतराय ने लिखा–''ईमान की बात है कि 'रामकथा' पढ़ कर बिलकुल अवाक् रह गया। बार-बार यही एक बात मुझे हैरान करती रही कि देखो, हिंदुस्तान में और इस हिंदी देश में वाल्मीकि को छोड़ भी दें तो गोस्वामी तुलसीदास और उनके मानस और भगवान रामचंद्र का नाम जपने वाले कितने असंख्य लोग हैं। लेकिन रामकथा का सांगोपांग अध्ययन करने के लिए सात समंदर पार से बेल्जियम के एक कैथोलिक मिशनरी को आना पड़ा। जिस अपूर्व परिश्रम और अध्यवसाय से फादर बुल्के ने रामकथा पर यह शोध किया है वह सबके वश की बात नहीं है। उनका ग्रंथ हिंदी का गौरव है। आचार्य धीरेंद्र वर्मा ने कहा कि यह रामकथा संबंधी समस्त सामग्री का विश्वकोश है।...हिंदी क्या किसी भी यूरोपीय अथवा भारतीय भाषा में इस प्रकार का कोई अध्ययन उपलब्ध नहीं है।''

माधव को यह पुस्तक देते हुए मैंने कहा कि रोमन कैथोलिक सिर्फ धर्मांतरण करवाने भारत नहीं आते। वे रामकथा पर ऐसा शोध भी करते हैं। स्टीन्स और उनके बेटे कोढ़ के रोगियों की सेवा भी करते हैं हालांकि अपने को रामभक्त घोषित करने वाले उन्हें जीवित जला देते हैं। ईसाई पादरियों के बारे में अशोक सिंघल के विषवमन और संघ परिवार के शंखनाद से माधव को चेताने के लिए उसे 'रामकथा' देना जरूरी था ताकि तीन-चार साल बाद वह उसे पढ़ने लगे। उसे राम की कथा भी मैंने सुनाई और ऐसा करने में अयोध्या के बारे में भी बताना पड़ा। अयोध्या की बात सुनाते हुए बार-बार मुझे याद आता रहा कि रामजन्मभूमि आंदोलन चलाने वाले संत-महंतों के आजकल क्या हाल चल रहे हैं। लक्ष्मण किले पर कब्जे को ले कर अयोध्या के संत-महंत न सिर्फ दो युद्धरत खेमों में बंट गए हैं वे एक-दूसरे के संत-साधु होने पर भी सरेआम उंगली उठा रहे हैं। लक्ष्मण किले पर उसके ट्रस्ट के ड्राइवर संजय झा ने कब्जा कर लिया है। किलाधीश स्वामी सीताराम शरण के निधन के बाद उनके शिष्य मैथलीशरण रमण किलाधीश हो रहे थे लेकिन उन्हें मारमीट कर संजय झा ने किले से निकाल दिया। अयोध्या के संतों-महंतों के एक गुट ने उनका भी नाम मैथलीशरण रमण रख दिया और असली मैथलीशरण का झगड़ा खड़ा कर दिया। रामजन्मभूमि न्यास के अध्यक्ष रामचंद्र परमहंस एक तरफ हैं और इसी न्यास के उपाध्यक्ष नृत्यगोपाल दास दूसरी तरफ। रामचंद्र परमहंस ने कहा, ''नृत्यगोपाल दास कौन होते हैं कि बताएं कि बताएं कि लक्ष्मण किले का महंत कौन हो। उन्हें कोई हक नहीं है।'' और नृत्यगोपाल दास लखनऊ जा कर मुख्यमंत्री से मिले और अपने मैथलीशरण को कब्जा दिलाने को कहा। अयोध्या के संत-महंतों का गजब का आपराधिक रिकॉर्ड है। वे कानून से बचने के लिए संत-महंत बन गए हैं।

दरअसल रामजन्मभूमि का झगड़ा भी अंततः उस जमीन पर कब्जे का है। आजादी के बाद खाली पड़ी बाबरी मस्जिद में रातोंरात रामलला की मूर्ति रख दी गई थी। खाते-बही में उस जमीन की मिल्कियत एक मुसलमान के उनाम पर है। रामजन्मभूमि आंदोलन वाले जानते थे कि उस मस्जिद में रामलला की ही मूर्ति है और कोई चालीस-पैंतालीस साल से वहां पूजा ही हो रही है। फिर भी मंदिर बनी उस मस्जिद को उनने तोड़ा क्योंकि विश्व हिंदू परिषद और बजरंग दल आदि को हिंदुत्व की स्थापना के लिए ऐसे ही संत-महंत मिले हैं, जो मठों और पीठों पर कब्जा करने के वास्ते कोर्ट-कचहरी ही नहीं सरेआम हिंसा भी करते हैं। सनातन धर्म की ऋषि परंपरा, ज्ञान परंपरा और भक्ति परंपरा के लोग संघ परिवार में नहीं आए। आए वही लोग जो मठों और पीठों पर धर्म संप्रदाय के नाम पर कब्जा करते हैं। ये वही रामचंद्र परमहंस और महंत नृत्यगोपाल दास हैं जो रामजन्मभूमि की 'मुक्ति' के आंदोलन में भी आगे रहते हैं और लक्ष्मण किले पर कब्जे में भी। और संघ अपने को सांस्कृतिक-सामाजिक संगठन कहता है। जिस माधव से रामनवमी मनवाई और जिसे 'रामकथा' दी उसे संघ परिवार की असलियत भी बताऊंगा ताकि वह अपने धर्म में विकृत न हो सके।

28.3.1999

तेरह दिन से तेरह महीने, बहुत हुआ

मतदान हो जाने के बाद एक-एक पल भारी पड़ रहा था। क्रिकेट और खास कर वन डे मैचों में फैसले होने के पहले अकसर ऐसे रोमांचकारी क्षण आते हैं जब आप अपने दिल को धड़कते हुए सुन सकते हैं। अपने जैसे क्रिकेट दीवाने का तो हाल बेहाल ही हो जाता फिर भी वहां सामने खेल हो रहा होता है और उसे देखते हुए आपकी जान कच्चे धागे से लटकी होती है। यहां टीवी के परदे पर लोकसभा का सदन अनिश्चित सांसदों की भीड़ से भरा पड़ा था। बीच-बीच में स्पीकर की आवाज गूंज उठती थी कि माननीय सदस्य अपनी जगह पर बैठ जाएं ताकि वोट गिनने वाले अधिकारी अपना काम ठीक से कर सकें। लेकिन सांसद अपनी जगहों पर तभी बैठे जब मतदान के फैसले का वक्त आ गया।

मैं भी उठ कर टीवी के पास खड़ा हो गया। सीने पर दर्द सा होने लगा। मांसपेशियों का खिंचाव। फिर स्पीकर बालयोगी ने कहा—प्रस्ताव के पक्ष में 269, विरोध में 270। प्रस्ताव पराजित हुआ। सदन सोमवार को ग्यारह बजे तक के लिए स्थगित। और स्पीकर उठ कर तत्काल चल दिए। दूरदर्शन ने सदन को प्रतिक्रिया में नहीं दिखाया। वाजपेयी सरकार एक वोट से विश्वास खो बैठी। सिर्फ एक वोट से। इस तथ्य को अंदर उतरने में समय लगा। लेकिन जब वह उतरा तो सिर्फ तनाव से मुक्त होने की राहत मिली। उछल कर और हवा में मुट्ठियां दागकर खुशी नहीं मनाई हालांकि मैं चाहता था कि वाजपेयी सरकार को विश्वास का मत न मिले। सबेरे के अखबार पढ़ने और थोड़ी सी देर टीवी के समाचार सुनने के बावजूद मना रहा था कि सरकार गिरे। वह गिर भी गई लेकिन मुझे इतनी भी खुशी नहीं हुई जितनी कांटे के मुकाबले में भारत के जीतने पर होती है।

कुछ तो स्थान और अवसर की परिस्थितियों के कारण और कुछ बिजली के आने-जाने के कारण इस बार अपन विश्वास के मत की बहस न दिल्ली के संसद भवन में देख-सुन पाए न दूरदर्शन पर उसे लगातार देख और सुन सके। बड़ी बेन के उत्तर कार्य के लिए इंदौर आया। उसी दिन सबेरे जयललिता ने राष्ट्रपति को जा कर वाजपेयी सरकार से समर्थन वापस लेने का पत्र दिया। उसी शाम विपक्ष के नेताओं ने राष्ट्रपति से सरकार को विश्वास मत लेने को कहने का निवेदन किया। रात को राष्ट्रपति ने सरकार को विश्वास मत लेने की सलाह दी और सोने के पहले टीवी खबर में सुना कि सरकार कल सदन शुरू होते ही प्रस्ताव रखेगी। दिल्ली से निकलते समय सोचा नहीं था कि एक दिन में ही यह सब हो जाएगा।

वाजपेयी सरकार के लिए यह शुरुआती हार थी। उसके बोलकार ढिंढोरा पीटते घूम रहे थे कि सरकार तो अब भी बहुमत में है। वह क्यों विश्वास का मत ले ? विपक्ष के जिन धुरंधरों को लगता है कि सरकार बहुमत खो चुकी है वे अविश्वास प्रस्ताव रख कर देख लें। फिर यह बजट अधिवेशन है। एक नहीं बीसियों मौके मिलेंगे विपक्ष को सरकार का बहुमत परखने के। वे गिनाते भी कि किस तरह के मौके मिल सकते हैं। सत्तारूढ़ गठबंधन इन सब हथकंडों से जैसे बता रहा था कि अन्नाद्रमुक

जैसी छोटी-मोटी पार्टी के समर्थन वापस लेने से हम जैसे अंगद के पांव वाले गठबंधन और उसकी स्थिर और योग्य सरकार का बाल बांका नहीं होता। वीपी सिंह, चंद्रशेखर, देवगौड़ा और इंदर कुमार गुजराल की सरकारें तो ऐसे स्पष्ट और गहरे अल्पमत में आ गई थीं कि राष्ट्रपति को उन्हें कहना पड़ा कि विश्वासमत लो। बिहार के मामले में हमारा बहुमत 29 वोटों का था। 18 घट भी गए तो बहुमत है और नया समर्थन मिल जाएगा। राष्ट्रपति को यह समझाने प्रधानमंत्री, गृहमंत्री और संसदीय मामलों के मंत्री उनसे मिलने गए भी थे। लेकिन राष्ट्रपति ने विचार करने में बारह घंटे भी नहीं लगाए। सरकार को विश्वासमत लेने को कह दिया।

अब अटलजी लोकसभा में विश्वास प्रस्ताव रख रहे थे तब अपन गोरनी जिमाने की तैयारी में लगे थे। हमारे मालवे में बेन-बेटी के निधन पर पीहर में भी एक उत्तर कार्य होता है। बारवें के दिन गोरनी जिमाते हैं यानी कुटुंब भर की सभी बेन-बेटियों को बुला कर जिमाते हैं। और उन्हें कपड़े-लत्ते बर्तन आदि देते हैं। श्राद्ध के दिन जिस तरह पुरखे जिमाते हैं—दूध-भात-घी आदि कंडे की अग्नि में होम कर के—वैसा ही होम गोरनी करने के पहले किया गया। ब्याह कर देने और नाती-पोते वाली हो जाने के बावजूद बेन-बेटी को उसका पीहर अपनी मानता है और घर के आदमी का जैसा उत्तर कार्य किया जाता है वैसी ही गोरनी होती है। बड़ी बेन की गोरनी करने ही इंदौर घर आया था नहीं तो उत्तर कार्य तो उसके घर तराने में होना था।

उस दिन मुश्किल से बहस का एकाध भाषण सुन पाया। शाम सवा छह बजे लोकसभा को उठते देखा। रात को टीवी खबरों में सुना कि द्रमुक अन्नाद्रमुक से अपने वैर के कारण तीसरा मोर्चा छोड़ कर वामपंथियों को गरियाते हुए भाजपा के समर्थन में आन खड़ी हुई है। लेकिन तमिल मनीला कांग्रेस भाजपा की तरफ नहीं झुकेगी। उसके लिए भाजपा और अन्नाद्रमुक एक जैसी है। चौटाला अब भी सत्तारूढ़ गठबंधन के खिलाफ वोट देने की बात कर रहे थे और बसपा अपने पत्ते मतदान के वक्त ही खोलने और चुनाव करवाने पर आमादा दिखती थी। लेकिन बहुमत पक्का होने की घोषणा करता सत्तारूढ़ गठबंधन खम ठपकारता लगता था। बहुमत कहां से मिलेगा यह साफ नहीं था। इंदौर में बैठे हुए वे सब लाइनें और सूत्र भी खुले हुए नहीं थे जहां से असलियत की जानकारी मिल सके। लेकिन इसका दुख और पछतावा नहीं था कि दिल्ली में इतना सब हो रहा है और मैं यहां 829 किलोमीटर दूर बैठा टीवी देख रहा हूं जो बिजली के आने-जाने के कारण लगातार चल भी नहीं सकता।

बहस के दूसरे दिन तराने गए। आजकल मध्य प्रदेश में सड़कों का जो हाल है उससे घंटे-भर का रास्ता तीन घंटे में भी पार हो जाए तो गनीमत है। ग्यारह बजे तराना पहुंचना नहीं हुआ। फिर वहां पिंड आदि पूरा होने के बाद और पगड़ी होने से पहले जो समय मिला उसमें थोड़ी देर सोमनाथ चटर्जी का भाषण देखा-सुना और बिजली चली गई जिसकी शाम सवा सात बजे चलते टाइम आई। रास्ते में मामाजी का लड़का चिड़ावद ले गया। घर पहुंचते रात के ग्यारह बज गए। लेकिन बहस चल रही थी। चंद्रशेखर और चिदंबरम जैसे लोग बोल रहे थे। रात तीन बजे तक जितना सुन सकता था, सुना। लगा कि विपक्ष में उतना विश्वास नहीं है जितना कल था। तमिल मनीला कांग्रेस ने इतना तो स्पष्ट कर दिया कि वह प्रस्ताव के खिलाफ वोट देगी। लेकिन लगा कि हरियाणा की गौरवशाली परंपरा को निभाते हुए चौटाला फिर पलटी खा गए हैं और बादल के मनाने पर फिर वाजपेयी सरकार को बचाने पर तैयार हो गए हैं।

मतदान के दिन उठा तो आठ बज गए थे और बिजली नहीं थी। अखबारों में जो पढ़ा उसने भारत के शारजाह में हारने के दुख, उदासी और हताशा को और बढ़ा दिया। फ्री प्रेस में तो वीरेंद्र कपूर

ने लिख दिया कि कोई मिरेकल न हो तो वाजपेयी सरकार जीतेगी और वाह, जयललिता जैसी दुखदायी मैडम से छुटकारा भी हो जाएगा। अब सरकार सचमुच चलने का वक्त आ गया है। संघी पैरोकार कैसे उछलते हैं यह अपन थोड़ा-बहुत जानते हैं। लेकिन एक फड़ी प्रेस नाम का लोकल अंग्रेजी अखबार ही था जिसे दिल्ली के अखबारों के सामने अपन देखते भी नहीं लेकिन लोकल हिंदी अखबारों में भी एक जैसी खबरें थीं। बिजली न होने से टीवी नहीं चल सकता था और सीधे खबरें मिल नहीं सकती थीं। लगा कि यह खराब दिन है इसलिए शुतुरमुर्ग की तरह रोजमर्रा के कामों की रेत में सिर गाड़ लो और इस दिन को रेतीली आंधी की तरह गुजर जाने दो। लेकिन सबेरे से बिजली न होने के कारण टंकी का पानी भरा नहीं गया और वह बिलकुल खाली हो गई। बिना पानी-बिजली के दिन के दूसरे काम भी पूरे कैसे हों ? किसी ने कहा कि अस्सी प्रतिशत लोग ऐसे ही दिन की शुरुआत करते हैं। महानगरों के कुछ इलाकों में ही लगातार बिजली-पानी मिलते हैं। दिल्ली के अपने इलाके में ही ऐसा कौन सा स्वर्ग है जो यहां बिजली-पानी न होने के कारण कोपभवन में पहुंचा जाए ? सार्वजनिक व्यवस्था में जैसे-तैसे तैयार हुए।

लेकिन सवा बजे बाद जब पुराने स्पीकर और अब के सांसद शिवराज पाटील नियमों के उद्धरण दे रहे थे तब अचानक और बिना नोटिस दिए बिजली आ गई। अटलजी का जवाब हो चुका था। विश्वास प्रस्ताव पर मतदान की प्रक्रिया शुरू हो चुकी थी। सांसद होते हुए ओडीशा के मुख्यमंत्री हो गए गोमंग वोट दे सकते हैं या नहीं—इसी पर विवाद चलता रहा। आखिर स्पीकर बालयोगी ने मामला गोमंग के विवेक पर छोड़ दिया। फिर पहले ध्वनिमत हुआ। उसके रद्द हो जाने के बाद मतदान हुआ और वन डे की भारतीय टीम की तरह वाजपेयी सरकार एक वोट से हार गई। दो बजे की खबर में पहले तो दूरदर्शन ने कहा कि मतदान की प्रक्रिया चल रही है फिर घबराते और तुतलाते हुए बताया कि विश्वास मत पराजित हो गया है। जैसे दूरदर्शन के खबर देने से सरकार की हार आधिकारिक हो गई हो अपन टीवी देखने की मजबूरी से फारिग हो गए। बहुत राहत मिली।

कहने की जरूरत नहीं कि अगली सरकार बनने की उठा-पटक के दिन शुरू हो गए हैं। अपने को न गई सरकार से उम्मीदें थीं, न आगत सरकार से हैं। अगला गठबंधन भी विचारधारा, समानधर्मिता और जनहित में प्रशासन करने के लिए नहीं होगा। वह भी छोटी-मोटी अनेक पार्टियों और कई नेताओं के प्राइवेट एजंडे और हितों को पूरा करने के इरादे से ही बनेगा। उसकी नजर भी पार्टी और निजी हितों पर होगी और वह भी लोगों और देश के नाम पर सार्वजनिक संसाधनों का दोहन अपने लिए करेगा। हो सकता है उसमें जयललिता, ममता और अकाली और समता पार्टियों की तरह स्वच्छंद भयादोहन न हो लेकिन वह भी कोई लोक और राष्ट्रहित को अर्पित गठबंधन नहीं होगा। वाजपेयी सरकार की तरह अगली सरकार भी इसलिए होगी कि दिल्ली में शून्य नहीं रह सकता। सरकार का होना संवैधानिक और लोकतांत्रिक अनिवार्यता ही नहीं, भारत नाम के राज्य को भी हर वक्त सरकार चाहिए कि वह कितनी भी अप्रभावी, निकम्मी और सिर्फ नाम की हो। इस गठबंधन की पार्टियां और नेता भी अगले चुनाव में अपनी हालत ठीक करने और अभी प्राप्त सत्ता को आगे निर्बंध सत्ता पाने में लगाएंगे।

नेताओं और पार्टियों की शिकायत है कि वे क्या करें ? मतदाता ही विखंडित जनादेश देते हैं जिससे गठबंधन बनाना अनिवार्य हो गया है और गठबंधन की सरकार भीतरी और बाहरी तनावों और दबावों से जितनी अंदर से पंगु होती हैं उतनी ही कमजोर वे बाहरी दबावों के सामने साबित होती है। जब तक मतदाता इस या उस पार्टी को अच्छा बहुमत नहीं देते तब तक कमजोर, लुंजपुंज और दिशाहीन सरकारें ही बनेंगी। ये नेता आज की हालत के लिए अपनी निजी सत्ताकांक्षा और

पार्टी के सीमित-खंडित आधार को दोषी नहीं मानते। मतदाता यानी देश के राजनैतिक समाज को गैरजिम्मेदार बताते हैं। अब इसका क्या किया जाए कि हर नेता बगैर पार्टी अपने निजी और वर्गगत, स्वार्थ के लिए वोट बैंक बनाने और उसके लिए मतदाताओं को जाति, धर्म, संप्रदाय और क्षेत्र में बांटने की छोटी, ओछी और सिर्फ संख्या पर चलने वाली राजनीति करते रहे हैं। इसी खेल में कांग्रेस ने मझोली और नीची जातियों यानी दलितों और ओबीसी जातियों, अल्पसंख्यकों और बामन-राजपूतों का अखिल भारतीय आधार खोया। और इसी राजनीति के चलते भाजपा ने बाबरी मस्जिद तोड़ कर उग्रवादी और प्रतिक्रियावादी हिंदुओं का वोट बैंक बनाने की कोशिश की। वह और पितृ संस्था संघ परिवार पूरे हिंदू समाज का प्रतिनिधि होने का दावा करते हैं और उनके पास हिंदुओं के बीस प्रतिशत वोट भी नहीं हैं क्योंकि हिंदुत्व हिंदू समाज का सहज स्वभाव नहीं है। देश के बहुजन समाज की पार्टी होने का दावा कांशीराम और मायावती करते हैं। लोकसभा में उनके कुल जमा पांच सांसद हैं और उत्तर प्रदेश को छोड़ कर देश के किसी हिस्से में बहुजन समाज पार्टी का कोई नामलेवा नहीं है। जातियों की पार्टियां उत्तर में हैं और दक्षिण में भी जबकि इस देश की सामाजिक सच्चाई यह है कि कोई एक जाति एक राज्य में भी सहज और निर्बाध राज नहीं कर सकती इतनी जातियां हैं देश में।

इस देश के राजनैतिक समाज को विखंडित किया है नेताओं और उनकी निजी पार्टियों ने। इन नेताओं और पार्टियों ने देश को बनाने का नहीं उसके राजनैतिक समाज को तोड़-तोड़ कर टुकड़ों में बांटने का काम किया है। बबूल के बीज बोने और कांटों की फसलें उगा कर बाड़े बनाने वाले ये लोग आम की फसल और अमराइयों की छाया देने का दावा करते हैं। अटलजी ने कहा कि उनकी सरकार ने ऐसे काम किए हैं—जिनसे काल के कपाल पर अमिट लकीरें खिंच गई हैं। पहले तेरह दिन और फिर तेरह महीने चलने वाली सरकारों के प्रधानमंत्री ऐसी ही कविताई करते हैं। नई सरकार की कविताएं भी बनेंगी और रद्दी कागज पर छप कर इसी तरह काली हो जाएंगी। देश के समाज तोड़ने वालों की सरकारें टिकती थोड़ी हैं।

18.4.1999

काल के कपाल पर छपे हुए नेता

जिस विश्वास मत के पराजित होने पर वाजपेयी सरकार एक वोट से गई उस पर कहते हैं लोकसभा में छब्बीस घंटे बहस हुई। बहस तो क्या हुई, दूरदर्शन पर सीधे प्रसारण को ध्यान में रखते हुए दोनों तरफ के नेताओं ने चुनावी भाषण दिए ताकि जब भी मध्यावधि हों उनके लिए जमीन तैयार की जा सके। संसद की कार्यवाही के सीधे प्रसारण का एक बुरा असर तो यह हुआ ही है कि अब सांसद सदन के लिए नहीं अपने चुनाव क्षेत्र के लिए बोलते हैं।

फिर इस बहस में भाग लेने वाले सभी लोग जानते थे कि फैसला तो नंबर पर यानी संख्या बल पर होना है। और वह किसी के भी भाषण से बदलने वाला नहीं है इसलिए अपने चुनाव क्षेत्र को सुनाने के अलावा बहस में भाषण देना अपने विरोधी पर कोई मुद्दा स्कोर करना नहीं है। संसद में क्या, देश में कहीं भी आजकल विमर्श में कोई दम और जोर नहीं बचा है क्योंकि मोटे तौर पर मान लिया गया है कि विचार-विमर्श और बहस-मुबाहसे से कुछ होता-जाता नहीं है। लोग इस तरह अपनी राय और अपने निष्कर्ष नहीं बदलते। इसलिए तकरीर में बड़े वजन की बातें कहने और बहुत ढूंढ़ कर दूर की कौड़ी लाने और मारने का कोई मतलब नहीं है। इसलिए हमारे सार्वजनिक जीवन से संवाद गायब हो रहा है और उलटे बांस बरेली को भेजे जा रहे हैं। जिन्हें जो सुनना है और जिनकी राय और जिनका झुकाव पहले से मालूम है उन्हें वही कहा जाता है जो कि उन्हें मालूम है। इसलिए बहस सामने वाले की राय बदलने के लिए नहीं या तो उन्हें गोलबंद करने के लिए या सुनाने के लिए हो गई है। विश्वास मत पर छब्बीस घंटे की बहस इसका उत्तम उदाहरण थी।

फिर भी प्रधानमंत्री से ले कर पराजित गठबंधन के हर रक्षक ने देश को यह बताने की कोशिश की कि देश की सुरक्षा के लिए वाजपेयी सरकार ने सिर्फ तेरह महीने में जो कर दिखाया है वह दूसरी सरकारें पचास साल में भी नहीं कर पाई थीं। देश अब पूर्णतः सुरक्षित है। उसके पास न सिर्फ आणविक अस्त्र है बल्कि उन्हें धरती या आकाश के ऊपर फोड़ने वाले प्रक्षेपास्त्र भी हैं। यह सभी सिर्फ हमारी सरकार ने किया और सिर्फ तेरह महीने में कर दिखाया। इतनी देशभक्त और ऐसी योग्य सरकार को गिराने की कोशिश जो कर रहे हैं वे देश का अहित करने वाले सत्ता के भूखे देशद्रोही हैं। ज्यादातर रक्षकों ने तो पोखरन के पांच आणविक परीक्षणों और फिर 'अग्नि-2' मिसाइल यानी प्रक्षेपास्त्र का सीधा हवाला भी दिया।

लेकिन प्रधानमंत्री अटल बिहारी वाजपेयी अपने को राजनेता से बड़ा कवि मानते हैं। इसलिए अपने उत्तर में उनने कहा, "हमने काल के कपाल पर ऐसी अमिट रेखाएं खींची हैं जिन्हें कोई मिटा नहीं पाएगा।" यानी हमने ऐसा अमर काम कर दिखाया है जो आज या कल ही नहीं जिसके कपाल पर कुछ नहीं ठहरता उस काल पर भी अमिट रेखाएं बना गया है। सब जानते हैं कि काल के कपाल पर अमिट रेखाएं सिर्फ कविता में बनती हैं। इसलिए बावजूद अटलजी के भाषण और कविताई के उनकी सरकार एक वोट से हार गई। और वह एक वोट जो इधर से उधर गया और नेशनल कांफ्रेंस

के सैफुद्दीन सोज़ का माना जाता है वह काल के कपाल की अमिट रेखाएं लांघ कर उधर गया तो इसलिए कि लंदन में इलाज करवा रहे पूर्व प्रधानमंत्री विश्वनाथ प्रताप सिंह ने उन्हें रात ढाई बजे फोन कर के कहा कि उनकी पार्टी भले ही वाजपेयी सरकार के पक्ष में वोट करने का आदेश दे चुकी हो उन्हें तो अपनी अंतरात्मा की आवाज पर वोट देना चाहिए। आप जानते हैं कि सिर्फ अंतरात्माएं ही काल के कपाल की अमिट रेखाओं को लांघ सकती हैं।

बहरहाल, काल के कपाल पर अटलजी ने जो अमिट रेखाएं खींची हैं वे उधर से इधर तो कोई वोट नहीं डलवा सकीं, इधर के एक वोट को उधर जाने से भी नहीं रोक सकीं न पाले के बीच बैठी मायावती और उनके चार साथियों को भी उधर जाने से रोक सकीं। समझदार लोग कहते हैं कि दल बदल विरोधी कानून ने पार्टी व्हिप के अनुसार वोट देने की जो बाध्यता पैदा की है उससे न जाने कितनी संसदीय अंतरात्माओं के प्राण घुट जाते हैं और उन्हें ठीक से जीने का एक ही रास्ता है कि वे इकट्ठी हो कर अपनी पार्टी की कुल संख्या की एक-तिहाई जाएं तो व्हिप के खिलाफ वोट देने पर भी उनका कुछ बिगड़ेगा नहीं और वे एक सम्मानित और मान्य विभाजन में अलग हुई पार्टी मान ली जाएंगी। प्रोफेसर सोज़ की पार्टी के कुल तीन ही सांसद हैं इसलिए उनकी अंतरात्मा एक तिहाई हुई और उन्हें पार्टी ने भले ही निकाल दिया हो संसद की सदस्यता से उन्हें कोई नहीं निकाल सकता। फिर नैतिकता की अकेली ठेकेदार भाजपा ने उत्तर प्रदेश में कांग्रेस और बसपा की अंतरात्माओं को अपनी पार्टियों से निकलवा कर कल्याण सिंह की सरकार को बचवाया और जो एक-तिहाई नहीं होती थीं उन बसपा अंतरात्माओं को स्पीकर केसरीनाथ त्रिपाठी से बचवाया ताकि कल्याण सिंह का बहुमत बना रहे। ऐसे खेल में जो जीतते हैं उन्हें इस खेल में मारे जाने के लिए भी तैयार रहना चाहिए। फिर अंतरात्माओं ने दल बदल विरोधी कानून को सरेआम पराजित करने के कई रास्ते निकाल ही लिए हैं। इसलिए यह कहना सही नहीं है कि दल बदल विरोधी कानून ने अंतरात्मा की स्वतंत्रता पर कोई बहुत कारगर अंकुश लगा दिया है।

फिर भी अपनी राजनीति के यथार्थ में मान लिया गया है कि सदन में बहस का कोई असर पार्टियों के इधर से उधर जाने या विभाजित होने पर नहीं पड़ता। पार्टी की अमिट रेखाओं को राजनैतिक हित स्वार्थ ही तोड़ सकते हैं और ये हित स्वार्थ बहस से नहीं बहुत कड़ी और नंगी सौदेबाजी से तय होते हैं और इस सौदेबाजी पर सदन में बहस नहीं होती। इसलिए सदन की बहस मतदाताओं के लिए ही होती है और चूंकि भाजपा जैसी पार्टियां चुनाव लड़ने के लिए हमेशा तैयार रहती हैं इसलिए उन्हें चुनावी मुद्दे भी तैयार रखने पड़ते हैं। और अगर आपने वाजपेयी सरकार के विश्वास मत पर बहस टीवी पर देखी-सुनी हो तो इस निष्कर्ष पर पहुंचे ही होंगे कि भाजपा पोखरन में आणविक विस्फोटों और लोकसभा के सत्र के शुरू होने के तीन दिन पहले छोड़े गए अग्नि-2 प्रक्षेपास्त्र को बड़े चुनावी मुद्दे मानती है। यानी इन दो मुद्दों पर उसे विश्वास है कि देश की देशभक्त और सुरक्षित जनता उसे अच्छा-खासा बहुमत दे सकती है। काल के कपाल पर खिंची इन रेखाओं को चुनाव में बार-बार जनता को दिखाया जाए तो वह अपना वोट देने का फैसला बदल सकती है।

इसका मतलब यह हुआ कि संसद में बहस भले ही सदन में होने वाले मतदान को प्रभावित न करती हो पर वह देश में आम मतदान को प्रभावित करती है। और विपक्ष में पचास साल से इंतजार करने, फिर भी हर चुनाव लड़ने वाली भाजपा को विश्वास है कि उसकी सरकार ने गए साल पोखरन में

जो आणविक अस्त्रों के परीक्षण किए और अभी अग्नि-2 प्रक्षेपास्त्र उड़ाया उससे इस देश का राजनैतिक समाज इतना प्रभावित हुआ है कि वह देश को चीन और पाकिस्तान से सुरक्षित करने वाली भाजपा को ही वोट देगा। यह विश्वास नहीं होता तो न तो वाजपेयी सरकार ताबड़तोड़ पोखरन में बम फोड़ती न अग्नि-2 उड़ाती। भाजपा की देशभक्ति में विश्वास करने वाले लोग भी मानते हैं कि इन परीक्षणों की जितनी जरूरत देश की सुरक्षा के लिए थी उतनी ही इनका राजनैतिक लाभ लेने की भी थी। और देश को सुरक्षित करने वाले अगर अपने 'पराक्रम' का राजनैतिक लाभ लें भी तो इसमें कहां खराबी है ? वह तो उन्हें लेना ही चाहिए। इसलिए भाजपा ने छब्बीस घंटे की बहस में—काल के कपाल पर खिंची अपनी अमिट रेखाओं का इतने जोरशोर से प्रदर्शन और विज्ञापन किया।

आणविक अस्त्रों और प्रक्षेपास्त्रों के परीक्षण का कितना श्रेय इस सरकार को दिया जाना चाहिए और इनसे देश सचमुच कितना सुरक्षित हुआ है—इन दोनों मुद्दों पर देश में आम सहमति नहीं है। वैसे भी इस बहस को चलाने के लिए ये कागद कारे मैं नहीं कर रहा हूं। मैं तो मूल सवाल ही यह उठाना चाहता हूं कि क्या सचमुच ऐसे परीक्षणों से लोग अपना वोट इस पार्टी के बजाय उस पार्टी को देने का फैसला करते हैं। इंदिरा गांधी ने सन् चौहत्तर में पोखरन में भारत का पहला अणु विस्फोट किया था। वह भले ही अणु अस्त्र को धारण करने का परीक्षण न हो पर चूंकि वह भारत का पहला विस्फोट था इसलिए उसका लोगों पर गजब का असर हुआ था। लोग मानते हैं कि व्यक्ति पर अपने पहले प्यार का जो असर होता है वह फिर किसी भी प्यार का नहीं होता। इसी तरह एक देश के सामूहिक मन पर उसके पहले अणु विस्फोट का जो असर होता है वैसा फिर किसी परीक्षण का नहीं होता। जो लोग याद रख सकते हैं और सन् चौहत्तर के बाद पैदा नहीं हुए हैं उन्हें पोखरन के पहले विस्फोट का असर निश्चित ही अब भी याद होगा। सच पूछिए तो इंदिरा गांधी ने पोखरन में जो किया उसे वाजपेयी सरकार ने थोड़ा आगे बढ़ाया है। पोखरन के पांचों परीक्षण की तैयारी भी वाजपेयी सरकार के बनने के पहले हो चुकी थी। वाजपेयी सरकार ने तो परीक्षण करने का फैसला भर लिया।

लेकिन देखिए कि पहला परीक्षण करने वाली इंदिरा गांधी की कितनी मदद उस परीक्षण ने की। सन् चौहत्तर में उनने परीक्षण करवाया लेकिन तब से बिगड़ती हालत इतनी बिगड़ गई कि उन्हें लगा कि सत्ता उनके हाथ से निकल जाएगी। जून पचहत्तर में इंदिरा गांधी को इमरजंसी लगानी पड़ी और मार्च सतहत्तर में वे चुनाव हार गईं। उस पहले विस्फोट का असर न गुजरात में विद्यार्थियों के नवनिर्माण आंदोलन को रोक सका न उससे प्रेरित जयप्रकाश नारायण को बिहार आंदोलन चलाने से। अगर अणु परीक्षण देश के लोगों की हालत और सोच-समझ को बदल सकते होते तो पहला परीक्षण करने वाली इंदिरा गांधी की राजनैतिक स्थिति फिर सन् इकहत्तर और बहत्तर की तरह मजबूत हो जानी चाहिए थी। लेकिन आपने देखा कि न तो घोटालों का असर कम हुआ न इंदिरा गांधी के पांवों के नीचे से जमीन खिसकना रुका। वे गड़गड़ कर रही हैं और सारी सत्ता सिर्फ अपने हाथों में समेट कर तानाशाही की ओर बढ़ रही हैं—इस बात को देश के लोगों के मन से अणु परीक्षण नहीं निकाल पाया। देश अणु परीक्षण के उनके पराक्रम और राजनीति में उनके धतकरमों को अलग कर के देखने में तब भी सक्षम था और अब भी है।

वाजपेयी सरकार ने गए साल मई में राजस्थान के उसी रेगिस्तानी इलाके के पोखरन में एक नहीं एक साथ पांच परीक्षण किए और देश को अणु अस्त्रों से लैस करने का निर्णय लिया। छह महीने बाद उसी राजस्थान और उससे लगे मध्य प्रदेश और राजधानी दिल्ली और सुदूर उत्तर पूर्व

के मिजोरम में विधानसभा चुनाव हुए। राजस्थान और दिल्ली में भाजपा की सरकार थी ही और मध्य प्रदेश में उसकी सरकार बनने की पूरी संभावना थी। सुदूर उत्तर पूर्व के मिजोरम को छोड़ भी दें तो राजस्थान, दिल्ली और मध्य प्रदेश में तो पोखरन के पांच परीक्षणों का खूब जम कर प्रचार किया ही गया था। लेकिन पोखरन वाले राजस्थान ही नहीं दिल्ली और मध्य प्रदेश में भी भाजपा हारी। राजस्थान में तो कांग्रेस ने भाजपा का सूपड़ा ही साफ कर दिया। दिल्ली में भी वही हाल हुए। और मध्य प्रदेश में कांग्रेस ने पिछले चुनाव में जितनी सीटें जीती थीं उतनी ही अब फिर जीत लीं। पोखरन के पांच परीक्षण भाजपा के बिलकुल काम नहीं आए और आलू-प्याज के भावों में हुए विस्फोट ने साबित किया कि लोगों के राजनैतिक मन पर अणु परीक्षणों से ज्यादा रोजमर्रा की चीजों के भावों का असर होता है। इसी तरह अग्नि-2 का परीक्षण संसद के फिर खुलने के तीन दिन पहले किया गया लेकिन वह सरकार को एक वोट से हारने से नहीं बचा सका।

तो अणु अस्त्रों और प्रक्षेपास्त्रों के परीक्षणों से देश के सुरक्षित होने की बात मतदाताओं को अपने पक्ष में करने का ब्रह्मास्त्र नहीं है। यह सच्चाई पिछले पच्चीस वर्षों में इंदिरा गांधी से ले कर अटल बिहारी वाजपेयी तक के मामले में सिद्ध हो चुकी है। कांग्रेस वाले इस देश के मतदाताओं को चाहे जितना संकीर्ण और भाजपा वाला संघ परिवार इस देश के लोगों को चाहे जितना सुरक्षाकांक्षी माने वे इतने समझदार निश्चित हैं कि देश की सुरक्षा को राजनीति से अलग कर सकें। देश जानता है कि अणु बम कोई तीन महीने में नहीं बनते और प्रक्षेपास्त्र कोई पतंग नहीं होती कि बनाई और उड़ा दी। सुरक्षा का आधारभूत ढांचा बरसों में खड़ा होता है और उसके फलों का श्रेय किसी एक सरकार को नहीं दिया जा सकता। राष्ट्र के सुरक्षा ढांचे को इस देश के लोग किसी सत्तारूढ़ पार्टी के राजनैतिक हथकंडों से अलग करना जानते हैं। इतनी परिपक्वता और लोकतांत्रिक समझदारी उनमें है। संघ परिवार की तरह अपनी सुरक्षा से नाहक चिंतित लोग वे नहीं हैं। भारतीय हारे हैं लेकिन वे हार के डर में जीने वाले लोग नहीं हैं। सांप्रदायिक दंगों में हिंदुओं को मुसलमानों से बचाने की इच्छा से पैदा हुआ संघ परिवार भारत के लोगों की इस सच्चाई को नहीं समझता। इसीलिए तो उसके लोग पोखरन में शक्तिपीठ बनाना चाहते थे क्योंकि शक्तिपीठ कहां और क्यों बनते हैं वे यह भी नहीं समझते। लेकिन असली हिंदू तो वही हैं, बाकी के हम सब लोग तो साध्वी ऋतंभरा के अनुसार बाबर की औलाद हैं।

25.4.1999

जून हो कि सितंबर, किसे फर्क पड़ेगा ?

वाजपेयी सरकार के गिरने के बाद सारी मशक्कत अगर कामचलाऊ सरकार बनाने की थी तो अब सारी भाग-दौड़ और बयानबाजी चुनाव जल्दी करवाने के लिए हो रही है। भाजपा और उसकी पितृ संस्था राष्ट्रीय स्वयंसेवक संघ की फितरत है कि जो वे महसूस करते हैं या करवाना चाहते हैं उसका प्रचार ऐसे करते-करवाते हैं कि लगे कि यही देश के लोग महसूस कर रहे हैं।

इसका एक उदाहरण है कि यह दंतकथा कि जिस तरह वह गिराई गई उससे भाजपा के गठबंधन की सरकार के पतन पर अटल बिहारी वाजपेयी के लिए देश में सहानुभूति लहर पैदा हुई है। अगर चुनाव जल्दी करवाए जाएं तो इस लहर का लाभ भाजपा गठबंधन को मिलेगा और वह तीन चौथाई नहीं तो कामचलाऊ बहुमत तो पा ही लेगा। इसलिए भाजपा और उसकी समर्थक छुटभैया पार्टियां जून के शुरू में चुनाव करवाने पर डंड बैठकें पेल रही हैं। और कुमारमंगलम और प्रमोद महाजन जैसी सत्ता की बिगड़ैल संतानें बचकाना दलीलें दे कर इस प्रचार को मनोरंजक बना रही हैं।

जबकि वास्तविकता यह है कि इस वक्त अप्रैल में ही उत्तर में लू चल रही है और जहां-तहां लोग मर रहे हैं। अस्सी से ज्यादा मर ही गए हैं। अप्रैल में ये हाल है। तो मई-जून में क्या होगा ? फिर केरल में तो मानसून आ ही गया है। दक्षिण और उत्तर पूर्व में भी बादल घुमड़ रहे हैं। असम और अरुणाचल में तो बाढ़ आ गई है। चुनाव आयोग मतदाता सूचियों में सभी मतदाताओं के नाम चढ़ाने की मुहिम में लगा हुआ है। लेकिन भाजपा गठबंधन को मतदाताओं और लू से मरने वाले लोगों की चिंता नहीं है। अगर उसे लगता है कि जून में चुनाव होने से लाभ है तो वह ऐसा हल्ला करेगा कि अगर सितंबर-अक्टूबर में चुनाव हुए तो उसके साथ अन्याय हो जाएगा। उसे शायद लगता है कि मई-जून की गर्मी में उसके समर्थक ही वोट देने निकलेंगे और इससे भले ही मतदान का प्रतिशत बहुत कम हो जाए उसे अच्छी-खासी सीटें मिल जाएंगी।

सितंबर-अक्टूबर में चुनाव के लिए मौसम ठीक होने की तमाम दलीलें दे देने के बाद भाजपा गठबंधन ने दबाव बनाने का एक और तरीका निकाला। कहा कि चुनाव अगर पांच महीने बाद होते हैं तो इससे देश का काम तो ठप हो जाएगा। इतने सारे अंतर्राष्ट्रीय मामले और प्रतिबद्धताएं हैं क्या वे इसलिए ठहरी रहेंगी कि देश में एक कामचलाऊ सरकार है जिसे कहा गया है कि वह कोई नीतिगत और ऐसे फैसले न ले जिनसे आगे की सरकार के हाथ बंधते हों। यह लोकसभा में पराजित सरकार है और लोकसभा जिससे कि सरकार को सचमुच सत्ता मिलती है वह भंग हो गई है। चूंकि इस सरकार के पास कोई जनादेश नहीं है और इसे नई सरकार बनने तक प्रशासन का काम चलाने को कहा गया है इसलिए वह ऐसे कोई काम न करे जो कि जनादेश और लोकसभा का बहुमत प्राप्त सरकार के सहज अधिकार में आते हैं।

अब मजा देखिए कि जो सरकार तेरह महीने तक राज ठीक से नहीं चला सकी क्योंकि जिन छोटी पार्टियों के भरोसे वह सत्ता में थी उनमें से कोई उसे इधर खींचती थी तो कोई उधर और जो अपने फैसले वापस लेने के लिए खूब मशहूर हो गई थी वही हारने और कामचलाऊ हो जाने

के बाद एकदम सक्रिय होना चाहती है। बचुआ प्रमोद महाजन खम ठोंक कर कहते हैं कि मैं नहीं जानता कि संविधान में कोई कामचलाऊ सरकार होती है। सरकार तो सरकार ही होती है और हम सरकार की तरह ही काम करेंगे। अब प्रमोद महाजन को कौन बताए कि बीस साल पहले भी इस देश में कामचलाऊ सरकार रह चुकी है और यह आम जानकारी में है कि संविधान में किसी कामचलाऊ सरकार का उल्लेख नहीं है। लेकिन संविधान में तो कई बातों का उल्लेख नहीं है और लोकतंत्र में बहुत से काम परंपरा और चलन से चलते हैं। इसलिए इंग्लैंड में तो लिखित संविधान ही नहीं है। परंपराएं और चलन भाजपा से शुरू नहीं हुए हैं।

ऐसे ही एक रंगराजन कुमारमंगलम हैं जिनके पिता कभी साम्यवादी और फिर कांग्रेस के मंत्री हुआ करते थे और जो खुद भी कांग्रेस और राजीव गांधी और नरसिंह राव के जमाने में मंत्री रह चुके हैं। ये कुमारमंगलम कहते हैं कि अगर चुनाव जल्दी नहीं हुए और हमें पांच महीने सरकार चलानी पड़ी तो हम कोई कामचलाऊ ही नहीं बने रहेंगे। हम राष्ट्रपति से कहेंगे कि हमें पूरे अधिकार दिए जाएं और हम सर्वाधिकार प्राप्त सरकार की तरह काम करें। आखिर देश की अर्थव्यवस्था, प्रशासन और अंतर्राष्ट्रीय प्रतिबद्धताएं इसलिए तो बिगड़ने नहीं छोड़ी जा सकतीं कि चुनाव आयोग जल्दी चुनाव करवा नहीं सकता। यानी चुनाव जून में जल्दी करवाओ नहीं तो हमें पूरे अधिकार दो। जिस तरह वाजपेयी सरकार तेरह महीनों तक अपनी साथिन पार्टियों से ब्लैकमेल होती रही उसी तरह अब वह चुनाव आयोग और राष्ट्रपति का भयादोहन करना चाहती है। वह प्रचारित कर रही है कि राष्ट्रहित में जो भी जरूरी होगा वह करेगी। तेरह महीनों में कितना राष्ट्रहित इस सरकार ने साधा है, हम-आप सब जानते हैं।

यह मत समझिए कि प्रमोद महाजन और कुमारमंगलम का आखिर सरकार चलाने का अनुभव ही क्या है और उनका बचकानापन उनके उत्साह का नतीजा है। अन्नाद्रमुक की जयललिता पर सीधे हमला कुमारमंगलम ने किया था जिसका परिणाम उनके समर्थन वापस लेने और वाजपेयी सरकार के गिरने में हुआ। कुमारमंगलम को आगे किया था लालकृष्ण आडवाणी ने। नई दिल्ली के विज्ञान भवन में अखबार वाले बात कर रहे थे आडवाणी से क्योंकि वहां उन्हीं की प्रेस कांफ्रेंस थी। पत्रकारों ने जब जयललिता के रवैए पर सवाल पूछे तो आडवाणी ने कुमारमंगलम को आगे कर के कहा कि इनसे पूछिए। और सरकार के कामचलाऊ होने का क्या मतलब है इसके बारे में आविष्कारी दंभ से बोले प्रमोद महाजन जिन्हें अटल बिहारी वाजपेयी ने सरकारी प्रवक्ता बनाया है और जिनका अज्ञान उनके दंभ के साथ ही चल सकता है। प्रमोद महाजन के पीछे अटल बिहारी वाजपेयी कितनी मजबूती से खड़े हुए हैं यह देखना हो तो उनका राष्ट्र के नाम संदेश और उद्योगपतियों के बीच उनका भाषण सुन लीजिए। विदा लेता प्रधानमंत्री देश को संबोधित करता रहा है लेकिन अटल बिहारी वाजपेयी ने मतदाताओं को संबोधित किया और उद्योगपतियों को अटलजी ने विश्वास दिलाया कि कामचलाऊ है तो क्या हुआ उनकी सरकार उद्योगपतियों को निराश नहीं होने देगी। लालकृष्ण आडवाणी और अटल बिहारी वाजपेयी परिपक्व और छोटी-मोटी बातों से ऊपर उठे नेता बने दिखना चाहते हैं इसलिए दंभ बघारने और लोकतंत्र की सीमा से बाहर के हित साधने के लिए बचुआ नेताओं को आगे कर देते हैं।

अटलजी ने कहा कि विपक्ष ने उनकी सरकार को नाहक गिराया और देश को इस अनिश्चितता में झोंक कर उस पर मध्यावधि लाद लिया। लोकसभा को भंग करते हुए राष्ट्रपति ने चार पेज का

जो बयान जारी किया उसमें कहा गया है कि सामंजस्य और साहचर्य की कमी के कारण भाजपा गठबंधन टूटा और सरकार गिरी और इसी के अभाव में विपक्ष वैकल्पिक सरकार नहीं बना सका। यानी वाजपेयी सरकार अन्नाद्रमुक के समर्थन वापस लेने के कारण गिरी, उसे विपक्ष ने नहीं गिराया। अटल बिहारी वाजपेयी इस सच्चाई को बिलकुल नजरअंदाज कर गए। राष्ट्र को संबोधन में उनने भाजपा के प्रचार पर जोर दिया कि उनकी सरकार को साजिश कर के विपक्ष ने गिराया। अटलजी अपने गठबंधन और अपनी सरकार के अपनी ही दरारों से टूटने को नहीं देखते। वे मतदाताओं से अब भी कह रहे हैं कि विखंडित जनादेश मत देना। मानते भी हैं कि हमारा राजनैतिक समाज विखंडित है इसलिए विखंडित जनादेश देता है। लेकिन इस समाज को विखंडित करने में भाजपा और संघ परिवार का कितना योगदान है इसकी उदासी भी उनके स्वर में नहीं।

पराजित सरकार के कर्णधार और भाजपा गठबंधन की दूसरी पार्टियां भी अगर इतनी आक्रामक हो गई हैं और दंभ से बात करती हैं तो इसका कारण यह है कि वैकल्पिक सरकार बनाने में गैर-भाजपाई पार्टियां फेल हुई हैं और उनकी विफलता और फूट को भाजपाई गठबंधन इस चुनाव में भुनवाना चाहता है। वह इसको सबसे बड़ा मुद्दा इस भरोसे में बनाना चाहता है कि जैसे वाजपेयी सरकार देश के लोगों की लाड़ली सरकार रही हो और उसे गिरा कर विपक्ष ने जो पाप किया है उसका दंड उसे जनता हरा कर दे। भाजपा गठबंधन की यह चुनावी रणनीति हो सकती है लेकिन मजा यह है कि विपक्ष इसे लगभग स्वीकार कर रहा है। ज्योति बसु कांग्रेस को कोसते हुए स्वीकार करते हैं कि सरकार गिराने और वैकल्पिक सरकार बना न पाने का लाभ भाजपा को मिलेगा। कांग्रेस और तीसरे मोर्चे की अन्य पार्टियां ऐसा साफ-साफ तो नहीं कहतीं लेकिन वैकल्पिक सरकार बनाने की अपनी विफलता पर वे बचाव की मुद्रा में जरूर आ गई हैं। जैसे अपनी विफलता से सदमे में आ गई हैं।

विपक्ष के इस बचाववादी रवैए ने भाजपा और गठबंधन का हौसला बढ़ाया है और वे ऐसे बरताव कर रहे हैं जैसे उनकी सरकार पराजित ही न हुई हो और उनके गठबंधन की दूसरी सबसे बड़ी पार्टी ने ही अलग हो कर और समर्थन वापस ले कर सरकार न गिरवाई हो। बचाव में होने के साथ-साथ विपक्ष बिखरा भी इतना लग रहा है कि जैसे जब भी चुनाव हो वह एक-दूसरे के वोट काट कर भाजपा को जितवाने के ही काम का रह गया हो। वाजपेयी सरकार के गिरने और वैकल्पिक सरकार के न बना पाने के पहले कांग्रेस इस आत्मविश्वास में फूली नहीं समा रही थी कि अब जब भी चुनाव होगा उसे ढाई सौ से कम सीटें नहीं मिलेंगी। वह आत्मविश्वास अब उसके नेताओं के चेहरों पर दिखाई नहीं देता। वे सोनिया गांधी को गलत सलाह देने और रणनीति में भयंकर भूलें करने के लिए बलि के बकरे ढूंढ़ते लग रहे हैं। कोई यह कहने को तैयार नहीं है कि सोनिया गांधी अपने राजनैतिक जीवन की पहली परीक्षा में फेल हो गईं। सब उनके सलाहकारों को दोष दे रहे हैं। कोई कहने का साहस नहीं करता कि नेता सलाहकारों द्वारा नेतृत्व नहीं पाता। उसके पास अपना दिमाग और अपनी योजना होती है।

सही है कि कांग्रेस अपनी अल्पमत सरकार बनाने की बात पर अड़ कर भी समर्थन पाने के लिए यह नहीं बता पाई कि वह करेगी क्या ? इसलिए मुलायम सिंह का या चंद्रशेखर का समर्थन देने से इनकार करना कोई धोखाधड़ी नहीं है। जिसे समर्थन चाहिए वह कम-से-कम यह तो बताए कि करेगा क्या ? कांग्रेस को सच पूछिए तो सभी को अपने गठबंधन में शामिल करना चाहिए था। जिनके शामिल होने से गठबंधन बनता न हो उन्हें बाहर रह कर समर्थन देने पर राजी करना चाहिए था। लेकिन गठबंधन संभव ही नहीं होता तब अल्पमत सरकार की बात करनी चाहिए थी और

सबको साफ बताना चाहिए था कि हम यह करेंगे। लेकिन कांग्रेस ने बिलकुल वैसे ही बरताव किया जैसे वह अपने घर में करती है। कांग्रेस वालों ने बिलकुल संवेदनहीनता के साथ दूसरी पार्टियों से भी वैसे ही व्यवहार किया जैसे वे कांग्रेस के गुट हों और सोनिया गांधी को किसी भी पहुंच से दूर देवी मानते हों। मुलायम सिंह ने इनकार कर के कांग्रेस की इस वंशवादी और सामंतवादी संस्कृति को चलने नहीं दिया। सही है कि दिल्ली की सरकार से ज्यादा महत्त्वपूर्ण उनके लिए उत्तर प्रदेश में अपना जनाधार था। लेकिन कांग्रेस ने तीसरे या चौथे मोर्चे को समर्थन न देने की जो बात कही उसमें तो जनाधार का भी विचार नहीं था।

वाम मोर्चे और खास कर माकपा ने सरकार बनाने की कवायद को पत्ते का खेल समझा। वे अपने इक्के-बादशाह को तब तक सीने से चिपकाए रहे जब तक कि उनसे शो करने यानी पत्ते दिखाने को कहा नहीं गया। उनके दिल्ली के वार्ताकार हरकिशन सिंह सुरजीत सारा जोर कांग्रेस की सरकार बनाने पर ही लगाए रहे। उनने यह तक नहीं कहा कि अगर कांग्रेस की बात सिरे नहीं चढ़ेगी तो तीसरे मोर्चे की ओर से हम ज्योति बसु को आगे करने को तैयार हैं। माकपा की यह तैयारी थी इसका खुलासा सोमनाथ चटर्जी और ज्योति बसु की बातों से हो जाता है। लेकिन यह सब माकपा ने ऐसे घालमेल और घामड़मन से किया कि बात बिगड़ती ही चली गई। और अब वे अपनी खीज कांग्रेस और मुलायम सिंह को सरेआम गरिया कर इस तरह निकाल रहे हैं कि उससे गैर-भाजपाई पार्टियों की आपसी खुन्नस और फूट और बढ़े।

इसमें कोई शक नहीं है कि वैकल्पिक सरकार बनाने में विफल हो कर विपक्ष ने अपना दिवाला आप ही निकाला है। भाजपा गठबंधन की जो सरकार गिरी उसके लिए उसके समर्थकों के अलावा जनता में कोई दुख नहीं है। जितना विपक्ष का भंडाफोड़ हुआ है उतना ही भाजपा गठबंधन का भी हुआ है। लेकिन कांग्रेस की अगुआई वाला जो गठबंधन हो सकता था वह पराजित लग रहा है और उसकी पराजय में भाजपा गठबंधन अपने को जीता हुआ मान रहा है। लेकिन ये सब दिल्ली और पार्टियों की बातें हैं। जनता की वास्तविकता के स्तर पर दिल्ली की राजनैतिक उठा-पटक का कोई खास असर नहीं है। चुनाव अगर सितंबर-अक्टूबर में ही तो भाजपा की सीटें घटेंगी और उसके विरोधियों की बढ़ेंगी। भाजपा इस घटने को रोकने के लिए ही जून में चुनाव चाहती है।

1.5.1999

अब लपलपाती लू में सहानुभूति लहर ढूंढ़ लेना, मिल जाएगी

मुख्य चुनाव आयुक्त मनोहरसिंह गिल ने अपने संवैधानिक पद का दम और रुतबा कायम रखा। और मौजूदा राजनैतिक संकट की समाप्ति के बाद विदेश यात्रा के बीच ही में लौट कर आने और राष्ट्रपति से मिलने के बाद मध्यावधि करवाने के समय का जो संकेत उनने दिया था उस पर ही डटे रहे। गिल और उनके दो साथी चुनाव आयुक्त भाजपा और उसके गठबंधन की पार्टियों की भबकियों और दबाव में नहीं आए। उन्हें बदतर और बदवक्त में से ही चुनना था। उनने सितंबर अंत और अक्तूबर के पहले सप्ताह में मध्यावधि करवाने का फैसला किया। भाजपा और गठबंधन अब लू में उस सहानुभूति लहर को ढूंढ़ नहीं पाएगा जिस पर चढ़ कर वह सीधे सिंहासन पर बैठने के हसीन सपने देख रहा है।

डॉक्टर गिल ने कहा कि देश को जल्दी-से-जल्दी निर्वाचित सरकार देने के प्रयास और उद्यम में चुनाव आयोग किसी से पीछे नहीं है। लेकिन आयोग को चुनाव करवाने के लिए कई अनिवार्यताएं पूरी करनी होती हैं। मतदाता सूचियों का पुनरीक्षण चल रहा है। उसे बीच में रोक कर अगर चुनाव करवाए जाते तो यह असंवैधानिक होता। फिर ऐसी लपलपाती गर्मी और उसी से लगी हुई बारिश के बीच चुनाव यों भी संभव नहीं होते क्योंकि करोड़ों वोटर वोट देने के अधिकार से मौसम के कारण वंचित रह जाते। फिर भारतीय आम चुनाव दुनिया में चुनाव की सबसे बड़ी प्रक्रिया है। इसमें साठ करोड़ मतदाता, आठ लाख मतदान केंद्र, चालीस लाख चुनाव कर्मचारी और पांच लाख अर्धसैनिक जवान लगते हैं।

इसलिए डॉक्टर गिल ने कहा कि सवाल सिर्फ किसी मौसम के चुनने या जल्दी-से-जल्दी निर्वाचित सरकार बनवाने का नहीं है। अध्ययन, विचार-विमर्श और चुनाव करवाने की योजना बनाने की जरूरत इतनी बड़ी है कि तत्काल और आंख मूंद कर कोई चुनाव कार्यक्रम घोषित नहीं किया जा सकता। ठीक से चुनाव करवाने के अपने बुनियादी कर्त्तव्य को आयोग नजरअंदाज नहीं कर सकता। उसे भारतीय लोकतंत्र की प्रतिष्ठा भी बनाए रखना है।

छह में से पांच राष्ट्रीय पार्टियों और राज्यों की क्षेत्रीय पार्टियों में से अधिकांश पार्टियों ने जून में चुनाव करवाए जाने का विरोध किया था। सिर्फ भाजपा और उसकी साथिन पार्टियां ही जोर दे रही थीं कि चुनाव जून में हों। जाहिर है कि भाजपा गठबंधन को इसकी चिंता नहीं थी कि वोट देने के अधिकारी सभी वोटरों के नाम सूचियों पर आ जाएं। उन्हें इसकी कभी फिकर नहीं थी कि गर्मी और बरसात के कारण वोटर मतदान केंद्र नहीं पहुंच पाएंगे। उनकी सबसे जबरदस्त इच्छा वही थी कि जो सहानुभूति लहर उन्हें दिखाई दे रही है, उसे वोट डलवाने में लगा दिया आए। अंदाज के राजनैतिक फायदे के लिए वे चुनाव का मजाक बनवाने के लिए तैयार थे।

लेकिन जब भाजपा गठबंधन को लगा कि जून में मध्यावधि करवाने के लिए आयोग तैयार नहीं होगा और मौसम आड़े आएगा तो उसने आयोग और देश पर दबाव बढ़ाने का दूसरा तरीका

निकाला। प्रचार किया गया कि पांच महीने तक कामचलाऊ सरकार चलेगी तो देश का क्या होगा। जरूरी नीतिगत फैसले नहीं लिए जाएंगे तो जो बड़ी मुश्किल से पटरी पर आई है वह अर्थव्यवस्था उतर कर खड्डे में चली जाएगी। देश की तरफ से जो अंतर्राष्ट्रीय वचन दिए गए हैं और जो राष्ट्रीय प्रतिबद्धताएं हैं वे कैसे पूरी होंगी। अगर सितंबर-अक्टूबर में चुनाव होते हैं तो कामचलाऊ सरकार को पूरे अधिकार दिए जाने चाहिए ताकि वह सभी जरूरी नीतिगत निर्णय भी कर सके।

बिदक कर सरकारी प्रवक्ता प्रमोद महाजन ने कहा कि संविधान में कोई कामचलाऊ सरकार नहीं है। जैसे देश को मालूम ही न हो कि संविधान में क्या लिखा है। उनने दावा किया कि उनकी सरकार बाकायदा भारत सरकार है और वही सभी नीतिगत फैसले ले सकती है और लेगी। उनके स्वर और उनकी मुद्रा से लग रहा था कि वे देश को धमका रहे हैं कि अगर चुनाव जून में नहीं करवाए तो वाजपेयी सरकार को जो ठीक लगता है करेगी।

कोई उसे रोक नहीं सकता। फिर प्रमोद महाजन ने कहा कि देश के इतिहास में यह कभी नहीं हुआ कि कामचलाऊ सरकार को पांच-छह महीने रहना पड़ा हो। वे इतिहास नहीं जानते। उनका दंभ उन्हें सीखने के लायक रखता भी नहीं है। फिर भी बता दिया जाए कि 28 जुलाई, 1979 को जिन चरण सिंह ने प्रधानमंत्री पद की शपथ ली थी उनने चलती लोकसभा का सामना करने के बजाय 20 अगस्त को इस्तीफा दे दिया था। वे 20 अगस्त, ’79 से 14 जनवरी ’80 तक कामचलाऊ सरकार के प्रधानमंत्री रहे। कुछ दिनों का फर्क पड़ेगा लेकिन उससे क्या फर्क होगा ?

अपनी घोषणा पर अमल करते हुए सरकार ने कुछ सचिवों के तबादले कर दिए हैं। कैबिनेट सचिव प्रभात कुमार ने 18 अप्रैल को सब मंत्रालयों से कहा था कि–प्रधानमंत्री के निर्देश हैं कि जब तक नई सरकार नहीं बनती, काम रुकना नहीं चाहिए। लेकिन साथ ही इस समयावधि में ऐसे निर्णय लेना उचित नहीं होगा जो नई नीति बनाने, नए और भारी खर्च करने और बड़े प्रशासनिक / कार्यकारी फैसले लेने की तरह हों। लेकिन तेरह दिन बाद 1 मई को इन्हीं प्रभात कुमार ने फिर सभी मंत्रालयों को कहा–यह स्पष्ट किया जाता है कि हमारे संविधान के तहत वर्तमान सरकार कामचलाऊ सरकार नहीं है। उसे पूरे अधिकार हैं हालांकि उनका उपयोग विवेक से किया जाना चाहिए। इसका मतलब है कि अगर एकदम जरूरी हो और उनमें कोई देरी हो नहीं सकती हो तो नीतिगत फैसले भी लिए जा सकते हैं।

कैबिनेट सचिव ने तेरह दिन के अंदर अपने उच्च विचार क्यों बदल लिए यह बताने की जरूरत नहीं है। सिर्फ यही बताना जरूरी है कि संविधान के एक भी अनुच्छेद का उल्लंघन किए बिना इंदिरा गांधी ने भी इस देश में इमरजंसी लगा दी थी, सेंसरशिप से जबान बंद कर दी थी और सभी विपक्षी नेताओं को जेल में ठूंस कर देश को बचा लिया था। संविधान पर चलते हुए उनने तानाशाही लगा दी थी। संविधान में जैसे कामचलाऊ सरकार की व्यवस्था नहीं है वैसे ही उसमें तानाशाही का भी उल्लेख नहीं है। लेकिन इस संविधान को हाथ में लिए क्या कमाल किया जा सकता है यह इंदिरा गांधी बता चुकी हैं।

सब जानते हैं कि 17 अप्रैल को वाजपेयी सरकार एक वोट से पराजित हो गई तो सारी राजनीति चुनाव करवाने वाली कामचलाऊ सरकार बनाने की थी। भाजपा की कोशिश थी कि कामचलाऊ सरकार उसी की हो और इसलिए वह जितने भी रोड़े अटका सकती थी, उसने अटकाए। कांग्रेस और तीसरा मोर्चा भी यही चाहता था कि कामचलाऊ सरकार उसकी बन जाए। कामचलाऊ सरकार रखने में आखिर कुछ तो होगा कि सभी पार्टियां उसमें लगी हुई थीं।

सही है कि वाजपेयी सरकार कामचलाऊ सरकार नहीं है। वह एक निर्लज्ज, दंभी और अलोकतांत्रिक सरकार है। वह तेरह महीने जो नहीं कर सकी क्योंकि एक संसद और गठबंधन की

पार्टियों के प्रति उत्तरदायी थी, वह सब अब कर लेना चाहती है। वह जानती है कि वह एक पराजित सरकार है। लोकसभा नहीं है और मनमानी कर सकती है। वोटर उसकी निर्लज्जता और दंभ को देख रहा है और अपनी मनमानी करने वाली सरकारों को ठिकाने लगाना वह जानता है। प्रमोद महाजन थोड़ा इस इतिहास को भी देख लें।

5.5.1999

यह यक्ष प्रश्न है, उत्तर देना होगा

सोनिया गांधी ने कांग्रेस की अध्यक्षता से इस्तीफा दे कर और कार्यकारिणी ने शरद पवार, पूर्णो संगमा और तारिक अनवर के सुझाव को रद्द कर के आम बहस के एक अहम मुद्दे का सामना करने से इनकार कर दिया है।

सुझाव क्या था ? इन तीनों ने कांग्रेस अध्यक्ष को एक पत्र में लिखा था कि पार्टी का मध्यावधि चुनाव घोषणा-पत्र संविधान में यह संशोधन सुझाए कि भारत में जन्मे भारतीय नागरिक ही राष्ट्रपति, उपराष्ट्रपति और प्रधानमंत्री के पद पर आसीन हो सकते हैं। उनका निवेदन था कि कांग्रेस अध्यक्ष के नाते खुद सोनिया गांधी यह संशोधन सुझाएं।

यानी वे सोनिया गांधी से उम्मीद कर रहे थे कि वे खुद अपने प्रधानमंत्री बन सकने के विरुद्ध संविधान में संशोधन का सुझाव रखें क्योंकि यह पार्टी और देश के बृहत्तर हितों में होगा। उनकी राय में यह खुद सोनिया गांधी की इच्छा और घोषणा के मुताबिक होगा कि वे सिर्फ उस पार्टी को पुनर्जीवित और फिर से शक्तिशाली बनाने के लिए सार्वजनिक जीवन में उतरी हैं जिसके लिए पंडितजी, इंदिराजी और राजीवजी ने अपना सब कुछ न्योछावर कर दिया। पत्र लिखने वालों ने कांग्रेस कार्यकारिणी और सोनिया गांधी से इस पर विचार करने को कहा था। पत्र सोनिया गांधी की निजी और कांग्रेस में नई जान डालने की कामयाबी की तारीफ से खचाखच भरा था।

लेकिन सोनिया गांधी ने सत्रह मई की शाम हुई कार्यकारिणी की बैठक में अध्यक्ष पद से इस्तीफा दे दिया। वे मुश्किल से दस-पंद्रह मिनट बैठक में रहीं और सबको स्तब्ध करती हुई उठ कर घर चली गईं। उनके चले जाने पर बैठक की अध्यक्षता करने वाले प्रणव मुखर्जी का कहना है कि इस्तीफे की चिट्ठी पर पंद्रह मई की तारीख पड़ी है यानी वह उसी शाम लिख दिया गया था जब सबेरे कार्यकारिणी की बैठक में मध्यावधि के मुद्दों और रणनीति पर विचार के दौरान शरद पवार, पूर्णो संगमा, तारिक अनवर आदि ने सोनिया गांधी के विदेशी मूल को भाजपा के हाथों पड़ा हथियार बताया था।

सोनिया गांधी को यही बात आहत कर गई। उनने इस्तीफे की चिट्ठी में लिखा है कि मेरे कुछ साथियों को मेरा और कहीं जन्म लेना कांग्रेस पार्टी पर बोझ लगता है। पार्टी और देश के हितों में काम करने की मेरी योग्यता में उनके विश्वास की इस कमी से मुझे दुख हुआ है। ऐसी हालत में पार्टी के प्रति वफादारी और देश के प्रति कर्त्तव्य का मेरा बोध मुझे पार्टी के अध्यक्ष पद से इस्तीफा देने पर मजबूर कर रहा है। विदेश में जन्म लेने के बावजूद भारत को मैंने अपना देश चुना। मैं भारतीय हूं और अपनी आखिरी सांस तक भारतीय बनी रहूंगी। भारत मेरा मातृदेश है और मुझे अपनी जान से भी प्यारा है। मैं पार्टी की सेवा में किसी पद या सत्ता के लिए नहीं आई। इसलिए आई कि पार्टी का अस्तित्व ही खतरे में पड़ गया था और उस चुनौती से मुंह छुपाए मैं अलग नहीं खड़ी रह सकती थी। अब भी ऐसा करने का मेरा कोई इरादा नहीं है।

सोनिया गांधी का यह पत्र उनके विदेशी मूल की होने के तथ्य और उसके मध्यावधि में चुनावी मुद्दा बनाए जाने की राजनीति से आंखें दो-चार करने से भी इनकार करता है। भाजपा और संघ परिवार की उस पर खुसुर-पुसुर को निचले दर्जे का अभियान करार देने वाली सोनिया गांधी को इस बात से बड़ी चोट पहुंची है कि उनकी पार्टी के ही वरिष्ठ साथियों ने यह मुद्दा उन्हीं के सामने कार्यकारिणी में उठाया। और फिर उन्हीं से कहा कि संविधान में संशोधन सुझाएं। शरद पवार का कहना गलत नहीं है कि उनने सोनिया गांधी से इस्तीफे की मांग नहीं की है। आप वह पत्र पढ़ें तो साफ हो जाएगा कि पत्र लिखने वाले तीनों नेता चाहते हैं कि वे पार्टी की अध्यक्ष बनी रहें, उसे और मजबूत बनाएं लेकिन खुद अपनी तरफ से घोषणा करें कि वे प्रधानमंत्री नहीं होना चाहतीं। भारत में जन्मे भारतीय नागरिक को ही प्रधानमंत्री, उपराष्ट्रपति और राष्ट्रपति बना सकने के काबिल होने का संविधान संशोधन भी वही रखें।

इस बात पर सोनिया गांधी के आहत होने का एक मतलब तो यह निकाला ही जाएगा कि वे ऐसी पार्टी की अध्यक्ष बनी रह कर उसे जिताने के अभियान में नहीं लग सकतीं जो नहीं चाहती कि वे प्रधानमंत्री बनें क्योंकि वे विदेशी मूल की हैं। क्या कांग्रेस पार्टी ने इस सिद्धांत को स्वीकार किया है कि सिर्फ वही भारतीय नागरिक राष्ट्रपति, उपराष्ट्रपति और प्रधानमंत्री हो सकता है जिसका जन्म भारत में हुआ हो ? क्या कांग्रेस पार्टी चाहती है कि विदेश में जन्मे लेकिन भारत के नागरिक हुए लोग सिर्फ इस देश और इसकी पार्टियों की सेवा कर सकते हैं, वे सत्ता में जा कर शासक नहीं हो सकते ? सोनिया गांधी को पत्र लिखने वालों ने कहा है कि कांग्रेस की तो स्थापना ही एक स्कॉटिश सज्जन ह्यूम ने की है। और अध्यक्ष के जिस पद पर आप विराजमान हैं उसे कभी एनी बेसेंट भी सुशोभित कर चुकी हैं। क्या अपनी स्थापना के लगभग 114 साल बाद कांग्रेस को लगा है कि विदेशी मूल के भारतीय नागरिक उसका राष्ट्रपति या प्रधानमंत्री नहीं हो सकता ? कांग्रेस ने अगर अब तक ऐसा कोई फैसला नहीं किया है और संविधान विदेशी मूल के भारतीय नागरिक और भारत में जन्मे भारतीय नागरिक के बीच भेद नहीं करता तो अब यह सवाल क्या सोनिया गांधी को प्रधानमंत्री बनने से रोकने के लिए नहीं उठाया गया है ? और क्या यह संघ परिवार के अभियान को सही मानना नहीं है ?

सोनिया गांधी के इस्तीफे को राजनैतिक हथकंडा मानने वाले लोगों की भी कमी नहीं है। लोग मानते नहीं कि वे सचमुच कांग्रेस की अध्यक्षता छोड़ रही हैं, क्योंकि कुछ लोगों ने उनके विदेशी मूल के होने के तथ्य को चुनाव अभियान में पार्टी की कमजोरी मान कर उसका काट निकालने की बात कही है। इन लोगों का मानना है कि इस्तीफा दे कर सोनिया गांधी पार्टी को घुटनों के बल ही झुकने पर नहीं साष्टांग करने पर मजबूर कर रही हैं। ऐसा कर के ही वे अपनी पार्टी में इस सवाल को हमेशा के लिए दफना देना चाहती हैं कि वे विदेशी मूल की हैं। इस्तीफा दे कर वे उन नेताओं को भी समाप्त करना चाहती हैं जिनकी महत्त्वाकांक्षा खुद प्रधानमंत्री बनने की है और जो आज एक भाजपाई मुद्दे की आड़ से उनके नेतृत्व को चुनौती दे रहे हैं। वे इंदिरा गांधी की तरह कांग्रेस की एकछत्र और निर्द्वंद्व नेता होना चाहती हैं।

यह बात कि सोनिया गांधी सत्ता हथियाने के लिए कुलबुला रही हैं कोई तीन महीने से चल रही है। जिस दिन वे नई दिल्ली की एक पंचतारा होटल में जयललिता की चाय पार्टी में गईं तब से संघ परिवारी और भाजपा परिवारी पार्टियों का प्रचार जारी है कि किसी तरह भी सत्ता में आने के लिए उनने भाजपा गठबंधन की सरकार को गिरवाया। फिर जब वे गठबंधन सरकार बनाने के लिए राजी नहीं हुईं और अपनी अल्पमत सरकार बनाने पर ही अड़ी रहीं तो मुलायम सिंह यादव

और दबी जबान से साम्यवादियों ने भी कहा कि वे अकेली सत्ता में आना चाहती हैं हालांकि उनके पास कोई जनादेश नहीं है। सोनिया गांधी का तीसरे या चौथे किसी भी मोर्चे का बाहर से समर्थन न करने की घोषणा करना और समाजवादी पार्टी के नेता को महज मुलायम करना भी उनके सत्तापरक दंभ का उदाहरण माना गया।

इसमें कोई शक नहीं है कि सोनिया गांधी ने अपनी अल्पमत सरकार के लिए समर्थन जुटाने में कोई कसर नहीं छोड़ी और वह सब किया जो अटलजी ने अपनी सरकार बचाने के लिए सिर्फ अप्रैल में ही नहीं तेरह महीनों के कार्यकाल में भी किया। वे सत्ता के लिए किसी भी भारतीय राजनेता से कम तिकड़म और उठा-पटक में नहीं लगीं। फिर भी उन्हें सत्ता नहीं मिली। चुनाव के पहले कामचलाऊ सरकार भी उनकी नहीं बनी। कांग्रेस के बाहर सत्ता हथियाने के खेल में वे जो विफल हुई हैं उसने उनकी सत्ता लालसा को उधेड़ कर रख दिया है। अब कोई नहीं मानता कि वे सत्ता के लिए नहीं सेवा के लिए राजनीति में आई हैं। इसलिए उनके स्वेच्छा से प्रधानमंत्री पद की होड़ से हटने और संविधान में संशोधन करवाने के सुझाव को मानने के बजाय इस्तीफा दे देने को लोग अगर उनकी सत्ताकांक्षा ही मानें तो इनकार कैसे किया जा सकता है ? इस्तीफा दे कर सोनिया गांधी ने वही किया है जो अपने पर आधारित लोगों को सीधा करने के लिए भारतीय नेता करते रहते हैं। सोनिया गांधी को मालूम है कि कांग्रेस के पास उनके अलावा कोई सर्वमान्य नेता नहीं है। शरद पवार महाराष्ट्र में भले ही नेता हों कांग्रेस पार्टी और देश उन्हें अपना नेता नहीं मानेंगे। यही हाल संगमा के हैं। और जो नेता उनके साथ हैं उन्हें भी कोई नेता मानने को तैयार नहीं होगा। उनके इस्तीफे से जिस तरह कार्यकारिणी स्तब्ध रह गई और फिर उनका इस्तीफा मानने से इनकार कर के कांग्रेसी नेता-कार्यकर्त्ता जैसे उनके घर दौड़े गए और उन्हें मनाते रहे और देश-भर से जिस तरह उन्हें अध्यक्ष बनाए रखने की मांग हो रही है—इन सबसे स्पष्ट ही है कि अपने इस्तीफे का जो असर वे चाहती थीं वही हुआ है। कांग्रेसी पवार, संगमा और अनवर को कोस रहे हैं और उनके उठाए सवाल को भी बेकार बता रहे हैं। आज नहीं तो कल या इक्कीस मई को राजीव गांधी की पुण्यतिथि के बाद सोनिया गांधी इस्तीफा वापस ले सकती हैं और तब पार्टी में उनके मूल पर कोई सवाल नहीं होगा, न उनके नेतृत्व को कोई चुनौती। कांग्रेसियों को अपनी राजनैतिक जान प्यारी है और उन्हें लगता है कि अगले चुनाव में सोनिया गांधी ही उन्हें बचा सकती हैं।

लेकिन कांग्रेस देश नहीं है। देश भाजपा, उसका गठबंधन और संघ परिवार भी नहीं है। देश वह भी नहीं है जिसे मत सर्वेक्षणों और चुनाव सर्वेक्षणों में बताया जाता है। यह देश ज्यादा नहीं तो कम-से-कम सौ सालों तक तो उन अंग्रेज विदेशियों से लड़ा है जो इस पर शासन कर रहे थे। दूसरे विश्वयुद्ध के दौरान सन् बयालीस में जब कांग्रेस ने अंग्रेजो भारत छोड़ो का नारा दिया तो अंग्रेजों ने कहा कि हम तो छोड़ दें लेकिन तुम्हारा क्या होगा जरा यह भी सोच लो। तब महात्मा गांधी ने कहा कि हमारी अराजकता आपकी सरकार से फिर भी बेहतर होगी। आप कृपया जाएं, हमें अपने हाल पर छोड़ दें। जिस देश को विदेशी शासकों के बजाय अपनी अराजकता बेहतर लगती थी और जिसमें विदेशियों से लड़ कर आजाद होने की गौरवशाली परंपरा है उसमें क्या यह सवाल भी नहीं रहेगा कि कि विदेशी मूल का कोई व्यक्ति उसका प्रधानमंत्री हो सकता है या नहीं ?

यह सवाल सिर्फ सोनिया गांधी के भविष्य और इस मध्यावधि चुनाव का नहीं है। यह सवाल भारत के भविष्य और उसके लोकतंत्र के सत्व का है जो न कांग्रेसी है, न संघ परिवारी। उस भारतीय

के मन में भी यह सवाल उठता है कि जो विदेश में जन्मा हो, वहीं का नागरिक रहा हो और भारत आने के बाद भी जो बरसों भारत का नागरिक न बना हो क्या वह हमारा राष्ट्रपति, उपराष्ट्रपति और प्रधानमंत्री होने के योग्य है ? जन्म अगर योग्यता-अयोग्यता निर्धारित नहीं करता तो कोई भी कहीं भी राष्ट्रपति, प्रधानमंत्री या राजा क्यों नहीं हो सकता ?

सिर्फ इसलिए कि संघ परिवारियों ने अपने अभियान में इसे लिया है यह सवाल अछूत और बेमानी नहीं हो जाता। जिस राष्ट्रीय स्वयंसेवक संघ ने सन् पच्चीस में स्थापित हो कर सन् सैंतालीस तक भारत की आजादी की लड़ाई में उंगली तक नहीं उठाई उसे देशभक्ति की ठेकेदारी देने की गलती इन्हीं कांग्रेसियों ने की है जिनके बाप-दादा आजादी की लड़ाई में खुशी-खुशी कुरबान हो गए। कांग्रेस अगर फिर इस सवाल को दरकिनार करेगी तो न सिर्फ एक राष्ट्रीय प्रश्न भाजपा की झोली में डाल देगी बल्कि भारत के आम लोगों को देसी-विदेशी में दो फाड़ होने के लिए छोड़ देगी। झूठ और छल-कपट में भाजपा और उसका संघ परिवार रसातल तक जा सकता है। उसे सत्ता चाहिए। सवाल को दरकिनार कर के उसे रोक नहीं सकते।

19.5.1999

बहस का मतलब जनमत संग्रह नहीं होता

कांग्रेस कार्यकारिणी से यही उम्मीद थी। पवार, संगमा और अनवर को पार्टी से निकाल बाहर कर के कार्यकारिणी ने सोनिया गांधी को बता दिया है कि जो आपको नजर उठाके देखेगा उसकी आंख फोड़ दी जाएगी। कोई तीस साल से कांग्रेस में जी हजूरी की जो दयनीय परंपरा चल रही है उसे कार्यकारिणी ने कुछ और पुख़्ता किया है।

बैठक के बाहर जो कार्यकर्त्ता जमा हुए या किए गए थे उनने चुन-चुन कर उन्हीं कार्यकारिणी सदस्यों से झूमा-झटकी और धक्का-मुक्की की जो असहमति या सावधानी की आवाज उठा सकते थे। उन्हें चुप करने के लिए भीड़ का यह इस्तेमाल भी कांग्रेस में नया नहीं है। यह उन्माद उन्हीं के इशारे पर बनाया गया जो अपने-अपने राजनैतिक कारणों से पवार, संगमा और अनवर को कांग्रेस से बाहर कर के सोनिया गांधी को अपनी वफादारी की हद बताना चाहते थे। इन कथित बागियों की चिट्ठी पर कांग्रेस अध्यक्षता से इस्तीफा दे कर सोनिया गांधी ने खुद ही बता दिया था कि अपने विदेशी मूल को वे बहस से परे मानती हैं। कांग्रेस कार्यकारिणी ने तो केवल आज्ञाकारिणी का काम किया है।

कांग्रेस के इस रवैए पर उत्तेजित या गमगीन होने की जरूरत नहीं है। जो पार्टी अपने मंचों पर खुले विचार-विमर्श की सलाह तक को बरदाश्त न करे उसे ले कर यही चिंता होनी चाहिए कि वह हमारे लोकतांत्रिक समाज के ताने-बाने को किस हद तक बिगाड़ सकती है। और कोशिश करनी चाहिए कि उसकी तोड़-फोड़ के असर को कम-से-कम किया जा सके। इस देश की मातृ राजनैतिक संस्था होने के नाते उसका बहस से इनकार करना लोकतंत्र को कमजोर करता है। इसकी काट यही है कि समाज में हम सवाल और उस पर बहस को जीवित रखें।

कहने को तो अटल बिहारी वाजपेयी ने भी कहा है कि इस पर राष्ट्रीय बहस होनी चाहिए कि विदेश में जन्मा कोई व्यक्ति भारत का राष्ट्रपति, उपराष्ट्रपति और प्रधानमंत्री हो सकता है या नहीं ? लेकिन ये प्रधानमंत्री महोदय तो गुजरात के डांग जिले में जा कर भी कह आए थे कि धर्मांतरण पर राष्ट्रीय बहस होनी चाहिए। पर जब इस बात पर देश के उदार जनमत ने उन्हें धिक्कारा कि गुजरात में उपद्रवियों के खिलाफ कानूनी कार्रवाई करने के बजाय वे राष्ट्रीय बहस की बात कर रहे हैं तो लखनऊ में उनने कहा कि मैंने तो राष्ट्रीय बहस की नहीं संवाद की बात कही थी।

इसी तरह अटलजी ने कहा था कि उनकी राय में सोनिया गांधी के विदेशी मूल के होने के तथ्य को चुनावी मुद्दा नहीं बनाना चाहिए। लेकिन जो उनने देखा कि उनकी पार्टी और गठबंधन की दूसरी पार्टियां इस पर तत्पर दिख रही हैं तो कहा कि मैं चाहूं या न चाहूं चुनावी मुद्दा तो यह बनेगा ही। फिर उनने इसे कांग्रेस पार्टी का अंदरूनी मामला बताया। और फिर कहा कि इस पर राष्ट्रीय बहस होनी चाहिए। अब कहा जा रहा है कि इसे राष्ट्रीय जनतांत्रिक गठबंधन अपने घोषणा-पत्र में शामिल करने पर विचार करेगा।

तो अटलजी के लिए तो यह तात्कालिक और चुनावी राजनीति का मुद्दा है और जब वे कहते हैं कि इस पर राष्ट्रीय बहस होनी चाहिए तो इसका मतलब यह है कि हम बिलकुल देसी और हिंदू लोग हैं और इसलिए विदेशी मूल को सोनिया गांधी और उनकी देशभक्तिहीन पार्टी कांग्रेस को वोट देने के बजाय हमें वोट दो। हो सकता है कि पवार, संगमा और अनवर ने भी यह सवाल तात्कालिक राजनीति और चुनावी लाभ लेने के लिए उठाया हो और चूंकि पहले खुसुर-पुसुर संघ परिवार ने शुरू की थी इसलिए उनका कदम भाजपा को परोक्ष सहायता पहुंचाने वाला लगता हो।

दरअसल संघ परिवार की ओर से चुनाव के पहले उठाए जाने के कारण यह सवाल और इसकी बहस तात्कालिक लाभ की ओर दौड़ने वाली राजनीति के दलदल में फंस गई है। ऐसे बहुत से विचारवान लोग जो विदेश में जन्मे और विदेशी रहने के बाद भारत के नागरिक हो जाने वाले व्यक्ति को राष्ट्रपति, उपराष्ट्रपति और प्रधानमंत्री बनने या न बनने देने पर निश्चित और पक्की राय रखते हैं इस वक्त बहस में पड़ने से कतरा रहे हैं। एक तो वे विचार से संघ परिवारी नहीं दिखना चाहते। दूसरे, उन्हें लगता है कि ऐसे बुनियादी सवाल को चुनाव का मुद्दा नहीं बनने देना चाहिए क्योंकि यह देश के राजनैतिक समाज को ऐसे सवाल पर दो फाड़ करता है जिस पर ठंडे दिमाग और बहस के माहौल में बात करने और फैसला करने की जरूरत है।

जो लोग इस सवाल पर संघ परिवारी हुए दिखना नहीं चाहते उनकी संवेदनशीलता समझी जा सकती है। संघ परिवार में विदेशी मूल के भारतीय नागरिक की राष्ट्रीयता पर भिन्न तरह के सवाल उठते हैं। पंथनिरपेक्ष लोकतंत्र में राजनैतिक पार्टी की तरह सत्ता राजनीति में लगे रहने और सामाजिक-सांस्कृतिक संगठन के रूप में सक्रिय रहने के लिए भाजपा और राष्ट्रीय स्वयंसेवक संघ को भीतर से कुछ और होते हुए भी बाहर से कुछ और दिखना पड़ता है। लेकिन राष्ट्रीयता के बारे में ये चाहे जितनी सर्वमान्य बातें करें मूल अवधारणा उनकी वही है वो वीर सावरकर की थी।

सावरकर मानते थे कि हिंदुत्व ही राष्ट्रीयता है। और हिंदुत्व क्या है इसकी स्पष्ट व्याख्या सावरकर ने अपनी बीज पुस्तक हिंदुत्व में की है। हिंदू सिर्फ वही नहीं है जो हिंदुस्तान में जन्मा हो और बाप-दादे यहां रहते आए इसलिए भारत का नागरिक हो गया हो और जिसका धर्म हिंदू हो, उसकी संस्कृति भी भारतीय यानी हिंदू होनी चाहिए। हिंदुस्तान को वह अपनी मातृभूमि मानता हो। लेकिन यह भी पर्याप्त नहीं है। हिंदू वही है, हिंदुस्तान जिसकी पितृभूमि ही नहीं उसकी पुण्यभू भी हो। वीर सावरकर ने पुण्यभू की कसौटी पर भारत में सदियों से रहते चले आ रहे लेकिन बाद में मुसलमान, ईसाई, पारसी या यहूदी हुए हिंदुओं को भी हिंदू नहीं माना है। मुसलमानों, ईसाइयों, यहूदियों और पारसियों की पुण्यभू चूंकि हिंदुस्तान से बाहर है इसलिए वे हिंदू नहीं हैं और उनकी व्याख्या के हिंदुस्तान के नागरिक नहीं हो सकते क्योंकि उनकी राष्ट्रीयता उनके हिंदुत्व से निर्धारित होती और मिलती है।

गुरु गोलवलकर अपनी पुस्तक 'हमारी राष्ट्रीयता की व्याख्या' में सावरकर के बहुत नजदीक पहुंच गए थे और फासिस्ट जर्मनों की तारीफ भी उनने की थी। बाद में कहते हैं कि यह पुस्तक वापस ले ली गई और संघ वालों का दावा है कि गुरुजी के विचार बदल गए थे। जो हो, महात्मा गांधी की हत्या के बाद संघ पर जो पाबंदी लगी और फिर जो संविधान देश ने स्वीकार किया—उसने संघ परिवारियों को बाध्य किया कि वे अपने तौर-तरीके बदलें। इसी के चलते वीर सावरकर की हिंदुत्व की व्याख्या को औपचारिक रूप से छोड़ा गया और हिंदू को भारतीय रूप में स्वीकारा गया। लेकिन

राष्ट्रीयता की मूल अवधारणा में संघ परिवार अब भी मानता है कि हिंदू ही इस देश का स्वाभाविक और पहले दर्जे का नागरिक है। उसी की देश के प्रति वफादारी में विश्वास किया जा सकता है। भाजपा और संघ वाले भले ही इतनी साफ बातें न करें विश्व हिंदू परिषद, बजरंग दल, हिंदू जागरण मंच आदि तो करते हैं।

जिस परिवार के मूल विचार ऐसे हों वह जब सोनिया गांधी के विदेशी होने का सवाल उठाता है तो उसमें फासीवाद और नस्लवाद के सुर अपने आप मिल जाते हैं। भारत के ज्यादातार हिंदू वीर सावरकर के हिंदुत्व को नहीं मानते। मानते होते तो अब पचहत्तर साल से ज्यादा हो गए वे वैसा हिंदुस्तान बनाते। हिंदू महासभा नहीं तो भारतीय जनसंघ या भाजपा को खुल कर सत्ता सौंपते। लेकिन आप जानते हैं कि दूसरी क्षेत्रीय पार्टियों से मिलने पर भी भाजपा को बाईस प्रतिशत से ज्यादा वोट नहीं मिलते। भाजपा हिंदुत्व का बहुत पनीला घोल है फिर भी बहुसंख्यक हिंदू उसके समर्थक नहीं हैं। बाबरी मस्जिद तोड़ने के बाद उत्तर प्रदेश में भी भाजपा को स्पष्ट बहुमत नहीं मिला है।

इससे स्पष्ट है कि सनातन धर्म को समझने और उसका पालन करने वाले ज्यादातर हिंदू हिंदुत्ववादी नहीं हैं। और वे सोनिया गांधी पर भाजपा और संघ परिवार की हां में हां नहीं मिलाते इसलिए अभी इस बहस से अपने को दूर रखते हैं। जो हिंदू सोनिया गांधी को अपने इतालवी मूल और गांधी परिवार की बहू बन जाने के बाद भी अपनी इतालवी नागरिकता नहीं छोड़ने के कारण प्रधानमंत्री पद के योग्य नहीं मानते वे भी अपने को संघ परिवार के साथ खड़ा नहीं करना चाहते। जो लोग इस सवाल को सोनिया गांधी से भी परे और भारत के लोकतांत्रिक भविष्य से जुड़ा बुनियादी सवाल मानते हैं वे तो बिलकुल नहीं चाहते कि संघ परिवारी माने जाएं।

लेकिन सिर्फ इसलिए कि संघ परिवार ने पहले इस पर आम बहस शुरू की इस सवाल को अछूत नहीं माना जा सकता। कांग्रेस और वामपंथ के कुछ लेखक लोग इस सवाल को इसीलिए ना कुछ बता रहे हैं कि यह भाजपा का उठाया हुआ है। लेकिन कोई राष्ट्रीय सवाल इसलिए अराष्ट्रीय और अप्रसांगिक नहीं हो जाता कि उस पर संघ की जबान लग गई है। अछूत मानने के इस रवैए के कारण कांग्रेसियों और वामपंथियों ने ऐसे कई सवाल 'हिंदू' बनने के लिए छोड़ दिए जो सचमुच राष्ट्रीय थे। बहुसंख्यक संप्रदायवाद पर अंकुश लगाने के लिए इन लोगों ने अल्पसंख्यक संप्रदायवाद को बरदाश्त ही नहीं किया, बढ़ावा भी दिया। इसकी प्रतिक्रिया में भाजपा और संघ परिवार को मौका मिला कि वे हाशिए पर खड़े हिंदू संप्रदायवाद को मुख्य धारा में लाने की कोशिश करें। राष्ट्र और लोकहित में इस छुआछूत को अब पूरी तरह मिटाने की जरूरत है।

जैसे यह सुझाव कि संविधान में संशोधन किया जाए कि वही भारतीय नागरिक जो भारत में जन्मा हो राष्ट्रपति, उपराष्ट्रपति और प्रधानमंत्री होने के योग्य माना जाएगा। यह संशोधन सोनिया गांधी को प्रधानमंत्री बनने से रोकने के लिए ही नहीं है। सोनिया गांधी इस देश और उसके भविष्य से बड़ी नहीं हैं। सोनिया गांधी कांग्रेस से भी बड़ी नहीं हैं अभी भले ही यह पार्टी उनके आज्ञाकारी सेवकों और दरबारियों से भरी हो। सोनिया गांधी उसकी अध्यक्ष न रहें और उसकी तरफ से प्रचार न करें और वह इस मध्यावधि में हार भी जाएं तो कांग्रेस पार्टी तो समाप्त नहीं हो जाएगी। महात्मा गांधी, जवाहरलाल नेहरू और उनके जैसे अनेक नेताओं के चले जाने के बाद भी कांग्रेस जीवित है। वह इस देश की मातृ राजनैतिक संस्था है और इस नाते वह मर भी नहीं सकती है। वह कल होने वाला चुनाव हार न जाएं इसलिए बुनियादी सवालों से समझौता नहीं किया जा सकता। नहीं करना चाहिए।

विदेश में जन्मा गैर भारतीय व्यक्ति जो अब भारतीय हो गया हो और वह भले ही नेहरू-गांधी परिवार से संबंधित हो–प्रधानमंत्री बनने के योग्य है या नहीं यह सवाल सभी भारतीयों के मन में है। यह सिर्फ कांग्रेस की जानलेवा दुविधा और भाजपा का आसान वोट कबाड़ू नारा नहीं है। कहते हैं लोकतंत्र में जनता अपनी राय चुनाव में ही तो प्रकट करती है। लेकिन कोई आम चुनाव किसी अकेले सवाल का जवाब ढूंढ़ने के लिए होता। जिसमें यह होता है वह जनमत संग्रह कहलाता है। क्या आप इस मध्यावधि चुनाव को सोनिया गांधी और अटल बिहारी वाजपेयी के बीच जनमत संग्रह बनाना चाहते हैं ? क्या आप इस चुनाव को विदेश में जन्मे और भारत में जन्मे दो भारतीय नागरिकों में से एक को चुनने का मौका बनाना चाहते हैं ? आप संसद चुन रहे हैं या राष्ट्रपति ? यह भारत का चुनाव है या अमेरिका का ? हमारे यहां संसदीय प्रणाली है या राष्ट्रपति प्रणाली ?

नहीं, यह न अमेरिका का चुनाव है, न प्रधानमंत्री बनने की योग्यता तय करने का चुनाव। यह जनमत संग्रह नहीं है और इसलिए सोनिया गांधी के प्रधानमंत्री बनने की योग्यता के सवाल पर भारत के वोटरों यानी राजनैतिक समाज को बंटने नहीं देना चाहिए। फिर भी बहस होनी चाहिए और फैसला नई संसद में आम सहमति से होना चाहिए। भारत को भारत बने रहने देने का यही रास्ता है।

22.5.1999

जो बहस के लायक नहीं, वह हमले के भी काबिल नहीं

कांग्रेस वाले फिर इस गलतफहमी में हैं कि इन लोगों के सामने यह सवाल है ही नहीं कि सोनिया गांधी विदेशी मूल की हैं। इतालवी नागरिक होते हुए ही उनने कैंब्रिज विश्वविद्यालय में पढ़ते हुए इंदिरा गांधी के बड़े बेटे राजीव से प्यार किया और ब्याह करने पर भारत आ कर रहीं और बरसों बाद इटली की नागरिकता छोड़ी। ऐसे व्यक्ति को इस देश का प्रधानमंत्री होने देना चाहिए या नहीं।

और सवाल सिर्फ सोनिया गांधी का नहीं है। विदेशी मूल का कोई भी भारतीय नागरिक हमारा राष्ट्रपति, उपराष्ट्रपति और प्रधानमंत्री हो सकता है या नहीं इस पर भी शांति से विचार होना चाहिए। संविधान बनाने वाले हमारे बाप-दादों ने भारतीय मूल के भारतीय नागरिक और विदेशी मूल के भारतीय नागरिकों में भेद नहीं किया। वे सब विदेशी शासकों को भारत से भगाने वाले सेनानी थे। उनने कभी सोचा भी नहीं होगा कि विदेशियों के खिलाफ सौ साल तक लड़ने वाले इस देश में विदेशी मूल का कोई व्यक्ति प्रधानमंत्री होने का दावा करने लगेगा। और कांग्रेस जैसी पार्टी उसके सामने साष्टांग दंडवत में लोट-पोट हो कर उसकी चरणरज अपने माथे पर लगाएगी। और कहेगी कि हे भगवती, तू ही हम पापियों की डूबती नैया को पार लगा सकती है।

मेरी हिचक का एक कारण तो यह है ही कि हमारा संविधान इस बारे में कुछ नहीं कहता। संविधान यह भी नहीं कहता कि कोई कामचलाऊ सरकार हो सकती है और उसके ये-ये अधिकार और ऐसे-ऐसे अंकुश होंगे। इसका लाभ लेते हुए एक कामचलाऊ प्रधानमंत्री इंदर कुमार गुजराल ने चुन-चुन कर अपने लोगों को फिट किया और अब उनके चरणचिह्नों पर चलते हुए वाजपेयी सरकार जो जी में आए करना चाहती है। कामचलाऊ सरकार इसलिए कामचलाऊ है कि पराजित होने के बाद प्रधानमंत्री अपना और अपनी मंत्रिपरिषद का इस्तीफा देते हैं तो राष्ट्रपति उसे नई व्यवस्था हो जाने तक काम चलाने को कहते हैं। लेकिन इससे भी ज्यादा अर्थवान और महत्त्वपूर्ण बात यह है कि लोकसभा न हो और चुनाव होने वाले हों तो काम चलाने के लिए चलने दी गई पराजित सरकार के पास कोई जनादेश नहीं होता और संविधान कुछ कहे या न कहे लोकतंत्र और उसकी परंपरा है कि ऐसी सरकार जनादेश वाली सरकार की तरह काम नहीं कर सकती। लोकतंत्र के सारे काम संविधान की इबारत में नहीं होते, वे संसदीय लोकतांत्रिक परंपरा से होते हैं। अगर ऐसा नहीं होता तो लोकतंत्र का मातृ देश ब्रिटेन लिखित संविधान के बिना चल नहीं रहा होता।

अब जो चाहते हैं कि संविधान में संशोधन कर दिया जाए कि राष्ट्रपति, उपराष्ट्रपति और प्रधानमंत्री वही हो सकता है जो इस देश में जन्मा हो—वे इस संशोधन को अगर चुनावी मुद्दा बनाते हैं तो इस पर वैसे विचार नहीं हो सकता जैसा कि संविधान संशोधन पर होना चाहिए। और जो सोनिया गांधी अपनी 'देशभक्ति और राष्ट्रीयता' को जनता के जवाब के लिए छोड़ देना चाहती हैं वे भी भावुकता की ताल पर जनता को भरमाने की कोशिश कर रही हैं। उनकी देशभक्ति और राष्ट्रीयता पर किसी ने सवाल नहीं उठाया है। पवार, संगमा और अनवर ने सवाल यह उठाया था

कि जो विदेश में जन्मा और विदेशी नागरिक रहा हो वह इस देश का प्रधानमंत्री हो सकता है या नहीं ? वे मानते हैं कि नहीं होना चाहिए और इसलिए सोनिया गांधी से निवेदन किया था कि वही यह संशोधन पहले कांग्रेस के घोषणा-पत्र में और फिर संसद में विचार के लिए पेश करें। ट्रेजेडी यह है कि सोनिया गांधी और उनके दाएं-बाएं विरोधी भी इस पर जनमत संग्रह करवाना चाहते हैं। मध्यावधि चुनाव जनमत संग्रह नहीं होते। और उन्हें जो जनमत संग्रह बनाना चाहते हैं वे इस देश के राजनैतिक समाज को एक झूठे देशी-विदेशी मुद्दे पर दो फाड़ कर के बांट देना चाहते हैं। मैं समझता हूं कि इस देश का राष्ट्रपति-उपराष्ट्रपति और प्रधानमंत्री वही होना चाहिए जो इसी देश में जन्मा हो। दुनिया के सभी देश अपने यहां जन्मे नागरिक को ही यह अधिकार देते हैं। लेकिन इस सवाल पर फैसला मैं किसी मध्यावधि या आम चुनाव में नहीं करवाना चाहता क्योंकि चुनाव को जनमत संग्रह बनाना और अपने राजनैतिक समाज को ऐसे पेचीदा मामले पर काले-धौले में बांटना लोकहित और राष्ट्रहित में नहीं है। लेकिन समस्या यह है कि हमारी पार्टियां और उनके नेता इस पर वोट तो डलवाना चाहते हैं, इस प्रश्न का सामना कर के इस पर आम बहस नहीं करना चाहते।

संघ परिवार की तरफ से खुसुर-पुसुर मुहिम में उठाए गए इस सवाल को सही संदर्भ और परिप्रेक्ष्य में उठा कर इस पर आम बहस करवाने का सबसे अच्छा मौका कांग्रेस कार्यकारिणी और उसकी अध्यक्ष सोनिया गांधी को मिला था। पंद्रह मई को जब कांग्रेस कार्यकारिणी में मध्यावधि के मुद्दों और रणनीति पर विचार हो रहा था तब इस पर कथित विद्रोहियों ने कहा था कि संघ परिवार सोनिया गांधी के विदेशी मूल का सवाल उठाएगा और इस पर चुनाव अभियान में कांग्रेस को रक्षात्मक होना पड़ेगा क्योंकि इस तथ्य को न छुपाया जा सकता है, न टाला जा सकता है कि वे इटली में जन्मी और वहां की नागरिक रही हैं। इसका काट यही हो सकता है कि घोषणा-पत्र में संविधान संशोधन की बात कही जाए और यह संशोधन खुद सोनिया गांधी पेश करें। सोनिया गांधी की देशभक्ति और राष्ट्रीयता अगर कांग्रेस की परंपरा और नेतृत्व की महानता से प्रेरित होती तो वे कहतीं कि ठीक है इस पर बहस हो और कांग्रेस पार्टी माने तो संविधान में संशोधन करवाया जाए। सोनिया गांधी अगर इस सवाल को खुद उठातीं तो यह तात्कालिक सत्ता देशी-विदेशी, नस्लवाद, फासीवाद आदि सभी निंदनीय संदर्भों से उठ कर राष्ट्रीय और देशभक्ति के संदर्भ में विचारणीय हो जाता।

आठ दिन तक दस जनपथ और कांग्रेस के दफ्तर में जो नाटक और नौटंकी चलती रही उसे मीडिया ही नहीं सभी लोगों ने शर्मनाक बताया। कार्यकारिणी ने विद्रोहियों को निकाल बाहर किया और कांग्रेस का महाधिवेशन बुलाया ताकि सोनिया गांधी से वापस अध्यक्षता लेने का आग्रह किया जाए। कोई नहीं मानता था कि सोनिया गांधी इस्तीफा वापस नहीं लेंगी इसलिए उन्हें मनाने के सारे प्रदर्शन नाटक-नौटंकी के अलावा कुछ नहीं थे। महाधिवेशन के एक दिन पहले सोनिया गांधी ने इस्तीफा वापस ले लिया और महाधिवेशन उनकी महाविजय का अभियान बना दिया गया। चूंकि सवाल उठाया गया था इसलिए सोनिया गांधी ने कांग्रेस में से अपने पर सवाल करने वालों का सफाया ही करवा दिया। उनने यह भी घोषित कर दिया कि उन्हें ऐसी कांग्रेस चाहिए जो अपने सिद्धांतों पर और उनके साथ पूरे दिलो-दिमाग से चले। जिन्हें थोड़ी भी शंका हो वे अभी अपना अलग रास्ता चुन लें। यानी सोनिया गांधी की कांग्रेस में उनके विदेशी मूल की बात करने वाले के लिए भी कोई जगह नहीं है।

प्रधानमंत्री बनने की उनकी पात्रता को सोनिया गांधी ने अपनी राष्ट्रभक्ति और राष्ट्रीयता पर

उठाया गया सवाल बना दिया जो कि लोगों को भरमाने का घटिया और नौटंकिया प्रयास था। इसे उनने भावनात्मक ब्लेकमेल में भी इस्तेमाल किया। उनने कांपती आवाज में कहा, ''हिंदुस्तान ने मुझे इकतीस साल पहले ही अपना लिया था जब मैं इंदिराजी की बहू बन कर यहां आई। मेरा जीवन इस देश ने देखा ही नहीं, यह देश मेरे जीवन के पल-पल में शामिल रहा। मैं सुहागिन यहीं बनी, मां यहीं बनी, मैं विधवा आपकी आंखों के सामने हुई। इस देश की सबसे महान पुत्री इंदिराजी ने अपनी सांस मेरी बांहों में तोड़ी। मेरे खून की एक-एक बूंद कहती है कि यह मेरा वतन है। यह मेरा वतन है।''

स्टार टीवी पर उनका भाषण सुनती हमारी भेनजी ने कहा, ''यह मेरा पतन है।'' यानी महिलाओं में गांधी परिवार की बहू होने के नाते अपनी महान कुरबानियों पर जो सहानुभूति सोनिया गांधी जगाना चाहती हैं वह ऐसे मखौल का भी कारण हो सकती है। वैसे जनार्दन द्विवेदी नहीं तो जो भी अपने को सच्चा कांग्रेसी समझता हो वह यह किस्सा सोनिया गांधी को सुना दे क्योंकि गांधी कोई महात्मा गांधी भी हुआ करता था और कांग्रेस कोई और भी संस्था थी जो लोकतांत्रिकता के कारण विदेशियों से इस देश को आजाद कराने की आंदोलन बनी थी। किस्सा महावीर त्यागी ने अपनी पुस्तक—मेरी कौन सुनेगा में लिखा है :

यह सन् 1924 की बात है कि जब हमारा सन् 1921 का खिलाफत आंदोलन ढलाव पर था, लोग अपनी-अपनी सजाएं काट कर जेलों से छूट रहे थे। खिलाफत के दिनों संयुक्त मोर्चे के कारण हिंदू-मुसलमानों में ऐसी एकता हो गई थी जैसे दूध-शक्कर की। लेकिन आंदोलन का ठंडा पड़ना था कि आपस में फिर फूट पड़ गई। हिंदुओं ने 'शुद्धि' और मुसलमानों ने 'तबालीग' शुरू कर दी। बस होने लगे दंगे। कहीं मस्जिद के सामने बाजा बजाने पर तो कहीं शंख बजाने या 'अजान' देने पर। अंधा क्या चाहे ? दो आंखें। विदेशी सरकार की मनचाही हो गई। मुस्लिम लीग और हिंदू महासभा की भी बन आई, लेकिन कांग्रेसमैन का बाजार-भाव गिरने लगा। हममें से जो हिंदू थे, उन्हें तो ज्यादा फिक्र न पड़ी, क्योंकि अधिकांश हिंदू अभी तक कांग्रेस के साथ थे, पर मुसलमानों में कांग्रेस वाले 'काफिर' कहलाने लगे। इन्हीं दिनों कांग्रेस के अध्यक्ष मौलाना मुहम्मद अली का एक भाषण छपा जो उनने मुसलमानों में दिया था, ''मैं एक 'फाजिर' (व्यभिचारी) और 'फासिद' (दुश्चरित्र) मुसलमान को भी महात्मा गांधी से अच्छा मानता हूं।'' बस पंजाब के हिंदू अखबार बौखला उठे। इस भाषण के बाद साबित कदम हिंदू कांग्रेसियों के पैर भी उखड़ने लगे। मैं आल इंडिया कांग्रेस कमेटी का सदस्य था और पं. जवाहरलाल नेहरू सेक्रेटरी। कांग्रेस अध्यक्ष की यह तकरीर असहनीय हो गई। मैंने अविश्वास का प्रस्ताव भेज दिया और श्री नरदेव शास्त्री ने उस पर अनुमोदन के हस्ताक्षर कर दिए। जवाहरलालजी पहले से ही बहुत कायदे-करीने के आदमी हैं। उनने मुझे पत्र लिखा है कि 'क्या तुम सचमुच ही इस प्रस्ताव को पेश करना चाहते हो।' मैंने जवाब दे दिया कि बहुत सोच-समझ कर भेजा है, मैं इसे अवश्य पेश करूंगा। प्रस्ताव एजंडा में छप गया। 27 जून एआईसीसी की बैठक अमदाबाद में बुलाई गई। अमदाबाद नगरपालिका के चेयरमैन सरदार पटेल स्वागत समिति के अध्यक्ष बने।

बैठक के प्रारंभ से पहले ही मौ. मुहम्मद अली ने यह कहते हुए कि 'पहले मेरी तकरीर का फैसला हो जाना चाहिए।' मुझे आवाज लगा दी, ''अविश्वास का प्रस्ताव पेश करो।'' मैं 24 वर्ष का तो था ही खूंटा-सा प्लेटफॉर्म पर जा खड़ा हुआ। 'मिस्टर प्रेसीडेंट एंड फ्रेंड्स' कहते ही गांधीजी ने मुहम्मद अली से इजाजत चाही, ''प्रस्ताव से पहले मुझे दो मिनट प्रस्तावक से बात करने का मौका होना चाहिए।'' मौलाना ने जोर से कहा, ''ऑर्डर, ऑर्डर, पहले प्रस्ताव का फैसला होगा, फिर दूसरी

बात।'' महात्माजी को चुप करना कठिन था। उनने मुझसे कहा, ''तुम्हें तो मुझसे बात करने में एतराज नहीं है ?'' मैंने कहा, ''नहीं।'' तो जोर से हंसते हुए बापू ने कहा, ''जब मैं और वो राजी तो बीच में क्यों बोलता है काजी।'' सारी सभा हंसी से गूंज उठी। मैं फट से गांधीजी के पास जा बैठा। बापू बोले, ''यह प्रस्ताव तो ठीक नहीं है। मौलाना ने इसमें किसी और को तो कुछ कहा नहीं। महात्मा गांधी से 'फाजिर-फासिद' मुसलमान को अच्छा समझने की बात है। इसमें कोई गाली तो नहीं है। गाली का सबूत तो उसका लगना ठहरा। गांधी तो इसका लगना स्वीकार नहीं करता। फिर तो वह खलास हो गई।'' मैंने उत्तर दिया, ''महात्मा गांधी से कोई संबंध नहीं है। इस तकरीर के अनुसार 'अध्यक्ष' की निगाह में एक बदमाश और बदचलन मुसलमान भी दूसरे संप्रदाय के श्रेष्ठतम व्यक्ति से ऊंचा है। आजकल जगह-जगह हिंदू-मुसलमानों के दंगे हो रहे हैं, ऐसी तकरीर जलती हुई'' आग में पेट्रोल का काम करेगी।

गांधीजी : ''तुम्हें इस प्रस्ताव के पास हो जाने की आशा है ? कितने वोट मिलेंगे ?'' मैंने कहा, ''दो वोट तो पक्के हैं। पास हो या न हो, कम-से-कम यह तो रिकॉर्ड पर आ जाएगा कि कांग्रेस के अध्यक्ष की तकरीर पर कुछ लोगों को आपत्ति थी।'' महात्माजी, ''ऐसी बात को लाने से कांग्रेस का रिकॉर्ड अच्छा होने के बजाय और काला बनेगा। हिंदू-मुसलमान को साथ रखना है तो एक-दूसरे के खोट को निभाना पड़ेगा। तुम जानते हो मित्रता किसे कहते ?'' मैंने कहा, ''एक-दूसरे को प्यार करने को मित्रता कहते हैं।'' बापू ने कहा, ''नहीं, यह तो बदमाशी है, मित्रता के मानी तो एक-दूसरे के खोट को निभाना है। जो ऐसा नहीं करता वह मित्र नहीं है, यह प्रस्ताव ठीक नहीं।'' ''अब वापस तो नहीं करूंगा।'' मैंने उठते हुए कहा। बापू टोकते हुए बोले, ''अच्छा तुमारी खुशी। पर एक बात का जवाब लूंगा, तुम अकलमंद है या महात्मा गांधी ?'' मैंने कहा, ''महात्मा गांधी।'' बापू बोले, ''फिर तो हो गया। एक बेवकूफ को अकलमंद की बात माननी होगी, यह दलील तो तुमको पसंद आई होगी। वो तो मैं पहले से जानता था, बेवकूफ को अक्ल की दलील नहीं, बेवकूफी ही पसंद आती है। अब तो वापस लोगे ?'' अब मैं क्या करता। प्रस्ताव वापस ले लिया।

वह कांग्रेस इंदिरा गांधी और राजीव गांधी की कांग्रेस नहीं थी। महात्मा गांधी, मोतीलाल नेहरू, सरदार पटेल और जवाहरलाल नेहरू की कांग्रेस थी। उसके अध्यक्ष मौलाना मुहम्मद अली थे जो महात्मा गांधी से एक व्यभिचारी और दुश्चरित्र मुसलमान को बेहतर मानने की बात कह सकते थे। उनके खिलाफ इस बात पर अविश्वास प्रस्ताव रखा जा सकता था। वे खुद उस पर बहस करवा सकते थे। और खुद महात्मा गांधी उस प्रस्ताव को वापस करवा सकते थे। कोई सोनिया गांधी को बताए कि इस कांग्रेस को नेतृत्व देने और विदेशी शासन से इस देश को आजाद करवाने वाले देशभक्त अपनी कुरबानियों को चने फुटाने की तरह मुनाने वाले लोग नहीं थे।

30.5.1999

राष्ट्रप्रेम और धार्मिकता संघी बपौती नहीं हैं

कोई महीने-भर विश्व कप कवर कर के वापस आया तो देखा कि अपने वाम लगाव के मित्रों को कुछ ठीक नहीं लगा है। एकाध ने हंसकर अपने भारत प्रेम का जिक्र किया और कहा कि विलायत में वह जरा ज्यादा ही जोर मार रहा था। कारगिल को ले कर संघ परिवारियों ने जो उछालू देशप्रेम का वातावरण बना रखा है इंग्लैंड से अपना क्रिकेट पर लिखना जैसे उसी का विस्तार हो गया है। बल्ले-बल्ले कर के उछलते-कूदते देशप्रेम को अपन भी कभी गंभीरता से नहीं ले पाए। लेकिन इन बुद्धिजीवी मित्रों के बोलने के हाव-भाव से लगा कि उनकी समझ से विलायत में मैं भी यही कह रहा था। मैं विचार में पड़ गया।

मैं नहीं जानता कि मेरी क्रिकेट खबरों में ऐसा भारत-प्रेम कैसे आ गया कि वह समझदार मित्रों तक को खटक गया। संघ परिवारियों की देशभक्ति से ये लोग जरूर कुछ शंकित रहते हैं लेकिन ऐसा थोड़े है कि कारगिल की उन्हें चिंता न हो और देश की सुरक्षा पर वे उतने ही गाफिल हों जितनी कि देशभक्तों की यह सरकार थी जिसने पाकिस्तानी सेना और घुसपैठियों को भारत के इतने अंदर तक आने दिया। इनका झुकाव भले ही वाम हो लेकिन ये लोग कोई भारत विरोधी भारतीय तो हैं नहीं। राजनीति और वैचारिक झुकाव अपनी जगह है और देश अपनी जगह जहां ऐसे मतभेद पहुंचते नहीं। फिर भी इन्हें मेरा भारत-प्रेम खटका क्योंकि वह संघ परिवारियों की देशभक्ति से सुर मिलाता लगता होगा। यह कि हम ऐसा कोई काम न करें जो संघ परिवारियों जैसा लगे और जिसका रणनीतिक लाभ उन्हें मिल जाए हमारे वामपंथियों और बहुत से कांग्रेसियों की खास चिंता रहती है। कारगिल एक ऐसा ही टेढ़ा सवाल है। पाकिस्तानियों और तथाकथित मुजाहिदीन को मार के निकाल बाहर करना चाहिए और ऐसा करने में सेना की पूरी मदद होनी चाहिए इसमें शायद ही किसी भारतीय का मतभेद हो। लेकिन वामपंथियों और कांग्रेस को इसकी चिंता निश्चित है कि उनका देशप्रेम संघी न दिखे। वे राष्ट्रीय मुद्दों पर तो पूरे राष्ट्र के साथ खड़े दिखना चाहते हैं लेकिन संघ परिवारियों से अलग भी दिखना चाहते हैं। जहां उन्हें लगता है कि वे भगवे दिखेंगे—वामपंथी और कांग्रेसी एकदम कपड़े झाड़कर अलग हो जाते हैं और मंच संघ परिवारियों के लिए छोड़ देते हैं।

वामपंथियों और कांग्रेसियों की यह वैचारिक और राजनैतिक छुआछूत अंततः संघ परिवारियों के काम आई है। आजादी के बाद कांग्रेसियों और वामपंथियों ने देशभक्ति, राष्ट्रवाद और धर्म को संघ परिवारियों के एकाधिकार में जाने के लिए छोड़ दिया। वामपंथियों का देशप्रेम और राष्ट्रवाद तो आजादी के पहले भी विचाराधारा के सामने गौण होता था। वे मानते थे कांग्रेसी राष्ट्रवाद अंग्रेजी साम्राज्यवाद और पूंजीवाद की देन है। वे अंतर्राष्ट्रीय साम्यवादी भाईचारे को भारतीय राष्ट्रवाद से ज्यादा बड़ी चीज मानते थे। रूस में हुई क्रांति और उसका परचम उन्हें भारत में चल रहे स्वतंत्रता संग्राम और उसके झंडे से ज्यादा बड़ा लगता था। वे स्वतंत्र भारत के लिए अंग्रेजों के विरोधी नहीं

थे। वे साम्राज्यवाद के विरोधी थे और भारत में चल रहा राष्ट्रवादी संघर्ष जिस हद तक साम्राज्यवाद का विरोधी था वे उसी हद तक उनके साथ थे। भारतीय स्वतंत्रता संग्राम के इस वामपंथी परिप्रेक्ष्य को सन् बयालीस का भारत छोड़ो आंदोलन एकदम साफ कर के रख देता है। तब हिटलर और मुसोलिनी के फासीवाद से निपटने के लिए रूस ने पश्चिमी साम्राज्यवाद से हाथ मिला लिया था। इसलिए भारत के वामपंथी भी भारत की अंग्रेज सरकार के साथ हो गए थे। आप सब जानते हैं कि भारत छोड़ो आंदोलन के प्रति वामपंथियों का क्या रवैया था और अंग्रेजों की मदद करने में वे किस हद तक चले गए थे। लेकिन यह भी याद रखिए कि तब हिंदुत्ववादी वीर सावरकर और राष्ट्रीय स्वयंसेवक संघ भी भारत छोड़ो आंदोलन के साथ नहीं थे। उनके अलग रहने के अपने अलग कारण थे। लेकिन हिंदू राष्ट्रवाद और अंतर्राष्ट्रीय साम्यवाद में विश्वास करने वाले भारत छोड़ो आंदोलन के खिलाफ अंग्रेजों के साथ थे यह एक वस्तुपरक तथ्य है और भारतीय राष्ट्रवाद की बहस में इसे ध्यान में रखना चाहिए।

हमारे वामपंथियों के लिए भारतीय राष्ट्रवाद अंतर्राष्ट्रीय साम्यवादी भाईचारे के सामने अखंड मूल्य नहीं रखता था। इसीलिए सन् बासठ में जब चीन ने भारत पर हमला किया तो साम्यवादियों में एक ऐसा भी गुट था जो चीन के साथ था और जिसे चीनी हमले में अंतर्राष्ट्रीय साम्यवाद का विस्तार दिखाई देता था। आखिर चीन के चेयरमैन माओ को अपना चेयरमैन घोषित करने वाले नक्सलवादी तब बंगाल में थे ही। ऐसे भी साम्यवादियों की अपने यहां कमी नहीं थी जिन्हें पूर्वी यूरोपीय देशों में सोवियत संघ का राज साम्यवादी साम्राज्यवाद के नग्न रूप में नहीं दिखता था। वे रूस के साम्यवाद में रूसी राष्ट्रवाद और चीन के साम्यवाद में चीनी राष्ट्रवाद देख नहीं पाते थे। उन्हें वहां सभी जगह अंतर्राष्ट्रीय साम्यवाद दिखाई देता था और वे भारतीय राष्ट्रवाद को भी उसमें विलीन कर देने को तैयार रहते थे। वह तो जब रूस और चीन में दुराव और झगड़ा शुरू हुआ और रूस की सीमाओं पर भी चीन ने हमले किए और रूस ने उनका राष्ट्रवादी जवाब दिया तो हमारे साम्यवादियों का भ्रम टूटा। फिर भी भारतीय राष्ट्रवाद की तरफ उनका झुकाव तभी हुआ, जब सोवियत संघ का विघटन हुआ, उसके पंद्रह स्वतंत्र देश बन गए और पूर्वी यूरोप के देश भी रूसी पंजे से छूट कर और आपस में टूट कर बिखर गए। तब तक भारतीय राष्ट्रवाद का मंच वे पूरी तरह संघ परिवारियों को सौंप चुके थे।

धर्म के मामले में तो साम्यवादियों को इस देश में और भी मुश्किलें हुईं। साम्यवाद धर्म को अफीम मानता है और जिसे वह अफीम कहता है वह भी ईसाइयत और इस्लामियत की तरह सामी धर्म है। वह भारतीय अवधारणा का धर्म नहीं है जो संप्रदायी और सामी धर्मों के अर्थ में धर्म है ही नहीं। भारत में जो धर्म है उससे पार पाना तो उनके लिए संभव ही नहीं था। क्योंकि इस धर्म से तो राज्य भी कभी निपट नहीं सका। पश्चिम में तो राज्य और धर्म की बहुत मुठभेड़ हुई है और इसलिए एक सेकुलर परंपरा है जिसको साम्यवाद अपने साथ ले सकता था। भारत में तो राज्य का भी धर्म माना गया और राज्य और धर्म में लड़ाई नहीं हुई। पूंजीवाद भी पश्चिम की सेकुलर परंपरा को मानता रहा है। भारत में इस्लाम और ईसाइयत को राज्य का सहारा मिला लेकिन सनातन धर्म में तो संघटन है ही नहीं जो उनकी आपस में मुठभेड़ होती। हजार साल के मुस्लिम और ईसाई समर्थित राज के बावजूद कितने और कैसे लोगों ने धर्म परिवर्तन किया और वह धर्म के बजाय जाति के कारण कितना हुआ इसे जानने वाले जानते ही हैं। साम्यवादी भारतीय अर्थ के धर्म को बिलकुल समझ नहीं पाए इसलिए उनका रवैया धर्म विरोधी हो गया और वे भारतीय राज्य को भी धर्म विरोधी बनाने पर तुल गए। भारत ने साम्यवादियों के धर्म विरोधी रवैए को कभी स्वीकार नहीं

किया। हिंदू फासीवाद पर अंकुश लगाने के लिए साम्यवादियों ने अल्पसंख्यक सांप्रदायिकता को जो संरक्षण दिया उसी ने हिंदू समाज में संघ परिवारियों की मान्यता को बढ़ाया। साम्यवादियों को लगता था कि संघ परिवारी जितने सांप्रदायिक बनेंगे, बदनाम हो कर भारतीय समाज में उतने ही अग्राह्य हो जाएंगे। हुआ उलटा है। साम्यवादी तो किनारे लग गए और संघ परिवारी मुख्य धारा के पास पहुंच गए।

लेकिन भारतीय राष्ट्रवाद और भारतीय अर्थों का धर्म कांग्रेस के राजनैतिक और सामाजिक आधार की मुख्यभूमि रही है। जिस देशभक्ति की ठेकेदारी का दावा आज संघ परिवारी करते हैं वह अपने सबसे बलिदानी रूप में कांग्रेस की प्रेरणा और शक्ति रही है। हिंदुत्ववादी लोगों के लिए हिंदुत्व ही राष्ट्रीयता था—जैसा कि वीर सावरकर ने लिखा है और शिवसेना वाले मुंबई में अब भी लिखते हैं। कांग्रेस और भारत के राष्ट्रवाद में सब भारतीय शामिल रहे वे चाहे धर्म से मुसलमान, ईसाई, सिख, पारसी और यहूदी रहे हों। हमारा स्वतंत्रता संग्राम हमारी देशभक्ति की अग्निपरीक्षा का काल था। उसमें जितने कांग्रेसी कुरबान हुए उतने हिंदुत्ववादी कभी नहीं हुए। आखिर हिंदू महासभा 1906 तक और राष्ट्रीय स्वयंसेवक संघ 1925 में स्थापित हो गया था। सन् 1947 में जो आजादी आई उसमें इन संगठनों का कितना योगदान है और कितने हिंदुत्ववादी स्वतंत्रता संग्राम में शहीद हुए ? हिंदू महासभा अंग्रेजों की बनवाई मुस्लिम लीग का सामना करने को बनी और संघ दंगों में हिंदुओं की रक्षा करने के लिए। आजादी और उसके लिए संघर्ष उनकी मुख्य प्रेरणा नहीं थी। ये राष्ट्रभक्त नहीं हिंदुत्व के भक्त थे क्योंकि हिंदुत्व ही इनके लिए राष्ट्रवाद हैं। अब देखिए कि संघ परिवारी तो राष्ट्रभक्ति के अकेले ठेकेदार हो गए और कांग्रेस को लगता भी नहीं कि राष्ट्रभक्ति उसकी जमीन है जिसे उसके लोगों ने अपने खून से सींचा है। महात्मा गांधी के रहते हुए हिंदू महासभा और राष्ट्रीय स्वयंसेवक संघ हिंदू समाज के प्रतिनिधि कभी बन नहीं पाए क्योंकि उनके सामने इनका हिंदुत्व ठहरता नहीं था ऐसी सर्वमान्य उनकी धार्मिकता थी। महात्मा गांधी भारतीय संत परंपरा के राष्ट्रीय महानायक थे और उन्हें यह मंजूर नहीं था कि कांग्रेस को हिंदू संस्था कह कर अंग्रेज उसे मुस्लिम लीग के बराबर रख दें। राष्ट्रभक्ति और धार्मिकता महात्मा गांधी की पुण्यभूमि थी और उनके सामने वीर सावरकर और हेडगेवार कहीं टिकते नहीं थे।

अपन उस गांधी परंपरा के आदमी हैं। राष्ट्रप्रेम को संघ परिवारियों और धर्म को विश्व हिंदू परिषद की बपौती मानने वाले नहीं हैं। लार्ड्स के फाइनल में अपन जरी की विष्णुपुरी धोती, हिमाचल के हाथ से काते और बुने गए ऊनी कपड़े का कुरता और खादी के ऊन का स्वेटर पहन कर गए थे और अपने को किसी ने नहीं रोका। भारत में विश्व कप का फाइनल होता तब भी यही पहनते। क्योंकि यही औत्सविकता का भारतीय पहनावा है।

11.7.1999

सत्ताधारी संतन के पांव

जनता दल के नए अवतार को अगर भाजपा पुराण में जगह मिलने की कोई दिक्कत नहीं है तो जॉर्ज फर्नांडीस किसे सुना कर कह रहे हैं कि अगर दल को नहीं लिया तो हम भी राष्ट्रीय जनतांत्रिक गठबंधन में नहीं रहेंगे ? फर्नांडीस गठबंधन के संयोजक हैं और भाजपा की अगुआई में जिस गठबंधन ने पिछले लोकसभा चुनाव से इस मध्यावधि तक राज किया उसके कर्त्ताओं में प्रमुख और रक्षामंत्री रहे हैं। भाजपा के किसी भी नेता ने अपनी सहयोगी पार्टियों को बांधे रखने में उतनी मेहनत और कुशलता नहीं दिखाई है जितनी जॉर्ज ने।

ऐसे जॉर्ज फर्नांडीस को भी सार्वजनिक रूप से धमकी देना पड़े कि जनता दल को उसके नए शारदीय संस्करण में गठबंधन में शामिल नहीं किया गया तो वे भी नहीं रहेंगे तो जरूर कोई गड़बड़ है। इसके पहले कर्नाटक के मुख्यमंत्री पटेल भी कह चुके हैं कि अगर नए जनता दल को राष्ट्रीय जनतांत्रिक गठबंधन में नहीं लिया गया तो वह अपना रास्ता पकड़ कर अलग से चुनाव लड़ेगा। लेकिन पटेल से भी पहले लोकशक्ति के नेता और केंद्रीय मंत्री रामकृष्ण हेगड़े ने कह दिया था कि गठबंधन ने नहीं लिया तो हम अकेले चुनाव लड़ लेंगे। जॉर्ज की तरह रामकृष्ण हेगड़े भी सत्तारूढ़ गठबंधन को बनवाने और चलाने वाले लोगों में से हैं। पटेल की कोई हैसियत हो या नहीं लेकिन फर्नांडीस और हेगड़े तो राष्ट्रीय जनतांत्रिक गठबंधन के बड़े नेताओं में हैं। इन तीनों को अगर इस प्रकार सार्वजनिक धमकियां देनी पड़ें तो बावजूद गठबंधन के बयानों और खंडनों के मान लेना चाहिए इनने मिल कर जो जनता दल बनाया है उसे शामिल करने में भाजपा के कई नेताओं और गुटों को सख्त एतराज है और उन्हें पार्टी नजरअंदाज नहीं कर सकती।

भाजपा के ये एतराज विचारधारा, कार्यक्रम और राजनैतिक शैली के नहीं हैं। अगर जनता दल ने विचारधारा और अपने मूल के दृष्टिकोण को कौड़ी के भाव नीलाम कर दिया है तो भाजपा भी कोई विचारनिष्ठ और हिंदुत्ववादी पार्टी नहीं रह गई है। कोई डेढ़-दो साल पहले उत्तर प्रदेश में कांग्रेस और बसपा छोड़ कर आए सत्तालोलुप और अपराध माफियाओं से मिल कर उसने जो सरकार बनाई उससे साबित हुआ कि भाजपा सत्ता में आने के लिए कांग्रेस क्या किसी भी पार्टी के अवसरवादी समझौतों से ज्यादा और बड़े समझौते कर सकती है। उत्तर प्रदेश को उसने गए साल दिल्ली में दोहराया और इस साल अपनी अगुआई की सरकार बचाने के लिए करुणानिधि के द्रमुक, चौटाला के लोकदल और जो भी नेता और दल उसे मिल सकते थे सबसे हाथ मिलाया। फिर भी सरकार एक वोट से मारी गई।

जनता दल चूंकि पुछल्ला भी नहीं बचा है इसलिए उसकी निपट विचारधाराहीनता और खालिस अवसरवादिता हमारी राजनीति के रसातल में जाने का उदाहरण बताया जाता है और वह मखौल का अच्छा-खासा विषय बना हुआ है। लेकिन भाजपा अपने गठबंधन के साथ फिर दिल्ली में सत्ता के राजद्वार पर दस्तक देती नजर आ रही है इसलिए उसके गठबंधन और शुद्ध अवसरवाद को अनदेखा किया जा रहा है। सत्ता ऐसी पवित्र अग्नि मान ली गई है जो पापी, कोढ़ी नराधम को भी शुद्ध नरोत्तम बना सकती है। शरद यादव ने कहा कि जब धारा ही नहीं है तो विचाराधारा की

बात करने की क्या जरूरत ? वे और रामविलास पासवान और जेएच पटेल और रामकृष्ण हेगड़े और जॉर्ज फर्नांडीस और इंदर कुमार गुजराल सबके-सब आखिर अपनी एक सीट और संसद में अपनी जगह के लिए राजनीति कर रहे हैं। वह राजनीति किस काम की जो आपको लोकसभा या राज्यसभा में एक सीट नहीं दिलवा सके ? विचारधारा और पार्टी तो सीट मिलने के बाद तय होती है। सीट सत्य है, पार्टी, विचारधारा और राजनीति मिथ्या है।

ऐसा मत मानिए कि यह निष्कर्ष सिर्फ जनता दल के पार्टी-विहीन नेताओं का है जिनका न कोई जनाधार है, न कोई विचारधारा। जो भाजपा, कांग्रेस, वाम पंथ या क्षेत्रीय पार्टियों में है उनका सत्य भी वही अपनी एक सीट है वह चाहे संसद के किसी सदन में या विधानसभा में या किसी निगम की चेयरमैनी में हो। सब की पार्टी और विचाराधारा इस एक सीट से तय होती है। जो पार्टियां और विचारधाराएं पहले से चली आ रही हैं उनमें भी बदलाव सीटों के अनुपात और सत्ता के समीकरण से तय होता है। जैसे भाजपा ने जनसंघ के जमाने से चले आ रहे उसकी पहचान बनाने वाले कार्यक्रमों को छोड़ कर राज करने का नेशनल एजंडा अपना लिया। जैसे मार्क्सवादी कम्युनिस्ट पार्टी तक भाजपा से लड़ने के लिए कांग्रेस की सहयोगी होने को तैयार है। जैसे कांग्रेस सोनिया गांधी के जरिए सत्ता में आने के लिए अपने भूत और भविष्य को भूल गई है।

इस माहौल में अन्नाद्रमुक कल भाजपा तो आज कांग्रेस, द्रमुक कल तीसरा मोर्चा तो आज भाजपा, तेलुगुदेशम कल तीसरा मोर्चा तो कल ही भाजपा और आज जो भी दिल्ली में राज करता दिखे उसके साथ जाने को तैयार हो तो नेशनल कांफ्रेंस के फारूक अब्दुल्ला का भाजपा के समर्थन में आ जाना क्यों आश्चर्यजनक रहे, फिर कश्मीर और खुद अब्दुल्ला के लिए पंथनिरपेक्षता चाहे जितनी अनिवार्य हो। क्षेत्रीय पार्टियां या उनके नेता अपने क्षेत्र में भले ही अपने जनाधार पर हों पर राष्ट्रीय स्तर पर तो वे तभी बच सकते हैं जब दिल्ली में राज करने वालों से उनकी दोस्ती हो। इस मायने में कश्मीर से कन्याकुमारी तक भारत निश्चित ही एक है। जम्मू-कश्मीर के फारूक अब्दुल्ला और तमिलनाडु के करुणानिधि मुख्यमंत्री हैं और बने रहें इसलिए भाजपाई गठबंधन के साथ हो जाते हैं। इस बरताव को आप धिक्कारें तो औचित्य की बड़ी ऐंठ के साथ कहा जाता है कि राजनीति में साधु होने के लिए नहीं शासक होने के लिए ही आया जाता है। इस सर्वव्यापी मान्यता को अपने देश में एक सीट पर बैठा दिया गया है। विचारधारा और पार्टी सीट पाने का ब्रांड है जिस तरह कि बाजार में कंपनियों के ब्रांड बिकते हैं। विचारधाराएं ब्रांड बेचने का विज्ञापन अभियान हैं।

इस संदर्भ में देखें तो जॉर्ज फर्नांडीस और रामकृष्ण हेगड़े का जेएच पटेल को जनता दल से खिसकाना और भूतपूर्व समाजवादियों का नया 'परिवार' यानी गठबंधन बनाना कोई अपकर्म नहीं लगेगा। पटेल ने पिछले वर्षों से कर्नाटक में जैसा राज किया और देवेगौड़ा जिस तरह उनके पीछे लगे हुए थे उससे पटेल का राजनैतिक भविष्य गुमनामी के गड्ढे में गिर रहा था। शरद यादव बिहार में मधेपुरा की सीट जीत नहीं सकते थे और मुलायम सिंह यादव यूपी में उनको बदायूं की सीट देने और जितवाने को तैयार नहीं थे। अगली लोकसभा में वे एक सीट पा नहीं सकते थे। रामविलास पासवान लालू प्रसाद यादव के सामने बिहार में टिक नहीं सकते। पिछली बार भी समता की मदद से ही जीते थे। शरद यादव तो अपनी यादवी चलाते हुए फिर भी लालू से गुपचुप संवाद का रास्ता खोले हुए थे। पासवान यह भी नहीं कर सकते थे। इंद्र कुमार गुजराल को भी पिछले चुनाव में अकाली दल ने जितवाया था तो पासवान जो जितवाने वाली समता पार्टी की तरह भाजपा गठबंधन

के साथ था। अकाली मदद के बिना गुजराल जालंधर से जीत नहीं सकते।

इन सबके एक सीट के सवाल को समता और लोकशक्ति मिल कर हल करने को तैयार थे। जॉर्ज फर्नांडीस और रामकृष्ण हेगड़े को भी लग रहा था कि उनकी सीटें घटें या न घटें भाजपा की बढ़ सकती हैं। गठबंधन के नए गणित में कहीं वे बिलकुल हाशिए पर न लग जाएं इसलिए इन्हें भी एक बड़े मंच की तलाश थी जो बढ़ी हुई ताकत के साथ अगली लोकसभा में पहुंच सके ताकि राष्ट्रीय जनतांत्रिक गठबंधन में उनका पव्वा ऊंचा हो जाए और वे भाजपा पर संतुलन और अंकुश का काम कर सकें। संघ परिवार के उद्दंड और ज्यादा भगवे संगठनों को काबू में रखने के लिए अटल बिहारी वाजपेयी को भी ऐसे लोगों और सहयोगियों की जरूरत है जिनकी अगर कोई वफादारी हो तो संघ के प्रति नहीं उनके प्रति हो। इसलिए फर्नांडीस और हेगड़े को अटलजी का मौन आशीर्वाद प्राप्त था और वे समाजवादियों को इकट्ठा करने के लिए अपनी समता और लोकशक्ति को जनता दल में मिलाने को तैयार थे। इससे दल का टूटना तय हो गया क्योंकि जिनका थोड़ा भी अपना जनाधार है या उसका भ्रम है और जो दल की विचारधारा के टापू की तरह छूट गए हैं वे भाजपा के साथ जाने को तैयार नहीं होंगे। फर्नांडीस और हेगड़े की व्यवहारवादी कोशिश उन्हीं को लुभा सकती थी जो नए राजनैतिक भविष्य की तलाश में हैं।

इसलिए आपने देखा कि जो कर्नाटक में देवेगौड़ा से और बिहार में लालू से निपट नहीं सकते थे वे हेगड़े और फर्नांडीस के साथ आ गए। हेगड़े और फर्नांडीस ने कर्नाटक और बिहार में इसलिए भी तोड़-फोड़ की क्योंकि हेगड़े को देवेगौड़ा और फर्नांडीस को लालू से हिसाब साफ करना है। यानी यह अगले गठबंधन और अगली सरकार में पाया मजबूत कर के संघ परिवार पर अंकुश लगाने के लिए ही नहीं है, दोनों नेताओं की अपनी निजी दुश्मनों से निपटने की तैयारी भी है। अपनी सीट पाने और अपना पव्वा बढ़ाने की इस कोशिश को समाजवादियों के लिए फिर एक होने और संघ परिवार की फासीवादी प्रवृत्तियों पर अंकुश लगाने के वैचारिक मुलम्मे की कोई चाहे जितनी बात करे यह साफ-साफ भाजपा पर अंकुश लगाने और गठबंधन में संतुलन को अपने पक्ष में लाने की कोशिश है। अचरज की बात नहीं कि तृणमूल की ममता बनर्जी ने इस कोशिश का समर्थन किया। कुछ और छोटी पार्टियां भी इसमें भागेदार हो सकती हैं क्योंकि गठबंधन को भाजपा वर्चस्व से बचाना उनके अपने हित में है।

भाजपा का इस पर सावधान हो जाना स्वाभाविक है। एक तो समाजवादियों के इस नए जमावड़े से कर्नाटक और बिहार में भाजपा के अपने मंसूबों पर रोक लगती है क्योंकि वहां जिन लोगों से लड़ने और जीतने का माहौल उसने बनाया है उनमें से कई उसके गठबंधन में होंगे जो सीटों की भागेदारी में ज्यादा की मांग करेंगे। फिर उन्हीं के साथ हो जाने के कारण भाजपा की जीत पर भी असर पड़ेगा। इसलिए कर्नाटक और बिहार की भाजपा शाखाएं जनता दल के नए अवतार को स्वीकार करने से इनकार कर रही हैं। चूंकि इन दो राज्यों में भाजपा को अपना अकेला बूता बनाना है इसलिए केंद्रीय नेतृत्व इन शाखाओं के विरोध की अनदेखी नहीं कर सकता। फिर केंद्रीय नेतृत्व फर्नांडीस और हेगड़े की इस कोशिश से स्वयं आश्वस्त हो तो राज्य इकाइयों को समझाए भी। शंकाएं भाजपा के केंद्रीय नेताओं और संघ परिवार में भी हैं। लालकृष्ण आडवाणी ने कर्नाटक के बारे में कहा ही, अब बिहार के बारे में भी उनने कहा कि वहां अगर भाजपा लालू यादव के राष्ट्रीय जनता दल से समझौता कर के उसे राष्ट्रीय जनतांत्रिक गठबंधन में लाने की बात करे तो फर्नांडीस को कैसा लगेगा ?

भूतपूर्व समाजवादियों और भाजपाइयों या संघ परिवार का झगड़ा पुराना है। लोहियाजी के गैर-कांग्रेसवाद और संविद प्रयोगों में जनसंघ उनके साथ रहा लेकिन उस पर विश्वास नहीं किया गया। फिर जनता पार्टी में तो जनसंघ शामिल हो गया लेकिन दुहरी सदस्यता का सवाल समाजवादियों ने ही उठाया। जनता पार्टी प्रयोग की विफलता से भाजपा निकली। सन् 1989 के जनता दल प्रयोग में भाजपा सहयोगी थी लेकिन वीपी सिंह ने उस पर कभी भरोसा नहीं किया। मंडल लागू किया तो पूछा तक नहीं। दुखी संघ परिवार की ओर से आडवाणीजी कमंडल ले कर रथयात्रा पर निकले जिसके घोड़ों को लालू ने बिहार में पकड़ा। तब से जनता दल और भाजपा की दुश्मनी चल रही है। जनता दल पिछले दस साल में खंड-खंड हो कर अलोप हो रहा है और भाजपा की ताकत लगातार बढ़ रही है।

समाजवादियों और संघ परिवारियों को एक-दूसरे से सहयोग करने और साथ सरकार चलाने से एतराज नहीं रहा है। पहले समाजवादियों का पलड़ा भारी था अब संघ परिवारियों का है। भाजपाइयों की यह शंका निर्मूल नहीं है कि समाजवादियों का जमावड़ा उनके गठबंधन में हुआ तो वे उसे भी तोड़ कर ठिकाने लगा देंगे। इसीलिए एक भाजपाई नेता ने कहा कि यह कई जयललिताओं को न्यौतना है। भाजपा समाजवादियों को काफी नाक रगड़वा कर गठबंधन में आने देगी। लेकिन उसके बाद जो मजा आएगा वह आप देखना। ये सत्ता की तलाश में निकले संतन के पांव हैं—भाजपा में भी और जनता दल के नए अवतार में भी।

5.8.1999

बाबा लोग और नेता लोग

यह कोई पहली बार नहीं हो रहा है। अपने मीडिया की अंतर्निहित विडंबना पहले भी कई बार सीवन तोड़ कर उधड़ गई है। इस बार वह कुछ और उधड़ी है।

जैसे जॉर्ज फर्नांडीस ने जब पुराने समाजवादियों या जनतादलीय नेताओं को एक नए मंच पर इकट्ठा करने की कोशिश की और जनता दल के अध्यक्ष शरद यादव उसमें कर्नाटक के मुख्यमंत्री पटेल और भूतपूर्व रेलमंत्री रामविलास पासवान के साथ मिल कर नया या एकीकृत जनता दल बनाने पर राजी हुए तो इस नए गठबंधन को राष्ट्रीय जनतांत्रिक गठबंधन में शामिल होना था। जॉर्ज फर्नांडीस की समता और रामकृष्ण हेगड़े की लोकशक्ति चूंकि इस जनता दल में मिल गई थी इसलिए भाजपाई अगुवाई के गठबंधन में सहज ही इसकी जगह बनती थी। फर्नांडीस और हेगड़े तो पहले जनता दल में थे ही।

लेकिन जनता दल के अध्यक्ष शरद यादव का एकीकृत दल बनाना और फिर भाजपाई गठबंधन में आने का इरादा रखना मीडिया में बड़े धिक्कार का विषय बना। फिर से इसे अंधे अवसरवाद और सत्ता की लिप्सा से जोड़ा गया। इसे राजनीति में सिद्धांतवादिता और विचारधारा का खात्मा कहा गया और बताया गया कि कैसे कुछ नेता लोकसभा या राज्यसभा में अपनी सीट पक्की करने के लिए पार्टी सिद्धांत और विचारधारा सबसे खेल कर सकते हैं। इस धिक्कार में कोई गड़बड़ नहीं थी क्योंकि यह सचमुच वैसा ही था जैसा कि बताया जा रहा था। इस पर मीडिया का सवाल उठाना उसकी जिम्मेदारी के मुताबिक ही था।

लेकिन कुछ दिन पहले भाजपा की तरफ से घोषित किया गया कि रायबरेली से उसके उम्मीदवार होंगे अरुण नेहरू। इसके पहले कहीं कोई जानकारी नहीं थी कि अरुण नेहरू भाजपा में शामिल हो गए हैं। वे जो लेख लिखते थे उससे लगता जरूर था कि उनका झुकाव किधर है लेकिन तब यह उनके लिखने की खूबी मान ली जाती थी कि देखो ये वास्तविकता को कितना ठीक समझते हैं और पुराने कांग्रेसी, जनतादली और नेहरू खानदान के होने के बावजूद भाजपा के उभरने को तथ्य की तरह रेखांकित कर सकते हैं। भाजपा की तरफ उनके झुकाव को भाजपा के उम्मीदवार होने की तैयारी कोई मान नहीं रहा था। नेहरू खानदान के होने के कारण ही इंदिरा गांधी ने उन्हें बहुराष्ट्रीय कंपनियों के अंतर्राष्ट्रीय बाजार से उठाया था और इसी कारण वे कांग्रेस के सत्ता प्रतिष्ठान के उपयोगी ही नहीं प्रभावशाली पुरजे बने थे। कांग्रेस से निकाले जाने पर वे वीपी सिंह के मंच और फिर जनता दल के सत्ता प्रतिष्ठान में आ गए थे। जनता दल की टूट और वीपी सिंह की राष्ट्रीय मोर्चा सरकार के गिरने और चंद्रशेखर के प्रधानमंत्री बनने के साथ अरुण नेहरू का राजनैतिक अवसान हो गया था। पिछले नौ साल से न वे राजनीति में सक्रिय थे, न उन्हें लोगों ने भाजपा की तरफ मुड़ते देखा था।

इसलिए नेहरू खानदान के इस भूतपूर्व तिकड़मी सदस्य का भाजपा का उम्मीदवार बना दिया जाना

मीडिया के लिए और बड़ा धक्का और उत्सुकता का कारण होना चाहिए था। जनता दल तो पहले भी भाजपा से तालमेल कर के सत्ता में आया था इसलिए शरद यादव का अपने दल को भाजपाई गठबंधन में लाना वैसे विस्मय का कारण नहीं होना चाहिए था जैसा कि अरुण नेहरू का भाजपा का उम्मीदवार बनना। आखिर पंथनिरपेक्षता और केंद्र से कुछ वाम रहना नेहरू खानदान की खास पहचान और परंपरा रही है। वही भाजपा और संघ परिवार को सांप्रदायिक कह कर धिक्कारने और उससे दूर रहने की अगुआई करता रहा है और कांग्रेस उसके इस रवैए को मान कर सम्मान से प्रचारित करती रही है। अरुण नेहरू उस पहचान और परंपरा को छोड़ कर रायबरेली से भाजपा के उम्मीदवार हुए तो इस उलटी कुलांच पर वे सारे नैतिक, सैद्धांतिक और राजनैतिक सवाल मीडिया ने क्यों नहीं उठाए जो शरद यादव, जॉर्ज फर्नांडीस और रामकृष्ण हेगड़े के नया दल बनाने और उसके भाजपाई गठबंधन में जाने की संभावना पर उठाए थे ? क्या इसलिए कि अरुण नेहरू की कोई राजनैतिक हैसियत नहीं रह गई थी और वे किस पार्टी में हैं इसका भी कोई मतलब नहीं रह गया था क्योंकि आठ-नौ साल से सक्रिय राजनीति में उनकी कोई हाजिरी ही नहीं थी ? या इसलिए कि वे सिर्फ एक व्यक्ति हैं और उनके इधर या उधर जाने से किसी राजनैतिक प्रवृत्ति का पता नहीं चलता ?

सवाल उठाने और धिक्कार करने के बजाय आप पाएंगे कि एक अखबार ने तो भाजपा का चतुराई भरा कदम बता कर इसका स्वागत ही किया। एक-दो दिन निकल जाने के बाद कुछ अखबारों ने बताया कि अरुण नेहरू को नेहरू खानदान की पुश्तैनी सीट से लड़ाकर किस तरह भाजपा सोनिया गांधी को मुश्किल में डाल रही है। अगर मेनका गांधी कभी उनके पति की रही अमेठी सीट से लड़ने को तैयार हो जाएं तो उन दोनों सीटों पर नेहरू-गांधी खानदान का कोई-न-कोई रिश्तेदार सोनिया के विरोध में होगा जहां से वे लड़ने का इरादा रखती हैं। एक तरफ जेठ और दूसरी तरफ दिरानी। यानी इसे भाजपा की सोनिया गांधी को घेरने की रणनीति की तरह दिखाया गया। एक तरफ उन्हें नेहरू खानदान के असली उम्मीदवार और अपने चचेरे जेठ से निपटना होगा और दूसरी तरफ इसी खानदान की देसी बहू से। अमेठी में सवाल होगा देसी और विदेशी बहू का और रायबरेली में नेहरू खानदान की असली सदस्यता का। इस तरह रिश्ते के कारण सोनिया गांधी को आज जो पद और वर्चस्व मिला हुआ है उसे चुनौती दी जाएगी। अभी न मेनका गांधी ने कहा है कि वे अमेठी से लड़ने को तैयार हैं न कांग्रेस की तरफ से घोषणा हुई है कि सोनिया गांधी अमेठी से लड़ेंगी।

लेकिन इस विश्लेषण में कहीं कोई सवाल या टिप्पणी नहीं है कि अरुण नेहरू का भाजपा का उम्मीदवार बनना कैसी हद दर्जे की अवसरवादिता है और उनने भाजपाई उम्मीदवारी स्वीकार कर के नेहरू-गांधी खानदान की पहचान, परंपरा और सैद्धांतिकता के साथ कैसी धोखाधड़ी की है। एक नेहरू को अपना उम्मीदवार बना कर भाजपा ने कैसे जवाहरलाल की विरासत को वोट देने वालों की नजर में प्रवाह पतित किया है। दरअसल अरुण नेहरू की करनी को ले कर उनमें से एक भी सवाल नहीं उठाया गया जो शरद यादव के भाजपाई गठबंधन में अपने दल को ले जाने के इरादे पर उठाया गया था। अरुण नेहरू अगर सिर्फ एक आदमी हैं और उनकी कोई सांगठनिक राजनीति नहीं है तो शरद यादव भी एक ऐसे जनता दल के अध्यक्ष रह गए थे जिसमें कुछ आधारहीन नेता बचे थे और जिसके गिनती के सांसद थे। राजनैतिक पार्टियों में जो ताकत और हैसियत शरद यादव के जनता दल की रह गई थी राजनेताओं में अरुण नेहरू की हैसियत उससे कम लेकिन ज्यादा दयनीय नहीं थी। जनता दल की जो हैसियत और ताकत सन् 1989 में थी उसका डवरा भी वह

नहीं रह गया था तो 1985 से '90 तक अरुण नेहरू का जो पव्वा था उसकी छाया भी अब उनके पास नहीं थी। शरद यादव और उनके जनता दल से लोगों की कोई बड़ी उम्मीदें नहीं थीं, न अरुण नेहरू की अनुपस्थिति से राजनीति में कोई छोटा-मोटा शून्य बन गया था। फिर शरद यादव के जनता दल के भाजपाई गठबंधन में आने की संभावना पर इतना हंगामा क्यों हुआ और अरुण नेहरू के भाजपा उम्मीदवार होने पर क्यों नहीं हुआ ?

क्या हमारा मीडिया अलग-अलग लोगों पर अलग-अलग नैतिक, सैद्धांतिक और राजनैतिक कसौटियां लगाने का आदी है ? क्या वह उठती और सत्ता में आती दिखती पार्टी या गठबंधन में आने का इरादा करने वाली पार्टी और व्यक्ति में भेद करता है ? क्या सत्ता से दूर होती पार्टी और व्यक्ति के प्रति उसका रवैया अलग होता है ? क्या सत्ता उसकी कसौटियों के लगाने के अवसर और तरीके तय करती है ? क्या 1975 से '77 तक के अनुभव के बावजूद हमारा मीडिया सत्ता में आई पार्टी या व्यक्ति का जयकारा लगाने का आदी है ? और उसी से सवाल करता या उसी की छानबीन करता है जो सत्ता से बाहर बाहर है ? क्या हमारा मीडिया कुछ लोगों और उनके वर्ग को सत्ता का सहज अधिकारी और दूसरे लोगों को अनधिकारी दावेदार मानता है ? शरद यादव की एक सीट पाने की कोशिश पर ऐसा धिक्कार क्यों और अरुण नेहरू की भाजपा की उम्मीदवारी भाजपा की चतुराई भरी चाल क्यों जिस पर कोई सवाल करने की जरूरत नहीं ?

अरुण नेहरू उन बाबा लोगों में ओरिजनल हैं जो राजीव गांधी का राज जमाने और चलाने के लिए इकट्ठे हुए या किए गए थे। उनको मैंने ओरिजनल बाबा लोग इसलिए कहा कि उन्हें राजीव गांधी के लिए इकट्ठे किए गए लोगों में सबसे पहले लाया गया था। और लाने वाला भी कोई ऐरा-गैरा नहीं था। खुद इंदिरा गांधी थीं जो जून अस्सी में संजय गांधी के हवाई हादसे में मारे जाने के बाद अकेली पड़ गई थीं और बड़े बेटे राजीव को अपना साथ देने, राजनीति करने और राज चलाने के लिए तैयार कर रही थीं।

जैसे राजनीति में आने के पहले राजीव गांधी इंडियन एयरलाइंस के जहाज उड़ाया करते थे, जैसे अरुण नेहरू रंग बनाने वाली एक बहुराष्ट्रीय कंपनी में अफसर थे, जैसे राजीव गांधी की कोई विचारधारा या राजनैतिक सिद्धांतों में कोई आस्था नहीं थी वैसे ही अरुण नेहरू भी जमीनी राजनीति के धूल-धक्कड़ और झाड़-झंकाड़ को नहीं जानते थे। तब वे नई दिल्ली के ड्राइंग रूमों और महरौली के फॉर्म हाउसों के बरामदों से होने वाली तिकड़म, जोड़-तोड़ और उठा-पटक में भी जोर नहीं आजमाते थे। इंदिरा गांधी को अपने बड़े बेटे की भलमनसाहत और भोलेपन को संतुलित करने के लिए एक साथी की जरूरत थी। अरुण नेहरू रिश्ते में उनके दूर के बेटे लगते थे। लेकिन नेहरू खानदान के थे और राजीव गांधी को राजनीति के लिए तैयार करने के लिए उनसे बेहतर साथी कौन हो सकता था। सो अरुण नेहरू व्यापार-अफसरी छोड़ कर राजनीति में आ गए। खादी के कुरते-पाजामे और गांधी टोपी में वैसे ही उजबक लगते थे जैसे सैनिक वर्दी में अब अटल बिहारी वाजपेयी लगते हैं।

इंदिरा गांधी सन् अस्सी में अपनी वापसी के वक्त दो सीटों से जीती थीं रायबरेली और मेडक। दक्षिण से अपने समर्थन को बनाए रखने के लिए मेडक की सीट उनने खुद रखी और खानदानी सीट

रायबरेली से उपचुनाव में अरुण नेहरू को लड़ाया। राजीव गांधी छोटे भाई संजय की अकाल मृत्यु से खाली हुई अमेठी की सीट से चुन कर आए। इस तरह शुरू हुआ नेहरू खानदान के दूर के दो भाइयों का राजनैतिक कैरियर। इन दोनों के साथ राजनैतिक अप्रेंटिसशिप की आजादी के आंदोलन की परंपरा भी समाप्त हुई। संजय गांधी तक को कोई पांच-छह साल इंदिरा गांधी का राजनैतिक और भीड़ जमाऊ कार्यकर्त्ता रहना पड़ा था। राजीव गांधी और अरुण नेहरू का सीधा अपाइंटमेंट हुआ। इंदिरा गांधी ने इनको कम-से-कम लोकसभा का चुनाव लड़वाया। अब तो राज्यसभा का दरवाजा खुला हुआ है जिससे ऊंचे प्रोफेशनल लोग राजनीति चलाने-चलवाने के लिए मजे में आ सकते हैं। इंदिरा गांधी ने इनके लिए लोकसभा का रास्ता इसलिए चुना कि वे जिसे चाहें चुनाव जितवा सकती थीं। दरअसल कांग्रेस में उनका एकछत्र राज इतने साल इसीलिए चल सका कि वे वोट दिलवा सकती थीं। उनने अपने बड़े बेटे को कांग्रेस का महासचिव बनवाया पर दूर के बेटे अरुण नेहरू को कोई पद नहीं दिया। दरअसल इंदिरा गांधी के रहते हुए अरुण नेहरू राजीव गांधी के साथी ही बने रहे। वे अपनी वाली पर तो उनके जाने और राजीव गांधी के प्रधानमंत्री बनने के बाद ही आ सके। कहते हैं इंदिरा गांधी की हत्या के बाद राजीव गांधी को शपथ दिलवाने के लिए जो लोग राष्ट्रपति जैलसिंह के पीछे पड़े थे उनमें अरुण नेहरू भी एक थे। सच्चाई क्या है अपन नहीं जानते लेकिन तब तक अरुण नेहरू की भूमिका राजकुमार को गद्दी तक पहुंचाने वाले कारिंदे की ही थी।

राजीव गांधी अपने प्रधानमंत्रित्व के पहले दो साल तक अरुण नेहरू को बहुत भाव दिए रहे। फिर बोफर्स हुआ और पाया गया कि विश्वनाथ प्रताप सिंह से ज्यादा तो अरुण नेहरू राजीव गांधी के आलोचक और विरोधी हो गए हैं। कहते हैं, राजीव के घर से अरुण नेहरू का पत्ता सोनिया गांधी ने कटवाया क्योंकि राजीव पर अरुण नेहरू का पव्वा जरा ज्यादा ही रुतबा बताने लगा था। अरुण नेहरू वीपी सिंह के साथ हुए जनता दल में गए। चुनाव जीते और राष्ट्रीय मोर्चे की सरकार में महत्त्वपूर्ण मंत्री भी बने। तब भी वे विश्वनाथ प्रताप सिंह पर बॉसगिरी करना चाहते थे। धन-धान्य से संपन्न होने वाले तब के मंत्रियों में अरुण नेहरू का भी नाम था। नब्बे के बाद वे हाशिए पर गए और राजनीति में अब लौटे हैं तो उस वंशवाद को भाजपा की तरह से पंचर करने के लिए जिसके चलते वे खुद राजनीति और उसमें महत्त्वपूर्ण स्थान पा सके और जिसकी संतान सोनिया गांधी हैं।

इसके विपरीत शरद यादव जनता प्रयोग के ओरिजनल नेता हैं। सन् 1974 में जब जेपी आंदोलन चल रहा था तब वे छात्र नेता थे और एक उपचुनाव में जनता उम्मीदवार के नाते जीत कर लोकसभा में आए थे। जनता पार्टी और फिर जनता दल दोनों में रहे। जनता पार्टी में तो जनसंघ विलीन हो गया था और जनता दल से मिल कर ही भाजपा सन् 1989 में पहली बार ताकतवर पार्टी बनी। शरद यादव बाद में यादव राजनीति के गढ़ यूपी और बिहार से लोकसभा में आते रहे। धूल-धक्कड़, झाड़-झंकाड़ की राजनीति के बेटे और उसी के आदमी हैं। उनका ग्राफ अरुण नेहरू से उलटा है। लेकिन अपना मीडिया बाबा लोग को सत्ता का सहज अधिकारी मानता है और राजनीति के धरतीपरस्त नेता लोगों को अनधिकारी दावेदार। यह कैसे लोकतंत्र का मीडिया है ?

15.8.1999

भाजपाई गठबंधन की गठरी भारी क्यों

जुलाई-अगस्त में जितने चुनाव सर्वेक्षण हुए हैं वे लगभग भाजपाई गठबंधन को जिता रहे हैं। कोच्चि, केरल से छपने वाली वह अंग्रेजी पत्रिका 'वीक' भी, जो मई में कारगिल लड़ाई के पहले के सर्वेक्षण में त्रिशंकु लोकसभा और भाजपा गठबंधन को कांग्रेस और उसकी साथिन पार्टियों से थोड़ी सी बढ़त की घोषणा कर चुकी थी। तब वह भाजपा गठबंधन को 213-228 सीटें दे रही थी, अब वह बहुमत दे रही है। 'इंडिया टुडे' का भगवा रंग किसी से छुपा नहीं है। कोई अचरज नहीं कि वह भाजपाई गठबंधन को 322-336 सीटें दे रही है। आमतौर पर एक स्वस्थ आलोचनात्मक रवैया अपनाने वाली 'आउटलुक' भी उसे 284 सीटें दे कर चुनाव जिता रही है। अखबारों में टाइम्स ऑफ इंडिया का सर्वेक्षण तो भाजपाई गठबंधन को पहले ही जिता चुका है।

ये सर्वेक्षण बताते हैं कि उनने अपना काम कैसे किया और कितने नमूने कहां-कहां से लिए। लेकिन यह सब तथाकथित-वैज्ञानिकता दरअसल अगड़म-बगड़म ही है। इनकी विश्वसनीयता उतनी भी नहीं है जितनी कि हंडिया के एक चावल को मसल कर बताने की कि चावल पक गए हैं या नहीं। हमारे ज्योतिषियों की भविष्यवाणी और इन चुनाव सर्वेक्षणों में कोई ज्यादा फर्क नहीं होता। साठ करोड़ वोटरों की गोपनीय और पाक पसंद को कुछ हजार नमूने किस हद तक बता सकते हैं इसका फैसला आप खुद ही कर सकते हैं। ज्यादा-से-ज्यादा ये सर्वेक्षण यही बता सकते हैं कि हवा किधर और कैसी चल रही है।

हवा भाजपाई गठबंधन की है। अप्रैल में वाजपेयी सरकार गिरी तब उसकी वापसी की भविष्यवाणी कोई नहीं कर रहा था। अब उसके आलोचक ही नहीं विरोधी भी कहने लगे हैं कि आज की तारीख में तो वाजपेयी सरकार बनाते लग रहे हैं। पिछले चार महीनों में ऐसा क्या हो गया कि हवा का रुख बदल गया ? कारगिल ? भगवे, लाल, धौले सभी दुपट्टे ओढ़े पंडित कहते हैं कि कारगिल ही सबसे बड़ मुद्दा है और वही भाजपाई गठबंधन को जिताता लग रहा है। लेकिन कारगिल से पाकिस्तानी सेना (घुसपैठिए नहीं) वापस हुई मध्य जुलाई में। वह भी कोई साफ और धमाकेदार जीत के कारण नहीं, अमेरिकी हस्तक्षेप के कारण, क्योंकि हमारी तरफ से अघोषित युद्धविराम किया गया और सुरक्षित रास्ता दिए बिना पाकिस्तानी सैनिकों को जाने दिया। इसे आप चाहें तो कूटनीतिक विजय कह सकते हैं क्योंकि अमेरिका ने पहली बार सामरिक मामलों में पाकिस्तान का नहीं, भारत का पक्ष लिया।

इसमें भी कोई शक नहीं कि अमेरिका पाकिस्तान को नहीं भी समझाता तो हमारी सेनाएं उसे कारिगल से खदेड़ देतीं। दो महीने की लड़ाई के बाद वे ऐसी मजबूत हालत में आ गई थीं कि साफ और दमदार कार्रवाई कर के पाकिस्तान को घुसपैठ का मजा चखा देतीं। एक मामले में अमेरिकी हस्तक्षेप से भारतीय सेनाओं के सैनिक जवाब को उसके विजयी अंक तक ले जाने से रोक दिया। भारत-पाक संबंधों के भविष्य को देखते हुए यह ठीक हुआ क्योंकि कारगिल में घुसपैठ की गलतफहमी की साफ-साफ पराजय पाकिस्तान की कमर से वह लंगोटी भी उतार देती जो उसे सैनिक नंगई से बचाने के लिए जरूरी है।

लेकिन बावजूद भाजपाई सरकार के बल्ले-बल्ले मचाने के कारगिल में ऐसे कई कदम और सवाल हैं जिनका कामचलाऊ सरकार ने न कोई खुलासा किया है, न जवाब दिए हैं। वह ऐसा सब कर के भी अपने विरोधियों की कोशिशों से बच निकली तो इस कारण कि हवा कारगिल से पहले ही बदल गई थी। भाजपाई सरकार को गिराने वालों में कांग्रेसी सबसे आगे थे। उसे पराजित करने का वातावरण कांग्रेस अध्यक्ष सोनिया गांधी के जयललिता की चाय पार्टी में जाने से बना। सारी उठा-पटक एक इस उम्मीद में हुई कि कांग्रेस मिली-जुली वैकल्पिक सरकार की अगुआई करेगी। सही है कि प्रधानमंत्री पद के उम्मीदवार और भी थे और कुछ पार्टियों को सोनिया गांधी को नेता के रूप में स्वीकार करने से एतराज था। फिर भी वैकल्पिक सरकार बनाने की जिम्मेदारी सोनिया गांधी पर थी। यह उनकी मैदानी राजनीति की सूझ-समझ और शिखर पर पहुंचने के लिए जरूरी राजनैतिक कौशल की पहली अग्नि-परीक्षा थी। सोनिया गांधी सिर्फ कांग्रेस और कांग्रेस शैली की नेता रह कर वैकल्पिक सरकार नहीं बना सकती थीं।

दूसरी अंदरूनी बाधाएं भी थीं। कांग्रेस ने अब तक केंद्र में मिली-जुली सरकारें नहीं बनाई थीं। एक वही पार्टी है जो केंद्र में सत्ता में गई तो अपने अकेले बलबूते पर। सन् 1969 में कांग्रेस विभाजन के बाद इंदिरा गांधी भी अल्पमत में आ गई थीं। उन्हें भारतीय कम्युनिस्ट पार्टी का समर्थन प्राप्त था। लेकिन भाकपा को उनने सरकार में शामिल नहीं किया। मार्च 1971 के मध्यावधि तक वे अल्पमत सरकार ही चलती रहीं। जून 1991 में भी नरसिंह राव ने जो कांग्रेस सरकार बनाई उसे बहुमत नहीं मिला था और वह अल्पमत सरकार थी। दूसरी साथिन पार्टियों का सहयोग उसे था लेकिन नरसिंह राव ने उन पार्टियों को सरकार में नहीं लिया था। इंदिराजी ने तो अल्पमत सरकार डेढ़ साल ही चलाई, नरसिंह राव ने पूरे पांच साल चलाई और जैसे-तैसे तिकड़म से बहुमत भी बनाया। लेकिन इनके बावजूद गैर-कांग्रेसी पार्टियों की तरह कांग्रेस ने मिली-जुली सरकार नहीं बनाई।

कांग्रेस गठबंधन सरकारों के हमेशा खिलाफ रही है। खिलाफ तो भाजपा भी रही है और दो पार्टी प्रणाली स्थापित करने की बात हमेशा करती रही है। लेकिन सन् 1967 में कांग्रेस के कमजोर होने के बाद लोहियाजी ने जो गैर-कांग्रेसवाद चलाया और कांग्रेस से टूट कर या दल बदल कर जो लोग बाहर आए उन्हें आगे कर के संविद सरकारें बनाने वाली जो गैर-कांग्रेसी पार्टियां जुटीं उनमें जनसंघ ही नहीं भाकपा भी शामिल रही है। जनसंघ, भाजपा और भाकपा और माकपा की इतनी ताकत कभी रही नहीं कि वे गठजोड़ की राजनीति से परहेज करतीं। उनमें इतना धीरज और संयम भी नहीं रहा कि सत्ता में जाने के जो भी छोटे-मोटे मौके मिलते उन्हें मंजूर करने से इनकार कर देतीं। कांग्रेस का एक-पार्टी राज में विश्वास रहा और वह सत्ता में रही भी। सन् 1977 में जब वह केंद्र में अपदस्थ हुई तो उसे लगभग तीन साल विपक्ष में बैठना पड़ा। इन वर्षों में उसने दो मिली-जुली सरकारें गिराईं—पहले मोरारजी की और फिर चरण सिंह की सरकार। सन् 1980 से 1989 यानी नौ साल तक फिर उसकी सरकारें रहीं। नवंबर 1990 से मार्च 1991 तक वह फिर दो गैर-कांग्रेसी सरकारों के पतन का कारण बनी। जून 1991 से 1994 तक फिर कांग्रेस की सरकार चली। तब से अब तक तीन साल में चार सरकारें बन कर गिर चुकी हैं। इनमें से एक में भी कांग्रेस शामिल नहीं रही और प्रत्येक के गिरने में उसका हाथ जरूर रहा।

इस तरह आप देखेंगे कि पिछले बावन साल में कांग्रेस न सिर्फ एक-पार्टी वर्चस्व में विश्वास करती रही, उसका वर्चस्व रहा भी। बावन साल में पैंतालीस साल उसने जो राज किया वह एक-पार्टी शासन ही था और गैर-कांग्रेसी पार्टियों ने सात साल जो राज किया वह गठबंधनों का ही था। मई 1977

में वामपंथियों को छोड़ कर और दूसरी पार्टियां जनता पार्टी में शामिल जरूर हो गई थीं लेकिन अपन सब जानते हैं कि वह भानमती का कुनबा ज्यादा था और एक-पार्टी बहुत कम। स्वतंत्र भारत में कांग्रेस का एक इतिहास अप्रैल 1999 में उसके सामने आई वैकल्पिक सरकार बनाने की चुनौती के रास्ते में खड़ा था। कांग्रेस ने दूसरी पार्टियों से मिल कर वाजपेयी सरकार गिराई थी क्योंकि मध्यावधि के जरिए वह अपनी सरकार बनाना चाहती थी। वाजपेयी सरकार के गिरने और मध्यावधि के बीच उसे एक ऐसी सरकार चाहिए थी जो उसका रास्ता तैयार करती। ऐसी सरकार मिली-जुली भी हो सकती थी और सिर्फ उसकी भी।

इस कामचलाऊ सरकार के लिए जो उठा-पटक और जोड़-तोड़ अनिवार्य थी उसे सफलतापूर्वक अंजाम देने में न तो सोनिया गांधी सक्षम थीं, न वे दूसरी पार्टियों के साथ सत्ता में भागीदारी के लिए तैयार थीं। जिस परिस्थिति में और जिस तरह सोनिया गांधी ने कांग्रेस अध्यक्षता और उसका सर्वोच्च नेता पद प्राप्त किया था वह अप्रैल 1999 में गैर-कांग्रेसी और गैर-भाजपाई पार्टियों की बनाई राजनैतिक परिस्थिति में संभव नहीं था। वे एक ऐसी पार्टी की नेताई कर सकती थीं जिसमें आधे लोग उनके सामने हाथ जोड़ कर खड़े होते हों और आधे साष्टांग दंडवत की हालत में। कांग्रेस को उनने कृपा कर के संभाला था और कांग्रेसी उनका जयकारा बोलने की होड़ कर रहे थे। गैर-कांग्रेसी-गैर-भाजपाई पार्टियों का नेतृत्व उन्हें छीनना और अपना स्थापित करना था और इसके लिए जिस कौशल की जरूरत थी वह उनमें था नहीं। वे एक पार्टी में एकछत्र राज की आदी थीं। यहां कई पार्टियों में कई ललकारों के बीच उन्हें सबको साथ ले सकने या सबको एक साथ हो कर उनके पीछे चलने के लिए मजबूर करने वाली नेताई बताने की जरूरत थी। सोनिया गांधी ऐसी नेताई में या तो विकसित हो नहीं सकती थीं या उसके लिए तैयार नहीं थीं।

सोनिया गांधी ने राष्ट्रपति से मिलने के बाद घोषणा की कि कांग्रेस अल्पमत सरकार बनाएगी और दूसरी पार्टियां उसकी बाहर से मदद करेंगी। फिर उनने घोषणा कर दी कि इस अल्पमत सरकार की प्रधानमंत्री वे खुद होंगी। पहली घोषणा से वे पार्टियां बिदकीं और उनके नेता बेहद नाराज हुए जो गठबंधन सरकार बनाने और उसके नेता होने की महत्त्वाकांक्षा पाले हुए थे और दूसरी से शरद पवार, संगमा और अनवर जैसे नेता बिगड़े जिनने पूछा कि पार्टी के किस फोरम में तय किया गया और कहां से घोषणा हुई कि कांग्रेस अल्पमत सरकार बनाएगी और उसकी प्रधानमंत्री वे खुद होंगी। ये सब बाहरी अनुमान और भीतरी खुसपुस थी। पार्टी के किसी फोरम में इन पर बाकायदा विचार और निर्णय नहीं हुआ था। अपनी पार्टी में ही जब सोनिया गांधी का इतना कम आदान-प्रदान था तो दूसरी दस-पंद्रह पार्टियों से तो उनकी कितनी बातचीत, लेन-देन और सौदा-सुलफ हुआ होगा इसका अंदाजा ही लगाया जा सकता है। जो पार्टियां और नेता पहले कांग्रेस के साथ जाने को तैयार थे वे भी सोनिया गांधी का रवैया देख कर अड़ गए और वैकल्पिक सरकार नहीं बनी। राष्ट्रपति को उसी वाजपेयी सरकार को कामचलाऊ भार सौंपना पड़ा जो लोकसभा में एक वोट से विश्वासमत हार चुकी थी।

वैकल्पिक सरकार बनाने की विफलता का जितना बुरा असर कांग्रेस और उसकी एकछत्र नेता सोनिया गांधी पर हुआ उतना वाजपेयी सरकार गिराने वाली दूसरी पार्टियों और नेताओं पर नहीं हुआ। एक तो इनमें से कोई भी पार्टी सरकार बनाने के लिए उस हद तक जिम्मेदार नहीं हो सकती थी और नई सरकार में उनका उतना दांव भी नहीं लगा था। सबको साथ ले कर आगे बढ़ने की जिम्मेदारी कांग्रेस पर थी चाहे वह अपनी अल्पमत सरकार बनाती या गठबंधन सरकार जिसका प्रधानमंत्री सोनिया गांधी के अलावा भले ही कोई और होता। लेकिन सोनिया गांधी ने प्राप्त

राजनैतिक परिस्थिति में गठबंधन सरकारों की अनिवार्यता की न तो समझ दिखाई, न किसी और तरह की वैकल्पिक सरकार बना सकने की सूझ-बूझ और लचीलापन दिखाया। साबित हुआ कि वे आज की परिस्थिति के अनुसार ढलने को तैयार नहीं थीं, न उनमें ऐसा अदम्य बल था कि परिस्थिति को बदल कर अपना एकछत्र नेतृत्व स्थापित कर सकें जैसा कि अट्ठाईस साल पहले उनकी सास ने किया था। उनकी विफलता ने उन्हें चुनौती देते हुए पवार, संगमा और अनवर को विद्रोह करने की प्रेरणा और हिम्मत दी और कामचलाऊ सरकार को यह उद्दंडता कि उसने पहले के तेरह महीनों में जो नहीं किया वह सब कर के चुनाव जीते। फिर भाजपाई गठबंधन प्राप्त राजनैतिक परिस्थितियों में ज्यादा स्वाभाविक विकल्प लगने लगा बजाय एक वर्चस्व वाली पार्टी कांग्रेस के जिसकी नेता न तो वैकल्पिक सरकार बना सकी, न अपनी पार्टी को टूटने से रोक सकी।

वैकल्पिक सरकार बनाने की विफलता ने वाजपेयी सरकार को गिराने की सफलता को विपक्ष का विद्रूप बना दिया। पवार, संगमा और अनवर के व्रिदोह के बाद सोनिया गांधी ने अपना कौशल हरियाणा में बंसीलाल की सरकार को पहले बचा कर फिर गिरा कर और अंततः उसकी जगह कांग्रेस विरोधी चौटाला सरकार बनवा कर दिखाया। कांग्रेस के साथ जाने को तमिलनाडु में जयललिता और बिहार में लालू प्रसाद यादव रह गए जो अपने-अपने कारणों से बदनाम और किसी और गठबंधन में जाने के लायक बचे नहीं थे। सोनिया गांधी के नेतृत्व की इस विफलता ने भाजपा विरोधी सभी पार्टियों का हौसला गिराया और उनकी विश्वसनीयता भाजपाई गठबंधन की कामचलाऊ सरकार से भी कम हो गई। उस परिस्थिति में कारगिल हुआ और कांग्रेस समेत भाजपा विरोधी पार्टियां एक ऐसे असमंजस में फंस गईं जिससे निकल सकने का नेतृत्व उनके पास था नहीं।

18.8.1999

क्योंकि उसे खोलकर झटकारा नहीं जाता

वैकल्पिक सरकार बनाने में कांग्रेस और भाजपा विरोधी दूसरी पार्टियों की विफलता ने भाजपाई गठबंधन का ऐसा विश्वास बढ़ाया कि वह जून में मध्यावधि करवाने पर जोर देने लगा। जाहिर है कि तब उसे लग रहा था कि जल्दी चुनाव होंगे तो वह फायदे में रहेगा। कांग्रेस और उसके साथ भाजपाई सरकार गिराने वाली पार्टियां और वक्त चाहती थीं ताकि वे अपने बिखराव को समेट सकें। भाजपा के नेताओं ने ऐंठ कर कहना शुरू कर दिया कि अगर चुनाव छह महीने बाद हुए तो वे देश का काम रोकेंगे नहीं। वे वह सब करेंगे जो एक जिम्मेदार सरकार संविधान के अनुसार कर सकती है। वह अपने को महज कामचलाऊ मानने को तैयार नहीं थी। देश के प्रति अपनी जिम्मेदारी को वह लगभग धमकी की तरह बता रही थी। चुनाव आयोग ने जब दूसरे सभी कारणों से चुनाव सितंबर अंत और अक्तूबर के पहले सप्ताह में करवाने की घोषणा की तो एक पराजित और अब सिर्फ अपने वोटरों के प्रति जिम्मेदार रही सरकार ने अपनी पूरी ताकत से काम करने की अलिखित घोषणा कर दी।

वह अपनी खीज निकालने में लगी ही थी कि उसने खोज निकाला कि कारगिल में बड़े पैमाने पर पाकिस्तान ने घुसपैठ कर रखी है। जिस हालत में घुसपैठ थी वह कोई एक महीने में नहीं हुई थी। कम-से-कम छह महीने से चल रही थी और सरकार को रपटें भी भेजी गई थीं लेकिन देश की सुरक्षा के लिए परमाणु बम बनाने वाली सरकार अपनी राजनैतिक रक्षा में लगी हुई थी। पाकिस्तान घुसपैठ ने कामचलाऊ सरकार को ऐसा अवसर दिया कि वह किसी की कोई परवाह किए बिना सर्वशक्तिमान सरकार में अपने को बदल सके। बाहरी आक्रमण सभी की राय में ऐसी चुनौती थी जिसका सामना सरकार कामचलाऊ होने के ठप्पे के बिना कर सकती थी। कारगिल में शुरू में हुए विमानों और जवानों के नुकसान ने देश को चौंकाया और अट्ठाईस साल बाद भारत-पाकिस्तान के बीच छिड़ी इस लड़ाई को कवर करने सेटेलाइट से समृद्ध हुए टीवी और प्रेस ने गजब की फुर्ती और क्षमता दिखाई। घरों में कारगिल की लड़ाई सीधे पहुंचने लगी और इसका फायदा भाजपा ने अपने किस्म की देशभक्ति और राष्ट्रवाद फैलाने में किया। इसमें कोई शक नहीं कि सरकार अगर पहले चेती होती तो शुरू की लड़ाई में हमारे जो जवान मारे गए वे बच जाते। पाकिस्तान की सेना ने घुसपैठियों को कारिगल की चोटियों में से सांसारिक यहुत मिली थी उसकी कीमत तो अपनी सेनाओं की हो चुकानी पड़ी।

कारगिल में घुसपैठ की सूचनाएं देने में खुफिया एजंसियों को विफलता या सूचनाएं मिलने पर भी सरकार का कार्यवाही न करना और इस कारण हमारी सेना के जवानों का मारा जाना यह ऐसे सवाल थे जिनके उत्तर मिलने थे और जिनके कारण सरकार कटघरे में आती थी। पर जब सीमा पर लड़ाई चल रही हो और देश में पाकिस्तान को पराजित करने का ऐसा जज्बा हो कि आठ जून को मेनचेस्टर के ओल्ड ट्रेफर्ड मैदान में विश्व कप के मैच में भारत ने पाकिस्तान को हराया तो लोगों ने ऐसा जश्न मनाया जैसे हम युद्ध और विश्व कप दोनों जीत गए हों तब आप संकट का सामना करती सरकार को ज्यादा घेर नहीं सकते। हर नागरिक चाहता है कि मोर्चे पर चलती लड़ाई

में सेना और सरकार की जो भी मदद कर सके करे और राजनेता और राजनैतिक कार्यकर्त्ता आखिर नागरिक भी होते ही हैं। उनके असमंजस और जन भावना का फायदा उठाते हुए भाजपाई गठबंधन की सरकार ने राज्यसभा का सत्र तक नहीं बुलाया जिसकी मांग राजनैतिक पार्टियों के अलावा खुद राष्ट्रपति भी कर चुके थे। सन् '62 में जैसा कि सोनिया गांधी ने तीखे स्वर में याद दिलाया, अटल बिहारी वाजपेयी की मांग पर नेहरू ने दोनों सदनों के सत्र बुलवाए और बाकायदा हुए युद्ध और उसमें भारत की पतली हालत पर खुली बहस होने दी।

मई, जून और जुलाई के मध्य तक मीडिया के कवरेज का लाभ लेते हुए हुए सरकारी मीडिया को भी प्रचार में झोंकते हुए सरकार और भाजपा ने देश में देशभक्ति और राष्ट्रवाद का ऐसा वातावरण बनाया कि लोकसभा के न होने के कारण अनुत्तरदायी हुई सरकार सारे सवालों से बच सके। उसने ऐसा कुछ बताया जैसे उसके नेतृत्व में देश ने कोई बड़ा युद्ध जीत लिया हो। जॉर्ज फर्नांडीस और जसवंत सिंह ने कारगिल की सैनिक कार्रवाई को सन् '71 में युद्ध में जीत से भी मुश्किल बताया। जबकि सच्चाई और ठंडे तथ्य ये हैं कि सरकार इस साल की शुरुआत से गफलत में थी। कारगिल में हुई घुसपैठ को उसने रोका नहीं और जब सैनिक कार्रवाई की तो अपनी जमीन दबा कर आ बैठे पाकिस्तानी सैनिकों को वास्तविक नियंत्रण की रेखा से पीछे किया। अतिक्रमण से अपनी जमीन छुड़वाने और उसमें भी कूटनीतिक मदद लेने को भाजपा ही शानदार विजय बता सकती थी क्योंकि उसे चुनाव जीतने के लिए एक दमदार भावुक मुद्दे की जरूरत थी और पाकिस्तान ने वह उसे दे दिया था।

अपना काम अच्छा करने के सही उत्साह में मीडिया ने कारगिल का जो कवरेज किया उससे सेना के जवान और अफसर बहुत संतुष्ट और प्रसन्न हुए। उन्हें और शहीदों की पहली बार ऐसी पब्लिसिटी और नायकत्व मिला जो सन् '71 का बांग्लादेश युद्ध जीतने, पाकिस्तान के नब्बे हजार से ज्यादा सैनिकों का समर्पण करवाने और बंग्लादेश बनबाने पर भी नहीं मिला था। तब न सेटेलाइट टीवी था, न निजी चैनलों की होड़ थी, न सूचना टेक्नोलॉजी में हुई क्रांति से अखबारों की पहुंच बढ़ी थी। किसी युद्ध में भारतीय सेना की वीरता के ऐसे चित्र और समाचार पहले लोगों के पास नहीं पहुंचे थे। जवानों और अफसरों ने इस नए पूजन-पाठ को बड़ी गरिमा और कृतज्ञता से स्वीकर किया और इससे भी देशभक्ति का वातावरण बनने में मदद मिली। सेना ने जो किया और मीडिया ने जैसा दिखाया उसकी सराहना सभी पार्टियों ने की। लेकिन उनने सेना के पराक्रम और उपलब्धि को सरकार से अलग किया।

इसके जवाब में सरकार ने सरकारी स्तर पर और भाजपा ने राजनैतिक स्तर पर सेना और मीडिया की उपलब्धि को अपने खाते में चढ़ाने की कोशिश की। हद तब हुई जब इन दोनों ने बताना शुरू किया कि भारत ने मीडिया युद्ध भी जीता है। अव्वल तो युद्ध भारत और पाकिस्तान के बीच हुआ नहीं। खुद अटलजी ने कहा कि युद्ध जैसी स्थिति थी। कारगिल में बड़े पैमाने पर सैनिक कार्रवाई हुई। फिर भारत का मीडिया पाकिस्तानी मीडिया से कोई युद्ध नहीं कर रहा था। उसने अपना काम जिम्मेदारी से किया। उसकी जिम्मेदारी अपने पाठकों, दर्शकों और श्रोताओं के प्रति थी। न भारत ने युद्ध जीता था, न मीडिया ने। एक ने अपनी जमीन से अतिक्रमण हटाया था दूसरे ने युद्ध की सही तसवीर तटस्थता से लोगों तक पहुचाई थी। यह मीडिया ने सरकार या भाजपा के लिए नहीं किया था न उसके काम के पीछे इनकी प्रेरणा थी। लेकिन उसे भी सरकार और भाजपा ने अपने खाते में लिखने की कोशिश की।

सोनिया गांधी जन्मजात भारतीय और साबित देशभक्त की ताकत से सरकार को कटघरे में घेर नहीं सकती थी इसलिए उनका रवैया एक कदम आगे और दो कदम पीछे जाने का था। कांग्रेस देशभक्ति और राष्ट्रवाद की अपनी धरोहर और धरती कब की खो चुकी है इसलिए उसके दूसरे नेता भी पूरी ताकत से भाजपाई गठबंधन सरकार को घेर नहीं पाए, न जान पाए कि उन्हें सोनिया गांधी कितनी दूर जाने देंगी। वामपंथियों की जमीन इस देश में राष्ट्रवाद और देशभक्ति की रही भी नहीं है जो वे भाजपाई खेल का भंडाफोड़ कर पाते। बाकी की छोटी-मोटी पार्टियां वैसे ही सुन्न हो गई थीं जैसे भाजपाई गठबंधन की दूसरी पार्टियां। विपक्ष का जो बिखराव वैकल्पिक सरकार बनाने के दौरान दिखाई दिया था वह कारगिल की चुनौती के तीन महीनों में भी बना रहा। इसका भी लाभ भाजपा ने उठाया। अटलजी राज्यसभा का सत्र बुलाए जाने के पक्षधर बताए जाते थे लेकिन उनने आखिर कह दिया कि सब पार्टियां और मुख्यमंत्री एकमत नहीं हैं इसलिए सत्र बुलाने का लाभ नहीं होगा।

लेकिन विपक्ष की फूट का फायदा उठाना ही भाजपा को पर्याप्त नहीं लगा। वह कारगिल को ले कर किसी भी बहस में पड़ना नहीं चाहती थी। इसलिए संसदीय मामलों के मंत्री कुमारमंगलम ने कहा कि राजनेताओं की बात नहीं है। हम एक-दूसरे पर कीचड़ उछाल लें तो कोई फर्क नहीं पड़ेगा। लेकिन इसका अंदेशा है कि राज्यसभा की बहस का कारगिल में लड़ती सेना के मनोबल पर असर पड़ सकता है और हम नहीं चाहते कि वह गिरे। ये संसदीय कार्य मंत्री हैं जो संसद के एकमात्र जीवित सदन का सत्र बुलाने से इसलिए इनकार कर रहे थे कि लोकतंत्र से सेना का मनोबल गिर सकता है और सिर्फ भाजपाई गठबंधन की सरकार और उसकी पार्टियां ही सेना और देश के हित की रक्षा कर सकती हैं। राज्यसभा में जिसका बहुमत है उस विपक्ष का क्या भरोसा ? वह जाने क्या सेना के बारे में कह दे, सरकार पर लांछन लगा दे और विभाजित संसद दिखाए जिसका पाकिस्तान लाभ ले और विश्व जनमत मखौल उड़ाए। यानी भाजपाई गठबंधन की जो सरकार लोकसभा में हार चुकी है वही देश के प्रति जिम्मेदार हो सकती है। कुमारमंगलम और भाजपा दरअसल राज्यसभा सत्र में विपक्ष का सामना कर नहीं सकते थे। वहां विपक्ष का बहुमत है और राज्यसभा का सत्र सेना का नहीं सरकार और भाजपा का मनोबल गिराता।

अपनी रक्षा में लगभग चीखने-चिल्लाने की हद तक आक्रामक होने का यह रवैया भाजपा और उसके प्रवक्ताओं ने इसलिए अपनाया कि वे अपना भंडाफोड़ रोकना चाहते थे। जैसे सरकार की खुफिया एजंसियों से खबर न मिलने या मिलने पर भी तत्काल कार्रवाई न करने के सवालों पर भाजपा के प्रवक्ता अरुण जेटली ने कहा कि हमारा विपक्ष पाकिस्तान की तरह सरकार को घेरना चाहता है और उसके रवैए से पाकिस्तान ही प्रसन्न होगा। समय पर कार्रवाई न करने और जवानों को कुरबान करने के आरोप के जवाब में खम ठोंक कर पूछा गया कि आप सेना पर उंगली उठा रहे हैं। हमारी सेना सबसे बहादुर और प्रोफेशनल है। और इसी तरह के तर्क वाहियात स्तर तक पहुंचा दिए गए जब जेटली से पूछा गया कि बाहर जन्म लिए व्यक्ति को राष्ट्रपति, उपराष्ट्रपति, प्रधानमंत्री आदि संवैधानिक पदों के अयोग्य बनाने का संविधान संशोधन किया जाएगा तो क्या यह सीधा सोनिया गांधी पर अनुचित प्रहार नहीं है ? जेटली ने कहा कि जैसे कारगिल में घुसपैठ कर के आया कोई व्यक्ति नागरिक हो कर हर पद के योग्य हो जाए तो क्या देश मान लेगा ? उन्हें टोका गया कि आप सोनिया गांधी की तुलना कारगिल के घुसपैठ से कर रहे हैं तो वे थोड़े रुके। लेकिन स्कूलों की वाद-विवाद प्रतियोगिताओं में जो बचकाने तर्क दिए जाते हैं वे वहां कोई भोलेपन से नहीं दिए गए हैं। यह धूर्त्तता का स्तर है जो अटलजी के ध्यान में लाया जाए तो वे माफी मंगवा देंगे जैसे राष्ट्रपति पर ऊलजलूल टिप्पणी करने वाले मंत्रियों से करवा देते हैं। रिंद-के-रिंद रहे हाथ से जन्नत न गई।

यह तो भाजपा की रक्षा और विमर्श का स्तर है। हमारे विपक्ष के नेता उनके बखिए उधेड़ नहीं पाते क्योंकि वे देशभक्ति, राष्ट्रवाद और राजनैतिक जिम्मेदारी के उस ओटले पर खड़े नहीं हैं जो ऐसा करने का नैतिक बल और साहस देता है। यह नैतिक बल और साहस भाजपा और उसके गठबंधन में भी नहीं है। लेकिन उसके नेता चीखते-चिल्लाते और ललकारते हैं क्योंकि वे एक आक्रामक रणनीति के तहत अपनी रक्षा में लगे हैं। कांग्रेस और वामपंथी नेता भी बातचीत कर सकते हैं, बहस कर सकते हैं। लेकिन उनमें वह नाटकीय आक्रामकता नहीं है जो टीवी, रेडियो और अखबारों में प्रभाव पैदा करती है। वामपंथी सीताराम येचुरी ने यह कह कर जेटली को चेताया कि जनता सब जानती है और वह भंडाफोड़ कर देगी। लेकिन जनता को कौन और कितना चेता रहा है ? कौन लोग लोकशिक्षण में लगे हैं जो जनता समझ सकेगी कि देशभक्ति और राष्ट्रवाद के प्रचार के पीछे सच्चाई क्या है ? फैसला तो सचमुच जनता के दरबार में ही होना है लेकिन प्रचार और खुस-पुस और अफवाहों को चलाने में जो उस्तादी संघ परिवार ने हासिल की है उसकी काट किसके पास है ? सीधे जनता तक जाने की बोली और मुहावरा भी हमारे विपक्ष के कितने नेताओं के पास है ? चुनाव सर्वेक्षण बताते हैं कि हवा कैसे चलाई जा रही है। भाजपाई गठबंधन की गठरी इसलिए भारी लगती है कि उसे खोल कर झटकारने वाले नेता कहां हैं ?

19.8.1999

कहां पहुंचाएगा सदी का आखिरी चुनाव

अक्तूबर में नई सरकार बन कर बिगड़ जाए और दूसरी सरकारें न बन पाएं तो भी दिसंबर तक फिर चुनाव नहीं हो सकते। इसलिए मान लिया जा सकता है कि यह मध्यावधि इस सदी का अंतिम चुनाव है। जरूरी नहीं कि जब सदी बदले तो राजनीति भी बदल जाए। पंचांग या कैलेंडर देख कर तो राजनीति चलती नहीं। इसलिए उम्मीद करने का कोई ठंडा वस्तुपरक तर्क नहीं हो सकता कि नई सदी में कोई नई राजनीति आएगी। फिर भी हम सब लोग चाहते हैं कि इक्कीसवीं सदी में नई राजनीति की शुरुआत हो। परिवर्तन और नए की चाहत जीवन की उमंग है। इसलिए नई राजनीति की उम्मीद करने में कोई खराबी नहीं है। देखना यही है कि आज की राजनीति में से नया और रचनात्मक कुछ निकल सकता है या नहीं।

भारत जैसे देश में लोकसभा का चुनाव एक विशाल और सघन लोकतांत्रिक उपक्रम है जो एक नई राजनीति से नया रूप और सत्व पा सकता है। यह एक ऐसा उपक्रम भी है जिसमें से नई राजनीति निकल सकती है। सन् बावन के चुनाव में से आजादी के बाद की नई राजनीति निकली जो सन् सड़सठ के चुनाव में समाप्त हुई। फिर सन् इकहत्तर के मध्यावधि को इंदिरा गांधी की राजनीति ने प्रभावित किया जिसे वे सन् उनहत्तर से अपने राजनैतिक गर्भ में पाल-पोस रही थीं। इस जवाब में आई राजनीति सन् चौहत्तर में शुरू हुई और सतहत्तर के चुनाव में फूली-फली। उन्यासी के आखिर में इंदिरा गांधी की राजनीति फिर आई और उननब्बे तक चली।

सन् उननब्बे के चुनाव में जो नई राजनीति आई वह बारह साल पहले की राजनीति का ही पनीला और हलका संस्करण थी। बीच के पांच साल नरसिंह राव के नेतृत्व में फिर कांग्रेस की सरकार के रहे लेकिन पार्टी और राजनीति दोनों ही अर्थों में वे काम चलाने के साल थे। सन् छियानवे से सितंबर निन्यानवे तक यह तीसरा चुनाव है और इसमें जो राष्ट्रीय जनतांत्रिक गठबंधन सबसे बड़े कारक के नाते उतर रहा है वह सन् सतहत्तर और नवासी के ढीले-ढाले गठबंधनों का ही विस्तार है। फर्क यही है कि सतहत्तर और उननब्बे के गठबंधन की अगुआई कांग्रेस से निकले नेता कर रहे थे और उसका बुनियादी झुकाव बाईं तरफ था। इस गठबंधन के नेता भाजपाई और मुख्य पार्टी भाजपा है और झुकाव दाईं ओर है। जनसंघ और भाजपा पहले के गठबंधनों में भी थी लेकिन छोटी भूमिका में और तब वह गठबंधन के झुकाव को प्रभावित नहीं कर सकती थी।

राष्ट्रीय जनतांत्रिक गठबंधन को यह सुनना पसंद नहीं है कि वह सन् सतहत्तर और उननब्बे का ही विस्तार है। अपने घोषणा-पत्र में वह कहता है, "राजग नया है, राजग भविष्य है और राजग प्रगति तथा न्याय के लिए एक व्यापक आधार वाला आंदोलन है।" घोषणा-पत्रों को कोई गंभीरता से नहीं लेता। वे पार्टियां और गठबंधन भी नहीं जो उन्हें चुनाव में जाने के पहले जारी करते हैं। इसलिए हमें भी उनका विश्लेषण करने और उनमें से राजनीति की दिशा खोजने पर अपना वक्त बरबाद नहीं करना चाहिए। घोषणा-पत्र तत्कालीन राजनीति के फैशनेबल मुहावरों में लिखा लगभग सर्वमान्य कार्यक्रम बताता है। जैसे राजग में नया क्या है ? पिछले साल सत्ता में बने रहने के लिए जो गठबंधन बना था वही इस साल जारी है। एक नया एकीकृत जनता दल हो गया है जो राष्ट्रीय

जनतांत्रिक गठबंधन में शामिल नहीं किया गया है और जिससे सीटों पर तालमेल है। तालमेल कुछ और भी पार्टियों से है जैसे आंध्र में तेलुगुदेशम और तमिलनाडु में द्रमुक।

राजग भविष्य है—यानी क्या भाजपा ने मान लिया है कि इक्कीसवीं सदी की राजनीति गठबंधन की राजनीति होगी और देश का भविष्य इसी में है कि यह गठबंधनों से शासित होता रहे ? राजग ऐसी पार्टियों का गठबंधन है जो खास पहचान और व्यक्तित्व देने वाले कार्यक्रम अपने-अपने झोलों में रख कर सत्ता के लिए इकट्ठी हुई हैं। अकाली दल, नेशनल कांफ्रेंस और द्रमुक क्या कभी भाजपा में विलीन हो सकते हैं ? और क्या भाजपा कभी वैसी छतरी पार्टी हो सकती है जैसे कांग्रेस कभी थी और जिसके नीचे सभी हित-स्वार्थों और पहचान वाली पार्टियां एक हो सकती थीं ? क्या भाजपा कांग्रेस की बोतल में भरी गई नई शराब हो सकती है ? भाजपा का चाहे जितना कांग्रेसीकरण हुआ हो और वह कांग्रेस की जगह लेने को चाहे जितनी उत्सुक हो क्या वह कांग्रेस होने को तैयार है ? और क्या कांग्रेस का भाजपा संस्करण ही देश का भविष्य है ? गठबंधन नाम से ही एक परिस्थिति विशेष में किया गया समझौता है। क्या राजनैतिक मजबूरियों से जनमे गठबंधन जो अपने स्वभाव और चरित्र से ही स्थायित्वहीनता के प्रतीक होते हैं—भारत के भविष्य हो सकते हैं ? और क्या कोई भी लोकतंत्र और उसके लोग ऐसा भविष्य चाहेंगे ?

और क्या राष्ट्रीय जनतांत्रिक गठबंधन प्रगति और न्याय के लिए एक व्यापक आधार वाला आंदोलन है ? कांग्रेस अपने को आजादी का आंदोलन बताती रही है, और थी भी। लेकिन आजादी के बाद वह एक राजनैतिक पार्टी हो गई और प्रगति और न्याय को उसने पार्टीगत राजनीति का मुद्दा बना दिया। प्रगति किसकी हुई और न्याय किसे मिला यह देश की आज की परिस्थिति में निहित है और सब उसे जानते हैं। कांग्रेस के आधार के सिकुड़ने का सबसे बड़ा कारण तो यही है कि पिछड़ों, दलितों और अल्पसंख्यकों की न तो प्रगति हुई, न उन्हें न्याय मिला। वे कांग्रेस की छतरी से निकल कर अलग-अलग पार्टियों में विभाजित और संगठित हुए। आजादी और एकछत्र राज के पैंतालीस साल बाद वह व्यापक आधार वाले आंदोलन से व्यापक आधार वाली पार्टी हुई और अब वह भी नहीं रही। वह गठबंधन में विश्वास नहीं करती। वह कहीं-कहीं सीटों के तालमेल के साथ ही ज्यादातर अकेली चुनाव लड़ रही है। उसके सामने और खिलाफ यह जो गठबंधन खड़ा है—वह छोटे आधार वाली पार्टियों का साथ आना है। भाजपा का आधार इन सबमें बड़ा है। लेकिन क्या आपने कभी देखा-सुना है कि पानी के छोटे-बड़े डाबरे मिल कर समुद्र हो गए हों या समुद्र छोटे-बड़े डाबरों में बंट गया हो और फिर भी समुद्र बना रहा हो ?

फिर छोटे-छोटे आधार वाली क्षेत्रीय पार्टियां आप हम-सब जानते हैं कि बड़े आधार वाली भाजपा के साथ इसलिए हो गई हैं कि उन्हें भाजपा सत्ता में आती दिखती है। छोटी और क्षेत्रीय पार्टियों को लग रहा है कि भाजपा को सत्ता में आने के लिए उनकी जरूरत है। वे अपने आधार से मदद करेंगी तो दिल्ली में सत्ता की भागेदार होंगी। उस अनुपात में नहीं जितना उनका संख्या बल होगा बल्कि उस अनुपात में जितना उनका बाहर होना सरकार के लिए खतरा पैदा कर सकता है। सत्ता में आने की इच्छा ही भाजपा से इन पार्टियों को बांधे हुए है। नहीं तो विचारधारा और चरित्र से नेशनल कांफ्रेंस या द्रमुक, अकाली दल का भाजपा से क्या भाईचारा और साम्य है ? जो व्यापक आधार राष्ट्रीय जनतांत्रिक गठबंधन अपना मानता है वह दरअसल छोटे-बड़े आधार वाली पार्टियों का सत्ता के लिए साथ आना है। सत्ता में भागेदारी के लिए साथ आने को आप प्रगति और न्याय

के लिए व्यापक आधार वाला आंदोलन कह सकते हैं ? ऐसा कौन-सा बड़ा सपना और लक्ष्य है जो नेशनल कांफ्रेंस को भाजपा से जोड़ता है ? द्रमुक के ऐसे क्या राष्ट्रीय लक्ष्य और नए संसार के सपने हैं जो भाजपा से मिलने से पूरे हो सकते हैं ? जिसमें जॉर्ज फर्नांडीस की समता और रामकृष्ण हेगड़े की लोकशक्ति विलीन हो गई है उस एकीकृत जनता दल के ऐसे कौन-से बुनियादी सिद्धांत हैं जो भाजपा से मेल खाते हैं ? आखिर इस दल के नेता ही उस खेमे की अगुआई में थे जिसने सन् सतहत्तर में जनसंघ और नब्बे में भाजपा को गठजोड़ से बाहर किया था। विचार, मूल्य, सिद्धांत आदि का यह गठबंधन नहीं है और इसलिए यह आंदोलन कैसे हो सकता है ? सत्ता में आने की मजबूरी के गठबंधन को कोई आंदोलन कह सकता है ?

पहले दो गठबंधन फिर भी आंदोलन नहीं तो जन उभार में से निकले थे। सन् सतहत्तर में इंदिरा गांधी और उनके अत्याचारी अधिनायकवाद के खिलाफ जो गठबंधन बना था वह लोकतंत्र और आम भारतीयों के मौलिक अधिकारों की पुनर्स्थापना के लिए था। उसे व्यापक जन समर्थन था और वह खुला जन आंदोलन नहीं तो उत्तर, पश्चिम और पूरब के लोगों में हुई भूमिगत खदबदाहट और आक्रोश का प्रकट स्वरूप था। इंदिरा गांधी के निजी शासन और अधिनायकवाद को अमल में लाता उनका कांग्रेसी राज देश के आम लोगों को स्वीकार नहीं था और वे उन्हीं को समर्थन दे सकते थे जो निजी सत्ता और अधिनायकवाद के विरुद्ध संघर्ष में खड़े थे। उस संघर्ष का नेतृत्व जयप्रकाश नारायण कर रहे थे जो सत्ता के खेल में नहीं थे और देश की व्यवस्था में संपूर्ण क्रांति चाहते थे। इसलिए तब जो गठबंधन बना था उसके पास या साथ देश का एक वैकल्पिक सपना था। उस गठबंधन में मूल्य, सिद्धांत और विचारधारा थी। वह गैर-कांग्रेसवाद की भूमि पर लोकतंत्र के लिए खड़ा था। उसमें भी पार्टियां और नेता थे जिनकी अलग-अलग पहचान एक संघर्ष की आंच में पिघल गई थी। इंदिरा गांधी जितनी सत्तावान और सशक्त नेता थीं और कांग्रेस जितनी बड़ी पार्टी और मशीनरी–उसी तरह उनसे संघर्ष में खड़े नेता और पार्टियां थीं।

विश्वनाथ प्रताप सिंह के नेतृत्व में खड़े गठजोड़ को दाईं ओर से भाजपा और बाईं ओर से वामपंथियों का समर्थन था। वीपी सिंह राजीव गांधी की सरकार में ऊपर से नीचे तक व्याप्त भ्रष्टाचार के खिलाफ खड़े हुए थे और कांग्रेस से निकले थे। उनमें देश के लोगों ने भ्रष्टाचार के विरुद्ध उस संघर्ष को फिर चलते देखा था जो बारह साल पहले चल कर बीच में ही रुक गया था। वह गठजोड़ या राष्ट्रीय मोर्चा भी एक ऐसी कांग्रेस के खिलाफ था जो भारतीय लोकतांत्रिक इतिहास में सबसे बड़ा बहुमत ले कर आई थी और जिसके नेता इंदिरा गांधी के बड़े बेटे राजीव गांधी थे जो देश को इक्कीसवीं सदी में ले जाने के वायदे और संभावनाओं के प्रतीक बन गए थे। उनकी उम्र कम थी। अनुभव लगभग नहीं था लेकिन घिस-पिसकर सालिगराम हुए खुर्राट नेताओं की भीड़ में जवान और साफ-सुथरे भले आदमी की मूरत बन गए थे। राजीव गांधी और उनकी सरकार ने लोगों को जल्दी ही निराश कर दिया था और उनसे मोहभंग हुए भारत को विश्वनाथ प्रताप सिंह लुभा गए थे। राष्ट्रीय मोर्चा सामाजिक न्याय के नारे पर दलितों, पिछड़ों और अल्पसंख्यकों का समर्थन पा कर एक नए समतावादी वातावरण को बनाने और लोगों में नई उमंग पैदा करने में कामयाब हुआ था। इस गठजोड़ से उम्मीद थी कि वह स्थिर यानी लगभग जड़ हुए सत्ता के ढांचे में दलितों और पिछड़ों की भागेदारी बढ़ाएगा।

इन दोनों गठबंधनों की तुलना में राष्ट्रीय जनतांत्रिक गठबंधन बड़ा-से-बड़ा यही दावा कर रहा है

कि वह स्थिर और लायक सरकार देगा। स्थिर और योग्य सरकार अपने आपमें कोई बड़ा मूल्य, सिद्धांत और सपना नहीं हो सकती। इस गठबंधन का नारा स्वाभिमानी और समृद्ध भारत बनाना है। पिछले अठारह महीनों में यह सरकार जैसी चली है और आर्थिक साम्राज्यवाद के आगे झुक कर इसने जो समझौते किए हैं और इसके बढ़ावे पर जिस तरह इस देश का मध्यवर्ग अमेरिका और दूसरे समृद्ध देशों के हित पूरे करने में जुटा है—उससे भारत कितना स्वाभिमानी और समृद्ध हुआ ? आणविक अस्त्रों से लैस होने पर कैसा स्वाभिमान बढ़ेगा ? आणविक शक्तियों के सामने हम छोटे राजा भी नहीं ज्यादा-से-ज्यादा दस हजारी हुए हैं और पाकिस्तान को हमने बराबरी का दर्जा दिलवा दिया है। यह गठबंधन एक कमजोर कांग्रेस और बनने के पहले ही फेल हुई सोनिया गांधी के सामने खड़ा है। आप कह सकते हैं कि पहले के दो गठबंधनों की तुलना में यह नकारात्मक नहीं है। लेकिन इसका सकारात्मक कारक भी इसमें आई पार्टियों की नग्न या शुद्ध सत्ताकांक्षा है। ऐसे गठबंधन में जुटी पार्टियों का आपसी सत्ता संघर्ष न सिद्धांत के लिए होता है, न लोगों के लिए।

25.8.1999

एक से दूसरे गड़बड़झाले में

राष्ट्रीय जनतांत्रिक गठबंधन में जो भी पार्टियां इकट्ठा हुईं वे इसलिए हुई हैं कि उनमें से कोई भी पार्टी अकेली सत्ता में नहीं आ सकती। इसलिए उनका यह गठबंधन देश के खंडित और विभाजित राजनैतिक समाज के खंडित जनादेश से पैदा हुई मजबूरी है। यह इक्कीसवीं सदी के किसी साझा भारतीय सपने या विचार में समान रूप से विश्वास में से नहीं निकला है।

अपने बूते पर सत्ता में आना और फिर अपना एजंडा लागू करना लोकतंत्र में हर राजनैतिक पार्टी का लक्ष्य होता है। भाजपा का भी है। लेकिन अभी उसने अपना कार्यक्रम स्थगित कर के गठबंधन के राष्ट्रीय एजंडे को स्वीकार किया है। संघ परिवार में संगठन को ही सर्वोपरि मानने का जो सिद्धांत है फिलहाल उसे भी छोड़ा गया है और अटल बिहारी वाजपेयी को प्रक्षेपित कर के सर्वोच्च और सर्वगुणसंपन्न नेता की तरह स्थापित करने की कोशिश हो रही है। गठबंधन के घोषणा-पत्र के प्रत्येक दो पेज में से एक पर अटलजी का चित्र है और चुनाव अभियान में सर्वव्यापी ब्रह्म की तरह वही व्याप्त हैं। इंदिरा गांधी अटलजी से कहीं अधिक सत्तावान और सर्वशक्तिमान नेता थीं और कांग्रेस ने उन्हें वैसा प्रक्षेपित भी किया था। लेकिन राष्ट्रीय जनतांत्रिक गठबंधन अटलजी को जैसा उछाल रहा है उससे इंदिरा गांधी भी शरमा जातीं और कांग्रेस हिचकती। गठबंधन के नेताओं ने अटलजी को वैसे ही स्वीकार किया है जैसे कांग्रेसी क्षत्रपों ने इंदिरा गांधी को किया था। गठबंधन के दूसरे नेताओं ने अभी अपनी महत्त्वाकांक्षाओं को स्थगित कर रखा है और अपने कार्यक्रम भी ठंडे बस्ते में डाल रखे हैं जैसा कि भाजपा ने भी किया है।

यानी इस गठबंधन को बनाने वाले नेता और उनकी पार्टियां ही इसे एक फौरी, कामचलाऊ और अवसरवादी गठबंधन मानते हैं। ऐसा गठबंधन जाहिर है कि किसी को भी देश के राजनैतिक भविष्य के रूप में स्वीकार नहीं होगा। सत्ता में आने से अपने जो भी तात्कालिक राजनैतिक हित पूरे होते हैं उन्हें पूरे करने में गठबंधन की पार्टियां लग जाती हैं और उनकी आपसी होड़ सत्ता को देश का भला करने में लगाने के बजाय अपने बंदर-बांट की माखन टिकिया बना देती है। यह होड़ सन् सतहत्तर के गठबंधन में भी खूब थी और सन् सड़सठ के राज्य स्तर के संविद प्रयोग में भी। दरअसल इस होड़ ने ही उन गठबंधनों को तोड़ा। सन् उननबे के गठबंधन को वीपी सिंह के मंडल और लालकृष्ण आडवाणी के कमंडल ने तोड़ा। इस चुनाव में भाजपाई नेता चाहे जो प्रचार करें गठबंधन इसलिए टूटा और उसकी सरकार पराजित हुई कि जयललिता को सारी कोशिशों के बाद भी संतुष्ट नहीं किया जा सका और वे अपनी पार्टी के अठारह विधायकों को ले कर अलग हो गईं। सत्ता के बड़े-से-बड़े टुकड़े को छीनने की इस होड़ ने ही भाजपाई नेतृत्व के गठबंधन और उसकी सरकार को तोड़ा है। कोई गठबंधन इस होड़ से बच नहीं सकता। सन् सतहत्तर में सत्तारूढ़ हुए पहले गठबंधन से अभी तक बाईस साल में कांग्रेस ने ही पंद्रह साल राज किया है। बाकी के सात साल में सात गठबंधनों की सरकारें बनीं जिनमें से दो भाजपाई नेतृत्व की थीं। राज करने पर कांग्रेस के कथित एकाधिकार के टूटने के बाद भी इन बाईस सालों में गैर-कांग्रेसी गठबंधन स्थायी और लोकोन्मुख सरकारें नहीं दे सके। कांग्रेस इन गठबंधनों को तोड़ने में अग्रणी भूमिका निभाती आई

है। लेकिन जब गठबंधन कांग्रेस को सत्ता में आने न देने के लिए बनते हैं और वे उससे सत्ता छीनते हैं तो कांग्रेस भी गठबंधन की पार्टियों की आपसी होड़ और सत्ताकांक्षा को भड़का कर उन्हें क्यों न तोड़े ? लोकतंत्र के सैंतालीस साल गवाह हैं कि लोगों ने गठबंधनों से कहीं ज्यादा कांग्रेस के एक पार्टी शासन बल्कि एक पार्टी वर्चस्व को स्वीकार किया है। गठबंधन न इस देश की जनता के मनपसंद चुनिंदा मंच रहे हैं, न वे वांछनीय भविष्य हो सकते हैं। वे ज्यादा-से-ज्यादा विखंडन और संक्रमण के दौर में कामचलाऊ प्रबंध के नाते स्वीकार हुए हैं और हमेशा उम्मीद रही है कि उनसे कोई निश्चित, स्थायी और प्रयोजनवान व्यवस्था निकलेगी।

इसलिए राष्ट्रीय जनतांत्रिक गठबंधन चाहे जो दावा करे सच्चाई यही है कि वह कामचलाऊ प्रबंध है और अटल बिहारी वाजपेयी सर्वोच्च नेता तभी तक हैं जब तक कि गठबंधन को चलाने की मजबूरी है। भाजपा के अध्यक्ष और प्रवक्ता दोनों कह चुके हैं और हिंदुत्व के एजंडे को वे अपनी अकेली पार्टी को बहुमत मिलते ही लागू करेंगे और अटलजी की आत्मा संघ में चाहे जितनी विराजती हो वे हिंदुत्व को स्थापित करने वाली भाजपाई सरकार के सर्वोच्च नेता नहीं होंगे। जिन गोविंदाचार्य ने कभी अटलजी को संघ परिवार का मुखौटा बताया था वही अब कह रहे हैं कि हमारी रणनीति बाइफोकल यानी द्विनाभिक यानी दो जगह फोकस वाली है। ऊपर वह दूरगामी परिदृश्य पर केंद्रित होती है और नीचे पास वाले यानी तात्कालिक दृश्य पर। राष्ट्रीय जनतांत्रिक गठबंधन भाजपा के तात्कालिक दृश्य में आता है और उसका हिंदुत्व का एजंडा उसके दूरगामी फोकस में। राम मंदिर, समान सिविल कोड और अनुच्छेद 370 को समाप्त करने जैसे मुद्दे हिंदुत्व के दूरगामी फोकस में बिलकुल सही जगह पर हैं। भाजपा ने उन्हें छोड़ा नहीं है इसलिए संघ परिवार का हिंदू वोट बैंक आश्वस्त रहे कि भाजपा अपने भगवे रास्ते से भटकी नहीं है।

गोविंदाचार्य हों या वामपंथी सीताराम येचुरी या कांग्रेसी रमेश जयराम—सब अपने आत्म दृश्य और प्रक्षेपण में अपने को सकारात्मक दृष्टि से ही देखते हैं। वह तो जब आप समालोचक की नजर से देखें तो बाइफोकल होना दोगलापन हो जाता है और रणनीति की लंबी-चौड़ी बातें दोगलेपन को उचित ठहराने के तर्क। भाजपा और संघ परिवार राष्ट्रीय जनतांत्रिक गठबंधन को एक फसाड—एक मुखौटे के रूप में ले रहा है। वह उसे देश के वोटरों के सामने कर के खुद सत्ता की ऐसी स्थिति में आना चाहता है ताकि मुखौटे को निकाल कर फेंक सके और अपने असली चेहरे के साथ अपने असली एजंडे को देश पर लागू कर सके। भाजपा ऐसा करने की बेहतर स्थिति में है लेकिन गठबंधन की दूसरी पार्टियां भी मौका मिले तो ऐसा ही करने के लिए गठबंधन में हैं। यह अलग बात है कि नेशनल कांफ्रेंस, अकाली दल, तेलुगुदेशम, द्रमुक आदि की कोई राष्ट्रीय सत्ताकांक्षा नहीं है और इसलिए वे भाजपा से इस स्तर पर होड़ में नहीं हैं। लेकिन एकीकृत जनता दल को वही महत्त्वाकांक्षा हो सकती है जो भाजपा की है और इसलिए उसने दल को गठबंधन से बाहर रखा है।

तो यह गठबंधन निपट अवसरवाद, दोगलेपन और राजनैतिक बेईमानी का मंच है और इस चुनाव में से जो भी शक्तिशाली हो कर निकलेगा वही इसे नियंत्रित कर के सत्ता की माखन टिकिया का सबसे बड़ा टुकड़ा लेगा और अपने एजंडे को लागू करने की होड़ करेगा। जॉर्ज फर्नांडीस और रामकृष्ण हेगड़े ने अपनी-अपनी पार्टियों को जनता दल में इसीलिए विलीन किया कि वे भाजपा को संतुलित और नियंत्रित कर सकें। उन्हें अटल बिहारी वाजपेयी ने इसीलिए प्रश्रय दिया कि वे संघ परिवार के अंकुश को ज्यादा न चलने दें, न उसके उग्रवादी एजंडे को सरकार पर हावी होने दें।

देश में अटलजी की नेताई तभी तक स्वीकृत है जब तक वे एक उदार, ढीले-ढाले, सर्वग्राही रवैए से काम करें। संघ परिवार का हिंदुत्ववादी एजेंडा सबसे पहले तो उन्हीं के नेतृत्व पर प्रश्न चिह्न लगाएगा। इसलिए यह गठबंधन नई सदी में एक नई राजनीति की शुरुआत करने के बजाय इसमें आन मिले परस्पर विरोधी निहित स्वार्थों की नई होड़ और नए संघर्ष के लिए एक नया अवसर प्रदान करेगा।

इस होड़ और संघर्ष में से भी हमारी राजनीति और पार्टियों के लिए सकारात्मक कुछ निकल सकता है क्या, जो आगे चल कर किसी नई और अभिनव राजनैतिक शक्ति का रास्ता साफ करे ? इस गठबंधन में से अगर कुछ निकल कर पुष्ट हो सकता है तो वह हिंदुत्व का एजेंडा हो सकता है। गठबंधन में शामिल पार्टियों और वैचारिक भाईचारे में सबसे शक्तिशाली और सक्षम भाजपा और उसका संघ परिवार है। वही गठबंधन के सत्ता में आने का ज्यादा-से-ज्यादा लाभ ले सकता है। जैसे पिछले साल भी शासन करने का राष्ट्रीय एजेंडा बना कर उसने अपने हिंदुत्व के एजंडे को विवाद से हटा लिया था, लेकिन दो महीने में ही पोकरन में पांच विस्फोट कर के आणविक अस्त्र बनाए और उन्हें सैनिक इस्तेमाल में लाने का प्रबंध किया। भारत आजादी के इक्यावन साल तक दुनिया के शक्ति के गुटों में शामिल होने से परहेज करता रहा और पहला अणु विस्फोट करने के चौबीस साल बाद भी उसने आणविक शस्त्रीकरण नहीं किया तो इसलिए कि वह इस होड़ में पड़ना नहीं चाहता था। लेकिन भाजपाई गठबंधन की सरकार ने भारत को सैनिक महाबली बनाने की गलतफहमी में होड़ के भाड़ में झोंक दिया। एकध्रुवीय संसार को भारत बहुध्रुवीय संसार नहीं बना सकता था क्योंकि अमेरिका की टक्कर का एक ध्रुव बनने के लिए भारत अपने सारे संसाधन भी आणविक कार्यक्रम में झोंक दे तो चीन की भी बराबरी नहीं कर सकता। चौबेजी छब्बेजी बनने गए दुबेजी हो कर रह गए। पाकिस्तान ने छह विस्फोट कर के बता दिया कि वह भारत से इक्कीस ही पड़ेगा। भारत न आणविक शक्ति के रूप में स्वीकार किया गया, न महाबली के नाते।

लेकिन इसे संघ परिवार अपनी सबसे बड़ी उपलब्धि मान और बता रहा है। लालकृष्ण आडवाणी ने कहा कि विदेशों में जा बसे कई भारतीयों ने उन्हें लिखा और कहा कि जीवन में पहली बार उन्हें भारतीय होने का गर्व हुआ। जो भारत को रहने के योग्य नहीं समझते उन भारतीयों के गर्व को मेडल की तरह आडवाणी क्यों दिखाते हैं ? क्योंकि आडवाणी के लिए भी वही गर्व और गौरव करने का कारण हो सकता है जो विदेशों में जा बसे भारतीयों का है। यह गर्व और गौरव वही सब कुछ कर सकने का है जो पश्चिम ने किया है जो उनकी ताकत और समृद्धि का प्रतीक बना हुआ है। भारतीय समाज से अलग हो कर पश्चिम के समाज में जड़विहीन और सामाजिक अलगाव में जीते भारतीयों में से ही खालिस्तान और आजाद कश्मीर बनाने वाले निकले। खालिस्तान पंजाब के सिखों का नहीं कनाडा, ब्रिटेन और अमेरिका में रहने वाले सिखों का सपना है। उन्हीं की तरह पश्चिमी समाज के बियाबान में रहने वाले हिंदुओं में भारत को पश्चिमी किस्म का हिंदू राष्ट्र बनाने की ललक उठी। विश्व हिंदू परिषद, बजरंग दल और राष्ट्रीय स्वयंसेवक संघ के नेता ही नहीं भाजपाई भी वहां जा कर उनका उत्साहवर्धन करते हैं। राम मंदिर और वैसे ही हिंदू हित के कामों के लिए पैसा भी लाते हैं। आखिर हिंदुत्व की जड़ें भी उन्नीसवीं सदी के यूरोप, खास कर जर्मन चिंतन में है। नाम और बाहरी स्वरूप में हिंदू रहे तो भारतीय समाज को यूरोपीय समाज बनाने और सनातन धर्म को ईसाई और इस्लामी धर्म की तरह सामी धर्म बनाने में संघ परिवार को अपनी ऐतिहासिक भूमिका दिखाई देती है। हिंदुत्व वाले भारत को उसकी अपनी धार्मिक, सामाजिक और ऐतिहासिक परंपराओं में नहीं जानते। वे भारत को यूरोप और अरब देशों के सामने बराबरी पर

रख कर उनसे टक्कर में डिसकवर करते हैं। इसलिए हिंदुत्व अभारतीय, अहिंदू और अधार्मिक अवधारणा है। वह पश्चिमी बियाबान में रहते भारतीयों को पश्चिमी किस्म की हिंदू पहचान देती है।

संघ परिवार पश्चिम में जा बसे इन संपन्न और प्रोफेशनल हिंदुओं की मदद से भारतीय समाज का पश्चिमीकरण करना चाहता है। आखिर पश्चिमी वर्चस्व वाली दुनिया में जगह बनाने का यही तरीका उन्हें सूझता है। आणविक शस्त्रीकरण का कार्यक्रम इसी सूझ-बूझ से निकला है। भाजपा का आर्थिक कार्यक्रम भी पश्चिम की अर्थव्यवस्था से भारत को जोड़ना है। स्वदेशी नारा है। गांधी और आजादी के आंदोलन के स्वदेशी और संघ परिवार के स्वदेशी में बहुत फर्क है। हमारे टाटा, बिड़ला, बजाज, अंबानी वही सब करें जो मेकडॉनल्ड और दूसरी बहुराष्ट्रीय कंपनियां दुनिया में कर रही हैं तो संघ परिवार के लिए यह स्वदेशी होगा। पांच साल की निश्चित संसद और राष्ट्रपति प्रणाली संघ परिवार के राजनैतिक कार्यक्रमों में है। राष्ट्रीय जनतांत्रिक गठबंधन और अटल बिहारी वाजपेयी इसके लिए मार्ग प्रशस्त करते हैं तो संघ परिवार अभी एक-दो साल गठबंधन राजनीति को धीरज से सह सकता है।

लेकिन क्या यही भारत का इक्कीसवीं सदी का सपना है ? इस सवाल का जवाब इस मध्यावधि चुनाव से नहीं मिलेगा।

26.8.1999

अटलजी से चुनावी सभा में पूछना

कहा अटल बिहारी वाजपेयी ने अखबार वालों से इंदौर में, ''कोई आचार संहिता हमें अपने सैनिकों को कारगिल में उनकी विजय पर खुशी प्रकट करने और उन्हें बधाई देने से रोक नहीं सकती। जब दूसरे कारगिल में पाकिस्तानी घुसपैठ की आलोचना करने से बाज नहीं आते तो हम अपनी विजय की बात क्यों न करें ? कारगिल इस चुनाव का मुद्दा बन गया है।''

यह अपनी जीत पर आश्वस्त और जिम्मेदार प्रधानमंत्री की नहीं, खीज से भरे एक छुटभैये पार्टी नेता की प्रतिक्रिया है। हर चुनाव सभा में कारगिल का ढिंढोरा पीट कर अटल बिहारी वाजपेयी न तो चुनाव आयोग के निर्देशों का सम्मान कर रहे हैं न इस देश की सेना की राजनैतिक निष्पक्षता और रण कौशल का। वे भूल रहे हैं कि वे एक भाजपाई नेता ही नहीं हैं दुर्भाग्य से इस देश के प्रधानमंत्री भी हैं और उनसे उम्मीद की जाती है कि वे संवैधानिक पदों की प्रतिष्ठा बनाए रखें और सेना को चुनावी राजनीति में घसीट कर उसकी सुप्रतिष्ठित पक्षहीनता और कौशल की प्रतिबद्धता को नष्ट न होने दें। लेकिन आप लगातार देख रहे हैं कि कारगिल पर मुख्य चुनाव आयुक्त ने जो आचार संहिता निर्धारित की है प्रधानमंत्री खुद ही उसे तोड़ रहे हैं और सेना की विजय को पार्टियों के संदर्भ में 'हमारी जीत' बता रहे हैं। यह चुनाव तो हार-जीत दे कर अक्टूबर में चला जाएगा। लेकिन चुनाव आयोग की संवैधानिक और सेना की सांस्थानिकता को जो नुकसान इससे होगा उसकी कीमत तो राष्ट्रीय जनतांत्रिक गठबंधन और ये कामचलाऊ प्रधानमंत्री नहीं, इस देश की जनता और लोकतांत्रिक परंपराएं ही चुकाएंगी।

पिछले गुरुवार को ही देश के सेनापतियों ने अखबार वालों से कहा कि सेना का नेतृत्व चुनावी राजनीति में सेना के घसीटे जाने से बहुत दुखी और विचलित है। राजनैतिक पार्टियां कारगिल को फुटबाल की तरह लतिया रही हैं और इससे सेना के मनोबल और उसकी निपट राजनैतिक निष्पक्षता पर यह बुरा असर हो रहा है। कारगिल से सुरक्षा और सेनाओं की यौद्धिक तैयारी और खुफिया जानकारी के सही मायने निकालने के जो बड़े प्रश्न निकल कर आए हैं उन पर तो कोई बहस नहीं हो रही। कहीं सेनाओं को ऊंचे उठा कर ओटले पर खड़ा किया जा रहा है तो कहीं उन्हें नीचे गिरा कर धूल में घिसटने की कोशिश हो रही है। सेनापतियों ने यह भी माना कि सैनिक अधिकारियों का एक पार्टी (भाजपा) की ब्रीफिंग करना सरासर गलत था और आगे ऐसी गलती नहीं होगी। उनने यह भी स्वीकार किया कि घुसपैठ की खुफिया जानकारी का सही अर्थ निकालने में गलतियां हुई हैं। लेकिन अब सेना चाहती है और जैसा कि सेनापति वेद प्रकाश मालिक ने कहा, ''हमें अपने हाल पर रहने दें।''

सेनापति मलिक को यह इसलिए कहना पड़ा कि विश्व हिंदू परिषद का एक प्रतिनिधिमंडल बीस हजार राखियां ले कर रक्षा मंत्रालय के साउथ ब्लॉक दफ्तर पहुंचा। उसके साथ कई फोटोग्राफर थे और वह सेनापति मलिक से मिलना चाहता था। सेनापति मलिक उसी समय बयान दे रहे थे

कि राजनैतिक पार्टियां सेना को अपने हाल पर छोड़ दें। उनने विश्व हिंदू परिषद के प्रतिनिधिमंडल को कहलवा दिया कि इतनी राखियां कारगिल मोर्चे पर पहुंचाना और बंधवाना संभव नहीं है। प्रतीक रूप में कुछ राखियां भेज दी जाएंगी। सेना को राखियां पहले भी भेजी जाती रही हैं। लेकिन इस बार तो कोशिश सरासर अवांछनीय थी। देने वाले अपने साथ कई फोटोग्राफर लाए थे जो उनके राखियां सौंपते फोटू खिंचवा कर अखबारों में छपने को भेजने वाले थे। ज्यादातर राखियां भाजपा के चुनाव चिह्न कमल पर बनी हुई थीं। कांग्रेसी चुनाव चिह्न हाथ की भी राखियां सेना मुख्यालय में आई हैं। यह रक्षाबंधन पर देश के रक्षकों की पार्टी के लिए चुनाव में इस्तेमाल की सस्ती और ओछी कोशिश थी और सेना के अधिकारियों को कतई पसंद नहीं आया कि मोर्चे पर तैनात सैनिकों का ऐसा उपयोग किया जाए।

लेकिन राखियां ले कर रक्षा मंत्रालय में फोटोग्राफरों से लैस हो कर पहुंचे विश्व हिंदू परिषद के प्रतिनिधिमंडल से चार दिन पहले परिषद के स्वनामधन्य नेता–अशोक सिंघल और अपने को आचार्य कहने वाले–गिरिराज किशोर रामचरितमानस की प्रतियां और एयरकंडीशनर ले कर दिल्ली में सेना के अस्पताल पहुंचे। इन नेताओं ने रामचरितमानस और एयरकंडीशनर घायल सैनिकों को भेंट किए। एक-दो घायल सैनिकों से कहा गया कि देखो तुम्हें देखने कौन आए हैं और इनके पैर छुओ। नेताओं ने अपने चंदन जैसे चरण कमल भी छुआए और कारगिल में लड़ते हुए घायल हुए सैनिकों के योगक्षेम की जानकारी ली और उनके कुशल मंगल की कामना की। परमवीर चक्र विजेता तोपची योगेंद्र यादव पर इनने ज्यादा ध्यान दिया। जब उससे पूछा गया कि जानते हो कौन तुमसे मिलने आए हैं और उसने इनकार में सिर हिलाया तो आचार्य कहलाने वाले गिरिराज किशोर की ओर इशारा किया गया और उस परमवीर से उनके पांव पड़वाए गए। विश्व हिंदू परिषद के ये नेता कह चुके हैं कि वे भाजपा के लिए हिंदू वोट बैंक बनवाएंगे। भारतीय सेना के कुछ अफसरों ने सेना के सेकुलर चरित्र और संगठन पर इन तथाकथित हिंदू नेताओं से जैसे तिलक लगवाया। और कुछ मौलवी कुरान शरीफ की कापियां और कूलर ले कर अस्पताल पहुंच जाते तो उनके भी फोटू अखबारों में छपते लेकिन क्या विश्व हिंदू परिषद के यही नेता उन फोटुओं को पचा पाते ? परषिद को सेना के सेकुलर संगठन और चरित्र की समझ न हो लेकिन क्या अस्पताल के अफसर भी नासमझ हैं ?

यही सब देख और सोच-समझ कर चुनाव आयोग में कारगिल के साथ सेनाओं को न घसीटने का निर्देश दिया था। सेना को कहा था कि वह कोई पहलकदमी न करे और पीछे हट जाए। उसने रक्षा मंत्रालय को यह वृत्तांत भी अक्टूबर के पहले हफ्ते के बाद दिखाने को कहा था जिसमें कारगिल और रक्षामंत्री के चित्र हैं। चूंकि रक्षामंत्री इस चुनाव में एक बड़े खिलाड़ी की तरह उतरे हैं इसलिए रक्षा मंत्रालय को और भी सावधानी बरतनी चाहिए।

लेकिन इसके दूसरे दिन ही करनाल में एक चुनावी सभा हुई जिसमें प्रधानमंत्री भी आए थे। सभा के मंच के पीछे एक विशालकाय चित्र लगाया गया था जिसमें टोलोलिंग की चोटी पर जीत की खुशी में सैनिक खड़े थे। पृथ्वी मिसाइल दिखाई गई थी और इससे भी बड़ा पराक्रम यह किया गया था कि थल, जल और वायु सेना के तीनों सेनापतियों को वर्दी में दिखाया गया था और वे विक्ट्री यानी विजय में अपनी दो उंगलियां ऊंची किए खड़े थे। प्रधानमंत्री इसके पहले और बाद भी बार-बार कहते नहीं थकते कि कारगिल में विजय देश की और सेनाओं की हुई है। लेकिन यह विशाल चित्र सेना ही नहीं सेनापतियों को भी विजय का चिह्न बनाए भाजपा के पीछे खड़ा दिखा रहा था। इस विशाल चित्र और वहां प्रधानमंत्री के कारगिल भाषण पर सख्त एतराज होना ही था और हुआ भी। चुनाव आयोग ने भी इसका नोटिस लिया। भाजपा की तरफ से कहा गया कि वह

गलती हो गई। प्रधानमंत्री मंच पर जाते हुए और वहां बैठे हुए उसे देख न पाए क्योंकि वे अपने रक्षकों और पार्टी नेताओं से घिरे हुए थे। लेकिन मंच से उतरते हुए इस चित्र पर उनकी नजर पड़ी और उनने अपनी नाराजगी जताई। भाजपा के नरेंद्र मोदी ने चूंकि माफी मांग ली इसलिए चुनाव आयोग ने मामला वहीं खत्म कर दिया।

पर फिर प्रधानमंत्री गुजरात में कापड़वंज पहुंचे और वहां भी उनकी चुनावी सभा हुई। वहां भी मंच के पीछे एक बड़ा सा कारगिल पोस्टर लगाया गया। कारगिल में शहीद हुए सैनिक दिनेश वाघेला के माता-पिता को सभा में बुलाया गया और प्रधानमंत्री से मिलाया गया। प्रधानमंत्री ने शहीद वाघेला को श्रद्धांजलि के साथ सभा की शुरुआत की। इस चुनाव क्षेत्र से शंकर सिंह वाघेला भी चुनाव लड़ रहे हैं जिनने अपना जीवन भाजपा में बिताया लेकिन अब कांग्रेस के उम्मीदवार हैं। इस पोस्टर और वहां शहीद वाघेला के माता-पिता की उपस्थिति पर राज्य के मुख्य चुनाव अधिकारी को शिकायत की गई और उनने वहां के कलेक्टर को कहा कि कार्रवाई क्यों नहीं की गई। इसके पहले इसी प्रधानमंत्री ने राजस्थान के चुनावी दौरे पर सभाओं में ऐसी कई बातें कहीं जो न तो सार्वजनिक तौर पर कही जानी चाहिए न चुनावी सभाओं में उनका जिक्र होना चाहिए। जैसे एक सभा में उनने कहा कि युद्ध अगर लंबा खिंचता तो हमारी जल सेना ने क्या-क्या तैयारियां कर रखी थीं। इसके पहले न नौसेना ने बताया था, न अखबारों ने छापा था कि जल सेना की क्या तैयारी थी। जब युद्ध या युद्ध जैसी स्थिति में दो सेनाओं की लड़ाई होती है तो सभी सेनाएं अपनी योजनाएं बना कर तैयार रहती हैं। लेकिन क्या ये तैयारियां चुनाव-सभा में बताई जाती हैं ? इस प्रधानमंत्री को हुआ क्या है ? चुनाव जीतने के जुनून में इसे न प्रधानमंत्री पद की साधारण जिम्मेदारियों का भान है, न वह जानता है कि शपथ ले कर जिन बातों को गोपनीय रखने के लिए वह बाध्य है उन्हें चुनावी सभा में न बताया जाए ?

लेकिन प्रधानमंत्री कारगिल में सेनाओं की भूमिका और वीरता को न सिर्फ 'हमारी विजय' बता कर चुनावी सभाओं में भुनाने की कोशिश कर रहे हैं उनकी बातें और जिन चित्रों, पोस्टरों के आगे खड़े हो कर वे कही जा रही हैं उनसे सिर्फ यह साबित हो रहा है कि विश्व हिंदू परिषद के छुटभैया नेताओं और उनमें कोई ज्यादा फर्क नहीं है। आप पाएंगे कि चुनाव आयोग द्वारा निर्धारित आचार संहिता को वे न सिर्फ तोड़ रहे हैं, चुनौती भी दे रहे हैं कि कोई भी आचार संहिता उन्हें सेनाओं को बधाई देने और उनकी विजय पर खुशी मनाने से रोक नहीं सकती। वे यह भी साफ कह रहे हैं कि अगर दूसरी पार्टियां कारगिल में पाकिस्तानी घुसपैठ पर बहुत तीखा आलोचनात्मक रुख अपना कर सरकार को कठघरे में खड़ा कर रही हैं तो वे अपनी विजय की बात क्यों न करें। खुद प्रधानमंत्री ही कहते चले आ रहे हैं कि कारगिल में देश और सेनाओं की जीत हुई है। अगर यह सच है तो वे जिसे हमारी जीत कह रहे हैं वह देश और सेनाओं की नहीं खुद अटल बिहारी वाजपेयी, उनकी सरकार, उनकी पार्टी भाजपा और उनके राष्ट्रीय जनतांत्रिक गठबंधन की जीत है। देश और सेना प्रधानमंत्री, उनकी सरकार, पार्टी और गठबंधन में विलीन हो गए हैं। जो प्रधानमंत्री इस प्रकार की समझ पर उतर आए हैं उन्हें चुनाव आयोग और राष्ट्रपति क्या रोक सकते हैं। और क्या चार महीने पहले लोकसभा में पराजित हुआ प्रधानमंत्री, संविधान और राष्ट्रपति और चुनाव आयोग जैसी संवैधानिक संस्थाओं से ऊपर हो सकता है ? और क्या अपने प्रधानमंत्री के रवैए के विरुद्ध सेनाओं और उनके नेतृत्व की अपनी स्थिति ऐसी स्पष्ट करते हुए कभी देखा है ?

आमतौर पर कहा और माना जाता है कि अटल बिहारी वाजपेयी बड़े संजीदा, समझदार और उदार नेता हैं और संघ परिवार के उग्रवादी संगठनों से उनकी न पटती है, न वे उन्हें पसंद करते हैं। लेकिन आप पाएंगे कि कारगिल और उसमें सेनाओं के पराक्रम को भुनाने में प्रधानमंत्री न सिर्फ दोमुंही बातें करते रहे हैं उनकी कथनी और करनी में भी उतना ही फर्क है जितना दोगले चरित्र के लोगों में होता है। वे करनाल के विशाल चित्र से नाराजगी जताते हैं और भाजपा माफी मांगती है। लेकिन दो दिन बाद ही गुजरात के कापड़वंज में कारगिल का पोस्टर लग जाता है और शहीद सैनिक के माता-पिता उनसे मिलने पहुंच जाते हैं और वे सभा में शहीद सैनिक को श्रद्धांजलि से भाषण शुरू करते हैं। फिर मारवाड़ में नौसेना के ऐसे राज बता देते हैं जो पता नहीं कैबिनेट मीटिंग में भी बताए गए हैं या नहीं। फिर इंदौर में वे साफ कह देते हैं कि कोई आचार संहिता उन्हें अपनी जीत का बखान करने से रोक नहीं सकती। क्या ऐसे अटल बिहारी वाजपेयी को उदार, समझदार और जिम्मेदार प्रधानमंत्री कहा जा सकता है ? क्या छवियां और मूरतें सच्चाई को मुखौटे में दबाने के लिए बनाई जाती हैं ? अटलजी आपके यहां चुनावी सभा करें तो जरा पूछना। भूलना मत।

29.8.1999

यह तो बेचारों के विमर्श का स्तर है !

कांग्रेस महात्मा गांधी के पहले ब्रिटिश साम्राज्य को अर्जी देने वाली पार्टी थी। गांधी ने उसे जनता में जाने और उसी से ताकत पाने वाली पार्टी बनाया। लेकिन अब वह फिर अर्जी देने वाली पार्टी हो गई है क्योंकि जनता में जाने और उससे बात कर के जनमत अपनी तरफ करने वाले नेता उसके पास नहीं रहे। जो बचे हैं वे जनता में जा कर संघर्ष और लोक शिक्षण नहीं कर सकते इसलिए वे कभी राष्ट्रपति तो कभी न्यायालय और आजकल चुनाव आयोग के दफ्तर अर्जी ले कर पहुंच जाते हैं। हाल यह है कि खुद प्रधानमंत्री ही मुख्य चुनाव आयुक्त के बयान को तोड़ते-मरोड़ते हैं और आयोग की आचार संहिता का जान-बूझ कर उल्लंघन करते हैं। वे राष्ट्रपति के भी संकेतों और संदेशों की अनदेखी करते हैं। चुनाव जीतने की धुन में अटलजी भूल गए हैं कि वे लोकसभा में पराजित और कामचलाऊ प्रधानमंत्री हैं।

यह सब देखते हुए भी कांग्रेस के नेता चुनाव आयोग के पास अर्जी ले कर पहुंच गए कि वे कांग्रेस अध्यक्ष सोनिया गांधी पर भाजपा और राट्रीय जनतांत्रिक गठबंधन के नेताओं के गटर लेवल अभियान को बंद करवाएं। भाजपा और उसके गठबंधन के नेता नारी के सम्मान और मातृत्व के पूजनीय मूल्यों की धज्जियां उड़ाते हुए सोनिया गांधी को बदनाम करने की मुहिम में लगे हुए हैं। अर्जी में यह भी है कि प्रधानमंत्री संविधान की अपनी शपथ को ही तोड़ रहे हैं क्योंकि वे खुलेआम कहते फिर रहे हैं कि सोनिया गांधी चुनाव तो लड़ सकती हैं लेकिन किसी संवैधानिक पद पर नहीं बैठ सकतीं क्योंकि उनका जन्म विदेश में हुआ है। सब जानते हैं कि संविधान ऐसी कोई अयोग्यता नहीं मानता।

मुख्य चुनाव आयुक्त मनोहरसिंह गिल के टीवी इंटरव्यू से लगता है कि लोकतंत्र में पार्टियों को कैसे काम करना चाहिए इसकी उन्हें बेहतर समझ है। उनने पूछा—अगर देश में कोई औरतों के बारे में सस्ता मजाक करता है तो हम कैसे लोग हैं ? यह कैसा अभियान है ? और हम कैसे देश हैं ? हम सौ करोड़ भारतीयों के देश हैं। हम समृद्ध और विकसित नहीं हैं। हमारी बहस और हमारा विचार बेरोजगारी और बेहतर जिंदगी पर होना चाहिए। चुनाव का अगर हमारे लिए सचमुच कोई मतलब है तो हमारे चुनावी भाषण सचमुच की इन समस्याओं पर होने चाहिए। हमारी राजनैतिक पार्टियों को अपने व्यवहार पर खुद ही नियंत्रण रखना चाहिए।

गिल भी जानते हैं और देश के हम लोग भी कि हमारी राजनैतिक पार्टियां अपने व्यवहार में खुद कोई संयम नहीं बरतना चाहतीं, न उस पर कोई नियंत्रण लगाना चाहती हैं। अगर उनका ऐसा इरादा होता तो प्रमोद महाजन कोई संघ परिवार के उग्रवादी संगठन के कार्यकर्त्ता नहीं हैं। वे इस सरकार के सूचना प्रसारण मंत्री ही नहीं उसके अधिकृत प्रवक्ता भी हैं। लेकिन अमरावती के सुदूर पंढर का वाड़ा और राजुरा जैसे गांवों की चुनावी सभा में उन्हीं ने कहा कि 'अगर हम किसी विदेशी को ही प्रधानमंत्री बनाना चाहते हैं तो टोनी ब्लेयर या बिल क्लिंटन को क्यों नहीं या मोनिका लुइन्स्की को ही क्यों नहीं ?' महाजन की तरफ से लीपापोती करने वालों ने कहा कि उनने सोनिया गांधी की तुलना मोनिका लुइन्स्की से नहीं की। उनने तो अंग्रेज प्रधानमंत्री टोनी ब्लेयर और

अमेरिकी राष्ट्रपति बिल क्लिंटन के साथ भाषण की रौ में मोनिका लुइन्स्की का नाम भी जोड़ दिया। तुलना वाली बात तो उस अकेले रिपोर्टर ने जोड़ी है जिसने हिंदुस्तान टाइम्स में खबर दी। दूसरे दिन इस अखबार ने कहा कि हमारे संवाददाता ने तो महाजन ने जो कहा—उसे हूबहू अखबार में लिखा है। तुलना करने का निष्कर्ष उनके प्रत्यक्ष कथन से ही निकलता है।

सही है। और महाजन और उनके लीपापोती करने वालों ने इतनी हिम्मत नहीं दिखाई है कि कहें कि यह उद्धरण ही गलत और झूठा और संवाददाता की तरफ से जोड़ा गया है। महाजन ने महाराष्ट्र के चंद्रपुर से जारी एक बयान में कहा कि एक अनावश्यक विवाद में घसीटे जाने पर उन्हें गहरा दुख और अवसाद है। सोनिया गांधी और मोनिका लुइन्स्की की तुलना मैंने नहीं की। फिर कुछ लोगों को इससे चोट पहुंची हो तो मुझे इसका खेद है। महाजन ने फिर दोहराया कि यह एक संवाददाता का निकाला गया निष्कर्ष है। जैसी महाजन की सोनिया गांधी और लुइन्स्की की समझ है वैसी ही वे भाषा समझते हैं और वैसे ही अपनी जिम्मेदारी एक संवाददाता पर डाल रहे हैं। लेकिन प्रमोद महाजन से इससे ज्यादा उम्मीद भी नहीं करनी चाहिए। वे जानते हैं कि किसी विदेशी को प्रधानमंत्री बनाने की बात कहनी हो तो टोनी ब्लेयर का नाम चल जाएगा क्योंकि वे आखिर ब्रिटेन के निर्वाचित प्रधानमंत्री हैं। बिल क्लिंटन का नाम भी चल जाएगा क्योंकि वे भी अमेरिका के निर्वाचित राष्ट्रपति हैं। लेकिन यह नहीं हो सकता कि महाजन इतने अज्ञानी और बेखबर हों कि न जानते हों कि मोनिका लुइन्स्की किसी भी देश की प्रधानमंत्री या राष्ट्रपति तो क्या निर्वाचित कुछ भी नहीं हैं। फिर उनका नाम विदेशी प्रधानमंत्री बनाने की बात में कैसे आ गया ? क्या महाजन नहीं जानते कि मोनिका लुइन्स्की की सारी प्रसिद्धि इस एक साबित तथ्य से है कि वे अमेरिकी राष्ट्रपति बिल क्लिंटन की रति सहेली रह चुकी हैं और उनके साथ क्लिंटन दुनिया के सबसे शक्तिशाली कार्यालय—ओवल ऑफिस में रति क्रीड़ा किया करते थे।

कोई सोनिया गांधी का कितना ही विरोधी हो और विदेश में जन्मे व्यक्ति को भारत के हर एक संवैधानिक पद के अयोग्य मानता हो—लेकिन उसमें थोड़ा भी शील, संस्कार और पारंपरिक भारतीयता हो तो वह एक सांस में मोनिका लुइन्स्की के नाम को टोनी ब्लेयर और बिल क्लिंटन के साथ नहीं जोड़ेगा। और जब वह सोनिया गांधी के प्रधानमंत्री होने की बात कर रहा हो तब तो बिलकुल नहीं क्योंकि विदेशी प्रधानमंत्री-राष्ट्रपति के साथ किसी रति सहेली का नाम भाषण में असर पैदा करने के लिए भी सहज नहीं जोड़ा जा सकता। भाषण में असर पैदा करने यानी 'रिटॉरिक' का भी अपना एक तर्क और कारण होता है। प्रमोद महाजन ने वह सब तोड़ कर मोनिका लुइन्स्की का नाम ब्लेयर और क्लिंटन के नाम के आगे जोड़ा क्योंकि वे सुनने वालों को मजा देना चाहते थे। वे सोनिया गांधी को मोनिका लुइन्स्की के साथ रखना चाहते थे। कहने की जरूरत नहीं कि ऐसा उनने क्यों किया। महाजन आखिर बेचारे मुंबई के उद्योगपतियों के राजनैतिक दलाल हैं। और दलाल क्या-क्या सोचते और करते हैं यह बताने की जरूरत नहीं। आखिर बिल क्लिंटन के दफ्तर में भी एक लिंडा ट्रिप थीं और एक और सहयोगी थे जिन्हें मोनिका लुइन्स्की को बाहर कोई काम दिलवाने के लिए कहा गया था। प्रमोद महाजन ने खेद जरूर प्रकट किया है लेकिन उनके प्रत्यक्ष उद्धरण और उनकी मानसिकता से ही स्पष्ट है कि उनकी सरस्वती जिह्वा पर ब्लेयर और क्लिंटन के बाद मोनिका लुइन्स्की का नाम कैसे आ गया।

कांग्रेस के नेताओं की अर्जी है कि प्रमोद महाजन की इस टिप्पणी पर प्रधानमंत्री सार्वजनिक रूप से माफी मांगें और उन्हें मंत्री पद से हटाएं। प्रधानमंत्री से यह उम्मीद क्यों की जा रही है ? वे खुद जानते हैं कि सोनिया गांधी पर कोई संवैधानिक बाधा लागू नहीं होती, फिर वे क्यों कहते

फिर रहे हैं कि वे किसी संवैधानिक पद पर नहीं बैठ सकतीं ? अटलजी को मालूम था कि मुख्य चुनाव आयुक्त ने बयान में कहा है कि कारगिल पर आप चाहें जितनी बहस करें पर देश की सेनाओं को चुनावी अखाड़े से बाहर रखें। फिर अटलजी ने क्यों कहा कि कोई आचार संहिता उन्हें कारगिल में सेनाओं के पराक्रम पर खुशी प्रकट करने और उन्हें बधाई देने से रोक नहीं सकती ? प्रधानमंत्री जानते थे कि चुनाव आयोग ने कारगिल और सेनाओं को अलग किया है। फिर वे क्यों उन्हें एक किए जाने पर एतराज कर रहे थे ? मुख्य चुनाव आयुक्त गिल को इसीलिए सफाई देनी पड़ी कि प्रधानमंत्री से ले कर हर छुटभैया भाजपाई ऐसा बताना चाह रहा था जैसे उनने कारगिल को चुनावी मुद्दा बनाने पर रोक लगाई हो। प्रधानमंत्री खुद ही जब संवैधानिक संयम और परंपरा को तोड़ रहे हों तो उनसे क्यों उम्मीद की जा रही है कि वे प्रमोद महाजन को बाहर कर के उनकी टिप्पणी पर माफी मांगेंगे ? पहले मैं भी समझता था कि प्रमोद महाजन अटलजी के निवास और कार्यालय में कंबल होते होंगे। लेकिन वहां के कार्यरत मित्रों ने ही कहा कि नहीं वे तो प्रधानमंत्री के सबसे चहेते और विश्वासपात्र ऑपरेटर हैं। तब मुझे समझ में आया कि प्रधानमंत्री होने के बाद अटल बिहारी वाजपेयी के भी चहेते और विश्वासपात्र प्रमोद महाजन ही हो सकते हैं।

अटलजी से यह भी कहा गया है कि वे जॉर्ज फर्नांडीस को भी मंत्रिमंडल से हटाएं और उनके कहे की माफी मांगें। अब जॉर्ज फर्नांडीस अटलजी के बनाए रक्षामंत्री उतने नहीं हैं जितने अटलजी फर्नांडीस के बनाए प्रधानमंत्री हैं। इसलिए अपनी पार्टी और कार्यकर्त्ताओं के कड़े विरोध के बावजूद अटलजी ने जॉर्ज फर्नांडीस को एकीकृत जनता दल बनाने दिया और उनसे सीटों का तालमेल भी किया। अब बेचारे जॉर्ज प्रवाह पतित समाजवादी हैं। जो जॉर्ज की तरह अपनी वैचारिक और पराक्रम की धरती से फिसलता है वह नैतिकता के किस दौर व नरक में नहीं जा गिरेगा इसका कुछ कहा नहीं जा सकता। जो सत्ता और पद और राजनीति में कोई जगह बनाए रखने के लिए अपना किया-धरा और सोचा-समझा सब छोड़ने को तैयार हों वे कहां टिकेंगे ? इसलिए जॉर्ज ने बेल्लारी में पूछा—सोनिया का देश को क्या योगदान है ? हां एक योगदान है—उनने दो बच्चों को जन्म दिया। अपने देश की सौ करोड़ आबादी में उनका यही दो का योगदान है। इसके अलावा कुछ है ? अब आप जॉर्ज के स्तर पर उतरे बिना भी पूछ सकते हैं कि उनके राजनैतिक जीवन में पूर्व पत्नी लैला कबीर का क्या स्थान है और वर्तमान मित्र जया जेटली का समता और जनता दल बनाने में क्या योगदान है ? क्या वह दो बच्चे जनने से बड़ा है ?

यह तो बेचारे जॉर्ज फर्नांडीस और प्रमोद महाजन के विमर्श का स्तर है। इस पर अटलजी को क्या शरम आएगी ! बेचारे गोविंदाचार्य और उमा भारती को ले कर संघ परिवार ने कोई मानवीय सम्मान और गरिमा का बरताव किया ? उमा भारती संन्यासिन क्यों बनीं ? उन्हें किसने बताया कि वे निचली लोध जाति की हैं ? संघ परिवार में राजमाताओं, राजकन्याओं और रानियों और बहनों का ही सम्मान है। स्त्री का कोई अलग और सम्माननीय स्थान नहीं है, वे भले ही संस्कृत की कितनी ही उक्तियों के उद्धरण दे दें। जिन लोगों के मन में स्त्री के प्रति सहज सम्मान और गौरव का संस्कार न हो वे सोनिया गांधी की तुलना मोनिका लुइन्स्की से नहीं तो किससे करेंगे ? वे सोनिया गांधी में भारत की सौ करोड़ आबादी में दो बच्चों के योगदान से ज्यादा क्या देखेंगे ? कोई चुनाव आयोग और मुख्य चुनाव आयुक्त इस मानसिकता को नहीं बदल सकता।

इसलिए आयोग में अर्जी देने का कोई मतलब नहीं है। कांग्रेसी हजारों-लाखों की संख्या में इस देश के आम लोगों में क्यों नहीं जाते ? वे वोटरों को क्यों नहीं बताते कि प्रमोद महाजन और जॉर्ज

फर्नांडीस और अटल बिहारी वाजपेयी सोनिया गांधी के स्त्रीत्व पर कैसी बातें कहते हैं और संस्कृति के इन रक्षकों को ठिकाने लगाने की जिम्मेदारी और ताकत आप वोटरों में है। इस देश की जनता जवाब देगी कि महिलाओं के बारे में वह क्या सुन सकती है और क्या नहीं। सवाल यह नहीं कि सोनिया गांधी इस देश की प्रधानमंत्री हो सकती हैं या नहीं ? सवाल यह है कि इस देश में स्त्री का कोई सहज सम्मान है या नहीं ?

31.8.1999

उद्धरण झूठा नहीं है तो लीपापोती झूठी

ये देश के सूचना और प्रसारण मंत्री हैं–प्रमोद महाजन। कांग्रेस अध्यक्ष सोनिया गांधी के नाम के साथ टोनी ब्लेयर, बिल क्लिंटन और उनकी रति सखी मोनिका लुइन्स्की के नाम जोड़ कर इन मंत्री महोदय ने महाराष्ट्र में जो 'सुरुचि संपन्न' विवाद छेड़ा था कल नई दिल्ली में आ कर वे उसे और गहरा कर गए। देश को विदेशी तत्त्वों के हाथ में न पड़ने देने के पवित्र यज्ञ में एक और आहुति दे गए। धन्य हैं।

प्रमोद महाजन ने नई दिल्ली के अपने सरकारी आवास में बड़े जोर-शोर और तामझाम के साथ कुछ 'दस्तावेज' जारी किए और उनके दम पर दावा किया कि हिंदुस्तान टाइम्स ने अमरावती के पंढर का वाडा और राजुरा गांवों में उनके चुनावी भाषणों को जान-बूझ कर और तोड़-मरोड़ कर छापा है और उसकी विश्वसनीयता संदेहास्पद है। मंत्री महाजन ने कहा–यह हिंदुस्तान टाइम्स के कुछ लोगों ने कांग्रेस के गंदी हरकत विभाग की मिलीभगत से निंदनीय शरारत की है। मैंने सोनिया की तुलना मोनिकाजी से कभी नहीं की।

क्या कहने हैं संघ परिवारी मंत्री के स्त्री सम्मान के ! सोनिया गांधी के नाम पर जी लगाया तो मोनिका लुइन्स्की को भी मोनिकाजी कहा। संस्कार की गहराई है। उनने एक झटके में हिंदुस्तान टाइम्स की रपट को ही अविश्वसनीय और उसे कांग्रेस पार्टी का हथियार बना दिया। इस देश के सूचना और प्रसारण मंत्री अखबारों से अच्छे संबंध बना कर उनकी विश्वसनीयता को प्रतिष्ठित होने में सहयोग देते रहे हैं। इमरजंसी में सेंसरशिप लागू करवाने वाले मंत्री विद्याचरण शुक्ल की इंडियन एक्सप्रेस और स्टेट्समेन से लगातार खुंदक चलती थी लेकिन उनने भी सार्वजनिक रूप से किसी अखबार की भर्त्सना नहीं की। अब जमाना 'सिर पर कोल्हू' कहने का आ गया है।

बहरहाल, पहले दस्तावेज देख लेने चाहिए। इनमें एक पत्र है 'हिंदुस्तान टाइम्स' के मुंबई कार्यालय के ब्यूरो चीफ प्रमोद पागेदार का जो उनने अखबार के कार्यकारी संपादक–भारत भूषण को लिखा है। प्रेस कांफ्रेंस में संवाददाताओं ने मंत्री महोदय से पूछा कि अखबार के एक दफ्तर में अंदर होने वाले पत्राचार में से यह पत्र आपने कैसे प्राप्त किया ? भारत सरकार के सूचना मंत्री ने कहा, "पत्रकारों की तरह। और उन्हीं की तरह मैं भी अपना स्रोत नहीं बताऊंगा।" क्या स्मार्ट जवाब है। अखबार वालों को उन्हीं के अखाड़े में मंत्री ने पटकनी मार दी।

बहरहाल, अखबार के एक रिपोर्टर का संपादक को लिखा पत्र प्राप्त करना कोई बड़ी खोजी और दुस्साहसी पत्रकारिता नहीं है। कोई संवाददाता अपनी रपट के संपादित किए जाने से प्रसन्न नहीं होता न कोई डेस्क किसी खां संवाददाता की खबर को भी हूबहू ही छापती है। जैसा लगा वैसा लिखना संवाददाता का काम है और संपादित करना डेस्क का अधिकार। अगर आप रिपोर्टर या उपसंपादक या समाचार संपादक या संपादक रहे हैं तो संवाददाता और डेस्क के बीच अनिवार्य रूप से रहने वाले तनाव को समझ लेंगे। प्रमोद पागेदार का यह पत्र उसी तनाव में से निकला है।

'दस्तावेज' में दूसरा कागज–प्रमोद पागेदार की लिखी और भेजी गई खबर है। यह खबर हिंदुस्तान टाइम्स के 27 अगस्त के अंक में हूबहू नहीं छपी है। वह बंगलूर से चुनाव आयोग की

भेजी गई कांग्रेस की अपील के साथ कंधे की तरह जोड़ दी गई है। चूंकि कांग्रेस ने चुनाव आयोग से भाजपा के 'विदेसीभय' को रोकने की अपील की थी इसलिए प्रमोद महाजन के विदेशी को प्रधानमंत्री बनाने पर टिप्पणी की खबर भी साथ जुड़ जाती है। लिखी खबर में से छपी खबर में बहुत कुछ काट दिया गया है। कटता ही है। जिन दो पंक्तियों को संवाददाता पागेदार और मंत्री महोदय तोड़ना-मरोड़ना कहते हैं वे हैं, "पंढर का वाड़ा और राजुरा जैसे आंध्र प्रदेश से लगे सुदूर कस्बों में भी भीड़ भरी सभाओं में जवान लड़के और लड़कियां मोनिका और बिल पर महाजन की हाजिरजवाबी पर ठहाका लगा कर हंसते हुए तालियां बजाते थे।" छपी रपट में कहा गया है, "लड़के-लड़कियां श्री महाजन के श्रीमती गांधी और श्रीमती लुइन्स्की की तुलना करने पर तालियां बजाते थे।"

दूसरा वाक्य मंत्री महाजन की भाषणकला की तारीफ में लिखने के बाद कहता है—टकसाली मराठी का इस्तेमाल करते और आवाज गिराते हुए श्रोताओं में से गृहस्थिनों से प्रमोद महाजन पूछते हैं, "सोनिया गांधी में ऐसी क्या विशेषता है जो उन्हें प्रधानमंत्री होने के लायक बनाती है ? आप में से कई (देवियों) ने जीवन के उतार-चढ़ाव वैसे ही सहे हैं जैसे सोनिया गांधी ने। आपने भी अपने पति के घर को अपना घर बनाया और दुर्भाग्य से वह मर भी गया तो घर में रहती रहीं। लेकिन अपने इस निजी दुर्भाग्य के कारण क्या आप में से किसी ने दावा किया कि आपको पंढर के वाड़े या राजुरा की रानी बनाया जाए ? वे पूछते हैं।" छपी खबर में यह उद्धरण तो वैसा-का-वैसा दिया गया है लेकिन अंत में जोड़ा गया है, "श्री महाजन का यह कूट तर्क भीड़ की समझ में नहीं आया।" प्रमोद पागेदार ने उदाहरण के बाद कोई टिप्पणी नहीं की थी।

बस ये दो वाक्य हैं जिनसे प्रमोद पागेदार और मंत्री प्रमोद महाजन का दावा है कि खबर तोड़ी-मरोड़ी गई। अपनी तरफ से टिप्पणियां संवाददाता प्रमोद पागेदार ने भी की हैं और हिंदुस्तान टाइम्स की डेस्क ने भी। अगर आप मानते हैं कि डेस्क ने यह तोड़-मरोड़ जान-बूझ कर और कांग्रेस से मिलीभगत के कारण की है तो पागेदार की चिट्ठी को आप शुद्ध पत्रकारीय कौशल और मर्यादा से प्रेरित क्यों मानते हैं ? क्या वह मंत्री प्रमोद महाजन के लालच या दबाव में लिखी गई नहीं हो सकती है ? क्या यह पत्र मंत्री और भाजपा के 'प्रेस का प्रबंध' करने का परिणाम नहीं हो सकती ? ऐसा कौन सा कांग्रेसी धरतकरम नहीं है जिसमें भाजपा उस्ताद न हो ? प्रमोद पागेदार को हमने एक्सप्रेस अमदाबाद में लिया था और बाद में वे एक्सप्रेस के मुंबई संस्करण में भी रिपोर्टर रहे। फिर वे हिंदुस्तान टाइम्स के ब्यूरो चीफ हो गए। उन्हें ज्यादा नहीं तो थोड़ा-बहुत मैं जानता हूं। और यह भी जानता हूं कि डेस्क के अच्छे-से-अच्छे और उचित संपादन को भी तोड़ना-मरोड़ना कहा जा सकता है। जैसे गोविंदाचार्य के संघ परिवार के चश्मे को बाइ फोकल कहना बड़ा सम्मानजनक भी हो सकता है और सरासर दोगलापन भी। यह तो देखने की नजर है।

बहरहाल, इस संपादन या तोड़ने-मरोड़ने का मूल खबर के तत्त्व पर कोई असर नहीं पड़ता। प्रमोद महाजन बावजूद अपनी उच्च्च विश्वसनीयता के नहीं कहते कि उनने नहीं कहा कि अगर हम किसी विदेशी को प्रधानमंत्री बनाने को इतने ही उत्सुक हैं तो टोनी ब्लेयर या बिल क्लिंटन या मोनिका लुइन्स्की को ही क्यों नहीं बनाते ? हिंदुस्तान टाइम्स का निष्कर्ष इसी उद्धरण से निकलता है। खुद प्रमोद पागेदार ने यह उद्धरण दिया है। इंडियन एक्सप्रेस मुंबई के संवाददाता प्रदीप कुमार मैत्र ने लिखा है कि प्रमोद महाजन रोज दो संवाददाताओं को अपने साथ ले जाते हैं। पच्चीस अगस्त को उनके साथ हेलीकॉप्टर के विदर्भ इलाके के तूफानी चुनावी दौरे पर मैं भी प्रमोद पागेदार के साथ गया था। मैत्र ने भी आगे लिखते हुए मंत्री प्रमोद महाजन का वही उद्धरण दिया है जो पागेदार की खबर में भी था और हिंदुस्तान टाइम्स में भी छपा है कि जिसके आधार पर ही अखबार ने निष्कर्ष निकाला है कि मंत्री महोदय ने सोनिया गांधी और मोनिका लुइन्स्की की तुलना की है।

इस उद्धरण को आप किसी भी भाषा में लिख दीजिए पढ़ने वाला कहेगा कि मंत्री महाजन ने सोनिया गांधी की टोनी ब्लेयर, बिल क्लिंटन और मोनिका लुइन्स्की से तुलना की है। अब भाजपाई विश्लेषक और व्याकरणकार कहते हैं कि महाजन ने टोनी ब्लेयर और बिल क्लिंटन का भी नाम लिया है। इसलिए यह कहना गलत है कि महाजन ने मोनिका लुइन्स्की से तुलना की है। ये बेचारे नहीं जानते कि ब्लेयर और क्लिंटन पुरुष हैं और प्रधानमंत्री और राष्ट्रपति हैं। मोनिका लुइन्स्की सोनिया गांधी की तरह महिला हैं और वे न किसी पार्टी की अध्यक्ष हैं, न चुनाव लड़ रही हैं, न उनके प्रधानमंत्री बनने की कोई संभावना है। फिर महाजन ने मोनिका लुइन्स्की का नाम क्यों लिया ? खुद महाजन भी नई दिल्ली के अखबार वालों को बता नहीं पाए कि अगले चुनावी भाषणों में वे मोनिका लुइन्स्की को क्यों लाते हैं ?

कल ही प्रधानमंत्री अटल बिहारी वाजपेयी ने कहा कि गठबंधन के नेता सोनिया गांधी की गरिमा को ठेस पहुंचाने वाली बातें न कहें। और प्रमोद महाजन और जॉर्ज फर्नांडीस ने सफाई में कहा कि उनने ऐसा कुछ कहा या किया नहीं जो सोनिया गांधी के नारी और मातृत्व की गरिमा गिराता हो। सबके अपने स्तर होते हैं। बेचारे अटलजी भी क्या करें ? वे कहते हैं कि कारगिल चुनावी मुद्‌दा नहीं बनना चाहिए। लेकिन उनकी पार्टी और गठबंधन के नेता बनाते हैं तो वे खुद भी उसे मान लेते हैं। उनने कहा कि सोनिया गांधी के विदेशी मूल की बात चुनाव में नहीं उठनी चाहिए। लेकिन पार्टी और गठबंधन के नेता-कार्यकर्त्ता उसी पर फोकस करते हैं तो अटलजी भी मान लेते हैं। वही करने लगते हैं। सबका स्तर अलग-अलग है। लेकिन लीपापोती से सच झूठ नहीं बनाया जा सकता—यह हिंदुस्तान टाइम्स पर मंत्री महाजन के हमले से ही स्पष्ट और सिद्ध है।

2.9.1999

ना, निरापद कोई नहीं है

अब अटलजी के मर्म पर चोट पहुंची है। और वे लगभग चीखते हुए कह रहे हैं कि निजी हमलों से चरित्र हनन बंद करो। उनका दुख और उनकी निराशा समझी जा सकती है। चुनावी राजनीति में आधी सदी बिता लेने वाले इस भाजपाई अनुभववृद्ध योद्धा के बारे में सार्वजनिक रूप से ऐसी बातें उछाली जा रही हैं जो पहले के किसी चुनाव अभियान में कही नहीं गई थीं। मुझे उनसे सहानुभूति है लेकिन यह भी मेरे मन में आता है कि अटलजी जिन छुटभैयों को राजनैतिक झाड़-बुहार के लिए रखते हैं और जिनकी सोहबत में रहते हैं वही उनके कांच के घर पर गिर रहे पत्थरों के लिए जिम्मेदार हैं।

आज अगर अटलजी के निजी जीवन के बखिए उधेड़े गए हैं तो इसलिए भी कि अपने जिन सहयोगियों की करतूतों पर आंख फेर कर वे दूसरी तरफ देखने लगे हैं उन्हें दूसरों के निजी जीवन को कीचड़ में रगड़ते हुए रोका नहीं गया। इन छुटभैयों को समझ नहीं आता कि दूसरों के कपड़े उतारोगे तो तुम्हें भी नंगा कर के घुमा दिया जाएगा। इन्हें रोकने और मर्यादा में रखने की जिम्मेदारी भी अटलजी की थी और है। और यह भी कि आप जैसे सफाई सेवक और शील रक्षक अपने लिए चुनते हैं या रखने के लिए मजबूर हैं उनमें आपके अपने चरित्र की भी पोल खुलती है। सर्वोच्च पद पर बैठने के बाद अटल बिहारी वाजपेयी के आसपास भी ऐसे भी लोग जमा हुए और उनने खुद भी ऐसे लोग चुने जो प्रधानमंत्री बनने वाले लगभग सभी नेताओं को बदनाम और पतित करने के लिए जिम्मेदार रहे हैं। अटलजी से कहीं अधिक सत्तावान और दृढ़ चरित्र नेताओं को उनके छुटभैयों ने किनारे लगा दिया है। अपने को और अपने पद को ऐसे लोगों को बचाने का दायित्व भी वाजपेयीजी का है और चूंकि उनने इसे ठीक से निभाया नहीं इसलिए उन्हें जीवन के मर्म तक उधेड़ दिया गया है।

कांग्रेस के प्रवक्ता कपिल सिब्बल ने अटलजी के निजी जीवन पर गुलाम नबी आजाद के हमले की वैसे ही भर्त्सना कर दी है जैसी खुद प्रधानमंत्री ने सोनिया गांधी पर प्रमोद महाजन और जॉर्ज फर्नांडीस की टिप्पणियों की कर दी थी। अभी तक यह तो पता नहीं चला कि गुलाम नबी आजाद ने अपनी बातों का बचाव उसी घामड़ तरीके से किया है या नहीं जैसे प्रमोद महाजन और जॉर्ज फर्नांडीस ने किया था। आजाद ने जिस ईनाडु टीवी पर अपने उच्च विचार प्रकट किए वह कार्यक्रम तो मैंने नहीं देखा। पढ़ने में यही आया है कि गुलाम नबी आजाद जो कांग्रेस के महासचिव हैं और कई कांग्रेसी सरकारों में मंत्री रह चुके हैं भाजपाई प्रमोद महाजन से कोई ज्यादा पीछे नहीं। आजाद ने इस टीवी कार्यक्रम में कहा–हमें अब प्रधानमंत्री से भी पूछना होगा कि विवाह किए बिना भी उनका कोई दामाद कैसे हो गया ? किसका दामाद ? किसकी शादी किससे हुई है ? ये सवाल उतने विस्फोटक तो नहीं हैं जितने प्रमोद महाजन ने पूछे हैं कि विदेशी को ही प्रधानमंत्री बनाना हो तो टोनी ब्लेयर या बिल क्लिंटन या मोनिका लुइन्स्की को ही क्यों नहीं ? या जॉर्ज फर्नांडीस का सोनिया

गांधी को सिर्फ मादा बना देना कि देश की सौ करोड़ आबादी में दो बच्चे जोड़ देने के अलावा उनका योगदान क्या है ?

गुलाम नबी आजाद भूल गए हैं कि अपने यहां संतानहीन स्त्री-पुरुष ही नहीं कुंआरे पुरुष और कुंआरी महिलाएं भी बच्चों को गोद लेती हैं और पूरे-के-पूरे परिवार को अपना लेती हैं। अटलजी ने अगर किसी परिवार को अपना लिया तो उसके नाते-रिश्ते भी उनके अपने हो ही जाते हैं। आजाद से पूछा जाना चाहिए कि जब गंगा पुत्र देवव्रत ने आजन्म ब्रह्मचारी रहने की प्रतिज्ञा कर ली थी तो वे कुरु वंश के पितामह कैसे हुए और भारतीयों की सामूहिक स्मृति में भीष्म पितामह कैसे बैठे हुए हैं। ऐसा भी नहीं है कि कश्मीर की सामूहिक स्मृति में महाभारत न हो। आखिर संस्कृत के पठन-पाठन का बहुत बड़ा और प्रसिद्ध केंद्र श्रीनगर रहा है और वहां के लोगों ने भले ही इस्लाम स्वीकार कर लिया हो, धर्म बदलने से लोगों की स्मृति और पुराण थोड़े बदल जाते हैं ? आजाद अपनी धरोहर को, अपनी परंपरा को और अपनी सामूहिक स्मृति को इसी तरह लांछित कर रहे हैं जैसे प्रमोद महाजन और जॉर्ज फर्नांडीस ने की है। या वे लोग कर रहे हैं जो जयललिता को विषकन्या और सोनिया गांधी को शूर्पनखा और कांग्रेस को रावण कह रहे हैं। और यह सब चुनाव जीतने के लिए कर रहे हैं। और भूल रहे हैं कि इस देश का वोटर विषकन्या और शूर्पनखा को ही नहीं मोनिका लुइन्स्की को भी समझता है।

मैंने नहीं कहा कि अटल बिहारी वाजपेयी भारतीय राजनीति या संघ परिवार के भीष्म पितामह हैं। स्वयं भीष्म पितामह भी जब द्रौपदी का चीरहरण नहीं रोक पाए और भरी सभा में द्रौपदी के सवालों का जवाब उनसे देते नहीं बना और चुपचाप सिर झुकाए बैठे रहे तो संघ परिवार के प्रहारों से सोनिया गांधी को अटलजी क्या बचा सकते हैं ? फिर यह भी याद रखना चाहिए कि अटल बिहारी वाजपेयी खुद भी संघ के संकीर्ण अतिनैतिकतावादी लोगों के खुसुर-पुसुर अभियान के शिकार रहे हैं। उनके निजी जीवन को ले कर संघ परिवार ने उन पर कोई कम दबे-छुपे वार नहीं किए हैं। वह तो अटलजी अगर भारतीय राजनीति और सार्वजनिक जीवन में इतने सम्मान्य, स्वीकार्य और लोकप्रिय नहीं होते तो उन्हें संघ परिवार मजबूरी में भी बरदाश्त नहीं करता। खुसुर-पुसुर का चरित्र हनन अभियान चलाने में संघ परिवारी नेता गुलाम नबी आजाद या राजेश खन्ना से कहीं अधिक कुशल और चतुर हैं। संघ परिवार में कथित मूल्यनिष्ठ स्वयंसेवकों में अटलजी की यह ख्याति और स्वीकार नहीं है जो देश के आम लोगों में है। भारत के लोग अपने नेताओं के प्रति बहुत उदार और उनको माफ कर देने वाले हैं। नहीं तो जवाहरलाल नेहरू या इंदिरा गांधी या राममनोहर लोहिया के निजी जीवन में ऐसा बहुत कुछ था जिसे पानी में डाल कर कीचड़ मचाया और उछाला जा सकता था। इसकी दबी-छुपी कोशिश करने वाले क्षुद्र और हताश लोगों की भी कमी नहीं रही है। फिर भी इन नेताओं के निजी जीवन विकृति में रस लेने के वैसे सार्वजनिक शगल नहीं बने जैसे राजकुमारी डायना, राष्ट्रपति क्लिंटन और राष्ट्रपति कैनेडी के इंग्लैंड और अमेरिका में बने। इसका मतलब यह नहीं कि हमारे देश में जीवन में विकृतियां नहीं हैं या हम पाखंडी हैं और उन्हें दबाना बहुत अच्छी तरह जानते हैं। इसका मतलब यही कि हम अपने चड्डी-बनियान, धोती और साड़ी घाट पर धोने, सुखाने और दिखाने के आदी नहीं हैं।

इसलिए अटलजी ने भी जब आजाद की बातों पर पीड़ा में टिप्पणी की तो उनने कहा कि इतने वर्षों के सार्वजनिक राजनैतिक जीवन में उनके निजी और पारिवारिक जीवन के बारे में ऐसी बातें

कभी कही नहीं गई थीं। "मैंने जवाहरलाल नेहरू, इंदिरा गांधी और राजीव गांधी के जमाने में कांग्रेस के नेताओं से बहुत नजदीक मेलजोल और मुठभेड़ की है। उनसे मेरे राजनैतिक मतभेद भी बहुत रहे हैं। लेकिन इस प्रकार के चरित्र हनन की कोशिश उनने कभी नहीं की। अब के कांग्रेसी नेताओं की बातें सुनता हूं तो मुझे लगता है कि तब की कांग्रेस से इनका कोई तलछटी वास्ता भी रह गया है या नहीं।" अटलजी के मुख से निकली यह बात राजनैतिक संस्कृति के अच्छे दौर के पतन पर उनके दुख को ही अभिव्यक्त करती है। आखिर जवाहरलाल ने ही अपना मृत्यु-लेख लिखते हुए बताया था कि इस देश की जनता अपने नेताओं के प्रति कितनी सहनशील और उदार होती है और उन्हें कितना लाड़ लड़ा कर उनके सौ अवगुण भी माफ करती है। सूरदास ने तो कृष्ण भगवान से कहा था कि मेरे अवगुण चित न धरो। कोई नेता भारत के लोगों से कहे या न कहे लेकिन जनता उसके अवगुन चित नहीं धरती है। एक सौ आठ गुनाह माफ कर देने के बाद ही उसे सिंहासन से उतार कर पटरी पर बैठाती है। चूंकि देश के लोगों का ही यह रवैया है इसलिए हमारी राजनीति में व्यवहार के स्तर पर शालीनता और आपसी सम्मान का वातावरण रहा है। इस चुनाव में वह स्तर गिरा है और किसी का भी बाजू निचले और छुपे हमले से बचा नहीं है। जिस दिन सोनिया गांधी की तुलना मोनिका लुइन्स्की से होने लगी उसी दिन यह अवश्यंभावी हो गया था कि अटलजी का निजी जीवन विवादहीन, गोपनीय और पवित्र नहीं रहेगा। रंजन भट्टाचार्य अटलजी के जंवाई कोई मार्च 1998 के बाद नहीं हुए हैं। लेकिन जब वे सौदों और घोटालों में देखे गए तभी उन पर प्रश्न चिह्न लगा। संजय गांधी से इंदिराजी अपने प्रधानमंत्रित्व को नहीं बचा पाईं तो अटल बिहारी वाजपेयी रंजन भट्टाचार्य से कैसे बचा लेते ? नहीं बचा पाए इसलिए संजय गांधी के कारण इंदिरा गांधी के प्रधानमंत्रित्व की जो थुक्का-फजीहत हुई वही अटलजी की हो रही है। दोष दामाद रंजन भट्टाचार्य का नहीं स्वयं अटल बिहारी वाजपेयी का है।

प्रधानमंत्री कार्यालय, भाजपा और गठबंधन के अटल समर्थक कहेंगे कि रंजन भट्टाचार्य और प्रमोद महाजन की मिलीभगत का रत्ती-भर सबूत नहीं है। इंदिरा गांधी और तब के कांग्रेसियों ने ही कहां माना था कि संजय गांधी एक असंवैधानिक शक्ति केंद्र की तरह सक्रिय हैं। राजीव गांधी ने कब माना था कि बोफोर्स के मामले में कमीशनखोरी हुई है ? लेकिन क्या जनता पार्टी की सरकार सबूत इकट्ठे कर के संजय गांधी की दखलंदाजी साबित कर पाई ? विश्वनाथ प्रताप सिंह ग्यारह महीने प्रधानमंत्री रहे। बोफोर्स का सच वे कहां निकाल कर स्थापित कर पाए ? अटल बिहारी वाजपेयी तेरह महीने जनादेश से और पांच महीने कामचलाऊ हैसियत से प्रधानमंत्री हैं। उनकी सरकार में राम जेठमलानी जैसे वकील और जांचकर्त्ता हैं। क्यों इन महीनों में एक नया सबूत बोफोर्स पर नहीं निकल पाया ? क्वात्रोची पर कार्रवाई क्यों नहीं हो सकी ? अगर आप बोफोर्स और संजय के असंवैधानिक हस्तक्षेप को साबित नहीं कर सकते तो टेलीकॉम या चीनी घोटाले पर सबूत किसलिए मांग रहे हैं ? बोफोर्स का घोटाला अगर साबित नहीं कर पाए तो टेलीकाम और चीनी और गेहूं पर कैसे बचाव करेंगे ? जैसे संजय और राजीव के मिलीभगत के आरोप थे वैसे ही रंजन भट्टाचार्य और प्रमोद महाजन पर है। अटल बिहारी वाजपेयी ने ऐसी कौन-सी विशेष सावधानी बरती कि अपने माने या गोद लिए गए रिश्तेदारों को अपने सरकारी आवास और कार्यालय से बाहर रखते ? अगर आप भी वही सब होने देते या करते हैं जो बदनाम प्रधानमंत्री करते रहे हैं तो आप कोई भगवान तो नहीं हैं ? फिर इस देश में तो उन्हीं उदार और लाड़ लड़ाने वाले लोगों ने न राम को छोड़ा, न कृष्ण को। न शिव को छोड़ा, न ब्रह्मा को ! कोई तिजोरी ऐसी नहीं है जिसे खोल कर लोगों ने कंकाल न निकाल लिए हों।

फिर अटलजी ने क्यों प्रमोद महाजन को सोनिया गांधी के विदेशी मूल की मोनिका लुइन्स्की से जोड़ने से नहीं रोका ? विदेशी मूल के प्रधानमंत्री की बात से बेचारी मोनिका कहां जुड़ती है ? कोई बहुत कल्पनाशील राजनेता भी सोनिया गांधी की चर्चा में मोनिका लुइन्स्की को नहीं ला सकता। वे राजनीति और विदेशी मूल से जुड़ती ही नहीं हैं। विकृति में रस लेने की इच्छा के अलावा मोनिका हमारी चुनावी बहस में आती ही नहीं। सोनिया गांधी को प्रधानमंत्री बनने से जरूर रोकिए लेकिन मोनिका लुइन्स्की को उनसे जोड़ कर नहीं। फिर जॉर्ज फर्नांडीस हैं जो बेचारे नहीं जानते कि हम सब जीवन में हमेशा ही एक जैविक भौतिक स्तर पर भी जीते हैं और हमारा चाहे जितना बौद्धिक और आध्यात्मिक योगदान हो भौतिक योगदान होता ही है और उसके बिना दूसरे योगदानों की कोई जमीन नहीं बनती। आप चाहें तो जॉर्ज फर्नांडीस और उनकी पूर्व पत्नी लैला कबीर और वर्तमान मित्र जया जेटली के जैविक, भौतिक योगदान तक उन्हें सीमित कर सकते हैं। लेकिन तब क्या आप अपने राजनैतिक और सार्वजनिक जीवन को सूअरबाड़े में नहीं बदल देंगे ? अटलजी हमारे राजनैतिक जीवन को जो सूअरबाड़ा बना रहे हैं उन्हें भी रोकिए और तब ही नहीं जब आपके निजी जीवन के बखिए उधेड़े जाएं। तब तो वह आत्मरक्षा का अभियान होगा। इसके पहले और सार्वजनिक जीवन की महत्ता के लिए इसे पहले ही रोकना चाहिए था। अटलजी ने नहीं रोका। क्योंकि अटलजी जिसके खिलाफ होते हैं वह भी संघ परिवारी करें तो उसे रोक नहीं सकते बल्कि उसे उचित ठहराने लगते हैं। जैसे वे बाबरी मस्जिद के गिराए जाने के खिलाफ थे लेकिन संघ परिवार के लंडूरों ने गिरा दी तो अटलजी कहने लगे कि गांधीजी भी देश के विभाजन के खिलाफ थे। लेकिन हो गया तो उनने उसे स्वीकार किया कि नहीं। अटलजी का कूट तर्क नहीं देखता कि गांधीजी देश का विभाजन करने वाले खुद नहीं थे, न उनने उसे हार कर स्वीकार किया।

भवानी प्रसाद मिश्र की एक मशहूर कविता है। कवि कहलाने वाले प्रधानमंत्री को याद होगी– ना निरापद कोई नहीं है, ठीक आदमकद कोई नहीं है, न तुम न मैं न वे, न वे, न तुम न मैं।

5.9.1999

राजनेता से अटलजी प्रचारक हो गए

आप उनसे सहमत रहे हों या असहमत, पहले अटल बिहारी वाजपेयी के भाषण सुनने में मजा आता था। वे अपने वाक्-कौशल से राजनीति और राष्ट्रीय घटनाओं को सुनने और विचार के लायक बना देते थे। लेकिन जब से वे प्रधानमंत्री हुए हैं लगता है कि सरस्वती उनका साथ छोड़ गई है। लाल किले से पंद्रह अगस्त पर हुए उनके दो भाषण और अनगिनत राजकीय समारोहों में हुए नीरस उद्बोधन फिर भी कहा जा सकता है कि प्रधानमंत्री होने के गुरुतम दायित्व से दबे हुए थे। लेकिन इस चुनाव अभियान में भी वे अपने पहले वाले फॉर्म में नहीं आ पाते। उनके चुनावी भाषण पुरानी रिकॉर्ड की तरह बजते हैं। उनमें वह हास्य, व्यंग्य और वैचारिक ताजगी नहीं सुनाई देती जो अटलजी की खास पहचान रही है।

लेकिन वक्ता के नाते उनका पराभव जितना दुखदायी नहीं है उतना एक राजनेता के रूप में उनका पतन। कभी वे रहे होंगे राष्ट्रीय स्वयंसेवक संघ के प्रचारक, लेकिन संसदीय राजनीति में आने के बाद वे खुद अपने, अपनी पार्टी और अपने विपक्ष पर भी खुल कर व्यंग्य कर सकते थे और धीरे से ठुसकारी छोड़ कर अट्टहास करवा सकते थे। यह सब एक विपक्षी नेता की अनुत्तरदायिता से नहीं करते थे। इसमें जड़ वास्तविकता से ऊपर उठ कर पूरे परिदृश्य को देखने और उसके विहंगम दर्शन में अपने छोटे-मोटे पक्ष, पार्टीय पहचान और दलगत संकीर्णता को गला देने की क्षमता थी। यह विपक्ष को उत्तरदायित्वहीनता से नहीं खड़े होने के बड़प्पन से निकलती थी। अफसोस कि अब उनके भाषणों में यह बड़प्पन और विहंगम दर्शन नहीं रहा। अब वे वोट पाने की आतुरता में यह भी नहीं देख पाते कि जो कह रहे हैं वह दूसरे को कितना वाहियात लगता होगा।

जैसे उनका हर भाषण कारगिल से शुरू होता है। उनने सबसे पहले कहा था कि कारगिल चुनाव का मुद्दा नहीं बनाया जाना चाहिए। लेकिन यह खूब अच्छी तरह स्पष्ट हो जाने के बाद भी कि दिल्ली में पार्टियों की घनघोर ब्रीफिंग और मीडिया की प्रश्नहीन चकाचौंध के बावजूद कारगिल जनता के स्तर पर मुद्दा नहीं बना है, अटलजी के भाषण का एक-तिहाई से ज्यादा वक्त कारगिल पर जाता है। कारगिल पर वे कोई लोकशिक्षण नहीं करते। ऐसे-ऐसी बातें बता देते हैं जो प्रधानमंत्री के नाते उन्हें मालूम हैं लेकिन प्रधानमंत्री होने के कारण ही उन्हें नहीं बताना चाहिए। उनने आज तक नहीं बताया कि कारगिल में कब से घुसपैठ हो रही थी और उसकी पहली अधिकृत और पक्की जानकारी उन्हें कब मिली। ब्रिगेडियर सुरिंदर सिंह की चिट्ठियों के प्रकाशन और सेनापति वेद प्रकाश मलिक के बरताव और करतब से यह लगभग स्थापित हो चुका है कि हमारी सेना की कमान, रक्षा मंत्री और प्रधानमंत्री ने पाकिस्तानी सेना की घुसपैठ को कोई गंभीरता से नहीं लिया। इसीलिए अब सोनिया गांधी जब अपने चुनावी भाषणों में कहती हैं कि जो लोग मेरी देशभक्ति पर उंगली उठा रहे हैं वे पाकिस्तानी घुसपैठ पर कुंभकरण की नींद सो रहे थे–तो पूरी सभा तत्काल तालियों में फूट पड़ती है।

फिर भी अटलजी कहते फिरते हैं कि कारगिल में पाकिस्तानी घुसपैठ कांग्रेस के कारण हुई। अप्रैल में अगर कांग्रेस हमारी सरकार गिरा कर अस्थिरता नहीं फैलाती तो पाकिस्तान घुसपैठ करने की हिम्मत नहीं करता। यानी कांग्रेस विपक्ष के साथ मिल कर अटलजी की सरकार नहीं गिराती तो कारगिल में पाकिस्तान घुसपैठ नहीं करता और इसलिए कारगिल के लिए कांग्रेस जिम्मेदार है। वह तो कामचलाऊ होते हुए भी अटलजी की वीर सरकार ने मुंहतोड़ जवाब दिया और पाकिस्तान को खदेड़ दिया।

अब आप अगर लल्लू नहीं हैं और अटलजी के तर्क पर विश्वास करना चाहते हैं तो कांग्रेस के इस आरोप का क्या करेंगे कि सरकार को सब पता था। उसने जान-बूझ कर पाकिस्तान को घुसपैठ करने दी और तभी कार्रवाई की जब उसका चुनाव में लाभ उठाया जा सके। सिर्फ एक चुनाव जीतने के लिए इस सरकार ने घुसपैठ होने दी और अपने चार सौ से ज्यादा बहादुर जवानों को मरने दिया। देश की सीमाओं की रक्षा के लिए सरकार का जिम्मेदार होना तो उसके होने में ही निहित है लेकिन विपक्ष को पाकिस्तानी घुसपैठ के लिए जिम्मेदार तो आप तभी बता सकते हैं जब मानते हों कि वह जयचंद की भूमिका में है। अटलजी कहते नहीं थकते कि हम चालीस साल विपक्ष में बैठ कर इंतजार करते रहे। इन चालीस बरस में सन् बासठ, पैंसठ और इकहत्तर के तीन युद्ध हुए। तीनों बार अलग-अलग प्रधानमंत्री थे लेकिन उनमें से एक ने भी नहीं कहा कि चीन या पाकिस्तान का हमला विपक्ष की प्रेरणा से हुआ है। और अटलजी को सत्ता में आए जुम्मा-जुम्मा तेरह दिन और तेरह महीने नहीं हुए और वे विपक्ष पर देशद्रोही होने की जिम्मेदारी मढ़ने लगे। यह कैसी संसदीय लोकतांत्रिकता है ? सही है कि विपक्ष ने कारगिल का श्रेय भाजपा गठबंधन की सरकार को नहीं दिया लेकिन अटलजी ने कब उसे जिम्मेदारी की भूमिका निभाने दी ? लोकसभा भंग थी लेकिन राज्यसभा थी जिसका सत्र राष्ट्रपति के कहने के बावजूद नहीं बुलाया गया। उलटे कहा गया कि राज्यसभा में बहस से सेना का मनोबल गिरेगा। यह कैसी लोकतांत्रिकता है ?

अटल बिहारी वाजपेयी उन नेताओं में से हैं जिनने सन् अड़तालीस का कश्मीर युद्ध सन् बासठ का चीन युद्ध, सन् पैंसठ का पाकिस्तानी युद्ध और सन् इकहत्तर का बांग्लादेश युद्ध देखा और उस पर बहस की है। इन युद्धों का सरकारी, गैर सरकारी विवरण सुलभ है और आधिकारिक व्यक्तियों की लिखी पुस्तकें भी हैं। अटलजी जनता सरकार में विदेश मंत्री और भाजपा गठबंधन के प्रधानमंत्री भी रहे और हैं। फिर भी वे चुनावी सभाओं में कारगिल का बखान और अपनी सरकार की अद्भुत सैनिक और राजनयिक सफलताओं का वर्णन करते हुए कहते हैं कि सिर्फ कारगिल ही एक ऐसा युद्ध हुआ है जिसमें न सरकार ने एक इंच जीती हुई जमीन लौटाई, न अपनी एक इंच जमीन गंवाई। इस मायने में वे कारगिल के युद्ध को सबसे बड़ा और सफल युद्ध बताते हैं। अब वे खुद ही याद नहीं रखते कि खुद उनने कारगिल में युद्ध जैसी स्थिति बताई है। न उनने युद्ध घोषित किया, न पाकिस्तान की नवाज शरीफ सरकार ने। पाकिस्तान की तरफ से भी कारगिल एक सीमित सैनिक कार्रवाई थी और भारत की ओर से घुसपैठ हटाने की सैनिक कार्रवाई। दरअसल कारगिल को कोई पहले के चार युद्धों की कतार में रख भी नहीं सकता। वह सियाचिन जैसी महत्त्वपूर्ण लेकिन सीमित सैनिक कार्रवाई थी।

कश्मीर में पाकिस्तान ने जब अपने सैनिक और कबायली घुसपैठिए सन् अड़तालीस में भेजे तब वह भारत का अंग भी नहीं था। महाराजा हरिसिंह उसे भारत में मिलाने पर तभी राजी हुए जब वह पाकिस्तान में जाता लगा। भारतीय सेना ने तब घुसपैठियों को खदेड़ा लेकिन युद्धविराम हो गया। जवाहरलाल नेहरू कश्मीर को अपनी अनुभवहीनता में राष्ट्रसंघ ले गए और वह शीतयुद्ध का मोहरा

हो गया। जहां तक पाकिस्तान की सेना-घुसपैठिए थे वह आजाद कश्मीर या हमारी शब्दावली में पाक-शासित कश्मीर है और जिस कश्मीर को हम अपना अभिन्न अंग मानते हैं वह पश्चिमी देशों के वर्णन में भारत-शासित कश्मीर है। वास्तविक नियंत्रण रेखा इसी घुसपैठ और युद्ध की बनाई सीमा है। कश्मीर की आधी वादी पाक कब्जे में है और भारत उसे अब भी छुड़ा नहीं पाया है। एक माने में सही है कि वहां और उस लड़ाई में भारत की जमीन गई है।

सन् बासठ में चीन ने भी हमारे ऐसे इलाके अपने कब्जे में किए हैं जिन पर हमारा वास्तविक कब्जा नहीं था और जिसको ले कर ब्रिटेन की साम्राज्यवादी भारत सरकार और चीन में पहले से विवाद चला आ रहा था। इस इलाके को भारत अपना वैसे ही मानता था जैसे उसकी अंग्रेज सरकार। इस विवाद को चीन से सुलझाने के पहले ही उसने हमला कर दिया और हम वह जमीन फिर नहीं पा सके। चीन पर बेहद विश्वास भी जवाहरलाल नेहरू की वैचारिक और भू-राजनैतिक कमजोरी थी। चीन का हमला उनको उनके विश्वासों के साथ तोड़ गया। सही है कि चीनी हमले में भी हमने वह जमीन गंवाई जिसे हम अपनी मानते थे।

लेकिन सन् पैंसठ की लड़ाई में हमने पाकिस्तान की और पाकिस्तान ने हमारी जमीन पर कब्जा किया था। जब लड़ाई रुकी, युद्ध-विराम हुआ और ताशकंद में भारत और पाकिस्तान का रूसी अध्यक्षता में समझौता हुआ तो पाकिस्तान ने हमारी जमीन से कब्जा छोड़ा और हमने उसकी जमीन से। इस लेन-देन को कोई भी जीती हुई जमीन छोड़ना और अपनी जमीन गंवाना नहीं कह सकता। अगर हमारी जमीन पाकिस्तान के कब्जे में रह जाती और हम उसकी जमीन छोड़ देते तो यह कहना सही होता कि इस युद्ध में भारत ने अपनी जमीन गंवाई लेकिन यह सन् अड़तालीस के कश्मीर युद्ध और सन् बासठ के चीन युद्ध से अलग था। यह भी समाप्त तो हुआ गतिरोध में ही लेकिन पहले दो युद्धों में हमारी जमीन वापस नहीं मिली थी। पैंसठ के युद्ध में दोनों ने एक-दूसरे की जीती हुई जमीन छोड़ी। गतिरोध में समाप्त हुए और तीसरी पार्टी के सहयोग से निपटे युद्ध में ऐसा होता ही है। लेन-देन की इस प्रक्रिया में कोई खोट नहीं देख सकता। अटलजी अगर इसे भी युद्ध में जीती गई जमीन लौटाने का युद्ध कहते हैं तो वे जान-बूझ कर तथ्यों को तोड़-मरोड़ रहे हैं। उन्हें सब मालूम है कि सन् पैंसठ के युद्ध में क्या हुआ था और लाल बहादुर शास्त्री ने कितनी समझदारी और बहादुरी से काम लिया था।

सन् इकहत्तर के बांग्लादेश के युद्ध को जीती हुई जमीन गंवाने का युद्ध कहना तो सरासर वाहियात होगा। खुद अटल बिहारी वाजपेयी ने ही कहा था कि इंदिरा गांधी ने इतिहास ही नहीं भूगोल भी बदल दिया। उस युद्ध से न सिर्फ एक नए राष्ट्र का उदय हुआ बल्कि अंग्रेजों ने जिस द्विराष्ट्र सिद्धांत पर भारत का विभाजन किया था उसके भी धुर्रे बिखर गए। यह हो नहीं सकता था कि भारत बांग्लादेश की जमीन पर कब्जा किए बैठा रहता क्योंकि वह उसने जीती थी। इस युद्ध के बारे में अटलजी का कहना है कि वे इंदिरा गांधी को कह कर आए थे कि नब्बे हजार पाकिस्तानी सैनिकों को लौटाने के बदले में उससे कश्मीर खाली करवा लिया जाए। पाकिस्तान ऐसा करता कि नहीं अलग बात है लेकिन इस युद्ध में भारत ने पाक कब्जे के कश्मीर पर कब्जा नहीं किया था। अगर कश्मीर की वह आधी वादी उसने जीती होती तो भारत कह सकता था कि उस पर वह अपना दावा छोड़े और अपने नब्बे हजार सैनिक ले जाए। लेकिन हम सब जानते हैं कि कश्मीर को नहीं बांग्लादेश की जमीन हमने मुक्त करवाई थी। शिमला समझौता इस युद्ध में भारत की जीत का एक और फलित था। इस युद्ध में भारत ने कोई जमीन नहीं गंवाई।

बांग्लादेश के युद्ध की कारगिल से कोई तुलना नहीं हो सकती। कारगिल में हमने सिर्फ पाकिस्तानी सैनिकों की घुसपैठ हटाई। वहां प्रशिक्षित आतंकवादी कारगिल के बहाने कश्मीर में घुस आए हैं जो डेढ़ से दो हजार हैं। और जो पाकिस्तान वापस नहीं गए हैं उनका आतंक कश्मीर में बढ़ ही रहा है। जीती हुई जमीन वापस न करने का कारगिल में कोई सवाल ही नहीं पैदा होता। क्योंकि संयम का प्रमाणपत्र पाने के लिए हमने वास्तविक नियंत्रण की रेखा पार कर के पाकिस्तान की कोई जमीन जीती ही नहीं इसलिए उसे वापस न लौटाने की बात ही बेमानी है। कारगिल की सारी कार्रवाई अपनी ही जमीन पर हुई है। पाकिस्तान सैनिक लौटे हैं तो हमने अपनी तरफ से कार्रवाई रोक कर उन्हें सुरक्षित रास्ता दिया है और ऐसा करने में अमेरिका की दखलंदाजी मंजूर की है। शिमला समझौता अधर में छोड़ा है।

कारगिल के तिल को ताड़ बनाने की अटल बिहारी वाजपेयी की कोशिश नाकाम हुई है। कारगिल चुनाव का मुद्दा नहीं बना है। अटलजी समझ पाएं या नहीं इस देश के लोग एक राजनेता और प्रचारक का फर्क समझते हैं।

22.9.1999

हिंदू समाज क्या 'हिंदुत्व' की जागीर है

आपको बताने की जरूरत नहीं है कि डॉक्टर कर्णसिंह लखनऊ में अटल बिहारी वाजपेयी से चुनाव लड़ रहे हैं। आप यह भी जानते हैं कि अटलजी प्रधानमंत्री हैं और भाजपा के उम्मीदवार हैं और डॉक्टर कर्णसिंह कश्मीर के भूतपूर्व महाराजा, केंद्र के भूतपूर्व मंत्री और कांग्रेस के टिकट पर चुनावी मैदान में हैं। लेकिन बहुत ज्यादा लोग नहीं जानते कि विश्व हिंदू परिषद से भी पहले कर्णसिंह ने विराट हिंदू समाज बनाया था। वे शिवभक्त हैं और बिना रुके पूरा रुद्राभिषेक कर सकते हैं। वेदांत और पुराणों का जितना ज्ञान, जानकारी और समझ उनमें है संघ परिवार के बहुत कम लोग उसकी बराबरी कर सकते हैं। सनातन धर्म और हिंदू परंपराओं की जैसी गहरी समझ डॉक्टर कर्णसिंह को है, अपने को आचार्य कहलाने वाले गिरिराज किशोर और अशोक सिंघल को निश्चित ही नहीं है। फिर भी डॉक्टर कर्णसिंह ने कांग्रेस छोड़ी और वापस उसमें आ गए, पर वे न भाजपा में कभी गए, न किसी संघ परिवारी संगठन के पदाधिकारी या सदस्य हुए। वे इसके उत्तम उदाहरण हैं कि धर्मनिष्ठ हिंदू होने का प्रमाण भाजपाई या संघ परिवारी संगठन में सदस्य होने से नहीं मिलता।

इन्हीं कर्णसिंह की एक मुलाकात 'राष्ट्रीय सहारा' की अंग्रेजी पत्रिका में छपी है। इस मुलाकात से दो वाक्य निकाल कर एक भाजपाई विज्ञापन बनाया गया है जो अंग्रेजी के कुछ अखबारों में छपा है। यह विज्ञापन डॉक्टर कर्णसिंह को हिंदू बताने के लिए छपवाया जा रहा है। वे वाक्य आप खुद ही देखें, ''अगर यूरोप में एक क्रिश्चियन डेमोक्रेटिक पार्टी हो सकती है तो हमारे यहां हिंदू डेमोक्रेटिक पार्टी क्यों नहीं हो सकती ?'' और ''आखिर भारत एक हिंदू देश है और इस वास्तविकता से कोई इनकार नहीं कर सकता। इसके लिए हमें क्षमायाची होने की जरूरत क्यों होनी चाहिए ?'' अब ये वाक्य विज्ञापन तभी बन सकते हैं जब पढ़ने वाले मानते हों कि जो बातें कर्णसिंह ने कहीं वे वही व्यक्ति कह सकता है जो हिंदू होने या हिंदू समाज के राजनीति में सक्रिय होने को निंदनीय मानता हो। या ऐसी बातें कोई भाजपाई या संघ परिवारी ही कह सकता है, कांग्रेसी उम्मीदवार नहीं कह सकता। अगर कर्णसिंह के इन वाक्यों से यह निहितार्थ न निकाला जाए तो वे विज्ञापन में देने के लायक हो ही नहीं सकते। कांग्रेस तो अपने उम्मीदवार के इन वाक्यों का विज्ञापन बना नहीं सकती क्योंकि वह न हिंदू-विरोधी है, न भारत की हिंदू पहचान से उसे कोई एतराज रहा है। वह अपने को हिंदू पार्टी नहीं कहती, न यह या इसके पहले का कोई चुनाव उसने हिंदू पहचान के मुद्दे पर लड़ा है।

इसीलिए यह विज्ञापन निश्चित ही भाजपाई है और वही लोग कहते और प्रचारित करते रहे हैं कि भारत के हिंदू देश (राष्ट्र नहीं) होने पर उन्हीं को गर्व है और जिस तरह यूरोप में ईसाई लोकतांत्रिक पार्टी हो सकती है वैसी ही हिंदू लोकतांत्रिक पार्टी उनने बनाई है और उसका नाम पहले भारतीय जनसंघ था और अब भारतीय जनता पार्टी है। इस समझ और दावे के पीछे यह गलतफहमी है कि सिर्फ वही हिंदू कहलाने के एकाधिकारी हैं, उन्हीं को इस देश की हिंदू पहचान पर गर्व है और वही हिंदुओं की तरफ से कोई पार्टी बना सकते हैं। भाजपा मुस्लिम लीग और अकाली दल की तरह नहीं कहती कि सिर्फ हमीं हिंदुओं का प्रतिनिधित्व कर सकते हैं और हमीं को उनकी ओर

से बोलने का अधिकार है। ऐसे दावे संघ परिवार को ओर से विश्व हिंदू परिषद, बजरंग दल, हिंदू जागरण मंच ही नहीं राष्ट्रीय स्वयंसवेक संघ भी करता है। अभी उनके सरसंघ कार्यवाह रज्जू भैया उर्फ राजेंद्र सिंह ने मांग की कि मुसलमान मथुरा का जन्म स्थान और काशी का शिवमंदिर हिंदुओं को सौंप दें। जैसे भारत भर के मुसलमान एक संगठित समाज हों और भारत के सभी हिंदुओं का एक संगठित समाज हो जिसकी ओर से मांग करने का अधिकार राष्ट्रीय स्वयंसेवक संघ को हो।

ऐसी बातें, दावे और मांगें भाजपा नहीं करती क्योंकि वह जानती है कि भारत के पंथनिरपेक्ष राजनैतिक समाज में ऐसा करने से वह सांप्रदायिक करार दी जाएगी और उसकी भी वही गत होगी जो मुस्लिम लीग और अकाली दल की हुई है। भारत के पंथनिरपेक्ष और लोकतांत्रिक राजनैतिक समाज में एक बड़ी खिलाड़िन बनी रहने के लिए वह उदार लोकतांत्रिक पार्टी रहना चाहती है। और सत्ता में आने के लिए तो उसने वह गणवेश भी उतार दिया है जो राष्ट्रीय स्वयंसेवक संघ ने उसे राजनीति की गिरस्ती में जाते वक्त दिया था। उसने राम मंदिर बनाने का वचन, कश्मीर के धारा 370 हटाने और समान नागरिक संहिता लागू करने के कार्यक्रम छोड़ दिए हैं। सत्ता में बने रहने के लिए वह अपनी अलग हिंदू पहचान और निश्चित हिंदू कार्यक्रम छोड़ने के लिए भी तैयार हो गई है। अपना हिंदू वोट बैंक बचाए रखने के लिए कभी कोई गोविंदाचार्य और कभी कोई लालकृष्ण आडवाणी बांग देता रहता है कि राम मंदिर, धारा 370 और समान नागरिक संहिता हमने छोड़ी नहीं है। अभी उनको अधर में लटकाया है ताकि गठबंधन सत्ता में आ सके। इसमें निश्चित है कि जब गठबंधनों के जरिए हम खुद इतनी ताकत पा लेंगे कि हमारा अपना बहुमत हो जाए तो हम अपना हिंदू एजंडा लागू करेंगे। भाजपा को पराए घर जा कर अपने पीहर का रीति-रिवाज छोड़ना पड़ता है। शासन नाम के पति के साथ और उसके परिवार से निभाने के लिए।

लेकिन संघ परिवार में ऐसी संस्थाएं हैं जिन पर भाजपा की तरह लोकतांत्रिक और संवैधानिक हथकड़ियां नहीं पड़ी हैं। वे बराबर यह दावा करने में लगी रहती हैं कि हिंदुओं का प्रतिनिधित्व करने और उनकी ओर से बोलने का एकाधिकार उन्हीं को है क्योंकि वही सच्ची हिंदू संस्थाएं हैं और उनकी राय में भाजपा ही सच्ची हिंदू पार्टी है। इसलिए विश्व हिंदू परिषद और भांति-भांति के मठाधीश, किलाधीश, महंत, अखाड़ेबाज आदि सभाएं कर के कहते हैं कि जो हिंदू हित की बात करेगा वही देश पर राज करेगा। हिंदू हित भारत हित नहीं है। वह तभी भारत हित हो सकता है जब इस देश के सभी लोग अपने को हिंदू मानें और घोषित करें। वीर सावरकर और गुरु गोलवलकर ने कहा है कि हिंदुत्व ही राष्ट्रीयता है। और जैसा कि आप जानते हैं वीर सावरकर ने उसी को हिंदू कहा था जिसकी पुण्य-भू हिंदुस्तान में हो। मुसलमानों, ईसाइयों, यहूदियों, पारसियों आदि की पुण्य-भू यानी तीर्थ भारत के बाहर हैं इसलिए वे सच्चे हिंदू नहीं हो सकते। यह परिभाषा और धर्मानुयायी लोगों के प्रति रवैए ने ही ब्रिटिश साम्राज्य को चलाने वालों को मौका दिया कि वे भारत को अलग-अलग कौमों में बांट कर उसे कई राष्ट्र घोषित करें। इस खेल में उनका साथ दिया मुस्लिम लीग और उसके बाद बनी हिंदू महासभा ने। लीग सब मुसलमानों की प्रतिनिधि होने का दावा करती थी और महासभा सब हिंदुओं की।

इनका खेल महात्मा गांधी के कारण पूरा नहीं हो पाया। गांधी ऐसे व्यक्ति थे जिन्हें रवींद्रनाथ ठाकुर ने महात्मा कहा और सारे देश ने स्वीकार किया। महात्मा अनिवार्य रूप से धार्मिक व्यक्ति थे। गांधी अपने को खुलेआम सनातनी हिंदू घोषित करते थे। गीता को अपनी मां मानते थे और भारतीय स्वतंत्रता संग्राम के गीत के नाते उनने 'ईश्वर अल्ला तेरे नाम सबको सन्मति दे भगवान' को स्थापित किया था। रामधुन उनकी जीवनदायिनी शक्ति थी। वे स्वतंत्रता संग्राम और रजानीति

को भी नैतिक-धार्मिक सिद्धांतों से चलाते थे। उनकी महात्माई और धार्मिकता सारे देश को मान्य और पूज्य थी। उनके महात्मापन के सामने वीर सावरकर, हिंदू महासभा और फिर राष्ट्रीय स्वयंसेवक संघ की चल नहीं सकती थी। इसलिए बावजूद अंग्रेजों के समर्थन के हिंदू महासभा और संघ और वीर सावरकर और केशव बलिराम हेडगेवार उनके सामने टिक नहीं सके। देश के लगभग सभी हिंदुओं ने गांधी को सच्चा हिंदू, महात्मा, धार्मिक पुरुष और देवता स्वरूप माना। लेकिन महात्मा गांधी ने तो भारत को सिर्फ हिंदुओं का देश न मानने या बनाने दिया, न कभी उनने स्वीकार किया कि कांग्रेस हिंदुओं की पार्टी है। वे इस तरह के सांप्रदायिक विभाजन के विरुद्ध थे और उनके कारण जितने गैर हिंदू भारत के स्वतंत्रता संग्राम में शामिल हुए उतने दूसरे किसी भी नेता या कारण से नहीं। महात्मा गांधी ने आजादी के आंदोलन और उस समय की कांग्रेस को धार्मिक संस्कार दिए क्योंकि वे स्वयं एक संस्कारी वैष्णव थे और 'वैष्णव जन तो तेणे कहिए जे पीड़ पराई जाने रे' स्वतंत्रता संग्राम के सेनानी की पहचान हो गई थी। वे आजाद भारत में रामराज्य स्थापित करना चाहते थे। वे राजनीति को धर्म से अलग नहीं करना चाहते थे क्योंकि उनका धर्म एक नैतिक शक्ति था, हिंदुत्ववादियों का संकीर्ण हिंदू संप्रदाय नहीं।

हिंदू महासभा और राष्ट्रीय स्वयंसेवक संघ और हेडगेवार और गोलवलकर और बाद में सावरकर भी गांधी की अगुवाई वाले स्वतंत्रता संग्राम से दूर रहे क्योंकि अंग्रेजों से भारत को आजाद करवाने में वे रुचि नहीं रखते थे। उनका सारा ध्यान मुसलमानों से दंगों में हिंदुओं को बचाने, हिंदू समाज को संगठित करने और हिंदुओं का राज कायम करने में लगा था। वे चाहते थे कि अंग्रेज उन्हें हिंदुओं के प्रतिनिधि के रूप में स्वीकार करें। लेकिन चाहते हुए भी अंग्रेजों ने ऐसा नहीं किया क्योंकि हिंदू समाज में इन कथित हिंदू संगठनों और नेताओं की सुनता ही कौन था ? महात्मा गांधी हिंदुओं के ही नहीं पूरे भारत के सर्वमान्य नेता थे। लेकिन वे अपने को सनातनी हिंदू और भारत को हिंदुओं का देश मानने और कहने में क्षमाप्रार्थी होना तो क्या हिचकते भर नहीं थे। लेकिन उनका संघर्ष, दर्शन, सपना और राजनीति अपने और अपने देश को हिंदू पहचान में स्थापित करने की नहीं थी। वह भारत को अपनी जड़ों में से उठाते हुए एक महान राष्ट्र बनाने की तपस्या थी। वे शोषणविहीन, समतावादी अहिंसक समाज और शांतिदूत राष्ट्र के नाते भारत का पुनर्निर्माण करना चाहते थे। वे हिंदू भारत नहीं, भारतीय भारत के लिए जिए और शहीद कर दिए गए। उनसे बड़ा हिंदू और धार्मिक राजनेता पूरी बीसवीं सदी में पैदा नहीं हुआ।

महात्मा गांधी के हिंदू होने को तो हिंदुत्ववादी न तब चुनौती दे सकते थे, न अब दे सकते हैं। जिस गोडसे ने उन्हें मारा वह भी प्रणाम कर के ही उन पर गोली चला सकता था और प्राण देते हुए भी गांधी के मुंह से 'हे राम' ही निकल सकता था। गांधी की नैतिकता और धार्मिकता का असर कांग्रेस और हमारे राजनैतिक समाज पर से घटने और हटने के बाद ही राष्ट्रीय स्वयंसेवक संघ और उसके संगठनों का प्रभाव बढ़ा है। लेकिन उनकी सबसे बड़ी समस्या यही बृहत्तर हिंदू समाज है जो सांप्रदायिक संकीर्णता और हिंदुत्ववादी राजनीति को स्वीकार नहीं करता। कांग्रेस और तीसरे मोर्चे के इतने विघटन के बाद भी वोट देने वालों में से सिर्फ बीस-बाईस प्रतिशत लोग ही भाजपा को वोट देते हैं। सनातनी हिंदू में जो स्वभावगत उदारता, सहनशीलता और दृष्टि की विशालता है वह हिंदुत्व को स्वीकार नहीं करती क्योंकि हिंदुत्व एक अहिंदू, अधार्मिक और अभारतीय राजनैतिक अवधारणा है। हिंदू धर्म की धार्मिक संगठनहीनता और आंतरिक आध्यात्मिक मुक्तिकामी व्यवस्था

हिंदुत्व को रद्द करती है। इसीलिए विराट हिंदू समाज का एक अतिवादी संकीर्ण संप्रदाय ही हिंदुत्व की बात करता है।

इस सबका कर्णसिंह के वाक्यों वाले विज्ञापन से क्या लेना-देना है ? यही कि हिंदू होने का प्रमाण संघ परिवार नहीं दे सकता। यही कि हिंदुओं ने अपनी तरफ से बोलने का अधिकार किसी संघ को नहीं दिया। यही कि कर्णसिंह से हिंदुओं की पार्टी और भारत के हिंदू देश होने पर सवाल करने का अधिकार किसी भाजपाई को नहीं है। भारतीय जनता पार्टी हिंदू पार्टी नहीं है और कांग्रेस के उम्मीदवार होने से हिंदुओं पर बोलने का कर्णसिंह का अधिकार कोई छीन नहीं सकता।

28.9.1999

पी कैप और टी शर्ट में स्वदेशी

सामने स्वदेशी जागरण रथ बना टाटा का एक विशाल ट्रक बीच रास्ते में खड़ा था। उसके आगे एक ट्रैक्टर ट्राली थी और पीछे एक और ट्रैक्टर। अगल-बगल एक-दो किलोमीटर तक ट्रैक्टर ट्रालियां, जीप, सूमो और मारुति वैन अटी पड़ी थीं। हल्की बूंदाबांदी होने लगी थी और लगभग निश्चित हो गया था कि अटल बिहारी वाजपेयी नहीं आएंगे इसलिए बड़ी दूर-दूर से लाए गए और आए लोग लौट रहे थे। स्वदेशी रथ के बीच सड़क में खड़े होने के कारण इतनी भी जगह नहीं थी कि लोग पैदल भी निकल सकें। फिर जाने वाले लोगों में ही साइकिलें, स्कूटर और मोटरसाइकिलें भी थीं। ऐसा जबरदस्त जाम लग गया था कि दिल्ली और कलकत्ता में भी क्या लगता होगा। बीच रास्ते में खड़ा स्वदेशी रथ दैत्य जैसा लग रहा था। उसका ड्राइवर पी कैप और टी शर्ट पहने स्टियरिंग पर बैठा था। टी शर्ट पर एक गोलाकार में छपा था–स्वदेशी चुनिए विदेशी भगाइए। निकलने की बहुत कोशिश कर के भी उस स्वदेशी रथ के कारण लोग फंसे हुए थे।

यह तीस सितंबर को उत्तर प्रदेश के अमेठी चुनाव क्षेत्र के गौरीगंज में अटलजी की सभा के लिए आसपास से जुटाई गई जनता और उसे लाने-लिवाने का ताम-झाम था। भाजपा उम्मीदवार संजय सिंह और भाजपा का यह जोरदार शक्ति प्रदर्शन था। जितने भी साधन-वाहन और लोग जमा किए जा सकते थे, किए गए थे। हम कोई डेढ़ किलोमीटर दूर अपना वाहन छोड़ कर आए थे। इतना पैदल चलने के बाद भी सभास्थल तक पहुंच नहीं पाए थे। लौटते लोगों के रेले में खड़े हो कर महसूस किया कि सभा अब नहीं होगी इसलिए यहीं से लौट जाना चाहिए। कहीं लौटते वाहनों के बीच अपना वाहन फंस गया तो निकलने में रात हो जाएगी। सभा स्थल के मंच के पास दोपहर को बिजली गिरी थी और पीएसी का एक कांस्टेबल मारा गया था। लौटती भीड़ में बिजली गिरने और पुलिस वालों के मरने के बारे में तरह-तरह की अफवाहें चल रही थीं। कोई बारह बजे से पानी गिर रहा था और हेलीपेड में पानी भरा हुआ था। पतली सी सड़क के दोनों ओर भी पानी भरा था। पानी गिर चुका था इसलिए प्रधानमंत्री का हेलीकॉप्टर उतर नहीं सकता था और इतनी बड़ी सभा बिना हुए खत्म हो रही थी।

लौटने की जल्दी में बीच सड़क में फंसा स्वदेशी रथ खलनायक लग रहा था। एक ट्रैक्टर और इस रथ के बीच से जैसे-तैसे निकलते हुए रथ के ड्राइवर से मैंने कहा भी कि इसे हटाओ नहीं तो भगदड़ मच जाएगी। उसने पंजाबी लहजे में कहा कि आगे-पीछे जगह नहीं है। हटूं भी तो कैसे ? बहरहाल, उस ट्रक पर लिखे को पढ़ने के बाद मैं खीज में आ गया। वह रथ और कुछ और वाहन स्वदेशी विचार का प्रचार करने उस सभा में आए थे। ये बताने आए थे कि सोनिया गांधी विदेशी हैं और अटलजी स्वदेशी। जिस स्वदेशी को चुनना है वह भाजपा का उम्मीदवार है और जिस विदेशी को भगाना है वह है सोनिया गांधी। स्वदेशी जागरण संघ और उसके साधनों का संघ परिवार चुनाव में यही इस्तेमाल कर सकता था। विदेशी मूल की तो सोनिया गांधी जरूर हैं लेकिन वे भारतीय नागरिक हैं। उन्हें ले कर यह सवाल तो सही उठाया गया है कि विदेशी मूल का भारतीय नागरिक प्रधानमंत्री, राष्ट्रपति, मुख्य न्यायाधीश या सेनापति हो सकता है या नहीं। लेकिन यह सवाल स्वदेशी

बनाम विदेशी नहीं हो सकता। भाजपा गठबंधन ने कहा है कि वह संविधान संशोधन करेगा। वह जानता है कि न उसे दो-तिहाई बहुत मिलेगा न राधा नाचेगी। इसलिए स्वदेशी-विदेशी का मामला उछाल कर सोनिया गांधी को हराने की कोशिश करनी चाहिए।

स्वदेशी जागरण मंच इसी प्रचार में लगा हुआ है और कुछ सफल भी हो रहा है। जब हम सभा स्थल की ओर जाते हुए रथ के पास से गुजरे थे तो उससे परचे बांटे जा रहे थे। अपन ने नहीं लिए। अंदाज है कि उनमें क्या लिखा होगा। लेकिन आगे-आगे एक लड़का चल रहा था। उसे रोक कर पूछा कि कौन जीत रहा है ? उसने कहा—संजय सिंह। मैंने पूछा, सोनिया गांधी नहीं जीतेंगी ? नहीं बाबा, सोनिया गांधी जीत गईं तो देश में जो भी सोना-चांदी बचा है उसे ले कर चली जाएंगी। कहां चली जाएंगी ? इटली। वहीं की तो वे रहने वाली हैं—उस लड़के ने कहा। वह लड़का ही नहीं ऐसे कई लोग होंगे जो इस प्रचार के बाद मानने लगे होंगे कि सोनिया गांधी विदेशी हैं और अगर उनके हाथ में राजपाट आया तो वे सब कुछ समेट कर इटली चली जाएंगी। विदेशी को चुनना नहीं है, भगाना है।

यह प्रचार स्वदेशी जागरण मंच की ओर से किया जा रहा था। स्वदेशी जागरण मंच संघ परिवार के मुखौटा संगठनों में से एक है। स्वदेशी कुछ बरस से भाजपा और उसके परिवार का नारा है। लेकिन मंच ने जब भी स्वदेशी जागरण के लिए जोर लगाया और सरकारी नीतियों और फैसलों का विरोध किया तो उसे उसकी जगह दिखा दी गई। सरकार और संघ परिवार के सत्ता प्रतिष्ठान में स्वदेशी जागरण मंच का कोई महत्त्वपूर्ण स्थान नहीं है। स्वदेशी का नारा संघ परिवार ने कांग्रेस की उदारीकरण, भूमंडलीकरण और खुले बाजार की अर्थव्यवस्था का विरोध करने और सोनिया गांधी को सिंहासन से दूर रखने के लिए लगाया है। इन नीतियों की आलोचक तो वामपंथी पार्टियां भी हैं। कांग्रेस की अर्थनीति के विरोध में वामपंथियों से अलग दिखने के लिए स्वदेशी का नारा ज्यादा उपयुक्त लगा। वैसे गांधी और स्वतंत्रता संग्राम के दौरान चले स्वदेशी आंदोलन और संघ परिवार के स्वदेशी में बहुत फर्क है। गांधी का स्वदेशी पश्चिम की पूंजी, मुनाफा और तकनीक केंद्रित खुले बाजार की अर्थव्यवस्था और मनुष्य के मनुष्य द्वारा शोषण के खिलाफ है। वह विकेंद्रित उत्पादन, विकेंद्रित वितरण और मनुष्य को उसकी आवश्यकता के अनुसार देने की एक ऐसी भारतीय अर्थव्यवस्था में विश्वास करता है जिसके केंद्र में पूंजी, मुनाफा और राज्य न हो। मनुष्य केंद्र में हो और उसकी बुनियादी और जरूरी आवश्यकताओं की पूर्ति उसका लक्ष्य हो।

संघ परिवार के स्वदेशी में यूरोप की खुले बाजार की पूंजी, मुनाफा और तकनीक केंद्रित अर्थव्यवस्था से कोई एतराज नहीं है। वह यही चाहता है कि इस अर्थव्यवस्था का नियंत्रण हिंदू यानी भारतीय हाथों में हो। हम वह सब करें जो पश्चिम की बहुराष्ट्रीय कंपनियों ने किया और कर रही हैं बशर्ते वे कंपनियां भारत की हों। संघ परिवार या हिंदुत्ववादियों की मूल अवधारणाएं पश्चिमी हैं। हिंदुत्व भी उन्नीसवीं सदी के जर्मन विचारकों की राष्ट्र राज्य की अवधारणाओं को भारत पर लागू कर के निकाला गया है। संघ वाले गांधी को राष्ट्रपिता मानने से इसीलिए इनकार करते हैं कि वे मानते हैं कि भारत तो कम-से-कम पांच हजार साल पुराना राष्ट्र है। गांधी उसके सपूत तो हो सकते हैं पिता नहीं हो सकते। लेकिन जो राष्ट्र वे भारत को मानते हैं उसकी अवधारणा ही उन्नीसवीं सदी के यूरोप में पैदा हुई। सावरकर, गोवलकर आदि हिंदुत्व विचारक यूरोप के राष्ट्र राज्य की एक सदी पुरानी अवधारणा को भारत के पांच हजार साल पुराने इतिहास पर फैला कर देखते हैं। उनने नहीं

समझा कि अपने यहां नस्ल, संप्रदाय, भाषा, क्षेत्र और संस्कृति को राष्ट्रीयता के कारक नहीं माना गया है। कोई ग्रंथ उठा कर देख लीजिए राष्ट्रीयता की यह अवधारणा उनसे नहीं निकलेगी। महाभारत, रामायण, वेद, उपनिषद और पुराणों में जो राष्ट्र है वह हिंदुत्व के राष्ट्र से कहीं मेल नहीं खाता। गांधी ने नहीं कहा कि भारत को पश्चिम जैसा लोकतांत्रिक देश बनाना है। वे स्वतंत्र भारत को रामराज्य बनाना चाहते थे क्योंकि देश, राज्य और राष्ट्र की भारतीय पारंपरिक अवधारणाओं को जानते, समझते और अपने रक्त में महसूस करते थे। वे एक समतावादी अहिंसक समाज में से निकला राष्ट्र बनाना चाहते थे, जर्मनी या यूरोप का राष्ट्र राज्य नहीं। उनके भारतीय राज्य की अर्थव्यवस्था स्वदेशी ही हो सकती थी। भारत को गुलाम बनाने की अर्थव्यवस्था से बिलकुल भिन्न।

स्वदेशी के जितने भी कार्यकर्त्ता अमेठी में सोनिया गांधी को हराने को घूम रहे थे वे सभी अमेरिकी डिजाइन की पी कैप, टी शर्ट और जींस से ले कर भांति-भांति के पैंट पहने हुए थे। जिन लोगों के बीच वे प्रचार कर रहे थे उनसे एकदम अलग लग रहे थे। गांधी के स्वदेशी वाले लोग मोटी खादी की धोती, कुरता या कमीज, अहिंसक चमड़े की चप्पलें या जूते और सफेद टोपी पहनते थे। वे भारत के गांव वालों में समा जाते थे। लेकिन विदेशी को भगाने अमेठी आए ये स्वदेशी किसी बहुराष्ट्रीय कंपनी के मार्केटिंग एजंट लगते थे। पी कैप, टी शर्ट और जींस हमारे महानगरों में भी आम नागरिक का पहनावा नहीं होता। अमेठी के उस देहाती जमावड़े में तो वे बिलकुल ही अलग और विदेशी तत्त्वों जैसे लगते थे। अमेठी के लोग उनसे ज्यादा तो सोनिया गांधी को जानते और देखते होंगे। अलग दिखने से हो सकता है कि वे लोगों का ध्यान अपनी तरफ खींचते हों लेकिन स्वदेशी का विदेशी पहनावे में ध्यान खींचना डमरू बजा कर मजमा लगाना तो हो सकता है किसी आस्था का संदेश नहीं हो सकता और स्वदेशी अगर आस्था न हो तो उसका मतलब क्या ? यह कोई संयोग नहीं कि अटलजी की तेरह दिन की सरकार गिरने के पहले एक ही निर्णय कर पाई। महाराष्ट्र में एनरॉन कंपनी को बिजली बनाने का कारखाना खोलने की काउंटर गारंटी देने का। तेरह महीनों की सरकार ने मनमोहनसिंह और चिदंबरम के आर्थिक रास्ते पर ही कदम बढ़ाए। अर्थव्यवस्था को स्वदेशी की पटरी पर लाने का एक निर्णय नहीं किया।

आखिर ये वही 'स्वदेशी' लोग हैं जो स्वतंत्रता आंदोलन और तब के स्वदेशी आंदोलन में भाग लेने आगे नहीं आए। जनसंघ और भाजपा तो स्वतंत्र भारत में बनी लेकिन संघ उन्नीस सौ पच्चीस में बन गया था। सन् बयालीस में जब अंग्रेजो भारत छोड़ो का देशव्यापी नारा लगा और भारत छोड़ो आंदोलन चला तब संघ के कार्यकर्त्ता उसमें शामिल नहीं हुए। तब वे विदेशी शासकों को भारत से भगाने के लिए नहीं आए लेकिन अब विदेशी मूल की भारतीय महिला को भगाने और स्वदेशी को जिताने अमेठी में जुटे हुए हैं। वे निश्चित ही स्वदेशी को चुनाव प्रचार का एक हथियार मानते हैं। उनका लक्ष्य भारतीय अर्थव्यवस्था को स्वदेशी बनाना नहीं सोनिया गांधी को हराना है। सोनिया गांधी विदेश मूल की हैं और ऐसी भारतीय महिला को देश का सर्वोच्च संवैधानिक और कार्यकारी पद सुलभ नहीं होना चाहिए ऐसा अपन तब से लिख रहे हैं जब न भाजपा की तेरह दिन की सरकार बनी थी, न तेरह महीनों की। भाजपाई रुझान के लोग मुझसे कहते हैं कि अब मैं सोनिया गांधी के खिलाफ क्यों नहीं लिखता, संघ परिवार के खिलाफ ही क्यों लिखता हूं ? इसलिए कि देशी-विदेशी या स्वदेशी-विदेशी के झूठे संघी प्रचार का अंग नहीं बनना चाहता। स्वदेशी मेरे लिए देश को बरगलाने का नारा और राजनैतिक चुनावी हथियार नहीं है। स्वदेशी आस्था और जीवन पद्धति का मामला है। पी कैप, टी शर्ट और जींस पहन कर स्वदेशी को लोगों में स्वीकार्य नहीं बनाया जा सकता। लेकिन भाजपा और संघ परिवार का यह इरादा है भी नहीं। जैसी स्वदेशी चप्पल होती है

वैसा ही स्वदेशी परमाणु बम भाजपा ने बनाया है। उसे दुख है कि जैसे पाकिस्तानी बम को इस्लामी बम कहा गया वैसे ही भारतीय बम को हिंदू बम क्यों नहीं कहा जाता ?

अगर कोई हिंदू भर होने से भारतीय और स्वदेशी हो सकता है तो सोनिया गांधी भी हिंदू धर्म स्वीकार कर के देसी या स्वदेशी हो सकती हैं। अपन को पता नहीं कि सोनिया गांधी का क्या धर्म है। रोमन कैथोलिक ईसाई हैं या प्रोटेस्टंट। भारतीय नागरिकता लेने के साथ क्या वे हिंदू भी हो गई हैं ? लेकिन फीरोज गांधी पारसी थे। उनसे विवाह कर के इंदिरा गांधी पारसी हो गईं या हिंदू ही बनी रही ? उनके लड़के हिंदू हुए या पारसी ? जिस सोनिया और मेनका से उनने शादी की वे हिंदू हुईं या पारसी ? धर्म को अपने सार्वजनिक जीवन में संविधान निजी मामला मानता है। इसे संशोधित करने का कोई संकल्प संघ परिवार ने नहीं बताया है। इसलिए सोनिया गांधी का धर्म और राष्ट्रीयता चुनाव का मुद्दा नहीं होना चाहिए। वैसे भी अमेठी की जनता जवाब दे देगी।

3.10.1999

चौबीस कहारों की पालकी जय कन्हैयालाल की

संभावना थी कि राष्ट्रीय जनतांत्रिक गठबंधन की सरकार बनेगी। बन रही है।

लेकिन ऐसा नहीं है कि भाजपा का शक्तिशाली इंजिन गठबंधन के तेईस डब्बों को तेजी से खींचता हुआ नई दिल्ली के रायसीना टीले पर चढ़ा ले गया हो। इंजिन तो लगभग वहीं खड़ा हांफ नहीं रहा है तो उसकी भाप तो निकल ही गई है। इसलिए एक गठबंधन को परवान चढ़ा देने की बात कही नहीं जा सकती।

हुआ यह है कि गठबंधन के चौबीस कहार अटल बिहारी वाजपेयी की पालकी ले कर राष्ट्रपति भवन पहुंचे हैं। कहारों ने उन्हें सिंहासन पर पहुंचा तो दिया है लेकिन अब वे पालकी को जैसा चाहेंगे घुमाएंगे। पालकी से कहार नहीं चलेंगे। पालकी को कहार चलाएंगे। इसलिए सरकार की अस्थिरता और देश की अराजकता में कोई खास फर्क नहीं आएगा। कुछ कहार बदल गए हैं और कुछ बस नाम के लिए कंधा दे रहे हैं। लेकिन यह सरकार कहारों की पालकी है, तेईस डब्बों को खींचता हुआ शक्तिशाली भाजपाई इंजिन नहीं है।

इस मध्यावधि ने गैर-भाजपाई और भाजपा विरोधी पार्टियों को सरकार न बना सकने की क्षमता को तो फिर से जगजाहिर किया ही है उनकी शक्ति भी घटाई है। लेकिन इसने यह भी बताया है कि तेरह महीने बाकायदा और छह महीने कामचलाऊ हैसियत में सरकार चला लेने के बावजूद भाजपा नया, स्पष्ट और शक्तिशाली जनादेश नहीं पा सकी है। गठबंधन को सत्ता में पहुंचाने के लिए भाजपा पिछली बार जितनी जिम्मेदार थी उतनी ही इस मध्यावधि से फिर निकली है। गठबंधन को फिर सिंहासन पर बैठाने का जितना श्रेय सहयोगी पार्टियों को है उतना ही पिछले साल मार्च में था। आप कह सकते हैं कि जीतने वाला गठबंधन बनाने में भाजपा ने कांग्रेस से कहीं अधिक कौशल पा लिया है।

इसीलिए अब वह फिर सत्ता में है और कांग्रेस घटी हुई ताकत में कोने में चुपचाप बैठी अपने घावों पर जीभ फेर रही है। उसकी हालत पर अफसोस करने के लिए सच्चे दोस्त और रिश्तेदार भी नहीं हैं। सोनिया गांधी भले ही बेलारी और अमेठी दोनों सीटों से जीत गई हों, कल तक लोग सरकार बनाने में धूल-धक्कड़ की राजनीति की उनकी समझ, तोड़-फोड़, उठा-पटक और तिकड़म में उनकी विफलता की बात करते थे। अब वे वोट खींचने और पार्टी को संन्यास से सत्ता में पहुंचाने की उनकी क्षमता पर टीका-टिप्पणी करेंगे। पार्टी में उनका नेतृत्व सीधी और खुली चुनौती में फिर भी भले न आए, घटी हुई ताकत और पार्टी को अकेली सबसे बड़ी पार्टी भी न बना पाने की वास्तविकता कांग्रेस में उनके सर्वोच्च स्थान पर प्रश्न चिह्न जरूर लगा देगी।

लोगों ने उन्हें विदेशी जरूर नहीं माना है और उनकी ओर से भाजपा को उत्तर भी दे दिया है। लेकिन अब उन्हें साबित करना पड़ेगा कि पार्टी को लोगों की ओर से संघर्ष कर के फिर वर्चस्व के स्थान पर पहुंचाने में वे भी वही कर सकती हैं जो तीस साल पहले इंदिरा गांधी ने किया था। नेतृत्व की यह क्षमता और शक्ति अगर सोनिया गांधी नहीं दिखा सकीं, अपने आपको एक योग्य और सूझ-बूझ वाली सांसद और विपक्षी नेता नहीं बना सकीं तो नई सदी के लिए कांग्रेस को

कोई और नेता पाना होगा। क्योंकि कांग्रेस के सामने चुनौतियां भाजपा से कहीं बड़ी और बुनियादी हैं। सोनिया गांधी नेहरू-गांधी परिवार की होते हुए भी कांग्रेस को सत्ता में पहुंचाने में फिर विफल हुई हैं। सन् सतहत्तर में हारी इंदिरा गांधी भी थीं और सन् उननब्बे में राजीव गांधी भी हारे थे। लेकिन इसके पहले ये दोनों ही कांग्रेस को जबरदस्त बहुमत दिला चुके थे। सोनिया गांधी एक बार भी कांग्रेस को जिता नहीं पाई हैं और उसे अपने सबसे निचले संसदीय रसातल में ले गई हैं। कांग्रेस और उनके सामने सबसे बड़ी चुनौती है कि वह अकेले सत्ता में आने की अखिल भारतीय पार्टी हो सकती है या उसे गठबंधन की राजनीति में उतरना पड़ेगा। इस यक्ष्य प्रश्न का उत्तर दिए बिना कांग्रेस इक्कीसवीं सदी में फल-फूल नहीं सकती।

लेकिन यह स्थिति तो इस मध्यावधि ने एक गठबंधन और एक पार्टी की बनाई है, देश की तसवीर इससे और भी बिगड़ कर निकली है। यह मध्यावधि एक विखंडित राजनैतिक समाज में हुआ था। इसके बाद विखंडन और बढ़ गया लगता है। पूरे देश की एक कोई राजनैतिक तसवीर कहीं से नहीं निकलती। उत्तर प्रदेश और बिहार एक-दूसरे से सटे हुए राज्य हैं लेकिन उत्तर प्रदेश में भाजपा लगभग आधी रह गई है और बिहार में वह और उसका साथी जनता दल (एकीकृत) मैदान मार ले गया है। हरियाणा में कांग्रेस का सूपड़ा साफ हो गया है तो पंजाब में भाजपा का। कर्नाटक में कांग्रेस का जैसे पुनर्जन्म हुआ है तो पड़ोस के आंध्र प्रदेश में उसका गढ़ ढह गया है। गुजरात में स्थिति यथावत है मगर महाराष्ट्र में उथल-पुथल हुई है। राजस्थान में भारतीय जनता पार्टी जैसे लौट कर आई है तो मध्य प्रदेश में उसका विस्तार घट गया है। जहां दो पड़ोसी राज्य एक साथ मत नहीं देते और लगभग एक-दूसरे के विपरीत रास्ता पकड़ लेते हैं और अलग-अलग जनादेश देते हैं उस देश के राजनैतिक समाज में विखंडन के बारे में और क्या कहा जाए ?

भाजपा और उसके गठबंधन की पार्टियों ने सब माध्यमों का इस्तेमाल कर लिया लेकिन वे कारगिल को चुनाव का मुद्दा नहीं बना पाए। कांग्रेस और वामपंथी पार्टियों ने भी कारगिल को भाजपा के खिलाफ इस्तेमाल करने की कोई कम कोशिश नहीं की लेकिन कारगिल उनके भी काम नहीं आया। भाजपा और संघ परिवार के सभी संगठनों और गठबंधन की पार्टियों ने सोनिया गांधी को विदेशी साबित करने में एड़ी-चोटी एक कर दी लेकिन न तो कर्नाटक के बेलारी ने न उत्तर प्रदेश की अमेठी ने उनके इतने सघन प्रचार पर ध्यान दिया। दोनों चुनाव क्षेत्रों ने सोनिया गांधी को अच्छी जीत दे कर संसद में भेजा है। कारगिल और सोनिया गांधी का विदेशी मूल जब टांय टांय फिस्स हो गया तो भाजपा गठबंधन ने अटल लहर को देश-भर में बुहार लगाते दिखाया लेकिन लखनऊ में ही कांग्रेसी उम्मीदवार से दो लाख वोट ज्यादा मिले। राजस्थान में भाजपा को नौ सीटें अटल लहर ने नहीं जाट आरक्षण के मामले ने दिलवाईं। अटल जी ने उत्तर प्रदेश में चालीस से ज्यादा सभाएं कीं लेकिन भाजपा को तीस सीट गंवाने से रोक नहीं सके। अटल लहर दिल्ली में चली हो तो चली हो बाकी देश में तो कहीं चलती दिखी नहीं। भाजपा गठबंधन को जो सादा बहुमत मिला है वह किसी राष्ट्रीय मुद्दे या रवैये के कारण नहीं, वोटों के बंटाव और क्षेत्रीय पार्टियों की सफलता के कारण मिला है। और क्षेत्रीय पार्टियां भाजपा और उसके कथित राष्ट्रीय मुद्दों के कारण सफल नहीं हुईं वे अपने क्षेत्रीय समीकरण के कारण अपने कंधे इतने मजबूत कर सकीं कि गठबंधन की पालकी दिल्ली पहुंचा सकें। वे अपनी विचारधारा या विचारधाराहीनता के कारण और हिंदुत्व के राष्ट्रीय प्रयोजनों से भाजपा के साथ नहीं हैं। उन्हें दिल्ली की सत्ता की कढ़ाई से मलाई का बड़े से बड़ा टुकड़ा चाहिए इसलिए गठबंधन में हैं। भाजपा गठबंधन को सबसे बड़ा संख्या बल देनेवाला तेलुगु देशम तो गठबंधन में शामिल है भी नहीं।

मध्यावधि में से यह तस्वीर उस देश की निकली है जिसकी सबसे बड़ी राजनैतिक शक्ति

भाजपा अपने आपको मानती है। वह अपने को सबसे बड़ी राष्ट्रवादी, सबसे बड़ी देशभक्त और देश की एकता अखंडता की शक्तिशाली और समर्पित सेना घोषित करती है। फिर भी उसकी अगुआई में लड़े गए इस मध्यावधि में एक मुद्दा राष्ट्रीय नहीं था न उसमें से हमारा राजनैतिक समाज पहले से कुछ ज्यादा संगठित और व्यवस्थित हुआ है। जनादेश उसी तरह विखंडित है जैसा सन् इठानवे के मध्यावधि में से आया था। यह विखंडन और बढ़ा है पिछले अठारह महीनों में घटा नहीं है। देश की एकता-अखंडता सेना या अणु बम पर नहीं उसके राजनैतिक समाज की आर्थिक-सामाजिक एकता और प्रयोजन पर निर्भर करती है। इस मध्यावधि में सभी पार्टियों ने विखंडन की इस प्रक्रिया की जलती आग में अपना-अपना घी डाला है। इस सचाई और पाप से कोई इंकार नहीं कर सकता।

ऐसे जनादेश को लागू करने के लिए जो सरकार तीन-चार दिन में बननेवाली है वह राष्ट्रीय चुनौतियों का क्या सामना करेगी ? उसे बनानेवाली सबसे बड़ी पार्टी भाजपा होगी जिसने अपना मौलिक और सच्चा एजंडा छुपा नहीं रखा है तो निलंबित जरूर कर रखा है। जैसे उसका एजंडा, निलंबित है वैसे ही जनता दल (एकीकृत) और बाकी की गठबंधन पार्टियों का है। जो पार्टियां अपने-अपने एजंडे अलग रख कर सत्ता के लिए एक हुई हैं उनका बड़ा से बड़ा लक्ष्य यही हो सकता है कि सरकार चलती रहे सिर्फ सरकार का चलना तो किसी भी गठबंधन का न्यूनतम कार्यक्रम ही हो सकता है। राष्ट्रीय जनतांत्रिक गठबंधन का जो उच्चतम है वह लोकतंत्र का न्यूनतम है। इसलिए दिल्ली में जो सरकार बनेगी, वह दरअसल खड़ाऊं सरकार होगी क्योंकि वह स्वयं वास्तविक नहीं है जो एजंडा उसे वास्तविक बना सकता है वह निलंबित है। कंप्यूटर और इलेक्ट्रानिकी के मुहावरे का इस्तेमाल करें तो यह वर्चयुअल सरकार होगी। वास्तविक सरकार तभी बनेगी जब भाजपा का या जनता दल का अपना बहुमत होगा और वे अपने एजंडे को पूरा कर सकेंगी। खड़ाऊँ सरकार अपनी बनत, स्वभाव और चरित्र से ही अस्थिर और कामचलाऊ होती है। उसे प्रतीक्षा होती है सच्चे शासक की। वह आएगा, उठाकर खड़ाऊं पहनेगा, सिंहासन पर बैठेगा और हाथ में राजदंड लेकर राज करेगा। लेकिन यह तभी होगा जब विखंडित जनादेश समाप्त होगा और पूरा राजनैतिक समाज मिलकर एक और शक्तिशाली जनादेश देगा।

तब तक तेरह या अठारह या चौबीस कहार मिलकर पालकी में छाया शासक को बैठाकर दिल्ली के सिंहासन पर पहुंचाएंगे। शासक कहारों के कहे पर चलेगा। नहीं चलेगा तो पालकी उलट जाएगी। ऐसा न हो इसलिए जयकारा लगाओ—चौबीस कहारों की पालकी, जय कन्हैयालाल की। शासक का होना जरूरी है। शासन का करना नहीं।

8.10.1999

पोप के बहाने मिलाया जाता जहर

यह कोई अजूबा नहीं है कि पोप की यात्रा पर संघ परिवार कई मुखों से बोल रहा है। हमारे पुराणों में ऐसे कई देवताओं, राक्षसों और नरों का वर्णन है जिनके कई मुख थे। लेकिन पुराणों में भी यह नहीं बताया गया कि ये बहुमुखी चरित्र अलग-अलग मुखों से अलग-अलग बोलियों में भिन्न प्रकार की या एक-दूसरे के विपरीत बातें बोलते थे। यह संघ परिवार का ही चमत्कार है कि वह अपने अलग-अलग मुखों से अलग-अलग बातें कह सकता है और फिर भी एक परिवार रह कर हमारे सार्वजनिक जीवन के कई क्षेत्रों में एक साथ शोर मचा सकता है। पहले इस अष्टावक्र प्राणी की बातों पर लोग ध्यान नहीं देते थे। लेकिन कई मुखों से बोल कर पैदा किए गए भ्रम की धुंध में जब से इसने बाबरी मस्जिद तोड़ी है लोग सावधान हो गए हैं। कुछ तो इतने संवेदनशील कि झुंड से आवाज आते ही हुआ-हुआ करने लगते हैं—जैसे अपने साम्यवादी।

पोप संसार के कोई एक अरब रोमन कैथोलिक ईसाइयों के धर्मगुरु हैं इसलिए अपन उन्हें सम्मान और आदर से देखते हैं। इतने लोगों की श्रद्धा और भक्तिभाव से जिस व्यक्ति का अभिषेक होता हो उसका सम्मान करना सनातन धर्म का संस्कार है भले ही वह दूसरे और दूसरों के धर्म का गुरु हो। सनातन धर्म में यह कहीं नहीं कहा गया कि उसी का रास्ता सर्वश्रेष्ठ है और वही भगवान तक पहुंचने का एकमात्र मार्ग है। अपने यहां भगवान तक पहुंचने के कई मार्ग स्वीकार किए गए और उनमें से किसी पर भी चलने की स्वतंत्रता दी गई। पोप नाम की संस्था जैसी कोई संस्था सनातन धर्म में नहीं है न उसकी कोई गुंजाइश है। लेकिन ईसाइयों का कोई संप्रदाय उसे मानता हो तो जरूर माने। हम पोपडम को नहीं मानते लेकिन इसलिए हम उसकी भर्त्सना और विरोध नहीं करेंगे। जो लोग पोप को मानते हैं और भगवान तक पहुंचने के लिए उनकी उंगली पकड़ कर चलना चाहते हैं वे जरूर मानें और चलें। हम न उनके रास्ते में आएंगे न उनके कारण अपने रास्ते से भटकेंगे। अपने धर्म में मरना श्रेयस्कर है। दूसरे के धर्म में फलना-फूलना भी भयावह है।

इसलिए एक सनातन हिंदू के नाते न मैं पोप के स्वागत के लिए उत्सुक, आतुर और उद्विग्न होऊंगा न उनके भारत आने का विरोध करूंगा। यह रवैया पंथनिरपेक्ष लोकतांत्रिक गणतंत्र भारत के नागरिक होने के कारण नहीं सनातन धर्म को मानने वाले हिंदू के नाते है। यह इसलिए भी नहीं कि हमारे यहां अतिथि को देवता मानने की परंपरा है। ऐसी परंपरा का पालन करना एक तरह की औपचारिकता है जो सनातन धर्म में सक्रिय निष्ठा रखने वाले को शोभा नहीं देती। सही है कि मध्य युग के ईसाई मिशनरियों ने अपने-अपने देश के साम्राज्यवादी शासकों के साथ मिल कर भारतीयों, उनके धर्म, उनकी संस्कृति, उनके साहित्य और उनकी जीवन पद्धति पर कोई कम अत्याचार नहीं किए। संसार में दूसरे देशों के लोगों पर भी धर्म के नाम पर ईसाइयों ने कोई कम जुल्म नहीं ढाया है। ईसाई और इस्लाम धर्मों के बीच ही जिहाद हुए हैं और अपने सिवाय दूसरे सभी धर्मों को गलत मानने वाले इन धर्मों ने एक-दूसरे पर और अन्य धर्मों पर हिंसक और विधर्मी हमले किए हैं। दूसरों को अपने धर्म में लाने के लिए इन दोनों ही धर्मों के सेवकों और शासकों ने साम, दाम, दंड, भेद आदि सभी का इस्तेमाल किया है। तीन सौ-चार सौ साल पहले गोवा में पुर्तगाली साम्राज्यवादियों

की मदद में कैथोलिक मिशनरियों ने घमासान मचाया और अत्याचार किए।

लेकिन ईसाइयों और मुसलमानों से इतिहास का हिसाब साफ करने के लिए सनातन हिंदू भी वही करें जो इनने किया या किया माना जाता है तो आप इनके जैसे ही हो जाएंगे, अपने जैसे नहीं रहेंगे। हम सनातनी हिंदू मानते हैं कि सभी धर्मों में अच्छी बातें हैं और वे भगवान तक पहुंचने के रास्ते हैं और सब अपने रास्तों पर जाने के लिए स्वतंत्र हैं। हम धर्मांतरण में विश्वास नहीं करते लेकिन जिनका विश्वास है उन्हें रोकते भी नहीं। हम संयम, सहनशीलता, बहुविधता, बहुलता और आत्मा की स्वतंत्रता में विश्वास करते हैं। इन्हीं को धर्म का स्वभाव और प्रवृत्ति मानते हैं। इसलिए अगर हम ईसाइयों और मुसलमानों से आग्रह करें कि हमारे जैसे हो जाइए और हमारे जैसा ही व्यवहार कीजिए तो हम सनातनी हिंदू नहीं, आग्रही ईसाई या मुसलमान हो जाएंगे। अपने धर्म और अपनी संस्कृति की रक्षा आप अपने ढंग से सच्चे धार्मिक और अपनी तरह के अच्छे सुसंस्कृत हो कर ही कर सकते हैं। अपने धर्म की रक्षा और उसके विस्तार में आप वही करने लगें जो मुसलमानों और ईसाइयों ने किया तो आप स्वयं अपने धर्म को नष्ट करने वाले और संस्कृति के विरोधी हो जाएंगे।

आप पाएंगे कि संघ परिवार के गले यह सनातनी तर्क नहीं उतरता। वह धर्म को व्यवहार का विषय मानता है इसलिए उसकी प्राथमिक निष्ठा में शठ्यम प्रति शाठ्यम है—यानी जैसे के साथ तैसा। जैसे के साथ तैसा व्यवहार करने में आप भी तैसे हो जाएंगे और तैसे होना अपने से विपरीत होना है, इस सत्य को संघ परिवार नहीं मानता। इसलिए उसे लगा कि अयोध्या में रामजन्मभूमि पर जो मंदिर बना था उसे बाबर ने गिरा कर मस्जिद बनाई थी तो हम सच्चे रामभक्त तभी होंगे जब उस मस्जिद को तोड़ देंगे। तोड़ दी। किसी के धर्म स्थान को तोड़ना राम का नहीं बाबर का काम है। तो मस्जिद तोड़ कर हम राम तो नहीं बन सकते बाबर ही बनेंगे। बन गए। कोई बात नहीं। उसने हमारा मंदिर गिराया हमने उसकी मस्जिद गिरा दी। बदला ले लिया। हम सच्चे हिंदू न रहे तो कोई बात नहीं, प्रतिशोध तो ले ही लिया। सनातन धर्म का एक ग्रंथ प्रतिशोध को धर्म का पालन नहीं बताता बल्कि सारे वेद, उपनिषद, पुराण आदि उसका निषेध करते हैं। हिंदुत्व की नींव ही मुसलमानों और ईसाइयों से प्रतिशोध पर टिकी है इसीलिए वह एक अहिंदू, अधार्मिक, अभारतीय और यूरोप-प्रेरित राजनैतिक अवधारणा है। और इसीलिए हिंदुत्व के अलंबरदार कभी मुसलमान तो कभी ईसाइयों की तरह बर्ताव करते हैं। इसीलिए संघ परिवार का पितृ संगठन अपने को सांस्कृतिक-सामाजिक संगठन बता कर किसी राजनैतिक धतकरम से दूर नहीं रखता। वह धर्म का नहीं सत्ता का साधक है।

संघ हिंदू समाज को सनातन धर्म के मौलिक सिद्धांतों पर संगठित नहीं कर सकता इसलिए वह मुसलमानों और ईसाइयों के विरुद्ध प्रतिशोध यानी इतिहास का हिसाब साफ करने के लिए संगठित करता है। भारत में मुसलमान ज्यादा-से-ज्यादा बारह-तेरह प्रतिशत होंगे। लेकिन संघ हिंदू समाज में लगातार यह डर पैदा करता रहता है कि मुसलमान चार बीवियां रख सकते हैं इसलिए उनकी संख्या इतनी तेजी से बढ़ रही है कि हिंदुओं के एकमात्र देश भारत में भी वे बहुसंख्यक हो जाएंगे और फिर हिंदुओं के लिए कोई जगह नहीं बचेगी। भारत यों भी मुसलमान देशों से घिरा हुआ है। हिंदू लोग और हिंदू धर्म खतरे में है इसलिए उनके बचने का एक ही तरीका है कि वे मुसलमानों के खिलाफ संगठित हों। ऐसा ही डर संघ हिंदुओं में ईसाइयों के विरुद्ध पैदा करता है कि वे इतनी तेजी से गरीब, गंवार और भोलेभाले हिंदुओं को लालच से और दबाव से ईसाई बना रहे हैं कि हिंदू धर्म शीघ्र ही नष्ट हो जाएगा। और हिंदू ईसाई हो जाएंगे। अभी भारत में ईसाई

कुल दो से तीन प्रतिशत के बीच हैं लेकिन वे बयासी प्रतिशत हिंदुओं को निगल जाएंगे। इसलिए ईसाई मिशनरियों को मार भगाओ।

यही मानसिकता विश्व हिंदू परिषद और बजरंग दल और नए बने संस्कृति रक्षा मंच को प्रेरित करती है कि वे ईसाई मिशनरियों और उनकी गतिविधियों पर हमला बोलें। ग्राह्म स्टेंस और उनके दो निरपराध बेटे इसीलिए ओडीशा में जिंदा जला दिए गए। ओडीशा और गुजरात में और भी ईसाई मिशनरियों और चर्चों पर हमले हुए। और अब यही संघ परिवारी संगठन पहले तो पोप की यात्रा का ही विरोध करते रहे लेकिन जब परिवार की राजनैतिक बेटी भाजपा की गठबंधन सरकार ने कहा कि वे तो हमारे निमंत्रण पर आ रहे हैं और राजकीय अतिथि हैं तो लाइन बदली। कहा कि अगर वे वेटिकन के राष्ट्राध्यक्ष के रूप में राजकीय अतिथि बन कर आएं तो धार्मिक कार्यक्रम में भाग न लें और अगर धार्मिक नेता के रूप में आ रहे हैं तो राजकीय अतिथि न बनें। सरकार ने कहा कि ऐसे बंधन पोप पर लगाना संभव नहीं तो परिवारी संगठनों ने कहा कि गोवा में तीन-चार सौ साल पहले पुर्तगाली रोमन कैथोलिक मिशनरियों ने हिंदुओं पर जो अत्याचार किए थे उनके लिए वे माफी मांगे। यहां आ कर कहें कि सब धर्म समान हैं। धर्मांतरण अनुचित है और अब भारत में मिशनरी धर्मांतरण नहीं करवाएंगे। विश्व हिंदू परिषद् के नेता अशोक सिंघल ने कहा कि पोप ने जघन्य पाप किया है और वे उसके लिए माफी मांगें। गोवा से दिल्ली के लिए धर्म जागरण यात्रा निकल चुकी है लेकिन संघ परिवार अब पोप की यात्रा का विरोध नहीं करेगा, उसके खिलाफ जन-जागरण करेगा। इसका क्या मतलब है यह संघ परिवार ही जानता है क्योंकि अलग-अलग मुखों से बोलने और उनका मनमाना अर्थ निकालने के चमत्कार भी वही कर सकता है।

भाजपा गठबंधन की सरकार के गृहमंत्री लालकृष्ण आडवाणी ने कहा कि पोप राजकीय मेहमान हैं इसलिए उनके खिलाफ कोई विरोध प्रदर्शन नहीं होने दिया जाएगा। लेकिन गृहमंत्री ने नहीं कहा कि सरकार राष्ट्रीय स्वयंसेवक संघ, विश्व हिंदू परिषद, बजरंग दल आदि संघ परिवारी संगठनों को रोकेगी। ऐसा निश्चय न वे जाहिर कर सकते हैं न उन्हें रोकने की उनमें क्षमता है। आखिर पोप और ईसाइयत के खिलाफ संघ परिवारी संगठन जो कह और कर रहे हैं उसमें भाजपाई नेता भी सहमत हैं वे चाहे आडवाणी हों या अटल बिहारी वाजपेयी। पोप के खिलाफ ऐसा कोई प्रदर्शन न हो जो अमेरिका और यूरोप के अमीर और शक्तिशाली देशों में सरकार को बदनाम करे यही भाजपाई गठबंधन सरकार की इच्छा है। इसीलिए पोप के खिलाफ संघ परिवारी संगठनों को भाजपा उतनी ही दूर जाने देगी जितनी दूर जाने से उनके घरेलू लक्ष्य पूरे होते हैं। यानी भारतीय समाज में पोप और ईसाई मिशनरियों के खिलाफ जितना भी जहर घोलना हो घोलो पर ऐसा कुछ मत करो कि भाजपा सरकार की ईसाई अमीर और विकसित दुनिया में छवि खराब हो। इतनी मर्यादा में रहने के लिए भी भाजपाई नेताओं से संघ परिवार को कुछ मुआवजा दिया है। मुआवजा यह जानकारी कि एशियाई पादरियों का सम्मेलन पोप चीन में करना चाहते थे लेकिन चीन ने अनुमति नहीं दी। श्रीलंका ने भी नहीं दी। हमसे कहा गया कि हमने पोप को राजकीय अतिथि के रूप में निमंत्रित किया ताकि कल कोई यह न कहे कि भाजपा सांप्रदायिक है। पोप को सम्मेलन करने देने और राजकीय अतिथि बना कर भाजपा ने अपनी पंथनिरपेक्षता साबित कर दी है।

संघ परिवारी संगठन अब इसी जानकारी को आधार बना कर दावा कर रहे हैं कि हम न पोप की भारत यात्रा के खिलाफ हैं न पोप के। हम तो मिशनरियों की भारत में धर्मांतरण और सेवा के बहाने

अपने धर्म को फैलाने की कोशिश के खिलाफ हैं। प्रायश्चित करना और माफी मांगना तो पोप के जाहिर कामों में से एक है। इसलिए गोवा में हुए अत्याचारों पर वे माफी मांगें तो यह ईसाइयत के अनुरूप ही होगा। अतिथि से आदर के साथ सवाल पूछने में कोई खराबी नहीं है। आखिर हिंदू संगठनों को भी सवाल पूछने का हक है। इस दिखाऊ पंथनिरपेक्षता और लोकतांत्रिकता के पीछे संघ परिवारी संगठन भारतीयों, खास कर हिंदुओं को ईसाइयों के विरुद्ध संगठित करने के प्रयास में लगे हुए हैं। हम भूल रहे हैं कि भारत में पहला चर्च केरल में ईस्वी सन् '52 में बना था। इसके सवा तीन सौ साल बाद रोम में चर्च बना। भारतीय समाज के स्वभाव में ही सर्वधर्म समानत्व की भावना नहीं होती तो ईसाइयत इतने वर्षों से यहां रह पाती ? फिर मिशनरियों के अत्याचार पुर्तगाली, ब्रिटिश और फ्रांसीसी साम्राज्य की स्थापना से ही हुए। ईसाइयत तो उससे डेढ़ हजार साल पहले से भारत में है। ईसाइयत के लगभग दो हजार साल तक रहने और इतने यूरोपीय साम्राज्यों के बावजूद भारत में ढाई प्रतिशत ईसाई हैं। उनसे हिंदुओं को कैसा डर ? उन्हें ले कर हिंदू समाज में जहर फैलाने की क्या जरूरत ? पोप की यात्रा के बहाने भारतीय समाज का यह जो सर्वग्राही ताना-बाना तोड़ा जा रहा है इसकी चिंता किसे है ? आपको है ?

2.11.1999

जी हां, ऐसे भाजपा कांग्रेस हुई है

कल्याण सिंह का जाना तो चुनाव के पहले से तय था लेकिन रामप्रकाश गुप्त का उनकी जगह आना सचमुच सभी को स्तंभित कर गया है। मध्यावधि चुनाव में उत्तर प्रदेश से लगभग आधी सीटों पर हारने और इस हारने या हराने में खुद कल्याण सिंह का योगदान होने ने उन्हें हटाने को लगभग अनिवार्य कर दिया था। लगभग इसलिए कह रहा हूं कि जिस मुख्यमंत्री के राज में पार्टी हारी हो उसे हटाने का चलन कांग्रेस में रहा है। भाजपा आमतौर पर मानती रही है कि पार्टी के हारने का कारण पार्टी होती है कोई नेता नहीं। इसे मानने का कारण यह है कि भाजपा और इसके पहले जनसंघ अपने को ऐसा संगठन मानते रहे हैं जो किसी एक व्यक्ति या कुछ चुनिंदा व्यक्तियों का नहीं, सभी नेताओं और कार्यकर्त्ताओं का समजोड़ है जो हिंदुत्व के विचार को फैलाने और स्थापित करने की रणनीति बनाने और उस पर अमल करने में लगे हुए हैं। संगठन यानी पार्टी को नेताओं और कार्यकर्त्ताओं से ऊपर मानने की इस निष्ठा के कारण ही भाजपा और संघ परिवार में न दोष व्यक्ति या व्यक्तियों पर मढ़ा जाता रहा है, न श्रेय दिया जाता रहा है।

लेकिन जैसे-जैसे भाजपा केंद्र और राज्यों में सत्ता के निकट आई है और डगमगाते पांवों से राजमार्ग पर चली है, जोर संगठन पर कम और व्यक्तियों पर बढ़ता जा रहा है। सन् छियानवे में अकेले अटल बिहारी वाजपेयी को सर्वोच्च नेता और प्रधानमंत्री का उम्मीदवार उस तरह प्रक्षेपित नहीं किया गया था जैसा सन् अट्ठानवे में किया गया। और सन् निन्यानवे के मध्यावधि में तो उन्हें कांग्रेसी जमाने की इंदिरा गांधी से भी ज्यादा महत्त्व दिया गया। राष्ट्रीय जनतांत्रिक गठबंधन के घोषणा-पत्र पर उन्हीं के हर दूसरे पेज पर फोटू छापे गए। पार्टी के हर चुनावी-मंच पर अटलजी की ही तसवीर की पृष्ठभूमि रखी गई। इलेक्ट्रॉनिक मीडिया पर भी सारा प्रचार अटलजी की विभिन्न छवियों का हुआ। और तो और, जब कारगिल और सोनिया गांधी के विदेशी मूल के मुद्दे चुनावी रणक्षेत्र में खोटी बारूद साबित हुए तो कहा गया कि अटल लहर चल रही है जो भाजपा और गठबंधन को जिताएगी। सन् इकहत्तर और उनहत्तर के चुनावों में इंदिरा गांधी को कांग्रेस ने भी उतना बड़ा नेता और जीत का कारण नहीं बनाया था जितना भाजपा ने अटलजी को इस मध्यावधि में बनाया।

भाजपाई पदाधिकारियों का कहना है कि इससे उनकी पार्टी कांग्रेस की तरह व्यक्ति केंद्रित नहीं हो गई है क्योंकि चुनाव तो राष्ट्रीय जनतांत्रिक गठबंधन ने लड़ा था, अकेली भाजपा ने नहीं। और गठबंधन की पार्टियां चाहती थीं कि अटल बिहारी वाजपेयी को ही प्रक्षेपित किया जाए क्योंकि वही गठबंधन की सभी पार्टियों के नेता हैं, उन्हीं के कारण गठबंधन में इतनी पार्टियां आई हैं और सिर्फ वही प्रधानमंत्री और सर्वोच्च नेता हो सकते हैं। गठबंधन की जो छवि और आकलन अटलजी का था और है उसी पर वह चला और भाजपा उसके साथ हो गई। भाजपा ने अपने तरीके पर गठबंधन को चलाने के बजाय उनके आकलन और तरीके पर चलना स्वीकार किया। लेकिन यह गठबंधन में भाजपा का रवैया है। उसके बाहर और अपनी पार्टी अस्मिता में भाजपा ही संगठन को व्यक्ति से बड़ा मानने वाली पार्टी है। यानी भाजपाई नेताओं का कहना है कि हमारा कांग्रेसीकरण

नहीं हुआ है। हम व्यक्ति केंद्रित पार्टी नहीं बने हैं, गठबंधन होगा तो हो !

लेकिन उत्तर प्रदेश में भी अकेली भाजपा की सरकार नहीं है। जनतांत्रिक बसपा और लोकतांत्रिक कांग्रेस के समर्थन के बिना वह सरकार न बन सकती थी, न चल रही है। वह भी एक तरह का गठबंधन ही है भले ही किसी औपचारिक नाम से न हो। लेकिन इस गठबंधन में भाजपा ने कल्याण सिंह को हटाने पर एक पार्टी की तरह काम किया, एक गठबंधन की तरह नहीं क्योंकि उन्हें हटाने की मांग भाजपा के नेताओं ने की थी, गठबंधन की पार्टियों ने नहीं। बल्कि गठबंधन की पार्टियों ने तो कल्याण सिंह के हटाए जाने का विरोध किया था। कल्याण सिंह को इसलिए हटाया जाए कि उनके मुख्यमंत्रित्व में भाजपा आधी सीटें हार गई और खुद कल्याण सिंह ने उसके उम्मीदवारों को हरवाया—भाजपा नेताओं की यह मांग खांटी कांग्रेसी थी और आगे हम देखेंगे कि भाजपा हाईकमान ने कैसे ठेठ कांग्रेसी ढंग से उसे माना। रामप्रकाश गुप्त को पार्टी संग्रहालय की पुरानी फाइलों में से कैसे ढूंढ़ कर और झाड़-पोंछ कर बिलकुल कांग्रेसी मोहरे की तरह मुख्यमंत्री पद पर बैठाया।

इसके पहले भाजपाई राज का एक और नमूना देख लेना चाहिए। पिछले साल जब इसी गठबंधन का राज था और यही अटलजी प्रधानमंत्री थे तब दिल्ली, राजस्थान और मध्य प्रदेश में विधानसभा चुनाव होने थे। साहिब सिंह वर्मा तब दिल्ली के अलोकप्रिय भाजपाई मुख्यमंत्री थे। वे मदनलाल खुराना को हटा कर इस पद पर आए थे इसलिए नहीं कि खुराना को विधायक पार्टी हटाना चाहती थी इसलिए कि खुराना राजनैतिक किस्म के मुख्यमंत्री थे और राष्ट्रीय स्वयंसेवक संघ अपने किस्म का मुख्यमंत्री चाहता था। खुराना गुट और वर्मा गुट की ठनी हुई थी इसलिए कि भाजपा के राजनैतिक और संघ गुट में तकरार थी। पर पाया गया कि साहिब सिंह वर्मा के नेतृत्व में भाजपा फिर दिल्ली में जीत नहीं सकेगी। लगभग तय किया गया कि खुराना को फिर मुख्यमंत्री बना दिया जाए लेकिन यह भी विजयी फॉर्मूला नहीं था क्योंकि साहिब सिंह अपने हटाए जाने और खुराना को फिर बनाए जाने को बरदाश्त नहीं करेंगे और उनकी आपसी लड़ाई चुनाव हरवा देगी। इसलिए दोनों को हटाया गया और सुषमा स्वराज को मुख्यमंत्री बनाया गया जो केंद्र में सूचना और प्रसारण मंत्री थीं। चुनाव हुआ और सुषमा स्वराज के नेतृत्व में भाजपा बुरी तरह हार गई। सुषमा स्वराज का कुलांचे भरता कैरियर जमीन पर आ गिरा।

यह प्रयोग भी खांटी कांग्रेसी था। कांग्रेस राज्यों में गुटबाजी को आजादी के पहले से झेलती और निपटाने की कोशिश करती रही है। सन् सैंतीस में जगह-जगह उसकी क्षेत्रीय सरकारें बनी थीं और सब जगह सत्ता हथियाने की फिराक में गुट लगे रहते थे और केंद्रीय नेताओं यानी आलाकमान को उन्हें संतुष्ट, निर्विष, निष्क्रिय और बलहीन करना पड़ता था। नेहरू के जमाने तक जड़-जमीन की राजनीति का स्वीकार होता रहा और इस या उस गुट का नेता मुख्यमंत्री और पार्टी अध्यक्ष होता रहा। लेकिन सन् उनहत्तर में इंदिरा गांधी ने कांग्रेस का महाविभाजन किया, फिर इकहत्तर के चुनाव में वे अपनी कांग्रेस को अपने अकेले बूते पर जिता लाईं। उसके बाद वही सर्वोच्च नेता, वही आलाकमान और वही कांग्रेस हो गईं। उन्हीं के जमाने में गुटबंदी को निष्क्रिय करने के लिए केंद्र से मुख्यमंत्री भेजे जाने लगे जो सर्वानुमति से विधायक दलों द्वारा चुने जाते और आलाकमान के निर्णायक गुट के नुमाइंदे की तरह राज करते। फिर यही तरीका राजीव गांधी और नरसिंह राव ने अपनाया और अब सोनिया गांधी भी चला रही हैं।

विधायकों और सारे गुटों की तरफ से नेता चुनने का आलाकमान को विशेषाधिकार मिल तो गया लेकिन न तो कांग्रेस से गुटबाजी समाप्त हुई, न आलाकमान की भक्ति या चापलूसी। अलबत्ता

कांग्रेस संगठन जरूर खत्म हो गया और जड़ों से निकल कर जमीन के भरोसे हवा-पानी पर पनपने वाले नेताओं की पौध भी मारी गई। अपने भरोसे और आधार पर पलने-पनपने वाले नेता चूंकि केंद्र में शक से देखे और झट से खत्म किए जाने लगे इसलिए आलाकमान की नजर में आने और चढ़ने वाले नेता अमर बेलों की तरह कांग्रेस पर छा गए। उनने पेड़ को ठिकाने लगा दिया। उनकी अपनी जड़ तो थी नहीं इसलिए पेड़ के साथ वे भी सूख गए। कांग्रेस में यह प्रक्रिया अब भी चल रही है इसलिए देश के हर कोने में व्यापी वह पार्टी अब जहां-तहां छोटे-बड़े डबरों की तरह हो गई है। देश की मातृ राजनैतिक पार्टी के ये हाल इसलिए हो गए कि सत्ता में आते ही नेता को चक्रवर्ती होने की इच्छा हुई और गुटबंदी को निष्क्रिय करने के लिए उसने उस राजनैतिक प्रक्रिया को ही दूषित और नकारात्मक कर दिया जो सत्ताकांक्षी गुटों की होड़ से समृद्ध और शक्तिशाली बननी चाहिए थी। समाज के विभिन्न वर्गों में सत्ताकांक्षा नहीं होगी और उसके लिए वे एक-दूसरे से होड़ नहीं करेंगे तो हमारे समाज और हमारी राजनीति में ऊर्जा कहां से और कैसे आएगी ? गुटबाजी और उनमें सत्ता के लिए होड़ जड़-जमीन से उठने वाली राजनीति की अभिव्यक्ति है।

जो पार्टी और नेता चाहते हैं कि यह राजनीति नीचे से ऊपर तक व्याप जाए वे गुटबाजी और उनकी सत्ताकांक्षा को रचनात्मक मान्यता दे कर अपने सबसे गतिशील रूप में अभिव्यक्त होने का रास्ता निकालते हैं। जवाहरलाल नेहरू के वक्त तक सत्ता की गुटबाजी और क्षेत्रीय नेताओं की महत्त्वाकांक्षा को अभिव्यक्ति के रचनात्मक अवसर मिलते थे इसलिए बावजूद गुटबाजी और नेताओं के अहं के कांग्रेस जड़-जमीन पर दमदार और फलती-फूलती पार्टी बनी रही। इंदिरा गांधी, जैसा कि अब एक तथ्य के नाते मान लिया गया है, स्वयं एक असुरक्षित राजनेता थीं और वे राजनीति की भूगर्भीय विस्फोटक प्रक्रिया को खुद अपने लिए खतरनाक मानती थीं। उनने उसे निष्क्रिय करने और उस पर अपनी प्रक्रिया थोपने की कोशिश की। ऊपर के दबाव के कारण सहज राजनीति की प्रक्रिया दूसरे रास्ते ढूंढ़ने को मजबूर हुई। देश में हिंसा, अराजकता, घुटन और घड़बड़ाहट बढ़ी। राज चलाना मुश्किल हो गया। कांग्रेस से लोगों का विश्वास उठा। गैर-कांग्रेसी पार्टियां सत्ता में आईं। उनमें से भी भारतीय जनता पार्टी पिछले दस वर्षों में सबसे मजबूत हो कर निकली।

लेकिन उत्तर प्रदेश का घटनाक्रम बताता है कि भाजपा भी जड़-जमीन की राजनीति और विभिन्न सत्ता गुटों की होड़ को उसी तरह सुलटाना चाहती है जैसे कांग्रेस करती थी। वहां पिछले चुनाव के बाद किसी की सरकार नहीं बन पाई तो बसपा से भाजपा ने समझौता किया कि छह महीने वह राज करे और छह महीने भाजपा। पहले छह महीने मायावती मुख्यमंत्री रहीं लेकिन जब कल्याण सिंह के मुख्यमंत्री बनने की बारी आई तो उनने समझौता तोड़ दिया। तब कल्याण सिंह ने बसपा और कांग्रेस दोनों को तोड़ा। उनसे टूट कर आए प्रत्येक विधायक को मंत्री बनाया और बहुमत साबित किया। बसपा से सत्ता में भागेदारी का यह प्रयोग अटल-आडवाणी ने कल्याण सिंह की मर्जी के बिना या खिलाफ किया था जबकि वे उत्तर प्रदेश भाजपा के सबसे बड़े नेता थे। वही रामजन्मभूमि आंदोलन के बाबरी मस्जिद के ध्वंस के नेता थे और उनने सवर्ण जातियों के समर्थन वाली भाजपा को पिछड़ी और मझौली जातियों से जोड़ा था। वे अपने को भाजपा में पिछड़ी जातियों का नेता मानते थे। लेकिन भाजपा के नेतृत्व ने मायावती को दलितों का नेता मान कर समझौता किया और मुंह की खाई। कल्याण सिंह ने बसपा और कांग्रेस दोनों को तोड़ कर अपनी सरकार अपने बूते पर बनाई।

ऐसे कल्याण सिंह को पार्टी के केंद्रीय नेतृत्व से खुंदक होना स्वाभाविक था क्योंकि एक तो जिन दो ताकतों (रामजन्मभूमि आंदोलन और पिछड़ी जातियों के समर्थन) पर भाजपा राष्ट्रीय पार्टी बन कर केंद्र और राज्य में सत्तारूढ़ हुई उन दोनों के हीरो वही थे और उनकी पिछड़ों के नेता होने की बुनियादी पहचान थी। इन दोनों पहचानों को केंद्रीय नेतृत्व ने नकारा था। इससे उनमें जो आत्म-केंद्रिकता और आक्रामकता आई वह न आलाकमान को बरदाश्त हुई न उत्तर प्रदेश के दूसरे सवर्ण नेताओं को। वहां जो गुटबाजी और सत्ता संघर्ष चला उसमें सवर्णों के साथ केंद्रीय नेतृत्व का ज्यादा समर्थन मिला। फिर अटल बिहारी वाजपेयी लखनऊ से ही जीते हुए उत्तर प्रदेश के प्रधानमंत्री हुए। उत्तर प्रदेश में भाजपाई अखाड़े में खांटी कांग्रेसी लड़त शुरू हो गई। उत्तर प्रदेश का मुख्यमंत्री उत्तर प्रदेश से बने प्रधानमंत्री को कोरनिश बजाए बिना नहीं रह सकता। इसलिए यह लड़त प्रधानमंत्री-मुख्यमंत्री की तो बनी ही अगड़े-पिछड़े की भी बन गई। इसीलिए मध्यावधि में अपने विरोधियों को हराने में कल्याण सिंह ने मुलायम सिंह की मदद की। कल्याण सिंह ने केंद्र के विरुद्ध फिर अपनी ताकत दिखाई और इसका खामियाजा उन्हें भुगतना ही था।

कांग्रेसी प्रधानमंत्री की तरह व्यवहार करते हुए अटलजी ने उत्तर प्रदेश के किसी भी सत्ता गुट को बागडोर न सौंप कर लड़ते हुए सभी नेताओं को बाहर किया और झाड़-पोंछ कर रामप्रकाश गुप्त को संग्रहालय की फाइल से निकाल लाए। चूंकि गुप्तजी लड़ते हुए नेता नहीं हैं और न अगड़े हैं, न पिछड़े इसलिए निष्क्रियता को निर्गुटता मान कर उन्हें बागडोर सौंप दी गई है। वे उत्तर प्रदेश के सत्ता संघर्ष में न पार्टी हैं, न अंपायर। उन्हें फैसलों को अमल में लाना है। वे रामजन्मभूमि आंदोलन और मंडल दौर के पहले के नेता हैं। सारा देश मानता है कि मंडल और कमंडल ने हमारी राजनीति का चरित्र, स्वभाव, सुर और आवाज बदल दी है। न बदली होती तो दूसरी पार्टियों के साथ आज भाजपा केंद्र और राज्य में सत्तारूढ़ नहीं होती। इस बदलाव को बिलकुल मिस करने वाले रामप्रकाश गुप्त को मुख्यमंत्री बना कर अटलजी ने इंदिरा गांधी का नुस्खा काम में लिया है। इस नुस्खे से भाजपा के उत्तर प्रदेश में वही हाल होंगे जो इंदिराजी के कारण कांग्रेस के हुए हैं।

16.11.1999

लेकिन कल्याण सिंह कांग्रेसी क्षत्रप नहीं हैं

कल्याण सिंह को मनाने और अपनी व्यवस्था में रखने को भी खांटी कांग्रेसी कोशिशें भाजपा हाईकमान ने की। जैसे उन्हें कहा गया कि आप केंद्रीय मंत्रिमंडल में शामिल हो जाइए। आपका पद और रुतबा अटलजी और आडवाणीजी के बाद का रहेगा। कृषि मंत्रालय मिलेगा। यह भी कहा गया कि इतने राज्यों में राज्यपाल के पद खाली हो रहे हैं आप जहां चाहें राज्यपाल बन जाइए। संगठन में भी उन्हें पद देने की पेशकश की गई। प्रदेश अध्यक्ष बनें या केंद्रीय संगठन में आ जाएं।

निकाले गए मुख्यमंत्री को 'एडजस्ट' करने के ये तरीके कांग्रेस में बहुत पहले से चल रहे हैं। इसलिए भी कि राज करने वाली पार्टी अभी-अभी तक वही रही है और उसी के पास असंतुष्ट या नाराज नेता को ऑफर करने लायक इतने पद रहे हैं। लेकिन इन्हें फिर भी कांग्रेसी इसीलिए कहा जाएगा कि केंद्रीय मंत्री, राज्यपाल और संगठन में पदाधिकारी के पद नाराज नेता और योग्यता के कारण नहीं उसकी नाराजगी और उसे दूर न किए जाने पर नुकसान पहुंचाने की उसकी क्षमता के आधार पर उसे देने की पेशकश की जाती है। कल्याण सिंह के मामले में साफ था कि भाजपा हाईकमान उन्हें मुख्यमंत्री पद से हटाने को आतुर है, उनसे किसी पद को सुशोभित देखने पर नहीं। लेकिन भाजपाई नेता नहीं मानेंगे कि उनकी पार्टी ने कल्याण सिंह को मनाने के लिए कांग्रेसी कोशिशें की थीं।

लेकिन कल्याण सिंह ने इन सभी कोशिशों को नाकाम कर दिया। उनने साफ कहा कि आलाकमान कहेगा तो वे मुख्यमंत्री पद छोड़ देंगे लेकिन उसके एवज में कोई पद कहीं नहीं लेंगे। निजी तौर पर मित्रों से भी उनने यह कहा और सार्वजनिक रूप से जनता से भी। वे जानते थे कि उनको हटाया जाएगा और उसके लिए वे तैयार थे। दरअसल चुनाव अभियान के दौरान ही वे वहां प्रचार करने नहीं गए जहां उन्हें नहीं जाना था। अपनी पार्टी के जिस उम्मीदवार को वे हरवाना चाहते थे वहां खिलाफ प्रचार से भी नहीं हिचके। एक उम्मीदवार ने सभा में अटलजी को भगवान बता दिया जो उसकी नैया पार करवाएंगे तो नीचे उतर कर कहते हैं कल्याण सिंह उसको कह कर चले गए कि अब भगवान ही आपको जितवाएंगे ! प्रोटोकोल के नाते भी वे उत्तर प्रदेश की सभाओं में अटलजी की अगुआई करने नहीं गए। बीमार हो गए। लेकिन जैसा कि यह मध्यावधि लड़ने वाले उम्मीदवारों ने साफ कहा कल्याण सिंह उसी को जिताने गए जिसे जिताना चाहते थे और उसे हरवाया जिसे हरवाना था।

साक्षी महाराज को भाजपा ने टिकट नहीं दिया। कल्याण सिंह के कहने पर भी नहीं दिया। साक्षी महाराज उसी लोध राजपूत समाज के हैं जिसके कल्याण सिंह हैं। वे भाजपा से इस्तीफा दे कर समाजवादी पार्टी के लिए प्रचार करने और भाजपा को हराने निकल गए। उनने कई बार भाषणों में संकेत दिया कि समाजवादी पार्टी के नेता मुलायम सिंह यादव और कल्याण सिंह में राजनैतिक समझौता हो गया है। कल्याण सिंह से कई बार कहा गया कि वे इसका खंडन करें और साक्षी महाराज भाजपा के खिलाफ जो प्रचार करते हैं उसका विरोध करें। लेकिन न तो कल्याण सिंह ने साक्षी महाराज के कहे का खंडन किया, न उनके खिलाफ कोई बयान या भाषण दिया। यह भ्रम

उनने बना रहने दिया कि लोध राजपूत भाजपा को छोड़ कर मुलायम सिंह का समर्थन कर रहे हैं क्योंकि भाजपा, साक्षी महाराज और कल्याण सिंह दोनों के खिलाफ है। कहते हैं इस भ्रम के फैले रहने के कारण उत्तर प्रदेश में भाजपा को कम-से-कम बीस सीटों पर नुकसान भुगतना पड़ा। अफवाह तो चुनाव के दौरान यही थी कि कल्याण सिंह और मुलायम सिंह इतने नजदीक आ गए हैं कि चुनाव के बाद वे मिल कर पिछड़ों का मंच बना लेंगे। भाजपा ने अगर कल्याण सिंह को अपमानित कर के निकाला तो वे अलग पार्टी भी बना सकते हैं जो पिछड़ों का एक नया महामंच भी बन सकता है।

कल्याण सिंह ने न सिर्फ यह सब होने दिया, उनने वह सब बेझिझक किया भी जो 'पार्टी का वफादार सिपाही' नहीं करता। उनके यह सब करने में एक चुनौती की मुद्रा थी और एक ढिठाई भी कि हमें जो करना था हमने किया अब आपको जो करना हो करो। उत्तर प्रदेश में पार्टी की पराजय की नैतिक जिम्मेदारी भी उनने खुद ली, और यह भी कहा कि आलाकमान जो फैसला करना चाहे करे। बस उनने यही नहीं कहा कि मुझे पार्टी को हरवाना था मैंने हरवा दिया अब आलाकमान जो चाहे सजा मुझे दे सकता है, मैं तैयार हूं। न उन्हें किए का पछतावा था, न हुए का दुख। अपना पूरा जीवन एक संगठन और पार्टी में गुजारने वाला व्यक्ति ऐसा जब करता है तो इतना तो साफ होता ही है कि वह अंदर से बुरी तरह चोट खाया हुआ है और समझ गया है कि अपना आत्मसम्मान कायम रखते हुए इस संगठन और पार्टी में वह अपना भविष्य नहीं देखता। संघ परिवारी संगठन या पार्टी में जो इतने साल रह ले और अपने हिसाब से एक शिखर पर पहुंच जाए उसके बाद आसानी से उसका बाहर जाना और नया कुछ करना भी संभव नहीं होता। कल्याण सिंह के लिए भी व्रिदोह कर के बाहर निकलना आसान नहीं है।

फिर भी कल्याण सिंह ने इतना तो साफ कर ही दिया है कि कोई पद ले कर संतुष्ट हो कर बैठ जाने वाले आदमी वे नहीं हैं। वे पार्टी में ही रहेंगे और असंतुष्ट भी रहेंगे। इसका मतलब यह है कि न वे शांति से बैठेंगे, न पार्टी को शांति से रहने देंगे। पार्टी उनकी अनदेखी कर के उनको अलग-थलग करने की कोशिश करेगी लेकिन वे ऐसे ना कुछ नेता भी नहीं हैं जो अनदेखी कर के मारे जा सकें। नुकसान पहुंचाने की उनकी कितनी ताकत है यह वे चुनाव में बता ही चुके हैं और वह भी जिम्मेदारी के ऐसे पद से जहां से यह सब करना आसान नहीं होता। जो राजनेता अपनी ताकत दिखाने के लिए मुख्यमंत्री पद की परवाह नहीं करता वह किस हद तक जा सकता है यह कहने की जरूरत नहीं। कल्याण सिंह तोड़-फोड़ और उठा-पटक कैसी कर सकते हैं यह भी वे दो साल पहले बता चुके हैं। मायावती ने जब भाजपा आलाकमान से अपना समझौता तोड़ कर कल्याण सिंह सरकार से समर्थन वापस ले लिया तो उनने कांग्रेस और बसपा दोनों के इतने आदमी तोड़ लिए कि बहुमत साबित कर सकें। सत्ता में भागेदारी का समझौता बसपा से भाजपा आलाकमान ने किया था लेकिन कल्याण सिंह ने अपनी सरकार खुद बचाई थी। बसपा से समझौता कल्याण सिंह की अनदेखी कर के किया गया था। उसके जवाब में उनने अपनी सरकार बसपा को तोड़ कर बचा ली।

ऐसी चोट और ऐसी व्यग्रता कल्याण सिंह में है कि जब सभी कह रहे थे कि उत्तर प्रदेश में भाजपा उनके कारण हारी तो उनने कहा कि अटलजी का लखनऊ में जीत का प्रतिशत इस बार इतना गिर क्यों गया ? और लखनऊ के आसपास की सात-आठ सीटों पर पार्टी क्यों हारी ? अगर अटल लहर चल रही थी और वही पार्टी को सब तरफ जिता रही थी तो खुद अटलजी को उन्हीं के लखनऊ में पिछली बार से कम वोट क्यों मिले और वे लखनऊ के आसपास की सीटों पर जीत

क्यों नहीं दिला पाए ? यानी उत्तर प्रदेश में पार्टी की हार के लिए अटलजी भी जिम्मेदार हैं। अगर कल्याण सिंह को इस हार की कीमत चुकानी पड़ेगी तो अटलजी को क्यों नहीं ? यह सीधी चुनौती देते हुए कल्याण सिंह कोई झेंप नहीं रहे थे। वे जानते थे कि वे ऐसे अटल बिहारी वाजपेयी की तरफ उंगली उठा रहे हैं जिन्हें उनकी पार्टी ही नहीं बाकी की तेईस पार्टियां भी सर्वानुमति से माथे पर उठाए घूम रही हैं। लेकिन इन्हीं अटलजी के बारे में कल्याण सिंह ने अयोध्या में व्यंग्य से यह भी कहा कि कुछ लोगों को लाहौर जाने का समय मिल जाता है अयोध्या आने का नहीं मिलता। यह प्रहार सोच-समझ कर और एक रणनीति के अनुसार किया गया है। यानी आगे कल्याण सिंह अटलजी से हिसाब साफ करने की तैयारी कर रहे हैं।

नहीं तो यह बताइए कि जब उत्तर प्रदेश के चारों नेताओं को दिल्ली बुलाया गया तो राजनाथ सिंह, कलराज मिश्र और लालजी टंडन तो आ गए लेकिन कल्याण सिंह अखबार वालों को ले कर अयोध्या चले गए। जैसे उनको मालूम था कि दिल्ली में क्या होने वाला है और उसमें उनको पार्टी नहीं बनना है। उन्हें मालूम था कि उन्हें हटाया जाएगा लेकिन जिन्हें बुलाया गया है उनमें से किसी को भी बैठाया नहीं जाएगा क्योंकि इसी शर्त पर तो वे हटने को तैयार हुए। लेकिन अयोध्या में कल्याण सिंह रामलला के दर्शन कर के संतुष्ट और पवित्र नहीं हो गए। वे रामजन्मभूमि आंदोलन के धार्मिक नेताओं से भी मिले और फिर उनने प्रेस कांफ्रेंस में कहा कि उत्तर प्रदेश ही नहीं सारे देश में भाजपा वहीं-की-वहीं रह गई क्योंकि उसने राम मंदिर बनाने के निश्चय को पीछे पोटली में बांध कर रख दिया है। अनुच्छेद 370 को हटाने और समान नागरिक संहिता लागू करने के जो मुद्दे भाजपा को अलग पहचान देते आए हैं उन्हें भी पार्टी ने निलंबित कर रखा है। भव्य राम मंदिर बनाने की सौगंध कल्याण सिंह ने दोहराई और कहा कि जब तक पार्टी अपने पुराने एजंडे पर नहीं लौटेगी वह आगे नहीं बढ़ सकती।

दिल्ली के बजाय कल्याण सिंह का अयोध्या जाना और वहां हिंदुत्व के एजंडे पर लौटने की बात कहना और राम मंदिर बनवाने को ही अपने जीवन का लक्ष्य बताना और जो इसके लिए बातचीत या कानून से रास्ता नहीं खोल रहे हैं उन्हें बिना नाम लिए कोसना अटलजी के विरुद्ध ही मोर्चा खोलना है। सब जानते हैं कि गठबंधन अटलजी के कारण बना है और गठबंधन के कारण भाजपा ने अपना हिंदुत्व का एजंडा फिलवक्त छोड़ा हुआ है और भाजपा के नेता होते हुए भी अटलजी रामजन्मभूमि आंदोलन से दूर रहे हैं। और भाजपा के आगे न बढ़ने को उसके अपने एजंडे से दूर हटने से जोड़ना अटलजी को अपनी पार्टी को रोके रखने के लिए जिम्मेदार बताना है। भाजपा और संघ परिवार में ऐसे लोगों की कमी नहीं है जो अपनी पार्टी के अपने एजंडे से हटने को सही नहीं मानते। वे जानते हैं कि गठबंधन बनाए बिना पार्टी सत्ता में नहीं आ सकती और गठबंधन बनाए रखना है तो अपना एजंडा अभी छोड़ कर रखना होगा। इस आपद्धर्म को मानते हुए भी ये लोग चाहते हैं कि पार्टी को अपना एजंडा सक्रिय कर के रखना चाहिए ताकि पार्टी गठबंधन में सत्तारूढ़ होने का लाभ ले सके। संघ परिवार के सभी संगठनों में ऐसे लोगों को झुमाए रख कर कल्याण सिंह भाजपा में अटलजी के विकल्प को आशान्वित और शक्तिशाली बनाए रख सकते हैं। दिल्ली में अपने मुख्यमंत्रित्व के अवसान में शामिल रहने के बजाय कल्याण सिंह ने पार्टी में अपनी स्वतंत्र भूमिका अयोध्या में बताई है। ऐसा कर के वे अपने को मुलायम सिंह से भी अलग दिखा चुके हैं।

दूसरे दिन जब कल्याण सिंह ने उनकी जगह लाए गए रामप्रकाश गुप्त का स्वागत कर दिया और फिर नेता पद के लिए उनके नाम पर प्रस्ताव भी रखा तो लोगों को लगा कि उनका विद्रोह

एक दिन में ही खत्म हो गया। लेकिन कल्याण सिंह ने आलाकमान को पहले ही कह दिया था कि उन्हें हटा कर मुख्यमंत्री पद पर बैठने को उत्सुक राजनाथ सिंह, कलराज मिश्र और लालजी टंडन को अगर दूर रखा गया और किसी और को लाया गया तो वे खुशी-खुशी इस्तीफा दे देंगे। रामप्रकाश गुप्त इसीलिए लाए गए कि चारों में से किसी को भी मुख्यमंत्री नहीं रहना था। यहां तक तो जो हुआ उसमें कल्याण सिंह की बात मानी गई लेकिन आगे मंत्रिमंडल में उनके कितने साथी रखे जाएंगे और उनके बैठाए कितने मोहरों को छुआ नहीं जाएगा—यह इस पर निर्भर करेगा कि आलाकमान उन्हें कोने में कितना खदेड़ना चाहता है। यह तो संभव नहीं है कि कल्याण सिंह को हटा कर भी उस शतरंज को वैसी-की-वैसी रखा जाए जो उनने जमाई थी। और यह भी हो नहीं सकता कि उसे साफ कर दिया जाए। लेकिन कल्याण सिंह से और उनकी लड़ाई अब सरकार में नहीं चलेगी वह पार्टी में और राजनीति के मैदान में लड़ी जाएगी।

लेकिन कल्याण सिंह का उदाहरण स्पष्ट करता है कि कांग्रेस की तरह भाजपा में भी अपने बूते पर लड़ने और सिर ऊंचा कर के खड़े रहने वाले क्षेत्रीय नेता के लिए अब स्थान नहीं बचा है। इसका मतलब यह नहीं कि अटलजी अपने बूते पर प्रधानमंत्री बनते ही इंदिरा गांधी की तरह राजनीति करने लगे हैं। दिक्कत यह है कि राजनीति में अपने संगठन के अनुरूप चलन चलाने के पहले ही भाजपा ऐसी कमजोर स्थिति में सत्तारूढ़ हुई कि कांग्रेस के रास्ते पर ही चल सकती है या जब भी कभी वह अपने अकेले बूते पर सत्ता में आएगी तब तक कांग्रेस से अलग कुछ करने की उसकी ताकत और इच्छा ही न रहे। आखिर कांग्रेस में भी अपनी कमाई और अपने रास्ते चलने की इच्छा कोई कम नहीं थी। कांग्रेस के पतन से सबक सीखने की इच्छा और शक्ति भाजपा में कोई खास दिखाई नहीं देती। वह कांग्रेस से ज्यादा सत्ता के लिए लार टपकाने वाली पार्टी दिखती है।

लेकिन कल्याण सिंह खांटी कांग्रेसी क्षेत्रीय नेता नहीं हैं। न उनका व्रिदोह एक दिन में फुस्स कर गया है, न वे थक कर संतुष्ट होने वाले नेता हैं। सन् बानवे और अट्ठानवे में उनने अपनी शक्ति का नए सिरे से दिग्दर्शन किया है। उनका संघर्ष भाजपा के घर में तय करेगा कि उसका भविष्य क्या है। जरा गौर से देखना।

17.11.1999

कल्याण का जो होगा, भाजपा का क्या होगा ?

कल्याण सिंह को भाजपा से मिले नोटिस के सात दिन अभी पूरे नहीं हुए हैं न उनने उसका जवाब दिया है। लेकिन पार्टी के पदाधिकारी कह रहे हैं और बाहर माना जा रहा है कि वे निकाल दिए जाएंगे। कल्याण सिंह सातवीं क्लास में थे तब से संघ की शाखा में जाना शुरू किया और जनसंघ-भाजपा के अलावा किसी राजनैतिक पार्टी में नहीं रहे। वे चाहते थे कि उनका शव पार्टी के झंडे में लिपटा श्मशान जाए लेकिन जैसा कि वे कहते हैं—गांधी के हत्यारे को भी अपनी बात कहने का मौका दिया गया, उन्हें नहीं मिला। मुख्यमंत्री पद से हटाए जाने को ही वे पार्टी से निकाले जाना मान रहे हैं। वे नहीं मानते कि प्रहार का लक्ष्य और समय चुनने में उनने गलती की है। ''मैंने संघर्ष का रास्ता चुना है। देर करने का मतलब आत्महत्या होता और अब लौट के जाने का सवाल ही नहीं है।''

दोनों तरफ की बातों से साफ है कि भाजपा से निकाले जाने की औपचारिकता-भर पूरी होनी है। निर्णय लिया जा चुका है और मंजूर भी कर लिया गया है। कल्याण सिंह जैसे राजनेता जो भाजपा में प्रतिष्ठा और आधार के नाते अटलजी और लालजी के बाद तीसरे सबसे महत्त्वपूर्ण नेता माने जाते थे और जिनने अपना पूरा जीवन संघ परिवार में बिताया और पिछले मध्यावधि के पहले जिनकी निष्ठा और समर्पण में कोई शंका तक नहीं थी, देखते-देखते पराए हो गए और पार्टी में उनके लिए कोई जगह नहीं बची, न खुद उन्हें लग रहा है कि भाजपा और फिर संघ परिवार की दूसरी संस्थाओं से बाहर हो कर वे कैसे तो जिएंगे और कैसे राजनीति करेंगे। राजनीति में ऐसा होता है यह हम सब जानते हैं लेकिन एक पूरा जीवन एक संस्था और पार्टी विशेष में जीने के बाद जो भी नई शुरुआत होगी वह कितनी नई होगी और उनसे बना जीवन कितने दिन-महीने-साल चलेगा ?

हाईकमान से टकराने और पार्टी से निकाले जाने वाले कल्याण सिंह पहले क्षत्रप नहीं हैं। कांग्रेस से ऐसे कई नेता निकले और निकाले गए। अब भाजपा से निकले और निकाले जा रहे हैं। कुछ साल पहले शंकर सिंह वाघेला निकले और अब कल्याण सिंह देहरी पर खड़े हैं। कांग्रेस में भी कहा जाता था कि जो भी केंद्रीय नेतृत्व से रगड़ कर निकलता है वह कुछ वक्त तो विपक्ष का हीरो रहता है और पार्टी को भी उसके जाने से नुकसान का अंदेशा होता है। लेकिन धीरे-धीरे हवा और चमक निकल जाती है। क्षत्रप या तो पूंछ दबाए पार्टी में लौट आता है या गुमनामी में हवा हो जाता है। कांग्रेस में ऐसे नेताओं की सूची में कई बड़े-बड़े नाम हैं। मोरारजी देसाई लगभग आठ साल कांग्रेस के बाहर गुमनामी नहीं तो संघर्ष में पड़े रहे। फिर वे प्रधानमंत्री बने जो कांग्रेस में कभी नहीं बनते। ढाई साल ही सही वे भारत की पहली गैर-कांग्रेसी सरकार की अगुवाई करते हुए गैर-कांग्रेसवाद को सशक्त कर गए। फिर निकले या निकाले गए विश्वनाथ प्रताप सिंह। वे भी राजीव गांधी के होते हुए कांग्रेसी प्रधानमंत्री नहीं हो सकते थे। वीपी सिंह राष्ट्रीय मोर्चा सरकार के प्रधानमंत्री हुए और सिर्फ ग्यारह महीने रहे। लेकिन इस बीच मंडल आयोग की सिफारिशें लागू करवा गए और दलितों, पिछड़ों और अल्पसंख्यकों को कांग्रेस से अलग कर गए। आप कहने को कह सकते हैं कि विश्वनाथ

प्रताप सिंह ग्यारह महीने में भूतपूर्व हो गए। लेकिन यह भी मानना पड़ेगा कि कांग्रेस के पारंपरिक जनाधार को खिसकाने और उसे सत्ता से दूर करने में अकेले विश्वनाथ प्रताप सिंह ने जो किया वह विपक्षी पार्टियां भी नहीं कर पाई थीं। कांग्रेस को आज की दयनीय हालत में पहुंचाने का जितना श्रेय विश्वनाथ प्रताप सिंह को दिया जाना चाहिए उतना भाजपा को नहीं मिल सकता।

कल्याण सिंह के किए को जो लोग आत्महत्या बता रहे हैं और वाघेला जैसे क्षत्रपों के उदाहरण दे-दे कर साबित कर रहे हैं कि वे देखते-देखते भाप के गुबार की तरह हवा में गायब हो जाएंगे, कांग्रेस और भाजपा की जानी-पहचानी प्रतिष्ठानवादी दलील दोहरा रहे हैं। अपने यहां विद्रोही की जैसी जय-जयकार होती है और लोग उसे माथे पर बैठाए घूमते हैं वैसे ही विद्रोह की विफलता और उससे कुछ न हो पाने के किस्से सुनाने वालों की भी कोई कमी नहीं है। प्रतिष्ठान को अंततः जीतने वाला अविजित तत्त्व बताने वाले लोग ब्रिदोह को पानी का बुलबुला कह कर उसके निरर्थक हो जाने की मिसालें देते चले जाते हैं। ऐसे प्रतिष्ठानवादियों की संघ परिवार में भरमार है क्योंकि यह तो परिवार ही ऐसे लोगों का है जो संघ को सबसे बड़ी ताकत मानते हैं और संघ के लिए अच्छे-से-अच्छे व्यक्ति को भी बलिदान करने को तैयार रहते हैं। हमारे यहां व्यक्ति को आनी-जानी और संस्था को स्थायी मानने का जो चलन है उसकी जड़ें परिवार में ही हैं। और यह कोई संयोग नहीं है कि संघ अपने को परिवार कहना और कहलाना पसंद करता है। संघ परिवार अपने किसी भी व्यक्ति या संगठन को अपने से बड़ा नहीं होने देता।

पर काटने और बहुत छलांग लगाने वाले को धूल चटाने वाले लोग संघ परिवार में शुरू से शक्तिशाली रहे हैं। ये लोग जो भी करते हैं संघ के नाम पर उसी के हित साधने और उसी की शक्ति बढ़ाने के लिए करते हैं। इसलिए इनकी कार्रवाई में एक अजीब-सी सादगी और निर्ममता रहती है। श्रेय लेने की कोई होड़ दिखाई नहीं देती। हमेशा ऐसा ही लगता है कि बृहत्तर सांस्थानिक हित के लिए व्यक्ति की महत्त्वाकांक्षाओं और निजी हितों का बलिदान किया गया है। जो अपने को संस्था में इस तरह समर्पित और विलीन कर सकते हैं वे बनावट से दरअसल ऐसे लोग होते हैं जिन्हें अंग्रेजी में मीडियॉकर कहा जाता है। वे स्वभाव से ही ऐसे व्यक्तियों को बरदाश्त नहीं कर सकते जो बेहद प्रतिभावान और चमत्कारी हों और जिनकी उपलब्धियां उन्हें कभी प्रतिष्ठान से ऊपर उठा सकती हों। संघ का विश्वास सबको बराबर कर के रखने में है। सत्ता से दूर हो तो दल में व्यक्तिगत आकांक्षाएं हिलोरें नहीं मारतीं। सत्ता में होने पर ही संघ के व्यक्तियों से व्यवहार की कसौटी आती है।

इसमें कोई संदेह नहीं कि कल्याण सिंह जब दोबारा मुख्यमंत्री बने और मायावती ने भाजपा से सत्ता की भागेदारी का समझौता तोड़ कर समर्थन वापस लिया और उनकी कुर्सी जाती लगी तब भाजपा हाईकमान और संघ परिवार उनके काम नहीं आया। तब कल्याण सिंह ने बसपा और कांग्रेस को तोड़ कर अपना बहुमत सिद्ध किया। दल बदलने वाले प्रत्येक विधायक को मंत्री बनाया जिनमें माफिया सरदार और सत्ता पाने के लिए कोई भी समझौता करने वाले सिद्ध अवसरवादी भी थे। कल्याण सिंह अपनी इस सरकार पर भाजपा के केंद्रीय नेताओं और संघ परिवार के लोगों का वैसा अनुशासन स्वीकार नहीं कर सकते थे जैसा कि लगाने के वे आदी हैं। कल्याण सिंह के मन में एक और खुंदक थी। हाईकमान ने भाजपा में उनके पिछड़ों के नेता होने के दावे की अनदेखी कर के मायावती से समझौता किया था जो कि अपने को दलितों और पिछड़ों का नेता मानती हैं। कल्याण सिंह की सरकार बाबरी मस्जिद के साथ कुरबान कर दी गई ताकि उत्तर प्रदेश में हिंदू वोट बैंक बन सके। उस कुरबानी की अगुवाई भी कल्याण सिंह ने की थी। वही एक भाजपाई नेता हैं जिनने

बाबरी मस्जिद के गिराए जाने पर एक दिन जेल की सजा काटी। लेकिन बाबरी मस्जिद का ध्वंस भाजपा का ऐसा वोट बैंक नहीं बन पाया कि वह अकेले सरकार बना पाती। तब कल्याण सिंह ने पिछड़ों को भाजपा से जोड़ा। वे रामजन्मभूमि आंदोलन के ही नहीं भाजपा के सोशल इंजीनियरिंग अभियान के भी नेता बने। फिर भी उनके दावे की अनदेखी कर के भाजपा हाईकमान ने बसपा और मायावती से हाथ मिलाया। इसमें कोई शक नहीं कि इसकी खुंदक कल्याण सिंह ने पार्टी के नेताओं से निकाली और अपने दूसरे अवतार में सरकार उनने ऐसे ही चलाई जैसे वे सिर्फ अपने प्रति जिम्मेदार और जवाबदेह हों। इससे हाईकमान से उनकी खटकनी ही थी। हाईकमान ने दूसरे प्रादेशिक नेताओं के जरिए उन पर अंकुश लगाने की कोशिश की जो बड़े पैमाने पर गुटबाजी में बदल गई। इसमें भाजपा में व्याप्त अटल बनाम आडवाणी कशमकश का भी योगदान हुआ।

भाजपा और संघ परिवार को कल्याण सिंह की व्यक्तिमत्ता तो स्वीकार नहीं हुई लेकिन अटल बिहारी वाजपेयी चूंकि गठबंधन को मान्य सर्वोच्च नेता हैं इसलिए उनके पार्टी और संघ को समर्पित न होने के तथ्य की अनदेखी की गई। जो नेता कल्याण सिंह पर अंकुश लगाने में सक्रिय थे उन्हें अटलजी से शह और संरक्षण प्राप्त था। वे सब थे भी सवर्ण। उनकी कल्याण सिंह की तरह जमीन पर पकड़ भी नहीं थी। इस खींचतान के दौरान ही कल्याण सिंह को कभी समझ आया कि भाजपा में उनका भविष्य नहीं है। यह समझ कर ही उनने मध्यावधि में अपनी ताकत दिखाई। पार्टी मशीनरी और प्रधानमंत्री अटल बिहारी वाजपेयी से सीधी टक्कर ली। भाजपा को उन्तीस सीटों पर उतार दिया। वे जानते थे कि उनने जो किया और खुल्लमखुल्ला किया है उसकी क्या कीमत उन्हें चुकानी होगी। वे ढिठाई से उसके लिए तैयार थे। उन्हें यह सब नहीं करना चाहिए था—पार्टी और संघ परिवार का यह निष्कर्ष गलत नहीं है। लेकिन कल्याण सिंह का आत्मसम्मान और पिछड़ों के नेता होने की पहचान दोनों ने ही उन्हें संघर्ष का स्वतंत्र रास्ता ढूंढ़ निकालने पर मजबूर किया। जो मुलायम सिंह यादव और लालू यादव कल्याण सिंह के घाव को सहला रहे हैं और उन्हें अपना भाई बता रहे हैं वे जानते हैं कि बाबरी मस्जिद गिराने में उनकी क्या भूमिका है। वे फिर भी उन्हें गले लगा रहे हैं क्योंकि उनकी पिछड़ों के नेता की पहचान न सिर्फ उन्हें अपने काम की लगती है, वे मानते हैं कि इससे उत्तर प्रदेश में भाजपा को और नुकसान पहुंचेगा। इसीलिए बिहार के सुशील मोदी नहीं चाहते थे कि उत्तर प्रदेश में कल्याण सिंह को हटाया जाए क्योंकि इसका असर वे भाजपा पर बिहार में पड़ता देख रहे थे।

भाजपा के पैरोकार कल्याण सिंह की चिंता न करें। वे देश के सबसे बड़े राज्य के दो बार मुख्यमंत्री रह चुके हैं। वे जानते हैं कि भाजपा उन्हें प्रधानमंत्री न बना सकती है, न बनाएगी। राजनैतिक भविष्य अगर पद से ही देखा जाना हो तो कल्याण सिंह के लिए भाजपा और उसके बाहर एक जैसी स्थिति है। भाजपा में जितनी दूर वे जा सकते हैं उससे ज्यादा दूर पिछड़ों के मंच पर से जा सकते हैं। वे भाजपा को राम मंदिर आंदोलन के पहले वाली हालत में पहुंचा कर अपने घावों पर मरहम लगा सकते हैं और शांति पा सकते हैं। बिहार में मध्यावधि में लालू के साथ जो हुआ वह मंडल ताकतों के नए समीकरण की मिसाल है। उत्तर प्रदेश में भी मंडल ताकतें वह समीकरण तोड़ सकती हैं जो भाजपा ने मंडल और कमंडल को मिला कर बनाया था।

उत्तर प्रदेश में कल्याण सिंह वही कर सकते हैं जो समता ने बिहार में किया। समता ने लालू की पकड़ ढीली कर के उनके सामाजिक न्याय के धुर्रे उड़ा दिए। कल्याण सिंह चूंकि कमंडल और

मंडल दोनों को अपने साथ ला सकते हैं इसलिए मुलायम सिंह यादव से खुला या ढंका समझौता कर के वे उत्तर प्रदेश में भाजपा की चूलें हिला सकते हैं। कल्याण सिंह बता चुके हैं कि वे अपनी पिछड़ों की पहचान और आत्महत्या को किसी पद से ज्यादा महत्त्व देते हैं। अपने घाव को सहलाना उन्हें सिंहासन पर बैठने से ज्यादा संतोष देगा। इसलिए भाजपा कल्याण सिंह के बजाय अपने भविष्य की चिंता करे। उत्तर प्रदेश से उसका सफाया देश में उसके भविष्य पर सवाल लगा देगा।

3.12.1999

छह दिसंबर पर उसके हीरो की हालत

भाजपा के हिंदुत्व एजंडे पर कल्याण सिंह के दावे के कारण इस बार छह दिसंबर संघ परिवार के लिए शौर्य दिवस से ज्यादा सुरक्षा दिवस हो गया है। दिल्ली में प्रधानमंत्री के दरबार में हाजिर होने के बजाय कल्याण सिंह अयोध्या गए थे और वहां उनने कहा था कि उत्तर प्रदेश में भाजपा इसलिए हारी और देश में आगे बढ़ नहीं पा रही है कि उसने अयोध्या में रामजन्मभूमि पर मंदिर बनाने का कार्यक्रम छोड़ दिया है। तब से मुख्यमंत्री पद से हटाए जाने और पार्टी से निकाले जाने की संभावना के बावजूद कल्याण सिंह उस हिंदू एजंडे को अपना मिशन बनाने की बात कर रहे हैं जिसे भाजपा ने राष्ट्रीय जनतांत्रिक गठबंधन की नेताई पार्टी बनने और केंद्र में सत्तारूढ़ होने के लिए फिलहाल छोड़ दिया है।

संघ परिवार की चिंता है कि जिस कार्यक्रम को उसने सत्ता की मजबूरियों के कारण ठंडे बस्ते में डाला है उसे कल्याण सिंह उड़ा न ले जाएं। संघ परिवार को बाबरी मस्जिद ढहाने के लिए जो करना था वह उसने किया तो अपने संगठन के बल पर ही लेकिन तब कल्याण सिंह उत्तर प्रदेश की भाजपा सरकार के मुख्यमंत्री थे और उनने संविधान, कानून और प्रशासन को प्रभावहीन कर के संघ परिवारी कारसेवकों और नेताओं को उन्मादी कार्रवाई करने दी। इसी कारण उनकी सरकार डिसमिस हुई और सर्वोच्च न्यायालय ने अपनी अवमानना के लिए कल्याण सिंह को एक दिन की जेल की सजा दी क्योंकि उत्तर प्रदेश सरकार ने बाबरी मस्जिद की रक्षा का वचन दे रखा था। बाबरी मस्जिद गिराने का श्रेय लेने वाले चाहे जितने हों उसकी कीमत चुकाने वाले कल्याण सिंह हैं। सरकारें तो मध्य प्रदेश, राजस्थान और हिमाचल की भी डिसमिस हुईं, लेकिन एक दिन की सजा तो अकेले कल्याण सिंह ने ही भोगी। तब उनने कहा था कि एक तरफ रामलला की अवमानना थी दूसरी तरफ सर्वोच्च न्यायालय की। मैं रामलला की शरण में गया। तब से रामभक्त कल्याण सिंह उत्तर प्रदेश में संघ परिवार के सबसे बड़े कारसेवक और नेता बने। उनकी यह छवि बनाने में उन लोगों का भी कोई कम योगदान नहीं है जो आज उन्हें मुख्यमंत्री पद से हटा कर पार्टी से निकाल रहे हैं। संघ परिवार का विश्वास गलत नहीं है कि राम जन्मभूमि आंदोलन आखिर उसके संगठन से खड़ा हुआ। कल्याण सिंह ने भी उसे मजबूत करने में अपनी भूमिका निभाई। लेकिन वे इस आंदोलन के प्रथम और अंतिम पुरुष नहीं हैं। फिर भी डर है कि अगर वे संघ परिवार पर इस आंदोलन को धोखा देने का आरोप लगा कर उसके सामने खड़े हो जाएंगे तो आंदोलन की विश्वसनीयता पर निश्चित ही बुरा असर पड़ेगा।

इसलिए कल्याण सिंह को सिर्फ संघ परिवार की राजनीति के संदर्भ में ही नहीं, आज के दिन उन्हें बाबरी मस्जिद के ध्वंस को संभव करने और उसकी कीमत चुकाने वाले राजनेता के रूप में भी देखा जाना चाहिए। मुख्यमंत्री पद से तो वे हटा ही दिए गए हैं। कल वे भाजपा से भी निकाल दिए जाएंगे तो क्या विश्व हिंदू परिषद, बजरंग दल और रामजन्मभूमि न्यास उनके साथ वैसे ही और वही संबंध रखेंगे जो भाजपा हाईकमान के विरुद्ध विद्रोह करने के पहले रखते थे ? राष्ट्रीय स्वयंसेवक संघ का दावा है कि उसके सभी संगठन अपने निर्णय खुद लेने के लिए स्वतंत्र ही नहीं

हैं लेते भी हैं। संघ और परिवारी संगठनों का यह भी कहना है कि वे भाजपा का समर्थन इसलिए करते हैं कि वह उनके कार्यक्रम को आगे बढ़ाती है।

अब जो कार्यक्रम संघ परिवार का है और जिसे भाजपा ने गठबंधन राजनीति के कारण ताक पर रखा हुआ है उसे अगर भाजपा हाईकमान से विद्रोह करने लेकिन हिंदुत्व में पूरी आस्था रखने वाले कल्याण सिंह उठा लें तो क्या संघ परिवार भजपा को छोड़ कर कल्याण सिंह और उनकी सम्भावित पार्टी का समर्थन करने लगेगा ? संघ वालों ने भाजपा और उसके पहले जनसंघ को एक राजनैतिक पार्टी के नाते इसीलिए बनाया और पाला-पोसा कि वह उनके राजनैतिक एजंडे को पूरा करेगी। अब अगर भाजपा के फिलहाल छोड़े गए एजंडे को कल्याण सिंह उठा लें तो क्या उनकी पार्टी को संघ परिवार वही समर्थन देगा जो भाजपा को दे रहा है ? क्या वह सत्ता के चक्कर में गठबंधन से इश्क लड़ाने वाली अपनी बेटी को छोड़ कर नालायक बेटे को फिर गोद में बैठा लेगा ? भाजपा संघ परिवार की बेटी है और कल्याण सिंह बेटा। बेटी अगर परिवार का काम नहीं करे और दादाजी से विद्रोह करने वाला बेटा करने लगे तो हिंदू परिवार किसे अपनाएगा ?

संघ परिवार और कल्याण सिंह के आज के संबंध देखते हुए ये सवाल वाहियात लगते हैं क्योंकि इसकी कोई संभावना ही नहीं है कि संघ परिवार भाजपा को छोड़ कर हिंदुत्व के झंडाबरदार कल्याण सिंह के साथ हो जाएगा। वाहियात इसलिए है कि राम मंदिर बनाने के कार्यक्रम को अभी छोड़ने का निर्णय भाजपा का नहीं, संघ और उसके परिवार का है। संघ अपने को भले ही कितना ही सांस्कृतिक और सामाजिक संगठन कहे वह अपने सभी लक्ष्यों और कार्यक्रमों में राजनैतिक है। हिंदुत्व मूलतः एक राजनैतिक अवधारणा है और भारत का हिंदूकरण संघ का सर्वग्राही राजनैतिक कार्यक्रम है। इस कार्यक्रम को कल्याण सिंह पूरा नहीं कर सकते वे बाबरी ध्वंस के चाहे जितने बड़े हीरो हों और उसकी चाहे जैसी कीमत उनने चुकाई हो; कल्याण सिंह हिंदुत्व की चाहे जितनी सौगंध खाएं वे संघ परिवार के पर्यायवाचक नहीं हो सकते। आप देखेंगे कि भाजपा से निकाले जाने के बाद किस तरह संघ, विश्व हिंदू परिषद, बजरंग दल, रामजन्मभूमि न्यास और दूसरे परिवारी संगठन कल्याण सिंह की अनदेखी कर के उन्हें न कुछ करने में लग जाएंगे। और कल्याण सिंह अगर सचमुच भाजपा को नुकसान पहुंचाने में सफल होने लगे तो आप पाएंगे कि संघ परिवार उन्हें नष्ट करने में भी नहीं हिचकेगा। कल्याण सिंह का जो होगा वह इसी का प्रमाण होगा कि संघ परिवार के लिए वे आखिर एक छोटे से निमित्त थे जिनने मुख्यमंत्री पद पर होते हुए देश के संविधान, कानून और प्रशासन को बाबरी मस्जिद के पहले ध्वस्त हो जाने दिया। कल्याण सिंह के साथ जो हुआ और आगे होगा वह यह भी बताता है कि संघ परिवार के बृहद कार्यक्रम में बाबरी मस्जिद के ध्वंस की घटना कितने और कैसे महत्त्व की है।

संघ परिवार के नेता चाहे जितनी बार कहें कि बाबरी मस्जिद का गिराया जाना एक सुनियोजित घटना नहीं थी, कार सेवा के लिए संघ ने वहां जितने कारसेवक इकट्ठे किए थे और उनकी जो ट्रेनिंग और तैयारी थी उसे देखते हुए मस्जिद न गिरती तो अनहोनी होती। उसका गिरना तो चुटकी बजते ही कभी भी शुरू हो सकता था। मुख्यमंत्री कल्याण सिंह संविधान के अनुसार निर्वाचित सरकार के राज करने वाले शासक का बहाना बने हुए भी नहीं रह सकते थे। सबने फिल्म पर देखा ही है कि किस तरह वहां तैनात लाठीधारी पुलिस दल भी लौट गया और कैसे चौबीस घंटे तक ध्वंस चलता रहा। रामलला को बैठाने के लिए जो कामचलाऊ मंदिर बनाया गया उसकी अंतिम

सीढ़ी की सीमेंट पर लिखा गया–हिंदू विजय दिवस। सीढ़ी की गीली सीमेंट पर यह इबारत लिखी हुई खुद मैंने देखी है।

बाबरी मस्जिद को गिराने वाले एक पराजय को विजय में बदलने वाली प्रतिशोधक कार्रवाई करने आए थे। वे अचानक भड़ककर टूट नहीं पड़े थे। रज्जू भैया, लालकृष्ण आडवाणी, अशोक सिंघल चाहे जो कहें, वे जानते थे और उनकी जानकारी में था कि मस्जिद गिरा दी जाएगी। लेकिन ये ऐसे धर्मनिष्ठ, नैतिक और जिम्मेदार नेता हैं कि जो आंखों के सामने हुआ और उनके कारसेवकों ने किया उसका भी कोई दायित्व लेने को तैयार नहीं हुए। आज भी नहीं हैं। संघ ऐसा शानदार सांस्कृतिक और सामाजिक संगठन है और उसके साधु-संत-महात्मा ऐसे धार्मिक हैं कि एक ने भी नैतिक जिम्मेदारी नहीं ली।

कहते हैं, वह तो मस्जिद थी ही नहीं। वह ढांचा मात्र था। उसे गिरा देने में क्या तो पाप और क्या अपराध ! वह सिर्फ ढांचा था और उसमें चौवन साल से रामलला बैठे थे तो वह मंदिर था। क्या आप मान सकते हैं कि मर्यादा पुरुषोत्तम राम के सच्चे भक्त ऐसे राक्षस हो सकते हैं कि उनका मंदिर ही तोड़ दें जो उनकी तथाकथित जन्मभूमि पर खड़ा हो ? ढांचे से वह भले ही मस्जिद होगी पर रामलला के विग्रह से तो वह मंदिर था। वहां बगल में सीता की रसोई थी। दूसरे चबूतरे भी थे। वे सब ध्वस्त कर के बराबर कर दिए गए। जिनने वहां बैठे रामलला को उठाया और मस्जिद के ढांचे को तोड़ कर उन्हें फिर बैठा गए वे राम के भक्त नहीं, बाबर से बदला लेने वाले उसी की तरह के उन्मादी कठमुल्ले थे। कहते हैं कि कौमें इतिहास के बदले लेती हैं, अगर संघ परिवारियों ने अयोध्या में एक बदला लिया तो कौन सा अनहोना काम कर दिया ? संघ परिवारी धर्म से इतिहास पर, इतिहास से कबीलाई प्रतिशोध पर आ गए। सजा और जिम्मेदारी से बचने के लिए झूठ और कानूनी गलियों पर आ गए। क्योंकि वे धर्म की स्थापना सत्य और शांति के मूल्यों और नैतिक रास्तों पर चलने वाले सनातनी लोग नहीं राजनैतिक सत्ता के लिए इन सबको कुरबान करने वाले लोग हैं। बाबरी मस्जिद का ध्वंस और राम मंदिर के निर्माण का वादा उन्हें सत्ता के जितने नजदीक पहुंचा सकता था, पहुंचा गया है। चूंकि यह भी सिंहासन पर बैठाने के लिए पर्याप्त नहीं था इसलिए गठबंधन की राजनीति पर आ गए हैं।

आप कहें तो बाबरी मस्जिद गिरा कर संघ परिवार ने कौन-सा मूल्य स्थापित किया और हिंदू समाज के लिए क्या उपलब्ध किया तो उत्तर यही होगा कि राजनैतिक सत्ता और सैनिक शक्ति पर्याप्त न होने के कारण मध्य काल में हिंदू लोग न अपने मंदिरों की रक्षा कर पाए, न मुसलमानों की बनाई मस्जिदों को तोड़ पाए। अब वे जाग गए हैं और उनके पास राजनैतिक सत्ता और सैनिक शक्ति है तो वे बाबरी मस्जिद गिरा सकते हैं। आप कहें कि प्रतिशोध को किसी भी धर्म के उपदेश में उचित नहीं माना गया, सनातन धर्म में तो इसकी कोई जगह ही नहीं और इसलिए हिंदुओं ने कभी किसी के धार्मिक स्थान नष्ट नहीं किए, दूसरों का धर्मांतरण नहीं किया, किसी धर्म के अनुयायियों को रोका नहीं, न उन्हें अपनी उपासना से हटाया क्योंकि वे सब धर्मों को समान, भगवान तक पहुंचने के रास्ते और नैतिक जीवन जीने की पद्धतियां मानते हैं और हजारों सालों से मानते रहे हैं। और उनकी आस्था इनमें इतनी मजबूत रही है कि इस्लाम और ईसाई जैसे सामी धर्मों के तरीके उनने अपनाए नहीं तो हिंदुत्ववादी कहेंगे कि यह सब उनने शक्तिहीनता और कायरता के कारण किया। शक्ति की वही भाषा है जिसमें मुसलमान हमलावर और अंग्रेज साम्राज्यवादी हम पर शासन करते रहे हैं।

संघ परिवार हिंदुओं को सामी संस्कार दे कर उन्हें वही भाषा सिखाना चाहता है जो मध्यकाल में चलती थी। संघ परिवारी अपने त्रासकों और विजेताओं की तरह जीना चाहते हैं—सनातन धर्म को मानने वाले हिंदुओं की तरह नहीं। इसलिए उनके लिए न बाबरी मस्जिद पवित्र थी, न उसमें बैठे रामलला का मंदिर। सत्ता के लिए वे इन्हें उसी तरह छोड़ सकते हैं जैसे कल्याण सिंह को निकाल बाहर कर सकते हैं।

छह दिसंबर का यही संदेश है। यह बृहत्तर हिंदू समाज की शक्ति है कि इसे सुनता नहीं !

6.12.1999

और कुछ बने न बने कल्याण होगा

कल्याण सिंह को भारतीय जनता पार्टी से निकालने की औपचारिकता पूरी हुई। न भाजपा खुश है, न कल्याण सिंह। लेकिन पार्टी और किसी नेता के बीच ऐसा होना कई बार अनिवार्य हो जाता है। मध्यावधि चुनाव के पहले और दौरान कल्याण सिंह ने जो किया उससे साफ था कि वे उस पार्टी में बने रहने की ज्यादा चिंता नहीं करते जिसमें कोई पैंतालीस साल से थे और जिसके अलावा किसी और पार्टी में कभी नहीं रहे। उनकी कथनी, करनी और चाल-ढाल से ही साफ लगता था कि वे अपने मन में तय कर चुके हैं कि उन्हें अब अपना अलग रास्ता बनाना है। भाजपा भी उन्हें न निगल सकती थी, न आसानी से उगल सकती थी। वह कल्याण सिंह के खिलाफ कार्रवाई न करती तो एक पार्टी के नाते न खड़ी रह सकती थी, न चल सकती थी। उसे यह लगना स्वाभाविक है कि कल्याण सिंह को निगल कर वह अपने को ज्यादा नुकसान पहुंचाती। वह मानती है कि कल्याण सिंह के निकलने से उसे हानि जरूर होगी लेकिन वह उनके इस दावे को निराधार मानती है कि इससे उसका उत्तर प्रदेश में सफाया हो जाएगा। कल्याण सिंह के निकलने से ऐसा हो सकता है इस पर ज्यादा गैर-भाजपाई भी सहमत नहीं होंगे।

लेकिन यह जो कहा जा रहा है कि उनके निकाले जाने का कारण अटल बिहारी वाजपेयी से उनके अहं का टकराना और प्रधानमंत्री के खिलाफ हो जाना है, गलत है। जो व्यक्ति संघ परिवार और जनसंघ-भाजपा में पैंतालीस साल से हो और छोटे से बड़ा उसी में हुआ हो, वह पिछले सिर्फ दस महीने में ऐसा हठी अहं विकसित नहीं कर सकता जो अटलजी से ऐसी बुरी तरह टकरा जाए और इतना आहत हो जाए कि टूट कर गिरना पसंद करे पर झुकना नहीं। अटलजी प्रधानमंत्री तो अभी पिछले साल हुए लेकिन जनसंघ-भाजपा के बड़े और सर्वमान्य नेता तो वे तब से हैं जब कल्याण सिंह राजनीति में तुतलाने के बाद बोलना सीख रहे होंगे। संघ परिवार का एक उग्रवादी खेमा भले ही अटलजी के खिलाफ रहा हो पर ज्यादातर लोगों के लिए वे आदरणीय व्यक्ति रहे हैं। खुद कल्याण सिंह उनका आदर करते हुए राजनीति में बड़े हुए हैं। इसलिए अहं के कारण वे अटलजी से खुंदक में आ गए हैं ऐसा कहना-मानना न सही है, न कल्याण सिंह के साथ न्याय है।

कल्याण सिंह बहुत आहत हैं इसे कहने की जरूरत नहीं है। लेकिन यह समझना जरूरी है कि उनके मर्म को कब ऐसी चोट पहुंची कि उनकी सहनशीलता के पार निकल गई। और यह चोट दरअसल है क्या ? पिछले दस महीने का हवाला भाजपा ने भी दिया है और खुद कल्याण सिंह ने भी। लेकिन उनकी चोट इतनी ताजी नहीं है। सही है कि उन्हें हटाने की मुहिम तभी तेज हुई जब मध्यावधि होना तय हो गया। इस मुहिम में राजनाथ सिंह, लालजी टंडन और कलराज मिश्र लगे और उनमें से प्रत्येक को भाजपा हाईकमान की शह मिली इसे लगभग सभी जानते हैं। यह भी मान लेना चाहिए कि मुख्यमंत्री कल्याण सिंह ने अपने दूसरे अवतार में जिस तरह राज किया उसका खामियाजा भाजपा को चुनाव में भुगतना पड़ेगा इसका डर पार्टी को ही नहीं था, आमतौर पर सभी मानते थे कि ऐसा होगा। इससे बचने के लिए या तो भाजपा को कल्याण सिंह को हटाना जरूरी था या उन्हें अपने तौर-तरीके ठीक करने पर मजबूर करना था। पार्टी ने पाया कि उनके बदलने

से ज्यादा खतरे पैदा होंगे इसलिए उसने अंकुश लगाने का जाना-माना तरीका अपनाया। लेकिन इसका उलट नतीजा हुआ क्योंकि कल्याण सिंह को साफ लगा कि उन्हें हटाने के गुटबाजी तरीके अपनाए जा रहे हैं और इससे वे और खुंदक में आ गए। उनने पाया कि पार्टी और सरकार में रहते हुए जो उनके लिए मुश्किल पैदा कर रहे हैं वे सब अपनी ताकत और प्रेरणा दिल्ली के बड़े नेताओं से पा रहे हैं। अटलजी कल्याण सिंह के लिए धीरे-धीरे यमराज बनते गए।

मामला फिर भी निपट जाता। लेकिन उत्तर प्रदेश के लगभग एक-चौथाई उम्मीदवारों को टिकट दिए जाने में कल्याण सिंह की सुनी नहीं गई। साक्षी महाराज इसके उदाहरण हैं। खुद मुख्यमंत्री के बेटे की भी उम्मीदवारी मानी नहीं गई। हाईकमान अब उत्तर प्रदेश में अपनी राजनीति करना चाहता था और उसे कल्याण सिंह की राजनीति मंजूर नहीं थी। कल्याण सिंह की राजनीति भाजपा से अलग तभी हो गई थी जब दो साल पहले हाईकमान ने सरकार बनाने के लिए कांशीराम-मायावती से सत्ता के बंटवारे का सौदा किया था। कल्याण सिंह को तब बहुत कड़वाहट के साथ समझ आया था कि उनका सवर्ण नेतृत्व उन्हें पिछड़ों-दलितों का नेता नहीं मानता। वह बसपा की मायावती को मान सकता है। इस चोट पर नमक और घिसा गया जब भाजपा के समर्थन से छह महीने राज करने के बाद मायावती ने समझौता तोड़ दिया। और कल्याण सिंह की बारी आई तो वे मुश्किल में पड़ गए। कल्याण सिंह ने बसपा और कांग्रेस को तोड़ कर अपनी कुर्सी तो बचा ली लेकिन इस 'पराक्रम' से उन्हें समझ आया कि अपनी सरकार चूंकि उन्हीं ने बचाई है इसलिए वही चलाएंगे। उन लोगों की नहीं सुनेंगे जो पिछड़ों के नेता के रूप में उन्हें मानते नहीं और जैसे भी हो सत्ता पाने की तिकड़म और उठापटक जिन्हें आती नहीं।

दूसरे अवतार में कल्याण सिंह ने अपने को स्वयंभू मान लिया और राज चलाने के लिए वे खुद अपने प्रति ही उत्तरदायी हो गए। मुख्यमंत्रित्व का यह निजीकरण भाजपा तो क्या कांग्रेस में भी नहीं चल सकता। जनता दल जैसी ढीली-ढाली पार्टी में भी नहीं चल सकता। लालू यादव और मुलायम सिंह ने अपनी अगल पार्टी बनाई ही। एक बार नेता को लग जाए कि सिंहासन मेरे कारण है तो वह तानाशाही के तौर-तरीके पर जाता ही है—इंदिरा गांधी हों या लालू यादव। कल्याण सिंह भी इस रास्ते पर चल निकले थे। उनने मान लिया था कि बाबरी मस्जिद हो या सोशल इंजीनियरिंग, भाजपा के नेता महज उनका इस्तेमाल करना चाहते हैं और कर के उन्हें रस निकले गन्ने की छाल की तरह रख देना चाहते हैं। बाबरी मस्जिद ढहाने में उनका इस्तेमाल किया गया लेकिन उनका मुख्यमंत्रित्व गया तो इसे जरूरी शहादत मान लिया गया। पिछड़ों और दलितों को सवर्णी मानी जाने वाली भाजपा से उनने जोड़ा लेकिन इन वर्गों से समझौता करना हुआ तो उनके प्रतिनिधि के नाते मायावती को स्वीकार किया गया। लेकिन जब उसी मायावती ने समझौता तोड़ा तो अपनी सरकार कल्याण सिंह को खुद ही बचानी पड़ी। पार्टी अगर बार-बार उन्हें छोड़ देती है, तो वे उसके कठपुतले बने राज क्यों करें ? अगर हमारा कमाया हुआ है तो हमीं उसे भोगेंगे।

कल्याण सिंह का यह दूसरा कार्यकाल था। पहला कार्यकाल मुश्किल से सवा-डेढ़ साल चला और उन्हें सत्ता से हट जाना पड़ा। दिसंबर बानवे से पांच साल वे सत्ता से बाहर रहे और इस दौरान उनने जो देखा और भुगता उसकी गांठें और बल उनके अंदर बने रहे। इतने अंतराल के बाद जो मुख्यमंत्री बनता है वह राज करने के लिए जरूरी उदारता के बजाय ओछी-छोटी खुंदकों में पड़ा हिसाब साफ करता है। फिर कल्याण सिंह तो दोबारा मुख्यमंत्री भी लाठी चला कर बने थे। हरियाणा

के बंसीलाल ही नहीं ऐसे कई मुख्यमंत्री हैं जो अपने दूसरे कार्यकाल में पहले की छाया की तरह ही राज करते हैं। कल्याण सिंह के मन में तो कटुता और जमी हुई थी। अपनों से भी और दूसरों से भी।

अक्तूबर सत्तानवे से नवंबर निन्यानवे के दो साल कल्याण सिंह ने जो राज किया उसमें उनने मनमानी की और उत्तर प्रदेश जैसे राज्य के उदार मुख्यमंत्री की तरह नहीं खुंदकी कल्याण सिंह की तरह आचरण किया। वे भाजपा के प्रामाणिक मुख्यमंत्री के बजाय खुद अपने राजा की तरह राज करते रहे। भाजपा को यह नागवार गुजरा और आलाकमान के कई नेता उनसे नाराज हो गए। उन्हें रोकने और अंकुश में रखने की कोशिश की गई तो पिछले चुनाव में उनने बता दिया कि उनकी कितनी ताकत है और अपने अपमान का बदला चुकाने में वे कहां तक जा सकते हैं। चुनाव में भाजपा को धूल चटाने के बाद भी वे निकाले जाने तक बताते रहे कि वे क्या कर सकते हैं।

एक समर्पित कार्यकर्त्ता कल्याण सिंह की यह गति क्यों हुई इस पर भाजपा और संघ परिवार शांति, तटस्थता और आत्मविवेचना के साथ सोचने लायक स्थिति में नहीं है। सिर्फ इसलिए नहीं कि संघ परिवार के प्रतिष्ठान में एक तरह का आत्मछल और अपने को दूसरों से ज्यादा पवित्र समझने का भ्रम है। इसलिए भी कि भाजपा को बिहार और फिर उत्तर प्रदेश की चिंता ज्यादा है, खास कर कल्याण सिंह को निकालने के बाद। लेकिन कल्याण सिंह जिस गति को प्राप्त हुए उसके लिए उनका अपना अहं और सत्ताकांक्षा उतनी दोषी नहीं है जितनी कि संघ परिवार की सबको उपयोग की वस्तु समझने की और फिर दूध में से मक्खी की तरह निकाल फेंकने की प्रवृत्ति है। कल्याण सिंह जीवन-भर संघ परिवार में रह कर अपना आत्मसम्मान बनाए रखने की हालत में नहीं पहुंच सके। जो संगठन व्यक्ति को उसके होने और कर गुजरने में उसका अपना कोई योगदान नहीं मानता और व्यक्ति को आनी-जानी और अपने को स्थायी मानता है वह भी पतन को प्राप्त होता है क्योंकि व्यक्ति की प्रतिभा और पराक्रम ही संस्था को गतिशीलता और चिरयौवन देता है। संघ परिवार में इसकी ज्यादा गुंजाइश नहीं है यह कल्याण सिंह की गति में प्रकट और प्रमाणित है।

कल्याण सिंह का क्या बनेगा यह तो समय ही बताएगा। वीपी सिंह का कुछ नहीं बना। सिर्फ ग्यारह महीने प्रधानमंत्री रहे और अपनी पीड़ा कविता में निकाल कर कैनवस पर चित्रित कर रहे हैं। लेकिन उनने न सिर्फ इस देश की राजनीति बदल दी बल्कि उसे एक ऐसे रास्ते पर डाल दिया जिससे वह पीछे नहीं जा सकती। कांग्रेस को अकेले वीपी सिंह ने जितना निराधार कर के रख दिया उतना विपक्ष ने नहीं किया है। जरूरी नहीं कि जो पार्टी से निकले या निकाला जाए वह उससे भी बड़ा हो जाए। नेता को आप पद से नापेंगे, या राजनीति को बदलने की उसकी ताकत या पराक्रम से ? जो पार्टी कहती थी कि उसे छोड़ कर कोई पनप नहीं सका उसके भी विद्रोही उसके बावजूद प्रधानमंत्री हुए जो वे कांग्रेस में नहीं हो सकते थे। उसके विद्रोहियों ने ही राजनीति बदल कर उसे अप्रासंगिकता के जंगल में ला छोड़ा। कल्याण सिंह संघ परिवार से बड़े नहीं होंगे न उनके निकाले जाने से भाजपा समाप्त होगी। जब तक संघ है भाजपा चुनाव में हार-हार कर भी जिंदा रहेगी। वह राजनैतिक पार्टी नहीं संघ की राजनैतिक छायानटी है। इसकी कोई संभावना नहीं कि संघ परिवार भाजपा से ज्यादा हिंदुत्ववादी कल्याण सिंह को अपना मुखौटा बना ले। संघ परिवार कल्याण सिंह का जीते-जी श्राद्ध कर चुका है।

अब कल्याण सिंह को बताना है कि वे भाजपा से निकाले जाने पर प्रेतयोनि में नहीं पहुंचे हैं। हिंदुत्व

का झंडा लिये वे पिछड़ों के महामंच के नेता नहीं हो सकते क्योंकि मुसलमानों का वोट बैंक पिछड़ों के दूसरे नेताओं को उन्हें गले लगाने में और अपनों में मिलाने नहीं देगा। लेकिन गठबंधन की राजनीति ने पिछले दस साल में विचारधारा और छुआछूत को बेकार कर दिया है। एक-दूसरे के खिलाफ तलवार ताने खड़े लोग भी पीछे से हाथ मिला लेते हैं। पिछड़ों की जाति-पहचान धर्म और राजनैतिक सिद्धांतों से ज्यादा बड़ी वास्तविकता है और उनकी सत्ताकांक्षा उन्हें ज्यादा आसानी से जोड़ती है। बिहार में पिछड़ों की एकजुटता का नया समीकरण जम रहा है। लालू और यादव विरोध ने पिछड़ी जातियों को तीसरा मोर्चा बनाने की प्रेरणा दी है। पिछड़ों का यह तीसरा मोर्चा उत्तर प्रदेश में भी बन रहा है। साक्षी महाराज ने पिछले चुनाव में मुलायम सिंह यादव और कल्याण सिंह दोनों की मदद की। ऐसी मदद के नए कारक और अवसर अब और आएंगे और वे भाजपा की उत्तर प्रदेश में जड़ें ढीली करेंगे। संघ परिवार चाहे जो कहे, उत्तर प्रदेश में उग्र हिंदुत्व पर जाए बिना वह बच नहीं सकती और उस पर जाते ही जनतांत्रिक गठबंधन नहीं बच सकता। उग्र हिंदुत्व में शिवसेना ही भाजपा के साथ होगी, बाकी बाईस पार्टियां अपना रास्ता ढूंढ़ेंगी। कल्याण सिंह का निकलना यह भी अगर कर दे तो उनका मकसद पूरा हो जाएगा।

11.12.1999

कल्याण ने जो किया और दिखाया

अपनी नई पार्टी को रजिस्टर करवाने दिल्ली आए कल्याण सिंह से मिलने में मदनलाल खुराना जैसे भाजपाई नेता कतराते रहे हालांकि उनसे किसी को सहानुभूति हो सकती है तो दिल्ली के भूतपूर्व मुख्यमंत्री को ही जो उत्तर प्रदेश के भूतपूर्व मुख्यमंत्री की तरह निकाले नहीं गए तो सिर्फ इसलिए कि विद्रोही तेवर अपनाने के बजाय वे समझौता कर गए। मदनलाल खुराना को भी भाजपा के आलाकमान और संघ ने कोई कम तंग नहीं किया है। लेकिन वे जानते हैं कि कल्याण सिंह से सीधी-सादी दोस्ती रखना भी उन्हें भारी पड़ सकता है। कल्याण सिंह ने लालकृष्ण आडवाणी को भी अपनी तरह अटल बिहारी वाजपेयी की साजिश का शिकार बता कर भले ही भाजपा नेतृत्व के एक ऐसे तथ्य पर ही जोर दिया हो जिसे सब जानते हैं लेकिन यह भी उन्हें भाजपाई हलकों में और अछूत बनाएगा। कल्याण सिंह अपनी कटुता के कारण ऐसा कर रहे हों या जान-बूझ कर लेकिन इससे न सिर्फ संघ परिवार उनकी छाया से भी बचने की कोशिश करेगा यह सड़क पर उनके संघर्ष को कुछ और चालू बना देगा। लालकृष्ण आडवाणी को उनसे सामान्य संबंध रखना मुश्किल हो जाएगा।

कल्याण सिंह ऐसा कर के सिर्फ अपनी कमजोरी ही उजागर कर रहे हैं। वे जाने क्यों और कैसे उम्मीद कर रहे थे कि अटल बिहारी वाजपेयी और भाजपा से लड़ने में दूसरे भाजपाई नेता और संघ परिवार उनके साथ होंगे। वे अपने को भाजपा और अटलजी से ज्यादा बड़ा हिंदुत्ववादी भी इसलिए बता रहे थे कि संघ परिवार में यह भावना काफी लोगों में है कि भाजपा हिंदुत्ववादी एजंडे से हटी है और इसलिए अपना व्यक्तित्व और चरित्र खो रही है। संघ परिवार में यह भी सभी जानते हैं और इसकी शिकायत भी है कि अटलजी ने राम मंदिर के मुद्दे से अपने को शुरू से ही अलग रखा है। लेकिन इस कारण संघ परिवार ऐसे किसी व्यक्ति को खुला समर्थन नहीं दे सकता जो अटलजी और भाजपा के खिलाफ विद्रोह कर गया है। संघ परिवार ही नहीं कोई भी पार्टी और संगठन ऐसे बगावती के साथ नहीं हो सकता। सोनिया गांधी के विदेशी मूल से कांग्रेस की संभावनाओं और भविष्य पर असर पड़ेगा। इससे कांग्रेस ही नहीं उसकी कार्यकारिणी के भी कई सदस्य शरद पवार से सहमत थे लेकिन जब इस मुद्दे पर उनने, संगमा और तारिक ने विद्रोह किया तो कोई उनके साथ नहीं निकला। पार्टियां और संगठन अपने ही विरुद्ध ऐसे विद्रोह पर आसानी से विभाजित नहीं होते।

लेकिन कल्याण सिंह की समस्या यह है कि संघ परिवार और जनसंघ-भाजपा के अलावा कहीं और वे रहे नहीं। अब जबकि वे बाहर कर दिए गए हैं तो शायद वैसा ही महसूस कर रहे हैं जैसा मां के गर्भ से निकला बच्चा करता है। संघ परिवारी उनसे छिटक कर दूर हो रहे हैं तो उन्हें अकेलापन भी लगता है और खीज भी होती है। इसलिए वे हर एक को जैसे दीवार के कोने में धकेल देना चाहते हैं कि देखें किस हद तक उनके पुराने संगी-साथी उनसे दूर जा सकते हैं। इससे उन्हें संतोष हो जाएगा कि सबकी असलियत देख ली लेकिन राजनैतिक लाभ नहीं होगा। शायद संघ परिवार से अलग हो कर दृढ़ होने के लिए उन्हें अपने को इस मानसिकता में लाना

जरूरी हो। इस प्रक्रिया में उन्हें काफी हद तक अपनी विश्वसनीयता खोनी पड़ी। जिस हिंदुत्व और राम मंदिर निर्माण से वे निकाले जाने के पहले बुरी तरह लिपट गए थे उन्हें छोड़ना पड़ा और अंततः मंडल को अपनाना पड़ा।

इसमें कल्याण सिंह ने अपनी विश्वसनीयता और छवि भले ही खोई हो लेकिन दो बातें साफ हो गई हैं। आपको याद होगा कि इस दशहरे पर नागपुर में सरसंघ चालक राजेंद्र सिंह और फिर उनके सहयोगी शेषाद्रि ने बड़े संतोष से कहा था कि यह चुनाव बताता है कि हिंदुत्व की अवधारणा इस देश में अब सर्व स्वीकार हो गई है। रिटायर न्यायमूर्ति जगदीश शरण वर्मा जैसे लोग भले ही न जानते हों कि हिंदू धर्म और हिंदुत्व दो अलग-अलग और लगभग परस्पर विरोधी अवधारणाएं हैं संघ के नेता जानते हैं कि उनका हिंदुत्व और बृहत्तर भारतीय समाज का हिंदू होना दो अलग चीजें हैं। हिंदू महासभा और राष्ट्रीय स्वयंसेवक संघ ने सन् सैंतालीस तक भारत की आजादी के आंदोलन में सक्रिय भागेदारी नहीं की क्योंकि महात्मा गांधी और भारतीय पुनर्जागरण के अभियान ने जो भारतीयता विकसित, स्थापित और सक्रिय की थी उससे ये दोनों हिंदू संगठन सहमत नहीं थे। वे हिंदुओं की वैसी ही पहचान बना कर उनका प्रतिनिधित्व करना चाहते थे जैसी मुस्लिम लीग ने भारतीय मुसलमानों की बनाई थी और जिनके प्रतिनिधि के रूप में वह अंग्रेजों को स्वीकार थी।

महात्मा गांधी और कांग्रेस के होते हुए हिंदू समाज का सांप्रदायिक प्रतिनिधित्व न हिंदू महासभा को मिल सकता था, न संघ को क्योंकि हिंदू समाज उनके साथ था ही नहीं। महात्मा गांधी जानते थे कि भारतीय समाज को हिंदुओं और मुसलमानों में सांप्रदायिक रूप से विभाजित कर के अंग्रेज भारत के स्वतंत्रता अभियान को पराजित करना चाहते हैं इसलिए हिंदू-मुसलमान एकता को उनने आजादी की लड़ाई का एक प्रमुख हथियार बनाया। हिंदू महासभा और संघ को हिंदुओं-मुसलमानों की एकता वाली भारतीयता मंजूर नहीं थी। वे हिंदुओं को मुसलमानों, ईसाइयों, यहूदियों, पारसियों आदि से भिन्न ऐसे लोगों का समुदाय बनाना चाहते थे जो अपने को हिंदुस्तान का सच्चा और अकेला अधिकारी मानता हो और जिसके लिए इस्लाम और ईसाइयत स्वीकार करने वाले भारतीय भी पराए और दूसरे दर्जे के नागरिक हों। हिंदुत्व हिंदू धर्मियों के राजनैतिक व्यक्तित्व की अवधारणा है और उसका मूल सनातन धर्म के सिद्धांतों और जीवन पद्धति में नहीं पश्चिमी यूरोप के राष्ट्र राज्य में है जो कि एक-डेढ़ सदी पुराना है। इस हिंदुत्व को वीर सावरकर ने राष्ट्रीयता कहा था। संघ के गुरु गोलवलकर भी पहले इसी को मानते थे। लेकिन सन् अड़तालीस में एक हिंदुत्ववादी द्वारा महात्मा गांधी की हत्या, राष्ट्रीय स्वयंसवेक संघ पर पाबंदी और सन् पचास में पंथनिरपेक्षता के सिद्धांत को मानने वाले संविधान की भारतीयों द्वारा स्वीकृति ने संघ को अपने अस्तिव के लिए दोगलेपन में रहने पर बाध्य कर दिया।

तभी से संघ और बाद में विकसित हुआ उसका परिवार दोमुंही बातें करने का आदी हो गया है। इसका सबसे ताजा उदाहरण है—लालकृष्ण आडवाणी, मुरली मनोहर जोशी और उमा भारती के इस्तीफे की मांग पर प्रधानमंत्री और भाजपा का रवैया। विपक्ष ने मांग की कि चूंकि इन तीनों के खिलाफ बाबरी मस्जिद के ध्वंस के मामले में चार्जशीट दाखिल है इसलिए इन्हें मंत्रिमंडल से इस्तीफा देना चाहिए। जिनके खिलाफ चार्जशीट दाखिल हुई उन्हें पहले इन्हीं प्रधानमंत्री ने मंत्रिमंडल से हटाया है। प्रधानमंत्री ने कहा कि न तो इनके खिलाफ सत्ता के दुरुपयोग का मामला है, न भ्रष्टाचार के घोटालों का इसलिए इन्हें इस्तीफा देने की जरूरत नहीं। इनके विरुद्ध जो मामला

है वह राजनैतिक है। यानी बाबरी मस्जिद एक राजनैतिक आंदोलन के चलते ध्वस्त हुई इसलिए उसके मामले में दाखिल चार्जशीट भी राजनैतिक हो जाती है। अगर यह तथ्य छोड़ भी दिया जाए कि बाबरी मस्जिद का ध्वंस कानून और संविधान दोनों को तोड़ता है इसलिए यह मामला देश के कानून और संविधान को हाथ में ले कर तोड़ने का है—तो आंदोलन राजनैतिक कैसे हो गया ? जब से रामजन्मभूमि-बाबरी मस्जिद का आंदोलन चला पूरा संघ परिवार चीख-चीख कर उसे आस्था का सवाल और धार्मिक आंदोलन बताता रहा है। बाबरी मस्जिद गिरा दी गई तो यह सवाल राजनीति का और आंदोलन राजनैतिक कैसे हो गया ? पहले तो संघ परिवार के किसी नेता और संगठन ने नहीं कहा कि रामजन्मभूमि-बाबरी मस्जिद राजनीति का सवाल है और राम मंदिर बनाने का आंदोलन राजनैतिक है। अब वह आस्था से राजनैतिक कैसे हो गया ?

इसी तरह अयोध्या में राम मंदिर बनाने का मामला है। कल्याण सिंह कहीं इसे उड़ा न ले जाएं इसलिए उनकी जगह मुख्यमंत्री बनाए गए रामप्रकाश गुप्ता दौड़े-दौड़े अयोध्या गए और वहां जा कर कहा कि सत्तारूढ़ राष्ट्रीय जनतांत्रिक गठबंधन के एजंडे पर भले न हो भारतीय जनता पार्टी के एजंडे पर राम मंदिर बिलकुल है। भाजपा अपनी ताकत बढ़ाने में लगी हुई है और उसकी सरकार बनते ही वह राम मंदिर बनाएगी। उनकी इस घोषणा पर हंगामा और विवाद हुआ तो प्रधानमंत्री ने कहा कि गुप्ताजी की बात को गंभीरता से मत लो। फिर कहा कि उनको गलत उद्धृत किया गया है, उनने ऐसा कहा ही नहीं। गुप्ताजी ने बयान भी दे दिया कि नहीं कहा। फिर टीवी, टेप ने बताया कि कहा था तो घोषणा की गई कि गठबंधन के एजंडे पर राम मंदिर नहीं है, भाजपा के एजंडे पर होगा और अब कहा जा रहा है कि भाजपा के एजंडे पर भी नहीं है। क्या मतलब हुआ ? भाजपा गठबंधन की सबसे बड़ी और नेतृत्व देने वाली पार्टी है लेकिन जो उसके एजंडे पर है गठबंधन में वह नहीं है। और यह भी साफ नहीं है कि राम मंदिर भाजपा के एजंडे पर भी है या नहीं। आस्था का प्रश्न राजनीति का आंदोलन बन गया और राम मंदिर एजंडे पर होते हुए भी अदृश्य हो गया—इससे बड़ा दोगलापन और दोमुंहापन आपने कहीं देखा है ?

तो कल्याण सिंह चाहे जितने अलग-थलग और दयनीय दिखते हों उनके कारण संघ परिवार की विडंबनाओं का बड़े पैमाने पर भंडाफोड़ हो रहा है। कल्याण सिंह के हिंदुत्व और राम मंदिर को छोड़ने और मंडल को अपनाने ने दो बातें साफ कर दी हैं। कल्याण सिंह जैसे संघ परिवार के बेटे को भी वह हिंदुत्व स्वीकार नहीं है जिसके सर्व स्वीकार होने का दावा सरसंघ चालक ने विजयादशमी पर किया था। अगर वह सबको ऐसा गले उतर गया होता तो कल्याण सिंह को उसे छोड़ कर सांप्रदायिक सद्भाव और सर्वधर्म समभाव वाले गांधीय हिंदूपन पर जाने की जरूरत नहीं होती। कांग्रेस से और दूसरी पार्टियों से भी नेताओं ने अलग हो कर अपनी पार्टियां बनाई हैं लेकिन वे पंथनिरपेक्षता और समाजवाद की सौगंध फिर भी खाते रहे हैं। लेकिन कल्याण सिंह ने हिंदुत्व की सौगंध खा कर तोड़ दी क्योंकि उस पर बनी पार्टी सबका समर्थन पाने की उम्मीद नहीं कर सकती। संघ के अधिकारी राजेंद्र सिंह उर्फ रज्जू भैया, शेषाद्रि और सुदर्शन कृपया नोट करें कि उनका दावा कितना खोखला है और हिंदुत्व बावजूद भाजपा नेतृत्व के गठबंधन की चुनावी विजय के सिर्फ उग्रवादी हिंदुओं को स्वीकार है और वे हिंदू समाज के दस प्रतिशत भी नहीं हैं। और इसका कारण यह है कि हिंदुत्व वृहत्तर हिंदू समाज का सहज स्वभाव नहीं है।

दूसरी बात यह कि भाजपा ही नहीं संघ परिवार के लिए भी राम, उनकी जन्मभूमि और वहां मंदिर बनाने का सवाल आस्था और धर्म का नहीं राजनीति का है। अब वे सत्ता में हैं तो स्वीकार करते हैं कि रामजन्मभूमि राजनैतिक आंदोलन था इसलिए बाबरी मस्जिद को गिराने वालों ने आस्था और

धर्म का नहीं राजनीति का काम किया है। धर्म और आस्था का होता तो किसी तो संघ परिवारी की आत्मा जागृत होती और वह स्वीकार करता कि हां हमने बाबरी मस्जिद गिराई क्योंकि वह हमारी आस्था और हमारे धर्म पर व्यभिचार की तरह खड़ी थी। और इससे अगर देश का कानून और संविधान टूटा है तो इसकी जो भी सजा हो, हम भुगतने को तैयार हैं। हिंसा के चौरी-चौरा कांड पर गांधी ने आंदोलन वापस ले लिया था और जो भी कानून तोड़ा उसकी सजा के लिए अपने को प्रस्तुत किया। गांधी आस्था और धर्म के आदमी थे। राजनीति की टांगों के बीच पूंछ दबाने वाले संघ परिवारी नहीं।

संघ परिवार की इस असलियत को दिखाने वाले कल्याण सिंह को धन्यवाद !

17.12.1999

एक कायर समाज का प्रवक्ता

अटल बिहारी वाजपेयी को इफ्तार पार्टी में लालकृष्ण आडवाणी ने कहा, ''इंडियन एयरलाइंस के अपहृत विमान के बंधकों के बदले में तीन आतंकवादियों की रिहाई से भारतीय जनता पार्टी को कुछ नुकसान जरूर हुआ लेकिन देश को हानि नहीं हुई है। प्राप्त परिस्थितियों में यही सबसे अच्छा विकल्प था।''

हैदराबाद हाउस की उस इफ्तार पार्टी में न अखबारवालों ने पूछा, न देश के गृहमंत्री लालकृष्ण आडवाणी ने बताया कि भारत और भारतीय जनता पार्टी की हानियों में क्या फर्क है। क्यों आतंकवाद के सामने समर्पण से राष्ट्रहित की हानि नहीं होती और कैसे भारतीय जनता पार्टी को कुछ नुकसान होता है। इस सवाल का जवाब नौ जनवरी के 'पांचजन्य' ने दिया है जिसे भाजपा और संघ परिवार अपना मुखपत्र बताने से इनकार करता है लेकिन बाकी देश मानता है कि यह साप्ताहिक इसके अलावा कुछ है नहीं। बहरहाल, इस अंक का संपादकीय कहता है, ''जनता सरकार को सफल होते देखना चाहती है। खासकर उस सरकार को जो भाजपा के नेतृत्व में बनी है। यह इसलिए क्योंकि आतंकवाद, भ्रष्टाचार और लचर ढीले प्रशासन जैसी स्थितियां बदलने के प्रति भाजपा वचनबद्ध थी। राष्ट्रीय हितों पर उसका कठोर रवैया, उसकी अनुशासित तथा 'जो कहते हैं सो करते है' वाली छवि जनता के मन को भायी थी। इस छवि को खरोंचें आई हैं।''

यानी तीन दुर्दांत आतंकवादियों को छोड़ कर विमान बंधकों की रिहाई करवानेवाली सरकार के गृहमंत्री लालकृष्ण आडवाणी अपनी पार्टी को हुआ नुकसान तो देख सकते हैं राष्ट्रहित की हानि उन्हें नहीं दिखती। क्योंकि उनकी सरकार आखिर एक गठबंधन सरकार है जो कमजोर, ढीली-ढाली और प्रशासन में लचर होगी ही। यही उसकी छवि है। लेकिन भाजपा की छवि तो अनुशासित तथा 'जो कहते हैं सो करते हैं' की है। राष्ट्रीय हितों पर उसका रवैया कठोर रहा है। यह आतंकवाद, भ्रष्टाचार और लचर ढीले प्रशासन जैसी स्थितियों को बदलने के प्रति प्रतिबद्ध रही है। अब उसी के नेतृत्व वाली गठबंधन सरकार अपहर्त्ताओं की मांग मान कर तीन दुर्दांत आतंकवादियों को रिहा कर दे तो उसकी छवि को कुछ नुकसान तो जरूर होगा। 'पांचजन्य' साप्ताहिक कहता है कि भाजपा की उस छवि को कुछ खरोंचें आई हैं।

कोई बात नहीं। इतनी खरोंचें तो एक सरकार की अगुवाई करने के लिए भाजपा सहन कर सकती है। लेकिन जरा देखिए एक गठबंधन सरकार के गृहमंत्री की नफासत। वे सरकार की छवि से अपनी पार्टी की छवि के प्रति ज्यादा संवेदनशील हैं। सरकार की छवि की उन्हें फिकर नहीं है। आखिर यह सरकार गठबंधन और अटल बिहारी वाजपेयी की है, भारतीय जनता पार्टी की नहीं। इस सरकार की छवि आतंकवाद के सामने घुटने टेकने वाली ढीली-ढाली और लचर प्रशासन करने वाली है जबकि राष्ट्रहित की रक्षा में कठोर रवैया अपनाने और आतंकवाद, भ्रष्टाचार आदि को समाप्त करने वाली पार्टी है भाजपा। यह तो उसकी मेहरबानी है कि वह ऐसे गठबंधन की सरकार का नेतृत्व कर रही है। देश को सरकार देने का राष्ट्रीय कर्त्तव्य निभाने के लिए भाजपा अपनी छवि की इतनी कुरबानी करने को तैयार है। आखिर वह राष्ट्रवादियों की देशभक्त पार्टी है। इसीलिए

उसकी तरफ से गृहमंत्री होने के बावजूद लालकृष्ण आडवाणी अपने को सरकार से ऊपर और बेहतर छविवाला मानते और बताते हैं। सरकार जब कंधार में भारतीय विमान को अपहर्ताओं से छुड़ाने की शर्तों पर विचार कर रही थी तो आडवाणीजी ने अपने प्रिय पत्रकारों के जरिए बताया कि वे किस तरह समर्पण की इन बातों से दूर रहे और आतंकवाद के सामने घुटने टेकने के निर्णय में शामिल नहीं हुए। भला उनके जैसा रामरथी यह कर भी कैसे सकता था ? और जब सरकार और प्रधानमंत्री पर अच्छी-खासी मार पड़ चुकी तो वे उनकी इफ्तार पार्टी में भी गए और कहा कि कोई मतभेद नहीं था। मंत्रिमंडल में सर्वानुमति थी। और वाजपेयी-आडवाणी भाई-भाई हैं। रिंद के रिंद रहे हाथ से जन्नत न गई।

लेकिन लालकृष्ण आडवाणी ने नहीं बताया और 'पांचजन्य' के संपादकीय ने भी नहीं कि किस तरह बंधकों की रिहाई से भारत के हितों की हानि नहीं हुई। यह जिम्मेदारी राष्ट्रीय स्वयंसेवक संघ के सरसंघचालक पूज्य रज्जू भैया ने स्वयं ली। उनने कहा, ''राष्ट्रीय स्वयंसेवक संघ ने कभी भी बंधकों के बदले आतंकवादियों की रिहाई का समर्थन नहीं किया है। तात्कालिक गृहमंत्री मुफ्ती मोहम्मद सईद की बेटी डॉ. रूबिया सईद के बदले आतंकवादियों को छोड़ना भी हमने उचित नहीं माना था।'' सही है। लेकिन तब सारा दोष विश्वनाथ प्रताप सिंह और उनकी राष्ट्रीय मोर्चा सरकार के निकम्मेपन और उनकी अपनी मुसलमानों की तुष्टिकरण की नीति पर डाला गया था। तब कहीं आपने सुना था कि आतंकवादियों की मांगें मान कर रूबिया के बदले में पांच आतंकवादी इसलिए छोड़ने पड़े कि भारत एक नरम राज्य है, ''बिकॉज़ इंडिया इज़ ए सॉफ्ट स्टेट।'' और यह भी कि हिंदू समाज में कायरता है। जी हां, कायरता। यह राज्य ही नरम है और यह समाज ही कायर है तो अटल बिहारी वाजपेयी, भाजपा और राष्ट्रीय स्वयंसेवक संघ का क्या दोष ? ये दलीलें तब नहीं दी गई थीं क्योंकि विश्वनाथ प्रताप सिंह और राष्ट्रीय मोर्चे की सरकार राष्ट्रहित को सर्वोच्च माननेवालों की सरकार नहीं थी। राष्ट्रहित की रक्षक तो सिर्फ भारतीय जनता पार्टी है। और जब उनके नेतृत्व की सरकार ने भी वही किया जो विश्वनाथ प्रताप सिंह और राष्ट्रीय मोर्चे की सरकार ने किया था—तो यह बताना जरूरी है कि दोष भारत के उस राज्य का है जो नरम है और उस हिंदू समाज का है जो भीरु है। दस साल पहले न यह राज्य नरम था, न हिंदू समाज भीरु था क्योंकि तब संघ को अपनी आत्मा बताने वाले अटल बिहारी वाजपेयी प्रधानमंत्री नहीं थे, न हिंदुत्व की सेवा में लगी भाजपा के नेतृत्व वाला गठबंधन राज कर रहा था।

लेकिन भारत के एक नरम राज्य और हिंदू समाज के भीरु होने की असलियत का आविष्कार क्यों करना पड़ा यह समझने के लिए एक और उदाहरण पढ़ लीजिए। 'पांचजन्य' के इसी अंक में इसी संपादकीय के सामने सरसंघचालक रज्जू भैया उर्फ राजेंद्र सिंह से बातचीत का संक्षेप यथावत दिया गया है, ''एक और बात विमान अपहरण कांड से सामने आई। वह है हिंदू समाज में व्याप्त भीरुता की। हिंदू यह मानते हैं कि शरीर नश्वर है। मृत्यु के बाद आत्मा केवल चोला बदलती है, आत्मा अमर और अविनाशी है। ऐसी धर्मप्रेरणावाले हिंदुओं को तो मृत्यु से कदापि नहीं डरना चाहिए। विमान में भी आठ-दस युवक एक साथ खड़े हो कर शोर मचा कर अपहरणकर्ताओं पर काबू पाने की कोशिश कर सकते थे। परंतु प्राणों के भय ने सबको एक सहयात्री की हत्या पर भी उद्वेलित नहीं किया। यात्रियों के रिश्तेदारों में तनाव और चिंता का होना स्वाभाविक है। परंतु जिस सीमा तक जा कर उनने प्रदर्शन किए वह किसी शालीन और स्वाभिमानी समाज में अपेक्षित नहीं होता। डॉ. हेडगेवार ने इसीलिए हिंदू समाज के संगठन और उसमें वीरता का भाव भरने की आवश्यकता पर बल दिया था।''

यानी कंधार में जो दिखाई दी वह हिंदू समाज में व्याप्त भीरुता है। और यह भीरुता तभी दूर हो सकती है जब हिंदू (राष्ट्रीय स्वयंसेवक संघ में) संगठित हों और वह उनमें वीरता का भाव भरे। राज्य को नरम और इसलिए कठोर निर्णय और सख्त कार्रवाई के अयोग्य बता कर और बंधकों के अपहर्ताओं को काबू में करने की कोशिश न करने और उनके रिश्तेदारों के अशालीन और स्वाभिमानहीन प्रदर्शनों में हिंदू समाज की भीरुता दिखा कर संघ परिवारी सरकार और पार्टी दोनों को ही तत्काल उत्तरदायित्व से मुक्त करने का प्रयास कर रहे हैं। लेकिन जैसी कि हमारी राजनीति चलती है रज्जू भैया की टिप्पणी के अर्थ लगाने की कोशिश हुई। किसी ने कहा यह सरसंघचालक द्वारा की गई सरकार की आलोचना है। किसी और का मानना है कि जो लोग मानते हैं कि बंधकों के बदले में तीन आतंकवादियों और पांच अपहर्ताओं को छोड़ना सही था और जो इस निर्णय से दुखी हैं—यह उनके बीच का द्वंद्व है। संघियों ने कहा कि यह स्वयंसेवकों का आह्वान है और यह भी कि सारे देश के लोगों में जो भावना है उसे अभिव्यक्ति दे कर स्वीकार किया गया है। लेकिन एक प्रेस कांफ्रेंस में जब लालकृष्ण आडवाणी से पूछा गया तो उनने कहा, ''मुझे इन टिप्पणियों पर कुछ नहीं कहना है। गांधी ने भी इस तरह की बातें कही हैं।''

राष्ट्रीय स्वयंसेवक संघ के सरसंघचालक की बातों के खुलासे में महात्मा गांधी को क्यों लाया गया ? क्योंकि कांग्रेसियों के बाद अब भाजपाइयों को भी गांधी की जरूरत पड़ती है। गांधी हमारे राजनेताओं का ऐसा प्रमाण है जो बद से बदतर बात को भी उचित ठहराने के काम आ सकता है। संघ परिवारियों के लिए भी गांधी का वैसा ही उपयोग है जैसा कांग्रेसियों के लिए था यानी उनकी बातों को संदर्भ से हटाओ और अपनी बात से जोड़ दो और फिर कहो कि गांधी ने भी ऐसा ही कहा था। लालकृष्ण आडवाणी ने भी गांधी का नाम ले कर रज्जू भैया की वाहियात बातों को सही ठहराने की कोशिश की है। गांधी ने एक तो हिंदू समाज को कभी भीरु नहीं कहा। दूसरे सन् 24 की 29 मई को यंग इंडिया में उनने कहा, ''मेरा अपना अनुभव भी इस राय की पुष्टि ही करता है कि आमतौर पर मुसलमान धौंसिया होता है और हिंदू आमतौर पर भीरु।'' महात्मा गांधी का यह प्रसिद्ध उद्धरण है। लेकिन यंग इंडिया का लगभग पूरा-का-पूरा अंक उनने—हिंदू-मुसलमान तनाव : इसके कारण और निराकरण पर विचार में लगा दिया था। ऊपर का उद्धरण तब आया जब वे अहिंसा के बारे में विचार कर रहे थे। इसी में उनने कहा कि कायरता से तो हिंसा अच्छी। लेकिन हिंसा को भी वे एक प्रकार की कायरता बता रहे थे और अहिंसा को ही सच्ची वीरता। उनका कथन कि मुसलमान आमतौर पर धौंसिया और हिंदू कायर होता है—अहिंसा के संदर्भ में है और वे हिंदू-मुसलमान दंगों का विश्लेषण कर रहे हैं। लालकृष्ण आडवाणी को झूठ बोलने से फुर्सत हो तो कलेक्टेड वर्क्स ऑफ महात्मा गांधी के खंड चौबीस के पेज 136 से 154 तक पढ़ लें। धौंसिया और भीरु का वाक्य पेज 142 पर मिलेगा।

लेकिन लालकृष्ण आडवाणी ने गांधी के कथन को रज्जू भैया के उच्च विचारों की तरह का बता दिया बिना यह सोचे कि न तो गांधी किसी सरकार के किसी आतंकवादी कार्रवाई के सामने समर्पण का खुलासा कर रहे थे, न वे हिंदू या मुसलमान समाज की बात कर रहे थे। वे अहिंसा और एकता के संदर्भ में हिंदू व्यक्ति और मुसलमान व्यक्ति के साधारण गुण-अवगुण की चर्चा कर रहे थे। और यह भी तब जबकि राष्ट्रीय स्वयंसेवक संघ का जन्म भी नहीं हुआ था। गांधी अहिंसक कार्रवाई को वीरता की सबसे बड़ी कसौटी मानते थे और अहिंसा को वीर पुरुषों का आभूषण। उनने अपनी इस आस्था पर अमल किया। पहले दक्षिण अफ्रीका में भारतीय बंधुआ मजदूरों और व्यापारियों को अंग्रेज साम्राज्यवादियों और यूरोपीय नस्लवादियों के अन्याय और अत्याचारों के

खिलाफ निहत्थे खड़ा किया और अपने सम्मान की लड़ाई लड़वाई फिर 1915 में भारत लौटने के बाद इन्हीं मोहनदास करमचंद गांधी ने निहत्थे भारतीयों को खड़ा किया और उनसे अंग्रेजी साम्राज्य के खिलाफ सत्याग्रह और अहिंसा से मुक्ति का संग्राम जितवाया। गांधी ने दीन-हीन-शस्त्रहीन भारतीय को उच्चतम वीरता के स्तर पर पहुंचाया जब वे सीना तान कर हाथ में तिरंगा लिए अंग्रेजों की बंदूकों की गोलियां खाते हुए आजादी की तरफ बढ़ते चले गए। गांधी के साथ उनकी अगुवाई में भारतीय वीरता का ऐसा पराक्रम कर गए जिसका उदाहरण मनुष्यता के इतिहास में नहीं मिलेगा। जिस गांधी ने भारतीयों को ऐसा वीर बनाया हो वह हिंदू समाज को भीरु नहीं कह सकता था। इसी जगह उनने लिखा—बरसों तक जब मैं कायर था तो हिंसा में आश्रय लेता था। अहिंसा का मूल्य तभी समझा जब मैंने कायरता छोड़ी। कायरता का निराकरण भौतिक बलशीलता में नहीं, खतरों का सामना करने में है।' गांधी ने खतरों का सामना किया और एक कायर हिंदुत्ववादी की गोली से मारे गए।

और हिंदुओं को संगठित करने और उनमें वीरता का भाव भरनेवाले राष्ट्रीय स्वयंसेवक संघ ने क्या किया ? संघ की स्थापना सन् 1925 की विजया दशमी के दिन हुई और भारत 15 अगस्त, 1947 के दिन आजाद हुआ। इन बाईस वर्षों में भारत को आजाद करवाने में संघ ने क्या किया ? डॉक्टर हेडगेवार ने हिंदू समाज में वीरता का कितना भाव भरा। आजादी की लड़ाई में पराक्रम कर के कुछ कर गुजरने के लिए उन्हें बाईस साल मिले थे। संघ और उसके परम वीर स्वयंसेवकों ने चींटी उंगली से भी अंग्रेजों को नहीं छेड़ा। वे संगठित होते रहे और जब सन् '47 में विभाजन के भयावह दंगे हुए तो क्या वे मुसलमानों से हिंदुओं की रक्षा कर सके ? न वे अंग्रेजों से भारत को आजाद कराने में लड़े, न उनसे दंगों में हिंदुओं की रक्षा हुई। भीरु कौन है ? हिंदू समाज या भारत या राष्ट्रीय स्वयंसेवक संघ के संगठित स्वयंसेवक ?

13.1.2000

हम अगर कायर तो आप हैं कायरों के...

राष्ट्रवादिता और देशभक्ति पर अपने एकाधिकार का लगातार दावा करनेवाले राष्ट्रीय स्वयंसेवक संघ को अंग्रेजों के खिलाफ वीरता दिखाने, अपनी देशभक्ति को सिद्ध और स्थापित करने और भारत (नहीं, हिंदुस्तान) को आजाद करवाने का पुण्य कमाने के लिए बाईस साल मिले थे। लेकिन उसने न तो आजादी के आंदोलन की मुख्य धारा में कोई योगदान किया, न आजाद हिंद फौज में स्वयंसेवक भेजे, न मुंबई की नौ सेना बगावत में मदद की और न सशस्त्र क्रांति में लगे लोगों के साथ हुआ। स्वतंत्रता आंदोलन से अपने जीवन के कैशोर्य और चढ़ती जवानी को इस तरह बचा कर क्यों रखा ? क्या तब भी वह उस हिंदू समाज की कायरता का प्रतिनिधित्व कर रहा था जिसके दर्शन पूज्य रज्जू भैया ने अपहृत भारतीय विमान से कंधार में किए ? समझदार लोग कहते हैं कि राष्ट्रीय स्वयंसेवक संघ आजादी के आंदोलन से इसलिए दूर रहा कि वह भारतीयता को राष्ट्रीयता मानने और बनाने का आंदोलन था जबकि संघ हिंदुत्व को राष्ट्रीयता बनाने पर प्रतिबद्ध था। संघ की पहली प्रतिबद्धता हिंदुओं को सांप्रदायिक दंगों में बचाने और उनकी रक्षा के लिए संगठन खड़ा कर के उनमें वीरता की भावना भरने की थी और स्वतंत्रता संग्राम में पड़ कर वह अपनी शक्ति व्यर्थ नहीं करना चाहता था।

इसे मान लें तो भी संघ को संगठन खड़ा करने और हिंदू समाज में वीरता का भाव भरने के लिए बाईस साल मिले थे। भारत का विभाजन सन् सैंतालीस में हुआ, और तभी भारतीय इतिहास के सबसे भयावह सांप्रदायिक दंगे हुए जिनमें लाखों लोग मारे गए। कोई हिसाब तो अभी तक नहीं छपा है लेकिन उनमें आधे तो हिंदू रहे ही होंगे। संघ ने कितने हिंदुओं को बचाया ? पंजाब, सिंध, पश्चिमोत्तर प्रांत और बंगाल में संघ ने हिंदू समाज की रक्षा और उसे वीरता के प्रशिक्षण में कितनी बड़ी भूमिका अदा की ? नोआखाली में आग के बीच चलते महात्मा गांधी को वायसराय माउंटबेटन ने–एक आदमी की–सेना की तरह प्रभावशाली होते देखा लेकिन क्या देश के इतिहास में कहीं उल्लेख है कि हिंदुओं की जान और उनकी संपत्ति की रक्षा करते हुए स्वयंसेवकों ने इतने हमलावरों को मारा और इतने हिंदू समाज की रक्षा में बलिदानी हुए ? बाईस साल में वीर बलिदानी स्वयंसेवकों की कितनी बड़ी सेना संघ ने खड़ी की थी जो विभाजन की त्रासदी को इतना कम करने में सफल हुई ? बाईस साल के जीवन में पहली बार उसी की कसौटियों पर उसकी अग्नि परीक्षा हुई थी। लेकिन सन् सैंतालीस में क्या संघ ने हिंदू समाज को चोट खाने से बचाया ? संघ वाले लगातार तब कांग्रेस की नीतियों और नेताओं को कोसते रहे। महात्मा गांधी को विभाजन का पापी और हिंदुओं को मरवानेवाला बताते रहे। हिंदुत्ववादियों से और कुछ पराक्रम तो नहीं हुआ उनने अपनी वीरता एक सबसे साहसी और वीर हिंदू को दिल्ली की प्रार्थना सभा में मार कर साबित की। भारत विभाजन का काला इतिहास वीर भगवे रंग से क्यों नहीं रंगा है और उसके अंतिम अध्याय पर खून से सनी गांधी की सफेद खादी की धोती क्यों ढंकी हुई है? स्वतंत्रता संग्राम और भारत विभाजन के दौरान किसकी वीरता प्रकट हुई और किसकी कायरता अपना मुंह छुपाए भागती रही ? अगर हिंदू समाज राष्ट्रीय स्वयंसेवक संघ से निर्भय और रक्षित हुआ होता तो सन् पचास में भारत पंथनिरपेक्ष संसदीय

गणतंत्र नहीं बना होता। वह पाकिस्तान की तरह हिंदू राष्ट्र हो गया होता।

हिंदू समाज को संगठित करने और उसमें वीरता की भावना भरने वाले संघ पर महात्मा गांधी की हत्या के बाद प्रतिबंध लगा। नाथूराम गोडसे संघ का सदस्य साबित नहीं हुआ लेकिन उसके हिंदुत्ववादी होने के सत्य को आज तक किसी ने नकारा नहीं है। गोडसे का हिंदुत्व हिंदू महासभा का था या राष्ट्रीय स्वयंसेवक संघ का ? वीर सावरकर का था या केशव बलिराम हेडगेवार का ? इस पर विवाद हो सकता है लेकिन वह हिंदुत्व था इससे किसी ने इनकार नहीं किया है। सरदार वल्लभभाई पटेल को संघ परिवारी अब अपने में समाहित करते हैं लेकिन उनने 11 सितंबर '48 को सरसंघचालक गुरु गोलवलकर को पत्र में लिखा था–(संघ वालों के) "सारे भाषण सांप्रदायिकता के जहर से भरे थे। इसी जहर के फलस्वरूप गांधीजी के महान प्राणों की बलि का दुख देश को उठाना पड़ा। आरएसएस वालों ने गांधीजी की हत्या पर खुशियां मनाईं और मिठाई बांटी।" तब संघ पर से पाबंदी तो उठा ली गई लेकिन उस अनुभव ने उसे दोमुंह से बात करने की आदत दे दी। तब से संघ कहता कुछ है करता कुछ है।

भारत ने तब से पहले कश्मीर फिर चीन, फिर पाकिस्तान और सन् इकहत्तर और निन्यानवे में युद्ध लड़े। इन युद्धों में संघ के स्वयंसेवकों ने मोर्चे पर आगे जा कर भारतीय सेना की मदद और सेवा की हो इसके कितने ज्वलंत उदाहरण हैं ? कोई बीस साल से भारत पंजाब, असम, कश्मीर और तमिलनाडु में आतंकवाद से लड़ाई लड़ रहा है। क्या इस लड़ाई में सुरक्षा बलों के आगे-आगे संघ के स्वयंसेवक छाया युद्ध लड़ रहे हैं ? इस दौरान संघ का दावा है कि वह आपदा में और ऐसे भी बड़े पैमाने पर समाज सेवा कर रहा है। लेकिन आज भी सारे पराभव के बावजूद समाज सेवा और ग्रामोत्थान के काम में गांधी के लोग उनसे ज्यादा हैं। आजादी के बाद समाज परिवर्तन का सबसे बड़ा रचनात्मक आंदोलन–ग्राम स्वराज–आंदोलन विनोबा ने चलाया और राजनैतिक आंदोलन जयप्रकाश नारायण ने। पहले में संघ शामिल नहीं हुआ दूसरे में हुआ। लेकिन इमरजंसी में संघ के जितने लोग माफी मांग कर और पैरोल पर छूटे उतने और किसी संगठन के नहीं। इमरजंसी में सरसंघचालक ने इंदिरा गांधी को जो चिट्ठी लिखी वह वीरता का उत्तम उदाहरण है ही।

संघ परिवार ने रामजन्मभूमि को मुक्त करने का आंदोलन भी चलाया। उसने कहा कि रामजन्मभूमि वही है जिस पर बाबरी मस्जिद खड़ी है। वहां एक भव्य मंदिर था जिसे तोड़ कर बाबर के एक सिपहसालार ने मस्जिद बनाई इसका क्या प्रमाण ? तो संघ परिवारियों ने कहा, आस्था के लिए प्रमाण की जरूरत नहीं होती। वह जमीन मुसलमान की थी और उसे ले कर अयोध्या के हिंदू धार्मिक प्रतिष्ठान के साथ उसकी कोर्ट-कचहरी हो रही थी। संघ परिवारियों ने कहा–आस्था के सवाल न्यायालय से हल नहीं होते। उस मस्जिद में सन् उनपचास की ठंड में रामलला की मूर्ति ला कर रख दी गई और बता दिया गया कि वहां भगवान राम बाल रूप में प्रकट हो गए हैं। वहां नमाज नहीं पढ़ी जा रही थी, रामलला की पूजा हो रही थी इसलिए वह मंदिर ही था। संघ परिवारियों का कहना था कि वहां हम भव्य राम मंदिर बनाएंगे और पहले के राम मंदिर को गिरा कर बनाई गई मस्जिद को हटा कर बदला लेंगे। आस्था के सवाल न ऐतिहासिक प्रमाणों से हल होते हैं, न न्यायालय से, वे ऐतिहासिक प्रतिशोध से हल होते हैं। बहरहाल, संघ और उसके बनाए-बनवाए संगठनों ने आंदोलन चलाया। कार सेवाएं कीं, ईंटें इकट्ठी कीं, पैसे इकट्ठे किए और जैसा कि लालकृष्ण आडवाणी ने कहा, स्वतंत्र भारत का सबसे बड़ा आंदोलन चलाया। आडवाणीजी या तो

सिंधु घाटी की सभ्यता में वापस जाते हैं या वर्तमान में रहते हैं इसलिए उन्हें याद नहीं रहता कि विनोबा का चलाया ग्राम स्वराज आंदोलन देश-भर के गांव-गांव पहुंचा था और जयप्रकाश नारायण ने जो आंदोलन सन् चौहत्तर में चलाया वह डेढ़ साल में पूरे देश को आंदोलित कर चुका था।

बहरहाल, सन् उननब्बे में भाजपा ने रामजन्मभूमि आंदोलन को अपने एजंडे पर चढ़ाया जब विश्व हिंदू परिषद और दूसरे संघ परिवारी संगठनों ने उसे पका कर राजनैतिक उपयोग के लायक बना दिया था। इससे आम चुनाव में लोकसभा में उसकी सीटें दो से बढ़ कर छियासी हो गईं। फिर उसने सन् इक्यानवे में उत्तर प्रदेश विधानसभा में बहुमत पा कर सरकार बनाई और वीपी सिंह की राष्ट्रीय मोर्चा सरकार गिरा कर मध्यावधि में लोकसभा में एक सौ बीस सीटें जीत लीं। फिर भी केंद्र में सरकार कांग्रेस की थी और कानून और संविधान अदालत में पड़े मामले को संघ परिवारियों को सौंप नहीं सकता था। उत्तर प्रदेश सरकार ने अयोध्या में पर्यटन विकास के नाम पर बाबरी मस्जिद के सामने की जमीन अधिग्रहीत की और वहां कार सेवा के नाते पूरा इलाका साफ कर के मैदान कर दिया। मस्जिद जिस टीले पर खड़ी थी उसे भी आगे से खोद कर बराबर किया और दावा किया कि वहां से राम मंदिर होने के क्या-क्या प्रमाण निकले हैं। वह खुदाई न पुरातत्व विभाग ने की थी, न वहां से निकले तथाकथित प्रमाण उसे दिए गए। बाबरी मस्जिद गिराने और राम मंदिर बनाने का यह उपक्रम और पराक्रम छल-कपट, झूठ और बेईमानी के सहारे किया गया। जब कहा गया कि यह मर्यादा पुरुषोत्तम राम के नाम पर कैसे हो रहा है तो पूछा गया कि क्या राम ने छुप कर बाली को नहीं मारा था ? संघ परिवारियों ने अयोध्या में चलते छल-कपट को उचित ठहराने के लिए स्वयं राम होने के दंभ से भी अपने को नहीं बचाया। उनकी इन कारगुजारियों से देश चौकन्ना हुआ और सवाल उठे तो संघ परिवार और उत्तर प्रदेश की भाजपा सरकार ने देश के सर्वोच्च न्यायालय, संसद और राष्ट्रीय एकता परिषद को वचन दिया कि बाबरी मस्जिद की रक्षा हर सूरत में की जाएगी।

लेकिन दिसंबर बानवे में गैती-फावड़े से अयोध्या में कार सेवा का कार्यक्रम चला। मुख्यमंत्री कल्याण सिंह इस 'कार सेवा' को सारी सुविधाएं देने के लिए बाध्य किए गए। कारसेवकों का यह एकत्रीकरण खुद संघ ने किया और परिवारी संगठन उसके निर्देश पर सक्रिय हुए। तब प्रधानमंत्री नरसिंह राव ने कई स्तरों पर संघ के नेताओं से बातचीत चला रखी थी। एक स्तर पर हम भी लगे थे। उसी दौरान इन्हीं रज्जू भैया के दोगलेपन और छल-कपट के मूर्त और बहुत पास से दर्शन हुए। उत्तर प्रदेश सरकार ने अयोध्या से सारे रक्षा प्रबंध हटा लिए। संविधान के तहत चुनी और उसी की शपथ ले कर बनी सरकार ने सारे कानून और संविधान के प्रावधान निलंबित कर दिए। छह दिसंबर को कार सेवा की सुबह पुलिस भी हट गई। अयोध्या और बाबरी मस्जिद आराम से कारसेवकों के हवाले हो गई और उनने अपने नेताओं के सारे वचन तोड़ कर मस्जिद गिरा दी। कायरता का यह उपक्रम जल्दबाजी में और अचानक नहीं किया गया। मस्जिद गिराने के बाद रामलला का जो कामचलाऊ मंदिर बनाया गया उस तक जाने की पहली सीढ़ी पर गीली सीमेंट में लिखा गया—हिंदू विजय दिवस। फिर भी प्रच्छन्न संघियों को तो छोड़िए अटल बिहारी वाजपेयी भी इसे दुर्घटना बताते हैं और किसी को दोषी नहीं पाते। मर्यादा पुरुषोत्तम राम के रघुकुल की रीति है कि प्राण जाय पर वचन न जाई। संघ परिवारियों ने सर्वोच्च न्यायालय, संसद और एकता परिषद को दिया एक वचन नहीं निभाया। उत्तर प्रदेश की भाजपा सरकार से पूरी तरह सुरक्षित संघ परिवार ने मस्जिद तोड़ी।

भारतीय विमान के अपहर्ताओं को पूज्य रज्जू भैया और सभी संघ परिवारी नेता कायर और बर्बर कहते हैं। बाबरी मस्जिद को सरकार के संरक्षण में गिराना क्या हद दर्जे की कायरता और बर्बरता नहीं थी ? अगर नहीं थी तो क्यों आज तक किसी संघ परिवारी ने सीना तान कर नहीं कहा कि हां, हमने बाबरी मस्जिद गिराई क्योंकि हम उसे कलंक मानते थे। देश का संविधान और कानून जो करना चाहे, करे। संघ तो सामाजिक-सांस्कृतिक संगठन है ना, फिर उसमें इतनी भी नैतिकता नहीं ? वह जो अयोध्या में राम मंदिर बनाने का परम धार्मिक कर्म कर रहा है उसमें सत्य को स्वीकारने का इतना भी साहस नहीं। कानून, संविधान ही नहीं सनातन धर्म की परंपरा और हजारों साल से चले आ रहे उच्चतम मूल्यों का अपहरण करनेवाला संघ परिवार कायर और बर्बर नहीं तो क्या है ? और अब प्रधानमंत्री वाजपेयी कहते हैं कि सीबीआई की चार्जशीट के बावजूद लालकृष्ण आडवाणी और मुरली मनोहर जोशी को मंत्रिमंडल से नहीं हटाया जाएगा क्योंकि उन पर मुकदमा राजनैतिक है। रामजन्मभूमि आस्था का आंदोलन था या राजनीति का ? जो अपने घोषित सिद्धांतों पर नहीं टिक सकता और जो सुविधा के मुताबिक सिद्धांत बदलता रहना है वह कायर है या वीर ? हिंदू समाज ने राजनैतिक गुलामी भोगी होगी लेकिन वह राष्ट्रीय स्वयंसेवक संघ जैसा कायर कभी नहीं रहा।

बहुत पहले पिछली सदी की शुरुआत में जॉर्ज पंचम ने भारतीयों को झूठा कहा होगा। तब अकबर इलाहाबादी ने शेर कहा था—हम अगर झूठे तो आप हैं झूठों के बादशाह। हिंदू समाज को कायर कहने वाले सरसंघचालक और संघ को अकबर क्या कहते ? बताने की जरूरत नहीं। आप जानते हैं।

14.1.2000

पहरुए सावधान रहना

राजकोट जाने के लिए जिस दिन अमदाबाद उतरा राष्ट्रीय स्वयंसेवक संघ के सरकार्यवाह शेषाद्रि मीडिया की खबर ले रहे थे। शहर से कोई पंद्रह किलोमीटर दूर कोई सौ एकड़ के मैदान में दो हजार से ज्यादा तंबू गाड़ कर गुजरात-भर के स्वयंसेवकों का संकल्प शिविर हो रहा था जिसका उद्घाटन किसी उद्योगपति प्राणलाल भोगीलाल ने किया था। एक जानकार संपादक मित्र ने बताया कि ये उद्योगपति पुरातन कारें इकट्ठी करने और रखने के शौकीन हैं। उनके पास ऐसी सौ-डेढ़ सौ कारें हैं जिनके रख-रखाव के लिए देसी-विदेशी मिस्त्री और इंजीनियर रख छोड़े हैं। लेकिन वे संघ में भी विश्वास करते हैं और पुराने स्वयंसेवक हैं। कोई अचरज नहीं कि संघ ने अपने संकल्प शिविर की शुरुआत ऐसे पुरातन प्रेमी से करवाई।

दूसरे दिन एक लोकल अखबार में फोटो देखा तो ओम के अगल-बगल डॉक्टर हेडगेवार और गुरु गोलवलकर के चित्रों से सजे मंच पर लकड़ी लिए खड़े रज्जू भैया दाहिने हाथ से हिटलरी प्रणाम कर रहे थे। उनके पास कुरता-पाजामा और जैकेट पहने खड़े सफेद बालोंवाले सज्जन का हाथ हिटलरी प्रणाम में लूला लग रहा था। वही शायद संकल्प शिविर के उद्घाटक रहे हों। मंच से एक महिला भी हिटलरी प्रणाम कर रही थी। मंच के नेताओं, स्वयंसेवकों को इसी तरह हिटलरी प्रणाम करते बचपन से देखता आ रहा हूं। और हर बार अचरज में गुम हो जाता हूं कि यह प्रणाम हिंदू धर्म और हिंदू समाज की किस परंपरा और शिष्टाचार में है ? भारत में इस तरह कोई किसी का अभिवादन नहीं करता। सिर्फ संघ की शाखा में ही यह देखने को मिलता है। और क्या कारण है कि सावरकर से ले कर गोलवलकर तक सभी हिंदुत्ववादी नेता हिटलर को इतने सम्मान से देखते हैं और उसी की तरह अपने ध्वज के सामने मातृभूमि का अभिवादन करते हैं। हिटलर का जर्मनी तो पितृ-भू को मानता था। संघ वालों की मातृभूमि ऐसे हिटलरी प्रणाम से कैसे प्रसन्न होती होगी ?

लेकिन मैं भटक गया। मुझे तो बात इसी पर करनी थी कि शेषाद्रिजी ने मीडिया वालों की खूब खबर ली। संकल्प शिविर में उनने कहा कि तीन आतंकवादियों के बदले में बंधकों को छुड़वाने के लिए मीडिया दोषी और जिम्मेदार है। उसी ने बार-बार रोते-धोते यात्रियों और उनके रिश्तेदारों के चित्र दिखाए। जिधर देखो, उधर यही चित्र बार-बार दिखाए गए। इससे सरकार को तीन आतंकवादियों को छोड़ने पर मजबूर होना पड़ा। आतंकवादियों को छोड़ने की आलोचना तो शेषाद्रिजी ने भी की और फिर सरसंघचालक पूज्य रज्जू भैया ने भी कहा कि विमान अपहरण के मामले में देश के शत्रु साफ बच कर निकल गए। पता नहीं पूज्य रज्जू भैया ने मीडिया की खबर ली या नहीं ? लेकिन सरकार्यवाह शेषाद्रि तो जैसे सरकार से भी ज्यादा मीडिया को इस क्लीव कर्म के लिए कोस रहे थे। मीडिया से उनका मतलब टीवी चैनल ही रहा होगा। क्योंकि अखबार तो दिखाता कम है, पढ़ाता ज्यादा है। और वैसे भी संघ वालों को आजकल अखबारों की ज्यादा चिंता नहीं होती। अखबार ब्योरे और गहराई में जाते हैं और जो कहा जाता है उसे तौले बिना छापते नहीं। टीवी तत्काल और सीधे दिखाता है इसलिए उस पर आप कुछ भी कह कर बच निकल सकते

हैं। जनता को बनाने में लगे सारे नेता आजकल इसीलिए अखबारों से ज्यादा टीवी चैनलों को भाव देते हैं।

लेकिन शेषाद्रिजी ने जो कहा उसे दूसरी तरह से दिल्ली में भी कहने वालों की कमी नहीं थी। कुछ तो टीवी चैनलों पर बार-बार जाने या बुलाए जाने वाले तथाकथित एक्सपर्ट ही शिकायत करते फिर रहे थे कि हिस्टीरिया पैदा करने में टीवी वालों ने ज्यादती कर दी। यह उन्माद टीवी का ही बनाया गया था। ये लोग आतंकवादियों को छोड़ने का दोष मीडिया को नहीं दे रहे थे लेकिन लग उन्हें भी यही रहा था कि दिन-भर चौबीसों घंटे वही-वही दिखाने के कारण टीवी वालों ने एक तरह की थकान और ऊब पैदा की और लोग चाहने लगे कि जैसे भी हो यह त्रासदी जल्दी खत्म होनी चाहिए। शेषाद्रिजी की तरह मीडिया वालों ने सरकार के किए का दोष टीवी पर नहीं डाला। ऐसा करने के लिए सरकार को बचाने और जानकारी के स्वतंत्र माध्यम को दोष देने की प्रेरणा होना जरूरी था। जाहिर है कि मीडिया वालों में वह नहीं हो सकती। आखिर संघ के सरकार्यवाह होने और मीडिया में विश्लेषक होने में इतना अंतर तो होगा ही।

लेकिन टीवी ने जो विमान अपहरण कांड के दौरान किया वही कारगिल की सैनिक कार्रवाई के वक्त किया था। उस वक्त एक्शन मोर्चे पर था। अपनी सेना पाक सेना के घुसपैठियों और आतंकवादियों से लड़ रही थी। टीवी के लिए युद्ध से बड़ा एक्शन और क्या हो सकता है ? आखिर खाड़ी युद्ध दिखा कर ही सेटेलाइट टीवी ने हमारे घरों पर कब्जा किया। टीवी ने कारगिल में एक्शन दिखाया। फिर शहीदों के शव आने से अंत्येष्टि तक एक्शन दिखाया। शहीदों की विधवाओं, बच्चों, माता-पिता और दूसरे रिश्तेदारों को दिखाया। उनसे बात की। जो सैनिक और अफसर कारगिल में लड़ रहे थे उनके लोगों से बातचीत की। टीवी के पूरे सहयोग से देश में मातृभूमि की रक्षा और उसमें बलिदान देने का बड़े जोर-शोर से प्रयोजन हुआ। बाजार को लगा कि कारगिल ही सबके ध्यान और चिंता का केंद्र है तो उसने भी कारगिल के साथ अपने उत्पाद बेचने शुरू किए। सारा देश और उसके सभी लोग कारगिलमय हो गए। पुराने सैनिकों और सेनापतियों ने बड़े संतोष से कहा कि देशभक्ति की ऐसी प्रबल भावना देश में पहले नहीं देखी गई थी और शहीदों का जैसा सम्मान अब हो रहा है पहले कभी नहीं हुआ था। देश के लिए लड़ने और मरने में जैसा गौरव और यश अब है वैसा पहले कभी नहीं था। किसी समझदार ने याद नहीं दिलाया कि यह सब होता तो पहले भी था लेकिन उसे दृश्य बना कर दिखाने वाला टेलीविजन पहले नहीं था। जिन लोगों ने कहा कि यह युद्धोन्माद, यह दिखाऊ देशभक्ति और दिखनौटी वीरता कोई स्वस्थ राष्ट्रीय लक्षण नहीं है उनकी तरफ से टीवी ने मुंह मोड़ लिया क्योंकि समझदारी बिकाऊ माल नहीं होती।

तब इन्हीं संघ परिवारियों (मालूम नहीं कि पूज्य शेषाद्रिजी के तब क्या उच्च विचार थे) और मीडिया वालों ने कारगिल कार्रवाई के दौरान देश का मनोबल बढ़ाने और राष्ट्रप्रेम की भावना भरने के लिए मीडिया को राष्ट्रसेवी होने का प्रमाणपत्र दिया था। तब के सूचनामंत्री प्रमोद महाजन ने मीडिया के इस काम को भारत के मीडिया वार जीतने का पराक्रम बताया था और जगह-जगह जश्न मनवाए थे। जैसे भारत का मीडिया पाकिस्तान के मीडिया से युद्ध में रत रहा हो। जबकि सच्चाई यह थी कि न भारत पाकिस्तान से बाकायदा युद्ध लड़ा था, न भारतीय मीडिया पाकिस्तानी मीडिया को पराजित करने में लगा था। पाकिस्तान का सरकार नियंत्रित मीडिया भारत के स्वतंत्र मीडिया से यों भी विश्वसनीयता में मारा जाता है। लेकिन तब हमारे मीडिया ने भी अपने काम को सरकार

और संघ परिवार द्वारा समाहित किए जाने पर एतराज नहीं किया था। तब जिम्मेदारी की जगहों पर बैठे लोगों ने बताया नहीं था कि मीडिया ने जरा ज्यादा ही युद्ध दिखाया है और टीवी पर बोलने में वीरता दिखना मोर्चे पर बहादुरी से लड़ना नहीं है। तब टीवी ने जो किया उस पर उसे सरकार और संघ परिवार दोनों से शाबाशियां मिलीं क्योंकि उससे उनके हित सधते थे। अब मीडिया को भारत के समर्पण के लिए वही लोग सरकार से भी ज्यादा दोषी बता रहे हैं क्योंकि उसने रोते-धोते और दयनीयता में प्रदर्शन करते यात्रियों और उनके रिश्तेदारों को बार-बार दिखा कर देश का मनोबल गिराया, हिंदू समाज को उसकी हजार साल की कायरता में पहुंचाया (जैसा कि परम पूज्य सरसंघचालक राजेंद्र सिंह उर्फ रज्जू भैया का कहना है) और इससे सरकार पर बेहद दबाव आया कि वह घुटने टेक दे।

मीठा-मीठा गप और कड़वा-कड़वा थू-थू कोई आज की कहावत नहीं है। लेकिन मीडिया ने सचमुच वही किया जो कारगिल के दौरान किया था। तब एक्शन मोर्चे पर था और वह सीधे दिखा सकता था। विमान पहले आसमान में था जहां मीडिया कैमरे और लंगर ले कर पहुंच नहीं सकता था। अमृतसर में अड़तालीस मिनट खड़ा रहा। वहां किसी चैनल की कैमरा टीम नहीं पहुंची। फिर एक्शन लाहौर और दुबई होता हुआ कंधार पहुंच गया। वहां तालिबान से निपट कर अपनी कोई कैमरा टीम नहीं पहुंची। पहुंच सकती नहीं थी। इतना दुस्साहस किस चैनल में है ? जो भी दृश्य कंधार के मिले वे मांगे हुए थे और वहीं के तालिबान प्रतिष्ठान के थे। कोई टीम काबुल, लाहौर, इस्लामाबाद आदि जा नहीं सकती थी। टेलीफोन पर कुछ अखबार वालों और एटीसी के कर्मचारियों से बात भर हो सकती थी। कारगिल में कैमरा टीमें गईं क्योंकि उन्हें जाने देने और उनकी रक्षा करने के लिए भारतीय सेना और उसके बहादुर जवान थे। ऐसी मेहमानदारी करने के लिए न पाकिस्तान तैयार था, न तालिबान की अमान्य सरकार। इसलिए नंबर वन एक्शन तो टीवी दिखा नहीं सकता था। नंबर दो एक्शन बंधकों को और विमान को छुड़ाने का था। तो इस मोर्चे पर भी एक्शन नहीं था न उस तक पहुंचने का इंतजाम। नंबर तीन एक्शन था—यात्रियों के रिश्तेदारों पर क्या गुजर रही है और वे क्या कर रहे हैं।

यह स्लॉट एकदम ओपन था। न अपहृत विमान के यात्री सैनिक थे, न उनके परिवारवालों ने उन्हें मोर्चे पर लड़ने भेजा था। वे सब भारत के महान मध्यवर्ग के खाते-पीते लोग थे जो मौज-मजा करने या काम-धंधे पर काठमांडो गए थे और लौट रहे थे। ये वे लोग हैं जो सैनिकों की जीत पर जाम पीते हैं और डिनर खाते हैं। जो रक्षा कोष में धन दे कर इनकम टैक्स बचाते हैं और राष्ट्रभक्ति खरीदते हैं। ये वे लोग हैं जो सैनिकों को लड़ते और मरते देख कर उनकी बहादुरी और कुरबानी का गौरव गान करते हैं और सैनिकों के कल्याण के लिए कांट्रीब्यूशन देते हैं। तुम इस देश की रक्षा के लिए लड़ो-मरो जिसमें रह कर हम कमाते-धमाते हैं। तुम अपनी जान दो हम अपना पैसा देंगे। अंतर्राष्ट्रीय बाजार इन्हीं के लिए भारत आया है और यही वे लोग हैं जिन तक बाजार को पहुंचाने की सेवा में हमारे देश के टीवी चैनल लगे हुए हैं। इन लोगों के दुख और इनकी त्रासदी दिखाना हमारे चैनलों के लिए अपने दर्शकों की सेवा करना है। इसलिए भले ही खबर के नाते ये एक्शन नंबर तीन हों इनका करना-धरना, रोना-गाना सब टीवी वाले दिखाते रहे। ये लोग कोई इस देश के गरीब सैनिकों के घर वाले नहीं थे जो जीटीवी पर अपने सपूतों की बहादुरी और अपनी कुरबानी पर गर्व करें। इन लोगों को अपनी असली भावनाएं छुपाने की जरूरत नहीं होती। इनके लिए देश, उसका आत्मसम्मान, आतंकवाद के विरुद्ध लड़ाई आदि का कोई मूल्य नहीं अगर उनके अपने रिश्तेदार, भाई, बेटे, बहनें, बहुएं सुरक्षित और उनके साथ न हों। इसलिए आपने उनके निर्लज्ज

और स्वाभिमानहीन प्रदर्शन देखे। वे बंधकों की रिहाई के बदले में सभी आतंकवादियों को छुड़वा देने को तैयार थे। उनने प्रधानमंत्री निवास और सरकारी दफ्तरों के सामने बेशर्म प्रदर्शन किए। टीवी यह सब इसीलिए नहीं दिखाता रहा कि उसे चौबीसों घंटे चलने वाले चैनलों का पेट भरना था, इसलिए भी कि यही उनके और बाजार के ग्राहक हैं। टीवी चैनल उनके दुख में उनके साथ थे। उनकी मांगें भी उन्हें अनुचित नहीं लगती थीं। वे क्या करें जब यही सब उनके पास था।

फिर चैनलों में कोई विवेकवान संपादक तो सर्वाधिकारी होते नहीं जो सोचते कि प्राप्त परिस्थिति में क्या और कितना दिखाया जाए। राष्ट्रहित और मुसीबत में फंसे लोगों की भावनाओं को नीर-क्षीर विवेक से देखने वाले लोग होते तो वे यात्रियों के रिश्तेदारों के दुख को भी समझते और राष्ट्रहित को भी लगातार फोकस में रखते। किसी चैनल ने यह नहीं किया। और सबसे ज्यादा प्रोफेशनल और अनुभवी होने का दावा करने वाले स्टार चैनल ने सबसे ज्यादा गड़बड़ की। उनका बस चलता तो वे गानों और खेल के फुटेज में भी अपहरण के दृश्य दिखा देते। लेकिन यह तो टीवी चैनलों का अनिवार्य चरित्र है। लेकिन संघ वाले अर्जुनों की नजर तो हमेशा चिड़िया की आंख पर लगी रहती है। वे राष्ट्रहित का आराधन करने क्यों नहीं निकले ? स्वयंसेवकों ने जा-जा कर प्रत्येक यात्री के परिवारवालों से बातें क्यों नहीं कीं ? उनमें वीरता की भावना क्यों नहीं भरी ? उन्हें जा कर क्यों नहीं बताया कि राष्ट्रहित अपने स्वजनों की सुरक्षा से बहुत बड़ा और ऊपर है। शरीर तो चोला है, नश्वर है। आत्मा अविनश्वर और अमर है। अपनी और अपने देश की आत्मा का विचार करो। दुर्बलता छोड़ो। अशालीन और स्वाभिमानहीन प्रदर्शन मत करो। जब मदनलाल खुराना रिहाई के बाद यात्रियों और उनके रिश्तेदारों को प्रधानमंत्री से मिलाने ले जा सकते थे तो संघ वाले उनसे पहले ही मिल कर उन्हें भीरुता के गर्त में गिरने से क्यों नहीं रोक सके ? अब उनकी भीरुता की भर्त्सना करने और मीडिया को फटकारने के बजाय जो सही और उनका अपना काम और कर्त्तव्य था वह स्वयंसेवकों ने क्यों नहीं किया ?

इमरजंसी भुगते और जेल में संघियों की सोहबत में रहे मेरे एक संपादक मित्र ने मुझे कहा– बंधकों के बदले में आतंकवादी छोड़ने और मीडिया की भर्त्सना संघ ने कोई इसलिए थोड़े की कि उन्हें इनका दुख है। कल जब वे नरम लोकतांत्रिक राज्य की जगह अपना सख्त और सर्वसत्तावादी राज्य स्थापित करेंगे और मीडिया का गला घोटेंगे तो लोकतंत्र और स्वतंत्र मीडिया लोगों में इतने बदनाम हो चुके होंगे कि उनकी ओर से लड़नेवाले नहीं होंगे, नरम राज्य और उच्छृंखल मीडिया तो उन्हें अपने काम करने के बहाने के नाते चाहिए। समझे कि नहीं ?

मुझे अमदाबाद के संकल्प शिविर के मंच से हिटलरी प्रणाम करते नेता दिखे। तपःपूत प्रकाश पुंज और पुण्य पुरुष। मैंने पाया कि मेरा दाहिना हाथ फिर बंधी मुट्ठी के साथ तन गया है। न हन्यते हन्यमाने शरीरे !!

16.1.2000

हिंदू के भेस में मुसलमान या ईसाई ?

राष्ट्रीय स्वयंसेवक संघ के सरसंघचालक पूज्य रज्जू भैया के हिंदू समाज की भीरुता पर विमर्श आखिर उसी हास्यास्पद स्तर पर पहुंच गया है जहां से शुरू हुआ था। विश्व हिंदू परिषद के स्वनामधन्य नेता अशोक सिंघल को इस विमर्श को आगे बढ़ाने का श्रेय दिया जाना चाहिए। एक प्रेस कांफ्रेंस में उनसे पूछा गया होगा कि यह हिंदू कायरता क्या है ? तो उनने कहा कि यह तो महात्मा गांधी ने कहा था कि मुसलमान धौंसिया (अंग्रेजी में बुली) और हिंदू कायर होता है। हम नहीं चाहते कि हिंदू कायर हो या बुली हो। हम तो उसमें ऐसा साहस भरना चाहते हैं कि वह हिंदुओं के आत्मसम्मान की रक्षा कर सके। फिर उनसे पूछा गया कि भारतीय विमान के अपहरण के संकट के दौरान क्या सरकार ने साहस दिखाया तो अशोक सिंघल ने कहा, ''साहस सरकार को नहीं दिखाना था। अगर पायलट में साहस होता तो वह विमान उड़ाने से ही इनकार कर देता।''

हिंदुस्तान टाइम्स पायलट देवी शरण के पास पहुंचा और कहा कि विश्व हिंदू परिषद के नेता का आपके बारे में ऐसा उच्च विचार है। अब बाबरी मस्जिद गिरा कर जो प्रसिद्धि अशोक सिंघल ने पाई है वैसी ही प्रसिद्धि कप्तान देवी शरण इंडियन एयरलाइंस की एयर बस-300 की उड़ान आईसी 814 को काठमांडो से अमृतसर, लाहौर, दुबई और कंधार उड़ा कर और एक सौ साठ यात्रियों की जान बचा कर पा चुके हैं। उनकी वीरता अब भी बड़े भाव पर है और अंग्रेजी अखबारों में वे हीरो बने ठाठ से छप रहे हैं। कप्तान देवी शरण ने अशोक सिंघल के बारे में कहा, ''मैं नहीं जानता कि ये सज्जन कौन हैं ? लेकिन इतना निश्चित जानता हूं कि उन्हें उड्डयन के बारे में कोई जानकारी नहीं है। वे मासूम जिंदगियों की कीमत नहीं जानते...। अगर वे हिंदू होने की बात करते हैं तो सबसे पहले मैं मनुष्य हूं। महाभारत में भी भगवान कृष्ण ने रक्तपात टालने की जी-तोड़ कोशिश की। मैं इन सज्जन से एक ही सवाल पूछना चाहता हूं—क्या अपहरण संकट के दौरान उनने यात्रियों और चालक दल के परिवारों से मिलने की कोई कोशिश की थी ?''

रज्जू भैया की रक्षा में संघी और महात्मा गांधी की रक्षा में गांधीवादी आगे आएं या नहीं, कप्तान देवी शरण की वीरता के गुणगान करने वालों की कमी नहीं है। आखिर उस विमान में एक सौ साठ बंधक थे। इनमें से कुछ रिहा यात्रियों ने लिखा है, ''सिंघल और हमारे देश के दूसरे नेताओं को इस तरह के बयान नहीं देने चाहिए जो कि कप्तान शरण जैसे वीर लोगों का अपमान करते हैं। अगर वे नहीं होते तो हम जिंदा बच कर नहीं आ सकते थे। कप्तान शरण ने गजब की बहादुरी और प्रत्युत्पन्नमति दिखाई।...हम इन बयानों पर खेद प्रकट करते हैं और इनकी भर्त्सना करते हैं।'' उस बेमुराद जहाज के कुछ और यात्रियों ने भी एक अलग पत्र लिखा है, ''कप्तान शरण ने जिस तरह अपहर्ताओं को संभाला वह बड़ी वीरता का काम था। जब तीस दिसंबर को बातचीत टूट गई और विमान को बीस हजार फुट की ऊंचाई पर उड़ा कर बम से उड़ाने की बात होने लगी तो कप्तान शरण ने हम लोगों को खुद बताया कि विमान के दरवाजे कैसे खोले जाते हैं। उनने हमको कहा

कि वे विमान को उड़ान नहीं भरने देंगे। वे उसे रन वे के आखिर तक दौड़ाते ले जाएंगे और वहां टकरा देंगे ताकि हम लोगों को दरवाजा खोलने और कूद भागने का मौका मिले। ऐसी हालत में वे खुद तो निश्चित ही मारे जाते लेकिन उन्हें चिंता नहीं थी।...अगर सिंघल साब ऐसे ही वीर बहादुर हैं तो वे खुद कंधार आ कर अपहर्ताओं से क्यों नहीं लड़े ?''

जैसा तेरा गाना है वैसा मेरा बजाना है। अशोक सिंघल ने जैसी बात पायलट के बारे में कही—वैसी ही पायलट और यात्रियों ने उनके बारे में कही। तू-तू मैं-मैं में हिसाब साफ हो गया। अशोक सिंघल की टिप्पणी से (और पायलट शरण की बात से) स्पष्ट ही है कि वे उड्डयन के बारे में कुछ नहीं जानते। लेकिन कप्तान देवी शरण ने भी प्रधानमंत्री के घर अखबारों से कहा था कि अमृतसर में कमांडो कार्रवाई नहीं हो सकती थी। कप्तान शरण आतंकवाद विरोधी कार्रवाई के बारे में क्या जानते हैं ? वही जो पायलट को अपहरण की स्थिति में कैसे बर्ताव करने पर सिखाया जाता है। कमांडो कार्रवाई उन्हें नहीं सिखाई जाती। ऐसी कार्रवाई का सही आकलन और तरीका और मौका एक पायलट जान और बता भी नहीं सकता जिसकी कनपटी पर अपहर्ता की पिस्तौल तनी हो और यात्रियों की जान बचाना जिसका सबसे बड़ा कर्त्तव्य हो। अशोक सिंघल नहीं जानते कि अपहृत विमान के पायलट को क्या सिखाया जाता है और उसे क्या करना चाहिए। लेकिन कप्तान शरण भी नहीं जानते कि कमांडो कार्रवाई का फैसला कैसे और कब लिया जाता है। कोई संदेह नहीं कि कप्तान शरण ने अपना कर्त्तव्य बड़ी बहादुरी और समझदारी से किया और इसमें भी शक नहीं कि अशोक सिंघल का साहस शाखा में लाठी लिये आराम कक्ष से निकला है।

लेकिन इन दोनों की बातों से कुछ बातें और निकलती हैं जिन पर हमें गौर करना चाहिए। रज्जू भैया की तरह अशोक सिंघल भी एक निकम्मी और निर्लज्ज सरकार को बचाने के लिए दूसरों को दोष दे रहे हैं। रज्जू भैया ने कहा कि इसमें हिंदू समाज की भीरुता प्रकट हुई है और अशोक सिंघल ने कहा कि पायलट भीरु था। लेकिन कप्तान शरण भी सरकार की ही सेवा में हैं। उनने भी कहा कि अमृतसर में कमांडो कार्रवाई नहीं हो सकती थी और सरकार ने यात्रियों की जान बचा कर बड़ी समझदारी की। तीन आतंकवादियों की रिहाई और राष्ट्र का सम्मान एक सौ साठ बंधकों की जान से कीमती नहीं है। सरकार ने भी तो अपने निर्णय के बचाव में यही कहा है—यात्रियों की जान और देश के दीर्घकालिक हितों की रक्षा की गई है। दीर्घकालिक हित किसने देखे हैं ? यह सरकार अपना कार्यकाल भी पूरा कर ले तो बहुत होगा। लेकिन इसे बदनामी से बचाने के लिए रज्जू भैया पूरे हिंदू समाज को कायर कह सकते हैं और अशोक सिंघल उस पायलट को ही भीरु बता रहे हैं जिसने अपना कर्त्तव्य बड़ी बहादुरी और समझदारी से किया। यह राज्य कमजोर और नरम है, यह समाज कायर और भीरु है, इस पायलट में साहस नहीं है लेकिन इस सरकार में कोई कमजोरी नहीं है। यह अपने राज्य, समाज और तैनात लोगों के कारण मजबूर है। देखा आपने राष्ट्रवादियों और देशभक्तों का रवैया ! भारत माता की जय ! जय ! जय !! जय !!!

दूसरी बात यह कि राष्ट्रीय स्वयंसेवक संघ के सरसंघचालक ने जो कहा उसकी जिम्मेदारी महात्मा गांधी पर है। गृहमंत्री लालकृष्ण आडवाणी से पूछा गया कि रज्जू भैया के हिंदू समाज को कायर बताने पर आपका क्या कहना है तो उनने कहा—कुछ नहीं कहना। लेकिन ऐसी ही कुछ बातें महात्मा गांधी ने कही हैं। अशोक सिंघल से पूछा गया कि यह हिंदू कायरता क्या है ? तो उनने कहा—यह तो महात्मा गांधी ने कहा है कि मुसलमान बुली और हिंदू कायर होता है। हम तो नहीं चाहते कि

वह कायर या बुली हो। हम तो उसमें हिंदुओं की आत्मरक्षा का साहस भरना चाहते हैं। यानी बेचारे रज्जू भैया की बात का कहीं जिक्र तक नहीं। उनने तो 'पांचजन्य' में यथावत छपी बातचीत में गांधी का नाम नहीं लिया। उनने अपना विचार दिया कि अपहरण कांड में हिंदू समाज की भीरुता प्रकट हुई है। भीरुता है इसलिए डॉक्टर हेडगेवार ने हिंदुओं को संगठित करने और उनमें वीरता की भावना भरने की आवश्यकता बताई थी। रज्जू भैया को तो महात्मा गांधी की कोई जरूरत नहीं है। वे तो हेडगेवार को ही प्रमाण मानते हैं। लेकिन संघनिष्ठ भाजपाई माने जाने वाले लालकृष्ण आडवाणी और संघ से निकलकर संतों, महात्माओं और साधुओं को धर्म की सेवा में लगाने वाले अशोक सिंघल रज्जू भैया के वक्तव्य पर बात तक नहीं करते। वे यह भी नहीं कहते कि रज्जू भैया ने जो कहा वह गांधी पहले कह चुके हैं। वे बस यही कहते हैं कि महात्मा गांधी ने ऐसा कहा था। रज्जू भैया के कहे की जिम्मेदारी महात्मा गांधी पर क्यों डाली जा रही है ? इसलिए कि हिंदू समाज में प्रचारित किया जा सके कि हिंदू समाज को कायर कहने और बनाने वाला तो गांधी था। उसे संगठित कर के उसमें वीरता की भावना भरने वाला है–राष्ट्रीय स्वयंसेवक संघ और उसके संस्थापक केशव बलिराम हेडगेवार। यह उसी मानसिकता का नया संस्करण है जो सन् सैंतालीस में कहती थी कि गांधी ने मुसलमानों की तरफदारी कर के भारत का विभाजन करवाया और हिंदुओं को मरवा दिया और फिर गांधी की हत्या कर दी। यह तो गनीमत है कि देश जानता और मानता है कि हिंदू ही नहीं सभी भारतीयों को वीर योद्धा बना कर अंग्रेजों को इस देश से भगाने वाला गांधी है।

सच बात तो यह है कि संघ वालों में इतना साहस नहीं कि जो मानते हैं उसे डंके की चोट पर कह और कर सकें। इसलिए वे पीछे के दरवाजे से घुसने की कोशिश करते हैं। बहाने ढूंढ़ते हैं, मुखौटे ढूंढ़ते हैं और हर चीज पर धुंध का ऐसा परदा डाले रखते हैं कि वह जो है वैसी दिखे नहीं। आजादी के आंदोलन की किसी भी धारा में शामिल नहीं हुए, न अपनी धारा चलाई क्योंकि संगठन बनाना था। संगठन बनाया तो इसलिए कि हिंदू और धर्म के नाम पर राजनीति कर सकें लेकिन उसे सांस्कृतिक और सामाजिक संगठन बताया। संगठन का उद्देश्य सांप्रदायिक दंगों में हिंदुओं की रक्षा करना था लेकिन न हिंदू बचाए, न मुसलमान मारे जा सके। समाज का संगठन और उसकी सेवा हिंदुओं को बेहतर मनुष्य और समृद्ध व्यक्ति बनाने के लिए नहीं, उन्हें ऐसा हिंदू बनाने के लिए जो मुसलमानों और ईसाइयों के डर से संगठित हो और जो उनसे निपटने के लिए जिए। ऐसी हिंदू पहचान बनाने के लिए उन्हीं मुसलमान और ईसाई इतिहासकारों का उपयोग किया जो हिंदुओं को कायर, भगोड़े और बुद्धि-चालाकीहीन बताते थे। एक हजार साल के इतिहास के हमलावर मुसलमान और यूरोपीय सूत्र स्वीकार किए और उसके पहले के इतिहास के लिए अपने पुराणों और महाकाव्यों के उद्धरण।

गौतम बुद्ध की अहिंसा को भारत की गुलामी का कारण माना और महात्मा गांधी की अहिंसा और सत्याग्रह को रद्द किया क्योंकि वे एक हजार साल के इतिहास का बदला लेने के बजाय सनातन धर्म के अपने ही अस्त्रों और औजारों से अपना संसार बनाने और उनसे बाकी संसार को बदलने की बात कहते थे। सत्य, प्रेम, अहिंसा, करुणा और भाईचारा सनातन भारतीय मूल्य हैं। लेकिन संघ में इनका उपयोग नहीं अगर इनके होते हुए भारत मुसलमानों और ईसाइयों का गुलाम हुआ और हिंदू समाज कायर बना। इसलिए जैसा मुसलमानों और ईसाइयों का है वैसा हमारा राज्य होना चाहिए, वैसा ही संगठित धर्म और उसका समाज होना चाहिए, वैसा ही सैनिक बल और वैसी ही विश्वविजय की आकांक्षा। यह अपने होने के प्रकार से नफरत करने और अपने को अपने विजेता की तरह बनाने का शास्त्र है। गांधी को इसलिए बदनाम करने और मारने से भी परहेज नहीं किया

गया क्योंकि वे भारत को भारतीय मूल्यों और कसौटियों पर महान बनाना चाहते थे, उन अवधारणाओं पर नहीं जो हममें हमारे विदेशी शासकों और धर्मों ने फैलाईं। भारत की और हिंदू की अपने होने की भी एक दृष्टि है और वह यूरोप के किसी देश या मुसलमान या ईसाई की आत्मदृष्टि और छवि से अलग है। हम अपनी दृष्टि से देखेंगे या दूसरे की दृष्टि से ? हम अपनी आत्मछवि में बनेंगे या दूसरे की ?

दूसरों को जवाब हम उनके जैसे हो कर दे सकते हैं या अपने को अपने से बेहतर बना कर ? मुसलमानों और ईसाइयों ने हम पर जो किया उसका बदला लेने में हम उनके जैसे हो गए तो क्या हम हिंदू रह जाएंगे ? और अगर हमें हिंदू के भेस में मुसलमान या ईसाई होना है तो हिंदू का भेस क्यों ?

23.1.2000

सांस्कृतिक और सामाजिक होने की राजनीति

विश्व पुस्तक मेले का उद्घाटन करने के बाद प्रधानमंत्री अटल बिहारी वाजपेयी ने यह ज्ञान दिया, ''राष्ट्रीय स्वयंसेवक संघ एक सांस्कृतिक और सामाजिक संगठन है। मैं नहीं सोचता कि इसका सदस्य बनने में किसी को कोई एतराज करना चाहिए।''

यह मुख बोल रहा था या मुखौटा ? आप गोविंदाचार्य से पूछें तो वे कहेंगे कि मुख। लेकिन प्रधानमंत्री के पैरोकारों से पूछें तो वे कहेंगे कि मुखौटा। जब अटलजी देश को संघ के बारे में गुमराह करते हैं तो गोविंदाचार्य जैसे संघनिष्ठ उन्हें अपने सच्चे मुख से बोलता हुआ बताते हैं। लेकिन उनके प्रधानमंत्री बनने के बाद उनकी छवि को और ज्यादा उदार और सर्वमान्य बनाने में लगे लोग कहते हैं कि यह मुखौटा है क्योंकि उन पर संघ का दबाव है और वे उसे संतुष्ट कर के अपनी सीमा में रखने की कोशिश कर रहे हैं। ये लोग बताते हैं कि कंधार में आतंकवादियों के सामने सरकार के समर्पण के बाद से अटलजी पर संघ का दबाव बहुत बढ़ गया है। उन्हें इसीलिए अपनी तरफ से संघ की रक्षा करनी पड़ी और इससे उनकी छवि पर निश्चित ही बुरा असर पड़ेगा।

ये अपनी सत्ता-राजनीति के जाने-पहचाने खेल हैं। संजय गांधी के किए-धरे से इंदिरा गांधी को अलग और ऊंची बताने और राजीव गांधी को अरुण नेहरू की कारस्तानियों से अनभिज्ञ रहने के किस्से आपने सुने ही होंगे। आज के किस्से अटलजी और लालजी यानी लालकृष्ण आडवाणी के मतभेद और प्रतिद्वंद्विता को उछालने और अटलजी को संघ परिवार से अलग, ऊंचा और उदार दिखाने के हैं। लेकिन ये खेल हैं। असलियत यह है कि स्वयं अटल बिहारी वाजपेयी कह चुके हैं कि संघ उनकी आत्मा है। वे संघ के सपूत नहीं तो उत्तराधिकारी बेटे तो निश्चित हैं। राजनीति करने के लिए उनने ऐसी बातें जब-तब कही होंगी जो संघ के खिलाफ मानी जा सकती हैं। लेकिन संघ, जनसंघ और भाजपा से विमुख वे कभी हुए नहीं। बाबरी मस्जिद के ध्वंस पर तत्काल उनकी जो भी प्रतिक्रिया रही हो, दूसरे दिन से उसे दुर्घटना बता कर उसका औचित्य ठहराते रहे हैं। अटलजी जानते हैं और संघ परिवार भी कि भारत के मध्यमार्गी लोगों में खपाने के लिए एक उदार, सहनशील और मध्यमार्गी व्यक्ति जरूरी होता है। इसे गोविंदाचार्य ने कभी मुख और मुखौटे का अंतर बता कर स्पष्ट किया था। अटलजी संघ परिवार के उदार मुखौटे हैं लेकिन उनकी आत्मा संघी है।

इसलिए इस गलतफहमी में नहीं रहना चाहिए कि संघ जैसा अपने को बताता है वैसा ही सांस्कृतिक और सामाजिक संगठन उसे अटलजी ने दबाव में बताया और उनकी अपनी राय या निष्ठा या आस्था कुछ और है। अटलजी जानते हैं और यह देश भी जानता है कि संघ एक राजनैतिक संगठन है जो अपनी राजनीति भाजपा और दूसरे मुखौटा संगठनों के जरिए करता है। वह हिंदू महासभा और रामराज्य परिषद की तरह राजनैतिक पार्टी बन कर हिंदू होने की राजनीति नहीं करता। यह जिम्मेदारी उसने भाजपा और दूसरे संगठनों को सौंप रखी है। यह उसने सोच-समझ कर और जान-बूझ कर किया है। वह आजादी की लड़ाई से अपने अस्तित्व के पहले बाईसों साल दूर रहा क्योंकि उसका उद्देश्य वह नहीं था जिसके लिए अंग्रेजों के खिलाफ वह लड़ाई लड़ी जा रही थी। वह आजादी के बाद राष्ट्र निर्माण की प्रक्रिया से भी दूर रहा क्योंकि उसका राष्ट्र वह नहीं

है जो देश के लोग बना रहे थे। अपनी राजनीति करने के लिए उसने सन् '51 में जनसंघ बनाया। अलग राजनैतिक पार्टी इसलिए बनानी पड़ी कि भारत के संविधान और राजनैतिक समाज में संघ के सपनों और निष्ठाओं की पार्टी लोकतंत्र में चल नहीं सकती थी। संविधान, कानून और लोकतंत्र की पकड़ से बचने के लिए उसने घोषित किया कि वह सांस्कृतिक-सामाजिक संगठन है। गांधी हत्या के साल-भर बाद संघ पर प्रतिबंध तभी उठा जब जुलाई उनपचास में उसकी तरफ से लिख कर सरकार को आश्वस्त किया गया कि वह अपने अंदर भी लोकतांत्रिक ढंग से काम करेगा और गोपनीयता से परहेज और हिंसा का त्याग करेगा। लेकिन सांस्कृतिकता और सामाजिकता सिर्फ बाहरी कवच नहीं हैं। राजनैतिक पार्टी होने से सत्ता संगठन के लिए जो आंतरिक खतरे पैदा करती है उनसे भी वह अपने को बचाए रखना चाहता है।

लेकिन क्या राजनैतिक संगठन वही होता है जो चुनाव लड़ता है और सत्ता की राजनीति करता है ? गांधीजी ने तो कांग्रेस कब की छोड़ दी थी लेकिन वे राजनैतिक आंदोलन तो मरते दम तक चलाते रहे। जेपी ने राजनीति से संन्यास ले लिया था लेकिन बीसवीं सदी का आखिरी राजनैतिक जन आंदोलन उन्हीं ने चलाया और संघ आज तक उसमें शामिल होने के गर्व से अभिभूत है। गांधीजी और जेपी कभी चुनाव नहीं लड़े, न कभी सत्ता के किसी पद पर रहे लेकिन न उनने कभी कहा, न देश ने कभी माना कि ये दोनों महापुरुष राजनैतिक नहीं थे। और संघ चाहे जितने दावे करे कि वह राजनैतिक नहीं है देश के सब लोग जानते हैं कि भाजपा और संघ परिवारी संगठनों की राजनीति कौन तय करता है। लेकिन चलिए, इन सबकी जानी सच्चाइयों को छोड़ भी दें और जो संघ कहता है उसी पर विश्वास करें तो संघ का लक्ष्य हिंदुत्व की स्थापना करना है। इस लक्ष्य से न संघ इनकार करता है, न भाजपा और न कोई और परिवारी संगठन। हिंदुत्व क्या है ? हिंदुत्व के सबसे बड़े व्याख्याकार वीर सावरकर ने अपनी बीज पुस्तक–'हिंदुत्व' में साफ लिखा है कि यह एक राजनैतिक अवधारणा है, इसे न हिंदू धर्म से भ्रमित करना चाहिए, न हिंदू संस्कृति से। लेकिन चलिए, वीर सावरकर को छोड़ दें क्योंकि उन्हें संघ अपना प्रामाणिक नेता नहीं मानता। वीर सावरकर की हिंदू महासभा होते हुए भी केशव बलिराम हेडगेवार ने संघ की स्थापना की। संघ के सबसे प्रसिद्ध और सर्वमान्य व्याख्याकार गुरु गोलवलकर हैं। उनकी भी बीज पुस्तक–'विचार धन' पढ़ लीजिए। वे भी कहते हैं कि हिंदुत्व एक राजनैतिक अवधारणा है। जिस संगठन का लक्ष्य ही हिंदुत्व की एक राजनैतिक अवधारणा को स्थापित करना है–वह सांस्कृतिक, सामाजिक संगठन होगा या राजनैतिक ? आप ही तय कीजिए।

वीर सावरकर और गुरु गोलवलकर दोनों ही हिंदुत्व को राष्ट्रीयता मानते हैं और भारत को हिंदू राष्ट्र बनाना चाहते हैं। सावरकर और गोलवलकर भी भारत को भारत के बजाय हिंदुस्तान कहने का आग्रह करते हैं। स को ह उच्चारित करने वाले विदेशियों ने सिंधु नदी के उस पार रहने वालों को हिंदू कहा और उनकी भाषा को हिंदवी और उनके रहने के देश को हिंदुस्तान। इसमें हिंदू, मुसलमान, ईसाई आदि का भेद नहीं किया। सिंधु के पार रहने वाले सभी हिंदू। तब यह शब्द एक धर्म विशेष को मानने वाले एक समुदाय विशेष के लिए उपयुक्त नहीं होता था। बाद में मुसलमानों और अंग्रेजों के राज में हिंदू एक विशेष धर्म को मानने वाले समुदाय का नाम हुआ। सावरकर और गोलवलकर का यही आग्रह रहा कि भारत में रहने वाले सभी लोग यानी मुसलमान, ईसाई, सिख, पारसी, यहूदी आदि अपने को हिंदू कहें। सावरकर ने हिंदू कौन होगा यह भी बताया। सब कसौटियों में बड़ी यह कि उसकी पुण्य भू भी भारत होनी चाहिए। मुसलमानों की मक्का-मदीना और ईसाइयों की जेरुसलम-पुण्य भू भारत में नहीं है। इसलिए वे हिंदू होने के योग्य नहीं हैं–भले ही सदियों से

भारत में ही रहने वाले हों, यहीं की भाषा बोलते हों, यहीं की संस्कृति के हों, इसी को अपनी पितृ या मातृ भू मानते हों गोलवलकर इतने ब्योरे में नहीं गए। समय भी बदल गया था। लेकिन वे हिंदुत्व को राष्ट्रीयता सावरकर की ही तरह मानते थे।

चूंकि हिंदुत्व, हिंदू राष्ट्रीयता और हिंदू राष्ट्र बनाना हमारे स्वतंत्रता संग्राम के लक्ष्य नहीं थे इसलिए संघ उससे दूर रहा। आजादी के बाद जो राष्ट्र बना वह न हिंदू राष्ट्र था, न उसकी राष्ट्रीयता हिंदुत्व थी, न वह हिंदुत्व की स्थापना पर प्रतिबद्ध था इसलिए उस राष्ट्र-निर्माण से भी संघ दूर रहा। और आज भी देश इनमें से किसी भी राजनैतिक लक्ष्य को स्वीकार नहीं करता इसलिए भाजपा ने अपने हिंदुत्व के एजंडे को निलंबित कर रखा है लेकिन उसकी घोषणा है कि अपने दम पर बहुमत पाते ही वह हिंदुत्व का एजंडा लागू करेगी। उसके एजंडे पर अभी सिर्फ अयोध्या में राम मंदिर, समान नागरिक संहिता और संविधान के अनुच्छेद 370 की समाप्ति आदि हैं। लेकिन हिंदुत्व के एजंडे पर भारत को हिंदू राष्ट्र बनाना, इसकी राष्ट्रीयता हिंदुत्व को बनाना और पूरे राष्ट्र में हिंदुत्व को स्थापित करना है। बहुमत मिलते ही यह एजंडा भाजपा का होगा। चूंकि हमारा संविधान, हमारी राष्ट्रीयता और हमारा राष्ट्र पंथनिरपेक्ष लोकतांत्रिक गणतंत्र है, इसलिए या तो यह संविधान और यह देश ऐसा ही रहेगा जैसा आजादी के आंदोलन से निकला और पिछले बावन वर्षों में बना है या उनके हवाले हो जाएगा जो न आजादी की लड़ाई में लड़े, न जिनने यह राष्ट्र बनाया और जो अपनी कथित राष्ट्रभक्ति पर हिंदुओं को एक कर के मुसलमानों, ईसाइयों और दूसरे अल्पसंख्यकों के खिलाफ जहर उगलते रहे और भारत के समाज को तोड़ते रहे।

यह कोई संयोग नहीं था कि संघ पर पहली बार प्रतिबंध गांधी की हत्या के बाद लगा। संघियों और महासभाइयों ने गांधी की हत्या पर मिठाइयां बांटी थीं और वह उन्हीं के फैलाए सांप्रदायिक जहर का नतीजा था। ऐसा खुद सरदार पटेल ने श्यामा प्रसाद मुखर्जी को लिखा था। लेकिन गांधी के हत्यारे नाथूराम गोडसे ने अपने को संघ का सदस्य नहीं बताया था। उनके भाई गोपाल गोडसे ने फ्रंट लाइन पत्रिका को एक इंटरव्यू में 28 जनवरी, 1994 को कहा, "हम सभी भाई संघ में थे। आप कह सकते हैं कि हम अपने घर के बजाय संघ में बड़े हुए। वह हमारे लिए परिवार की तरह था। नाथूराम संघ में बौद्धिक कार्यवाह हो गया था। उसने अपने बयान में कहा कि उसने संघ छोड़ दिया था क्योंकि गांधी की हत्या के बाद गोलवलकर और संघ बड़ी विपत्ति में फंस गए थे। लेकिन उसने संघ छोड़ा नहीं था।" उनसे पूछा गया कि आडवाणी तो कहते हैं कि नाथूराम का राष्ट्रीय स्वयंसेवक संघ से कोई लेना-देना नहीं था तो गोपाल गोडसे ने कहा—ऐसा कहना कायरता है। गांधी की हत्या से संघ के चरित्र पर जो कलंक लगा वह संदेह में अब भी बना हुआ है। इमरजंसी और बाबरी मस्जिद के ध्वंस के बाद उस पर फिर पाबंदी लगी। तीनों बार प्रतिबंध उठा भी लेकिन यही एक सांस्कृतिक-सामाजिक संगठन है जो हर राजनैतिक धतकरम के बाद प्रतिबंधित हुआ। हिंदुत्ववादी अल्पसंख्यकों को छोड़ दें तो वृहत्तर हिंदू समाज, मुसलमान और ईसाई संघ को सांप्रदायिक जहर फैलानेवाला संगठन मानते हैं। दंगों के बाद बैठे कई आयोगों ने सांप्रदायिक हिंसा के लिए संघ को दोषी करार दिया है। संघ वाले सन् '94 के बाहरी आयोग और इक्का-दुक्का अदालतों के उद्धरण दे कर बताते हैं कि उसकी गतिविधि में गैर कानूनी कुछ नहीं है। बाकी के आयोग और अदालती आदेशों को भूल जाते हैं जो उसके दोगलेपन की पोल खोलते हैं।

संघ की सांस्कृतिकता और सामाजिकता पर तो पोथी पर पोथी लिखी जा सकती है। गांधी की हत्या

और बाबरी मस्जिद का ध्वंस कौन-से सांस्कृतिक पराक्रम हैं ? भारतीय समाज में जो सहनशीलता, उदारता, धार्मिक, सांस्कृतिक और सामाजिक बहुलतावादिता है उसे संघ उसकी कमजोरी मानता है। हमारे सनातन धर्म में जो संगठनहीनता है उसकी संघ भर्त्सना करता है। वह भारतीय समाज को यूरोपीय, खास कर हिटलर के जर्मन समाज जैसा और सनातन धर्म को इस्लाम और ईसाई जैसा सामी धर्म बनाना चाहता है। उसे सांस्कृतिक-सामाजिक संगठन कहना भारत की पांच हजार साल की सांस्कृतिक, धार्मिक, सामाजिक और साहित्यिक धरोहर का मखौल उड़ाना है। यह हिंदुत्ववादी संघियों को ही शोभा देता है। आपके-मेरे जैसे सनातनी हिंदुओं को नहीं। इस संघ में सरकारी कर्मचारियों को जाना चाहिए या नहीं, आगे देखेंगे।

12.2.2000

इनसे बचे सो सेवे कासी

दीपा मेहता से नर्मदा के किनारे बसे महेश्वर में 'वाटर' फिल्म की शूटिंग करने को कह कर मध्य प्रदेश के मुख्यमंत्री दिग्विजय सिंह ने राजनीति की है। जरूर की है। अगर संघ परिवार के छुटभैया संस्कृति रक्षक और दो कौड़ी के दलालों की मदद करने के लिए उत्तर प्रदेश के वयोवृद्ध मुख्यमंत्री रामप्रकाश गुप्ता राजनीति कर सकते हैं तो दिग्विजय सिंह क्यों नहीं करें ?

गुप्ताजी ने तो सूचना और प्रसारण मंत्रालय की दी गई अनुमति का मखौल उड़वाया, स्वयं प्रधानमंत्री की दी गई हरी झंडी के सामने लाल भैंसा खड़ा कर दिया, संविधान से मिली अभिव्यक्ति की स्वतंत्रता के धुर्रे उड़ा दिए और खुद उन्हीं की सरकार से मिली अनुमति पर पानी फेर दिया। वे 'वाटर' फिल्म की शूटिंग को ले कर जब भी बोले साफ लगा कि उनकी सहानुभूति रातोंरात उगी काशी संस्कृति रक्षा संघर्ष समिति और संघ परिवारी संगठनों के साथ है जो तोड़-फोड़ और दूसरे हिंसक तरीकों से शूटिंग रोकने पर आमादा थे। उस कानून और संविधान के राज की समझ और चिंता उन्हें नहीं थी जिसकी शपथ ले कर वे मुख्यमंत्री हुए हैं। गुप्ताजी वाराणसी में 'वाटर' की शूटिंग रुकवाने और दीपा मेहता का बोरिया-बिस्तर गोल करवाने को इतने उत्सुक लगे कि जैसे उन्हें लखनऊ के सचिवालय के बजाय वाराणसी की सड़क पर हुड़दंग करवाते दिखना था।

इन संघनिष्ठ और अनुभवी वृद्ध मुख्यमंत्री की तुलना में दिग्विजय सिंह ने जो राजनीति की वह कम-से-कम संविधान प्रदत्त अभिव्यक्ति की रक्षा में तो है। संविधान से मिले मौलिक अधिकार को स्वनियुक्त संस्कृति रक्षकों के आक्रमण से बचाना अगर राजनीति है तो वह दिग्विजय सिंह को जरूर करना चाहिए। वैसे भी ऐसे मामलों में मध्य प्रदेश के वे अपेक्षाकृत युवा मुख्यमंत्री संघ परिवारियों से कहीं ज्यादा उस्ताद हैं। आपको याद होगा कि भोपाल में भाजपा की कार्यकारिणी की बैठक थी जिसमें आज के प्रधानमंत्री, गृहमंत्री और विदेश मंत्री से ले कर कई धुरंधर नेता भाग लेने आए थे। भाजपा के कार्यकर्त्ता और स्थानीय नेता टापते रह गए और दिग्विजय सिंह पूरी कार्यकारिणी को अपने घर रात्रि भोजन के लिए ले गए। वहां उनने हर नेता का यथायोग्य अतिथि सत्कार किया।

कोई अचरज नहीं कि जब सारा देश माने बैठा था और पंडित विधानसभा चुनाव में भाजपा की जीत की भविष्यवाणी कर रहे थे तब दिग्विजय सिंह अपनी पार्टी को जिता ले गए और फिर सरकार बनाई। ऐसा कोई चमत्कार भाजपा के किसी मुख्यमंत्री ने तो किया नहीं। पांच साल का अपना कार्यकाल पूरा करनेवाले भी एक मात्र भाजपाई मुख्यमंत्री भैरोंसिंह शेखावत हैं। और वे भी पिछले विधानसभा चुनाव में फिर सरकार नहीं बना सके। दिग्विजय सिंह बना सके तो इसलिए कि राजनीति की थोड़ी समझ है। जिस दीपा मेहता को संघ परिवारी संगठनों ने वाराणसी से निकाल बाहर किया और जो उत्तर प्रदेश सरकार वहां खड़ी तमाशा देखती रही और केंद्र सरकार ने अपना मखौल उड़वाया उसे महेश्वर में अपनी फिल्म शूट करने का निमंत्रण दे कर दिग्विजय सिंह ने वह लोकतांत्रिक और संवैधानिक जमीन भाजपा के पांवों तले से खिसका दी है जिस पर इस देश का प्रबुद्ध जनमत बैठता है।

यह जनमत सिर्फ संविधान से शक्ति ग्रहण नहीं करता, उसे ताकत देता है भारतीय समाज जिसमें ऋषि चार्वाक का स्थान है तो कबीर का भी है। वाराणसी में तथाकथित हिंदू संस्कृति रक्षकों ने जो किया वह इस्लाम और ईसाइयत को माननेवाले कठमुल्ले करते रहे हैं। भारतीय समाज में संस्कृति की रक्षा बर्बर तरीके से नहीं की जाती। भारतीय संस्कृति हजारों वर्षों से अगर अक्षुण्ण है तो अपनी इस आंतरिक सांस्कृतिक जिजीविषा के कारण। भारत का समाज इसे समझता है। इसलिए काशी और भारत के लोग इन संस्कृति रक्षकों के साथ नहीं हैं। वे सहनशीलता और उदारता की भारतीय परंपरा और अभिव्यक्ति की स्वतंत्रता के साथ हैं। इस प्रबुद्ध जनमत को अपनी तरफ करना ऊंची और संवैधानिक राजनीति है। दिग्विजय सिंह ने यह राजनीति कर के तुरुप का बादशाह चल दिया है। इक्का उनके हाथ में है।

विश्व हिंदू परिषद के कार्यकारी अध्यक्ष अशोक सिंघल घोषणा किए हुए हैं कि 'वाटर' फिल्म बनी तो उनकी लाश पर बनेगी। उनके गिरिराज किशोर कह चुके हैं कि यह फिल्म कहीं भी बनने नहीं दी जाएगी। कल तक मंत्री रही और भोपाल से सांसद हुई उमा भारती चेतावनी दे चुकी हैं कि दीपा मेहता कहीं भी जाएंगी उन्हें पत्थरों से मारा जाएगा। ये सब संस्कृतिजनों की घोषणाएं हैं। विश्व हिंदू परिषद, बजरंग दल, भाजपा और संघ के स्वयंसेवकों की संस्कृति को देखते-समझते हुए उम्मीद की जा सकती है कि नर्मदा किनारे महेश्वर या जहां कहीं भी दीपा मेहता वाटर की शूटिंग करेंगी—ये लोग संस्कृति की रक्षा करने पहुंचेंगे। मध्य प्रदेश प्रशासन और पुलिस को इनकी संस्कृति से दीपा मेहता, शबाना आजमी, नंदिता दास ही नहीं फिल्म बनाने वाली पूरी यूनिट की रक्षा करनी पड़ेगी। यह आसान नहीं होगा क्योंकि कानून का राज चलाया तो केंद्र सरकार वैसी ही देखती नहीं रहेगी जैसी वह रामप्रकाश गुप्ता के नैराश्य को ताकती रही है। उसे हरकत में आना पड़ेगा और भाजपा नेताओं के सांस्कृतिक प्रवचनों को सुनते हुए कहा जा सकता है कि उनका दबाव सरकार पर होगा। तब लालकृष्ण आडवाणी का गृह मंत्रालय कानून की रक्षा करेगा या कानून तोड़ने वालों की, इसका कोई पक्का उत्तर नहीं दिया जा सकता। उत्तर प्रदेश सरकार ने कानून तोड़ने वालों का साथ दिया और इसे जनता की भावना बताया। संघ परिवारी संगठन अगर दावा करने लगें कि मध्य प्रदेश की जनता दिग्विजय सरकार के खिलाफ और उनके साथ है क्योंकि वह हिंदू है तो इससे सांप्रदायिक वातावरण बनाने में वह वांछित गरमी आ जाएगी जो संघ का पहला लक्ष्य होता है।

इसमें कोई शक नहीं कि दीपा मेहता को अपने राज्य में फिल्म बनाने के लिए बुला कर दिग्विजय सिंह ने भाजपा ही नहीं पूरे संघ परिवार की ताकत को चुनौती दी है। उनकी इस चुनौती का जवाब सिर्फ पुलिस और प्रशासन से नहीं दिया जा सकता। पुलिस और प्रशासन को तो जो करना है वे करेंगे ही। लेकिन दिग्विजय सिंह को उन लोगों का आह्वान भी करना चाहिए जो संविधान प्रदत्त अभिव्यक्ति के मौलिक अधिकार के लिए खड़े हो सकने की निष्ठा और ताकत रखते हैं और जिनके लिए दीपा मेहता का 'वाटर' फिल्म बनाना—दीपा मेहता के अभिक्रम से उतना जुड़ा हुआ नहीं है जितना अभिव्यक्ति के अपने अधिकार की रक्षा करने से। यह अधिकार ऐसे समाज में सुरक्षित और प्रतिष्ठित नहीं रह सकता जिसमें रातोंरात खड़ी हुई कोई संघर्ष समिति और उसके बाहुबली कार्यकर्त्ता किसी फिल्म के सेट को तोड़ कर गंगा में फेंक दें और उसकी लकड़ी फूंक दें जिसकी पटकथा भी उनने नहीं पढ़ी है। वाराणसी में संघ परिवार के संगठनों ने अपने को सुपर सेंसर से भी ज्यादा ताकतवर समझ रखा है क्योंकि इस देश में सेंसर बोर्ड भी कानूनन वह सब नहीं कर सकता जो उनने किया। अगर संघ परिवार की इस दादागिरी का सेंसर मान लिया गया तो कोई सृजनकार इस

देश में अपनी कला में कैसे अपनी पूर्ण अभिव्यक्ति कर पाएगा ? सवाल लेखकों और कलाकारों का ही नहीं है। आम आदमी की अभिव्यक्ति के अधिकार का है। नागरिक अधिकारों के लिए लड़ने वाले संगठन और लोग कह चुके हैं कि दीपा मेहता का अभिव्यक्ति का मौलिक अधिकार कुचला गया है।

लेकिन भाजपा के गोयबल्स वेंकैया नायडू कहते हैं कि दीपा मेहता तो एक व्यावसायिक/बाजारू फिल्म बना रही है। उसके फिल्म बनाने को अभिव्यक्ति का अधिकार बता कर उसकी रक्षा करने का क्या मतलब ? नायडू साब जानते नहीं कि भाजपा और सरकार कितने और कैसे-कैसे लोगों के व्यावसायिक हितों की रक्षा करती हैं। जरा अटलजी से ही पूछ लें कि बोफोर्स के मामले में हिंदुजा परिवार के हितों की रक्षा कैसे हो रही है। स्वदेशी का इतना प्रचार करने के बाद भाजपाई गठबंधन की सरकार देश के साधन-संपदा और आर्थिक हितों को कितने सस्ते में बेच रही है। फिर बनियों की पार्टी के लिए बाजारी हित कब से दोयम दर्जे के हो गए ? लेकिन एक बार इस बहस को यहीं छोड़ दें और 'वाटर' कांड की छानबीन करें तो और भी मजेदार बात निकल कर आती है। दीपा मेहता और वाटर फिल्म के निर्माता डेविड हेमिल्टन दोनों ने ही कहा है कि अपने को उत्तर प्रदेश प्रशासन का अफसर बताने वाला एक व्यक्ति उनके पास आया था। उसने कहा कि उसकी बड़ी जान-पहचान और पव्वा है और वह फिल्म की शूटिंग ठीक से हो और सुरक्षा-व्यवस्था अच्छी हो इसका इंतजाम कर सकता है। बदले में उसे फिल्म के वितरण के कुछ अधिकार मिलने चाहिए और वाराणसी के उसके एक दोस्त की पत्नी को फिल्म में भूमिका मिलनी चाहिए। दीपा मेहता और हेमिल्टन ने उससे यह सौदा करने से इनकार कर दिया। इस पर वह चला तो गया लेकिन जाते-जाते कह गया, ''तो फिर देखते हैं कैसे बनती है तुम्हारी फिल्म !'' वह गया और दूसरे दिन से विरोध, हंगामा और तोड़-फोड़ शुरू हो गई।

अखबारवालों और दीपा मेहता ने इस व्यक्ति का नाम राकेश मंजुल बताया है। हमारे लखनऊ के रामभक्त कारसेवक पत्रकार हेमंत शर्मा ने इन्हें राज्य के कुछ बिचौलियों और अफसरों की सांठ-गांठ का चेहरा बताया है। ये लोग उत्तर प्रदेश में फिल्म की शूटिंग करवाने की दलाली लेते हैं। वाटर कांड के मूल में यही दलाली है जो हिंदू संस्कृति, काशी के सम्मान और वहां की परंपरा के साथ बलात्कार के नाम पर उछाली गई है। ये राकेश मंजुल राज्य सरकार के फिल्म विकास बोर्ड के सदस्य बताए जाते हैं। दीपा मेहता और कई जानकार लोगों ने साफ कहा है कि फिल्म का विरोध उसकी पटकथा जाने बिना शुरू हुआ। आखिर वह पटकथा सूचना और प्रसारण मंत्रालय ने देखी थी। विरोध के बाद उसमें कुछ शब्द बदले गए। उसे मंत्रालय ने फिर अनुमति दी। मंत्री अरुण जेटली ने कहा कि पटकथा में कुछ भी आपत्तिजनक नहीं है लेकिन विरोध और प्रदर्शन चलता रहा। दीपा मेहता का कहना है कि विरोध करने वाले हर संगठन के पास अपनी पटकथा है जिसमें अलग-अलग और आपत्तिजनक डॉयलाग हैं। काशी संस्कृति रक्षा संघर्ष समिति रातोंरात सिर्फ इस फिल्म का विरोध करने के लिए उग आई। इसके पहले उसका नाम भी किसी ने नहीं सुना था। कथाकार काशीनाथ सिंह ने कहा है, ''अगर फिल्म के निर्माताओं ने वितरण का अधिकार दे दिया होता तो यही पटकथा भारतीय संस्कृति की पोषक हो जाती, काशी की गरिमा सुरक्षित रहती। विरोध काशी की जनता नहीं कर रही थी; जिस युवक ने आत्महत्या की कोशिश की यह भी आत्महत्या का पेशेवर प्रयास करने वाला है।''

लेकिन उत्तर प्रदेश सरकार ने इस मामले पर चुप्पी लगा रखी है। कौन है यह सज्जन जिस पर 'वाटर' के वितरण के अधिकार न मिलने का इतना बड़ा कांड करवा देने का आरोप है और

सरकार इसकी जांच तक नहीं कर रही। कोई पूछेगा वेंकैया नायडू से अगली ब्रीफिंग में कि यह सज्जन किसके व्यापारिक हितों का प्रतिनिधित्व कर रहे हैं और संघ परिवार के संगठनों ने किसकी दलाली मनवाने के लिए इतना बतंगड़ खड़ा किया ? क्यों उत्तर प्रदेश सरकार फिल्म की शूटिंग रुकवाने में ऐसी तत्पर थी और क्यों वाराणसी का प्रशासन उसमें इतने अड़ंगे लगवा रहा था ? अभिव्यक्ति के अधिकार को जब संघ परिवारी संगठन कुचलें तो वह विदेशी कंपनी के व्यावसायिक हित हो जाते हैं और जब एनरॉन को उसकी शर्तों पर तेरह दिन की भाजपाई सरकार बिजली कारखाना लगाने की अनुमति दे तो वह राष्ट्र के हित में हो जाता है। भाजपाई ढिंढोरचियों को अभिव्यक्ति के मौलिक अधिकार की रक्षा करना उतना महत्त्वपूर्ण नहीं लगता जितना वाराणसी में अपने संगठनों की कथित भावनाओं को बचाना।

दिग्विजय सिंह ने कम-से-कम संविधान और कानून के राज के लिए एक स्टैंड ले लिया। उनसे पूछा गया कि विश्व हिंदू परिषद के नेता गिरिराज किशोर ने तो देश में कहीं भी 'वाटर' की शूटिंग न होने देने की घोषणा की है तो दिग्विजय सिंह ने कहा वे अपने आपको समझते क्या हैं ? क्या वे हिंदुओं के शंकराचार्य हैं ? शंकराचार्य तो कतई नहीं हैं लेकिन सनातन धर्म में शंकराचार्य को भी कहां अधिकार है कि कोई धर्मादेश या हुकुमनामा जारी कर सकें जिसे हर हिंदू को मानना ही पड़ेगा ? यह धर्म ही तो संघ परिवारियों के साथ नहीं है नहीं तो वे कब की देश में हिटलरशाही कायम कर देते या कोई भी खुमैनी हो जाता।

और जहां तक काशी की गरिमा और वहां विधवाओं की हालत का सवाल है तो सबसे पहले मैंने अपनी दादी से एक लोक कहावत सुनी थी। वे काशी हो आई थीं और वैधव्य काट रही थीं। उनने कहा कि काशी में कहावत है कि—रांड, सांड और संन्यासी, इनसे बचे तो सेवे कासी। फिर मेरी मां ने भी, जो विश्व हिंदू परिषद के संतों-महंतों से कहीं ज्यादा धर्म-पुराण जानती हैं, यही कहावत बताई। फिर काशी की बेटी वीणा और बहू ममता ने 'वाटर' कांड के दौरान यह लोक कहावत सुनाई। काशी में सब लोग इस कहावत का अर्थ जानते हैं। हमारे तीर्थों—खास कर काशी और वृंदावन में विधवाओं की जो हालत है वह देखी नहीं जाती। तीर्थों में भी मानवीय गौरव इस हद तक गिर सकता है तो हमें क्या अपने तीर्थों की गरिमा की रक्षा में आंखों पर पट्टी बांध लेनी चाहिए ? महाभारत में वेद व्यास और रवींद्रनाथ ठाकुर ने कहा कि सबसे बड़ा सत्य मनुष्य है उससे बड़ा कोई नहीं। काशी में हम किस सत्य और गरिमा की रक्षा कर रहे हैं ? बताइए।

13.2.2000

समीक्षा तो नहीं होगी लेकिन कब तक ?

संविधान की समीक्षा करने का भाजपाई प्रयास कुछ और विवाद और अविश्वसनीयता में फंस गया है।

पहले तो यह देखिए कि सत्ताईस जनवरी को संसद के सेंट्रल हॉल में गणतंत्र की स्वर्ण जयंती पर अपने भाषण में प्रधानमंत्री अटल बिहारी वाजपेयी ने क्या कहा था। उनने कहा था कि संविधान को अपनाने के बाद भारत में अब एक नई स्थिति है। केंद्र और राज्यों, दोनों में ही स्थिरता की आवश्यकता बड़ी तीव्रता से महसूस की जा रही है। लोग तेजी से सामाजिक-आर्थिक विकास चाहते हैं। विकास की प्रक्रिया की दिशा बदलने की भी चुनौती है ताकि क्षेत्रीय और सामाजिक असंतुलन दूर करते हुए सबसे कमजोर और गरीब लोगों को लाभ पहुंचाया जा सके। ''इस प्रयोजन से संविधान की समीक्षा के लिए एक आयोग बैठाना है। लेकिन संविधान का बुनियादी ढांचा और उसके मूल लक्ष्य फिर भी अनुल्लंघनीय रहेंगे।''

इस पर प्रधानमंत्री के बाद बोलते हुए राष्ट्रपति नारायणन ने कहा था, ''आज जबकि संविधान की समीक्षा करने बल्कि एक नया संविधान ही लिखने की इतनी बात हो रही है तो हमें विचार करना चाहिए कि संविधान फेल हुआ है या संविधान के सामने हम फेल हुए हैं।'' संविधान का मसौदा तैयार करने वाले डॉक्टर बाबा साहेब आंबेडकर और संविधान सभा के अध्यक्ष डॉक्टर राजेंद्र प्रसाद के उद्धरण देने के बाद राष्ट्रपति ने कहा कि संविधान में संशोधन करना बिलकुल अलग बात है। ''संविधान बनानेवाले हमारे पुरखों ने जान-बूझ कर संविधान में संशोधन की प्रक्रिया को इतना आसान बनाया ताकि संविधान की खामियों और कमियों को संसद बिना मुश्किल दूर कर सके।'' संसदीय प्रणाली की जगह राष्ट्रपति प्रणाली की बात करने और संविधान की समीक्षा करने की जरूरत पर राष्ट्रपति प्रधानमंत्री से असहमत थे।

राष्ट्रपति के इस भाषण से ही विवाद उठ खड़ा हुआ। सरकार अपनी बात पर तो अड़ी रही लेकिन उसने संविधान की समीक्षा और राष्ट्रपति प्रणाली पर बहस छेड़ दी। एक फरवरी को सरकार ने आयोग बैठाने और सर्वोच्च न्यायालय के भूतपूर्व मुख्य न्यायाधीश वेंकटचलैया को उसका अध्यक्ष बनाने का फैसला किया। लेकिन जो संदर्भ और शर्तें तय कीं उनके अनुसार आयोग को संसदीय लोकतंत्र के ढांचे और पिछले पचास साल के अनुभव के प्रकाश में यह जांच करना था कि आधुनिक भारत के सामाजिक-आर्थिक विकास और योग्य, प्रभावशाली और निर्बाध प्रशासन की बदलती जरूरतों में संविधान कैसे काम कर सकता है और अगर कोई परिवर्तन किए जाने हैं तो उसके बुनियादी ढांचे और मूल लक्ष्यों को छुए बिना कैसे किए जा सकते हैं। न्यायमूर्ति वेंकटचलैया ने अध्यक्षता इसी शर्त पर स्वीकार की थी कि संविधान के बुनियादी ढांचे और लक्ष्य और संसदीय लोकतंत्र की प्रणाली को अनुल्लंघनीय माना जाएगा। बाद में अलग-अलग साक्षात्कारों में न्यायमूर्ति वेंकटचलैया ने यह भी स्पष्ट कर दिया कि उनका आयोग संविधान की समीक्षा नहीं करेगा, वह उसके कामकाज या क्रियान्वयन पर विचार करेगा। हम संविधान सभा की सामूहिक समझदारी पर फैसला करने नहीं बैठेंगे। संविधान बनाने वाले राजनेताओं, विशेषज्ञों और न्यायविदों ने बड़ा शानदार

काम किया है। हम तो सिर्फ यह देखेंगे कि पचास वर्ष में संविधान का कामकाज कैसा रहा है और उससे क्या काम लिया गया है और अगर कोई खामियां हैं तो क्या हैं ?

तो यह संघ परिवार के गुरु गोलवलकर से ले कर स्वामी वामदेव तक बताई गई संविधान की समीक्षा तो है ही नहीं, प्रधानमंत्री ने जिसके लिए आयोग बैठाने की घोषणा की थी वह संविधान समीक्षा की नहीं है। न्यायमूर्ति वेंकटचलैया, विधिमंत्री राम जेठमलानी, महाधिवक्ता सोली सोराबजी, न्यायमूर्ति सरकारिया और भूतपूर्व स्पीकर पूर्णो संगमा ने अपनी तरफ से जिन-जिन क्षेत्रों का परीक्षण करने को कहा है—उनमें केंद्र और राज्यों की उस स्थिरता की आवश्यकता भी दिखाई नहीं देती जो प्रधानमंत्री उस दिन तीव्रता से महसूस कर रहे थे। तो न्यायमूर्ति वेंकटचलैया की अध्यक्षता में जो हो रही है वह न संविधान की समीक्षा है, न राष्ट्रपति प्रणाली पर विचार है, न अस्थिरता दूर करने के उपाय हैं। वह सिर्फ संविधान के क्रियान्वयन का परीक्षण है। यह स्पष्ट हो जाने के बाद विवाद समाप्त हो जाना चाहिए था और आयोग की विश्वसनीयता स्थापित हो जानी चाहिए थी। लेकिन यह भी नहीं हुआ। पिछले रविवार को सरकार ने आयोग के सदस्यों के नाम घोषित किए और बर्रों का एक और छत्ता छिड़ गया।

जब विश्वनाथ प्रताप सिंह और विपक्षी पार्टियां मांग कर रही थीं कि आयोग राजनेताओं और संसद सदस्यों का होना चाहिए तब सरकार कहती रही कि आयोग में निष्पक्ष, विश्वसनीय और विशेषज्ञ न्यायविद सदस्य होंगे। लेकिन इस घोषणा पर आयोग के पांच सदस्य ही खरे उतरते हैं। अध्यक्ष न्यायमूर्ति वेंकटचलैया, न्यायमूर्ति जीवन रेड्डी, न्यायमूर्ति सरकारिया, न्यायमूर्ति कोंडापल्ली पुनैया और भूतपूर्व महाधिवक्ता पारासरन। बाकी के छह सदस्य सर्वमान्य और निष्पक्ष नहीं कहे जा सकते। आयोग में वर्तमान महाधिवक्ता सोली सोराबजी हैं जो कोई पचास साल से संवैधानिक अधिवक्ता के नाते मशहूर हैं। उनकी बड़ी प्रतिष्ठा रही है। लेकिन आजकल वे सरकार के महाधिवक्ता हैं और स्वयंसेवी संगठनों में धारणा है कि उनने भले ही भगवी टाई न पहनी हो उन पर भगवा दुपट्टा जरूर पड़ गया है। वे अपने पद के कारण तटस्थ नहीं हैं। लोकसभा के भूतपूर्व महासचिव सुभाष काश्यप और स्टेट्समैन के प्रधान संपादक सीआर ईरानी दो-तीन साल से भाजपाई लाइन पकड़े हुए हैं। भूतपूर्व स्पीकर पूर्णो संगमा माना जा सकता है कि ईसाई हैं, उत्तर-पूर्व के आदिवासी हैं और प्रतिष्ठित नागरिक हैं। लेकिन वे राष्ट्रवादी कांग्रेस के संस्थापक नेता हैं जो सोनिया गांधी के प्रधानमंत्री हो सकने के खिलाफ कांग्रेस से हटे हैं। और संविधान में जन्म से भारतीय नागरिक और स्वेच्छा से नागरिक बने विदेशी मूल के व्यक्ति में फर्क करने का संशोधन करवाना चाहते हैं। अपने नाम की घोषणा होते ही उनने कहा भी कि वे यह मुद्दा उठाएंगे। आबिद हुसैन भूतपूर्व नौकरशाह और अमेरिका में भारत के राजदूत रहे हैं। वे न्यायविद नहीं हैं लेकिन उन्हें इसलिए लिया गया है कि वे मुसलमान हैं, राजीव गांधी प्रतिष्ठान में रहे हैं और कांग्रेस के नजदीकी माने जाते हैं। एक महिला के नाते सुमित्रा कुलकर्णी ली गई हैं। वे महात्मा गांधी की पोती हैं लेकिन पहले इंदिरा गांधी की कृपा से सांसद हुईं, फिर राष्ट्रपति पद के चुनाव में हारीं और फिर भाजपा की सदस्य हो गईं। जितने और जैसे अरुण नेहरू नेहरू हैं, उतनी ही सुमित्रा कुलकर्णी गांधी हैं। आबिद हुसैन, सीआर ईरानी और सुभाष काश्यप की तरह वे भी न्यायविद नहीं हैं। फ्रीलांसर राजनैतिक होने के पहले प्रशासक थीं।

सोली सोराबजी जैसे ही संवैधानिक अधिवक्ता फली नरीमन हैं। उनसे भी पूछा गया था कि क्या वे इस आयोग के सदस्य होंगे। नरीमन ने विनम्रता से मना कर दिया। लेकिन एक वरिष्ठ वकील ने लिखा है कि न्यायमूर्ति वैंकटचलैया की अध्यक्षता स्वीकार करने के बारे में क्या कहा जाए ? लोग

अगर उन पर एक और काम ढूंढ़ने का आरोप लगाएं तो हम क्या जवाब देंगे ? अगर संसद एक प्रस्ताव पास कर के उनसे अनुग्रह करती तो वे अध्यक्षता स्वीकार करते। इसलिए उस वकील ने पूछा है कि क्या अंपायर खिलाड़ियों की जगह खेल सकते हैं ? संविधान के मामले में न्यायमूर्ति अंपायर हैं और राजनेता खिलाड़ी। संविधान बनाने वाले हमारे पुरखे जनता से निर्वाचित थे, उनने सर्वानुमति से संविधान बनाया। वे स्वतंत्रता संग्राम के बलिदानी योद्धा थे। उनमें कई उच्चकोटि के न्यायविद और विशेषज्ञ थे। उनकी तुलना में आयोग के इन सदस्यों की क्या नैतिक वैधता है ? ये सरकार के एक आदेश से नियुक्त हुए हैं। इन्हें न जनता ने चुना है, न संसद ने बैठाया है। हमारा संविधान इनके जैसे न्यायिक विशेषज्ञों ने नहीं बनाया था। इनके पास क्या जनादेश है ? जिस सरकार ने यह आयोग बैठाया है उसका जनादेश भी संदेह से परे नहीं है। न्यायमूर्ति वेंकटचलैया ने कहा कि संविधान सभा के काम पर हम कैसे फैसला करने बैठ सकते हैं ? सही है। लेकिन यही विनम्रता और कृतज्ञता वे उस सरकार और उसकी मुखिया पार्टी को क्यों नहीं सिखा सकते जिसकी नियुक्ति उनने मंजूर की।

फिर न्यायमूर्ति वेंकटचलैया ने कहा था कि आयोग में सिर्फ न्यायविद होंगे और वे भी तटस्थ होंगे। उनने यह भी कहा था कि सदस्यों की नियुक्ति उनके कहने पर ही होगी। फिर पूर्णो संगमा उसमें कैसे आ गए ? सुमित्रा कुलकर्णी कहां से आ गईं ? और महाधिवक्ता होते हुए भी सोली सोराबजी आयोग में आने को इतने लालायित क्यों थे ? जैसे संगमा सोनिया गांधी के खिलाफ अपनी लाइन चलाएंगे वैसे क्या सोराबजी सरकार की यानी भाजपा की पैरवी करेंगे ? संगमा के बारे में कही गई सब बातें सही हैं और उन्हें प्रतिष्ठित व्यक्ति ही माना जाना चाहिए। लेकिन जिस मुद्दे को ले कर वे राजनीति कर चुके हैं और कर रहे हैं उसी को आयोग में चलाएंगे तो वह न गैर राजनैतिक बचेगा, न तटस्थ। संगमा में इतना विवेक भी नहीं है कि वे क्या मामले उठाएंगे। उन्हें आयोग की उस बैठक के लिए रखते जो कार्यशर्तों का दायरा और मतलब तय करने के लिए होती। जो राजनीति उन्हें आयोग में ले कर सरकार ने की है वही वे तत्काल शुरू कर चुके हैं। संगमा को राजनीति करनी है तो उन्हें इस आयोग में आना नहीं चाहिए था। और अगर वे देश के संवैधानिक चिंतन में योगदान करना चाहते थे तो उन्हें अपनी राजनीति के एजंडे को ताक पर रखना था। लेकिन संगमा की नियुक्ति और उनके बड़बोलेपन ने आयोग के पीछे के खेल की पोल खोल दी है। आबिद हुसैन को ले कर सरकार ने कांग्रेस के विरोध की हवा निकालने की कोशिश की है और सुमित्रा कुलकर्णी को ले कर महात्मा गांधी को समाहित करने का प्रयास है।

आयोग की न्यायविदता को जनादेश और वैधता नहीं है और उसमें लिए गए राजनेताओं और नौकरशाहों की विश्वसनीयता नहीं है। वैधता और विश्वसनीयता के अभाव में आयोग साल-भर में जो भी करेगा वह एक अधकचरी अकादमिक कवायद होगी। यह भी निश्चित है कि यह आयोग वह दस्तावेज भी बना कर नहीं देगा जिसे भाजपा अगले चुनाव में वोटरों के सामने रख कर जनादेश मांग सके। संविधान की समीक्षा का यह राजनैतिक मकसद भी आयोग से पूरा नहीं होगा। आयोग के कार्यक्षेत्र, सीमाएं और सदस्यों की नियुक्ति पर संघ परिवार और उसके पैरोकारों की हताशा आप साफ देख सकते हैं। जनमत बनाने के लिए जिस मीडिया का सहयोग और समर्थन जरूरी होता है वह भी आयोग के सदस्यों और उसके संभावित कार्य की उपादेयता से खिन्न है। अखबारों के संपादकीय कह चुके हैं कि आयोग जो करेगा वह आखिर फिजूल की एक कवायद होगी।

अगर ऐसा है तो मुझे संतुष्ट और सुखी होना चाहिए। मैं अपने से पूछ रहा हूं कि फिर भी मैं उद्विग्न क्यों हूं। सच पूछिए तो इसलिए कि इस बार भले ही संघ परिवार संविधान को बदलने की अपनी

कोशिश में फेल हो गया हो लेकिन यह सत्य है कि उसे यह संविधान मंजूर नहीं है। वह हिंदू राष्ट्र, हिंदू राष्ट्रीयता और हिंदुत्व का जो संविधान चाहता है वह न तो पिछले दो सौ वर्षों के भारतीय नवजागरण के रचनात्मक तत्त्वों को स्वीकारता है, न सनातन धर्म और भारतीय परंपरा की प्रतिष्ठित और प्रामाणिक प्रवृत्तियों के अनुरूप है। वह इस्लाम और ईसाइयत की प्रतिक्रिया में पनपे कायर प्रतिशोध का राजनैतिक हिंदुत्व है। इस हिंदुत्व को धर्म से, संस्कृति से, इतिहास से और भारत की सामाजिक परंपराओं से भ्रमित करने और उनके नाम पर मान्य करने के संघ परिवारी प्रयत्न जारी रहने वाले हैं। जैसे न्यायमूर्ति जगदीश शरण वर्मा ने अपने अज्ञान में एक फैसले में कह दिया कि हिंदुत्व जीवन पद्धति है—जैसा कि सनातन धर्म को डॉक्टर राधाकृष्णन ने कहा था। यह गफलत जब बढ़ती जाएगी तब न नारायणन जैसा राष्ट्रपति होगा न राष्ट्रीय जनतांत्रिक गठबंधन जैसा गठबंधन। जब संघ परिवारियों का बहुमत होगा तो उसे रोकने वाला जागृत जनमत कौन बनाए रखेगा ? मैं इसलिए उद्विग्न हूं।

17.2.2000

क्योंकि संघ सांप्रदायिक राजनीति का मुखौटा है

अब तो खुद प्रधानमंत्री अटल बिहारी वाजपेयी ने ही कह दिया है कि सरकारी कर्मचारियों को राष्ट्रीय स्वयंसेवक संघ के कार्यक्रमों और गतिविधियों में भाग लेने की अनुमति देने के लिए कानून में कोई फेरबदल नहीं किया जाएगा। उनकी सरकार इस तरह की अनुमति देने के किसी प्रस्ताव पर विचार नहीं कर रही है। यह विवाद अब खत्म हो जाना चाहिए। राष्ट्रीय स्वयंसेवक संघ के सरसंघचालक ने स्वयं ही कह दिया है कि संघ ने सरकारी कर्मचारियों को उसमें शामिल होने के लिए प्रतिबंध हटाने की कोई मांग सरकार से नहीं की थी।

तो फिर इन्हीं अटलजी ने विश्व पुस्तक मेले का उद्‌घाटन करने के बाद पांच फरवरी को क्यों कहा था कि संघ एक सांस्कृतिक-सामाजिक संगठन है और मैं नहीं सोचता कि उसका सदस्य बनने में किसी को कोई एतराज होना चाहिए। आठ दिन बाद ही प्रधानमंत्री ने सरकारी कर्मचारियों को एक सामाजिक-सांस्कृतिक संगठन से दूर रखने की बात क्यों मान ली ? अटलजी की पहली घोषणा या प्रमाणपत्र के दो दिन बाद गृहमंत्री लालकृष्ण आडवाणी ने क्यों कहा था कि उनकी सरकार केंद्र सरकार के कर्मचारियों के राष्ट्रीय स्वयंसेवक संघ की गतिविधियों में भाग लेने पर लगी पाबंदी की समीक्षा करेगी ? अटलजी तो कह रहे हैं कि उनकी सरकार के सामने ऐसा कोई प्रस्ताव विचाराधीन है ही नहीं। और सरसंघचालक पूज्य रज्जू भैया ने जिस बयान में कहा कि 'संघ न तो कभी सत्ता-आधारित संगठन रहा है न संघ ने सरकार से प्रतिबंध हटाने की कोई मांग की है,' उसी में दावा किया है कि 'जहां तक सरकारी प्रतिबंध का सवाल है तो कई न्यायालय सरकारी प्रतिबंध के खिलाफ निर्णय सुना चुके हैं। कानून और न्याय दोनों हमारे पक्ष में होने के बावजूद हमने कभी प्रतिबंध हटाने की कोई प्रार्थना सरकार से नहीं की। प्रतिबंध हटाया जाए न हटाया जाए या कब हटाया जाए यह सरकार के विवेक पर निर्भर करता है।'

अगर 'कानून और न्याय दोनों संघ के पक्ष में हैं और पचहत्तर वर्ष की लंबी यात्रा इस बात की गवाह है कि संघ ने अपना कार्य न तो राजकीय कृपा या संरक्षण में किया है, न बढ़ाया है। उलटे तमाम दमन व निषेधों के बावजूद वह हिंदू समाज के हर अंग व उपांग में विस्तार पाता चला गया है और आज उसका स्वरूप विश्वव्यापी हो गया है' तो क्यों केंद्र सरकार उस पर प्रतिबंध लगा रहने देना चाहती है ? क्यों सिर्फ गुजरात की सरकार ने ही उस पर से पाबंदी हटाई और उत्तर प्रदेश और हिमाचल के मुख्यमंत्रियों ने सिर्फ जबानी घोषणाएं कीं ? क्यों सिर्फ आठ दिन में ही प्रधानमंत्री की घोषणा बदल गई और आडवाणी चुप हो गए ? इसलिए कि द्रमुक नेता और तमिलनाडु के मुख्यमंत्री करुणानिधि और तेलुगुदेशम के नेता और आंध्र प्रदेश के मुख्यमंत्री चंद्रबाबू नायडू ने प्रधानमंत्री को लिखा कि संघ पर लगी पाबंदी हटाने के पक्ष में वे नहीं हैं। समता पार्टी ने भी झिझकते-शरमाते हुए कहा कि पाबंदी लगी रहने देना चाहिए। इन तीनों पार्टियों के संख्या-बल पर गठबंधन और उसकी सरकार टिकी हुई है। ये पार्टियां अगर समर्थन वापस ले लें तो सरकार टूट जाएगी। इनकी राय का सम्मान करते हुए केंद्र सरकार और अटल बिहारी वाजपेयी ने गुजरात सरकार और केशूभाई पटेल का अनुसरण नहीं किया। तेईस साल पहले बनी जनता सरकार संघ

के सवाल पर ही टूट गई थी। तब भी दोहरी सदस्यता का सवाल उठा था। जो जनसंघी अपनी पार्टी को जनता पार्टी में विलीन कर चुके थे उनके संघ से संबंध बने रहने पर समाजवादियों ने एतराज किया था। चूंकि भूतपूर्व जनसंघी संघ से अपनी वफादारी तोड़ नहीं सकते थे इसलिए वह सरकार गिरी। आज के गठबंधन की पार्टियों को भाजपाइयों की संघ से वफादारी पर एतराज नहीं है। लेकिन वे नहीं चाहते कि सरकारी कर्मचारियों को संघ में जाने की छूट दी जाए।

कहने की जरूरत नहीं कि अपनी गठबंधन सरकार बचाने के लिए भाजपा और संघ ने मिल कर तय किया कि इस विवाद को समाप्त करना चाहिए। आप पूछ सकते हैं कि जो राष्ट्रीय स्वयंसेवक संघ बावजूद तमाम दमन और निषेधों के हिंदू समाज के हर अंग-उपांग में व्याप्त हो कर विश्वव्यापी हो गया है और कानून और न्याय दोनों उसकी तरफ हैं और जो लोगों को सिर्फ राष्ट्रभक्त और अनुशासित बनाने का पुण्यकार्य कर रहा है उसे द्रविड़ मुनेत्र कषगम जैसी द्रविड़ पार्टी, तेलुगुदेशम जैसी आंध्र स्वाभिमान की क्षेत्रीय पार्टी और समता जैसी पिछलग्गू पार्टी से डरना क्यों चाहिए ? भाजपा की सरकार बचाए रखने के लिए इस सांस्कृतिक-सामाजिक संगठन को अपने पर पाबंदी का कलंक क्यों लगे रहने देना चाहिए ? अगर उसे राजनीति नहीं करना है तो वह इस गठबंधन सरकार को बचाने की राजनीति क्यों कर रहा है ? क्योंकि वह जानता है और देश भी जानता है कि राष्ट्रीय स्वयंसेवक संघ एक छद्‌म सांस्कृतिक-सामाजिक संगठन है। सामाजिक-सांस्कृतिक संगठन के मुखौटे के पीछे वह एक राजनैतिक संगठन है जो अपनी सांप्रदायिक राजनीति को इस देश में खुल कर खेल नहीं सकता। इसलिए उसने भाजपा का मुखौटा बना रखा है। संघ क्या करता है, कैसे करता है और क्यों करता है इस पर बीसियों प्रामाणिक अध्ययन मौजूद हैं। और सरकारों की फाइलें भरी पड़ी हैं। इसलिए उन पर आपका समय बरबाद करने के बजाय मैं यहां आपको कुछ व्यक्तिगत प्रमाण और महात्मा गांधी का उद्धरण बताता हूं। महात्मा गांधी का इसलिए कि पिछले पंद्रह-बीस दिन की बहस में संघ वालों ने कहा है कि वे भी उनके कार्यक्रमों में आ चुके हैं। गांधी को मार कर उनकी पुण्याई को अपनी तरफ करने की लगातार कोशिश संघ वाले करते रहे हैं।

वह शाम और वह वाक्य मुझे कभी नहीं भूलता। तीस जनवरी अड़तालीस की शाम गांधीजी की हत्या के बाद इंदौर में हमारे घर में कुहराम मचा हुआ था। घर ही क्यों फड़के साब के उस पूरे बाड़े में और रावजी बाजार के पूरे मुहल्ले में वही हो रहा था जो घर के मुखिया के मरने पर घर में होता है। तभी वे सज्जन आए जो मुझे और मेरे जैसे बच्चों को शाखा में ले जाने आया करते थे। रोज की तरह उस शाम भी उनने शाखा चलने का तगादा किया। शाखा महाल कचेरी के छोटे से मैदान में लगा करती थी। वहां आने वाले ज्यादातर बच्चे महाराष्ट्रीयन हुआ करते थे। मेरे जैसे रांगड़ी बच्चे कम होते थे। मैं अभी तक उन सज्जन का नाम याद करने की कोशिश करता हूं लेकिन याद नहीं आता। आप कहें तो यादगार से उनका चित्र बना सकता हूं। मुझे पहले लगता था कि वे नारायण राव धर्म रहे होंगे। लेकिन इस बार काकाजी से पूछा तो उनने कहा कि धर्म अपने यहां बच्चों को शाखा में ले जाने नहीं आते थे। उन्हें मालूम होना चाहिए क्योंकि कुछ दिनों के बाद वे पकड़े गए थे और दा साब कोर्ट में होते हुए भी उन्हें बड़ी मुश्किल से छुड़ा कर लाए थे। बहरहाल, वे जो सज्जन आते थे वे मराठीभाषी नहीं थे। उनने फिर मुझसे कहा कि चलो तो मैंने कहा कि आज कैसे चल सकते हैं। अभी तो गांधीजी मरे हैं। इन सज्जन ने सपाट स्वर और चेहरे से कहा– अरे वो ! वो गांधी तो बुड्ढे थे। उनके मरने पर क्या रोना ? तब मैं दस साल का हो चुका था। लेकिन उनकी तरफ देखता रह गया। जिस आदमी के मरने पर मेरे घर और मुहल्ले में ऐसा कुहराम

मचा हुआ है उसको ये सज्जन मरने या मार दिए जाने लायक बड्ढा कह रहे हैं। कोई ऐसा कैसे कह सकता है ?–उस दिन के बाद से मैं कभी शाखा में नहीं गया और किसी भी संघ परिवारी से बरतते हुए मुझे ऐसी ही अमानवीय संवेदनहीनता की अपेक्षा रहती है। लेकिन मैं ही क्यों ? अभी उस दिन मैं उस टीवी चैनल पर गया था। उसके एंकर ने मुझे कहा कि बचपन में जब वह शाखा में ले जाया जाता था तो जो सज्जन ले जाते थे वे शाखा के बाद उन्हें और दूसरे बच्चों को घर ले जाते। वहां वे डबल रोटी पर मक्खन लगाते-लगाते कहते कि इन मुसलमानों को तो इसी तरह चबा जाना चाहिए और वे रोटी चबा जाते। एंकर कह रहा था कि वह दृश्य वे कभी भूल नहीं पाते। कोई कहेगा कि यह सांप्रदायिकता और संवेदनहीनता सिखाना नहीं है ?

अभी उस दिन टीवी पर कोई सज्जन संघ की पैरवी करते हुए बता रहे थे कि महात्मा गांधी भी संघ के कार्यक्रमों में आते थे। बात ऐसे कही गई जैसे गांधी संघ का समर्थन करते रहे हों। कुछ वैसे ही जैसे सुमित्रा कुलकर्णी को संविधान समीक्षा आयोग में ले कर आयोग के गठन पर गांधीजी का आशीर्वाद प्राप्त कर लिया गया हो। बहरहाल, उन्हें टीवी पर सुनने के बाद मुझे प्यारेलालजी की चार खंडों में लिखी 'पूर्णाहुति' का यह उद्धरण याद आ गया। बारह सितंबर सैंतालीस के दिन गांधीजी की दिनचर्या बताते हुए प्यारेलाल लिखते हैं, "राष्ट्रीय स्वयंसेवक संघ के अधिनायक भी गांधीजी से मिलने आए। सबको मालूम था कि शहर (दिल्ली) और देश के दूसरे भागों में भी हुए हत्याकांडों में आरएसएस का मुख्य हाथ था। परंतु मिलने आए इन मित्रों ने इस बात से इनकार किया। उन्होंने कहा कि हमारा संघ किसी का शत्रु नहीं है। वह हिंदुओं की रक्षा के लिए है, मुसलमानों को मारने के लिए नहीं। वह शांति का समर्थक है।"

यह अतिशयोक्ति थी। परंतु गांधीजी की तो मानव स्वभाव और सत्य की उद्धारक शक्ति में असीम श्रद्धा थी। उन्हें लगा कि मुझे हर मनुष्य को अपनी नेकनीयती सिद्ध करने का मौका देना चाहिए। राष्ट्रीय स्वयंसेवक संघ के लोग बुराई करने में गौरव नहीं समझते, इसका कुछ तो महत्त्व है ही। गांधीजी ने उनसे कहा–आपको एक सार्वजनिक वक्तव्य निकालना चाहिए। अपने विरुद्ध लगे आरोपों का खंडन करना चाहिए तथा मुसलमानों की हत्या करने और उन्हें सताने की निंदा करनी चाहिए जो कि शहर में अब तक हुआ है और हो रहा है। उनने गांधीजी से कहा–आप खुद हमारे कहने के आधार पर ऐसा कर सकते हैं। गांधीजी ने उत्तर दिया–मैं अवश्य करूंगा। परंतु आप जो कह रहे हैं उसमें सच्चाई हो तो ज्यादा अच्छा यह होगा कि जनता उसे आपके मुख से ही सुने।

"गांधीजी की मंडली के एक सदस्य बीच में ही बोल उठे–संघ के लोगों ने वाह के निराश्रित शिविर में बढ़िया काम किया है। उन्होंने अनुशासन, साहस और परिश्रमशीलता का परिचय दिया है।" गांधीजी ने उत्तर दिया, "परंतु यह न भूलिए कि हिटलर के नाजियों और मुसोलिनी के फासिस्टों ने भी यही किया था।" उनने राष्ट्रीय स्वयंसेवक संघ को 'तानाशाही रवैया रखने वाला सांप्रदायिक संगठन बताया।'

तो संघ सांस्कृतिक-सामाजिक संगठन होने का कितना ही दावा करे, अपने को देशभक्ति, अनुशासन और सेवाभाव सिखाने वाला राष्ट्रवादी संगठन बताए और हिंदू समाज के प्रत्येक अंग-उपांग में व्याप्त विश्वव्यापी संगठन कहे–यह सब उसकी असलियत छुपाने के लिए है। वह सिर्फ हिंदुओं को इस देश का अधिकारी मानता है, बाकी के सब दूसरे दर्जे के नागरिक हैं। उनके हिंदुत्व

की बुनियाद मुसलमान और ईसाई विरोध पर खड़ी है। वह इस राष्ट्र को पंथनिरपेक्ष लोकतांत्रिक समाजवादी गणतंत्र बनाने वाले संविधान में विश्वास नहीं करता। ऐसे संगठन में आप अपने सरकारी कर्मचारियों को भेज कर उन्हें राष्ट्र के नागरिक नहीं हिंदू नागरिक होने की छूट देंगे। यह छूट इस देश को हिंदू राष्ट्र बनाने का रास्ता खोलेगी। याद रखिए।

19.2.2000

टहनी काटने वाले कालिदास, बताओ

वेलेंटाइन डे पर प्रेम प्रकट करने और प्रेम का उत्सव मनाने निकले जवान लड़के-लड़कियों और अधेड़ स्त्री-पुरुषों को कानपुर और लखनऊ में संस्कृति पुलिस के जवानों ने मारपीट कर 'सबक' सिखाया और कुछ के मुंह पर कालिख पोत कर उनका जुलूस निकाल दिया। संस्कृति पुलिस खड़ी करने का ठेका आप जानते हैं कि इन दिनों संघ परिवार ने लिया हुआ है। उसी के एक संगठन अखिल भारतीय विद्यार्थी परिषद ने उत्तर प्रदेश की राजधानी लखनऊ और कभी औद्योगिक नगरी रही कानपुर में प्रेम मनाने निकले जोड़ों को कहीं मुर्गा बनने पर मजबूर किया, कहीं उन्हें एक-दूसरे से राखी बंधवाई और कहीं लड़कों से लड़कियों के पैर धुलवाए। संस्कृति पुलिस के जवान कहीं वेलेंटाइन डे के विरुद्ध धरने पर बैठे तो कहीं उनने उन रेस्तरांओं, फूलों की दुकानों और कार्ड बेचने वाली गैलरियों में तोड़-फोड़ की, जो प्रेम दिवस मनाने की सामग्री बेच कर उसे महिमामंडित कर रहे थे। कानपुर में तो विद्यार्थी परिषद ने छात्र कर्फ्यू ही लगा दिया था। इस कर्फ्यू को तोड़ने वालों को वही सजा मिली जो पुलिस वाले अपने कर्फ्यू को तोड़ने वालों को देते हैं।

प्रेम दिवस पर भय और दहशत का यह वातावरण बनने की रपटें राम की अयोध्या, कृष्ण की मथुरा और शिव की काशी वाले उत्तर प्रदेश के कानपुर, लखनऊ और आगरा से ही आई। अपन तो उस दिन इन तीन में से किसी भी शहर में नहीं थे। लेकिन दिल्ली, मुंबई जैसे महानगरों में इस बार जैसा वेलेंटाइन डे मना वैसा तो पिछले चार-पांच वर्षों में मना नहीं था। तेरह फरवरी की शाम से ही उत्सव शुरू हो गया था और चौदह की रात तक धूमधाम से मनता रहा। लेकिन यहां संघ परिवार की संस्कृति पुलिस के जवान ड्यूटी पर नहीं थे। जबकि दिल्ली अखिल भारतीय विद्यार्थी परिषद का छोटा-मोटा गढ़ नहीं है। आखिर दो साल पहले तक यहां संघ परिवारी राजनैतिक बेटी भाजपा का ही राज था और अब भी उसी की अगुआई वाले गठबंधन की केंद्रीय सरकार है। मुंबई में भी गए साल तक शिवसेना-भाजपा की सरकार थी और मुंबई महानगर में तो कोई आठ-दस साल से शिवसेना का बोलबाला है ही। शिवसेना का रंग भाजपा से ज्यादा भगवा और हिंदुत्व के मामले में ज्यादा आक्रामक है। फिर भी दिल्ली और मुंबई से प्रेम दिवस मनानेवालों पर संस्कृति पुलिस की कार्रवाई की कोई रपट नहीं छपी है। मुंबई में ही कोई छह-सात साल पहले एक पांच तारा होटल में मैंने वेलेंटाइन डे की गहमागहमी देखी थी। तब मुझे लगा था कि यह अंतर्राष्ट्रीय बाजार की महानगरीय घुसपैठ है। अब देखता हूं कि दूसरे महानगरों-नगरों और कस्बों में भी पहुंच गई है। और कस्बाई अखबार भी इस पर विशेषांक निकाल देते हैं और प्रेम प्रकट करने के संदेश वर्गीकृत विज्ञापन में छापते हैं।

तो दिल्ली और मुंबई जैसे महानगरों में वेलेंटाइन डे मनाने का बावलापन जबरदस्त था क्योंकि जो मध्यवर्ग ऐसे दिवसों पर पागल होता है वह इन्हीं महानगरों में रहता है। यही महानगर बहुराष्ट्रीय कंपनियों और उनकी भारतीय सहायक कंपनियों के भी गढ़ हैं जो वेलेंटाइन डे को स्पांसर यानी

प्रायोजित करती हैं। इन्हीं महानगरों में कोई जैविक समाज नहीं है जिसकी जड़ें अपनी जमीन में हों और जिसकी शाखाएं, पत्तियां, फूल और फल अपने वायु-जल-धूप और आकाश में फलती-फूलती और जीती हों। अपनी जमीन से कटे हुए और पश्चिम की जमीन हवा में ढूंढ़ते हुए इस त्रिशंकु समाज में ही बहुराष्ट्रीय कंपनियां ऐसे त्योहार और उत्सव मनवा सकती हैं जो भारत की जलवायु और जमीन से नहीं उगे हैं और जिनका भारत के मानस और सामाजिक-सांस्कृतिक परंपराओं से कोई लेना-देना नहीं है। अब तो बहुराष्ट्रीय कंपनियों और अंतर्राष्ट्रीय बाजार के सबसे बड़े पैरोकार अंग्रेजी अखबार भी कहने लगे हैं कि वेलेंटाइन डे इस बाजार का चलाया उत्सव है। ग्रीटिंग कार्ड, प्रेमगीतों के अलबम, उपहार में देने की वस्तुएं, पांच तारा होटलों के डिनर, लंच और नाचने के मंच, आभूषण आदि सभी वेलेंटाइन डे के उपकरण हैं जिन्हें बेचने की होड़ में बाजार अपने और मीडिया के तरीकों का इस्तेमाल करता है। लेकिन बाजार के पैरोकार होने के कारण अंग्रेजी अखबार कहते हैं कि इसमें खराबी क्या है ? जिनके पास पैसा है और जो उसे प्रेम प्रकट करने और प्रेम मनाने पर खर्च कर सकते हैं—वे जरूर करें। अंग्रेजी अखबार न तो हिंदू और भारतीय संस्कृति के रक्षक या पैरवीकार हैं न ऐसी बातों पर चिंता कर के अपना समय और अपनी जगह गंवाते हैं। यह जिम्मेदारी संघ परिवार ने ले रखी है और आपने देखा ही होगा कि उसकी संस्कृति पुलिस के हुड़दंग और गुंडागर्दी की अंग्रेजी अखबारों ने कैसी दिल खोल कर निंदा की है।

लेकिन वेलेंटाइन डे पर प्रकट होने और मनने वाले प्रेम से हिंदू समाज और संस्कृति की रक्षा करने वालों की कार्रवाई तो आपने देख ही ली अब उनके नेताओं का कहना भी जरा पढ़-समझ लीजिए। विश्व हिंदू परिषद के महासचिव गिरिराज किशोर से बड़ा हिंदू धर्म और संस्कृति और समाज का रक्षक और ठेकेदार शायद ही कोई होगा। उनने चेतावनी दी कि वेलेंटाइन डे जैसे अवसर पर पश्चिमी संस्कृति के अतिक्रमण से लड़ने की तैयारी हम करेंगे। दीपा मेहता की फिल्म 'वाटर' के बाद वेलेंटाइन डे हिंदू संस्कृति पर दूसरा आक्रमण है। वेलेंटाइन डे मनाने को ले कर जो माहौल बनाया गया वह विदेशी संस्कृति थोपने की कोशिश है। विश्व हिंदू परिषद हिंदुओं का आह्वान करेगी कि पश्चिमी संस्कृति की नाना रूपों में की जा रही इस तस्करी के खिलाफ खड़े हो जाएं। विश्व हिंदू परिषद इस पर विचार करेगी और पश्चिम के सांस्कृतिक साम्राज्यवाद के आक्रमण से हिंदू समाज की रक्षा करने के तरीके ढूंढ़ेगी। हम वेलेंटाइन डे की संस्कृति के इस फैलाव पर बहुत चिंतित हैं। भारतीय भूमि में इसकी कोई जड़ें नहीं हैं।

लेकिन अपने को गिरिराज किशोर से कहीं बड़ा हिंदू रक्षक मानने वाले शिवसेना संस्थापक बाला साहेब ठाकरे निश्चित ही उनसे कई कदम आगे हैं। पुणे में आधुनिक प्रबंधन के भारतीय संस्थान में अंग्रेजी माध्यम से शिक्षा पर बोलते हुए वे वेलेंटाइन दिवस पर आ गए। उनने कहा—भारत में वेलेंटाइन दिवस मनाने पर प्रतिबंध लगाने की प्रतिज्ञा करता हूं। यह पश्चिम की नकल करने की प्रवृत्ति है। फिर उनने पूछा, "हमें वेलेंटाइन दिवस क्यों मनाना चाहिए जब कि हमारे पास उससे बेहतर लैला और मजनूं के उदाहरण हैं। बताइए कि कभी अंग्रेजों या अमेरिकियों ने लैला-मजनूं का दिन मनाने की एक भी कोशिश की है ? जब वे हमारे किसी प्रेम प्रसंग को उत्सव मनाने के लायक नहीं समझते तो हम उनका वेलेंटाइन डे क्यों मनाएं ?" मैं नहीं जानता कि पुणे में कौन लोग बाला साहेब को सुनने आए थे और इस जैसे के साथ तैसा करने पर उनकी क्या प्रतिक्रिया थी। लेकिन इतना स्पष्ट है कि बाला साहेब के मन में भारतीय प्रेम प्रसंगों की औत्सविकता के प्रति कितना ही सम्मान और आग्रह हो वे तथ्यों की गलती कर रहे हैं। वे नहीं जानते कि लैला-मजनूं का प्रेम प्रसंग भारतीय नहीं है। मजनूं एक अरब कबीले के सरदार का लड़का था और लैला भी

एक दूसरे अरब कबीले की काली-कलूटी और बदसूरत लड़की थी। लैला-मजनूं का किस्सा इस्लामी हमलावरों के साथ भारत आया हो या नहीं लेकिन वह निश्चित ही एक अरब किस्सा है और वहीं से भारत आया है और वह हमारे यहां भले ही बहुत मशहूर हो गया हो भारत में कहीं भी लैला-मजनूं का कोई दिवस नहीं मनाया जाता। दरअसल भारतीय समाज और संस्कृति में लैला-मजनूं या हीर-रांझा जैसे कोई किस्से न तो हैं, न उनका कोई उत्सव मनाने की परंपरा है।

वेलेंटाइन भी सच पूछिए तो रोम के एक ईसाई संत थे। मजनूं की तरह किसी के प्यार में पागल भी नहीं थे। उनके जमाने में क्लाडियस द्वितीय का राज था जो बहुत युद्ध प्रेमी था। उसकी सेना में भर्ती हो कर लगातार युद्ध लड़ने से रोम के जवान तंग आ गए थे। वे प्यार-मुहब्बत कर के शांति से गृहस्थ जीवन बिताना चाहते थे। क्लाडियस को समझने में देर नहीं लगी कि प्रेम और गृहस्थी होती रही तो उनकी सेना को सिपाही नहीं मिलेंगे। क्लाडियस ने प्रेम और विवाह करने पर पाबंदी लगा दी। वेलेंटाइन ने यह पाबंदी तोड़ कर प्रेमी युगल के विवाह करवाए। क्लाडियस ने वेलेंटाइन को जेल में डाल दिया। वहां भी वे प्रेमियों के विवाह करवाते रहे। इस पर क्रोधित क्लाडियस ने वेलेंटाइन का सिर कलम करवा दिया। वे एक संत, शहीद हैं और रोमन कैलेंडर में 14 फरवरी उनका दिन है। वे रोम में तैरनी नाम की जगह पर शहीद किए गए थे। वहां अब भी और इस 14 फरवरी को भी प्रेम करने वाले लड़के-लड़की, स्त्री-पुरुष आए और उनने इसी साल विवाह करने का वायदा किया। चूंकि वेलेंटाइन प्रेम करने वालों का विवाह करवाते थे इसलिए जिसे भी लड़की या लड़के से प्रेम हो और जो विवाह करने का इरादा रखता हो उसे अपना वेलेंटाइन कहने और मानने का चलन है। तीसरी सदी की यह कथा पश्चिम में प्रेम के उत्सव का दिन बन गई।

आप देखेंगे कि लैला-मजनूं की कहानी का वेलेंटाइन की कथा से कोई लेना-देना नहीं है। आप यह भी देखेंगे कि लैला-मजनूं एक अरब और मुसलमान किस्सा है। उसका भारत से यही संबंध है कि वह प्रेम के पागलपन का वर्णन करने के काम आता है। भारतीय प्रेम कथाओं में लैला-मजनूं जैसी एक भी कथा नहीं है। सच तो यह है कि अरब और यूरोप जैसे उद्दाम, मांसल, निर्बाध और स्वतंत्र व्यक्ति प्रेम का भारतीय जीवन और साहित्य में कोई स्थान और गौरव गान नहीं है। काम और वासना तो यहां मनुष्य जीवन की तरह जीवन, समाज, संस्कृति और धर्म में निश्चित ही है। मैथुन को तंत्र और अध्यात्म की साधना में सहायक भी माना गया है। खजुराहो और कोणार्क के मंदिरों पर मैथुन शिल्प इसके उदाहरण हैं। अगर भारतीय समझ और संदर्भ में ही देखने की कोशिश करें तो पश्चिम का स्वतंत्र प्रेम हमारी भक्ति और कामवासना के बीच की अवधारणा है। स्वतंत्र प्रेम को भारतीय वांगमय और संस्कृति में वह प्रतिष्ठा और गौरव प्राप्त नहीं है जो यूरोप और पश्चिम में है। लेकिन आप पाएंगे कि इन बातों से बाला साहेब ठाकरे और गिरिराज किशोर का कोई लेना-देना नहीं। बाला साहेब प्रतिशोध और बराबरी करने में इस तरह गफलत में बंबइया हो गए हैं कि उन्हें लैला-मजनूं के भारतीय न होने का कोई ज्ञान ही नहीं है।

और गिरिराज किशोर हिंदू संस्कृति की रक्षा में इतने अदूरदर्शी हो गए हैं कि वेलेंटाइन डे को दीपा मेहता की फिल्म 'वाटर' के बाद हिंदू संस्कृति पर दूसरा हमला बता रहे हैं। क्या उन्हें मालूम नहीं कि एक प्रेम उत्सव की तरह वेलेंटाइन डे अंतर्राष्ट्रीय बाजार की पालकी में बैठ कर आया और सात-आठ साल से मन रहा है। अंग्रेजी और हिंदी के अखबार उस पर विशेषांक निकाल रहे हैं। मनोरंजन उद्योग में लगी सारी एजंसियां उसे कब से बढ़ावा दे रही हैं। और वह नगरों-महानगरों

में मध्यवर्ग के लड़के-लड़कियों का प्रेम त्योहार बन गया है तो इसलिए कि इस त्रिशंकु समाज को भारत का कोई भी त्योहार प्रेम प्रकट करने और मनाने का वैसा अवसर और स्वीकार नहीं देता जैसा वेलेंटाइन डे देता है। दीपा मेहता की 'वाटर' तो शूट होने इस जनवरी में आई; भारतीय संस्कृति नहीं, हिंदू संस्कृति पर वेलेंटाइन डे का आक्रमण सात-आठ साल से चल रहा है। अंतर्राष्ट्रीय बाजार की ताकत उसके पास है। अंतर्राष्ट्रीय बाजार और बहुराष्ट्रीय कंपनियों के लिए पलक पांवड़े बिछा कर आप वेलेंटाइन डे को रोक नहीं सकते। संस्कृति पुलिस और बाला साहेब ठाकरे और गिरिराज किशोर जैसे योद्धा भी इसका सामना नहीं कर सकते।

अंतर्राष्ट्रीय बाजार और बहुराष्ट्रीय कंपनियां भारत में इसलिए आईं कि उन्हें बीस करोड़ के भारतीय मध्यवर्ग का बाजार दिख रहा था। इसी बजार में जड़ें जमाने के लिए वे आईं और उसने हमारी सरकार को अपने कानून बदलने, अर्थव्यवस्था बदलने, अपनी राजनीति बदलने और अपनी धार्मिक, सांस्कृतिक, सामाजिक मान्यताएं बदलने पर मजबूर किया। देश का मध्यवर्ग इस बाजार के साथ है क्योंकि यही उसे यूरोपीय या अमेरिकी जीवन स्तर दे सकता है। जिन अप्रवासी भरतीयों की हिंदू धार्मिकता पर संघ परिवार गर्व करता है वे भी इसी बाजार के साथ हैं। विदेशी पूंजी, विदेशी तकनीक, विदेशी प्रबंधन, विदेशी कंपनियां और विदेशी व्यापार को बुलाने के लिए जाजम की तरह बिछकर आप वेलेंटाइन डे के प्रेम-व्यापार से अपने मध्यवर्ग और बाकी के समाज और हिंदू संस्कृति को कैसे बचा लेंगे ? उपभोक्तावाद के साथ प्रेम के नाम पर भोग-विलास आना अनिवार्य है। जड़ को सींच कर आप पत्ती को तोड़ेंगे तो क्या होगा। वेलेंटाइन तो बेचारा संत है जो आपके यहां मदनोत्सव मनवाता है। अंतर्राष्ट्रीय बाजार का क्लाडियस और सिकंदर तो आपका घर लूट रहा है। उनसे कैसे बचोगे ? जरा सोचो !

20.2.2000

यूरोप की तीसरी धारा में धर्मात्मा

मुरली मनोहर जोशी को अपन कब से जानते हैं ? जेपी आंदोलन शुरू हुआ तब से। यानी पच्चीस-छब्बीस साल तो हो ही गए होंगे। उनमें एक तरह की बौद्धिक आक्रामकता है जो दरअसल रक्षात्मकता से पैदा हुई है। वे राष्ट्रीय स्वयंसेवक संघ से शुरू कर के जनसंघ और भाजपा के पदाधिकारी होते हुए इलाहाबाद विश्वविद्यालय में भौतिक शास्त्र पढ़ाते रहे। अपने विश्वविद्यालयों और बौद्धिक संस्थानों पर वामपंथी बुद्धिजीवियों का वर्चस्व रहा है और वे भी कोई कम आक्रामक नहीं रहे हैं। वे मान कर चलते रहे हैं कि भारतीय परंपरा में ऐसा कुछ नहीं है जो यूरोप और खास कर मार्क्सवादी तत्त्वज्ञान और विश्व दृष्टि को चुनौती दे सके।

दरअसल हमारे पढ़े-लिखे लोगों और बुद्धिजीवियों में आम धारणा रही है कि यूरोपीय विचार और संस्थाएं प्रगतिशील और आधुनिक हैं और भारतीय विचार और संस्थाएं अपनी उपादेयता खो कर कालबाह्य हो गई हैं। इसलिए यूरोप में पैदा हुआ पूंजीवाद हो या उसकी प्रतिक्रिया में पनपा मार्क्सवाद हो—दोनों ही भारतीय विचार और संस्थाओं से बेहतर हैं। इसलिए पश्चिमी आधुनिक सभ्यता की आलोचना में गांधी ने जो 'हिंद स्वराज' लिखा उसे अपने ही देश के पढ़े-लिखे और बुद्धिजीवियों ने गंभीरता से नहीं लिया। चूंकि यही लोग हमारी सरकार और उसका नियोजन भी चलाते रहे हैं इसलिए इस देश ने गांधीजी को आजाद भारत में अमल में लाने के लायक नहीं समझा। विडंबना देखिए कि दुनिया और देश ने उन्हें शताब्दी और सहस्राब्दी पुरुष माना लेकिन अपने ही देश ने गांधी को कोई मौका नहीं दिया।

इसका सबसे बड़ा कारण तो यही है कि गांधी पर अमल करने का मतलब होगा भारत को अयूरोपीय और बराबरी वाला अहिंसक समाज और राष्ट्र बनाना। हमारे बुद्धिजीवी और सत्ताधारक पढ़े-लिखे लोग न तो मानते हैं कि ऐसा कोई समाज और राष्ट्र हो सकता है, न वे ऐसा देश-समाज बनाना चाहते हैं। उनमें वह आत्मविश्वास ही नहीं है जो गांधी में था। भारत को यूरोप, अमेरिका अफ्रीका और अरब देशों से भिन्न बनाने के लिए सबसे पहले तो यह विश्वास चाहिए कि भारत अपने जैसा बन कर टिका रह सकता है और ऐसा बन कर ही अपनी नियति का आत्म साक्षात्कार कर सकता है। यह विश्वास अपने देश के पढ़े-लिखे लोगों, बुद्धिजीवियों और सत्ता चलाने वालों में नहीं है। इसलिए जब सोवियत संघ के विघटन के बाद दुनिया बदली और संसार एकध्रुवीय हो गया तो भारत ने रूस का रास्ता छोड़ा पर वह गांधी के रास्ते पर नहीं आया। उसने खुले बाजार की पूंजीवादी अर्थव्यवस्था को अपनाया, विश्व बैंक और अंतर्राष्ट्रीय मुद्रा कोष के नुस्खे आजमाए और समाजवाद के सारे तौर-तरीके छोड़ दिए। यूरोपीय साम्यवाद को छोड़ कर वह यूरोपीय पूंजीवाद के रास्ते पर चल निकला। उसे जरूरी नहीं लगा कि दोनों को छोड़ कर भारत के यानी गांधी के रास्ते को आजमा कर देखे।

भारत के पढ़े-लिखे बुद्धिजीवी और प्रतिष्ठान चलाने वाले लोग ऐसी बुरी तरह यूरोप पर निर्भर करते

हैं। आजादी के बाद से सन् नब्बे तक ये लोग मार्क्सवाद से प्रभावित रहे और इनने हिंदुत्व की तथाकथित विचारधारा को विचार के लायक भी नहीं समझा। इसमें वे मुसोलिनी के फासीवाद और हिटलर के नाजीवाद की भारतीय छवि देखते और दिखाते रहे। चूंकि हिटलर और मुसोलिनी और उनका नाजीवाद और फासीवाद दूसरे महायुद्ध में पराजित हुआ और चूंकि मार्क्स और एडम स्मिथ को माननेवाले लोगों और देशों ने ही मिल कर हिटलर और मुसोलिनी को पराजित किया था इसलिए साम्यवाद और पूंजीवाद में बंटे यूरोप की शब्दावली में फासीवाद और नाजीवाद गाली हो गए। इनका नाम लेते ही यूरोप का प्रबुद्ध और सत्तावादी वर्ग वैसे ही भड़कता था जैसे लाल कपड़े को देख कर भैंसा। इसी प्रवृत्ति और शब्दावली की नकल में भारत का बुद्धिजीवी और वामपंथी वर्ग संघी लोगों पर हमला करता था। विश्वविद्यालयों और दूसरे बौद्धिक माने जाने वाले संस्थानों में हिंदुत्ववादी इसीलिए रक्षात्मक रहते थे और आप जानते हैं कि आक्रामकता इसी रक्षात्मकता की प्रतिक्रिया है। इसलिए आप यह भी देखेंगे कि बौद्धिकता के वातावरण में पले-पनपे और बड़े हुए हिंदुत्ववादियों की आक्रामकता सबसे ज्यादा वामपंथियों पर निकलती है। कोई अचरज नहीं कि मुरली मनोहर जोशी वामपंथी इतिहासकारों, शिक्षाविदों, समाजविज्ञानियों और बुद्धिजीवियों से लोहा लेते दिन-रात तलवारबाजी में लगे रहते हैं। ऐसे लोगों में समझदारी कम और बराबरी का जवाब देने की बज्रवत रक्षात्मकता ज्यादा होती है।

समझदारी के लिए रक्षात्मकता से ज्यादा एक सहज खुलेपन की जरूरत होती है। आप पाएंगे कि मुरली मनोहर जोशी ही नहीं संघ परिवारी सभी नेता-कार्यकर्त्ता हमेशा लाम पर होते हैं। वे प्रत्यक्ष और साक्षात् नहीं तो काल्पनिक शत्रु से हमेशा ही जैसे लड़ते रहते हैं। उनकी ज्यादातर कार्रवाई प्रतिक्रिया में होती है और जो सकारात्मक कदम वे उठाते हैं वह भी ऐसे छद्मावरण में होता है कि जैसे रक्षा में चली गई कोई चाल हो। अभी एक अखबार में मुरली मनोहर जोशी की एक बातचीत पढ़ते हुए मुझे अचानक लगा कि रक्षात्मकता कैसे हिंदुत्ववादी मानसिकता का स्वभाव हो गई है। जैसे उनने कहा—यह सही है। चाहे मैं हूं, आडवाणीजी या अटलजी—हम सभी संघ से संबद्ध रहे हैं लेकिन यह कहना गलत है कि सरकार को संघ चला रहा है। संघ से हम सभी का पारिवारिक रिश्ता है और वह रहेगा लेकिन इसे इस तरह मुद्दा बनाना गलत है। मैं इलाहाबाद विश्वविद्यालय में प्रोफेसर था, विभागाध्यक्ष था और वहां दशकों तक मैंने पढ़ाया। लेकिन क्या इसका यह अर्थ लगाना उचित होगा कि मुझे या मानव संसाधन मंत्रालय को, इलाहाबाद विश्वविद्यालय के वाइस चांसलर चला रहे हैं ? जोशीजी से पत्रकार ने नहीं पूछा कि इलाहाबाद विश्वविद्यालय और राष्ट्रीय स्वयंसेवक संघ क्या एक जैसी संस्था है और एक जैसे उद्देश्य से चल रही है और उस विश्वविद्यालय में पढ़ाने की नौकरी करना संघ का प्रचारक होना है ? आप उनसे पूछें कि क्या सचमुच संघ एक विश्वविद्यालय की तरह की संस्था है और वैसे ही चलती है और क्या उसकी कोई विचारधारा है जिसे वाइस चांसलर, प्रोफेसर और प्रत्येक छात्र अमल में लाने में लगा हुआ है ? जोशीजी इसे नहीं मानेंगे तो फिर विश्वविद्यालय और प्रोफेसर होने के रिश्ते का उदाहरण उनने क्यों दिया ? क्योंकि उसे बता कर जो सहज सर्वमान्यता पाई जा सकती है वह संघ से संबंध पर नहीं मिल सकती।

और देखिए—संघ की आलोचना करनेवालों से कोई पूछे कि ओडीशा में भयंकर समुद्री तूफान के हादसे के बाद वहां सबसे ज्यादा काम कौन कर रहा है ? क्या वह संघ नहीं। कश्मीर में यदि संघ काम नहीं कर रहा होता तो वहां की हालत और भी खराब होती। लेकिन दुखद यह है कि इन रचनात्मक कामों को अनदेखा किया जाता है। जोशीजी ही नहीं संघ के सभी पैरवीकार लगातार कहते रहते हैं कि संघ की सेवा और देशभक्ति का काम देखो। उस पर राजनैतिक होने का निराधार

आरोप मत लगाओ। लेकिन ओडीशा या कश्मीर में सेवा कार्य सिर्फ संघ ही नहीं कर रहा है। तूफान के बाद ओडीशा में बीसियों धर्मादायी संस्थाओं ने राहत कार्य किया और अब भी कर रही हैं। सरकार और संघ से दूर रह कर वहां सर्वोदयी और दूसरी गांधीवादी संस्थाएं भी सेवा और रचनात्मक कार्य कर रही हैं। सेवा कार्य की गांधी, विनोबा और जेपी की परंपरा संघ से बहुत पुरानी, पुष्ट और शक्तिशाली है। ये संस्थाएं भी ओडीशा ही नहीं, देश में सब जगह काम कर रही हैं। लेकिन इनमें से किसी संस्था पर समाज और सरकार को शंका नहीं होती कि ये राजनैतिक और गोपनीय कामों में लगी हुई हैं। क्या इनमें से किसी संस्था ने किसी राजनैतिक पार्टी से कहा कि हमारे कार्यकर्त्ताओं को ही आप अपने महासचिव बनाओ ! राष्ट्रीय स्वयंसेवक संघ ने कहा और भारतीय जनता पार्टी ने बनाए। राष्ट्रीय स्वयंसेवक संघ ने कहा कि मांतेकसिंह अहलुवालिया और एनके सिंह को वित्त मंत्रालय से हटाया जाए और वे हटा लिए गए। संघ के सह कार्यवाह सुदर्शन ने खुद यह एक पत्रिका को कहा जिसमें उनकी बातचीत छपी है। गठबंधन की पिछली सरकार जब बन रही थी तो अटलजी की ओर से मंत्रियों की सूची राष्ट्रपति भवन भेजी गई। उसमें से जसवंत सिंह का नाम संघ ने कटवाया। यह न सिर्फ राजनैतिक आम जानकारी में है, इसके सबूत भी हैं।

देश में सेवा और रचनात्मक कार्य करने वाली एक भी संस्था है जो राजनैतिक पार्टी के पदाधिकारी अपने काडर से बनवाती हो ? केंद्रीय सरकार के सचिवों के स्थानांतरण करवाती हो और मंत्रियों के नाम सूची से कटवाती हो ? देश को संघ के सेवा कार्य बतानेवाले मुरली मनोहर जोशी ने क्या कभी किसी को बताया कि सेवा और देशभक्ति के अलावा संघ ने ये-ये और ऐसे-ऐसे राजनैतिक काम किए और करवाए। जब आप अपनी राजनीति नहीं बताते, उसे लगातार परदे के पीछे करते हैं लेकिन अपने सेवा कार्य का ढिंढोरा पीटते हैं तो जानकार लोग सवाल क्यों नहीं पूछेंगे कि आप राजनैतिक हैं कि नहीं। आखिर सारा देश और दुनिया जानती है कि हिंदुत्व की राजनीति करने के लिए सन् '51 में संघ ने भारतीय जनसंघ बनाया। यह जनसंघ छब्बीस साल बाद जनता पार्टी में विलीन हुआ। और जनता पार्टी सन् '80 में संघ के प्रति प्रतिबद्धता के सवाल पर टूटी और संघ ने भारतीय जनता पार्टी बनाई। भाजपा की राजनीति और कार्रवाई संघ के निर्देश पर तय होती है यह बात इतनी जानी-पहचानी है कि इसके लिए सबूत देने की भी जरूरत नहीं।

संघ भाजपा से राजनीति, विश्व हिंदू परिषद से धर्म, बजरंग दल से धर्म और संस्कृति की रक्षा, विद्यार्थी परिषद से छात्र राजनीति, भारतीय मजदूर संघ से यूनियन, भारतीय वनवासी कल्याण आश्रम से आदिवासियों में और दूसरे कई संगठनों से अलग-अलग क्षेत्रों में काम करवाता है। संघ इन मुखौटा संस्थाओं को चलाता है लेकिन इनमें ईश्वर की तरह अंतर्धान रहता है। शाखाओं में भी उसकी सिर्फ मूर्तियां होती हैं। वह भारत को हिंदू राष्ट्र, हिंदुत्व को राष्ट्रीयता और सनातन धर्म को संगठित सामी धर्म बनाना चाहता है। उसके ये लक्ष्य भारत को स्वीकार नहीं हैं इसलिए वह उसके समाज को कायर कह कर ललकारता है ताकि वह अपने सैन्यकरण के लिए बाध्य हो। भारत के वृहत्तर लोकतांत्रिक हिंदू समाज ने संघ के लक्ष्यों को न सिर्फ अस्वीकार किया है बल्कि आजाद भारत के राज्य और राजनीति ने उसे हमेशा ही शक की नजर से देखा है। भारत के स्वतंत्रता संग्राम में संघ शामिल नहीं हुआ लेकिन महात्मा गांधी की हत्या एक हिंदुत्ववादी ने की।

भारतीय समाज और सनातन धर्म के इस संदेह के कारण संघ अपने लक्ष्यों और गतिविधियों को गोपनीय रखता है। वह एक बाकायदा रजिस्टर्ड संस्था नहीं है। उसकी सदस्यता औपचारिक रूप से ली नहीं जा सकती। उसके पास अपने सदस्यों का कोई रिकॉर्ड नहीं है। शाखाओं में भी उपस्थिति

का कोई रिकॉर्ड नहीं रखा जाता। संघ वाले कहते हैं कि वह तो परिवार की तरह का एक भाईचारा है। गुरुपूर्णिमा पर कौन कितना पैसा देता है और वह कहां कैसे खर्च होता है इसका हिसाब-किताब न कोई मांगता है, न छपाया जाता है। ऐसे संघ की सदस्यता पर क्या तो कोई पाबंदी लगाएगा और क्या सदस्यता की छूट देगा। कोई अचरज नहीं कि अदालतों ने उसकी गतिविधियों को गैर कानूनी नहीं माना। लेकिन इसका कारण यह है कि वह हिटलर के नाजीवाद और मुसोलिनी के फासीवाद से प्रेरणा ले कर अपने लक्ष्य और गतिविधियों को इस तरह अनौपचारिक बना कर रखता है कि कानूनी कार्रवाई मुश्किल होती है।

संघ के लक्ष्यों और विचारधारा में नाजीवाद और फासीवाद की प्रेरणा और उनसे जुड़ाव के ठोस प्रमाण मौजूद हैं। अंग्रेजों को चूंकि यूरोप में इन दोनों से लड़ना पड़ा इसलिए सांप्रदायिक राजनीति में उपयोगी होते हुए भी अंग्रेज साम्राज्यवादी संघ को शक की नजर से देखते रहे। गांधी की हत्या में हिंदुत्ववादियों के षड्यंत्र ने संघ पर और भी संदेह डाल दिए। लेकिन यूरोप की तीसरी धारा यानी फासीवाद और नाजीवाद दूसरे महायुद्ध में पूंजीवाद और साम्यवाद की मिली-जुली ताकत से पराजित हुई। तब से यूरोप के समाज में नस्लवाद और सैन्यवाद की ये ताकतें पुनर्जीवित नहीं हो सकीं। राष्ट्रीय स्वयंसेवक संघ यूरोप की इस तीसरी धारा का उच्छिष्ट भारतीय तालाब है। पूंजीवाद और साम्यवाद ने गांधी को कोई मौका नहीं दिया लेकिन यूरोप की नाजीवादी-फासीवादी तीसरी धारा तो गांधी को बरदाश्त ही नहीं कर सकी। उसे तो गांधी को सशरीर समाप्त ही करना पड़ा। यह बात अलग है कि इसे भारतीय राष्ट्र और सनतानधर्मी समाज ने पाप माना और गांधी का कद उनमें और भी बड़ा हो गया। दुनिया में सब तरफ शोध चल रहा है और ज्ञान अपडेट हो रहा है। अपडेट करने में लगे मुरली मनोहर जोशी क्या संघ की विचारधारा और लक्ष्यों को अपडेट करेंगे ? वे बेहद दकियानूसी और विपथगामी हो गए हैं।

27.2.2000

गांधी और संस्कृति के रक्षक

कोई बीस-बाईस साल बाद किसी सिनेमा घर में टिकट खरीदने गया और दस-बारह वर्ष बाद बड़े परदे पर फिल्म देखी।

'हे राम' देखने की प्रेरणा अंदर से नहीं आई थी। माधव पीछे पड़ा था कि उसे यह फिल्म दिखाऊं। माधव की रुचि भी 'हे राम' देखने के लिए इसलिए जागी कि अभी पिछले महीने अपने प्ले स्कूल के वार्षिक समारोह में उसे महात्मा गांधी की भूमिका करने को कहा गया। धोती पहनने, गंजा दिखने, चश्मा लगाने, हाथ में लाठी ले कर चलने और सत्य ही ईश्वर है कहने की उससे कई बार रिहर्सल करवाई गई। गए साल वह सचिन तेंदुलकर बन कर गया था और मंच पर स्ट्रोक्स खेलने के बजाय गायत्री मंत्र पढ़ आया था। इस बार ऐसा गजब न करे इसलिए घर-भर ने उससे अभ्यास करवाया था और स्कूलवालों ने भी ध्यान दिया होगा। अपन तो कार्यक्रम देखने जा नहीं सके लेकिन उसकी अम्मा, मम्मी आदि गए थे। कहते हैं उसने अच्छी तरह गांधी का अभिनय किया। स्कूलवाले, घरवाले और साथ के बच्चे ही नहीं देखने आए दूसरे पालक लोग भी खुश हुए। स्कूल में उसे गांधीजी कहा जाने लगा और इससे महात्मा गांधी में उसकी रुचि जैसे जागृत हो गई। घर में और स्कूल में सुना होगा कि गांधीजी पर कोई फिल्म लगी है। वह देखने के लिए पीछे पड़ा था।

अपन ने भी अखबारों में पढ़ा था कि कमल हसन ने अठारह करोड़ की लागत से 'हे राम' बनाई। कलकत्ता, वाराणसी आदि शहरों में उसके खिलाफ युवा कांग्रेसियों ने प्रदर्शन किए हैं। उन्हें लगता है कि यह फिल्म गांधी विरोधी और मुसलमानों के खिलाफ है। 'वाटर' को हिंदू संस्कृति और काशी की प्रतिष्ठा पर आक्रमण बता कर संघ परिवारियों ने प्रदर्शन किए और उसकी शूटिंग रुकवाई। संघ परिवारी हिंदू संस्कृति को पांच हजार से पीछे ले जा कर दस हजार साल पर टिकाते हैं और उसे अमर और अक्षुण्ण बताते हैं। लेकिन मानते हैं कि एक नासमझ दीपा मेहता के आक्रमण से वह नष्ट हो जाएगी। वाराणसी को वे शाश्वत नगरी बताते हैं लेकिन उसकी प्रतिष्ठा को इतनी क्षरणशील मानते हैं कि वहां रहनेवाली विधवाओं के शील रक्षण की जिम्मेदारी तत्काल उठा लेते हैं। उनके बिना हिंदू संस्कृति और वाराणसी की प्रतिष्ठा इतने साल कैसे सुरक्षित रह गई ? दीपा मेहता किसी गजनी, गौरी और औरंगजेब से ज्यादा शक्तिशाली है ? एक फिल्म एक विदेशी सेना के आक्रमण से ज्यादा विध्वंसक हो सकती है ? किससे पूछें ? संघ परिवारियों को संस्कृति और वाराणसी की प्रतिष्ठा की कितनी समझ है वह हम हिंदू इस देश और काशी में देख ही रहे हैं। वे नहीं चाहते कि अपनी संस्कृति और काशी को कोई अपने ढंग से दिखाए। जिस संस्कृति और जिस नगरी का अपना एक निश्चित रूप-स्वरूप न हो उसे संघ परिवारियों की नजर और मुहर से ही दिखाया जाए। यह तो न इस संस्कृति में है, न काशी नगरी में। इसलिए जो लोग संस्कृति और काशी को वैसा ही दिखाने का आग्रह करते हैं और इसके लिए कानून को हाथ में ले कर तोड़-फोड़ कर सकते हैं वे दरअसल यह स्थापित करना चाहते हैं कि उनकी अनुमति और आज्ञा

के बिना संस्कृति और काशी को दिखाया नहीं जा सकता। यहां सवाल उनके अधिकार और दम का है, संस्कृति और काशी का नहीं।

गांधी को ले कर ऐसा ही जो लोग करते हैं वे गांधी को रत्ती-भर नहीं जानते। ऐसा करने का अधिकार उन्हें किसी ने नहीं दिया, न गांधी पर ऐसा अधिकार कोई कर सकता है। गांधी को मारनेवाले भी जानते हैं कि उन्हें मार कर भी उन्हें मारा नहीं जा सका है। जो गांधी अपनी विचार-देह में ऐसे अमर हैं उनकी रक्षा कौन करेगा ? गांधी की रक्षा आखिर वही कर सकता है जो उनसे भी आत्मिक रूप से ज्यादा शक्तिशाली हो। ऐसा दावा न किसी ने किया है, न देश-दुनिया ने माना है कि फलां लोग गांधी की रक्षा कर सकते हैं। गांधी अरक्षित हैं क्योंकि न तो उन्हें रक्षा की जरूरत है, न कोई उनकी रक्षा कर सकता है। कमल हसन जैसे अभिनेता और निर्माता चाहें भी तो गांधी का क्या बिगाड़ सकते हैं ? इसलिए कलकत्ता, वाराणसी आदि में 'हे राम' का विरोध करने, तोड़-फोड़ और आगजनी करनेवालों की कारस्तानी के बावजूद अपना मन नहीं हुआ कि जा कर देखें कि फिल्म में आखिर ऐसा क्या है जो गांधी के खिलाफ जाता है जो मुसलमानों को गलत तरीके से दिखाता है या जो रानी मुखर्जी फिल्म में अपर्णा बनी है वह गलत अवसर और जगह बांग्ला के कवि जीवनानंद की कविता पढ़ कर उसे भ्रष्ट करती है। और छात्र परिषद और युवा कांग्रेस के कार्यकर्त्ताओं को कब से समझ पड़ने लगा कि गांधी के खिलाफ किसी फिल्म में कुछ नहीं होना चाहिए और कविता सिर्फ कवि सम्मेलनों में पढ़ी जानी चाहिए।

निश्चित ही छात्र परिषद और युवा कांग्रेस के कार्यकर्त्ताओं को वाराणसी के संस्कृति रक्षक संघ परिवारियों से प्रेरणा मिली है। तुम अगर 'वाटर' फिल्म की शूटिंग रुकवा सकते हो तो हम 'हे राम' का प्रदर्शन रुकवा देंगे जिसमें गांधी का विरोध किया गया है। फिल्म के पोस्टरों और विज्ञापनों से साफ दिखता है कि वे हिंदुत्ववादी लोग हैं जो गांधी पर प्रहार करते दिखाए गए हैं। इन्हीं हिदुत्ववादियों ने उत्तर प्रदेश सरकार की मदद से 'वाटर' की शूटिंग रुकवाई है और उसके खिलाफ अभियान छेड़ा हुआ है। हम भी इन हिंदुत्ववादियों को 'हे राम' में गांधी के खिलाफ बोलते हुए नहीं दिखाने देंगे। हिंदुत्ववादियों को अगर 'वाटर' के कुछ संवादों पर एतराज है तो हमें एक मैथुनीय दृश्य में जीवनानंद की कविता पढ़ने पर आपत्ति है। कहते हैं मुसलमानों को भी 'हे राम' के कुछ दृश्यों से वैसा ही एतराज है जैसा 'वाटर' के संवादों से हिंदुओं को। बराबरी और प्रतिशोध की प्रवृत्ति जिस तरह हिंदुत्ववादियों को शौर्य प्रदर्शन के लिए प्रेरित करती है वैसे ही वह छात्र परिषद और युवा कांग्रेसियों को भी करती है। ये लोग अगर गांधी को समझते होते तो वैसा कभी कर नहीं सकते थे जैसा उनने किया और हिंदू संस्कृति और काशी की प्रतिष्ठा को अगर संघ परिवारी समझते होते तो वे 'वाटर' की शूटिंग के साथ वैसा कर नहीं सकते थे जैसा उनने किया।

'हे राम' के इस विरोध ने मुझे प्रेरित नहीं किया था। माधव की जिज्ञासा ने किया था। साढ़े चार बरस के बच्चे में अगर गांधी की छोटी सी भूमिका करने पर उन पर बनी फिल्म देखने की ऐसी रुचि जगे तो उसके साथ जरूर जाऊंगा क्योंकि यह गांधी को समझने की प्रक्रिया है, उनकी रक्षा करने का अगांधीय और फासीवादी तरीका नहीं है। लेकिन दुर्भाग्य देखिए कि सिनेमाघरवालों ने माधव को ले जाने से इनकार कर दिया। उन्हें बहुत समझाया पर वे नहीं माने। एक तो फिल्म सिर्फ वयस्कों के लिए है दूसरे उसमें इतनी हिंसा और यौनाचार दिखाया गया है कि किसी बच्चे को हम जाने ही नहीं देंगे। उस बच्चे को निराश और दुखी कर के हम फिल्म देखने गए। उसने

कहा कि जिसमें मुझे नहीं ले जाया जा सके उस फिल्म के टिकट आपने फाड़ क्यों नहीं दिए ? जिसमें मैं न जा सकूं उस फिल्म में आप गए क्यों ? फिर वह तरकीबें सुझाने लगा कि मुझे बैग में बंद कर के ले चलो। वीसीआर पर दिखाने के वचन के बाद ही उसने हमें जाने दिया। लेकिन सच कहूं ? बचपन में चोरी-छुपे फिल्म देखने जाने पर जैसा अपराध बोध होता था उससे ज्यादा बड़े अपराध बोध के साथ 'हे राम' देखी। सिनेमाघर से निकलते समय आंखें डबडबाई हुई थीं लेकिन न तो मुझे लगा कि आंखें पोंछ कर बाहर निकलूं, न आंखों में आंसू होने की कोई शर्म थी। कहना चाहता हूं कि मेरी वह भावुकता और निर्लज्जता कमल हसन की प्रशंसा थी। उनने अच्छी फिल्म बनाई है।

जो लोग उत्तेजित थे वे शायद अभ्यंकर के उस संवाद से गुस्से में थे जो वह साकेत राम को सांप्रदायिक हिंसा में जलते और खून से लथपथ कलकत्ते में सुनाता है। साकेत राम अपने दोस्त अमजद खान के साथ मोहनजोदड़ो की खुदाई में लगा था कि अंग्रेज अफसर वीलर भारत विभाजन और सांप्रदायिक दंगे के कारण पुरातत्त्व का यह काम रुकवा देते हैं। और दक्षिण भारतीय साकेत राम अपनी बंगाली पत्नी के पास कलकत्ता आ जाता है। दो-तीन दिन मौज-मजा करते हैं, दंगे भड़क जाते हैं। मुसलमान उन्हें मार-पीट कर उनकी पत्नी से बलात्कार कर के उसका गला काट के भाग जाते हैं। पत्नी के साथ जो वहशीपन हुआ उसने साकेत राम को भी वहशी बना दिया। वह पिस्तौल ले कर निकलता है और जितने भी लोगों को मार सकता है, मारता है। वहीं सावरकर जैसा दिखता अभ्यंकर उसे मिलता है और वह मुसलमानों और गांधी के खिलाफ भड़काऊ बातें करता है। साकेत राम जिस मानसिक अवस्था में है उसमें अभ्यंकर की बातें उसे बरगला देती हैं। वह हिंदुत्ववादियों के चक्कर में आ जाता है। दक्षिण जाता है, फिर विवाह हो जाता है लेकिन कलकत्ते आता है और गांधी के साथ बैठे सुहरावर्दी से भीड़ में से सवाल पूछता है। सुहरावर्दी जो कुछ हुआ उसका दोष स्वीकार करते हैं। लेकिन साकेत राम गांधी की हत्या के षड्यंत्र में लगे अभ्यंकर और महाराष्ट्र के किसी महाराजा के पास पहुंच जाता है। वहां नाच-गाने और पोलो के खेल के बाद कहा जाता है कि हिंदू धर्म की आत्मा बचाने के लिए उसके दुश्मन गांधी की हत्या करना जरूरी है।

गांधी को मारने की चिट अभ्यंकर और साकेत राम के नाम निकलती है लेकिन पोलो दुर्घटना में अभ्यंकर पहले विकलांग होता है और फिर मर जाता है। साकेत राम को दक्षिण में तार मिलता है कि गांधी को मारने में नाथूराम गोडसे की मदद करने वह दिल्ली पहुंचे। दिल्ली की उसी मरीना होटल में वह रुकता है जहां नाथूराम गोडसे रुका है। पुलिस की तलाश से बचने के लिए साकेत वह पिस्तौल गैलरी के बाहर फेंकता है जो उसे महाराष्ट्र के महाराजा से मिली थी। इस पिस्तौल को वापस लाने के लिए वह चांदनी चौक की सोडा फैक्टरी में पहुंचता है। वहां पाकिस्तान से आया अमजद और उसका परिवार मिलता है। गांधी को माननेवाले अमजद और मुसलमानों को वह शाखावाले हिंदुओं के हमले से बचाता है। उसे बचाने में अमजद मारा जाता है। अपना पाप कबूल करने और पिस्तौल गांधी के चरणों में रखने साकेत राम बिड़ला हाउस पहुंचता है जहां नाथूराम गोडसे गांधी की हत्या कर देता है। साकेत राम गांधी का चश्मा और चप्पलें अपने घर ले आता है। छह दिसंबर बानवे को बाबरी मस्जिद के ध्वंस के बाद हुए दंगों के दौरान अस्पताल ले जाता हुआ साकेत राम प्राण छोड़ देता है।

यह गांधी के व्यक्तित्व और विचार की जीत है। गांधी के खिलाफ जो 'जोरदार' संवाद गुरु गोलवलकर और वीर सावरकर जैसे दिखते पात्रों ने बोले हैं वे हिंदुत्ववादियों ने गांधी के सामने और होते हुए भी बोले थे। इन गांधी विरोधी संवादों पर अगर किसी या कुछ दर्शकों ने तालियां

बजा दी हों तो परेशान होने की जरूरत नहीं। आखिर एक हिंदुत्ववादी ने दूसरों से षड्यंत्र कर के गांधी की हत्या की ही है। वे लोग अब भी हमारे बीच हैं। गांधी सत्य को ईश्वर मानते थे और उसका सामना करते थे। हिंदुत्ववादियों ने उनका विरोध किया, अब भी करते हैं। और उनकी हत्या भी की और अब भी कर रहे हैं। इस सत्य से हम न गांधी को बचा सकते हैं, न अपने को। देश गांधी को मानता है, हिंदुत्ववादियों को नहीं मानता। इस सत्य को समझ लें तो न गांधी की रक्षा की जरूरत है, न हिंदू संस्कृति और काशी की। जो लगे हुए हैं वे नासमझ, कमजोर और भयभीत लोग हैं।

5.3.2000

क्योंकि सरकार तो संघ ही बनवाता और बचाता है

राष्ट्रीय स्वयंसेवक संघ की शाखाओं में राजनीति सीखे स्वयंसेवक-राजनेताओं के तीन महीने से चल रहे खेल से दो बातें साबित हुई हैं—पहली यह कि भाजपा और उसकी सरकारों को संघ चलाता है और दूसरी यह कि जो अपने को सामाजिक-सांस्कृतिक संगठन कहता है वह भाजपा की सरकार को बचाने के लिए बदनामी और अपमान के घूंट पीता है क्योंकि अपने राजनैतिक मुखौटा संगठन का सत्ता में बने रहना उसे अपनी कथित समाज सेवा और सांस्कृतिक महत्ता से ज्यादा महत्त्वपूर्ण लगता है।

विचार के लिए पहले निष्कर्ष लें। गुजरात की भाजपा सरकार को संघ परिवार अपनी प्रयोगशाला मानता है इसकी घोषणा उसी के अनगिनत मुख करते हैं। इस राज्य की भाजपा सरकार को वह अपने आदर्श के उदाहरण के नाते देश के सामने रखना चाहता है। इस साल की तीन जनवरी को गुजरात सरकार ने अपने कर्मचारियों पर चौदह साल से लगी पाबंदी उठा ली जो उन्हें संघ की गतिविधियों में भाग लेने से रोकती थी। पाबंदी उठाने का आधार यह माना गया कि सन् तिरानवे में केंद्रीय गृह मंत्रालय की अवैध गतिविधियों को रोकने की पंचाट ने संघ की गतिविधियों को अवैध नहीं माना था। यह पंचाट बाबरी मस्जिद के ध्वंस में शामिल माने गए संगठनों की गतिविधियों पर बैठी थी। इसका उद्देश्य सरकारी कर्मचारियों के संघ की गतिविधियों में भाग लेने की जांच करना नहीं था। माना जाता है कि स्वयंसेवक गृहमंत्री लालकृष्ण आडवाणी के मंत्रालय ने यह सुझाव गुजरात सरकार को दिया।

चार दिन बाद अमदाबाद के पास संघ का संकल्प शिविर लगा जिसमें गुजरात भर के स्वयंसेवक आए। एक स्वयंसेवक पूरी गणवेश में आए जिनका नाम केशूभाई पटेल है और जो संयोग से गुजरात के मुख्यमंत्री हैं। एक और स्वयंसेवक भी गर्व से शामिल हुए हालांकि वे अपने धोती-कुरते में थे और संयोग से देश के गृहमंत्री हैं। उनका नाम आप जानते ही हैं। माना जाता है कि संघ पर पाबंदी इस संकल्प शिविर के चार दिन पहले इसीलिए हटाई गई कि राज्य के मुख्यमंत्री और देश के गृहमंत्री का इसमें भाग लेना कर्मचारियों को सही संदेश पहुंचा सके। चूंकि अपने लोकतंत्र में सरकारी कर्मचारियों के लिए तटस्थ और राजनीति से दूर रहना जरूरी है इसलिए पाबंदी के उठने और संघ के शिविर में गृहमंत्री और मुख्यमंत्री के गर्व से भाग लेने पर जबरदस्त विवाद छिड़ गया। शायद इस विवाद के जोर पकड़ने के कारण पूरे सत्ताईस दिन कांग्रेस अध्यक्ष ने गांधी पुण्य तिथि पर अमदाबाद और दिल्ली में प्रदर्शन किया।

पांच फरवरी को नई दिल्ली में विश्व पुस्तक मेले का उद्‌घाटन करने के बाद स्वयंसेवक प्रधानमंत्री अटल बिहारी वाजपेयी ने गुजरात सरकार के पाबंदी उठाने के संदर्भ में कहा कि राष्ट्रीय स्वयंसेवक संघ एक सांस्कृतिक-सामाजिक संगठन है और मैं नहीं सोचता कि उसमें शामिल होने पर किसी को एतराज होना चाहिए। इसके तीन दिन बाद गृहमंत्री लालकृष्ण आडवाणी ने कहा कि

सरकारी कर्मचारियों के संघ की गतिविधियों में भाग लेने पर लगी पाबंदी की केंद्र सरकार समीक्षा करेगी। जब प्रधानमंत्री और गृहमंत्री ने कह दिया तो जाहिर है कि उत्तर प्रदेश के स्वयंसेवक मुख्यमंत्री और हिमाचल के स्वयंसेवक मुख्यमंत्री ने भी घोषणा कर दी कि उनके राज्य के कर्मचारी भी संघ में जाने के लिए स्वतंत्र हैं। इससे विवाद और भड़का। कांग्रेस और उसके राजनेताओं ने जो विरोध किया सो किया, राष्ट्रीय जनतांत्रिक गठबंधन की सहयोगी पार्टियां द्रमुक, तेलुगुदेशम और समता ने भी कहा कि केंद्र सरकार को कर्मचारियों के लिए भानुमती का यह पिटारा नहीं खोलना चाहिए। चारों तरफ से उठे इस विवाद और विरोध से साफ हो गया कि इस मामले पर गठबंधन सरकार का वही हश्र हो सकता है जो बाईस साल पहले जनता पार्टी सरकार का हुआ था।

लेकिन केंद्र सरकार इस विवाद से कैसे निकले ? भाजपा में इतना दम तो नहीं था कि कहे कि हां हम केंद्रीय कर्मचारियों को संघ में शामिल होने की छूट देंगे या हमने तय किया है कि गुजरात, उत्तर प्रदेश और हिमाचल की सरकारें चाहे जो करें हम तो संघ पर पाबंदी लगी रहने देंगे। संघ में सरकारी कर्मचारियों के जाने पर भाजपा न तो संघ को नाराज कर सकती थी न अपनी सरकार को गिरने दे सकती थी। वाराणसी में 'वाटर' की शूटिंग को रोकने में संघ परिवारी संगठनों ने केंद्र और राज्य सरकार की अनुमति को ठेंगा दिखाते हुए जो कानून हाथ में लिया उससे भी विवाद और विरोध बढ़ा। आखिर मामला संघ के दरबार में गया। प्रधानमंत्री और गृहमंत्री ने संघ के पदाधिकारियों के साथ बैठक की। तय हुआ कि पहले संघ की तरफ से घोषणा होगी कि उसने न किसी सरकार से निवेदन किया है कि उस पर से पाबंदी हटाई जाए, न वह किसी सरकार की कृपा या समर्थन पर चलता है। सरकारों के विरोध और पाबंदियों के बावजूद वह आज हिंदू समाज के हर अंग-उपांग में व्याप्त है और विश्वव्यापी हो गया है। सरकार उसमें आने की छूट अपने कर्मचारियों को देती है या नहीं इसकी उसे कोई चिंता नहीं है। सरसंघ चालक रज्जू भैया के इस आशय के बयान के बाद ही चौदह फरवरी को पटना में प्रधानमंत्री ने घोषणा की कि केंद्रीय कर्मचारियों को संघ में शामिल होने देने के लिए कोई नियम-कानून बदला नहीं जा रहा है। पाबंदी की समीक्षा नहीं की जाएगी। प्रधानमंत्री के बयान के पहले मीडिया में जगजाहिर हो चुका था कि इस विवाद को समाप्त करने का रास्ता संघ ने निकाला है।

लेकिन विपक्ष गुजरात सरकार की उठाई गई पाबंदी के खिलाफ डटा रहा। संसद में रेल और आम बजट तो पेश हो गए बाकी कोई काम नहीं हो सका। संसद इसलिए ठप्प रही कि विपक्ष नियम 184 के तहत गुजरात के आदेश पर बहस चाहता था। इस नियम के तहत बहस के बाद मतदान होता है और सरकार पराजित हो जाए तो वह गिरती नहीं, लेकिन उसकी साख तो जाती रहती है। गठबंधन की सहयोगी पार्टियां संघ के मामले पर भाजपा के समर्थन में खड़ी होने को तैयार नहीं थी। इसलिए भाजपा और उसकी सहयोगी पार्टियां नियम 193 के तहत बहस चाहती थीं जिसमें मत विभाजन नहीं होता। लेकिन विपक्ष 184 पर ही अड़ा रहा और संसद नहीं चल सकी। केंद्र सरकार ने कहा कि संविधान उसे अधिकार नहीं देता कि वह गुजरात सरकार को पाबंदी उठाने का आदेश वापस लेने को कहे। पर न विपक्ष माना, न सहयोगी पार्टियां भाजपा के साथ खड़ी होने को तैयार हुईं। गुजरात की भाजपा सरकार भी डटी रही।

भाजपा अपनी गुजरात सरकार को कह सकती थी कि आदेश वापस ले ले लेकिन भाजपा अपने दम पर चलने वाली पार्टी नहीं है और अपने मातृ संगठन के बारे में वह कोई स्वतंत्र और शुद्ध

राजनैतिक निर्णय स्वयं नहीं ले सकती। मामला फिर संघ को फैसले के लिए दिया गया। तेरह फरवरी को दिए गए बयान की तरह ही छह मार्च को सरसंघचालक रज्जू भैया ने नागपुर से फिर वक्तव्य दिया। उनने कहा कि गुजरात सरकार परिपत्र वापस ले या नहीं इससे संघ पर कोई अंतर पड़ने वाला नहीं है। संघ का कार्य किसी की सरकार की कृपा या अकृपा पर कभी भी अवलंबित नहीं रहा। इसके बाद प्रधानमंत्री ने लोकसभा में कहा कि वे नियम 184 के तहत बहस को तैयार हैं। उसी दिन वेंकैया नायडू और गोविंदाचार्य ने गांधीनगर जा कर गुजरात सरकार से कहा और उसने परिपत्र वापस लिया। लेकिन उसने कहा कि पाबंदी उठाने का फैसला उसका अपना था। यह निर्णय का अधिकार भी उसे ही था। यह फैसला संवैधानिक, कानूनी और राजनैतिक दृष्टि से सही था। केंद्रीय भाजपा की सलाह पर वृहत्तर राष्ट्रीय हित में हमने अपना आदेश वापस लिया।

सवाल यह है कि जो फैसला संविधान, कानून, मानवाधिकार और राजनीति की दृष्टि से सही था उसे राष्ट्रहित में वापस क्यों लेना पड़ा ? और ऐसा करने की इजाजत केंद्र और राज्य सरकार को संघ से क्यों लेनी पड़ी ? दोनों बार संघ की ओर से सरकारों की पेशकश ठुकराने और पाबंदी उठाने न उठाने की रत्ती-भर भी चिंता न करने की घोषणा के बाद ही सरकारों ने संघ पर पाबंदी लगी रहने का फैसला क्यों किया ? गुजरात और केंद्र सरकार इस देश की जनता, संविधान और संसद के प्रति उत्तरदायी है या राष्ट्रपति स्वयंसेवक संघ के प्रति। जनवरी से मार्च तक की घटनाओं से सारा देश जान गया है कि भाजपा सरकारें संविधान और देश के प्रति नहीं संघ के प्रति उत्तरदायी हैं जो कि इस वक्त सत्ता का सबसे बड़ा और संगठित असंवैधानिक केंद्र है। केंद्र की भाजपा गठबंधन सरकार और गुजरात सरकार को संघ चलाता है—भाजपा या गठबंधन या संविधान नहीं, भाजपा सरकारों ने ही इसे साबित कर दिया है।

और अगर संघ सचमुच सांस्कृतिक-सामाजिक संगठन है तो उसे दिल्ली की गठबंधन सरकार और गुजरात की भाजपा सरकार को बचाने के लिए अपने पर पाबंदी क्यों लगी रहने देना चाहिए ? सरकारों को बचाना सांस्कृतिक-सामाजिक धर्म है या राजनैतिक मजबूरी ? एक राष्ट्रवादी देशभक्त संगठन को यह कलंक और अपमान क्यों सहना चाहिए कि इस देश के सरकारी कर्मचारी उसकी गतिविधियों में शामिल नहीं हो सकते। उसी की बनाई हुई पार्टी और उसी के स्वयंसेवक राजनेता इतनी प्रतिबद्धता क्यों नहीं दिखाते कि अपनी सहयोगी पार्टियों को संघ को नियंता स्वीकार करवाएं और देश को मनवाएं कि संघ से बड़ा राष्ट्रवादी और देशभक्त सांस्कृतिक-सामाजिक संगठन दूसरा नहीं है। जब तक ऐसा नहीं होता वे सत्ता में क्यों हैं ? क्योंकि संघ चाहता है कि पाबंदी की चिंता सत्ता में नहीं होना चाहिए क्योंकि राज्य पर अधिकार किए बिना हिंदुत्व की तानाशाही कैसे कायम होगी ? और यह राजनैतिक लक्ष्य है या सांस्कृतिक-सामाजिक ? तीन महीने के विवाद और विरोध से देश असलियत जान गया है। नहीं तो संघ और भाजपा को कदम पीछे क्यों लेना पड़ता ?

10.3.2000

सुदर्शन के दर्शन की काली छायाएं

भारतीय प्रेस की मुख्य धारा के अखबारों ने राष्ट्रीय स्वयंसेवक संघ की प्रतिनिधि सभा की तीन दिनी बैठक को इस बार जितना महत्त्व दिया उतना संघ को अपने बनने के पचहत्तर साल में कभी न मिला होगा। इसका कारण यह नहीं है कि देश के सांस्कृतिक और सामाजिक जीवन में अब संघ का कोई निर्णायक योगदान या भूमिका हो। हमारे देश के अखबार किसी सांस्कृतिक-सामाजिक संगठन के कामकाज, उसकी गतिविधियों और उपलब्धियों को ऐसी खबरों और ऐसे कवरेज के लायक समझते भी नहीं हैं। संघ को यह महत्त्व इसलिए मिला कि पिछले तीन-चार महीनों में आम और खास लोगों के सामने स्पष्ट हो गया है कि भारतीय जनता पार्टी की कुंजी संघ की मुट्ठी में है। और भाजपा चूंकि सत्तारूढ़ गठबंधन की सबसे बड़ी और अगुआ पार्टी है इसलिए उसका जो बनेगा वही गठबंधन और सरकार का बनेगा। यानी भाजपा और गठबंधन की राजनीति को बनाने-बिगाड़ने की अपनी शक्ति के कारण संघ की प्रतिनिधि सभा की बैठक को यह महत्त्व मिला।

संघवालों और कुछ भाजपाइयों के गले यह निष्कर्ष उतरेगा नहीं। वे अपनी निष्ठा की इस पुराणकथा को बनाए रखना चाहते हैं कि संघ तो सांस्कृतिक-सामाजिक संगठन है जो हिंदुओं को देशभक्ति और अनुशासन सिखाता है। यह कथा उन्हें संतुष्ट और प्रसन्न कर के विश्वास करने को प्रेरित करेगी कि देश के सार्वजनिक जीवन में संघ अब ऐसे परम पद पर पहुंच गया है कि उसकी प्रतिनिधि सभा की बैठक तीन-चार दिन के लिए देश-भर के अखबारों की मुख्य खबर बनी रहे। ये लोग सचमुच मानते हैं कि संघ को देश की राजनीति का दिशा निर्देश करना चाहिए क्योंकि यह भूमिका उसके जैसा देशभक्त, राष्ट्रवादी और समर्पित संगठन ही निभा सकता है क्योंकि जो लोग त्याग, तपस्या और बलिदान में लगे हैं उन्हीं को यह विशेषाधिकार होना चाहिए। कोई कहे कि यह राजनीति करना है और इसकी छूट संघ को नहीं दी जा सकती क्योंकि न तो यह देश की जनता के प्रति जिम्मेदार है, न अपने स्वयंसेवकों के प्रति, न राष्ट्र के संविधान के प्रति और इसलिए वह सत्ता का असंवैधानिक केंद्र बना हुआ है तो संघ परिवारियों को यह बहुत अपमानजनक लगेगा। पचहत्तर साल के बाद भी संघ अपनी आत्म-छवि को देश के ज्यादातर लोगों में स्वीकार्य नहीं बना पाया है। यह संघ की विफलता नहीं भारतीय समाज खास कर हिंदुओं की बनावट की ताकत का उदाहरण है।

बहरहाल, संघ की प्रतिनिधि सभा की बैठक को यह महत्त्व इसलिए मिला कि उसमें राजेंद्र सिंह उर्फ रज्जू भैया ने सरसंघचालकी छोड़ कर कुप्पहल्ली सीतारमैया सुदर्शन को अपना पदभार सौंप दिया। अखबारों को ज्यादा चिंता इसकी नहीं है कि इस परिवर्तन से क्या संघ की विचारधारा, चरित्र और प्राथमिकताओं में फर्क पड़ेगा। उनकी फिकर यह है कि इस नेतृत्व परिवर्तन का संघ और भाजपा के संबंधों पर क्या असर होगा। आमतौर पर माना गया कि रज्जू भैया का जाना और सुदर्शन का आना प्रधानमंत्री अटल बिहारी वाजपेयी और उनकी गठबंधन सरकार के लिए अच्छी खबर नहीं है। संघ की गतिविधियों में सरकारी कर्मचारियों के भाग लेने पर पाबंदी के मामले में सरकार और

संघ के बीच वैसे भी तनाव पैदा हुआ था। वह तो रज्जू भैया और अटलजी की दोस्ती और आपसी समझदारी के कारण मामला सीधे टकराव पर नहीं आया। देश के हृदय प्रदेशों और गठबंधन राजनीति की रज्जू भैया की समझ और अटलजी की मजबूरियों के प्रति सहानुभूति के कारण उनने खुद ही ऐसी पहल की जिससे न सिर्फ गठबंधन अनावश्यक तनावों से बच गया, अटलजी की छवि भी बिगड़ने से बच गई। राजनीति की इस समझ और अटलजी के उनके इस मैत्रीपूर्ण संबंधों के कारण भाजपा का सत्ता प्रतिष्ठान से जुड़ा तबका चाहता था कि बावजूद खराब स्वास्थ्य के कम-से-कम एक और साल रज्जू भैया सरसंघचालक बने रहें।

मगर ऐसा नहीं हो सका। शेषाद्रि रज्जू भैया के उत्तराधिकारी थे लेकिन खराब स्वास्थ्य के कारण वे भी हट गए और संघ का नेतृत्व सुदर्शन के हाथ आ गया। सुदर्शन संघ में कट्टर धारा के माने जाते हैं। स्वदेशी जागरण मंच उन्हीं का परवान चढ़ाया हुआ है और स्वदेशी के विचार को इतना जरूरी मानते हैं कि सरकार की उदारीकरण और भूमंडलीकरण की नीतियों के खुले आलोचक हैं। इसके अलावा वे हिंदुत्व की अवधारणा को उसके शुद्ध रूप में लागू करने का आग्रह भी करते हैं। लेकिन इन सबसे ज्यादा सरकारी कामकाज में सीधे हस्तक्षेप करनेवाले व्यक्ति हैं। कई अखबारों ने याद दिलाया कि सन् अट्ठानवे में बनी सरकार के मंत्रिमंडल की सूची में से जसवंत सिंह और प्रमोद महाजन के नाम सुदर्शन ने ही कटवाए थे। ये दोनों अटलजी के प्रिय पात्रों में से हैं लेकिन लोकसभा चुनाव हार गए थे। अटलजी ने फिर भी उन्हें अपने मंत्रिमंडल में लिया था और यह सुदर्शन को नागवार गुजरा था। बाद में ये दोनों मंत्री बने और अब भी हैं और राज्यसभा को सुशोभित कर रहे हैं लेकिन उस रात तो सुदर्शन ने उनका नाम कटवा ही दिया। विश्व व्यापार संगठन और विदेशी निवेश के लिए बीमा क्षेत्र खोलने के भी सुदर्शन विरोधी रहे हैं। भारतीय मजदूर संघ के दत्तोपंत ठेंगड़ी और संघ के दूसरे शुद्धतावादियों के साथ उनकी अच्छी पटती है और ये लोग अटलजी और गठबंधन सरकार की नीतियों के आलोचक माने जाते हैं।

सुदर्शन के सरसंघचालक बनने से शंका है कि अब संघ हिंदुत्व के एजंडे को जोर-शोर से बढ़ाने की कोशिश करेगा। इससे उदार, लोकतांत्रिक और मध्यमार्गी माने जानेवाले अटल बिहारी वाजपेयी मुश्किल में पड़ेंगे। संघ अगर हिंदुत्व के एजंडे पर जोर देगा और भाजपा उन विवादी मुद्दों को फिर किसी तरह गठबंधन के एजंडे में लाने की कोशिश करेगी तो तेलुगुदेशम, द्रमुक, जनता दल जैसी उसकी सहयोगी पार्टियां उससे खिंचेगा और गठबंधन में तनाव, दरारें और मनमुटाव बढ़ेंगे और वह टूट भी सकता है। ऐसा होगा तो वह सरकार टूट जाएगी। अखबारों और टीवी चैनलों की चिंता इस सरकार के भविष्य की है, संघ के नेतृत्व और कामकाज की नहीं।

संघवाले और भाजपाई भी कहेंगे कि यह चिंता बेकार की है। संघ को राजनीति से कोई लेना-देना नहीं और भाजपा अपने राजनैतिक निर्णय लेने के लिए स्वतंत्र है। संघ का अपना एजंडा है और वह कोई छुपा हुआ नहीं है। संघ उस पर जोर देता रहेगा। भाजपा उसे किस हद तक मान सकती है और उस पर कितना अमल कर सकती है यह उस पार्टी का अपना मामला है। अपने मामले निपटाने के लिए वह संघ परिवार की दूसरी संस्थाओं की तरह आजाद है। लेकिन पिछले तीन-चार दिन के अखबार देख लीजिए। कोई भी मानने को तैयार नहीं है कि भाजपा अपने फैसले खुद कर सकती है। संघ नाराज होगा या प्रसन्न इसकी फिकर भाजपा को करने की कोई जरूरत नहीं है। अखबारों और जनमत में यह जो धारणा बनी हुई है सो किसी गलतफहमी या कुप्रचार के कारण नहीं है। आखिर पूरा देश जानता है कि और उसने खुद देखा है कि जनसंघ के अटल बिहारी वाजपेयी और लालकृष्ण आडवाणी जैसे मंत्रियों ने जनता पार्टी की सरकार से हटना और इस तरह उस सरकार

को गिर जाने देना पसंद किया लेकिन राष्ट्रीय स्वयंसेवक संघ से संबंध तोड़ना मंजूर नहीं किया। जनसंघ की तरह जनता पार्टी में शामिल हुई दूसरी पार्टियों खास कर समाजवादियों ने तब सवाल उठाया था कि दोहरी सदस्यता जनता पार्टी और पहली गैर-कांग्रेसी केंद्र सरकार के हित में नहीं है और जिस जनसंघ ने अपने को जनता पार्टी में विलीन कर दिया है उसे संघ से भी संबंध विच्छेद कर देना चाहिए। लेकिन जनता पार्टी टूटी, सरकार गिरी और जनसंघ वाले संघ में लौट गए। नई संघी पार्टी, भारतीय जनता पार्टी बन गई।

अब जो तेईस पार्टियां भाजपा के साथ गठबंधन में शामिल हुई हैं उन्हें भजपा के संघ से संबंधों पर कोई एतराज नहीं है। एक तो उनने अपनी पहचान भाजपा और गठबंधन में विलीन नहीं की है। दूसरे, वे किसी विचारधारा के तहत भाजपा के साथ जुड़ी नहीं हैं। तीसरे गठबंधन का जो साझा कार्यक्रम बनाया गया है उसमें से भाजपा ने वे मुद्दे छोड़ दिए हैं जो उसे एक अलग किस्म की हिंदू पार्टी बनाते हैं। अयोध्या में राम मंदिर, संविधान से अनुच्छेद 370 हटाने, समान नागरिक संहिता जैसे मुद्दे भाजपा ने खुद ही छोड़ दिए हैं। यह गठबंधन उस साझा कार्यक्रम पर टिका है जो सभी पार्टियों ने राज चलाने के लिए बनाया है। इसलिए संघ से भाजपा के संबंध तभी सवाल की तरह उठते हैं जब गठबंधन पर संघ हावी होने की कोशिश करे या संघ को भाजपा बढ़ावा देने की कोशिश करे। लालकृष्ण आडवाणी ने जब कहा कि केंद्रीय सरकार के कर्मचारियों को संघ में जाने की छूट देने पर विचार हो रहा है तो द्रमुक, तेलुगुदेशम, तृणमूल और तो और समता पार्टी ने भी इसे अवांछनीय बताया और भाजपा को यह मामला छोड़ देना पड़ा। इसी तरह संसद को ठप कर के कांग्रेस ने जब संघ में जाने की छूट पर गुजरात सरकार के फैसले पर इन पार्टियों को भाजपा के समर्थन में खड़े होने को मजबूर किया तो वे पीछे हट गईं और उनने भाजपा पर जोर डाला कि वह गुजरात सरकार को अपना परिपत्र वापस लेने पर तैयार करे। भाजपा को फिर ऐसा ही करना पड़ा। इन घटनाओं से साफ है कि हिंदुत्व के एजंडे और संघ के मामले पर गठबंधन की बाकी तेईस पार्टियां भाजपा के साथ जाने को तैयार नहीं हैं। इसलिए देश के मीडिया का यह विश्वास है कि संघ ने अपने एजंडे पर भाजपा को मजबूर किया तो गठबंधन टूट जाएगा और सरकार गिर जाएगी। मीडिया को यही लगता है कि अटलजी को मुश्किल में डाला गया तो भी गठबंधन टूट जाएगा। क्योंकि वह भाजपा के कारण उतना नहीं है जितना कि प्रधानमंत्री के कारण।

अब कहने को तो आर्गनाइजर के संपादक ने दूरदर्शन पर कह दिया कि नेतृत्व परिवर्तन से संघ पर कोई असर नहीं पड़ता क्योंकि संघ ऐसा संगठन ही नहीं है जो किसी एक व्यक्ति पर आधारित हो। नेतृत्व परिवर्तन से उसकी प्राथमिकताएं भी नहीं बदलतीं। और जहां तक विचारधारा का सवाल है तो वह सन् 1925 में ही तय हो गई थी। पिछले पचहत्तर साल में वह बदली नहीं और न आगे बदलेगी। लेकिन इससे मीडिया का निष्कर्ष नहीं बदला कि सुदर्शन के सरसंघचालक बनने से सरकार में संघ का हस्तक्षेप नहीं बढ़ेगा और स्वदेशी जैसे क्षेत्रों में संघ सरकार को अपनी नीति बदलने पर जोर नहीं देगा। इसका कारण यह है कि मीडिया की धारणा सही है कि भाजपा दूसरी किसी राजनैतिक पार्टी जैसी नहीं है न वह अपने निर्णय लेने को स्वतंत्र है। वह राष्ट्रीय स्वयंसेवक संघ का राजनैतिक मंच है और संघ की इजाजत के बिना कुछ कर नहीं सकती। इसी तरह संघ के बारे में यह आम धारणा है कि वह चुनाव नहीं लड़ता लेकिन इस कारण वह सांस्कृतिक-सामाजिक संगठन नहीं है। चुनाव वह भाजपा से लड़वाता है और उसी के जरिए राजनीति करता है। वह भाजपा को राजनीति करने के लिए स्वतंत्र नहीं छोड़ेगा और भाजपा में कभी इतना दम नहीं होगा कि संघ को छोड़ कर अपने बलबूते वाली राजनैतिक पार्टी हो जाए। चूंकि इनका गर्भनाल का यह

संबंध बना रहना है इसलिए संघ में जो भी परिवर्तन होगा उसका असर भाजपा और उसकी गठबंधन सरकार पर होगा।

सही है कि हमारा मीडिया राजनीति को ले कर जरा ज्यादा ही उत्साह में रहता है। लेकिन संघ और भाजपा पर उसकी चिंता सही है। संघ अपनी वाली चलाएगा तो उसकी वाली सरकार नहीं रहेगी। सुदर्शन को तय करना होगा कि उन्हें संगठन चाहिए या सरकार।

14.3.2000

वर्ष प्रतिपदा का शुभ-अशुभ

डाक में तीन-चार ग्रीटिंग कार्ड आए हैं। विक्रम संवत् की हार्दिक शुभकामनाएं देते हुए। विक्रम संवत् हमारे घर-परिवार का संवत् है और चैत्र की प्रतिपदा के दिन से इसका प्रारंभ होता है। इसलिए नववर्ष का यह पहला दिन भी होता है। कहते हैं मालवा के वीर विक्रमादित्य ने शकों को हरा कर चैत्र की प्रतिपदा के दिन अपने राज्य की स्थापना की थी इसलिए यह विक्रम संवत् कहलाया।

लेकिन मालवी लोग भी जिनके लिए विक्रम संवत् अपना संवत् है, चैत महीने की पड़वां को अंग्रेजी या यूरोपीय नए साल की तरह नहीं मनाते। वे ग्रीटिंग कार्ड छपवा और भेज कर एक-दूसरे का अभिवादन नहीं करते हैं, वे एक-दूसरे के घर मिलने और रामनामी करने भी नहीं जाते जैसे कि दिवाली के दूसरे दिन या दशहरे की रात और दूसरे दिन दशहरा जीतने के बाद जाते हैं। वे अपने नए साल का पहला दिन एक पर्व और पारिवारिक त्योहार की तरह निपट मालवी और भारतीय ढंग से मनाते हैं। नीम की नई कोंपलें जरूर चबाई जाती हैं। स्वास्थ्य के प्रति जागरूक परिवार हो तो नीम के नए पत्तों को काली मिर्च के साथ पीस कर दूध या पानी में छान कर पीते हैं। कोई-कोई परिवार दस दिनों तक नीम का यह शरबत पीते हैं। विश्वास है कि इससे शरीर ठंडा रहता है, साल-भर कोई चर्म रोग नहीं होता और सांप-बिच्छू काट भी लें तो उनका जहर नहीं चढ़ता। नीम की चटनी भी बनती है जो पूरन पोली के साथ खाई जाती है। मीठी पूरन पोली और कड़वी नीम की चटनी का साथ बैठाया जाता है जो कि स्वास्थ्यकर माना जाता है।

नहीं जानता कि जिन लोगों ने विक्रम संवत् के नव वर्ष की शुरुआत पर अभिवादन के कार्ड भेजे हैं वे नीम की नई कोंपलें चबाते या नहीं, कढ़ी के साथ पूरन पोली खाते या नहीं और घर के बाहर गुड़ी टांगते या नहीं। लेकिन इतना जरूर मानता हूं कि वे हमारे नव वर्ष को ईस्वी सन् के नव वर्ष की तरह मनाना चाहते हैं। उनकी कोशिश है कि देश-भर के लोग एक जनवरी को नया साल मनाने के बजाय चैत्र प्रतिपदा को नए साल के पहले दिन की तरह मनाएं और इस तरह विदेशी ग्रेगोरियन कैलेंडर से छुटकारा पा कर अपने देसी पंचांग को मानने लगें। इसमें वे भारतीयता का वर्चस्व और विदेशी गुलामी से मुक्ति देखते हैं। लेकिन एक तो वे न देखते न समझते हैं कि अपने यहां एक विक्रमी संवत् ही नहीं है, शक संवत् के अलावा भी चार-पांच संवत् चलते हैं और देश में सभी जगह चैत्र प्रतिपदा से नए साल की शुरुआत नहीं होती। फिर नया साल मनाने का भारतीय ढंग भी सब जगह एक जैसा नहीं है और भारतीय नव वर्ष हो भी तो वह विदेशी या यूरोपीय ढंग से नहीं मनाया जा सकता। लेकिन जैसा कि समाजशास्त्रियों का कहना है जो लोग विदेशी की जगह देसी को बैठाना चाहते हैं वे विदेशी की नकल करते हैं ताकि देसी को ग्राह्य बनाया जा सके। ईसाई धर्म को मानने वाले यूरोपीय लोग अपने नए साल की शुरुआत पर कार्ड भेज कर नव वर्ष का अभिवादन करते हैं तो हम भी वैसा करें ताकि हमारा नया साल हमीं सब लोगों को मान्य हो सके।

ऐसा करवाने की कोशिश में लोग कुछ और भी रणनीतियां अपनाते हैं। जैसा कि भारत को हिंदू राष्ट्र और यहां के सभी पर्व-त्योहारों को हिंदू बनाने पर तुले संघ परिवार के लोग मानते हैं कि चूंकि सारे देश में हिंदू रहते हैं इसलिए जिसे हिंदू कह कर प्रचलित और मान्य करवा लिया जाए वह अखिल भारतीय हो जाएगा। जाहिर है कि संघ परिवारियों को न तो हिंदू धर्म और समाज की अंतर्निहित और अनिवार्य विविधता की समझ है, न उसके प्रति कोई सम्मान का भाव। कुछ साल पहले हरिद्वार जाते हुए चैत्र प्रतिपदा के दिन कुछ नगरों की सड़कों पर भगवी पट्टियों पर हिंदू नव वर्ष की मंगल कामनाएं लिखी देखीं। विक्रम संवत् और चैत्र प्रतिपदा को नए साल का पहला दिन मानने वाले मुझ मालवी को यह बड़ा अटपटा लगा। मालवा में कहीं भी इसे हिंदू नववर्ष कहते और उस रूप में मनाते मैंने सुना-देखा नहीं था। मुझे तो इसका भान भी नहीं था कि नव वर्ष हिंदू, मुसलमान या ईसाई होते हैं। भगवा पट्टियों पर हिंदू नव वर्ष की मंगलकामना करने वाला कोई संगठन हिंदू जागरण मंच था। मुझे शर्म लगी कि मैं अजागृत हूं और यह संगठन मुझे यह बता कर जागृत करना चाहता है कि वर्ष प्रतिपदा हिंदू है।

तब मेरा माथा ठनका। मैंने मालूम करना शुरू किया तो पाया कि बंगाली हिंदू तो अपना नव वर्ष अपनी पंचांग के पहले वैशाख से मानते हैं। और उनका संवत् भी विक्रम संवत् नहीं है। तो क्या बंगाल के हिंदू हिंदू नहीं हैं ? बंगाल के आगे असम में बिहू मनता है, वह भी चैत्र प्रतिपदा पर नहीं पड़ता। पंजाब में मनाई जाने वाली वैसाखी भी चैत्र प्रतिपदा के दिन नहीं आती। गुजरात में नया साल कार्तिक प्रतिपदा पर शुरू होता है यानी दिवाली के दूसरे दिन। दक्षिण के चारों राज्यों में भी कहीं उगादी है तो कहीं ओणम, पोंगल आदि। महापंडित काणे के लिखे धर्मशास्त्र में बताया गया कि हिंदुओं के लिए वार-त्योहार मांगलिक कार्य के लिए पंचांग जरूरी है और चूंकि वह किसी स्थान विशेष पर ग्रह-नक्षत्रों की स्थिति पर चलता है इसलिए अलग-अलग पंचांग है। ''विक्रम संवत् के उद्‌भव और प्रयोग के विषय में कुछ कहना कठिन है। यही बात शक संवत् के विषय में भी है। किसी विक्रमादित्य राजा के विषय में, जो ईसा पूर्व 57 में था संदेह प्रकट किए गए हैं।'' और महापंडित काणे ने यह भी लिखा है, ''लगभग 500 ई. के उपरांत संस्कृत में लिखित सभी ज्योतिः शास्त्रीय ग्रंथ शक संवत् का प्रयोग करते पाए गए हैं।''

अगर विक्रम संवत् हिंदू संवत् है तो शक संवत् क्या अहिंदू है और उसे मानने वाले हिंदू नहीं हैं ? भारत सरकार की बैठाई—कैलेंडर रिफॉर्म कमेटी ने शक संवत् को मान कर क्या हिंदू-विरोधी काम किया है ? एक संवत् को मनवाने के लिए विक्रम संवत् को हिंदू संवत् कह कर हिंदू जागरण मंच हिंदू समाज को बांटना क्यों चाहता है ? विक्रम संवत् और चैत्र शुक्ल प्रतिपदा को हिंदू नव वर्ष की पहचान और ठप्पा दे कर देश के हिंदुओं द्वारा ही मनाए जा रहे नव वर्षों को वह गैर हिंदू या अहिंदू क्यों बना रहा है ? ऐसा तो है नहीं कि किसी या किन्हीं विदेशी हमलावरों ने भारत के हिंदू समाज को अलग-अलग पंचांग मानने और अलग-अलग नव वर्ष मनाने पर मजबूर किया हो। इस समाज को एक करनेवाली शक्ति या शक्तियां रही हैं। आखिर विक्रमादित्य भी वीर पराक्रमी सम्राट माना जाता है जिसने शकों को पराजित कर के विक्रम संवत् चलाया और शक संवत् भी कुषाण राजा कनिष्क का चलाया माना जाता है। दोनों के चलाए संवत् अपने देश में माने जाते हैं तो दोनों को ही देश ने और हिंदू समाज ने माना। लेकिन अलग-अलग पंचांग और संवत् मानना हिंदू धर्म और समाज में निहित है। यहां किसी ने नहीं कहा कि फलां पंचांग या संवत् को नहीं मानोगे तो म्लेच्छ हो जाओगे।

तो फिर विक्रम संवत् को हिंदू और भारतीय कहे जाने और मानने का इतना आग्रह क्यों किया

जा रहा है ? क्या ऐसा करना हिंदू धर्म और भारतीय समाज के स्वभाव के विपरीत नहीं है ? मैंने ऐसा कहा था तो कलकत्ता के एक पाठक ने लिखा कि अगर एक हिंदू संगठन एक प्रचलित हिंदू संवत् और पंचांग के जरिए हिंदू समाज को एक करने की कोशिश कर रहा है तो आपको क्यों एतराज होना चाहिए ? ये सज्जन मानते हैं कि इस हिंदू संगठन यानी संघ परिवार को हिंदुओं को एक और संगठित करने का अधिकार है और अगर उसने तय किया है कि चैत्र शुक्ल प्रतिपदा हिंदुओं का नव वर्ष और विक्रम संवत् हिंदुओं का संवत् माना जाए तो देश के हिंदू समाज को ऐसा ही करना चाहिए क्योंकि एकता और संगठन राष्ट्रीय जीवन के सबसे बड़े मूल्य हैं। हिंदुओं ने चूंकि एकता और संगठन पर इतना जोर नहीं दिया इसलिए उन्हें एक हजार साल की गुलामी सहनी पड़ी। वे मानते हैं कि विविधता हिंदू धर्म और भारतीय समाज की सहज प्रकृति है। लेकिन वे यह भी मानते हैं कि यह गलत है और इसे ठीक करना चाहिए। इसलिए वे चाहते हैं कि भारत के लोग ग्रेगोरियन कैलेंडर को मानना और एक जनवरी को नया साल मनाना बंद करें क्योंकि इसे अंग्रेजों ने अपने देश में चलाया। हमें विक्रम संवत् मानना चाहिए क्योंकि यह एक भारतीय सम्राट का चलाया हुआ है और इसका अपना पंचांग है जो भारत में सब जगह चलता है। विक्रम संवत् और उस पर आधारित पंचांग देश में सब लोगों को मान्य न भी हो तो हिंदू समाज की एकता और संगठन के लिए ऐसा मानना जरूरी है। स्थानीयता और विविधता जिस धर्म और समाज के गुण और मूल्य हैं और जो उसे विभाजित और शक्तिहीन नहीं करते उन्हें मिटा कर एकता और संगठन के विदेशी (खास कर सामी) मूल्य संघ परिवारी क्यों चलाना चाहते हैं ? क्योंकि राष्ट्र और समाज की उनकी मूल अवधारणा और आग्रह हिंदू और भारतीय नहीं हैं। वे भारत को यूरोपीय किस्म का समाज और राष्ट्र बनाना चाहते हैं। जिसके वे खिलाफ हैं और जिनसे वे लड़ते हैं वैसे ही हो जाना चाहते हैं।

विक्रम संवत् और पंचांग को मैं मानता हूं ऐसा मैंने पीके राय को प्रतिपदा के दिन भोजपुर के शिव मंदिर के सामने कहा जिसे हमारे विक्रम जैसे ही प्रतापी राजा भोज बनवा रहे थे पर बनवा नहीं पाए। उनने कहा कि हमारा नव वर्ष तो तेरह अप्रैल को शुरू होगा और हमारा संवत् भी 1407 है। अमदाबाद की ईला बेन ने कहा कि गुजरात में तो नव वर्ष कार्तिक शुक्ल प्रतिपदा से शुरू होता है। वे दोनों हिंदू हैं और उन्हें अपना नव वर्ष न मानते देख कर मुझ हिंदू को कतई नहीं लगा कि वे अहिंदू हैं। हमें एकता के सूत्र में नव वर्ष नहीं बांधता। हिंदुओं को अपनी स्थानीय पहचान और विविधता बांधती है। जो एक जनवरी को नया साल मनाते हैं वे भी पुत्र का विवाह पंचांग से करते हैं। संघ परिवारी इस धर्म और समाज को कब समझेंगे ?

8.4.2000

असली वाजपेयी हाजिर हुए

अटल बिहारी वाजपेयी यानी भारत के प्रथम स्वयंसेवक प्रधानमंत्री भेड़ियों के साथ शिकार करते और खरगोश के साथ जान बचाकर भागते हुए पकड़े गए हैं और अब हुआ-हुआ चिल्ला रहे हैं। न्यूयार्क से उनने खुद ही सफाई दी है कि स्टेटन आइलैंड में–"मेरे भाषण की गलत रिपोर्टिंग और खामखयाली मतलब निकालने से भारत में फिजूल का विवाद खड़ा हो गया है। मेरे भाषण में अयोध्या (में राम मंदिर बनाने) का कोई जिक्र नहीं है। मैंने कहा था कि संसद में बहुमत न होते हुए भी हमने जो हासिल किया है वह सभी को मालूम है। हमें अगर दो तिहाई बहुमत मिल जाए तो हम सबके सपनों का भारत बनाएंगे। अयोध्या का मुद्दा राष्ट्रीय जनतांत्रिक गठबंधन की सरकार के साझे एजंडे पर नहीं है। इस मामले में कोई फेरबदल नहीं किया गया है। स्टेटन आइलैंड के कार्यक्रम में मैंने कहा था कि यहां मैं भारत के प्रथम सेवक के रूप में आया हूं। मैंने हमेशा ही अपने को भारत और उसके लोगों का स्वयंसेवक माना है। मैं प्रधानमंत्री न भी रहूं तो भी स्वयंसवेक तो रहूंगा ही।"

यह बयान देकर प्रधानमंत्री मान रहे हैं कि उन्होंने हिसाब ठीक कर दिया है यानी मीडिया ने उनके भाषण की जो गलत रिपोर्टिंग की और मनमाना मतलब निकाला उसे सुधार दिया है। जो पत्रकार अटलजी को जानते हैं वे यह भी जानते हैं कि प्रत्यक्ष दिए गए इंटरव्यू के छपने के बाद वे उससे मुकर जाते रहे हैं। इसलिए ज्यादातर अनुभवी पत्रकारों को कोई अचरज नहीं है। अपने भाषण में अटलजी ने जिस दो मतलबी भाषा का इस्तेमाल किया है उसे भी कोई चालीस साल से उनके भाषण सुनने और रिपोर्ट करनेवाले पत्रकार खूब जानते हैं। इसलिए उनकी सफाई के खोखलेपन को समझने के लिए उस पायनियर के सम्पादक चन्दन मित्र की रिपोर्ट ही लेना चाहिए जिसने दावा किया है कि उसने न तो गलत रिपोर्टिंग की न मनमाना अर्थ निकाला। चन्दन मित्र ने न्यूयार्क से ग्यारह सितम्बर के पायनियर में जो खबर दी उसमें अटलजी के भाषण से उद्धरण रोमन लिपि में हिंदी में ही दिए हैं। खबर कहती है–एक स्वामी सत्यमित्रानन्द ने श्री वाजपेयी की उपस्थिति में मांग की कि बहुसंख्यक लोगों की भावनाओं को ध्यान में रखते हुए विवादित स्थल पर ही राम मंदिर बनाया जाना चाहिए। इसके उत्तर में प्रधानमंत्री ने गजब का वाक् कौशल दिखाया। उनने कहा–"स्वामीजी ने कहा कि बहुमत के आधार पर बातें तय होनी चाहिए। हम अल्पमत में रहकर भी बहुत कुछ हासिल कर चुके हैं। अगर देश की जनता हमको दो तिहाई बहुमत से जितवाती है तो हम सपनों का भारत बनाएंगे।" इसके बाद चन्दन मित्र ने लिखा–दर्शकों में से हर एक ने टूट के ताली बजाई। लेकिन किसी के भी समझ में नहीं आया कि उनने वास्तव में कहा क्या है। पत्रकार उत्तेजना से विकल थे। उनने क्या राम मंदिर एजंडे का समर्थन नहीं कर दिया है ? कर दिया है ? अपने खांटी ढंग से श्री वाजपेयी ने हर एक को खुश कर दिया था। और हां बिलकुल सम्भ्रम में डाल दिया था। चन्दन मित्र ने यह भी लिखा है–कार्यक्रम में आते ही प्रधानमंत्री सीधे उस मंच की ओर गए जहां साधु बैठे थे और बड़े सम्मान से उनका अभिवादन किया। अपने भाषण के अन्त में हास्य के पुट के साथ प्रधानमंत्री ने अपनी स्थिति स्पष्ट की "मैं यहां प्रधानमंत्री की

हैसियत से नहीं भारत के प्रथम सेवक की हैसियत से आया हूं। आज मैं प्रधानमंत्री हूं कल नहीं रहूंगा। दिल्ली में ऐसे लोग पर्याप्त मात्रा में मिल जाते हैं। लेकिन मुझसे स्वयंसवेक रहने का अधिकार कोई नहीं छीन सकता।''

चन्दन मित्र ने अपने अंग्रेजी अखबार के लिए अंग्रेजी में लिखी गई खबर में प्रधानमंत्री के हिंदी भाषण के उद्धरण हिंदी में लेकिन रोमन लिपि में दिए क्योंकि वे उन्हें ज्यों-का-त्यों रखना चाहते थे। चन्दन मित्र और पायनियर का संघ परिवारी समर्थक होना जगजाहिर है। चन्दन मित्र बेहिचक अपना वाजपेयी प्रेम और सम्मान प्रकट करते हैं। लेकिन उनने भी इसी खबर में लिखा कि यह कार्यक्रम भले ही भारतीय अमेरिकी संघ के बैनर तले किया गया हो यह सिरे से विश्व हिंदू परिषद का प्रदर्शन था और इनमें प्रधानमंत्री के भाषण को उनने भी द्विअर्थी और तलवार की धार पर चलना बताया। एक और संघ परिवार समर्थक हिंदी अखबार दैनिक जागरण की खबर का पहला पैरा यह है—राम मंदिर निर्माण में हो रहे विलम्ब के संदर्भ में स्टेटन आइलैंड के समारोह में साधु-संतों द्वारा जताई गई चिन्ता के बाद प्रधानमंत्री अटल बिहारी वाजपेयी ने कहा है कि 'जिस दिन देश की जनता हमें दो तिहाई बहुमत दे देगी उसी दिन हम अपने सपनों का भारत बनाएंगे।' दूसरे मुद्दे पर जागरण में छपा—''मैं स्वयंसेवक हूं और रहूंगा। यह अधिकार कोई नहीं छीन सकता। उनका कहना था कि मैं भारत के प्रधानमंत्री के तौर पर नहीं बल्कि प्रथम पुरुष के तौर पर इस सभा में आया हूं। प्रधानमंत्री पद तो आता-जाता रहता है लेकिन स्वयंसेवक का अधिकार मुझसे कोई नहीं छीन सकता। मैं आज भी स्वयंसेवक हूं और रहूंगा।

आप देखेंगे कि दोनों अखबारों के उद्धरणों में फर्क है। लेकिन मैंने इन दो संघ परिवार समर्थक अखबारों को जानबूझकर लिया कि ये एक संघ परिवारी कार्यक्रम में प्रधानमंत्री के हिंदी भाषण की गलत रिपोर्टिंग नहीं कर सकते, न ये उनकी बातों का मनमाना मतलब निकालते हैं। लेकिन दूसरे अखबारों की तरह इनने भी दो तिहाई बहुमतवाली बात को स्वामी सत्यमित्रानन्द की अयोध्या में विवादित स्थल पर राम मंदिर बनाने की मांग से जोड़ा है और इनने भी स्वयंसवेक होने के अधिकार की बात राष्ट्रीय स्वयंसेवक संघ के संदर्भ से जोड़ी है। सब जानते हैं कि स्वयंसेवक के लिए अंग्रेजी में शब्द वॉलिंटियर है लेकिन भारत में स्वयंसवेक का मतलब संघ का स्वयंसेवक ही है। गांधी और विनोबा ने अपने ढंग के सेवकों को लोक सेवक कहा—कांग्रेस और समाजवादियों ने सेवा दल बनाए लेकिन स्वयंसेवक तो संघ के ही होते हैं। और कोई सेवक अपने को इस देश में स्वयंसेवक नहीं कहता। प्रधानमंत्री अटल बिहारी वाजपेयी जब अपने को स्वंयसेवक कहते हैं तो कोई भी इसे जवाहरलाल नेहरू के प्रधानमंत्री बनने के बाद अपने को देश का प्रथम सेवक कहे जाने से नहीं जोड़ता। इसलिए शब्दों की यह खींचतान और लीपापोती जाहिर है कि अटल बिहारी वाजपेयी की अपनी द्विअर्थी बातों को छुपाने की कोशिश है। जैसा कि चन्दन मित्र के हिंदी उद्धरण से स्पष्ट है, प्रधानमंत्री ने नहीं कहा था कि सबके सपनों का भारत बनाएंगे। और यह भी साफ है कि प्रधानमंत्री होने की अपनी प्रथम सेवक की हैसियत को अटल बिहारी वाजपेयी ने अपने स्वयंसेवक रहने के अधिकार से अलग माना है। प्रथम सेवक तो वे उस दिन नहीं रहेंगे जब प्रधानमंत्री नहीं रहेंगे लेकिन स्वयंसवेक तो फिर भी रहेंगे क्योंकि राष्ट्रीय स्वयंसेवक संघ रहेगा। अपने कहे और उसके अर्थ से मुकरने की अटलजी की यह फूहड़ कोशिश आप देख चुके हैं कि सच्चाई का कोई पानी नहीं घेरती। यह निश्चित ही स्टेटन आईलैंड में संघ परिवारी कार्यक्रम में दिए गए उनके भाषण पर भारत में हुई प्रतिक्रिया के जवाब में है। गलत रिपोर्टिंग करके मनमाना मतलब मीडिया ने नहीं निकाला है। अमेरिका में भारत के प्रधानमंत्री के नाते जाने के बावजूद अटल बिहारी वाजपेयी ने एक लोकतांत्रिक पंथनिरपेक्ष राष्ट्र के प्रधानमंत्री की बजाय अपने को हिंदुत्ववादी पार्टी का नेता

साबित किया है जो दो-तिहाई बहुमत मिलने की प्रतीक्षा कर रहा है ताकि हिंदुत्व के एजंडे को पूरा किया जा सके।

सच पूछिए तो न तो इन सब बातों को इस कार्यक्रम में कहने की जरूरत थी न उस कार्यक्रम में प्रधानमंत्री को जाना चाहिए था जो दरअसल विश्व हिंदू परिषद, अमेरिका में भाजपा के मित्रों और दूसरे संघ परिवारियों का आयोजन था। उसमें विश्व धर्म सम्मेलन में गए 108 भारतीय साधु-संत जमा थे। यह विश्व हिंदू परिषद की ओर से अमेरिका में बसे हिंदुओं में अपने शक्ति समर्थन का प्रदर्शन था। राष्ट्र संघ के शताब्दी सम्मेलन में पाकिस्तान को कट्टरपंथी धार्मिक आतंकवादी देश बताने के बाद लोकतांत्रिक पंथनिरपेक्ष राष्ट्र का प्रधानमंत्री ऐसे कार्यक्रम में जाए तो इसका मतलब कोई भी यही निकालेगा कि अटल बिहारी वाजपेयी अपनी संघीय आत्मा को प्रदर्शित करने से हिचकना नहीं चाहते। यह निश्चित ही भारत के संविधान की आत्मा और भारतीय राजनीति के ग्राह्य और सर्वमान्य मूल्यों और दायरों से उलट बात है। इसे अपने देश की विपक्षी पार्टियां और राष्ट्रीय जनतांत्रिक गठबंधन की दूसरी पार्टियों ने ही नहीं स्वयं अटल बिहारी वाजपेयी ने भी गलत माना है। इसीलिए तो सफाई दे रहे हैं कि दो तिहाई बहुमत से वे हिंदुत्व का एजंडा पूरा करने और अपने सपनों का भारत बनाने की बात नहीं—सबके सपनों का भारत बनाने की बात कर रहे थे। मजे की बात देखिए कि पायनियर और जागरण ने भी 'सबके सपनों' की बात नहीं सुनी और उनने भी स्वयंसेवक रहने का मतलब मात्र सेवक होना नहीं लगाया। अटल बिहारी वाजपेयी जाहिर है कि अपने भाषण को स्टेटन आइलैंड के उस कार्यक्रम से बिलकुल काट देना चाहते हैं और भारत भर को समझाना चाहते हैं कि स्वयंसवेक का मतलब तो सिर्फ सेवक होता है। प्रधानमंत्री को सफाई देनी पड़ी क्योंकि वे जानते हैं कि देश ने उनकी बातों का वही मतलब निकाला है जो सचमुच में था और है।

सवाल है कि अटल बिहारी वाजपेयी अगर राष्ट्रीय जनतांत्रिक गठबंधन के एजंडे पर ही टिके रहना चाहते हैं तो वे ऐसे कार्यक्रम में क्यों गए जहां वे जानते थे कि हिंदुत्व का एजंडा ही उठाया जाएगा। अमेरिका में बसे ये हिंदू भारत के हिंदुओं से कहीं ज्यादा भगवे हिंदू हैं और खाते-पीते अघाए लोग हैं जिन्हें एक हिंदू पहचान की बेहद जरूरत है ताकि अमेरिका में वे एक अलग समाज के नाते प्रतिष्ठित हो सकें। यह हिंदू पहचान उन्हें विश्व हिंदू परिषद देने की कोशिश करता है और हिंदू साधु-संत उन्हें आश्वस्त करते हैं कि अमेरिकी बन जाने के बावजूद वे हिंदू हैं और अपने धर्म और संस्कृति के प्रति सच्चे हैं। यही अमेरिकी हिंदू अपनी पहचान और अमेरिका में अपने वर्चस्व के लिए भारत को हिंदू राष्ट्र बनाना चाहते हैं। आप जानते हैं कि पंजाब को खालिस्तान पंजाब के सिख नहीं, कनाडा, अमेरिका और ब्रिटेन में बसे सिख बनाना चाहते थे। पैसे और साधन पंजाबी आतंकवाद को इन्हीं अभारतीय सिखों से मिलते थे। वैसे ही ये अमेरिकी हिंदू हैं और सनातन धर्म के भिंडरांवाले संप्रदाय—यानी विश्व हिंदू परिषद की मदद करते हैं। अमेरिका में संघ परिवार के लिए वातावरण बनाते हैं और भारत में उसके काम के लिए डॉलर देते हैं। संघ परिवार अमेरिका में अपनी इस समर्थक मंडली को निराश नहीं करना चाहता इसलिए अटल बिहारी वाजपेयी उनके कार्यक्रम में गए। वहां उनने जानबूझकर और सोच-समझकर दो मतलबवाली बातें कहीं। मीडिया ने उनका भंडाफोड़ कर दिया—इसलिए वे पलटकर मीडिया पर गलत रिपोर्टिंग और मनमाना मतलब निकालने का आरोप लगा रहे हैं। सच्चे और असली अटल बिहारी वाजपेयी के दर्शन कराने के लिए उनको धन्यवाद दीजिए जो उन्हीं के विमान में उनके साथ अमेरिका गए हैं।

14.9.2000

नागपुर के बाद नागपुर संदेश

नागपुर संदेश से लैस भाजपा के राष्ट्रीय स्वयंसेवक अब उन पांच राज्यों में कूच करनेवाले हैं जहां अगले साल विधानसभा चुनाव होंगे। ये पांच राज्य हैं उत्तर प्रदेश, तमिलनाडु, पश्चिम बंगाल, केरल और असम। इनमें से उत्तर प्रदेश ही वह राज्य है जहां के लिए नागपुर संदेश दिया गया है। बाकी के चार राज्यों में न तो भाजपा का कोई बोलबाला है न उसका नागपुर संदेश वहां कोई असर कर सकता है। पश्चिम बंगाल में अभी उसकी सहयोगी पार्टी तृणमूल कांग्रेस वामपंथ के चौबीस साल से चले आ रहे राज को समाप्त करने में लगी है। उसे कांग्रेस के आधार और भाजपा के बढ़ते प्रभाव का आसरा है। नागपुर संदेश का कोई लाभ हो सकता है तो पश्चिम बंगाल में वह तृणमूल कांग्रेस को पहले से मिला हुआ है। तमिलनाडु, केरल और असम में नागपुर संदेश भाजपा के लिए कोई नई जमीन खोद नहीं सकता। इसलिए अगर आप निष्कर्ष निकाल लें कि नागपुर संदेश उत्तर प्रदेश के लिए है तो गलत नहीं होगा।

उत्तर प्रदेश में अभी सब मानते हैं कि भाजपा की हालत खस्ता है। पिछले लोकसभा चुनाव में वहां उसे जबरदस्त झटका लगा। उसके सत्तावन सांसदों में से उनतीस ही रह गए। उसके बाद कल्याण सिंह विवाद छिड़ा जो इस लोध पिछड़े नेता के निष्कासन में समाप्त हुआ। आपसी गुटबाजी ऐसी थी कि राजनाथ सिंह, कलराज मिश्र और लालजी टंडन तीनों को किनारे करके अर्वाचीन रामप्रकाश गुप्त को खंडहर से वापस लाना पड़ा। उनने जो प्रभावहीन राज चला रखा है उससे भाजपा की हालत पिछले साल के लोकसभा चुनाव से और बिगड़ी है। एक सर्वेक्षण ने भाजपा को तीसरे और कांग्रेस को पांचवें नंबर पर पहुंची हुई बताया है। पहला मुलायम सिंह यादव की समाजवादी पार्टी, दूसरा बहुजन समाज पार्टी और चौथा स्थान कल्याण सिंह की पार्टी को मिलता है। पंचायत चुनाव इस पायदान को कमोबेश सही बता चुके हैं। यह हालत भाजपा को बेहद चिंतित और परेशान किए हुए है। उत्तर प्रदेश विधानसभा चुनाव में अगर सचमुच उसका सफाया हो गया तो वह न सिर्फ अपने गढ़ से उखड़ जाएगी बल्कि दिल्ली में उसे सत्तारूढ़ गठबंधन को बनाए रखना भी मुश्किल हो जाएगा। उत्तर प्रदेश न सिर्फ भाजपा का गढ़ है वह अटल बिहारी वाजपेयी का भी गृह राज्य और चुनाव क्षेत्र है। वहां अगर भाजपा का सफाया हो गया तो इसका मतलब यह भी होगा कि राष्ट्रीय जनतांत्रिक गठबंधन को बांधकर चलाए रखनेवाला व्यक्तित्व भी लोगों की नजरों से उतर रहा है। यानी केंद्र में भाजपा तो कमजोर होगी ही अटल बिहारी वाजपेयी की गठबंधन को बांधे रखने की कीमियागिरी भी कमजोर पड़ेगी। तब चंद्रबाबू नायडू, जॉर्ज फर्नांडीज और मुलायम सिंह यादव नए नेतृत्व के दावेदार होंगे। अटल बिहारी वाजपेयी और एक सौ बयासी सांसदों के होते हुए अगर भाजपा नेतृत्व की सरकार केंद्र में डगमगा गई तो भाजपा का आखिल भारतीय पराभव भी निश्चित हो जाएगा।

इसलिए भाजपा सिर्फ उत्तर प्रदेश में अपना गढ़ बचाने के लिए नहीं लड़ेगी उसे केंद्र में अपने नेतृत्व की सरकार और पूरे देश में राज कर सकनेवाली पार्टी के नाते अपनी छवि बचाने के लिए भी

लड़ना होगा। अटल बिहारी वाजपेयी गठबंधन राजनीति में भाजपा की तुरुप का इक्का हैं। इस इक्के को भी उसे बचाना होगा और इक्के को खुद भी अपनी तुरुप बचानी होगी। भाजपा को मालूम है कि उत्तर प्रदेश में ऊंची जातियों के लोग भी उससे खफा हो रहे हैं। कल्याण सिंह के साथ जो हुआ और इसके पहले मायावती के साथ भाजपा ने जो किया उससे दलित पहले ही उससे खुन्नस खाए बैठे हैं। मुसलमान उत्तर प्रदेश में कोई चौरासी सीटों पर पलड़ा हल्का-भारी कर सकते हैं लेकिन वे भाजपा के वोटर कभी नहीं रहे। आखिर वह बाबरी मस्जिद उत्तर प्रदेश में ही है जिसे संघ परिवारियों ने आठ साल पहले गिराया और जिसका ध्वंस मुसलमानों को बड़ा गहरा घाव दे गया है। मुसलमान, दलित और पिछड़े लोग समाजवादी और बहुजन समाज पार्टी के पक्के वोटर हैं। ऊंची जातियों के लोग भाजपा और कांग्रेस के वोटर रहे हैं। लेकिन वे भी भाजपा की दलितों, पिछड़ों और अब मुसलमानों को अपनी तरफ करने की नीतियों और इस कारण सवर्णों को रिझा हुआ मानकर चलने के रवैए से नाराज होते जा रहे हैं। उन्हें अपने से हिलगाए रखने के लिए भाजपा ने कलराज मिश्र को प्रदेश का अध्यक्ष बनाया है और बावजूद सब शिकायतों और असरहीनता के रामप्रकाश गुप्त को मुख्यमंत्री बनाए रखा है। राजनाथ सिंह को लखनऊ की गद्दी सौंपने की इतनी बार कोशिशें हुईं लेकिन सभी रोक देना पड़ीं क्योंकि अब अगर फेरबदल किया गया तो बंधा-बंधाया समर्थन भी बिगड़ेगा।

भाजपा की कोशिश है कि उत्तर प्रदेश में सवर्ण समर्थन किसी प्रकार बनाए रखा जाए। हिंदुत्ववादी मूल से जो अतिवादी हिंदू समर्थन पिछले दस साल में जुटा है उसे भी साबुत रखा जाए। और अभी जो साल-भर बचा है इसमें मुसलमानों, दलितों और पिछड़ों को लुभाकर समाजवादी और बहुजन समाज पार्टी का आधार कम करके अपना वोट जाल फैलाया जाए। भाजपा का पारम्परिक समर्थन आधार अब तक अपने बूते पर उसे उत्तर प्रदेश में बहुमत नहीं दिला सका है। उत्तर प्रदेश और बाकी हिंदुस्तान में अगर उसे अपना आधार बढ़ाना है तो मुसलमानों, दलितों और पिछड़ों को लुभाकर उदार हिंदुओं को अपने वोट बैंक में जोड़ना होगा। यानी सचमुच वह आधार पाना होगा जो कभी कांग्रेस को अपने कंधों पर टिकाए रखता था। यह आधार राष्ट्रीय स्वयंसेवक संघ, विश्व हिंदू परिषद और बजरंग दल उसे नहीं दिला सकते। इसलिए अटल बिहारी वाजपेयी की उदार छवि और नए अध्यक्ष बंगारू लक्ष्मण का दलित होना एक ऐसे सिक्के में ढाला जा रहा है जो कांग्रेस की जगह मजे में चल सके। गणित और समीकरण के नाते यह सिक्का ढल सकता है लेकिन ऐसे गणित से चुनाव में चल जा सकनेवाले राजनैतिक सिक्के नहीं बन सकते। भाजपा और इसके पहले के जनसंघ की मुसलमानों में विश्वसनीयता कभी नहीं रही बल्कि खुले मुस्लिम विरोध की प्रतिक्रिया में उसने अपने पक्ष में कट्टर हिंदुओं को एकजुट किया है। बाबरी मस्जिद के ध्वंस ने मुसलमानों में भाजपा को और अविश्वसनीय बनाया है। बंगारू लक्ष्मण और अटल बिहारी वाजपेयी भी इस तथ्य को खूब जानते हैं। फिर भी उन्हें मुसलमानों की ऐसी बुरी तरह याद इसलिए आई कि उनका विरोध छोड़ दे तो भाजपा को उदार हिंदुओं का समर्थन मिल सकता है। ऐसी कम-से-कम भाजपा को उम्मीद है, इसलिए एक तरफ मुसलमानों को बुलावा दिया गया है और दूसरी तरफ हिंदुत्व की कढ़ाई में खौलनेवाले मुद्दों पर पानी डाला गया है। बंगारू लक्ष्मण ने कहा कि ये मुद्दे जब जनता के मुद्दे बचे ही नहीं तो उनसे चिपके रहने की क्या जरूरत है ?

मुसलमानों की तरह दलितों में भी भाजपा की अपील नहीं रही है। एक तो राष्ट्रीय स्वयंसेवक संघ के नेता दक्षिणी यानी महाराष्ट्र के ब्राह्मण रहे हैं दूसरे संघ में पहले जो लोग गए वे या तो बामन या बनिए या राजपूत रहे हैं। संघ ने कोशिश करके दलितों और आदिवासियों को अपनी तरफ खींचा है और उन्हें पहले जनसंघ और अब भाजपा में वह राजनैतिक महत्त्व दिलवाया है जो उन्हें संघ के ढांचे में नहीं मिलता। राजनैतिक मंच होने के कारण भाजपा को अपने में उन सभी

वर्गों के लिए जगह बनानी पड़ती है जिन्हें दूसरी राजनैतिक पार्टियों में अच्छा स्थान मिलता है। जैसे दलित, आदिवासी, पिछड़ों और मुसलमानों को कांग्रेस में बड़ी संख्या में लिया गया और वही उसके चुनावी आधार भी बन गए। लेकिन जब ये लोग कांग्रेस छोड़कर बाहर निकले तो भाजपा में नहीं गए। इनका समर्थन क्षेत्रीय और जातीय पार्टियों को गया। भाजपा को भी थोड़ा-बहुत समर्थन गया लेकिन ऊंची जातियों का जितना समर्थन भाजपा को गया उतना नीची और दलित जातियों का नहीं गया। इसलिए भाजपा का चरित्र चाहे-अनचाहे सवर्ण ही बना रहा। यह कोई संयोग नहीं है कि कल्याण सिंह भाजपा में रहते हुए भी पराए हो गए जैसे शंकर सिंह वाघेला गुजरात में छिटके और उमा भारती मध्य प्रदेश में। दलित और पिछड़े भाजपा में, उतने सुखी-संतुष्ट नहीं रहते जितने वे दूसरी पार्टियों में अभी हैं।

आप कह सकते हैं कि भाजपा में राजनीति और चुनाव नीति के नाते ऐसा कुछ नहीं है जो दलित और पिछड़े उससे छिटके रहें। लेकिन कुल मिलाकर भाजपा का चरित्र और स्वभाव और चालचलन ऐसा है कि उसकी पहचान सवर्ण पार्टी की ही बनती है। मंडल के जवाब में जो कमंडल उसने चलाया उससे उत्तर भारत में पिछड़े छोटी और जातीय रुझानोंवाली पार्टियों में गए। जो पहले से भाजपा में थे वे धीरे-धीरे किनारे हो गए। इस पहचान और चरित्र को तोड़ने के लिए भाजपा ने बंगारू लक्ष्मण को अध्यक्ष बनाया। अब अगर भाजपा राजनीति की तात्कालिकता से चलनेवाली पार्टी होती तो बंगारू लक्ष्मण कोशिश करके उसका चरित्र बदल देते। लेकिन भाजपा संघ के हिंदुत्व को राजनीति में चलाने के लिए बनाई गई पार्टी है। बंगारू लक्ष्मण अगर उसके अध्यक्ष बने हैं तो इसलिए नहीं कि अटल बिहारी वाजपेयी उन्हें इस पर बैठाना चाहते थे। खुद अटलजी आखिर जहां हैं वहां संघ की मर्जी से पहुंचे हैं। वे भाजपा के कोई वैसे नेता नहीं हैं जैसे जवाहरलाल नेहरू और इंदिरा गांधी कांग्रेस के थे और जैसे रामाराव और चंद्रबाबू नायडू तेलुगुदेशम के थे और हैं। जो समझाने की कोशिश करते हैं कि वाजपेयी के कारण भाजपा गैरसंघी पार्टी हो गई है वे जानबूझकर लोगों को बरगला रहे हैं। वाजपेयी जो भी कर रहे हैं संघ की अनुमति से कर रहे हैं और दलित अध्यक्ष बंगारू लक्ष्मण को भी संघ के वैसे ही आशीर्वाद प्राप्त हैं जैसे अटल बिहारी वाजपेयी को। अटलजी अपने बारे में जो संभ्रम बनाए रखते हैं वैसे ही अपने दलित होने का ढिंढोरा बंगारू लक्ष्मण पीट सकते हैं। लेकिन संघ के आशीर्वाद से स्वीकृत उनका दलितत्व वैसी स्वतंत्र दलित पहचान नहीं रखता जैसी कि कांशीराम की है।

इसलिए आप देखिए कि नागपुर संदेश ने न तो मुसलमानों में कोई हलचल पैदा की है न दलितों में। उलटे जो अटल बिहारी वाजपेयी भाजपा को भारत के समस्त लोगों की सर्वप्रिय पार्टी बनाते हुए दिखाए जा रहे थे उन्हें अमेरिका के विश्व हिंदू परिषद के समर्थकों के सामने अपने असली रंग में आना पड़ा। वहां अटलजी ने कहा कि प्रधानमंत्री रहें या न रहें स्वयंसेवक बने रहेंगे और भाजपा के सपनों का भारत तभी बनेगा जब उसे भारत की जनता दो-तिहाई बहुमत दे देगी। भाजपा को दो-तिहाई बहुमत तो तभी मिल सकता है जब दलित, पिछड़े और मुसलमान उसे वोट देने लगें या हिंदू समाज का चरित्र और स्वभाव ऐसा बदले कि वह अपनी पांच हजार साल की उदारता और सर्वग्राहिता छोड़कर संघीय कट्टरवादिता में बंध जाए। भाजपा ने इतना तो मान लिया है कि संघ और उसके भाई-बहन संगठन हिंदू समाज को ऐसा कट्टर वोट-बैंकी समाज नहीं बना सकते। इसलिए वह हिंदुत्व के एजंडे को राष्ट्रीय जनतांत्रिक गठबंधन के कार्यक्रम के सामने निलम्बित करके दलितों, पिछड़ों और मुसलमानों को अपने से जोड़ने की रणनीति पर आ गया है। समस्या यह है कि गिरगिट तो अपने परिवेश के हिसाब से अपना रंग बदलकर अपना बचाव कर सकता है लेकिन

घनघोर अवसरवादी पार्टी भी अपना रंग बदल-बदलकर सत्ता में नहीं रह सकती। भाजपा का गिरगिटियापन इतना साफ हो जाता है कि वह अपने भगवे को भी ढंक नहीं सकता। बंगारू लक्ष्मण नागपुर में जो बोलते हैं उसे दिल्ली आकर सुधार लेते हैं और अटल बिहारी वाजपेयी दिल्ली में भले ही अपने उदार सर्वग्राही पंखों पर उड़ें अमेरिका में उन्हें बताना ही पड़ता है कि आखिर वे स्वयंसेवक हैं और हिंदुत्व का एजंडा पेड़ पर इसलिए लटका है कि दो-तिहाई बहुमत के बिना उसमें जान नहीं डाली जा सकती। भारत के दलित, आदिवासी, पिछड़े और मुसलमान भाजपा को दो-तिहाई बहुमत हिंदुत्व की स्थापना के लिए नहीं देंगे। उनके सपनों का भारत हिंदुत्ववादी भारत में जीवित नहीं रह सकता। वे इस सत्य को जानते हैं इसलिए नागपुर संदेश जहां दिया गया था वहीं खड़ा है। उसे भाजपा के स्वयंसेवक जहां भी ले जाएंगे वह खड़ा रहेगा। वह चल निकलनेवाला संदेश नहीं है।

29.9.2000

गांधी को फिर मत मारिए

जो लोग राष्ट्रीय स्वयंसेवक संघ और भाजपा के गर्भनाल संबंध को जानते हैं उन्हें लालकृष्ण आडवाणी के बयान से राहत मिली होगी। सरकार की ब्याजस्तुति करने और सत्ता की दाहिनी तरफ रहनेवाले लोग पिछले दिनों से यह बताने में एड़ी-चोटी का जोर लगाए हुए हैं कि भाजपा संघ से दूर होती जा रही है और अब वह अटल बिहारी वाजपेयी के उदार आईने में फिट हो रही है। हालांकि खुद अटलजी अमेरिका के स्टेटन आइलैंड में कह आए हैं कि वे स्वयंसेवक हैं और भाजपा के सपनों का भारत तभी बना सकते हैं जब उन्हें दो-तिहाई बहुमत मिल जाए। गनीमत है कि भाजपा के अमेरिकी–भारतीय समर्थक अपने यहां चुनाव में वोट नहीं दे सकते और अटल सरकार अनिवासी भारतीयों को यह सुविधा दे भी दे तो वे भाजपा को सीधा-सादा बहुमत भी नहीं दिला सकते। लेकिन जैसे-जैसे सरसंघचालक सुदर्शन संघ के निश्चित एजंडे, विचार और कार्यक्रम पर साफ-साफ बोलने लगे हैं और देश के जनमत को लगने लगा है कि हिंदुत्व का यह उग्रवाद देश में नहीं चलेगा वैसे-वैसे सरकार के पैरोकार बताते हैं कि भाजपा संघ नहीं है और राष्ट्रीय जनतांत्रिक गठबंधन भाजपा नहीं है। ऐसे लोगों की वैचारिक चमचागीरी का मक्खन पोंछने में आडवाणीजी का बयान बहुत काम का है।

आडवाणीजी ने कहा कि 'संघ से भाजपा का संबंध ऐतिहासिक है। हम संघ से अलग होने की सोच तक नहीं सकते। संघ का सरकार पर नैतिक प्रभाव है और हम दोनों का—अटल बिहारी वाजपेयी और मेरा-संघ से ऐतिहासिक संबंध है।'' इसके बाद उन लोगों को रुककर थोड़ा विचार करना चाहिए कि क्या सचमुच भाजपा संघ से दूर होती जा रही है और क्या वाजपेयी संघ के सच्चे सपूत नहीं हैं ? गठबंधन सरकार पर संघ के नैतिक प्रभाव के बारे में दूसरी पार्टियों के अलावा तेलुगुदेशम भी घोषणा कर चुकी है कि वह संघ को अपना नैतिक मार्गदर्शक नहीं मानती। संघ की सदस्यता सरकारी कर्मचारियों के लिए खोलने और उन्हें संघ के कार्यक्रमों में भाग लेने की छूट देने पर भाजपा अपने गठबंधन की पार्टियों के दबाव के आगे पीछे हट चुकी है। इसलिए आडवाणी गठबंधन और सरकार के संघ से संबंध की बात न करें लेकिन भाजपा के बारे में जो भी वे कह रहे हैं सच है।

जो लोग भूल गए हों उन्हें आडवाणीजी ने सन् अस्सी की ठीक ही याद दिलाई है कि जनता पार्टी इसलिए टूटी कि उसमें जनसंघ को विलीन करके जो जनसंघी शामिल हुए थे उनके संघ से बराबर संबंध बनाए रखने पर पार्टी में विलीन दूसरी पार्टियों ने एतराज किया था। दोहरी सदस्यता के नाम पर यह विवाद काफी चला और आखिर में नौबत यहां तक पहुंची कि भूतपूर्व जनसंघियों से कहा गया कि वे या तो जनता पार्टी में रहें या राष्ट्रीय स्वयंसेवक संघ से संबंध तोड़ें। आडवाणीजी का कहना सही है कि भूतपूर्व जनसंघियों ने संघ से नाता तोड़ने की बजाय जनता पार्टी से बाहर निकलना पसंद किया। यह भी सही है कि इन भूतपूर्व जनसंघियों ने ही भारतीय जनता पार्टी बनाई। लेकिन वे तब नहीं निकले जब जनता पार्टी सत्ता में थी। वे तभी निकले जब वह पराजित होकर सत्ता से बाहर हो गई थी। भूतपूर्व जनसंघी संघ के लिए सत्ता से नहीं हटे थे। संघ के नाम पर

वे तभी निकले जब जनता पार्टी सत्ता से बाहर हो गई थी।

यहां तक तो लालकृष्ण आडवाणी सच और ठीक कह रहे हैं लेकिन इसके बाद वे आलोचना की प्रतिक्रिया में गलत हो गए हैं और अर्धसत्य और झूठ का सहारा ले रहे हैं। उनकी आलोचना इसलिए हुई कि वे गृहमंत्री होते हुए आगरा में संघ के उस राष्ट्ररक्षा महाशिविर में उपस्थित थे जिसमें सरसंघचालक सुदर्शन ने ईसाइयों के चर्च को स्वदेशी बनाने और मुसलमानों और ईसाइयों का भारतीयकरण करने की बातें कही। इस महाशिविर में अपने जाने को आडवाणीजी ने यह कहकर उचित बताया कि अटल सरकार का संघ से वही सम्बन्ध है जो नेहरू सरकार का महात्मा गांधी से और मोरारजी सरकार का जयप्रकाश नारायण से था। क्या किसी ने नेहरू सरकार से गांधी दर्शन या गौहत्या के बारे में कोई सवाल पूछे ? या मोरारजी सरकार से जनता पार्टी और जेपी के दर्शन के बारे में पूछा गया ? जब नेहरू सरकार के गांधी से और मोरारजी सरकार के जेपी से संबंधों पर सवाल नहीं उठाए गए तो अटल सरकार के संघ से संबंध पर एतराज क्यों किया जाना चाहिए ? जवाहरलाल नेहरू और सरदार पटेल हरिजन कॉलोनी में गांधी से मिलने जाते थे तो कोई सवाल उठाया नहीं जाता था अर्थात् लालकृष्ण आडवाणी के आगरा जाकर संघ के महाशिविर में जाने पर किसी को एतराज क्यों होना चाहिए ?

आडवाणीजी को बताने की जरूरत नहीं कि महात्मा गांधी संगठन नहीं व्यक्ति थे। वे व्यक्ति भले ही इतने महान हों कि उन्हें संस्था ही कहा जाता था लेकिन वे संगठन तो कदापि नहीं थे और ऐसा संगठन तो कभी थे ही नहीं जिसे लेकर देश में हमेशा विवाद रहा हो। इसी तरह सब जानते हैं कि जेपी के कारण ही विपक्ष की पार्टियां अपनी अलग पहचान छोड़कर एक जनता पार्टी में नई पार्टी बनीं। इस पार्टी को सत्ता जेपी के चलाए बिहार आंदोलन से बने वातावरण के कारण मिली जो कि ऊंची जगहों पर भ्रष्टाचार और तानाशाही के खिलाफ था। महात्मा गांधी ने कांग्रेस को आजादी के जन आंदोलन में परिवर्तित किया और उसी से आजादी मिली और नेहरू की सरकार बनी। जेपी ने भी भ्रष्टाचार और तानाशाही के खिलाफ जो आंदोलन चलाया उसी में ये सब पार्टियां शामिल हुईं। जेपी ने ही इंदिरा गांधी के चुनाव लड़ने की चुनौती स्वीकार की थी और सब मानते हैं कि जेपी आंदोलन को कुचलने के लिए इंदिरा गांधी ने जो इमरजंसी लगाई उसी के कारण जनता ने उनको हराया और जनता पार्टी को राज दिया।

हम मान लें कि भाजपा का संघ से 'ऐतिहासिक' ही नहीं गर्भनाल का संबंध है। ऐतिहासिक आडवाणीजी ने बताया है। जो कि अर्धसत्य है क्योंकि सन् अस्सी में संघ के लिए ही जनसंघियों ने जनता पार्टी छोड़कर भाजपा बनाई। लेकिन जिन भूतपूर्व जनसंघियों ने भाजपा बनाई उनके संघ से ऐतिहासिक नहीं गर्भनाल के संबंध थे। वे सब संघ के ही लोग थे जिनने संघ के विचार, एजंडे और कार्यक्रम को राजनैतिक क्षेत्र में लागू करने के लिए जनसंघ की स्थापना की। सब जानते हैं कि वह जनसंघ राष्ट्रीय स्वयंसेवक संघ का राजनैतिक मंच था। यही मंच जनता पार्टी में विलीन हुआ और सन् अस्सी में जब जनता पार्टी सत्ता से अलग होकर टूटी तो इन्हीं जनसंघियों ने भाजपा बनाई। इसलिए भाजपा के संघ से सिर्फ ऐतिहासिक संबंध नहीं—वे गर्भनाल के संबंध हैं। संघ ने भाजपा को जन्म दिया है ताकि उसके विचार और एजंडे को राजनैतिक रूप से स्वीकार करवाया जा सके। इस तरह भाजपा न तो किसी सर्वमान्य जन आंदोलन में से कांग्रेस की तरह निकली है न बिहार आंदोलन से निकली जनता पार्टी जैसी है।

वह अपने आपको एक सामाजिक-सांस्कृतिक संगठन कहनेवाले राष्ट्रीय स्वयंसेवक संघ का राजनैतिक मंच है। आडवाणी सच कहते हैं कि भाजपा का संघ के बिना अस्तित्व नहीं है और संघ और भाजपा कभी अलग नहीं हो सकते।

तो एक तो संघ महात्मा गांधी की तरह महान व्यक्ति और नेता नहीं है, दूसरे गांधीजी ने कांग्रेस को अपने राजनैतिक एजंडे को पूरा करने के लिए एक पार्टी की तरह नहीं बनाया था। उलटे गांधीजी तो चाहते थे कि कांग्रेस आजादी के राष्ट्रीय आंदोलन का विराट स्वरूप छोड़कर राज करनेवाली राजनैतिक पार्टी न बने। इसलिए आजादी के बाद उन्होंने कांग्रेस को भंग करने की सलाह दी थी जो कांग्रेस ने मानी नहीं। फिर गांधीजी ने तो कांग्रेस की सदस्यता कभी की छोड़ दी थी। इसी तरह जेपी ने अपना राजनैतिक एजंडा लागू करने के लिए जनता पार्टी नहीं बनाई थी। जेपी तो छात्रों और युवाओं के साथ होकर भ्रष्टाचार और तानाशाही के खिलाफ आंदोलन छेड़ चुके थे। वह तो उनके आंदोलन के असर और उसमें अपने लिए अवसर देखकर एक-एक करके राजनैतिक पार्टियां उस आंदोलन में शामिल हुईं। इंदिरा गांधी ने जब इमरजंसी लगाई और उन्नीस महीने के बाद चुनाव की घोषणा की तब भी जनसंघ जैसी गैरकांग्रेसी पार्टियां अलग-अलग थीं। वह तो उन्हें जिता कर जनता ने जब एक होने का जनादेश दिया तब सत्ता में आने के ढाई महीने बाद जनता पार्टी बनी।

इस तरह आप साफ देख सकते हैं कि कांग्रेस और जनता पार्टियां दो अलग-अलग जन आंदोलन के गर्भ से निकलीं और जब वे सत्ता में आईं तो न गांधी कांग्रेस के सदस्य या नेता थे न जेपी जनता पार्टी के सदस्य या नेता। और आप जरा और गौर से देखें तो पाएंगे कि हिंदुत्व के झंडाबरदार गोडसे द्वारा हत्या किए जाने के एक रात पहले गांधीजी कांग्रेस सरकार पर अंकुश के लिए लोक सेवक संघ बनाने की बात कर रहे थे और जेपी जनता सरकारों और संघर्ष समितियों के जरिए जनता पार्टी की सरकार को नाथना चाहते थे। गांधीजी का कांग्रेस से और जेपी का जनता पार्टी से गर्भनाल का वह संबंध कभी नहीं रहा जो संघ और भाजपा का है। ऐसा कभी नहीं हुआ कि किसी कांग्रेसी या जनता पार्टी के नेता ने कहा हो कि गांधी या जेपी के बिना हमारा अस्तित्व ही नहीं है और उनसे संबंध विच्छेद करने की हम कभी सोच ही नहीं सकते जैसा कि आडवाणीजी ने अभी कहा है। कांग्रेस ने नहीं कहा कि वह गांधीजी के दर्शन को सरकार में पूरा करेगी न जनता पार्टी जेपी की संपूर्ण क्रान्ति पर अमल के लिए कटिबद्ध थी। भाजपा उस हिंदुत्व को ही अपना एजंडा मानती है जो कि संघ का अपनी स्थापना के दिन से सर्वमान्य लक्ष्य है।

फिर यह भी समझना जरूरी है कि अगस्त '47 से जनवरी '48 तक जब नेहरू की सरकार और महात्मा गांधी दोनों कायम थे तब महात्मा गांधी ऐसे संगठन नहीं थे जिन पर तीन बार पाबंदी लग चुकी हो, जिसकी देश-भर में ख्याति साम्प्रदायिक तनाव पैदा करके दंगों में शामिल होने की हो और जिसके कार्यक्रमों में सरकारी कर्मचारियों के भाग लेने पर प्रतिबंध हो। महात्मा गांधी राष्ट्रपिता थे और यह उपाधि उन्हे सुभाष चंद्र बोस ने दी थी। राष्ट्रपिता से राष्ट्र का प्रथम और द्वितीय सेवक मिलने जाए तो स्वाभाविक ही किसी को क्या एतराज होगा ? और हुआ भी नहीं। सब जानते थे और खुद गांधीजी ने ही कहा था कि कांग्रेस मेरे कार्यक्रम को स्वीकार नहीं करती और अहिंसा उसके लिए सिर्फ रणनीति है लेकिन मेरे लिए निष्ठा की पहली कसौटी। गांधीजी के नेहरू से मतभेद जगजाहिर थे इसलिए नेहरू से पूछा नहीं जाता था कि वे गौहत्या कब बंद करवा रहे हैं और गांधी दर्शन कब लागू होगा। समझे कि नहीं लालजी ?

महात्मा गांधी और संघ को एक ओटले पर मत रखिए। महात्मा गांधी संपूर्ण मानवता को एक करने, सत्य और अहिंसा से संसार के सभी प्राणियों को समान बनाने, शांति और भाईचारे के लिए जिए और एक हिंदुत्ववादी की गोली खाकर 'हे राम' कहते हुए चले गए। संसार आज भी उन्हें बीसवीं सदी का सबसे बड़ा महापुरुष मानता है। आडवाणीजी आपके मन में जो आए वैसा संघ से संबंध रखिए, लेकिन गांधी जैसे महामानव को संघ जैसे साम्प्रदायिक संगठन के स्तर पर मत

उतारिए। एक हिंदुत्ववादी ने उनकी हत्या की, आप उन्हें फिर कीर्ति की बेदी पर संघ के घाट मत उतारिए। संघ हिंदुत्व कायम करके ईसाइयों, मुसलमानों और सभी गैर-हिंदुओं का हिंदूकरण करना चाहता है। उसे गांधी की जगह मत रखिए।

फिर याद रखिए कि आप उस सरकार के गृहमंत्री हैं जिसने संघ के कार्यक्रम में सरकारी कर्मचारियों के भाग लेने पर पाबंदी लगा रखी है। आपने कोशिश की थी लेकिन गठबंधन की दूसरी पार्टियों और जनमत के दबाव पर न सिर्फ आपको पीछे हटना पड़ा, भाजपाई गुजरात सरकार को भी फिर पाबंदी लगानी पड़ी। सवाल यह है कि क्या एक पंथनिरपेक्ष लोकतांत्रिक राष्ट्र की सरकार के गृहमंत्री को ऐसे कार्यक्रम में जाना चाहिए जिसमें उसके कर्मचारी नहीं जा सकते और जहां संविधान की आत्मा के विरुद्ध एक धर्म के एक संप्रदाय के नेता दूसरे धर्मों के तौर-तरीकों को बदलने का उपदेश दे रहे हों ?

20.10.2000

संघ परिवारी अखाड़े में नूरा कुश्ती

आपको लगता होगा कि संघ परिवार में आजकल बड़ा बवाल मचा हुआ है। अभी चार दिन पहले कोटा में राष्ट्रीय स्वयंसेवक संघ के सरसंघचालक सुदर्शन ने कहा—"संघ एक स्वतंत्र संगठन है। वह किसी राजनैतिक पार्टी पर का पिछलग्गू होकर नहीं चल सकता। राजनैतिक दृष्टि से वह किसके प्रतिकूल है और किसके अनुकूल इसका विचार संघ नहीं करता।" सुदर्शनजी की इस घोषणा के दो दिन पहले भारतीय जनता पार्टी के अध्यक्ष बंगारू लक्ष्मण ने गुरदासपुर में कहा और अपना लिखित बयान दिल्ली में जारी करवाया कि 'भाजपा अपने खुद के एजंडे पर चलती है और यह संघ के एजंडे से महत्त्वपूर्ण ढंग से अगल है। मैं बिलकुल स्पष्ट कर देना चाहता हूं कि श्री सुदर्शनजी ने भारत के मुसलमानों और ईसाइयों के बारे में जो कहा वे संघ के विचार हैं। वे भाजपा के विचारों का प्रतिनिधित्व नहीं करते। हमारे विचार और कामकाज ने दिखा दिया है कि धर्मनिरपेक्षता के सिद्धान्त के प्रति भाजपा की प्रतिबद्धता पूरी, बिला शर्त और अपरिवर्तनीय है।" इसके भी कुछ दिन पहले गृहमंत्री लालकृष्ण आडवाणी ने कहा था कि संघ से भाजपा के संबंध ऐतिहासिक हैं और वे कभी टूट नहीं सकते। भाजपा के संघ से सोच-समझकर दूर होने का सवाल ही पैदा नहीं होता। केंद्रीय पर्यटन मंत्री अनंत कुमार ने कहा था कि भाजपा संघ से अपना गर्भनाल का संबंध तोड़ नहीं सकती हालांकि श्री सुदर्शन से वह हर बात पर सहमत न भी हो।

यह बवाल तो है सुदर्शनजी के भारतीय ईसाइयों को इस उपदेश पर कि वे स्वदेशी चर्च बनाएं और मुसलमानों को नसीहत कि वे मानें कि वे पहले हिंदू थे और राम और कृष्ण को अपने पूर्वज कहें। इससे भी बड़ा मामला अयोध्या में उस जगह राम मंदिर बनाने का है जहां आठ साल पहले तक बाबरी मस्जिद खड़ी थी और जिसे संघ परिवारियों ने ध्वस्त किया। आगरा के राष्ट्ररक्षा महाशिविर में संघ के प्रवक्ता ने कहा कि "जो भी सरकार अयोध्या के विवादित स्थल पर राम मंदिर बनाने का विरोध करेगी उसे इसका खमियाजा भुगतना पड़ेगा। इस देश के लोग चाहते हैं कि राम जन्मभूमि पर विशाल राम मंदिर बने। इसका विरोध करनेवाली किसी भी सरकार को चुनाव के समय इसकी कीमत चुकानी पड़ेगी जैसी कि मुलायम सिंह यादव को कारसेवकों पर सन् नब्बे में गोली चलाने की चुकानी पड़ी।" मुख्य संगठक सुरेश राव केतकर की इस चेतावनी के बाद मुंबई में भाजपा अध्यक्ष बंगारू लक्ष्मण ने कहा—"मंदिर का मामला इस समय अदालत में है। गठबंधन सरकार गठबंधन के राष्ट्रीय एजंडे पर चल रही है जिसमें राम मंदिर बनाने का कोई जिक्र नहीं है।" लेकिन विश्व हिंदू परिषद के नेता अशोक सिंघल कह चुके हैं कि राम मंदिर बनाने का निर्णय संत समाज प्रयाग में कुंभ के अवसर पर धर्म संसद में करेगा। और उसे ऐसा फैसला करने के लिए न तो सरकार से अनुमति लेने की जरूरत है न अदालत के फैसले की। संत समाज विश्व हिंदू परिषद के साधु-संतों का संगठन है जिसे अशोक सिंघल देश के संविधान और संसद और सरकार से भी ऊपर मानते हैं। आपको बताने की जरूरत नहीं कि विश्व हिंदू परिषद संघ ने हिंदू धर्म का चर्च बनाने के लिए बनाई है, हालांकि संघ परिषद से आवश्यकतानुसार दूर और पास होता रहता है। जैसे आगरा में संघ ने परिषद की राम मंदिर लाइन से अपने को दूर किया और आशा की

कि न्यायालय हिंदू संस्कृति और सामाजिक परम्परा को ध्यान में रखकर निर्णय देगा।

अब यह सब बांच कर लगेगा कि संघ से भाजपा के संबंध और दोनों के एजंडे के भेद पर भाजपा में बड़ा मतभेद है और लालकृष्ण आडवाणी एक तरफ हैं और अटल बिहारी वाजपेयी के समर्थक दूसरी तरफ। कहा जा रहा है कि बंगारू लक्ष्मण ने ब्रीच कैंडी अस्पताल मुंबई में घुटने का ऑपरेशन करवाने गए अटलजी के कहने पर वह बयान दिया कि हम सुदर्शन से असहमत हैं। यह भी कहा जा रहा है कि कई भाजपाई नेता मानते हैं कि अध्यक्ष बंगारू लक्ष्मण को यह बयान देने की कोई जरूरत नहीं थी। आडवाणीजी दो दिन पहले संघ और भाजपा के संबंध बता ही चुके थे। इसीलिए यह भी माना जाता है कि आडवाणीजी के कहे को ठीक करने के लिए अटलजी के संकेत पर बंगारू लक्ष्मण ने बयान दिया। एक खेल यह भी है कि अटल बिहारी वाजपेयी और लालकृष्ण आडवाणी के मतभेद बताए जाएं, दोनों के बीच रस्साकसी दिखाई जाए, आडवाणी को कट्टर और संघ-परस्त बताया जाए और अटलजी को उदार और संघ से दूरी रखनेवाला बताया जाए। और अब यह भी कहा जा रहा है, कि भाजपा में उत्तराधिकार का झगड़ा शुरू हो गया है और संघ आडवाणी को आगे कर रहा है लेकिन गठबंधन की दूसरी पार्टियों को अटलजी के सिवाय कोई भाजपाई नेता कबूल नहीं होगा। ये दिल्ली में हमेशा चलनेवाले सत्ता के खेल हैं और इनमें अगर आप उलझ गए तो मूल मुद्दे से भटक जाएंगे।

मुद्दा यह है कि बंगारू लक्ष्मण ने नागपुर में मुसलमानों को दीनदयाल उपाध्याय के वर्णन से याद किया कि वे हमारे खून के खून और मांस के मांस हैं और उन्हें भाजपा को समर्थन देने के लिए बुलाया। उनने ईसइयों को भी भाजपा को अपनी पार्टी मानने को कहा। उनने यह भी कहा कि अब पब्लिक में ही राम मंदिर कोई मुद्दा नहीं रह गया तो भाजपा क्यों उसके पीछे पड़े। अब सब जानते हैं कि दीनदयालजी ने खून का रिश्ता बहुत पहले बता दिया था। उसकी याद और लाज भाजपाइयों को बाबरी मस्जिद गिराते वक्त नहीं आई। बल्कि इसके ठीक विपरीत भाजपा दूसरे संघ परिवारियों की तरह मुस्लिम तुष्टिकरण पर छाती कूटती रही। अब उसे मुसलमानों की और उनसे खून के रिश्ते की इसलिए याद आ रही है कि वह समझ गई है कि जब तक अल्पसंख्यक उसे वोट नहीं देंगे न तो वह अगले साल उत्तर प्रदेश का चुनाव जीत सकती है न कभी दिल्ली पर उनका राज हो सकता है। विश्व हिंदू परिषद, बजरंग दल और संघ ने मिलकर उसके लिए जो हिंदुत्ववादी वोट बैंक बनाया है वह वृहत्तर हिंदू समाज का एक छोटा सा हिस्सा है। यह वोट बैंक उसे कभी सत्ता में नहीं पहुंचा सकता। हिंदुत्व का आधार कोई तेजी से बढ़नेवाला नहीं है इसलिए जब तक दलितों, पिछड़ों और अल्पसंख्यकों को पार्टी में नहीं लाया जाएगा। वह अपने बूते सत्ता में नहीं आ सकती। इसीलिए दलित बंगारू लक्ष्मण को अध्यक्ष बनाया गया और उनसे अल्पसंख्यकों, दलितों और पिछड़ों को हांक लगवाई गई।

अब यह मत समझ लीजिए कि भाजपा ने यह राजनैतिक लाइन अपने स्वतंत्र राजनैतिक अस्तित्व और विचार के कारण ले ली। यह संघ परिवार की लाइन है क्योंकि परिवार चाहता है कि भाजपा सत्ता में हो और गठबंधन की बैसाखियों पर नहीं अपने बूते पर हो। इसलिए जब बंगारू लक्ष्मण ने नागपुर में घोषणा की तो संघ और दूसरे परिवारी संगठनों ने उसकी पुष्टि और प्रशंसा की। लेकिन जैसी कि भाजपा की उत्तर प्रदेश में हालत है यह भी स्पष्ट था कि अल्पसंख्यकों, दलितों और सवर्णों को रिझाने में ऐसा न हो कि हिंदुत्ववादी आधार ही खिसक जाए। अल्पसंख्यकों, दलितों और पिछड़ों के वोट निर्णायक विजय तभी दिला सकते हैं जब हिंदू वोट बैंक सुरक्षित हो। इस वोट बैंक को भाजपा बनाए नहीं रख सकती। वह एक राजनैतिक पार्टी है जिसे संविधान से बनाए

धर्मनिरपेक्ष, बहुलतावादी और लोकतांत्रिक समाज में रहना है। हिंदू वोट बैंक को तो विश्व हिंदू परिषद और संघ जैसे कट्टरवादी हिंदू संगठन ही बनाए रख सकते हैं। इसलिए संघ अपने पुराने मुसलमान और ईसाई विरोधी हिंदुत्व पर लौट गया और परिषद ने अयोध्या में राम मंदिर का मामला उठा लिया। सुदर्शनजी ने संघ की तरफ से मोर्चा खोला और विश्व हिंदू परिषद की ओर से अशोक सिंघल ने।

अब समस्या यह है कि सुदर्शनजी हिंदुत्व की विचारधारा का आवाहन करके मुसलमानों और ईसाइयों को हिंदुस्तान को अपनी 'पुण्य-भू' और हिंदू होने को अपनी सच्चाई मानने को कहें और उनके हिंदूकरण का आग्रह करें तो मुसलमान और ईसाई तो भाजपा के वोटर नहीं बन सकते। सुदर्शनजी जो कह रहे हैं वह न सिर्फ हमारे संविधान की आत्मा के विरुद्ध है वह भारतीय राजनीति के सर्वमान्य प्रचलन से भी बाहर है। इसलिए उनकी बातों पर दूसरी पार्टियों ने भाजपा को घेरा और बंगारू लक्ष्मण ने कहा कि ये विचार संघ के हैं भाजपा के नहीं। भाजपा धर्मनिरपेक्षता को अनुल्लंघनीय मानती है। भाजपा अध्यक्ष को यह बयान देना पड़ा क्योंकि सुनदर्शनजी की लाइन राजनैतिक पार्टी के नाते भाजपा को अमान्य करती है। लेकिन देखिए कि बंगारू लक्ष्मण ने सुदर्शनजी के विचारों को अमान्य करते हुए भी कहा कि उन्हें अपनी बात कहने का पूरा हक है और हम उनका सम्मान करते हैं। यानी बंगारू लक्ष्मण की पार्टी सुदर्शनजी की बात नहीं मानती लेकिन उनका विरोध भी नहीं करती। सत्ता में होते हुए भी भाजपा संविधान की आत्मा की रक्षा में सक्रिय नहीं है। वह जानती है कि सुदर्शनजी हमारा ही काम कर रहे हैं। लेकिन हम भी अपना काम कर सकें इसलिए कहें कि हमारा एजंडा संघ के एजंडे से महत्त्वपूर्ण रूप से अलग है। सुदर्शनजी ने भी कहा कि हम किसी पार्टी के पिछलग्गू नहीं हैं। दोनों तरफ से ऐसा कहे बिना दोनों ही अपने-अपने खेल में विश्वसनीय नहीं हो सकते। बंगारू लक्ष्मण का काम अल्पसंख्यकों, दलितों और पिछड़ों के वोट मांगनेवाली उदार पार्टी का अध्यक्ष होना है और सुदर्शनजी हिंदुत्व का आवाहन करके हिंदू वोट बैंक को भाजपा के लिए बनाए रखना चाहते हैं।

इसी तरह अयोध्या में विवादित स्थल पर राम मंदिर बनाने का मामला उठाकर विश्व हिंदू परिषद और संघ उत्तर प्रदेश के हिंदुओं को भाजपा को वोट देने की स्थिति में लाना चाहते हैं। संघ परिषद से अपने को दूर रखता है, लेकिन कहता है कि जो भी राम मंदिर का विरोध करेगा वह मुलायम की मौत मारा जाएगा। संघवाले भूल जाते हैं कि बाबरी मस्जिद गिराकर हिंदुत्व वोट बैंक बनाने के बावजूद सन् तिरानवे के चुनाव में उत्तर प्रदेश में भाजपा को बहुमत नहीं मिला। उसके बाद के किसी भी चुनाव में नहीं मिला। मस्जिद गिरवाई भाजपा के कल्याण सिंह ने जो भाजपा के बूते पर फिर सरकार नहीं बना सके। लेकिन संघ के मुख्य संगठक केतकर का राम मंदिर के मामले को वोट से जोड़ना बताता है कि वे क्यों परिषद को यह मामला उछालने दे रहे हैं। परिषद को तो न भारत के सर्वोच्च न्यायालय, न सरकार, न संविधान की चिन्ता है। वह तो मानती है कि धर्म संसद ही सार्वभौम है जिसमें परिषद इलाहाबाद में कुंभ के अवसर पर तय करेगी कि मंदिर कब बनना है। अब भाजपा कहती है कि हम तो गठबंधन के एजंडे से बंधे हुए हैं, लेकिन संघ कहता है कि हम देखेंगे कि सर्वोच्च न्यायालय क्या निर्णय देता है। उसका निर्णय अगर उसी जगह राम मंदिर बनाने के विरुद्ध गया तो तब की तब देखेंगे। जिस तरह बंगारू लक्ष्मण सुदर्शनजी के विचारों का विरोध नहीं करते उसी तरह संघ अशोक सिंघल की घोषणा के विरुद्ध नहीं है। अयोध्या में राम मंदिर का मामला उसी तरह हिंदू वोट बैंक के लिए जरूरी है जैसे कि बंगारू लक्ष्मण की हांक दलित, पिछड़े और अल्पसंख्यक वोट के लिए।

प्रिय पाठको, यह संघ परिवार में मचा बवाल नहीं है। यह नूरा कुश्ती है जो इस देश खासकर

उत्तर प्रदेश के वोटरों को मूर्ख बनाने के लिए है। संघ परिवार बड़ी बेशर्मी से इस खेल को चला रहा है क्योंकि वह सिद्धान्त, धर्म, नीति और सत्य का सेवक कभी नहीं रहा। वह प्रचार पर उतना ही विश्वास करता है जितना हिटलर का गोयबेल्स करता था।

24.10.2000

संघी स्वतंत्रता आंदोलन की बरसी पर

बाबरी मस्जिद को ध्वंस करके उसी जगह जिन लोगों ने रामलला का कामचलाऊ मंदिर बनाया वे जन भावनाओं के किसी विस्फोट से उड़े परखचे नहीं थे। उनने मंदिर तक ले जानेवाली जो सीढ़ियां बनाईं उनमें पहली सीढ़ी पर कच्ची और गीली सीमेंट में लिखा–हिंदू विजय दिवस–6.12.1992। जिसे देश-भर ने राष्ट्रीय कलंक का दिन कहा उसे मस्जिद तोड़नेवालों ने हिंदुओं की विजय का दिवस उसी राम मंदिर की पहली सीढ़ी पर लिखा है। संघ संप्रदाय के भी सिरफिरे उग्रवादियों के अलावा इस देश के हिंदुओं ने छह दिसंबर को अपना विजय दिवस नहीं माना है। लेकिन गोविंदाचार्य कहते हैं कि जिस रामजन्मभूमि आंदोलन की परिणति बाबरी मस्जिद के ध्वंस में हुई वह तो भारत के स्वतंत्रता आंदोलन और बाद के जेपी आंदोलन के समान था। आजादी का आंदोलन तो गोविंदाचार्य जैसे संघ सेनानियों के शामिल होने से बच गया लेकिन जेपी आंदोलन की छात्र धारा के कर्त्ताओं में गोविंदजी भी थे। उस आंदोलन की छात्र धारा के गोविंदाचार्य जैसे और भी कई कर्त्ता थे। वे रामजन्मभूमि आंदोलन से अपने आंदोलन की तुलना किए जाने को वाहियात और अपमानजनक मानेंगे। लेकिन गोविंदाचार्य को ये तीनों एक जैसे लगते हैं तो यह समानता उनकी दृष्टि की है। इसका वस्तुनिष्ठ और ऐतिहासिक तथ्यों से कोई लेना-देना नहीं है।

जैसे गोविंदाचार्य ने कहा कि बाबरी मस्जिद के ध्वंस की न तो निंदा की जा सकती है और न ही उस पर शोक व्यक्त किया जा सकता है। वह ध्वंस ऐसा मूल्य-निरपेक्ष था। क्यों ? क्योंकि उसकी पहले से कोई योजना नहीं बनाई गई थी और वह तो एक घटना की तरह अचानक घट गया। आजादी के आंदोलन के दौरान चौरी-चौरा में लोगों ने एक इमारत में आग लगा दी थी जिसमें पुलिसवाले छुपे हुए थे। वह इमारत जलकर खाक हो गई और वे पुलिसवाले भी। महात्मा गांधी इस हत्याकांड से इतने विचलित हुए कि उनने न सिर्फ कड़ी-से-कड़ी भाषा में इसकी निंदा की, उनने आंदोलन भी वापस लिया क्योंकि वे हिंसा के विरुद्ध थे। बाबरी मस्जिद के ध्वंस से कहीं ज्यादा चौरी-चौरा का हत्याकांड जन भावनाओं का विस्फोट और अचानक घटी घटना था। गांधीजी जनता की ओर से अचानक हुई हिंसा में फर्क नहीं करते थे। वे सभी हिंसा को निंदनीय और वर्जित मानते थे। वे जनता से डरनेवाले नेता भी नहीं थे जो जनता की हिंसा के बचाव की ढालें बनते। वे आजादी के आंदोलन के जरिए कुछ रचनात्मक मूल्यों की स्थापना करने में लगे हुए थे इसलिए उनने चौरी-चौरा की निंदा की और आंदोलन वापस लिया।

गोविंदाचार्य को यह फर्क समझ में नहीं आएगा क्योंकि उनमें क्या, पूरे संघ परिवार में अपनी निष्ठा और नैतिकता का यह साहस नहीं है कि कहे कि रामजन्मभूमि आंदोलन का केंद्रीय मूल्य मर्यादा पुरुषोत्तम राम की कथित जन्मभूमि को मुसलमानी कब्जे से मुक्त कराना और वहां रामलला का भव्य मंदिर बनाना नहीं, उन मुसलमानों से ऐतिहासिक बदला लेना था जिनने हिंदुओं को युद्ध में हराकर अपना राज्य स्थापित किया और गुलाम हिंदुओं को अपनी ताकत दिखाने के लिए उनके देवताओं के मंदिर तोड़े। बाबरी मस्जिद तोड़कर हिंदू अब मुसलमानों से तब का बदला ले रहे हैं और बता रहे हैं कि कभी अपनी उदारता और सहिष्णुता के कारण हिंदू कमजोर रहे होंगे लेकिन

अब वे शक्तिशाली हो गए हैं और अदालत दे या न दे और संविधान की अनुमति हो या न हो हिंदू मस्जिद तोड़कर मंदिर बनाएंगे। हिंदुओं ने भले ही अब तक दूसरों के धर्मस्थान न तोड़े हों और ऐसा काम मुसलमान शासक ही करते रहे हों, हिंदू, अब अपने धर्म और संस्कृति और स्वभाव के विरुद्ध जाकर भी मस्जिद तोड़ेंगे क्योंकि उन्हें मध्यकाल में हुए अत्याचारों का बदला लेना है। प्रतिशोध भले ही किसी धर्म का मूल्य न हो वह संघ संप्रदाय का अमोघ मूल्य है और हिंदू समाज में उसकी प्रतिष्ठा करना संघ का लक्ष्य है। जो समाज या देश या राष्ट्र एक हजार साल तक गुलाम रहा हो उसकी मुक्ति इसी में है कि वह हिंसक प्रतिशोध को अपना बड़ा मूल्य माने और जब तक उसके सीने में जलती पराधीनता की आग शान्त न हो जाए, प्रतिशोध लेता रहे।

आप जानते हैं कि संघ में ऐसे कई लोग और उसके परिवार में ऐसे कुछ संगठन हैं जो इस तरह की बातें कहते और करते हैं। लेकिन राष्ट्रीय स्वयंसेवक संघ और भाजपा उन्हें अपने संविधान और घोषणापत्रों में शामिल नहीं कर सकते। करेंगे तो पंथनिरपेक्ष लोकतांत्रिक गणराज्य उन्हें प्रतिबन्धित कर देगा इसलिए संघ सांस्कृतिक और सामाजिक संगठन और भाजपा पंथनिरपेक्ष लोकतांत्रिक राजनैतिक पार्टी बने रहने के लिए कहते कुछ और तथा करते और मानते कुछ और हैं। इसलिए गोविंदाचार्य बाबरी मस्जिद के ध्वंस को अचानक घटी घटना कहते हैं और न उसकी निंदा करते हैं न उस पर शोक प्रकट करते हैं क्योंकि मस्जिद गिराना तो प्रतिशोध का पुण्य कार्य है, उसकी निंदा कैसे की जाए और नामुराद मस्जिद का गिरना कोई ऐसा अपकर्म तो नहीं है जिस पर शोक प्रकट करें। गांधीजी हिंसा को वर्जित मानते थे इसलिए उनने चोरी-चौरा की निंदा की और फिर आजादी के नाम पर हिंसा न हो इसलिए आंदोलन वापस लिया। संघ परिवार मस्जिद तोड़ने को वर्जित नहीं मानता, न ऐसे ध्वंस को रोकना चाहता है इसलिए न उसने बाबरी मस्जिद के ध्वंस की निंदा की, न रामजन्मभूमि आंदोलन को वापस लिया। आप जानते हैं कि अयोध्या में कारसेवा के लिए तीन-चार लाख लोग संघ परिवार ने इकट्ठे किए थे। कारसेवा गैती-फावड़े से होगी यह भी घोषणा की थी। बाबरी मस्जिद का ध्वंस व्यवस्थित ढंग से किया गया, नहीं तो कामचलाऊ मंदिर की सीढ़ी पर इसे हिंदू विजय दिवस कैसे और क्यों घोषित किया जाता ? इसे जन भावनाओं का विस्फोट और इसलिए मूल्यनिरपेक्ष बताकर गोविंदाचार्य छुपाने का वही छद्म कर रहे हैं जो संघवाले पचहत्तर साल से कर रहे हैं। दोगलापन किसका अस्त्र और किसकी ढाल है ? संघ परिवारियों से पूछिए।

स्वतंत्रता आंदोलन कैसा था इसे तो देश और दुनिया में सब जानते हैं। लेकिन रामजन्मभूमि आंदोलन संघ परिवार का स्वतंत्रता आंदोलन था इसे बहुत कम लोग जानते हैं। ज्यादातर लोग मानते हैं कि भाजपा ने इसे सन् उननब्बे में तब अपनाया जब यह चुनाव में उसकी ताकत बढ़ाने लायक मुद्दा बन गया था। और विश्व हिंदू परिषद ने धार्मिक नेताओं के अपने संगठनों के जरिए इसे जन आंदोलन इसलिए बनाया कि भाजपा के लिए हिंदू वोट बैंक बनाई जा सके। अयोध्या में रामजन्मभूमि का विवाद ज्यादा नहीं तो सौ डेढ़ सौ साल से चल रहा था। काशी में औरंगजेब का तोड़ा विश्वनाथ मंदिर अलग है और देवी अहिल्या का उसके सामने बनाया मंदिर है जिसमें अभी पूजा होती है। इसी तरह मथुरा में ईदगाह के अंदर कृष्ण जन्म-मंदिर है जहां बाकायदा पूजा-अर्चना होती है। सिर्फ अयोध्या में बाबरी मस्जिद के अंदर रामलला की मूर्ति बैठा दी गई थी जहां पूजा तो होती है पर मंदिर मस्जिद है। हिंदू-मुसलमान विवाद को जैसा अयोध्या से भड़काया जा सकता था वैसा काशी और मथुरा से नहीं। इसलिए पहले विश्व हिंदू परिषद और फिर रामजन्मभूमि आंदोलन को अपनाया और चलाया। लेकिन ऐसा सिर्फ इसलिए नहीं किया गया कि लोकतांत्रिक भारत में भाजपा की ससंदीय ताकत बढ़ानी थी।

लोकतांत्रिक राजनीति को लोगों की भावनाएं भड़कानेवाले मुद्दों की तलाश में रहनेवाली माननेवाले हम लोग रामजन्मभूमि आंदोलन को भी चुनावी मुद्दा ही मानते रहे। भाजपा के लिए यह चुनावी मुद्दा था भी लेकिन भाजपा अकेली संघ परिवार नहीं है। वह संघ परिवार की लोकतांत्रिक पार्टी है। संघ परिवार के कुल एजंडे में भाजपा एक राजनैतिक कार्यक्रम है। संघ के मूल कार्यक्रम में रामजन्मभूमि सिर्फ भाजपा को चुनाव जिताने का मुद्दा नहीं हिंदुओं को मुसलमानों की गुलामी से आजाद करवाने का एक कार्यक्रम था। संघ ने विश्व हिंदू परिषद इसलिए बनाई है कि संगठनविहीन सनातन धर्म में धार्मिक नेताओं का वही रुतबा बनाया जाए जो संगठित धर्मों में चर्च का या मुल्लाओं का होता है। परिषद का काम हिंदू धर्म को सभी धर्मों जैसा संगठित करना और उसे एक चर्च प्रदान करना है। यह लक्ष्य हिंदू धर्म को इस्लाम और ईसाइयत की तरह संगठित करना है ताकि वह उनसे उन्हीं की तरह लड़कर, बदला लेकर उनसे अपने को ज्यादा ताकतवर बना सके। ऐसा करने में सनातन धर्म नष्ट हो जाएगा इसकी चिन्ता संघ को नहीं है क्योंकि हिंदू संस्कृति की दुहाई देनेवाला संघ हिंदू राष्ट्र में धर्म को निहित मानता है। जिस हिंदुत्व को वह राष्ट्रीयता मानता है—वह धर्म नहीं है। वह राष्ट्र अर्थात हिंदू कौम है यानी हिंदू लोगों की राजनीति धर्म से बड़ी है। यह भी भारतीय विचार और संस्कृति की अवधारणा नहीं क्योंकि उसमें तो धर्म सर्वोपरि है। संघ इसे नहीं मानता। वह फासीवादियों और नाजियों की तरह राष्ट्र को सर्वोपरि मानता है और धर्म उस राष्ट्र में निहित है।

संघ की यह अवधारणा भारत के आजादी के आंदोलन को स्वीकार नहीं थी इसलिए संघ उसमें शामिल नहीं हुआ। इसी अवधारणावाली हिंदू महासभा हुई लेकिन उसे स्वतंत्रता आंदोलन ने खारिज कर दिया। संघ नाजियों की तरह मानता है कि हिंदू अलग राष्ट्र हैं तो मुसलमान और ईसाई भी अलग राष्ट्र हैं और एक राष्ट्र में तीन राष्ट्र नहीं रह सकते इसलिए भारत से मुसलमानों और ईसाइयों का सफाया वैसे ही किया जाना चाहिए जैसा हिटलर ने यहूदियों का किया था। गुरु गोलवलकर ने लिखा है कि यहूदियों से जर्मन जाति को शुद्ध करने का जो पराक्रम जर्मनी ने किया उससे भारत में हमें सबक लेना चाहिए। संघ मुसलमानों को भारत का आंतरिक शत्रु मानता है। इसलिए जब देश अंग्रेजों को भारत से निकालने में लगा था तो उस आंदोलन में संघ नहीं आया। बाहरी शत्रु से ज्यादा खतरनाक वह आंतरिक शत्रु यानी मुसलमानों को मानता था इसलिए वह उनसे निपटने की तैयारी में लगा रहा। गुरु गोलवलकर ने लिखा है कि भारत में मुसलमान और ईसाई बराबरी का दर्जा नहीं पा सकते उन्हें दोयम दर्जे का नागरिक होकर ही रहना होगा। इसलिए अभी आगरा में संघ राष्ट्र रक्षा शिविर करता है तो वह मुसलमानों को कहता है कि अपने को हिंदू मानो और राम और कृष्ण को अपने पूर्वज और ईसाइयों से कहता है कि स्वदेशी चर्च बनाओ। यह वही हिंदू राष्ट्र और जर्मनी के सबक को मानने के गुरु गोलवलकर के आदेश को आज की भाषा में रखना है।

संघ की मान्यता में वही भारत आजाद है जो मुसलमानों और ईसाइयों से पराजयों और गुलामी का बदला लेकर उनके वर्चस्व के सभी ऐतिहासिक प्रतीकों से मुक्त हो चुका हो। बाबरी मस्जिद को संघ परिवार ने इस्लामी वर्चस्व का प्रतीक बना दिया था क्योंकि संघ का प्रचार है कि वहां खड़े भव्य राम मंदिर को तोड़कर बाबर के एक सिपहसालार ने बाबरी मस्जिद बनवाई थी। यह मस्जिद तोड़े बिना रामजन्मभूमि मुक्त नहीं हो सकती थी और वहीं फिर भव्य और विशाल मंदिर बनाए बिना हिंदू राष्ट्र की विजय नहीं हो सकती थी। इस तरह रामजन्मभूमि आंदोलन संघ संप्रदाय का आजादी का आंदोलन था। बाबरी मस्जिद तोड़ना भारत की संघी स्वतंत्रता का पहला कदम था। इसीलिए संघ परिवारी कहते थे—अयोध्या तो झांकी है मथुरा काशी बाकी है। मथुरा काशी के साथ

वे कोई तीन हजार मस्जिद और जोड़ देते हैं। जब तक आप इन तमाम मस्जिदों को मिटाने को भारत की आजादी की शर्त नहीं मानते तब तक रामजन्भूमि आंदोलन को भारत के स्वतंत्रता आंदोलन के बराबर नहीं कह सकते। गोविंदाचार्य इसे स्वतंत्रता आंदोलन और लोकतंत्र की पुनर्स्थापना करनेवाले जेपी आंदोलन जैसा ही बताकर रुक जाते हैं क्योंकि इसके आगे जाएं तो अलोकतांत्रिक और असंवैधानिक हो जाएंगे। ऐसी ही तरकीब अटल बिहारी वाजपेयी करते थे। वे कहते थे कि देश का विभाजन हो गया तो उसे स्वीकार किया गया या नहीं ? हम भी बाबरी मस्जिद गिराना नहीं चाहते थे लेकिन गिर गई तो अब उसका ध्वंस आजादी के लिए भारत विभाजन की तरह है। गोविंदाचार्य के लिए नहीं अटल बिहारी वाजपेयी के लिए।

गोविंदाचार्य की असली शिकायत यह है कि आजादी के आंदोलन को कांग्रेस ने और जेपी आंदोलन को जनता पार्टी ने सत्ता प्राप्ति का आंदोलन जिस तरह बना लिया था वैसे ही भाजपा ने बाबरी मस्जिद के ध्वंस और रामजन्मभूमि आंदोलन को अपनी सत्ता का आंदोलन बना लिया। यह गलत हुआ। रामजन्मभूमि को भारत की स्वतंत्रता का संघी आंदोलन बनाए रखना जरूरी है। मुसलमानों और ईसाइयों को हिंदू बनाए बिना हिंदू राष्ट्र मुक्त नहीं हो सकता। भूमंडलीकरण और उदारीकरण से बड़े शत्रु आंतरिक शत्रु हैं। यही संघ का स्वदेशी अभियान है।

3.12.2000

मुखौटा फाड़ के बोला तो क्यों बोला ?

जी हां, यह वही संघ संप्रदाय है। इसी के राष्ट्रीय स्वयंसेवक संघ के 'देशभक्त' नैतिकतावादी खिलाफत आंदोलन से गांधी को मुस्लिम तुष्टिकरण का अपराधी बताकर उन्हें विभाजन के बाद पाकिस्तान का पक्ष लेने और इसलिए मार दिए जाने लायक बताते रहे हैं। वे कांग्रेस और दूसरी धर्मनिरपेक्ष पार्टियों पर राष्ट्र-निर्माण की कीमत पर वोट बैंक की राजनीति करने और सत्ता हथियाने का आरोप लगाकर उन्हें जनता की हिकारत और भर्त्सना की पात्र बताते रहे हैं। इसी की राजनैतिक बेटी भाजपा सिद्धान्तनिष्ठ राजनीति की लम्बी-चौड़ी बातें करके प्रचार करती रही है कि चुनाव जीतने और सत्ता हथियाने के लिए दूसरी राजनैतिक पार्टियां कुछ भी कर सकती हैं। देश को बेच भी सकती हैं। हम राष्ट्रभक्त, राष्ट्रसेवी और सबसे अलग राजनैतिक पार्टी हैं।

यह 'देशभक्त और सिद्धान्तनिष्ठ' संघ संप्रदाय आज क्या कर रहा है ? वह अगले साल उत्तर प्रदेश का विधानसभा चुनाव जीतने के लिए अपने हिंदू वोट बैंक को फिर बनाने और मजबूत करने में लगा है। और इसलिए न सिर्फ वह बाबरी मस्जिद के ध्वंस की आठ साल पुरानी शर्मनाक करतूत को देश की स्मृति और इतिहास से कुरेद देने में लगा है, यह भी स्थापित करने में लगा है कि राम जन्मभूमि आंदोलन तो भारत में स्वतंत्रता संग्राम और जेपी आंदोलन की तरह राष्ट्रीय और लोकतंत्रवादी आंदोलन था। संघ संप्रदाय ने बाकायदा सोच-विचार करके गोयबेल्स को मात करनेवाली यह लाइन निकाली है और इसे चलाने की कोशिश कर रहा है। उत्तर प्रदेश में सोशल इंजीनियरिंग यानी भाजपा को दलितों, पिछड़ों और अल्पसंख्यकों का जनाधार देने के प्रयास में इतने वर्षों से लगे गोविंदाचार्य की लाइन रद्द करके वहां संघ अपने सवर्ण आधार यानी हिंदू वोट बैंक पर फिर जा टिका है। लेकिन भाजपा में अपमानित और मानमर्दित इन्हीं गोविंदाचार्य ने पंद्रह नवंबर को स्वदेशी पर बोलते हुए रामजन्मभूमि आंदोलन को राष्ट्रीय आंदोलन की प्रतिष्ठा दिलाने की कोशिश की। वे संघ के सच्चे और विनम्र स्वयंसेवक हैं। लेकिन स्वयंसेवकी को राजनैतिक सुविधा का साधन मानकर उसका भांति-भांति से उपयोग करनेवाले 'उदार, सहिष्णु और कवि राजनेता' अटल बिहारी वाजपेयी ने बाबरी मस्जिद को गिराए जाने की आठवीं बरसी पर विश्व हिंदू परिषद की लाइन लेकर स्पष्ट कर दिया है कि संघ संप्रदाय किस तरह इस देश के इतिहास, इसकी राजनीति और लोकाचार बदलने में लगा है और यह सब उत्तर प्रदेश का चुनाव जीतने के लिए किया जा रहा है।

अटल बिहारी वाजपेयी गोविंदाचार्य नहीं हैं। अटलजी ने काफी मेहनत करके झूठ-पाट चलाते हुए और दोगली जबान का इस्तेमाल करते हुए एक उदार और सबको अपने साथ लेकर चलनेवाले नेता की छवि बनाई है। वे जानते हैं कि संघ संप्रदाय के बारे में देश के पढ़े-लिखे अंग्रेजीपरस्त और अपनी मिट्टी की परम्परा में रचे-बसे आम लोगों में क्या धारणा है। वे कोशिश करके अपने को उस कट्टर हिंदुत्व छवि से अलग किए हुए थे। वे ज्यादातर विदेशी मामलों में रुचि लेते रहे हैं और इसलिए अपने को नेहरू के प्रभामंडल से आलोकित करते रहे हैं। उनके जैसे परम्परावादी हिंदू कांग्रेस में भी बहुतायत में रहे हैं इसलिए संघवाले ही उनके सोच-विचार और आचार के कारण उन्हें कांग्रेसी कहते रहे हैं। अटलजी को यह छवि भाती रही क्योंकि यह उन्हें देश के पढ़े-लिखे और

अल्पसंख्यक वर्गों में भी स्वयंसेवकी के बावजूद स्वीकार्य बनाती रही है। वे इस भ्रम को भी चलने देते रहे हैं कि संघ के शुद्धतावादी और कट्टर हिंदुत्ववादियों से उनकी अनबन चलती रही है और वे संघ के प्रिय उम्मीदवार नहीं हैं। संघ उन्हें इसलिए बर्दाश्त करता है कि वे जनता में बड़े लोकप्रिय हैं, प्रभावशाली भाषण देते हैं और देश के जितने वर्गों और विचार-दलों में उनकी स्वीकृति है उतनी संघ संप्रदाय के किसी नेता की नहीं है। अटलजी ने समझदारों को यह भी प्रचारित करने दिया है कि वे अपनी लोकप्रियता और उदारता का उपयोग संघ को खुला और उदार बनाने में करते हैं। इसलिए वे पंथनिरपेक्ष और लोकतांत्रिक लोग भी अटलजी का गुणगान करते रहे हैं जो मानते हैं कि संघ संप्रदाय को उसके कट्टर हिंदुत्ववादी 'वनवास' से निकालना अपने लोकतंत्र और अपनी राजनीति और अपने उदार सहिष्णु समाज के लिए जरूरी रचनात्मक कार्य है। इसी छवि, प्रसिद्धि और कीर्ति के कारण अटलजी के आसपास अपने को पंथनिरपेक्ष कहनेवाली पार्टियां इकट्ठी हुईं और वे प्रधानमंत्री बन सके। जॉर्ज फर्नांडीज जैसे प्रवाह पतित और सत्तालोलुप समाजवादी को भी अपनी शर्म छुपाने के लिए अटलजी का मुखौटा काम देता है।

इन्हीं अटल बिहारी वाजपेयी ने इस छह दिसंबर को ठप पड़ी संसद में मीडिया से कहा—"अयोध्या में राम मंदिर का निर्माण राष्ट्रीय भावना के प्रकटीकरण का काम था जो अभी तक पूरा नहीं हुआ।" ऐसा कहने के बाद उन्हें लगा होगा कि इससे भ्रम जरा ज्यादा ही फैल जाएगा। इसलिए शाम को राष्ट्रपति भवन में एक कार्यक्रम के दौरान फिर मीडिया से कहा कि "मैंने बाबरी मस्जिद के ध्वंस का समर्थन नहीं किया है। मंदिर का निर्माण राष्ट्रीय भावना का प्रकटीकरण है। मंदिर किस तरह बनाया जाए यह महत्त्वपूर्ण है।" बाबरी मस्जिद को गिराने की साजिश में शामिल पाए जाने के आरोप में चार्जशीट किए गए मन्त्रियों से इस्तीफा लेने पर डटे विपक्ष और उनकी हठ के कारण ठप पड़ी संसद में ही इससे आग नहीं लगी, गठबंधन में शामिल कुछ पार्टियों ने भी इससे एतराज किया और प्रधानमंत्री से खुलासा करने की मांग की। दूसरे दिन अपने एक छोटे मंत्री शाहनवाज हुसैन के घर इफ्तार पार्टी में खुलासा करते हुए अटल बिहारी वाजपेयी बिलकुल विश्व हिंदू परिषद की पटरी पर चल निकले। उनने कहा, "अयोध्या में मंदिर बने यह तो सारा देश चाहता है। मुसलमानों को भी उससे कोई आपत्ति नहीं है। प्रश्न यही है कि मंदिर कहां बने और कैसे बने ?" उनने कहा कि "काम अधूरा रह गया है" से उनका मतलब था कि अयोध्या विवाद को सुलझाना तो पड़ेगा। इसके हल के दो ही रास्ते हैं। पहला यह कि कोर्ट इसके पक्ष में निर्णय दे और सब पार्टियां इसे मंजूर करें। दूसरा यह कि हिंदू और मुसलमान साथ बैठें और मिलकर तय करें। मंदिर वहीं बन सकता है जहां अभी वह है। मस्जिद किसी और जगह बन सकती है। यानी उनने विश्व हिंदू परिषद के—मंदिर वहीं बनाएंगे नारे का ही समर्थन कर दिया।

अटलजी के उल्टी-पल्टी खा जाने से सभी अचरज में हैं क्योंकि जब रामजन्मभूमि आंदोलन अपने शिखर पर था तो वे कोशिश करके उससे दूर हो गए थे। वे लालकृष्ण आडवाणी की सोमनाथ से अयोध्या की रामरथ यात्रा के समर्थक नहीं थे। वे दो-तीन बार अयोध्या में हुई कारसेवा में भी नहीं गए थे। जिस दिन बाबरी मस्जिद ढहाई गई उस दिन वे दिल्ली में थे और इस ध्वंस की उन्होंने निंदा की थी। उनके ऐसे कई बयान, इंटरव्यू और भाषण मिल जाएंगे जिनमें उनने बाबरी मस्जिद गिरानेवालों की कायरता और नैतिक शक्तिहीनता की खुलकर बातें की हैं। उनने कहा था कि कोई भी शौर्य का महान कार्य गोपनीयता और अंधेरे में नहीं होता और जिन्हें छह दिसंबर पर गर्व है वे खुद होकर आगे आएं और कहें कि उनने यह पुण्य कार्य किया और इसका जो भी परिणाम होगा उसे भुगतने को तैयार हैं। फिर उनने बाबरी मस्जिद के विनाश की साजिश में सीबीआई द्वारा

शामिल पाए गए लालकृष्ण आडवाणी, मुरली मनोहर जोशी और उमा भारती के खिलाफ दाखिल की गई चार्जशीट को राजनैतिक क्यों कहा ? रामजन्मभूमि आंदोलन तो आस्था के सवाल पर चला था, उसे प्रधानमंत्री ने राजनैतिक कैसे बताया ?

और राम मंदिर के निर्माण को रामजन्मभूमि आंदोलन के दौरान अटल बिहारी वाजपेयी ने कभी भी राष्ट्रीय भावना का प्रकटीकरण नहीं कहा था। पूरा देश और संसार जानता है कि यह आंदोलन कथित रामजन्मभूमि पर राम मंदिर बनाने का नहीं, वहां खड़ी बाबरी मस्जिद को राम मंदिर तोड़कर बनाए जाने के आरोप को फैलाकर उस मस्जिद को गिराकर उसकी जगह भव्य राम मंदिर बनाकर बाबर से प्रतिशोध लेने का साम्प्रदायिक आंदोलन था। न तब सिद्ध था कि राम मंदिर तोड़कर बाबर के सिपहसालार मीर बाकी ने बाबरी मस्जिद बनाई थी न उसे तोड़कर साबित किया जा सका कि वहां मंदिर खड़ा था। इस मस्जिद पर विभाजन के बाद अंदर रामलला की मूर्ति रखकर छल-कपट के साथ कब्जा किया गया था। सम्पत्ति के ऐसे झगड़े अयोध्या में लगातार चलते रहे हैं। अभी हाल ही रामजन्मभूमि ट्रस्ट के नृत्यगोपालदास और महन्त रामचंद्रदास के बीच एक मंदिर के कब्जे को लेकर विवाद छिड़ा है और ये दोनों एक-दूसरे के खिलाफ खड़े हैं। बाबरी मस्जिद जिस जमीन पर खड़ी थी उसकी मिल्कियत का मुकदमा ही सौ-डेढ़ सौ साल से चल रहा है। और अभी जिसे कोर्ट में चलता हुआ बताया जा रहा है वह भी इस स्थान की मालिकी का ही है। उस पर फैसला देकर न्यायालय यह नहीं बतानेवाला है कि वहां मंदिर बने या मस्जिद। वह सिर्फ यही बताएगा कि इस जमीन पर मुसलमान का कब्जा है या हिंदू की मिल्कियत।

इसलिए इस आंदोलन के खिलाफ भारत के सभी अल्पसंख्यक समुदाय ही नहीं थे, खुद हिंदू समाज भी मस्जिद गिराने के पक्ष में नहीं था। यह वृहत्तर हिंदू समाज के अल्पसंख्यक और उग्रवादी हिंदुत्ववादी संघ संप्रदाय का आंदोलन था जिसे वह न सिर्फ पूरे हिंदू समाज की ओर से बल्कि हिंदू धर्म, संस्कृति और इतिहास के नाम पर चला रहा था। इसलिए जब छह दिसंबर को बाबरी मस्जिद गिराई गई तो देश स्तब्ध रह गया और सबने कहा कि यह राष्ट्रीय शर्म और कलंक का कार्य करके संघ संप्रदाय ने देश के माथे पर कालिख पोत दी है। मस्जिद गिरने के बाद देश में ऐसे भयंकर साम्प्रदायिक दंगे हुए जैसे विभाजन के बाद नहीं हुए थे। बाबरी मस्जिद के ध्वंस ने देश को दो हिंसक टुकड़ों में बांटा और मुसलमान समाज के मन पर गहरे घाव किए। आज भी वे घाव हरे हैं। आज भी संघ संप्रदाय वृहत्तर हिंदू समाज से अलग-थलग है और अपने बारे में गलतफहमियां दूर करने के लिए राष्ट्रीय स्वयंसेवक संघ को बड़े पैमाने पर जनसम्पर्क अभियान चलाना पड़ रहा है। बाबरी मस्जिद गिराने के बाद उत्तर प्रदेश ने भी भाजपा को बहुमत नहीं दिया है और न उसे केंद्र में सीधा बहुमत मिला है।

फिर क्यों अटल बिहारी वाजपेयी अयोध्या में राम मंदिर के निर्माण को राष्ट्रीय भावना का प्रकटीकरण बता रहे हैं ? अगर ऐसा है तो बाबरी मस्जिद का ध्वंस भी राष्ट्रीय भावना का विस्फोट होना चाहिए ? लेकिन अटल बिहारी वाजपेयी ऐसा नहीं कहते। कहें तो संविधान उन्हें अपने पवित्र क्षेत्र से बाहर कर देगा। उनका कहना है कि मंदिर वहीं बन सकता है जहां अभी वह है। यानी बाबरी मस्जिद को गिराना और उसे कहीं और बनाना उन्हें स्वीकार है। फिर वे क्यों कहते हैं कि उनने मस्जिद गिराने का समर्थन नहीं किया था ? कहें तो उनकी गठबंधन सरकार गिर जाएगी। अटल बिहारी वाजपेयी पाखंड रच सकते हैं, झूठ बोल सकते हैं और क्षुद्र अवसरवादी हो सकते हैं, लेकिन सत्ता नहीं छोड़ सकते। इसीलिए वे राम मंदिर के निर्माण को राष्ट्रीय भावना का प्रकटीकरण कह रहे हैं क्योंकि ऐसा कहे बिना रामजन्मभूमि आंदोलन की प्रतिष्ठा नहीं हो सकती है और संघ संप्रदाय मानता है कि उसे प्रतिष्ठित किए बिना वह हिंदू वोट बैंक उसकी तरफ नहीं लौटेगा जो रामजन्मभूमि आंदोलन और बाबरी मस्जिद का ध्वंस करके संघ संप्रदाय ने उसके लिए

बनाया था और जिसे राष्ट्रीय जनतांत्रिक गठबंधन का एजंडा स्वीकार करके भाजपा खो रही है। संघ संप्रदाय इस निष्कर्ष पर पहुंचा है कि राम मंदिर निर्माण और हिंदुत्व के एजंडे पर लौटे बिना भाजपा अगले साल उत्तर प्रदेश में अपना सफाया नहीं रोक सकती। हिंदू वोट बैंक वापस बन गया तो कम-से-कम भाजपा को इतनी सीटें तो मिल ही जाएंगी कि बहुजन समाज की मायावती को फिर मुख्यमंत्री बनाकर वह सरकार में शामिल हो सके और दिल्ली में गठबंधन के अपने नेतृत्व को पतन से बचा सके। नहीं तो आज की तारीख में उत्तर प्रदेश में भाजपा का सफाया निश्चित है और अपने गढ़ में वह साफ हो गई तो दिल्ली में न उसकी गठबंधन सरकार रह सकेगी, न अटल बिहारी वाजपेयी प्रधानमंत्री रह सकेंगे।

इसलिए अटल बिहारी वाजपेयी अपनी उदार छवि और निष्पक्ष राजनेता की छवि की केंचुल छोड़कर हिंदुत्ववादी पटरी पर उतर आए हैं। उन्हें न सिर्फ उत्तर प्रदेश में भाजपा को सफाए से बचाना है, दिल्ली में अपनी गद्‌दी भी बचानी है। ऐसा करने के लिए वे राष्ट्रीय जनतांत्रिक गठबंधन के एजंडे को छोड़कर भाजपा के उस एजंडे पर आ गए हैं जिसे छोड़े बिना गठबंधन नहीं बनता। वे जानते हैं कि गठबंधन की सहयोगी पार्टियों को साथ रखने के लिए उन्हें किस हद तक संघ संप्रदाय से नजदीकी और कितनी दूरी बनाए रखनी होगी। तलवार की धार पर वे उतना चलेंगे और पर्याप्त भ्रम बनाए रखेंगे। यह मुखौटों का लाभ है। लेकिन काठ की हांडी को उत्तर प्रदेश के चूल्हे पर दोबारा चढ़ाकर और अपनी उदारता की सच्चाई का भंडाफोड़ करके अटल बिहारी वाजपेयी अपनी स्वयंसेवकी और भाजपाई असलियत पर उतर आए हैं। कहते हैं, इससे भाजपा और संघ संप्रदाय में पुरानी रौनक लौट आई है। इस न रहनेवाली रौनक को लौटाने में अटल बिहारी वाजपेयी और संघ संप्रदाय ने राष्ट्रीय भावनाओं से क्या खिलवाड़ किया है, यह अपन कल देखेंगे इसी जगह इसी तरह !

15.12.2000

अब राष्ट्रीय भावना का प्रकटीकरण होगा

अटल बिहारी वाजपेयी ने अपना उदार मुखौटा सोच-समझकर उतारा है। लेकिन वे अपनी भ्रमप्रियता पर कायम हैं और लोगों को बरगलाने के खेल में पहले की ही तरह लगे हुए हैं। जैसे लोकसभा में उनने कहा कि सोमनाथ मंदिर का निर्माण राष्ट्रीय भावनाओं का प्रतीक था। लेकिन अयोध्या में जो राम मंदिर संघ संप्रदाय बनाना चाहता है उसकी तरह सोमनाथ कभी विवाद में नहीं रहा। पूरा देश और मुसलमान भी मानते रहे हैं कि सोमनाथ का शिव मंदिर वहीं था और उसे मोहम्मद गजनवी ने गिराया था। वहां गिराए गए मंदिर की जगह बने मंदिर के पुनरुद्धार पर किसी को भी एतराज नहीं था। सरदार पटेल, राजेन्द्र प्रसाद और कन्हैयालाल माणिकलाल मुंशी उस पुनरुद्धार से जुड़े हुए थे। सरदार पटेल वहां सरकार की तरफ से नया मंदिर बनाना चाहते थे लेकिन उन्हें महात्मा गांधी ने कहा कि आपकी धर्मनिरपेक्ष सरकार है जो मंदिर बनाने जैसे काम नहीं कर सकती।

तो सोमनाथ के शिव मंदिर के पुनरुद्धार को लेकर कोई भी विवाद नहीं था। लेकिन बाबरी मस्जिद के नीचे की जमीन के रामजन्मभूमि होने पर शुरू से विवाद है। यह कहीं सिद्ध नहीं है कि वहां राम के जन्म के गौरव की प्रतिष्ठा करने के लिए मंदिर बना हुआ था। जिसे कभी बाबर के सिपहसालार मीर बाकी ने तोड़ा और भारत पर इस्लाम की विजय की याद में बाबरी मस्जिद बनाई गई। दरअसल बाबरी मस्जिद के आसपास कम-से-कम दो मंदिर और थे जो जन्मभूमि मंदिर कहे जाते थे। मस्जिद के बाहर राम चबूतरा और सीता की रसोई भी थी। मुसलमानों ने कभी नहीं माना कि बाबरी मस्जिद रामजन्मभूमि पर बनाई गई थी। उस भूमि पर एक मुसलमान की मिल्कियत भी थी और उसी पर विवाद के कारण कोर्ट-कचहरी चलती आ रही है। ऐसे विवाद अयोध्या जैसे तीर्थस्थल पर हिंदुओं के संप्रदायों के बीच भी हैं और कोर्ट-कचहरी के अलावा खून-खच्चर भी होता है। न तो बाबरनामा से, न इतिहास की किसी किताब से साबित हुआ कि वहां रामजन्मभूमि मंदिर तोड़कर बाबरी मस्जिद बनाई गई थी। इतिहासकारों और पुरातत्त्वशास्त्रियों ने भी नहीं कहा कि वहां मंदिर था जिसे तोड़कर बाबरी मस्जिद बनाई गई। जो इतिहासकार और पुरातत्त्वशास्त्री समय के साथ अपना ज्ञान और अपनी वफादारी बदलते रहते हैं—वे भी दो टूक साबित नहीं कर सके कि संघ संप्रदायी जो कहते हैं वही सिद्ध सत्य है। बाबरी मस्जिद में किस तरह रामलला की मूर्ति लाकर रखी गई यह सब जानते हैं।

तो राम जन्मभूमि आंदोलन के साथ न तो भारत के सभी अल्पसंख्यक थे न हिंदू समाज का बहुमत। जिसमें भारत के सब लोग शामिल नहीं हों उसे राष्ट्रीय नहीं कहा जा सकता। संघ संप्रदाय का रामजन्मभूमि आंदोलन इसलिए राष्ट्रीय आंदोलन नहीं बना कि दक्षिण और पूर्वी भारत से उसमें भागीदारी लगभग न की तरह थी। लेकिन अपने स्वभाव और चरित्र में भी संघ संप्रदाय का यह आंदोलन राष्ट्रीय नहीं था। यह देश को एक नहीं करता था, यह संविधान के अनुरूप नहीं था और बाबरी मस्जिद को हटाने या गिराने की मांग के कारण भारत की एकता, अखंडता और साम्प्रदायिक समरसता को भी तोड़ता था। इसके समर्थन में लालकृष्ण आडवाणी ने सोमनाथ से जो रथयात्रा निकाली उसका क्या परिणाम हुआ, हम सब जानते हैं और बाबरी मस्जिद के ध्वंस और उसके

बाद हुए साम्प्रदायिक दंगों के बारे में फिर से कुछ कहने की जरूरत नहीं है। बाबरी मस्जिद को तोड़कर वहीं राम मंदिर बनाना, इतिहास के इस्लामी हमलावर को पराजित करके हिंदुओं की विजय पताका फहराना राष्ट्र के दो समुदायों को एक-दूसरे के खिलाफ लड़ा देने का विभाजनकारी काम है। बाबरी मस्जिद को गिराकर बनाए गए कामचलाऊ मंदिर की पहली सीढ़ी पर सीमेंट में छह दिसंबर को हिंदू विजय दिवस बताना इसमें कोई संदेह ही नहीं छोड़ता कि कारसेवकों की क्या मंशा थी। इसलिए किसी ने नहीं कहा कि राम मंदिर का निर्माण राष्ट्रीय भावनाओं का प्रकटीकरण था। अटल बिहारी वाजपेयी ने भी आठ साल बाद कहा।

उनने रामजन्मभूमि के आंदोलन के अपने इस वर्णन को वापस लेने से इनकार किया है। इसकी क्या राजनीति है यह अपन देख चुके हैं। गोविंदाचार्य भी इसे राष्ट्रीय आंदोलन बता चुके हैं इसलिए यह मानने में कोई गलती नहीं है कि संघ संप्रदाय ने तय किया है कि रामजन्मभूमि आंदोलन पर अब बचाव की मुद्रा में रहने की जरूरत नहीं है और हमें प्रचारित करना चाहिए कि राम मंदिर बनाना तो राष्ट्रीय भावनाओं का सम्मान था। ऐसा रवैया लेकर संघ संप्रदाय अपने उस हिंदू वोट बैंक को सक्रिय करना चाहता है जो रामजन्मभूमि आंदोलन और बाबरी मस्जिद के ध्वंस से बना है। अयोध्या में राम मंदिर बनना चाहिए इससे मुसलमानों को भी कोई आपत्ति नहीं है, ऐसा अटल बिहारी वाजपेयी ने कहा है। लेकिन यह अर्धसत्य है। अयोध्या में राम मंदिर बने इससे मुसलमानों को एतराज नहीं है। उन्हें आपत्ति बाबरी मस्जिद के गिराए जाने और उसी जगह राम मंदिर बनाए जाने से है।

जब आंदोलन चल रहा था तो रामरथी लालकृष्ण आडवाणी को गिरफ्तार करवानेवाले प्रधानमंत्री विश्वनाथ प्रताप सिंह ने भी कहा था कि राम मंदिर अयोध्या में नहीं बनेगा तो कहां बनेगा ? जरूर बनना चाहिए। लेकिन विवादित भूमि पर नहीं और तब तक तो बिलकुल नहीं जब तक न्यायालय से फैसला नहीं हो जाता। भाजपाई बड़ी आक्रामकता से बताते हैं कि अयोध्या में शिलान्यास तो राजीव गांधी ने ही करवाया था। जरूर करवाया था क्योंकि वे भी अयोध्या में राम मंदिर बनने के पक्ष में थे। लेकिन वे भी विवादित भूमि को छोड़कर मंदिर बनवाना चाहते थे। अगर रामजन्मभूमि आंदोलन को देश के वृहत्तर हिंदू समाज का समर्थन नहीं मिला तो इसीलिए कि यह बाबरी मस्जिद को हटा या गिराकर उसी जगह राम मंदिर बनाने के पक्ष में नहीं था। रामजन्मभूमि आंदोलन अगर राष्ट्रीय नहीं है तो इसीलिए कि वह बाबरी मस्जिद की जगह ही राम मंदिर बनाने के लिए था और यह बात भारत के संविधान, कानून और लोकतांत्रिक संस्थाओं को मंजूर नहीं थी। यह सनातन धर्म की सदियों पुरानी परम्परा के भी विरुद्ध थी क्योंकि वह किसी के धर्मस्थल को गिराने की अनुमति नहीं देता। खुद अटल बिहारी वाजपेयी ने अपनी एक कविता में हिंदुओं के बारे में लिखा है कि क्या हम कभी अफगानिस्तान किसी मस्जिद को तोड़ने गए। यह हिंदू समाज और संस्कृति का गुण और बड़प्पन माना जाता है कि वह दूसरे धर्मों और उनके धर्मस्थलों का भी वही सम्मान करता है जो अपने धर्म और धर्मस्थलों का। इसलिए आप देखिए कि अभी लोकसभा में भी भाजपा और शिवसेना के अलावा गठबंधन की पार्टियों ने भी बाबरी मस्जिद के ध्वंस की कड़ी निंदा की। विपक्षी पार्टियां तो उसके खिलाफ हैं ही।

पर मजा देखिए कि संघ संप्रदाय की नई लाइन में रामजन्मभूमि की नई प्रतिष्ठा तो है, बाबरी मस्जिद के ध्वंस का जिक्र तक नहीं है। संघ संप्रदाय के नए प्रवक्ता अटल बिहारी वाजपेयी ने भी नहीं बताया कि अगर राम मंदिर का निर्माण राष्ट्रीय भावना का प्रकटीकरण है तो बाबरी मस्जिद का ध्वंस क्या था ? अगर उसी जगह राम मंदिर बनाना राष्ट्रीय भावनाओं का प्रकटीकरण है तो बाबरी मस्जिद का ध्वंस भी राष्ट्रीय भावनाओं का ही विस्फोट होना चाहिए। लेकिन आप देखेंगे

कि उस पर अटलजी मौन हैं। संघ संप्रदाय के दूसरे लोग कहते हैं कि वह तो जन भावनाओं का विस्फोट था। संघ संप्रदाय की सारी संस्थाओं ने मिलकर उस कारसेवा का आयोजन किया था। तीन-चार लाख कारसेवक इकट्ठे करनेवाला संघ संप्रदाय ध्वंस की कोई जिम्मेदारी नहीं लेता। बेचारे मानव संसाधन मंत्री मुरली मनोहर जोशी तो वहां से इतनी दूर थे कि उनने कुछ नहीं देखा। ध्वंस की जिम्मेदारी से हाथ धोने को संघ संप्रदाय इतना उत्सुक है कि सरसंघचालक सुदर्शन ने तो कह दिया कि बाबरी मस्जिद तो बम से उड़ाई गई। उत्तर प्रदेश में सरकार भाजपा की थी। बाबरी मस्जिद में रामलला का मंदिर था। पूरे परिसर पर संघ संप्रदाय का कब्जा था। फिर भी कोई आकर उसे बम से उड़ा गया। एक धतकरम की जिम्मेदारी से हाथ धोने का यह उत्तम उदाहरण है। पूरे संघ संप्रदाय में किसी माई के लाल में इतना नैतिक साहस नहीं है कि कह सके कि हां हमने मस्जिद गिराई क्योंकि इसके बिना उस जगह भव्य राम मंदिर बन ही नहीं सकता। बाबरी मस्जिद को गिराने के अपराध और पाप से बच निकलने की यह कोशिश हिंदू धर्म में तो चल नहीं सकती क्योंकि उसमें तो पाप या अपराध करनेवाले भगवान के अवतारों को भी सजा भुगतनी पड़ी है। लेकिन संघ संप्रदाय रामजन्मभूमि आंदोलन को बाबरी मस्जिद गिराने के पाप से बिलकुल अलग कर देना चाहता है।

रामजन्मभूमि आंदोलन को रक्षात्मकता से बचाने का यह प्रयत्न दरअसल उसे अपराध और पाप बोध से मुक्त करने का भी प्रयास है। लेकिन क्या सचमुच इस आंदोलन को संघ संप्रदाय के रणनीतिकारों के अलावा देश में कोई भी बाबरी मस्जिद के ध्वंस से अलग कर सकता है ? संघ संप्रदाय ने उसे सिर्फ ढांचा कहकर अपना अपराध बोध कम करने की कोशिश की है। ढांचा इसलिए कि वहां नमाज नहीं पढ़ी जाती थी। कैसे पढ़ी जाती ? वहां चोरी से रात को रामलला की मूर्ति लाकर रख दी गई थी। जो लोग कहते हैं कि वहां भगवान प्रकट हो गए थे वही कह सकते हैं कि बाबरी मस्जिद अपने आप ढह गई। लेकिन आप-हम सब जानते हैं कि इतिहास क्या है। आठ साल पहले अपनी आंखों हमने देखा है। इसलिए रामजन्मभूमि को बाबरी मस्जिद के ध्वंस से अलग करना न सिर्फ संघ संप्रदाय का अपराध और पाप से बचने का प्रयास है, यह इस कोशिश का भी परिणाम है कि देश-दुनिया मान ले कि जिसे खाकी चड्ढीवाले रामजन्मभूमि कह दें उसे सब मान लें और रामजन्मभूमि पर राम मंदिर बनाने के लिए जो भी किया जाए वह पुण्य कार्य है इसलिए बाबरी मस्जिद का ध्वंस कोई मानी नहीं रखता। जैसे आमलेट बनानेवाले नहीं कहते कि हमने अंडा तोड़ा है उसी तरह राम मंदिर बनवानेवाले नहीं कहते कि हमने बाबरी मस्जिद तोड़ी है।

बाबरी मस्जिद को तोड़कर उसकी जगह राम मंदिर बनाने को राष्ट्रीय भावना के प्रकटीकरण का कार्य वही कह सकते हैं जो मानते हैं कि संघ संप्रदाय की भावना ही राष्ट्रीय भावना है। संघ संप्रदाय मानता है कि उसकी भावना शुद्ध हिंदू भावना है इसलिए हिंदू भावना ही राष्ट्रीय भावना हुई। हिंदू भावना हिंदू राष्ट्र में ही राष्ट्रीय भावना हो सकती है और बाबरी मस्जिद का ध्वंस हिंदू राष्ट्र में ही राष्ट्रीय भावना का विस्फोट हो सकता है। इसलिए आज अगर आप मान लें कि अयोध्या में उसी जगह राम मंदिर का निर्माण राष्ट्रीय कार्य है तो कल आपको यह भी मानना होगा कि भारत एक हिंदू राष्ट्र है। अटल बिहारी वाजपेयी के उदार श्रीमुख से निकला ऐसा उद्घोष उस पाप को धो देगा जो हमने भारत को धर्मनिरपेक्ष लोकतांत्रिक गणराज्य बनाकर किया है। संघ संप्रदाय के बनाए उस हिंदू राष्ट्र में हिंदुत्व ही राष्ट्रीयता होगा। हिंदू ही पहले दर्जे के और इस राष्ट्र में स्वाभाविक नागरिक होंगे और जैसा कि कोई साठ साल पहले गुरु गोलवलकर ने कहा था और अब नई भाषा में सरसंघचालक सुदर्शन कह रहे हैं, मुसलमानों और ईसाइयों को मानना पड़ेगा कि

वे भी हिंदू हैं। और जब तक वे ऐसा नहीं मानेंगे उनको वे बुनियादी अधिकार भी नहीं मिलेंगे जो कि नागरिकों को मिलते हैं और उनके साथ दूसरे दर्जे के नागरिक जैसा व्यवहार किया जाएगा। भारत को ऐसा हिंदू राष्ट्र बनाए बिना बाबरी मस्जिद की जगह राम मंदिर बनाना राष्ट्रीय भावना के प्रकटीकरण का कार्य नहीं हो सकता।

अटल बिहारी वाजपेयी कहते हैं कि अयोध्या की समस्या दो ही ढंग से सुलझ सकती है। या तो कोर्ट फैसला दे दे और सब मान लें या हिंदू-मुसलमान साथ बैठकर तय कर लें। दुनिया जानती है कि ये दो रास्ते तो छह दिसंबर के पहले भी खुले हुए थे और इन्हीं पर देश का सभ्य समाज जोर दे रहा था। लेकिन रामजन्मभूमि आंदोलनवालों ने आस्था के इस मामले पर न्यायालय का कार्यक्षेत्र नहीं माना और जब लखनऊ में भाजपा की सरकार थी तब कारसेवकों को इकट्ठा करके बाबरी मस्जिद तोड़ दी। ऐसा करने की कोई सजा होती है या नहीं ? और जो लोग अपनी भीड़ की ताकत के सामने संविधान, कानून, राष्ट्र और लोकतांत्रिक परम्पराओं को कुछ नहीं समझते उन्हें क्या अधिकार है कि हमारे देश और धर्म की परम्पराओं से खिलवाड़ करें ? अगले साल उत्तर प्रदेश और चार अन्य राज्यों की विधानसभाओं के चुनाव हो रहे हैं, उनमें संघ संप्रदाय को उसके किए की सजा दे दी जाए। इसके बाद इन्हें राष्ट्रीय भावना का मतलब समझाएंगे।

16.12.2000

कितने टूटे हुए मुखौटे

अटल बिहारी वाजपेयी लौट आए हैं। केरल की समुद्राकार झील वेमबनाड के किनारे बने कुमारकोम विश्राम गृह से नई दिल्ली की रेस कोर्स रोड के सात नंबरी बंगले में ही नहीं। अपनी राजनीति के घिसे-पिटे अस्त्र भ्रमशीलता के लगातार संधान और उदार, सहिष्णु और सेकुलर मुखौटे पर भी।

दिक्कत यही है कि अस्त्र इतना भोथरा हो गया है कि उस पर अब धार चढ़ नहीं सकती और मुखौटा काठ का है जो एक बार आग पर झुलस जाने के बाद दुबारा नहीं चढ़ता। अटलजी दो भागों में लेख छपवाएं या रोज एक लेख लिखें वे अपने सच्चे और असली रूप में पकड़े गए हैं। और आम जनता की याददाश्त राजनैतिक मुहावरे में चाहे जितनी कमजोर हो इतनी खराब नहीं हो सकती कि अभी छह और सात दिसंबर को मीडिया के सामने और चौदह दिसंबर को लोकसभा और उन्नीस दिसंबर को राज्यसभा में अयोध्या पर उनने जो कहा उसे बिलकुल भूल जाए और अब पिछली सहस्राब्दी की इस समस्या के हल में उनके साथ जुट जाए। एक और राजनैतिक कहावत है कि कुछ लोगों को कुछ समय के लिए बुद्धु बनाया जा सकता है लेकिन सब लोगों को सारे समय बना के नहीं रखा जा सकता।

लोकसभा और फिर राज्यसभा में बहस के उत्तर में अटलजी ने नहीं कहा कि मेरी टिप्पणियों को तोड़ा-मरोड़ा गया है। सिर्फ इसलिए कि उनसे राजनैतिक फायदा उठाया जा सके। अपने बचाव की यह लाइन उनने कुमारकोम की दैविक शांति में विकसित की। वहां (शायद वहीं) लिखे लेख में वे कहते हैं, 'मेरे बयान का कि अयोध्या में राम मंदिर का निर्माण राष्ट्रीय भावना का प्रकटीकरण था–कई तरह से अनर्थ किया गया है। अपने बयान में जिस 'था' का उपयोग मैंने सोच-समझकर किया था उसकी अनदेखी की गई है। राज्यसभा में बहस के उत्तर में मैंने स्पष्ट कहा कि हालांकि अयोध्या में राम मंदिर का निर्माण हमारी राष्ट्रीय भावना का प्रकटीकरण था छह दिसंबर बानवे के दिन मस्जिद के ढांचे के दुर्भाग्यपूर्ण ध्वंस के कारण यह भावना संकीर्ण हो गई और उसका सर्वग्राही चरित्र निषेधात्मक हो गया। यह ध्वंस कानून का सरासर उल्लंघन तो था ही यह हिंदू लोकाचार के भी पूरी तरह विरुद्ध था। मध्य युग में की गई एक गलती आधुनिक युग में की गई वैसी ही गलती से ठीक नहीं की जा सकती।'

अब आप में से जो लोग अखबार पढ़ते और टी.वी. देखते हैं वे भूले नहीं होंगे कि छह और सात दिसंबर को अटलजी ने मीडिया से क्या कहा था–'अयोध्या में राम मंदिर का निर्माण राष्ट्रीय भावना के प्रकटीकरण का काम था जो अभी तक पूरा नहीं हुआ' (और यह संघ संप्रदाय के सबसे वफादार अखबार पायनियर में छपा है)। शाम को उनने राष्ट्रपति भवन में मीडिया से कहा, 'मंदिर का निर्माण राष्ट्रीय भावना का प्रकटीकरण है। मंदिर किस तरह बनाया जाए यह महत्त्वपूर्ण है। मस्जिद गिराने का मैंने समर्थन नहीं किया।' अगले दिन मंत्री शाहनवाज हुसैन की इफ्तार पार्टी में उनने कहा, 'काम अधूरा रह गया है' से मेरा मतलब था कि अयोध्या विवाद का अभी हल नहीं हुआ है। इसके हल के दो ही रास्ते हैं। एक, कोर्ट उसके पक्ष में फैसला दें। दूसरा, हिंदू-मुसलमान मिल बैठकर तय करें कि मंदिर वहीं बने और मस्जिद के लिए हिंदू दूसरी जगह दें।'

इन टिप्पणियों से कहीं भी यह अर्थ नहीं निकलता कि छह दिसंबर बानवे के पहले अयोध्या में राम मंदिर का निर्माण राष्ट्रीय भावना का प्रकटीकरण था। चूंकि उस दिन बाबरी मस्जिद ढहा दी गई इसलिए वह संकीर्ण और संकुचित हो गया। उससे कानून का उल्लंघन और हिंदू लोकाचार भंग हुआ। अगर ऐसा अर्थ निकलता होता तो अभी तक अधूरा है या पूरा नहीं हुआ का क्या मतलब है ? तब अटलजी ने अपने एक-एक दो-दो वाक्यों का यह स्पष्टीकरण क्यों नहीं दिया जो अब लेख में दे रहे हैं ? छह और सात दिसंबर की इन टिप्पणियों से उन्नीस दिसंबर तक देश उलाढाला होता रहा। किसी को भी क्यों समझ नहीं आया कि प्रधानमंत्री अटल बिहारी वाजपेयी तो बेचारे कह रहे हैं कि छह दिसंबर बानवे तक अयोध्या में राम मंदिर का निर्माण राष्ट्रीय भावना का प्रकटीकरण था जो अब नहीं रहा क्योंकि कारसेवकों ने कानून, संविधान, हिंदू लोकाचार, धर्म आदि का उल्लंघन करके मस्जिद तोड़ दी। अगर यह कानून का उल्लंघन था और संविधान के विरुद्ध था तो लालकृष्ण आडवाणी, मुरली मनोहर जोशी और उमा भारती को इस ध्वंस के षड्यंत्र में चार्जशीट किए जाने के बावजूद आप किस खुशी में मंत्रिमंडल में रखे हुए हैं और उनके रखे रहने को उचित ठहरा रहे हैं ?

इस देश में लोग हिंदी समझते हैं और कही गई बातों का मतलब भी समझते हैं। उन्हें इतना नासमझ बताकर अटल बिहारीजी आप अपने को निर्दोष और फिर से उदार, सहिष्णु और सेकुलर क्यों बताने की कोशिश कर रहे हैं ? बहुत सयाने और घाघ लग रहे हैं। अब जो अर्थ निकालकर आप बता रहे हैं वह तब भी बता सकते थे लेकिन तब आपको अहसास नहीं था (या आप जान बूझकर अवहेलना कर रहे थे) कि इससे आपकी उदार और सहिष्णु छवि को कितना नुकसान हो रहा है। अपना बख्तरबंद आपने कुमारकोम में खोला और घाव देखे तो लिखा, 'रातोंरात मीडिया और राजनेताओं के एक वर्ग ने मुझे 'नरमपंथी' से 'कट्टरतावादी' बना दिया। उनने कहा, 'वाजपेयी का मुखौटा उतरा' और खुली किताब जैसे मेरे लंबे सार्वजनिक जीवन को भुला दिया गया। और तो और अल्पसंख्यक भाइयों में मेरे खिलाफ गलतफहमी फैलाने की मुहिम ही शुरू कर दी गई।' मीडिया या राजनेता आपका कुछ नहीं बिगाड़ सकते अटलजी ! छह और सात दिसंबर को आपने ही साबित किया कि आप मुखौटे में थे और वह मुखौटा भी आपने ही तोड़ा है। क्यों तोड़ा यह आप जानें लेकिन देश के सामने अब आपका भंडाफोड़ हो गया है। अब सब जान गए हैं कि आप अपने बारे में सोच-विचार कर भ्रम फैलाते हैं, दोमुंही बातें कहते हैं और जब लोग असलियत पर आ जाते हैं तो कुमारकोम के विश्रामगृह में बैठकर आप लिखते हैं कि आपको बिलकुल गलत समझा गया।

नए साल और नई सहस्राब्दी में आप दूरदर्शी और युग प्रवर्तक के भेस में फिर लोगों से कह रहे हैं कि अयोध्या की सहस्राब्दी समस्या के दो ही हल हैं। कोर्ट निर्णय करे और उसे सरकार मानेगी या हिंदू मुसलमान मिलकर तय करें कि मंदिर कहां बने और मस्जिद कहां। प्रधानमंत्री महोदय, ये विकल्प उस दिन भी खुले थे जिस दिन से राम जन्मभूमि आंदोलन शुरू हुआ। उस दिन भी खुले थे जब सन् उननब्बे में आपकी पार्टी ने इसे अपने एजंडे पर चढ़ाया। उस दिन भी खुले थे जब आपके संघ संप्रदाय ने कारसेवा के लिए स्वयंसेवकों को गैंती-फावड़ा लेकर बुलाया था। आपकी पार्टी और संप्रदाय के नेताओं ने जितने भी वचन न्यायालय, संसद, एकता परिषद आदि में दिए थे उन सबका मखौल उड़ाते हुए कारसेवकों ने इन विकल्पों को बेमतलब कर दिया। इन विकल्पों और आज के बीच छह दिसंबर बानवे का वह ध्वंस है जिसे दुर्भाग्यपूर्ण घटना कहकर आप और आपके संप्रदाय के तमाम लोग अपनी जिम्मेदारी से बरी होना चाहते हैं। क्या एक ऐसा धतकरम जो हिंदुओं ने कभी नहीं किया और जिसे आप हिंदू लोकाचार के विरुद्ध मानते हैं—माफ कर दिए जाने और भुला दिए जाने के लायक है ?

अगर वह महज ढांचा होता तो क्या इस देश के मुसलमान उसके ध्वंस से इतनी बुरी तरह आहत

होते ? मंदिर वहीं बनाना अगर संघ संप्रदाय की भावना का मामला है तो क्या मुसलमानों की कोई भावना बाबरी मस्जिद से नहीं जुड़ी थी ? उनकी भावना पर फैसला देने का हक संघ संप्रदाय को है ? अगर नहीं है तो जिनने वह मस्जिद तोड़ी उनके पाप का क्या होगा ? आपने लिखा है कि मध्ययुग की एक गलती आधुनिक युग की वैसी ही गलती से ठीक नहीं हो सकती। यानी बिना किसी ऐतिहासिक और पुरातात्त्विक प्रमाण के आप मानते हैं कि वहां राम मंदिर गिराकर बाबरी मस्जिद बनाई गई थी और अब उस मस्जिद को गिराना भी वैसी ही मध्ययुगीन गलती है जैसी कि आपके संप्रदाय के लोग प्रचार करते हैं कि बाबर के सिपहसालार मीर बाकी ने की थी। ऐसा मानने के बावजूद आप कहते हैं कि भारत को भविष्य में आगे बढ़ना चाहिए। क्या पाप और अपराध को जाजम के नीचे छुपाकर भविष्य बनाया जा सकता है ? खुद आपने कहा है कि बाबरी मस्जिद का ध्वंस कानून का सरासर उल्लंघन था और देश-दुनिया में सब समझदार मानते हैं कि वह हमारे संविधान का उल्लंघन था। तो जो कानून तोड़ते हैं, संविधान की खिल्ली उड़ाते हैं वे कोई अपराध करते हैं या नहीं करते ? फिर छह दिसंबर को जिन लोगों ने वह अपराध किया उसकी कोई सजा भी हो सकती है या नहीं ? अगर हो तो सजा भुगते बिना और पाप का प्रायश्चित किए बिना भविष्य का वह भारत कैसे बन सकता है जिसे हम सबको आम सहमति, भाईचारे और सदाशयता से बनाना है ? रोज आपके संप्रदाय का एक नेता या आपकी पार्टी का कोई मंत्री बाबरी मस्जिद के ध्वंस की जिम्मेदारी से अपने को बरी कर रहा है। कभी वह पाकिस्तानी बम से गिराई गई है तो कभी किसी भारतीय मुसलमान के द्वारा। आप मानते हैं कि इससे विश्वास, सदाशयता और भाईचारा बढ़ रहा है ?

और आप भी क्या यही नहीं कर रहे ? आप बार-बार सोमनाथ के मंदिर के जीर्णोद्धार का हवाला देकर मंदिर वहीं बनाने के संघ संप्रदाय के हठ को राष्ट्रीय भावना बता रहे हैं। सोमनाथ के जीर्णोद्धार पर देश में कहीं कोई विवाद नहीं था। उसे मोहम्मद गजनी ने तोड़ा तब भी वह मंदिर था और सरदार पटेल ने जीर्णोद्धार करवाया तब भी मंदिर था। बाबरी मस्जिद को तोड़कर वहां राम मंदिर बनाने का निश्चय सिर्फ संघ संप्रदाय का था और है। बाबरी मस्जिद राम जन्मभूमि मंदिर तोड़कर बनाई गई थी और उसी स्थल पर रामजी का जन्म हुआ था, यह आपके संप्रदाय का आस्था के नाम पर उठाया गया विवाद है। सोमनाथ मंदिर ऐसे विवाद में कभी नहीं रहा। वह सोमनाथ मंदिर का विवादित ढांचा कभी नहीं रहा। सोमनाथ और बाबरी मस्जिद में 22 दिसंबर, '49 की रात मूर्तियां रखकर बनाए गए मंदिर की तुलना इतिहास के साथ सरासर भ्रष्टाचार है। भगवान राम को भगवान और इस देश का मर्यादा पुरुषोत्तम संघ संप्रदाय ने नहीं बनाया। देश उनको अपना मानता है और अल्लामा इकबाल भी, तो इसलिए नहीं कि संघ संप्रदाय ने उनका मंदिर बनाने का निश्चय किया है। वे जिस रघुकुल के थे उसमें प्राण भी चले जाएं पर वचन नहीं तोड़ा जाता था। संघ संप्रदाय ने अपना वचन रखा ? एक माई का लाल नहीं है जो छाती पर हाथ रखकर कहे कि हां हमने मस्जिद तोड़ी क्योंकि हमें राम का मंदिर बनाना है ? जिसे आप सामाजिक और सांस्कृतिक संगठन कहते हैं उसमें इतना तो नैतिक साहस नहीं। वह राम का नाम लेकर रावण की तरह अपनी लंका बचाना चाहता है। अगर आप स्वयंसेवक हैं तो आपको शोभा नहीं देता कि बाबरी मस्जिद के ध्वंस को दुर्भाग्यपूर्ण कहकर आगे बढ़ जाएं। अटलजी, सनातन धर्म बहुत मुश्किल धर्म है। इसमें किए का परिणाम भुगतना पड़ता है। यह देश तभी बन सकता है और आगे बढ़ सकता है जब आप बाबरी के ध्वंस का परिणाम संघ संप्रदाय को भुगतवा दें।

लेकिन आप यह कैसे करेंगे अटलजी ! आप तो अपनी खोई हुई छवि और टूटे हुए मुखौटे को फिर पाने की कोशिश में हैं। करते रहिए। राम के नाम पर पत्थर भी तैर गए थे।

3.1.2001

सिखों से मुठभेड़ में संघ संप्रदाय

आखिर राष्ट्रीय स्वयंसेवक संघ ने अल्पसंख्यक आयोग के साथ मान लिया कि सिख एक अलग धर्म है और सिखों की अपनी अलग और विशिष्ट पहचान है। और आयोग ने कह दिया कि कोई साल भर से संघ और सिख समुदाय में चल रहा विवाद और तनाव समाप्त हो गया है।

आयोग को अपनी कोई एक उपलब्धि गिनानी हो तो यह ठीक है लेकिन न तो विवाद समाप्त हुआ है न संघ ने अंतिम रूप से मान लिया है कि सिख हिंदू धर्म का एक पंथ नहीं है और सिख हिंदू समाज के ही एक अंग नहीं हैं। संघ भारत को एक धर्म, एक संस्कृति और एक भाषावाला राष्ट्र बनाने के अपने अंतिम लक्ष्य पर अडिग है और पंजाब में राष्ट्रीय सिख संगत के प्रचार और अभियान के बाद हांडी में से एक दाना निकालकर देख रहा था कि चावल पके हैं या नहीं। उसे मालूम हो गया है कि सिख समाज और धार्मिक प्रतिष्ठान सिख धर्म को हिंदू धर्म का पंथ और सिखों को हिंदू समाज का अंग मानने को अभी तैयार नहीं है इसलिए वह एक कदम पीछे हट गया है। आयोग की बैठक में गए प्रतिनिधिमंडल के वैद्य ने कहा कि संघ तो भारत में रहनेवाले सभी लोगों को हिंदू मानता है। उनके धर्म और उनकी सामाजिक पहचान अलग हो सकती है। दो मतलब की बात कहना और जरूरी हो तो एक कदम पीछे हटना संघ की खांटी और जानीमानी रणनीति है। इसमें छलकपट का इस्तेमाल करना भी शामिल है। अल्पसंख्यक आयोग अपनी पीठ थपथपा सकता है लेकिन न तो विवाद समाप्त हुआ है न तनाव।

सिख हिंदू नहीं हैं और उनका धर्म सनातन धर्म से अलग है—यह सत्य तो एक सदी पहले मान लिया गया था। आर्य समाज के दयानंद सरस्वती के चलाए शुद्धि आंदोलन के दौरान उन्नीसवीं सदी में भी यह सवाल उठा था। उन्नीसवीं सदी में ही अंग्रेजों ने पंजाब में सिख राज समाप्त किया था और लार्ड डलहौजी ने भविष्यवाणी की थी कि सिख समुदाय का राजनैतिक अंत हो जाएगा। तब बाबा काहन सिंह ने बाकायदा एक किताब 'हम हिंदू नहीं' लिख के अपने समाज के इस निश्चय और विश्वास को स्थापित किया था। अकाली आंदोलन भी सिखों की अपनी इसी अलग पहचान की स्थापना में से निकला था। आर्य समाज सिखों को जितना अपना बताता रहा उतने ही वे अलग हुए। पंजाब में सिखों के इस आंदोलन को संघ खूब अच्छी तरह जानता है। फिर भी उसने राष्ट्रीय सिख संगत की स्थापना करवाई। यह भी जान लीजिए कि संघ की परिभाषा में राष्ट्रीय का मतलब हिंदू होता है। और इस संगत ने राष्ट्रीय जनतांत्रिक गठबंधन की सरकार बनने के बाद उससे करोड़ों रुपए पाए और बड़े पैमाने पर साहित्य छपवाकर उसके स्वयंसेवक पंजाब में फैल गए। इस साहित्य में सिख धार्मिक साहित्य में से पंक्तियां और उक्तियां लेकर बताया गया कि खालसा तो हिंदू धर्म का ही एक पंथ है और मुगलों के अत्याचारों से हिंदू धर्म को बचाने के लिए इसकी स्थापना की गई थी। सिख गुरु सूर्यवंशी और लव और कुश के कुल के थे। गुरु गोविंद सिंह गौ रक्षक थे। संगत के राष्ट्रीय अध्यक्ष ने एक जगह दावा किया कि अंग्रेजों के पहले और मुगलों के राज में सब हिंदू अपने को सिख और सब सिख अपने को हिंदू समझते थे। हिंदू-सिख दुराव-अलगाव तो अंग्रेजों की शरारत और कूटनीति का नतीजा है।

राष्ट्रीय सिख संगत के इस साहित्य और प्रचार का असर यह हुआ कि जो उग्रवादी संगठन और लोग आतंकवाद की समाप्ति के बाद पंजाब में ठंडे पड़े थे वे फिर 'पंथ खतरे में है' और 'सिखों की अलग पहचान को खत्म किया जा रहा है' जैसे नारे लगाते हुए खड़े हो गए। गए साल अप्रैल में चंडीगढ़ में राष्ट्रीय सिख संगत की कार्यकारिणी की बैठक का विरोध अठारह धार्मिक, सामाजिक और खालिस्तान की मांग करनेवाले संगठनों ने किया। उस प्रदर्शन में कई सिख युवक बिल्ले लगाए हुए थे—'हम हिंदू नहीं हैं।' इस बैठक की अध्यक्षता करने आए सरसंघचालक सुदर्शन ने कहा कि दूसरे कई पंथों की तरह सिख धर्म भी हिंदू धर्म का एक पंथ है। उनने हिंदू और सिख धार्मिक ग्रंथों और ऐतिहासिक घटनाओं का हवाला देकर साबित करने की कोशिश की कि खालसा की तो स्थापना ही हिंदू धर्म की रक्षा के लिए हुई थी। सिमरनजीत सिंह मान जैसे उग्रवादी नेताओं ने इन बातों को उठाकर प्रचार किया कि संघ तो सिखों और उनके धर्म को वैसे ही निगल जाना चाहता है जैसे जैन और बौद्ध धर्म को। इन नेताओं और संगठनों का इतना दबाव बढ़ा कि मई में अकाल तखत के जत्थेदार ज्ञानी जोगिंदर सिंह वेदांती को हुकुमनामा जारी करना पड़ा कि सिख अलग धर्म और कौम है और सिख समाज को पंथ विरोधी तत्त्वों के षड्यंत्र से सावधान रहना चाहिए। पंजाब में अकाली-भाजपा सरकार है और मुख्यमंत्री प्रकाश सिंह बादल को इस हुकुमनामे के बाद तीखी आलोचना का शिकार होना पड़ा।

हद तब हुई जब गए महीने राष्ट्रीय सिख संगत ने कार्यक्रम बनाया कि पांच जनवरी के दिन मंदिरों में गुरपरब मनाया जाएगा और वहां गुरु ग्रंथ साहिब का प्रकाश किया जाएगा। संगत के एक नेता सुदर्शन चौहान ने कहा कि गुरुद्वारों और मंदिरों के प्रबंध की कमेटियों पर एक ही समाज का एकाधिकार नहीं होना चाहिए। हिंदुओं और सिखों के गुरु जब साझा हैं, गुरपरब साझे हैं, गुरबानी साझी है तो गुरुद्वारों और मंदिरों की प्रबंध समितियां साझी क्यों नहीं होनी चाहिए? मंदिरों में गुरपरब मनाने और गुरु ग्रंथ साहिब का प्रकाश करने का विरोध मान और तोहड़ा जैसे उग्रवादी नेताओं ने ही नहीं शिरोमणि गुरुद्वारा प्रबंधक कमेटी ने भी किया। मंदिर में मूर्तिपूजा होती है और सिख धर्म में मूर्तिपूजा का निषेध है तो गुरु ग्रंथ साहिब वहां पढ़ा नहीं जा सकता। इस विरोध के सामने संगत को झुकना पड़ा और यह कार्यक्रम रद्द किया गया। सिख संगठनों और नेताओं ने साफ कहा कि यह सिख धर्म की अलग पहचान समाप्त करके उसका हिंदूकरण करने की साजिश है और इसे पूरी ताकत से रोका जाएगा। संगत ने संघ की जानी-पहचानी तरकीब से काम लिया और कहा कि यह कार्यक्रम तो सुदर्शन चौहान की निजी पिनक थी और वे संगत के कोई नेता नहीं हैं। विवाद होने पर संघ अपने मुखौटा संगठनों और नेताओं से इसी तरह अपने को अलग कर लेता है ताकि उस पर कोई लांछन न आए और वह अपना काम करता रहे। अल्पसंख्यक आयोग की बैठक भी उसी की पहल पर हुई थी।

तो अपनी रणनीति के तहत एक कदम पीछे हटाकर संघ अब संगत को अपना अभियान धीमे चलाने को कहेगा। आगरा में गए साल राष्ट्र रक्षा शिविर में सरसंघचालक सुदर्शन ने ईसाइयों को स्वदेशी चर्च बनाने और मुसलमानों को राम और कृष्ण को अपने पुरखे मानने की सलाह दी थी। उससे भी काफी हंगामा हुआ था। इसमें कोई संदेह नहीं कि सिख धर्म सनातन धर्म के काफी नजदीक है। गुरु ग्रंथ साहिब में आखिर भक्तिकाल की सबसे प्रेरक कविताओं का संग्रह है। ज्ञानी जैलसिंह ने एक बार राष्ट्रपति भवन में गुरु गोविंद सिंह की जयंती पर एक कार्यक्रम किया था। उसमें ज्ञानीजी ने कहा कि गुरु गोविंद सिंह के साहित्य में गुरुमुखी के तो गिनती के शब्द हैं। सारा साहित्य अवधी और ब्रज में है। हिंदुओं को सोचना चाहिए कि क्यों उन्हीं के धर्म में से दूसरे और अलग धर्म निकलते हैं और उन्हीं के समाज में से उनके अनुयायी भी निकलते हैं। पंजाब को जो थोड़ा बहुत भी जानता है उसे मालूम है कि सिख समाज हिंदुओं के परिवारों से निकले बड़े बेटों

की संतानों से बना है। हिंदू परिवार अपने बड़े बेटे को धर्म और देश की रक्षा के लिए गुरु को दे देते थे और वह सिख यानी शिष्य बन जाता था। अब भी पंजाब में ऐसे परिवार हैं जिनमें कुछ सिख और कुछ हिंदू हैं। सिखों ने इस सत्य को कभी नहीं नकारा, न हिंदू धर्म के प्रति वह रवैया अपनाया जो मुसलमान या ईसाई अपनाते हैं। लेकिन वे न तो हिंदू कहलवाना चाहते हैं न मानते हैं कि उनका पंथ हिंदू धर्म का एक पंथ है। राष्ट्रीय स्वयंसेवक संघ न तो सिखों के इस निश्चय का सम्मान करना चाहता है न सोचना चाहता है कि क्यों हममें से दूसरे धर्म निकले और क्यों हमारे लोग हमसे अलग होकर उन धर्मों में जाते हैं।

आप चाहे वीर सावरकर का साहित्य पढ़ें या संघ परिवार का, उसमें सिख गुरुओं के शौर्य और बलिदान का अद्भुत गुणगान मिलेगा। संघ में ऐसी वीरता और ऐसा बलिदान बड़ा पूज्य माना जाता है। लेकिन संघ यह भी मानता है कि सिख हिंदू हैं और गुरु गोविंद सिंह ने सन् 1699 में खालसा की स्थापना हिंदू धर्म और हिंदू समाज को बचाने के लिए की थी। संघ सिख परंपरा, समाज और धर्म को अपना मानता है। संघ के लोग कहते नहीं लेकिन मानते हैं कि केशव बलिराम हेडगेवार ने भी सन् 1925 की विजयादशमी के दिन जिस राष्ट्रीय स्वयंसेवक संघ की स्थापना की थी वह कुछ खालसा की स्थापना के समान ही थी। संघ जानता है कि सनातन धर्म सिख धर्म की तरह संगठित नहीं है। उसका कोई अकाल तखत नहीं है, उसकी कोई गुरुद्वारा प्रबंधक कमेटी नहीं है, उसके अनुयायी रोज सुबह-शाम सिखों की तरह गुरुद्वारे नहीं जाते लेकिन उनकी कोशिश है कि सनातन या हिंदू धर्म को इसी तरह संगठित किया जाए और इस्लाम और ईसाइयत जैसे संगठित धर्मों से टक्कर ली जाए। यह कोई संयोग नहीं है कि संघ संप्रदाय के लोगों ने अयोध्या में 'कारसेवा' का बार-बार आयोजन किया। कारसेवा सब जानते हैं कि सिख लोकाचार से निकला मुहावरा है। अगर बाबरी मस्जिद का सिर्फ ढांचा था और उसमें मंदिर रामलला का था तो हिंदू परंपरा से तो उसका जीर्णोद्धार किया जाना चाहिए था लेकिन वहां की गई कारसेवा और इस कारसेवा को संघ संप्रदाय ने क्या अर्थ दिया आप जानते ही हैं। गुरु गोविंद सिंह ने सिखों को एक सैनिक समाज में परिवर्तित करके उसमें जो अनुशासन, समर्पण और त्याग का संस्कार किया, संघ संप्रदाय वही पूरे हिंदू समाज का करना चाहता है। इसलिए सिखों को वह हिंदू संप्रदाय मानता है। सिख नहीं चाहते कि वे ऐसे माने जाएं तो भी संघ संप्रदाय इसी कोशिश में है।

ज्ञानी जैलसिंह ने कहा था कि हिंदुओं को सोचना चाहिए कि ऐसा पलायन उन्हीं के धर्म और समाज से क्यों होता है। धर्मांतरण से इतना चिंतित होते हुए भी संघ इस पर विचार नहीं करता क्योंकि ऐसा करना हिंदू धर्म और समाज की खामियों पर खुलकर विचार करके उन्हें सुधारना होगा। यह विचार करने और फिर सुधार करने के लिए सहज आत्मविश्वास होना जरूरी है जो गांधीजी में था क्योंकि वे धर्म पुरुष थे। संघ में यह विश्वास नहीं है क्योंकि वह स्वयं वृहद् हिंदू समाज का एक संप्रदाय है जिसका लक्ष्य पूरे समाज को संप्रदाय में बदलना है। संघ वृहद् हिंदू समाज में अल्पसंख्यक है और अल्पसंख्यक हमेशा अपनी सुरक्षा में लगे रहते हैं। अल्पसंख्यकों में कहीं भी यह विश्वास नहीं होता कि वे अपने को खोलें, खुलकर अपनी कमियों पर विचार करें और उनका निराकरण करें। संघ संप्रदाय मुसलमानों और ईसाइयों की प्रतिक्रिया में हिंदू समाज में बना एक अल्पसंख्यक संप्रदाय है। सनातन धर्म और भारतीय समाज को मुसलमानों और ईसाइयों से वह असुरक्षा कभी नहीं लगी जो संघ संप्रदाय में है। भारतीय समाज और सनातन धर्म ने सब धर्मों को आने दिया और अलग स्थान दिया क्योंकि उन्हें किसी का भय नहीं था। अपनी आंतरिक शक्ति में वे इतने आश्वस्त रहे और हैं। सबको हिंदू बनाने और हिंदुओं को सबसे बड़ा साबित करने की इच्छा संघ संप्रदाय में असुरक्षा और हीनता के कारण है।

इसलिए संघ संप्रदायवाले सोच नहीं सकते कि जिस समाज में जन्म से जाति और धर्म तय

होता है उसमें लोगों के सामने विकल्प क्या हैं। बाबा साहेब आंबेडकर दलित जाति के थे। सब करने पर भी वे महार ही रह सकते थे इसलिए धर्मांतरण करके वे बौद्ध हो गए। आध्यात्मिक क्षेत्र में जो धर्म पूरा आकाश खोल के अनंत विकल्प देता है, वह समाज में जाति की कोठरी क्यों बनाता है ? संघ ऐसे सवालों में नहीं पड़ता क्योंकि वह स्वयं एक कोठरी है। काल कोठरी !

19.1.2001

झूठ पर झूठ बोलते हैं

मैं सोच रहा था कि लिब्रहान आयोग में संघ संप्रदायियों ने बहुत झूठ पाट बोलकर काफी पब्लिसिटी लूट ली है। अब वहां जाकर कुछ तथ्य भी बता दिए जाएं। लेकिन खबर है कि बाबरी मस्जिद के ध्वंस की परिस्थितियों की खोजबीन करने के लिए कोई आठ साल पहले बैठाए गए इस आयोग को कामकाज समेटने के लिए कहा जाएगा। आयोग अपनी अंतरिम रपट दे और छुट्टी करे। ऐसा कम-से-कम विश्व हिंदू परिषद के उपाध्यक्ष गिरिराज किशोर का मानना है। कहते हैं कुछ दिन पहले उनने मांग की कि इस आयोग को भंग किया जाए क्योंकि इसे कांग्रेस सरकार ने किसी खास प्रयोजन से बैठाया था।

पता नहीं विश्व हिंदू परिषद और बजरंग दल इससे क्यों नाराज हैं ? उनके लोगों के कलंककारी धतकरम पर परदा डालने के लिए लिब्रहान आयोग का जो उपयोग संघ संप्रदाय के नेताओं ने किया है वैसा अवसर तो उन्हें कहीं नहीं मिलता। बाबरी मस्जिद को गिरानेवाले बिना यह स्वीकार किए कि हां, हमने गिराई वह मस्जिद दुनिया भर की झूठी कहानियां वहां सुनाकर सच्चाई को जितनी भी धुंधली कर सकते थे कर आए हैं। संघ संप्रदाय के प्रमुख 1008 श्री सुदर्शन तो यह भी बता आए कि उसे तो भवन तोड़ने के काम में उस्ताद लोगों ने पलीता लगाकर तोड़ा और ऐसा कहनेवाली तो गांधी को माननेवाली निर्मला देशपांडे ही हैं। वे बेचारी घूम-घूमकर बता रही हैं कि मैंने ऐसा नहीं कहा। लेकिन संघ संप्रदाय की अफवाह चक्की आटा पीस रही है कि श्रद्धालु कारसेवकों में कांग्रेस सरकार या पाकिस्तानी आई.एस.आई. के भेजे पेशेवर लोग थे जिनने कारसेवकों और संघ संप्रदाय और पूरे हिंदू समाज को बदनाम करने के लिए बाबरी मस्जिद के विवादित ढांचे को बारूद से उड़ा दिया। यानी ढांचे को गिराने का काम न तो कारसेवकों ने किया न संघ संप्रदाय ने करवाया। यह तो 'कर गया मूंछवाला और पकड़ा गया दाढ़ीवाला' का किस्सा है।

खुद निर्मला देशपांडे भी लिब्रहान आयोग के सामने पेश हुई और अपने कहे को ठीक करने की कोशिश उनने की। लेकिन प्रचार तो सुदर्शनजी लूट ही ले गए थे। इसी तरह वी.पी. सिंह को भी वहां जा कर बयान देना पड़ा। उनके खिलाफ अंट-शंट बोल आए थे मुरली मनोहर जोशी, जिनका दावा है कि वे भूतपूर्व प्रधानमंत्री के गुरु हैं क्योंकि उनने इलाहाबाद विश्वविद्यालय में उन्हें विज्ञान पढ़ाया है। गुरु के बचाव को ठीक करना शिष्य विश्वनाथ प्रताप सिंह के लिए जरूरी हो गया। संघ संप्रदाय के पच्चीस नेता अब तक लिब्रहान आयोग के सामने बयान दे चुके हैं और बाबरी मस्जिद के ध्वंस के जितने भी किस्से वे गढ़ सकते थे गढ़ के सुना चुके हैं। कई बार तो लगता है कि बाबरी मस्जिद तो उसे तोड़नेवाले अंधों की हाथिन थी। कोई उसकी सूंड़ पकड़ कर उसे अजगर बता रहा है तो कोई कान पकड़कर सूपड़ा। अपने किए को नाना प्रकार के कथा-प्रसंगों में बताकर सचाई को कीचड़ में लथोड़ने का इससे अच्छा मौका उन्हें और कहां मिल सकता है। इसलिए मुझे सचमुच अचरज है कि विश्व हिंदू परिषद और बजरंग दल के नेता चाहते हैं कि आयोग को समाप्त कर दिया जाए। लिब्रहान आयोग का मौजूदा कार्यकाल तीन जून को खत्म हो रहा है। सोलह बार इसे छह-छह महीने का कार्यकाल दे कर आगे बढ़ाया गया है। अटलजी की सरकार

बनने के पहले तो इसे राजनेताओं से सहयोग ही नहीं मिल रहा था। अब जरा कामकाज आगे बढ़ा है तो भाई लोग मांग कर रहे हैं कि इसकी छुट्टी करो। अभी अगर अंतरिम रपट आई तो उसके भी क्या वही हाल नहीं होंगे जो ध्वंस पर बैठाए गए विशेष सी.बी.आई. न्यायातय के हुए हैं। उत्तर प्रदेश के भाजपा मुख्यमंत्री इलाहाबाद हाईकोर्ट की बताई गई तकनीकी गड़बड़ को ठीक करने को ही तैयार नहीं हैं। वे नहीं चाहते कि विशेष अदालत में उनकी पार्टी के उन बड़े नेताओं पर मामले चलें जो छह दिसंबर को बाबरी मस्जिद गिराए जाने के न सिर्फ गवाह हैं बल्कि उन पर साजिश में शामिल होने का आरोप भी है। मुख्यमंत्री राजनाथ सिंह नहीं मानेंगे तो विधानसभा चुनाव में जनता की अदालत को फैसला करना पड़ेगा। बहरहाल राज करने की लोकलाज से भाजपा नेताओं का वास्ता नहीं है।

यह बिलकुल संभव है कि तीस जून तक अटल सरकार कुछ न करे। लिब्रहान आयोग के सोलहवें कार्यकाल को पूरा हो जाने दे और इस तरह आयोग अपने आप समाप्त हो जाए। मानसून अधिवेशन में विपक्ष हल्ला करे तो संसदीय कार्यमंत्री सूची लेकर खड़े हो जाएं कि कांग्रेस ने अपने पैंतालीस साल के राज में इतने आयोग बैठाए और इतने के कार्यकाल बिना अंतिम रपट दिए समाप्त हो गए और इतने ने कोई अंतरिम रपट भी नहीं दी। हमने तो लिब्रहान आयोग को तीन साल और चलने दिया। हम पर उंगली उठाने के पहले जरा अपने गिरेबान में झांककर देखिए। और कांग्रेस वाले चाहे जितनी जोर से अपने गिरेबान फाड़ें सरकार एक न सुने और आगे बढ़ जाए। आखिर जांच आयोग कानून के तहत अब तक कोई दो सौ आयोग बैठाए जा चुके हैं और उनमें से ऐसे कई होंगे जिनका कामकाज पूरा नहीं हुआ और अंतिम रपट नहीं आई। कई आयोगों की रपट सार्वजनिक नहीं की गई और जो संसद में रखी गईं उन पर कोई अम्ल नहीं हुआ। कई आयोगों की सिफारिशें सरकार ने नामंजूर कर दीं। जो कांग्रेस ने किया उसे करने में भाजपा को क्या दिक्कत है बल्कि वह तो वह सब करने को तैयार ही बैठी है खास कर भ्रष्टाचार और संसदीय लोकाचार के विरुद्ध किए गए काम। इसलिए बिलकुल संभव है कि विश्व हिंदू परिषद और बजरंग दल की मांग मानकर सरकार संघ संप्रदाय को खुश कर दे और फिर सरकारी नीतियों में चाहे जो करे। सार्वजनिक उद्योग धूल के मोल बेच दे और अमेरिका की पूंछ से बंधकर इतराती फिरे। यह सरकार तो आनी-जानी है पर अमेरिकी सूत्र संबंध रहेंगे और अमेरिका सबसे अमीर, सबसे खुला लोकतंत्र और पूंजी के मामले में सबसे उदार देश बना ही रहेगा। इसलिए अच्छी सरकार चलाने के बजाय अच्छे अमेरिकी संबंध बनाओ। आखिर क्लिंटन ने राष्ट्रपति होते हुए धीरूभाई अंबानी से संबंध बनाए कि नहीं ? क्या पता कल किसी अमेरिकी कंपनी का जनसंपर्क करने भारत आना पड़े। एनरान की लूट को सही बताने कितने अमेरिकी राजनेता आ चुके हैं।

तो लिब्रहान आयोग को उठा दिया जाए इसके पहले मुझे भी लालकृष्ण आडवाणी के झूठ को ठीक करने की इच्छा है। अभी उस दिन लिब्रहान आयोग के सामने अपनी चौथी हाजिरी के दौरान उनने कहा कि अगर सरकार न्यायालय का इस्तेमाल बाबरी मस्जिद के प्रश्न को टालने के औजार और हथियार के नाते नहीं करती और छह दिसंबर के पहले इलाहाबाद हाईकोर्ट से उत्तर प्रदेश सरकार द्वारा अधिग्रहीत 2.77 एकड़ भूमि के बारे में फैसला आ जाता तो बाबरी मस्जिद नहीं ढहती। अदालत अगर यह अधिग्रहीत भूमि सरकार को दे देती तो कारसेवा वहीं होती। नहीं भी देती तो प्रतीक कारसेवा हो जाती। लोगों का गुस्सा इसलिए भड़का कि अदालत से कोई फैसला नहीं आया जबकि सुनवाई नवंबर में ही पूरी हो गई थी। हमने प्रधानमंत्री नरसिंह राव को कहा था कि सरकार अदालत से निवेदन करे कि वह फैसला जल्दी दे दे लेकिन प्रधानमंत्री ने हमारी बात नहीं मानी और इसलिए कारसेवकों ने आक्रोश में बाबरी मस्जिद के ढांचे को ढहा दिया। हूबहू उनने क्या कहा यह भी बता सकता हूं लेकिन आपका समय बरबाद करने के बजाय मैंने लब्बोलुआब आपके सामने

रखा। अब आप जानते हैं कि बाबरी विवाद को निपटाने की चर्चा में अपन ने भी हाथ काले किए थे। निखिल चक्रवर्ती अपने आदरणीय मित्र थे और हम दोनों राष्ट्रीय एकता परिषद के सदस्य थे। उसमें बाबरी विवाद भी बहुत चला था और वहीं भाजपा और उत्तर प्रदेश की भाजपाई सरकार ने वचन दिया था कि हम मस्जिद की रक्षा करेंगे। उसी परिषद के सदस्य के नाते निखिल दा और मैंने आमने-सामने खड़े कई लोगों और पार्टियों से बीच बचाव की बातचीत चला रखी थी।

इसी सिलसिले में हम नवंबर के आखिरी दिनों और दिसंबर के शुरू के दिनों में रज्जू भैया उर्फ राजेन्द्र सिंह से उनके झंडेवालान संघ मुख्यालय में मिलते रहे। एक दिन रज्जू भैया ने कहा कि अगर भारत सरकार इलाहाबाद हाईकोर्ट से कहे कि वह फैसला जल्दी दे दे तो कारसेवा भले ही छह दिसंबर को शुरू हो चार-पांच दिन तो हम लोगों को बहला लेंगे। निखिल दा और हमने प्रधानमंत्री नरसिंह राव से बातचीत की। हमें भी उनने यही कहा कि इस मामले में केंद्र सरकार पार्टी नहीं है वह कैसे कोर्ट से निवेदन करे कि फैसला जल्दी दे दो। पर कोई रास्ता निकालने का फिर भी तय हुआ और हम मिलते-जुलते और बात करते रहे। बीच में राजस्थान के मुख्यमंत्री भैरोंसिंह शेखावत को भी डाला गया। वे तो अपने जेपी आंदोलन के वक्त से मित्र हैं और निखिल दा के प्रति उनके मन में बड़ा सम्मान था। वे आए और बात आगे चली तो नरसिंह राव उन्हें संसद से अपने घर ले गए भोजन पर बात करने के लिए। इस तरह की मेल-मुलाकातों से एक रास्ता यह निकला कि सरकार अदालत के काम में दखलंदाजी न करती दिखे तो न दिखे। लेकिन वह सर्वोच्च न्यायालय से निवेदन कर सकती है कि सार्वजनिक हित में वह इलाहाबाद उच्च न्यायालय को कहे कि भूमि अधिग्रहण के मामले में जल्दी फैसला दे दे। यह लाइन आगे बढ़ती दिख रही थी और इसलिए तय हुआ था कि रविवार को सबेरे प्रधानमंत्री से जाकर मिला जाए और सुप्रीम कोर्ट से याचिका करने का तरीका ढूंढ़ा जाए।

रविवार को निखिल दा, मैं और शेखावतजी नरसिंह राव से मिलने जानेवाले थे। यह रविवार वही काला दिन छह दिसंबर था। मैं पहले भी लिख चुका हूं कि उस दिन सबेरे अखबार पढ़ने के बाद मैं तैयार हो रहा था कि प्रधानमंत्री निवास जाना है। मैं नहा-धोकर कपड़े पहनने में लगा ही था कि जयपुर से भैरोंसिंह जी का फोन आया। उनने कहा कि वे नहीं आ रहे हैं। क्यों ? तो उनने कहा कि मिलने की जरूरत ही नहीं रह गई। वे मस्जिद तोड़ रहे हैं। और मुझे यहां रहकर उसके नतीजे से निपटने की तैयारी करनी है। उनने फोन रख दिया। मैंने जनसत्ता के दफ्तर फोन कर के पूछा तो अखबार निकालने आए सबएडीटर ने कहा कि हां मस्जिद तोड़ी जा रही है।

तो इससे इतना तो स्पष्ट है कि छह दिसंबर को भी प्रधानमंत्री सुप्रीम कोर्ट की ओर से इलाहाबाद हाईकोर्ट को कहलवाने का रास्ता ढूंढ़ रहे थे और यह बात संघ संप्रदाय के नेताओं को मालूम थी। भैरोंसिंह शेखावत भाजपा की पहली पंक्ति के नेता हैं और हमारी नरसिंह राव से जो बात हो रही थी उसे वे संघ के नेता रज्जू भैया को लगातार बता रहे थे। इसलिए यह कहना न सिर्फ गलत बल्कि झूठ है कि नरसिंह राव के कोर्ट से निवेदन करने से इनकार करने के कारण कारसेवकों में गुस्सा था और उनने मस्जिद तोड़ दी। सरकार कोर्ट से कहे कि जल्दी फैसला कर दो तो हम कुछ दिन कारसेवकों को रोके रखेंगे यह बात हमें खुद रज्जू भैया ने कही थी। यह वह विश्वास नहीं है जो आडवाणी कहते हैं कि नरसिंह राव ने यों ही रज्जू भैया में प्रकट किया था। अपने दुष्कर्म का ठीकरा नरसिंह राव के अकर्म के माथे पर फोड़ने में लालकृष्ण आडवाणी भी दूसरे संघ संप्रदायी नेताओं की तरह लगे हुए हैं और झूठ का बेधड़क इस्तेमाल कर रहे हैं।

बाबरी मस्जिद के ध्वंस के लिए संघ संप्रदाय के न्यायपालिका को दोषी ठहराने की बात का जिक्र 11 दिसंबर को इलाहाबाद हाइकोर्ट द्वारा दिए गए फैसले में भी किया गया है। न्यायमूर्तियों ने कहा है कि बाबरी मस्जिद संविधान और कानून से पूरी तरह रक्षित थी। जिस सरकार और पार्टी

ने उसकी रक्षा का वचन सर्वोच्च न्यायालय और देश को दे रखा था वह अयोध्या में मौजूद थी। उसके होते हुए भी जब मस्जिद बचाई नहीं जा सकी तो यह कहना वाहियात है कि हम जल्दी फैसला दे देते तो वह बच जाती। बाबरी मस्जिद के ध्वंस के पांच दिन बाद ही कही गई इस बात पर संघ संप्रदाय कोई ध्यान नहीं देता। आडवाणी को कहा गया कि आप न्यायपालिका की भर्त्सना कर रहे हैं तो उनने कहा कि नहीं हम तो सरकार द्वारा अदालत के इस्तेमाल की बात कह रहे हैं। तब आयोग ने उन्हें भाजपा का श्वेत पत्र दिखाया जिसमें ठीकरा न्यायपालिका के माथे फोड़ा गया है और जिसकी भूमिका लालकृष्ण आडवाणी ने लिखी है जो देश के दुर्भाग्य से गृहमंत्री हैं। अचरज नहीं कि देश में कानून और व्यवस्था के ये हाल हैं।

20.5.2001

उनके मंदिर मस्जिद और राम

चूंकि लालकृष्ण आडवाणी का निश्चय है कि बोल-बोलकर झूठ को सच बनाया जाए इसलिए सच को माननेवाले हर भारतीय का कर्तव्य है कि वे जब भी झूठ बोलें उसे सच से ध्वस्त किया जाए।

जैसे उस दिन लिब्रहान आयोग के सामने आडवाणी ने कहा–हमने एक ऐसे स्थान को मस्जिद कहकर अपने ही साथ अन्याय किया है जहां राम की मूर्ति न्यायालय के अनुमोदन से रखी हुई थी और जहां नियमित पूजा होती थी क्योंकि कभी उस जगह पर खड़ा ढांचा एक मस्जिद का था। आडवाणी ने आगे कहा–ऐसा करके हमने दुनिया में देश का नाम बदनाम किया।

सच और कानून का ऐसा मखौल करने वाले ये सज्जन दुर्भाग्य से देश के गृहमंत्री हैं। जिस कार सेवा ने बाबरी मस्जिद का ध्वंस करके भारत, सनातन धर्म और हिंदू समाज के मुंह पर कालिख पोती उसके लिए लोगों को जुटाने और उन्हें गैंती-फावड़े से कारसेवा करने की प्रेरणा देनेवाले ये लालकृष्ण आडवाणी छह दिसंबर को अपने जीवन का सबसे दुर्भाग्यपूर्ण दिन मानते हैं। लेकिन दोष उन लोगों को दे रहे हैं जो चार सौ चौंसठ साल पुरानी बाबरी मस्जिद को मस्जिद कहते थे। 'मैंने तो उसे कभी मस्जिद नहीं कहा। मैं तो उसे हमेशा विवादित ढांचा कहता आया हूं'–उनने अपने को सत्यवान बताते हुए आयोग के सामने कहा।

इससे पहले कि लालकृष्ण आडवाणी की दूसरों से अपने को पवित्र और ऊंचा मानने की अहम्मन्यता के बखिये उधेड़ें, कुछ अनिवार्य और निर्विवाद तथ्यों को देख लेना चाहिए। बाईस-तेईस दिसंबर, 1949 की रात के पहले बाबरी मस्जिद हमेशा ही मस्जिद थी। माना जाता है कि उसे बाबर के कहने पर उनके सिपहसालार मीर बाकी ने बनवाया था इसलिए उसका नाम बाबरी मस्जिद पड़ा। बाईस दिसंबर को जब अयोध्या की इस मस्जिद में मूर्तियां रख दी गईं तो वहां नमाज पढ़ना बंद किया गया। इस्लाम मूर्ति पूजा के खिलाफ है और जिस मस्जिद में मूर्तियां रख दी गईं हों वहां नमाज नहीं पढ़ी जाती। रात में अंधेरे का फायदा उठाते हुए मूर्तियां रख देना चोरी-चपाटी और धोखाधड़ी का काम है। आप इसे सनातन धर्म और हिंदू समाज के किसी भी व्यवहार, चलन और सिद्धांत से सही और उचित नहीं बता सकते। लेकिन इस पर आने के पहले देख लीजिए कि बाबरी मस्जिद में चोरी-छुपे रामलला की मूर्तियां रखने और इस्लाम की मान्यता से उसे अपवित्र करने के सर्वमान्य तथ्य क्या हैं।

उत्तर प्रदेश सरकार की सन् 1944 की अधिसूचना के अनुसार बाबरी मस्जिद वक्फ की जमीन पर थी और वह सुन्नी मुस्लिम वक्फ बोर्ड की मिल्कियत में थी और वह बाकायदा मस्जिद थी और वहां नमाज पढ़ी जाती थी। उसको लेकर अयोध्या के धार्मिक प्रतिष्ठान में विवाद चलता था। माना जाता था कि वह राम जन्मभूमि है। सन् 1608 से 1611 के बीच अयोध्या आए पहले यूरोपियन विलियम फिंच ने लिखा है कि नई बनी बाबरी मस्जिद के परकोटे में हिंदुओं की पूजा-पाठ चलती थी। वहां एक राम चबूतरा था जहां बाबरी मस्जिद के ध्वंस के पहले तक पूजा होती थी। यही राम का जन्मस्थान माना जाता था और इसी पर राम मंदिर बनाने की इजाजत सन् 1883 में एक पंडित ने मांगी थी लेकिन यह देखते हुए कि मंदिर बाबरी मस्जिद से बिलकुल सटा हुआ होता और

वहां सांप्रदायिक दंगा होने का अंदेशा हमेशा बना रहता इसलिए तत्कालीन ब्रिटिश प्रशासकों ने इजाजत नहीं दी। तब कहा जाता था कि 1853 में बैरागियों ने यह कहकर मस्जिद पर हमला किया था कि वह राम जन्मभूमि पर खड़ी है। ऐसे झगड़े अयोध्या के धार्मिक प्रतिष्ठानों के बीच होते रहते थे। जैसे हनुमानगढ़ी पर मुसलमान दावा करते रहे हैं। यह मंदिर अवध के नवाब सफदर जंग (1739-54) के निर्वाणी अखाड़े के अभय रामदास को दी गई भूमि और रकम से बनाया गया है और नवाब शुजाउद्दौला की दी गई जमीन पर खाकी अखाड़ा प्रतिष्ठित किया गया है। अयोध्या में हिंदुओं और मुसलमानों के बीच एक-दूसरे के धार्मिक स्थानों की देखभाल करने की लंबी परंपरा रही है। इसी तरह मठों और मंदिरों की मिल्कियत पर भी झगड़े और मामले-मुकदमे चलते रहे हैं। हिंदू अखाड़ों और मठों में भी ऐसे झगड़े होते रहे हैं और अब भी होते हैं।

इस मान्यता का कि बाबरी मस्जिद राम जन्मभूमि पर मंदिर तोड़कर बनाई गई है, सबसे पहले राजनैतिक उपयोग हिंदू महासभा ने आजादी के बाद किया। इसके कोई ऐतिहासिक और पुरातत्त्वीय प्रमाण नहीं थे (न अब बाबरी मस्जिद गिरा देने के बाद मिले हैं) कि उस स्थान पर कोई मंदिर था जिसे बाबर के हुक्म पर गिराया गया और मीर बाकी ने बाबरी मस्जिद बनाई। यह भी निश्चित नहीं है कि रामायण में जिस जगह राम का जन्म होना बताया गया है यह वही स्थान है। जब हिंदू महासभा का ध्यान इस पर गया तब भी एक राम चबूतरा था और दो राम मंदिर जन्मभूमि स्थान के नाम पर जाने जाते थे। लेकिन हिंदू महासभा के लिए इस प्रमाणहीनता का कोई मतलब नहीं था। वे तो इस विवाद का इस्तेमाल हिंदुओं को जुटाने और उन्हें अपने वोटरों के रूप में संगठित करने के औजार के नाते करना चाहते थे। इस विवाद को मूर्त रूप देने के लिए बाईस-तेईस दिसंबर की रात रामलला की मूर्ति और कुछ और मूर्तियां बाबरी मस्जिद में लाकर रख दी गईं और प्रचारित कर दिया गया कि वहां रामलला प्रकट हो गए हैं। ऐसा करने या करवाने वालों में जिला मजिस्ट्रेट के.के. नैयर का नाम आता है। कुछ और भी नाम हैं लेकिन निश्चित नहीं है। रामचंद्र परमहंस ने भी दावा किया है कि रामलला की मूर्ति उनने जाकर रखी। लेकिन इतना निश्चित है कि मूर्ति रखने के पहले सब नियोजित कर लिया गया था। अखिल भारतीय रामायण महासभा की तरफ से तेईस दिसंबर की भोर से ही रामचरितमानस का नवाह्न पाठ शुरू कर दिया गया था। रामलला के प्रकट होने की खबर ही नहीं फैलाई गई, तांगों पर लाउडस्पीकर लगाकर बड़े जोर-शोर से प्रचार किया गया कि रामलला के दर्शन करने आओ। बाबरी मस्जिद में रामलला प्रकट हो गए हैं। वहां यज्ञ हो रहा है और राम जन्मभूमि मुक्त करा ली गई है। आसपास गाड़ियां भेजी गईं ताकि लोगों को वहां दर्शन करने लाया जा सके। जगह-जगह सभाएं की गईं जिनमें महात्मा गांधी, नेहरू और कांग्रेस के नेताओं को गालियां दी गईं।

तेईस दिसंबर को अयोध्या की पुलिस ने दर्ज किया कि रामलला के प्रकट होने की खबर से पांच-छह हजार लोग वहां जमा हो गए हैं। भजन गा रहे हैं और नारे लगा रहे हैं। इसकी खबर दिल्ली भी पहुंची। प्रधानमंत्री जवाहरलाल नेहरू ने संयुक्त प्रांत सरकार के मुखिया गोविंद वल्लभ पंत को कहा कि वे बाबरी मस्जिद में यथास्थिति बहाल करें। पंतजी ने जिला मजिस्ट्रेट को निर्देश भेजा लेकिन के.के. नैयर ने उसका पालन नहीं किया। दंगा हो जाने के डर से हो या उनके रामलला की मूर्ति रखवाने या रखनेवालों के साथ होने के कारण हो लेकिन जिला मजिस्ट्रेट के.के. नैयर पंतजी के आदेश का पालन नहीं करवा सके। उनकी पत्नी शकुंतला नैयर ने कहा जाता है कि वहां एक साधु को बैठाकर अखंड कीर्तन शुरू करवा दिया था ताकि मस्जिद से मूर्तियां हटाना लगभग असंभव हो जाए। मूर्तियां चूंकि हटाई नहीं गईं इसलिए सरकार ने जिला मजिस्ट्रेट के.के. नैयर और उनके सहायक गुरुदत्त सिंह को उनके पदों से हटा दिया। शकुंतला नैयर सन् बावन के चुनाव में हिंदू महासभा के टिकट पर गोंडा से चुनाव लड़ीं और सांसद बनीं। के.के. नैयर जनसंघ में शामिल हो

गए। पहले वे सन् पैंसठ में पार्टी के टिकट पर विधायक हुए और फिर सन् सड़सठ में बहराइच से लोकसभा के लिए चुने गए। इस तरह के.के. नैयर और उनकी पत्नी शकुंतला नैयर दोनों के ही पराक्रम का हिंदू महासभा और जनसंघ ने अच्छा सम्मान किया। माना जाता है कि नैयर और उनके सहायक गुरुदत्त सिंह दोनों ही राष्ट्रीय स्वयंसेवक संघ में थे। लेकिन संघ की कोई बाकायदा सदस्यता तो नहीं होती इसलिए इसका कोई प्रमाण नहीं है।

इतना निश्चित है कि बाबरी मस्जिद में रामलला की मूर्तियां रखवाने में हिंदू महासभा, आर्य समाज और राष्ट्रीय स्वयंसेवक संघ की अगुवाई थी। फैजाबाद के आर्य समाज ने पच्चीस दिसंबर को बैठक करके प्रस्ताव पास किया था कि वे सब धार्मिक प्रतिष्ठान जो तोड़-फोड़ करके मस्जिद बना दिए हैं वे हिंदुओं को लौटा दिए जाने चाहिए ताकि उनमें फिर से वे गतिविधियां शुरू की जा सकें जिनके लिए वे शुरू में बनाए गए थे। हिंदू महासभा के प्रधानमंत्री देशपांडे बाबरी मस्जिद में रामलला की मूर्ति रखे जाने के बाद वहां दो बार आए। जब मूर्तियां रखी गईं तो कलकत्ता में हिंदू महासभा का वार्षिक सम्मेलन हो रहा था। सम्मेलन में तय किया गया कि पार्टी को फिर जोर-शोर से सक्रिय किया जाएगा। उसका उद्देश्य हिंदू राष्ट्र का सांस्कृतिक राज्य स्थापित करना होगा। दिसंबर उनपचास में बाबरी मस्जिद में रामलला की मूर्ति रखी गई और तीन महीने बाद सत्ताईस मार्च को हिंदू महासभा ने इस बार की रामनवमी को राम जन्मभूमि दिवस के रूप में मनाने के कार्यक्रम की घोषणा की। उसके सभी कार्यकर्ताओं को चिट्ठी भेजी गई कि सभी मंदिरों, खासकर राम मंदिरों में इस बार राम जन्मभूमि दिवस मनाया जाए। लोगों को बताया जाए कि रामलला कैसे प्रकट हुए हैं और जहां उनका जन्म हुआ है उसे राममंदिर की तरह ही रखा जाए। इस आशय के प्रस्ताव भी पास किए जाएं। इस कार्यक्रम पर तत्काल ध्यान दिया जाए और उसे सफल बनाने की पूरी कोशिश की जाए। इस कार्यक्रम को ठीक से पब्लिसिटी मिले और इसकी पूरी रपट मुख्यालय को भेजी जाए।

लेकिन नेहरू और पटेल की सख्त प्रशासनिक कार्रवाई के कारण बाबरी मस्जिद-राम जन्मभूमि विवाद को हिंदुओं को जुटाने और एक संगठित वोट बैंक में बदलने के औजार के नाते उपयोग को आगे बढ़ाया नहीं जा सका। रामलला की जो मूर्ति बाबरी मस्जिद में रखी गई थी वह वहीं रखी रही। अदालत ने वहां यथास्थिति बनाए रखने का आदेश दिया इसके कारण न तो मुसलमान वहां जा सके न नमाज पढ़ सके न हिंदू जाकर पूजा-अर्चना कर सके। मस्जिद पर ताला लगा दिया गया। एक पुजारी रामलला की पूजा करता रहा। इस विवाद को हिंदुओं को जुटाने और राजनैतिक रूप से संगठित करने के औजार के नाते इसका उपयोग फिर चौंतीस साल बाद 1984 में शुरू हुआ जब राष्ट्रीय स्वयंसेवक संघ ने जनता पार्टी प्रयोग के अनुभव से सबक लिया और हिंदुओं को जुटाने और वोट बैंक के रूप में संगठित करने के लिए भाजपा की बजाय विश्व हिंदू परिषद को अपने नए औजार के रूप में धार पर चढ़ाया। विश्व हिंदू परिषद ने अपनी पहली धर्म संसद में सर्वानुमति से प्रस्ताव पास करके अयोध्या में राम जन्मभूमि की मुक्ति की मांग की। तभी से राम जन्मभूमि को आस्था का मुद्दा बनाकर उसे कानून, न्यायालयों, संविधान और इतिहास और पुरातत्त्व से ऊपर और परे कर दिया गया। तभी से संघ परिवारियों के मुहावरे में बाबरी मस्जिद विवादित ढांचा हो गई और वहां लाकर रखी गई मूर्ति की जगह को मंदिर बना दिया गया।

ये तथ्य हैं और बाबरी मस्जिद में रात के अंधेरे में चोरी-छुपे घुसकर मूर्तियां रखने के अपकर्म को बावन साल भी पूरे नहीं हुए हैं। लेकिन लालकृष्ण आडवाणी जो इस देश के गृहमंत्री हैं वे कहते हैं कि उस स्थान को मस्जिद कहकर हमने अपने साथ अन्याय किया है। जो मस्जिद चार सौ इक्कीस साल बाबरी मस्जिद के नाम से जानी गई और जहां इतने वर्षों नमाज पढ़ी गई उसे आडवाणी कहते हैं कि 'वहां के ढांचे में एक समय मस्जिद थी।' और जो मूर्तियां वहां सिर्फ बावन

साल पहले रात के अंधेरे में चोरी छुपे रखी गईं–उनसे तो वह मंदिर ही हो गई और वह मंदिर भी न्यायालय के अनुमोदन से हुआ जबकि आपने ऊपर पढ़ा कि विवाद चूंकि न्यायालय के विचाराधीन था इसलिए यथास्थिति रखी गई और इसका मतलब यह नहीं निकाला जा सकता कि न्यायालय ने उसे मंदिर मानने का अनुमोदन किया।

लालकृष्ण आडवाणी भले ही न जानते हों लेकिन राम की पूजा करनेवाला समाज जानता है कि उसके राम का मंदिर रात के अंधेरे में चोरी-छुपे मूर्तियां रखकर नहीं बनाया जाता। यह देश और इसका कानून यह भी कहता है कि किसी इमारत में ले जाकर मूर्ति रख दी जाए तो वह विवादित ढांचा नहीं हो सकता और जिस चार सौ इक्कीस साल पुरानी मस्जिद को मूर्तियां रखकर इस्लाम की मान्यता से भ्रष्ट किया गया हो वहां नमाज भले न पढ़ी जाए वह मंदिर नहीं हो जाती। और अगर वह मस्जिद नहीं मंदिर ही था तो आठ साल तक संघ परिवार राम की सौगंध खाकर घोषणा क्यों करता रहा कि मंदिर वहीं बनाएंगे ? लालकृष्ण आडवाणी अपने झूठ को सच बनाने में लगे रहें और जिसे चाहे जिस नाम से बुलाएं। देश और दुनिया के तमाम लोगों को छोड़िए संघ परिवारियों ने भी उसे रामलला का मंदिर नहीं माना क्योंकि माना होता तो उसे हजार साल की गुलामी की निशानी मानकर ऐसे उन्माद से ध्वस्त करने की क्या जरूरत थी ? रामभक्त क्या अपने मंदिर कभी भी वैसे तोड़ सकते हैं जैसे संघ परिवार के जुटाए गए कारसेवकों ने छह दिसंबर को बाबरी मस्जिद तोड़ी ? क्या हिंदू समाज में राम की मूर्ति का उपयोग अतिक्रमण के औजार के रूप में होता है ?

लालकृष्ण आडवाणी रघुकुल में दशरथ के घर जन्मे मर्यादा पुरुषोत्तम राम को थोड़ा भी समझते हों तो इन तथ्यों पर ध्यान दें। इससे ज्यादा उम्मीद उनसे नहीं करनी चाहिए।

22.6.2001

अथ श्री उमा गोविंद कथा

एकांतवास में जाने के पहले गोविंदाचार्य एक दिन घर आए थे। खूब बातचीत हुई और जैसा भी मिला खाना खाकर प्रसन्नचित्त गए। कोई चौदह साल पहले कांग्रेस के खिलाफ विपक्ष को एक करने में हम दोनों ने साथ काम किया था। उन दिनों वे राजनैतिक काम में नए-नए पड़े थे और संघ परिवार के लोगों की चिंता रहती थी कि उनकी छवि को प्रभावकारी बनाया जाए। संघ के एक बड़े नेता ने एक बार सुझाया भी कि उन्हें यार-दोस्ती में खादी भंडार ले जाऊं और ऐसे कपड़े दिलवा दूं जिन्हें पहन कर वे स्मार्ट और नफीस दिखें। एक बार हिचकते हुए अपन ने कोशिश भी की लेकिन वे भांप गए और फिर हम दोनों ने ही तय किया कि इस सजावट में नहीं लगेंगे। हमारे घर उनका आना-जाना चलता था। भेनजी काफी समय तक उन्हें बिहारी और गावदी समझती रहीं। फिर उन्हें बताना पड़ा कि बिहार में छात्र आंदोलन खड़ा करने में राय साब और गोविंदजी ने बड़ा काम किया है और वे बनारस में पढ़े तमिल हैं। उसके बाद भेनजी का उनके प्रति रवैया बदला।

राष्ट्रीय मोर्चे की सरकार से जिस तरह भाजपा ने अपना समर्थन वापस लिया और मंडल चलाने वाले विश्वनाथ प्रताप सिंह को कमंडल से गिराया उसके बाद गोविंद जी से मिलना कम होता गया। फिर उमा भारती से उनके संबंध का ऐसा विवाद चला कि भाजपा और संघ के जिन इलाकों में वे बहुत लोकप्रिय और सम्मान के पात्र थे उन्हीं में उनकी आलोचना होने लगी। उनसे इस संबंध के बारे में अपनी कोई बात नहीं हुई। उमा भारती से तो कभी नहीं, हालांकि अपन उन्हें टीकमगढ़-छतरपुर से जानते रहे हैं। लेकिन इन दोनों को लेकर संघ परिवार में पहले निंदा-रस में और फिर लगभग हिंस्र कटुता के साथ जो बातें होने लगीं उनसे अपन विचलित हो गए।

स्वनियुक्त शुभचिंतक के रूप में कई लोगों से मैंने बात की होगी। मुझे यह अजीब लगता था कि दो वयस्क जो अपने बारे में ठीक-ठाक सोच-समझकर फैसले ले सकते हों और जिनने सार्वजनिक रूप से अखंड ब्रह्मचर्य का कोई व्रत न लिया हो—उनकी मैत्री का कांड बनाने का क्या मतलब ! यह दोस्ती रखकर न गोविंदाचार्य अपने विवाहित जीवन की मर्यादा तोड़ रहे थे न उमा भारती अपनी गिरस्ती उजाड़ रही थीं। हमारे सार्वजनिक और राजनैतिक जीवन में दुराचार को अनुमतिशीलता के साथ ग्रहण नहीं किया जाता। लेकिन गोविंदाचार्य और उमा भारती तो दुराचार नहीं कर रहे थे। जितने संयम और सम्मान से ऐसी स्त्री-पुरुष मैत्री निभाई जा सकती है उसे इन दोनों ने नहीं छोड़ा। फिर क्यों लोग उनके पीछे हाथ धोकर पड़ गए थे ? मैंने पाया कि भाजपा और संघ के बड़े नेताओं में इनके प्रति हिकारत ही नहीं इन्हें दंडित कर के उदाहरण के रूप में टांग देने का प्रतिशोध था। हाल ही की घटना लें तो जिस तरह मुजफ्फरनगर के एक गांव में घरवालों ने ही एक किशोर और किशोरी को प्रेम करने के अपराध में फांसी दे दी कुछ-कुछ वैसा ही रवैया संघ परिवार के बुजुर्ग नेताओं का था। एक ने तो मेरी सारी दलीलें और भावनाएं सुनकर कहा कि हमने तो कहा था कि शादी कर लो। पर उनने नहीं माना। यह तो चल नहीं सकता कि आप खुले दुराचार करते फिरो और फिर भी जिम्मेदार और प्रतिष्ठित बने रहो। इसके आगे उनसे बात करना संभव नहीं था। ये नेता तो आजन्म संघनिष्ठ ब्रह्मचारी थे लेकिन उन भाजपाई नेताओं

का भी यही रवैया था जिनके दत्तक परिवार हैं या जिनके परिवार विवाहेतर संबंधों के कारण छिन्न-भिन्न हो गए हैं। इन नेताओं में भी न तो गोविंदाचार्य के प्रति छुपी या दबी हुई सहानुभूति थी न उमा भारती के लिए। सभी इन्हें दंडित करने पर एकमत थे।

मैंने न तब गोविंदाचार्य से पूछा न अब कि विवाह की बात उनने क्यों नहीं मानी ? गोविंदजी ने शूल टांकेश्वर में कुछ पत्रकार मित्रों को बताया कि कोई दस साल पहले यानी सन् इकानवे में वे उमा भारती से विवाह करना चाहते थे। उनने उमा और उनके परिवार तक यह प्रस्ताव एक बड़े-बूढ़े भाजपाई नेता के जरिए पहुंचाया भी था। पर उमा भारती ने विवाह से इंकार कर दिया। कुछ समय बाद उनने संन्यास ले लिया। बात वहीं खत्म हो गई। दस साल में पहली बार गोविंदाचार्य ने सार्वजनिक रूप से स्वीकार किया कि वे उमा भारती से विवाह करना चाहते थे। उनने अब भी यह नहीं कहा है कि उन्हें उमा भारती से प्रेम था और वे भी उन्हें प्यार करती थीं। भारतीय निम्न मध्यवर्गीय पारंपरिक नैतिकता के अनुरूप ही उनका बयान है। मैं चाहता और अब भी चाहूं तो उमा भारती से भी पूछ सकता हूं कि भई, तुमने यह प्रस्ताव क्यों ठुकराया ? किस निराशा या अदृश्य सामाजिक-राजनैतिक दबाव या मजबूरी में संन्यास लिया और बावजूद संन्यास और भगवे कपड़े और पूजा-पाठ और आध्यात्मिकता के किसी भाजपा नेता से अपनी बाली उम्र के प्रेम की इतनी बातें क्यों करती रहती हो ! दोनों से नहीं पूछा तो इसका कारण जिज्ञासा और लगाव की कमी नहीं है। मुझे उनके निजी जीवन में झांकने या दखल देने की कोई इच्छा नहीं है। मुझे लगता है कि दोनों ने बहुत पीड़ा-व्यथा और अपनी बरबादी भुगती है। यह प्रेम करने का प्रसाद है, इसे न तो कोई छीन सकता है न कोई इसमें भागेदारी कर सकता है। गोविंदाचार्य चाहें तो वे भी उमा के प्रसाद को बांट नहीं सकते, न उमा भारती गोविंदाचार्य के दग्ध हृदय पर कोई ठंडा लेप लगा सकती हैं।

लेकिन इनकी प्रेम कथा में बहुत कुछ ऐसा अर्थवान है जो हमें अपने मध्यवर्गीय पारंपरिक नैतिक जीवन और राजनैतिक सामाजिक जीवन में ब्रह्मचर्य या मर्यादित विवाहित जीवन के आग्रह को समझने में मदद कर सकता है। जैसे दस साल बाद एकांतवास में होते हुए भी गोविंदाचार्य को पत्रकारों को लगभग बुलाकर यह बताना क्यों पड़ा कि उनने कभी उमा भारती से विवाह का प्रस्ताव भिजवाया था और उस पर उनने इंकार कर दिया था ? वे क्यों कहना चाहते हैं कि यह अध्याय खत्म हो गया ? इसे बार-बार क्यों उठाया जाता है ? क्यों मेरे सिले हुए घावों को बार-बार खोला जाता है ? उनने लिखित बयान में कहा–'मेरे बारे में जो चर्चाएं चलीं उनसे बेपरवाह रह कर मैं अपना काम करता रहा। बाईस जुलाई को जब जी टीवी ने हमारे विवाह की खबर दी, तो भी मैं चुप रहा। उसने ही इस समाचार का खंडन कर दिया था फिर भी उस समाचार से मैं व्यथित हुआ। संताप से भरा हुआ हूं और अपराधबोध से ग्रस्त हूं। उसी समय से अपनी बात कहना चाहता था। उन्नीस सौ बानवे से बार-बार मेरे नाम को जोड़ कर उमा जी पर प्रहार किया जाता रहा है। उन्हें शर्मिंदा करने के प्रयास किए जाते रहे हैं। जो बात दस साल पहले खत्म हो गई थी उसे बार-बार उभारा जाना मेरी समझ से परे है।'

गोविंदाचार्य को संताप और अपराधबोध बताने की जरूरत इसलिए नहीं पड़ी कि उनका प्रेम विफल हो गया और इस कारण उमा भारती इतनी उद्विग्न और विचलित रहती हैं कि न संन्यास में आश्वस्त और स्थिर रह पाती हैं न अपनी राजनीति और मंत्रालय में। इसकी जरूरत इसलिए पड़ी कि गए महीने जी टीवी दिन भर खबर देता रहा कि गोविंदाचार्य और उमा भारती ने विवाह कर लिया है। दोनों बंगलूर से विवाह कर के विमान से आ रहे हैं और हमारी कैमरा टीम हवाई अड्डे से आपको बताएगी। मैंने वह खबर नहीं देखी। जो सुना वह बता रहा हूं। मालूम किया तो पता चला कि जी टीवी ने सिर्फ दूसरी चैनलों पर बाजी मारने और अव्वल दिखने के लिए अफवाह पर भरोसा नहीं कर लिया था। उन्हें गोविंदाचार्य के साथ रहने वाले सौ टंच विश्वसनीय सूत्रों से

खबर मिली थी और वे लोग जी टीवी को मूर्ख बनाने या टीवी के बाजार में बदनाम करने के इरादे से नहीं बता रहे थे। लेकिन खबर झूठी थी और जब उमा भारती ने जी टीवी की खटिया खड़ी कर देने की धमकी दी तो वह अपनी दी गई खबर को गलत बताने और माफी मांगने पर मजबूर हुआ और जितनी देर और जिस प्रमुखता से खबर दी थी उतनी ही देर और प्रमुखता से खंडन भी दिखाया। जी टीवी की खबर और खंडन आपने सुना होगा तो समझ गए होंगे कि वह उस पर रोपित खबर थी और उसका रोपण उन्हीं ने किया था जो राजनीति के उजले दिनों में गोविंदाचार्य के साथ थे और अब वनवास और एकांतवास में भी उनके निकट और सहयोगी हैं। ऐसा नहीं होता तो जी टीवी झांसे में नहीं आता।

खबर देने और प्रसारित करवानेवाले वही लोग हैं जो उमा भारती को उनके संन्यास और मंत्रालय में और गोविंदाचार्य को अपने राजनीति से वनवास और अध्ययन के एकांतवास में भी शांति से छोड़ देना नहीं चाहते। अगर गोविंदजी कहते हैं कि अध्याय दस साल पहले बंद हो गया और उमा भारती कहती हैं कि वे स्वेच्छा और स्वाभाविक झुकाव से संन्यासिन हुई हैं और अब उनके प्रेम और विवाह करने का कोई प्रश्न ही नहीं उठता तो उनके विवाह की खबर मात्र उनके विरोधियों और यथास्थितिवादियों को उड़ाने की जरूरत कैसे पड़ती ? आखिर यह वही प्रवृत्ति है जो दस साल पहले उनके प्रेम प्रसंग में खुलकर प्रकट हुई थी। अगर गोविंदाचार्य और उमा भारती के बीच मृत अतीत और इतिहास ही होता तो इस प्रवृत्ति वालों को नए शिकार ढूंढ़ने पड़ते। अगर उमा भारती के अंदर संन्यास लेते ही सब कुछ जलकर खाक हो गया होता तो बद्री-केदार में पेजावर स्वामी के मठ के कमरे में वे अपनी प्रेम कथा को इतना रस लेकर क्यों सुनातीं ? उसमें से बहुत कुछ छप गया और विवाद हुआ, यह अलग बात है। लेकिन दुष्प्रवृत्ति वाले यथास्थितिवादी अब भी अगर उमा भारती और गोविंदाचार्य के पीछे पड़े हैं तो इसलिए कि इनके बीच वह कोमल प्राणदायी संबंध अब भी है जिसकी मृत्यु और अंत्येष्टि की पुष्टि बार-बार ये दोनों ही करते हैं। जिस दिन बंगलूर से खबर आई कि उनने विवाह कर लिया, वे दोनों बंगलूर में थे। गोविंदाचार्य वनवास और एकांतवास में क्या कर रहे हैं इसकी पूरी खोज-खबर उमा भारती लेती हैं और खबर रखने वालों की खबर सबको होती है। अगर उमा भारती और गोविंदाचार्य में मधुर, कोमल और प्राणदायी संबंध बावजूद इतनी यातनाओं और प्रपंच के हैं तो यह बिलकुल सहज स्वाभाविक और अपने साधारण मनुष्य होने की आत्मस्वीकृति है और संघ परिवारियों को चाहे जितनी आपत्तिजनक लगती हो मुझे तो बहुत अच्छी और दुरुस्त लगती है। विफल होने से प्रेम निरर्थक नहीं हो जाता, उमा भारती-गोविंदाचार्य का हो, आपका हो या मेरा हो। जब तक कोई आपकी सामाजिक-नैतिक धारणाओं और मान्यताओं से बिना समझे-बूझे खिलवाड़ नहीं करता उसके संबंध की निजी पवित्रता में हस्तक्षेप करने का अधिकार किसी को नहीं है। विवाह और स्त्री-पुरुष संबंधों में नैतिकता प्रेम की पवित्रता की रक्षा कर के ही बने रह सकते हैं। उसे नष्ट कर के तो नैतिकता और विवाह नाम की संस्था आत्मघात ही करेंगी।

इतना कहने के बाद निवेदन करूं कि संघ परिवार और हिंदुत्व कितना ही आग्रह करे कि हमें पश्चिमी कसौटी से फासीवादी और अतिवादी मत मानिए, हमें भारतीय कसौटी पर परिवार के मूल्यों का रक्षक मानिए–जैसा कि सरसंघ चालक सुदर्शन ने हाल ही किया है। संघ संप्रदाय में भारतीय पारिवारिक मूल्यों से ज्यादा जोर प्रचारक-संगठन और कार्यकर्ता के ब्रह्मचर्य पर दिया जाता है। आखिर संघ संप्रदाय हिंदू धर्म और समाज की अखाड़ा परंपरा से निकला है और इस परंपरा में ब्रह्मचर्य बल का रक्षक और स्त्री से संबंध शारीरिक-मानसिक पतन का कारण माना जाता है। इसलिए प्रेम यहां सहन किया ही नहीं जा सकता। लेकिन गांधी की सेवा तो वैष्णव परंपरा और भक्तिकाल से निकली है जिसमें कृष्ण की रासलीला और राधा और गोपियों से प्रेम को परम प्रतिष्ठा

मिली है। यह सूरदास और दूसरे अष्टछापी कवियों के कारण ही नहीं है। यह भागवत में है जो कि इस्लाम और सूफी परंपरा के भारत पर असर के बहुत पहले का ग्रंथ है। कृष्ण को और कोई कर्मों और बातों के कारण अपमानित और बदनाम होना पड़ा हो—राधा और गोपियों से प्रेम के कारण वे कहीं और कभी बदनाम नहीं किए गए। हमारी परंपरा और लोक जीवन में कृष्ण की यह प्रतिष्ठा और स्वीकृति पूरी तरह उपस्थित है। फिर भी मोहनदास करमचंद गांधी ने ब्रह्मचर्य लिया और कार्यकर्ता के ग्यारह व्रतों में ब्रह्मचर्य को भी शामिल किया। वे स्वयं गृहस्थ थे और हरिजन-सवर्ण विवाह में आशीर्वाद देने जाते थे। उनके यहां गृहस्थ धर्म का स्वीकार है। ब्रह्मचर्य उनके अर्थ में संयम और अपने सहचर या सहचारिणी के प्रति वफादारी और निष्ठा और सम्मान की कसौटी है। इसके बावजूद ब्रह्मचर्य का आग्रह तो है ही। हमारी परंपरा में दोनों हैं—प्रेम और गृहस्थ धर्म और ब्रह्मचर्य की प्रतिष्ठा। गांधी दोनों को मानते थे इसलिए वे दक्षिण अफ्रीका से भारत आने के कुछ ही बरसों में घर-घर में बस गए। संघ संप्रदाय अखाड़ा परंपरा के कारण भारत के वृहत्तर समाज में पचहत्तर साल के बावजूद अस्वीकार और आशंका की नजर से देखा जाता है।

उमा भारती और गोविंदाचार्य को हम उनके प्रेम, संताप और अपराधबोध में अकेला छोड़ दें। और सोचें कि हम भारतीय मनुष्य और समाज का क्या कर रहे हैं—संदर्भ उनका ले सकते हैं !

2.9.2001

सांस्कृतिक राष्ट्रवाद के वीर और लौह पुरुष

नई दिल्ली में लुटियन के टीले पर जो नार्थ ब्लॉक है ना वहां आजकल भारत के ओरिजनल लौह पुरुष बैठते हैं। पचास-पचपन साल पहले वहां जो सरदार पटेल बैठते थे वे इन असली लौह पुरुष की अगवानी में बनी मिट्टी की मूरत थे। जब वे गुजरात में सोमनाथ का मंदिर बना गए तो ये तो असली हैं और अयोध्या में 'वहीं' राम का मंदिर बनाकर रहेंगे। सनातनी हिंदुओं और छद्म धर्मनिरपेक्ष और उदार बुद्धिजीवियो, देख लेना !

अगर गलती हमीं में हो तो अभी जनसंघ की स्वर्णजयंती पर उनने जो कहा और जिस वक्त में कहा उस पर जरा ध्यान दो। जनसंघ अब नहीं है। वह कोई पच्चीस साल पहले जनता पार्टी में विलीन हो गया था। लेकिन उसके नेता और कार्यकर्ता जनता पार्टी में होते हुए भी अपने मातृ संगठन राष्ट्रीय स्वयंसेवक संघ से जुड़े रहे। उनसे कहा गया कि आपको जनता पार्टी या संघ में से किसी एक को चुनना होगा तो उनने संघ में रहना पसंद किया इसलिए उन्हें जनता पार्टी से निकाला गया। उन्हीं ने मिलकर भारतीय जनता पार्टी की स्थापना की। सांस्कृतिक राष्ट्रवाद के प्रच्छन्न प्रचारक को इस घटना का अर्थ समझाने के लिए विशाल भारतीय पौराणिक साहित्य में से कोई बिंब या प्रतीक नहीं मिला। उन्हें ईसाई पुराण में जाना पड़ा जिसके मुताबिक ईसा को शुक्रवार को सूली पर चढ़ाया गया था और उसके बाद रविवार को वे पुनर्जीवित हुए। लौह पुरुष आडवाणी की कथा है कि संघियों को जिस दिन जनता पार्टी से निकाला गया वह ईसा को सूली पर चढ़ाए जाने का गुड फ्राइडे था और जिस दिन भाजपा के रूप में जनसंघ का पुनर्जन्म हुआ वह ईसा के पुनर्जीवित होने का ईस्टर संडे था। यानी एक तो संघियों का जनता पार्टी से निकाला जाना ईसा को सूली पर चढ़ाने जैसा घोर पाप कर्म था और उनका भाजपा बनाना ईसा के पुनर्जीवित होने के महान सुखकारी त्योहार ईस्टर संडे जैसा पवित्र था।

फादर स्टेंस और उनके दो पुत्रों के जीवित जलाए जाने से लेकर गुड फ्राइडे और ईस्टर जैसे उनके त्योहारों का यह सदुपयोग निश्चित ही भारत के ईसाइयों को आश्वस्त करेगा कि लालकृष्ण आडवाणी जैसे धर्मनिष्ठ लौह पुरुष के गृहमंत्री बनने से वे बिलकुल सुरक्षित हैं। क्योंकि आखिर धर्मनिरपेक्ष भारतीय गणराज्य के गृहमंत्री का प्राथमिक कर्तव्य कानून का पालन करवाना और कानून का राज चलवाना नहीं, अयोध्या में 'वहीं' राम मंदिर बनवाना है। सरदार पटेल ने सोमनाथ का मंदिर बनवाया था, लालकृष्ण आडवाणी अयोध्या में 'वहीं' राम मंदिर बनवाकर सांस्कृतिक राष्ट्रवाद की स्थापना करेंगे। उस सांस्कृतिक राष्ट्र में राम का नाम लेकर विश्व हिंदू परिषद के लोग जो भी करेंगे वही कानून होगा। यह सांस्कृतिक राष्ट्रवाद 'वहीं' राम मंदिर बनाए बिना स्थापित नहीं होगा। इसलिए ईसा की तरह पुनर्जीवित भाजपा की स्वर्ण जयंती पर लालकृष्ण आडवाणी ने कहा, 'कांग्रेस की जगह लेने के लिए कांग्रेस की तरह मत बनिए। लोग असली भाजपा चाहते हैं।' असली भाजपा कैसी है ? आडवाणीजी ने बताया, 'राम जन्मभूमि आंदोलन सांस्कृतिक राष्ट्रवाद का प्रतीक है। हम अगर इस आंदोलन को नहीं उठाते तो वहां नहीं पहुंचते जहां आज पहुंचे हुए हैं। यह आंदोलन हमारी विचारधारा का सार तत्त्व है और हमें एक विशिष्ट पहचान देता है।' यानी सांस्कृतिक राष्ट्रवाद

स्थापित करना है तो राम जन्मभूमि आंदोलन को उसकी तार्किक परिणति तक पहुंचाना पड़ेगा। यानी जिस जगह पर खड़ी बाबरी मस्जिद को तोड़ने का पराक्रम किया गया था उसी जगह अब भव्य राम मंदिर बनाना है। सूली पर चढ़ाए जाने के बाद पुनर्जीवित हुई भाजपा के प्राण इस सांस्कृतिक राष्ट्रवाद में हैं और भाजपा को अकेले सत्तारूढ़ करने के लिए राम मंदिर 'वहीं' बनाना पड़ेगा।

यह सब बताते वक्त लौह पुरुष गृहमंत्री लालकृष्ण आडवाणी को मालूम था कि अभी दो दिन पहले सर्वोच्च न्यायालय के आदेश के अनुसार अयोध्या में लगाए गए अवरोधों को तोड़कर और वहां तैनात पुलिसवालों से झूमाझटकी करते हुए विश्व हिंदू परिषद के पदाधिकारी और कार्यकर्ता तंबू के मंदिर में घुस गए थे। न्यायालय के आदेश से वहां सिर्फ निर्धारित पुजारी ही जा सकता है। बाकी के सभी दर्शनार्थियों को पंद्रह मीटर दूर से दर्शन करने की छूट है। यह व्यवस्था आठ साल से लागू है। अब तक किसी साधारण और सच्चे रामभक्त ने तो इसे तोड़कर रामलला तक पहुंचने की कोशिश नहीं की। लेकिन विश्व हिंदू परिषद के नेताओं और कार्यकर्ताओं ने की। वे तंबू के मंदिर के गर्भ गृह तक पहुंचे। उनने पूजा-आरती की, भगवा झंडा फहराया, भोग लगाया और प्रसाद बांटा। मंदिर वहीं बनाने के नारे लगाए और विजय मनाते हुए कारसेवकपुरम लौट आए। वहां अशोक सिंघल ने घोषणा की, 'कोई ताकत रामभक्तों को राम के दर्शन करने मंदिर में जाने से रोक नहीं सकती।' सर्वोच्च न्यायालय के आदेश का उल्लंघन करने और पुलिस वालों को अपना काम करने से रोकने पर विश्व हिंदू परिषद के इन नेताओं और कार्यकर्ताओं के विरुद्ध कोई कार्रवाई नहीं की गई। क्यों नहीं की गई ? सर्वोच्च न्यायालय के आदेश का पालन करवाना और ड्यूटी पर तैनात पुलिसवालों का मनोबल बनाए रखना अगर गृह मंत्रालय का काम नहीं है तो क्या है ? लेकिन जब विपक्ष के नेताओं ने विश्व हिंदू परिषद के उन उद्दंड नेताओं के खिलाफ कार्रवाई की मांग की तो इनने कहा कि कोई कार्रवाई कर के तो देखे हम फिर आदेश तोड़ेंगे। प्रधानमंत्री और स्वनामधन्य गृहमंत्री ने कहा कि सुरक्षा व्यवस्था में चूक हो गई। उनने नहीं कहा कि विश्व हिंदू परिषद के नेताओं ने गलत काम किया है और उनके खिलाफ उचित कार्रवाई होगी। प्रधानमंत्री और गृहमंत्री को भी चूक सुरक्षा व्यवस्था में और गलती पुलिसवालों की दिखाई दी।

इसलिए दो दिन तक उत्तर प्रदेश के सरकारी अफसर और जिला प्रशासन के अधिकारी वहां तैनात सीआरपीएफ को दोषी ठहराते रहे और सीआरपी वाले जिला प्रशासन को कोसते रहे। अयोध्या में उस विवादित स्थल पर सुरक्षा व्यवस्था यह है कि पंद्रह मीटर के बाहर उत्तर प्रदेश पुलिस के जवान तैनात हैं जो सुबह-शाम दर्शन करने आने वालों का नियमन करते हैं लेकिन बैरिकेड के अंदर सीआरपीएफ के जवान सुरक्षा के लिए तैनात हैं। उनका काम है कि सुप्रीम कोर्ट का आदेश लागू करें, किसी को घुसने न दें और वहां यथास्थिति बनाए रखें। चूंकि वहां की विवादित भूमि केंद्र ने अधिग्रहीत कर रखी है इसलिए उसकी सुरक्षा और वहां की यथास्थिति बनाए रखने की जिम्मेदारी केंद्रीय आरक्षित बल को दी गई है लेकिन वह भी जिला प्रशासन के अधीन है जिस तरह कहीं सेना तैनात की जाए तो वह नागरिक प्रशासन के तहत काम करती है। लेकिन अयोध्या में कार्रवाई न जिला प्रशासन ने की न सीआरपीएफ ने। आखिर अशोक सिंघल आदि की रक्षा में भी बंदूक लिए कमांडो रहते हैं और वही जब बैरिकेड तोड़कर अंदर घुसे तो बेचारे पुलिसवाले क्या कार्रवाई करते ? फैजाबाद के जिला प्रशासन ने कहा कि रोकने की कार्रवाई सीआरपीएफ को करनी थी जो उसने नहीं की। उनने आरोप भी लगाया कि मजिस्ट्रेट ने दो बार आदेश दिए पर सीआरपीएफ ने उनका पालन नहीं किया। कोई दो घंटे तक अशोक सिंघल, गिरिराज किशोर, श्रीश चंद्र दीक्षित और प्रवीण भाई तोगड़िया और उनके कार्यकर्ता सर्वोच्च न्यायालय का आदेश तोड़कर पूजा-आरती यानी हुड़दंग करते रहे। आखिर कमिश्नर और डीआईजी वहां पहुंचे और उनने कहा कि आप लोग जाइए वर्ना गिरफ्तार कर लिए जाएंगे, तब वे जीत मनाते और नारे लगाते हुए गए।

जिला प्रशासन ने कोई कार्रवाई नहीं की। उत्तर प्रदेश के गृह सचिव ने कहा कि विश्व हिंदू परिषद के नेताओं के खिलाफ कोई मामला नहीं बनता क्योंकि उनने कोई कानून नहीं तोड़ा।

जब खूब हल्ला मचा तो सीआरपीएफ के एक अधिकारी तरमैल सिंह ने थाना राम जन्मभूमि में एक औपचारिक शिकायत दर्ज की। यह एफआईआर भारतीय दंड विधान की धारा 186 के तहत दर्ज की गई। किसी सरकारी कर्मचारी को उसका काम करने से रोकने पर यह धारा लगाई जाती है और इसमें ज्यादा से ज्यादा तीन महीने के कारावास या पांच सौ रुपए का जुर्माना या दोनों की सजा दी जा सकती है। यानी इस प्रतीक शिकायत में भी मामला कुल यही बनता है कि अशोक सिंघल और उनके चालीस साथियों ने उन्हें रोकने का काम सीआरपी वालों को नहीं करने दिया। सुप्रीम कोर्ट के आदेश के उल्लंघन का कोई संज्ञान नहीं लिया गया है। न राज्य सरकार ने न गृह मंत्रालय ने। जनमत के दबाव पर दोनों ने जांच के आदेश दिए लेकिन जांच रपट भी रविवार इक्कीस अक्तूबर तक आ जानी चाहिए थी। अब तक कोई कार्रवाई नहीं की गई है, तो इसका मतलब यही निकाला जाना चाहिए कि अयोध्या में राम मंदिर में घुसकर पूजा-पाठ का नाटक करने वाले विश्व हिंदू परिषद के नेताओं का लखनऊ और दिल्ली की सरकारों ने कोई दोष नहीं माना है। सर्वोच्च न्यायालय के आदेश और देश के कानून पर अमल करने में यह ढिलाई क्यों है ?

आप भूले नहीं होंगे कि छह दिसंबर बानवे के पहले भाजपा की कल्याण सिंह सरकार ने भी इसी तरह बाबरी मस्जिद की सुरक्षा व्यवस्था हटा ली थी और उस दिन पुलिसवाले लाठियां और बंदूकें लिए वहां से हट गए थे। इसके बाद दिल्ली में भाजपा नेताई में बनी सरकार के होते ईसाइयों और उनकी संस्थाओं और मुसलमानों के खिलाफ संघ संप्रदायी संगठनों ने कुछ भी किया हो कानून-व्यवस्था की मशीनरी ने उनके विरुद्ध कोई कार्रवाई नहीं की। अभी जब सिमी पर प्रतिबंध लगाया गया तो विपक्ष ने बजरंग दल पर भी पाबंदी की मांग की। उत्तर प्रदेश के बजरबट्टू मुख्यमंत्री ने कहा कि ज्यादा से ज्यादा बजरंग दल पर सांप्रदायिक होने का आरोप लग सकता है पर वह राष्ट्र विरोधी नहीं है। सिमी राष्ट्रविरोधी है। क्यों ? क्योंकि सांस्कृतिक राष्ट्रवाद में हिंदुत्व राष्ट्रीयता है। इसलिए हिंदू या हिंदू संगठन जो भी करे वह राष्ट्रविरोधी नहीं हो सकता क्योंकि हिंदू ही तो राष्ट्र है ! लेकिन मुसलमान अगर अमेरिका और बिन लादेन दोनों का ही विरोध करे तो भी राष्ट्रविरोधी हो सकता है। कैसे ? क्योंकि अमेरिका आतंकवाद के खिलाफ लड़ रहा है और भारत भी आतंकवाद के विरुद्ध है। इसी तर्क से तो सांस्कृतिक राष्ट्रवाद के चलते भाजपा की कल्याण सिंह सरकार ने संघ परिवारी संगठनों के लिए अयोध्या को खुला छोड़ दिया। और अब गृहमंत्री लालकृष्ण आडवाणी विश्व हिंदू परिषद के नेताओं के खिलाफ कार्रवाई नहीं कर रहे क्योंकि वे तो राम जन्मभूमि आंदोलन को आगे बढ़ा रहे हैं जो सांस्कृतिक राष्ट्रवाद का सार तत्त्व और भाजपा को सत्ता में पहुंचाने का राज और पुण्य मार्ग है।

विश्व हिंदू परिषद के नेताओं ने सर्वोच्च न्यायालय के आदेश का ऐसा उद्दंड उल्लंघन किया जब लखनऊ और दिल्ली में उनकी सरकारें हैं। कानून और न्यायालय के आदेश का वे पालन नहीं करते और उनकी सरकारें कानून-व्यवस्था की अपनी प्राथमिक जिम्मेदारी पूरी नहीं करतीं। सांस्कृतिक राष्ट्रवाद में क्या प्रशासन और कानून व्यवस्था का यही होना है ? कुछ साल पहले तक यही लोग कहते थे—गर्व से कहो हम हिंदू हैं। अब क्या हिंदू कहें कि शर्म से देखो ये हिंदू हैं ? और क्या सांस्कृतिक राष्ट्रवाद में हिंदू अराजकता का कानून होगा ?

26.10.2001

रामराज से उदित राज

अब उदित राज हुए रामराज ने उस टी.वी. कार्यक्रम के बाद मुकेश कुमार से शिकायत की कि उनने उनसे ज्यादा समय मुझे दिया। मुकेश कुमार ने कहा कि जो लोग संघर्ष करते-करते नीचे से ऊपर आते हैं उन्हें अक्सर लगता है कि उन्हें पर्याप्त मौका नहीं मिलता। मैंने कुछ नहीं कहा। लेकिन मन-ही-मन मैंने निष्कर्ष निकाला कि रामराज को लग रहा है कि वे अपने को ठीक से अभिव्यक्त नहीं कर पाए। साथवाले की सब बातों का जब तक अपने संतोष से जवाब न दे दिया जाए बहस में पड़े आदमी को लगता है कि वह कहने से रह गया। ऐसा आदमी समय न मिल पाने की शिकायत भी कर सकता है।

लेकिन रामराज ने यह शिकायत मुकेश कुमार से निजी तौर पर की। जब हम सब स्टूडियो से बाहर निकल रहे थे तो उनने मेरे 'रेडिकल विचारों' पर सुखद अचरज प्रकट किया था। अपने बचाव में लगे आदमी के साथ यह भी होता है। निजी तौर पर वह महसूस कुछ करता है और सार्वजनिक रूप से कहता कुछ और है। रामराज का व्यवहार मैं समझ सकता था क्योंकि उनकी तरह मैं संघर्ष में नहीं लगा था, न मुझे अपनी स्थिति के बचाव में दलीलें देनी पड़ रही थीं। वे कल ही धर्मांतरण के विवादास्पद कार्यक्रम से निपटे थे। अखिल भारतीय अनुसूचित जाति-जनजाति संगठन के अध्यक्ष ने दिल्ली के रामलीला मैदान में एक लाख दलितों के हिंदू से बौद्ध धर्म में जाने का कार्यक्रम घोषित कर रखा था। उन्हें पहले दिल्ली पुलिस ने इजाजत नहीं दी। अट्ठाईस अक्तूबर से चार नवंबर को बदले कार्यक्रम के लिए भी संघ संप्रदायी संगठन के विरोध के कारण रामलीला मैदान में रैली नहीं की जा सकी। रामराज का कहना है कि पुलिस ने रेलगाड़ियों और बसों से आते दलितों को दिल्ली नहीं पहुंचने दिया। बहुत से लोगों को वापस कर दिया गया और जो नहीं माने उन्हें पकड़ लिया गया।

पुलिस ने कहा कि झंडेवालान के अंबेडकर भवन में धर्मांतरण के लिए मुश्किल से आठ हजार दलित पहुंचे होंगे। अखबारों ने पांच से पचास हजार की संख्या छापी। लेकिन रामराज ने कहा कि बीबीसी ने डेढ़ लाख और सीनएनएन ने ढाई लाख लोग बताए हैं। रामराज अपना कोई अंदाज नहीं दे रहे थे। वे तो सिर्फ बता रहे थे कि दिल्ली पुलिस और दिल्ली के अखबारों ने जो भी बताया हो संसार के मशहूर टीवी समाचार चैनलों ने संख्या बहुत बड़ी बताई। पता नहीं वहां बैठे लोगों में से किसी ने बीबीसी और सीनएनएन की खबरें सुनी थीं या नहीं। लेकिन किसी ने रामराज के बचाव का खंडन नहीं किया। वे जाहिर है कि इन चैनलों का नाम लेकर अपने कार्यक्रम की स्थानीय विफलता को अंतर्राष्ट्रीय गौरव से काटने में लगे थे। उन्हें इसकी चिंता नहीं थी कि इस बचाव से हम प्रभावित होंगे या नहीं। जवाब के लिए जवाब देना जरूरी था। उनके व्यवहार और उनकी बातों से तो नहीं लग रहा था कि अपने कार्यक्रम से वे बहुत अभिभूत हों। बल्कि ऐसा ही लग रहा था कि वे कुछ परेशानी और हड़बड़ी में हैं। इतने विरोध और इतने प्रचार से आदमी घबरा ही जाता है। खासकर इसलिए कि जब उसे लगता हो कि उसे जानबूझकर विफल करने की कोशिश की गई है और अब उसकी विफलता का मजा लिया जा रहा है।

मैं न तो रामराज के कार्यक्रम के विरुद्ध था न एक लाख दलित जुटा न पाने पर उनकी हंसी उड़ाने पर उतारू था। सच कहूं तो मुझे उनसे सहानुभूति थी। दादा धर्माधिकारी की पुस्तक 'मानवनिष्ठ भारतीयता' पढ़ने के बाद तो मेरा विश्वास और भी पक्का हो गया है कि हिंदू समाज में व्याप्त जाति प्रथा और उसके अत्याचार से बचने का कोई रास्ता नहीं है सिवाय धर्मांतरण के। प्रचलित हिंदू धर्म जाति प्रथा के अत्याचार का कोई समाधान नहीं देता। जाति जन्म से तय हो जाती है और मरने के बाद भी नहीं जाती। आप अगर नीचे की दलित जाति में जन्मे हैं तो कोई पराक्रम आपको ऊपर की जाति में पहुंचा नहीं सकता। आप यश पा सकते हैं, धन पा सकते हैं, पद पा सकते हैं लेकिन उच्च वर्ण में पहुंचकर ऊंची जाति नहीं पा सकते। जन्म की घटना अथवा दुर्घटना ने जाति तय करके समाज में आपका स्थान तय कर दिया है। उसे बदला नहीं जा सकता।

इसलिए नीचे बने रहने के खिलाफ आप विद्रोह भी करें तो क्या कर सकते हैं। नीची जाति में होने से बदतर तो कोई जाति न होना है। और जाति कोई आपने स्वेच्छा से तो ग्रहण नहीं की है। वह तो आपके जन्म ने तय कर दी है जिस पर आपका कोई अधिकार नहीं है और जिसके लिए आप जिम्मेदार नहीं हैं। इसलिए जातिबद्ध समाज में आप जातिविहीन होकर बाहर होना चाहें तो भी आपके लिए कोई जगह नहीं। जातिविहीन लोगों की भी जाति बन जाएगी जिसकी जाति व्यवस्था में तो कोई जगह होगी नहीं और उसके बाहर निष्कासित लोगों की जाति की हालत और खराब होगी।

इसलिए जाति प्रथा की गैरबराबरी और अत्याचार से छुटकारे का एक ही रास्ता है कि आप हिंदू धर्म छोड़कर किसी और धर्म को स्वीकार कर लें। जाति की तरह आपका धर्म भी जन्म से तय होता है। ऐसा नहीं है कि जब तक आप दीक्षित न हो जाएं आप सिर्फ मानव रहेंगे और आपका कोई धर्म नहीं होगा। और तब तक आप किसी भी धर्म को स्वीकार करने को स्वतंत्र हों और आपके सामने सभी विकल्प खुले हों। फिर जैसा कि दादा धर्माधिकारी की इस पुस्तक में बहुत अच्छी तरह बताया गया है हिंदू धर्म में तो जनमना ही पड़ता है। इसमें कोई दीक्षा देकर आपको दीक्षित नहीं करता। संस्कार भी जाति में दिए जाते हैं। सोलह संस्कारों का बड़ा नाम है लेकिन ऐसा नहीं है कि प्रत्येक हिंदू के ये संस्कार हों तभी वह हिंदू होता हो। ब्राह्मण के लिए यज्ञोपवीत जरूरी है दूसरे वर्णों में अनिवार्य नहीं। एक वर्ण में तो वर्जित ही है। तो जाति की तरह धर्म भी जन्म से ही तय हो जाता है। अब जिस समाज में आपकी धार्मिक और सामाजिक स्थिति जन्म से ही तय हो और आर्थिक रूप से आप बहुत ठीक भी हो जाएं तो आपकी सामाजिक-धार्मिक स्थिति में कोई बुनियादी फर्क नहीं पड़ेगा तो उसमें आपके पास विकल्प क्या है ? जन्म से निर्धारित होनेवाली इन स्थितियों का आप अतिक्रमण करना चाहें तो हिंदू समाज में आपके लिए कोई गुंजाइश नहीं है। इसलिए धर्मांतरण ही एक विकल्प है।

यह कोई संयोग, दुर्घटना या दूसरे धर्मों का षड्यंत्र नहीं है कि हिंदू समाज में से बौद्ध, जैन और फिर मुसलमान और ईसाई बने। मुसलमानों में से कितने ईसाई बने या जो ईसाई हो गए थे उनमें से कितने लोग दूसरे धर्म में गए ? सिखों में से कितने मुसलमान या ईसाई हुए ? हिंदू धर्म में आने की प्रथा जिनने चालू की उनने भी उसे शुद्धि आंदोलन कहा। यानी जो हिंदू धर्म में से निकलकर दूसरे धर्म में गया या वह अपने पहले के धर्म में आए भी तो उसे शुद्ध होना होगा। हिंदू धर्म और जाति में रहकर उनसे लड़ना संभव नहीं है इसलिए विद्रोही को दूसरे धर्म में जाना पड़ता है। गौतम ने बौद्ध होकर अपनी जाति और धर्म छोड़ा लेकिन बौद्ध धर्म का भारत में क्या हुआ वह भी हमने देखा ही है। बाबा साहेब अम्बेडकर उमर भर जाति प्रथा से लड़ते रहे लेकिन उन्हें भी आखिर में बौद्ध धर्म स्वीकार करना पड़ा। बौद्ध होकर वे शूद्र होने के कलंक से मुक्त हुए और उनके नाम पर दलितों ने आंदोलन भी चलाया लेकिन उनके प्रयत्नों से दलितों की स्थिति

ब्राह्मण या क्षत्रियों जैसी नहीं हुई। बल्कि जाति प्रथा से संघर्ष के कारण एक तरह का जाति उग्रवाद भारतीय समाज में आया और राजनैतिक पार्टियों में जातियों का समाहरण हुआ। संविधान में जनजातियों और अनुसूचित जातियों को मिले आरक्षण ने जातिगत निहित स्वार्थ पनपाए और उससे भी जाति प्रथा समाप्त होने के बजाय संघटित हुई। आर्थिक अवसर तो आरक्षण ने दिए, सत्ता में कुछ भागेदारी भी दी लेकिन इसका असर सामाजिक स्थिति पर नहीं हुआ।

इन तमाम बातों पर रामराज हमारे साथ सहमत हैं लेकिन इसके बाद असहमति का इलाका शुरू होता है। जैसे मैंने कहा कि धर्मांतरण करके आप जाति प्रथा के अत्याचार और दमन से तो मुक्त हो जाते हैं लेकिन इससे न तो जाति प्रथा टूटती है न समाज में आपकी स्थिति सम्मानजनक बनती है। फिर जाति प्रथा तो रक्तबीज राक्षस के समान है। जितनी आप उसे मारने की कोशिश करते हैं उतनी ही वह ज्यादा शक्तिशाली होकर लौटती है। बाबा साहेब अंबेडकर तो उससे बीसवीं सदी में संघर्ष में पड़े। भगवान बुद्ध तो कम-से-कम ढाई हजार साल पहले उससे लड़े। तब से अब तक किसी न किसी क्षेत्र और अखाड़े में उसके खिलाफ संघर्ष चल रहा है। लेकिन आप पाते हैं कि जातिवाद आज ऐसे भी कई क्षेत्रों में व्याप गया है जहां वह पचास क्या बीस-तीस साल पहले भी नहीं था। सन् उननब्बे के चुनाव में जाति और संप्रदाय को वैसा खुला स्वीकार मिला जैसा पहले कभी नहीं था। राजनीति में जाति संप्रदाय तल के नीचे शुरू से कार्यरत और महत्त्वपूर्ण रहे हैं लेकिन उन्हें जैसी खुली और सार्वजनिक स्वीकृति अब है वैसी उन्नीसवीं और बीसवीं सदी में नहीं थी। फिर यह भी देखने समझने की जरूरत है कि इस्लाम, सिख और ईसाइयत तीनों समतावादी धर्म होने का दावा करते हैं और इनमें ऊंच-नीच को जगह नहीं है। लेकिन हिंदू समाज से जो भी इनमें गए हैं वे अपनी सामाजिकता और जाति अपने साथ लेते गए हैं। इसलिए मुसलमानों में सैयद और दलित के बीच वही भेद है जो हिंदू समाज में ब्राह्मण और शूद्र में है। सिखों में जाटों और मजहबी सिखों में वही सामाजिक असमानता है और ईसाइयत को भी जाति प्रथा ने छोड़ा नहीं है। यानी भारतीय परिस्थितियों में जाति धर्म से ज्यादा बड़ी ताकत साबित हुई है। लोगों ने धर्म छोड़े और स्वीकारे हैं लेकिन उनकी जाति या जाति-चेतना वही और वैसी ही बनी रही है।

पटना के हमारे अली अनवर ने बिहार के मुसलमान समाज में दलितों की स्थिति का अध्ययन किया है। उनका निष्कर्ष है कि वहां तो दलितों की हालत हिंदू समाज से भी बदतर है। हिंदुओं में चूंकि दलित होते हैं इसलिए उनका स्वीकार है और उनकी हालत सुधारने की कोशिश होती है। इस्लाम में तो किसी ऊंच-नीच को जगह नहीं है इसलिए दलितों का स्वीकार नहीं है लेकिन छद्म रूप से व्याप्त जाति प्रथा उनकी हालत और खराब किए हुए है। यही हाल ईसाई धर्म में जानेवाले ब्राह्मणों और दलितों या नीची जातियों के लोगों के हैं। इसलिए भी कहना पड़ेगा कि धर्मांतरण के अलावा सचमुच कोई विकल्प न हो पर धर्मांतरण से भी जाति प्रथा के दमन और उससे होनेवाले अपमान से कोई मुक्ति नहीं है। इसलिए धर्मांतरण के अलावा भी जाति प्रथा को समाप्त करने के नए तरीके ढूंढ़ने होंगे और नए ढंग से संघर्ष चलाना होगा। भारत में जब तक ऐसा समाज नहीं बनता जिसमें जाति और उससे आई ऊंच-नीच की भावना पूरी तरह समाप्त नहीं होती तब तक भारतीय राज्य और राष्ट्र एक और बलवान नहीं हो सकता। रामराज कहते रहे कि यही सही नहीं है कि धर्मांतरण से दलित की सामाजिक स्थिति में फर्क नहीं पड़ता। वे कहते हैं कि मुसलमान, सिख आदि होने से लोग साहसी और संघर्षशील बनते हैं और वे हिंदू दलितों की तरह दीन नहीं रहते। उनने कहा कि उत्तर-पूर्व में ईसाई होने और अंग्रेजी बोलने से लोगों का आर्थिक जीवन सुधरा है और जीवन-स्तर बेहतर हुआ है। कल ही जिनने धर्मांतरण किया हो वे उसकी निरर्थकता को वैसे भी नहीं मान सकते। फिर रामराज तो दलितों को बौद्ध बनाने के 'क्रांतिकारी' कदम का बचाव करने में लगे हैं। बचाव करता आदमी किसी बात की अंतिम सचाई को इतनी आसानी से कैसे

स्वीकार कर सकता है ?

रामराज को दो और बातों से सावधान करना चाहता था लेकिन मौका और समय ही नहीं मिला। एक तो हिंदू समाज और भारतीय जीवन पद्धति में अपने शत्रु को अपने अंदर समाहित करने की इच्छा और अद्भुत शक्ति है। इससे आसानी से बचा नहीं जा सकता। यह अच्छी से अच्छी लेकिन बिलकुल विरोधी और निश्चयी ताकत को भी अपने अंदर समाहित कर सकती है। दूसरे हमारे समाज में सवर्ण और ऊंची जाति के बनने की मानसिक प्रक्रिया लगातार चलती रहती है। इसी को अपने ही एक समाजशास्त्री ने संस्कृतीकरण की संज्ञा दी है। जो भी ऊपर को गतिशील होता है वह अंततः ब्राह्मण और सुसंस्कृत होना चाहता है। हमारे दलित और पिछड़े नेताओं ने तो बता दिया है कि सत्ता आते ही किस तरह वे वही करने लगते हैं जो सवर्ण नेता करते रहे हैं। उनकी जीवन पद्धति भी वही हो जाती है जो उनके पहले के नेताओं की रही है। अगर यह चलता रहा तो दलित संस्कृति भिन्न और समानता और भाईचारे के मूल्यों की नहीं बन पाएगी।

11.11.2001

उनके शौर्य दिवस का संकल्प

नीलू दीदी ने पता नहीं कितने समय में पांच कॉपियों में कोई पौने तीन लाख बार राम का नाम लिख कर माताराम को दिए थे कि वे उन्हें अयोध्या की राम नाम बैंक में जमा करवा दें। लेकिन कार्तिक पूर्णिमा पर नेमिशारण्य गईं माताराम न तो कॉपियां ले जा सकीं न अयोध्या जा सकीं। इसलिए चार दिसंबर को जब फैजाबाद के लिए रवाना होने लगा तो भेनजी ने खूबसूरत छींट के रेशमी कपड़े में राम नाम की कॉपियां बांधीं पल्लू में। कुछ रुपए गांठ में बांधे और पोटली थमाकर कहा कि इसे अयोध्या में जमा करवा देना। मैं नहीं जानता था कि लोग कॉपियों पर इस तरह राम नाम लिखते और अयोध्या में जमा करवाते हैं। यह भी अपने को मालूम नहीं था कि अयोध्या में एक नहीं दो या उससे भी ज्यादा राम नाम बैंक हैं और वे बाकायदा राम नाम जमा करके पास बुक देती हैं। लेकिन पोटली अपने बैग में रख दी गई थी जिसे अयोध्या/फैजाबाद की होटल शान ए अवध में निकाल कर अपन ने तिवारी म्हाराज को दे दी। शाम को जब वापस लखनऊ और वहां से दिल्ली के लिए निकलने लगे तो राम नाम बैंक का काम पूरा हो चुका था।

आप नीलू दीदी को नहीं जानते। वे सिख मां-बाप की गोद आई गुजराती महिला हैं। बीस साल पहले जब हम चंडीगढ़ से आकर इस निर्माण विहार में रहने लगे तो भेनजी की उनसे पहचान हुई। दिखने में वे भेनजी से छोटी लगती हैं इसलिए मालूम नहीं कैसे वे हमारे घर की दीदी हो गईं। फिर माताराम का आना-जाना शुरू हुआ तो पता चला कि नीलू दीदी तो उन्हीं की तरह कृष्णभक्त हैं और मिलने पर राधे-राधे करती हैं। माताराम के साथ वृंदावन जाती हैं और उनकी कथा भागवत में शामिल रहती हैं। तब वे सिविल लाइंस में किसी गुजराती स्कूल में पढ़ाती थीं। उनका भक्तिभाव मुझे अटपटा लगता था। उनकी उमर मुझे ब्याह-शादी करने और गिरस्ती बसाने की लगती थी। एक बार हिचकते हुए भेनजी को मैंने कहा भी। उनने बताया कि नीलू दीदी गुजराती वैष्णव हैं। जिन सिख मां-बाप ने उन्हें गोद लिया वे उनके लिए अच्छा गुजराती लड़का ढूंढ़ नहीं पाए और वे हर किसी से शादी कर नहीं सकतीं इसलिए कुंआरी रह गईं और शायद वैसी ही रह जाएं। उनका मन तो कृष्ण भगवान में रमा हुआ है। अपने को फिर भी अटपटा ही लगता रहा। नीलू दीदी के सामने हमारा संदीप और हमारी सोनाल बड़े हुए। उनकी शादी हुई और अब दोनों के बाल-बच्चे हैं। लेकिन नीलू दीदी वैसी ही हैं। पहले कम-से-कम पढ़ाने जाया करती थीं अब वह भी छोड़ दिया है। उनकी मां को लकवा मार गया है और पिताजी ऐसी हालत में नहीं हैं कि उनकी देखभाल कर सकें। इसलिए नीलू दीदी ने मास्टरी छोड़ दी और मां-बाप की सेवा के साथ घर भी चलाती हैं। बाल कटवाकर छोटे कर लिए हैं। मां-बाप की सेवा और भगवान की भक्ति में लगी रहती है। वृंदावन भी नहीं जा पातीं। जो समय मिलता है उसी में उनने राम नाम लिख-लिखकर कॉपियां रंगीं और उन्हें अपनी पूंजी की तरह बैंक में जमा करवाने को दे दिया।

मुझे अयोध्या में कुल पांच-छह घंटे मिलने थे और पहला काम 'जनमोर्चा' के स्थापना दिवस के समारोह में शामिल होना था और बोलना था। इसलिए तिवारी म्हाराज के साथ राम नाम बैंक जा नहीं सकता था। लेकिन इस कारण दिनभर सोचता रहा कि नीलू दीदी तो कृष्ण भक्त हैं फिर

दो-तीन लाख बार वे राम नाम कैसे लिख पाईं और उन्हें जमा करवाने की ऐसी उतावली उन्हें क्यों और कैसे हुई ? वे संघ संप्रदाय की रामभक्त कारसेविका तो किसी भी अर्थ में नहीं हैं। राम उनके लिए इमारत हथियाने और मुसलमानों के खिलाफ हिंदू ताकत दिखाने के साधन तो कभी हो नहीं सकते। पूछने पर पता चला कि राम नाम लिखने और जमा करवाने की परंपरा तो रामजन्म भूमि आंदोलन से बहुत पुरानी है। वैसे भी इसकी कोई संभावना नहीं है कि कृष्ण की दिवानी नीलू दीदी संघ संप्रदायी रामभक्त कारसेविका हो जाएं। सिख मां-बाप की गोद आई गुजराती वैष्णव महिला भक्ति छोड़कर हिंदू वर्चस्व की स्थापना लिखकर अयोध्या में जमा करवाएं इसकी कल्पना भी नहीं की जा सकती। लेकिन मैं जो बार-बार इसमें कोई दूसरा अर्थ ढूंढ़ने में लगा रहा तो इसलिए कि जो नाम से ही अयोध्या है उसे संघ संप्रदाय ने हिंदू और बाकी के पारंपरिक और आधुनिक भारत के बीच संघर्ष का विस्फोटक बिंदु बना दिया है। अयोध्या सबके ध्यान में आती है क्योंकि छह दिसंबर बानवे के दिन उन्मादी कारसेवकों ने वहां बाबरी मस्जिद तोड़कर ऐसा धतकरम किया है जैसा हिंदुओं ने कभी नहीं किया था और जो उनकी परंपरा में अनजान और अनर्थकारी है। मैं जो वहां नौ साल बाद पहुंचा था तो इसलिए भी कि वह दिन पांच दिसंबर का था और मैं महसूस करना चाहता था कि क्या वहां वही तनाव और संघर्ष की आशंका है जो पहले मैंने कभी पाई थी और जिसे फिर पैदा करके संघ संप्रदायी दो महीने बाद होनेवाले उत्तर प्रदेश के चुनाव में बहुमत पाने की जुगाड़ में हैं। उनने एकतरफा घोषणा कर रखी है और वे शिवरात्रि के दिन से उसी जगह मंदिर बनाना शुरू कर देंगे। वे ताल ठोककर बता रहे हैं कि उन्हें भारत के संविधान, कानून, सर्वोच्च न्यायालय, संसद और बहुधर्मी लोकतंत्र की कोई चिंता नहीं है। इन सबका कर्तव्य है कि वे उन्हें उसी जगह भव्य राम मंदिर बनाने की पूरी सुविधा दें और व्यवस्था करें। नहीं तो उन्हें जो करना है वह तो वे करेंगे ही। दुनिया की कोई ताकत उन्हें रोक नहीं सकती। अयोध्या का अर्थ है वह स्थान कि जिसके लिए युद्ध नहीं हो सकता। संघ संप्रदाय इसी अयोध्या से धर्म, भारतीय समाज उसके इतिहास और उसकी संस्कृति के विरुद्ध युद्ध छेड़े हुए है।

इसी अयोध्या में कृष्ण भक्त नीलू दीदी के कोई पौने तीन लाख बार लिखे राम नाम जमा हैं। इसी अयोध्या में वे राम बिराजते हैं जिन्हें पौढ़ाने के लिए मेरी मां हर रात रोते हुए लोरी गाती हैं। देश और दुनिया में करोड़ों लोग हैं जिनके राम के जन्मस्थान पर न कोई मंदिर है न कोई मस्जिद थी। संघ संप्रदायियों की ललकार है कि राम का जन्मस्थान इतिहास और पुरातत्व का नहीं आस्था का विषय है। और हमारी आस्था है कि राम का जन्म वहीं हुआ था जहां पहले कभी मंदिर था जिसे बाबर के हुक्म पर उसके सिपहसालार मीर बाकी ने तोड़ा और वहां मस्जिद बनाई। उस रामजन्म भूमि की 'मुक्ति' का आंदोलन चलाकर उन्मादी संघ संप्रदायियों ने वह मस्जिद तोड़कर बाबर से इतिहास का बदला ले लिया और अब 'वहीं' वे भव्य राम मंदिर बनाकर हिंदू वर्चस्व हिंदुस्तान में कायम करना चाहते हैं। और इसलिए वे अनगिनत नीलू दीदियों और मातारामों की आस्था को अपने प्रतिशोधी खाते में लिखना चाहते हैं। वे ऐसे तमाम रामभक्तों की आस्था का अपहरण करके उनके प्रतिनिधि होने का दावा कर रहे हैं। वे मानते हैं कि जैसे-जैसे उन्हें राजनैतिक सत्ता मिलती जाएगी हिंदू समाज के प्रतिनिधित्व पर उनका कब्जा पक्का होता जाएगा। इसलिए राम मंदिर बनाने की सौगंध खानेवाले भाजपा के लिए वोट बैंक बनाने में लगे हुए हैं। वह मर्यादा पुरुषोत्तम करुणानिधान राम का मंदिर होगा जिसकी नींव मुसलमानों से प्रतिशोध की खाई में खड़ी की जाएगी। सारे मुसलमान बाबर की औलाद हैं क्योंकि मस्जिद तोड़कर राम मंदिर बनाने को वे अपनी आस्था का विषय नहीं मानते। जब तक मुसलमान और ईसाई और सिख और पारसी और यहूदी राम और कृष्ण को अपने भगवान और पुरखे नहीं मानेंगे तब तक हिंदू वर्चस्व कायम नहीं होगा। संघ संप्रदाय के लिए राम और कृष्ण माने जाने वाले भगवान नहीं हिंदू वर्चस्व कायम करने

के प्रतीक हैं। इसलिए जिन उन्मादी कारसेवकों ने बाबरी मस्जिद के मलबे पर रामलला को बैठाकर कामचलाऊ मंदिर बनाया उनने उसकी पहली सीढ़ी पर लिखा–हिंदू विजय दिवस 6.12.1992। राम का मंदिर राम की पूजा के लिए नहीं हमलावर मुसलमानों पर हिंदुओं की विजय स्थापित करने के लिए बनाया जाना है। उसमें नीलू दीदी और माताराम के राम कहां हैं ? कहां है उनकी अयोध्या ?

शाम को मेरे पास एक घंटा था और वह बैंक मैं देखना चाहता था जहां नीलू दीदी के लिखे राम नाम जमा किए गए थे और कहते हैं कि वे रामलला बिराजते हैं जिन्हें पौढ़ाने के लिए मेरी मां लोरी गाती हैं और गाते-गाते रोने लगती हैं। बाबरी मस्जिद में चोरी से लाकर रखे गए रामलला मैंने कई बार देखे थे। कह नहीं सकता कि उनके दर्शन किए थे। जिस दिन वह मस्जिद उन्मादी कारसेवकों ने तोड़ी मैं अयोध्या में नहीं था। बाद में आकर मलबे पर बैठे रामलला को भी देखा था। नहीं कहूंगा कि पूजा-प्रार्थना में मेरा मस्तक झुका था। उस दिन के बाद कभी मैं उस जगह गया भी नहीं। मां से सुना है कि तुलसीदास एक कृष्ण मंदिर में पहुंच गए थे लेकिन उनने सिर नहीं नवाया। कहा, भली छवि बनी आज की भले बने बृजराज, तुलसी मस्तक जब नवे धनुष बाण लो हाथ। तुलसी ने कहा और चमत्कार हुआ–किरीट मुकुट माथे धरे, धनुष बाण लिए हाथ/तुलसी जिनके कारणे कृष्ण भए रघुनाथ। यह कथा मुझे इसलिए याद है कि भक्त को भगवान का स्वरूप चुनने का अधिकार है। जो रामलला बावन साल पहले एक अंधेरी रात में चोरी से लाकर बाबरी मस्जिद में रखे गए और जिन्हें सालों ताले से बंद सींखचों में रहना पड़ा और जिनके जन्मस्थान की मुक्ति के लिए संघ संप्रदायी हिंदुओं को प्रतिशोधी आंदोलन चलाना पड़ा और जिन्हें कायर उन्मादियों ने मस्जिद के मलबे पर बैठाकर अपनी विजय का शंख फूंका–वे रामलला मेरी पूजा, प्रार्थना और श्रद्धा के विग्रह कभी नहीं रहे। वे वह रामलला नहीं हैं जिन्हें मेरी मां रोज लोरी गाकर सुलाती है। वह भी नहीं है जिसका नाम लाखों बार सुंदर अक्षरों में लिखकर नीलू दीदी अयोध्या में जमा करवाती हैं। मैं एक घंटे अयोध्या के चक्कर लगाता रहा लेकिन रामलला के कामचलाऊ मंदिर के पास तक नहीं गया। तुलसीदास ने जिस अधिकार को स्थापित किया वह मेरा भी अधिकार है। जो चोरी चपाटी से रखे गए और जिनका मंदिर बनाने के लिए धोखाधड़ी से मस्जिद तोड़ी गई उन रामलला को सिर नवाने वाला प्रतिशोधी हिंदू मैं नहीं हूं।

अयोध्या पांच दिसंबर की शाम बिलकुल सामान्य थी। अगर आप बाबरी मस्जिद के मलबे पर तंबू से बने मंदिर की तरफ जाने पर उतारू नहीं हों तो कोई रोकने टोकनेवाला भी नहीं था। विवादित भूमि के लिए सुरक्षा व्यवस्था तगड़ी थी। हम चाहते तो उसमें से भी रास्ता निकाल सकते थे। नहीं निकाला। प्रेस क्लब जाते तिवारी म्हाराज और उनके साथी पत्रकारों ने बताया कि कल संघ संप्रदायी शौर्य और संकल्प दिवस मनाने का कर्मकांड करेंगे जैसे सपा वाले कलंक दिवस मनाएंगे और मुसलमान काली पट्टी लगाकर हड़ताल रखेंगे। कारसेवकपुरम में त्रिशूल दिए जाएंगे। मंदिर के पत्थर भी तराशे जा रहे हैं। जिन कारसेवकों ने मस्जिद तोड़ी थी वही मंदिर के बनने की त्रिशूल से रक्षा करेंगे। लेकिन क्या महाशिवरात्रि से मंदिर बन सकता है ? चार सौ छाछठ साल पुरानी मस्जिद घंटों में तोड़ी जा सकती है। क्या भव्य मंदिर घंटों में बन सकता है ? ऐसे त्वरित निर्माण की रक्षा त्रिशूल से की जा सकती है ? और जो बिना आपसी समझौते और सुप्रीम कोर्ट के न्याय के मंदिर बनने दे वह सरकार भारत जैसे पंथनिरपेक्ष लोकतांत्रिक गणतंत्र में बची रह सकती है ? रातोंरात चोरी तो ही सकती है मर्यादा पुरुषोत्तम राम का मंदिर नहीं बन सकता। कितनी ही विकसित तकनीक संघ संप्रदायियों ने प्राप्त कर ली हो मंदिर का निर्माण बिना समझौते और न्याय के रातोंरात नहीं हो सकता। फिर क्यों संघ संप्रदायी घोषणा करते फिर रहे हैं कि इस महाशिवरात्रि से मंदिर का निर्माण शुरू हो जाएगा ? क्यों उत्तर प्रदेश भाजपा की कार्यकारिणी ने मंदिर निर्माण को चुनाव का मुद्दा नहीं बनाया ? भाजपा और दूसरे संघ संप्रदायी संगठन अलग-अलग मुंह से क्यों बोल

रहे हैं ?

क्योंकि संघ संप्रदायी जानते हैं कि बाबर की बनवाई हुई बताकर नफरत के उन्माद में मस्जिद तो गिरवाई जा सकती है मंदिर का निर्माण नहीं करवाया जा सकता। कोई भी निर्माण उन्माद और प्रतिशोध से नहीं होता। और संघ संप्रदायी कभी एक जबान से नहीं बोलते। वे शुरू से कहते कुछ और करते कुछ और रहे हैं। बाबरी मस्जिद का ध्वंस इसका प्रमाण है। मंदिर तो महाशिवरात्रि से इसलिए बन रहा है कि उसके पहले चुनाव हैं और अगर उत्तर प्रदेश में यह चुनाव नहीं जीता तो संघ संप्रदाय का अखिल भारतीय पराभव शुरू हो जाएगा। जो मंदिर एक राज्य की विधानसभा के चुनाव पर टिका हो वह राम का मंदिर नहीं हो सकता।

9.12.2001

उत्तर प्रदेश से नहीं सीखे

बहुत से दोस्त नाराज हैं। अपने से दुखी और निराश। यह क्या है कि देश में इतना कुछ हो रहा है और आप हैं कि अखबार से गायब हैं। घूम रहे हैं और जिम्बाब्वे जैसी टीम से टैस्ट देख रहे हैं।

जानता था कि ऐसा करूंगा तो यह होगा। लेकिन क्या एक आदमी को इतनी भी छूट नहीं होनी चाहिए कि जब उसे लगे कि किनारे बैठो और नदी को बस बहते हुए देखो या उसके बनाए किसी द्वीप पर घूमते रहो तो वह अपने लगने को करने में बदल सके। गति और लगातार गति में माथा कभी भन्नाने भी लगता है तब लहर से उतरकर शांति से बैठने या रोज जो करते हैं उससे अलग कुछ करने में भी गति में आने की मदद मिलती है। तत्काल और क्षण के दबाव से मुक्ति मिलती है और चीजें और घटनाएं अलग लगने लगती हैं। दैनिक की नजर से देखते रहने के बीच मासिक या त्रैमासिक की नजर से भी देख लेना चाहिए। कभी वार्षिक की दृष्टि से भी।

यह खुलासा फिर भी दोस्तों को संतुष्ट नहीं करेगा। खासकर इसलिए कि सत्ताईस फरवरी को गोधरा में साबरमती एक्सप्रेस के पांच डिब्बों में जो हुआ। अट्ठाइस को जो बजट और गुजरात में बंद रखा गया और उसके बाद सांप्रदायिक प्रतिहिंसा का जो तांडव हुआ। और अब जो गीली लकड़ियां सुलग रही हैं और धुएं से कच्चे मांस के जलने की दुर्गंध आ रही है। अमदाबाद के नवरंगपुरा में प्रकाश भाई से पूछता रहा हूं कि क्या हो रहा है। फोन रखने के बाद सूने श्मशान में प्रेत की तरह घूमकर लौट आता हूं। राजदीप सरदेसाई ने गृह राज्यमंत्री आईडी स्वामी से कहा कि यह सब हिंदुत्व की प्रयोगशाला में हो रहा है। बेशरम स्वामी ने कहा कि गुजरात महात्मा गांधी की भी तो कर्मभूमि है। अरुण जेटली या लालकृष्ण आडवाणी होते तो ऐसा कहते हुए उनके कुटिल चेहरे पर मुस्कान होती। देखिए आपके महात्मा गांधी के अहिंसक और वैष्णव गुजरात को हमने कितना संगठित और शक्तिशाली बना दिया है। गांधी ने कहा था ना कि हिंदू कायर और मुसलमान गीदड़ भभकी मारनेवाला होता है। हमने गुजराती हिंदुओं को इतना संगठित और वीर बना दिया है कि गोधरा में उनने अट्ठावन हिंदुओं का दाह संस्कार किया तो हमने पांच सौ अस्सी मुसलमानों को जलाकर खाक कर दिया। अब कोई कह नहीं सकेगा कि हिंदू कायर और मुसलमान धौंसिया होता है। लखनऊ के राजभवन में बैठे विष्णुकांत शास्त्री को भी संतोष हो रहा होगा कि हिंदू वह नहीं है जो दंगे में मारा जाता है। हिंदू वह है जो दंगे में मारता है। यही संस्कृति और साहित्य में आया बदलाव है। विधानसभा चुनाव के बाद रोमेश भंडारी राष्ट्रपति शासन लगाने की सिफारिश करते हैं तो भाजपा आगबबूला होकर आंदोलन छेड़ देती है। वही राष्ट्रपति शासन वैसी ही परिस्थिति में लगाने की रपट विष्णुकांत शास्त्री भेजते हैं तो उस पर मंत्रिमंडल तत्काल मुहर लगा देता है। भंडारी केंद्र के चमचे और भ्रष्ट, क्योंकि कांग्रेसी थे। विष्णुकांत शास्त्री सम्माननीय और संविधानविद्, क्योंकि संघ की प्रयोगशाला से निकले सांस्कृतिक विभूति हैं। कल्याण सिंह ने उत्तर प्रदेश के माफिया सरदारों को मंत्री बनाकर सरकार बनाई थी। शपथ समारोह के बाद अटल बिहारी वाजपेयी ने कहा था कि देश का कानून है। जब तक कोर्ट से सजा न हो जाए, कोई अपराधी नहीं है। अटलजी

संघ संप्रदाय के कानून तोड़नेवालों पर कभी कानून नहीं लगाते।

इसलिए लोगों ने वोट हाथ में लिए और भाजपाइयों को लखनऊ के फट्टे पर बैठा दिया। सन नब्बे में जो पार्टी बहुमत पा गई थी, वह अब तीसरे नंबर पर पहुंच गई है। बाबरी मस्जिद गिरानेवालों के हाथ उत्तर प्रदेश के हिंदुओं ने तब से सत्ता नहीं सौंपी है। फिर भी विश्व हिंदू परिषद के चुनाव-जानकार कहते हैं कि राम मंदिर छोड़ा, इसलिए भाजपा हारी और उनके सुर में संघ का भी सुर्रा है और भाजपा के लोगों का भी। उनने राम मंदिर का अलाव जलाए रखा था। गए साल कुंभ में ही धर्म संसद ने घोषणा कर दी थी कि महाशिवरात्रि से मंदिर निर्माण शुरू हो जाएगा। भाजपा ने बता रखा था कि चुनाव अक्तूबर में नहीं फरवरी में ही होंगे। चुनाव अभियान महाशिवरात्रि पर राम मंदिर की तैयारी में होंगे तो समझदार हिंदू जान लेंगे कि राम मंदिर का निर्माण हो रहा है। वे भाजपा को वोट देंगे ताकि मस्जिद गिराने के बाद मंदिर बनाने का जनादेश मिल जाए। अटल बिहारी वाजपेयी भी कह आए थे कि बारह मार्च तक वे विवाद निपटा देंगे। घोषणापत्र में भले ही छोड़ दिया हो पर उत्तर प्रदेश के चुनाव में तो भाजपा ने मंदिर का मुद्दा कभी छोड़ा नहीं था। सब जानते हैं कि जो राम भाजपा में हैं वही विश्व हिंदू परिषद, बजरंग दल, राष्ट्रीय स्वयंसेवक संघ और राम जन्मभूमि न्यास में भी हैं और राम मंदिर बनाने का मुद्दा भाजपा को सत्ता में पहुंचाने के लिए है। चुनाव अभियान के दौरान संतों ने केंद्र को चेतावनी देने को, अयोध्या से दिल्ली तक की शोभायात्रा भी निकाल दी। फिर भी लोगों ने राम मंदिर पर भाजपा को वोट नहीं दिए। अब विश्व हिंदू परिषद और राष्ट्रीय स्वयंसेवक संघ लाख कहें कि भाजपा ने मंदिर मुद्दा छोड़ा इसलिए हारी, उत्तर प्रदेश के लोग जानते हैं कि उनने भाजपा की बारह क्यों बजाई। भाजपा को मंदिर कंस्ट्रक्शन पार्टी बना दीजिए, वह गर्भगृह में चली जाएगी। लोग लोकतंत्र में संसद से सरकार चलाने को वोट देते हैं। मंदिर की ठेकेदारी करने को नहीं।

राम मंदिर को संघ संप्रदायी संस्थाओं को सौंपकर भाजपा आतंकवाद के विरुद्ध राष्ट्रीय सुरक्षा पर चुनाव लड़ी। राष्ट्रीय सुरक्षा उसका जनसंघ के जमाने का नारा है, क्योंकि उसमें सब देशभक्त और वीर बहूटे इकट्ठे हुए हैं। सत्ता में आते ही उसने कांग्रेस के बनाए अणुबम फोड़कर पाकिस्तान को भारत की बराबरी करने को मजबूर कर दिया था। फिर कारगिल में कई मीलों तक पाकिस्तानियों को आने दिया था ताकि भाजपाई नेताओं और सेना के वीर जवानों को बहादुरी दिखाने और कुरबानी करने का मौका मिल सके। फिर पाकिस्तानी आतंकवादियों को काठमांडू से एक भारतीय विमान का अपहरण करने और कंधार तक ले जाने का मौका दिया। तीन आतंकवादियों को खुद अपने वीर विदेश मंत्री कंधार तक लेकर छोड़ने गए। उसी ऐसी ऐतिहासिक यात्रा का परिणाम है कि आज कंधार से तालिबान का सफाया हो गया। और अफगानिस्तान इस्लामी आतंकवादियों के दबदबे में होने के बजाए अमेरिकी छत्रछाया में आ गया है। अपने सोलह सिपाहियों को बांग्लादेश ने मार दिया तो तीन दिन विदेश मंत्रालय ने जबान तक नहीं खोली, लेकिन उधर बुश साहब का भाषण खत्म हुआ और इधर भारत ने उनके मिसाइल सुरक्षा कार्यक्रम का स्वागत कर दिया। ग्यारह सितंबर को न्यूयार्क और वाशिंगटन में आतंकवादी हमला हुआ तो आंसू बहाते भारत ने अमेरिका के सैनिक-अड्डे बनने की पेशकश कर दी। एक अक्तूबर को जम्मू कश्मीर विधानसभा पर आतंकवादियों ने हमला कर दिया तो अपने मामले आप निपटानेवाले संप्रदाय के प्रधानमंत्री ने बुश साहब को चिट्ठी लिखी। इतनी चौकसी और चुस्ती बरती फिर भी तेरह दिसंबर को संसद पर आतंकवादी हमला हो गया। सत्ता में आने के बाद जो पार्टी और संप्रदाय ऐसी बहादुरी और मुस्तैदी से सरकार के जरिए देश की सुरक्षा करवा रही थी, वह भला उत्तर प्रदेश में राष्ट्र-रक्षा पर जनादेश क्यों न मांगती। लेकिन मूरख वोटरों ने समझा कि आतंकवाद के नाम पर यह पूरे मुसलमान समाज को देशद्रोही बताने और उनसे देश की रक्षा करने को कहकर मतदाताओं को हिंदू-मुसलमान में बांटने

की साजिश है, इसलिए राष्ट्रीय सुरक्षा पर भी वे भाजपा के साथ नहीं आए। मंदिर और मुस्लिम पिटाई, दोनों में ही उत्तर प्रदेश के लोग भाजपा पर नहीं रीझे। न हिंदुत्व काम आया न देशभक्ति।

जब चुनाव अभियान चल रहा था, अपन ब्राजील चले गए। जब मतदान हो रहा था, अपन मध्य प्रदेश में घूम रहे थे। जिस दिन चुनाव नतीजे आए बिहार की वैशाली में थे। रात को रेडियो सुननेवाले ने आकर बताया–उत्तर प्रदेश में भाजपा सौ भी पार नहीं कर पाई और राजनाथ सिंह ने इस्तीफा दे दिया है। अपने को वैसा ही संतोष हुआ और राहत मिली, जैसी कि नवंबर बानवे के चुनाव नतीजे से मिली थी। अपन ने लिखा और कहा था कि चाहे जितना शोर मचा ले भाजपा को सौ सीटें भी नहीं मिलेंगी। ऐसा लिख और कह के अपन ने उत्तर प्रदेश को राजनाथ सिंह और चुनाव सर्वेक्षणों पर छोड़ दिया। वहां की जनता में अपना विश्वास फिर पुष्ट हुआ। लेकिन जब वैशाली से लौटने के बाद अपन सचिन तेंदुलकर के चक्कर में टैस्ट देखने पहुंचे तो गोधरा और उसके बाद की प्रतिहिंसा ने अपने को उखाड़ दिया। क्रिकेट इस त्रासदी से पलायन का रास्ता बना। गुजरात के मुख्यमंत्री नरेंद्र मोदी को न्यूटन ने बच निकलने का रास्ता दिया और अटल बिहारी वाजपेयी ने प्रधानमंत्री की जिम्मेदारी निभाने के बजाए उसे कलंक के खूंटे पर टांग दिया। जॉर्ज फर्नांडीज यह बताने अमदाबाद पहुंचे कि देश में अब कोई बड़ा और प्रभावशाली आदमी नहीं है। गृह मंत्री लालकृष्ण आडवाणी गांधीनगर से संसद में आए हैं और वहां की हालत उन्हीं को सुधारनी थी। पर वे इस अंदेशे में नहीं गए कि कहीं उनके मतदाता उन्हें बड़ा आदमी न समझ लें। गए साल वे भूकंप के बाद अमदाबाद गए थे तो सुरक्षाकर्मियों को उन्हें इन्हीं वोटरों से बचाना पड़ा था।

न्यूटन की मदद से नरेंद्र मोदी ने गुजरात में हिंदुत्व का एजंडा लागू करवाया। मुसलमानों से हिंदुओं की रक्षा करनेवाले वीर स्वयंसेवकों ने एक भूतपूर्व मुसलमान सांसद को परिवार समेत जला दिया। मुसलमान न्यायाधीशों को अपने सरकारी आवास छोड़कर रिश्तेदारों में जाकर छुपना पड़ा। स्वयंसेवकों ने पाया कि एक पुलिस अफसर मुसलमान है तो उसकी कार पर हमला कर दिया। तैनाती पर जाती एक सैनिक टुकड़ी को रोककर देशभक्त स्वयंसेवकों ने आज्ञा दी कि जो सैनिक मुसलमान हैं उन्हें गाड़ी से उतारो। सेना की उस टुकड़ी ने देशभक्त हिंदुओं को सबक सिखाया तभी वह आगे बढ़ी। हिंदुत्व की घोषणा है कि भारतीयों में सिर्फ हिंदू ही देशभक्त हैं, बाकी सब देशद्रोही हैं। गुजरात में दंगाइयों ने बताया कि मुसलमान न्यायाधीश, मुसलमान पुलिस अफसर और मुसलमान सैनिकों से गोधरा का बदला लिया जाना चाहिए। सेकुलर लोगों को भी सबक सिखाया जाना चाहिए क्योंकि उन्हीं की शह पर अल्पसंख्यकों का ऐसा हौसला बढ़ा है कि वे अयोध्या से रामनाम लेते और लौटते रामसेवकों की गाड़ी पर हमला कर सकें। सेकुलर और नागरिक आजादियों के रक्षकों को हिंदुत्ववादियों ने खलनायक बना दिया है। मुसलमानों और उदार सेकुलर हिंदुओं को सबक सिखाकर संघ संप्रदाय अब माने बैठा है कि उत्तर प्रदेश में पराजय का बदला ले लिया गया है और अगले साल गुजरात के चुनाव में जीत पक्की कर ली गई है। मुसलमानों से बदला लेने से हिंदू वोट बैंक ठोस और सुदृढ़ हो गया है। हिंदू राष्ट्र बनाने के लिए इतनी कुरबानी तो देनी ही पड़ेगी।

यही समझकर राम समेत सभी मर्यादाओं को तोड़कर कारसेवकों ने बाबरी मस्जिद गिराई थी। हिंदू वोट बैंक को पक्का करने का यह सबसे बड़ा पराक्रम माना गया था और नारा दिया गया था कि हम जो कहते हैं, सो करते हैं। लो हमने बाबरी मस्जिद गिराकर हजार साल की गुलामी का बदला ले लिया। जो हिंदू चाहते थे, हमने कर दिखाया। अब हमें वोट दो तो हम उसी जगह राम मंदिर बना देंगे। राम को अपना राजा और भगवान माननेवाले उत्तर प्रदेश के हिंदुओं ने कहा कि नहीं आप लोग राम के आदमी नहीं हैं। हम आपको राज सौंपने का विश्वास नहीं कर सकते। मस्जिद गिराने के ग्यारह महीने बाद हुए चुनाव में लोगों ने भाजपा को बहुमत नहीं दिया और तब

से उसके वोट और सीटें लगातार घट रही हैं। लगभग दस साल बाद तो उसकी सौ से ज्यादा सीटें घटा दी हैं। फिर भी ये लोग मानते हैं कि गोधरा का बदला लेकर पहले भूकंप और फिर सांप्रदायिक दंगों में तहस-नहस हुई अपनी प्रयोगशाला को उनने गुजरात में मजबूत कर लिया है। क्या आपको लगता है कि इन संघ संप्रदायियों ने अपने गढ़ उत्तर प्रदेश से कोई सबक सीखा है ? सन नब्बे में भाजपा जनता दल के साथ मिलकर चुनाव लड़ी थी और उसे पहली बार बहुमत मिला था। इस बहुमत को उसने मंदिर बनाने का जनादेश माना और चूंकि हिंदुत्व का मंदिर मस्जिद गिराए बिना नहीं बन सकता था इसलिए सरकार और जनादेश को ठिकाने लगाकर कारसेवकों से मस्जिद गिरवाई और छह दिसंबर को हिंदू विजय दिवस मनाया। तब से उत्तर प्रदेश के हिंदुओं ने भाजपा को विजय नहीं दी है। दंगों में कोई दो हजार मुसलमानों को मारकर कोई पैंतीस हजार को अपने ही घर शरणार्थी बनाकर ये लोग गुजरात में चुनाव जीत पाएंगे ? अगर भारत के लोग ऐसे ही सांप्रदायिक होते तो सन सैंतालीस में जैसा पाकिस्तान बना था, वैसा ही भारत हिंदू राष्ट्र हो जाता। नहीं हुआ तो इसका कारण संघ संप्रदाय की कोशिशों में कमी नहीं थी। गांधी को मारकर अगर ये भारत को हिंदू राष्ट्र नहीं बना सके तो गुजरात को बरबाद करके बना लेंगे ? जरा इन लोगों को समझाओ !

10.3.2002

यह तो अपना कानून का राज है !

अब आज सुप्रीम कोर्ट कहेगा कि पूजा हो सकती है तो होगी, ना करेगा तो नहीं। लेकिन ऐसा तो आप हम सब कानून और न्यायपालिका को मनानेवाले कह रहे हैं। नाना मुखों से बोलने वाला संघ संप्रदाय क्या करेगा इसके बारे में कोई कुछ कह नहीं सकता। विश्व हिंदू परिषद और राम जन्मभूमि न्यास और बजरंग दल कहते रहे हैं कि अयोध्या में उसी जगह मंदिर बनाना आस्था का मामला है। कोई तथ्य प्रमाणित नहीं कर सकते कि राम का जन्म उसी स्थान पर हुआ था या नहीं। हिंदू अगर मानते हैं कि हुआ था तो यह स्वयंसिद्ध सत्य है।

हिंदू इस देश में बहुमत में हैं और यह लोकतंत्र है। लोकतंत्र में वही चलेगा जो बहुसंख्यक चलाएंगे। हिंदू अपनी वाली ऐसे चलाना चाहते हैं यह कैसे साबित होता है ? संघ संप्रदाय कहता है। संघ संप्रदाय पूरे हिंदू समाज का प्रतिनिधि कैसे है ? आस्था के मामलों में चुनाव नहीं होता। इसलिए संघ संप्रदाय अगर कहता है कि वह जो कहता है वही हिंदू समाज का फैसला है तो आपको मानना होगा। नहीं मानेंगे तो आप अल्पसंख्यक मुसलमानों के तुष्टिकरण के पापी होंगे। आपको सेकुलर कहा जाएगा जो कि संघ संप्रदाय की चलन में लाई गई गाली है। सेकुलर लोगों को मुसलमानों के अत्याचार नहीं दिखते। सिर्फ हिंदुओं के दिखते हैं। सेकुलर लोगों ने गोधरा के षड्यंत्र की दिल खोलकर जोरदार निंदा की होती तो गुजरात के अमदाबाद और दूसरे नगरों-गांवों में मुसलमान जिंदा नहीं जला दिए जाते। सेकुलर लोगों की यह गलती किसने बताई ? हिंदुस्तान टाइम्स के क्रांतदर्शी ऋषि मनीषी संपादक महा वीर संघवी ने और देवताओं की माता अदिति की इक्कीसवीं शताब्दी की अवतार समता पार्टी की मातृ शक्ति जया जेटली ने। एक से पत्रकारिता धन्य है दूसरी से राजनीति।

आप चाहें तो विडंबना का यह सुर लगातार चल सकता है। लेकिन सच्चाई यह है कि वहीं राम मंदिर की नींव में लगनेवाली शिलाओं के पूजन का मामला सुप्रीम कोर्ट के हवाले करके सरकार ने राहत की सांस ली है। और सुप्रीम कोर्ट के फैसले को मानने का लिखित वचन देकर राम जन्मभूमि न्यास और विश्व हिंदू परिषद दोनों के नेता अशोक सिंघल चुप हो गए हैं। लेकिन न्यास के अध्यक्ष रामचंद्र परमहंस और परिषद के अंतर्राष्ट्रीय अध्यक्ष विष्णु हरि डालमिया ने बोल दिया है। परमहंस ने कहा है कि हम अपनी धार्मिक भावनाओं के विरुद्ध जानेवाला कोई फैसला नहीं मानेंगे और डालमिया ने कहा कि धर्माचार्य तय करेंगे कि मंदिर का गर्भगृह कहां होगा। यानी कांची के कामकोटि शंकराचार्य बीच में पड़ें या प्रधानमंत्री वाजपेयी संघ से मध्यस्थता करवाएं विश्व हिंदू परिषद और न्यास लिखकर देने के बाद भी मानने को प्रतिबद्ध नहीं हैं कि अयोध्या में वहीं राम मंदिर बनाने के मामले में वे सुप्रीम कोर्ट का फैसला मानेंगे। परमहंस ने बता दिया है कि कोर्ट के फैसले से बड़ी हमारी भावनाएं हैं और डालमिया कह रहे हैं कि न्यायाधीशों से ऊपर धर्माचार्य हैं। शंकराचार्य ने भले ही कहा हो कि राम मंदिर के मामले में विश्व हिंदू परिषद का कोई स्थान नहीं है। स्थान तो राम जन्मभूमि न्यास का है, परिषद तो प्रचारक है। लेकिन मजा देखिए कि परिषद और न्यास दोनों अपने को सुप्रीम कोर्ट से ऊपर मानते हैं। क्या वे ऐसा संघ के कहने के बावजूद

कर सकते हैं ? जानकार कहेंगे कि परिषद संघ की बनाई हुई है और न्यास परिषद का इसलिए राष्ट्रीय स्वयंसेवक संघ अगर कह दे नहीं ऐसा नहीं कह सकते तो परिषद और न्यास को चुप होना होगा। यानी संघ संप्रदाय चाहता है कि उसके बनाए धार्मिक संगठन अपने को न्यायपालिका और संविधान से ऊपर घोषित करें और अंतिम निर्णय धर्माचार्यों का बताएं। संघ के सपनों के हिंदू राष्ट्र में नागरिकता हिंदू होने के कारण है और राष्ट्र भी हिंदुओं के हिंदुत्व से बनता है।

इसलिए यह मत मानिए कि मामला सिर्फ शिलापूजन से मंदिर निर्माण की शुरुआत करने का है। वहीं राम मंदिर इसलिए नहीं बन रहा है कि वहां सचमुच राम का जन्म हुआ था। हम कहते हैं कि वहां हुआ था इसलिए वहां खड़ी बाबरी मस्जिद गिराकर हम मंदिर बना रहे हैं। हम एक हजार साल की गुलामी मिटाकर स्वतंत्र भारत के हिंदुत्व का मंदिर बना रहे हैं। उसे राम का मंदिर कहो चाहे कृष्ण का या शिव का। वह हिंदू संप्रदाय के वर्चस्व का मंदिर है। इसलिए यह सचमुच मजाक की बात है कि शिला पूजन पर निर्णय सुप्रीम कोर्ट देगा। निर्णय तो हिंदुत्व का है और वह संविधान बनने के पहले ले लिया गया था और हिंदुत्व ने इस संविधान को स्वीकार कहां किया है ? संविधान के आरंभ में झूठ लिखा है कि हम भारत के लोग अपने आपको यह संविधान दे रहे हैं। जो भारत के लोगों का संविधान होगा वह संघ का बनाया होगा। पहले राम मंदिर बन जाए फिर काशी में विश्वनाथ का और मथुरा में कृष्ण का मंदिर बनेगा। उसके बाद वे सब मस्जिदें ले ली जाएंगी जो कभी मंदिर थीं। इसके बाद हिंदुत्व का संविधान बनेगा। तब तक संघ नहीं तो उसके बनाए संगठन खुल्लमखुल्ला संविधान को चुनौती देते रहेंगे।

जी यह बहकना नहीं है। विद्रूप और विडंबना भी नहीं है। यह सचाई है। विश्व हिंदू परिषद अगर कह भी दे कि अयोध्या के मामले में हम सुप्रीम कोर्ट का फैसला मानेंगे तो न सिर्फ शंकराचार्य और प्रधानमंत्री वाजपेयी संतुष्ट हो जाते हैं, हमारे मीडिया के लिए भी यह खबर सबसे बड़ी हो जाती है। और सरकार कहने लगती है कि अब तो अविवादित भूमि पर शिलापूजन की अनुमति दी जा सकती है। इस पंथनिरपेक्ष लोकतांत्रिक समाजवादी गणराज्य में अगर एक संगठन झूठमूठ या देश को बरगलाने के लिए भी कह दे कि वह सुप्रीम कोर्ट का फैसला मानेगा तो यह ऐसी राहत और कृतज्ञता की बात कैसे हो जाती है। इस गणराज्य में किसी भी विवाद पर जो फैसला सुप्रीम कोर्ट देता है वह मानना ही पड़ता है। और जिस जगह दस साल पहले तक बाबरी मस्जिद खड़ी थी उस पर विवाद है और न्यायालयों में मामला कई दशकों से चल रहा है। एक अंग्रेज मजिस्ट्रेट ने लिखा भी है कि जिस विवाद को इतने सालों में इतिहास तय नहीं कर सका उस पर फैसला देनेवाला मैं कौन होता हूं। विवाद की भूमि पर खड़ी बाबरी मस्जिद को संघ संप्रदायी संगठनों के बुलाए कारसेवकों ने तोड़ गिराया। यह मस्जिद कानून, संविधान, प्रशासनिक, लोकतांत्रिक कर्तव्यों से जैसा कि इलाहाबाद हाईकोर्ट ने कहा है रक्षित थी। उसे गिराना सरासर अपराध है। लेकिन मजा देखिए कि बाबरी मस्जिद गिरानेवालों में से किसी को सजा नहीं हुई। जिन पर इस अपराध के आरोप हैं वे गृह और मानव संसाधन मंत्री बने सरकार चला रहे हैं। राष्ट्रीय स्वयंसेवक संघ, विश्व हिंदू परिषद, राम जन्मभूमि न्यास, बजरंग दल ने उन कारसेवकों को बुलाया था। ये सारे संगठन कानून की नजर में अपराधी हैं। न सिर्फ अब तक इन पर मुकदमे नहीं चले, न किसी को सजा हुई। भाई साब वही लोग अब वहां राम मंदिर बनाने का निर्णय कर चुके हैं और उन्हें शिलापूजन करने की अनुमति देने पर ही इतना बावेला मचा हुआ है।

अगर इस देश में लोकतंत्र है और कानून का राज है तो मस्जिद तोड़नेवालों को सजा देने की बात क्यों नहीं होती ? अब तक कानून की प्रक्रिया आरोपियों/अभियुक्तों पर क्यों नहीं चली ? अगर हम कानून के राज में विश्वास करनेवाले लोग हैं तो यह चेतना भी हम में क्यों नहीं है कि बाबरी मस्जिद के साथ कई कानून तोड़नेवालों के खिलाफ अभी तक कोई कार्रवाई नहीं हुई है ?

हम इसी में इतनी राहत क्यों महसूस करते हैं कि वे लोग सुप्रीम कोर्ट का आदेश मानने का आश्वासन दे रहे हैं। क्या हमारी विधि और न्याय भावना संघ संप्रदाय के हिंदुत्ववादियों से इतनी भयभीत है या उनसे इतनी अभिभूत है कि उन्हें कानून और न्याय की आवश्यकताओं से ऊपर मानती है। सारे देश का ध्यान इस पर लाकर टिका दिया गया है कि सुप्रीम कोर्ट शिला पूजन की अनुमति देता है या नहीं। यह सवाल कोई क्यों नहीं उठाता कि जिन लोगों को मस्जिद तोड़ने की सजा मिलनी चाहिए उन्हें सुप्रीम कोर्ट मंदिर बनाने की शिलाओं के पूजन की अनुमति कैसे दे सकता है। इसी सुप्रीम कोर्ट के यथास्थिति बनाए रखने के आदेश को इन संगठनों और इनके नेताओं ने तोड़ा है। इसी भाजपा के नेताओं ने कोर्ट को वचन दिए थे। जिन लोगों ने आदेश और वचन तोड़े उन्हें कैसे कोई अनुमति दी जा सकती है ? विवादित जमीन का निपटारा होने तक कोई जमीन किसी को न दी जाए और उस पर यथास्थिति बनाए रखी जाए—सुप्रीम कोर्ट का यह आठ-नौ साल से लागू आदेश है। इसके बावजूद जिन लोगों ने यथास्थिति तोड़ने के लिए शिलाएं इकट्ठी कीं और उकेरीं उन्हें किस बात की अनुमति दी जाए ? मंदिर बनाने की ? कोर्ट का फैसला आए बिना मंदिर बनने लगेगा और उसका गर्भगृह वहीं होगा जहां खड़ी बाबरी मस्जिद तोड़ी गई तो क्या यह सुप्रीम कोर्ट के फैसले को आए बिना अप्रभावी करने का निश्चय नहीं है ? न्याय की प्रक्रिया को इस तरह बिलकुल फालतू बना देनेवाले काम की अनुमति सुप्रीम कोर्ट कैसे दे देगा ?

तोड़ी गई बाबरी मस्जिद फिर बनाई जाएगी यह वचन देश ने दे रखा है और उसका निश्चय भी कई बार प्रकट हुआ है। बाबरी मस्जिद के ध्वंस के एक महीने बाद भारत सरकार ने संसद से जो कानून बनवाया था उसके तहत केंद्र ने जो सड़सठ एकड़ भूमि अयोध्या में अधिगृहीत की थी उस पर विवादित भूमि के फैसले के बाद एक परिसर बनना है 'जिसमें एक राम मंदिर, एक मस्जिद, तीर्थयात्रियों के लिए सुविधाएं, एक वाचनालय, एक संग्रहालय और दूसरी यथायोग्य सुविधाएं बनाई जानी हैं।' इसमें विवादित, अविवादित भूमि की बात करनेवाले संघ संप्रदायी और राष्ट्रीय जनतांत्रिक गठबंधन की सरकार कभी मस्जिद की भी बात करते हुए आपको सुनाई दिए ? सरकार वहां शिलापूजन की अनुमति देने की बात पर विचार कर रही थी। शंकराचार्य इसके लिए मुसलमानों को तैयार करने की कोशिश में लगे थे। तभी सुप्रीम कोर्ट में दो याचिकाएं दाखिल हुईं और मुस्लिम पर्सनल लॉ बोर्ड ने शंकराचार्य का फार्मूला नहीं माना। तो सरकार ने तत्काल कहा कि जो कोर्ट कहेगी वही होगा। इस बीच जब विश्व हिंदू परिषद ने सुप्रीम कोर्ट का फैसला मानने की बात कही थी तो लोगों ने यह भी कहा था कि जमीन अगर मुसलमानों को मिल गई तो वहां मस्जिद बनेगी। इस पर विश्व हिंदू परिषद के गिरिराज किशोर ने घोषणा की थी कि उस जमीन पर तो क्या पंचकोशी की भूमि में कहीं भी मस्जिद नहीं बनने दी जाएगी। यानी सरकार की अधिगृहीत सड़सठ एकड़ क्या, लगभग पूरी अयोध्या को विश्व हिंदू परिषद अपनी जागीर मानती है और उस पर मस्जिद बनाने का सवाल ही नहीं उठता।

एक जमाना था जब रामरथी लालकृष्ण आडवाणी कहते थे कि बाबरी मस्जिद को सम्मानपूर्वक किसी और स्थान पर पहुंचाया जा सकता है। फिर जिनने मस्जिद तोड़ी वे उसे वापस बनाकर देने का वचन कैसे दे सकते थे। इसलिए जनवरी तिरानवे में संसद ने जो कानून बनाया उसमें देश का निश्चय प्रकट हुआ है और इस देश में संघ संप्रदाय शामिल नहीं है। इसलिए राम मंदिर बनानेवाले मस्जिद की बात कैसे करते। करनी तो उन्हें ही थी जिनने यह कानून बनाकर देश का निश्चय प्रकट किया। लेकिन क्या आपने सुना कि देश की सरकार, कांग्रेस और दूसरी राजनैतिक पार्टियों ने मस्जिद बनाने की बात उठाई हो ? शिला पूजन का विरोध तो कई पार्टियों और नेताओं ने किया। लेकिन क्या किसी ने कहा कि वहां राम मंदिर के साथ मस्जिद भी बनाई जानी है ? क्या यह हमारी न्याय भावना है ? क्या यह हमारी वचन निभाने और निश्चय को पूरा करने की प्रतिबद्धता है ?

पोटो का विरोध करनेवालों को लालकृष्ण आडवाणी नाम के गृहमंत्री ने आतंकवाद का समर्थक बता दिया था। अब आप याद दिलाएं कि वहां राम मंदिर के साथ बाबरी मस्जिद भी बननी है तो वे कहेंगे कि बिन लादेन को आपने ही अपने घर में छुपा रखा है। आपकी खैर नहीं होगी। देख लेना।

13.3.2002

सर विदिया संघ को प्यारे क्यों !

खबर बताती है कि संघ संप्रदाय के मुखपत्र कहे जानेवाले पांचजन्य के संपादक कहे जानेवाले तरुण विजय संघ के कुछ पदाधिकारियों को लेकर पांच तारा होटल मोर्या शेरेटन में नोबेल पुरस्कार विजेता सर विदियाधर सूरजपरसाद नायपॉल से मिलने गए। बाकी लोगों और लेखकों को मूर्ख, गंवार आदि कहकर सम्मानित करनेवाले सर विदिया ने, कहते हैं, कि इन संघ संप्रदायियों के साथ कोई एक घंटा बिताया। राजस्थान के नीमराना किले में जब नेहरू परिवार की एक बेटी लेखिका नयनतारा सहगल लिंग-भेदभाव और साम्राज्यवादी दमन पर बोल रही थीं तो तुनकमिजाज सर विदिया ने एकदम फट पड़कर उन्हें डपट दिया। ऐसी तुच्छताएं मुझे चिढ़ाती हैं और दमन जैसी बातें उबाती हैं। मेरी छोटी सी जिंदगानी है और उसे मैं ऐसी बेतुकी बातों पर बरबाद नहीं कर सकता। नयनतारा सहगल कोई सर विदिया के लिए नहीं बोल रही थीं। वे एक गोष्ठी में बोल रही थीं जिसमें आने की तोहमत सर विदिया ने उठाई थी। सर विदिया नीमराना की गोष्ठियों को ही नहीं दिल्ली में चले और नीमराना गए भारतीय साहित्य के महोत्सव—एट होम इन द वर्ल्ड—के पूरे कार्यक्रम को ही अपने हुजूर में लगा दरबार मानकर चल रहे थे इसीलिए नयनतारा सहगल की बातों से वे इतनी बुरी तरह चिढ़ गए।

अपने मिजाज और अपने जीवन को इतना महत्त्वपूर्ण और इतना छोटा बतानेवाले सर विदिया को संघ संप्रदायी प्रतिनिधिमंडल के लिए एक घंटा कैसे मिल गया ? और गंवार-अनपढ़ों को एक क्षण के लिए भी बर्दाश्त न करनेवाले सर विदिया संघ संप्रदायियों की बातों को कैसे सहन कर सके ? अखबारवालों को सर विदिया तो बताने से रहे। उन्हें तो वे बातचीत के लायक भी समझते नहीं होंगे। इसलिए यह उचित ही है कि मुखपत्र कहे जानेवाले पांचजन्य के संपादक कहे जानेवाले सज्जन ने ही अखबार को बताया कि वे सर विदिया से मिलकर कैसे धन्य हुए और कैसे उनने सरस्वती की कांस्य मूर्ति उन्हें भेंट की और ऋग्वेद का यह कथन भी कहा कि उच्च विचार सब दिशाओं से हमारे पास आएं। कहते हैं कि सर विदिया इससे बहुत प्रभावित हुए। अखबार के रिपोर्टर ने नहीं पूछा कि उच्च विचारों के सब दिशाओं से आने और ग्रहण करने से सर विदिया और संघ संप्रदायियों का क्या लेना-देना है ? फिर भी संघ संपादक ने बताया कि सर विदिया संघ के हिंदुत्व को मानते हैं। मैंने संघ की विचारधारा नहीं कहा न संघ के सिद्धांत कहा, क्योंकि विचारधारा कहो तो उसमें प्रवाह होना चाहिए और सिद्धांत कहो तो उसमें निष्ठा। आप जानते हैं कि संघ के विचार वही हैं जो सन उन्नीस सौ पच्चीस में थे और संघवाले सिद्धांत से ज्यादा रणनीति को महत्त्व देते हैं। इसलिए संपादक ने जो भी कहा हो और सर विदिया ने जिससे भी अपनी सहमति जताई हो, आप कह नहीं सकते कि वह क्या था। उसे मौर्या शेरेटन का कमरा या लाउंज ही जानता होगा। संपादक ने यह भी कहा कि सर विदिया ने कहा कि भारतीय बुद्धिजीवियों की राज्य के प्रति जिम्मेदारी है और उन्हें मुस्लिम मानस पर बहस करना चाहिए। सर विदिया यह भी कहते हुए बताए गए हैं कि मुसलमान दूसरों के प्रति जितनी सहिष्णुता दिखाते हैं उससे ज्यादा की उम्मीद उन्हें करना नहीं चाहिए। सर विदिया कहते हैं कि यह सुनकर अचंभित रह गए कि इस देश में अयोध्या में मंदिर का विरोध करनेवाले लोग भी हैं। राम तो भारत के केंद्र में हैं और अयोध्या में राम मंदिर

वहीं बनाए जाने की बात का स्वागत होना चाहिए। यह भी बताया गया कि सर विदिया को भारत की नई पीढ़ी में अपनी जड़ें तलाश करने की उत्सुकता जानकर भी बड़ी प्रसन्नता हुई।

संघ संप्रदाय के मुखपत्र कहे जानेवाले पांचजन्य के संपादक कहे जानेवाले तरुण विजय सर विदिया का उन लोगों की तरफ से सम्मान करने गए थे जो भारत में विश्वास रखते हैं। पता नहीं वे खुद कब से भारत में विश्वास करने लगे और उन लोगों का प्रतिनिधित्व कैसे करने लगे। उनके हिंदुत्व के मूल विचारक वीर सावरकर ने तो बड़ी मेहनत और तर्क प्रणाली से बताया है कि वे भारत को भारत के बजाय हिंदुस्थान कहने पर क्यों जोर देते हैं। और क्या उनने सर विदिया से पूछा कि वे भारत में विश्वास करते हैं ? सर विदिया उस त्रिनिदाद को जहां उनका जन्म हुआ और उस भारत को जहां उनके बाप-दादे जन्मे और कई बार और कई तरह से झटकार कर छोड़ चुके हैं। वे मानते हैं कि उनका कोई देश नहीं है। न वे किसी देश को अपना कहते हैं न किसी देश को अधिकार देते हैं कि वह उन्हें अपना कहे। सर विदिया मानते हैं कि लेखक का प्रयोजन उसे अपनी अवधारणाओं के अलावा और किसी के भी प्रति सच्चा नहीं होने दे सकता। साहित्य में अप्रामाणिकता उसी क्षण से शुरू हो जाती है जब लेखक अपने लिखे को राजनैतिक परिप्रेक्ष्य देने लगता है। सर विदिया ने नीमराना में जो कहा उसका मतलब था कि लेखक अपने अलगाव में से समाज के चाल-चलन और पूर्वग्रहों को देखता तो है लेकिन उनसे जुड़ता नहीं। वह अपने दिव्य प्रार्थक्य में रहते हुए उस समाज के जीवन और संघर्षों से सर्वथा ऊपर और अप्रदूषित रहता है। ऐसे सर विदिया अपने को हिंदुत्व और उसके हिंदुस्थान से कैसे संबद्ध कर सकते हैं ? लेकिन करते हैं, क्योंकि इस्लाम पर दो पुस्तकें लिखने के बाद वे उसके घनघोर विरोधी हो गए हैं। कई लोग मानते हैं कि ग्यारह सितंबर के बाद इसीलिए उन्हें नोबेल पुरस्कार भी दिया गया। सर विदिया उम्मीदवार तो बरसों से थे लेकिन नोबेल देनेवाली समिति ने उन्हें इसके योग्य तभी समझा जब वे पोलिटिकली करेक्ट—यानी राजनैतिक रूप से सही हो गए। नीमराना में भी उनने भारतीय मानस पर इस्लामी विजय और मूर्तिभंजन से हुए घावों का जिक्र किया। उनकी अवधारणा या स्थापना है कि इस्लाम जहां-जहां भी गया है, उस देश और उसके लोगों के अतीत को उसने बुरी तरह नष्ट किया है। अगर आपका अतीत तभी से शुरू होता है जब आपने इस्लाम में धर्मांतरण किया तो यह उतना ही खराब और दुखदायी होगा जितना कि भारतीयों का अपना इतिहास न जानना।'

सर विदिया की इस स्थापना को आप भारत पर लागू करके सख्ती और ईमानदारी से जांचना शुरू करें तो यह मिट्टी के ढेले की तरह बिखर जाएगी। भारतीय परंपरा में बाहर से आनेवाले मुसलमानों और इस्लाम में धर्मांतरण करनेवाले भारतीयों का कितना योगदान है और अपने साझे इतिहास के प्रति उनकी जितनी जागरूकता और स्मृति है उतनी खुद सर विदिया की नहीं है, जो भारतीय मानस पर इस्लाम के आक्रमण से हुए घावों की बात करते हैं। सर विदिया को इसीलिए साहित्यिक सम्राट की तरह बुलाया गया और उनके चक्रवर्तित्त्व को स्वीकार किया गया क्योंकि अपने इस्लाम विरोध से उनने संघ संप्रदाय का विशेष आदर सम्मान प्राप्त किया है। बाबरी मस्जिद के ध्वंस को सही बतानेवाले वे भी एक थे और दूसरे थे नीरद सी चौधरी। सर विदिया के तो बाप दादे वेस्टइंडीज में गिरमिटिए बन कर गए थे और वे खुद त्रिनिदाद को छोड़ कर ब्रिटेन में आन बसे। नीरद सी चौधरी बंगाल में जन्मे थे और भारत में अंग्रेजी राज को वरदान मानते थे। वे भी आजादी के बाद ब्रिटेन के आक्सफर्ड में जा बसे थे। भारत के एक भी लेखक ने बाबरी मस्जिद के ध्वंस को सही नहीं ठहराया था। संघ संप्रदाय को मिले तो भारतीय मूल के दो अंग्रेज लेखक समर्थन को मिले। सर विदिया सर्जक लेखक हैं नीरज चौधरी बौद्धिक थे। दोनों का ही मानस यूरोपीय वैचारिक मिट्टी का बना था। सर विदिया मुसलमानों से हिंदुओं के ऐतिहासिक प्रतिरोध लेने के संघ संप्रदायी तर्क को अपने यूरोपीय तरीके से सही माननेवाले हैं। वे मानते हैं कि भारत में इस्लामी

हमलावरों ने मंदिर तोड़े तो हिंदू मस्जिदें तोड़कर मंदिर क्यों न बनाएं।

मजा देखिए कि भारत में रहनेवाला कोई भारतीय साहित्यकार ऐतिहासिक प्रतिशोध के तर्क को नहीं मानता। संघ संप्रदाय के हिंदुत्व को हिंदी के किसी भी सर्जक साहित्यकार ने स्वीकार नहीं किया। कुछ लोग कहते हैं कि निर्मल वर्मा हिंदी के साहित्यकारों में से संघ संप्रदाय के सबसे नजदीक हैं। उनसे एक बार मैंने पूछा था कि क्या वे हिंदुत्व को मानते हैं ? निर्मलजी ने साफ कहा कि वे नहीं मानते। मैं भले ही निर्मल वर्मा का वैसा प्रशंसक नहीं हूं जैसे कि रूपवादी लोग हैं, लेकिन मैं नहीं मानता कि धर्म और हिंदुत्व का बुनियादी फर्क वे न जानते हों। वे न्यायमूर्ति जगदीश शरण वर्मा नहीं हैं, जिनने अपने एक फैसले में धर्म की तरह हिंदुत्व को जीवन-पद्धति कह दिया था। सावरकर का हवाला देकर उनके फैसले को मैंने चुनौती दी थी। मुझ पर न्यायालय की मानहानि का मुकदमा नहीं चलाया गया। मैं नहीं मानता कि भाषा के मामले में निर्मल वर्मा और जगदीश शरण वर्मा में फर्क नहीं है। बहरहाल विचार का मुद्दा यह है कि भारतीय, खासकर हिंदी का कोई साहित्यकार हिंदू-मुस्लिम मामले में संघ संप्रदाय का समर्थक नहीं है और सर विदिया क्यों है ? या नीरद सी चौधरी कैसे हो गए थे ? सर विदिया का मानस और दिमाग यूरोपीय हवा, मिट्टी, पानी, आग और आकाश से बना है। वे भारत को उस तरह देखते, समझते और महसूस नहीं करते जैसे कि भारतीय, खासकर भारत के संवेदनशील लेखक देखते, समझते और महसूस करते हैं।

जैसे यह अवधारणा कि एक धर्म को माननेवाले लोग एक राष्ट्र होते हैं। यूरोप में धार्मिक देश और राष्ट्र बने हैं और वहां चर्च और राज्य में लंबे और हिंसक संघर्ष हुए हैं। वहीं क्रूसेड हुए हैं जैसे कि अरब देश के इस्लामी लोगों ने जिहाद किए हैं। भारत में सनातन धर्म के अलावा बौद्ध, जैन, यहूदी, ईसाई आदि धर्म पहले से हैं। भारतीय धर्मों के सिखों को छोड़कर, चर्च नहीं हैं न उनका राज्य से वर्चस्व को लेकर युद्ध हुआ है। इसलिए धर्म से राष्ट्रीयता और धर्म प्रतिष्ठान और राज्य के युद्ध और वर्चस्व की होड़ जैसी अवधारणाएं अपने यहां नहीं हैं। अंग्रेज यह अवधारणा लेकर आए और उनने भारत पर साम्राज्य चलाए रखने को, हिंदुओं को अलग राष्ट्र बताया और मुसलमानों को अलग। दोनों में होड़ और फिर संघर्ष करवाया। मुस्लिम लीग ही उनकी इस अवधारणा और कोशिश से नहीं जनमी थी, सावरकर की हिंदू महासभा और फिर हेडगेवार का राष्ट्रीय स्वयंसेवक संघ इसी प्रेरणा से जन्मे और चले और चल रहे हैं। वीर सावरकर यूरोप में जाकर इटली से हिंदुत्व का विचार लाए और इसके तो कई प्रामाणिक अध्ययन हैं कि हेडगेवार और गोलवलकर ने नाजियों और फासिस्टों का कितना अध्ययन किया था और जर्मन और इतावली विचारकों से इन्हें कितनी प्रेरणा मिली थी। संघ संप्रदायी सनातन धर्म से हिंदुत्व को कितना ही गड्डमड्ड करने की कोशिश करें, धर्म को जानने और उस पर आचरण करनेवाले आसानी से समझ जाते हैं कि हिंदुत्व एक अहिंदू, अभारतीय और अधार्मिक यूरोपीय राजनैतिक अवधारणा है।

इसलिए यह संयोग नहीं है कि सर विदियाधर सूरजपरसाद नायपॉल जैसे यूरोपीय दिल-दिमाग वाले अपने को संघ संप्रदाय के निकट पाते हैं। उन्हें भाजपा के नेतृत्व वाले गठबंधन के राज में भारतीय सांस्कृतिक संबंध परिषद साहित्य के चक्रवर्ती सम्राट की तरह बुलाती है। अंग्रेजी में लिखनेवाले भारतीय लेखकों को देश-विदेश से बुलाया जाता है और उन्हीं तिथियों पर भारतीय साहित्य का उत्सव मनाया जाता है जिन पर साहित्य अकादमी का साहित्योत्सव बरसों से होता आया है और इस बार भी हो रहा था। जिस तरह भूमंडलीकरण के जमाने में अनिवासी भारतीय उस भारत को चलाने की कोशिश कर रहे हैं जिसे वे छोड़ गए, उसी तरह इन अंग्रेजी लेखकों को भारतीय साहित्य पर रुतबा जमाने का मौका दिया गया है। कोई अचरज नहीं कि उसमें खुशवंतसिंह जैसे दो कौड़ी के लेखक ने भारतीय भाषाओं और उसके लेखकों को गरियाया। खुशवंत और सलमान रशदी जैसे भारतीय साहित्य पढ़े बिना घोषणा करते हैं कि भारत में जो भी पढ़ने लायक लिखा जा रहा है,

वह अंग्रेजी में है। नीमराना और दिल्ली में अंग्रेजी के इन दोयम दर्जे के लेखकों ने भी ऐसा ही व्यवहार किया। सर विदिया तो अपने को ऐसे ऊंचे सिंहासन पर बैठाए हुए हैं कि भारतीय भाषाओं के साहित्य की ओर देखकर भी अपनी आंखें नहीं बिगाड़ेंगे, उसकी बात करना तो उनको शोभा देगा ही नहीं। भारतीय और भाषायी लेखकों ने तो कहा भी कि ये अंग्रेजी में लिखनेवाले और सर विदिया नहीं होते तो यह पांच तारा साहित्य उत्सव नहीं होता।

भाजपा और उसके गठबंधन को भारत की आर्थिक आत्मनिर्भरता और स्वाभिमान की कोई चिंता नहीं है। हमारा उच्च और मध्यवर्ग भूमंडलीकरण के दौर में भारत की आर्थिक गुलामी को अपरिहार्य मानता है। उसके राज में सांस्कृतिक परिषद जैसी संस्थाएं भारतीय भाषाओं के साहित्य और स्वाभिमान को अंग्रेजी के हवाले कर देने में लगी हैं। सर विदिया संघ संप्रदाय के प्यारे हो सकते हैं, उन्हें भारतीय संस्कृति, इतिहास और साहित्य की कोई समझ नहीं है।

17.3.2002

मजाक का मतलब नहीं समझते

इन दिनों बड़ा मजाक चल रहा है। भारतीय जनता पार्टी से कहा जा रहा है कि संघ की नाक में नकेल डालो। और भाजपा कहते हैं कि कट्टर हिंदुत्ववादियों और उदारपंथियों में बंट गई है। स्वयंसेवक प्रधानमंत्री असलियत जानते हैं इसलिए उनने भाजपा संसदीय दल की बैठक में कहा कि ऐसे मामलों पर अलग से विचार होना चाहिए। लेकिन अटल बिहारी वाजपेयी ने भी संसद में मजाक किया है। विश्व हिंदू परिषद, बजरंग दल और दुर्गावाहिनी के कार्यकर्ताओं ने ओडीशा विधानसभा पर जो हमला बोला उसकी निंदा करते हुए अटल जी ने कहा कि 'अगर यह सही है कि हमलावर वाजपेयी जिंदाबाद के नारे लगा रहे थे तो मैं मर जाना पसंद करूंगा। सरकार लोकतंत्र के मंदिरों की रक्षा करने को कृतसंकल्प है।' अटल जी ने नहीं सोचा कि स्वयंसेवक-कारसेवकों के कारनामों पर बेचारे मर्यादा पुरुषोत्तम राम अयोध्या में सरयू के स्वर्गद्वार से जाकर कितनी बार आत्महत्या करने पर उतारू हुए होंगे। इन्हीं स्वयंसेवक प्रधानमंत्री ने छह दिसंबर बानवे को बाबरी मस्जिद ध्वंस पर दुख से कहा था कि वह मंदिर भी था।

यह मजाक क्यों चल रहा है ? क्योंकि हमारे राजनैतिक और सार्वजनिक जीवन में अब सत्य और निष्ठाएं नहीं चलतीं। उसमें सिर्फ मजाक हो सकता है। जैसे कांग्रेस के प्रियरंजन दासमुंशी ने लोकसभा में राष्ट्रीय स्वयंसेवक संघ की प्रतिनिधि सभा द्वारा बंगलूर में पारित प्रस्ताव को संविधान को खुली चुनौती बताया और विपक्ष की सभी पार्टियां इस प्रस्ताव की भर्त्सना करने में उनके साथ हो गईं। और तो और, समता जैसी बेचारी और नामुराद पार्टी के प्रवक्ता शंभू श्रीवास्तव ने भी इस प्रस्ताव की निंदा की और कहा कि अयोध्या की समस्या को सुलझाने में जो भी सफलता मिल रही है उस पर संघ और विश्व हिंदू परिषद पोंछा लगा रहे हैं। शंभू जी की पार्टी भी संघ और भाजपाइयों की सोहबत में कई मुखों से बोलने में उस्ताद हो गई है।

उसके कर्ता रक्षामंत्री जॉर्ज फर्नांडिस अमदाबाद में देश के नेताविहीन हो जाने पर आंसू बहाते हैं और उनकी मित्र और समता पार्टी की महासचिव दिल्ली में गोधरा और गुजरात के दूसरे नगरों-कस्बों-गांवों में दंगों के लिए सेकुलर लोगों को जिम्मेदार ठहराती हैं और नरेंद्र मोदी और उनकी सरकार की पीठ थपथपाती हैं। जॉर्ज जानते हैं कि ऐसे मौके पर देश की आहत आत्मा को साथ में रोने वाला चाहिए और जया जेटली जानती हैं कि इस गठबंधन सरकार का चलते रहना कितना जरूरी है। सरकार में नहीं होगी तो समता पार्टी से कौन आकर पूछेगा कि आपके वार्षिक सम्मेलन के लिए हम दो लाख दें या तीन ? और अब बेचारे शंभू श्रीवास्तव कह रहे हैं कि राष्ट्रीय स्वयंसेवक संघ तो देश को तोड़ देगा। भैया, जॉर्ज फर्नांडिस से पूछें कि संघ और भाजपा को जानते हुए भी वे गठबंधन के कर्ता क्यों हुए ? जॉर्ज उस जनता पार्टी में दोहरी सदस्यता का सवाल उठानेवालों में से हैं जिसे छोड़कर तब के भाजपाइयों ने संघ में रहने का तय किया था।

कांग्रेस और विपक्ष और गठबंधन की गैर-भाजपाई पार्टियां जानती हैं कि संघ पर नकेल भाजपा

नहीं डाल सकती। भाजपा संघ की बनाई गई लोकतांत्रिक राजनैतिक कठपुतली है। कभी आपने सुना कि कठपुतली ने उसे नचानेवाली उंगलियों को ही डोर से बांध दिया हो। संघ भाजपा को बचाता है, भाजपा चाहे तो अपने आपको भी बचा नहीं सकती। जैसे पंद्रह मार्च को सबकुछ शांतिपूर्ण ढंग से निपट जाने के लिए सत्तारूढ़ भाजपा ने संघ की मदद मांगी और संघ ने विश्व हिंदू परिषद और राम जन्मभूमि न्यास को कहा कि ऐसा कुछ नहीं होना चाहिए कि सरकार गिर जाए। इसलिए कुढ़मुढ़ाते और गाली बकते हुए भी विश्व हिंदू परिषद और न्यास ने कानून नहीं तोड़ा। सरकार की लगाई गई पाबंदियां मानीं और विवादित भूमि पर ही शिला पूजन करने की बजाय परमहंस के अखाड़े में शिलादान करके अपनी विजय घोषित कर दी। आप क्या समझते हैं कि परिषद और न्यास सुप्रीम कोर्ट का आदेश और सरकार की लगाई गई पाबंदियों को मान लेते ? याद कीजिए नवंबर नब्बे और दिसंबर बानवे में क्या हुआ था ? तब भी सुप्रीम कोर्ट के आदेश थे और नब्बे में मुख्यमंत्री मुलायम सिंह यादव ने सुरक्षा प्रबंधों में कोई कसर नहीं छोड़ी थी। तब संघ संप्रदाय ने सुप्रीम कोर्ट और सरकार से कारसेवकों को भिड़ा दिया था। दोनों बार संघ के नेता वहां मौजूद थे। इस बार सरकार स्वयंसेवकों की थी। एक स्वयंसेवक प्रधानमंत्री दिल्ली में दूसरा स्वयंसेवक राज्यपाल लखनऊ में था। संघ मानता है कि इन स्वयंसेवकों का प्रधानमंत्री और राज्यपाल बने रहना जरूरी है। इसलिए पंद्रह मार्च शांति से बीत गया।

भारतीय राज्य का इस्तेमाल करके हिंदुत्व का रास्ता बनाना संघ का निर्णय है इसलिए भाजपा इतनी सेकुलर पार्टियों को साथ लिए सरकार में है। संघ तय कर ले कि भाजपा के सत्ता में होने से उसका कोई प्रयोजन सिद्ध नहीं होता तो वह गठबंधन नहीं बनाएगी। संघ के सिद्धांत, कार्य और लक्ष्य के विपरीत इस देश ने संविधान और लोकतंत्र स्वीकार किया है। संघ में शक्ति नहीं है कि वह संविधान को रद्द और लोकतंत्र को नष्ट करके हिंदू राष्ट्र स्थापित कर सके। इसलिए लोकतंत्र और संविधान से मिली छूट और जगह का इस्तेमाल करके ताकत पाने और फिर संविधान और लोकतंत्र को नष्ट करने के उद्देश्य से संघ ने जनसंघ बनाया जो भारतीय जनता पार्टी बनकर अब सत्ता की शोभा बढ़ा रहा है। शिव सेना को छोड़कर गठबंधन की सभी पार्टियों को मालूम है कि संघ का उद्देश्य क्या है। फिर भी वे भाजपा के साथ केंद्र की सत्ता में जमी हुई हैं। उनका कहना है कि उनके होने से भाजपा पर अंकुश लगा रहता है और उनकी सोहबत से भाजपा का धर्मनिरपेक्षीकरण हो सकता है। यह भ्रम लोकनायक जयप्रकाश नारायण को भी था जो न कभी सत्ता में गए न सतत्तर में जाने वाले थे। विपक्ष को एक करने और इंदिरा गांधी को पराजित करने में उनने संघ परिवार को साथ लिया और उनके कहने पर जनसंघ जनता पार्टी में विलीन भी हो गया। लेकिन उनके आग्रह के बावजूद संघ जनता पार्टी में मिली दूसरी पार्टियों के संगठनों में शामिल नहीं हुआ। जनसंघियों ने निकलकर भारतीय जनता पार्टी बना ली। संघ परिवार का धर्मनिरपेक्षीकरण नहीं हुआ है यह जेपी ने मृत्यु के पहले देख और स्वीकार कर लिया था।

जब जेपी के संघ परिवार को साथ लेने का यह फलित हुआ, जिनकी सत्ता में आने की कोई इच्छा नहीं थी, तो सिर्फ सत्ता के गठबंधन में भाजपा के साथ होनेवाली पार्टियों का क्या होगा ? लाज बचाने के लिए भाजपा उनको लंगोटी देती रहेगी और उस लंगोटी को पकड़े ये पार्टियां शोर मचाती रहेंगी। ये जानती हैं कि ये साथ न दें तो भाजपा सत्ता में नहीं रह सकती। भाजपा भी जानती है कि ये गठबंधन में न आएं तो वह सत्ता का नेतृत्व नहीं कर सकती। लेकिन भाजपा ही इनका उपयोग कर रही है। ये तो सिर्फ सत्ता में होने का सुख और संतोष मना रहे हैं। इनके कहने से भाजपा संघ पर क्या नकेल डालेगी ? सत्ता में रहकर अपना प्रयोजन सिद्ध करने का निश्चय और शक्ति सिर्फ स्वयंसेवकों में है। तेलुगुदेशम हो या तृणमूल कांग्रेस या समता–बाकी की सब पार्टियां तो उस शिकार की मुर्दाखोर पार्टियां हैं जो भाजपा के जरिए संघ करवाता है। इसलिए भाजपा ने

अपने एजंडे को राष्ट्रीय एजंडे में घुसेड़कर जो कर लिया उसे गुर्राने के बावजूद दूसरी पार्टियां रोक नहीं सकीं। भाजपा ने गठबंधन से नहीं पूछा कि सुप्रीम कोर्ट में भूमिपूजन और शिलापूजन पर सरकार क्या रवैया अपनाए। उसने किसी से नहीं पूछा कि शिलादान ग्रहण करने प्रधानमंत्री कार्यालय के अयोध्या सेल के प्रमुख जाएं या नहीं। प्रधानमंत्री ने कहा कि सुप्रीम कोर्ट का आदेश मानेंगे और पंद्रह मार्च को अयोध्या में कानून-व्यवस्था भंग नहीं होने देंगे तो सब पार्टियां चुप हो गईं। जॉर्ज फर्नांडिस सरकार के इस करने में प्रधानमंत्री के साथ थे।

अब ये लोग मांग करें कि भाजपा संघ पर नकेल डाले तो यह मजाक नहीं है ? भाजपा संघ की राजनैतिक लोकतांत्रिक कठपुतली है, राष्ट्रीय स्वयंसेवक संघ किसी का मोहताज नहीं है। वह हमारे लोकतंत्र और संविधान को भी नहीं मानता। उसे सरदार पटेल ने संविधान मानने पर मजबूर किया था। खुद अपना भी संविधान बनाने और उसमें लोकतंत्र लाने पर भी सरदार पटेल ने ही मजबूर किया था। यह बात अलग है कि संघ अभी भी उस संविधान को नहीं मानता न अपने यहां चुनाव होने देकर लोकतंत्र को मानता है। वह तो उसे डॉक्टर केशव बलिराम हेडगेवार को मानना पड़ता है नहीं तो वह कह सकता है कि जिस तरह बाईस दिसंबर उनपचास की रात बाबरी मस्जिद में रामलला प्रकट हुए वैसे ही संघ सन् पच्चीस में हिंदू धर्म की रक्षा के लिए प्रकट हुआ। वह अभी अपने को स्वयंभू नहीं कहता तो यह उसकी विनम्रता है। बेचारे दासमुंशी कहते हैं कि संघ ने—मुसलमानों को समझ लेना चाहिए कि उनकी रक्षा हिंदू समाज की सद्‌भावना से ही हो सकती है—जैसा प्रस्ताव पारित करके संविधान को सरासर चुनौती दी है। यह चुनौती हेडगेवार और गुरु गोलवलकर से लेकर सुदर्शन तक ने दी है। सरदार पटेल और जवाहरलाल नेहरू में निष्ठा और दम था कि वे संघ की चुनौती का मुंहतोड़ जवाब दे सकें। इंदिरा गांधी और उनके बेटे राजीव गांधी में नहीं था। सोनिया गांधी में तो बिलकुल नहीं है। और दासमुंशी जी, जिस तरह इंदिरा गांधी ने सन् तिहत्तर से सन् सतत्तर तक इसी संविधान का उपयोग करके अपनी निजी सत्ता स्थापित की उसी तरह भाजपा इसका उपयोग करके हिंदुत्व की स्थापना कर रही है। इंदिरा गांधी को जेपी की नैतिक शक्ति ने रोका। भाजपा और संघ को रोकने की कांग्रेस के पास क्या ताकत है ?

एक बात साफ समझ लेनी चाहिए फिर जिसे जो मजाक करना हो करे। राष्ट्रीय स्वयंसेवक संघ की प्रतिनिधि सभा की बंगलूर बैठक पहले से तय थी। वह तभी हो रही थी जब अयोध्या की समस्या विकराल रूप में थी। जिस सुप्रीम कोर्ट ने उसे बचाया उसके—न पूजा न शिलादान—आदेश को संघ की इस बैठक में हिंदुओं की भावनाओं के विपरीत बताया गया। फिर जब पंद्रह मार्च गुजरा भी नहीं था तो संघ ने कहा कि काशी और मथुरा की समस्या भी हल होनी चाहिए। गोधरा में रेल के डिब्बे में जलाए गए राम सेवकों के जवाब में नरेंद्र मोदी की सरकार की मदद से संघ संप्रदाय के स्वयंसेवकों ने सात सौ से ज्यादा मुसलमानों को मौत के घाट उतार दिया। गोधरा का सबक अमदाबाद और दूसरे नगरों में मुसलमानों को सिखा दिया गया। उसके बाद राष्ट्रीय स्वयंसेवक संघ ने प्रस्ताव पारित करके मुसलमानों को सलाह दी कि बहुसंख्यक हिंदुओं की सद्‌भावना ही तुम्हारी रक्षा कर सकती है इसे समझ लो। यानी भारत में रहनेवाले मुसलमानों तुम हिंदुत्ववादियों की मेहरबानी पर ही जी सकते हो।

जो कहते और समझते हैं कि राष्ट्रीय स्वयंसेवक संघ एक सामाजिक और सांस्कृतिक संगठन है वे बरसों से भारत के लोगों के साथ मजाक कर रहे हैं। मजाक का मतलब नहीं समझते तो यह आपकी गलती है।

21.3.2002

अनिवासी हिंदुओं का स्वप्न राष्ट्र

कनाडा के मेकमास्टर विश्वविद्यालय में जीवविज्ञान पढ़ाने गए रमाशंकर सिंह ने वहां के अध्यापकों के साथ मिलकर शांति अध्ययन केंद्र बनाया। आजकल वे इस विश्वविद्यालय के अध्यापकों और शोध करनेवालों के साथ भारत आए हुए हैं और आचार्य राममूर्ति के ग्राम गणराज्य प्रयोग में मदद कर रहे हैं। वैशाली सभा हो चुकी है और विदेह गणराज्य में हो रही है। वे उन सोलहों पुराने गणराज्यों के वर्तमान क्षेत्रफल के गांवों में ग्राम गणराज्य का विचार रखेंगे। आचार्य राममूर्ति के इस बुनियादी प्रजातंत्र या भागीदारी के लोकतंत्र या ग्राम गणराज्य की शहरों में भी चर्चा हो, इसलिए एक समारोह लखनऊ में हुआ। रमाशंकर सिंह इसमें भाषण देते हुए विदेशों में बसे भारतीयों की बात करने लगे और उनने जो कहा वह चौंकानेवाला था।

जाहिर है कि खुद रमाशंकर सिंह भारत से जाकर कनाडा में बसे हैं। उनके साथ आई टोली में कनाडा में बसे और भी भारतीय मूल के व्यक्ति हैं। शांति केंद्र के काम के सिलसिले में उनका अमेरिका आदि में भी घूमना होता है और वहां के भी अनिवासी भारतीय समाज को वे जानते हैं। रमाशंकर सिंह ने लखनऊ के इस भाषण में बोलते-बोलते कहा कि कनाडा और अमेरिका में जा बसे भारतीयों-हिंदुओं में दो तरह के कैंसर फैल रहे हैं। एक तो ये लोग अब खुल्लमखुल्ला कहने लगे हैं कि ईसाइयत और इस्लाम की तरह हिंदू धर्म भी संगठित होना चाहिए। भारत और हिंदुओं के साथ अब तक जो गड़बड़ हुई है, इसका कारण हिंदू धर्म का संगठित न होना और इसका कोई चर्च न होना है। दूसरा, वहां के भारतीय समाज में अब हिंदू-मुस्लिम द्वेष बहुत पनपने लगा है। खासकर अमेरिका में पिछले साल ग्यारह सितंबर को हुई दुर्घटना के बाद। भारत में रहनेवाले हिंदू-मुस्लिम लोगों में भी वैसा दुराव नहीं है, जैसा आप अमेरिका और कनाडा में देख सकते हैं। वे हिंदुत्ववादियों के मुहावरे में नहीं बोल रहे थे न भारतीय कम्युनिस्टों की बोली में। उनकी सब बातें सुनने के बाद मुझे लगा कि उनकी चिंताएं कनाडा-अमेरिका में बसे भारतीय मूल के लोगों की हैं। इन कैंसरों का भारत पर क्या असर हो सकता है, इसकी चर्चा उनने नहीं की। यह भी नहीं बताया कि वहां के भारतीय लोगों की सोच में यह बदलाव क्यों और कैसे आया है। उस समारोह के बाद वे अपने काम में लग गए और मैं अपने। हमारी फिर बात नहीं हुई।

लेकिन फैजाबाद-अयोध्या लखनऊ से ही जाते हैं और वहां पंद्रह मार्च को जो हुआ, वह सभी पर हावी था। गोधरा के बाद गुजरात में जो हुआ, वह भी अखबार पढ़ने और टीवी देखने वालों की स्मृति में अभी घाव की तरह खुला और बह रहा है। लखनऊ में जो दो दिन और कार्यक्रमों में बोलता-घूमता रहा तो रमाशंकर सिंह की बातें मुझे बहुत विचलित करती रहीं। आम जानकारी में है कि अमेरिका और कनाडा में विश्व हिंदू परिषद और राष्ट्रीय स्वयंसेवक संघ के नेता और कार्यकर्ता कितने सक्रिय रहते हैं। परिषद के कई नेता अंतरराष्ट्रीय अध्यक्ष और अंतरराष्ट्रीय महासचिव, अंतरराष्ट्रीय उपाध्यक्ष और कार्यकारी उपाध्यक्ष आदि पदों से अपने को सुशोभित करते ही हैं। और सरसंघचालक सुदर्शन ने संघ के पचहत्तर वर्ष पूरे होने पर दशहरे के दिन बताया ही था कि विदेशों में संघ की कितनी शाखाएं सक्रिय हैं और कितने स्वयंसेवक उनमें जाकर—नमस्ते

सदा वत्सले मातृभूमे—गाकर भारतमाता को हिटलरी सेल्यूट करते हैं। यह आम जानकारी में जरूर नहीं है कि परिषद और संघ को बाहर से कितना पैसा मिलता है और भारत में वह किन कामों पर खर्च होता है। कोई रुचि ले तो सब कुछ मालूम भी कर सकता है। लेकिन संघ में स्वयंसेवकों का रजिस्टर नहीं रखा जाता और गुरु-दक्षिणा में जो पैसा आता है, उसका हिसाब भी सार्वजनिक नहीं किया जाता। यह सब आस्था का मामला है और इसमें मुनीमी नहीं चलती। फिर भी कोई कोशिश करे तो परिषद् के आय के स्रोत और खर्च मालूम किए जा सकते हैं।

बहरहाल संघ संप्रदाय के समुद्र पार वित्तीय साधनों पर खोजबीन करना उतना जरूरी नहीं है, जितना यह समझना कि हिंदू धर्म को सभी धर्मों की तरह संगठित करने की बात भारत छोड़कर विदेश जा बसे हिंदुओं में क्यों हो रही है और ग्यारह सितंबर को न्यूयार्क और वाशिंगटन पर हुए आतंकवादी हमलों ने वहां के हिंदुओं को मुसलमानों के इतना खिलाफ क्यों कर दिया है। इसे समझने की कोशिश करें और यह समझ आ जाए तो संघ संप्रदाय की ताकत और उससे निपटने की तरकीब भी निकल सकती है। आप सब जानते हैं कि जिसे हम सनातन धर्म के रूप में जानते हैं वह दूसरे सामी धर्मों की तरह संगठित नहीं है। इसे किसी ईसा मसीह या पैगंबर मोहम्मद ने शुरू नहीं किया है। यह कब से ऐसा ही चला आ रहा है, कोई नहीं जानता। इसे सनातन इसीलिए कहते हैं कि यह हमेशा रहा है। इसमें कोई बाइबिल या कुरान नहीं है। इसमें दीक्षित होने पर ही कोई इसमें नहीं आता। इसका कोई चर्च नहीं है। शंकराचार्य भी बहुत बाद के हैं। चार धाम में मठ उनने बनाए लेकिन कोई शंकराचार्य सनातन धर्मियों का धार्मिक जीवन निर्धारित करनेवाला नियामक नहीं है। वह धर्मादेश जारी नहीं कर सकता। चारों शंकराचार्यों की कोई महापरिषद नहीं है न उनमें कोई सर्वोच्च है। सनातन धर्म के आगे हिंदू भी बहुत बाद में यानी मध्यकाल में मुसलमान असर में जुड़ा क्योंकि अरबों ने सिंधु नदी के उस पार रहनेवालों को हिंदू कहा। लेकिन इसके बावजूद इस धर्म को माननेवालों ने अपने को इस्लाम की तरह संगठित नहीं किया। महमूद गजनवी और मोहम्मद गौरी के हमलों के बहुत पहले से भारत का लेन-देन इस्लाम से होता रहा है। भारत और अरब देशों में व्यापार ही नहीं सांस्कृतिक-धार्मिक आदान-प्रदान पहले से होता आया है, यानी वहां इस्लाम आने के पहले से। इसी तरह भारत में पहला चर्च मलाबार केरल ईस्वी सन बावन में बन गया था। यूरोप में ईसाइयत भारत में आने के दो सौ साल बाद गई। यानी हमारा ईसाइयत से बहुत पुराना संबंध है। इन दोनों धर्मों को, इनके संगठित स्वरूप को जानते हुए भी सनातन धर्म को माननेवालों ने अपने को इनकी तरह संगठित करने की कोशिश नहीं की। वह अपने सनातन स्वरूप में ही वर्तमान और निरंतर रहा। इसीलिए भारत शुरू से बहुधर्मी देश है। इस धर्म में संप्रदाय जरूर अनेकों रहे लेकिन यह धर्म संप्रदाय नहीं बना। इसने कभी दावा नहीं किया कि भगवान तक पहुंचने का यही एक मार्ग है। इसने कहा कि सत्य तक पहुंचने के कई मार्ग हैं। इसलिए उसने सारी दुनिया को अपने जैसा करने और दूसरे धर्मों को नष्ट करने की कोई कोशिश नहीं की। इसी के लोगों में से ईसाई बने, मुसलमान बने और बौद्ध और जैन भी बने। भारत पर आक्रमण भी हुए। इस पर विदेशियों का राज भी हुआ और उनने जबरदस्ती या लालच से सनातन धर्म को माननेवालों को अपने धर्मों में दीक्षित भी किया। लेकिन सनातन धर्म खतरे में है और उसे आक्रामक धर्मों को नष्ट कर देना चाहिए, ऐसी प्रवृत्ति इस धर्म में नहीं आई।

इनमें से बहुत सी बातें आप पहले से जानते होंगे। कुछ बातें मैं खुद भी पहले लिख ही चुका हूं। फिर भी मैंने दोहराई तो इसलिए कि आगे जो कह रहा हूं, उसे समझने और जोड़ने के काम आएंगी। पहले यह देखिए कि ऐसे धर्म को संगठित करने और उसका चर्च बनाने की जरूरत अमेरिका या कनाडा में जा बसे हिंदुओं को हो रही है। भारत में रहनेवाले हिंदुओं को नहीं। दूसरे यह देखिए, इस संगठनवादिता को कौन फैला रहा है। यह कि कलियुग में संघ ही सबसे बड़ी शक्ति

है, राष्ट्रीय स्वयंसेवक संघ का आप्त वाक्य है। संघ अपना औचित्य और उद्‌देश्य हिंदू समाज को संगठित करना बताता रहा है। सतत्तर साल से वह इसी उद्‌देश्य को पाने में लगा है। आपको याद होगा कि जब दिसंबर '99 में इंडियन एअरलाइंस के एक विमान को आतंकवादी अगुवा करके कंधार ले गए और उसे छुड़ाने के लिए संघ संप्रदाय के ही विदेश मंत्री तीन दुर्दांत आतंकवादियों को जेल से निकालकर ले गए और उन्हें रिहा किया तो एक स्वयंसेवक प्रधानमंत्री की सरकार के इस घुटने टेकने की बड़ी निंदा हुई। तब इस सरकार को बचाते हुए तब के सरसंघचालक राजेंद्र सिंह उर्फ रज्जू भैया ने कहा कि यह सब इसलिए हुआ कि हिंदू समाज कायर है। जब तक हिंदू संगठित हो कर हेडगेवार के रास्ते नहीं चलेंगे, वे वीर नहीं हो सकते। पचहत्तर साल के काम के बाद भी सरसंघचालक को मानना पड़ा कि वे हिंदुओं को संगठित करके वीर नहीं बना पाए हैं। इसी यशस्वी संघ ने यह समझकर कि जब तक हिंदू धर्म संगठित नहीं होगा, हिंदू समाज को संगठित नहीं किया जा सकता, सन चौसठ में विश्व हिंदू परिषद की स्थापना की। तब गुरु गोलवलकर सरसंघचालक हुआ करते थे और उनने आप्टे नामक संघ के एक नेता को विश्व हिंदू परिषद का महासचिव बनाया था। इन आप्टे साहब ने परिषद का गठन इसलिए जरूरी बताया था कि दुनिया ईसाइयत, इस्लाम और कम्युनिस्टों में बंटी है। ये तीनों सारी दुनिया को अपने रंग में रंगना चाहते हैं। भारत इन तीनों का हरा-भरा और खुला चरागाह है। हिंदू जगत को इनसे बचाने के लिए परिषद बनाई है ताकि वह हिंदुओं को संगठित करें। राम जन्मभूमि के मामले में परिषद ने तमाम साधु-संतों, महंतों आदि को किस तरह संगठित किया है, यह आपने पिछले सोलह-अठारह साल में देखा ही है। परिषद साफ कहती है कि उसके धर्माचार्य सर्वोच्च न्यायालय के न्यायाधीशों से ऊपर हैं। उनका मार्गदर्शक मंडल भारत के मंत्रिमंडल से ऊपर है। उनकी धर्म-संसद भारतीय संसद से ऊपर है। संविधान आदि उनके किसी काम का नहीं। भारत को हिंदू राष्ट्र बनाना ही धर्म का सबसे बड़ा लक्ष्य है और इसलिए पहले हिंदू धर्म और फिर हिंदू समाज को संगठित करना है। संघ और परिषद अपनी पार्टी भाजपा के लिए एक स्थायी हिंदू वोट बैंक बनाने में लगे हैं, ताकि उसका स्थायी राज हो सके। संविधान, लोकतंत्र, धर्मनिरपेक्षता आदि की छुट्टी की जा सके और संसार में भारत के मस्तक को सर्वोच्च करनेवाला हिंदू राष्ट्र स्थापित हो सके।

यह परिषद भारत के हिंदुओं को अपने धर्म को संगठित करके चर्च बनाने की प्रेरणा नहीं दे सकी। लेकिन इसने अमेरिका और कनाडा में जा बसे हिंदुओं को अपने धर्म को चर्च में संगठित करने को प्रेरित कर दिया है। ये हिंदू जो अपना देश छोड़कर अपनी पुण्य भू छोड़कर विदेश में बसे हैं, इनका संकट अपनी हिंदू पहचान स्थापित करने में है। वहां के समाज के सहज और सम्मानित और गौरवान्वित सदस्य ये बन नहीं सकते क्योंकि न यूरोपीय हैं, न अमेरिकी, न ईसाई। इन हिंदुओं को वहां के समाज से अपना अलगाव और अपनी भिन्नता बहुत खटकती है। उसके सामने अपनी अलग और श्रेष्ठ पहचान स्थापित करने के लिए उन्हें शुद्ध हिंदू होना जरूरी है। यह शुद्धता भारतीय सनातन परंपरा से प्राप्त नहीं हो सकती। उसे तो यूरोपीय और अमेरिकी पहले से ही दोयम दर्जे की बात बताकर रद्‌द कर चुके हैं। उन्हें तो ईसाई या इस्लामी किस्म का धर्म चाहिए। यह धर्म उन्हें हिंदुत्व दे सकता है क्योंकि हिंदुत्व एक यूरोपीय अवधारणा है, यानी धर्म का यूरोपीय संस्करण है। उन्नीसवीं सदी के अंत के पहले हिंदुत्व शब्द नहीं था। इसे वीर सावरकर ने बीसवीं सदी के पहले-दूसरे दशक में प्रचलित किया। इसे वे इटली और जर्मनी से लाए थे। इसे पनपाने का खाद-पानी अंग्रेजों ने तैयार किया था। जिस तरह खालिस्तान बनाने का आंदोलन ब्रिटेन, कनाडा और अमेरिका में रहनेवाले सिखों ने पंजाब में चलाया, पंजाब में रहनेवालों सिखों ने नहीं। जो आतंकवाद वहां एक दशक तक चला, उसको भी मदद विदेशों से ही मिलती थी। इसी तरह अमेरिका, कनाडा, ब्रिटेन और दूसरे देशों में रहनेवाले हिंदुओं को हिंदू राष्ट्र चाहिए और उसके लिए

वे धर्म को संगठित करने की प्रेरणा संघ और विश्व हिंदू परिषद से पा रहे हैं।

भारत छोड़कर विदेशों में जा बसे और अब लौटकर नहीं आनेवाले प्रवासी हिंदुओं को अपनी जरूरत के लिए भारत को हिंदू राष्ट्र बनाने की प्रेरणा यूरोप से आयातित हिंदुत्व दे रहा है। भारत में ही रहनेवाले करोड़ों सनातन धर्मियो जरा समझ लो कि हिंदुत्व तुम्हारे धर्म और समाज का क्या करना चाहता है !

24.3.2002

अब बारी उदार और सहिष्णु हिंदू की है

नरेंद्र मोदी और उनके संप्रदाय के दूसरे नेताओं की बहत्तर घंटे में शांति स्थापित कर देने की तोता रटंत के बावजूद मानवाधिकार आयोग के अध्यक्ष न्यायमूर्ति जगदीश शरण वर्मा ने गुजरात में लगातार हो रही हिंसा और उस पर काबू न कर पाने के लिए गुजरात सरकार को फटकार लगाई है। लेकिन अपनी इस कुछ नरम शुरुआती रपट के अलावा न्यायमूर्ति वर्मा तीन प्रेस कांफ्रेंस करके गुजरात में बेकाबू हिंसा और मानवाधिकारों के सरासर उल्लंघन पर सख्ती से बोल चुके हैं। इसके बावजूद उन्हें सेकुलर और हिंदू विरोधी बताकर बदनाम करने की कोशिश संघ संप्रदाय की ओर से नहीं हुई। आखिर ये वही न्यायमूर्ति वर्मा हैं जिनने प्रधान न्यायाधीश होते हुए अपने एक फैसले में हिंदुत्व को जीवन पद्धति बताकर संघ संप्रदाय की तबीयत हरी कर दी थी। हिंदू धर्म को हिंदुत्व से गड्डमड्ड नहीं करना चाहिए ऐसी चेतावनी हिंदुत्व के प्रणेता वीर सावरकर ने कब की दे रखी है लेकिन न्यायमूर्ति वर्मा को सावरकर से ज्यादा सही वे संघ संप्रदायी लगे जो धर्म की जगह हिंदुत्व की स्थापना में लगे हैं।

संघ संप्रदायी जानते हैं कि न्यायमूर्ति वर्मा गुजरात में हिंदुत्व के पराक्रम के साथ न्याय नहीं कर रहे हैं। लेकिन उन पर सीधे हमला करके स्वयंसेवक अपनी बची-खुची इज्जत भी गवाएंगे। इसलिए संघ-संचालित एक संगठन ने सरकार के छद्म सहयोग से एक जनहित याचिका गुजरात हाईकोर्ट में दायर की है जिसमें मानवाधिकार आयोग के कार्यक्षेत्र और गुजरात में उसकी सक्रियता को चुनौती दी गई है। गुजरात सरकार ने जब दंगों की जांच करने के लिए न्यायिक आयोग बैठा रखा है तो आयोग को दखल देने की क्या जरूरत है ? इस याचिका पर सुनवाई सुप्रीम कोर्ट ने रुकवा दी है पर उसका असर न्यायमूर्ति वर्मा की शुरुआती रपट पर साफ देखा जा सकता है। संघ संप्रदाय ने गुजरात में जो पराक्रम किया है उसकी निंदा करनेवाला चाहे पत्रकार हो या न्यायमूर्ति-स्वयंसेवक, लोग उसे बख्शेंगे नहीं। वे यह स्थापित करने पर तुले हुए हैं कि गुजरात में उनके संप्रदाय के लोगों ने जो किया है वह सांप्रदायिक न्याय है और देश के सब लोगों को उसे ऐसा ही मानना चाहिए। नहीं मानेंगे तो उनसे तरह-तरह से मनवाया जाएगा। मुसलमानों को तो संघ ने बाकायदा प्रस्ताव पारित करके कह दिया है कि समझ लो ठीक से, तुम्हारी खैर इसी में है कि तुम बहुसंख्यक हिंदुओं की मेहरबानी पर भारत में रहो। नहीं समझोगे तो पूरे देश में तुम्हारे साथ वही किया जाएगा जो गुजरात में किया गया।

लेकिन मुसलमान तो इस देश में फिर भी अल्पसंख्यक हैं। उस उदार और सहिष्णु वृहत्तर हिंदू समाज का वे क्या कर लेंगे जिसमें संघ संप्रदाय खुद एक छोटा और अतिवादी अल्पसंख्यक संप्रदाय है ? इसका भी इलाज संघ के पास है। जो भी हिंदू खुलकर हिंदुत्व के ताजा पराक्रम की भर्त्सना कर रहे हैं उन्हें सेकुलर और हिंदू विरोधी कहा जा रहा है। गुजरात में संघ संप्रदायियों ने जो राक्षसी हिंसा की है उसी को बहुसंख्यक हिंदू समाज का सच्चा स्वरूप बताकर दावा किया जा रहा है कि धर्मनिरपेक्षता इस देश से विदा कर दी गई है। बाबरी मस्जिद गिराकर दावा किया गया था कि इस ऐतिहासिक न्याय से हिंदुओं को अपार संतोष मिला है कि एक हजार साल की गुलामी का बदला चुक गया। लेकिन एक साल के भीतर हुए चुनाव में उन्हीं हिंदुओं ने ऐतिहासिक वीर स्वयंसेवकों को पटिए पर बैठा दिया और इस साल में तीसरे नंबर पर उतार दिया है।

उत्तर प्रदेश में ये हाल किए और देश में भी आज तक सादा बहुमत नहीं दिया। हिंदुत्व का एजंडा छोड़कर गठबंधन की पार्टियों के साथ चुनाव लड़ी तो भी भाजपा को उतनी ही सीटें दीं जितनी सन् अठानवे में दी थीं। फरवरी में लड़े चारों विधानसभा चुनाव भाजपा हार चुकी है। और तो और, दिल्ली के नगर निगम से भी उसका सफाया हो गया है। दो सीट से सत्ता में पहुंचाने के लिए भाजपा की ओर से राम जन्मभूमि आंदोलन के प्रति कृतज्ञ होने वाले लालकृष्ण आडवाणी इन पराजयों पर मौन साधे हुए हैं। अगर हिंदू समाज ने अपनी उदारता और सहिष्णुता जैसी कमजोरियां और कायरता छोड़ दी हैं और वह हिंदुत्व में संगठित होकर गुजरात में अपना पराक्रम दिखा रहा है तो भाजपा हार क्यों रही है ? लोकतंत्र में चुनाव लोकप्रियता की कसौटी हैं या सरकार की मिलीभगत से मुसलमानों पर की गई हिंसा ?

इस सवाल का जवाब भी स्वयंसेवकों के पास है। वे कब से कह रहे हैं कि गुजरात में हिंसा और प्रतिहिंसा का जो दुश्चक्र चल निकला है उसके लिए देश के सेकुलर उदार और सहिष्णु हिंदू जिम्मेदार हैं। चूंकि इन लोगों ने गोधरा में मुसलमानों के किए गए अग्निकांड की खुल कर जोरदार निंदा नहीं की इसलिए गुजरात के बहुसंख्यक हिंदुओं का क्रोध उबल पड़ा और सेकुलर लोगों से रक्षित मुसलमानों को उनने ऐसा सबक सिखाया कि वे सदियों उसे याद करके कांप जाएंगे। गोधरा का आतंकवादी कारनामा और उसके जवाब में हुई हिंसा को स्वाभाविक प्रतिक्रिया बतानेवाले नरेंद्र मोदी लगातार कह रहे हैं कि उन्हें गलत उद्धृत किया गया है। उनने तो न्यूटन का नाम तक नहीं लिया। नहीं लिया होगा क्योंकि क्रिया की उतनी ही जबरदस्त प्रतिक्रिया होती है—इसे सिद्धांत बतानेवाले का नाम उन्हें याद नहीं आया होगा। लेकिन उनके सारे बयानों और सोचे-समझे गए अकर्म से साबित तो यही हुआ है कि गोधरा की बाकी गुजरात में प्रतिक्रिया को वे स्वाभाविक मानते हैं और लगातार श्रेय ले रहे हैं कि उसे उनने सिर्फ बहत्तर घंटों में नियंत्रित कर लिया। कोई माने या न माने इसका श्रेय वे लगातार लेते रहेंगे और संघ संप्रदायी उसे देते रहेंगे। फिर भी अगर हिंसा होती रही और हो रही है तो इसके लिए भी नरेंद्र मोदी कैसे जिम्मेदार हो सकते हैं ?

राजकोट में भाजपा की एक सभा में उन्होंने कहा कि जब तक लोकसभा का सत्र चलता रहेगा गुजरात में लगी आग धधकती रहेगी क्योंकि उस आग में पेट्रोल तो लोकसभा से डल रहा है। उनकी यह टिप्पणी देश भर के अखबारों में छपी और एक लोकतंत्र में संसद के सत्र में कही गई बातों को सांप्रदायिक हिंसा भड़काने वाली बताने पर जो हंगामा होना चाहिए वह हुआ भी। कांग्रेस ने लोकसभा में नरेंद्र मोदी के खिलाफ विशेषाधिकार हनन का प्रस्ताव रखने की भी बात कही। नरेंद्र मोदी ने फिर कहा कि अखबारों ने उन्हें गलत उद्धृत किया है। लोकसभा के बारे में उनने ऐसा कभी नहीं कहा। अब बेचारे नरेंद्र मोदी क्या करें ? वे जब भी और जो भी बोलते हैं उन्हें गलत उद्धृत कर दिया जाता है और ऐसी बातें उनके मुंह में डाल दी जाती हैं जो उनने कही नहीं। सभी मानते हैं कि नरेंद्र मोदी कहकर मुकर जाते हैं।

लेकिन आप गोधरा के अग्निकांड पर सेकुलर लोगों को तथाकथित चुप्पी के आरोप और संघ संप्रदायियों के उनके पीछे पड़ने के तथ्य को देखें और उसे लोकसभा सत्र पर नरेंद्र मोदी की कथित टिप्पणी से जोड़ें तो इसमें से एक डिजाइन उभरती देखेंगे। संघ के लोग जो करते हैं उसका ठीकरा उन लोगों के माथे फोड़ने की कोशिश करते हैं जो उनका विरोध करते हैं। जैसे गोधरा अग्निकांड ने देश की चेतना को कोई कम नहीं झकझोरा है और सभी लोगों ने उसकी निंदा की है। लेकिन उसके जवाब में संघवालों ने जो किया उसकी जिम्मेदारी वे सेकुलर लोगों पर डालते हैं जैसे सेकुलर लोगों ने ही उन मुसलमानों को गोधरा कांड करने को भड़काया हो और उन्हीं की चुप्पी के कारण हिंदुओं का गुस्सा फूट निकला हो। इन्हीं लोगों ने अयोध्या में कारसेवकों के कारनामे को केंद्र सरकार और न्यायपालिका के मत्थे मढ़ दिया था। आपके कारण हम भड़कते हैं इसलिए भड़क कर हम

जो भी कर गुजरेंगे उसकी जिम्मेदारी आप पर है। एक नरेंद्र मोदी ही नहीं उमा भारती से लेकर अरुण जेटली तक सभी उदार, सहिष्णु और सेकुलर लोगों को संघ संप्रदायियों के अतिवादी रवैये और हिंसा के लिए जिम्मेदार ठहराते हैं।

ये वही लोग हैं जो देश के उदार, लोकतांत्रिक और नागरिक आजादियों के मंचों का उपयोग करके राजनैतिक सार्वजनिक जीवन में आए हैं। संघ संप्रदाय के संगठन जब लोकतांत्रिक आत्मा और भारतीय जीवन की अनिवार्य विविधता पर चोट करते हैं तो ये लोग चुप रहते हैं। कोई पूछे कि आप यह सब क्यों होने दे रहे हैं तो कहते हैं कि अपने यहां लोकतंत्र है और सबको बोलने की आजादी है। उन्हें रोका नहीं जा सकता। तब उनका विरोध करने वाले लोग बोलते हैं और हल्ला होने लगता है तो ये कहते हैं कि सेकुलर और उदार लोगों के कारण ये संगठन वाले भड़क रहे हैं। जैसे बिना यह देखे-समझे कि संदर्भ क्या है, दिल्ली आए उत्तर प्रदेश के राज्यपाल ने कह दिया कि सुप्रीम कोर्ट किसी को पूजा करने से कैसे रोक सकता है। यह तो उसका बुनियादी अधिकार है। दूसरे दिन सुप्रीम कोर्ट ने पूछा कि कोई कहे कि हम राष्ट्रपति भवन में पूजा करेंगे तो करने दोगे ? जैसे प्रवीण भाई तोगड़िया हैं। उनने कहा कि आतंकवाद में मरे अपने लोगों के लिए शोक मनाने का हिंदुओं को बुनियादी अधिकार है। कोई उन्हें कैसे रोक सकता है ? वे गोधरा अग्निकांड में जले लोगों की अस्थि कलश यात्रा निकालने के बारे में कह रहे थे। जैसे गोधरा कांड के बाद गुजरात भर में मुसलमानों के नरसंहार के बाद राष्ट्रीय स्वयंसेवक संघ ने प्रस्ताव पास किया कि मुसलमानों को समझ लेना चाहिए कि बहुसंख्यक समाज का सद्‌भाव ही उनकी रक्षा कर सकता है। यानी उदार और सहिष्णु लोकतांत्रिक आजादियों का इस्तेमाल उन्हें नष्ट करने के लिए हो रहा हो और उसका विरोध किया जाए तो दोष उदार और लोकतांत्रिक लोगों का ही बताया जाता है। संघ संप्रदाय की नई पीढ़ी के नेताओं की यह रणनीति है।

इसकी जरूरत इसलिए है कि हिंदुत्व के एजंडे को पूरा करने में संघ संप्रदाय के जो संगठन लगे हुए हैं उनका विरोध उदार, सहिष्णु और सेकुलर हिंदू लोग ही करते हैं जो कि भारतीय समाज में बहुमत में हैं। संघ संप्रदाय अपने जन्म काल से मानता है कि सहिष्णुता, उदारता और धर्मनिरपेक्षता हिंदुओं की कमजोरियां हैं और जब तक इन कमजोरियों को संगठन और आक्रामकता से दूर नहीं किया जाएगा हिंदू समाज को शक्तिशाली नहीं बनाया जा सकता। इसलिए हिंदुत्ववादी हिंदुओं को बदलने में लगे हैं वे कभी संगठित नहीं रहे धर्म को सांप्रदायिक संगठन में बांधकर मुसलमान और ईसाइयत जैसा सामी धर्म बनाना चाहते हैं। विश्व हिंदू परिषद इसीलिए बनाई गई है और वह कथित साधु-संतों और महात्माओं को अपने लोकतंत्र के ऐसे सेकुलर क्षेत्रों में वर्चस्व दिलाना चाहती है जिनमें उनका कोई स्थान नहीं हो सकता। साधु-संतों और महात्माओं की इस सेना को धर्म के लिए नहीं चर्च जैसी शक्ति के लिए बनाया जा रहा है और उन्हें अपने सेकुलर राज्य से भिड़ाया जा रहा है ताकि हिंदू राष्ट्र बनाया जा सके। इसका विरोध मुसलमान या ईसाई वैसा नहीं कर सकते क्योंकि ऐसे राष्ट्र उन्हीं में से निकले हैं। इनका विरोध हिंदू ही करते हैं क्योंकि एक तो ऐसा राष्ट्र उनके धर्म में संभव नहीं है। दूसरे, उनके समाज की परंपरा बहुलतावादी और विविधतावादी है और इसलिए उनने लोकतांत्रिक पंथनिरपेक्ष राज्य की स्थापना की है। हिंदुत्ववादियों के हिंदू राष्ट्र का सही और शक्तिशाली विरोध बहुसंख्यक और आधुनिक हिंदू समाज में ही होता है और हो रहा है। और मुसलमानों और ईसाइयों से ज्यादा अब उदार, सहिष्णु और लोकतांत्रिक हिंदू संघ संप्रदाय के निशाने पर है।

4.4.2002

साबरमती में संतों के कार्य

कहने को तो बेचारे केशुभाई पटेल ने भी कहा कि साबरमती आश्रम से तो हिंसा का नाम भी जोड़ा नहीं जा सकता। केशुभाई को हटाकर नरेन्द्र मोदी को मुख्यमंत्री बनाया गया है इसलिए वे और क्या कहते। लेकिन जिन लोगों को अमदाबाद के साबरमती आश्रम में भाजपा के युवा संगठन की मेधा पाटकर पर और पुलिस की मीडियावालों पर हिंसा से सदमा लगा है वे जरा याद करें कि हिंदुत्ववादी नाथूराम गोडसे ने महात्मा गांधी पर उस समय गोलियां दागी थीं जब वे बिड़ला हाउस के प्रार्थना स्थल की ओर जा रहे थे। प्रार्थना करने जाते उस महात्मा को जब हिंदुत्ववादियों ने सबसे उपयुक्त स्थान पर मारा जाने का सबसे योग्य व्यक्ति माना तो उनमें साबरमती आश्रम की पवित्रता और वहां शांति और सद्भावना के प्रयत्न करने के लिए इकट्ठे हुए लोगों के प्रति आदर की क्या भावना हो सकती है ? देश के बाकी लोगों के लिए भारत में बनाया गया गांधी का पहला आश्रम भले ही पवित्र हो और वहां के वातावरण से उन्हें शांति और सद्भाव की प्रेरणा मिलती हो, नरेंद्र मोदी जैसे सच्चे प्रचारक तो वहां कभी गए भी नहीं। गर्वीले गुजरात के इस वीर सपूत से आप और क्या उम्मीद कर सकते हैं ? और भाजपा के युवा मोर्चा के नेता अमित ठक्कर जब अपने साथियों को लेकर वहां गए भी तो इसलिए कि मेधा पाटकर को कंधे से पकड़कर गिरा सकें और उनके बाल पकड़कर घसीटते हुए उन्हें आश्रम, अमदाबाद और गुजरात से बाहर फेंक सकें। आखिर अपनी महाभारत में ही भरी सभा में दुशासन द्रोपदी का क्या करना चाहता था। यही लोग तो धर्म और संस्कृति की रक्षा कर सकते हैं। इनके खिलाफ क्या और कैसी कार्रवाई ! नाथूराम गोडसे के लिए महात्मा गांधी 'राक्षस' थे इसलिए उसने उनका 'वध' किया, अमित ठक्कर के लिए मेधा पाटकर 'चुड़ैल' है जिसे वे बाल पकड़कर घसीटना चाहते थे ! हिदुत्व पुराण के ये नए देवता हैं। एक दिन आपको इनकी आरती उतारनी पड़ेगी, समझ लीजिए !

लेकिन हिंदुत्ववादी भाजपाइयों का ही क्या बखान करें। कांग्रेस तो गांधी को महात्मा और भारत का मुक्तिदाता मानती है ना ! साबरमती और सेवाग्राम आश्रम उसके लिए तो तीर्थ के समान हैं। लेकिन रविवार को साबरमती आश्रम में स्वयंसेवी संगठनों की जो बैठक हो रही थी उसमें कांग्रेस के भी नेता थे। उन्हीं में से एक रोहित पटेल ने भोजनावकाश में मेधा पाटकर से झगड़ा और तू-तड़ाक किया। कांग्रेस के दूसरे नेताओं ने भी मेधा पाटकर को आड़े हाथों लिया और बैठक में उनके आने और भाग लेने पर एतराज किया। जब कांग्रेस नेताओं की मेधा पाटकर से मुठभेड़ चल रही थी तभी भाजपा के युवा नेता अमित ठक्कर साथियों को लेकर आश्रम में घुस आए और बैठक पर हमला किया। वे मांग कर रहे थे कि मेधा पाटकर को उन्हें सौंप दिया जाए। शांति के लिए हमें मेधा यहां नहीं चाहिए। पहले गुजरात को उसने पानी नहीं लेने दिया और अब शांति देने आई है, निकालो उसे। मेधा पाटकर को बाहर करने में कांग्रेसी भाजपाइयों के साथ थे।

जब अमित ठक्कर मेधा पाटकर से हाथापाई करने लगे तो टीवी के कैमरा वाले उसे फिल्माने लगे। जो पुलिस वाले अब तक भाजपाइयों और कांग्रेसियों की मेधा पाटकर के साथ झूमा-झटकी और नारेबाजी दर्शक की तरह देख रहे थे एकदम सक्रिय हुए और टीवी और प्रेसवालों पर उनने

धावा बोल दिया। इधर मीडिया वाले पिट रहे थे और उधर पुलिस के एक अफसर और संयोजक मेधा पाटकर को पीछे के रास्ते से निकाल ले जाने के प्रबंध में लगे थे। पुलिस के उपायुक्त पार्गी मीडिया की धुलाई में अपने चुस्त पुलिसवालों का नेतृत्व कर रहे थे। इसी में एनडीटीवी के प्रणव जोशी का सिर फूटा, ई टीवी के रिपोर्टर हर्षल पंडया और एक्सप्रेस के हर्ष शाह बुरी तरह घायल हुए। कोई डेढ़ दर्जन मीडियावालों की भी पिटाई हुई। ये लोग बैठक कवर करने आए थे और इस छीना-झपटी और हाथापाई को दर्ज नहीं करते तो क्या करते ? पुलिस को बरदाश्त नहीं हुआ कि उसकी निष्क्रियता और भाजपाई-कांग्रेसी नेताओं को उसकी छूट की टीवी फिल्म बने। शाम को कांग्रेस नेता अमर सिंह चौधरी और उर्मिला बेन पटेल और नर्मदा विकास निगम के भाजपाई अध्यक्ष भूपेंद्र सिंह चुडास्मा जैसे लोगों ने शांति बैठक बुलानेवाले संयोजकों की ही मेधा पाटकर को बुलाने पर सार्वजनिक निंदा की जिसके जवाब में नर्तकी और समाजसेवी मल्लिका साराभाई ने कहा कि मेधा पाटकर को हमने नहीं बुलाया था।

गुजरात के हितों के इन समर्पित रक्षकों की ऐसी देशभक्ति है ! जैसे नर्मदा घाटी के गरीबों के घर, जमीन और रोजगार को बचाने के लिए नर्मदा बचाओ आंदोलन चलानेवाली मेधा पाटकर ने कोई ऐसा अपराध किया हो कि वे सांप्रदायिक हिंसा में जलते गुजरात में शांति और सद्भाव की बात भी करने का अधिकार गंवा चुकी हों। भारत में गांधी के पहले आश्रम में मेधा पाटकर के साथ दुर्व्यवहार करनेवाले सिर्फ हिंदुत्ववादी भाजपाई नहीं थे वे कांग्रेसी भी शामिल थे जो गांधी के आश्रम, लोकतंत्र और नागरिक आजादियों को गुजरात के हितों के सामने कुछ नहीं मानते। मल्लिका साराभाई भी हैं जो ई-मेल पर सभी संगठनों को बुलाने के बाद हाथ झटकार कर मेधा पाटकर से अलग खड़ी हो जाती हैं। लेकिन यह मत समझिए कि मेधा पाटकर आई थीं इसलिए साबरमती आश्रम में होती शांति बैठकों में यह हिंसा हुई। गुजरात में शांति और सद्भाव के लिए जो भी और जैसी भी कोशिश करता हो वह हिंदुत्ववादियों का दुश्मन हो जाता है। दो, पांच और सात मार्च को जो भी शांति प्रयास हुए उन्हें करने वालों को तरह-तरह से धौंस और धमकियां दी गई। बड़े और खास कहे जाने वाले गुजराती अखबारों ने उनकी हंसी उड़ाई। एक सर्वधर्मी प्रतिनिधिमंडल नवरंगपुरा में ठहरा था। ट्रस्ट के उस भवन को चलानेवाले को ऐसी धमकियां दी गईं कि रातों रात प्रतिनिधिमंडल को साबरमती आश्रम ले जाना पड़ा। लेकिन वहां भी इतनी धमकियां आईं कि पुलिस की सुरक्षा लगानी पड़ी। गांधी के आश्रम में ठहरे शांति के लिए आए एक सर्वधर्मी प्रतिनिधिमंडल को पुलिस से रक्षित करना पड़ा। धमकी में कहा गया था कि मुसलमान, गांधी और शांति के शब्द ही हमें नहीं सुनने। स्वयंसेवी संगठनों और गांधी को माननेवालों की यह सभा भी गुजरात विद्यापीठ में होनी थी। धमकियों के कारण विद्यापीठ ने जगह नहीं दी। गांधी की शरण में गए तो वहां भी हिंसा से अभिव्यक्ति की आजादी को तोड़ा गया।

गुजरात में कैसे शांति हो ? कैसे सुरक्षा स्थापित हो ? मुसलमानों को मारकर या मार के निकालकर ही वहां शांति होगी ? तब क्या वह हिंदू राष्ट्र का एक प्रांत बनकर धर्मनिरपेक्ष लोकतांत्रिक गणराज्य से अलग नहीं हो जाएगा ? क्या केंद्र सैनिक कार्रवाई करके उसे फिर भारत में मिलाएगा ? सैनिक कार्रवाई कौन स्वयंसेवक अटल बिहारी वाजपेयी करेंगे ? या हिंदुत्व के परम भट्टारक जॉर्ज फर्नांडिस ?

साबरमती आश्रम में रविवार को जो हुआ उससे दो बातें साबित हैं। एक, गुजरात में शांति, सद्भाव, सुरक्षा और पुनर्वास का काम वही कर सकते हैं जिन्हें मुसलमानों को गोधरा का सबक सिखानेवाले इजाजत देंगे। दूसरे, मीडिया ने अगर संघ संप्रदायियों की सीधी कार्रवाई का आंखों देखा और सच्चा हाल प्रसारित और प्रकाशित किया तो राज्य की रक्षक एजंसियां ही उनकी वह गत बना देंगी जो गांधी के आश्रम के अंदर बनाई गई। नरेंद्र मोदी की सरकार ने पहले तो साफ इनकार

किया कि वहां कुछ हुआ है। फिर माना कि हुआ है पर मेधा पाटकर के प्रति लोगों में गुस्सा है इसलिए हुआ। और अब मुख्यमंखी मोदी अस्पताल में जाकर बुरी तरह घायल पत्रकारों को देख आए हैं और लाठी चार्ज करनेवाले पार्गी के साथ उन्हें रोकनेवाले आयुक्त शिवानंद झा का भी तबादला कर दिया है। मेधा पाटकर को बचाने और आश्रम से सुरक्षित निकाल ले जानेवाले मेहरा को निलंबित कर दिया गया है। लेकिन अमित ठक्कर और उनके साथ आए भाजपाई फौजियों के खिलाफ कोई कार्रवाई नहीं हुई है।

हाईकोर्ट के रिटायर न्यायमूर्ति दवे का जांच आयोग बैठाया गया है जो तीन हफ्ते में रपट देगा। अब कर लीजिए जो आपको करना हो। मोदी का कोई बाल बांका नहीं कर सकता। वे संघ संप्रदाय से रक्षित हिंदुत्व के महानायक हो गए हैं। एक जवां मर्द कल्याण सिंह थे जिनने बाबर के सिपहसालार मीर बाकी की करतूत का बदला निकालने का खुला मौका स्वयंसेवक कारसेवकों को दिया और इस तरह 'राष्ट्रीय भावनाओं का प्रकटीकरण हुआ'। दूसरे मर्द प्रचारक मुख्यमंत्री नरेंद्र मोदी हैं जिनने गोधरा का बदला लेने की पूरी छूट संघ संप्रदाय के वीर बहादुरों को दी और गुजरात की पुलिस ने, प्रशासन ने उनकी मदद की। ऐसे वीर मुख्यमंत्री को स्वयंसेवक प्रधानमंत्री कह आए हैं कि राजधर्म का पालन करो ! मोदी ने पूछा कि हे तात हिंदू राष्ट्र की प्रयोगशाला में राजधर्म क्या होगा ? उनके कान में स्वयंसेवक प्रधानमंत्री ने कहा–सरसंघचालक सुदर्शन से पूछ लो। उन्हें भगवान कृष्ण धारण किए हुए हैं और जहां कृष्ण और उनका सुदर्शन होता है वहीं धर्म होता है। खुद भगवान ने गीता में यही कहा है।

बाकी देश में लोकतंत्र, संविधान, धर्मनिरपेक्ष गणराज्य, प्रेस की आजादी और विकास की बातें करनेवाले हम लोग गुजरात में क्या कर रहे हैं ? उस अभागे राज्य में गए साल भूकंप आया था जिसने शहरों, कस्बों और गांवों को ढेर कर दिया और हजारों की जान ले ली। इस साल वहां नफरत और हिंसा का जहरीला तूफान सवा महीने से आया हुआ है। सरकार की गिनती से साढ़े आठ सौ और लोगों की गिनती से कुछ हजार लोग, कुछ अरब की संपत्ति, सभ्य समाज का ताना-बाना और कानून का राज नष्ट हो गया है। वहां के स्थानीय लोग स्थानीय हिंदुत्व के दबाव में संगठित होकर शांति का काम नहीं कर सकते और बाहर से जानेवालों का वही हाल होगा जो मेधा पाटकर का हुआ। कहीं भी किसी भी विपदा में जाकर निष्काम सेवा कार्य करनेवाले देशभक्त राष्ट्रीय स्वयंसेवक संघ की शांति पहल का कहीं कोई जिक्र सुनाई नहीं देता। वे लोग चुपचाप सेवा करने में विश्वास करते हैं। लगे होंगे किसी शरणार्थी शिविर में। फिर भी देखिए कि मुसलमान कितने डरपोक हैं। लौटकर अपने घरों में नहीं जाते। अपने जले हुए, लुटे हुए, राख हुए घरों, दुकानों और कारखानों को फिर नहीं बनाते। प्रधानमंत्री ने महीने भर बाद जाकर कह दिया। अब कौन आएगा कहने ? मीडिया दिन-रात उनके हाल बताने में लगा है। उसे इतना बदनाम और पीट-पाटकर लहूलुहान कर दिया फिर भी वह डर और दुबक कर बैठा नहीं है। यह मीडिया की ही हिम्मत है कि गुजरात से अल्पसंख्यकों और उनकी मदद करनेवालों की इतनी खबरें आ रही हैं। नहीं तो संघ संप्रदाय तो अपनी प्रयोगशाला में किसी को झांकने तक न दे। गुजरात में शांति कार्य करने और वहां की खोज खबर निकालने जो आते हैं वही मुसलमानों को गोधरा जैसे कांड करने को भड़काते हैं। अब बहुसंख्यकों के नाम पर उन्हें देश में रहना सिखा दिया गया है तो सब तरफ से हो-हल्ला हो रहा है। यही लोग देश में शांति नहीं होने देते।

अगर आप से और कुछ न बने तो अल्पसंख्यकों को रहना सिखानेवाले और मीडिया को मारपीट के दुरुस्त करने वाले लोगों को दो नाम याद दिलाते रहिए–हिटलर और इंदिरा गांधी ! इनके जैसी गत तो इनकी होगी ही। इतिहास का सबक है !

10.4.2002

तो फिर हम लड़ते क्यों हैं ?

मैंने कहा भी कि बयालीस साल हो गए पत्रकारिता में और इनमें से कोई चौंतीस साल दिल्ली में, फिर भी अपन पाकिस्तान नहीं आए। पहली बार अब आया हूं तो इसलिए कि भारत में एक गुजरात हो गया है। वहां कोई मामूली सांप्रदायिक दंगा नहीं हुआ है। सन सैंतालीस के महाविभाजन की विभीषिका फिर देखी गई है। हमने यानी भारत और पाकिस्तान दोनों ने ही तत्काल कुछ किया नहीं तो हम दोनों मुल्क जैसे हैं, वैसे रह नहीं जाएंगे।

कहने को और भी बहुत-सी बातें कहीं लेकिन दो दिन पाकिस्तान में जो देखा और सुना और महसूस किया उससे सच यह सवाल अपने से ही पूछता रहा कि इतने साल में ऐसा क्यों हुआ कि मुझे कभी पाकिस्तान जाने की प्रेरणा नहीं हुई। कितने मौके आए और कितनी बार निमंत्रण मिला लेकिन कभी लगा ही नहीं कि जाना चाहिए। कुलदीप नैयर भारत में पाकिस्तान के सबसे बड़े दोस्त माने जाते हैं। एक्सप्रेस में उनके साथ सात-आठ साल काम किया। वे खुद तो पाकिस्तान जाते ही रहते हैं, अपने पत्रकार दोस्तों को भी ले जाते हैं। पाकिस्तानी अखबारों में उनके कॉलम वैसे ही छपते हैं जैसे भारत के अखबारों में। उनका पाकिस्तान से ऐसा निजी और भावुक रिश्ता है कि वे पाकिस्तान के मानद नागरिक कहला सकते हैं। संघ परिवारी तो उन्हें पाकिस्तानी मानते ही हैं। गए साल जुलाई में आगरा-वार्ता के बुरी तरह विफल होने के बाद वे बहुत दुखी और निराश हुए। एक दिन उनसे बात करते हुए ऐसा भी लगा कि वे अंदर से टूट गए हैं। अब उन्हें उम्मीद नहीं रह गई है कि भारत और पाकिस्तान में दोस्ती और एका हो सकता है। उन्हें शायद अटल बिहारी वाजपेयी से बहुत उम्मीद थी। वे मानते थे कि भारत में भाजपा (या संघ परिवारी) सत्ता में हो और पाकिस्तान में सैनिक शासक तो दोस्ती की उम्मीद बढ़ सकती है। क्योंकि पाकिस्तान में सेना और भारत में संघ परिवार संबंधों को सामान्य नहीं होने देते। इसलिए जब वाजपेयीजी ने सैनिक शासक मुशर्रफ को भारत बुलाया तो कुलदीप नैयर बहुत आशान्वित और प्रेरित हो गए थे। आगरा की विफलता से उनका टूटना स्वाभाविक था। कुछ दिन बाद उनने मुझसे कहा–'तुम ठीक मानते थे कि अटलजी पहले स्वयंसेवक हैं और फिर राजनीतिक और प्रधानमंत्री। मैं मानता था कि वे संघवालों से अलग हैं। लेकिन मैं गलत था।' कुलदीप नैयर की आवाज में शिकायत नहीं निराशा थी।

भारत पाक दोस्ती के सबसे बड़े पैरोकार की उम्मीद टूटते देखना दुखदायी है लेकिन मुझे लगता है कि आज नहीं तो कल यह होना ही था। दूसरे पैरोकार हैं अपने इंदर कुमार गुजराल। वे भी कुलदीप नैयर की तरह विभाजन में पाकिस्तान से आए हैं और उनके लिए भी पाकिस्तान से दोस्ती भावना का मामला है। वे राजनीति में हैं और मंत्री और प्रधानमंत्री भी रह चुके हैं। दोनों तरफ की राजनीति और उसकी मजबूरियों और जरूरतों को जानते हैं और कुलदीप नैयर से ज्यादा यथार्थवादी हैं। राजनीति में होना ही पड़ता है। फिर आप पर सीधी जिम्मेदारी हो तो दबावों को आप बेहतर समझ सकते हैं। इसलिए इंदर कुमार गुजराल दोस्ती करवाने में सक्रिय भले ही रहे हों कुलदीप नैयर की तरह आशावादी और पेशेवर नहीं रहे। उन्हें भी अपन तीसेक बरस से जानते

रहे हैं और वे भी लोगों को पाकिस्तान भिजवाते और वहां से भारत बुलवाते रहे हैं। पर जिस तरह कुलदीप नैयर से अपनी दोस्ती पाकिस्तान नहीं ले गई वैसे इंदर कुमार गुजराल के जरिए अपन पाकिस्तान नहीं पहुंचे। अपने मित्र जॉर्ज वर्गीज और अली मुहम्मद खुसरो बरसों से नीमराना में भारत पाक संवाद करते आ रहे हैं। उनके जरिए पता भी चलता रहता है कि क्या चल रहा है। कभी पाकिस्तानी प्रतिनिधिमंडल के लोगों से मिलना-जुलना भी हुआ। आगरा-वार्ता के वक्त मुशर्रफ के साथ जो उर्दू के पत्रकार आए थे उनमें से दो-तीन ने कहीं से अपना टेलीफोन नंबर लेकर फोन भी किया था। भारत के उर्दू अखबार अपने जो लेख उठाकर छापते रहते हैं वे उनने पढ़े थे और कह गए थे कि आगरा से लौटकर मिलने आएंगे। आगरा में जो हुआ उसके बाद शायद उनमें उत्साह न रहा हो। या हो सकता है कि वे वहीं से पाकिस्तान चले गए हों। बहरहाल उनसे मुलाकात नहीं हुई। भारत में पाकिस्तानी दूतावास के किसी निमंत्रण पर अपन नहीं गए जैसे दूसरे दूतावासों के निमंत्रण पर भी नहीं जाते हैं। शायद इन्हीं सब कारणों से अपने पाकिस्तान जाने का मौका नहीं आया और अपन उस दोस्ती से दूर रह गए जो सुनते थे कि वहां के लोगों से भारतीयों की बड़ी आसानी से होती और चलती है।

पाकिस्तानियों की मेहमानवाजी और उनके बिलकुल हिंदुस्तानियों जैसे होने के तरह-तरह के वर्णन भी सुनता रहा हूं। विभाजन हुआ तब मैं दस साल का था और पाकिस्तान से शरणार्थी बनकर इंदौर आए सिंधियों और पंजाबियों और सिखों को देखा था। लेकिन कभी पंजाब या सिंध तो क्या दिल्ली भी नहीं गया था। पर यह समझने में कोई मुश्किल कभी नहीं हुई कि आखिर सिंध और पंजाब भारत के ही प्रांत थे और वहां के मुसलमान हों या हिंदू या सिख, वे ऐसे अलग और भिन्न तो हो नहीं सकते कि इनमें सहज ही दोस्ती न हो। हम पाकिस्तानियों से अपने संबंध कोई डेढ़ दो सौ साल के सांप्रदायिक संघर्ष, विभाजन की हिंसा और पचपन साल में हुए चार युद्धों और कश्मीर की न सुलझनेवाली समस्या के संदर्भ में देखते हैं। लेकिन याद नहीं रखते कि वहां जो मुसलमान हैं वे ज्यादातर बल्कि सभी आखिर हिंदू समाज से निकलकर ही इस्लाम में गए हैं और धर्म बदल जाने से कोई अरबी या तुर्की या ईरानी नहीं हो गए हैं। सामाजिक रूप से वे हिंदुस्तानी ही हैं और इस्लाम में अपनी जात-पात के साथ ही गए हैं। जब हम निजी रूप से उनसे बरतते हैं और पाते हैं कि उनका बरताव बिलकुल अपने जैसा ही है तो हमें सुखद अचरज होता है। यह दूरी और बार-बार मिल न पाने के कारण होता है। लोगों के मिलने-जुलने की सब बाधाएं दूर हो जाएं और हिंदुस्तान के पुराने सूबों की तरह हम मिलने लगें तो यह अचरज जाता रहेगा। तब हम ढूंढ़ने लगेंगे कि हम में फर्क क्या है और हम एक दूसरे से भिन्न कितने हैं। तब शायद यह भी समझ आएगा कि सांप्रदायिक तनाव और संघर्ष क्यों होता है और आखिर हम टूटकर दो देश क्यों बने ? तब शायद एक दूसरे की बेहतर समझ भी विकसित होगी और समस्याओं का हल भी निकलेगा। चूंकि अभी पाकिस्तानियों से मिलने में बाधाएं बहुत हैं इसलिए जितना भी मिलना होता है हम एक-दूसरे की बांहों में जैसे टूट पड़ना चाहते हैं। एक दूसरे की खातिर तवज्जो करके जैसे आपस में घुल जाना चाहते हैं। मुझे इसमें हमेशा ही एक तरह की असहजता और भावुकता का चाशनीपन लगता रहा है और इसलिए खुद होकर पाकिस्तान जाने या पाकिस्तानियों से मिलते रहने की इच्छा नहीं हुई।

इस बार भी कोई खुद होकर नहीं गया था। इन्टरनेशनल सेंटर फॉर पीस इनिशिएटिव्स की ओर से करन साहनी ने फोन किया और चिट्ठी भी लिखी। दक्षिण एशिया के संपादकों का चौथा सम्मेलन कराची में हो रहा था, और उसमें भारत, पाकिस्तान, श्रीलंका, नेपाल, मालदीव और बांग्लादेश के पत्रकार—दक्षिण एशिया की देसी भाषाएं: पुल या बाधाएं ? पर विचार करनेवाले हैं आप चलिए। मुझे इस विषय से ज्यादा गुजरात सता रहा था। गोधरा में जो हुआ कहते हैं पाकिस्तान

ने आईएसआई से करवाया और उसका नतीजा गुजरात के मुसलमान अपनी जान और अपने घर बार और दुकानों-कारखानों से चुका रहे हैं। संघ संप्रदाय तो मुसलमानों की देशभक्ति पर शुरू से शक करता आ रहा है और भारतीय मुसलमानों को पाकिस्तानी एजंट मानने और बताने से कभी नहीं चूकता। फिर गोधरा जैसे हत्याकांड उसके हाथ में हैंडल दे देते हैं। मारकाट मच जाती है। नुकसान मुसलमानों का होता है और हिंदू समाज का संप्रदायीकरण होता है। संघ संप्रदायी इसे भारत को हिंदू राष्ट्र बनाने के लिए जरूरी मानते हैं। पाकिस्तान क्यों भारत को हिंदू राष्ट्र बनाने में आग में घी डाल रहा है ? हिंदू राष्ट्र—भारत और इस्लामी राष्ट्र—पाकिस्तान इस तरह तो कभी शांति से नहीं रह सकते। मुझे मालूम था कि मेरे कहने से कुछ नहीं होगा। लेकिन जब गुजरात में मुसलमान मारे जा रहे हों तो कराची में पाकिस्तानी मन समझना अपनी समझदारी के लिए काम का हो सकता है। मुझे यह भी अहसास था कि मुझ धोती-कुरता पहननेवाले से कौन खुलकर बात करेगा। पर अनुभवी लोगों ने बताया कि पाजामा पहनकर जाऊं तो वे मुझे यूपी का मुसलमान भी समझ सकते हैं और फिर बात हो सकती है। इसलिए हां कर दिया। वीजा भी मिल गया। लेकिन सीधे जाना नहीं हो सकता था। निमंत्रित करते समय सेंटर से कहा गया था कि हो सकता है अपने जाते-जाते विमानों के आने-जाने पर लगी पाबंदी उठ जाए। नहीं उठी, इसलिए पहले दिल्ली से दुबई और फिर वहां से कराची जाने का कार्यक्रम बना। कुछ लोग दिल्ली से दुबई पहुंचे, कुछ मुंबई से और अमीरात एयरलाइंस से हम सब कराची पहुंचे। हवाई अड्डे से बाहर आने में कोई मुश्किल नहीं हुई। बाहर फरिहा रज्जाक हारून बड़ी गर्मजोशी से लिवाने आई थीं। करन साहनी, लोकमत के विजय दर्डा आदि से उनकी पहले से दोस्ती थी। इन पाकिस्तानी महिला संपादकों का खुला बरताव अपन भारत में भी देख चुके थे।

मिनी बस में बैठकर चार सितारा होटल अवारी टॉवर्स की ओर निकले तो कराची का मौसम मुंबई जैसा लगा। पर वहां की सड़कों पर लदी-फदी दौड़ती बसें ऐसी सजी हुई थीं कि पटना की याद आ गई। उनकी सजधज में मोहाजिर संबंध साफ दिखता था। मुंबई जरा ज्यादा व्यवस्थित और आधुनिक लगती है और वहां समुद्र बहुत आसानी से दिख जाता है। कराची के समुद्र को तो विमान से ही देखा। वहां दो दिन घूमते हुए शहर में समुद्र नहीं दिखा। अवारी टॉवर्स बहुमंजिला इमारत है और काफी दूर से दिख जाती है। हमारी बस घूमकर उसके पोर्च में लगी। उतरते हुए मैंने देखा कि होटल के कर्मचारी से लगते तीन-चार लोग हमें देख रहे हैं। उनके पास जाकर मैंने कहा—सलाम वालेकुम—वे बेहिचक वालेकुम सलाम कह गए। मैंने पाया कि मैं अब भी धोती कुरते में ही था इसलिए थोड़ा सकुचाया। पर पगड़ी बांधे चमकीले कपड़े पहने दरबान ने वैसे ही स्वागत किया जैसा ओबेराय टॉवर्स के दरबान करते हैं। अंदर के हाल में एक कोने में हम लोगों को पीने को ठंडा दिया गया। पासपोर्ट लिए गए और कमरों की चाबियां दी गईं। पासपोर्ट लेनेवालों ने क्षमाप्रार्थी ढंग से व्यवहार किया। कहा कि फोटोस्टेट करके वापस कर देंगे और क्या करें साहब सरकारी मजबूरी है। कमरा वैसा ही था जैसा अपने यहां की होटलों का होता है। फल और मेवे इफरात से रखे थे। रात भर सोए नहीं थे और दोपहर हो गई थी। मैं तो ऐसा सोया कि रात नौ बजे उठा। तब हमारे लिए तीसरी मंजिल पर कॉकटेल चल रही थी। नहा-धोकर पहुंचा तो अभी लाहौर से लोग आ ही रहे थे। वहां भी महिलाएं खुलकर पी और बतिया रही थीं। ठहाके लग रहे थे, गलबहियां हो रही थीं। रात एक बजे तक कॉकटेल चली। वहां खाने को जो भी थोड़ा बहुत था उसे ही खाकर सबने डिनर कर लिया। वहीं मेरी बात और दोस्ती लाहौर से आए हसन निसार से हुई। वे शायर हैं और उर्दू अखबारों के कॉलमिस्ट। वे विह्स्की पीते रहे और मैं रम।

लेकिन दूसरे दिन जब कांफ्रेंस लंच के लिए उठी और हमने पेट भर के खा लिया तो हसन निसार पान खाने को उत्सुक हो गए। उनने बताया कि वे दिल्ली आए तो किस तरह उन्हें अच्छा

पान नहीं मिला और कितने निराश हुए। इनने कहा कि चलो टैक्सी से पान खाने चलते हैं, जल्दी आ जाएंगे। मुझे शरद जोशी के भोपाल की याद हो आई। हम होटल से निकलकर बाहर चौराहे पर टैक्सी के लिए खड़े रहे। काफी देर में एक खाली टैक्सी आई और ड्राइवर से निसार साहब ने कहा कि अच्छा पान खिलाने ले चलो ! वह घूमता-घुमाता एक गली में हमें पान की दुकान पर ले गया। पनवाड़ी केरल का मलयाली भाषी था। मुझे देखकर उसने कहा कि पास में ही जूनागढ़ के नवाब रहते हैं। निसार साहब ने अपने लिए तम्बाकू के पान लगवाए, मेरे सादे। सिगरेट के पैकेट और लाइटर भी खरीदा। मुझे पैसे नहीं देने दिए। पनवाड़ी को मैंने महात्मा गांधी के फोटूवाले नोट दिए। वह लेने में हिचकता रहा पर आखिर ले लिए। हम उसी टैक्सी में होटल लौटे। टैक्सी का किराया पान और सिगरेट से ज्यादा बैठा होगा। पान फिर भी बनारस या लखनऊ या इंदौर भोपाल जैसा नहीं था। दो दिन हसन निसार से ऐसी ही यारी चली। दिल्ली में भी अपनी ऐसी यारी कहां चलती है।

अमीरात की सेवाएं ऐसी थीं कि मुझे दस तक रुकना पड़ता और दस को मुझे बीकानेर होना था। इसलिए दूसरे दिन की कांफ्रेंस मुझे बीच में छोड़नी पड़ी। रिसेप्शन पर मैं पूछ रहा था कि भारतीय रुपयों या डॉलर के पाकिस्तानी रुपए दे दोगे ताकि मैं टैक्सी वाले को चुका सकूं। रिसेप्शनवाला कुछ करता इसके पहले पास खड़ा एक गेस्ट जोर दे कर कहने लगा कि वह मुझे अपनी गाड़ी में छोड़कर आएगा। वह पैंट-शर्ट पहने था पर उसके बाल लंबे और दाढ़ी भी बढ़ी और खुली हुई थी। वह होटल का चुकारा कर चुका था और कुछ पिए हुए था। मेरी हिचक समझ गया और मेरा सामान उठाकर पोर्च में जाने लगा। वाह जी, जब मैं कह रहा हूं कि आप मेरे मेहमान हैं तो आपको मान लेना चाहिए। उसने अपनी गाड़ी मंगवाई और खुद चलाते हुए हवाई अड्डे ले जाने लगा। रास्ते की इमारतें दिखाकर वह सेना और राजनीतिकों को गाली बकता रहा। ये इनने लोगों को लूटकर बनाई हैं। अपने दोनों देशों के लोगों को ये लोग बेवकूफ बनाते हैं। हमें इन्हें बाहर करना होगा। मैं इंकलाब करना चाहता हूं लेकिन पहलेवाला नहीं। उसे इंकलाब से हटाने के लिए मैं उसके घर के बारे में पूछता रहा। वह विवाहित था। लाहौर से कराची आकर रह रहा था, उसकी बीवी कराची की है। लड़का अमेरिका में पढ़ता है। वह नहीं आएगा लौट के। ये देखो उसकी शायरी—अंग्रेजी में ! होटल क्यों रुका था। रात एक गर्लफ्रेंड ले आया था। मैं और शादी करूंगा। उसने अपना नाम, ई मेल, टेलीफोन, फैक्स लिख के दिया। हवाई अड्डे पर कुली जैसे लड़के को बुलाकर पचास का नोट दिया—अंकल को आखिर तक बैठा के आना। चैक इन करवा के उसे मैंने छोड़ दिया। मैं नहीं जानता कि पाकिस्तानी हमसे लड़ते क्यों हैं ?

14.4.2002

गुरु शिष्य संवाद में अटल

चंद्रशेखर से मैंने पूछा था कि शाम को विज्ञान भवन में देने के लिए उनने क्या कोई भाषण तैयार किया है। वे बावजूद नहा लेने के बहुत थके हुए दिख और लग रहे थे। अभी उनने हमारे साथ भोजन किया था और हम सब चाहते थे वे घंटा-डेढ़ घंटा सो लें ताकि शाम को अमृत महोत्सव में ठीक-ठाक रह सकें। हम जाने के लिए उठे तो उनने बिना स्पष्ट हुए इतना ही कहा कि अभी कुछ बनाया नहीं है। और लोगों ने भी कुछ तैयार नहीं किया है।

तो इतना तो साफ था कि शाम को चंद्रशेखर जो बोलेंगे वह उन्हें वहीं लगा या सूझा हुआ होगा। लेकिन सत्रह अप्रैल को विज्ञान भवन में जो हुआ वह तो हमारी सभी उम्मीदों से परे था। देश की सांप्रदायिक हालत, गुजरात और अटल बिहारी वाजपेयी की भूमिका पर उन्हें क्या डर लग रहा है, इसका थोड़ा बहुत अंदाज मुझे था। लेकिन चूंकि अटलजी आजकल शुरुआत किसने की यही बताने में लगे हुए हैं, इसलिए कहना होगा कि विज्ञान भवन में शुरुआत उन्हीं ने की और अगर अमृत महोत्सव को वे अपना खुलासा करने के अवसर में नहीं बदलते तो उनकी वह धुलाई नहीं होती जो बाद में चंद्रशेखर ने की। वह लोकसभा का सदन नहीं था और जैसा कि खुद अटलजी कह चुके थे, चंद्रशेखर न पक्ष में हैं न विपक्ष में, वे निष्पक्ष हैं और वह उनकी वर्षगांठ और उनका अमृत महोत्सव था। आखिरी बात कहने का मौका उन्हीं को मिलना था। और उस शाम इकट्ठे हुए देश के लगभग पूरे राजनैतिक वर्ग को चंद्रशेखर ने कह दिया कि अटल बिहारी वाजपेयी जिस राष्ट्रीय स्वयंसेवक संघ में दीक्षित हुए हैं उसके बंधन और उसकी सीमाओं से ऊपर नहीं उठ पा रहे हैं। प्रधानमंत्री के नाते उनका जो राष्ट्रीय कर्त्तव्य है, उसे पूरा नहीं कर पा रहे हैं और इसलिए उन्हें अपना पद छोड़ देना चाहिए ताकि दूसरे उसका निर्वाह कर सकें। हालांकि चंद्रशेखर ने कह दिया कि वे गुरुदेव से इस्तीफा नहीं मांग रहे हैं, क्योंकि मैं जानता हूं कि आप जाएंगे तो बदतर लोग आएंगे। बदतर के पहले बुरा होता है भले ही चंद्रशेखर ने वाजपेयी प्रशासन को बद नहीं कहा हो।

चूंकि अटलजी और चंद्रशेखर के गुरु-शिष्य संबंधों की चर्चा पहले से ही हो चुकी थी और चंद्रशेखर अपने भाषण में जता भी चुके थे कि उनने कब, कैसे और क्यों उन्हें गुरुदेव कहना शुरू किया, इसलिए मामला गुरु-शिष्य पर तो आना ही था। लेकिन यह गुरु-शिष्य संवाद इतना गुरु-केंद्रित हो जाएगा इसकी न उम्मीद थी, न यह वांछनीय था, न अमृत महोत्सव इसका उपयुक्त अवसर था। लेकिन फिर कहना होगा कि शुरुआत अटलजी ने की। उनने कहा कि उन पर आरोप है कि वे जहां जैसा अवसर होता है बोल देते हैं। बताया गया है कि दंगों के चौंतीस दिन बाद एक दिन के लिए गुजरात गए तो मुसलमान शरणार्थियों के सबसे बड़े कैंप अमदाबाद के शाह आलम में उनने कहा कि अब वे विदेश क्या मुंह लेकर जाएंगे। फिर कंबोडिया और सिंगापुर में उनने कहा कि भारत एक अरब लोगों का देश है। हाल ही में हुई कुछ दुर्भाग्यपूर्ण घटनाओं को लेकर आपको भारत के प्रति विचलित नहीं होना चाहिए। लेकिन बारह अप्रैल को गोवा में भाजपा कार्यकारिणी में आए तो कहा कि सब की शुरुआत गोधरा से हुई है। साबरमती एक्सप्रेस के डिब्बे में आग

लगाकर इतने बच्चों, औरतों और आदमियों को जलाया नहीं जाता तो गुजरात में जो हुआ उसे टाला जा सकता था। फिर पूछा—गुजरात की घटनाएं शुरू कैसे हुईं, इसे भूलना नहीं चाहिए। आग लगाई किसने ? आग फैली कैसे ? फिर वे अमेरिकियों के बुशवाद पर आ गए और दावा किया कि जिहादी इस्लाम दुनिया-भर में आतंकवाद का संकट पैदा कर रहा है। मुसलमान जहां भी रहते हैं शांति से नहीं रहते। हमें कोई धर्मनिरपेक्षता न सिखाए। ईसाइयत और इस्लाम के आने के पहले से हम धर्मनिरपेक्ष हैं। हमने ईसाइयों और मुसलमानों को अपने-अपने धर्म का पालन करने दिया।

लेकिन विज्ञान भवन में उस शाम अटल बिहारी वाजपेयी कुछ और आगे बढ़ गए। गोवा में तो गुजरात के नरसंहार के लिए उनने मुसलमानों को दोषी ठहराया था और इस्लामी जिहाद को दुनिया-भर में फैले आतंकवाद के लिए। लेकिन विज्ञान भवन में उनने कहा कि गोधरा के अग्निकांड के दूसरे दिन यानी अट्ठाईस फरवरी को पूरी संसद में अगर कड़ी से कड़ी निंदा होती तो बाद में गुजरात में जो हिंसा हुई शायद नहीं होती। फिर उनने यह भी कहा कि निंदा तो हुई लेकिन जैसी होनी चाहिए थी नहीं हुई। अब दूसरे स्वयंसेवकों, संगठकों और प्रचारकों की तरह बोलते वक्त अटल बिहारी वाजपेयी भूल गए कि वही उस संसद के नेता हैं जिसे उनकी राय में गोधरा अग्निकांड की कड़ी से कड़ी निंदा करनी थी। उस दिन बजट पेश होना था। संसद के नेता की जिम्मेदारी निभाते हुए वे गोधरा की भर्त्सना का प्रस्ताव रखकर वहां मारे गए लोगों के शोक में पांच बजे तक सदन को उठाए रख सकते थे और फिर बजट पेश हो सकता था। अटलजी ने संसद के नेता और प्रधानमंत्री होने के नाते अपना कर्त्तव्य तो किया नहीं ! वे अपने संसदीय जीवन के चालीस साल की तपस्या का इतनी बार बखान कर चुके हैं। उन्हें याद नहीं आया कि उनका संसदीय कर्त्तव्य पहले गोधरा की भर्त्सना में संसद को एकजुट करना था। संसद के नेता और प्रधानमंत्री होने के अपने कर्त्तव्य को भूल वे छुटभैये प्रचारक की तरह बोल रहे हैं कि संसद ने कड़ी से कड़ी निंदा की होती तो गुजरात में हिंसा नहीं होती। यानी गुजरात की मोदी सरकार की मौन और अकर्म सहमति से विश्व हिंदू परिषद और बजरंग दल के प्रशिक्षित स्वयंसेवकों ने गोधरा का जो बदला गुजरात के निर्दोष मुसलमानों से लिया उसकी जिम्मेदारी और कोई नहीं वे अटल बिहारी वाजपेयी संसद पर डाल रहे हैं जो प्रधानमंत्री होने के नाते उसके नेता हैं और जो बार-बार चालीस साल की अपनी संसदीय तपस्या की दुहाई देते रहते हैं। जब देश में ऐसे प्रधानमंत्री हों तो उस बेचारे प्रचारक मुख्यमंत्री नरेंद्र मोदी को क्या बताया जाए जिसने कहा कि जब तक संसद का सत्र चलता रहेगा, गुजरात में सांप्रदायिक हिंसा होती रहेगी।

संसद के सबसे अनुभवी और तपस्वी सदस्य और उसके नेता और प्रधानमंत्री होते हुए जब स्वयंसेवक अटल बिहारी वाजपेयी अपने संप्रदाय की प्रतिहिंसा के लिए संसद को दोषी ठहराने से हिचकते नहीं और चंद्रशेखर के अमृत महोत्सव के अवसर का भी इस्तेमाल अपने लोकतंत्र विरोधी निष्कर्ष को स्थापित करने के लिए करते हैं तो पहले कभी विधायक-सांसद न रहनेवाले प्रचारक नरेंद्र मोदी सांप्रदायिक हिंसा के लिए संसद को दोषी क्यों न ठहराएं ? संघ लोकतंत्र को फालतू चीज मानता है, यह तथ्य तो देश सतत्तर साल से जानता है। लेकिन उसके स्वयंसेवक जो अपने संसदीय जीवन की तपस्या को अपने प्रधानमंत्री होने की सबसे बड़ी योग्यता बताते रहे हों वे भी संसद और लोकतंत्र के बारे में इतने उच्च फासीवादी विचार रखते हैं और ऐसी मासूम बेशरमी से प्रकट कर सकते हैं यह लोकतांत्रिक भारत ने पहली बार देखा है। प्रधानमंत्री ने अपने संप्रदाय की प्रतिहिंसा और अपनी पार्टी की एक राज्य सरकार की घनघोर अकर्मण्यता के लिए संसद को दोष दिया है। इसके पहले भाजपा, संघ, विश्व हिंदू परिषद और बजरंग दल सरकार की सहमति और अकर्मण्यता से किए गए मुसलमान नरसंहार की जिम्मेदारी उन सेकुलर पार्टियों और उदार हिंदुओं पर डालते आ रहे हैं जिनने गोधरा में इस्लामी आतंकवादी कार्रवाई की छाती फोड़ और माथा

ठोककर निंदा नहीं की। यानी देश की संसद, सेकुलर पार्टियां और उदार हिंदू अगर मुसलमानों को मारपीट कर के काबू में नहीं रखेंगे तो संघ संप्रदायी प्रतिहिंसा की जिम्मेदारी उन्हीं की होगी। प्रधानमंत्री से लेकर हर दूसरे छुटभैये स्वयंसेवक ने यह बात कह दी है। और हम मानते हैं कि हम एक लोकतांत्रिक धर्मनिरपेक्ष गणराज्य हैं। चंद्रशेखर को अगर अपने अमृत महोत्सव पर इतने अभिनंदन के बावजूद ऐसा पवित्र आक्रोश और ऐसी पीड़ा हुई तो इसलिए कि वे संवेदनशील प्राणी हैं। वे स्वयंसेवक अटल बिहारी वाजपेयी की तरह गोधरा के मुसलमानों और गुजरात के हिंदुओं में फर्क नहीं कर सकते। यह संघी संस्कार उन्हें नहीं मिला है। इसीलिए उनने अटल बिहारी वाजपेयी नाम के अपने गुरुदेव से कहा कि सर्वोच्च पद पर होते हुए भी जब आप देश का काम न कर पाएं तो आपको हट जाना चाहिए।

लेकिन अटल बिहारी वाजपेयी को इसकी शर्म नहीं आती। वे अपनी सरकार को दिल्ली में और अपनी पार्टी को उत्तर प्रदेश में बचाए रखने के लिए बहुजन समाज पार्टी की मायावती की सरकार बनवा रहे हैं। उनने मोदी को हटाने के बजाए गुजरात में मुसलमानों की लाशों और उनके घरों, दुकानों और कारखानों की राख पर हिंदू सांप्रदायिक वोट लेने की प्रेरणा दी है क्योंकि गुजरात में इसके सिवाय भाजपा की सरकार नहीं बन सकती। सन चौरासी में राजीव गांधी ने भी सिखों के नरसंहार पर वोट मांगे थे। तब चुनाव अनिवार्य थे क्योंकि न सिर्फ इंदिरा गांधी की हत्या कर दी गई थी, लोकसभा का कार्यकाल भी पूरा हो रहा था। गुजरात में विधानसभा चुनाव फरवरी 2003 में होने हैं। लेकिन भाजपाई सरकार की सहमति से संघ संप्रदाय के प्रशिक्षित स्वयंसेवकों ने गोधरा का जो बदला गुजरात के मुसलमानों से लिया है, वह भाजपा को लगता है कि उसे दो तिहाई बहुमत दिला सकता है। इसलिए गोवा में नरेंद्र मोदी को कहा गया कि वे इस्तीफा न दें, विधानसभा भंग करें और चुनाव करवा लें ताकि मुसलमानों के सुनियोजित नरसंहार को लोकतांत्रिक मान्यता मिल सके। मोदी ने अब तक विधानसभा भंग नहीं करवाई है और भाजपा तत्काल चुनाव को टाल रही है तो उसका कारण तेलुगुदेशम की चेतावनी है। भाजपा गठबंधन से बाहर होते हुए भी यह पार्टी चार साल से वाजपेयी सरकार को चला रही है। यह मांग कर रही है कि मोदी को हटाया जाए और सांप्रदायिक चुनाव न करवाए जाएं। अभी तक उसने समर्थन वापस नहीं लिया है। गुजरात में विधानसभा भंग करके चुनाव करवाने की घोषणा तेलुगुदेशम को कगार से उस पार धकेल सकती है। इसलिए सावधानी बरती जा रही है। दिल्ली की सरकार बनाए रखना जरूरी है क्योंकि वह गई तो न गुजरात में मोदी बचेंगे न सांप्रदायिक हिंसा की आग पर हिंदुत्व का दलिया पकेगा। हिंदुत्व की समृद्धि के लिए स्वयंसेवक वाजपेयी की सरकार अभी चलती रहनी चाहिए।

लेकिन पहले गोवा में और अब चंद्रशेखर के अमृत महोत्सव में स्वयंसेवक अटल बिहारी वाजपेयी ने उदार, सहिष्णु और लोकतांत्रिक हिंदू होने के सभी स्वांग उतार दिए हैं। वे समझ गए हैं कि इन स्वांगों से न उनकी लोकतांत्रिक नेताई चल सकती है, न वे और उनकी पार्टी सत्ता में रह सकती है। उनने मान लिया है कि शुद्ध और स्पष्ट हिंदुत्व ही भाजपा में उनकी नेताई और भाजपा को सत्ता की होड़ में बनाए रख सकती है। इसलिए गोवा में वे भरी सभा में वह सब बोले जो संघनिष्ठ स्वयंसेवक बोल रहे हैं। हिंदुत्व की मूल प्रेरणा और आदि शक्ति ही इस्लाम और ईसाइयत से बदला लेने और उन्हें भारत में ना कुछ बनाकर रखने की है। इसके दर्शन सावरकर, हेडगेवार और गोलवलकर से लेकर सुदर्शन तक में किए जा सकते हैं।

अगर आप न्यायमूर्ति जगदीश शरण वर्मा जैसे संस्कारहीन और गंवार हिंदू न हों तो आपको समझने में देर नहीं लगेगी कि हिंदुत्व एक अहिंदू, अधार्मिक और अभारतीय राजनैतिक अवधारणा है जिसे सावरकर ने पश्चिम यूरोप के नाजीवाद और फासीवाद से विकसित किया है। गोलवलकर ने हिटलर से प्रेरणा ली है। लेकिन हिंदुत्व को भारत और धर्म की पांच हजार साल की परंपरा

से जोड़े बिना हिंदुओं को भी स्वीकार नहीं करवाया जा सकता। इसलिए अटल बिहारी वाजपेयी गोवा में भाषण देते हैं कि हमें कोई धर्मनिरपेक्षता न सिखाए। ईसाइयत और इस्लाम के उदित होने के पहले भी हम धर्मनिरपेक्ष थे और मुसलमानों और ईसाइयों को हमने अपना धर्म पालन करने की इजाजत दी। बेचारे स्वयंसेवक वाजपेयी सही याद नहीं रखते कि वह धर्म और वह भारतीय समाज हिंदुत्ववादियों का नहीं है। इस हिंदुत्व को सौ साल भी नहीं हुए और यह धर्म और हिंदू समाज को उदार, सहिष्णु, बहुलतावादी और असंगठित होने के कारण कायर कह कर कोड़े मारता रहा है। हिंदुत्व धर्म और भारतीय समाज को संगठित संप्रदाय और सैनिक समाज बनाने में लगा है क्योंकि वह मानता है कि उसके बिना ये बचेंगे नहीं। जिसे पांच हजार साल पुराना और लगातार जीवित रहनेवाला धर्म और समाज संघ संप्रदाय बताता है, उसकी रक्षा का एकाधिकार भी वह अपना मानता है। धर्म और भारतीय समाज अगर हिंदुत्व को स्वीकार नहीं करता तो इसलिए कि यह राक्षसी संप्रदाय है। गुजरात में उसके उत्पाद सबने देख लिए हैं।

अटल बिहारी वाजपेयी इसी हिंदुत्व को माननेवाले हैं, इसे तो जाननेवाले जानते ही थे। चंद्रशेखर के अमृत महोत्सव में गुजरात की असंगठित प्रतिहिंसा के लिए उसी संसद को जिम्मेदार ठहराकर जिसके वे नेता हैं अटल बिहारी वाजपेयी ने बता दिया है कि वे कैसे फासिस्ट हैं। इसे चंद्रशेखर के अमृत महोत्सव की उपलब्धि मानना चाहिए कि जिस दिन वे पचहत्तर बरस के हुए उनने अपने गुरुदेव के फासीवादी चरित्र का उद्‌घाटन कर दिया। अटलजी गुरु इसी तरह गुड़ और बलियावाले शिष्य शक्कर हो जाते हैं। अपने शिष्यों से बचिए।

21.4.2002

जाही विध राखे राम

वाणी के विमोचन के लिए मुजफ्फरनगर जाने की जब कृष्णचंद्र गुप्त को हां भरी थी तब अंदाज नहीं था कि इक्कीस अप्रैल को रामनवमी पड़ेगी। जाने की तैयारी करने लगा तो भेनजी ने कहा हमें भी ले चलो। वे मुजफ्फरनगर से शुकताल जाना चाहती थीं जहां के हनुमद्धाम से उन्हें राम जन्मोत्सव में शामिल होने का निमंत्रण मिला था। शुकताल वह स्थान है जहां शुकजी ने परीक्षित को भागवत सुनाई थी। उस शुकताल में 77 फुट ऊंची हनुमान की मूर्ति है और उसी हनुमद्धाम में रामनवमी मन रही थी। भागवत तो कृष्ण की कथा है और कृष्ण भक्ति का आदि काव्य। रामनवमी तो रामायण से जुड़े किसी स्थान में मननी चाहिए। लेकिन अपने यहां अलग-अलग अवतार उनकी अलग कथा और लीला होते हुए भी कहीं भी किसी भी भगवान को सहज ही मिला लिया जाता है। शायद इसीलिए अपने बारे में अनेकता में एकता और एकता में अनेकता जैसे घिसे-पिटे सालगरामी आप्त वाक्य चल निकले हैं।

भेनजी के साथ चलने का मतलब था कि निकलना नौ बजे नहीं हो सकता। घर में चैत्र प्रतिपदा से रामचरित मानस का अखंड नवाह्न पारायण हो रहा था और उसका समारोहपूर्वक समापन किए बिना भेनजी चलनेवाली नहीं थीं। चैत्र नवरात्र में रामचरित मानस का पाठ अपने घर इंदौर के मूल घर से आया है और वहां कब से होता है मालूम नहीं। अपन ने भी बचपन में रामायण पाठ की रिले रेस में भाग लिया है और मानस के कई दोहे-चौपाई तभी से याद हैं। शारदीय नवरात्र में दुर्गा पूजा और चैत्र नवरात्र में रामचरित मानस का पारायण अपनी पारिवारिक परंपरा है। माता पूजन इंदौर में ही होता है लेकिन मानस पारायण भेनजी की इच्छा से यहां भी होने लगा है। इसे जो चाहे कर्मकांड पोंगापंथीपन आदि कहे। अपना मानना है कि हर परिवार में ऐसा कुछ नियमित और समारोहपूर्वक होना चाहिए जिसमें सब भाग लें और जो परिवार को एक सांस्कृतिक संबंध में बांधे। कोई परिवार इस तरह दस दिन शेक्सपियर का पाठ करे या मार्क्स के दास कैपिटल का पारायण करे तो वह मुझे नवरात्र में रामचरित मानस के अखंड पाठ से कम महत्त्वपूर्ण और अधार्मिक और असांस्कृतिक नहीं लगेगा। परिवार और समाज की संस्थाओं को ठीक से चलाने के लिए ऐसे कर्मकांड या समारोह जरूरी होते हैं। मैंने तो इस बार मानस पाठ में भाग नहीं लिया न भेनजी के साथ शुकताल गया। मुजफ्फरनगर में साहित्यकारों के साथ ही रहा। भेजनी को लिवा ले जाने और वापस लाने में आने-जाने में देरी भी हुई। लेकिन उनकी निष्ठा मेरी निष्ठा न भी हो तो भी मैं उनका साथ दूंगा। और उनका ही नहीं ईसाई या मुसलमान मित्र का भी साथ दूंगा। मेरे धर्म ने मुझे यही संस्कार दिया है।

लेकिन आठ-दस साल से पाता हूं कि मुंबई और कोलकाता में ऐसे कई परिवार हैं जो बड़े आदर-सम्मान से बुलाते हैं लेकिन जब सुनते हैं कि संघ संप्रदाय के अभियान और अयोध्या में 'वहीं' राम मंदिर और हिंदुओं के साथ भारत में हो रही 'ज्यादतियों' के बारे में मेरी क्या राय है तो बड़े भोले और आहत स्वर में पूछते हैं—तो आप कैसे हिंदू हैं ? मैं कहता हूं कि मैं सच्चा हिंदू हूं और धर्म को जानता हूं। मुझे यह गलत लगता है कि हिंदुत्व के नाम पर अपने धर्म का संकीर्ण

संप्रदायीकरण और उदार और बहुलतावादी भारतीय समाज का सैनिकीकरण होने दिया जाए।

अपना न धर्म इसकी इजाजत देता है न समाज। जो इस्लाम और ईसाइयत के सभी अतिक्रमण झेल गया और फिर भी नहीं बदला उसे राजनैतिक सत्ता पाने के लिए बदलने वाले ये लोग होते कौन हैं ? ये राम मंदिर नहीं बनाना चाहते हैं। ये हिंदुत्व की स्थापना करना चाहते हैं जो एक अहिंदू, अधार्मिक और अभारतीय राजनैतिक अवधारणा है। आप इनके बहकावे में आकर हिंदुत्व को धर्म समझ रहे हैं। यह वह सनातन धर्म नहीं है जिसे आप मानते हैं। फिर इन परिवारों में से पूछा जाता है कि अयोध्या में नहीं बनेगा तो राम का मंदिर क्या मक्का मदीना या जरूसलम में बनेगा ? आप इसके खिलाफ कैसे हो सकते हैं ? कहो कि इसलिए कि यह सब झूठ, फरेब और धोखाधड़ी का खेल है तो वे देखते रह जाते हैं। उनसे कहो कि यह राम का संघावतार है और मर्यादा पुरुषोत्तम राम के सभी गुणों और लक्षणों से विपरीत है तो वे चुप हो जाते हैं। कई बार लगभग चुप्पी में वह भोजन करना पड़ता है, जिसके लिए इतने प्रेम और आग्रह से बुलाया गया था। सचमुच कई बार तो विस्तार से बताना पड़ता है कि राम का संघावतार क्या है ? जैसे ज्यादातर परिवारों को बिलकुल अंदाज नहीं है कि जो बाबरी मस्जिद गिराई गई थी वह रामजन्म भूमि पर राम मंदिर तोड़कर बनाई गई थी इसके कोई ऐतिहासिक और पुरातत्त्वीय प्रमाण नहीं हैं। पहले जुलाई बानवे में जिस तरह मस्जिद के सामने की जमीन साफ की गई पर्यटन विकास के नाम पर और मस्जिद के टीले को काटा गया उससे पुरातत्त्वीय उत्खनन हो ही नहीं सकता। और छह दिसंबर बानवे को कारसेवकों ने जिस तरह चार सौ चौसठ साल पुरानी मस्जिद तोड़ी, वह तो सरासर पुरातत्त्वीय विध्वंस का निकृष्ट उदाहरण था। उस विध्वंस में से ऐतिहासिक और पुरातत्त्वीय प्रमाणों के प्राप्त होने की बात करना ही वाहियात है। इतिहास और पुरातत्त्व आखिर वैज्ञानिक अनुशासन हैं और उनके प्रमाण आखिर उसके विशेषज्ञ शास्त्रीय उत्खनन से ही प्राप्त कर सकते हैं। विश्व हिंदू परिषद और रामजन्म भूमि न्यास जिन प्रमाणों की बात करते हैं वे सब गप्पा और गोलसप्पा हैं। इसलिए ऐतिहासिक और पुरातत्त्वीय प्रमाणों की बातें करने के बाद ये लोग कहते हैं कि यह आस्था का प्रश्न है। अगर हिंदू मानते हैं कि यहां राम का जन्म हुआ था तो हुआ है। उसको न कोई प्रमाणित कर सकता है कि राम का जन्म यहीं हुआ था न बता सकता है कि नहीं हुआ था। इसलिए हमने कह दिया कि हम मानते हैं कि बाबरी मस्जिद जहां खड़ी है वहीं राम का जन्म हुआ था तो आपको मानना पड़ेगा और हमारी भावनाओं का सम्मान करते हुए वह मस्जिद छोड़नी पड़ेगी। आखिर यह राम और हम हिंदुओं का देश है।

और विश्व हिंदू परिषद और रामजन्म भूमि न्यास कहते हैं कि बाबरी मस्जिद के अंदर रामलला प्रकट हो गए थे। यह 'प्रकट' होना भी बेचारे मर्यादा पुरुषोत्तम राम के भाग में बदा था। राम मंदिर का मीर बाकी के द्वारा तोड़ा जाना और बाबरी मस्जिद बनाना तो फिर भी आज से चार सौ छिहत्तर साल पहले की दुर्घटना बताई जाती है। लेकिन बाबरी मस्जिद में रामलला का प्रकट होना तो सिर्फ तिरपन साल पहले हुआ है और उसके सभी दस्तावेज मौजूद हैं। बाईस-तेईस दिसंबर 1949 की रात बाबरी मस्जिद में रामलला की मूर्ति लाकर रखी गई। वहां रामलला को प्रकट करवाने का दावा करनेवाले एक रामचंद्र परमहंस हैं जिनने शिलापूजन और शिलादान न करने पर अभी पंद्रह मार्च को प्राण त्याग करने की धमकी दी थी। एक और वर्णन के अनुसार अयोध्या के तब के कलेक्टर के.के. नैयर की पत्नी शकुंतला नैयर ने सरयू में स्नान करके माथे पर रामलला की मूर्ति लाकर बाबरी मस्जिद में रखी। चूंकि कलेक्टर नैयर इस प्रकटीकरण में शामिल थे इसलिए उनने रामायण पाठ, दर्शन आदि सब होने दिया। प्रधानमंत्री जवाहरलाल नेहरू के कहने पर तब के संयुक्त प्रांत यानी यूपी के मुख्यमंत्री गोविंद बल्लभ पंत ने रामलला को बाबरी मस्जिद से हटाने का आदेश दिया। उसका पालन नहीं हुआ तो कलेक्टर नैयर और उनके सहायक गुरुदत्त सिंह को हटा दिया

गया। रामलला के इस तरह प्रकट करवाने पर हिंदू महासभा ने शंकुतला नैयर को सन् बावन के चुनाव में लोकसभा का टिकट दिया और वे गोंडा से सांसद बनीं। के.के. नैयर सरकारी नौकरी से बाहर होकर जनसंघ में गए। पहले विधायक बने और फिर सांसद। रामलला को प्रकट करने का दोनों पति-पत्नी को काफी लोकतांत्रिक पुरस्कार मिला। कहो कि अयोध्या में मंदिरों, मठों और मस्जिदों को लेकर बरसों कोर्ट-कचहरी होती है और बाबरी मस्जिद और हनुमानगढ़ी को लेकर भी बड़ी मुकदमेबाजी हुई है। और रामलला को प्रकट करके मस्जिद पर कब्जा किया गया है और अब झूठ फैलाया जा रहा है कि वहां नमाज कभी अदा नहीं हुई और वह हमेशा ही विवादित ढांचा था। इस तरह के झूठपाट और धोखाधड़ी से कब्जाई गई मस्जिद में जो मंदिर था वह जबरिया मंदिर था और वहां की आसपास की जमीन जिस तरह कल्याण सिंह सरकार ने दी वह तो और भी बड़ा धोखा था और इसलिए कोर्ट ने उसे रद्द किया। लेकिन तब तक परिषद और न्यास वहां से सीता की रसोई, दूसरे दो राम जन्मभूमि मंदिर और कई मंदिरों को साफ कर चुकी थी। बाबरी मस्जिद किस तरह तोड़ी गई यह तो सब जानते ही हैं।

ये तथ्य बताइए तो बेचारे धार्मिक लोग चुप हो जाते हैं। फिर वे कहते हैं कि अब जो हुआ सो हो गया। अब बाबरी मस्जिद नहीं है और वहां तंबू में रामलला का मंदिर है। वहीं मंदिर बन जाए तो हर्ज क्या है ? अयोध्या में नहीं बनेगा तो कहां बनेगा राम का मंदिर ? कहो कि जरूर बनाओ राम का मंदिर लेकिन रघुकुल की रीत को छोड़कर और सारे वचन तोड़कर धोखाधड़ी से अपने सामने जो काम किया गया क्या उसे धर्म कार्य कहोगे ? क्या मर्यादा पुरुषोत्तम राम का मंदिर, उन सब मर्यादाओं को तोड़कर बनाओगे जो आपने अपने और अपने देश के लिए खुद होकर स्वीकार की हैं ? ज्यादातर लोग चुप हो जाते हैं। एक दो फिर भी निकल आते हैं जो कहते हैं कि हम मुसलमानों के साथ वही करेंगे जो उनने हमारे साथ किया। तब क्या आप मुसलमान नहीं हो जाएंगे ? हो जाएं, लेकिन हम बदला लेंगे। अचरज नहीं कि अयोध्या पर, भाजपा ने जो श्वेतपत्र निकाला है उसमें बाबरी मस्जिद के ध्वंस को ऐतिहासिक प्रतिशोध के सिद्धांत पर ही उचित ठहराया है। इन लोगों से कहो कि प्रतिशोध और अन्यायी हिंसा राम के गुण, लक्षण और स्वभाव में कभी नहीं माने गए इसलिए राम का संघावतार झूठा और रामकथा के कुछ हजार साल के समस्त वर्णनों से विपरीत है तो वे सुनते हैं।

लेकिन सच है कि ये सनातनी हिंदू नहीं जानते कि रामावतार और राम की कथा किस तरह विकसित हुई और कितनी रामकथाओं में राम और सीता के कितने स्वरूप हैं। जैसे यह बताओ कि वैदिक साहित्य में रामकथा के एकाध पात्र का नाम तो जरूर मिल जाता है लेकिन उसमें कहीं भी रामकथा का उल्लेख नहीं मिलता। रामायण के पात्रों के नामों से मिलते-जुलते नाम हैं लेकिन वे पात्र नहीं हैं जो रामायण में हैं। महाभारत में रामाख्यान है लेकिन वह वाल्मीकि के आदि रामायण का संक्षिप्त रूप है। महाभारत भारत के पश्चिम में लिखा गया और रामायण पूर्व में। दोनों ही पहले लिखित ग्रंथ नहीं थे। आदि रामायण भी मौखिक थी और लोगों को कंठस्थ थी। महाभारत भी आज की महाभारत से बहुत छोटी और मौखिक थी। हर पीढ़ी उनमें अपनी तरफ से अपने अनुभव और अपने समय के अनुसार कथाएं और दर्शन जोड़ती गई। आदि रामायण की मूल प्रति स्थापित नहीं की जा सकती। उत्तर रामायण ही नहीं रामायण के कई कांड बाद में बनाए गए। फिर बौद्ध और जैन धर्मों को माननेवालों ने भी अपनी-अपनी रामकथाएं बनाईं। इनमें राम बौद्ध और जैन हैं। फिर तिब्बती रामायण है। जावा, सुमात्रा, बाली, इंडोनेशिया, हिंद चीन आदि कई देशों में रामकथाएं प्रचलित हैं और सबके राम-सीता, दशरथ, लक्ष्मण, कौशल्या, रावण, विभीषण आदि भिन्न हैं। वाल्मीकि रामायण के भी एक पाठ नहीं हैं। उसमें भी भिन्नता है। तुलसीदास के रामचरित मानस और भारत में विभिन्न भाषाओं में प्रचलित रामायणों में भी बहुत फर्क है। राम पहले सद्गुणी क्षत्रिय

हैं, फिर विष्णु के अवतार हैं और चौदहवीं शताब्दी में जाकर रामभक्ति शुरू हुई। रामभक्ति भी उत्तर भारत में नहीं दक्षिण भारत से शुरू हुई और उसकी प्रेरणा भी कृष्ण भक्ति से मिली। मध्यकाल तक अयोध्या का तो तीर्थ स्थान के नाते उल्लेख भी नहीं मिलता। विश्वमित्रोदय के सत्रहवीं शताब्दी के ग्रंथ तीर्थ प्रकाश में अयोध्या के चौदह तीर्थ नरसिंह पुराण के आधार पर गिनाए गए हैं। इनमें सबसे बड़ा तीर्थ स्वर्ग द्वार है और रामजन्म भूमि का तो नाम भी नहीं है। बाबा तुलसीदास ने रामजन्म भूमि मंदिर का कहीं जिक्र नहीं किया है हालांकि वे मांग के खाने और मस्जिद में सोने की बात करते हैं।

इन लोगों को कहो कि जिस तरह राम की कई कथाएं हजारों सालों में बनाई गईं उसी तरह विक्रमादित्य के बनाए रामजन्म भूमि मंदिर को बाबर के आदेश पर मीर बाकी ने तोड़ा और बाबरी मस्जिद बनवाई—यह भी संघ संप्रदायियों की बनाई गई कथा है। और बाबरी मस्जिद में जिन रामलला को प्रकट करवाया गया है वह राम का संघावतार है। राम की किसी भी देशी-विदेशी कथा में वे प्रतिशोध और हिंसा के प्रतीक नहीं हैं। चूंकि यह संघावतार लोकहितकारी नहीं है इसलिए नहीं चलेगा। सनातनी और साधारण हिंदुओं को यह बात जम जाती है, संघ संप्रदायियों को नहीं जमती। न जमे। होइहै वही जो राम रचि रखा। इसलिए अपन तो हारिए न हिम्मत बिसारिए न हरि को नाम। जाही विध राखे राम ताही विध रहिए।

28.4.2002

हिंदुत्व धर्म का जिहादी रूप है, अटलजी

प्रिय स्वयंसेवक अटलजी,

प्रधानमंत्री के पदनाम से आपको संबोधित नहीं कर रहा हूं तो इसलिए कि आपने ही नौ सितंबर दो हजार के दिन न्यूयार्क में अपने संप्रदाय के लोगों से कहा था कि आप प्रधानमंत्री तो हमेशा नहीं रहेंगे लेकिन स्वयंसेवक बने रहने का अधिकार आपसे कोई छीन नहीं सकता। तब से आपने ऐसे कई काम किए और बयान दिए, जिनसे साबित हो गया है कि प्रधानमंत्री तो आप बराए नाम हैं असल तो आप स्वयंसेवक ही हैं।

यह आपकी बदकिस्मती है कि जो भी आप कहते हैं लोग उसका गलत मतलब निकाल लेते हैं और इसलिए आपको बार-बार खुलासा करना पड़ता है। जैसे न्यूयार्क की आपकी घोषणा का मतलब लोगों ने लगाया कि आप राष्ट्रीय स्वयंसेवक संघ के स्वयंसेवक होने के अधिकार की बात कर रहे हैं। इसलिए आपको स्पष्ट करना पड़ा कि आप तो अपने राष्ट्र के स्वयंसेवक होने के अधिकार की बात कर रहे थे। देश ने इस खुलासे को मंजूर नहीं किया क्योंकि आपसे पहले प्रधानमंत्री जवाहरलाल नेहरू ने प्रधानमंत्री के नाते अपने को देश का पहला सेवक बताया था। अपने देश के लोग पहले सेवक और स्वयंसेवक का अंतर जानते हैं। वे यह भी जानते हैं कि डॉक्टर केशव बलिराम हेडगेवार से संघ की स्थापना के समय पूछा गया कि इस संगठन का नाम हिंदू स्वयंसेवक संघ क्यों नहीं रखा जा रहा है तो उनने कहा कि हिंदू ही राष्ट्र है इसलिए हिंदू स्वयंसेवक संघ का नाम राष्ट्रीय स्वयंसेवक संघ ही होना चाहिए। सतत्तर साल हो गए। नोंद न किए गए लाखों स्वयंसेवक, इतने संगठन और प्रचार के बावजूद भारत को हिंदू राष्ट्र नहीं बना पाए। यह राष्ट्र अपने को भारत कहता है और हिंदू राष्ट्र नहीं बनना चाहता। आपकी स्वयंसेवकी भी आखिर किस काम आई ?

तो स्वयंसेवक अटलजी ! यह पत्र मुझे इसलिए लिखना पड़ रहा है कि गुजरात पर तीस अप्रैल को लोकसभा में शुरू हुई बहस के जवाब में एक मई की सुबह आपने स्वीकार किया कि गोधरा के अग्निकांड की कड़ी से कड़ी निंदा न करने के लिए संसद का दोष बताने में आपने गलती की है। 'मैं मंजूर करता हूं कि मैंने गलती की। शायद मुझे कुछ और करना चाहिए था।' यह गलती आपने सत्रह अप्रैल की शाम चंद्रशेखर के अमृत महोत्सव में उनके अभिनंदन भाषण में की थी। आपने कहा था कि गोधरा कांड की अगर संसद ने तत्काल और कड़ी से कड़ी निंदा की होती तो बाद में गुजरात में जो हुआ, उसे टाला जा सकता था। वहीं आपने यह शिकायत भी की थी और उसे एक मई की सुबह लोकसभा में दुहराया भी था कि आप पर अकसर और जनता को देखकर बयान बदलने का झूठा आरोप लगता है। आप जो भी बोलते हैं अंतःकरण से बोलते हैं।

सत्रह अप्रैल की उस शाम से अखबारों और लोकसभा की कार्यवाही का पन्ना-पन्ना बल्कि अक्षर-अक्षर मैंने छान मारा। सदन के नेता होने के कारण आप प्रधानमंत्री हैं और अगर अपने संप्रदाय के संगठित हिंसक और उन्मादी लोगों के गोधरा का बदला लेने का कारण संसद द्वारा निंदा

न करना मानते हैं तो देखना जरूरी है कि स्वयं आपने क्या किया। सत्ताईस फरवरी की सुबह गोधरा के पास रामसेवकों से भरा एक डिब्बा जलाया गया। उस दिन संसद में कुछ नहीं हुआ। बजट सत्र दूसरे दिन शुरू हुआ और आपके वित्तमंत्री के बजट पेश करने के बाद सरदार पटेल के दूसरे अवतार गृहमंत्री लालकृष्ण आडवाणी ने चूंकि कई सांसदों ने गोधरा का मामला उठाया था इसलिए उस कांड की संक्षिप्त जानकारी दी। घटना के तीस घंटे के बाद भी उनके पास पर्याप्त सूचनाएं नहीं थीं। उनने कहा कि वे दूसरे दिन विस्तृत बयान देंगे। इसके अलावा सरकार की तरफ से संसद में कुछ नहीं किया गया। आपके मुखारविंद से तो एक शब्द भी उस भयावह कांड की निंदा में नहीं निकला। आप चाहते तो बजट बाद में रखा जा सकता था। पहले आप गोधरा के अग्निकांड पर निंदा कर सख्त से सख्त प्रस्ताव रख सकते थे और पास करवा सकते थे क्योंकि तब तक कांग्रेस अध्यक्ष और वामपंथी पार्टियों के निंदा वक्तव्य अखबारों में छप चुके थे। जिस सदन के नेता ने पहल कर कुछ नहीं किया वह गोधरा के बाद की हिंसा का ठीकरा संसद के माथे पर कैसे फोड़ सकता है ?

पूरे दो महीने बाद आपने लोकसभा में माना कि गलती हो गई। आपको कुछ और करना चाहिए था। पूरे दो महीने बाद जिस प्रधानमंत्री ने माना हो कि उससे गलती हो गई, उसने सार्वजनिक रूप से संसद को किस असंवेदनशीलता और निष्क्रियता के लिए दोष दिया और क्यों दिया ? क्योंकि आपको सांसद, सदन के नेता और प्रधानमंत्री होने की जिम्मेदारी तो याद नहीं रही, एक स्वयंसेवक का मिथ्या प्रचार जरूर याद रहा और देश के लगभग पूरे राजनैतिक वर्ग के सामने आपने गोधरा के बाद के संगठित नरसंहार के लिए संसद को जिम्मेदार ठहरा दिया। आप अपने चालीस साल के संसदीय जीवन और उसमें की गई तपस्या की बहुत दुहाई देते हैं। गोधरा कांड के तत्काल बाद संसद और सरकार को क्या करना चाहिए, यह तो आपको अट्ठाईस फरवरी को याद और समझ नहीं आया। लेकिन जिस संसद ने आपका राजनैतिक जीवन बनाया उस पर कर्तव्यपरायणहीनता का दोष आपने ठोक दिया। क्योंकि तब तक गोधरा के हत्याकांड की कड़ी से कड़ी निंदा न करने के लिए आपके संप्रदाय के लोग सेकुलर पार्टियों और उदार बुद्धिजीवियों की फूहड़ आलोचना करके ही संतुष्ट नहीं हो गए थे। जिस जघन्य हिंसा का प्रकोप उनने राज्य सरकार की मदद से निरीह और निरपराध मुसलमानों पर ढाया था, उस पाप की जिम्मेदारी भी उन सेकुलर पार्टियों और उदार लोगों पर डाल चुके थे जो हिंदुओं पर जुर्म हो तो उफ तक नहीं करते और मुसलमानों पर अत्याचार हो तो आसमान माथे पर उठा लेते हैं।

आपके संप्रदाय के इन्हीं लोगों ने बाबरी मस्जिद गिराने के बाद उसके गिरने की जिम्मेदारी देश की कार्यपालिका और न्यायपालिका पर डाली थी और अपने आपको एक सांस्कृतिक और सामाजिक संगठन बतानेवाले आपके संघ ने बाबरी मस्जिद के ध्वंस का औचित्य ऐतिहासिक बदला चुकाने के महान और उदात्त सिद्धांत पर ठहराया था। नैतिकता, चरित्र, देशभक्ति और सत्यपरायणता पर अपना एकाधिकार बतानेवाले आपके परिवारियों में से एक भी साहसी नहीं निकला, जो कहता कि हां हमने मस्जिद गिराई। कानून जो कार्रवाई करे और दंड दे, हमें मंजूर होगा। इसलिए एक स्वयंसेवक ही सांसद और प्रधानमंत्री होने और उस भूमिका में कुछ न करने के बावजूद गोधरा के बाद की हिंसा के लिए संसद को जिम्मेदार ठहरा सकता है। अपने को दूसरे के अन्याय का शिकार बताना और अपने धतकरम की जिम्मेदारी दूसरे पर डालना स्वयंसेवक की खास पहचान और गुण है। जिन विष्णुकान्त शास्त्री को आपने उत्तर प्रदेश का राज्यपाल बना रखा है वे साहित्य और संस्कृति के बड़े मनीषी कहे जाते हैं। उनसे कोलकाता में मैंने कहा था कि जिस सनातन धर्म की आप दुहाई देते हैं, वह बड़ा विकट धर्म है। उसमें भगवान के साक्षात अवतारों को भी अपनी करनी का फल भुगतना पड़ा है। शास्त्रीजी ने कांपते हुए कहा था कि–'ठीक है हम अपने किए

का फल भुगतेंगे पर दंगे में मारे जानेवाले हिंदू नहीं कहलवाएंगे।' अटलजी, आप कवि हैं और शास्त्रीजी साहित्य और संस्कृति के मनीषी। जरा बताइए तो किस साहित्य, संस्कृति और धर्म में प्रतिशोध और हिंसा को जीवन धारक मूल्य माना गया है ? और आपके हिंदुत्व के जो दो पांव हैं—उसमें एक प्रतिशोध और दूसरा हिंसा का है। बाबरी मस्जिद का ध्वंस, गुजरात का नरसंहार-हिंदुत्व के जीवन दर्शन के सच्चे उदाहरण हैं।

प्रधानमंत्री, सांसद और स्वयंसेवकजी, संसद में गोधरा पर आप पहली बार सोलह मार्च यानी उस भीषण अग्निकांड के सत्रह दिन बाद बोले। चूंकि आप बार-बार शिकायत करते हैं कि बयान बदलने का आप पर झूठा आरोप लगाया जाता है इसलिए लोकसभा की सोलह मार्च की कार्यवाही से ही उद्धरण दे रहा हूं। आपने कहा था, 'इस संबंध में हम इस विवाद में न जाएं कि कैसे हुआ। जो गोधरा में हुआ हम सब जानते हैं। लेकिन उसके बाद जो कुछ हुआ उसका औचित्य सिद्ध नहीं होता। एक अपराधी दूसरे अपराधी को दूध का धुला साबित नहीं कर सकता। प्रतिहिंसा का परिणाम कभी अच्छा नहीं होता।' लेकिन साथ में ऐसा कहने के सत्ताईस दिन बाद आप अपनी पार्टी की कार्यकारिणी में गोवा गए और वहां बारह अप्रैल को आम सभा में आपने कहा, 'गुजरात के दंगों में जो भी हुआ वह गोधरा का परिणाम है जहां निरीह, निर्दोष और निरपराध लोगों को जला दिया गया।' आपने सवालिया लहजे में खचाखच भरे मैदान की भीड़ से पूछा, 'गुजरात की घटनाएं कैसे शुरू हुईं इसे भूलना नहीं चाहिए। आग लगाई किसने ? आग फैली कैसे ?' आप मुकर न जाएं इसलिए ये उद्धरण आपके सबसे वफादार समर्थक अखबार जागरण और पायनियर से लिए हैं। क्या मुझे पूछने की जरूरत है कि गोधरा के बारे में सदन में आपने कुछ और कहा और गोवा की आमसभा में कुछ और ? क्या आप नहीं जानते कि आपका पूरा संप्रदाय गुजरात के मुस्लिम नरसंहार को गोधरा का परिणाम ही नहीं उसका औचित्य सिद्ध करने का सबसे बड़ा बहाना बताता आ रहा है ? आप सदन में देश के नेता की तरह बोलते हैं और अपनी पार्टी की आमसभा में भाजपा के छुटभैया नेता की तरह। अकबर इलाहाबादी ने कहा है—मेरा ईमां पूछती क्या हो मुन्नी, शिया के साथ शिया सुन्नी के साथ सुन्नी। क्या यह शेर उनने आपके लिए नहीं कहा है ?

गोवा की इस सभा में इस्लाम और मुसलमानों के बारे में भी आपने बहुत कुछ कहा। अखबारों में जो छपा और टीवी पर जो दिखाया गया उसे आपने अपने कहे को तोड़ना मरोड़ना बताया है। और आपको देश-विदेश में बदनाम करने की साजिश भी कहा है। चौदह अप्रैल को जारी किए गए आपके खुलासे में कहा गया है, 'मैंने इस्लाम की दो अंतर्विरोधी-धाराओं की तरफ ध्यान दिलवाया था। मैंने कहा था—इस्लाम के दो रूप हैं। एक दूसरों को सहन करने, उसे माननेवालों को सत्य के मार्ग पर चलने और संवेदनशीलता और करुणा का उपदेश देता है। लेकिन इन दिनों इस्लाम के नाम पर जो उग्रवाद चल रहा है उसमें सहिष्णुता के लिए कोई जगह नहीं है। इसने जिहाद का नारा लगाया है। यह पूरे संसार को अपने सांचे में ढालना चाहता है। इन दो धाराओं की ओर ध्यान दिलवाकर मैंने नया कुछ नहीं किया है। ऐसा दुनियाभर के पर्यवेक्षकों और सच्चे मुसलमानों ने भी कहा है। अपने भाषण में मैंने यह भी जोर देकर कहा कि 'भारत एक बहुधर्मी लेकिन पंथनिरपेक्ष देश है जो अपने सभी नागरिकों को अपने धर्म पर स्वतंत्रतापूर्वक चलने का अधिकार देता है। किसी नागरिक के साथ धर्म के आधार पर भेदभाव नहीं किया जा सकता।'

अटलजी आपको यह शिकायत भी है कि दुनियावाले आपको धर्मनिरपेक्षता का उपदेश दे रहे हैं। और सोनिया गांधी पर आप बरस पड़े हैं क्योंकि उनने कहा कि गांधी के गुजरात को गोडसे का गुजरात बनाने की कोशिश हो रही है। आप चाहे जितना बारीक बुनें, गोडसे के हिंदुत्ववादी होने से तो इनकार नहीं कर सकते। और जिस हिंदुत्व को आपका संघ और उसके संप्रदायी संगठन और आपकी पार्टी भी मानती है—उसमें, मुसलमानों और ईसाइयों को भी हिंदू होना अनिवार्य है।

आपके पास होंगी और मेरे पास भी हैं—सावरकर और गोलवलकर की वे किताबें जिनमें हिंदू कौन है और हमारी राष्ट्रीयता क्या है—आदि बताया गया है। उनमें से कई उद्धरण देकर बता सकता हूं कि हिंदुत्व में बहुधर्मिता, बहुजातीयता, बहुसांस्कृतिकता और बहुभाषीयता के लिए कोई स्थान नहीं है। हिंदुत्व एक धर्म, एक संस्कृति, एक भाषा और एक राष्ट्र पर जमकर खड़ा है। और आपके प्रधानमंत्री होते हुए संघ की पचहत्तरवीं वर्षगांठ पर आगरा में सरसंघ चालक सुदर्शन ने यही बातें कही हैं। और गुजरात की मोदी सरकार की मदद से आपके स्वयंसेवकों ने वहां के मुसलमानों को सबक सिखाया है कि तुम चाहे सांसद हो, न्यायमूर्ति हो, पुलिस महानिरीक्षक हो, सैनिक हो या पत्रकार हो—मुसलमान हो तो सुरक्षित नहीं रह सकते। एक सर्वधर्म प्रतिनिधिमंडल शांति के प्रयास में अमदाबाद गया था। नवरंगपुरा के एक ट्रस्ट की इमारत से उसे हटना पड़ा क्योंकि मार दिए जाने की धमकियां आ रही थीं। प्रतिनिधिमंडल गांधी के साबरमती आश्रम में भेज दिया गया लेकिन वहां भी उसकी सुरक्षा के लिए पुलिस लगानी पड़ी। कुछ दिनों बाद गांधी के उसी आश्रम में आपके संघ संप्रदायियों ने मेधा पाटकर के बाल पकड़कर खींचने की कोशिश की और मीडियावाले उसे फिल्माने लगे तो जो पुलिस मेधा को बचा नहीं सकती थी उसने मीडियावालों के सिर फोड़ दिए। क्या वह आश्रम गांधी के गुजरात में है ?

अटलजी, क्या ये हिंदुत्ववादी आपके भाई बहन, वे उदार सहिष्णु, पंथनिरपेक्ष और लोकतांत्रिक हिंदू हैं जिनके धर्म और जिनकी संस्कृति की दुहाई देकर आप प्रतिशोधी और हिंसक प्रवृत्तियों की रक्षा कर रहे हैं ? इस्लाम के दो रूप तो आपने बताए, धर्म के दो रूप क्यों नहीं बताते ? हिंदुत्व धर्म का जिहादी रूप है—ऐसा देश-विदेश में सभी जानकार कह रहे हैं। आपको वह नहीं दिखता क्योंकि स्वयंसेवक को अपना वीभत्स रूप कहां दिखता है ? अटलजी आपका हिंदुत्व वह कतई नहीं है जिसे तुलसीदास ने 'परहित सरस धरम नहीं भाई, परपीड़ा सम नहीं अधमाई', कहा है। कृपया हमारे उस धर्म को हिंदुत्व की ढाल न बनाइए !

5.5.2002

कराची से गोधरा तक सावधानी एक है

आपने पढ़ा ही होगा कि विस्फोटक बारूद से भरी एक टोयोटा कार को एक आत्मघाती ने कराची की शेरेटन होटल के दरवाजे पर खड़ी एक मिनी बस में जा भिड़ाया। उस कार और आत्मघाती के तो परखचे उड़ ही गए। बस में सवार हो रहे ग्यारह फ्रांसीसी इंजीनियर और तीन दूसरे लोग भी मारे गए। घायल हुए तीस और लोगों में तो सोलह फ्रांस के हैं। ये फ्रांसीसी उस होटल में रुके हुए थे और कराची बंदरगाह में उस पनडुब्बी पर काम कर रहे थे जो पाकिस्तान ने फ्रांस से खरीदी है।

विस्फोट इतना जबरदस्त था कि जमीन में गड्ढा पड़ गया। आसपास खड़ी गाड़ियां उड़ गईं। होटल की इमारत कांप गई। पास की ही एक और होटल, जिसमें न्यूजीलैंड की क्रिकेट टीम ठहरी हुई थी, बुरी तरह कांप गई और उसके शीशे दरवाजे टूट गए। और तो और वहीं एक दूसरी होटल में पाकिस्तान की क्रिकेट टीम भी रुकी हुई थी। उसके खिलाड़ियों को लगा कि भूकंप आ गया है और वे इधर-उधर भागने लगे। उसी दिन कराची में दूसरा टैस्ट कुछ ही घंटों में शुरू होने वाला था। मैच तो रद्द हुआ ही, न्यूजीलैंड की टीम अपना दौरा ही रद्द करके वापस चली गई। उसने सिंगापुर में जाकर आराम से नाश्ता किया। पाक क्रिकेट अधिकारियों ने भी माना कि इस हादसे के बाद न्यूजीलैंड टीम का चले जाना रोका नहीं जा सकता था। न्यूजीलैंड वाले पहले ही पाकिस्तान के दौरे पर आना नहीं चाहते थे लेकिन पाकिस्तान ने कहा कि कुछ नहीं होगा। हमारे यहां सब सामान्य है। आई.सी.सी. से जोर डलवाकर पाकिस्तान ने भले ही कुछ महीनों बाद पर न्यूजीलैंड को दौरा करने पर मजबूर किया था, सुरक्षा का पूरा इंतजाम भी किया था लेकिन आखिर माना कि शेरेटन होटल जैसा हादसा कहीं भी हो सकता है।

विस्फोट सचमुच ऐसा दहला देनेवाला था कि पाकिस्तान की राष्ट्रीय सुरक्षा परिषद की आपातकालीन बैठक बुलाई गई जिसमें राष्ट्रपति मुशर्रफ ने सुरक्षा व्यवस्था की समीक्षा की। दूसरों की तरह इस बैठक ने भी माना कि यह आतंकवादी कारनामा था और इसे अल कायदा ने अंजाम दिया होगा, जो पाकिस्तान के आतंकवादी विरोधी युद्ध में शामिल होने से नाराज है। मुशर्रफ ने कहा कि यह पाकिस्तान को कमजोर और अस्थिर करने की कोशिश है और हम इससे निपटने के लिए तैयार हैं। अल कायदा या किसी और आतंकवादी संगठन ने इस विस्फोट की जिम्मेदारी नहीं ली लेकिन सबके सामने साफ था कि फ्रांसीसी इंजीनियरों को मारनेवाला यह विस्फोट किसने करवाया होगा। फिर भी जरा ध्यान दीजिए और इसीलिए इस विस्फोट के बारे में इतना लिखा कि राष्ट्रपति मुशर्रफ ने राष्ट्रीय सुरक्षा परिषद की जो आपात बैठक बुलाई थी उसमें यह भी कहा कि इसके पीछे पूरब के हमारे पड़ोसी का भी हाथ हो सकता है जो कि हमेशा ही पाकिस्तान का बुरा करने में लगा रहता है।

पाकिस्तान के पूरब में तो भारत ही है। और यह कैसे हो सकता है कि पाकिस्तान में कोई आतंकवादी हादसा हो ओर उसमें भारत का हाथ पाकिस्तान के शासकों को दिखाई न दे। कराची की शेरेटन होटल के बाहर खड़ी और सवारी लेती उस मिनी बस में ले जाकर बारूद से भरी कार

को भिड़ा देने का आत्मघाती काम भी भारत से करवाया गया। उधर सबेरे-सबेरे पाकिस्तान ने यह आरोप लगाया और दिन डूबने के पहले नई दिल्ली में विदेशी मामलों की प्रवक्ता निरुपमा राव ने पाकिस्तान के इस आरोप को सर्वथा निराधार कहकर खारिज कर दिया। पाकिस्तान के खुराफाती दिमाग की इस चाल को उनने कहा कि वैसी ही बेफजूली से रद्द कर देना चाहिए, जिससे यह लगाया गया है। भारत अंतर्राष्ट्रीय आतंकवाद के खिलाफ है और जब तक इसे नेस्तनाबूद न कर दिया जाएगा, भारत इससे लड़ता रहेगा।

भारत और पाकिस्तान दोनों ही अंतर्राष्ट्रीय आतंकवाद के शिकार हैं और दोनों ही उससे लड़ रहे हैं। भारत कश्मीर में पाकिस्तान से चलाए जा रहे आतंकवाद को कोई बारह साल से भुगत रहा है। इसके पहले पंजाब में पाकिस्तान खालिस्तानी आतंकवादियों को मदद पहुंचा रहा था ताकि वे अलग खालिस्तान बनाकर बांग्लादेश बनवाने का बदला भारत से ले सके। वहां वह फेल हो गया तो अब बारह साल से कश्मीरी आजादी के नाम पर आतंकवाद चला रहा है। भारत जानता है कि अमेरिका इन आतंकवादी कारनामों में पाकिस्तान की मदद करता रहा है क्योंकि वह अफगानिस्तान से रूसियों को खदेड़ने में तालिबान का इस्तेमाल कर रहा था। तालिबान पाकिस्तानी जमीन और हथियारों और दूसरे सामान की मदद के बिना अफगानिस्तान में कामयाब नहीं हो सकते थे। तालिबान के जरिए पाकिस्तान और अफगानिस्तान को अमेरिका ने आतंकवादी गतिविधियों का गढ़ बना दिया। अफगानिस्तान में तालिबान ने वही अत्याचार किया और अराजकता फैलाई जो आतंकवादी किसी भी देश में करते हैं। अमेरिका ने अपने विदेश नीति हितों के लिए अफगानिस्तान को बंजर श्मशान में बदल जाने दिया। पाकिस्तान को, मौका देखकर दुनियाभर के इस्लामी आतंकवादियों ने अपना अड्डा बना लिया। जब ओसामा बिन लादेन और उनके अल कायदा ने अमेरिका पर ही हमला करके न्यूयार्क के विश्व व्यापार केंद्र और वाशिंगटन के पेंटागन को निशाना बना दिया तो अमेरिका को अचानक आतंकवाद का भस्मासुर दिखाई दिया और उसके खिलाफ अमेरिका ने युद्ध छेड़ा तो पाकिस्तान को कहा कि हमारा साथ दो। पाकिस्तान अमेरिका के साथ नहीं होता तो वह पश्चिम से मिलकर उसका वही हाल करता जो अफगानिस्तान का किया है। अमेरिका के साथ आतंकवाद के खिलाफ हो जाने के कारण ही आतंकवादी गिरोह पाकिस्तान के खिलाफ हो गए हैं और उन्हीं में से किसी ने शेरेटन होटल में बारूद से भरी कार बस में भिड़ाई है। पाकिस्तान इसे जानता है लेकिन इशारा वह भारत की तरफ कर रहा है। क्यों ?

इसका असली जवाब चाहिए तो दो दिन बाद राष्ट्रीय स्वयंसेवक संघ के प्रवक्ता माधव गोविंद वैद्य का नागपुर से प्रसारित वक्तव्य पढ़ लीजिए। वैद्य महोदय का कहना है कि गुजरात में गोधरा हत्याकांड और उसके बाद राज्य भर में भड़की हिंसा में पाकिस्तान और उसकी खुफिया एजंसी आई. एस.आई. का हाथ हो सकता है। हिंसा में विदेशी आतंकवादियों का हाथ हो सकता है क्योंकि वे देश में अस्थिरता पैदा करना चाहते हैं। हालांकि वैद्य साब के पास खुफिया जानकारी नहीं है लेकिन उनका संदेह देश-भर में विदेशियों द्वारा चलाई जा रही कार्रवाईयों पर आधारित है। वैद्य महोदय ने कहा कि संघ के लोग जब प्रधानमंत्री अटल बिहारी वाजपेयी से मिले तो उनसे कहा कि हिंदुओं पर गोधरा की तरह देश के अन्य स्थानों पर भी हमला होने की संभावना है। इस संबंध में संघ को उसके स्वयंसेवकों से जानकारी मिली है।

सत्ताईस फरवरी की सुबह गोधरा का हत्याकांड हुआ जिसमें 58 रामसेवक साबरमती एक्सप्रेस की एक बोगी में जलाकर मार दिए गए। उसी शाम गुजरात के मुख्यमंत्री नरेंद्र मोदी वहां पहुंचे और उनने कहा कि यह पहले से नियोजित जघन्य आतंकवादी हिंसक कार्रवाई है। तभी से कहा जा रहा है कि इसके पीछे पाकिस्तान की खुफिया एजंसी आई.एस.आई. का हाथ है। अगर आई.एस.आई. भारत में सांप्रदायिक दंगे फैलाकर उसे अस्थिर करने में लगी हुई है तो देशभक्त हिंदुत्ववादी उसकी

योजना को क्यों सफल होने दे रहे हैं ? ढाई महीने बाद भी गुजरात में गोधरा का बदला लिया जा रहा है। सब जानते हैं कि हिंदू ले रहे हैं और उनकी अगुआई संघ, विश्व हिंदू परिषद्, बजरंग दल और भाजपा के देशभक्त स्वयंसेवक कर रहे हैं। भाजपा और संघ के नेता पहले दिन से कह रहे हैं कि हिंदुओं को जिंदा जलाए जाने की इस जघन्य घटना की सेकुलर पार्टियों और उदार बुद्धिजीवियों ने तत्काल और जमकर निंदा नहीं की इसलिए हिंदुओं का गुस्सा मुसलमानों पर टूट पड़ा। गुस्सा और बदले की भावना ऐसी जबरदस्त थी कि गुजरात का सक्षम मुख्यमंत्री और वहां का चुस्त-चौबंद प्रशासन और पुलिस कुछ कर ही नहीं पाए और लोगों को जो करना था वे कर गुजरे। गुजरात का प्रशासन और वहां का पुलिस बल अब भी कह रहा है कि हमने कोई कसर नहीं छोड़ी और हम से जो हो सकता था हमने किया लेकिन लोगों का क्रोध इतना बेकाबू था और वे इस तरह बदला लेने पर आमादा थे कि हम हिंसा रोक नहीं सके। सिर्फ गुजरात के प्रशासन और पुलिस ने ही अपनी नाकामी लोगों के सिर पर नहीं थोपी। बेचारे प्रधानमंत्री ने भी कहा कि अगर संसद ने उसी दिन गोधरा हत्याकांड की निंदा की होती तो गुजरात में बाद में जो हिंसा हुई उसे टाला जा सकता था। ढाई महीने हो गए केंद्र सरकार भी अभी तक पता नहीं लगा पाई है कि गोधरा के पीछे आई.एस.आई. का हाथ था तो कैसे था और देश की सांप्रदायिक शांति को तहस-नहस करने में विदेशी ताकत सफल हुई तो कैसे हुई और क्यों हुई ? जो लोग इस देश को पाकिस्तान और उसकी खुफिया एजंसी आई.एस.आई. की विनाशकारी योजनाओं से सावधान करते रहते हैं वही लोग उनकी योजनाओं को पूरा करने में क्यों और कैसे लग जाते हैं ? संघ को गोधरा जैसी आतंकवादी कार्रवाइयों के हो सकने की सूचनाएं मिल रही हैं तो क्या वह उनका जोरदार बदला लेने की तैयारी कर रहा है ? या उन्हें न होने देने की ?

गोधरा की क्रिया की प्रतिक्रिया को खुलकर होने की छूट जिनने दी और जो लोगों के आक्रोश और उसकी वहशियत से चकित रह गए, वे यह कैसे समझा सकते हैं कि जिस तरह गोधरा पहले से नियोजित था वैसे ही लोग अपने गुस्से और बदला लेने के लिए भी पहले से ही इतने तैयार कैसे थे ? क्या न्यूटन ने यह भी कहा है कि क्रिया जितनी सुनियोजित और जघन्य होगी प्रतिक्रिया भी उतनी ही नियोजित और जघन्य होगी ? फिर प्रतिक्रिया क्या सिर्फ गोधरा की होगी ? उसके पहले जो अयोध्या में हो रहा था उसका भी लोगों पर असर हो रहा होगा या नहीं ? फिर इन रपटों का क्या करेंगे कि साबरमती एक्सप्रेस में जो रामसेवक अयोध्या से चढ़े थे वे गाड़ी के दूसरे यात्रियों के साथ कैसा व्यवहार कर रहे थे ? उनसे कैसे जय श्रीराम बुलवा रहे थे ? रास्ते में जहां-जहां यह गाड़ी रुकती थी वहां के लोगों के साथ कैसा बरताव किया जा रहा था ? गोधरा में ही अग्निकांड के पहले क्या कुछ नहीं हुआ था ? अगर उस सबकी प्रतिक्रिया में गोधरा को रत्तीभर भी उचित नहीं ठहराया जा सकता तो गोधरा में जो बोगी नंबर छह के साथ हुआ क्या उसकी प्रतिक्रिया में पूरे गुजरात को बोगी नंबर/एस छह बनाया जा सकता है ? किसी भी समझदार आदमी ने गोधरा के हत्याकांड को किसी भी तरह सही या प्रतिक्रिया में नहीं बताया है। इसी तरह उसके बाद गुजरात में जो हुआ उसे भी किसी ने बख्शा नहीं है। लेकिन जिन मुख्यमंत्री नरेंद्र मोदी की जिम्मेदारी थी कि न गोधरा हो न उसके बाद का गुजरात हो। उनने एक मार्च को जी टीवी के सुधीर चौधरी से गांधीनगर में कहा, 'क्रिया प्रतिक्रिया की चेन चल रही है। हम चाहते हैं कि न क्रिया हो और न प्रतिक्रिया।' एक मार्च तक क्रिया और प्रतिक्रिया दोनों हो चुकी थी। नरेंद्र मोदी की जिम्मेदारी हिंसा पर काबू पाने की थी पर वे बेचारे क्रिया-प्रतिक्रिया में उलझे थे। जो लोग 27 फरवरी को ही समझ गए थे कि यह आई.एस.आई. की देश में आग लगाने की साजिश है उनकी जिम्मेदारी और पावन कर्तव्य क्या यह नहीं था कि इस साजिश को विफल करें ? या जिन लोगों को वे मार रहे थे, उन सबको आई.एस.आई. का एजंट मानकर ही मार रहे थे ? और अगर देश में कोई बारह

करोड़ पाकिस्तानी एजंट रह रहे हैं तो यह देश सुरक्षित कैसे रह सकता है ?

इसी तरह अगर पाकिस्तान में भारत बारूद से लदी कार से बस फुड़वा कर फ्रांसीसी नागरिकों को मरवा सकता है और वहां सक्रिय इस्लामी आतंकवादी संगठन उसके कहे पर चल रहे हैं तो पाकिस्तान की तो खैर नहीं है। आपको याद होगा कि तेरह दिसंबर को गए साल जब भारत की संसद पर आतंकवादियों का हमला हुआ था तो पाकिस्तान की तरफ से कहा गया था कि यह भारत की खुफिया एजंसियों का ही कारनामा है, पाकिस्तान और कश्मीरी स्वतंत्रता संग्राम सेनानियों को बदनाम करने के लिए। वह तो दुनियाभर में जब उस हमले की निंदा हुई तो पाकिस्तान को भी अधिकृत तौर पर लाइन में आना पड़ा। और जब तक अमेरिका ने आतंकवाद के खिलाफ जंग छेड़कर पाकिस्तान को अपने साथ आने पर मजबूर नहीं किया तब तक न तालिबान से उसे कोई शिकायत थी न अल कायदा से। पाकिस्तान अपने बनने के दिन से अपनी सारी परेशानियों के लिए भारत को जिम्मेदार ठहराता आ रहा है। भारत को उसने ऐसा हव्वा बना के खड़ा कर रखा है कि शैतान की हर करतूत जैसे भारत की ही कारस्तानी हो ! कराची के आतंकवादी हादसे के पहले पाकिस्तान के कप्तान वकार युनूस कह रहे थे कि न्यूजीलैंड को दूसरे टैस्ट में भी बुरी तरह धोकर पाकिस्तान आनेवाली आस्ट्रेलियाई टीम को हम हराएंगे और फिर दक्षिण अफ्रीका जाकर उसे भी पीटेंगे। साल खत्म होते-होते पाकिस्तान टीम दुनिया की नंबर एक टीम हो जाएगी। लेकिन अब न सिर्फ न्यूजीलैंड की टीम वापस हो गई है, आस्ट्रेलिया का दौरा भी रद्द होता दिख रहा है और बेचारे इमरान खान रोना रो रहे हैं कि आतंकवादी युद्ध के कारण पाकिस्तानी क्रिकेट बरबाद हो रहा है। वहां आकर कोई खेलना नहीं चाहता। कराची के आतंकवादी हादसे से न तो भारत की बदनामी हुई है न उसके क्रिकेट का बाल बिगड़ा है। जो भी बिगड़ा है पाकिस्तान का ही बिगड़ा है।

और गोधरा से पाकिस्तान और आई.एस.आई. का क्या बिगड़ा है ? दुनिया में जो भी बदनामी हुई है भारत की हुई है। कलंक जो भी लगा है भारत के माथे पर लगा है। और यह कलंक आई. एस.आई. और पाकिस्तान ने नहीं लगाया है भारत ने ही भारत के माथे पर कालिख पोती है।

कराची और गोधरा से सावधान करनेवालों से सावधान रहो।

12.5.2002

प्रधानमंत्री के स्वयंसेवक होने की सार्थकता

सार्वजनिक जीवन के उनके सारे मुखौटे मुख हो गए हैं। इसके बावजूद स्वयंसेवक प्रधानमंत्री ने छह मई को राज्यसभा में अपने भाषण में कहा–'मैं देख रहा हूं कि एक प्रयास हो रहा है (यह बताने का) कि भारत में लोकतंत्र खतरे में है। फासीवाद सिर उठा रहा है। इसका क्या मतलब है ? भारत का लोकतंत्र इतना दुर्बल नहीं है। जो लोकतंत्र के साथ खिलवाड़ करेगा, उसे जनता धराशायी कर देगी। इमरजंसी और उसके बाद जो कुछ हुआ उसे हम स्मरण कर सकते हैं...। एक तरफ तो कहा जा रहा है कि फासिज्म बढ़ रहा है। सारे देश पर हावी होना चाहता है और दूसरी तरफ कहा जा रहा है कि भारतीय जनता पार्टी और उसके सहयोगी दल अभी भी जो चुनाव हुए थे उनमें हार गए। फिर आपको क्या चिंता है ? आप लोकसभा के चुनाव में हमें भी हरवा दीजिए।' इसके बाद ठीक जैसा कि सन् 1974 में इंदिरा गांधी ने जयप्रकाश नारायण को कहा था, स्वयंसेवक प्रधानमंत्री ने राज्यसभा के विपक्ष को कहा–लेकिन आप लोकसभा के चुनाव तक रुकना नहीं चाहते, आपको अभी सत्ता चाहिए।...

एक तो यह उद्धरण राज्यसभा की कार्यवाही से लिया गया है ताकि स्वयंसेवक प्रधानमंत्री कह न सकें कि उनकी बात को तोड़ा-मरोड़ा गया है। दूसरे यह ध्यान देना जरूरी है कि किस तरह भारतीय लोकतंत्र की आतंरिक शक्ति का इस्तेमाल संघ संप्रदाय के फासीवाद की रक्षा में किया गया है। जब सब तरफ से उन पर तानाशाही करने का आरोप लग रहा था तो इंदिरा गांधी ने भी कहा था कि बिहार की विधानसभा पांच साल के लिए चुनी गई है। उसे भंग करने और मुख्यमंत्री के इस्तीफे की मांग करनेवालों (यानी जेपी और बिहार आंदोलन) को धैर्य रखना चाहिए। अगला चुनाव हो तब कांग्रेस को पराजित कर देना। इंदिरा गांधी भी अपनी तानाशाही के बचाव में लोकतांत्रिक तरीकों का इस्तेमाल कर रही थीं। सब जानते हैं कि उनके जब मन में आता था मुख्यमंत्री को बदल देती थीं और विधानसभाओं को भंग कर देती थीं। तब उन्हें लोकतंत्र याद नहीं आता था। पर जेपी और बिहार आंदोलन की मांगों के सामने वे लोकतंत्र पर टिक गईं। इसी कारण जेपी ने चुनाव की चुनौती मंजूर की और सन् सतत्तर में क्या हुआ इसे सब जानते ही हैं। खुद स्वयंसेवक प्रधानमंत्री ने अपने भाषण में उसकी याद दिलाई है क्योंकि तब वे जेपी और जनता के साथ थे। आज वे इंदिरा गांधी की तरह चुनाव की चुनौती दे रहे हैं। लोकसभा चुनाव दो साल बाद होंगे और गुजरात में अगले साल फरवरी तक। स्वयंसेवक प्रधानमंत्री को जनता वही सुख देगी जो सतत्तर में इंदिरा गांधी को धराशायी करके दिया था।

लेकिन प्रश्न और यह यक्ष प्रश्न है कि क्या भारतीय जनता पार्टी को हराने के बाद फासीवाद का खतरा टल जाएगा ? भाजपा जैसा कि हम सब और स्वयं स्वयंसेवक प्रधानमंत्री भी जानते हैं–अपने आप में स्थित लोकतांत्रिक राजनैतिक पार्टी नहीं है। वह हिंदुत्व के जरिए भारत को हिंदू राष्ट्र बनानेवाले राष्ट्रीय स्वयंसेवक संघ और उसके संप्रदाय की राजनैतिक पार्टी है। चूंकि भारतीय संविधान अपनी धर्मनिरपेक्ष लोकतांत्रिक संसदीय व्यवस्था में किसी सांप्रदायिक और हिंदू राष्ट्र बनाने वाली पार्टी को चलने नहीं दे सकता इसलिए भाजपा और उसके पहले के अवतार भारतीय जनसंघ

ने अपने को ऐसा बनाया कि वह पंथनिरपेक्ष लोकतांत्रिक व्यवस्था में पार्टी की तरह चलकर सत्ता के लिए होड़ करते हुए उसे प्राप्त कर सके। संघ के लोगों ने जनसंघ कैसे बनाया और फिर जनता पार्टी के टूटने पर भाजपा कैसी बनी इसका इतिहास और दस्तावेज सब सुरक्षित हैं। अगर भाजपा एक आम राजनैतिक पार्टी होती तो उससे लोकतंत्र को कोई खतरा नहीं हो सकता था क्योंकि देश के लोग जब चाहते उसे पराजित करके उसकी नीतियों को रद्द कर सकते थे। लेकिन भाजपा तो हिंदुत्व के जरिए भारत को हिंदू राष्ट्र बनानेवाले संघ संप्रदाय की राजनैतिक लोकतांत्रिक बेटी है। भाजपा ने संघ को नहीं बनाया है, संघ ने एक लोकतंत्र में अपने राजनैतिक हितों की पूर्ति के लिए पहले जनसंघ और फिर भाजपा को बनाया और लोकतांत्रिक मैदान में उतारा। भाजपा की चुनाव में पराजय से संघ और उसका संप्रदाय पराजित नहीं होता क्योंकि वह लोकतांत्रिक अखाड़े में है ही नहीं। न संघ है न विश्व हिंदू पषिद है न बजरंग दल है न वे बीसियों संगठन हैं जो संघ ने सरस्वती शिशु मंदिर से लेकर संस्कृति के रक्षण के लिए बनाए हैं। संघ समेत ये सारे संगठन उस लोकतांत्रिक दायरे से बाहर हैं जहां उन्हें लोकप्रिय वोट से विजित या पराजित किया जा सके। भाजपा की पराजय से इन संगठन को राजकीय सहायता और संरक्षण तो रोका जा सकता है लेकिन इन्हें समाप्त नहीं किया जा सकता और देश के लोकतंत्र को फासीवादी खतरा इन संगठनों से है।

ऐसा नहीं है कि स्वयंसेवक प्रधानमंत्री इस खतरे को जानते न हों। आखिर अपनी इस लोकतांत्रिक व्यवस्था के कारण ही वे राजनीति में हैं और आज प्रधानमंत्री के पद पर विराजमान हैं। लेकिन वे बचपन से स्वयंसेवक हैं और जानते हैं कि ऐसा हुए बिना उनका न तो कोई राजनैतिक भविष्य हो सकता है न संघ संप्रदाय के बाहर उनका कोई निस्तार है। इसलिए वे संघ को लोकतांत्रिक राजनैतिक वातावरण में ग्राह्य आंदोलन के नाते चलने देने की सुविधा जुटाने की भूमिका में लगे हुए हैं। संघ आजादी के पहले सन् पच्चीस में बना और फिर गोलवलकर ने संघ को हिंदू महासभा का सहयोगी संगठन नहीं बनने दिया। हिंदू महासभा मुस्लिम लीग जैसी हिंदुओं की राजनैतिक पार्टी थी। हिंदुत्व का विचार और उसकी विचारधारा हिंदू महासभा के वीर सावरकर ने ही विकसित की है। हेडगेवार और गोलवलकर संगठक और प्रचारक थे, विचारक तो वीर सावरकर ही थे। लेकिन हिंदू महासभा हिंदू राष्ट्र के मुद्दे पर चुनाव लड़ सकनेवाली पार्टी थी और हेडगेवार और फिर गोलवलकर जानते थे कि गांधी के भारत में ऐसी पार्टी कांग्रेस के सामने चुनाव नहीं जीत सकती थी। इसलिए राजनीति में पड़ने और हिंदू महासभा का पिछलग्गू बनने की बजाय हेडगेवार ने संघ को महासभा से जुड़ने नहीं दिया। तभी से संघ वाले अपने को सामाजिक-सांस्कृतिक संगठन बताते हैं। वह तो गांधी हत्या में शामिल होने के आरोप में जब सरदार पटेल ने संघ पर प्रतिबंध लगाया, नया संविधान बना और भारत ने संसदीय लोकतांत्रिक शासन प्रणाली को अपनाया तो संघ के लोगों को लगा कि इस आजाद भारत में अपनी रक्षा के लिए एक राजनैतिक पार्टी बनाना जरूरी है। और इसलिए सन् इक्यावन में हिंदू महासभा के श्यामा प्रसाद मुखर्जी (जो नेहरू की आंतरिक सरकार में मंत्री भी थे) की मदद से राजनीति में रुचि लेने वाले स्वयंसेवकों ने भारतीय जनसंघ बनाया। किसी राजनैतिक पार्टी का कार्यकर्ता संगठन बनने की बजाय संघ ने अपने ऐसे स्वयंसेवकों से एक राजनैतिक पार्टी बनवाई जो उनके हिंदू राष्ट्र आंदोलन की राजनैतिक लोकतांत्रिक कठपुतली बनी रह सके।

यह जानना सिर्फ इसलिए जरूरी नहीं है कि स्वयंसेवक प्रधानमंत्री अटल बिहारी वाजपेयी की संघ संप्रदाय में लोकतांत्रिक भूमिका को ठीक से समझा जा सके। इसलिए भी जरूरी है कि संघ से भाजपा के संबंध और भाजपा की असली भूमिका को भी समझा जा सके। भाजपा आखिर संघ के भारत को हिंदू राष्ट्र बनाने के आंदोलन को राजनैतिक मदद देने के लिए है। वह भारतीय लोकतंत्र के हित साधने के लिए नहीं है वह 'हिंदू' राष्ट्र बनवाने और उसके लिए हिंदुत्व का रास्ता तैयार

करने के लिए है। हिंदुत्व की हिंदू राष्ट्र की अवधारणा को जो भी समझते हैं वे सब मानते हैं कि ऐसा राष्ट्र लोकतांत्रिक और धर्मनिरपेक्ष तो कभी हो ही नहीं सकता (हिंदुत्व पर कल फिर विचार करेंगे क्योंकि उस पर भी स्वयंसेवक प्रधानमंत्री ने अपने इसी भाषण में उच्च विचार प्रकट किए हैं)। फिलहाल यही देखा जाए कि भाजपा किस तरह अपने लोकतंत्र की शक्ति को क्षीण करने और फासीवाद के खतरे को बढ़ाने का कर्तव्य निभा रही है। दिल्ली में बनी उसकी गठबंधन सरकार संघ संप्रदाय को खुली मदद नहीं दे सकती। संगठनों की मदद कर सकती है, उन्हें कानून के पंजे से बचा सकती है। उसके मंत्री अपनी निजी हैसियत में वह कह भी सकते हैं जो संगठन कह रहे हैं, लेकिन जैसे भाजपा चाहती थी कि संघ की गतिविधियों में शामिल होने की जो पांबदी सरकारी कर्मचारियों पर लगी हुई है वह उठ जाए लेकिन साथिन पार्टियों के विरोध के कारण वह उठ नहीं सकी। उसे राम मंदिर, अनुच्छेद 370 और समान सिविल कोड के अपने कार्यक्रम भी गठबंधन के लिए छोड़ने पड़े। इसके पहले भी केंद्र और राज्यों में जहां-जहां वह गठबंधन सरकारों में शामिल रही उसे अपने हिंदुत्व के एजंडे पर अमल से बाज आना पड़ा। अभी गुजरात में मोदी को हटाने की सहयोगी पार्टियों की मांग उसने भले ही न मानी हो लेकिन वहां तत्काल विधानसभा चुनाव करवाने का निश्चय तो छोड़ना पड़ा। कई लोगों को सहयोगी पार्टियों का यह अंकुश एकदम अपर्याप्त लगता हो और शायद है भी, फिर भी गठबंधन राजनीति के अपने अंकुश तो होते ही हैं। देखना यह चाहिए कि भाजपा उन राज्यों में क्या करती है जहां अकेले उसी की सरकार हो और यहीं वे फासीवादी खतरे साफ होते हैं जो लोकतंत्र के लिए घातक हैं और जिनकी ओर देखने का साहस भी स्वयंसेवक प्रधानमंत्री नहीं करते। बल्कि उन्हीं को भ्रमजाल में उलझाए रखने में वे उस लोकतांत्रिक जगह को घेरे रखना चाहते हैं जो उनकी नहीं है।

लेकिन ऐसे खतरनाक उदाहरणों पर आने के पहले एक और सचाई एकदम साफ समझ लेनी चाहिए। अपना संविधान और अपनी लोकतांत्रिक धर्मनिरपेक्ष गणतंत्र व्यवस्था हिंदुत्व के सपने हिंदू राष्ट्र को पूरा नहीं होने दे सकती। गोलवलकर से लेकर संघ के सभी नेता अपने संविधान का मखौल उड़ाते रहे हैं। वे भारतीय राष्ट्रीयता को भी असली और सच्ची नहीं मानते क्योंकि उनकी आस्था में हिंदुत्व ही राष्ट्रीयता है और एक भारतीय को यह हिंदुत्व तभी प्राप्त हो सकता है जब उसकी पुण्यभू भारतीय हो। यानी जिन मुसलमानों की पुण्यभू मक्का मदीना हो और जो ईसाई जरूसलम को अपना सबसे बड़ा तीर्थ मानते हों और जो यहूदी और पारसी हों वे हिंदू राष्ट्र के नागरिक नहीं हो सकते। अपना संविधान धर्म, जाति, रंग आदि के भेद नहीं मानता। उसमें राष्ट्रीयता भारतीयता है। इसी तरह हिंदुत्व के लिए धर्मनिरपेक्षता निरर्थक है। अपने संविधान के अनुसार अपने राज्य की वह मूल पहचान है। इसलिए भाजपा की जो भी सरकार जहां भी बनती हो वह भले ही संविधान की शपथ लेकर बनती हो अपनी निष्ठा और अपने सपने के कारण संविधान से उसका लगातार संघर्ष चलता है। इस जन्मजात बाधा के बावजूद देखिए कि जिस उत्तर प्रदेश में सन् इकानवे में उसे पूर्ण बहुमत मिला और जिस गुजरात में पिछले विधानसभा चुनाव में दो तिहाई बहुमत, वहां उसने क्या किया !

गुजरात पर जितने भी स्वतंत्र आयोग बैठे और जिनने अपनी रपट दी उन सबने कहा है कि नरेंद्र मोदी की सरकार ने गोधरा को न होने देने की कोई सावधानी नहीं बरती थी। लेकिन गोधरा हो गया तो मुख्यमंत्री नरेंद्र मोदी ने उसी शाम उसे 'पहले से नियोजित जघन्य आतंकवादी हमला' बताया जबकि सब जानते हैं कि वह जघन्य कांड गोधरा रेलवे स्टेशन की सिगनल फलिया बस्ती के घांची मुसलमानों ने किया था। इस कांड में जले लोगों की लाशें पोस्टमार्टम के लिए अमदाबाद भेजी गईं और उनके पहुंचने का समय प्रचारित किया गया। अट्ठाईस फरवरी को विश्व हिंदू परिषद ने बंद की घोषणा की। सत्तारूढ़ पार्टी भाजपा ने इसका समर्थन किया। रिबेरो जैसे पुलिस अफसर

ने कहा कि गुजरात के पुलिस अफसरों को मोदी ने बुलाकर कहा कि बंद में दखल नहीं देना है। इस तरह लोकतांत्रिक पंथनिरपेक्ष गणराज्य के एक राज्य से सरकार ने हटकर उसे हिंदुत्व के स्वयंसेवकों को सौंप दिया। तीन दिन तक हिंदुत्ववादी गोधरा के खून का बदला खून से लेते रहे। चुन-चुनकर मुसलमानों, उनके घरों, कारखानों और दुकानों को आग के हवाले कर दिया गया। भारत के मानवाधिकार आयोग ने अपनी रपट में कहा है अपने नागरिकों की जान-माल की रक्षा करने के संवैधानिक कर्तव्य का सरकार ने पालन नहीं किया। मुख्यमंत्री नरेंद्र मोदी ने मुसलमानों के इस नरसंहार और उनकी आर्थिक बरबादी को गोधरा की क्रिया की प्रतिक्रिया बताकर राज्य को सांप्रदायिक ताकतों को सौंपने को उचित ठहराया। इस तरह एक भाजपा मुख्यमंत्री ने राज्य को हटाकर परिस्थिति को संघ संप्रदाय के हाथों में न्याय के लिए सौंपने का पुनीत कार्य फिर किया।

पहली बार आपको याद होगा कि यह पुनीत कार्य छह दिसंबर बानवे को अयोध्या में भाजपा के मुख्यमंत्री कल्याण सिंह ने किया था। उनने संविधान की शपथ लेने के बाद पूरे मंत्रिमंडल का नेतृत्व अयोध्या में सरकार ले जाने और मंदिर वहीं बनाने की शपथ से किया था। बाबरी मस्जिद की सब सुरक्षा हटा ली थी और डेढ़ लाख कारसेवकों से घिरी अयोध्या से राज्य, संविधान और कानून की सब शक्तियां हटाकर उसे संघ संप्रदाय को सौंप दिया था। संघ संप्रदाय ने बाबरी मस्जिद का ध्वंस कर दिया जो कि कानून, संविधान, उत्तर प्रदेश की सरकार और भाजपा नेताओं के वचनों से रक्षित थी। भाजपा सरकारें संवैधानिक और लोकतांत्रिक ढंग और मान्यता से अपने संघ संप्रदाय का एजंडा पूरा नहीं कर सकतीं इसलिए वे लोकतांत्रिक धर्मनिरपेक्ष राज्य को ठप्प करके उसकी सेवा करती हैं।

छह दिसंबर बानवे को राज्य को ठप्प करने वाले कल्याण सिंह की सरकार को अकर्म को पराक्रम बनानेवाले प्रधानमंत्री नरसिंह राव ने डिसमिस कर दिया था। गुजरात को हिंसक सांप्रदायिक संगठनों को सौंपने वाले नरेंद्र मोदी का प्रधानमंत्री वाजपेयी ने क्या किया ? वे उनका बाल भी बांका नहीं कर सके। यह अटल बिहारी वाजपेयी के स्वयंसेवक होने की सार्थकता है। और यही लोकतंत्र को फासीवादी खतरा है !

17.5.2002

मिलिटेंट हिंदुइज्म ही तो हिंदुत्व है स्वयंसेवक जी !

राज्यसभा में उसी छह मई के भाषण में स्वयंसेवक प्रधानमंत्री ने कहा है–'मेरे ऊपर आरोप है कि मैंने मिलिटेंट इस्लाम की बात तो कही लेकिन मिलिटेंट हिंदुइज्म की बात नहीं कही, यह ठीक नहीं है। गोवा के भाषण के पहले मेरा एक भाषण दिल्ली में हुआ था, श्री मलकानी की पुस्तक के विमोचन के अवसर पर जिसमें हिंदुत्व की चर्चा की गई थी। और तब मैंने स्वीकार किया था कि मुझे हिंदुत्व स्वीकार है, स्वामी विवेकानंद का हिंदुत्व। मगर आज जिस तरह के हिंदुत्व का प्रचार किया जा रहा है वह गलत है। वह उचित नहीं है। उससे हमें कोसों मील दूर रहना चाहिए। मगर मीडिया ने इसको प्रमुखता नहीं दी। आलोचकों ने इसको नहीं पढ़ा। यह लड़ाई एक गहरी लड़ाई है और अगर यह विचारधारा के स्तर पर लड़ी जानी है तो उदारता में और इस कट्टरता में–जिसको भी देश चुनना चाहे इसके बारे में फैसला करना चाहिए।'

इसके पहले कि अपन देखें कि स्वामी विवेकानंद का बताया धर्म, जिसे स्वयंसेवक प्रधानमंत्री ने हिंदुत्व कहा, क्या है और किस तरह अटल जी फिर उस उदार धर्म की जगह का दुरुपयोग कर रहे हैं। हमें वह भाषण देख लेना चाहिए जिसमें वे कहते हैं कि उनने मिलिटेंट हिंदुइज्म की बात कही है और जिसे मीडिया ने प्रमुखता नहीं दी और आलोचकों ने नहीं पढ़ा। किस्मत से भारत सरकार के पत्र सूचना कार्यालय ने उसी शाम इस भाषण का अविकल मूलपाठ प्रसारित किया है। यह भाषण–आडवाणी जी का गला खराब हो रहा है और मेरा दिमाग खराब हो रहा है–जैसे हलके-फुलके ढंग से शुरू होता है और बताता है कि इस कार्यक्रम के लिए मलकानी जी के ग्रंथों (लेखों होना चाहिए था) का संग्रह पढ़ा तो (दिमाग) थोड़ा और खराब हो गया। लेकिन लिखने में चाहे जितने कड़वे हों व्यवहार में (मलकानी जी) हमेशा मीठे हैं इसलिए इस संग्रह में उनके अंतर्विरोधों की भी चर्चा करते हैं। जैसे जनसंख्या को उनका कोई समस्या न मानना, जयपुर में मनु की मूर्ति लगने पर विवाद आदि पर मलकानी जी की चुटकी भी लेते हैं। फिर कहते हैं–'स्वामी विवेकानंद जी जब हिंदुत्व पर बोलते हैं कोई उन्हें संप्रदायवादी नहीं कहता। कोई उन्हें सांप्रदायिक नहीं कहता। लेकिन ऐसे वार्ताकार हैं, ऐसे भाषणकर्ता हैं जो हिंदुत्व की ऐसी व्याख्या करते हैं जिसको सुनने के बाद लगता है कि ऐसा अगर हिंदुत्व है तो उससे जरा दूर ही रहना अच्छा है। आखिर वो कैसा हिंदुत्व ? आज उसका रूप कहीं-कहीं, कुछ न कुछ आक्रामक दिखाई देगा। सर्वग्राहक हिंदुत्व (लेकिन वह) मजहब नहीं है एक जीवन पद्धति है। ऐसी जीवन पद्धति जो केवल अपने देश से ही जुड़ी नहीं है, वो सर्वव्यापी हो सकती है। धर्म का भी अर्थ रिलीजन नहीं है। धर्म का अनुवाद अगर रिलीजन करते हैं या रिलीजन का अनुवाद धर्म करते हैं तो अनर्थ करते हैं। लेकिन चल गया है रिलीजन। उसको ढूंढ़ना मुश्किल है। शब्दों से लड़ रहे हैं। ये कठिनाइयां आज के चिंतक के सामने हैं, विचारक के सामने हैं।'

सिर्फ यही उनके भाषण में है, जिसे वे मिलिटेंट हिंदुइज्म पर अपनी बात बताते हैं और शिकायत करते हैं कि मीडिया ने इस पर ध्यान नहीं दिया और आलोचकों ने इसे पढ़ा नहीं। स्वयंसेवक प्रधानमंत्री को धर्म को रिलीजन कहे जाने से तो एतराज है लेकिन वे खुद धर्म को

बार-बार हिंदुत्व कह रहे हैं। यह गलती जानबूझकर या अपने अज्ञान में एक बार एक फैसले में न्यायमूर्ति जगदीश शरण वर्मा ने भी की है जब वे भारत के मुख्य न्यायाधीश थे। स्वामी विवेकानंद का धर्म तो वेदांती था और न उनने कभी हिंदुत्व का इस्तेमाल किया न ऐसे विचार प्रकट किए जिनमें से हिंदुत्व निकला हो। इसलिए इसमें कोई अचरज नहीं कि स्वामी विवेकानंद का वेदांती धर्म अटल जी को सांप्रदायिक या संप्रदायवादी नहीं लगता न ऐसा उसे कोई कहता है। अपने में स्वामी विवेकानंद का अभियोजन तो संघ संप्रदाय ने एक रणनीति के तहत जानबूझ कर किया है।

हिंदुत्व के बीज स्वामी विवेकानंद में नहीं स्वामी दयानंद के आर्य समाज आंदोलन में हैं। उन्हीं ने ईसाइयत को जवाब देने के लिए उन्नीसवीं सदी के आखिरी में सनातन धर्म को सरल और कुछ कर्मकांडों तक सीमित किया और उसमें से मूर्तिपूजा अलग की। वैदिक यज्ञ को फिर चलन में लाए, हिंदू धर्म से इस्लाम और ईसाइयत में गए हिंदुओं की शुद्धि करके वापस उन्हें आर्य धर्म में लाए–जिसकी धर्म में कोई व्यवस्था नहीं थी। ईसाइयत को जवाब देने के लिए इसी तरह का ब्रह्मो समाज राजा राममोहन राय ने बंगाल में शुरू किया। लेकिन जो हिंदुत्व अभी संघ संप्रदाय चला रहा है वह विवेकानंद, दयानंद और राममोहन राय की अवधारणा नहीं है। जो हिंदुत्व आज संघ संप्रदाय चला रहा है वह स्वातंत्र्य वीर कहे जाने वाले दामोदर विनायक सावरकर ने विकसित किया है और भारतीय जेलों में लिखी उनकी बीज पुस्तक 'हिंदुत्व' सन् 1923 में नागपुर के एक वकील वीजी केतकर ने प्रकाशित की। चूंकि सावरकर तब भी जेल में थे इसके लेखक का नाम–एक मराठा–छापा गया। इस पुस्तक में दावा किया गया कि हिंदुत्व वीर सावरकर की ढाली गई अवधारणा है और साफ कहती है कि यह हिंदू धर्म या हिंदू रिलीजन की परिभाषा नहीं है। यह हिंदू होने की परिभाषा है। यह अनिवार्य रूप से अपनी अवधारणा में राष्ट्रीय है और हिंदू लोगों को हिंदू राष्ट्र का स्वरूप देती है।

स्वयं सावरकर ने अपनी इस बीज पुस्तक के पेज 99 में कहा है–'हिंदुत्व के सांस्कृतिक पहलू पर भी गंभीर आपत्तियां नहीं उठतीं, अगर हिंदुत्व और हिंदुइज्म के बीच भ्रम पैदा करनेवाली दुर्भाग्यपूर्ण गलतफहमियां नहीं होतीं। हमने इन दो अवधारणाओं के बीच विभाजन की साफ रेखा खींचने की कोशिश की है और सिर्फ सनातन धर्म के लिए हिंदुइज्म का गलत उपयोग करने का विरोध भी किया है। हिंदुत्व हिंदू धर्म नहीं है और हिंदू धर्म हिंदुत्व नहीं है।' न्यायमूर्ति जगदीश शरण वर्मा ने भले ही यह न पढ़ा हो लेकिन यह हो नहीं सकता कि जिन स्वयंसेवक प्रधानमंत्री की आत्मा संघ है उनने भी सावरकर के हिंदुत्व को पढ़कर न समझा हो। भले ही राष्ट्रीय स्वयंसेवक संघ ने सावरकर की हिंदू महासभा का कार्यकर्ता संगठन होना स्वीकार न किया हो इस बात को मंजूर करने में संघ को कोई हिचक नहीं है कि हिंदुत्व उन्हीं की विकसित की गई अवधारणा है। फिर क्यों अटल जी धर्म की जगह हिंदुत्व शब्द का इस्तेमाल कर रहे हैं ? वीर सावरकर को यह अंतर बताना जरूरी था क्योंकि हिंदुत्व को उनने एक राजनैतिक अवधारणा के रूप में ही विकसित किया था। संघ संप्रदाय उसे जानबूझ कर एक रणनीति के तहत धर्म से भ्रमित करके धर्म की जगह उपयोग करना चाहता है ताकि भारत के सभी हिंदू कहने लगें कि उनका तो धर्म ही हिंदुत्व है। जबकि आप वीर सावरकर को गौर से पढ़ें तो पाएंगे कि हिंदुत्व एक अहिंदू, अधार्मिक और अभारतीय राजनैतिक अवधारणा है जिसका मूल पश्चिम, खासकर जर्मनी की नस्ली श्रेष्ठता से लिया गया है और जिसे भारत की परंपराओं पर आरोपित करके राष्ट्रीयता की नई परिभाषा बनाई गई है। 'हिंदू कौन है' अध्याय में सावरकर साफ कहते हैं कि वह हिंदू नहीं है–जो भारत में जन्मा हो उसे अपनी पितृ भू मानता हो, उसकी भाषा, संस्कृति, इतिहास, रीति रिवाज और नियम कानून मानता हो। हिंदू वही है–हिंदुस्तान जिसकी पुण्य भू हो। इस अग्नि परीक्षा पर सिर्फ हिंदू खरे उतरते हैं इसलिए हिंदू राष्ट्र की नागरिकता से मुसलमान, ईसाई, यहूदी और पारसी बाहर हो गए। सिख, बौद्ध और जैन को

भी मानना पड़ेगा कि वे हिंदू हैं तभी नागरिक माने जा सकते हैं क्योंकि उनकी पुण्य भू भारत है।

यह परिभाषा भारत को समन्वयवादी, बहुलतावादी, बहुधर्मी, बहुजातीय, बहुभाषी और विविधतावादी तो रहने देती ही नहीं उसे हिटलर की जर्मनी जैसा देश बना देती है—नाजीवादी और फासीवादी। इसी तरह के उद्धरण जब सन् 1939 में प्रकाशित गोलवलकर की बीज पुस्तक—हम या हमारी राष्ट्रीयता की परिभाषा—वी ऑर अवर नेशनहुड डिफाइंड—से दिए जाते हैं तो संघवाले कहते हैं कि यह पुस्तक तो गुरुजी ने कभी की छोड़ दी थी। राज्यसभा में अर्जुन सिंह ने उसी से उद्धरण दिए तो स्वयंसेवक प्रधानमंत्री ने कहा—'उन्होंने राष्ट्रीय स्वयंसेवक संघ के पूर्व सरसंघचालक द्वारा लिखी गई एक पुस्तक का उल्लेख किया, उसके कुछ उद्धरण पढ़कर सुनाए। वह पुस्तक कई साल पहले वापस ली जा चुकी है। उस पुस्तक से हमें कुछ लेना-देना नहीं है। जो विचार उन्होंने व्यक्त किए हैं वे उनके विचार हैं। संगठन ने कभी उन विचारों पर मुहर नहीं लगाई।' लेकिन न तो स्वयंसेवक प्रधानमंत्री ने न कभी संघ के किसी नेता ने बाकायदा दस्तावेज बताया हो कि फलां सन् की फलां तारीख पर यह कह कर यह पुस्तक वापस ली गई और राष्ट्रीय स्वयंसेवक संघ की प्रतिनिधि सभा ने फलां प्रस्ताव के साथ इससे अपनी असहमति जाहिर की है। बल्कि सावरकर के 'हिंदुत्व' और जर्मनी और इटली के नाजियों और फासिस्टों की प्रेरणा साबित करनेवाले कई उद्धरण गुरु गोलवलकर की दूसरी पुस्तकों से दिए जा सकते हैं।

गुरुजी की विचार परम्परा को संघ कैसे बढ़ा रहा है—उसका यह एक उदाहरण लीजिए। 'वी ऑर अवर नेशनहुड डिफाइंड' में गोलवलकर ने कहा है—हिंदुस्तान में रहनेवाली विदेशी नस्लों को या तो हिंदू संस्कृति और भाषा अपना लेना चाहिए, हिंदू धर्म का सम्मान करना सीख लेना चाहिए, हिंदू संस्कृति और नस्ल के गौरव के अलावा कोई और विचार आने नहीं देना चाहिए या भारत में हिंदू राष्ट्र के पूरी तरह अधीन होकर रहना चाहिए। कोई दावा, कोई विशेषाधिकार, कोई विशेष बरताव बल्कि साधारण नागरिक के कोई अधिकार भी नहीं मांगने चाहिए।' सन् तिरानवे में संघ के आज के सरसंघचालक सुदर्शन ने उसका यह अनुवाद किया है—'इस्लाम पर जबरदस्त अरबी संस्कृति की छाप है क्योंकि वह वहीं जन्मा है। लेकिन जब वह इरान में जोरस्त्रियन, तुर्की में यूरोपियन और इंडोनेशिया में हिंदू संस्कृति के संपर्क में आया तो उसका रंग बदलने लगा। इंडोनेशिया में इस्लाम ने मुसलमानों को महाभारत और रामायण को अपने सांस्कृतिक महाकाव्य और राम और कृष्ण को अपने पुरखे घोषित करने से नहीं रोका। भारतीय मुसलमानों का क्या बिगड़ जाएगा अगर राम और कृष्ण को वे अपने पुरखे और गज़नी, ग़ौरी और बाबर को विदेशी हमलावर मानने लगें ?' और आपने पढ़ा होगा कि संघ संप्रदाय के स्वयंसेवकों ने मुसलमानों को मारकर उनके घर, दुकान और कारखाने जलाकर अब उनसे गुजरात में फिर बसने के लिए कैसे माफीनामे की मांग की है। क्या स्वयंसेवक प्रधानमंत्री ने मलकानी की पुस्तक के विमोचन पर कहा कि यह हिंदुत्व मिलिटेंट उग्रवादी हिंदुत्व है और इससे बचना चाहिए।

इस्लामी जिहादी क्या नहीं करते हैं जो हिंदुत्ववादी उग्रवादियों ने गुजरात में न किया हो ? जिस तरह इस्लामी जिहाद को पराजित करने में स्वयंसेवक प्रधानमंत्री अमेरिका के पीछे लग लिए हैं वैसी ही कोई मुहिम उनने हिंदुत्ववादी जिहादियों के खिलाफ इस देश में चलाई है ? क्या वे जानते हैं कि हिंदुत्व ही धर्म का वह जिहादी रूप है जो हिंदुओं की अखाड़ा परंपरा से जुड़कर साझा संस्कृति के प्रतीक और दूसरे धर्मों के पूजा स्थानों को गुजरात में नष्ट करके उन पर हुल्लड़िया हनुमान बैठा रहा है ? क्या कवि स्वयंसेवक प्रधानमंत्री को कभी इसकी शर्म आई कि उर्दू के महाकवि वली गुजराती के मजार को न सिर्फ तोड़ा गया है बल्कि उस पर तारकोल की पक्की सड़क बनवा दी गई है ? क्या इस सबको मिलिटेंट हिंदुइज्म बता कर स्वयंसेवक प्रधानमंत्री ने इसकी भर्त्सना की है ? और इससे भी ज्यादा क्या एक स्वयंसेवक और प्रधानमंत्री के नाते उनका यह कर्त्तव्य नहीं

था कि हिंदुत्व के ये हाल न होने दें और उसे देश के माथे पर कलंक न लगाने दें ? अटल जी– झूठे पड़े स्वयंसेवक और प्रधानमंत्री ! इस सनातन धर्म के साथ खिलवाड़ मत कीजिए। यह सनातन होकर पांच हजार साल से यों ही नहीं चल रहा है। यह बड़े-बड़े अलेक्जेंडर, तैमूर लंग, बाबर और अहमद शाह को यों ही नहीं पचा गया है। आप अपने सामने देख लेना कि यह सावरकर, हेडगेवार, गोलवलकर और सुदर्शन के क्या हाल करता है। यह सनातन सर्वग्राही समन्वयवादी धर्म है। यह हिंदुत्व का संकीर्ण फासीवादी संप्रदाय नहीं बन सकता। यह आपको इन सब के साथ इतिहास के घूरे पर डाल देगा।

18.5.2002

कश्मीर मोर्चे पर वीर स्वयंसेवक

कश्मीर में वास्तविक नियंत्रण रेखा से पच्चीस किलोमीटर इधर कुपवाड़ा में स्वयंसेवक प्रधानमंत्री ने भारतीय सैनिकों से कहा कि अब निर्णायक लड़ाई लड़ने का वक्त आ गया है और वे सर्वोच्च बलिदान के लिए तैयार रहें। फिर दूसरे दिन वे श्रीनगर में संयुक्त कमान परिषद की बैठक के बाद अखबारवालों से बोले–'मुझे आसमान साफ नजर आ रहा है। लेकिन कभी-कभी बिजली साफ आसमान से भी गिरती है। मुझे उम्मीद है बिजली नहीं गिरेगी।'

वे कह चुके हैं कि उन पर आरोप है कि वे मौके के मुताबिक अपने बयान बदलते रहते हैं। यह ठीक नहीं है। क्योंकि जैसा कि उनने सार्वजनिक सभाओं और संसद के सदनों में कहा, उन्हें क्या जरूरत है बयान बदलने की। यानी राजनीति में जो कुछ वे हो सकते थे और जो कुछ उन्हें होना था वे हो चुके हैं यानी देश के प्रधानमंत्री हैं। एक बार नहीं तीसरी बार प्रधानमंत्री बन गए हैं। अब उन्हें क्या करना है जो वे मौके के मुताबिक बयान बदलें। यानी उन्हें अब क्या पाना है और किसे खुश करना है ? पाना तो सचमुच नहीं है लेकिन जो हो चुके हैं वही बने रहने के लिए उन्हें कम से कम तीन कारकों को खुश रखना पड़ता है। पहला अपना संघ संप्रदाय, दूसरा देश और तीसरा अमेरिका। आप पाएंगे कि कुपवाड़ा में सीमा पर तैनात सैनिकों से उनने जिस स्वर में जो कहा वह देश और संघ संप्रदाय की खपत के लिए था और श्रीनगर में मीडिया को जो कहा वह अमेरिका के लिए। कुपवाड़ा में उन्हें सैनिकों का मनोबल बढ़ाना और पाकिस्तान को सुनाना था। श्रीनगर में उन्हें अमेरिका और यूरोपीय यूनियन के देशों से मुखातिब होना था जो नहीं चाहते कि भारत और पाकिस्तान में युद्ध हो। सिर्फ इसलिए नहीं कि अमेरिका को पाक शासक और सैनिकों की जरूरत अफगानिस्तान में आतंकवाद के विरुद्ध युद्ध लड़ने में है। इसलिए भी कि ये विकसित देश नहीं चाहते कि इन बंदरों के हाथों में जो अणु उस्तरे आ गए हैं उनसे ये एक दूसरे के गले काटकर बाकी दुनिया के लिए संकट पैदा करें।

अमेरिका अपने को दुनिया को नियंत्रित करने और चलानेवाला देश मानता है। वह नहीं चाहता कि उसकी इजाजत के बिना कहीं कोई पत्ता भी खड़के। अगर वह कहीं भी युद्ध थोप सकता है, बरबाद अफगानिस्तान को और धूल में मिला सकता है तो पाकिस्तान और भारत जैसे अपने मुव्विकल देशों को लड़ने से रोक भी सकता है। यह असलियत हो या न हो अमेरिका चाहता है कि ऐसा दुनिया माने। और यह अमेरिकी हितों में नहीं है कि भारत और पाकिस्तान में लड़ाई हो। लड़ाई भारत पाकिस्तान का जो करे परवेज मुशर्रफ को तो अपदस्थ कर ही देगी और उसके बाद पाकिस्तान में जो बनेगी वह जिहादपरस्त सरकार ही होगी और अभी अमेरिका अफगानिस्तान और पाकिस्तान में आतंकवाद समर्थक शासन नहीं चाहता। वह पाकिस्तान को लड़ने से रोक सकता है क्योंकि यह देश उस पर जितना निर्भर है भारत नहीं है। एक तो भारत सेना-शासित देश नहीं है दूसरे उसकी अर्थव्यवस्था उतनी खराब नहीं जितनी पाकिस्तान की। इसलिए भारत तय कर ले तो अमेरिका की अनसुनी करके भी अपने हितों की रक्षा कर सकता है। अमेरिकी कोशिश है कि भारत बिना उसकी मर्जी से पाकिस्तान से लड़ ले। इसलिए आपने देखा कि वीर स्वयंसेवक ने श्रीनगर

में कहा कि वे युद्ध के बादल नहीं देखते, आसमान साफ है और बिजली नहीं गिरेगी। इसके बाद वे दिल्ली लौट आए और यहां सुरक्षा मामले देखने वाली मंत्रिमंडलीय समिति की बैठक के बाद युद्ध के बादल सचमुच छंट गए लग रहे हैं और जैसा कि स्वयंसेवक प्रधानमंत्री ने मीडिया से कहा– आगे-आगे देखिए होता है क्या !

स्वयंसेवक प्रधानमंत्री नहीं मानेंगे लेकिन कुल्लू-मनाली के रमणीय वातावरण में छुट्टी मनाने के बजाय यह कवायद उन्हें इसलिए करनी पड़ रही है कि चौदह मई को तीन आतंकवादियों ने कुल्लू से जम्मू आती एक बस में विजयपुर से चढ़ाई की। सुबह सवा छह बजे जम्मू हाईवे पर कालुचक के पास उनने ड्राइवर से बस रोकने को कहा और फिर अंधाधुंध गोलियां चला कर सात यात्रियों को ढेर कर दिया। फिर बस को वे पुलिस लाइंस की ओर ले गए और हथगोले से संतरी को मारा। फिर सेना के शिविर में घुस गए और वहां भी अनाप-शनाप गोलाबारी करके एक जवान और दूसरे जवानों के परिवारों के बच्चों और महिलाओं को मार डाला। सेना ने जवाबी कार्रवाई में सैनिक वर्दी में आतंक मचाते इन तीनों हमलावरों को मार गिराया। लेकिन वे सैनिक छावनी में सीमा पर तैनात जवानों के बच्चों और पत्नियों और मांओं को मार चुके थे। बेशक ये आत्मघाती आतंकवादी थे और फारूक अब्दुल्ला और लालकृष्ण आडवाणी और सेनापतियों के अनुसार पाकिस्तान की खुफिया एजंसी आईएसआई के भिजवाए आतंकवादी संगठन के फिदाईन थे। लेकिन अगर आपने अपनी सेना को पाकिस्तान की सीमा पर तैनात कर रखा है तो एक जवान की आपसे कम से कम यह उम्मीद तो होती ही है कि आप उसके बाल-बच्चों की हिफाजत करें। अगर छावनी में घुसकर आतंकवादी जवानों के बच्चों और पत्नियों को मार डाले तो उसके दिल और मनोबल पर क्या गुजरेगी। अगर जवानों के परिवार सुरक्षित नहीं हैं तो आप उनसे उम्मीद क्यों और कैसे कर सकते हैं कि वे देश की रक्षा में जान लड़ाए रहेंगे ? काचलुक की छावनी में घुसकर और तेईस मासूम लोगों की जान लेकर आतंकवादियों ने भारतीय सेना का मनोबल गिराने की जबरदस्त कोशिश की है। जो सेना ऐसी कोशिश का तत्काल मुंहतोड़ जवाब न दे वह क्या अपने हथियार लिए शोक मनाने के लिए है। उन तीनों आतंकवादियों को मार गिराया यह तो सही है लेकिन सेना जानती है और आप कह भी रहे हैं कि वे पाकिस्तान के भेजे आतंकवादी थे। यानी सेना को सचमुच जवाब तो पाकिस्तान की सेना पर देना चाहिए ?

सैनिकों की भावनाएं समझना हो तो जरा गोधरा का नृशंस नरसंहार याद कीजिए जिसे हुए तीन महीने भी नहीं हुए हैं। वहां अयोध्या से लौटते कथित रामसेवकों की एक बोगी को घांची मुसलमानों ने पथराव कर के आग के हवाले कर दिया था। उन 58 रामसेवकों की इस गति पर विश्व हिंदू परिषद, बजरंग दल, भाजपा और मुख्यमंत्री नरेंद्र मोदी का ऐसा खून खौला कि विश्व हिंदू परिषद के अंतरराष्ट्रीय सचिव डॉक्टर प्रवीण तोगड़िया ने कहा–'स्वतंत्र भारत के इतिहास में ऐसा पहले कभी नहीं हुआ था। हिंदू समाज गोधरा नरसंहार का बदला लेगा। मुसलमानों को मालूम होना चाहिए कि हिंदुओं ने चूड़ियां नहीं पहन रखी हैं।' उसके बाद खून का बदला खून से लिया गया। मुख्यमंत्री नरेंद्र मोदी ने राज्य को चूड़ियां पहनाकर गांधीनगर में बैठा दिया और हिंदुत्व के चरित्रवान, अनुशासित और समर्पित देशभक्त स्वयंसेवकों ने कोई दो हजार मुसलमानों को मौत के घाट उतार दिया और उनके घर, दुकान और कारखानों को खाक कर दिया। दो महीने तक मुस्लिम नरसंहार चलता रहा। नरेंद्र मोदी ही नहीं, गृहमंत्री लालकृष्ण आडवाणी ने भी गोधरा को पूर्वनियोजित आतंकवादी कार्रवाई बताया और इसलिए स्वयंसेवकों ने जो भी किया उसे संघवाले जिहादी यानी इस्लामी यानी पाकिस्तानी आतंकवाद का मुंहतोड़ देशरक्षक जवाब बता कर उचित ठहरा रहे हैं। स्वयंसेवक प्रधानमंत्री ने इसे जगदिखावे के लिए भारत के माथे पर कलंक कहा तो विश्व हिंदू परिषद के एक स्वनामधन्य रामसेवक ने कहा कि गुजरात यही बताता है कि अब हिंदू जागृत और संगठित

हो गए हैं। जागृत, संगठित, अनुशासित और चरित्रवान स्वयंसेवकों ने गोधरा के बदले में मुसलमानों का कत्लेआम, उनकी महिलाओं का बलात्कार और उनके आर्थिक आधार का सर्वनाश कर दिया। आतंकवाद के शिकार इस तरह बदला लेते हैं और गर्व से अपने को हिंदू कहते हैं।

जरा सोचिए कि जम्मू में तैनात सेना और उनके परिवार कालुचक का बदला लेने वैसे ही निकल पड़ते जैसे अट्ठाईस फरवरी को स्वयंसेवक गुजरात में निकले। तब क्या होता ? वे जम्मू में मुसलमानों को गोलियों से भून देते, उनकी बस्तियां जलाकर खाक कर देते, सीमा पर तैनात भारतीय सेना पाकिस्तान में घुस जाती और खुल्लमखुल्ला युद्ध हो जाता। क्या अयोध्या से लौटते रामसेवक कालुचक के जवानों के बच्चों और महिलाओं से ज्यादा मासूम थे ? अगर गुजरात के हिंदुओं ने चूड़ियां नहीं पहन रखी हैं तो क्या भारतीय जवानों की कलाइयां खनखना रही हैं ? फिर क्यों जवानों ने चुपचाप आ कर अपने बच्चों और महिलाओं का अंतिम संस्कार कर दिया ? क्यों कालुचक का बदला पाकिस्तान को खाक कर के नहीं लिया गया ? क्योंकि हमारे सैनिक सचमुच प्रशिक्षित, अनुशासित और समर्पित देशरक्षक हैं। भगवान की कृपा है कि वे संघ संप्रदाय के स्वयंसेवक नहीं हैं। वे अपनी आहत भावनाओं को अपनी वर्दी में छुपाए रखना जानते हैं। वे सचमुच के वीर देशभक्त और राष्ट्ररक्षक हैं। वे कालुचक का बदला लेने के लिए भारतीय उपमहाद्वीप को युद्ध की आग में झोंकना नहीं चाहते। वे बिना सेनापति की आज्ञा के कूच और हमला नहीं करते। वे हिंदू राष्ट्र के स्वयंसेवक नहीं—लोकतांत्रिक, धर्मनिरपेक्ष भारत राष्ट्र के समर्पित सैनिक हैं। उन्हें शाखाओं में नफरत और बदले का प्रशिक्षण नहीं मिला है। वे एक आधुनिक सेना के सैनिक हैं जो लोकतांत्रिक शासन का हुक्म मानते हैं। इसलिए अब तक भारत-पाक युद्ध नहीं हुआ। और जो स्वयंसेवक प्रधानमंत्री और उनकी सरकार गोधरा की गुजरात प्रतिक्रिया को उचित नहीं तो स्वाभाविक मानते हैं वे कालुचक के जवाब में क्या कर रहे हैं ? गनीमत है कि कुपवाड़ा में सैनिकों से उनने सिर्फ निर्णायक युद्ध के लिए सर्वोच्च बलिदान की बात कही, वीर रस की अपनी कोई कविता नहीं सुनाई जिससे प्रेरित हो कर सेना कूच कर देती।

कालुचक के बदले में युद्ध नहीं हुआ तो इसलिए कि हमारी सेना अनुशासित और संयमित और देश की लोकतांत्रिक व्यवस्था को समर्पित है। प्रधानमंत्री स्वयंसेवक होते हुए भी खून का बदला खून से लेने नहीं निकले क्योंकि भारत नामक राष्ट्र विश्व का एक जिम्मेदार लोकतांत्रिक और शांतिप्रिय राष्ट्र है और हेडगेवार और गोलवलकर के सपनों का हिंदू राष्ट्र नहीं है। और इसलिए भी कि दुनिया के ताकतवर देश और इकलौता रह गया महाबली अमेरिका इस तरह के बदले नहीं लेने दे सकता जिसमें अणु अस्त्र चल जाएं और मनुष्यता संकट में पड़ जाए। अमेरिका और यूरोप भारत और पाकिस्तान के पीछे पड़े हैं कि युद्ध न हो। उनके अपने कारण हैं लेकिन इस कारण युद्ध अभी टला हुआ है। निर्णायक जीत के लिए रणनीति बनाने और दो महीने बाद उस पर अमल की बात यह सरकार चाहे जितनी करे सेना का मनोबल और देश की तैयारी करने की यह कोशिश अभी तो बढ़ती नहीं दिख रही। अमेरिका चाहता है कि भारत और पाकिस्तान बात करें और सभ्य संसार में आप संवाद से इनकार नहीं कर सकते। अमेरिका का यह भी इरादा है कि वह कश्मीर को भारत और पाकिस्तान दोनों के कब्जे से निकाकर स्वतंत्र राष्ट्र बना दे ताकि वहां उसका अड्डा हो और वह भारत, चीन और रूस पर लगातार चौकसी कर सके।

यह जो हुर्रियत है ना वह इसीलिए है। उसके नेता अब्दुल गनी लोन अभी पांच दिन पहले हुर्रियत के नेता और कश्मीर के पूर्व मीरवाइज मौलवी मुहम्मद फारूक की बारहवीं बरसी के जलसे में मारे गए। लोन के बेटे ने उसी दिन पाकिस्तान और हुर्रियत के उग्रवादी जीलानी को इस हत्या के लिए दोषी बताया। लेकिन दूसरे दिन पलट गया और जम्मू-कश्मीर के मुख्यमंत्री फारूक अब्दुल्ला के सिर पर ठीकरा फोड़ दिया। पाकिस्तान और आतंकवादियों का नाम लेने से जान जा सकती

है, लोकतांत्रिक सरकार को चाहे जितना दोष दो क्या बिगड़ता है। लोन का बेटा ही नहीं मौलवी मुहम्मद फारूक का बेटा उमर फारूक भी जानता है कि बारह साल पहले किसने उसके पिता को मारा था। लेकिन वह भी उन्हीं के साथ हुर्रियत का नेता बना हुआ है। इन कायरों और बेईमानों को कौन आगे किए हुए है, कश्मीर में सब जानते हैं। फिर भी स्वयंसेवक प्रधानमंत्री हुर्रियत से बात करने को तैयार हैं। हुर्रियतवाले तैयार नहीं हैं क्योंकि वे पाकिस्तान को साथ बैठाए बिना बात नहीं करेंगे। यही क्या कम है कि स्वयंसेवक प्रधानमंत्री वीरता छोड़ कर कश्मीर में स्वतंत्र और निष्पक्ष चुनाव करवाने की बात कह कर छह हजार करोड़ का पैकेज घोषित कर के आए हैं। लोकतंत्र ही कश्मीर का अंतिम हल निकालेगा।

25.5.2002

मेरी हिंदू भस्मिता

पहले तो यह नया शब्द–भस्मिता गढ़नेवाले मेघनाद देसाई को मैं धन्यवाद देना चाहता हूं। सेमिनार मासिक के मई अंक में अपने लेख का शीर्षक उनने दिया है–गुजरात एंड इट्स भस्मिता। गुजरात और उसकी भस्मिता। इस शब्द के बारे में उनने लिखा है–भस्मिता जैसा कोई शब्द नहीं होता। लेकिन भस्म राख को कहते हैं और अस्मिता आत्मछवि–अपनी पहचान को। दोनों को मिला दीजिए तो अर्थ स्पष्ट हो जाएगा। इसके बाद उनने गुजराती के लेखक कन्हैयालाल माणकलाल मुंशी के प्रसिद्ध उपन्यास–गुजरात नो नाथ–के चरित्र उदा मेहता की खंभात रियासत में मुसलमानों के घर जलाए जाने की बात कही है। नायक काक वहां से खातिब नाम के एक मुसलमान को बचा लेता है। फिर उसे राजा सिद्धराज के दरबार में खलनायक उदा मेहता के अत्याचारों का भंडाफोड़ करने के लिए गवाह के रूप में पेश करता है। एक बार वह यह काम कर देता है तो उसके बाद खातिब उपन्यास से गायब हो जाता है। मेघनाद देसाई कहते हैं कि यह कमजोर और गरीब आदमी की शाश्वत नियति है कि वह प्रभुवर्ग के सत्ता संघर्ष में प्यादे की तरह इस्तेमाल हो। आज के गुजरात में उदा मेहता महानायक होगा और काक खलनायक सेकुलरवादी।

मेघनाद देसाई अपनी राज्यसभा जैसे ब्रिटेन के हाउस ऑफ लाड्र्स के सदस्य हैं और लंदन स्कूल ऑफ इकनामिक्स में अर्थशास्त्र पढ़ाते हैं। अहिंसक, मृदुभाषी, शांतिप्रिय वैष्णव और जैन गुजरात को मूंछ मरोड़ खम ठोकू हिंदुत्ववादी गुजरात में बदलते उनने देखा है। लेकिन सौभाग्य से वे अब वहां नहीं रहते इसलिए अपनी गुजराती अस्मिता को भस्मिता कह सकते हैं और नरेंद्र मोदी और प्रवीण तोगड़िया उनका कुछ बिगाड़ नहीं सकते। लेकिन भस्मिता शब्द गढ़कर उनने अपने जैसे हिंदुओं की शर्म और आत्मग्लानि को वाचा दे दी है। क्योंकि सत्ताईस फरवरी के बाद गुजरात में जो हुआ उसे देख और इससे भी ज्यादा उसे पढ़कर मुझे अपने हिंदू होने की शर्म लगने लगी थी। अब उसे मैं अपनी हिंदू अस्मिता के बजाय हिंदू भस्मिता कह सकता हूं और ऐसा कहने के बाद मुझे वही संतोष मिल रहा है जो सटीक अभिव्यक्ति मिल जाने से होता है। क्या यह मेरा हिंदू स्वभाव है जो अपने सामूहिक दुराचार से निजी अपराधबोध में पड़ जाता है ? मैं नहीं जानता। लेकिन ऐसी ही शर्म और आत्मग्लानि मुझे छह दिसंबर बानवे के दिन अयोध्या में हुए बाबरी मस्जिद के ध्वंस से हुई थी। अपने को सांस्कृतिक और सामाजिक कहने वाले एक संगठन के नाना प्रकार और भेसवाले स्वयंसेवकों ने राम के नाम पर सारी सांस्कृतिक, धार्मिक, सामाजिक, लोकतांत्रिक और राजनैतिक मर्यादाएं तोड़ी थीं और बेशरमी से हिंदू विजय-दिवस मनाते घूम रहे थे। हिंदुओं की तरफ से कुछ करने का न उन्हें कोई सामाजिक अधिकार था न धार्मिक। वे हमारे धर्म की सीता का रावण की तरह अपहरण कर गए थे। गुजरात में अब फिर उनने उसके साथ दुराचार किया है। मेरी हिंदू अस्मिता को उनने भस्मिता बना दिया है। मेरा धर्म है कि मैं इसका विरोध करूं।

हिंदू होने के संस्कार मैंने राष्ट्रीय स्वयंसेवक संघ की शाखा में नहीं पाए हैं। न हिंदू होने का गर्व मैंने विश्व हिंदू परिषद के नारे से पाया है। हिंदू जन्मा हूं और जिस धर्म में औपचारिक रूप से दीक्षित नहीं हुआ उसे औपचारिक रूप से छोड़ भी नहीं सकता हूं। हिंदू हूं तो इसलिए कि जो

स्वतंत्रता यह धर्म मुझे देता है वह कोई और धर्म नहीं देता। इसकी तमाम कमजोरियां और खामियां मैं जानता हूं लेकिन यह मेरा स्वभाव है और उनसे मैं इसके अंदर से ही लड़ सकता हूं और जानता हूं कि इसकी स्वतंत्रता भी इसी में से मुझे प्राप्त है। मेरा न्याय और उद्धार कोई भगवान नहीं करनेवाला है। मैं ही अपने सब कर्मों के लिए जिम्मेदार हूं और उनके परिणामों से मैं कभी मुक्त या पलायन नहीं कर सकता। यही एक धर्म है जो वादा नहीं करता कि वही अंतिम और सर्वश्रेष्ठ है और मात्र उसी से मुक्ति या मोक्ष का मार्ग खुलता है। इसीलिए इसमें होते हुए मैं स्वतंत्र और अपने लिए जिम्मेदार और आत्मस्थ हूं। उनकी वैष्णव और मालवी मां को ठेठ बचपन से नानी बई को मामेरो गाते और रोते हुए मैंने सुना है। यह मामेरा उन्हीं नरसी मेहता का बनाया हुआ है जिनके वैष्णव जन तो तेणे कहिए पीड़ पराई जाने रे—भजन को पोरबंदर में जन्मे और दक्षिण अफ्रीका में मेरिट्सबर्ग स्टेशन पर द्विज हुए बनिए—मोहनदास करमचंद गांधी ने स्वतंत्रता संग्राम का संघर्ष गान बना दिया था और जिससे हमारा स्वतंत्रता संग्राम पराई पीड़ को हरने का अभियान हो गया था।

उस गांधी ने शस्त्र नहीं उठाया। वैष्णव भक्ति यानी पराई पीड़ को अमोघ अस्त्र में ढालकर सत्य और अहिंसा से चलाया। वह गांधी कायर नहीं था। उसने इस देश के दीन-हीन साधारण आदमी को स्वतंत्रता सेनानी बनाया और उसे वक्त के सबसे बड़े महाबली के सामने सीना तान के खड़ा कर दिया। पीछे यह दीन-हीन हिंदुस्तानी नहीं हटा। हटना पड़ा उस महाबली को। उस गांधी से गुजरात और हिंदुस्तान को छीनकर जो हिंदुत्ववादी अब भारत को हिंदू राष्ट्र बनाने निकले हैं, वे तब टांगों के बीच पूंछ दबाए कोनों में छुपे थे। इनके लिए अंग्रेज दुश्मन नहीं थे, भारतीय मुसलमान ही पक्के दुश्मन थे। इसलिए वे बाहरी शत्रु से नहीं लड़े, अब भारत स्वतंत्र और लोकतांत्रिक हो गया तो वे अंदर के दुश्मनों से कायरों की तरह निपटने की कोशिश कर रहे हैं। कायर इसलिए कि यह लड़ाई उस धर्म के नाम पर लड़ रहे हैं जिसमें धर्मयुद्ध का महाभारत है, जिसका संदेश सारी पारिवारिक हिंसा भुगत लेने के बाद अहिंसा को परम धर्म मानने का है। हिंदुत्व भीष्म के अनुशासन और शांतिपर्व से नहीं नस्लवादी नाजियों के प्रतिशोध से निकला है। वेदव्यास के तपःपूत मंत्र से नहीं, क्रांतिकारी होने के बाद अंग्रेजों की कृपा कोर पर पलनेवाले सावरकर की हताशा से निकला है। हिंदुत्व हिंदुओं का धर्म नहीं इस्लाम और ईसाइयत से कायर पराजयबोध से जन्मा है। उसका धर्म के मर्म और गौरव से कोई मेल नहीं बैठता।

इसीलिए तो हिंदुत्व के नाम पर गुजरात में राक्षसी हिंसा की गई। यह किसी ऐरे-गैरे सेकुलर पत्रकार ने नहीं, अमदाबाद के सेंट जेवियर्स कॉलेज के कला संकाय की डीन सुगुणा रामनाथन ने लिखा है। एक हिंदुत्ववादी बदले की एक काली और धू-धू जलती रात में चार बरस के एक मुसलमान बच्चे को अपनी गोद में बचाए ले जा रहा था। उसे जयश्री राम चिल्लाती हिंसक भीड़ ने रोका और पूछा कि यह बच्चा कौन है ? उसने कहा कि हिंदू है। उसे जाने दिया गया। लेकिन जब बच्चे को कंधे पर लिए वह आगे बढ़ा तो बच्चे ने पीछे देखा और चिल्ला पड़ा—अब्बा ! भीड़ के सामने पोल खुल गई। उसने उस हिंदू की गोद से उस बच्चे को छीना और टुकड़े-टुकड़े कर दिया। चार बरस के बच्चे का बाप को अब्बा कहकर पुकारना ही हिंदुओं की उस भीड़ के लिए काफी था। यह हृदय विदारक घटना सदमा खाए उस हिंदू ने ही एक राहत शिविर में सुनाई। और यह घटना भी किसी गैर जिम्मेदार सामाजिक कार्यकर्ता ने नहीं, बीस साल भारतीय प्रशासनिक सेवा में ऊंचे अफसर और मसूरी प्रशासनिक अकादमी में पढ़ानेवाले हर्ष मंदर ने लिखी है। नरोडा पाटिया की कुंभाजी नी चाल नूरानी मस्जिद के सामने फिरोज नगर में कौसरबानो रहती थीं। अट्ठाईस फरवरी की सुबह विश्व हिंदू परिषद और बजरंग दल के केसरिया पट्टी बांधे स्वयंसेवकों ने इस इलाके में हमला कर दिया। गैस सिलेंडर से उनने नूरानी मस्जिद को ध्वस्त किया और आग लगाते

मारकाट मचाते आगे बढ़े। उनके हत्थे नौ माह की गर्भवती कौसरबानो पड़ गई। उसने हाथ जोड़कर मिमियाते हुए कहा कि मुझे छोड़ दो, यह मेरी हालत है। लेकिन मुसलमान महिलाओं से बलात्कार करते इन हिंदुत्ववादियों ने कौसरबानो को पकड़ा। पहले तलवार से उसका पेट काटकर उसके गर्भ को निकाला और मां के सामने उसके टुकड़े-टुकड़े किए। फिर कौसरबानो को काटा और फिर मां और उसके बच्चे को आग के हवाले कर दिया। क्या यह नृशंसता बदले के अंधेपन में हो गई ? तो एक और लोमहर्षक घटना देखिए ! एक घर में मुसलमान परिवार अपने को बंद कर के बचने की कोशिश में लगा था। उस पर हिंदू राष्ट्र बनाने की प्रयोगशाला चलानेवालों की नजर पड़ गई। उन प्रयोगधर्मियों ने पहले उस घर में पानी भर दिया। फिर दो बड़े और मोटे सरिए लाए। उन्हें खिड़की से पानी भरे फर्श पर लगाया। बिजली के खम्भे से बहुत शक्तिशाली करंट के तार लिए और उन्हें सरियों से चिपका दिया। फर्श पर पानी में खड़ा परिवार बिजली के झटके खा कर मर गया। कोई कहेगा कि यह बदले के अंधेपन में क्षणिक उत्तेजना में किया गया धतकरम था। इतने योजनाबद्ध तरीके से तो हिटलर के पेराट्रूपरों ने भी यहूदियों को गैस चैंबरों में नहीं मारा था।

अमदाबाद के नरोडा गांव और नरोडा पाटिया चमनपुरा की गुलबर्ग सोसायटी, नरोडा फ्रूट मार्केट, कबाड़ी मार्केट, जमालपुर, वटवा, पालडी, गोमतीपुर, पंचमहल के डैरोल कस्बे, साबरकांठा, खेड़ा का मेमदाबाद, पाटपा, महेसाणा और वडोदरा के अनेक मुहल्लों के ऐसे रूह कंपा देनेवाले किस्से हैं कि आप सोच तक नहीं सकते कि हिंदू ऐसी बर्बरता कर सकते हैं। और एक दिन नहीं, तीन दिन नहीं, मुसलमानों का सुनियोजित नरसंहार कई दिनों तक चलता रहा। पहली बार आदिवासियों और दलितों ने भी लूट और हत्या में भागेदारी की। बड़े-बड़े डिपार्टमेंटल स्टोर्स को पैसेवाले अपनी गाड़ियों में लूट ले गए। नरसंहार करनेवाले ट्रकों में रसोई गैस के सिलेंडर भरकर लाते थे, ट्रक खड़े रहते थे और उनसे सिलेंडर निकालकर घरों, दुकानों, कारखानों को उड़ाया जाता था। मुसलमानों की दुकानों, घरों और कारखानों की कंप्यूटर से निकली सूचियां थीं और उन्हें चुन-चुनकर लूटा और जलाया गया। तैयारी इतनी और ऐसी पक्की थी कि कोई समझदार इसे दंगा कहने को तैयार नहीं होगा। यह पक्की योजना और तैयारी के साथ किया गया मुसलमानों का नरसंहार और आर्थिक सर्वनाश था। राज्य ने, गुजरात सरकार ने इसे सिर्फ होने ही नहीं दिया इसमें उसकी एजंसियों ने बढ़कर भागेदारी भी की। गुजरात हाईकोर्ट के रिटायर न्यायमूर्ति और राजस्थान हाईकोर्ट के भूतपूर्व मुख्य न्यायाधीश रवानी ने मानवाधिकार आयोग को लिखकर दिया है कि दंगों में घिरे गुजरात हाईकोर्ट के न्यायाधीश कादरी को उनने कहा था कि उन्हें 'अपना सरकारी मकान नहीं छोड़ना चाहिए क्योंकि एक काम करते न्यायमूर्ति का अपने सरकारी घर छोड़कर भागने का मतलब होगा कि राज्य न्यायपालिका की स्वतंत्रता और मर्यादा की रक्षा नहीं कर सकता और यह अपने संविधान के धर्मनिरपेक्ष दर्शन का भी अपमान होगा।' लेकिन दूसरे दिन उन्हीं को न्यायमूर्ति कादरी से कहना पड़ा–'भाई टेलीफोन पर दर्शन की जो बातें मैंने कही थीं उन्हें मैं वापस लेता हूं। जमीनी सच्चाई यह है कि संविधान का दर्शन अब सिर्फ किताब में रह गया है। हम साहसी हो सकते हैं लेकिन हम मोर्चे पर लड़ते सिपाही नहीं हैं कि हमारा पीछे हटना कायरता माना जाएगा। जिस हालत में आप फंसे हुए हैं उसमें सरकारी घर छोड़कर दूसरी जगह जाना ही समझदारी होगी।' लोकतांत्रिक धर्मनिरपेक्ष गणराज्य की ऐसी विफलता कैसी हुई ? क्योंकि हिंदू अब जागृत और संगठित हो गए हैं। यह संविधान और इसके अनुसार एक लोकतांत्रिक धर्मनिरपेक्ष राज्य हम भारतवासियों ने बनाया है। यह हिंदुत्ववादियों का हिंदू राष्ट्र नहीं है। फिर क्यों और कैसे गुजरात में उसे नष्ट कर दिया गया ?

अमदाबाद में पुलिस मुख्यालय के सामने उर्दू के महान सूफी कवि वली गुजराती की मजार थी। वली गुजराती 1667 में औरंगाबाद में जनमे थे। वे गुजरात लगातार घूमते रहते थे और वहीं

उनका इंतकाल सन् 1707 में हुआ। वहीं वे दफनाए गए। गुजरात से प्रेम की जो कविताएं उनने लिखी थीं, इसलिए उनका नाम ही वली गुजराती रख दिया गया था। उनकी मजार कविता और संस्कृति को माननेवालों का तीर्थ थी। हिंदुत्ववादियों ने न सिर्फ उस मजार को रातों-रात तोड़ा, गुजरात के चुस्त प्रशासन और अमदाबाद के दुरुस्त नगर निगम ने वहां रातों-रात डामर की पक्की सड़क भी बनवा दी। वडोदरा को गुजरात का संस्कृति नगर कहा जाता है। वहां महान गायक उस्ताद फैयाज खां साहब की मजार थी, उसे भी तोड़ा और जलाया गया और पहले भगवा झंडा और हुल्लादिया हनुमान की मूर्ति लगा दी गई। साहित्य और संगीत की इन दो महान हस्तियों की ये मजारें हिंदू-मुस्लिम संस्कृति के सृजन-मिलन की प्रतीक थीं। सूफी मत भी हिंदू धर्म और इस्लाम के समन्वय की उपज है। एक हजार साल की गुलामी का बदला लेने निकले हिंदुत्ववादी समझते हैं कि इतिहास को ईंट पत्थर की मजार और मस्जिद की तरह साफ किया जा सकता है। जिस धर्म को ये नहीं समझते उसमें भगवान महाकाल के सामने कोई नहीं टिकता। इतिहास काल होता है और काल को काल से ही समझा और जीता जा सकता है।

हिंदुत्ववादी धर्म और महाकाल को नहीं समझते। वे प्रतिशोध और हिंसा में अंधे हुए लोग हैं। इसलिए उनने गुजरात में जो किया वह मेरी हिंदू भस्मिता है और हिंदू होने के नाते उसके परिणाम तो मुझे भुगतने होंगे। हे मेरे प्रभु, इस भस्मिता को भुगतने की शक्ति और हिम्मत मुझे देना !

26.5.2002

मीडिया पर मेहरबान है मोदी सरकार !

साफ बात कहने में गुजरात की मोदी सरकार लोकतांत्रिक लोकलाज की कोई फिकर नहीं करती इसे हम साढ़े तीन महीने से देख ही रहे हैं। इसका सबसे ताजा उदाहरण मानवाधिकार आयोग को भेजा गया उसका जवाब है। आयोग ने अपनी रपट में कहा था कि मीडिया के प्रतिनिधिमंडल ने उसे ऐसे कई हमलों के उदाहरण दिए जिनमें मीडिया खासकर टीवी के लोगों के साथ मारपीट की गई। एक मुस्लिम ट्रस्ट के चलाए जा रहे अखबार 'गुजरात टुडे' के एक दफ्तर को जलाए जाने का मामला खासतौर पर उठाया गया। प्रचारकों और स्वयंसेवकों की हिंदुत्ववादी सरकार मीडिया की रक्षा करने की जिम्मेदारी जैसी फालतू बातें नहीं करती। उसने आयोग को जवाब दिया है—'ऐसी घटनाओं को कवर करने में एक निहित खतरा तो है ही। मीडिया वाले सांप्रदायिक हिंसा के लापरवाह शिकार हो सकते हैं। पाकिस्तान में डेनियल पर्ल का मारा जाना इसका उत्तम उदाहरण है।'

गुजरात की मोदी सरकार को बधाई देनी चाहिए कि वह सांप्रदायिक हिंसा की स्थिति में अपने को उतनी ही असहाय और क्या कहें निर्दोष बता रही है जितनी तालिबान और अलकायदा के आतंकवादियों के सामने पाकिस्तान की मुशर्रफ सरकार थी। अब भारत में संघ संप्रदायियों का ही फैलाया यह विश्वास पसरा हुआ है कि पाकिस्तान की मुशर्रफ सरकार की तालिबान और अल कायदा के आतंकवादियों से मिलीभगत थी और अब भी बनी हुई है। पर्ल अलकायदा के आतंकवादी नेटवर्क पर खोज खबर कर रहे थे। वे आतंकवाद के लापरवाह शिकार नहीं हुए। उन्हें मालूम था कि ऐसी खोज खबर में कितना खतरा है। जिनकी खोज खबर वे कर रहे थे उन्होंने उनका अपहरण किया और अमेरिकी सरकार और उसके समर्थक बने परवेज मुशर्रफ के बावजूद उन्होंने उनकी हत्या कर दी। जो पत्रकार ऐसे आतंकवादी संगठनों की खोज खबर में लगता है वह जानता है कि राष्ट्रीय स्वयंसेवक संघ के चरित्रवान और अनुशासित स्वयंसेवकों के पथ संचालन की खबर नहीं कर रहा है। खतरे का अहसास, बल्कि सामना होते हुए भी वह खोज खबर में लगता है क्योंकि इसे वह अपना कर्त्तव्य और सर संघचालक सुदर्शन अनुमति दें तो अपना धर्म मानता है। आतंकवादियों का तो कोई भरोसा नहीं, लेकिन दुनिया की हर सभ्य और लोकतांत्रिक सरकार ऐसी पत्रकारिता में लगे पत्रकारों की रक्षा को अपना कर्त्तव्य मानती है। इसलिए डेनियल पर्ल को बचा न पाने को अमेरिकी सरकार ने अपनी विफलता माना और इसका उसे बड़ा दुख है। और तो और, सैनिक शासक परवेज मुशर्रफ तक को अफसोस हुआ कि वे पाकिस्तान में डेनियल पर्ल को बचा नहीं सके। सब सरकारें जानती हैं कि ऐसा काम करने वाले पत्रकार जान खोने का खतरा मोल लेते हैं। लेकिन कोई सरकार नहीं कहती कि आप अपने जोखिम पर काम कर रहे हैं और मारे जाएं तो आप ही जिम्मेदार होंगे। हमसे सहानुभूति की भी उम्मीद मत कीजिए। क्योंकि ऐसा कहना न सिर्फ अमानवीय है, सरकार के लिए गैर-जिम्मेदाराना बात भी है।

लेकिन गुजरात में सिर्फ बहत्तर घंटों में शांति स्थापित करने का चमत्कार दिखाने और इस कारगुजारी पर गौरवान्वित होने वाली प्रचारक मोदी की सरकार राष्ट्रीय मानवाधिकार आयोग के सामने गुजरात में मीडिया पर हुए हमलों के लिए अफसोस तक प्रकट नहीं करती। छोटे सरदार की उस वीर हिंदुत्ववादी सरकार ने यह बताना अपना कर्त्तव्य समझा है कि सांप्रदायिक हिंसा कवर

करने वाले पत्रकारों के सिर पर यह खतरा तो मंडराता ही रहता है कि वे अपना काम करते हुए उस हिंसा के शिकार हो जाएं। उन्हें डेनियल पर्ल के मारे जाने से सबक लेना चाहिए और ऐसी हिंसा को कवर करते हुए सावधानी बरतनी चाहिए। यह जिम्मेदार सरकार कहीं गलती से भी यह संकेत नहीं देती कि लोगों को सांप्रदायिक हिंसा से बचाना उसका कर्त्तव्य हो सकता है। खासकर मीडिया के लोगों को बचाने का, क्योंकि वे एक सार्वजनिक सेवा में लगे हुए हैं खबर देना आखिर एक अच्छे लोकतंत्र की पहली जरूरत है क्योंकि ठीक से सूचना पाया नागरिक ही लोकतंत्र का सही और सच्चा पहरेदार हो सकता है। इसीलिए जिम्मेदार लोकतांत्रिक सरकारें मीडिया को कामकाज करने की सुविधाएं देती हैं और रक्षा का भी प्रबंध करती हैं।

प्रचारकों और स्वयंसेवकों की हिंदूनिष्ठ मोदी सरकार न तो अपने रामसेवकों की रक्षा के प्रति जागरूक थी न उसने गोधरा के बाद अपने नागरिकों के जानमाल की जिम्मेदारी ली। वह क्रिया के बाद प्रतिक्रिया को अपरिहार्य मान कर स्थिति को हिंदुत्ववादी ताकतों के हवाले कर देती है और जब प्रतिक्रिया का आवेग उतर जाता है तो शांति स्थापना का दावा करने लगती है। अपने अल्पसंख्यक नागरिकों और मीडिया के जानमाल की रक्षा को अपना प्राथमिक कर्त्तव्य नहीं मानती। हिंदूनिष्ठ सरकार है इसलिए आहत हिंदू प्रतिक्रिया को खुलकर खेलने देना अपनी सबसे बड़ी जिम्मेदारी मानती है। मीडिया अगर 'बहुमत की पिटाई' के अवांछित काम में न पड़े और उसके शौर्य को धर्मयुद्ध का पराक्रम बताकर उसका गुणगान करे तो बहुमत ही उसकी रक्षा कर देगा। लेकिन अगर वह ऐसा नहीं करता है तो जो भी वह कर रहा है अपनी जिम्मेदारी और जोखिम पर कर रहा है इसलिए उसका खामियाजा भुगतने के लिए भी उसे तैयार रहना चाहिए। अगर अमेरिकी दबाव और लोकतांत्रिक दुनिया की लोकलाज नहीं होती तो शायद परवेज मुशर्रफ भी मोदी सरकार की तरह कहते कि डेनियल पर्ल को खतरा समझना चाहिए था। आतंकवादी संगठनों की खोज खबर करोगे तो जान भी गंवा सकते हो यह पर्ल को मालूम होना चाहिए था। लेकिन देखिए कि आतंकवादियों के बदनाम समर्थक होते हुए भी मुशर्रफ ने नहीं कहा कि ऐसे काम में मारे जाने का खतरा तो रहता ही है। आखिर सब जानते हैं कि तालिबान और अल कायदा को मुशर्रफ का समर्थन था जैसा कि सारी दुनिया जानती है कि विश्व हिंदू परिषद और बजरंग दल की भगवा फौज ने किसकी मिलीभगत पर गुजरात के मुसलमानों को सबक सिखाया। यह भी सब जानते हैं कि मीडिया पर वहां हमले किसने किए और किसने आंख फेर ली।

आप जानते हैं कि एडीटर्स गिल्ड ऑफ इंडिया की एक टीम गुजरात गई थी यह देखने-परखने कि वहां की हिंसा को कवर करने में मीडिया की क्या भूमिका थी। इस टीम में भारत के जिम्मेदार पत्रकार जॉर्ज वर्गीज़ भी थे। वे न सिर्फ इंडियन एक्सप्रेस और हिंदुस्तान टाइम्स के संपादक रह चुके हैं, उनने पत्रकारिता की शुरुआत टाइम्स ऑफ इंडिया से की थी। वे गिल्ड के संस्थापक संपादकों में से एक हैं और कई महत्त्वपूर्ण विषयों पर उनने सरकारों को रिपोर्ट दी हैं। कारगिल सैनिक कार्रवाई के बाद इसी सरकार ने उन्हें सेना और लोगों के संबंधों की जांच करने को कहा था। वे हाल तक रक्षा मंत्रालय में सलाहकार थे और अब भी प्रसार भारती बोर्ड के सदस्य हैं। वे एक अप्रैल को अमदाबाद के सर्किट हाउस में टीवी और प्रेस के लोगों से बात कर रहे थे कि विश्व हिंदू परिषद के सात-आठ सैनिकों की टुकड़ी नारे लगाती और शोर करती आई और कमरे में घुस गई। उनने आरोप लगाया कि यहां दरवाजे बंद करके साजिश की जा रही है। गुजरात के सूचना विभाग के एक अधिकारी ने उनको बताया कि वहां क्या हो रहा था। इस पर यह टुकड़ी जॉर्ज वर्गीज़ से मुखातिब हुई और पूछा कि वे हिंदू हैं या मुसलमान। वर्गीज़ ने कहा कि यह बताना गैरजरूरी है, मैं हिंदुस्तानी हूं और यह मेरा नाम है। लेकिन आप कौन हैं और यहां क्यों घुस आए हैं। उनने अपने नाम नहीं बताए। चिल्लाकर कहा—हम हिंदू हैं और यही हमारा नाम है। उन्हें बताया

गया कि गिल्ड की टीम मीडिया का काम देखने और सभी लोगों से मिलने और उनके विचार और आकलन जानने आई है। कल टीम गांधीनगर जाएगी और वहां मंत्रियों और अधिकारियों से बात करेंगी। इस पर वे मखौल में हंसे और कहा कि हमीं वे मंत्री हैं जिनसे बात की जानी चाहिए। तब उनसे कहा गया कि वे शांति से बैठें और अपनी बात कहें।

कमरे में जबरन घुसी यह टुकड़ी बैठी। उसकी तरफ से बोलनेवाले ने आरोप लगाया कि अंग्रेजी मीडिया इकतरफा और गलत कवरेज करके हिंदुओं को बदनाम कर रहा है। ये सिर्फ मुसलमानों की सुनते हैं और हिंदुओं पर ध्यान नहीं देते। मुसलमान दंगाइयों और हिंदू संपत्ति की बरबादी नहीं देखते। गोधरा के भयंकर अग्निकांड से जो हिंदू बच आए और अमदाबाद के अस्पतालों में भरती हैं और प्रेम दरवाजा और दूसरे राहत शिविरों में जो हिंदू लोग हैं उनका इंटरव्यू नहीं किया जाता। आज तक की सबसे ज्यादा भर्त्सना की गई। इस चैनल को तो बंद करके इसका लाइसेंस जब्त कर लिया जाना चाहिए। अमदाबाद से निकलने वाले इंडियन एक्सप्रेस और टाइम्स ऑफ इंडिया की भी निंदा की गई। तीस-चालीस मिनट बाद विश्व हिंदू परिषद की यह टुकड़ी जय श्रीराम के नारे लगाती हुई उठ गई। दो लोगों ने अपना नाम बताया और कार्ड भी दिए। कहा कि परिषद के नेताओं से जरूर मिलना। महासचिव जयंत पटेल का टेलीफोन और मोबाइल नंबर भी दिया। इस पर भी खेद प्रकट किया कि वे इस तरह घुस आए। बाद में पुलिस की एक टुकड़ी आई और पूछा कि क्या सुरक्षा चाहिए और क्या इस तरह घुस आए लोगों के खिलाफ रपट लिखवानी है।

बाद में जॉर्ज वर्गीज़ जयंत पटेल और कौशिक मेहता से मिले और उन्हें बताया कि किस तरह उनके कमरे में यह टुकड़ी घुस आई थी। उनने कहा कि विश्व हिंदू परिषद इतनी लोकप्रिय संस्था है कि जाने कैसे-कैसे लोग उसके नाम का इस्तेमाल करते फिरते हैं। मुख्यमंत्री नरेंद्र मोदी से भी जब उनका मिलना हुआ तो उन्हें भी यह किस्सा सुनाया गया। टीम ने कहा कि इस किस्से ने उन्हें समझा दिया है कि गुजरात के दंगों के पीछे कैसी मानसिकता काम कर रही है। यह भी कहा कि ये सब भाजपा के परिवारी संगठन और सरकार के भागीदार हैं। मुख्यमंत्री मोदी इस पर उत्तेजित हो गए और उनने दावा किया कि ये लोग उनके भागीदार नहीं हैं। जॉर्ज वर्गीज़ की टीम ने अपनी रपट में कहा है कि उनने गुजरात के सूचना विभाग से पहले ही कह दिया था कि उन्हें सत्ताईस फरवरी के बाद के गुजरात सरकार के सभी वक्तव्य चाहिए। जो प्रेस नोट उन्हें दिए गए उन्हीं से अगर चला जाए तो गुजरात सरकार ने मीडिया के जरिए जनता से जो कहा वह गुजरात की भयावह हिंसा का मखौल है। सरकार ने प्रेस और उसके जरिए गुजरात के लोगों को घटनाओं की जानकारी नहीं दी। जो कहा गया वह इकतरफा, अपने ही हित में और मुख्यमंत्री की तारीफ में कहा गया। जलते गुजरात को व्यापारियों के एक समुदाय के बारे में ही बताया गया। तो गुजरात सरकार ने न सिर्फ सांप्रदायिक हिंसा को कवर करने वाले मीडिया के सुरक्षा की जिम्मेदारी नहीं समझी उसका सूचना विभाग सारे समय मुख्यमंत्री के गुणगान करने और उनके खिलाफ लिखने और दिखाने वालों को जवाब और खंडन भिजवाता रहा। यह सरकार न लोगों के प्रति जवाबदेह है न मीडिया के प्रति। सरकार और उसका अमला मुख्यमंत्री की सेवा में लगा रहा और मुख्यमंत्री हिंदुत्व की। मीडिया की सुरक्षा की जिम्मेदारी कौन लेता ?

लेकिन केंद्र सरकार के एक मानव संसाधन विकास मंत्री हैं—मुरली मनोहर जोशी। पिछले शनिवार को उनने नई दिल्ली में विश्व हिंदू परिषद के बनाए इमेज इंडिया फाउंडेशन की एक गोष्ठी में मीडिया पर अपने उच्च विचार प्रकट किए और कहा कि मीडिया की जवाबदेही तय होनी चाहिए। दिल्ली में जो सरकार है और अमदाबाद में जो सरकार है उसके कर्त्तव्य और उसकी जवाबदेही तो संविधान और लोकतांत्रिक परंपरा से पहले से तय है। जोशी जी से पूछिए कि गुजरात की मोदी सरकार की लोगों और मीडिया से जवाबदेही तय है। कोई मांगेगा ?

13.6.2002

सवाल बुनियादी हैं तो विचार ठीक से होने दो

गुजरात में चुनाव के मामले पर चुनाव आयोग के निर्णय से उठे सवालों पर राय देने के राष्ट्रपति के निवेदन पर सुप्रीम कोर्ट छब्बीस अगस्त को विचार शुरू करेगा। सुप्रीम कोर्ट राय देने के लिए बाध्य नहीं है। वह इनकार भी कर सकता है जैसा कि अयोध्या में बाबरी मस्जिद-राम मंदिर के मामले में कर चुका है। लेकिन राष्ट्रपति के जरिए राय मांगने वाली सरकार न सिर्फ मानकर चल रही है कि सर्वोच्च न्यायालय राय देगा, वह उम्मीद कर रही है कि यह राय दस सितंबर तक आ जाए ताकि छह अक्तूबर तक चुनाव होकर नई विधानसभा गठित हो सके। अब तक जिन मामलों को राय देने के लिए मंजूर किया गया और उसे देने में जितना समय लगा उसे देखते हुए तो सरकार की इच्छा पूरी होती दिखती नहीं। जानकार लोगों का मानना है कि सर्वोच्च न्यायालय राय देना स्वीकार करे तो पांच न्यायमूर्तियों की संविधान खंडपीठ बैठाएगा और जो सवाल उसे विचार के लिए दिए गए हैं वे ऐसे नहीं हैं कि तुरत-फुरत निपटाए जा सकें। उन पर विचार करने और राय देने में समय लगेगा और संवैधानिक संकट से निपटने के लिए केंद्र को गुजरात में राष्ट्रपति शासन लगाना पड़ेगा।

यानी उसे वह करना पड़ेगा जिसे करने से मार्च के महीने से उसने इनकार किया है। सुंदरसिंह भंडारी न सिर्फ उसके बैठाए राज्यपाल हैं वे संघ परिवार के वफादार स्वयंसेवक हैं और गुजरात को संवैधानिक आंखों से देखने से इनकार किए हुए हैं। गुजरात में गोधरा में रामसेवकों से भरी बोगी के जलाए जाने के बाद मुसलमानों का जो नरसंहार संघ परिवारियों ने राज्य सरकार की मदद से किया उससे संविधान के प्रावधानों के लागू न होने का खतरा राज्यपाल भंडारी को कभी नहीं दिखा और इसलिए न उनने केंद्र को रपट भेजी, न केंद्र ने मांगी, न राष्ट्रपति शासन लगने की कोई संभावना पैदा हुई। इस तरह रतौंध से पीड़ित गुजरात और केंद्र की सरकारों ने विधानसभा भंग करके चुनाव करवाने की जो मजबूरी चुनाव आयोग के सामने खड़ी की थी वही अब राष्ट्रपति शासन लगाने के लिए की जा रही है। सच पूछिए तो गुजरात और केंद्र में शासन कर रही भाजपा को यही सबसे बड़ी आपत्ति है। सत्ता के सिंहासन पर बैठी वह मानती है कि चुनाव आयोग को वही करना पड़ेगा जो वह चाहती है। लेकिन चुनाव आयोग ने सोलह अगस्त को दिए निर्णय से ऐसी परिस्थिति बना दी है कि सरकार को झक मार के राष्ट्रपति शासन लगाना पड़ेगा। भाजपा और उसकी सरकार को यह मंजूर नहीं है। इसलिए केंद्र सरकार ने राष्ट्रपति के जरिए सर्वोच्च न्यायालय के दरवाजे पर दस्तक दी है। वह बताना तो चाहती है कि संवैधानिक संस्था चुनाव आयोग को सीधे चुनौती देने की अशोभनीयता उसने नहीं की है, लेकिन लालकृष्ण आडवाणी जो उपप्रधानमंत्री और गृहमंत्री भी हैं साफ कह चुके हैं कि चुनाव आयोग ने अपने अधिकार क्षेत्र का अतिक्रमण किया है। गुजरात की कानून व्यवस्था पर अपना आकलन बताने का अधिकार तो उसे है लेकिन यह सुझाने का अधिकार कतई नहीं है कि वहां राष्ट्रपति शासन लगाया जा सकता है। यह अधिकार तो सिर्फ कार्यपालिका यानी सरकार को है। चुनाव आयोग चूंकि अपने अधिकार क्षेत्र से बाहर गया है इसलिए उसके अधिकारों पर सर्वोच्च न्यायालय की राय लेना जरूरी हुआ है।

कौन मानेगा कि लालकृष्ण आडवाणी सरकार के अंग नहीं हैं ? बल्कि जानकार लोग कहेंगे कि आजकल स्वयं सरकार होने का दावा वही कर रहे हैं। तो यह सही नहीं है कि सरकार ने चुनाव आयोग को चुनौती नहीं दी है। गुजरात के मुख्यमंत्री नरेंद्र मोदी ही नहीं राज्यपाल भंडारी भी कह चुके हैं कि चुनाव आयोग को कोई अधिकार नहीं है कि कानून व्यवस्था पर अपनी राय बनाकर गुजरात के लोगों को सरकार चुनने के अधिकार से वंचित करे। भाजपा के दूसरे नेताओं और संघ परिवारियों ने तो तय ही कर लिया है कि चुनाव आयोग के खिलाफ मुहिम चलाई जाए। विश्व हिंदू परिषद के डाक्टर प्रवीण भाई तोगड़िया तो सरेआम कह चुके हैं कि लिंग्दोह चूंकि ईसाई हैं इसलिए वे चुनाव टालकर हिंदुओं से दांग का बदला ले रहे हैं जहां ईसाइयों पर हमले हुए थे। तोगड़िया के लिए दुनिया हिंदू, मुसलमान और ईसाइयों में बंटी हुई है और ईसाई और मुसलमान हिंदुओं से बदला ले रहे हैं। यह सुविधा संघ परिवारियों को ही है कि सरकार में बैठे वाजपेयी और आडवाणी दावा करें कि वे चुनाव आयोग जैसी संवैधानिक संस्था का सम्मान करते हैं और भाजपा और विश्व हिंदू परिषद में सक्रिय स्वयंसेवक न सिर्फ चुनाव आयुक्त को कीचड़ में लथेड़ें, वे मुख्य चुनाव आयोग को खुंदकी ईसाई बताकर सूली चढ़ाने की कोशिश भी करते हैं। दिक्कत यही है कि देश के लोग संघ परिवारियों के दोगलेपन को समझ चुके हैं और इसलिए गुजरात में चुनाव टालनेवाले चुनाव आयोग और मुख्य चुनाव आयुक्त लिंग्दोह की विश्वसनीयता और दबाव के सामने अपने सिद्धांतों पर डटे रहने के साहस की तारीफ हो रही है। वैसे भी सत्ता के सामने सीना तान के खड़े हो सकने वाले की हिम्मत को यह देश हमेशा मानता रहा है और इसलिए चुनाव आयोग के निर्णय की सराहना हो रही है। संघ परिवार समझता है कि मुख्य चुनाव आयुक्त और चुनाव आयोग को बदनाम करके धूल में मिला देगा।

प्रचार को ब्रह्मास्त्र माननेवाले उसी से मारे जाते हैं। तो संविधान के अनुच्छेद 174 और 324 के टकराव के जो संवैधानिक प्रश्न सर्वोच्च न्यायालय को राय के लिए दिए गए हैं उन्हें अगर राजनीति की जमीनी वास्तविकता में देखा जाए तो तय यह होना है कि क्या एक राजनैतिक पार्टी को सत्ता का दुरुपयोग करते हुए सांप्रदायिक हिंसा के जरिए अपने राजनैतिक समाज का सांप्रदायिक ध्रुवीकरण करने और फिर उसे चुनाव के जरिए जनादेश में बदलने का अधिकार है ? क्या चुनाव आयोग ऐसी स्थिति में भी या हर किसी स्थिति में सरकार के कहने पर चुनाव करने को बाध्य है ? या चुनाव आयोग अपने स्वतंत्र बुद्धि-विवेक और संविधान से दिए गए अधिकारों का उपयोग करते हुए एक राजनैतिक पार्टी के संविधान और लोकतंत्र को तोड़ने के खेल को विफल कर सकता है ? क्या वह चुनाव टालकर ऐसी स्थिति पैदा कर सकता है जिसमें सरकार को मजबूरन राष्ट्रपति शासन लगाना पड़े ? जिस तरह चुनाव आयोग को चुनाव के बारे में अंतिम फैसला करने का अधिकार है उसी तरह राष्ट्रपति शासन लगाने का एकाधिकार क्या सरकार यानी कार्यपालिका को नहीं है ? अगर है तो गुजरात में विधानसभा चुनाव करवाने के बजाय चुनाव आयोग राष्ट्रपति शासन लगाने की बात कैसे कह सकता है ? वह कैसे कह सकता है कि अर्ध सैनिक बलों को तैनात करके पहले सांप्रदायिक सुरक्षा और फिर अपराध करनेवालों को गिरफ्तार करके सजा दिलवाकर सांप्रदायिक सद्भाव और विश्वास का वातावरण बनाओ तभी चुनाव करवाए जा सकते हैं ? अगर कानून-व्यवस्था कायम करने और कानून का राज चलाने के निर्देश देने का अधिकार चुनाव आयोग का मान लिया जाए तो जनता से जनादेश पाकर सरकार चलानेवाले नेताओं का क्या अधिकार रह जाएगा ?

आप मानेंगे कि संविधान के अनुच्छेद 174 और 324 के टकराव से पूछे गए ये सवाल न सिर्फ हमारे संविधान बल्कि लोकतंत्र के शरीर और आत्मा दोनों को झकझोरनेवाले हैं। इनका तुरंत निपटारा नहीं हो सकता। सर्वोच्च न्यायालय को इन दोनों अनुच्छेदों को गुजरात की परिस्थिति में देखना होगा। और उस परिस्थिति की सरकारी समझ और व्याख्या से भी बात नहीं बनेगी, न आयोग

के निर्णय और आकलन से बनेगी। सर्वोच्च न्यायालय को और भी दूसरे संदर्भों और स्रोतों और पार्टियों से आकलन और राय लेनी पड़ेगी, तब जाकर पूरा चित्र बनेगा और सही राय निकल सकेगी। अभी तो हाल यह है कि गुजरात सरकार और भारत सरकार अनुच्छेद 174 की अनुल्लंघनीयता की दुहाई देकर कह रही है कि छह महीने के अंतराल में विधानसभा की दूसरी बैठक हो जानी चाहिए। लेकिन इसी भाजपा की उत्तर प्रदेश सरकार ने गए साल सर्वोच्च न्यायालय में हलफनामा दिया था कि यह अनिवार्यता चलती विधानसभा पर ही लागू होती है। जो विधानसभा भंग हो गई उसकी आखिरी बैठक और नई विधानसभा की पहली बैठक के बीच यह अनिवार्यता लागू नहीं होती। अब गुजरात की जिस विधानसभा की आखिरी बैठक छह अप्रैल 2002 को समाप्त हुई थी वह तो भंग हो गई। इसी भाजपा की उत्तर प्रदेश सरकार का हलफनामा माना जाए तो गुजरात की नई विधानसभा की पहली बैठक छह अक्तूबर को होना अनिवार्य नहीं है और इसलिए भाजपा, गुजरात और केंद्र सरकार को छह अक्तूबर से पहले चुनाव और विधानसभा के गठन और पहली बैठक पर जोर नहीं देना चाहिए। वह उत्तर प्रदेश में कुछ और और गुजरात में कुछ और नहीं कर सकती। अनुच्छेद 174 की ऐसी दो व्याख्या करना सरासर दोगलापन है। फिर चुनाव आयोग ने खुद ही मंजूर किया है कि अनुच्छेद 174 जीवित और भंग दोनों विधानसभाओं पर समान रूप से लागू होता है और दो बैठकों के बीच छह महीने से बड़ा अंतराल नहीं होना चाहिए। लेकिन ऐसा कहने के बाद चुनाव आयोग ने कहा कि अनुच्छेद 174 को अकेले में नहीं पढ़ा जाना चाहिए। अनुच्छेद 324 आयोग को अधिकार देता है कि चुनाव के कार्यक्रम के बारे में अंतिम निर्णय उसी को करना है और कसौटी यह है कि चुनाव स्वतंत्र और निष्पक्ष होंगे या नहीं। अगर उसे लगता है कि चुनाव स्वतंत्र और निष्पक्ष नहीं हो सकते तो अनुच्छेद 174 की अनिवार्यता अनुच्छेद 324 के आग्रह में विलीन हो जाएगी। अगर चुनाव आयोग किसी राज्य में ऐसी परिस्थिति पाता है कि चुनाव स्वतंत्र और निष्पक्ष नहीं हो सकते तो क्या वह अनुच्छेद 174 का निलंबन कर सकता है ? और क्या कह सकता है कि अनुच्छेद 356 के तहत राष्ट्रपति ऐसी परिस्थिति में स्वयं प्रवेश करके संकट का निपटारा करें ?

सही है कि ये सवाल गुजरात की स्थिति, वहां सरकार के आग्रह और चुनाव आयोग के निर्णय से पैदा हुए हैं, लेकिन ये उसी तक सीमित नहीं हैं। गुजरात गुजर जाएगा, नया आयोग बन जाएगा और गुजरात और केंद्र में भाजपा की इन्हीं सरकारों को रहना नहीं है। संविधान को रहना है और उसके अनुच्छेद 174 और 324 को भी। हल ऐसा निकालना जरूरी है कि गुजरात की वर्तमान स्थिति का समाधान हो और वह उदाहरण की तरह मौजूद रहे ताकि भविष्य की परिस्थितियों का भी निराकरण हो सके। अगर सरकार सचमुच यह चाहती है कि गुजरात पर चुनाव आयोग का निर्णय एक उदाहरण और प्रमाण बनकर कायम हो जाए तो उसे सर्वोच्च न्यायालय से अपने तात्कालिक हितों की पूर्ति पर जोर नहीं देना चाहिए। मान लेना चाहिए कि गुजरात में सितंबर में चुनाव नहीं होंगे। लालकृष्ण आडवाणी से लेकर भाजपा का हर छुटभैया नेता दावा कर रहा है कि आज हों या कल चुनाव में तो उन्हीं की जीत होगी तो उसे कुछ अपने दावे पर भी विश्वास बताना चाहिए और प्रतीक्षा करनी चाहिए। आखिर उत्तर प्रदेश में राष्ट्रपति शासन में हुए चुनाव के बाद दो बार राष्ट्रपति शासन लगाना पड़ा है। एक बार सिफारिश कांग्रेस के बैठाए राज्यपाल रोमेश भंडारी ने की और दूसरी बार भाजपा के बनाए राज्यपाल ने। चुनाव के बाद जिन महीनों में सरकार नहीं बनी वे विधानसभा के कार्यकाल में जोड़े नहीं गए क्योंकि चुनाव आगे खिसकाना तब भाजपा को अपने हित में लगता था। अब अगर चुनाव आयोग ने गुजरात में चुनाव आगे खिसकाए हैं क्योंकि उसे कानून-व्यवस्था की स्थिति चुनाव के लायक नहीं लगती तो उसका निर्णय सम्मान से मान लेना चाहिए।

23.8.2002

और सवाल सांप्रदायिक ध्रुवीकरण का भी है

लेकिन चुनाव आयोग के फैसले को लोकतांत्रिक शोभनीयता और संवैधानिक सम्मान के साथ स्वीकार करने की बजाय पूरा संघ परिवार उसकी भर्त्सना और निंदा करने में लगा है। चूंकि उसका आधार और इसलिए हथियार भी सांप्रदायिकता है, इसलिए वह बताने में लगा है कि एक ईसाई मुख्य चुनाव आयुक्त जेम्स माइकल लिंग्दोह गुजरात के हिंदुओं को अपनी सरकार बनाने से रोक रहा है। लिंग्दोह ईसाई हैं इसलिए उनका संबंध सोनिया गांधी और इटली से होगा ही। मुख्य चुनाव आयुक्त के संवैधानिक पद पर बैठे व्यक्ति के बारे में संघ परिवारियों के इस सांप्रदायिक प्रचार से आपको शर्म लगती हो तो लगे। आपको जान लेना चाहिए कि भारतीय संस्कृति और धर्म पर अपना एकाधिकार बतानेवाले इन लोगों का यही स्तर है। लिंग्दोह तो ईसाई होने के कारण आसानी से इनके प्रचार के निशाने बनते हैं। इनकी टुच्ची सांप्रदायिकता बहुत गहराई से इनके तर्कों में प्रकट होती है।

जैसे इनका कहना है कि चुनाव आयोग को गुजरात में शरणार्थी शिविरों में रहते और अपने घर-बार से उजड़े कुछ हजार मुसलमान तो दिखते हैं और उनका राहत और पुनर्वास इतना जरूरी और उनका वोट दे पाना इतना अनिवार्य लगता है, लेकिन उसे कश्मीरी पंडित क्यों नहीं दिखे जो लाखों की संख्या में कोई दस-बारह साल से अपने ही देश में शरणार्थी होकर दिल्ली, जम्मू आदि शहरों में रह रहे हैं। वे भी सांप्रदायिक हिंसा के शिकार हैं, अपने घरों को लौट नहीं सकते क्योंकि उन्हें सुरक्षा नहीं है और वे भी अपने आम पते-ठिकाने पर रहते हुए वोट नहीं दे सकते। लेकिन उनके कारण जम्मू-कश्मीर में चुनाव नहीं टलते। वहां तो आतंकवादी जिहादी बंदूकों के साए में चुनाव करवाए जाते हैं। जम्मू-कश्मीर की कानून-व्यवस्था के कारण वहां चुनाव नहीं टले, बल्कि लोकतंत्र को इसीलिए कायम करने की कोशिश होती है कि आतंकवाद से निपटा जा सके। गुजरात की जम्मू-कश्मीर से यह तुलना आप कहेंगे कि किसी दिवालिया दिमाग से ही निकल सकती है। लेकिन अभी चुनाव के कारण ही नहीं जब से गुजरात किया गया है तबसे संघ परिवारी कह रहे हैं कि गुजरात की बात करते हो तो जम्मू-कश्मीर की क्यों नहीं करते। वहां हिंदुओं के साथ बारह साल से क्या हो रहा है ? अमरनाथ जानेवाले तीर्थयात्रियों को क्यों और कौन मार रहे हैं ? वहां हिंदुओं को जान के लाले पड़े हुए हैं ?

गुजरात और कश्मीर का फर्क संघ परिवारियों की समझ में नहीं आता क्योंकि उनकी नजर सिर्फ हिंदू-मुसलमान देखती है; ईसाई भी देख लेती है लेकिन बाकी कुछ नहीं देख पाती। वे जानते हैं, बल्कि लालकृष्ण आडवाणी ही कहते चले आ रहे हैं कि पाकिस्तान वहां छाया युद्ध चला रहा है। वहां भाड़े के आतंकवादी इस्लाम के नाम पर हिंसा करके साबित करना चाहते हैं कि मुसलमान बहुसंख्या वाला कश्मीर हिंदू भारत में नहीं रह सकता। भारत के विभाजन के समय से कश्मीर भारत और पाकिस्तान के बीच विवाद और युद्ध का कारण है। अमेरिका और ब्रिटेन आदि तो उसे अंतरराष्ट्रीय विवाद मानते ही हैं। कश्मीर घाटी के एक हिस्से पर पाकिस्तान का कब्जा है और बाकी के कश्मीर को वह तीन युद्धों के बावजूद नहीं हथिया सका इसलिए छाया युद्ध और आतंकवाद

के जरिए वह कश्मीर का सांप्रदायिक ध्रुवीकरण करके उसे हड़पना चाहता है।

कश्मीरी पंडितों को कश्मीरी मुसलमानों या उनके संघ परिवार जैसे संगठन ने मारकर नहीं भगाया। वहां हिंदुओं को कश्मीरी मुसलमान नहीं मार रहे हैं। पाकिस्तान के हस्तक्षेप के पहले जम्मू-कश्मीर सांप्रदायिक सहजीवन और सद्भाव का उदाहरण रहा है। विभाजन के समय भी वहां कोई सांप्रदायिक हिंसा नहीं हुई थी। कश्मीर हमारी धर्मनिरपेक्षता और लोकतांत्रिक व्यवस्था की कसौटी रहा है और है। जबकि गुजरात में गोधरा भले ही आईएसआई के एजंटों ने किया हो, सारी दुनिया जानती है कि बाकी का गुजरात संघ परिवारियों ने किया है और वे उस पर गर्व कर रहे हैं। गुजरात और कश्मीर की तुलना तो तभी हो सकती है जब संघ परिवार मान ले कि कश्मीर में जो पाकिस्तान कर रहा है गुजरात में वही संघ परिवार की भूमिका है। अगर ऐसा है तो क्या इस देश को संघ परिवार के साथ वही करना चाहिए जो पाकिस्तान से करते रहे हैं और अब भी करना पड़ सकता है। गुजरात की कश्मीर से तुलना करके क्या संघ परिवारी अपने को पाकिस्तानी नहीं बता रहे हैं ?

कश्मीरी पंडितों के शरणार्थी बने रहने के बावजूद आतंकवादी बंदूकों के साए में चुनाव होने का उदाहरण अरुण जेटली ने दिया है और दूसरे स्वनामधन्य नेताओं ने भी। आतंकवाद पीड़ित पंजाब और असम में भी सिर्फ दो-तीन प्रतिशत मतदान से सरकार बनने की बात तो सरदार पटेल के संघी संस्करण लालकृष्ण आडवाणी ने भी कही है। पंजाब में खालिस्तान बनानेवाले आतंकवादी थे और उन्हें पाकिस्तान और यूरोप-अमेरिका से मदद मिलती थी। वे पंजाब के सिख समुदाय के प्रतिनिधि कभी माने नहीं गए। इसी तरह असम को भारत से अलग करने की आतंकवादी मुहिम चलानेवाले हिंदू थे और हैं और उन्हें भी बाहर से मदद मिलती है। इन आतंकवादी गुटों को लोकतंत्र से परास्त करने के लिए चुनाव करवाए गए ताकि भारतीय पंजाबी और भारतीय असमिया अपने को आगे ला सकें। पंजाब और असम में जब सन् 1985 में चुनाव करवाए गए तो सही है कि आतंकवाद था और उसके कारण स्थिति सामान्य नहीं थी और हमने देखा कि चुनाव के कारण आतंकवाद से लोगों के समर्थन से निपटा जा सका। गुजरात में मार्च-अप्रैल में जिन संघ परिवारियों ने मुसलमानों पर हिंसा और आतंक की तलवारें चलाईं क्या वे भारत को तोड़नेवाले खालिस्तानी और असमिया आतंकवादी हैं ? क्या उनकी बनाई परिस्थिति वैसी ही है, जैसी पंजाब और असम में थी। और क्या भाजपाई नेता स्वीकार करेंगे कि संघ परिवारियों के चलाए गए अलगाववादी आतंकवाद को गुजरात में चुनाव के जरिए ही समाप्त किया जा सकता है ? तो फिर क्यों ये लोग पंजाब और असम में असामान्य परिस्थिति में करवाए गए चुनावों को गुजरात में चुनाव करवाने के औचित्य के नाते रख रहे हैं ? क्यों इन्हें कश्मीर, पंजाब और असम के अलगाववादी आतंक के सामने हथियार की तरह चलाए गए चुनाव याद आ रहे हैं ? या तो सांप्रदायिकता ने इन्हें अंधा कर दिया है या चोर की दाढ़ी में तिनका है।

कश्मीर, पंजाब और असम में चुनाव का औचित्य गुजरात के चुनाव पर फिट नहीं होता इसे पूरा भारतीय जागृत जनमत समझता है इसलिए संघ परिवारियों की दलीलों को सिवाय उनके कोई मानता नहीं। गुजरात में फिलहाल चुनाव न करवाने के चुनाव आयोग के निर्णय से संघ परिवार में जो बौखलाहट मची हुई है उसे समझने की कोशिश करनी चाहिए क्योंकि कोई भला भारतीय मानता नहीं कि कश्मीर और गुजरात की स्थिति में फर्क नहीं है और आतंकग्रस्त पंजाब और असम में जिस तरह चुनाव करवाए गए थे वैसे ही गुजरात में भी हो जाने चाहिए। सब जानते हैं कि गोधरा के बाद गुजरात में जो हुआ वह संघ परिवार ने किया और अब उस सांप्रदायिक विभाजन/ध्रुवीकरण को वह चुनाव से पुष्ट करना चाहता है। चुनाव आतंकवाद के विरुद्ध लोकतंत्र की स्थापना के लिए तो करवाए जा सकते हैं लेकिन उनका उपयोग लोकतंत्र को समाप्त करनेवाले सांप्रदायिक ध्रुवीकरण को मजबूत करने में नहीं हो सकता। चुनाव आयोग इसी पर जोर दे रहा है तो संघ परिवार को लग रहा है कि संविधान से अपने हितों

की पूर्ति का जो अधिकार मिला हुआ है उसे छीना जा रहा है। यह सवाल सिर्फ भाजपा के सत्ता में आने की कोशिश का नहीं है। गुजरात हिंदुत्व की प्रयोगशाला है और मुसलमानों और ईसाइयों को लोकतांत्रिक शासन व्यवस्था से बाहर किए बिना हिंदू राष्ट्र नहीं बनाया जा सकता और इसलिए पूरा परिवार ही चुनाव आयोग के फैसले का संप्रदायीकरण करने में लगा है।

चुनाव आयोग ने संविधान के अनुच्छेद 174 और 324 दोनों पर विचार किया है और 324 के अनुसार फैसला किया है क्योंकि यह स्वतंत्र और निष्पक्ष चुनाव करवाने के लिए आयोग को जिम्मेदार मानता है। स्वतंत्र और निष्पक्ष चुनाव पर जोर देने से कानून और व्यवस्था के बारे में गुजरात सरकार और भाजपा जिस सामान्य स्थिति का दावा करती हैं उसकी पोल खुल जाती है। चुनाव आयोग का आदेश कहता है—'राज्य की स्थिति कतई सामान्य नहीं है। दंगों से हुए सांप्रदायिक विभाजन के घाव भरे नहीं हैं। एक तरफ तो राहत और पुनर्वास की गति धीमी है और दूसरी तरफ दंगों के अपराधियों के गिरफ्तार न किए जाने, उन्हें सजा न होने से स्थिति सामान्य नहीं हो रही है क्योंकि दंगों के शिकार लोगों को पलटवार का डर और खौफ लगा रहता है। अल्पसंख्यकों के बीच रहनेवाले बहुसंख्यक समुदाय के लोगों को भी यही डर और आतंक सताता है। लोगों का स्थानीय पुलिस, प्रशासन और राजनैतिक नेताओं में विश्वास नहीं है। आयोग से मिलने आए एक व्यक्ति ने कहा कि हालत कैसे सुधर सकती है जबकि जो कुछ हुआ है उस पर खेद तक प्रकट नहीं किया जा रहा। ऐसे वातावरण में भावनाओं को भड़कानेवाला चुनाव अभियान हिंसक उलटवार चलवा सकता है। इसलिए विश्वास कायम करने की ईमानदार कोशिशें तत्काल शुरू की जानी चाहिए। इनमें सबसे पहले दंगों के अपराधियों को पकड़ने और सजा दिलाने की कार्रवाई है—उनकी राजनैतिक हैसियत कुछ भी हो पर जब तक उनके खिलाफ कार्रवाई नहीं होगी लोगों का विश्वास कैसे कायम होगा। फिर उन अफसरों को वापस अपने पदों पर बहाल करने का सवाल है जिनने दंगों को काबू करने में साहस से काम किया। दंगों से प्रभावित क्षेत्रों में केंद्रीय अर्धसैनिक बलों को बड़ी संख्या में तैनात करना पड़ेगा। लोगों का राज्य की पुलिस और प्रशासन में विश्वास जमाने के कदम उठाने पड़ेंगे। लेकिन इन सबसे बड़ी जरूरत राज्य के लोगों को उदार और मानवीय शासन की है। विश्वास कायम करने के ये सारे उपाय ऐसा वातावरण बनाने के लिए जरूरी हैं जिसमें स्वतंत्र और निष्पक्ष चुनाव हो सकें। इनके बिना वोटर निर्भय हो कर वोट देने कैसे जाएगा।'

चुनाव आयोग का पूरा जोर चुनाव के स्वतंत्र और निष्पक्ष होने पर है और उसका निष्कर्ष है कि यह सांप्रदायिक ध्रुवीकरण के वातावरण में नहीं हो सकता। भाजपा और संघ परिवार ने यह मंशा कभी नहीं छुपाई कि सत्ता में अब उसे सांप्रदायिक ध्रुवीकरण ही ला सकता है। आयोग अपने बहुजातीय, बहुधर्मी और बहुभाषी राजनैतिक समाज की एकता को लोकतंत्र के लिए अनिवार्य मानता है। कहने की जरूरत नहीं कि संघ परिवार का विश्वास एक धर्म, एक भाषा, एक संस्कृति में है। इसलिए वह मुख्य चुनाव आयुक्त को दांग का बदला लेनेवाला ईसाई बता रहा है जो हिंदुओं को हिंदू सरकार चुनने से रोक रहा है।

सर्वोच्च न्यायालय की संविधान खंडपीठ ने तय कर दिया है कि धर्मनिरपेक्षता अपने संविधान के बुनियादी ढांचे का प्रमुख स्तंभ है जिससे छेड़खानी नहीं की जा सकती। गुजरात में चुनाव आगे खिसकाने का एक प्रमुख कारण आयोग ने उस सांप्रदायिक ध्रुवीकरण को माना है जो चुनाव को स्वतंत्र और निष्पक्ष नहीं रहने देगा। इसलिए सर्वोच्च न्यायालय को गोधरा और उसके बाद हुए सांप्रदायिक नरसंहार और उससे बिगड़े राजनैतिक समाज को भी ध्यान में लाना पड़ेगा। सवाल संविधान के अनुच्छेदों का ही नहीं है उन मूल तत्त्वों का भी है जिनके बिना संविधान की आत्मा बची नहीं रह सकती।

24.8.2002

गुजरात की चुनौती अभी टली नहीं है

चुनाव आयोग ने कहा था कि इस साल नवंबर-दिसंबर में गुजरात विधानसभा के चुनाव करवाने पर विचार किया जा सकता है। और अब सर्वोच्च न्यायालय ने मान लिया है कि ऐसा करने में कोई खराबी नहीं है। दरअसल उसने कहा कि गुजरात में कब क्या हो इस पर हम विचार कर ही नहीं रहे हैं। यानी राष्ट्रपति के निवेदन पर उसका सुविचारित निर्णय जो भी हो दो बातें तो उसने पहले ही तय कर दीं। एक, भाजपा के संविधानवेत्ता अरुण जेटली छह महीने के अंदर चुनाव आयोग को संविधान के अनुच्छेद 174 के तहत चुनाव कराने को बाध्य होने का जो आदेश दे रहे थे उसे न आयोग ने माना न सर्वोच्च न्यायालय ने, क्योंकि अब छह अक्तूबर के पहले गुजरात विधानसभा की बैठक नहीं हो सकती। दूसरे, सर्वोच्च न्यायालय ने चुनाव आयोग के अधिकार क्षेत्र को दी गई चुनौती पर विचार करने से भी इनकार कर दिया। उसने कहा–हम यह मानकर चल रहे हैं कि चुनाव आयोग ने (गुजरात की) तथ्यात्मक स्थिति पर जो कहा है वह सही है। हम यह नहीं कहने जा रहे हैं कि आयोग को अपना आकलन नहीं करना चाहिए था। यानी एक चपत संविधानवेत्ता अरुण जेटली को पड़ी है और दूसरी सरदार पटेल के मौलिक संस्करण गृह और उप प्रधानमंत्री लालकृष्ण आडवाणी को। अरुण जेटली ने, आपको याद होगा कि संविधान की दुहाई देते हुए कहा था कि आयोग के पास कोई चारा ही नहीं है और लालकृष्ण आडवाणी ने कहा था कि चुनाव आयोग अपने अधिकार क्षेत्र का अतिक्रमण कर गया है।

अरुण जेटली ने कहा था कि चुनाव आयोग कौन होता है हमारी बात न माननेवाला और लालकृष्ण आडवाणी ने कहा था कि आयोग की यह मजाल कि हमें कहे कि गुजरात में राष्ट्रपति शासन लगाओ। जी हां, सत्ता के मद में इन दोनों ने चुनाव आयोग के गुजरात पर निर्णय आने के पहले और बाद में जो कहा और जिस तरह कहा उसका सार यही था। अब क्या बचा है इनको करने का ? जेटली को चुनाव तो नवंबर-दिसंबर में ही लड़ना पड़ेगा और लालकृष्ण आडवाणी को झक मार के राष्ट्रपति शासन लगवाना पड़ेगा। जी, मुझे मालूम है कि राष्ट्रपति के निवेदन पर सर्वोच्च न्यायालय की राय अभी आनी है और हो सकता है कि वह कह दे कि अनुच्छेद 174 का उल्लंघन अनुच्छेद 324 नहीं कर सकता। फिर भी इसे तो कोई मेट नहीं सकता कि गुजरात में तब चुनाव नहीं हुए जब लालकृष्ण आडवाणी, अरुण जेटली और नरेंद्र मोदी चाहते थे। गुजरात में सांप्रदायिक हिंसा की आग पर ये हिंदुत्ववादी अपनी सत्ता की रोटी नहीं सेंक सके इसका श्रेय तो चुनाव आयोग को देना ही होगा और उन सबको उसका आभार भी मानना होगा जो इस देश के सांप्रदायिक ध्रुवीकरण पर लोकतंत्र की मुहर लगना लोकतांत्रिक भारत की समाप्ति मानते हैं। संवैधानिक संस्था सर्वोच्च न्यायलय ने चुनाव आयोग की प्रतिष्ठा और विश्वसनीयता की रक्षा करके संविधान की आत्मा को बचाया है। इस देश की राजनीति को ठीक करना अब नागरिकों का कर्त्तव्य है।

फिर यह भी ध्यान रखना जरूरी है कि नवंबर-दिसंबर में चुनाव करवाने की बात भी चुनाव आयोग ने कुछ शर्तों पर की थी। उसने कहा था कि गुजरात में मतदाता सूचियों को ज्यादा से ज्यादा सही और अद्यतन बनाने और वहां स्वतंत्र और निष्पक्ष चुनाव करवाने लायक स्थिति कायम होने

के बाद वह नवंबर-दिसंबर में चुनाव करवाने का कार्यक्रम निर्धारित करने पर विचार करेगा। मार्च-अप्रैल में हुए सांप्रदायिक नरसंहार से गुजरात के पच्चीस में से बीस जिलों में भारी अफरातफरी मची है। लोग या तो अपने घर-बार छोड़कर सुरक्षित जगहों में गुजरात में ही गए हैं या राज्य के बाहर देश के दूसरे राज्यों में चले गए हैं। जो लोग राहत शिविरों में आकर रुके थे वे शिविरों के उठा दिए जाने के बाद कहां गए हैं इसकी जानकारी सरकार को भी नहीं है। सरकार ने आयोग से कहा था कि यह सब तो ठीक से अध्ययन करने के बाद ही बताया जा सकता है। आयोग ने राज्य के चुनाव आयोग को कहा है कि वह घर-घर लोग भेजकर मतदाता सूचियों को ठीक करे, बाहर गए लोगों का पता लगाए और सितंबर के अंत तक यह काम पूरा करके सूचियां छपवाए। मतदाताओं की सही जानकारी और मतदाता सूचियों को ठीक करने का काम तो फिर भी आयोग की देखरेख में ही होना है हालांकि उसे करनेवाले लोग तो गुजरात सरकार के ही होंगे। फिर भी उम्मीद की जा सकती है कि आयोग ने किसी भी वोटर को न छोड़ने और सूचियों के ठीक होने ताकि जाली मतदान की गुंजाइश न रहने का जो लक्ष्य सामने रखा है वह पूरा होगा। आयोग ने माना है कि प्रत्येक वोट बहुमूल्य है और हर वोटर जो वोट देना चाहता है उसे वोट देने की सुविधा होनी चाहिए। सही मतदाता सूचियों को आयोग ने चुनाव प्रक्रिया का बुनियादी दस्तावेज माना है। यह काम अपने संतोष से निपटाने के लिए आयोग को चार महीने मिल गए हैं और विश्वास किया जाना चाहिए कि वह इसमें कोई कोताही नहीं होने देगा।

लेकिन दूसरी शर्त—स्वतंत्र और निष्पक्ष चुनाव करवाने के अनुकूल कानून और व्यवस्था कायम करना चुनाव आयोग के बस में नहीं है क्योंकि पुलिस प्रशासन उसके हाथ में नहीं है। आयोग ने पाया, माना और अपनी रपट में कहा भी है कि गुजरात में सांप्रदायिक हिंसा और ध्रुवीकरण के घाव अभी भरे नहीं हैं। न तो सरकार ने राहत और पुनर्वास का काम ठीक से किया है न हिंसा करनेवालों को पकड़ा है न सजा दिलवाने की कार्रवाई की है। राहत और पुनर्वास का इंतजाम अगर ठीक से हो जाता तो हिंसा के शिकार अपने घरों को लौटकर किसी तरह फिर से जिंदगी शुरू करते। लेकिन न घर ठीक करने के पैसे मिले हैं न अपना रोजगार-धंधा फिर शुरू करने की मदद। इससे भी बड़ी समस्या यह है कि वे लौटकर घर जाते हैं तो वही लोग उन्हें फिर भगा देते हैं जिनने उनके घर जलाए, लूटे, उनकी महिलाओं और बच्चों पर अत्याचार किए और हत्याएं कीं। गोधरा जिले में एक परिवार को अपने गांव के घर वापस जाने को मनाया गया पुलिस की रक्षा में। दूसरे दिन वह पूरा परिवार मार दिया गया।

अमदाबाद में ऐसे कई इलाके हैं जहां शिविरों से लोग वापस गए तो उन्हें मारकर भगा दिया गया। चूंकि हिंसा करनेवाले ज्यादातर लोग अब भी खुले घूम रहे हैं और उनका ऐसा घूमना ही उन पर पुलिस और नेता के वरदहस्त का सबूत है तो मारे डर के लोग वापस अपने घरों में नहीं जाते। अल्पसंख्यक ही नहीं अल्पसंख्यकों के बीच रहनेवाले बहुसंख्यक समुदाय के लोग भी बदले की हिंसा के डर में जी रहे हैं। आयोग ने कहा है कि लोगों का स्थानीय पुलिस प्रशासन और राजनैतिक नेताओं में विश्वास नहीं रहा। सरकार, पुलिस प्रशासन और नेताओं के मन में खेद तक नहीं है। प्रधानमंत्री शाह आलम कैंप में जाते हैं तो उन्हें गुजरात का कलंक दिखाई देता है, दिल्ली लौटते ही वह गायब हो जाता है। लालकृष्ण आडवाणी जैसे गृहमंत्री को दुख और शर्म प्रकट करने का सही स्थान लंदन लगता है। विश्व हिंदू परिषद तो गुजरात में किए गए पर गर्व कर ही रही है। ऐसे में आपसी विश्वास फिर जमाने की प्रक्रिया कैसे शुरू होगी ? आयोग ने कहा था कि इसके लिए सबसे पहले उन लोगों को पकड़ना होगा जिनके नाम लोगों ने पुलिस की रपटों में लिखाए हैं। ऐसे लोगों को अपराध की सजा दिलवाने की कार्रवाई करनी होगी। आप जानते हैं कि जिनके नाम हिंसा के शिकार लोगों ने लिखवाए हैं वे भाजपा, बजरंग दल, विश्व हिंदू परिषद आदि के नेता

हैं और सब जानते हैं कि वे पकड़े नहीं गए हैं और न उन पर किसी कार्रवाई के किए जाने की आशंका है। जिन अफसरों ने सख्ती से काम किया और भीड़ को मनमानी नहीं करने दी आप जानते हैं कि उनका तबादला कर दिया गया था। आयोग ने कहा था कि उनको फिर से उनके पदों पर बहाल किया जाए।

आप जानते हैं कि मोदी सरकार ने ऐसा कुछ नहीं किया। आयोग ने कहा था कि दंगों से प्रभावित इलाकों में अर्धसैनिक केंद्रीय बलों के जवानों की बड़ी संख्या में तैनाती होनी चाहिए। आप जानते हैं कि लालकृष्ण आडवाणी के गृहमंत्री और नरेंद्र मोदी के मुख्यमंत्री होते हुए ऐसा नहीं होगा। इसके ठीक विपरीत ये दोनों साबित करने में लगे हैं कि गुजरात में हालत बिलकुल सामान्य है और संघ परिवार का प्रचार है कि मुसलमानों को जो सबक सिखाया गया है उसके लाभ बने रहने दिए जाने चाहिए—यानी वे डर, असुरक्षा और भविष्यहीनता में ही रहने पर मजबूर रखे जाने चाहिए। पुलिस प्रशासन तो चुनाव आयोग के कहने पर नहीं सरकार के कहने पर चलेगा। इसलिए लोगों में विश्वास, भाईचारा और अपनापा नहीं आ सकता क्योंकि सांप्रदायिक आग को लगाए रखने में ही भाजपा अपनी जीत देख रही है।

आयोग के निर्णय और सर्वोच्च न्यायालय से उसे मिली पुष्टि से यही हुआ है कि संघ संप्रदाय का सांप्रदायिक खेल सिरे चढ़ने से रुक गया है। याद कीजिए कि प्रधानमंत्री स्वयंसेवक अटल बिहारी वाजपेयी ने संसद के अपने एक बयान में कहा था कि बैंकाक, थाइलैंड की यात्रा पर उनने नरेंद्र मोदी को हटाने का मन बना लिया था। लेकिन जब वे भारत लौटे और अपनी पार्टी के सम्मेलन में गोवा गए तो उनने मन बदल लिया। उनने पाया कि उनका आकलन ठीक नहीं है। आपको याद यह भी होगा कि स्वयंसेवक प्रधानमंत्री के भारत लौटने के पहले अरुण जेटली अमदाबाद गए थे और वहीं से नरेंद्र मोदी के साथ गोवा पहुंचे। नरेंद्र मोदी ने तब भरी सभा में इस्तीफे की पेशकश की थी और पार्टी के कार्यकर्ताओं और दिग्गजों ने एक स्वर से उनके इस्तीफे को नामंजूर किया था और उनसे कहा था कि वे विधानसभा भंग करके जनता से नया जनादेश लें।

जानकार लोग कहते हैं कि अरुण जेटली को गृहमंत्री लालकृष्ण आडवाणी ने भिजवाया था और यह उनकी योजना थी कि नरेंद्र मोदी को हटाए जाने की मांग की हवा इस तरह निकाली जाए और जिस गुजरात को संघ संप्रदाय ने इतने पराक्रम से हिंदुओं और मुसलमानों में बांटा है और हिंदुओं को विजय बोध दिया है उन्हें वोट देने को कहा जाए। गोवा के सम्मेलन में अटल बिहारी वाजपेयी ने पाया कि नरेंद्र मोदी को हटाया जाना हिंदुओं को बर्दाश्त नहीं होगा और उनने अपना आकलन बदल लिया। बल्कि शाम को आम सभा में कहा कि देखना यह भी होगा कि गुजरात में सांप्रदायिक हिंसा की शुरुआत किसने की ? आग किसने लगाई ? गोवा में न सिर्फ स्वयंसेवक प्रधानमंत्री का आकलन बदल गया, नरेंद्र मोदी को एक एजंडा भी सौंपा गया। गुजरात विधानसभा उसी के अनुसार भंग की गई और उसी के अनुसार वहां सितंबर में चुनाव की मांग की गई। जब चुनाव आयोग जल्दी चुनाव कराता दिखा नहीं तो उसे अरुण जेटली और लालकृष्ण आडवाणी ने उपदेश दिए और धमकाया। आयोग नहीं माना तो मुख्य चुनाव आयुक्त को हिंदुओं से बदला लेने वाला ईसाई बताकर बदनाम किया गया। फिर राष्ट्रपति के जरिए सर्वोच्च न्यायालय को आयोग से भिड़ाया गया। लेकिन सर्वोच्च न्यायालय ने भी इनके सांप्रदायिक खेल को पूरा नहीं होने दिया है।

क्या आप मानकर संतुष्ट हो जाएंगे कि संघ संप्रदाय गुजरात को हिंदू राष्ट्र का पहला प्रांत बनाने का प्रयोग छोड़ देगा ? क्या संघ संप्रदाय को चुनाव आयोग और सर्वोच्च न्यायालय रोक सकते हैं ? बाबरी मस्जिद को भूलिए मत। उसे भी कानून और संविधान का पूरा संरक्षण प्राप्त था। गुजरात की चुनौती और संकट अभी टले नहीं हैं।

4.9.2002

गांधी जयंती पर संघ का उद्‌बोधन

सोचा था कि दिल्ली प्रांत संघचालक सत्यनारायण बंसल को लिख दूंगा कि आपकी बड़ी मेहरबानी जो आपने 'परमपूज्य सरसंघचालक माननीय सुदर्शनजी के दिल्ली प्रवास पर प्रबुद्ध नागरिकों के मिलन' में बुलाया। लेकिन यह मेरे शोभनीयता बोध के साथ दुराचार होगा कि गांधी जयंती के दिन राष्ट्र के सम्मुख चुनौतियों के संदर्भ में संघ की भूमिका पर सुदर्शनजी का उद्‌बोधन सुनूं। संघ को मैं भारत की सबसे बड़ी समस्याओं में से एक मानता हूं और उसके निराकरण की कोशिशों में लगा हूं। आ नहीं पाऊंगा। क्षमा कर दीजिएगा। लेकिन जैसे-जैसे दिन बीतता गया और टीवी पर खबरें देखता गया, देश की सबसे तेज और संघप्रिय चैनल देखकर तो लगा कि गांधी जयंती का देश का मुख्य कार्यक्रम तो स्वयंसेवकों के बीच सुदर्शनजी का भाषण ही था। फिर प्रबुद्ध नागरिकों के बीच परमपूज्य सरसंघचालक के गांधी पर उच्च विचार के 'टुकड़े' भी देखने को मिले। रात तक लगा कि अटलजी की सरकार की आर्थिक नीतियों के खिलाफ बोलने के लिए स्वदेशी के नाम पर गांधी और उनकी जयंती का इस्तेमाल किया गया है। और संघ इसी तरह गांधी जयंती मनाना चाहता है कि उस दिन गांधी की उन गलतियों की याद दिलाई जाए जो साठ-सत्तर साल से वह दबी-कुची जबान से बताता रहा है। अब उसके स्वयंसेवकों की सरकार है और गांधी के गुजरात में वह हिटलर के प्रयोग को हाल ही दुहरा चुका है इसलिए उन्हीं बातों को अब लगभग शासकीय प्रामाणिकता के साथ दुहरा सकता है।

सच कहूं तो माफ कर देना कि यह सब देख-समझकर मेरा खून पवित्र आक्रोश से उबलने लगा। जिनने गांधी को नहीं छोड़ा वे उनकी जयंती को कैसे छोड़ देंगे ? गांधी का शरीर नश्वर था और उसे गोलियों से ठंडा किया जा सकता था। कर दिया गया। लेकिन उनकी कीर्ति और उनके विचार गोलियों और गालियों से मिटाए नहीं जा सकते। इसलिए अब अपने स्वयंसेवकों का राज है तो गांधी जयंती इस तरह मनाई जाए कि उन्हें तो बदनाम किया जाए लेकिन उनकी धरोहर के नए दावेदार गौरवान्वित हो सकें। इसलिए सुदर्शनजी ने कहा कि गांधी को संघ का काम अच्छा लगता था और उनने उसकी सराहना की थी। बंसल साब ने जो निमंत्रण भेजा था उस पर भी सबसे पहले गांधी का वाक्य उद्‌धृत किया गया था—जब मैं संघ शिविर देखने गया तो आपके अनुशासन और छुआछूत से सर्वथा मुक्त व्यवहार ने मुझे बहुत प्रभावित किया। महात्मा गांधी (संघ कार्यक्रम, दिल्ली, 16.9.1947) बाबा साहेब अम्बेडकर, जयप्रकाश नारायण, इकोनोमिस्ट और सरदार खुशवंत सिंह के भी उद्धरण छपे थे।

इतिहास से घटनाएं और कथन चुन-चुनकर उठाना और फिर उन्हें अपने संदर्भ और चौखटे में फिट करना संघ संप्रदाय की इतिहास के दुरुपयोग की अपनी खास शैली है। वे गांधी और उनकी जयंती का भी इसी तरह इस्तेमाल कर रहे थे। गांधी को संघ इतना ही पसंद था तो वह उनके सामने कोई तेईस साल रहा। गांधी उसके स्वयंसेवक क्यों नहीं बन गए ? उनने आजादी के आंदोलन और कांग्रेस को संघ के रास्ते क्यों नहीं लगा दिया ? और संघ गांधी को इतना महान 'हिंदू' मानता था तो उनके नेतृत्ववाले स्वतंत्रता संग्राम में शामिल क्यों नहीं हो गया ? संघ अपने को तो बड़ा

त्यागी, बलिदानी और देशभक्त संगठन मानता है तो वह देश को स्वतंत्र करने के आंदोलन से दूर क्यों रहा ? वंदे मातरम का नारा लगाकर गांधी के लोग जब कुरबान हो रहे थे तब संघनिष्ठ स्वयंसेवक ब्रिटिश सरकार की सेवा में घुसपैठ क्यों कर रहे थे ? और भारत माता के नवरत्न महात्मा गांधी को हिंदुत्ववादी नाथूराम गोडसे ने गोलियों से मारा तो संघ ने अपने हिंदुत्व पर फिर विचार क्यों नहीं किया ? क्यों तब की सरकार और ज्यादातर लोगों ने माना कि गांधी-हत्या के षड्यंत्र में संघ शामिल है ? अब आज लोग कैसे मान लेंगे कि संघ गांधी के रास्ते पर चलनेवाला संगठन है ? जनता की याददाश्त छोटी होती है लेकिन क्या इतनी छोटी होती है कि वह राष्ट्रीय स्वयंसेवक संघ को गांधी की धरोहर का सच्चा दावेदार मानने लगेगी ?

लेकिन आप पाएंगे कि संघ के नेता कुछ वर्षों से ऐसा ही दावा करते आ रहे हैं। वे मानते हैं कि उन्हें कौन चुनौती दे सकता है ? कांग्रेस में न तो इतना दम है न ऐसी इच्छा कि गांधी पर दावेदारी कर सके। उन्होंने संजय और सोनिया गांधी को अपना नेता बनाकर महात्मा गांधी से ऐसा पल्ला झटकारा है कि उनकी कोई विश्वसनीयता नहीं बची। सर्वोदयवाले बदनाम नहीं हैं लेकिन इतने प्रभावहीन हो गए हैं कि उनकी आवाज नक्कारखाने में तूती की तरह खो गई है। कभी समाजवादी गांधी का नाम लिया करते थे। उनमें इतना बिखराव आया है कि एक गुट तो सरकार में शामिल होकर अपनी कुर्सियां बचाने में ही धन्य हो रहा है। साफ कहनेवाले कुछ समाजवादी बचे हैं तो बोलते रहें, संघ के कोलाहल में सब डूब जाएंगे। इसलिए संघ बड़ी बेशरमी से गांधी को अपने में समाहित करने में लगा है। वह जानता है कि गांधी को साथ लिए बिना वह देश की आम जनता को स्वीकार नहीं होगा। इसलिए गांधी जयंती पर राष्ट्रीय स्वयंसेवक संघ, प्रबुद्ध नागरिकों का मिलन आयोजित करता है और सरसंघचालक राष्ट्र के सम्मुख चुनौतियों पर बोलते हैं।

संघवाले यह भी समझ गए हैं कि उनके चलाए तो देश में स्वदेशी चलेगा नहीं। खुद उनके स्वयंसेवकों की सरकार स्वदेशी को नहीं मानती। गांधी के पास स्वदेशी का अर्थ-दर्शन भी है और उस आंदोलन से उनका नाम भी बड़ी प्रामाणिकता के साथ जुड़ा हुआ है। इसलिए स्वदेशी पर अपनी ही सरकार को पीटने के लिए संघ को गांधी की लाठी चाहिए। गांधी का उनके लिए यही उपयोग है। इसलिए आपने देखा कि गांधी जयंती के दिन परमपूज्य सरसंघचालक सुदर्शनजी ने कैसी लाठी भांजी ! लेकिन गांधी का यह उपयोग करते हुए भी सुदर्शनजी को बताना पड़ा कि हिंदू-मुस्लिम एकता पर जोर देकर और सरदार पटेल के बजाय जवाहर लाल नेहरू को अपना उत्तराधिकारी बनाकर गांधी ने कितनी बड़ी गलतियां की हैं। संघ की बताई गांधी की इन गलतियों को देश और दुनिया ने कभी गंभीर विचार के लायक नहीं समझा, इसलिए अपने को भी उन पर ध्यान देने की जरूरत नहीं। सत्ता में बैठे संघ के स्वयंसेवक भी जानते हैं कि स्वदेशी में संघ की कितनी निष्ठा है इसलिए वे भी संघ की चलाई जा रही गांधी स्वदेशी लाठी की मार खाकर चित नहीं हो रहे। तो फिर मामला क्या है ?

मामला यह है कि गांधी को अपने में समाहित करने और अपने प्रयोजनों में उनका उपयोग करने में राष्ट्रीय स्वयंसेवक संघ को बुनियादी बाधाएं हैं। एक तो हिंदुत्व गांधी के जीवन और उनके दर्शन के ठीक विपरीत है। वीर सावरकर ने हिंदुत्व की अपनी अवधारणा गांधी के विरोध में ही विकसित की और चलाई। संघ ने भी उसे गांधी के सपनों के भारत के विरुद्ध हिंदू राष्ट्र के दर्शन के रूप में स्वीकार किया। इसलिए संघ की गांधी-प्रशंसा की धूल झाड़ते ही नंगी असलियत निकल आती है। इसलिए न तो लोक दृष्टि में, न विचार-विमर्श में संघ की गांधी से पटरी बैठ पाती है। फिर यह संदेह भी बना ही रहता है कि नाथूराम गोडसे ने संघ छोड़ दिया था। संघ के दस्तावेज में भी नहीं मिला कि वह उसका स्वयंसेवक था। सच तो यह है कि संघ में स्वयंसेवकों का कोई रेकार्ड नहीं रखा जाता। उसकी सदस्यता के कोई जाहिर और औपचारिक कागजात नहीं होते। संघ

का कामकाज जाननेवाले सभी लोग इस बात को जानते हैं और उनने लिखा भी है। फिर संघ के लिए स्वयंसेवकों की सेवकाई सुविधा और रणनीति का मामला है। लाख रुपए की रिश्वत लेते बंगारू लक्ष्मण को वह विफल स्वयंसेवक कह सकता है और नाथूराम गोडसे की स्वयंसेवकी से तो साफ इनकार कर सकता है। अपने को बचाकर रखना संघ का सबसे बड़ा सिद्धांत है। हेडगेवार ने ब्रिटिश सरकार से, गोलवलकर ने सरदार पटेल से और बाला साहब देवरस ने संघ को इंदिरा गांधी से बचाने के लिए क्या-क्या समझौते नहीं किए, सब इतिहास में दर्ज है। इसलिए नाथूराम गोडसे के भाई गोपाल गोडसे की गवाही देखिए। वे सन् तिरानवे में अपनी पुस्तक—मैंने गांधी की हत्या क्यों की ? के विमोचन पर दिल्ली आए थे। तब उनने साफ कहा था कि वे और नाथूराम दोनों ही संघ के स्वयंसेवक थे। बाद में फ्रंटलाइन मासिक को दिए एक इंटरव्यू में उनने 28 जनवरी 1994 के अंक में कहा—

'नाथूराम, दत्तात्रेय, मैं और गोविंद हम चारों भाई राष्ट्रीय स्वयंसेवक संघ में थे। आप कह सकते हैं कि हम घर के बजाय संघ में ही बड़े हुए। हमारे लिए वह परिवार की तरह था। नाथूराम संघ में बौद्धिक कार्यवाह हो गया था। उसने अपने बयान में कहा था कि उसने संघ छोड़ दिया था। ऐसा उसने इसलिए कहा कि गांधी हत्या के बाद गोलवलकर और संघ बहुत मुश्किल में फंस गए थे। लेकिन उसने संघ छोड़ा नहीं था।'

गोपाल गोडसे से पूछा गया कि लालकृष्ण आडवाणी का तो दावा है कि नाथूराम का संघ से कोई लेना-देना नहीं था—गोपाल ने कहा—'मैंने इसका खंडन किया है। ऐसा कहना कायरता है। आप कह सकते हैं कि संघ ने ऐसा कोई प्रस्ताव पास नहीं किया था कि जाओ और गांधी की हत्या कर दो। लेकिन आप नाथूराम को छोड़ कैसे सकते हैं। हिंदू महासभा ने नाथूराम को नहीं छोड़ा। नाथूराम 1944 में जब संघ में बौद्धिक कार्यवाह था तभी उसने हिंदू महासभा में भी काम करना शुरू किया था।' गांधी के हत्यारे नाथूराम गोडसे के भाई और सहषड्यंत्रकारी गोपाल की यह गवाही अब भी कायम है और लोक संदेह की पुष्टि कर रही है।

विभाजन के पहले और बाद में सांप्रदायिक हिंसा में संघ की भूमिका पर गांधी ने कितनी बार क्या-क्या कहा, यह सब उनके सचिव और अहवाल लिखनेवाले प्यारेलाल ने 'पूर्णाहुति' नाम के अपने प्रामाणिक ग्रंथ के चौथे खंड में लिखा है। 12 सितंबर 47 को राष्ट्रीय स्वयंसेवक के अधिनायक गुरु गोलवलकर गांधीजी से मिलने आए।...गांधीजी ने उनसे कहा, 'आपको एक सार्वजनिक बयान निकालना चाहिए और अपने विरुद्ध लगाए गए आरोपों का खंडन करना चाहिए तथा मुसलमानों की हत्या करने और उन्हें सताने के काम की निंदा करनी चाहिए जो कि शहर में अब तक हुआ है और अभी भी हो रहा है। उन्होंने गांधीजी से कहा, 'आप खुद हमारे कहने के आधार पर ऐसा कर सकते हैं।' गांधीजी ने उत्तर दिया, 'मैं अवश्य करूंगा। परंतु आप जो कह रहे हैं उसमें यदि सच्चाई हो तो ज्यादा अच्छा यह होगा कि जनता उसे आपके मुख से सुने।'

गांधीजी की मंडली के एक सदस्य बीच में ही बोल पड़े, 'संघ के लोगों ने वाह के निराश्रित शिविर में बढ़िया काम किया है। उन्होंने अनुशासन, साहस और परिश्रमशीलता का परिचय दिया है।' गांधीजी ने उत्तर दिया, 'परंतु यह मत भूलिए कि हिटलर के नाजियों और मुसोलिनी के फासिस्टों ने भी यही किया था।' गांधीजी ने राष्ट्रीय स्वयंसेवक संघ को 'तानाशाही दृष्टिकोण रखनेवाला सांप्रदायिक संगठन' बताया।

जवाहरलाल नेहरू ने 27 अक्तूबर 1948 को सरदार पटेल को लिखा—'मुझे याद है कि गोलवलकर से पहली बार मिलने के बाद बापू ने मुझसे कहा कि वे उनसे कुछ प्रभावित हुए हैं फिर भी वे उन पर भरोसा नहीं कर पाते।' गोलवलकर से दूसरी या तीसरी मुलाकात के बाद बापू ने गोलवलकर और संघ के विरुद्ध बड़ी सख्त राय बना ली थी और कहा कि 'उनके कहे पर भरोसा

करना असंभव है। जब बात करते हैं तो बड़े समझदार लगते हैं लेकिन जो कहते हैं उसके ठीक खिलाफ काम करने में उन्हें दुविधा नहीं होती। मेरा अपना भी यही मानना है।'

और सरदार पटेल–जिनको कि संघवाले गांधी का सच्चा वारिस मानते हैं और जिनने संघवालों को भटके हुए देशभक्त कहा था–गांधी हत्या के बाद संघ की असलियत जान गए थे। उन्हीं ने संघ पर पाबंदी लगाई थी। सरदार पटेल ने 11 सितंबर 48 को गोलवलकर के पत्र के जवाब में लिखा था कि 'उनके विचार इसलिए बदले कि जब बदले की आग में संघवालों ने मुसलमानों पर अत्याचार शुरू किए। हिंदुओं का संगठन करना व उनकी सहायता करना एक प्रश्न है पर उनकी मुसीबतों का बदला निहत्थे व लाचार औरतों, बच्चों व आदमियों से लेना दूसरा प्रश्न है।' दूसरा कारण यह था कि संघवालों के भाषण सांप्रदायिकता के जहर से भरे हुए थे। उस जहर का नतीजा यही हुआ कि गांधीजी की अनमोल जान की कुरबानी देश को देनी पड़ी। सरकार और जनता की सहानुभूति संघ के साथ नहीं रही बल्कि वह उसके खिलाफ हो गई। गांधीजी की हत्या पर संघवालों ने जो खुशी मनाई और मिठाई बांटी उससे जनता और सरकार का विरोध और बढ़ गया और सरकार को संघ के खिलाफ कार्रवाई करना पड़ी।

न गांधी के खून के धब्बे संघ को छोड़नेवाले हैं न इतिहास का निर्णय। गांधी जयंती पर पाप धोने की कोशिश वे चाहे जितनी कर लें।

6.10.2002

कालिख तो हम पर पुत रही है

पुणे में कांग्रेसियों ने विश्व हिंदू परिषद के अंतरराष्ट्रीय महासचिव डॉक्टर प्रवीण भाई तोगड़िया के मुंह पर कालिख पोत दी। वहां के शहर कांग्रेस अध्यक्ष मोहन जोशी ने दावा किया है कि वे अपने कार्यकर्ताओं के साथ नेहरू स्टेडियम के सामने पहुंचे और जैन मंदिर से बाहर निकल रहे तोगड़िया का उनने घेराव किया और फिर उनके मुंह पर कालिख पोती। लेकिन तोगड़िया का कहना है कि कांग्रेसियों ने ऐसा करने की कोशिश जरूर की थी लेकिन मैं मंदिर में जा चुका था। पता नहीं उनने किस के मुंह पर कालिख लगाई। कांग्रेसियों ने फिर उन्हें नागपुर में घेरा और उन पर अंडे फेंके। प्रवीण भाई तोगड़िया ने अभी बताया नहीं है कि कोई कांग्रेसी अंडा उनके जाज्वल्यमान चेहरे से टकराकर टूटा या नहीं या सारे अंडे किसी और पर जा गिरे। नागपुर हवाई अड्डे पर कांग्रेसियों का प्रदर्शन देखकर पुलिस ने उन्हें सुरक्षित बचाकर निकाला और वाहन में बैठाकर रवाना कर दिया। आगरा में कांग्रेसी तोगड़िया का पुतला जलाने वाले थे लेकिन उन पर बजरंग दल के हथियारों से लैस कार्यकर्ताओं ने हमला कर दिया। घायल कांग्रेसियों को अस्पताल में भर्ती करवाना पड़ा।

शायद अभी आप भूले न हों कि तोगड़िया कांग्रेसियों के निशाने पर क्यों चढ़े हैं ? वे भुज के गांव लोडिया में भाषण दे रहे थे कि गांववालों को धर्म के नाम पर वोट देना है नहीं तो मुशर्रफ की औलाद का राज हो जाएगा। आप जानते हैं कि महीने-दो महीने में गुजरात में चुनाव होने वाला है। भाजपा की बहन विश्व हिंदू परिषद वहां चुनाव प्रचार में लगी हुई है और मानती है कि गोधरा के जवाब में संघ परिवार के वीर स्वयंसेवकों ने मुसलमानों को सबक सिखाने के लिए जो पराक्रम किया है उससे प्रभावित होकर हिंदू भाजपा को वोट देंगे। तोगड़िया इस सभा में बता रहे थे कि गोधरा के बाद हमने जो किया उस पर पहले मुहल्ले के सेकुलर कुत्ते भौंके। फिर गुजरात के भौंकने लगे और फिर देश भर के कुत्ते भौंके और आखिर में इटली की कुत्ती भी भौंकने लगी। वे लोडिया के गांववालों में भाषण दे रहे थे इसलिए जाहिर है कि गुजराती में बोल रहे थे और ठीक-ठीक उनने गुजराती में कहा—इटली नी कुत्री। अब उस दिन से कांग्रेसी नाराज हैं और देश भर का सभ्य समाज भी थू-थू कर रहा है क्योंकि बुद्धू से बुद्धू आदमी को भी समझ पड़ गया है कि तोगड़िया का मतलब किससे है। लेकिन बेचारे प्रवीण भाई तोगड़िया कहते हैं कि मैंने तो सोनिया गांधी का नाम लिया ही नहीं। दिक्कत इस देश के सेकुलर मीडिया की है। वही मेरे कहे का मतलब निकालता है और फिर उसका अर्थ मेरे मुंह में डाल देता है। इससे आप समझ रहे हों कि प्रवीण भाई तोगड़िया बेचारे विश्व हिंदू परिषद के कोई बदमिजाज सिरफिरे पदाधिकारी होंगे तो आप गलती कर रहे हैं। वे बाकायदा डॉक्टर हैं और कैंसर के सर्जन हैं। परिषद ने उन्हें अपना अंतरराष्ट्रीय महासचिव कोई यों ही नहीं बना दिया है। वे पक्के हिंदुत्ववादी हिंदू हैं और इतने काबिल हैं कि सरकार ने उनकी रक्षा के लिए उन्हें जेड प्लस सुरक्षा दे रखी है। गुजरात में कार्यवाहक मुख्यमंत्री नरेंद्र मोदी के बाद उन्हीं को यह सुरक्षा मिली हुई है। और उनकी योग्यता और संस्कार-निष्ठता तो आपने देख ही ली है कि हिंदुओं के पराक्रम की निंदा करने वालों को वे किस भाषा में संबोधित करते हैं और मुहल्ले से लेकर इटली तक कितनी आसानी से पहुंचते हैं। अंतरराष्ट्रीय महासचिव कोई यों ही नहीं बना दिए गए हैं।

ऐसे प्रवीण भाई तोगड़िया के मुंह पर कांग्रेसी कालिख पोतने का दावा कर रहे हैं। सोनिया गांधी को लीडर मानते हैं ना ! उनको खुश करने के लिए प्रवीण भाई के पीछे पड़े हैं। और देख नहीं रहे हैं कि प्रवीण भाई तो बेचारे पूरे हिंदू समाज का मुंह काला कर रहे हैं। लोडिया में कोई एक इटली नी कुत्री को ही उनने याद थोड़े किया था। वे डॉक्टर हैं और विज्ञान जानते हैं इसलिए उनने मुसलमानों से कहा कि जाओ अपने खून की जांच करवाओ। आपकी धमनियों में राम और कृष्ण का ही खून मिलेगा पैगंबर मोहम्मद का नहीं क्योंकि आखिर आपका मूल तो हिंदू है। फिर उनने कहा कि मुसलमान मस्जिद में नमाज पढ़ने जाएं तो हमें कोई एतराज नहीं है। लेकिन आप जिहाद की बात करोगे तो खबरदार। आप हिंदू धर्म और संस्कृति को नुकसान नहीं पहुंचा सकते। हिंदुओं में फूलों की माला पहनते हैं लेकिन हमारी देवी काली खोपड़ियों की माला भी पहनती है। हमें लगता है कि हम फूलों की माला पहनकर गलती करते हैं। आप समझते हो कि हिंदुओं को बम फोड़ के और हिंसा करके दबाया जा सकता है। गुजरात में हम पांच करोड़ हिंदू हैं। आतंकवादी हमले में पचास हजार हिंदू मर भी जाएं तो यह गिनती कोई कम नहीं हो जाएगी। लेकिन आप जो पचास हजार लोग हो आप मार दिए जाओ तो कितने बचोगे। गुजरात में चुनाव आगे खिसकाए गए ताकि हिंदू वोट बंट जाएं। लोहाना लोग लोहाना उम्मीदवार को वोट दें, दरबार दरबार को, पटेल पटेल को और बामन बामन को वोट दें और इस तरह मुशर्रफ की औलाद यहां राज करे। इसलिए जात पर वोट मत दो, धर्म पर वोट दो !

अब भारत के लोकतांत्रिक समाज की आजादी का इस्तेमाल करते हुए जो चुनाव के लिए हो रही सार्वजनिक सभा में इस तरह भाषण दे उस डॉक्टरी पढ़े सिरफिरे के बारे में आप क्या कहेंगे ! यही कहेंगे ना कि वह हमारे मुंह पर कालिख पोत रहा है। गुजरात में कोई सरकार होती और अपने संविधान को समझती होती तो प्रवीण भाई तोगड़िया पर बोलने की पाबंदी लगाती। फिर भी वे चुप नहीं होते तो जेल में बैठा देती। लेकिन वहां तो मुख्यमंत्री नरेंद्र मोदी हैं जो खुद ही गौरव यात्रा करते हैं और मुसलमानों के बारे में कहते हैं कि उनका तो नारा ही हम पांच हमारे पच्चीस है। और नरसंहार के मारे मुसलमान जिन राहत शिविरों में आ कर रहे उन्हें मोदी जी बच्चे पैदा करने के कारखाने बता रहे हैं। ऐसे नरेंद्र मोदी के गौरव को कौन रोक सकता है ? दिल्ली में गृह मंत्री बने बैठे लालकृष्ण आडवाणी और प्रधानमंत्री अटल बिहारी वाजपेयी दोनों बारी-बारी से गुजरात के नरसंहार को भारत और अपनी पार्टी के माथे पर लगा कलंक बता चुके हैं। लेकिन सांप्रदायिक सद्भाव और कानून के राज में दोनों की इतनी अगाध आस्था है कि न मोदी को रोक सकते हैं न प्रवीण भाई तोगड़िया को। वाजपेयी राष्ट्रसंघ में और आडवाणी ब्रिटेन में जा कर कुछ और कह के आते हैं और गुजरात में कुछ और होने देते हैं। इनसे आप क्या उम्मीद कीजिएगा। फिर ये कहें भी तो मोदी और तोगड़िया उनकी सुनते कहां हैं। मोदी ने संविधान की बनाई संस्था चुनाव आयोग के मुख्य चुनाव आयुक्त के बारे में कुछ कम नहीं कहा। पर वे किस के कराए चुप हुए ?

फिर एक नरेंद्र मोदी और प्रवीण भाई तोगड़िया हों तो वाजपेयी और आडवाणी कुछ करें भी। पर यहां तो उनका पूरा का पूरा संप्रदाय ही लगा हुआ है। जिस दिन आप दशहरा मना रहे थे, हरियाणा के झज्जर जिले के गांव दुलीना की पुलिस चौकी पर भीड़ ने पांच दलितों को पीट-पीटकर मार डाला। वे सब जवान थे और वही कर रहे थे जो बरसों से करते आ रहे हैं। मरी हुई गाय की खाल निकालना और उसे बेचकर रोजी चलाना। उस दिन उनने फरुखनगर गांव से मरी हुई गाय खरीदी और उसकी खाल निकालकर बेचने जा रहे थे। उन्हें भीड़ ने पकड़ा और पीटा और पुलिस चौकी को सौंप दिया। फिर भीड़ दशहरा मनाने गई और वहां अफवाह फैला दी कि वे जिंदा गाय की खाल निकाल रहे थे। तीन-चार घंटे तक यह अफवाह चलती रही और रावण जलाकर लौटती भीड़ इतनी उत्तेजित हो गई कि गऊ माता की जय का नारा लगाते हुए उसने पुलिस चौकी

में दुबके उन पांच दलितों को निकाला और पीट-पीटकर मार डाला। दो को जला डाला। वहां पुलिसवाले थे जो कुछ नहीं कर सके। सिटी मजिस्ट्रेट थे जिनसे कुछ नहीं बना। हिंसा पर आमादा भीड़ ऐसा कर सकती है लेकिन उसे रोकनेवाले भी तो चाहिए। कोई कार्रवाई नहीं हुई। मारे गए दलितों के गांववालों और जातवालों ने महापंचायत की जिसमें कहा गया कि विश्व हिंदू परिषद और बजरंग दल के लोग ऐसा जुनून फैलाते रहे हैं। लेकिन झज्जर के परिषद और शिवसेना के लोगों ने पुलिस को लिख के दिया है कि कोई कार्रवाई न की जाए। तीन दिन बाद विश्व हिंदू परिषद के उपाध्यक्ष आचार्य गिरिराज किशोर ने कहा कि इस दलित हत्याकांड में उनका कोई कार्यकर्ता नहीं था, न परिषद का इससे कोई लेना-देना है। उनने कहा कि अगर कोई गाय मारी गई हो या जिंदा उसकी खाल निकाली जा रही हो तो इससे भीड़ ऐसी उत्तेजित हो सकती है। लेकिन मरी हुई गाय की खाल निकाली गई हो तो यह अलग बात है। उनसे हिंदू अखबार की नीना व्यास ने पूछा कि दलित के जीवन की तुलना में क्या गाय के जीवन का मूल्य ज्यादा है ? तो आचार्य गिरिराज किशोर ने कहा–शास्त्रों के हिसाब से गऊ का जीवन बहुत मूल्यवान है।

अब कौन यह मानेगा कि हिंदू शास्त्रों में दलितों के जीवन से गाय का जीवन ज्यादा मूल्यवान है ? संघ संप्रदाय के लोग हिंदू धर्म को सबसे मानवीय बताते हैं। फिर यह कैसे होता है कि मरी हुई खाल के लिए मौत के घाट उतार दिए गए मनुष्यों के लिए तो आचार्य बताए जानेवाले गिरिराज किशोर को कोई दुख नहीं होता लेकिन वे शास्त्रों में गऊ के जीवन को मूल्यवान बताते हुए हिचकते नहीं। कोई यह सवाल महात्मा गांधी से पूछता तो वे कहते कि जो शास्त्र गाय की तुलना में मनुष्य के जीवन को हेय माने उसे जला दिया जाना चाहिए। कोई शास्त्र नहीं कहता कि मनुष्य की तुलना में गाय का जीवन ज्यादा मूल्यवान है। लेकिन जिस तरह मरी हुई गाय की खाल को झज्जर में जिंदा गाय की खाल उतारना बताकर प्रचारित किया गया और लोगों को भड़काया गया, उसी तरह ये आचार्य गिरिराज किशोर शास्त्रों की बात कर रहे हैं। उनमें इतनी भी मानवीय संवेदना नहीं है कि जब पांच जवान आदमी इस तरह मार दिए गए हों तो कम से कम शास्त्रों की दुहाई न दें। आज की दुनिया में कौन हिंदू मानेगा कि गाय की जान आदमी की जान से ज्यादा मूल्यवान है। जिस समाज में ऐसी बातें बेझिझक कही जा सकें, उसे क्या आप मानवीय समाज कहेंगे ! गाय को करुणा की मूर्ति बनानेवाले लोगों के मन में मनुष्य की जान के बारे में ऐसी हिकारत हो सकती है ! लेकिन आप देखिए कि न तो जिन लोगों ने उन पांच दलितों को पीट-पीटकर मार डाला उनके खिलाफ कोई कार्रवाई हुई है, न आचार्य गिरिराज किशोर के परम पावन शास्त्रीय उद्गारों की किसी ने भर्त्सना की है। विश्व-भर में हिंदुओं को गर्व करना सिखानेवाली परिषद के आचार्य और अंतरराष्ट्रीय महासचिव के कथनों पर परिषद को शर्म है या गर्व, यह अभी किसी वक्तव्य में छपा नहीं है।

और उसी दशहरे की शाम जब पांच दलित हरियाणा में मार डाले गए तब मुंबई में शिव सेना प्रमुख बाला साहेब ठाकरे ने अपने विजयादशमी भाषण में कहा कि आतंकवाद का सामना करने के लिए हिंदुओं को आत्मघाती दस्ते बनाने चाहिए। उनने सरकार से कहा कि वह भारत को हिंदू राष्ट्र घोषित करे। फिर अपने सैनिकों से कहा कि तुम्हें अपने को हिंदू राष्ट्र कहने से कौन रोक सकता है। तुम कहो कि हम हिंदू राष्ट्र हैं। महाराष्ट्र की सरकार ने ठाकरे के खिलाफ मामला तो दर्ज किया है लेकिन अभी तक कोई कार्रवाई नहीं की। भारत जैसे अणुशस्त्र संपन्न राष्ट्र के पास सेना है, पुलिस है और तरह-तरह के अर्द्धसैनिक बल और कमांडो हैं। फिर भी बाला साहेब ठाकरे उसे इतना निर्बल पाते हैं कि हिंदुओं से कहते हैं कि वे आत्मघाती दस्ते बनाएं और आतंकवाद का सामना करें। ये दस्ते किनकी जान लेंगे ? प्रवीण भाई तोगड़िया गुजरात में मुसलमानों को जिहादी बता चुके हैं। भारत की सेना उन्हें मारेगी नहीं। उन्हें तो हमारे आत्मघाती दस्ते ही मारेंगे। और ऐसे दस्ते बनाने की क्या जरूरत, जब भीड़ पांच आदमियों को पुलिस की चौकी से निकालकर मार

देती है। और फिर तोगड़िया ने तो कहा ही है कि पचास हजार मुसलमान पांच करोड़ हिंदुओं का क्या बिगाड़ लेंगे ? लोकतंत्र में अल्पसंख्यक बहुसंख्यक का हिसाब चलता है। इस देश में बयासी करोड़ हिंदू हैं फिर भी उनके संगठन कहे जानेवाले संघ संप्रदायी संगठन ऐसी अल्पसंख्यक ग्रंथि से ग्रस्त हैं कि हमेशा भयभीत रहते हैं। कोई आत्मघाती दस्ते बनाने की बात करता है तो कोई कहता है कि हिंदुओं को फूलों की माला पहनना छोड़कर नरमुंडों की माला पहननी चाहिए।

कौन कहेगा कि ये गर्वीले हिंदू हैं ? ये हम सब हिंदुओं और भारतीयों के मुख पर कालिख पोत रहे हैं।

27.10.2002